Dietrich Fürst/Frank Scholles (Hrsg.)

HANDBUCH THEORIEN+METHODEN DER RAUM- UND UMWELTPLANUNG

Dortmund 2001

Dietrich Fürst/Frank Scholles (Hrsg.)
Handbuch Theorien + Methoden der Raum- und Umweltplanung

HzU – Handbücher zum Umweltschutz Bd. 4

Die Deutsche Bibliothek - CIP-Einheitsaufnahme

Handbuch Theorien + Methoden der Raum- und Umweltplanung / Dietrich Fürst/Frank Scholles (Hrsg.). - Dortmund : Dortmunder Vertrieb für Bau- und Planungsliteratur, 2001
(Handbücher zum Umweltschutz ; Bd. 4)
ISBN 3-929797-65-8

Das Werk einschließlich aller seiner Teile ist urheberrechtlich geschützt. Jede Verwertung außerhalb der engen Grenzen des Urheberrechtsgesetzes ist ohne Zustimmung des Verlages unzulässig und strafbar. Das gilt insbesondere für Übersetzungen, Nachdrucke, der Entnahme von Textteilen, Abbildungen etc. sowie für Mikroverfilmungen und für die Speicherung und Verarbeitung in elektronischen Systemen. Die Vergütungsansprüche werden durch die "Verwertungsgesellschaft Wort" in München wahrgenommen.

Umschlaggestaltung: Dorothea Rohn, Dortmund
Druck: Zeitdruck, Dortmund

© Verlag/Vertrieb
DORTMUNDER VERTRIEB FÜR BAU- UND PLANUNGSLITERATUR
Gutenbergstraße 59 · D-44139 Dortmund · ☎ 0231/146565 · FAX 0231/147465
e-mail: DoVertrieb@AOL.com · online-Buchladen: www.dortmunder-vertrieb.de

Dortmund 2001
ISBN 3-929797-65-8

Inhalt

1   Einführung (D. Fürst, F. Scholles) ... 7

Teil A: Grundlagen und Verfahren

2   Planungstheorie ... 9
- 2.1   Begriff der Planung, Entwicklung der Planung in Deutschland (D. Fürst) ... 9
- 2.1.1   Vorbemerkungen ... 9
- 2.1.2   Begriff der Planung ... 9
- 2.1.3   Das Verhältnis von Planung zu Politik in der Geschichte der Planung in Deutschland ... 12
- 2.1.4   Der Wandel in der Planungstheorie ... 17
- 2.1.5   Einige Folgerungen ... 22
- 2.2   Planung als technischer und politischer Prozess (D. Fürst) ... 25
- 2.2.1   Planung als Prozess ... 25
- 2.2.2   Planung als politischer Prozess zur Bearbeitung eines schlecht strukturierten Problems ... 28
- 2.2.3   Formal-logischer Prozess versus politischer Prozess der Planung ... 30
- 2.3   Das System der räumlichen Planung in Deutschland (P. Beckmann, D. Fürst, F. Scholles) ... 36
- 2.3.1   Einige begriffliche Klarstellungen ... 36
- 2.3.2   Wie sieht das System der räumlichen Planung aus? ... 37
- 2.3.3   Wie sieht das System der Umweltplanung aus? ... 41
- 2.3.4   Die Regionalplanung ... 44
- 2.3.5   Die Gemeindliche Planung ... 48
- 2.3.6   Tendenzen der Raum- und Umweltplanung ... 50
- 2.4   Planung in bürokratischen Organisationen - Organisation als strukturelle Steuerung des Verwaltungshandelns (D. Fürst) ... 54
- 2.4.1   Vorbemerkungen ... 54
- 2.4.2   Charakteristika bürokratischer Organisationen in Deutschland ... 54
- 2.4.2.1   Bürokratische Organisationen als besonderer Typus der Organisation ... 54
- 2.4.2.2   Die öffentliche Verwaltung wird politisch gesteuert ... 56
- 2.4.2.3   Innerer und äußerer Aufbau der öffentlichen Verwaltung ... 57
- 2.4.2.4   Wandel der Organisationsstruktur ... 59
- 2.4.3   Formale Organisation und Verhalten ... 59
- 2.4.3.1   Aufbau- und Ablauforganisation ... 60
- 2.4.3.2   Strukturelle Steuerung ... 61
- 2.4.4   Verhalten der Problembearbeitung in bürokratischen Organisationen ... 63
- 2.4.5   Planerverhalten im Kommunikationsprozess ... 65
- 2.4.5.1   Querschnittsorientierte Akteure in sektoralisierter Verwaltungsstruktur ... 65
- 2.4.5.2   Umgang mit Kommunikationsaufgaben ... 67
- 2.5   Ethikfragen in der Planung (S. Löb) ... 69
- 2.5.1   Ethik, Moral, Recht ... 69
- 2.5.2   Grenzen des Rechts als Handlungsnormierung ... 70
- 2.5.3   Gemeinwohl und Ethik ... 71
- 2.5.4   Von der "mechanistischen" Verwaltung zur gestaltenden und planenden Verwaltung ... 73
- 2.5.5   Planung als kommunikativer Vorgang im Antlitz der Macht ... 74
- 2.5.6   Verfahrensregeln und Ethik ... 77
- 2.6   Wissenschafts- und kommunikationstheoretische Grundlagen der Planung (D. Fürst, F. Scholles) ... 80
- 2.6.1   Grundbegriffe der Wissenschafts- und der Erkenntnistheorie ... 80
- 2.6.2   Theoriebildung ... 81
- 2.6.3   Kommunikationstheoretische Grundlagen der Planung ... 83
- 2.6.4   Was sind Methoden? ... 84
- 2.7   Planung IuK- Technik (W. Roggendorf) ... 87
- 2.7.1   Vorbemerkungen ... 87
- 2.7.2   Planungsrelevante IuK-Technik (Begriffsdefinitionen) ... 88

2.7.3	Daten und Informationen - von der Software zum Informationssystem ... 89	3.4.3	Die Anwendungspraxis des Strategic Choice Approach 133
2.7.4	Informationssysteme - historischer Abriss 90	3.4.4	Einschätzung des Strategic Choice Approach 137
2.7.5	Informationssysteme - aktuelle Beispiele 91		
2.7.6	Informationssysteme im Prozess der Planung - Anwendungsebenen 92	**Teil B:**	**Methoden der Zielformulierung und der Bewertung**
2.7.7	Verändert IuK-Technik die Planung? .. 96	**4**	**Zielsysteme und Entscheidung** 139
3	**Planungsmethoden in der Praxis** 101	4.1	Zielsysteme in der Planung (F. Scholles) 139
3.1	Wissenschaftliches und planerisches Arbeiten (F. Scholles) 101	4.1.1	Die Unterscheidung von Sach- und Wertebene 139
3.1.1	Anforderungen an wissenschaftliches Arbeiten 101	4.1.2	Beispiel für ein Zielsystem: das Fließgewässerschutzprogramm 140
3.1.2	Themenentwicklung 102	4.1.3	Aufbau von Zielsystemen 142
3.1.3	Literaturbeschaffung 103	4.2	Oberziele, Leitbilder, Leitlinien (F. Scholles, M. Putschky) 143
3.1.4	Literaturauswertung 104	4.2.1	Oberziele und abgeleitete Ziele ... 143
3.1.5	Aufbau einer planerischen Arbeit .. 105	4.2.2	Leitbilder und Leitlinien 143
3.2	Planungsmethoden am Beispiel der Umweltverträglichkeitsprüfung (F. Scholles, H. Kanning) 107	4.3	Qualitätsziele, Handlungsziele, Standards (F. Scholles) 147
3.2.1	Zweck der UVP 107	4.3.1	Qualitätsziele 147
3.2.2	UVP-Arten 108	4.3.2	Handlungsziele 148
3.2.3	Begriffe 110	4.3.3	Standards 148
3.2.4	Rechtliche Grundlagen 110	4.4	Beispiele zu Zielsystemen (F. Scholles, M. Putschky) 151
3.2.5	Verfahrensschritte 116	4.4.1	Zielsystem am Beispiel einer Dorfentwicklungsplanung 151
3.2.6	Methoden in der UVP 118		
3.2.7	Probleme der UVP 121	4.4.2	Zielsystem am Beispiel „Nachhaltige Entwicklung" 152
3.3	Planungsmethoden am Beispiel der Dorfentwicklung (F. Scholles) 124		
3.3.1	Zweck der Dorfentwicklung 124	4.5	Abwägung, Entscheidung (F. Scholles) 154
3.3.2	Begriffe 124	4.5.1	Gebundene Erlaubnis 154
3.3.3	Formen 125	4.5.2	Abwägung 155
3.3.4	Verfahrensschritte 125	4.6	Grenzen von Zielsystemen (F. Scholles, M. Putschky) 156
3.3.5	Methoden in der Dorfentwicklung .. 127		
3.3.6	Probleme der Dorfentwicklung 128	**5**	**Analysemethoden** 159
3.4	Der Strategic Choice Approach. Entscheidungsorientierte Planungsmethodik zur Lösung komplexer Planungsaufgaben (O. Fuchs) 130	5.1	Messung, Indikation (F. Scholles) ... 159
		5.1.1	Messung 159
3.4.1	Zweck und Herkunft der Methode .. 130	5.1.2	Indikation 160
3.4.2	Die Elemente des Strategic Choice Approach 130	5.2	Statistische Methoden (G. Mühl) ... 163
		5.2.1	Einführung: Deskriptive und analytische Statistik 163

5.2.2	Maße zur Charakterisierung empirischer Verteilungen	163
5.2.3	Uni-, bi- und multivariate Statistik	165
5.2.4	Analyse der Beziehungen zwischen Variablen	166
5.2.5	Analyse abstrakter Größen	169
5.2.6	Typisierungs- und Regionalisierungsverfahren	170
5.3	Überlagerung (F. Scholles)	171
5.3.1	Herkunft und Ziele der Methode	171
5.3.2	Vorgehen	171
5.3.3	GIS-gestütztes Verfahren	172
5.3.4	Das Beispiel Staten Island	173
5.3.5	Das Beispiel Nutzungskonflikte an der Oker	174
5.3.6	Kritik an der Methode	174
5.4	Ökologische Wirkungsanalysen (F. Scholles)	180
5.4.1	Herkunft und Zweck von ökologischen Wirkungsanalysen	180
5.4.2	Grundmuster von Wirkungsanalysen	180
5.4.3	Wirkungsketten	181
5.4.4	Verflechtungsmatrix, Checklisten	182
5.4.5	Wirkungsdiagramme	184
5.4.6	Probleme von Wirkungsanalysen	187
5.4.7	Bedeutung von Wirkungsanalysen heute	188
6	**Prognosemethoden**	190
6.1	Planung unter Unsicherheit; Risiko, Risk Assessment (F. Scholles)	190
6.1.1	Planung und Unsicherheit	190
6.1.2	Naturwissenschaftliche Aspekte des Risikos	191
6.1.3	Versicherungstechnische Sicht des Risikos	193
6.1.4	Gesellschaftswissenschaftliche Aspekte des Risikos	193
6.1.5	Juristische Aspekte des Risikos	195
6.1.6	Fazit	196
6.2	Eintrittswahrscheinlichkeit (F. Scholles)	197
6.3	Quantitative Prognosemethoden (F. Scholles, G. Mühl)	199
6.3.1	Zweck von Prognosen	199
6.3.2	Einsatzbereiche und Arten von Prognosen	199
6.3.3	Extrapolation	200
6.3.4	Das Beispiel "Primärenergieverbrauch in der Türkei"	200
6.3.5	Kritik an quantitativen Prognosemethoden	201
6.4	Delphi (F. Scholles)	203
6.4.1	Ziel der Methode	203
6.4.2	Aufbau der Methode	203
6.4.3	Die Zukunftsstudie "Delphi '98"	204
6.4.4	Kritik an der Methode	205
6.5	Szenariotechnik (F. Scholles)	206
6.5.1	Zweck und Herkunft der Methode	206
6.5.2	Begriffe	207
6.5.3	Definition und Bausteine	207
6.5.4	Typen von Szenarien und Studien	209
6.5.5	Das Beispiel UVP in der Flurbereinigung	210
6.5.6	Kritik an der Methode	211
7	**Bewertungsmethoden**	213
7.1	Die Präferenzmatrix (F. Scholles)	213
7.1.1	Zweck der Methode	213
7.1.2	Vorgehen	213
7.1.3	Das Beispiel „Karte der natürlichen Grundwasserschutzbedingungen"	215
7.1.4	Probleme der Methode	215
7.2	Der Relevanzbaum (F. Scholles)	217
7.2.1	Zweck der Methode	217
7.2.2	Vorgehen	217
7.2.3	Das Beispiel Arten- und Biotopschutzbewertung	219
7.2.4	Kritik an der Methode	219
7.3	Die Kosten-Nutzen-Analyse (F. Scholles)	221
7.3.1	Zweck der Methode	221
7.3.2	Herkunft der Methode	221
7.3.3	Begriffe	221
7.3.4	Ablauf der Methode	222
7.3.5	Das Beispiel Main-Donau-Kanal	223

7.3.6	Probleme der Methode	226
7.3.7	Bedeutung der Methode für die Umweltplanung	230
7.4	Die Nutzwertanalyse und ihre Weiterentwicklung (F. Scholles)	231
7.4.1	Zweck und Konzeption der Methode	231
7.4.2	Begriffe	231
7.4.3	Ablauf der Methode	232
7.4.4	Das Beispiel Berliner Innenring	234
7.4.5	Probleme der Methode	236
7.4.6	Überlegungen zur Weiterentwicklung	239
7.4.7	Ablauf der 2. Generation	241
7.4.8	Das Beispiel Erholungseignung Sauerland	241
7.4.9	Probleme der 2. Generation	245
7.4.10	Bedeutung der Methode für die Umweltplanung	246
7.5	Die Raumempfindlichkeitsuntersuchung (F. Scholles)	247
7.5.1	Herkunft und Zweck der Methode	247
7.5.2	Begriffe	248
7.5.3	Ablauf der Methode	248
7.5.4	Das Beispiel BAB A38	249
7.5.5	Kritik an der Methode	249
7.6	Die Ökologische Risikoanalyse und ihre Weiterentwicklung (F. Scholles)	252
7.6.1	Ziel und Herkunft der Methode	252
7.6.2	Ablauf der Methode	252
7.6.3	Überblick zum Stand der Methodik	255
7.6.4	Das Beispiel Mittelfranken	255
7.6.5	Das Beispiel BAB A38	257
7.6.6	Kritik an der Methode	262
7.6.7	Weiterentwicklung für die Umweltverträglichkeitsprüfung	264
7.7	Umweltbilanzmethoden (H. Kanning)	268
7.7.1	Begriffe und Bilanzverständnisse	268
7.7.1.1	Herkunft des Begriffs	268
7.7.1.2	Umgangssprachliches Bilanzverständnis	268
7.7.1.3	Kaufmännisches Bilanzverständnis	268
7.7.1.4	Physikalisches Bilanzverständnis	269
7.7.2	Umweltbilanzen auf der Basis unterschiedlicher Bilanzverständnisse	269
7.7.2.1	"Bilanz ziehende" Ansätze	271
7.7.2.2	Ansätze auf der Basis des physikalischen Bilanzprinzips (Stoff- und Energiebilanzen)	271
7.7.3	Flächenbilanzen im Rahmen der Eingriffsregelung	273
7.7.3.1	Grundzüge der Bilanzierungsverfahren	273
7.7.3.2	Kritische Würdigung	275
7.7.4	Die Ökobilanz-Methodik (Life Cycle Assessment - LCA)	275
7.7.4.1	Arbeitsschritte einer Ökobilanz	275
7.7.4.2	Kritische Würdigung	281
7.8	Verbal-argumentative Bewertung (F. Scholles)	285
7.8.1	Herkunft der Methode	285
7.8.2	Der Ansatz	285
7.8.3	Das Beispiel Baugebiet Mainzer Straße in Wiesbaden	287
7.8.4	Kritik an der Methode	290
7.8.5	Anwendungsbereiche der Methode	292
7.9	Grundfragen der Bewertung (D. Fürst, F. Scholles)	292
7.9.1	Zweck und Struktur von Bewertungsmethoden	292
7.9.2	Das Rationalitätsproblem	295
7.9.3	Abbildung der Realität im Sachmodell	296
7.9.4	Zuordnungsregeln	297
7.9.5	Aggregationsregeln	299
7.9.6	Fazit	300

Teil C: Methoden des Planungsmanagements

8	Strukturierungs- und Kreativitätsmethoden	303
8.1	Grundlagen der Kreativität (M. Putschky, F. Scholles)	303
8.1.1	Was ist Kreativität?	303
8.1.2	Ist Kreativität lehr- und lernbar?	305
8.1.3	Kritik	308

8.2	Überblick über Strukturierungs- und Kreativitätsmethoden (M. Putschky) . 310	9.1.3	Das Beispiel Abbau eines Gipsvorkommens	337
8.2.1	Entstehung 310	9.1.4	Kritik	338
8.2.2	Wie wird Kreativität methodisch bewirkt? 310	9.2	Verhandlungen (D. Kostka)	340
		9.2.1	Zweck und Arten von Verhandlungen	340
8.2.3	Methodenüberblick 311	9.2.2	Das Harvard-Negotiation-Konzept .	341
8.3	Brainstorming (F. Scholles) 313	9.2.3	Das Beispiel Ansiedlung eines Automobilwerks	342
8.3.1	Zweck der Methode 313			
8.3.2	Aufbau der Methode 313	9.2.4	Kritik	343
8.3.3	Themenbeispiele 314	9.3	Moderation, Mediation (D. Kostka) .	345
8.3.4	Probleme der Methode 315	9.3.1	Ziele und Einsatzbereiche der Moderation	345
8.4	Metaplan (F. Scholles, M. Putschky) . 315			
8.4.1	Zweck der Methode 315	9.3.2	Ziele und Einsatzbereiche der Mediation	346
8.4.2	Aufbau der Methode 316			
8.4.3	Das Beispiel Bürgerbeteiligung an einer Umsiedlungsplanung 319	9.3.3	Das Beispiel Standortfindung für eine Landessammelstelle für radioaktive Abfälle (Moderation)	348
8.4.4	Kritik an der Methode 320			
8.5	Mind Mapping (M. Putschky, F. Scholles) 322	9.3.4	Das Beispiel Sanierung einer Sonderabfalldeponie (Mediation)	351
8.5.1	Was ist Mind Mapping? - Entstehungsgeschichte 322	9.3.5	Kritik	352
		10	**Partizipative Planung**	**356**
8.5.2	Wie funktioniert Mind Mapping? - Grundregeln und Wirkungsweisen . . 323	10.1	Gründe für die Partizipationsdiskussion (D. Fürst, F. Scholles, H. Sinning) . . .	356
8.5.3	Einsatzmöglichkeiten von Mind Maps 324	10.2	Rechtlicher Mindeststandard der Partizipation (F. Scholles)	359
8.5.4	Kritik an der Methode 326			
8.6	Planspiel (F. Scholles) 326	10.3	Weiter gehende Formen der Partizipation in der Stadtplanung (H. Sinning, F. Scholles)	361
8.6.1	Herkunft der Methode 327			
8.6.2	Ziele der Methode 327			
8.6.3	Die Struktur der Methode 327	10.3.1	Überblick	361
8.6.4	Das Beispiel "Eigenständige Regionalentwicklung in einem Großschutzgebiet, Schutzstatus und Zonierung" . 328	10.3.2	Kommunale Foren	363
		10.3.3	Beiräte, Ausschüsse	364
		10.3.4	Bürgergutachten, Planungszelle . . .	365
8.6.5	Das Beispiel "Strategische Umweltprüfung im Gebietsentwicklungsplan" . . 331	10.3.5	Anwaltsplanung, Stadtentwicklungsplanung	366
8.6.6	Kritik an der Methode 332	10.3.6	Bürgerausschuss, Betroffenenausschuss	367
9	**Kooperationsmanagement** . . . 334			
9.1	Hoheitliches Verwaltungshandeln (D. Kostka) 334	10.4	Partizipation bei Landschaftspflege und Naturschutz (F. Scholles)	368
9.1.1	Rechtliche Grundlagen 334	10.5	Probleme der Partizipation (D. Fürst, F. Scholles, H. Sinning)	369
9.1.2	Informale Kooperation in der Verwaltungspraxis 335			

11	**Evaluation in der Planung** (M. Mönnecke)	373
11.1	Geschichtliche Wurzeln der Evaluationsforschung	373
11.2	Begriffsbestimmung und Evaluationsformen	373
11.3	Zweck von Evaluationen	374
11.4	Methoden der Evaluation	375
11.5	Das Beispiel "Integration in die Bauleitplanung"	377
11.6	Probleme/Kritik	382
12	**Planungsmanagement**	385
12.1	Netzplantechnik (S. Löb)	385
12.1.1	Das Problem	385
12.1.2	Was ist Netzplantechnik?	386
12.1.3	Geschichte der Netzplantechnik ...	386
12.1.4	Grundprinzipien zur Erstellung eines Netzplans	387
12.1.4.1	Phase 1: Strukturanalyse	387
12.1.4.2	Phase 2: Zeitanalyse	388
12.1.5	Rechnergestützte Netzplanung ...	389
12.1.6	Einsatzfelder und Ausbaumöglichkeiten	390
12.1.6.1	Integrierte Netzplantechnik	390
12.1.6.2	Weitere Anwendungsmöglichkeiten .	390
12.2	Projektmanagement (D. Fürst)	392
12.2.1	Das Problem	392
12.2.2	Begriff des Projektmanagements ...	393
12.2.3	Methodik des Projektmanagements .	394
12.2.3.1	Phasen der Bearbeitung	394
12.2.3.2	Bausteine des Projektmanagements .	395
12.2.4	Einige Schlussbemerkungen	397

Anhang

Die Autorinnen und Autoren .. 399

Index 401

1. Einführung

Dietrich Fürst, Frank Scholles

Ziele

Welchen Bedarf soll ein Hand- und Lehrbuch über "Planungstheorie und -methoden" in der Raum- und Umweltplanung bedienen? Wir verfolgen mit der Veröffentlichung drei Ziele:

1. Planungsmethoden gewinnen nicht nur in der Raum- und Umweltplanung wieder wachsende Bedeutung, sondern auch einzelne Fachpolitiken (z. B. Verkehrsplanung, Wasserwirtschaftsplanung, Regionalpolitik) bemühen sich um methodisches Vorgehen. Denn Methoden haben - trotz aller Unzulänglichkeiten - den Vorteil der Transparenz von planerischen Kalkülen, lassen den Entscheidungsbedarf klarer herausstellen (eindeutigere Trennung von normativen und faktischen Aussagen) und sind kommunikationsfähig: Mithilfe des methodischen Vorgehens lassen sich leichter Konsensprozesse gestalten. Das ist eine der wesentlichen Erkenntnisse, die aus der raschen Verbreitung von Moderations- und Mediationsverfahren gewonnen werden konnte.

Unser Anliegen ist es, die wichtigsten methodischen und planungstheoretischen Grundlagen zu vermitteln, die sowohl in der Hochschulausbildung als auch in der Praxis als relevant gelten können. Das uns dabei leitende Auswahl-Raster war vor allem die Planungspraxis und deren Anforderungen.

Natürlich können die einzelnen Methoden in einem Hand- und Lehrbuch nicht bis ins Detail erläutert werden. Vielmehr soll ein kritischer Überblick gegeben werden. Jedes Kapitel schließt mit einem Verzeichnis weiterführender Literatur ab.

2. Die wissenschaftliche Fortentwicklung von Planungstheorie und Planungsmethoden wird schon seit langem nicht mehr von wissenschaftlichen Einrichtungen geprägt: Vielmehr ist es die Planungspraxis, die sich den neuen Herausforderungen mit eigenen Versuchen der theoriegeleiteten Weiterentwicklung stellt (vor allem in der Umweltverträglichkeitsprüfung, der Evaluationsforschung, der systematischen Stärke-Schwächen-Bewertung in der strategischen Planung). Dabei entsteht ein sehr pluralistisches Vorgehen, das wiederum die Vergleichbarkeit der Methodenanwendung erschwert und in der Öffentlichkeit den Eindruck vermittelt, wissenschaftliche Herangehensweisen hätten etwas Beliebiges an sich - "man bekommt heraus, was man von vornherein haben wollte".

Gleichzeitig übt das Vordringen der Informations- und Kommunikationstechnik einen Zwang zur Verwendung formalisierter, strukturierter Methoden aus, denn nur das ist in formalen Algorithmen umsetzbar und kann folglich mit IuK-Technik unterstützt werden, was vorher bis ins Detail strukturiert wurde. Vor allem Geoinformationssysteme (GIS) haben hier die Methodenentwicklung wieder angestoßen. Allerdings sollte man Formalisierung nicht mit Quantifizierung gleichsetzen.

Unser Anliegen ist es, hier den Stand der Diskussion aufzunehmen und darzustellen, wo der konsensfähige Kernbereich der jeweiligen Methodenentwicklung liegt.

3. Die Veröffentlichung soll schließlich auch anregen, die Diskussion zu Planungstheorie und -methoden wieder aufzunehmen. Der Bedarf dazu wird von der Praxis immer wieder artikuliert.

Zielgruppen

Das vorliegende Hand- und Lehrbuch "Planungstheorie und -methoden" wendet sich gleichermaßen an Studierende der Planungswissenschaften, die sich erstmals mit der Thematik befassen (Lehrbuch), als auch an Wissenschaftler und Planungspraktiker, die sich für die eine oder andere Methode und ihre Anwendungsfelder interessieren (Handbuch).

Entstehung

Das vorliegende Werk basiert auf Auseinandersetzungen mit der Planungspraxis, und zwar auf der Grundlage von projektorientierter Lehre und von Forschungsprojekten an der Universität Hannover, von Praxisberatungen und von kritischen Beobachtungen der praktischen Arbeit. Deshalb wurden die Beiträge auch nicht aus einer Feder geschrieben, sondern es wurden - so weit es ging - Spezialisten gebeten, ihr Fachwissen zur Verfügung zu stellen. Alle Autorinnen und Autoren lehren und forschen am Institut für Landesplanung und Raumforschung der Universität Hannover oder haben hier einige Zeit gearbeitet. Dies erleichterte die Abstimmung und Konsistenz zwischen den Beiträgen.

Die meisten Beiträge wurden zudem über viele Jahre in der Lehre auf Verständlichkeit und Angemessenheit (bezogen auf die praktische Umsetzung) getestet. Deshalb wurde Wert darauf gelegt, dass die Beiträge anschaulich und mit Beispielen arbeitend angelegt wurden. "Testpersonen" in diesem Sinne waren mehrere Generationen von Studierenden des Studienganges "Landschafts- und Freiraumplanung" der Universität Hannover. Für deren Rückmeldungen danken wir an dieser Stelle nochmals im nachhinein. Besonders zu Dank verpflichtet sind wir Magrit Putschky, die den gesamten Erstellungsprozess mit Anregungen und Kritik begleitete, und Regine Haug, die die mühevolle Aufgabe des Gegenlesens auf sich genommen hat.

Aufbau

Ein solches Lehr- und Handbuch basiert zwar auf Einzelbeiträgen, die auch als solche isoliert gelesen werden können. Aber sie stehen in einem übergeordneten Konzept und wurden aus dem Konzept heraus definiert (nicht umgekehrt). Die das Konzept leitende Logik ist folgende:

Planungsmethoden werden in einem politisch-administrativen Umfeld verwendet, das Handeln (i.w.S.) prägt und sogar steuert. Es gibt nicht die "richtigen" Methoden, sondern nur die zweckmäßigen, wobei die Zweckmäßigkeit sich nach den Problemen und ihren "Handlungsarenen" richtet. Deshalb ist es notwendig, zunächst über die Grundlagen dieses Umfeldes einige Aussagen zu machen. Dem dient Teil A ("Grundlagen und Verfahren").

Teil B behandelt die in der Planungspraxis wichtigsten Bereiche: die Zielformulierung und die Bewertung. Denn Planen ist ein normatives Verfahren, das sowohl bei der Bestimmung der Ist-Situation als auch bei der Festlegung des gewünschten Solls zumindest mit Auswahlkriterien, bei der Soll-Bestimmung aber immer auch mit Zielfestlegungen, d. h. Wertungen, arbeiten muss. Aber auch die für die Beschreibung der Ist-Analyse herangezogenen Kriterien leiten sich aus Zielvorstellungen ab, weil nur das relevant ist, was zielbezogen ist. Teil B diskutiert zum einen die Problematik der Zielbestimmung in der Planung, und zwar sowohl in der Ist-Analyse, aber noch mehr in der Soll-Festlegung. Zum anderen werden die wichtigsten Bewertungsmethoden abgehandelt, wobei der Schwerpunkt vor allem in der Sensibilisierung für die Schwachstellen solcher Methoden liegt.

Teil C schließlich befasst sich mit den Planungsprozessen. Denn Planung kann heute nicht mehr anders verstanden werden als ein Prozess kollektiver Bestimmung gemeinsamer Entwicklungspfade. Solche Prozesse lassen sich heute professioneller gestalten, als es möglicherweise früher der Fall war. Hier wurden in den letzten Jahren sehr viele Erfahrungen aus der Bürgerbeteiligung, der Moderation und Mediation in der Planung sowie aus dem - auch in der Verwaltung immer mehr sich durchsetzenden - Projektmanagement gewonnen. Dazu sind zudem zahlreiche Forschungen durchgeführt worden, deren Ergebnisse teilweise die Aussagen von Teil 3 mitprägten.

Das Werk ist so angelegt worden, dass die einzelnen Beiträge zwar aufeinander Bezug nehmen, nicht aber in Abhängigkeit voneinander gelesen werden müssen. Vielmehr soll es "modulartig" verwendet werden können: Es soll zwar insgesamt das Themenspektrum von Planungstheorie und -methodik einigermaßen zuverlässig abdecken. Aber die Leser sollen die Schwerpunkte ihrer Lektüre danach bilden können, was für sie aktuell wichtig ist.

Fortschreibung und Aktualisierung

Natürlich entwickeln sich Wissenschaft und Praxis weiter. Daher wird ein Bereich auf der Homepage des Instituts (*http://www.laum.uni-hannover.de/ilr/*) eingerichtet, in dem Aktualisierungen einzelner Kapitel oder neue Methoden vor- und zur Diskussion gestellt werden sollen. Die Leserinnen und Leser werden daher ausdrücklich ermuntert, Kommentare und Verbesserungsvorschläge zu senden:

- per Post an das Institut für Landesplanung und Raumforschung der Universität Hannover, Herrenhäuser Str. 2, 30419 Hannover, oder
- per E-Mail an: *ilr@laum.uni-hannover.de*.

Konsolidierte Fassungen werden sich ggf. in einer Neuauflage des Lehr- und Handbuchs niederschlagen.

Hinweis

Die deutsche Sprache erlaubt leider nicht, die behandelten Sachverhalte geschlechtsneutral oder in sowohl weiblicher als auch männlicher Form zu formulieren, ohne die ohnehin nicht immer einfache Materie weiter zu verkomplizieren oder stilistische Kapriolen zu erzeugen. Die deshalb meist verwendete kürzere männliche Form steht hier ausdrücklich für beide Geschlechter; wir bitten die Leserinnen um Verständnis.

Teil A
Grundlagen und Verfahren

2. Planungstheorie

2.1 Begriff der Planung und Entwicklung der Planung in Deutschland

Dietrich Fürst

2.1.1 Vorbemerkungen

Ziel des Kapitels ist es, den Begriff der Planung gegen verwandte Vorstellungen abzugrenzen und deutlich zu machen, dass das, was Planung sein soll, sich in Abhängigkeit von den gesellschaftlichen Handlungsbedarfen und den Vorstellungen einer Gesellschaft vom Handeln des Staats verändert.

Wenn wir im Folgenden von "Planung" sprechen, so reden wir von der Planung im "öffentlichen Sektor", d. h. bei Bund, Ländern und Gemeinden (und deren nachgeordneten Behörden). Wir sprechen nicht von der Planung einzelner Menschen oder Unternehmen. Innerhalb des öffentlichen Sektors beziehen wir uns in erster Linie auf räumliche Entwicklungsplanungen, nicht auf fachliche Planungen. Der Unterschied liegt darin, dass räumliche Entwicklungsplanungen Projekte und Vorhaben von staatlichen Behörden, Gemeinden, aber auch von privaten Organisationen räumlich dergestalt koordinieren, dass damit die Entwicklung von Gemeinden oder Regionen "nachhaltig" gefördert wird. Im Gegensatz dazu sind fachliche Planungen auf einzelne Projekte ausgerichtet, ohne dass deren Bezug zu anderen Projekten und Vorhaben im Raum genügend berücksichtigt würde. Räumliche Entwicklungsplanungen koordinieren mehrere Fachplanungen räumlich und werden deshalb "querschnittsorientiert" genannt, während die Fachplanungen als "Sektorplanungen" bezeichnet werden, weil sie nur den Ausschnitt der Wirklichkeit berücksichtigen, der für das Ressort resp. die Behörde aufgrund ihrer Kompetenzzuweisung wichtig ist.

Querschnittsplanung und Sektorplanungen unterscheiden sich erheblich. Denn es bestehen deutliche Unterschiede darin,

- ob Projekte geplant werden (Sektorplanung) oder
- ob Vorgaben gemacht werden, wie Flächen und Gebiete genutzt werden sollen (Querschnittsplanung).

Auf die Unterschiede wird im Folgenden gelegentlich eingegangen. Zu den räumlichen Entwicklungsplanungen zählen wir:

- die kommunale Bauleitplanung
- die Regionalplanung
- die Landesplanung, aber auch
- die Landschaftsplanung, die zwar einerseits Fachplanung des Naturschutzes und der landschaftsbezogenen Erholung ist, aber andererseits ("teilquerschnittsorientiert") andere Fachplanungen koordinierend und übergreifend auf ihre Umweltverträglichkeit prüft.

2.1.2 Begriff der Planung

Vereinfachte Definition

Ein sehr einfaches Verständnis von Planung könnte lauten:

Planung ist die gedankliche Vorwegnahme des Handelns und geht jeder einigermaßen rationalen Entscheidung voraus.

Aber was ist eine *"rationale Entscheidung"*? Der Gegensatz sind "irrationale Entscheidungen". Sie sind dadurch gekennzeichnet, dass der Entscheider keine gedankliche Kalkulation vornimmt, mit welchen Mitteln seine Ziele "am besten" erreicht werden könnten. Als *"am besten"* ist eine Maßnahme nach der Entscheidungstheorie dann einzuschätzen, wenn sie - bezogen auf die Ziele - am *effektivsten* (wirksamsten) und *effizientesten* (wirtschaftlichsten) ist.

Effektivität bezeichnet das Verhältnis zwischen Mitteln und Zielerreichungsgrad - eine Maßnahme ist umso effektiver, je umfangreicher ihr Beitrag zu den Zielen ist. Effizienz bezeichnet das Verhältnis zwischen Aufwand und Ertrag - eine Maßnahme ist umso wirtschaftlicher, je mehr Leistung mit einem gegebenen Mitteleinsatz zu erreichen ist oder je weniger Mittel für eine gegebene Leistung aufzuwenden sind.

Spontane Entscheidungen werden nicht geplant, sondern "aus dem Bauch heraus" getroffen. Sie sind häufig nicht rational, weil sie darauf verzichten, die überschaubaren Handlungsmöglichkeiten auf Effektivität und Effizienz zu prüfen.

Wie unterscheidet sich Planung von verwaltungsmäßiger Entscheidungsvorbereitung?

Wenn man genauer hinsieht, ist es nicht ganz leicht, "Planung" von "verwaltungsmäßiger Entscheidungsvorbereitung" oder gar von "politisch-administrativen Entscheidungsprozessen" zu trennen. Denn:

- Wenn Planung Entscheidungsvorbereitung ist, ist dann nicht jedes Verwaltungshandeln Planung, sofern es Entscheidungsentwürfe hervorbringt wie z. B. Gesetzentwürfe, Entwürfe für Verordnungen und Verwaltungsvorschriften?
- Geht es bei Planung nur um "Plänemachen" oder kann "Planung" auch ganze behördliche Handlungsfelder bezeichnen? Was meint man, wenn man von Landschaftsplanung oder Raumplanung oder Stadtplanung spricht? Meint man damit nicht alle Aktivitäten, die zum Ergebnis haben, Pläne oder Programme zu entwickeln und fortzuschreiben, nach denen sich Behörden und/oder Private zu richten haben?

Planung im öffentlichen Sektor muss rechtlich geregelt sein. Denn alles Handeln der öffentlichen Verwaltungen unterliegt kontrollierbaren Rechtsnormen (Öffentliches Recht, Verwaltungsrecht). Die Rechtswissenschaften hatten folglich ihre liebe Not mit dem Begriff der Planung, weil er sich gegen "normales" Verwaltungshandeln schlecht abgrenzen lässt, andererseits aber die besonderen Planungen, wie Stadt-, Regional-, Landschaftsplanung, eigenen Logiken folgen, die nicht völlig übereinstimmen mit der Logik des Rechts, das auf "richtig" und "falsch" ausgerichtet ist: "Der Plan spielt in der Praxis eine erhebliche Rolle [...]. Trotzdem ist es noch nicht gelungen, Plan und Planung rechtsdogmatisch in den Griff zu bekommen" (Maurer 1994, 384).

Die Unterscheidung zwischen Planung und verwaltungsmäßiger Entscheidung ist folglich nicht grundsätzlicher, sondern eher gradueller Natur. Formal liegt der Unterschied darin, dass Planung von Einrichtungen oder Behörden betrieben wird, die damit beauftragt wurden, während Verwaltungshandeln eher vollzugsorientiert ist und schon förmlich nicht als Planung bezeichnet wird. Aber diese nominale Zuordnung ist nur bedingt analytisch stichhaltig. Es kommt vielmehr auf folgende Unterschiede an:

1. auf das Gewicht der Entscheidungsvorbereitung im Gesamtzusammenhang: Hat die Entscheidungsvorbereitung auch politisch einen so hohen Stellenwert, dass der damit verbundene Prozess (vgl. Kap. 2.2) eigene Qualität gewinnt?
2. auf den Grad der Interessenabwägung: Werden Interessen im Planungsprozess systematisch einbezogen und gegenseitig abgewogen oder lediglich im Rahmen der verwaltungsmäßigen Berücksichtigung wahrgenommen?
3. auf das Ergebnis des Tuns: Gibt es einen eigenständigen Plan, der aus sich heraus bereits Wirkung erzeugt[1], oder ist das Ergebnis lediglich die Vorlage für ein Entscheidungsgremium? Zwar ist diese Differenzierung in der Praxis problematisch genug - eine Vorlage, die ein Gesetzentwurf ist, hat formal ähnliche Qualität wie ein Plan, dessen Ziele verbindlich sind. Gleichwohl werden beide in sehr unterschiedlichen Prozessen entwickelt.

Ist die Trennung von Planung und Entscheidung praxisnah?

Das oben skizzierte Verständnis von Planung begründet die Trennung damit, dass Entscheiden die Wahl zwischen Alternativen voraussetzt. Um diese Alternativen zu finden und entscheidungsreif aufzubereiten, ist der Plan erforderlich. Die Aufgabe der Planung in diesem Verständnis wäre es dann:

- die Aufgabe klarer zu definieren
- Alternativen zu ihrer Lösung zu suchen und gedanklich aufzubereiten
- sie zu bewerten und
- für die Entscheidung (Wahl) transparent und nachprüfbar zu erschließen.

Aber dieses Planungsverständnis geht von einem Politikmodell aus, wonach es interessenneutrale "Entscheidungsvorbereiter" (die Verwaltung oder andere) und die davon getrennten politischen Entscheider gibt.

Dieses Bild entspricht nicht der Wirklichkeit. In der Wirklichkeit übernehmen diejenigen, die eine Entscheidung vorbereiten, weitgehend die Funktion von "Vorentscheidern", d. h. sie präjudizieren die Entscheidungen (strukturieren sie vor), sodass die eigentlichen Entscheider diese nur noch "abnicken". Je komplexer die Entscheidungslage ist, umso mehr gilt dieses Verhältnis.

---

1 weil seine Planziele verbindlich sind oder zumindest hohe Selbstbindungswirkung bei der Behörde erzeugen

Welche Funktion hat Planung für die Gesellschaft?

Der Begriff der Planung im öffentlichen Bereich wird noch komplizierter, wenn man unterstellt, dass der Staat - im Sinne marxistischen Denkens - den kapitalistischen Verwertungsprozess abstützen und dessen nicht gewünschte Folgewirkungen kompensieren muss (z. B. durch wachsende Leistungen des Sozial- und Wohlfahrtsstaats). Dann ist der Begriff der Planung als "Entscheidungsvorbereitung" eher irrelevant. Denn damit wird über Planung aus marxistischer Sicht wenig ausgesagt. Wichtiger ist, welche Funktion Planung in kapitalistischen Wirtschaftssystemen hat - nämlich eine Variante zu sein, mithilfe derer der Staat seine Aufgabe, kapitalistische Verwertungsprozesse abzusichern, wahrnehmen kann (vgl. Ronge u. Schmieg 1973).

Unterscheidet sich Planung von Entscheidung?

Nochmals unschärfer wird der Begriff der Planung dann, wenn man darunter - wie es die neuere Planungstheorie tut (vgl. Fürst 1993; Fürst 1995) - Koordinations- und Konsensfindungsprozesse versteht, um kollektives Handeln möglich zu machen. Eine wirksame Planung

- setzt Entscheidungsprämissen für daran gebundene Akteure
- koordiniert die Handlungsbeiträge von Akteuren für kollektives Handeln und
- steuert das Handeln der Akteure über eine längere Zeit.

Wenn Politik "die Möglichkeit kollektiven Handelns bei nicht vorauszusetzendem Konsens" ist (Scharpf 1973a, 33), dann muss Planung diesen Konsens- (und Koordinations-) Prozess vorbereiten und gestalten. Deshalb sind Funktionen der Planung (Fürst 1995, 709):

- "frühzeitig auf Probleme Einfluß zu nehmen, indem sie die Problemwahrnehmung, Problemdefinition und den möglichen Problemlösungsraum vorzustrukturieren versucht (Frühwarnfunktion),
- die Zeitachse des Handelns in die Zukunft verlängert (Orientierungsfunktion),
- durch Berücksichtigung von sachlichen Interdependenzen und deren interessenabhängigen Bewertung Ziel- und Maßnahmekonflikte frühzeitig ausräumt (Koordinationsfunktion) und
- (in Einzelfällen) die Verhärtung von Verteilungs- und Interessenkonflikten zugunsten gemeinwohlorientierter, kooperativer Lernprozesse aufzulösen versucht (Moderationsfunktion)."

Dann aber kann Planung nicht beim Plan enden, sondern muss bis in den Vollzug und die danach folgende Kontrolle der Ergebnisse verlängert werden. Geht man aber so weit, dann kann Planung sich allenfalls von Entscheiden dadurch unterscheiden, dass sie den Anspruch erhebt, mehr Rationalität in politisches Handeln zu bringen.

Aber da sie diesen Anspruch nur so weit realisieren kann, wie Politiker bereit sind, ihre Entscheidungen von Planungen abhängig zu machen, bleibt die begriffliche Trennung beider in der Tat - was die Praxis betrifft - schwach.

Was bedeutet das für die Begrifflichkeit der Planung im öffentlichen Bereich?

Zunächst bedeutet das, dass es offenbar keinen verbindlichen Begriff der Planung gibt. Auch die für Planung relevanten Gesetze enthalten keine eindeutige Definition, weil wir kein Planungsgesetz haben, das definiert, was Planen genau ist.

Vielmehr hat fast jeder Autor, der über Planung schreibt, seinen eigenen Planungsbegriff entwickelt - und sarkastisch könnte man mit Wildavsky[2] (1973) sagen: "If planning is everything, maybe it's nothing".

Zwischenergebnis: Planungsbegriff

Aber dieser Befund Wildavskys würde nicht nur den Planungswissenschaften ihre Existenzgrundlage entziehen, er stimmt so auch nicht. Denn unter Fachleuten ist man sich wenigstens einig, was Planung ist, "wenn man sie sieht": Planung ist gekennzeichnet durch

- kollektives Handeln
- Zukunftsbezug
- zielorientierte Handlungsvorbereitung
- Konsensbildung.

Daraus können wir eine Definition von Planung ableiten, die etwa folgendermaßen lauten kann:

"Unter Planung versteht man ein systematisches Vorgehen zur Entwicklung von Handlungszielen und -abfolgen über einen längeren Zeitraum." (Fürst 1995, 708)

---

2 Aaron Wildavsky (1931-1993) war ein bedeutender amerikanischer Verwaltungswissenschaftler; er befasste sich in den 60er, 70er und 80er Jahren u. a. mit Fragen der Planung, des Planvollzugs und der Politikberatung.

Gleichwohl bleibt der Vorwurf, dass die Kriterien so wenig trennscharf gegenüber allgemeinem politischen Entscheiden sind, dass die skeptische Frage von Reade (1983) berechtigt ist: "If planning is anything, maybe it can be identified?" (die Reade mit "nein" beantwortete).

Informationsverarbeitung und Konsensfindung als Grundlagen von Planung

Die Unschärfe des Begriffs liegt in erster Linie darin, dass Planung im öffentlichen Sektor immer zwei Fundamentalaufgaben zu lösen hat (Scharpf 1973a, 43 f.):

1. Planung ist wissenschaftlich angeleitete Informationsverarbeitung zur Lösung der gestellten Planungsaufgaben.
2. Planung ist gleichzeitig Koordination des kollektiven Handelns "bei nicht vorauszusetzendem Konsens".

Damit ist Planung (in diesem Sinne) immer auch politische Planung; sie unterliegt dem Spannungsverhältnis von politischer Interessenberücksichtigung und fachlich-idealer Problembearbeitung und bewegt sich sehr nahe an politischer Entscheidung - ein politisch ausgehandelter Plan ist eine politische Entscheidung.

2.1.3 Das Verhältnis von Planung zu Politik in der Geschichte der Planung in Deutschland

Wie gesagt, Politik bedeutet, eine Gemeinschaft zu kollektivem Handeln zu befähigen, wenn nicht von vornherein vorausgesetzt werden kann, dass alle Mitglieder der Gemeinschaft dieselben Ziele verfolgen oder für gemeinsam geteilte Ziele dieselben Mittel als die geeignetsten halten (Scharpf 1973a, 33 f.). Konsensfindung bedeutet folglich auch Konfliktaustragung, wofür es sehr unterschiedliche Formen gibt - vom Überreden/Überzeugen über Verhandlungen bis zur Anwendung von Macht (Mehrheitsentscheidungen) und diktatorischen Zwang.

Der Politikbegriff hat sich zunehmend erweitert. Früher (vor dem 2. Weltkrieg) war es durchaus üblich, von Politik im engeren Sinne zu sprechen und politisches Handeln auf die legitimierten politischen Organe (Parlamente) zu reduzieren, die bindende Entscheidungen (Gesetze, Satzungen) herbeiführen können. Hier ist die Trennung zwischen Planung und Politik eindeutig:

- Planung ist Politikvorbereitung durch die Verwaltung.
- Politik ist die Entscheidung über Alternativen.
- Danach folgt der administrative Vollzug der Planung.

Jedoch wurde vor allem mit dem Aufkommen der Politikwissenschaften (in Deutschland: nach dem 2. Weltkrieg) das Wesen der Politik differenzierter betrachtet. Dabei wurde deutlich, dass Politik umfassender zu bestimmen ist: Lange vor den Entscheidungen in politischen Gremien finden politische Konsensbildungsprozesse statt ("vorparlamentarischer Raum", "Vorentscheidungen"). Manchmal haben politische Entscheidungen nur noch symbolische Bedeutung, weil die eigentliche Entscheidung bereits von der Verwaltung im Wesentlichen vorformuliert wurde. Das ist vor allem dann der Fall, wenn die Materie so hoch-komplex ist, dass die Politiker sich außerstande sehen, hier noch sachkundig mitreden zu können[3]. Und auch nach den politischen Entscheidungen ist das Thema für politische Einflüsse nicht erledigt, sondern wird in der Umsetzung des Plans weiterhin aktuell gehalten: Bürgerinitiativen können politische Entscheidungen im Vollzug behindern, ausführende Behörden (z. B. Gemeinden) verhalten sich anders, als von den Planern und Entscheidern erwartet.

Planungsdiskussion vor dem 2.Weltkrieg

Dieser Wandel im Politikverständnis spiegelt sich unmittelbar in der Planungsdiskussion wider. Obwohl es vor dem 2. Weltkrieg eine ausgeprägte staatliche Planung gab (Mäding 1986, 1044 f.; Waldhoff et al. 1994), gab es praktisch keine kritische Planungsdiskussion. Bei der Mehrheit derer, die sich mit Planung befassten, bestand die Überzeugung, dass Planung notwendig sei[4].

In Deutschland waren es nur wenige Theoretiker, die Planung unter gesellschaftspolitischen Aspekten diskutierten:

In der Soziologie waren es vor allem Hans Freyer (1933) und Karl Mannheim (1935), die sich mit Planung auseinander setzten, aber tendenziell für eine staatliche Planung der Gesellschaft eintraten, weil nur der Staat Ordnung in eine sich entwickelnde Massengesellschaft bringen könne.

---

3 "Komplexität als Schranke der politischen Planung" (Scharpf 1973b)

4 Bergen (1995), der sich mit dem "Amsterdamer Weltkongreß über sozialökonomische Planung" vom August 1931 auseinander setzt

Freyer interessierte sich für die Funktion der Planung als Herrschaftsinstrument im Kontext ethischer Restriktionen. Mannheim, der die erste Professur für Soziologie in Deutschland innehatte (1930-33 in Frankfurt/M), war Wissenschafts- und Gesellschaftstheoretiker. Er befasste sich in seiner Untersuchung über Planung mit den Fragen, ob staatliche Planung nicht als Gegengewicht gegen die international tätigen Großunternehmen aufgebaut werden müsse und wie weit der Staat eine komplexe und anarchisch sich verhaltende Gesellschaft über Planung steuern könne. Bei Freyer und Mannheim gehen Erfahrungen mit der Großen Depression, der wachsenden Hilflosigkeit des Staats gegenüber der Massengesellschaft und aufkommenden Globalisierung der Wirtschaft, aber auch das Bedürfnis der Menschen nach Ordnung in einer sich rasant wandelnden Welt ein.

In den Wirtschaftswissenschaften kam eine Gruppe um Walter Eucken (Freiburg) zum genau entgegengesetzten Ergebnis: Sie argumentierten von "Wirtschaftsordnungen" her und sahen in staatlicher Planung ein gravierendes Hindernis für die freie Entfaltung der Marktkräfte.

Wirtschaftsordnungen sind durch bestimmte Steuerungsstrukturen (Markt, Plan) und Ordnungselemente (Eigentumsordnung, Vertragsrecht u. a.) gekennzeichnete "Regime" zur Steuerung wirtschaftlicher "Allokationsprozesse"[5]. Reine Typen der Wirtschaftsordnung sind zentral verwaltete Wirtschaften und Konkurrenzwirtschaften. Planung des Staats in einer Marktwirtschaft führt zu einer Vermischung verschiedener Wirtschaftsordnungen mit der Folge, dass die marktliche Steuerungsfähigkeit verringert wird.

Planungsverständnis in der Zeit des Nationalsozialismus

Hatte der nationalsozialistische Staat schon vor dem 2. Weltkrieg zahlreiche Planungen aufgebaut, so wurden diese Planungsansätze, einschließlich der räumlichen Planung (vgl. Waldhoff et al. 1994) während des Kriegs perfektioniert - übrigens in allen modernen Industriestaaten dieser Zeit. Planung wurde als Instrument staatlicher Führung betrachtet, womit längerfristige Aufgaben vorbereitet und technisch-rationaler bearbeitet werden sollten.

In der Zeit des Nationalsozialismus (genauer ab 1935) wurde die Raumplanung in Deutschland auf Staatsebene aufgebaut. Damals wurden die technischen Grundlagen gelegt, die nach dem Krieg noch Geltung hatten (Fürst u. Ritter 1993, 5 ff.). Es herrschte ein technokratisches Planungsverständnis, das den Plan als "technisches" Mittel der Politikvorbereitung begriff. Berüchtigt in diesem Kontext war der "Generalplan Ost", der auf 18 Seiten die Ziele für das so genannte Reichskommissariat Ostland (vornehmlich Baltikum) definierte und diese in den Kontext der "Neuordnung ganz Europas" setzte (Seckendorf 1993, 175 ff.; Waldhoff et al. 1994, 11 ff.).

Planung in der Bundesrepublik in den 50er und 60er Jahren

Nach dem Krieg gab es in Deutschland zunächst noch eine politische Mehrheit für mehr staatliche Planung, insbesondere auch aus Angst, die auf Kriegswirtschaft umgestellten Wirtschafts-Kapazitäten nicht ohne Planung auf die Wirtschaft der Nachkriegszeit umstrukturieren zu können. Selbst die CDU hatte 1947 in ihrem Ahlener Programm für staatliche Planung und Verstaatlichung der so genannten Basisindustrie plädiert und erst unter dem Eindruck des erfolgreichen marktwirtschaftlichen Kurses Ludwig Erhards darauf verzichtet.

Nach 1948 dominierte das ordo-liberale[6] Denken der Freiburger Schule von Eucken. Daher wurde staatliches Planen nun sehr skeptisch betrachtet. Allerdings wurde in der Öffentlichkeit zu undifferenziert alles staatliche Planen abgelehnt, während die Eucken'sche Schule lediglich die Planungen verurteilte, die in marktliche Prozesse intervenierten. Sofern der Staat seine eigenen Angelegenheiten plante, also die einzelnen Ministerien ihre Aufgaben einer Planung unterzogen, war nichts einzuwenden. "Die öffentliche Gewalt hat zu allen Zeiten geplant" (Kaiser, zit. in Mäding 1986, 1044). Deshalb hatte der Bund auch sehr früh wieder Planungssysteme reaktiviert, die es vor dem Krieg bereits gab:

- die räumliche Planung

---

5 Allokation = Zuordnung von Mitteln zu Verwendungen

6 Unter "Ordo-Liberalismus" versteht man ein Konzept der wirtschaftlichen Steuerung, das strikt zwischen marktlicher und staatlicher Steuerung trennt und Regeln definiert, mit denen die marktliche Steuerung möglichst frei von marktfremden Einflüssen optimiert werden kann. Der Staat darf nur so weit intervenieren, wie seine Eingriffe "marktkonform" sind. Der Ordo-Liberalismus wurde Grundlage der "Sozialen Marktwirtschaft" der Bundesrepublik, weil deren wichtigste Architekten, Erhard und Müller-Armack, Anhänger des Ordo-Liberalismus waren und die in der Politik herrschende Meinung zum Ordo-Liberalismus tendierte.

- die mittelfristige Verkehrswegeplanung ("Ausbauplan für die Bundesfernstraßen", 1957)
- die Planung für die Landwirtschaft ("Grüner Plan")
- die Planung für den Breitensport ("Goldener Plan", 1960)
- und insbesondere die jährlichen Haushaltspläne.

Aber eine auf die Gesamtgesellschaft oder die Wirtschaft gerichtete staatliche Planung war im *Wettkampf der Systeme* weitgehend tabuisiert. Denn der Westen sollte das Konzept der freien Marktwirtschaft als Gegenmodell zum System der zentralen Planwirtschaft der Ostblockländer zum Erfolg führen.

Wandel des Verständnisses Ende der 60er Jahre und in den 70er Jahren

Das änderte sich in den 60er Jahren. Mehrere Faktoren führten zu einem raschen Wandel in der Einstellung zur Planung, sodass eine weiter gefasste Planung, die auch die Wirtschaft teilweise berührte, hoffähig wurde.

Die Staatsfinanzen gerieten immer mehr in Unordnung, sodass Kanzler Ehrhard schon 1964 mit einem "Haushaltssicherungsgesetz" kurz vorher gegebene Wahlgeschenke wieder einkassierte. Im Gefolge der problematischen Staatsfinanzen, der damit einhergehenden Haushaltsdefizite und der daraus folgenden überhitzten Konjunktur hatte die Notenbank die Zinsbremse gezogen (d. h. die Zinsen erheblich angehoben), was zur Drosselung von Investitionen und damit zur ersten größeren Nachkriegs-Wirtschaftskrise (1966/67) führte.

Diese war Anlass, das "Stabilitätsgesetz"[7] zu verabschieden. Es schrieb den öffentlichen Gebietskörperschaften vor, eine mittelfristige Finanzplanung[8] anzulegen.

Der Zwang zur Modernisierung des Staats wurde immer offenkundiger und 1968 sprachen sich alle Parteien im Bundestag für ein umfassendes politisches Planungssystem aus[9].

Im Gefolge dieser Debatte wurde 1968 eine "Projektgruppe Verwaltungsreform in Regierung und Verwaltung" eingesetzt, das Kanzleramt zu einem großen Planungsapparat ausgebaut und in den Ländern (vor allem Hessen, Nordrhein-Westfalen und Niedersachsen) wurden Konzepte der *integrierten Entwicklungsplanung* des gesamten Landes entweder fortentwickelt (Hessen) oder neu aufgenommen. Integrierte Entwicklungsplanung ist ein Planungskonzept, das staatliche Investitionen für einen längeren Zeitraum in den Dimensionen: was soll wo, in welcher Zeit, mit welchen Ressourcen investiert werden, vorausplant. Das Konzept erhob den Anspruch, den gesamten Staatsbereich nicht nach Ressorts, sondern nach Aufgaben zu planen. Die Aufgabe stand im Zentrum der Planung; die einzelnen Ressorts waren dazu nur ausführende Organe. Die aufgabenbezogene Planung sollte von gesellschaftlichen Entwicklungsprioritäten abgeleitet und mit den knappen Ressourcen (Finanzen, Personal) in Einklang gebracht werden. Sie sollte über den Aufgabenbezug ressortübergreifend angelegt werden ("integrierte Planung") und mittelfristig ausgerichtet sein (5-10 Jahre). Solche Planungen wurden in Bayern, Hessen, Nordrhein-Westfalen, Rheinland-Pfalz und Niedersachsen[10] vorgelegt.

In den Wirtschafts- und Sozialwissenschaften wurde diese Modernisierungsdebatte durch intensive Diskussionen zur Planung des Staats vorbereitet, stark beeinflusst von der amerikanischen Diskussion zur rationaleren Verwendung staatlicher Ressourcen (Finanzen) auf der Basis von neueren betriebswirtschaftlichen Management-Techniken (vgl. Kaiser 1965-1972).

Mit der Regierung Brandt/Scheel (1969-74) wurde vom Staat der Anspruch erhoben, sich selbst zu modernisieren und die Staatsreform gleichzeitig als Vehikel der Gesellschaftsreform zu nutzen (Willy Brandt: "Demokratie wagen"). Dieser Reformanspruch traf auf die Unterstützung der Industrie, die für eigene Planungen eine größere Planungssicherheit durch Planungen des Staats forderte, zumal die Verflechtung zwischen Wirtschaft und Staat immer enger geworden war (Auftragsabhängigkeit, Abhängigkeit von staatlichen Infrastrukturleistungen).

Ende der 60er Jahre war infolge dessen - zusammen mit den weltweit laufenden Studentenunruhen - ein

---

7 Gesetz zur Förderung der Stabilität und des Wachstums der Wirtschaft vom 8. Juni 1967, GBl. I, 582 ff.

8 Diese läuft über einen Zeitraum von fünf Jahren, wobei das erste Jahr das laufende, das zweite das bereits geplante Haushaltsjahr und nur die letzten drei Jahre Finanzplanungsjahre im engeren Sinne sind.

9 Bundestagsdebatte vom 7. Febr. 1968 über Struktur und Organisation des Planungsprozesses im Regierungsbereich

10 Niedersachsen hatte 1973 den integrierten Entwicklungsplan "Niedersachsen 1985" verabschiedet, der anders als die Pläne der anderen Länder nicht mit festen Einnahmeschätzungen arbeitete, sondern mit einem Entwicklungskorridor des Finanzspielraums (obere und untere Schätzung der Einnahmeentwicklung).

politisches Krisensyndrom entstanden, dem mit Planung ein Allheilmittel gegenüber gestellt werden sollte: "Planung ist die Tochter der Krise" (Kaiser 1968, Bd.III, 7). Auf Planung als Vehikel der Modernisierung von Wirtschaft und Gesellschaft wurde so große Hoffnung gesetzt, dass man die Zeit 1968-1974 als Zeit der "Planungseuphorie" bezeichnet.

Ende der Planungseuphorie und Wandel der Planung
Aber die Planungseuphorie war nicht von Dauer. Es waren einerseits äußere Anlässe, die sie zusammenbrechen ließen, vor allem aber waren es innere Spannungen, welche die Vorstellungen "rationaler Politiksteuerung durch Planung" ad absurdum führten[11]. Äußerer Anlass waren die Ölkrise 1973/74 und die vom US-Präsidenten Nixon 1972 verordnete Auflösung der Golddeckung des Dollars[12].

Hinzu kamen weitere neue Rahmenbedingungen: Die Umweltbewegung kam auf (war aber in den Planungen nicht berücksichtigt), in der Bevölkerung vollzog sich zunehmend ein Wertewandel

- weg von materiellen Werten, hin zu Werten der Selbstentfaltung, Lebensqualität
- weg von hoheitlicher Bevormundung, hin zu Mitwirkung an politischen Entscheidungen über Partizipation und notfalls Bürgerinitiativen
- weg vom positiven Verhältnis zum Staat, hin zu "Staats- und Politikverdrossenheit".

Innerer Anlass waren zunehmende Spannungen im Planungssystem:

- Die exzessive staatliche Planung stieß auf Widerstand der Parlamente, die sich immer mehr in eine Randposition gedrängt sahen: Was sollte ein Parlament noch entscheiden, wenn perfekt abgestimmte "integrierte Entwicklungspläne" die Politik der nächsten fünf Jahre bestimmen sollten? Immer mehr wurde die Exekutive zur "Herrin der Politik" - und verkehrte damit die verfassungsrechtlichen Entscheidungsstrukturen ins Gegenteil[13].

- Integrierte Planungssysteme, also Planungen, die alle vier Dimensionen des Handelns, die sachliche, die zeitliche, die räumliche und die finanzielle, festlegen, sind hochgradig inflexibel gegenüber Änderungen und folglich hochgradig störanfällig. Denn sie müssen die Pläne der einzelnen Ressorts resp. Behörden zu einem Gesamtplan integrieren und sind folglich in sich mehrfach verflochtene, abgestimmte Pläne, bei denen Änderungen einzelner Variablen sofort weitere Änderungen nach sich ziehen müssen. Alle Änderungen müssen aber wieder aufwändig politisch abgestimmt werden. Zwischen der Dynamik des gesellschaftlichen Wandels und der Starrheit der Planung "knirschte" es zunehmend.

- Integrierte Entwicklungspläne mindern die Ressortautonomie. Die deutsche Verfassung sieht jedoch die so genannte Ressortverantwortlichkeit (Art. 65 GG) vor: Der Minister ist für sein Ressort eigenverantwortlich, jedoch nur im Rahmen der Vorgaben des Regierungschefs (Kanzler, Ministerpräsident) und der Kabinettsvereinbarungen. Mit integrierten Entwicklungsplänen geht eine Zentralisierung zugunsten des Regierungschefs einher, was zunehmend auf Widerstand der Ressorts stieß.

- Mittelfristige Planung des Staats und Demokratie sind schwer zu vereinbaren. Denn die Demokratie lebt von ad-hoc-Kompromissen und operiert folglich mit projekt- und problemgebundenen Einzelentscheidungen. Sie ist aber kaum in der Lage, ein mittelfristiges Zielsystem systematisch abzuarbeiten. Das gilt umso mehr, als in die Mittelfristplanung nur die Interessen eingehen, die sich gut organisieren und artikulieren können und die mittelfristige Vorstellungen entwickeln können.

- Planung wurde in Deutschland mit "Sozialreform" verbunden. Planung stieß umso mehr auf Widerstand aller Interessen, je mehr der Staat in die Steu-

---

11 vgl. zur Geschichte der Planungspraxis auf Bundesebene: Bebermeyer (1974)

12 Bis dahin war der Wert des Dollars an den Wert des Golds gebunden. Es gab das (fiktive) Recht, Dollar jederzeit in Gold tauschen zu können. Mit der Auflösung der Goldbindung sank der Dollar-Wert gegenüber dem D-Mark-Wert in kurzer Zeit von 4 auf 2,50 DM je Dollar. Ölkrise und Dollarabwertung zusammen führten dazu, dass die deutsche Zahlungsbilanz negativ wurde, die Wirtschaft weniger exportieren konnte, einige Branchen (Kohle, Werften, Textil) vollständig in die Krise gerieten und der Staat mit deutlich weniger Einnahmen rechnen musste. Alle Planungen des Staats wurden gleichsam über Nacht Makulatur.

13 Die Parlamente reagierten darauf mit "Planungsgesetzen", die dem Parlament mehr Kontrollrechte in der staatlichen Planung einräumen sollten. Der Bundestag setzte 1970 eine Enquête-Kommission "Verfassungsreform" ein, welche die notwendigen Verfassungsreformen diskutieren sollte, um dem Parlament wieder die Entscheidungsmacht zuzuführen.

erkrise[14] geriet; gerade im Rückbau des Wohlfahrtsstaats sahen Interessierte die notwendige Umstrukturierung der Gesellschaft.

Die Folge dieser Entwicklung war, dass die Planungsansätze abrupt eingestellt wurden. Auf Bundesebene wurde die Planungsgruppe "Regierungs- und Verwaltungsreform" beendet (Jan. 1976), in den Ländern wurden alle Ansätze integrierter Entwicklungsplanung abgebrochen - lediglich Bayern und Niedersachsen behielten bis heute ein Rudiment bei: die mittelfristige Investitionsplanung, deren Bedeutung für die praktische Politik jedoch gegen Null gegangen ist.

Gleichwohl war damit Planung nicht erledigt. Vielmehr war sie in der räumlichen Planung (Stadt- und Regionalplanung, Landschaftsplanung) längst als Planungssystem[15] etabliert.

- Es gab seit den 60er Jahren für die räumliche Planung Planungsstudiengänge, deren Absolventen zunehmend in die öffentliche Verwaltung eingedrungen waren.
- Es gab Rechtsregelungen, die Pläne vorsahen: Bundesbaugesetz resp. später Baugesetzbuch (für die Bauleitplanung), Raumordnungsgesetz (für die Landes- und Regionalplanung), Bundesnaturschutzgesetz (für die Landschaftsplanung), Gesetz über den Ausbau der Bundesfernstraßen (für die Planung der Bundesfernstraßen), Flurbereinigungsgesetz (für die Flurbereinigung) etc.
- Es gab Behörden, die für bestimmte Planungen zuständig waren.

Alle diese Planungen und - soweit vorhanden - Planungssysteme wurden weiter genutzt, ständig an veränderte Rahmenbedingungen angepasst, auch inhaltlich weiterentwickelt und steuernd aktiv.

Wandel der Planung im Gefolge der Veränderungen in den 70er und 80er Jahren

Für die Raum- und Landschaftsplanung änderte sich jedoch das Verhältnis von Politik und Planung. Beide Planungssysteme sind stark mit vielen anderen Politikfeldern verbunden und politisch schwach organisiert, weil sie keine starke politische Klientel haben, die sich für sie im politischen Raum stark macht. Deshalb sind sie besonders sensibel gegenüber Veränderungen im politischen und gesellschaftlichen Umfeld und müssen folglich darauf reagieren (vgl. Fürst 1998).

In beiden Handlungsfeldern vollzog sich ein Wandel, der auf drei wesentliche Veränderungen im Planungsumfeld reagierte. Diese Veränderungen waren:

1. die Aufwertung der Umweltbelange durch entsprechende politische Bewegungen seit 1970[16]
2. die Machtverlagerung zum Bürger, der sich über Partizipationsforderungen (vgl. Kap. 10.1) seit der "APO-Bewegung"[17] der 60er Jahre verstärkt in die Politik einmischte und seit 1970 in der Stadtplanung dazu auch offiziell aufgefordert wurde (Städtebauförderungsgesetz von 1971 mit Partizipationsrechten der betroffenen Bevölkerung)
3. die wirtschaftlichen und sozio-kulturellen Veränderungen, die zu erheblicher wirtschaftlicher Verunsicherung der Bevölkerung (wachsende Arbeitslosigkeit) und zum allmählichen Rückbau des "paternalistischen Wohlfahrtsstaats"[18] und zu mehr Emanzipation von Selbsthilfe führten.

Damit verbunden war ein gesellschaftlicher Wertewandel von "Pflichtwerten" zu "Werten der Selbstentfaltung" (vgl. Afheldt 1995, Klages 1988).

Die damit verbundenen Herausforderungen für Planung, vor allem für Stadt- und Regionalplanung, waren erheblich. Die Reaktionen der Planer darauf lassen sich grob wie folgt beschreiben:

- Raumplanung und Landschaftsplanung bemühten sich um gesellschaftliche Aufwertung, indem sie das Thema "ökologischer Ressourcenschutz" zu ihrem Schwerpunkt machten - die Landschaftsplanung qua Gesetz, die Raumplanung qua inhaltlicher Umorientierung; Planung wurde damit politischer, indem sie sich in die gesellschaftliche Auseinandersetzung zum Umweltschutz einmischte.

---

14 "fiscal crisis of the state", ein dominantes Thema Anfang der 70er Jahre, das sich bis heute unverändert auf der Tagesordnung gehalten hat

15 Von Planungssystemen (vgl. Kap. 2.3) kann man nur sprechen, wenn drei Bedingungen erfüllt sind: erstens ein Institutionensystem (Behörden, Rechtsgrundlagen), zweitens ein spezifisches Ausbildungssystem, drittens eine eigene professionelle Struktur (Verbände, Zeitschriften etc.).

16 Umweltschutzverbände, die Partei die GRÜNEN, Bundeszuständigkeit für Umweltpolitik, zunächst im Bundesinnenministerium

17 APO = außerparlamentarische Opposition, die Vorstufe der Bürgerinitiativen, als Protest gegen etablierte Politikstrukturen gedacht

18 eines Staats, der fürsorgend und lenkend in immer mehr Lebensbereiche eingreift

- Beide Planungssysteme bauten ihre Stärken zunehmend auf der Regionalebene aus. Die Regionalebene hatte zwei große Vorteile: Sie wurde in dem Maße interessant, wie der Staat sich aus der wohlfahrtsstaatlichen Förderpolitik zugunsten "eigenständiger Regionalentwicklung"[19] zurückziehen musste. Und sie war noch relativ schwach institutionalisiert, sodass sich Planungssysteme hier vergleichsweise wirksam entfalten konnten.
- Immer mehr bemühen sich zudem die Planer, vom reinen "Plänemachen" wegzukommen und sich über Beratung, Moderation "Runder Tische", aber auch Zusammenarbeit mit einzelnen Fachressorts stärker "ins Spiel" zu bringen. Dabei begünstigte der Prozess der Wiedervereinigung (ab 1989) die Planer, weil damit nicht nur in Ostdeutschland ein erheblicher Planungsbedarf auftrat, sondern auch neue Wege beschritten werden mussten, um schnell, durch Kooperation vieler Akteure und ohne ausdifferenzierte Rechtsgrundlagen Umstrukturierungsprozesse effektiv zu gestalten.

2.1.4 Der Wandel in der Planungstheorie

Üblicherweise geht man davon aus, dass zwischen Theorie und Praxis enge Beziehungen bestehen. Das sollte besonders in den Planungswissenschaften der Fall sein.

Die Empirie unterstützt diese Vermutung aber nur zum Teil. Kann man für die 60er und 70er Jahre unterstellen, dass die wissenschaftliche Planungsdiskussion noch die Planungspraxis beeinflusste - viele der planungsmethodischen und planungspolitischen Neuerungen wurden von der Wissenschaft initiiert - , so kehrte sich das Verhältnis von Theorie und Praxis in den 70er und 80er Jahren zulasten der Planungswissenschaft um: Die planungswissenschaftliche Diskussion wirkte immer mehr als Reflex dessen, was in der Praxis geschah. Das lässt sich leicht zeigen, wenn man vor dem Hintergrund der gerade geschilderten historischen Entwicklung der Planungspraxis skizziert, was in der Planungstheorie "gelaufen" ist (vgl. Fürst 1990; Fürst 1997; Fürst 1998).

Planungswissenschaften bis Anfang der 70er Jahre

Wie in fast allen wirtschafts- und sozialwissenschaftlichen Disziplinen wurde die wissenschaftliche Diskussion der 50er Jahre bis Anfang der 60er Jahre weitgehend von den amerikanischen Denkern beeinflusst. Insofern wurden in Deutschland "Schlachten geschlagen", die teilweise in den USA bereits ausgestanden waren oder dort geringere Relevanz hatten, weil es in den USA eine geringere ideologische Polarisierung gab als in Deutschland (wo auch die Parteien ideologisch polarisierend wirkten). In den USA wurde die Planungsdiskussion vor allem aus den Politikwissenschaften und den Wirtschaftswissenschaften, und hierbei der Betriebswirtschaft, in Gang gesetzt. Es bildeten sich dabei drei unterschiedliche Stränge heraus:

1. ein entscheidungstheoretisches Konzept
2. ein Konzept politischer Planungsprozesse
3. ein systemtheoretischer oder kybernetischer Ansatz.

Das *entscheidungstheoretische Konzept* setzte an der Entscheidungslogik an und versuchte, mit mathematischen Rechenoperationen Planungen und Entscheidungen zu optimieren. Dieser Ansatz stammte aus der betriebswirtschaftlichen Managementlehre, wurde aber zunehmend auch auf den Staat übertragen. Hier ging es nicht nur um Optimierungsmethoden für Investitionen, Lagerhaltung oder Routenplanung im Verkauf, sondern auch um aufgabenbezogene Planungssysteme wie PPBS, ZBB, Strategische Planung[20].

Darüber hinaus wurden in diesem Kontext spieltheoretische Ansätze (vgl. Kap. 8.6) eingesetzt, aber auch Bewertungsmethoden diskutiert (z. B. Kosten-Nutzen-Analyse - vgl. Kap. 7.3, Nutzwertanalyse - vgl. Kap. 7.4).

Ein zweiter Theoriestrang befasste sich mit *politischen Planungsprozessen* und war Reaktion auf den ersten Theoriestrang. Dieser stellte (normative) Anforderungen an die Planungspraxis, die in Betrieben möglicherweise

---

19 Unter eigenständiger Regionalentwicklung versteht man ein Konzept, das die Region mit ihren Akteuren in den Mittelpunkt der Entwicklungssteuerung stellt: Die relevanten regionalen Akteure sollen über Runde Tische, Regionalkonferenzen oder wie auch immer zusammenarbeiten und gemeinsam Konzepte erstellen, wie die Region entwickelt werden soll.

20 Planning-Programming-Budgeting-System (PPBS) war ein Budgetierungssystem, das von den Aufgaben her organisiert war und die Haushaltsmittel nach aufgabenbezogenen Prioritäten verteilen sollte. Dafür war notwendig, dass die Verwaltungsstrukturen aufgabenbezogen umgebaut wurden. In Deutschland ist dieses System nur im Bundeslandwirtschaftsministerium funktionsfähig eingesetzt worden; in allen anderen Ministerien wurde es bald wieder abgeschafft (vgl. Hansmeyer u. Rürup 1975). Zero-Base-Budgeting (ZBB) versucht, die Rationalität der Haushaltsplanung dadurch zu erhöhen, dass nicht blind die Ansätze des letzten Jahres zugrunde gelegt werden, sondern jeweils neu begründet werden muss ("Zero-Base"), warum man bestimmte Mittel braucht.

zu realisieren, in pluralistischen demokratischen Entscheidungssystemen aber ganz offensichtlich nicht umzusetzen waren. Die aus der Soziologie und Politikwissenschaft kommenden Kritiker fragten, wie weit in demokratischen Systemen staatliche Planung überhaupt zu realisieren sei. Hier setzte sich die Auffassung von Charles Lindblom durch (s. Brabrooke u. Lindblom 1972), dass demokratische Systeme nur inkrementelle, d. h. schrittweise Veränderungen vornehmen könnten, die sich zudem in der Gesellschaft nur durchsetzen ließen, wenn sie im Prozess des "Partisan Mutual Adjustment" erfolgten: Impulse stoßen auf Widerstand Dritter und lassen sich erst umsetzen, wenn die wechselseitigen Anpassungsprozesse beendet worden sind. Lindblom prägte den Begriff des "Mudding through" ("Durchwursteln") für die praktische Planung (Lindblom 1959).

Karl Popper (vgl. Kap. 2.6.2) vertrat diese Auffassung in England resp. Deutschland. Er kam zum Ergebnis, dass Gesellschaften zu komplex, zu dynamisch und zu sehr verflochten seien, um sicher selbst steuern zu können. Stattdessen schlug er schrittweise Veränderungen mit der Chance vor, jederzeit Korrekturen anzubringen ("Piecemeal Social Engineering"). Daraus leitet sich das inkrementelle Vorgehen ab (Popper 1945).

Gegenüber Lindblom erhob sich Kritik, weil seine Empfehlungen zu konservativ[21], relativ ziellos und ohne Alternativen-Diskussion seien. Daraufhin empfahl Amitai Etzioni das Konzept des "Mixed Scanning", eine Mischung aus langfristigem "holistischen" Rahmenkonzept und darin eingebettetem kurzfristigen, "inkrementellen" Handlungskonzept (Etzioni, 1968, 282 ff.; Etzioni 1986).

Zum anderen wurde von Herbert A. Simon - im Zuge seiner Beschäftigung mit künstlicher Intelligenz - das Problem aufgeworfen, ob Menschen überhaupt rational im wissenschaftlich reinen Konzept handeln könnten. Das setze wie bei einer mathematischen Aufgabe neben einer eindeutigen Aufgabenstellung die volle Übersicht über alle verfügbaren Informationen, über alle Handlungsmöglichkeiten und deren Wirkungen sowie über alle relevanten Bewertungskriterien voraus. Die Empirie zeige aber, dass der Mensch nur beschränkt rational handeln könne, weil er nur über unvollständige Information (v. a. Zukunftswissen), über nur begrenzte Informationsverarbeitungskapazität und nur über begrenzte Ressourcen (Zeit, Geld) verfügt, um Informationsverarbeitungsprozesse perfekt auszuführen. Aber nicht nur der einzelne Mensch, auch Organisationen unterliegen diesen Restriktionen: Organisationsstrukturen wirken als Informationsfilter, steuern die Aufmerksamkeit ("selektive Perzeption") und setzen institutionell begründete Prioritäten, die von denen der Gesellschaft strukturbedingt abweichen müssen ("institutionelle Eigeninteressen").

Simon vertrat die These, dass Informationsverarbeiter den Anspruch an das Ergebnis davon abhängig machen, was sie leisten können. Daraus leitet er ab, dass Informationsverarbeiter nur nach der befriedigenden Lösung ("Satisficing Solution"), und nicht nach der "besten" Lösung suchen. Das Simon'sche Konzept der "Bounded Rationality" wurde für die weitere Planungsdiskussion sehr einflussreich, weil es im Gegensatz stand zu den Vorstellungen der wissenschaftlichen Entscheidungstheorie, die von "unbegrenzter Rationalität" ausging und wirklichkeitsfremde Entscheidungskalküle (Entscheidungsalgorithmen) hervorbrachte.

Diese Diskussion führte später zum Konzept der "strategischen Planung", auf das hier nicht weiter eingegangen werden kann (vgl. Seidel-Kwem 1983).

Schließlich wurde in einem dritten Theoriestrang Planung in *systemtheoretische und kybernetische Bezüge* gesetzt: Vor allem die Kybernetik mit den rückgekoppelten Schleifen bietet interessante Ansätze für Planung, wenn Planung als Form der Steuerung komplexer Systeme betrachtet wird. Die kybernetische Richtung der Planung hat sich allerdings in der Diskussion kaum durchgesetzt, weil sie zu abstrakt blieb, keine nennenswerten Erkenntnisgewinne hervorbrachte, tendenziell technokratisch zu werden drohte[22] und in ihrer empirischen Umsetzbarkeit auf das reduziert wurde, was die "normale" Planungsdiskussion auch bot. Die kybernetische Planungsdiskussion fand jedoch in der ehemaligen DDR sehr große Aufmerksamkeit, weil sie vorzüglich mit dem Planungsmodell von Zentralverwaltungswirtschaften zusammenpasste.

Die deutsche Diskussion koppelte sich Ende der 60er Jahre von der amerikanischen insofern ab, als sie stärker von marxistischen Überlegungen über den Zusammenhang zwischen gesellschaftlicher Planung und kapitalistischem System geprägt wurde. Diese Planungsdiskussion wurde von der sich neu belebenden marxisti-

---

21 "affirmativ" gegenüber dem Bestehenden, Begünstigung der Machthabenden, diffus in der Zielrichtung etc.

22 Politik weitgehend ausklammerte, sich mathematisch verselbstständigte

schen Staatstheorie[23] befruchtet. Sie fragte nach der Rolle des Staats (und der Planung) im kapitalistischen System und nach der Steuerungskraft, die Staat und Planung haben könnten (Autonomiegrad des Staats im kapitalistischen System)[24]. Daraus resultierte eine harte Auseinandersetzung zwischen den marxistisch orientierten einerseits und den an der amerikanischen Entscheidungstheorie ausgerichteten Planungstheoretikern[25] andererseits. Trotz der ideologischen Grabenkämpfe und der weitgehenden Zurückdrängung der entscheidungstheoretischen durch die marxistischen Ansätze erwies sich die Diskussion insofern als fruchtbar,

- als die marxistisch orientierten Theoretiker die politische Seite der Planung in den Vordergrund rückten, während die Entscheidungstheoretiker vor allem die Seite der Informationsverarbeitung prioritär behandelten
- als die Verbindung zwischen Planung, Verwaltungsorganisation und Gesellschaftssystem deutlicher herausgestellt wurde
- und als sich daraus eine Art Synthese entwickelte, die dadurch gekennzeichnet werden kann, dass Planung nicht frei von gesellschaftlichen Rahmenbedingungen ist, andererseits in ihrer Wirkung aber gestaltet werden kann, nämlich in Abhängigkeit von organisatorischen Maßnahmen zur Interessenberücksichtigung und zum Interessen-Clearing, von Methoden der Informationsverarbeitung und vom politischen Willen, sich der Planung zu bedienen.

Da zudem einige der marxistisch argumentierenden Theoretiker Beratungsfunktion in der Planungsgruppe "Regierungs- und Verwaltungsreform" des Bundes hatten, wurden sie mit der Realität der Umsetzbarkeit ihrer Theorien konfrontiert, was sie immer mehr dazu veranlasste, Elemente der entscheidungstheoretisch orientierten Konzepte zu adaptieren. Hier wurde vor allem F.W. Scharpf sehr einflussreich, der mit seinem Aufsatz "Planung als politischer Prozeß" (1973a) gleichsam ein wissenschaftliches Forschungsprogramm zur Planungsdiskussion anbot, das in weiten Teilen heute noch Gültigkeit besitzt (und vor allem lesenswert ist).

Die wesentlichen Themen der Planungsdiskussion Ende der 60er und Anfang der 70er Jahre

Es ist nicht leicht, die umfangreiche und vielfältige Literatur Ende der 60er und Anfang der 70er Jahre zur Planung auf wenige Themen zu reduzieren. Aber wenn man in heroischer Vereinfachung dieses versucht, kann man sagen, dass es in erster Linie die Folgenden waren (vgl. Lau 1975; Schäfers 1973; Schäfers 1974; Scharpf 1973a):

- *Technokratische versus politische Planung*: Wie weit verhalten sich Planer wie "Techniker", die sich über ihre Abhängigkeit von Politik einerseits, faktische Einflussnahme auf Politik andererseits nicht im Klaren sind; wie legitimiert sich Planung; wie verhält sich Planung zu demokratischen Prozessen der Willensbildung u. ä.? Heute wird dieses Thema pragmatisch gelöst: Planer sind politisch eingebunden, müssen aber dafür sorgen, dass möglichst alle relevanten gesellschaftlichen Interessen im Planungsprozess gehört werden (Partizipationsprozesse).
- *Relevanz der Planung für gesellschaftliche Steuerung*: Während die marxistisch orientierten Theoretiker die Relevanz als sehr niedrig einschätzten[26], sahen die entscheidungstheoretisch ausgerichteten Wissenschaftler in Planung die Chance zur rationaleren Politikgestaltung unter Erweiterung der Optionsräume: Erstens kann durch Planung der Zukunftsbezug in die Kalkulation besser eingebunden werden (Veränderung der Handlungsoptionen in die Zeit), zweitens kann die Komplexität der Problemverarbeitung erhöht werden, drittens können Informationen und Interessen systematischer berücksichtigt werden, viertens können Koordinationsaufgaben effektiver gelöst werden und fünftens kann reaktive Politik über die verlängerte Zeitachse in aktive Politik umgewandelt werden (vgl. Scharpf 1973a).
- *Macht und Einfluss in Planungsprozessen*: Wessen Interessen werden berücksichtigt, wie können Belange zukünftiger Generationen einbezogen werden, wovon hängt die Macht und Einflussnahme von Interessen im Planungsprozess ab? Hier ging es

---

23 Habermas, Hirsch, Narr, Naschold, Offe, Ronge u. a.

24 Der Staat wird danach als Instrument der "Kapitalistenklasse" gesehen, die über ihn die ungesteuerte Eigendynamik der kapitalistischen Produktionsprozesse korrigieren will. Denn die Kapitalverwertung führt im kapitalistischen System zu Widersprüchen zwischen Kapitalverwertungsinteressen und den davon ausgelösten Veränderungen in den Rahmenbedingungen. Solche Widersprüche laufen aber den Interessen der Kapitalverwertung zuwider und müssen zu krisenhaften Fehlentwicklungen führen (vgl. Hirsch 1974).

25 Böhret, Lompe, Mayntz, Scharpf u. a.

26 Ronge u. Schmieg 1973: "Restriktionen der Planung"

zum einen um Verbesserungsmöglichkeiten durch Partizipation (vgl. Kap. 10), zum anderen um die Erforschung der Wirkungen von unterschiedlichen Organisationsstrukturen auf Planungsprozesse[27].

- *Verbesserung der Methoden der Informationsverarbeitung*: Hier wurde vor allem auf Zukunftswissen und Bewertungsverfahren Wert gelegt. Prognoseprobleme, "Lookout-Institutions"/Zukunftsforschung, Einsatz von "Managementinformationssystemen" für die Planung etc. waren Themen, die teilweise heute noch Nachwirkungen haben.

Ab Mitte der 70er Jahre brach die Planungsdiskussion in Deutschland ab und wurde von der so genannten Vollzugsforschung (Implementationsforschung) ersetzt. Diese interessierte sich für die Analyse von Planungs- und Entscheidungsprozessen, vor allem nachdem Pläne und Programme aufgestellt waren.

Planungsdiskussion der 80er und 90er Jahre

Eine nennenswerte Planungsdiskussion, die der Tradition der 60er und 70er Jahre folgte, gab es während der 80er Jahre nicht mehr. Auch in der Stadtplanung, die in den 70er Jahren noch erhebliche Impulse zu dieser spezifischen Planungsdiskussion gab[28], war dieser Diskussionsstrang versiegt. Im Vordergrund stand das Paradigma der "Modernisierung des Wohlfahrtsstaats durch marktliche Steuerung", wobei auch staatliche Planung immer mehr in den Sog dieses Paradigmas geriet: Inhaltlich geht es um die Betonung des Individuellen und Besonderen, um die Abkehr vom Prinzip "Einheitlichkeit der Lebensverhältnisse" zugunsten der "Gleichwertigkeit der Lebensverhältnisse"[29], vom "integrierten Planungskonzept" zur Planung des "perspektivischen Inkrementalismus" (Ganser[30]), zur verstärkten Nutzung der "informellen Planung", deren Funktion vor allem die Konsensbildung im Vorfeld verbindlicher Planung ist, etc.

Erst in den 90er Jahren lebte die Planungsdiskussion langsam wieder auf. Sie speiste sich:

- aus beträchtlichen Erfahrungen, die mit Planungsprozessen in der Praxis gemacht wurden
- aus neuen Anforderungen an die Planer, Kooperationsprozesse und Netzwerke der Kooperation zu organisieren - nicht zuletzt als Folge zunehmender Ratlosigkeit bei allen Akteuren angesichts sich rapide ändernder Wirtschaftsstrukturen
- aus neuen Anforderungen an die Planinhalte und an Konzepte der eigenständigen Regionalentwicklung, der wirksameren Berücksichtigung ökologischer Belange in der Planung (z. B. "ökologisch orientierte Raumplanung") und an Konzepte der lokalen oder regionalen Selbsthilfeprojekte.

Vor allem aber beeinflusste der Wandel der politisch-administrativen und technischen Rahmenbedingungen die Diskussion. Zu diesen Veränderungen gehören (vgl. Fürst 1993):

- Globalisierung der Wirtschaft und Tendenz zu postfordistischen Wirtschaftsstrukturen (Fürst 1999)
- die damit einhergehende sinkende Steuerungsfähigkeit des Staats (wachsende Ausweichoptionen der Steuerungs-Adressaten), verstärkt durch pluralistischer gewordene Sozialstrukturen und wachsende Unterschiede in den Werten und Einstellungen (Differenzierung der Lebensstile)
- die europäische Integration, welche die Planungstheoretiker den Blick über die nationalen Grenzen hinweg in andere europäische Länder richten ließ (vgl. Fürst 1994a)
- sich schnell ändernde Paradigmata des politisch-administrativen Denkens, aber auch
- die wachsende Bedeutung von Großinvestitionen, welche die Stadt- und Regionalentwicklung nachhaltig beeinflussen[31] und ganz neue Planungsprozesse verlangen[32].

---

27 Stichworte sind z. B. selektive Wahrnehmungssteuerung durch Organisation, institutionelle Eigeninteressen von Organisationen (vgl. Kap. 2.4.)

28 Beteiligungsfragen, Planung durch "informelle Rahmenplanung" etc. (vgl. Lölhöffel u. Lölhöffel u. Schimanke 1983; Albers 1993)

29 Art. 72 Abs. 2 GG wurde Anfang der 90er Jahre dahin gehend geändert.

30 Mit perspektivischem Inkrementalismus bezeichnet Karl Ganser sein Vorgehen bei der IBA Emscher Park: Im Mittelpunkt stehen Projekte ("inkrementales Vorgehen"), die aber eingebunden werden in übergeordnete Leitlinien ("Perspektive"), wobei es sich dabei um allgemeine Ziele oder Leitbilder oder Leitprojekte handeln kann. Das Konzept wurde in den 60er Jahren schon von Etzioni vertreten (s. o.).

---

31 "Neue Mitte Oberhausen", EXPO Hannover, Center Park Bispingen, Factory Outlet Centres etc.

32 Dominanz der privaten "Developer", Zwang zur Verfahrensbeschleunigung, einseitige wirtschaftliche Ausrichtung der Planungsinhalte etc. (vgl. Häußermann u. Siebel 1993)

Globalisierung bezeichnet die grenzüberschreitende wirtschaftliche Vernetzung durch multinationale Konzerne, international tätige Dienstleister (Banken, Versicherungen, Immobilienhandel u. ä.) sowie Kapitalverflechtung mit ausländischen Betrieben. Mit Globalisierung einher geht zum einen die Aufwertung von internationalen Zentren (Metropolen), die Kapitalkonzentration und die engere Verflechtung von Wirtschaft mit internationaler Politik, zum anderen ein Prozess der Dezentralisierung, um trotz Kapitalkonzentration hohe Anpassungsflexibilität über die dezentrale Ebene zu erhalten (vgl. Friedrichs 1997). Damit verbinden sich "postfordistische Wirtschaftsstrukturen"[33].

Paradigmata sind Denk-, Deutungs- und Wahrnehmungsmuster, welche die Informationsverarbeitung und -bewertung steuern. In der komplexen Welt werden Handlungen immer mehr von Paradigmata gesteuert, weil es immer weniger möglich ist, direkt-empirisch zu prüfen, was "richtig" und "falsch" ist. Politisch-administratives Handeln in einer komplexen Welt ähnelt immer mehr dem Handeln in einer virtuellen Welt (Fürst 1996a).

In der Folge des Wandels gewinnt Planung zunehmend eine andere Funktion; sie kann immer weniger langfristige Pläne erstellen:

- Prognosen (vgl. Kap. 6.3) werden unsicherer und durch Szenarien (vgl. Kap. 6.4) ersetzt
- Langfristige Bindungen werden zugunsten der Forderung nach hoher Flexibilität reduziert
- Organisationsstrukturen werden zugunsten von Netzwerken durchlässiger, die Komplexität der Handlungsfelder lässt vereinfachte Modelle zur Abbildung der komplexen Wirklichkeit immer wichtiger werden, führt damit aber immer mehr zu "Arbeiten in virtuellen Handlungsfeldern" (Fürst 1996a).

Planung übernimmt stattdessen stärker Funktionen wie:

- Vermittler in einem Prozess zunehmender Vernetzung von isoliert entscheidenden Akteuren
- Transferstelle von Ideen in praktisches Handeln
- Beförderung gesellschaftlicher Lernprozesse in bestimmten Handlungsfeldern.

Folgen der Informations- und Kommunikationstechniken für die Planungsdiskussion

Aber auch die neuen Informations- und Kommunikationstechniken (vgl. Kap. 2.7) verändern die Planung. Das gilt insbesondere für die Möglichkeiten der Anwendung geografischer Informationssysteme (Klostermann 1992).

Planung erhält damit einerseits mehr Möglichkeiten, sich zu artikulieren und ihre "Messages" dem Adressaten verständlich zu vermitteln. Sie wird andererseits aber auch immer mehr in Handlungsbezüge gebracht, die ihr neue externe Zwänge auferlegen.

Die Planungsdiskussion hat diese beiden Entwicklungen noch nicht genügend zusammengeführt:

Auf der einen Seite konzentriert sie sich - übrigens ähnlich wie Ende der 60er Jahre - primär auf Fragen der kollektiven Handlungsfähigkeit in einer Welt, die immer pluralistischer wird, in der immer mehr Akteure an der Planung zu beteiligen sind[34] und in der sich die Interessen immer mehr auseinander entwickeln - z. B. ökologische vs. ökonomische Belange, Wohnwert-Belange vs. Produktions-Belange. Das Thema der Konsensfindung und Konfliktregelung beherrscht folglich immer mehr die Planungsdiskussion.

Die hier anstehenden Themen sind:

- Netzwerke und intermediäre Organisationen
- Planer als Moderatoren von regionalen Netzwerken
- Planung und Kommunikation.

Netzwerke und intermediäre Organisationen sind neue Formen der Integration arbeitsteilig ausdifferenzierter Akteure. Netzwerke sind locker gekoppelte Kooperationsstrukturen, die im Wesentlichen auf Austausch von Ideen, Lernprozessen, Angleichung von Werthaltungen und Einstellungen, Vertrauen und Risikoabbau durch Kooperation setzen und Konsense im Wege von Überzeugen sowie Aushandeln erreichen. Intermediäre Organisationen sind "Zwischensysteme" zwischen marktlichen Prozessen und bürokratischen Organisationen und haben die Aufgabe, Verknüpfungen herzustellen ("Public-Private-Partnerships", vgl. ARL 1995, bes. 167 ff.; Fürst 1996a).

---

33 Der Terminus bezeichnet einen Wandel der Wirtschaft von Industriebetrieben mit standardisierter Fertigung (fordistische Fertigung = Fließbandfertigung) zu flexiblen Produktionsprozessen, die sich auf Marktsegmente spezialisieren lassen ("flexible Spezialisierung") und andere Produktionsmuster verlangten (mehr Gruppenarbeit mit größerer Entscheidungsfreiheit, Verstärkung der Netzwerke zwischen Betrieben, kleinere Lose mit marktgerechterer Produktgestaltung etc., vgl. Krumbein 1994).

34 Man vergleiche die Liste Träger öffentlicher Belange zu Ende der 60er und zu Mitte der 70er Jahre.

Planer als Moderatoren von regionalen Netzwerken anzusehen, ist heute zum Gemeinplatz der planungswissenschaftlichen Diskussion in Deutschland und im europäischen Ausland geworden (vgl. Fürst 1994b; Selle 1996). Zunehmend befasst sich die Planungsdiskussion darüber hinaus auch mit der "Mediation", d. h. der geleiteten Konfliktregelung in Gruppen (vgl. Kap. 9.3). Dieses aus den USA übernommene Konzept hat inzwischen auch in Deutschland nicht nur wissenschaftliche, sondern auch beträchtliche praktische Aufmerksamkeit erlangt (vgl. Gassner et al. 1992; Runkel 1996).

Konsensbildung hat etwas mit *Kommunikation*, Lernen, Überreden/Überzeugen zu tun. Gute Planer sind gute Kommunikatoren, die wissen, in welchem Maße die Sprache der Pläne, der Kommunikationsstil und die Fähigkeit des Zuhörens und intelligenten Fragens die Erfolge in der Planung bestimmen (vgl. Healey 1996).

Auf der anderen Seite gibt es eine relativ große Gruppe von Wissenschaftlern, die sich mit Bewertungsmethoden (vgl. Kap. 6, vor allem in Verbindung mit der Umweltverträglichkeitsprüfung, Kap. 3.2) und mit dem Einsatz der neuen Informations- und Kommunikationstechniken (Geografische Informationssysteme, Computer-Animation) in der Planung befassen. Diese lassen neue Planungssysteme zu:

- Pläne können informationsintensiver werden, ohne für den Leser überladen zu wirken, weil zweckgebundene Ausschnitte dargestellt werden können.
- Die Technik gestattet den Einsatz von Simulationsmodellen der Wirklichkeit, sodass Pläne "dynamischer", d. h. die Plan-Leser sich über Folgen von Plänen klarer werden können.

Der Dialog zwischen den beiden Gruppen der Planungs-Politiker und der Planungs-Informatiker lässt noch deutlich zu wünschen übrig.

Institutionenbezogene Planungsdiskussion
Aber auch eine ältere Diskussion, die nach dem Zusammenhang zwischen Organisationsstrukturen resp. Institutionen und Planungsprozessen fragt, lebt unter dem Einfluss der neueren Institutionenforschung in den Wirtschaftswissenschaften und in der Politikwissenschaft wieder auf, vor allem angestoßen durch die Debatte zur Modernisierung des Staats ("New public Management", vgl. Reichard 1994). Hier geht es um Fragen wie (vgl. Benz 1994, bes. 171 ff.):

- Welche Organisationsform ist für regionale Planungen besonders geeignet, um den Anforderungen an Planung gerecht zu werden?
- Wie soll die im öffentlichen Sektor verankerte Planung auf die zunehmende Deregulierung und Privatisierung öffentlicher Aufgaben reagieren, wenn damit die Zahl der eigenständigen Akteure vergrößert wird, gleichzeitig aber auch der Zugriff der öffentlich-rechtlichen Planung vermindert wird, zumal Planung im Falle der Privatisierung an Einfluss verliert, weil sie nur behördenintern, nicht aber gegenüber Privaten verbindlich ist?
- Wie geht Planung mit der zunehmenden Aufweichung von Institutionen und Organisationen um ("Flucht aus den Institutionen"), indem in wachsendem Maße "informales Verwaltungshandeln", informales Planen und informale Kooperationsprozesse (Netzwerke) die formalen Organisationsstrukturen überlagern? Dieses Problem beschäftigt vor allem die Verwaltungsjuristen, weil Informalität sich der Regelbindung entzieht, die Ergebnisse nicht einklagbar (weil nicht bindend fixiert) sind und die Prozesse in ihrer Legitimation problematisch sind: Werden alle Belange genügend gleichwertig berücksichtigt? Kann die im informalen Verwaltungshandeln beteiligte Behörde ihre Neutralität bewahren? Wie nahe kommen informale Prozesse der Korruption?

2.1.5 Einige Folgerungen

Zusammenfassend zeigt sich, dass die Planungsdiskussion immer eng mit politischen Entwicklungen einer Gesellschaft in Verbindung steht. In gewisser Weise wird die Planungsdiskussion heute stärker von den Entwicklungen in Staat, Wirtschaft und anderen Teilsystemen der Gesellschaft bestimmt, als dass sie noch Impulsgeberin für die Praxis wäre (vgl. Fürst 1997). Damit wird sie "realistischer", weil Planungswissenschaft davon lebt, dass sie eine sehr enge Rückkopplung zur Praxis aufbaut und kritisch diskutiert (sowie verbessert), was in der Praxis abläuft. Zudem haben sich die Schwerpunkte der Diskussion weitgehend von den Inhalten gelöst und wieder mehr - wie in den 60er Jahren auch - auf prozessuale und methodische Fragen verschoben.

Planungsdiskussionen unterliegen offenbar Zyklen gesellschaftlicher Aufmerksamkeit, die eng damit zusammenhängen, für wie wichtig Planung von der Gesellschaft eingeschätzt wird. Planer hatten früher die Vorstellung, Planung sei per se wichtig und es komme nur darauf an, sich mit den planungswissenschaftlichen Grundlagen zu beschäftigen. Heute haben Planer gelernt, dass Planung wie fast alles in einer marktlich gesteuerten Welt, die zudem unter Informationsüberflutung leidet, ein Angebot ist, das sich seinen "Markt" erschließen muss. Planer müssen für Pläne werben, müssen den gesellschaftlichen Bedarf erschließen, den sie bedienen können, und müssen sich darum bemühen, in der überlauten Welt Gehör zu finden. Deshalb gibt es inzwischen den Begriff des "Planungsmarketing", der diese neue Herausforderung abbilden soll (vgl. Maier u. Weber 1995).

Planungswissenschaften befassen sich mit der Planung: der Gestaltung von Prozessen der Informationsverarbeitung und Konsensfindung, den Methoden zur Analyse und Bewertung von Planungsobjekten, dem Verhältnis zwischen Planung und Gesellschaft, den damit verbundenen Ethikfragen u. ä. Aber Planungswissenschaften erforschen i.d.R. selbst nicht das Objekt ihrer Planung. Vielmehr übernehmen sie dabei das Wissen von anderen wissenschaftlichen Disziplinen. Aber diese Integration des Wissens anderer Disziplinen in die Planung ist wieder Gegenstand der Planungswissenschaften. Denn die aus den anderen wissenschaftlichen Disziplinen übernommenen Theorien und Erkenntnisse sind zunächst Erklärungen von empirisch beobachtbaren Zusammenhängen zwischen Variablen. Planung wäre dann die theoriegeleitete Veränderung der Empirie. Dies birgt allerdings einige Probleme in sich:

- Theorien der anderen Disziplinen werden in einem spezifischen Diskussions-Kontext entwickelt[35]. Wie sichert man ab, dass die Planer die Informationen der Disziplinen "richtig" aufnehmen? Wie verhindert man, dass sie sich zu stark von einzelnen wissenschaftlichen Disziplinen leiten lassen und betriebsblind für andere werden? Die Planungsstudiengänge bemühen sich, dieses Problem durch transdisziplinäre Lernformen (Projekte) und interdisziplinäre Studienangebote zu lösen.
- Je komplexer die Welt für die Planer wird, umso mehr sind sie auf die Nachbardisziplinen zur Unterstützung angewiesen. Aber je theorielastiger die Inhalte der Planung werden, umso größer ist die Gefahr, dass die Wirklichkeit "theoretisch konstruiert" wird (vgl. Fürst 1997). Dem kann man in der Planung entgehen, indem man die Realitätskontrolle durch partizipative Planungskonzepte intensiviert.
- Wachsende Komplexität mindert die Chancen der vorausschauenden Planung. Das ist ein Thema, das die moderne Planungsdiskussion zunehmend beschäftigt. Ursächlich dafür sind sowohl Grenzen der Informationsverarbeitungsfähigkeit als auch Probleme politischer Konsensfindung. In der Planungstheorie wird vor allem auf die Grenzen der Informationsverarbeitung aufmerksam gemacht. Zu verweisen ist auf
  - das Theorem der "Bounded Rationality" von Simon (s. o.)
  - die Theorie-Unsicherheit, die wächst, wenn Theorien immer wieder neu gebildet werden müssen, um den komplexeren Bedingungen gerecht zu werden
  - die progressiv teurere Informationsbeschaffung als Folge von wachsendem messtechnischen Aufwand, Datenschutz, Datenmanipulation aus strategischen Gründen, immer aufwändigeren Verfahren der Primärdatenbeschaffung (wissenschaftliche Gutachten, Beratungskosten).

Dennoch: Der Engpass ist nicht die Informationsverarbeitung. Dies ist über Kapital (EDV-Einsatz) und Organisation (Planungsorganisationen) sowie Ausbildung (Personal) handhabbar. Der Engpass wird vielmehr die Konsensfindung, weil mit wachsender Ausdehnung des Wirk-Bereichs der Planung die Zahl und Heterogenität der Betroffenen (Interessengegensätze) wächst, die Pläne aber mit wachsender Komplexität und Veränderung der Voraussetzungen der Planinhalte in immer kürzeren Abständen angepasst werden müssen.

Literatur

AFHELDT, H., 1995: Ausstieg aus dem Sozialstaat? Aus Politik und Zeitgeschichte B25-26/1995: 3-12.

AKADEMIE FÜR RAUMFORSCHUNG UND LANDESPLANUNG (Hrsg.), 1995: Anforderungen, Analysen, Empfehlungen, Hannover (Forschungs- und Sitzungsberichte 200).

ALBERS, G., 1993: Über den Wandel im Planungsverständnis. In: Wentz, M. (Hrsg.): Wohn-Stadt. Die Zukunft des Städtischen, Frankfurt (Frankfurter Beiträge 4), wiederabgedruckt in: RaumPlanung 61: 97-103.

---

35 eigene Begrifflichkeit und Deutungsmuster der Welt, eigene Selektionsfilter, die einige Variablen als wichtig, andere als unwichtig oder irrelevant definieren etc.

BEBERMEYER, H., 1974: Regieren ohne Management? Stuttgart (Bonn aktuell).

BENZ, A., 1994: Kooperative Verwaltung. Funktionen, Voraussetzungen und Folgen, Baden-Baden.

BERGEN, M.v., 1995: Vor dem Keynesianismus. Die Planwirtschaftdebatte der frühen dreissiger Jahre im Kontext der "organisierten Moderne", Berlin (FS II 95-103).

BRABROOKE, D.; LINDBLOM, C.E., 1972: Zur Strategie der unkoordinierten kleinen Schritte (Disjointed Incrementalism). In: Fehl; Fester; Kuhnert (Hrsg.): Planung und Information. Materialien zur Planungsforschung, Gütersloh, 69-104.

BÖHRET, C., 1975: Grundriß der Planungspraxis, Opladen.

EUCKEN, W., 1990: Grundsätze der Wirtschaftspolitik, 6. Aufl., Tübingen.

ETZIONI, A., 1968: The Active Society. A Theory of Societal and Political Processes, New York.

ETZIONI, A., 1986: Mixed Scanning Revisited. Public Administration Review 46: 8-14.

FORESTER, J., 1989: Planning in the Face of Power, Berkeley.

FREYER, H., 1933: Herrschaft und Planung. Zwei Grundbegriff der politischen Ethik, Hamburg.

FRIEDRICHS, J., 1997: Globalisierung - Begriff und grundlegende Annahmen. Aus Politik und Zeitgeschichte B 33-34/97: 3-11.

FÜRST, D., 1990: Neuere theoretische Ansätze in Raum- und Umweltplanung. Staatswissenschaft und Staatspraxis 4: 512-528.

FÜRST, D., 1993: Planung heute. Neues Archiv für Niedersachsen (2): 105-117.

FÜRST, D., 1994a: Europäische Tendenzen der Regionalisierung und Dezentralisierung der Raumplanung. In: Pernthaler, P. (Hrsg.): Föderalistische Raumordnung - eine europäische Herausforderung, 3-15, Wien (Schriftenreihe des Instituts für Föderalismusforschung, 58).

FÜRST, D., 1994b: Regionalkonferenzen zwischen offenen Netzwerken und fester Institutionalisierung. Raumforschung und Raumordnung 52: 184-192.

FÜRST, D., 1995: Planung. In: Akademie für Raumforschung und Landesplanung (Hrsg.): Handwörterbuch der Raumordnung, Hannover, 708-711.

FÜRST, D., 1996a: Regionalentwicklung: von staatlicher Intervention zu regionaler Selbststeuerung. In: Selle, K. (Hrsg.): Planung und Kommunikation. Gestaltung von Planungsprozessen in Quartier, Stadt und Landschaft. Grundlagen, Methoden, Praxiserfahrungen, Wiesbaden u. Berlin, 91-99.

FÜRST, D., 1996b: Komplexitätsverarbeitung in der Planung (Stadt-, Regional- und Landesplanung) - am Beispiel der Regionalplanung. Archiv für Kommunalwissenschaften 35: 20-37.

FÜRST, D., 1997: Der Wandel raumplanerischer Konzepte - Wandel raumplanerischen Denkens. In: Monheim, H.; Zöpel, C. (Hrsg.): Raum für Zukunft, Essen, 108-122.

FÜRST, D., 1998: Wandel des Staates - Wandel der Planung. Neues Archiv für Niedersachsen (2): 53-74.

FÜRST, D., 1999: Globalisierung und europäische Integration versus nachhaltige Entwicklung - Implikationen widersprüchlicher Anforderungen an die Raumplanung. In: Weiland, U. (Hrsg.): Perspektiven der Raum- und Umweltplanung angesichts Globalisierung, Europäischer Integration und Nachhaltiger Entwicklung, Festschrift für K.-H. Hübler, Berlin, 13-34.

FÜRST, D.; RITTER, E.-H., 1993: Landesentwicklung und Regionalplanung, Düsseldorf.

GASSNER, H.; HOLZNAGEL, B.; LAHL, U., 1992: Mediation. Verhandlungen als Mittel der Konsensfindung bei Umweltstreitigkeiten, Bonn (Planung und Praxis im Umweltschutz 5).

HABERMAS, J., 1981: Theorie des kommunikativen Handelns, 2 Bände, Frankfurt/M.

HANSMEYER, H.H.; RÜRUP, B., 1975: Staatswirtschaftliche Planungsinstrumente, 2.Aufl., Düsseldorf.

HÄUßERMANN, H.; SIEBEL, W., 1993: Die Politik der Festivalisierung und die Festivalisierung der Politik. Große Ereignisse in der Stadtpolitik. In: Häußermann, H.; Siebel, W. (Hrsg.): Festivalisierung der Stadtpolitik, 7-31 (Leviathan-Sonderheft 13).

HEALEY, P., 1996: The Communicative Turn in Planning Theory and Its Implications for Spatial Strategy Formation. Environment and Planning B: Planning and Design 23: 217-235.

HIRSCH, J., 1974: Staatsapparat und Reproduktion des Kapitals, Frankfurt/M.

KAISER, J.H. (Hrsg.), 1965-1972: Planung I-VI, Baden-Baden.

KLAGES, H., 1988: Wertedynamik. Über die Wandelbarkeit des Selbstverständlichen, Zürich.

KLOSTERMAN, R.E., 1992: Evolving Views of Computer-Aided Planning. Journal of Planning Literature 6: 249-260.

KRUMBEIN, W., (Hrsg.), 1994: Ökonomische und politische Netzwerke in der Region. Beiträge aus der internationalen Debatte, Münster.

LAU, C., 1975: Theorien gesellschaftlicher Planung. Eine Einführung, Stuttgart.

LINDBLOM, C., 1959: The Science of Muddling Through. Public Administration Review 19: 79-88.

LÖLHÖFFEL, D.v.; SCHIMANKE, D. (Hrsg.), 1983: Kommunalplanung vor neuen Herausforderungen, Basel (Stadtforschung aktuell 2).

LOMPE, K., 1971: Gesellschaftspolitik und Planung. Probleme politischer Planung in der sozialstaatlichen Demokratie, Freiburg.

MÄDING, H., 1986: Verwaltung und Planung. In: Jeserich, K.G.A.; Pohl, H.; v. Unruh, G.-C. (Hrsg.): Deutsche Verwaltungsgeschichte, Bd.V, Stuttgart, 1043-1067.

MAIER, J.; WEBER, W., 1995: Planungsmarketing. In: Akademie für Raumforschung und Landesplanung (Hrsg.): Handwörterbuch der Raumplanung, Hannover, 715-772.

MANNHEIM, K., 1935: Mensch und Gesellschaft im Zeitalter des Umbaus, Leiden.

MAURER, H., 1994: Allgemeines Verwaltungsrecht, 9.Aufl., München.

MAYNTZ, R.; SCHARPF, F.W. (Hrsg.), 1973: Planungsorganisation, München.

POPPER, K., 1945: The Open Society and Its Enemies, London (Die offene Gesellschaft und ihre Feinde).

READE, E., 1983: If Planning is Anything, Maybe It Can be Identified. Urban Studies 20: 159-172.

REICHARD, C., 1994: Umdenken im Rathaus. Neue Steuerungsmodelle in der deutschen Kommunalverwaltung, Berlin.

RONGE, V.; SCHMIEG, G., 1973: Restriktionen politischer Planung, Frankfurt.

RUNKEL, S., 1996: Umweltkonflikte sachgerecht lösen: Umweltmediation in Deutschland und in den USA, Bochum (Mobilität und Normenwandel 19).
SCHARPF. F.W., 1973a: Planung als politischer Prozeß. In: Scharpf, F.W. (Hrsg.): Planung als politischer Prozeß, Frankfurt, 33-72.
SCHARPF. F.W., 1973b: Komplexität als Schranke der politischen Planung. In: Scharpf, F.W. (Hrsg.): Planung als politischer Prozeß, Frankfurt, 73-113.
SCHÄFERS, B., 1973: Einige Anmerkungen zur gesamtgesellschaftlichen Planungsdiskussion in der BRD. In: Schäfers, B. (Hrsg.): Gesellschaftliche Planung, Stuttgart, 158-166.
SCHÄFERS, B., 1974: Theorien staatlicher Planung in der BRD. Versuch einer Typologie. Jahrbuch für Sozialwissenschaften 25: 235-252.
SECKENDORF, M., 1993: Die "Raumordnungsskizze" für das Reichskommissariat Ostland vom November 1942 - Regionale Konkretisierung der Ostraumplanung. In: Rössler, M.; Schleiermacher, S. (Hrsg.): "Der Generalplan Ost". Hauptlinien der nationalsozialistischen Planungs- und Vernichtungspolitik, Berlin, 175-197.
SEIDEL-KWEM, B., 1983: Strategische Planung in öffentlichen Verwaltungen, Berlin (Betriebswirtschaftliche Schriften 14).
SELLE, K., 1996: Planung und Kommunikation. Gestaltung von Planungsprozessen in Quartier, Stadt und Landschaft. Grundlagen, Methoden, Praxiserfahrungen, Wiesbaden.
WALDHOFF, H.-P., FÜRST, D., BÖCKER, R., 1994: Anspruch und Wirkung der frühen Raumplanung. Zur Entwicklung der Niedersächsischen Landesplanung 1945-1960, Hannover (ARL-Beiträge 130).
WILDAVSKY, A., 1973: If Planning is Everything, Maybe It's Nothing. Policy Sciences 4: 127-153.

2.2 Planung als politischer Prozess

Dietrich Fürst

2.2.1 Planung als Prozess

Im folgenden Kapitel soll vermittelt werden, was es bedeutet, dass die Planung (im Sinne von Kap. 2.1) politisch ist und in einem politischen Umfeld operiert.

Der Bezug zur Politik bedeutet ein Zweifaches: Auf der einen Seite sind es Politiker, welche die normativen Inhalte (Wertungen) in die Planung eingeben sollten; auf der anderen Seite ist Planung ohne normative Aussagen ("was sein sollte", vgl. Kap. 4.1) nicht denkbar, sodass die Frage, wo solche Wertungen herkommen, wenn die Politiker sie nicht bestimmen, eine Grundfrage der Planung ist. Sie leitet direkt über in die Frage, wie sich Planer zur Wertfrage verhalten sollen: Dürfen sie selbst Werte eingeben? Und wenn ja: Wie könnten solche Wertungen legitimiert werden?

Formal-logische Planung

Das Vertrackte der Planung liegt darin, dass Planung zugleich ein Prozess der Informationsverarbeitung und der Konsensfindung ist. Beide - (technische) Informationsverarbeitung und (politische) Konsensfindung - sind so eng miteinander verwoben, dass sie zwar heuristisch (= Erkenntnis gewinnend), aber nur schwer empirisch zu trennen sind. Jedoch folgen sie unterschiedlichen Logiken: Die Prozesse der *Informationsverarbeitung* sind eher an wissenschaftlichen Abläufen ausgerichtet, wobei üblicherweise als Schritte der Problembearbeitung die in Abbildung 2.2.1 dargestellten unterstellt werden ("formal-logisches Phasenschema").

Politische Prozesse

Im Gegensatz zur formal-logischen Planung ist die *Konsensfindung* an politischer Rationalität ausgerichtet. Politische Rationalität behandelt Probleme und Problemlösungen als "Mittel" für Interessen und definiert solche Probleme/Problemlösungen als "gut", die die Ziele (Interessen) mit den geringsten politischen Kosten[36] befriedigen. Im politischen Prozess sind weder Ziele noch Probleme noch Problemlösungen eindeutig im Voraus definiert. Sie entwickeln Schärfe und Konturen im Prozess der Interessendurchsetzung.

Politische Entscheidungsprozesse folgen deshalb einer etwas anderen Logik als die Wissenschaft. Das hängt damit zusammen, dass politische Prozesse erfordern, dass es gelingt,

- im "Themen-Rauschen" des politischen Umfelds Themen auf die - ohnehin immer überfüllte - politische Tagesordnung zu setzen ("Agenda Setting")
- das Thema so zu definieren, dass es den Interessen derer, die es auf die Tagesordnung setzen wollen, am besten entspricht
- Problemlösungen zu finden, indem man Mehrheiten sucht und gewinnt - also die Problemlösungen solange modifiziert, bis es gelingt, dafür die erforderliche Macht zu mobilisieren.

---

[36] Politische Kosten sind Aufwendungen zur Befriedigung von Konflikten (Kompromisse, Tausch-Leistungen etc.).

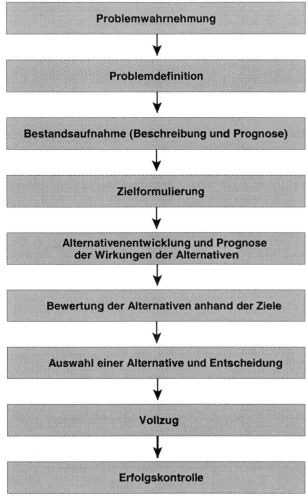

Abbildung 2.2.1: Formal-logisches Phasenschema des Planungsprozesses

Kennzeichen für politische Prozesse sind:
1. die Aushandelung in "Arenen" (= themenbezogene Akteurs-Konstellationen), aber die Einbindung der Arenen in ein Umfeld, das die Arenen nicht autonom werden lässt
2. die Unstrukturiertheit des Problemfelds hinsichtlich Abgrenzung des Problemfelds, Definition des Problems, Festlegung der zu berücksichtigenden Ziele, Normen, Wertvorstellungen
3. das Fehlen einer eindeutig besten Lösung: es gibt nur die konsensfähige Lösung = "Satisficing Solution" (Simon 1957)
4. Problemlösungen können stets re-problematisiert werden durch Wechsel der politischen Arena (z. B. vom Planungsamt in den Stadtrat), durch Wechsel der Planungsphase (z. B. von der Phase der Planung in die der Implementation).

Problemdefinition

Ein zentraler Gegenstand des politischen Aushandelns und strategischen Verhaltens ist die Problemdefinition. Wer Definitionsmacht hat, hat Einfluss auf das Prozessergebnis. Das bedeutet: Nur das kommt auf die politische Agenda,

- was von einer großen Zahl von politisch relevanten Akteuren als vordringlich empfunden wird[37]
- was sich in vorhandene Konfliktstrukturen einpassen lässt[38]
- möglichst schnell erfassbar ist.

Wenn es sich um völlig neue Themen handelt, die in ähnlicher Form bisher nicht auf der Tagesordnung standen, wird es außerordentlich schwierig, dafür "Platz auf der Tagesordnung" zu schaffen. Themen, die sich in etablierte Sachfragen einordnen lassen, haben bereits ihre institutionalisierten Advokaten - Verbände, Ministerien/Behörden und/oder Forschungseinrichtungen.

Überlagerung von Informationsverarbeitung und Konsensfindung

Die Trennung in Prozesse der Informationsverarbeitung und Prozesse der Konsensfindung hat - wie schon gesagt - lediglich heuristische Qualität, um die darin ablaufenden Besonderheiten klarer herausarbeiten zu können. In der Praxis werden Informationsverarbeitungsprozesse überlagert von

- politischen Einflüssen, d. h. von politischen Interessen und Rücksichtnahmen sowie
- institutionellen Restriktionen und Anreizen.

"Institutionell" umfasst alle Regelungen, seien sie organisatorischer oder rechtlicher Art, seien sie auf Entscheidungs- und Handlungsstrukturen oder auf Prozesse bezogen.

Solche Einflüsse filtern nicht nur, wie Probleme wahrgenommen und definiert werden, sondern bestimmen auch die Alternativen-Diskussion und natürlich die Aus-

---

37 Das können Handlungszwänge sein, die durch Medien, durch starke Interessengruppen, durch starke Betroffenheiten mit politischem Protestcharakter u. ä. entstanden sind.

38 Sobald neue Konfliktlinien aufgebaut werden müssen, ist ein längerer Vorlauf erforderlich, um Allianzen einerseits, Konfliktgegner andererseits prägnant in Stellung zu bringen.

wahl der Alternativen, aber auch noch den Vollzug, weil dieser ebenfalls nicht frei von politischen Einflüssen ist: In der Umsetzung der Pläne, also im Planvollzug[39], können sich Widerstände der Betroffenen auftun, die diese nutzen, um die Pläne nachträglich zu modifizieren[40]. Der Planvollzug ist folglich eher "Fortsetzung der Politik mit anderen Akteuren und anderen Mitteln".

In der Literatur wird der Informationsverarbeitungsprozess dennoch häufig separat behandelt[41]. Man folgt dem formal-logischen Planungsprozess, wie er unter Aspekten der wissenschaftlichen Informationsverarbeitung sinnvoll zu sein scheint (s. Abb. 2.2.1). Der Wert dieses Formalschemas liegt im Wesentlichen in der Effizienzsteigerung der Planung, z. B.:

- durch Anwendung der Netzplantechnik[42]
- zur Arbeitsteilung mit externen Fachleuten
- als Checkliste für die Arbeitsvorbereitung.

Dieser eindimensionale Prozess (eindimensional in der Zeit) ist aber selbst unter Aspekten der Informationsverarbeitung unrealistisch, weil er vollständige Information voraussetzt. Politische Prozesse operieren aber unter Bedingungen unvollständiger Information und sind dynamisch. "Dynamischer Prozess" heißt: Die formal-logische Abfolge der Phasen des Planungsprozesses wird in der politischen Praxis durch Rücksprünge und Vorgriffe auf andere Phasen durchkreuzt. Denn der wesentliche Unterschied zwischen der Logik der Informationsverarbeitung und der Logik der politischen Konsensfindung liegt darin, dass Prozesse der Informationsverarbeitung idealtypisch weitgehend linear-konsekutiv ablaufen, während politische Prozesse der Suche nach Mehrheiten gelten, wofür Wechsel der Arenen, Rücksprünge im Prozess (bis hin zur Prüfung, ob die Problemdefinition richtig gewählt wurde) und gelegentlich auch Wechsel der jeweils dominanten Akteure charakteristisch sind. Eine sehr gute Darstellung der theoretischen Deutung politischer Prozesse findet sich bei Görlitz (1995).

Das bedeutet: In der Praxis ist der Prozess rückgekoppelt, weil *Lernprozesse* dominieren. Um das an Beispielen zu verdeutlichen:

- Die Entwicklung von Alternativen kann dazu führen (wenn auch sehr selten), dass das Problem neu definiert wird. Beispiel: In den 70er Jahren war man noch davon ausgegangen, dass die Energieversorgung der BRD durch Ausweitung der Kernenergie gesichert werden müsste. Dafür waren Grundlage langfristige Bedarfsprognosen, die eine enge Koppelung zwischen Bruttosozialprodukt und Energie-Input unterstellten. Die Protestbewegung, die intensive wissenschaftliche Informationsverarbeitung und Lernen aus Erfahrung haben aber dazu geführt, dass erstens die Energieprognosen inzwischen mehrfach nach unten korrigiert wurden (Spareffekte der Energieverteuerung), dass zweitens alternative Energieträger einbezogen wurden und dass drittens Energieversorgung nicht mehr als technisches Problem, sondern als gesellschaftliches Entscheidungsproblem empfunden wird. Mit der Entdeckung von mehr Alternativen wurde das Problem neu definiert: Nicht die Mehrung der Energieproduktion, sondern die ökologisch und sozial angepasste Energieversorgung ist das Problem.

- Bei der Entwicklung von Alternativen werden Wirkungen sichtbar, die gleichzeitig auch neue Ziele aufrufen. Beispiel: Die Kritik an der Kernkraft hat Probleme aufgeworfen, die das Problemfeld insgesamt erweitert haben: Versorgungssicherheit bei Kernkraftwerken, Entsorgungssicherheit u. ä. Ziele sind nun nicht mehr nur Energiesicherung, sondern auch Vorsorge gegen Risiken, Umweltverträglichkeit, Sozialverträglichkeit u. a.

- Jeder Plan hat Rückwirkungen auf andere Variablen, Zusammenhänge werden erst im Verlauf der Untersuchung bekannt. Das Problemspektrum wird differenzierter und fordert andere Lösungen (Alternativen). Beispiel: Im Verlauf der Energiediskussion wurden immer neue Alternativen der Energieversorgung entwickelt. Die Schwierigkeit ist dann, diese neuen Alternativen durchzusetzen, wenn der Planungspro-

---

39 Im Planvollzug können Individuen oder einzelne Unternehmen machtvoll sein, die im Prozess der Planerstellung unberücksichtigt bleiben (weil hier nur die generalisierbaren Interessen gelten).

40 z. B. Sonderregelungen für sich herauszuschlagen oder Planziele zu modifizieren

41 Dieses Vorgehen entspricht dem Grundsatz der Wertfreiheit der Wissenschaft: Die Wissenschaft kann zur Informationsverarbeitung leichter konkrete Aussagen machen (Organisation von Informationsverarbeitungsprozessen, Methoden-Rüstzeug). Zudem stammen solche Aussagen zumeist von Akademikern, die wenig in der Praxis tätig waren.

42 Zerlegung des Planungsvorgangs in kleine Schritte und Neuverknüpfung nach den Kriterien des minimalen Zeitbedarfs für den Planungsprozess (vgl. Kap. 12.1)

zess bereits abgeschlossen ist. Wo der Innovationsprozess schnell abläuft, muss Planung dann anderen (dynamischeren) Konzepten folgen als dort, wo Planung für ein sich vergleichsweise langsam änderndes Planungsobjekt (und Planungsumfeld) agiert.

2.2.2 Planung als politischer Prozess zur Bearbeitung eines schlecht strukturierten Problems

Politische Prozesse dienen der Interessendurchsetzung und Konsensfindung für kollektives Handeln "bei nicht vorauszusetzendem Konsens" (Scharpf 1973a, 33). Politische Prozesse sind nur vordergründig mit dem Handeln der formalen Entscheidungsträger (Minister, Kabinett, Parlament) gleichzusetzen. Ein Großteil des politischen Prozesses liegt im Vorfeld:

- Warum werden bestimmte Themen politisch behandelt und andere nicht?
- Warum werden bestimmte Lösungen gar nicht beachtet?
- Wie kommt es überhaupt zu dem Problem?
- Warum werden einzelne Stimmen stärker gehört und berücksichtigt als andere?
- Warum haben die meisten der am Entscheidungsprozess Beteiligten sehr früh eine ganz bestimmte Vorstellung von der "richtigen" Problemdefinition und Lösung?

Rahmenbedingungen für Entscheidungen
Der politische Prozess ist kontextgebunden - es sind immer auch die jeweiligen Rahmenbedingungen mit zu beachten, unter denen die Entscheidungen zustande kommen:
1. der Institutionenrahmen
2. die Akteurskonstellation
3. der Handlungsanlass.

Der *Institutionenrahmen* umgrenzt politisches Handeln. Dazu gehören Organisationsstrukturen[43] der Legislative und Exekutive, der politischen Kräfte (Parteien, Verbände), der Medien, aber auch Rechtsnormen, die Handeln und Entscheiden regeln.

Die *Akteure* haben unterschiedlichen Zugang zur Bearbeitung des betreffenden politischen Themas. Zum Teil ist der Zugang institutionell[44] begrenzt, zum Teil wird der Zugang an Macht gebunden: Medien werden im politischen Prozess gehört, auch wenn sie keine politische Verantwortung tragen, Wissenschaftler können unter bestimmten Bedingungen Einfluss gewinnen, Bürgerinitiativen mobilisieren Macht, indem sie Störpotenzial entwickeln und ausnutzen. Die Akteurskonstellation ist nicht nur wichtig, weil sie auswählt, welche Interessen in den Prozess eingebracht werden, sondern auch, weil jeder Akteur (durchaus unbewusst) bestimmte Denkmuster und Wertvorstellungen ("Paradigmata") mit sich trägt, die durch seine Ausbildung, seine bisherige Sozialisation, die von ihm genutzten Informationsquellen, Abhängigkeiten von bestimmten Organisationen etc. geprägt werden. Jeder Akteur denkt und verhält sich, wie er es gewohnt ist; auf Neuerungen muss er mit entsprechenden Lernprozessen reagieren. Aber jeder lernt nur, wenn er erstens lernen muss (weil sich sonst seine Situation erheblich verschlechtert) und wenn er zweitens von den neuen Informationen überzeugt ist. Die *Lernfähigkeit* und die *Dauer von Lernprozessen* spielen in Planungsprozessen, die häufig über mehrere Jahre, bis zu 10 Jahren, gehen können, eine enorme Rolle.

Der *Handlungsanlass* prägt das Denken sehr stark. Damit werden häufig bestimmte Lösungen vorgegeben, Alternativen werden gar nicht mehr angedacht. Solche Prägungen durch den Anlass haben umso höheres Gewicht, als die Fähigkeit, aus alten Denk-Gleisen herauszutreten, bei den meisten Menschen sehr eingeschränkt ist: Routinen haben den Vorteil, dass man sich entlasten kann; man muss nicht neu überlegen und entscheiden. Folglich hat derjenige, der das Thema einbringt und vorstrukturiert, bereits einen Teilsieg gewonnen (Privileg der Problemdefinition).

Wohl vs. schlecht definierte Probleme
Politisch zu bearbeitende Probleme sind nicht so schön eindeutig definiert wie mathematische Aufgaben, sondern äußern sich zunächst darin, dass machtvolle Einzelne oder Gruppen mit einem Zustand nicht mehr zufrieden sind, sei es,

- dass sich der Zustand seit einiger Zeit verschlechtert hat (z. B. Infrastruktur verfällt)

---

43 z. B. Geschäftsordnungen von Parlament, Kabinett und Ministerien; Verwaltungsverfahrensregelungen nach Verwaltungsverfahrensgesetz; Handlungsaufforderungen und Verfahrensregelungen in Fachgesetzen.

44 z. B. durch Mitgliedschaft im Parlament, durch Zugehörigkeit zu einem Ministerium, durch parteigebundene Legitimation

- dass sich Rahmenbedingungen verändert haben, die den Zustand als nicht mehr haltbar einschätzen lassen (z. B. wachsende Arbeitslosigkeit als Folge der zunehmenden Globalisierung und internationalen Marktöffnung)
- dass sich Werte geändert haben (z. B. zunehmende Unzufriedenheit mit der schlechten Umweltsituation als Folge des erwachten Umweltbewusstseins),
- dass sich bei gleichbleibendem Wertesystem die Ansprüche gewandelt haben, die an eine "befriedigende Situation" gerichtet werden (z. B. als Folge zunehmender internationaler Vergleiche oder neuer wissenschaftlicher Erkenntnisse).

Aus diesem Unwohlsein muss ein politisch und administrativ *bearbeitbares* Problem entwickelt werden. Probleme werden auf das "Machbare" heruntergezoomt, denn Politiker und Verwaltungsleute vermeiden es, Themen zu bearbeiten, die - weil sie zu groß und zu schwierig sind - das Risiko des Scheiterns in sich tragen. Die Bestimmung dessen, was als Problem weiter bearbeitet werden soll, ist ein Definitionsprozess, in den politische Interessen ("Welche Veränderungen wollen einzelne Gruppen?"), politisch-administrative Restriktionen ("Was ist machbar?"), aber auch institutionelle Restriktionen ("Wer ist zuständig und wie weit reichen seine Kompetenzen?") eingehen. Deshalb sind politische Probleme "schlecht strukturiert" - sie müssen erst so definiert werden, dass sie machbar werden.

Man unterscheidet bei Planungen zwischen "wohl strukturierten" und "schlecht strukturierten" Problemen (Adam u. Witte 1979).

Wohl strukturiert heißt ein Problem, wenn es eindeutig definiert ist, wenn es dazu eine richtige Lösung gibt und wenn es einen Lösungsalgorithmus (= technischen Lösungsweg) gibt. Wohl strukturierte Probleme sind z. B. mathematische Aufgaben: die Problemsituation ist eindeutig, die Problemlösungen sind endlich und können - wenn genügend Zeit vorhanden ist - alle gefunden werden, Information ist in vollem Umfang verfügbar, die Konsequenzen verschiedener Lösungen sind kalkulierbar, die Ziele zur Bewertung der Alternativen sind bekannt und eindeutig bestimmt, der Problemlöser verfügt über genügend Zeit, Fähigkeit und Ressourcen.

Da diese Voraussetzungen in der politischen Praxis unrealistisch sind, sind schlecht strukturierte Probleme hier die Regel. Ihre Charakteristika sind denen von wohlstrukturierten Problemen entgegengesetzt: die Problemsituation ist vieldeutig und wird politisch beeinflusst, die Kenntnis der Problemlösungen ist unvollständig, die Information über die Situation und die Problemursachen ist unzureichend und zudem politisch gefiltert, die Alternativen sind in ihren Wirkungen schwer zu kalkulieren, die einzubeziehenden Werte (Interessen, Ziele) müssen sich im Prozess erst noch artikulieren, die verfügbaren Ressourcen (Zeit, Personal, Fähigkeiten und Kenntnisse) sind unzureichend.

Dabei liegt die "Schlechtstrukturiertheit" nicht nur im Problem selbst, sondern auch darin, wie Planer damit umgehen. Denn wenn Planer Restriktionen ausgesetzt sind, die ihre Wahrnehmung des Problems massiv beeinflussen, dann sind Probleme von vornherein schlecht strukturiert, weil sie auf diese Begrenzungen erst noch zugeschnitten werden müssen. Das kann relativ unsystematisch passieren (Zufallsprinzip). Die wichtigsten Begrenzungen der Planer sind:

- kognitive Begrenzungen
- pluralistische Interessen
- institutionelle Restriktionen.

Kognitive Begrenzungen ergeben sich, weil der Planer nicht genügend Ressourcen und Zeit hat, z. T. auch nur unzureichendes Wissen und unzureichende Fähigkeit, ein Problem zu bearbeiten. Für ihn gibt es nicht eine *richtige* Lösung, sondern mehrere brauchbare, von denen er eine wählt, die er für *befriedigend* hält.

Das Zielsystem, das der Planer zugrunde legen muss, wird *pluralistisch* auf dem Kompromissweg zwischen den betroffenen und beteiligten Interessen entwickelt. Deshalb gibt es nicht eine einzig richtige Definition des Problems, sondern eine Vielzahl von Problemdefinitionen, je nach dem, mit welcher Sichtweise Akteure an das Problem herangehen. Die beteiligten Akteure haben bestimmte Vorstellungen davon, was sie von der Problemlösung erwarten, und versuchen, diese Erwartung dadurch abzusichern, dass sie auch das Problem entsprechend definieren.

Vermeintlich technische Elemente des Planungsprozesses können dabei plötzlich mit politischer Macht besetzt werden:

- die Organisation des Planungsablaufs (Ausschluss von Beteiligungsphasen aus Gründen der Verfahrensbeschleunigung)
- die Information ("gefärbte" Information)

- die Zeit[45]
- die Kontaktnetze ("Klüngel") etc.

"Technische Zwänge" sind schon seit langem als Argument machtvoller Interessen entlarvt worden, mit dem diese Entscheidungen zum "nicht mehr Entscheidbaren" erklären ("Non-decision Making"). Planer können sich diesen politischen Einflüssen nicht entziehen - aber wie weit dürfen sie selbst "mitmischen", d. h. versuchen, Allianzpartner zu gewinnen, sich politisch abzustützen und ihrerseits Macht zu gewinnen, z. B. unter Einsatz von Strategien wie: Öffentlichkeitsbeteiligung, Öffentlichkeitsarbeit (Bewusstseinsbildung), Tauschgeschäfte mit Partner-Ressorts etc.?

Institutionelle Restriktionen entstehen, weil Institutionen Verhalten strukturell steuern (s. o.). Das gilt einerseits für die Informationsverarbeitung der Planer - der Institutionenrahmen bestimmt mit, was sie zum Gegenstand ihrer Planung machen können (z. B. nur die räumliche Ordnungsplanung statt der gesamtstaatlichen Entwicklungsplanung), welche rechtliche Qualität sie den Plänen geben können (z. B. "imperative" Planung oder nur "indikative" Planung[46]), in welcher inhaltlichen Bandbreite sie an den Gegenstand herangehen können (z. B. nur mit ordnungspolitischen Regelungen statt mit breit angelegten Investitionsprogrammen) etc. Institutionen können zudem durch Routinen, durch Angst vor Präzedenzfällen, durch Zeitbegrenzung, durch Personalengpässe etc. selektiv steuern.

Der Institutionenrahmen bestimmt andererseits auch die Steuerungsmöglichkeiten der Planer mit. Beispielsweise macht es einen Unterschied,

- ob Planer innerhalb eines Amts eines Landkreises tätig sind (so die Regionalplaner in Niedersachsen); sie unterliegen hier stärker den politischen Interessen des Kreises und sind weniger frei in der Entwicklung eigener Inhalte
- oder ob sie in der Geschäftsstelle eines kommunalen Verbands arbeiten (so die Regionalplaner in Baden-Württemberg oder Sachsen); sie müssen dann zwar stärker die Interessen der Kommunen berücksichtigen, aber sind inhaltlich etwas freier, neue Vorstellungen einzubringen
- oder ob sie Verwaltungsleute in der Bezirksregierung sind (so die Regionalplaner in Hessen oder Nordrhein-Westfalen); sie sind dann zwar auch auf die Akzeptanz durch Kommunen angewiesen, weil diese über ein politisches Organ (in Nordrhein-Westfalen den Bezirksplanungsrat) über den Plan zu beschließen haben, aber sie können andererseits auch gezielter staatliche Belange einarbeiten, z. B. in Kooperation mit Fachressorts.

Planung hat es praktisch immer mit schlecht strukturierten Problemen zu tun. Die Folge ist, dass Planung vor allem auf diesen Prozess der Strukturierung der Probleme, also die Problemdefinition im weitesten Sinne, besonderes Augenmerk richten muss. Hier können Planer eine aktive Rolle spielen, weil sie in gewisser Weise auch Definitionsmacht haben - schließlich bereiten sie die politischen Entscheidungsgrundlagen vor. Aber das wirft sofort die Frage auf: Wie gut sind Planer legitimiert, dabei Wertungen einzubringen - was sie zwangsläufig tun müssen? Denn sie wählen aus, was nicht mehr behandelt werden soll, welche Informationen als wichtig eingeschätzt werden, welche Alternativen der Problemlösung möglich sein sollen etc.

2.2.3 Formal-logischer Prozess versus politischer Prozess der Planung

Die Ausgangsthesen sind also: Planung ist ein politischer Prozess. Und: Üblich ist das schlecht strukturierte Problem. Was bedeutet das für den Planungsprozess? Wir wollen das an einzelnen Phasen des formal-logischen Planungsprozesses darstellen:

Problemwahrnehmung und Problemdefinition
In jeder Gesellschaft gibt es immer ungleich viel mehr Probleme, als politisch wahrgenommen werden, und von den politisch wahrgenommenen Problemen wird nur ein Bruchteil wirklich bearbeitet, d. h. mit befriedigenden Lösungen besetzt. Politik benötigt eine Vielzahl von Filtern, um zu verhindern, dass sie von Themen überlastet wird und jeder seine individuellen zu "politischen" Problemen macht. Deshalb werden nur solche Probleme überhaupt wahrgenommen, die im politischen System Aufmerksamkeit finden können

---

45 Zeitzwänge geben dem, der sie taktisch einsetzt, Überlegenheit: Er zwingt die Gegner zu unzureichender Entscheidungsvorbereitung, zu Risiken der Fehlerhaftigkeit und zu Entscheidungen unter Stress, Auslassen wichtiger Details.

46 "Imperativ" ist eine Planung, deren Aussagen (Ziele) rechtsverbindlich sind; "indikativ" ist sie, wenn ihre Aussagen nur orientierende Funktion haben.

- qua Institutionalisierung in staatlichen Verwaltungen (Ressorts/Behörden)
- qua Interessenberücksichtigung in organisierten Interessenvertretungen (Verbänden)
- qua Anreizstrukturen, wonach nicht wahrgenommene Probleme zu "Strafen" bei denen führen können, die sie vernachlässigen (Parteien[47])
- qua "öffentlicher Meinung" (Massenmedien/Wissenschaft).

Dass ein Problem wahrgenommen wird, ist eine notwendige, aber nicht hinreichende Voraussetzung der Problembearbeitung. Für die Problembearbeitung entscheidend ist, *wie* eine Mangelsituation wahrgenommen wird:
- Wessen Interessen setzen sich durch?
- Wie umfassend werden Problemvariablen einbezogen (z. B. Symptomkurieren vs. Ursache-Therapie)?
- Werden Probleme nur in den Grenzen der institutionalisierten Problemwahrnehmung wahrgenommen oder darüber hinaus?

Letzteres ist zurzeit das Problem des Umweltschutzes: Die Institutionalisierung in zahlreichen Behörden wie auf der Gemeindeebene[48] führt zu "fragmentierter" Umweltschutzpolitik. Wer übernimmt die ressortübergreifende Sicht?

Dabei hängt es auch davon ab, wie der Prozess der Problemdefinition abläuft. Wenn Massenmedien für die Problemdefinition wesentlich sind, greift auch der Filter der Medien. Wahrgenommen und transportiert wird dort nur, was
- neuartig ist; der Neuigkeitswert zählt in erster Linie
- konflikthaltig ist; Konflikte lassen sich medienwirksam darstellen, teilweise sogar inszenieren
- darstellbar ist; darstellbar ist, was entweder durch drastische Szenarien "ins Bild gebracht" werden kann oder was quantifizierbar ist.

Planer haben in diesem Filter "schlechte Karten". Denn ihre Themen sind meist fern von dem, was Medien interessiert.

Die Problemdefinition ist der eigentliche kritische Bereich in "Planung als politischer Prozess" (vgl. Kap. 3.1.2); sie wird aber von vielen Planern vernachlässigt. Prozesse der Problemwahrnehmung und -definition beginnen mit dem "Agenda Setting": Ein (oder mehrere) Akteur(e) bringen ein Problem auf, das sie gegen konkurrierende Themen der "politischen Agenda" durchzusetzen versuchen. Ist das Problem politisch anerkannt worden, werden Problemlösungsprozesse in Gang gesetzt, die verschiedene Formen annehmen können:

1. Wenn ein ernsthaftes Bedürfnis nach Problembearbeitung besteht, wird die Exekutive zusammen mit der Administration versuchen, Problemlösungen zu entwickeln. Dabei können sie sich der wissenschaftlichen Unterstützung, externer Beratungsfirmen oder der Hilfe anderer Behörden bedienen.

2. Häufiger ist, dass neu aufgebaute Probleme nicht ohne Weiteres die Bereitschaft zur Lösung finden. Vielmehr werden sie zunächst aus den politischen Arenen ausgeblendet, indem sie auf dafür einzusetzende Kommissionen, externe Gutachter oder ähnliche "Zwischenlager" verschoben werden. Mitunter erledigen sich die Themen von selbst (weil sich inzwischen die Rahmenbedingungen verändern, andere Themen wichtiger geworden sind oder weil sich bei näherer Analyse herausstellt, dass das Problem anders als ursprünglich gedacht zu sehen sei). Probleme können also "ausgesessen" werden, und es hängt dann vom politischen Gespür und vom Politikmanagement ab, welche Themen aussitzbar sind, ohne durch Verzögerungen nur noch gravierender zu werden.

3. Neuerdings gibt es eine dritte Variante im Umgang mit politischen Problemen: Sie werden auf neue Strukturen der dezentralen Problembearbeitung delegiert, zu denen "Runde Tische" der direkt Betroffenen, "Regionalkonferenzen" oder ähnliche Einrichtungen gehören. Diese Variante hat auf kommunaler und regionaler Ebene zunehmend Bedeutung erlangt und folgt einer Entwicklung kommunaler Entscheidungsprozesse, sich zunehmend für die Mitwirkung der Betroffenen zu öffnen (Folge der eher abnehmenden kommunalpolitischen Problemlösungsfähigkeit).

Was ein Problem ist, ist keineswegs klar, sondern muss häufig erst politisch "hochgesprochen", d. h. politisch bewusst gemacht und mit Mehrheiten besetzt werden. Und ob ein Problem wohl oder schlecht strukturiert ist, ist selbst teilweise eine politische Entscheidung. Je wei-

---

[47] die bei Nichtbeachtung von Themen Wähler verlieren oder die Konkurrenz der Bürgerinitiativen spüren

[48] Gewerbeaufsicht, Ordnungsamt, Wasserbehörde, Abfallbehörde, Naturschutzbehörde etc.

ter man das Bezugssystem zieht, in dem das Planungsobjekt Wirkungen hat, umso mehr verwandelt sich ein anfänglich noch einigermaßen wohl strukturiertes Problem in ein immer diffuseres, schlechter strukturiertes: Plötzlich sind soziale, wirtschaftliche, ggf. institutionelle Interessen zu berücksichtigen. Die zunehmende Verwissenschaftlichung unserer politischen Entscheidungsstrukturen hat nicht unbedingt dazu beigetragen, Probleme wohl strukturiert zu machen. Eher führt sie dazu, Dinge immer komplexer und damit "unübersichtlicher" werden zu lassen, vor allem auch deshalb, weil es immer weniger "richtige" Meinungen gibt, wie am Tatbestand zu erkennen ist, dass Befürworter und Gegner von politisch umkämpften Projekten "ihre" Wissenschaftler haben[49].

Probleme sind zudem häufig gar nicht die Ursache dafür, dass Problemlösungen diskutiert werden. Vielfach versuchen Interessengruppen auch, "künstlich" Probleme zu schaffen, da die zu erwartenden Problemlösungen für sie Vorteile schaffen. Typisches Beispiel hierfür ist die "Energielücke" als Voraussetzung für den Einsatz von Atomkraftwerken[50].

Deshalb ist es in der Praxis nicht seltener, dass eine Lösung sich ihr Problem sucht, als ein Problem eine Lösung! In den Politikwissenschaften ist dieses Phänomen vielfach diskutiert worden, weil offensichtlich Probleme nicht unbedingt immer dann auf die politische Tagesordnung kommen, wenn sie zum ersten Mal sichtbar werden, sondern dann, wenn für sie auch eine Lösungsmöglichkeit in Sicht ist und wenn es "Promotoren" gibt, die Problemlage und Problemlösungen in Verbindung bringen, um einen politischen Prozess der Problembearbeitung in Gang zu setzen. In der Literatur wird dieser Zusammenhang unter "Mülleimermodell"[51] diskutiert. Die Argumentation ist eine pragmatische: In Organisationen beobachteten die Autoren, dass Probleme lange im Ruhestand bleiben, aber dann virulent werden, wenn sich zufällig eine Lösungsmöglichkeit ergibt und wenn ein Akteur beides, Unzufriedenheit mit einer Situation und Lösungsmöglichkeit, zusammenbringt und damit das Problem auf die Tagesordnung hieven kann.

Alternativensuche

Aber selbst, wenn das Problem definiert ist, ist noch lange nicht gesagt, dass es dafür eine *richtige* Lösung gibt. Man kann sich lange streiten,

- was die Ursachen des Problems sind
- welche Wirkungen mit dem Problem verbunden sind
- was das Kernproblem und was eher abgeleitete Probleme sind
- ob man mit den Maßnahmen nicht nur Symptome, sondern auch Ursachen bewältigen kann etc.

Davon hängt aber ab, welche Problemlösungen man für geeignet hält. Und es wird immer genügend Interessenten geben, die sowohl die Analyse als auch die Therapie als inadäquat in Zweifel ziehen. Beispiele finden sich leicht dort, wo mit der Problemlösung erhebliche politische (und ökonomische) Konflikte verbunden sind[52].

Suche nach Lösungen heißt im *formal-logischen Prozess*: Die Suche ist ein technisch-kreativer Prozess zur Lösung eines Problems, z. B. mit den Methoden

- Analogieschluss
- Kombinatorik
- Eingebung und Assoziation.

---

49 Jürgen Habermas hat dieses Problem mit "die neue Unübersichtlichkeit" beschrieben (Habermas 1985).

50 Als die Atomtechnik so weit ausgereift war, dass man daran denken konnte, gewinnbringend Atomkraftwerke einzusetzen, engagierte sich die Energiewirtschaft in diesen Projekten. Zur Realisierung eines "Einstiegs in die Atomwirtschaft" brauchte man aber die Unterstützung des Staates. Man dramatisierte folglich den Energiebedarf der Gesellschaft im Gefolge des Ölschocks und schuf das Problem: die Energielücke. Ähnlich operierte die Bundesbahn bei Streckenstilllegung: Das Problem der Bundesbahn war, ihre Defizite auf ein "vernünftiges" Maß zu reduzieren. Die Ursachen für die hohen Defizite sind vielfältig; die Bahn reduzierte sie aber auf nur eine Ursache - die verkehrsarmen Strecken in peripheren Räumen. Und sie dramatisierte diese Problemdefinition noch dadurch, dass sie das Verkehrsangebot verschlechterte, was den Fahrgastschwund beschleunigte.

51 Das "Garbage Can Model" wurde von Cohen et al. (1992) in die Diskussion gebracht. In der deutschen Übersetzung wird es als "Mülleimermodell" bezeichnet (Seibel 1992).

52 Beispiel Waldsterben: Obwohl genügend Belege vorliegen, dass Auto- und Industrieabgase, insbesondere aus Energiegewinnungsanlagen, Hauptverursacher sind, streiten sich die Verbände, ob von den über 100 Ursache-Faktoren, die von Wissenschaftlern inzwischen festgestellt wurden, Autoabgase wirklich so wichtige Ursache-Faktoren sind. Oder: Man vergleiche die Diskussion über das Gesundheitsrisiko von Formaldehyd mit dem "Kompromiss-Gutachten" des Bundesgesundheitsamts, des Umweltbundesamts und der Dortmunder Anstalt für Arbeitsschutz; oder man analysiere die Diskussion zum Risikogehalt der Atomabfall-Endlagerung oder die Diskussion zu "Tempo 100".

Suche nach Lösungen heißt im Prozess der *politischen Planung*: Man nähert sich einer *konsensfähigen* Lösung an, wobei die institutionellen Rahmenbedingungen politisch-administrativen Handelns bestimmte Verhaltensroutinen ausbilden ließen:

- Bereits bekannte Lösungen werden vorrangig gewählt (Routineverhalten), wirklich neue innovative Lösungen sind sehr selten (hoher Konsensbedarf, wenn vom Status quo abgewichen werden soll).
- Die Alternativensuche folgt sehr häufig nicht der Problemdefinition, sondern geht ihr voraus: *weil* man eine bestimmte Lösung haben will (z. B. als Interessengruppe, als Behörde), wählt man eine bestimmte Problemdefinition, die diese Lösung als zwingend und rational erscheinen lässt (die Problemlösung "legitimiert")[53].
- Es werden nicht zahlreiche Lösungen durchprobiert, bis man die ideale hat, sondern eine Lösung wird eher solange modifiziert, bis der Konsens hergestellt ist; Alternativlösungen werden selten angeboten.

Darüber hinaus wird der Suchprozess durch zeitliche, finanzielle und sachliche Restriktionen begrenzt.

Zeitliche Begrenzungen, also Terminvorgaben, werden häufig gesetzt, um den Suchprozess über Termine strukturieren zu können. Solche Termine können sich aber verselbständigen: Sie müssen erfüllt werden, auch wenn das sachlich nicht sinnvoll ist (vgl. Luhmann 1971).

Finanzielle Begrenzungen spielen eine erhebliche Rolle im politischen Prozess, weniger aufgrund der Wirtschaftlichkeit als wegen der damit verbundenen Verteilungskonflikte. Für Planer - die ja die Entscheidungen vorbereiten müssen - kann darin der zentrale Engpass liegen. Weil sie keine Finanzen für externe Gutachter haben, weil ihnen Personal fehlt, sind sie nur begrenzt in der Lage, Problemlösungen zu entwickeln.

Sachliche Begrenzungen ergeben sich daraus, dass in Politik und Verwaltung im Grundsatz auch das Prinzip der Aufwandsminimierung ("Principle of Least Effort") gilt, sodass sachliche Widerstände gern als "technische Sachzwänge" deklariert werden - diese entheben den Planer der weiteren Suche und legitimieren sein begrenztes Lösungsangebot.

Planer werden vor allem bei den sachlichen Begrenzungen zunehmend von Verwaltungseigenheiten "eingefangen". Dazu gehört die geringe Innovationsneigung der Verwaltung, weil Innovationen i.d.R. so viele Veränderungen auslösen, dass die damit verbundenen Störungen von Routinen, Machtstrukturen, Statusinteressen etc. zu erheblichen Widerständen führen.

Beispiele solcher Abwehr-Haltungen sind:

- "Haben wir schon immer so gemacht": Verweis auf Kontinuität des Handelns, das für Verwaltungen erforderlich ist, um ihrer relevanten Umwelt Sicherheit im Handeln zu verschaffen - ständige Veränderungen stören gesellschaftliche Interaktionsprozesse erheblich.
- "Da könnte ja jeder kommen": Verweis auf Präzedenzfälle. Lässt man einmal eine Ausnahme zu, muss man etlichen anderen Antragstellern auch Ausnahmen gewähren.
- "Das funktioniert nach unseren Erfahrungen doch nicht": Verweis auf Rechtfertigungsmuster der Verwaltung: Dass man ja auch nicht "doof" sei, genügend lange im Geschäft sei und manche Idee selbst versucht habe. Dass Außenstehende gar nicht die Kompliziertheit des politischen und administrativen Hintergrunds kennen können, vor dem so etwas umgesetzt werden muss.

Planer neigen dazu, sich diesen Begrenzungen vorschnell zu unterwerfen, weil sie die Kooperation der Verwaltung brauchen oder weil sie meinen, die Begrenzungen nicht testen zu können[54].

Planer neigen ferner dazu, soziale Kreativität zurückzunehmen und durch technische Kreativität zu ersetzen. Lösungen, die soziale Verteilungseffekte haben (könnten) und Verwaltungsroutinen stören (könnten), werden eher gemieden; Lösungen, die technisch innovativ sind, werden eher bevorzugt[55].

Wenn Probleme bearbeitet werden, werden damit i.d.R. neue politische Arenen eröffnet: Diejenigen, die förmlich mit der Problembearbeitung beauftragt wurden,

---

53 Beispiele: Weil die Straßenbauverwaltung und die Lobby der Straßenbauer keine oder kaum noch neue Straßen bauen können, definieren sie den *Ersatzbedarf* als besonders dringlich; weil die Ärzteschaft die "Ärzteschwemme" fürchtet, die zu niedrigeren Einkommen führen müsste, propagierte sie (und setzte sie durch), dass die praktische Ausbildung der Ärzte verbessert, sprich verlängert werden solle.

54 Häufig trifft das zu, weil ihnen die politische Unterstützung für offensives Planen versagt wird.

55 Das kann von reinen planungs-technischen Ansätzen bis hin zu Anmerkungen in den Erläuterungsberichten zu Plänen gehen, sich mit neuen technischen Möglichkeiten zu befassen.

werden immer mehr in politische Auseinandersetzungen hineingezogen, weil die davon Betroffenen ihre Interessen frühzeitig in die Problembearbeitung eingeben wollen. Hier kann es zur Arenen-Erweiterung kommen, in denen z. B. die Massenmedien einbezogen werden, um die öffentliche Meinung in bestimmter Weise zu beeinflussen. Arenen-Wechsel tritt häufiger auf, z. B. von der vorbereitenden administrativen Arena zur politischen Arena, innerhalb der politischen Arena zu einer Arena der "Vorentscheider"[56] weiter zur Arena gerichtlicher Auseinandersetzungen. Der Arenen-Wechsel muss nicht linear erfolgen, sondern kann auch mit Rücksprüngen arbeiten.

Zielbestimmung

Ziele und Mittel sind im politischen Planungsprozess schwer voneinander zu trennen. Je konkreter die Ziele werden, umso mehr werden sie mit Mitteln identisch. Man kann seine Ziele nur am konkreten Objekt "operationalisieren"; ohne konkretes Objekt bleiben die Ziele abstrakt. Im politischen Prozess wird primär um Mittel gestritten, weil diese bestimmte Interessen befriedigen. Problemlösungen, die schließlich konsensfähig werden können, sind nicht die wissenschaftlich optimalen, sondern die politisch-pragmatischen Lösungen, die dadurch gekennzeichnet sind, dass sie Mehrheiten finden und der Widerstand der Minderheiten nicht so groß ist, dass die Lösung als "nicht durchsetzbar" gilt. Widerstand der Minderheiten können Bürgerproteste, organisierte Behinderungen durch Bürgerinitiativen, gerichtlich durchgefochtene Einwände u. ä. sein.

Auswahl von Alternativen

Wählen heißt, unter den Alternativen eine Rangordnung nach den relevanten Zielen zu bilden. Solange aber unterschiedliche Akteure unterschiedliche Ziele vertreten, muss zuerst eine Konsensfindung über Ziele stattfinden. Jeder weiß aber, dass man über konkrete Ziele ohne Verweis auf konkrete Mittel nicht sprechen kann[57].

Aber selbst dort, wo die Ziele präzisiert sind (was mithilfe von Sozial-, Wirtschafts- und Umweltindikatoren geschieht), heißt das nicht, dass alle sich darunter das Gleiche vorstellen: 2 % Wachstum des Bruttosozialprodukts kann mit hoher Umweltbelastung erkauft, aber auch mit "ökologisch orientierter Wirtschaftspolitik" erreicht werden. Problematischer sind die nicht-quantifizierbaren Ziele: Erhaltung von Biotopen - das kann man nur am einzelnen Biotop entscheiden; Verbesserung des Kleinklimas - das kann mit marginalen (kaum wahrnehmbaren) bis zu massiven Maßnahmen (durch Abriss ganzer Häuserzeilen) realisiert werden.

Nach der Theorie der formal-logischen Planung müssen hier Bewertungsmethoden (vgl. Kap. 6) angesetzt werden. In der Praxis politischer Planung haben diese Methoden aber nur eine untergeordnete Rolle eingenommen:

- weil vielfach methodische Probleme noch ungeklärt sind
- weil die politischen Entscheider sich ihre Entscheidungen nicht von Wissenschaftlern abnehmen lassen wollen
- weil Bewertungsmethoden politische Konsensfindung häufig erschweren: man muss nicht nur gegen den Gegner, sondern auch gegen die Wissenschaft kämpfen.

Im formal-logischen Prozess ist die Alternativenwahl eng mit der Problemdefinition verbunden; sie müsste zu einem Rücksprung im Prozess führen: Neue Alternativen und geänderte Rangordnungen würden häufig auch neue Problemdefinitionen verlangen. In der Planungspraxis ist die Auswahl der Alternative eher eine Modifikation einer vorgeschlagenen Lösung, bis sie konsensfähig ist. Nur wenn der Konsens überhaupt nicht zu realisieren ist, wird auf eine neue Alternative ausgewichen.

Umsetzung (Implementation)

Implementation ist im Grunde ein neuer Handlungsabschnitt, der mit Planung scheinbar nichts zu tun hat. Denn Umsetzung betrifft die Phase nach der Entscheidung über die Pläne. In der Implementation wechselt auch das System der relevanten Akteure:

- Hier können in der Planung vernachlässigte Interessen mobilisiert werden (Beispiel: Bürgerinitiativen).
- Hier können Fehler der - meist sehr globalen - Planung über Umsetzungsschwierigkeiten bei einzelnen Betroffenen entdeckt werden, welche die Planung dann reproblematisieren.

---

56 Vorentscheider sind machtvolle Persönlichkeiten, die im Vorfeld formaler politischer Gremien Weichen stellen und sich um eine konsensfähige Lösung bemühen (oder umgekehrt um die Nicht-Lösung bemühen, wenn sie den Status quo vorziehen).

57 "Schöner wohnen" z. B. ist ein abstraktes Ziel, das erst am konkreten Gegenstand präzisiert werden kann.

Bereits in den Inhalten der Planung muss die Vollzugsplanung berücksichtigt werden (Mayntz 1980a). Ziel ist:

- zu verhindern, dass gewählte Maßnahmen zu bürokratisch aufwändig werden
- zu berücksichtigen, welche Vollzugsprobleme auftreten, damit die Planvorstellungen nicht irreal werden.

Vollzugsprobleme treten bei der Vollzugsbehörde oder beim Adressaten auf. Die Vollzugsbehörde kann

- den Plan falsch interpretieren, wichtige Teile davon nicht umsetzen oder den Plan als Mittel nutzen, um ihrerseits mehr Ressourcen zu verlangen, d. h. weniger an der Planumsetzung als an der Instrumentalisierung des Plans interessiert sein
- den Plan liegen lassen und durch Langsamarbeiten die Umsetzung verzögern; das wird vor allem dort der Fall sein, wo mit der Planumsetzung für die Behörde Konflikte und "politische Kosten", aber kaum Vorteile verbunden sind (vgl. Weaver 1986)
- den Spielraum von einsetzbaren Maßnahmen so nutzen, dass sie zwar formal effektive, faktisch aber wenig wirksame Mittel einsetzt
- unter Druck der Adressaten stehen und die Planvorgaben nur mit minimalem Einsatz realisieren wollen.

Voraussetzung ist, dass der Plan der Vollzugsbehörde Entscheidungsspielraum lässt. Da in unserer ausdifferenzierten, arbeitsteiligen Gesellschaft die jeweils zu bearbeitenden Fälle viel zu heterogen sind, als dass sie mit einer allgemeinen Programm-Routine bearbeitet werden könnten, ist dieser Gestaltungsspielraum der Vollzugsbehörde praktisch immer gesichert (Dominanz der so genannten Zweckprogramme und Rückgang der so genannten Konditionalprogramme)[58].

Die Vollzugsprobleme müssen nicht immer als "Verwaltungsdefizit" eingestuft werden (Fürst 1992), sondern können auch anders gedeutet werden: Unsere zunehmend komplexere Verwaltung führt faktisch zur Dezentralisierung, indem "oben" nur noch Rahmenbedingungen genannt werden (Zweckprogramme), "unten" aber die regions- und adressatenspezifische Problemlösung entwickelt wird. Was zurzeit noch als Störung in einem hierarchischen System wirkt, kann deshalb auch als notwendige Flexibilität der Verwaltung unter sich ändernden Rahmenbedingungen gesehen werden. In zunehmendem Maß entwickelt sich "unten" ein eigener Politikkreislauf, nicht nur indem die Gemeinden als Vollzugskörperschaften aufgewertet werden, auch die Adressaten der Programme sind verstärkt in konstruktive Interaktionen mit Vollzugsbehörden eingebunden und entwickeln mit diesen Problemlösungen, die überlokal/überregional Anerkennung finden. Die Vollzugsbehörde ist ihrerseits zunehmend darauf bedacht, Einfluss auf die Planung der "oberen" Behörde zu gewinnen. Sie nutzt die Mitwirkungsmöglichkeiten nicht nur aus ("Gegenstromprinzip"), sondern ist bemüht, durch Anregungen die Planung zu beeinflussen.

Vollzugsprobleme können beim Adressaten dadurch auftreten, dass er den Plan nicht zur Kenntnis nimmt, dass er sich mit Gerichtsklagen gegen ihn wehrt, dass er ihn falsch versteht, dass er ihn bewusst unterläuft, dass er gegen ihn handelt; das kann bis zu kriminellen Akten gehen.

Vielfach fallen diese Vollzugsprobleme aber auf die Planer zurück: Sie haben die Adressaten zu wenig einbezogen oder ihre Einwände nicht genügend berücksichtigt oder die Plan-Kommunikation vernachlässigt und Pläne in der Fachsprache formuliert, die Laien schwer verstehen. Aber letzteres ist wiederum nicht allein den Planern zuzuschreiben: Vielfach werden die Planer durch die Klagefreudigkeit der Adressaten gezwungen, ihre Pläne "gerichtsfest" zu formulieren. Dafür eignen sich präzise Begriffe der Fachsprache besser als die weniger präzisierten, aber allgemein verständlicheren Begriffe der Umgangssprache.

Literatur

ADAM, D.; WITTE, T., 1979: Merkmale der Planung in gut- und schlechtstrukturierten Planungssituationen. In: Wirtschaftswissenschaftliches Studium 6 (8): 380-386.

BÖHRET, C., 1975: Grundriß der Planungspraxis, Opladen.

COHEN, M.D.; MARCH, J.G.; OLSEN, J.P., 1992: A Garbage Can Model of Organizational Choice. Administrative Science Quarterly 17: 1-25.

FÜRST, D., 1992: Dimensionen der Vollziehbarkeit und des Vollzugs von Gesetzen. VOP - Verwaltungsführung/Organisation/Personal 14: 152-156.

GÖRLITZ, A., 1995: Politische Steuerung. Ein Studienbuch, Opladen.

---

58 Eine Freiheit hat die Vollzugsbehörde immer: Nichtanwendung des Plans resp. verzögerte Anwendung und "innere Sabotage" durch Dienst nach Vorschrift. Keine Vollzugsbehörde macht sich strafbar, wenn sie Leistungen verzögert, weil ihr z. B. die Ressourcen fehlen. Wohl kann sie sich eine Dienstaufsichtsbeschwerde (Beschwerde bei der Aufsichtsbehörde resp. bei der Aufsichts-Instanz) einhandeln.

HABERMAS, J., 1985: Die Neue Unübersichtlichkeit, Frankfurt/M.

LUHMANN, N., 1971: Die Knappheit der Zeit und die Vordringlichkeit des Befristeten, in: Luhmann, N.: Politische Planung. Aufsätze zur Soziologie von Politik und Verwaltung, Opladen, 143 ff.

MAYNTZ, R., 1973: Thesen zur Steuerungsfunktion von Zielstrukturen. In: Mayntz, R.; Scharpf, F.W. (Hrsg.): Planungsorganisation, München, 91-97.

MAYNTZ, R., 1980a: Die Implementation politischer Programme. Theoretische Überlegungen zu einem neuen Forschungsgebiet. In: Mayntz, R. (Hrsg.), Implementation politischer Programme, Königstein/Ts., 236-249.

MAYNTZ, R., 1980b: Auswertung des Entbürokratisierungs-Hearings, hrsg. vom Bundesminister des Innern, Bonn.

PFOHL, H.-C., 1981: Planung und Kontrolle, Stuttgart, 37-80.

RENK, H., 1976: Planungstheorie und Architektur - Entwicklungen und Tendenzen. In: Laage, G.; Michaelis, H.; Renk, H. (Hrsg.): Planungstheorie für Architekten, Stuttgart, 70-126.

SABATIER, P.A., 1993: Advocacy-Koalitionen, Policy-Wandel und Policy-Lernen: Eine Alternative zur Phasenheuristik. In: Héritier, A. (Hrsg.):Policy-Analyse. Kritik und Neuorientierung, Opladen, 116-148 (PVS-Sonderheft 24).

SCHARPF, F.W., 1973a: Fallstudien zu Entscheidungsprozessen in der Bundesregierung, In: Mayntz, R.; Scharpf, F.W. (Hrsg.): Planungsorganisation, München, 68-90.

SCHARPF, F.W., 1973b: Planung als politischer Prozeß. In: Scharpf, F.W. (Hrsg.): Planung als politischer Prozeß, Frankfurt, 33-72.

SEIBEL, W., 1992: Das Mülleimermodell in der Verwaltungspraxis - oder wie sich Lösungen ihre Problem suchen. In: Benz, A.; Seibel, W. (Hrsg.): Zwischen Kooperation und Korruption. Abweichendes Verhalten in der Verwaltung, Baden-Baden, 135 ff.

SIMON, H.A., 1957: Administrative Behavior, 2. Aufl., New York.

TAYLOR, J.L.; WYNN, M.G., 1983: Key Issues in Planning Implementation. Cities 1: 17 ff.

WEAVER, R.K., 1986: The Politics of Blame Avoidance. Journal of Public Policy 6: 371-398.

2.3 Das System der räumlichen Planung in Deutschland

Peter Beckmann, Dietrich Fürst, Frank Scholles

2.3.1 Einige begriffliche Klarstellungen

Aufgaben der räumlichen Planung

Räumliche Planung ist notwendig, um die Verteilungskonflikte um die knappen Flächen rationaler zu lösen, nämlich bezogen auf überkommunale und überindividuelle Kriterien der Entwicklung und der Umweltsicherung.

Würden wir auf die räumliche Planung auf den verschiedenen Ebenen verzichten, so würden wir der Zersiedelung der Landschaft freien Lauf geben. Denn in unserem Marktsystem wird der einzelne dazu "programmiert", seinen Betrieb und sein Haus jeweils dorthin zu stellen, wo die Standortvorteile für ihn am günstigsten sind. Da das viele tun, werden besonders begehrte Flächen sehr knapp und deshalb teuer. Je teurer eine Fläche wird, umso mehr werden die Akteure gezwungen, auf die Vorteile der räumlichen Nähe zu verzichten und etwas weiter entfernt davon zu siedeln, meist "auf der grünen Wiese". Solche Siedlungsentwicklungen auf der grünen Wiese ziehen aber die notwendigen Versorgungseinrichtungen wie Wasser-, Elektrizitäts-, Straßenversorgung und die entsprechenden Entsorgungseinrichtungen wie Kanalisation und Abfallbeseitigung nach sich, ganz abgesehen davon, dass sie auch Sogwirkung für die weitere Ansiedlung von Betrieben haben, insbesondere diverser Dienstleister (Handel, Banken, Versicherungen, Reparaturhandwerk etc.).

Zum Begriff Planungssystem

Raumplanung wird im einem "Planungs-System" betrieben.

Von einem System sprechen wir, wenn Teile miteinander in Abhängigkeit stehen und ihrerseits Bedeutung beziehen aus dem das ganze System bestimmenden "Sinn". "Sinn" hängt von der Funktion des Systems ab. Angewendet auf das System der räumlichen Planung heißt das: Es umfasst alle Teile, die der Ordnung, Sicherung und Entwicklung von Raumnutzungen sowie -funktionen dienen. Das System wird durch seine Teile - nämlich die Akteure sowie die organisatorischen und sonstigen institutionellen Regelungen - und durch seinen Sinn - nämlich "Ordnung, Sicherung und Entwicklung von Raumnutzungen sowie -funktionen" - bestimmt.

Da die Erledigung öffentlicher Aufgaben in einem Rechtsstaat an "Gesetz und Recht gebunden ist" (Art. 20 Abs. 3 GG), gibt es für das System der Raumplanung Rechtsgrundlagen. Sie sind:

- Art. 75 Abs. 1 und Art. 30 GG, die regeln, dass der Bund Rahmengesetzgebungskompetenz über die Raumordnung hat, die Länder aber für die konkrete

Umsetzung zuständig sind
- das Bundesraumordnungsgesetz (ROG) und die daraus abzuleitenden Landesplanungsgesetze
- sowie darauf aufbauend weitere rechtliche Regelungen, die sich auf Inhalte und Verfahren der Bestimmung und Umsetzung räumlicher Ziele beziehen
- Art. 74 Abs. 1 GG, der regelt, dass der Bund die konkurrierende Gesetzgebungskompetenz über das Wohnungs- und Siedlungswesen sowie Grund und Boden hat
- das Baugesetzbuch (BauGB), mit dem diese Kompetenz ausgefüllt wird
- sowie darauf aufbauende rechtliche Regelungen.

Definitionen
- *Raumordnung*: Gegenstand der Raumplanung, nämlich die Ordnung, Sicherung und Entwicklung der Raumnutzungen und Raumfunktionen
- *Raumordnungspolitik*: alle Maßnahmen (Rechtsregelungen, Pläne, Programme etc.), die der Raumordnung dienen
- *Raumplanung*: Planerische Bestimmung der Raumnutzungen und Raumfunktionen (d. h. übergeordneter Begriff von Landes- und Regionalplanung sowie Bauleitplanung)
- *Landesplanung*: die institutionalisierte räumliche Planung auf Landesebene
- *Regionalplanung*: die institutionalisierte räumliche Planung oberhalb der Gemeindeebene, aber unterhalb der Landesebene
- *Bauleitplanung*: die kommunale räumliche Planung
- *Landschaftsplanung*: die planerische Gestaltung der Erfordernisse und Maßnahmen zur Verwirklichung der Ziele des Naturschutzes und der Landschaftspflege
- *Umweltplanung*: Planung, die integrativ und sektorübergreifend Planung den Schutz und die Entwicklung der Umweltgüter Menschen, Tiere, Pflanzen, Boden, Wasser, Klima, Luft, Landschaft, kulturelles Erbe und Sachgüter einschließlich der Wechselbeziehungen behandelt. In Deutschland existiert keine institutionalisierte Umweltplanung. Stattdessen existieren Teile der Umwelt abdeckende Sektorplanungen.
- *Regionalpolitik*: die staatliche Förderung der regionalen Wirtschaftsentwicklung. In Deutschland ist Regionalpolitik immer Aufgabe der Wirtschaftsministerien, während Regionalplanung Angelegenheit von regionalen Organisationen oder Behörden ist, wobei man unter "Behörden" Einrichtungen versteht, die Aufgaben der öffentlichen Verwaltung wahrnehmen.

2.3.2 Wie sieht das System der räumlichen Planung aus?

Die Planungsebenen

Das räumliche Planungssystem dient der planvollen Nutzung der knappen Ressource Raum resp. Fläche. Es ist in Deutschland flächendeckend ausgestaltet, d. h. jede Fläche - ob sie privat oder öffentlich genutzt wird - wird mehr oder weniger intensiv erfasst.

Die Bürger und Unternehmen erleben die räumliche Planung vor allem auf der *kommunalen Ebene* (s. Kap. 2.3.5 u. Abb. 2.3.3).

Hier regelt die Bauleitplanung, was, wo und wie auf den Flächen einer kommunalen Gemarkung geschieht. Die Bauleitplanung ist im Baugesetzbuch (BauGB) geregelt.

Als vorbereitende Stufe gibt die *Flächennutzungsplanung* (§§ 5 ff. BauGB) für das ganze Gemeindegebiet lediglich an, welche Funktion die einzelnen Flächen im gesamtplanerischen Kontext wahrnehmen sollen: ob sie für Wohnsiedlungen, Gewerbegebiete, Industriegebiete, besondere öffentliche Anlagen wie Straßen, Schulen etc. oder für Freiflächen (Grünanlagen, Naturschutzflächen, landwirtschaftliche Flächen u. ä.) genutzt werden sollen.

Für Teilgebiete des Flächennutzungsplans, vorwiegend solche die der Siedlung gewidmet sind, wo also Gebäude errichtet werden sollen, regelt der *Bebauungsplan* die besondere Art und das Maß der baulichen und sonstigen Nutzung, und wie die Gebäude sich in die Fläche sowie ihr Umfeld einzufügen haben (§§ 8 ff. BauGB). Hier haben die Kommunen ein relativ breites Steuerungspotenzial (s. § 9 BauGB). Die Bauleitplanung ist aber ihrerseits in die übergeordnete Regionalplanung eingebunden (s. § 1 Abs. 4 BauGB).

Die *Regionalplanung* regelt das Zusammenspiel der Flächennutzungspläne der Gemeinden und koordiniert diese mit übergemeindlichen Zielen und Anforderungen der Raumnutzung, die über die Landesplanung (vgl. u.)

festgelegt werden. Kommunen beachten nur die Flächen, die in ihrer Gemarkung (ihrem Zuständigkeitsbereich) liegen. Ob sie damit negative Wirkungen auf Flächen der Nachbargemeinde auslösen[59], würde sie nicht interessieren, wenn sie nicht über die Regionalplanung angehalten würden, sich in die übergeordnete Planung einzubinden. Regionalplanung wird in den Landesplanungsgesetzen geregelt. Regionalpläne dürfen jedoch nicht im Detail regeln, wie mit den Flächen umzugehen ist. Das ist allein Angelegenheit der Planungshoheit der Gemeinden, die über Art. 28 Abs. 2 Grundgesetz geschützt ist. Regionalpläne müssen deshalb auch vom Maßstab her sehr viel unschärfer sein als kommunale Flächennutzungspläne - die Gemeinden müssen genügend Spielraum haben, ihre Planungshoheit nutzen zu können. Üblicherweise liegen die Maßstäbe der Flächennutzungsplanung in der Größenordnung von 1:5.000 bis 1:20.000, während die Maßstäbe der Regionalplanung zwischen 1:25.000 bis 1:50.000 liegen.

Regionalplanung wird zwar von den Wünschen der Kommunen beeinflusst, wird aber in erster Linie von der *Landesplanung* geprägt. In der Planungshierarchie stellt sie - vereinfacht - die Konkretisierung der Landesplanung auf regionaler Ebene dar[60]. Das ist die Planung, die den Raum eines ganzen Bundeslands ordnet. Die Landesplanung ist aber nicht sehr genau in der räumlichen Festlegung der planerischen Zielaussagen. Vielmehr wird sie im Maßstab 1:200.000 bis 1:500.000 oder gar 1:1.000.000 aufgestellt. Sie enthält zudem mitunter Zielkonflikte, die durch Überlagerung von Flächenwidmungen kenntlich gemacht werden und auf der Regionalebene - unter Berücksichtigung der konkreten regionalen Belange - bereinigt werden müssen.

Oberhalb der Landesebene gibt es keine ausgeprägte Raumplanung mehr. Allerdings ist der Bund nach Art. 75 Grundgesetz mit seiner Rahmenkompetenz für die Raumplanung mitverantwortlich. Er hat sich zum einen an bundesweit geltende Grundsätze der Raumordnung zu halten, die im ROG in den §§ 1 und 2 festgeschrieben sind. Außerdem wird er durch alle verbindlichen Raumnutzungspläne (kommunale Flächennutzungspläne, Regionalpläne, Landespläne) gebunden. Obwohl der Bund keinen eigenen Raumordnungsplan aufstellt, versucht er dennoch, seine raumplanerischen Vorstellungen in der Ministerkonferenz für Raumordnung (MKRO, ein Bund-Länder-Koordinierungsinstrument) zu präzisieren und mit den Ländern abzustimmen. Das geschieht über raumordnerische Leitbilder und Orientierungsvorstellungen, die nicht verbindlich sind, aber dennoch von den Planungspraktikern ernst genommen werden. Dazu hat der Bund den "Raumordnungspolitischen Orientierungsrahmen" (BMBau 1993) veröffentlicht - der Name sagt es: Es handelt sich um ein allgemein gehaltenes Orientierungskonzept. Im ergänzenden "Raumordnungspolitischen Handlungsrahmen" (BMBau 1995) hat die MKRO die Schwerpunktaufgaben der Raumplanung in der Zukunft niedergelegt. Darüber hinaus hat der Bund Modellvorhaben wie "Städtenetze", Wettbewerb "Regionen der Zukunft" u. ä. angestoßen.

Die *Europäische Union* ist vorwiegend in der Regionalpolitik tätig, indem sie Ziele aufstellt, gemäß des Subsidiaritätsprinzips mithilfe der Strukturfonds[61] Maßnahmen und Projekte der Mitgliedstaaten fördert und in speziellen Fällen mit Gemeinschaftsinitiativen[62] Projekte in bestimmten Regionen direkt fördert. Obwohl es keine formale Zuständigkeit der EU für Raumordnung gibt, haben EU-Kommission und Mitgliedstaaten sich auf ein "Europäisches Raumordnungskonzept (EUREK)" geeinigt, das orientierende und koordinierende Funktion im europäischen Maßstab hat.

Die Abbildungen 2.3.1 und 2.3.2 geben einen zusammenfassenden Überblick über das System der Raumplanung in Deutschland.

Verbindlichkeit der Planung

Alle raumordnenden Pläne (der Kommunen, der Regionen, der Länder) werden über förmliche Verfahren zu ihrer Aufstellung verbindlich gemacht.

Die Verfahren sind im BauGB, im ROG, in den Landesplanungsgesetzen sowie in dazu erlassenen Ausführungsverordnungen und -erlassen geregelt. Allerdings

---

59 z. B. bei Ausweisungen von Industriegebieten, Abfalldeponien, Verkehrsstrassen

60 Dabei ist aber auf das Gegenstromprinzip hinzuweisen (vgl. Kap. 2.3.4).

61 Europäischer Fonds für die regionale Entwicklung (EFRE), Europäischer Sozialfonds (ESF), Europäischer Ausrichtungs- und Garantiefonds für die Landwirtschaft (EAGFL), Kohäsionsfonds

62 z. B. LEADER (Liaison Entre Actions de Développement et de l'Economie Rurale, Programm zur ländlichen Entwicklung), INTERREG (Programm für die Entwicklung von Grenzregionen, grenzübergreifende Zusammenarbeit und ausgewählte Energienetze)

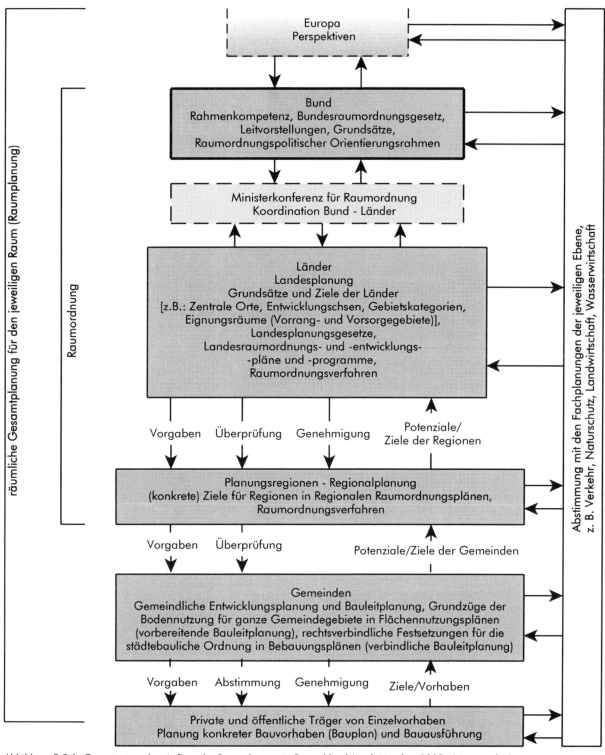

Abbildung 2.3.1: Organisatorischer Aufbau der Raumplanung in Deutschland (nach Manthey 1993, 44, verändert)

ist der Kreis derer, für den die Pläne verbindlich sind, unterschiedlich weit gespannt. Unser System der "Sozialen Marktwirtschaft" verzichtet auf Planungen des Staates, die auch für Private verbindlich sind - das wäre keine marktkonforme Art der Steuerung privater Aktivitäten. Deshalb sind die Pläne zunächst nur "behördenverbindlich", d. h. die Behörden müssen sich daran halten und Aktivitäten, die den Plan-Zielen widersprechen, können untersagt werden. Aber auf kommunaler Ebene wird davon eine Ausnahme gemacht: Die Bebauungspläne binden auch private Investoren und Bauherren.

Die Planungszuständigkeit

Das raumordnungspolitische Planungssystem Deutschlands wird kaskadenartig vom Bund über die Länder, die Regionen und Gemeinden immer konkreter und steuerungsdifferenzierter (s. Abb. 2.3.1). Daran beteiligt sind die folgenden Ebenen:

1. Auf *Bundesebene* ist das für Raumordnung zuständige Ministerium[63] rahmensetzend tätig. Dieses Ministerium stellt keinen Raumordnungsplan auf, sondern hat die Funktion, (im ROG) rahmenrechtliche Vorgaben für die Organisation und Inhalte der räumlichen Planung in Deutschland zu machen, die Raumplanung mit den Fachressorts auf Bundesebene zu koordinieren, die deutsche Raumplanung mit der EU-Kommission abzustimmen, inhaltliche Anregungen zu geben, soweit der Bund das für notwendig hält.

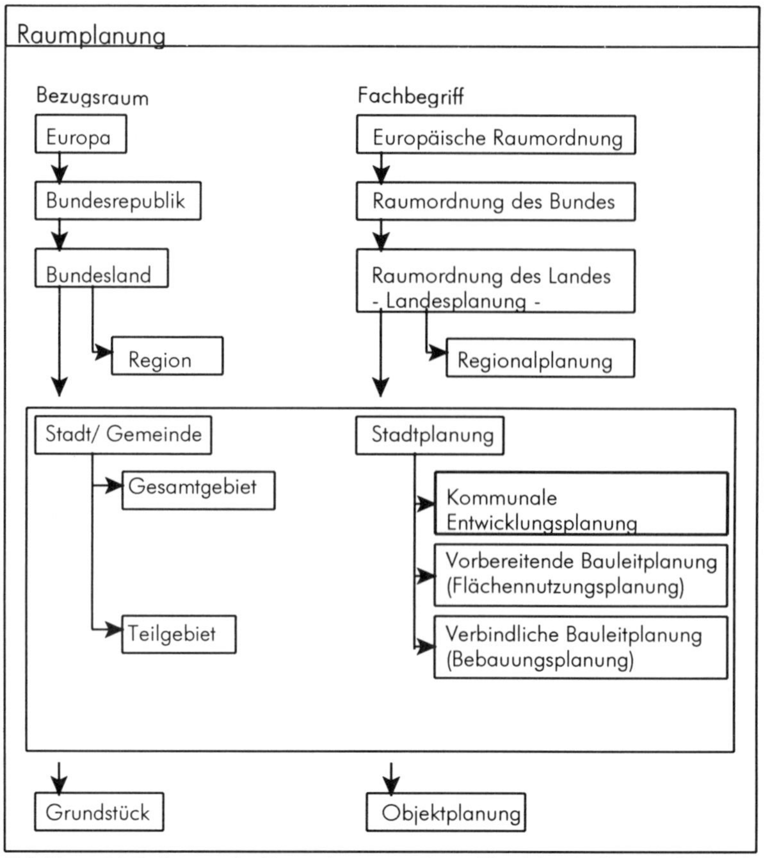

2. Die originäre Zuständigkeit für die überörtliche Raumplanung liegt auf der *Landesebene*. Die Zuständigkeiten sind von Land zu Land unterschiedlich organisiert, es existieren Kombinationen von Raumordnung mit Umwelt, mit Wirtschaft, mit Bauwesen, mit Arbeit sowie mit der Staatskanzlei. Die Landesplanung hat die Aufgaben
   - das Landesraumordnungsprogramm[64] zu erstellen, ein textlich und zeichnerisch (Karten) dargestelltes System von Zielen und Grundsätzen, wie die Raumstruktur geordnet und entwickelt werden soll

Abbildung 2.3.2: System der Raumplanung in Deutschland (nach: Braam 1999, 10, verändert)

   - die Regionalplanung zu beraten und zu beaufsichtigen
   - die Abstimmung der Landesplanung mit den umliegenden Ländern wahrzunehmen
   - die Raumplanung mit den Fachressorts zu koordinieren
   - die raumplanerischen Belange des Landes gegenüber Bund und EU zu vertreten.

3. Auf *regionaler Ebene* ist die Regionalplanung für die Gestaltung der Raumordnung zuständig (vgl. Kap. 2.3.4). Hier hat jedes Bundesland eine andere Organisationsform gefunden, wobei einige Länder die Regionalplanung stärker von den Gemeinden betreiben lassen (z. B. über Regionalverbände), andere stärker über den Staat (z. B. über die Bezirksregierung oder gar über die Ministerien selbst). Die Regionalplanung ist heute eine wichtige Planungsebene geworden:

---

63 zurzeit: Ministerium für Verkehr, Bau- und Wohnungswesen

64 wird in einigen Ländern auch Landesentwicklungsplan genannt

- Sie ist die konkreteste Planungsebene oberhalb der Gemeindeebene.
- Sie ist in die Regionalentwicklung einbezogen und nimmt hier Aufgaben der Organisation, Moderation und Beratung (soweit sie das kann) wahr.
- Sie ist oft eng mit fachlichen Aufgaben der Region verbunden, z. B. Öffentlicher Personennahverkehr, Naherholung.
- Sie muss vor allem im Zuge der "nachhaltigen Regionalentwicklung" dafür sorgen, dass die unterschiedlichen Belange[65] zu ihrem Recht kommen und dem Wohl der Region entsprechend sich entfalten können.
- Sie nimmt Stellung zu Maßnahmen, die Raum beanspruchen oder anderweitig Wirkungen auf die Raumnutzung haben, in Bezug auf Übereinstimmung mit den Zielen und Grundsätzen der Raum- (und Umwelt-) Planung.

4. Auf *kommunaler Ebene* übernimmt die Bauleitplanung die Zielvorgaben der Regionalplanung und setzt sie über Flächennutzungsplan und Bebauungsplan um (vgl. Kap. 2.3.5).

Tabelle 2.3.1: Ebenen und Planarten von räumlicher Gesamtplanung und Landschaftsplanung (nach: BMU 1993, 7)

Planungsraum		Gesamtplanung	Landschaftsplanung	Planungsmaßstab
Land		Landesraumordnungsprogramm *	Landschaftsprogramm *	1:500.000 bis 1:200.000
Region:	Reg.-Bez.	Regionalplan *	Landschaftsrahmenplan	1:50.000 bis 1:25.000
	Landkreis			
Gemeinde		Flächennutzungsplan	Landschaftsplan	1:20.000 bis 1:5.000
Teil des Gemeindegebiets		Bebauungsplan	Grünordnungsplan *	1:2.000 bis 1:500

* Die Planwerke werden in den Bundesländern z. T. anders bezeichnet

2.3.3 Wie sieht das System der Umweltplanung aus?

Landschaftsplanung

Parallel zum System der Raumordnung wurde das System der Landschaftsplanung entwickelt[66] (s. Tab. 2.3.1). Die Landschaftsplanung nach §§ 5 und 6 BNatSchG sowie den Landesnaturschutzgesetzen ist in Anlehnung an die räumliche Gesamtplanung i.d.R. vierstufig: Landschaftsprogramm - Landschaftsrahmenplan - Landschaftsplan und in den meisten Bundesländern als vierte Stufe Grünordnungsplanung. Auf der kommunalen Ebene stellt der Grünordnungsplan das Pendant zum Bebauungsplan und der Landschaftsplan das Pendant zum Flächennutzungsplan dar. Diese Pläne sind aus dem Landschaftsrahmenplan abzuleiten, der auf der regionalen Ebene aufgestellt wird und dessen Inhalte in den Regionalplan einfließen. Auf Landesebene wird das Landschaftsprogramm als Rahmen für die Landschaftsrahmenpläne sowie als Beitrag zum Landesraumordnungsprogramm aufgestellt. Die Landschaftsplanung der Stadtstaaten ist anders aufgebaut.

Auch hier haben wir es mit einem kaskadenartigen Planungssystem zu tun, das flächendeckend aufgebaut ist. Insofern ergänzt die Landschaftsplanung die Raumplanung; sie zeigt auf, was mit den Flächen aus der Sicht von Naturschutz und Landschaftspflege geschehen soll. Aber im Unterschied zur Raumplanung ist sie nicht verbindlich[67], sondern nur eine Fachplanung, die zwar flächendeckend und die Umweltgüter z. T. integrierend erstellt wird, jedoch einen bestimmten Belang vertritt. Ihre planerischen Ziele müssen mit den Zielen der Raumplanung und anderer Belange abgewogen wer-

---

65 z. B. Freiraumschutz und -entwicklung vs. Siedlungsentwicklung

66 seit 1976 aufgrund der Verabschiedung des Bundesnaturschutzgesetzes, das zur rechtlichen Grundlage für das System der Landschaftsplanung wurde

67 Ausnahmen sind z. B. das Berliner Landschaftsprogramm und die Landschaftspläne in Nordrhein-Westfalen.

den und werden nur insoweit verbindlich, wie sie von der Raumplanung in ihre Pläne übernommen werden.

Das Oberziel der Landschaftsplanung ist gemäß § 1 BNatSchG die Sicherung der Leistungsfähigkeit des Naturhaushalts.

Zur Operationalisierung dieses Oberziels setzt sie insbesondere den Potenzialansatz ein (Bierhals 1978; Haase 1978; Haaren u. Horlitz 1993). Dieser ist anthropozentrisch und entwicklungsorientiert. In den verschiedenen Quellen treten Unterschiede in der Ausgestaltung und Benennung der einzelnen Potenziale auf; diese sind jedoch marginal, sodass hier ein methodischer State of the art besteht (Kiemstedt et al. 1990). Neben den Potenzialen arbeitet die Landschaftsplanung methodisch mit Wirkungsanalysen (vgl. Kap. 5.4) und, da letztere aufgrund der Komplexität von Natur und Landschaft auf enge Grenzen stoßen, mit Analogieschlüssen sowie Risikoanalysen (vgl. Kap. 7.6).

Die Landschaftsplanung hat die folgenden Aufgabenbereiche (Kiemstedt et al. 1990):

1. Fachaufgaben, eigene Zuständigkeit:
    - Planung für Arten und Lebensgemeinschaften
    - Planung für Natur- und Landschaftserleben
    - Planung für Regulation und Regeneration von Boden, Wasser, Klima, Luft
2. Planungsaufgaben als Grundlage im Entscheidungsprozess
    - Beurteilung der Auswirkungen anderer Planungen auf Natur und Landschaft
    - Bündelung des raumbezogenen Umweltschutzes
3. Beitrag zu anderen Fachplanungen (landschaftspflegerische Begleitplanung)

Die Planungsaufgaben sollen die Belange des raumbezogenen Umweltschutzes bündeln, um sie als Gesamtheit in die Abwägung einzustellen. Diese so genannte teilquerschnittsorientierte Aufgabe wird auch als Verträglichkeitsprüfung verstanden.

Die Probleme der heutigen Landschaftsplanung haben Kiemstedt et al. (1990) zusammengefasst:

- Sie ist politisch oft nicht gewollt. Daraus resultieren mangelhafte Kapazitäten und Abhängigkeiten von anderen.
- Heterogene Länderregelungen schwächen ihre Position, verkomplizieren die Ausbildung und verhindern die Entwicklung eines einheitlichen Planungsverständnisses.
- Oft fehlt die Aufstellungspflicht auf der unteren Ebene, wo Nutzungsinteressen dominieren.
- Insbesondere auf untergesetzlicher Ebene fehlen inhaltliche Präzisierungen, sodass die Aufgabenstellung oft unklar bleibt.
- Die Mitwirkung an Fachplanungen wird nicht akzeptiert mit der Folge des Rückzugs auf die Fachaufgabe Planung für Arten und Lebensgemeinschaften.
- Aufträge zur Planerstellung werden bisweilen an fachlich nicht kompetente Planer oder Naturwissenschaftler mit ungenügendem Planungsverständnis vergeben.
- Häufig sind Daten nicht verfügbar, vor allem fehlt jedoch ein Monitoring zur Evaluierung und Kontrolle von Maßnahmen.
- Überzeugende und konkretisierbare Wertmaßstäbe sind selten.

Sektorale Umweltplanungen

Neben der zumindest theoretisch auf Integration angelegten Landschaftsplanung existieren verschiedene sektorale Umweltplanungen (vgl. Tab. 2.3.2).

Die wasserwirtschaftliche Planung erarbeitet nach §§ 36 und 36b WHG Rahmenpläne und Bewirtschaftungspläne. Ziel ist hier die Nutzung der Wasserressourcen und der Schutz der Wasserqualität zwecks Nutzung. Dazu werden Umweltqualitätsstandards, insbesondere die Gewässergüteklassen, aufgestellt (vgl. LWA 1985; Freund u. Göbel 1990).

Jedoch beschränkt sich diese Planung auf Nutzungsinteressen und betrachtet trotz des § 1a WHG, nach dem die Gewässer als Bestandteile des Naturhaushalts zu bewirtschaften sind, nur den Wasserkörper (Fürst et al. 1992). Zudem existieren Bewirtschaftungspläne nur für ausgewählte Gewässersysteme und in wenigen Bundesländern. Von einer flächendeckenden Planung kann nicht die Rede sein.

Luftreinhaltepläne nach § 47 BImSchG sollen (in gewissem Gegensatz zu ihrem Namen) die Belastung der Luft in Ballungsgebieten reduzieren (vgl. Schreiber 1988). Ihre Methodik ist emissionsorientiert und sie werden ausschließlich in Problemgebieten aufgestellt. Sie sind daher punktuell und gefahrenabwehrorientiert.

Weitere relativ neue Planungsinstrumente wie die Lärmminderungsplanung (§ 47a BImSchG), die Abwasserbeseitigungsplanung (§ 18a WHG) und die Abfallwirtschaftsplanung (§ 29 KrW-/AbfG) befassen sich mit

Tabelle 2.3.2: System der räumlichen Planung in Deutschland, gesetzliche Grundlagen und ihre Instrumente

	Raumplanung (räumliche Gesamtplanung)		Umweltplanung mit Teilquerschnittsorientierung		Fachplanungen und sektorale Umweltplanungen				
	Überörtlich	Örtlich	Landschaftsplanung	Umweltverträglichkeitsprüfung	Immissionsschutz	Naturschutz i. e. S.	Wasserwirtschaft	Abfallwirtschaft	Verkehrsplanung
Wichtigste gesetzliche Grundlagen	ROG Landesplanungsgesetze	BauGB	BNatSchG Länder-NatG	UVPG	BImSchG	BNatSchG Länder-NatG	WHG Länder-WG	KrW-/AbfG	FStrG AEG PeBefG StraßenG der Länder
Gesetzliche Planungsinstrumente	Landesraumordnungsprogramm Regionalplan	Flächennutzungsplan Bebauungsplan	Landschaftsprogramm Landschaftsrahmenplan Landschaftsplan Grünordnungsplan	(Strategische Umweltprüfung)	Luftreinhalteplan Lärmminderungsplan		Wasserwirtschaftlicher Rahmenplan Bewirtschaftungsplan Abwasserbeseitigungsplan	Abfallwirtschaftsplan	Ausbaupläne
Gesetzliche Genehmigungsverfahren	Raumordnungsverfahren	Baugenehmigung		UVP zum vorgelagerten Verfahren UVP zum Zulassungsverfahren	gebundene Erlaubnis	Schutzgebiete Eingriffsregelung	Schutzgebiete Bewilligung, Erlaubnis, Genehmigung, Planfeststellung	Planfeststellung	Planfeststellung

den Folgen menschlichen Wirtschaftens und weniger mit Schutz und Entwicklung der Umweltgüter.

Umweltverträglichkeitsprüfung

Die Umweltverträglichkeitsprüfung (UVP, vgl. Kap. 3.2) deckt die Umwelt insgesamt und integrativ ab. Sie ist jedoch reaktiv, denn sie soll die Folgen anderer Planungen ermitteln, beschreiben und bewerten. Sie ist daher nicht Planung im engeren Sinne und braucht zur Bewertung (Konkretisierung von umweltbezogenen Zulässigkeitsvoraussetzungen) zielaufstellende Umweltplanungen.

Dennoch hat sie als rechtlich verankerter Testfall integrativen Umweltschutzes europaweit und darüber hinaus große Bedeutung. In Deutschland ist die Methodik oft an die der Landschaftsplanung angelehnt, da deren Vertreter sich als erste dieses Instruments angenommen haben (vgl. Kleinschmidt 1994; Scholles 1997).

Gesetzlich verankert ist die UVP derzeit nur für Projekte. In vielen Kommunen gibt es jedoch darüber hinausgehende Erfahrungen, die in die von der EU vorgeschlagene Strategische Umweltprüfung (SUP, vgl. Kap. 2.3.6) eingebracht werden können. Dieses Instrument wird jedoch ebenfalls reaktiv sein, denn es soll in einem Umweltbericht darlegen, in wie weit Ziele aus Umweltplänen eingehalten wurden.

Fazit

1. Es gibt eine Leitplanung des räumlichen Umweltschutzes, die politisch unbeliebt ist.
2. Es gibt weitere, sektorale Umweltplanungen, die sich nicht um Integration bemühen (müssen).
3. Es gibt die Umweltverträglichkeitsprüfung für Projekte, die auf der Basis zersplitterter Rechts- und Zielgrundlagen versucht, Umweltbelange integriert in Entscheidungsprozesse einzubringen.

4. Für Pläne und Programme wird die Strategische Umweltprüfung angestrebt.

2.3.4 Die Regionalplanung

Funktion der Regionalplanung

Die Regionalplanung hat im deutschen Planungssystem Vermittlerfunktion: Sie steht an der Grenze zwischen staatlicher und kommunaler Sphäre und zwischen Fachressorts und Raumentwicklung. Sie hat deshalb integrierende und koordinierende Aufgaben, wobei sie die raum- und siedlungsstrukturelle Entwicklung einer Region (in Niedersachsen eines Landkreises)

1. vorausschauend
2. zusammenfassend
3. überörtlich und
4. überfachlich

planerisch unterstützt. Diese vier Kriterien hat das Bundesverfassungsgericht (BVerfG) 1954 in einem Gutachten benutzt, um die Funktion der Raumplanung im politisch-administrativen System der Bundesrepublik zu bestimmen und gleichzeitig die raumplanerischen Aufgaben des Bundes von denen der Länder abzugrenzen.

Vorausschauend bedeutet Vorbereitung für zukünftiges Handeln.

Zusammenfassend heißt: Die einzelnen Ansprüche an den Raum resp. die Fläche werden nicht isoliert gesehen, sondern integriert behandelt. Dabei treten ständig Konflikte zwischen räumlichen Nutzungsansprüchen auf, die bereinigt werden müssen. Das ist die eigentliche Aufgabe der Raumplanung: zwischen konkurrierenden Ansprüchen Prioritäten und Kompromisse auszuhandeln.

Überörtlich bedeutet: mehrere Gemeinden und damit Flächennutzungspläne verbindend. Es kommt vor allem auf die Schnittstellen zwischen den Gemeinden, also die grenzüberschreitende Raumplanung an.

Überfachlich heißt schließlich: Regionalplanung muss sich relativ neutral zu den Fachressorts verhalten. Sie darf sich nicht zum Handlanger eines Raumnutzungs-Belangs machen. Deshalb ist es von vornherein misslich, wenn die Raumplanung in einem Fachressort angesiedelt ist, sei es im Umweltministerium, sei es im Wirtschaftsministerium.

Es ist also die Aufgabe der Regionalplanung, alle Ansprüche an die Fläche und an die Bodenschätze auf der Ebene oberhalb der Gemeinden und unterhalb des Landes in einem widerspruchsfreien System räumlicher Ordnung möglichst interessenneutral abzugleichen, und zwar vor dem Hintergrund der regionsspezifischen Struktur- und Entwicklungsprobleme und den Anforderungen, die politische Akteure an die Entwicklung des Raums stellen.

Das ist eine sehr komplizierte Angelegenheit. Denn die Regionalplanung hat dabei nur geringe Freiräume. Sie muss nach dem *Gegenstromprinzip* ihre Aussagen einerseits aus den vorgegebenen Grundsätzen und Zielen der Landesplanung ableiten, hat aber dann auch zu berücksichtigen, dass die Gemeinden mit ihrer Flächennutzungsplanung schon Festlegungen getroffen haben, die nicht ohne Weiteres übergangen werden können. Sie hat zudem in Rechnung zu stellen, dass auch die Fachressorts, also Straßenbau mit der Straßenplanung, Wasserwirtschaft mit der Wasserwirtschaftlichen Rahmenplanung, Naturschutz mit der Landschaftsrahmenplanung, Abfallwirtschaft mit der Abfallwirtschaftsplanung, einige Festlegungen getroffen haben. "Die Aufgabe der Regionalplanung liegt damit im Spannungsfeld zwischen örtlichen und überörtlichen Interessen, zwischen einzelfachlichen und überfachlichen bzw. gesamträumlichen Standort- und Flächenansprüchen, zwischen individuellen und gemeinwohlorientierten Bedürfnissen in der Region" (Schmitz 1995, 823).

Deshalb sind die Ziele des Regionalplans ausgerichtet

- auf die Optimierung der Siedlungsstruktur, z. B. um durch bessere Zuordnung von Wohnen und Arbeiten die Verkehrsbedarfe und den Energieverbrauch zu mindern, oder durch bessere Mischung von Freiflächen und Siedlungsflächen die klimatischen Bedingungen sowie die Naherholungsangebote zu verbessern sowie
- auf die Sicherung und Verbesserung der Umweltqualität, insbesondere von Natur und Landschaft.

Aber das ist keineswegs alles. Denn Regionalplanung ist auch für die Entwicklung einer Region zuständig. Und deshalb sind ihre weiteren Ziele

- die verbesserte Position der Region im interregionalen Wettbewerb, und dabei insbesondere ihre großräumige Vernetzung und Erreichbarkeit und ferner
- die Verbesserung der wirtschaftlichen Standortbedingungen.

Wirkung der Regionalplanung

Regionalplanung ist Mittler:
- zwischen der kommunalen und der Landesplanung
- zwischen Fachressorts und der räumlichen Planung sowie
- zwischen Individualinteressen und Gemeinwohlinteressen.

Das Ergebnis der Mittlerfunktion drückt sich zwar in formalen Plänen aus, aber die eigentliche Mittlerfunktion liegt davor und ist ein aufwändiger und länger dauernder Prozess des sich Zusammenraufens zwischen den unterschiedlichen Ansprüchen an den Raum. Raumplaner übernehmen in diesem Knäuel von konfligierenden Interessen und Belangen immer häufiger Moderatorenfunktion, teilweise schon die Funktion der Konfliktvermittler (Mediation, vgl. Kap. 9.3).

Aber zunehmend tritt die traditionelle Raumplanung, die sich nämlich mit der Ordnung der Raumnutzung befasst, etwas in den Hintergrund zugunsten anderer Funktionen der Regionalplanung: Regionalplaner engagieren sich zunehmend in der Mitgestaltung der wirtschaftlichen Entwicklung einer Region, indem sie die wichtigsten Unternehmen und Verbände, die Gemeinden und staatlichen Behörden an Runde Tische oder zu Regionalkonferenzen zusammenbringen, um gemeinsam zu diskutieren, wie die Region sich weiterentwickeln soll. Diese Arbeit gewinnt aus verschiedenen Gründen an Bedeutung.

Da ist zum einen der Wettkampf der Regionen, nicht nur im Maßstab Deutschland, sondern zunehmend auf EU-Ebene. Darauf beruht die schon fast hysterische Diskussion, ob sich die Standortbedingungen einer Region im Vergleich zu anderen verschlechtert haben.

Da ist zweitens die wachsende sachliche Verflechtung zwischen Handlungsfeldern verschiedener Akteure. Das gilt vor allem für den Umweltschutz. So sind z. B. Maßnahmen zur CO_2-Minderung nur im Zusammenspiel von Baugesellschaften, Energieversorgungsunternehmen, Verkehrsgesellschaften, Kommunen, teilweise Wissenschaft zu erreichen. Aber auch in anderen Politikfeldern haben wir die zunehmende Verflechtung: Arbeitsmarktprobleme sind nicht nur Angelegenheit der Arbeitsämter, sondern zunehmend der Gewerkschaften, der Unternehmen, der Städte und Landkreise mit ihrem Berufsbildungssystem etc. Die sachliche Verflechtung der Akteure macht deshalb immer stärker auch eine Akteur-Vernetzung notwendig, um diese Zusammenhänge sinnvoll abarbeiten zu können.

Ein dritter Grund liegt darin, dass unsere Gesellschaft sich in einem tiefgreifenden wirtschaftlichen Strukturwandel befindet. Der Staat erkennt immer mehr seine Ohnmacht in diesem Handlungsfeld, weil die Globalisierung der Wirtschaft, der EU-Binnenmarkt und die härter gewordene internationale Konkurrenz staatliche Wirtschaftspolitik immer weniger zulassen: Wenn der Staat Entscheidungen gegen die Interessen der Unternehmer trifft, riskiert er, dass diese den Standort Deutschland aufgeben. Deshalb haben Bundes- und Länderwirtschaftsminister immer mehr die Regionen als Handlungsebene entdeckt: Sie dezentralisieren die Wirtschaftsstrukturpolitik ("Regionalpolitik") auf die Regionen und erwarten von den Regionen, dass sie sich zu Regionalkonferenzen zusammenschließen, um gemeinsam ihre Strukturprobleme zu lösen ("Regionalisierung der Strukturpolitik"). Das klingt zunächst wie Flucht aus der Verantwortung - denn worin sollen die Regionen besser als der Staat sein? Aber das ist insofern sinnvoll, als auch die Unternehmen zunehmend die Regionsebene als wichtig wiederentdecken.

Steuerungsmöglichkeiten der Regionalplanung

Die Regionalplanung ist in ihren Handlungsmöglichkeiten vergleichsweise begrenzt. Das hängt damit zusammen, dass zum einen unser Verfassungs- und Verwaltungsrecht den Gemeinden und Fachressorts eine relativ große Autonomie einräumt (siehe Art. 28 Abs. 2 GG für Gemeinden; Art. 65 Satz 2 GG für Fachressorts). Zum anderen entspricht es nicht unserem Wirtschaftssystem ("Wirtschaftsordnung der Sozialen Marktwirtschaft"), mit planwirtschaftlichen Elementen in die wirtschaftlichen Entscheidungen der Privaten einzuwirken.

Wenn Raumplanung und konkret Regionalplanung tätig wird, dann auf der Basis eines breiten politischen Konsenses: Sie kann nur das in ihren Plänen festschreiben, was von den politischen Akteuren akzeptiert und damit mitgetragen wird. Gegen die politischen Akteure kann Raumplanung gar nichts ausrichten. Deshalb wird das Aufstellungsverfahren der Regionalpläne sehr zeitaufwändig betrieben, indem alle "Träger öffentlicher Belange" gehört werden müssen und jeder Belang in der Planung berücksichtigt werden muss. Da solche Belange in der Regel untereinander im Widerspruch stehen, muss die Regionalplanung sie abwägen und die Abwägung transparent und nachvollziehbar machen für die politischen Entscheidungsgremien, die letztlich den Plan politisch verabschieden. "Politische Entscheidungsgremien" der regionalen Ebene werden von Vertretern der Gemeinden beschickt.

Inhalte des Regionalplans

Der Regionalplan[68] enthält unterschiedliche Typen von Aussagen, die teilweise bereits im ROG (§ 7) vorgegeben sind:

- Er legt für bestimmte Teilräume Vorrangnutzungen fest: für Grundwasserschutz, landwirtschaftliche Nutzungen, Erholungsnutzungen, Natur- und Landschaft, Rohstoffabbau, klimatische Funktionen.
- Er bestimmt "Eignungsgebiete", in denen bestimmte Funktionen besonders geeignet untergebracht werden können (z. B. Windenergie), aber solche Funktionen dürfen auch nur dort angesiedelt werden und nicht anderswo.
- Er gibt räumliche Siedlungsschwerpunkte vor (z. B. Entwicklungsachsen, Zentrale Orte, in einigen Ländern auch Siedlungsschwerpunkte innerhalb von Gemeindegebieten).
- Er nimmt (nachrichtlich) die Vorgaben der Fachplanungen auf, soweit diese eine gewisse Bindung erreicht haben (z. B. Straßen, Leitungen, Sondermülldeponien).
- Er enthält eine Reihe von - allerdings nur textlich ausgewiesenen - Anregungen, was in den einzelnen Fachpolitiken zukünftig noch geschehen sollte (z. B. regionale Energiewirtschaftskonzepte aufstellen, den ÖPNV ausbauen, die eigenständige Regionalentwicklung fördern).

Bei diesen Regelungen muss man immer genau hinsehen, wie verbindlich sie sind. Viele sind "Ziele", d. h. so konkrete und operationalisierte Ziel-Ansagen, dass man Zielabweichungen genau erkennen kann. Sie sind verbindlich, wenn der Regionalplan verbindlich geworden ist. Andere Aussagen sind vager und haben nur den Charakter von "Grundsätzen". Sie werden im konkreten Falle (wenn ein Akteur den Raum in Anspruch nehmen will) herangezogen, um abzuwägen, ob der Akteur gegen die Ziele der Raumordnung verstößt. Wiederum andere Aussagen haben nur empfehlenden Charakter. Das ROG hat in seiner Fassung von 1998 zum ersten Mal verbindlich festgelegt, was Grundsätze, Ziele, Erfordernisse, sonstige Erfordernisse im Sinne des Planungssystems sein sollen (§ 3 ROG).

Der Regionalplan ist nur ein Ordnungsplan: Er regelt die Ordnung des Raums, er stellt aber kein Handlungsprogramm dar[69].

Die Steuerungsmöglichkeiten in der Umsetzung des Regionalplans

Die wichtigsten Instrumente der Regionalplanung in der Umsetzung sind:

- die Abgabe von Stellungnahmen zu raumwirksamen Plänen und Maßnahmen der Kommunen und Dritter
- das Raumordnungsverfahren.

Stellungnahmen gibt die Regionalplanung als "Träger öffentlicher Belange" ab - sie hat hier keine Weisungsbefugnis. Aber sie kann in den Stellungnahmen darauf aufmerksam machen, dass Ziele der Regionalplanung verletzt werden.

Noch präziser erfolgt das über das *Raumordnungsverfahren*. Dabei handelt es sich um ein Verfahren, das raumbedeutsame und überörtliche Maßnahmen auf ihre Übereinstimmung mit den Zielen der Raumplanung prüft. Darin enthalten sind in fast allen Bundesländern auch grobe Prüfungen der Umweltverträglichkeit, also eine "Umweltverträglichkeitsprüfung der ersten Stufe" (vgl. Kap. 3.2). Die Folge des Instruments:

- Wenn eine Maßnahme mit Zielen der Raumordnung (und der Umweltpolitik) nicht übereinstimmt, muss im nachfolgenden *Planfeststellungsverfahren* das Ergebnis des Raumordnungsverfahrens berücksichtigt werden. Aber das Ergebnis des Raumordnungsverfahrens hat nur gutachterliche Bedeutung, ist also nicht rechtsverbindlich. Dagegen kann der betroffene Betreiber einer Maßnahme auch nicht klagen.
- Da das Raumordnungsverfahren oft auch "Umweltverträglichkeitsprüfung der ersten Stufe" ist, muss es - nach dem UVPG - die Öffentlichkeit beteiligen.

---

68 In einigen Bundesländern wird der Regionalplan als Regionales Raumordnungsprogramm oder Gebietsentwicklungsplan bezeichnet.

69 legt also nicht fest, was in der Region in der nächsten Zeit alles passieren soll

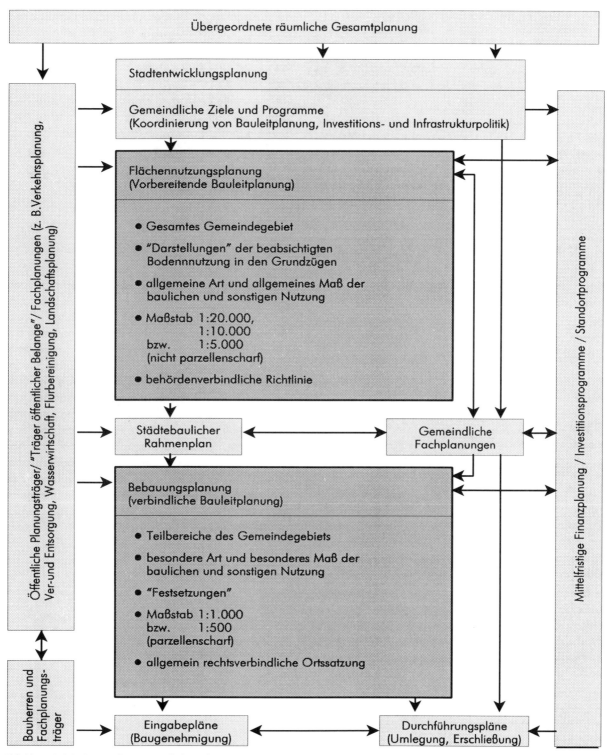

Abbildung 2.3.3: System der gemeindlichen Planung (idealtypisch, nach: ARL 1993)

Steuerung der Regionalplanung durch "persuasive Mittel"

Unter persuasiven Mitteln versteht man Beratungen, Überredung, Überzeugung. Raumplaner sind "Netzwerker", die sich bemühen, ihre Ideen und Planvorstellungen über "Diskurse" zu vermitteln.

Das klingt sehr schwach, hat aber durchaus praktische Bedeutung: Viele Akteure sind gewohnt, ihre Entscheidungen in ihren engen Wahrnehmungsgrenzen zu treffen - sie berücksichtigen nicht die Wirkungen ihrer Maßnahmen auf Dritte. Werden sie darauf aufmerksam gemacht, sind sie mitunter bereit, ihre Entscheidungen zu revidieren.

Persuasive Mittel wirken vielfach "im Schatten der Hierarchie": Regionalplaner können im schlimmsten Falle ihr rechtliches Sanktionspotenzial nutzen und raumordnungswidriges Verhalten untersagen.

Je besser die Kooperation mit Gemeinden und Fachressorts ausgebaut ist, umso mehr achten diese auf die Aussagen der Planer: Netzwerke und deren Pflege spielen in der Regionalplanung eine sehr große Rolle.

2.3.5 Die gemeindliche Planung

Städte und Gemeinden sind gemäß Art. 28 Abs. 2 GG Träger der Planungshoheit.

Daraus resultiert die Verpflichtung, die bauliche und sonstige Nutzung der Grundstücke vorzubereiten und zu leiten und damit eine umfassende städtebauliche Ordnung zu sichern, die eine nachhaltige städtebauliche Entwicklung erreicht, eine sozialgerechte Bodennutzung zum Wohl der Allgemeinheit gewährleistet und eine menschenwürdige Umwelt sichert (§ 1 Abs. 5 BauGB).

Die Gemeindliche Planung (Stadtplanung) greift dazu einerseits auf die im BauGB normierten Planungsinstrumente, insbesondere die Bauleitplanung, andererseits auf unverbindliche, freiwillige Pläne und Programme wie die Stadtentwicklungspläne oder die städtebaulichen Rahmenpläne, zurück (vgl. Abb. 2.3.3).

Aufgabe der Bauleitplanung ist inhaltliche und räumliche Gesamtplanung, d. h. die Nutzungen aller Flächen des Gemeindegebiets bzw. die Bebauung eines Teilgebiets abschließend planungsrechtlich festzulegen (Braam 1999, 49). Dazu legt § 1 Abs. 5 BauGB Planungsleitsätze und einen Handlungsrahmen fest, die durch Regelungen zur Berücksichtigung von Umweltbelangen (Bodenschutzklausel, Eingriffsregelung, europäische Schutzgebiete etc.) in § 1a BauGB ergänzt werden. Die Pläne sind gemäß § 1 Abs. 4 BauGB an die Ziele der Raumordnung anzupassen.

Da nicht alle Leitsätze immer gleichermaßen berücksichtigt werden können, muss die Bauleitplanung alle Belange gerecht abwägen (s. Kap. 4.5.2).

Bauleitpläne werden gemäß § 3 BauGB unter mehrstufiger Beteiligung der Bürger aufgestellt (vgl. Kap. 10.2).

Flächennutzungspläne

Die Flächennutzungsplanung ist die erste Stufe der Bauleitplanung; sie wird auch als vorbereitende Bauleitplanung bezeichnet.

Der Flächennutzungsplan deckt das gesamte Gemeindegebiet ab[70]; er wird im Maßstab 1:5.000 oder 1:10.000, bisweilen auch 1:20.000, erstellt. Die *Darstellungen* sind lediglich behördenverbindlich. § 5 Abs. 2 BauGB enthält eine Auflistung der insbesondere möglichen Darstellungen, d. h. der Katalog ist nicht abschließend, sondern kann von den Gemeinden erweitert werden. Dabei sind jedoch nur solche Darstellungen zulässig, deren Umsetzung in Bebauungsplänen möglich ist (Ermer et al. 1996, 242). Mit dem Flächennutzungsplan stellt die Gemeinde gemäß § 5 Abs. 1 BauGB die sich aus der beabsichtigten städtebaulichen Entwicklung ergebende Art der Bodennutzung nach ihrem voraussichtlichen Bedarf in den Grundzügen dar.

Die Darstellungen ergeben sich aus § 5 Abs. 2 BauGB und der BauNVO. Dazu gehören[71]:

- Bauflächen mit Angabe der Art[72] und Maß[73] der baulichen Nutzung

---

70 Ausnahmen sind die gemeinsamen Flächennutzungspläne einiger Stadt-Umlandverbände wie Frankfurt, Stuttgart oder Saarbrücken, die das Gebiet mehrerer Städte und Gemeinden abdecken (§ 204 BauGB). Nach der Novellierung des Planungsrechts 1998 sind in Verdichtungsräumen auch regionale Flächennutzungspläne möglich; sie stellen eine Zusammenfassung von gemeinsamem Flächennutzungsplan und Regionalplan zu einem Plan dar (§ 9 ROG).

71 Näheres hierzu s. Braam (1999, 57 ff.)

72 Wohnbaufläche, gemischte Baufläche, gewerbliche Baufläche, Sonderbaufläche

73 Geschossflächenzahl, Baumassenzahl, Höhe der baulichen Nutzung

- Gemeinbedarfsflächen (Schulen, Kirchen, Parkanlagen usw.)
- Flächen für die Landwirtschaft sowie Wald
- Flächen für Maßnahmen zum Schutz, zur Pflege und zur Entwicklung von Boden, Natur und Landschaft
- Flächen für Ver- und Entsorgungsanlagen, Leitungstrassen
- Flächen mit Nutzungsbeschränkungen unter Umweltschutzgesichtspunkten
- Wasserflächen
- Flächen für Aufschüttungen, Abgrabungen, Gewinnung von Bodenschätzen
- nachrichtliche Übernahmen (z. B. Verkehrsanlagen, Schutzgebiete).

Der aufgestellte Plan muss vor seinem Inkrafttreten durch die höhere Verwaltungsbehörde (i.d.R. die Bezirksregierung) genehmigt werden. Die Eingriffsregelung gemäß § 1a BauGB und § 8a BNatSchG ist dabei seit 1998 durch die Darstellung von Flächen für Ausgleichs- und Ersatzmaßnahmen zu berücksichtigen.

Flächennutzungspläne sind für Gemeinden praktisch Pflicht, allerdings ist der Prozess der Aufstellung eines Flächennutzungsplans recht langwierig und aufwändig, weil umfangreiche Bestandsaufnahmen und Prognosen zu Bevölkerungsentwicklung, Wirtschaftsentwicklung, Entwicklung der Umwelt durchzuführen und ein Gesamtkonzept zu erstellen sind. Deshalb verfügen einige Gemeinden nur über eine sehr veraltete Grundlagenfassung. Sofern Aktualisierungen erforderlich sind, werden die alten Pläne schlicht geändert, ohne dass geprüft wird, ob das Gesamtkonzept nach der Änderung noch in sich stimmig ist[74].

Bebauungspläne

Bebauungspläne werden als zweite Stufe der Bauleitplanung bei Bedarf für kleine Teilgebiete der Gemeinde erstellt. Sie werden durch Satzungsbeschluss allgemein verbindlich, also auch für Bauherren und Investoren. Ob sie aufgestellt werden, der Zeitpunkt der Aufstellung und die Abgrenzung des Plangebiets liegen im Ermessen der Gemeinde.

Sie werden als Regelsystem verstanden, das sicherstellen soll, dass die einzelnen Akteure keine Schadwirkungen für Dritte erzeugen. Sie verpflichten also keinen Investor, zu einer bestimmten Zeit bestimmte Investitionen durchzuführen. Aber wer bauen will, der muss sich an die Regeln des Bebauungsplans halten. Das wird von den kommunalen Baugenehmigungsbehörden überwacht. Es gibt allerdings Ausnahmen und Befreiungen von Festsetzungen. Ausnahmen sind im Bebauungsplan vorgesehene, eventuell zulässige Abweichungen, Befreiungen sind nicht vorhersehbare Abweichungen unter den Bedingungen des § 31 Abs. 2 BauGB. Befreiungen dürfen nicht einer Planänderung gleichkommen.

Bebauungspläne schaffen Baurecht nach Integration und Abwägung (vgl. Kap. 4.5.2) öffentlicher und privater Belange. Daher kann in einem Gebiet neben dem Bebauungsplan kein weiterer Plan (etwa ein Landschaftsplan) mit widersprüchlichen Aussagen existieren. Sie regeln durch zeichnerische und textliche *Festsetzungen* Art und Maß der zulässigen baulichen und sonstigen Nutzung, d. h. wie der Bauherr das jeweilige Grundstück bebauen oder nutzen darf, welche Auflagen er zu beachten hat und was er insbesondere für die Umweltgüter tun muss. Denn: "Eigentum verpflichtet. Sein Gebrauch soll zugleich dem Wohle der Allgemeinheit dienen" (Art. 14 Abs. 2 GG). § 9 Abs. 1 BauGB - durch die BauNVO und die Planzeichenverordnung konkretisiert - und die Landesbauordnungen geben einen umfangreichen, abschließenden Katalog möglicher Festsetzungen vor[75]. Alle tatsächlichen Festsetzungen müssen städtebaulich rechtfertigt und begründet sein, sonst sind sie unzulässig und können auf dem Weg der Normenkontrolle erfolgreich angefochten werden. Daneben sind in den Plänen Kennzeichnungen für Sicherungsmaßnahmen gegen Naturgewalten, Bergbauflächen, Altlasten und nachrichtliche Übernahmen möglich.

Bebauungspläne werden parzellenscharf im Maßstab 1:500 bis 1:1.000 erstellt. Die Planaussagen kann man einteilen in:

- allgemeine Gestaltungsabsichten wie Erhaltung des Ortscharakters, Einfügung in die Umgebung, Bewahrung von Ortsstrukturen, Denkmalschutz, Anforderungen an die Straßenflucht, Anforderungen an die Bauweise (z. B. Niedrigenergiebauweise) und
- besondere Gestaltungsabsichten, die sich auf ein-

---

74 z. B. stammt Hannovers Flächennutzungsplan von 1975/78 und hat inzwischen weit über 100 Änderungen erfahren

75 der bei Braam (1999, 96 ff.) kommentierend wiedergegeben ist

zelne Merkmale beziehen, wie z. B. Gebäudemaße und -proportionen, Dachform, Fassade, Wandöffnungen, geschossweise Gliederung, Ladeneinbauten, Zusatzteile, Vor-, An- und Erweiterungsbauten, Nebenanlagen, Werbeanlagen, Bepflanzung, Regenwasserbehandlung.

Im Bebauungsplan ist die Eingriffsregelung nach § 8a BNatSchG abschließend zu bewältigen. Deshalb müssen Ausgleich- und Ersatzmaßnahmen im Plangebiet oder getrennt davon in einem Satellitenplangebiet festgesetzt werden.

Vorhaben- und Erschließungspläne

Vorhaben- und Erschließungspläne können als verbindliche Satzung für bestimmte Vorhaben aufgestellt werden, sofern kein Bebauungsplan für das betroffene Gebiet existiert. Ursprünglich wurde das Instrument für die rasche Stadtentwicklung in den fünf neuen Bundesländern geschaffen. Inzwischen wurde es aufgrund der positiven Erfahrungen auf das gesamte Bundesgebiet ausgeweitet (§ 12 BauGB).

Die Pläne werden im Gegensatz zu allen anderen hier behandelten (Angebots-) Plänen in enger Kooperation von Gemeinde und einem Vorhabenträger (Investor) erstellt und sind exakt auf ein - meist größeres - Vorhaben ausgerichtet, für das in möglichst kurzer Zeit Planungsrecht geschaffen werden soll. Die Festsetzungsmöglichkeiten sind dieselben wie bei Bebauungsplänen.

Das Instrument besteht aus den drei Elementen Vorhaben- und Erschließungsplan, Durchführungsvertrag und vorhabenbezogener Bebauungsplan. Näheres hierzu siehe Braam (1999, 196 ff.).

Städtebauliche Entwicklungsmaßnahmen

Städtebauliche Entwicklungsmaßnahmen gemäß §§ 165-171 BauGB sollen der einheitlichen Vorbereitung und Durchführung größerer Siedlungsvorhaben dienen. Damit sind sie besonders dort geeignet, wo eine grundlegende Neuordnung oder Umstrukturierung eines größeren Gebiets angestrebt wird (z. B. bei Industriebrachen oder Konversionsflächen). Die Erstellung des Plans beginnt mit der förmlichen Festlegung des Entwicklungsgebiets. Die Konzeption und der Entwurf werden oft über städtebauliche Ideenwettbewerbe erstellt.

Im Gegensatz zum Bebauungsplan besteht als Ergebnis der Entwicklungsmaßnahme nicht nur Baurecht, sondern auch eine Realisierungspflicht.

2.3.6 Tendenzen der Raum- und Umweltplanung

Perspektiven der Regionalplanung

Brauchen wir die Regionalplanung noch, nachdem doch bei uns alles recht gut geordnet ist - wer einmal mit dem Flugzeug einen Abflug oder Landeanflug mitgemacht hat, wird schnell den Eindruck gewinnen: alles räumlich bestens "geordnet".

Kann die Regionalplanung einen Beitrag zu aktuellen gesellschaftlichen Problemen leisten? Durchaus. Sicherlich weniger, wenn sie in der traditionellen Manier lediglich Raumnutzungspläne fabriziert. Aber zunehmend dann, wenn sie ihre Moderatorenfunktion für die Region ausbaut. So haben die Regionalplaner in Nordrhein-Westfalen sehr erfolgreich an der Moderation der so genannten *Regionalkonferenzen* mitgewirkt und über diese auf den wirtschaftlichen Strukturwandel einwirken können. Die Regionalkonferenz ist ein Konzept, bei dem der Staat oder auch regionale Akteure die wichtigsten Handlungsträger einer Region zusammenbringen, um gemeinsam über *Regionale Entwicklungskonzepte* (REK) die mittelfristige Zukunft zu gestalten. Aus den REK sollen dann Maßnahmen abgeleitet werden (Regionale Aktionsprogramme), mit deren Hilfe die Entwicklungspfade der REK realisiert werden können. Das ist ein anspruchsvolles Vorgehen, entspricht aber unserer Zeit, in der:

- immer mehr Aktivitäten vom Staat auf dezentrale Steuerungsstrukturen (Regionen, Gemeinden, Private, Nicht-Regierungsorganisationen) ausgelagert werden
- die "Synergieeffekte" zwischen den arbeitsteilig vernetzten Aktivitäten unser hochgradig ausdifferenzierten und spezialisierten Gesellschaftsstruktur nur über "Netzwerke" der Zusammenarbeit noch geschaffen werden können
- die staatliche Steuerung von Wirtschafts- und Strukturentwicklungen zu Ende geht, weil die Privatwirtschaft im Zuge der Globalisierung immer weniger durch den Staat steuerbar ist. An die Stelle staatlicher Steuerung treten gesellschaftliche Selbststeuerungsstrukturen, die vor allem in den Regionen organisiert werden und die die regionalen "Potenziale" der Entwicklung, also die Möglichkeiten und Fähigkeiten, die Motivation der Menschen und Institutionen mobilisieren sollen, um eigenverantwortlich "ihre" Entwicklungspfade zu finden und zu gehen.

Aber auch zum Umweltschutz kann die Regionalplanung einiges beitragen. Denn sie kann Umweltschutzziele auch zu Zielen der Regionalplanung erklären: Freiraumsicherung, Lärmschutz, Luftreinhaltung, verstärkte Nutzung der Windenergie etc. können regionalplanerische Ziele sein. Und sie kann auch Hilfestellung bieten, wie man solche Ziele konkret umsetzen könnte.

Auch die Themen Arbeitslosigkeit und Wohnungsbedarf sind durchaus für die Regionalplanung zugänglich: Regionalplaner beteiligen sich an Initiativen zur Innovationspolitik der Region, zur Wirtschaftsförderung, zur regionalen Ausbildungspolitik, zur Wohnungspolitik u. ä. Regionalplanung kann mitwirken, dass die Rahmenbedingungen für den Arbeitsmarkt und die Wohnungsmärkte verbessert werden.

Neue EU-Richtlinien

Es ist davon auszugehen, dass in Kürze eine EU-Richtlinie zur Strategischen Umweltprüfung bestimmter Pläne und Programme (SUP) verabschiedet wird.

In Deutschland muss das Verhältnis der SUP zur Landschaftsplanung bzw. Umweltplanung geklärt werden. Soll die SUP nur prüfen, ob und in wie weit Ziele der Umweltplanungen durch die zu prüfende Gesamtplanung oder Fachplanung eingehalten werden oder soll sie auch weitergehend z. B. nach Bedarfen fragen? Ersteres wäre eine wirkungsarme Pflichtübung, letzteres könnte im Sinne einer Umweltvorsorge einen sinnvollen Schritt nach vorne bedeuten. Wird die SUP in Anlehnung an die UVP "unselbstständiger Bestandteil von Planaufstellungsverfahren" oder wird die Landschaftsplanung zur SUP erweitert? Hier laufen die Diskussionen gerade erst an.

Die derzeitige Landschaftsplanung kann aus verschiedenen Gründen nicht als vollständige Umsetzung der SUP-Richtlinie gelten:

- Sie bearbeitet nicht alle Schutzgüter: Menschen, insbesondere ihre Gesundheit, Sachgüter, ein Großteil der Kulturgüter und stoffliche Betrachtung von Boden, Wasser und Luft sind nicht Gegenstand der Landschaftsplanung. Ein zentrales Problem menschlicher Aktivitäten ist neben der Flächeninanspruchnahme der Durchsatz von Stoffen und Materialien unter Energieentwertung. Dieses Problem kann nicht allein durch Verteilung und Zuordnung von Nutzungen angegangen werden; es müssen Aussagen zur Nutzungsintensität und zum Betrieb von Anlagen gemacht werden.

- Zur Öffentlichkeitsbeteiligung in der Landschaftsplanung existieren derzeit erst erste Ansätze (vgl. Kaule et al. 1994; Oppermann et al. 1997). In der SUP geht es jedoch nicht primär um die Öffentlichkeitsbeteiligung an der Landschaftsplanung, sondern um die Beteiligung an der zu prüfenden Fach- bzw. räumlichen Gesamtplanung. Dies leistet bisher kein bekannter Ansatz.

- Die EU betont insbesondere in den Erwägungsgründen zum Richtlinienentwurf die Prozessualität der SUP: Der gesamte Prozess der Aufstellung des Plans soll begleitet werden und am Ende ist darüber zu berichten. Derzeitige Landschaftsplanung wird idealerweise vor oder während der Aufstellung des räumlichen Gesamtplans erstellt, bisweilen auch unabhängig davon, ist aber nicht an den entscheidenden Phasen der Abwägung direkt beteiligt und kann daher auch nicht darüber berichten, wie Umweltziele berücksichtigt und Alternativen geprüft wurden. Darüber hinaus ist Landschaftsplanung über SUP hinaus noch Fachplanung Arten- und Biotopschutz sowie landschaftsbezogene Erholung, beinhaltet also Ziele und Maßnahmen, die sich direkt an bestimmte Landnutzer richten.

- Eine Reflektion der Planer über ihre Planaussagen scheint wahrscheinlicher, wenn diese die SUP selbst durchführen müssen und sie ihnen nicht von außen abgenommen oder aufgedrückt wird. Die Kontrolle muss dann durch die Beteiligung der Öffentlichkeit erfolgen - es ist offen, ob dies in unserer derzeitigen Planungskultur funktioniert.

Landschaftsplanung hat jedoch Potenziale für die SUP, die ausgebaut werden können:

- Während die sektoralen Umweltplanungen sich ausschließlich mit einem Umweltgut befassen, behandelt die Landschaftsplanung einen Großteil der Umweltgüter und als einzige Planung die Wechselbeziehungen, sodass sie prädestiniert für die Koordination der Aussagen zu den Umweltgütern erscheint.

- Die wesentlichen Arbeitsschritte der SUP, die im Anhang I des Richtlinienentwurfs genannt sind, sind auch die der Landschaftsplanung. Hier muss Doppelarbeit vermieden werden.

- Landschaftsplanung kooperiert traditionell eng mit der räumlichen Gesamtplanung. Auf jeder Planungsebene gibt es bereits eine Landschaftsplanung. Viele ihrer Aussagen werden erst über die Gesamtplanung (behörden-) verbindlich. In einigen Landesnaturschutzgesetzen ist sogar festgelegt, dass die Gesamtplanung begründen muss, warum sie von Zielen der Landschaftsplanung abweicht. Dies ist auch zentrales Element der SUP.

- Landschaftsplanung wird auf jeden Fall der zentrale Zielelieferant für die SUP sein und sich allein deshalb auch auf dieses Instrument ausrichten müssen.

Umweltleitplanung, Weiterentwicklung der Landschaftsplanung

Das geplante Umweltgesetzbuch ist von der politischen Oberfläche verschwunden und mit ihm wohl auch Integrationsansätze wie die (umfassende) Umweltleitplanung oder die (Ziele der Umweltfachplanungen zusammenfassende) Umweltgrundlagenplanung.

Stattdessen laufen Überlegungen zur Novellierung des BNatSchG mit Schwerpunkt auf den Abschnitt Landschaftsplanung. Hier kann das Bundesrecht zwar nur einen Rahmen für die Länderregelungen stecken; dieser Rahmen kann jedoch einer Harmonisierung Vorschub leisten und wichtige, in einigen Ländern erprobte Regelungen wie Qualitätszielformulierung (vgl. Kap. 4.3.1) und Begründungspflichten einführen.

Planung für nachhaltige Entwicklung

Die in Rio de Janeiro 1992 für eine nachhaltige Entwicklung verabschiedete Agenda 21 hat auch Bedeutung für die Umweltplanung, da sie Umweltpläne fordert.

Ein nationaler Umweltplan für Deutschland ist politisch nicht gewollt. Dagegen laufen allerorten Aktivitäten zur Aufstellung kommunaler, z. T. auch regionaler oder landesweiter Agenden 21 (vgl. Kuhn et al. 1996), basierend auf der Aalborg-Charta von 1994, die die Umweltplanung als wichtiges Umsetzungsinstrument bezeichnet. Besondere Kennzeichen der Agenda-Prozesse sind die intensive Öffentlichkeitsbeteiligung mit Runden Tischen, Workshops, Diskussionsforen, Werkstätten, das prozesshafte Vorgehen sowie die gleichzeitige Behandlung der Säulen Umwelt, Wirtschaft und Gesellschaft, wenn auch mit dem Umweltbereich als Auslöser. Insbesondere mit der Öffentlichkeitsbeteiligung tut man sich in Deutschland politisch schwer. Die 1998 verabschiedete und von Deutschland unterzeichnete Aarhus-Konvention verpflichtet jedoch zur Öffentlichkeitsbeteiligung bei allen umweltrelevanten Projekten, Programmen und Plänen.

Deregulierung

Die Diskussion um SUP, UVP und Agenda 21 ist auch gekennzeichnet von der Standort-Deutschland-Debatte, also der Frage, wie die Wirtschaft auf die Globalisierung reagieren soll. Diese dient derzeit als Vehikel, um Umweltschutz- und -planungsinstrumente, Umweltbelange überhaupt zurückzudrängen, da sie angeblich Zeit kosten und kaum (betriebswirtschaftlichen) Nutzen einbringen. Mit demselben Argument wird die Öffentlichkeitsbeteiligung eingeschränkt. Diese volkswirtschaftlich zweifelhafte Argumentation steht darüber hinaus in krassem Widerspruch zu den Agenda-Aktivitäten.

Allerdings scheint sie auch den notwendigen Anstoß zu geben, das vielfältige, kaum zu überschauende und z. T. in sich widersprüchliche Umweltrecht zu harmonisieren. Dazu muss es jedoch gelingen, die Deregulierungskräfte in die entsprechenden Bahnen zu lenken und nicht Umweltschutz durch schlichtes Abschaffen von Regeln materiell auf den Stand der 60er Jahre zurückzusetzen.

Literatur

AKADEMIE FÜR RAUMFORSCHUNG UND LANDESPLANUNG (Hrsg.), 1993: Daten zur Raumplanung, Zahlen, Richtwerte, Übersichten. Teil B: Überfachliche, raumbedeutsame Planung, Hannover.

AKADEMIE FÜR RAUMFORSCHUNG UND LANDESPLANUNG (Hrsg.), 1995: Handwörterbuch der Raumordnung, Hannover.

AKADEMIE FÜR RAUMFORSCHUNG UND LANDESPLANUNG (Hrsg.), 1996: Zukunftsaufgabe Regionalplanung, Hannover (Forschungs- und Sitzungsberichte 200).

AKADEMIE FÜR RAUMFORSCHUNG UND LANDESPLANUNG (Hrsg.), 1999: Grundriss der Landes- und Regionalplanung, Hannover.

BIERHALS, E., 1978: Ökologischer Datenbedarf für die Landschaftsplanung - Anmerkungen zur Konzeption einer Landschaftsdatenbank. Landschaft + Stadt 10: (1), 30-36.

BRAAM, W., 1999: Stadtplanung - Aufgabenbereiche, Planungsmethodik, Rechtsgrundlagen, 3. Auflage, Düsseldorf.

BUNDESMINISTERIUM FÜR RAUMORDNUNG, BAUWESEN UND STÄDTEBAU (BMBau, Hrsg.), 1993: Raumordnungspolitischer Orientierungsrahmen, Bonn.

BUNDESMINISTERIUM FÜR RAUMORDNUNG, BAUWESEN UND STÄDTEBAU (BMBau, Hrsg.), 1995: Raumordnungspolitischer Handlungsrahmen, Bonn.

BUNDESMINISTERIUM FÜR UMWELT, NATURSCHUTZ UND REAK-

TORSICHERHEIT (BMU; Hrsg.), 1993: Landschaftsplanung. Inhalte und Verfahrensweisen, Bonn.

ERMER, K.; HOFF, R.; MOHRMANN, R., 1996: Landschaftsplanung in der Stadt, Stuttgart.

FREUND, E.; GÖBEL, K., 1990: Bewirtschaftungsplanung. In: Mock, J. (Hg.): Planungsansätze Ökologie - Wasserwirtschaft. So nicht! - Wie dann? Darmstädter Wasserbauliches Kolloquium 1986, Darmstadt, 97-108 (Wasserbau-Mitteilungen 26).

FÜRST, D.; KIEMSTEDT, H.; GUSTEDT, E.; RATZBOR, G.; SCHOLLES, F., 1992: Umweltqualitätsziele für die ökologische Planung, Berlin (UBA-Texte 34/92).

FÜRST, D.; RITTER, E.-H., 1993: Landesentwicklungsplanung und Regionalplanung, 2. Auflage, Düsseldorf.

HAAREN, C.v.; HORLITZ, T., 1993: Naturraumpotentiale für die Landschaftsplanung - Bilanz und Perspektiven -. In: Institut für Landschaftspflege und Naturschutz, Universität Hannover (Hrsg.): Querschnittsorientierte Landschaftsplanung. Integrierter Naturschutz - Hans Langer zum 60sten Geburtstag -, Hannover, 61-76 (Beiträge zur räumlichen Planung 33).

HAASE, G., 1978: Zur Ableitung von Naturraumpotentialen. Petermanns Geographische Mitteilungen (2): 113-124.

HOTZAN, J., 1994: dtv-Atlas zur Stadt -Tafeln und Texte - Von den ersten Gründungen bis zur modernen Stadtplanung, München.

KAULE, G.; ENDRUWEIT, G.; WEINSCHENCK, G., 1994: Landschaftsplanung, umsetzungsorientiert! Ausrichtung von Extensivierungs-, Flächenstillegungs- und ergänzenden agrarischen Maßnahmen auf Ziele des Natur- und Umweltschutzes mittels der Landschaftsplanung, Bonn-Bad Godesberg (Angewandte Landschaftsökologie, 2).

KIEMSTEDT, H.; WIRZ, S.; AHLSWEDE, H., 1990: Gutachten "Effektivierung der Landschaftsplanung", Berlin (UBA-Texte 11/90).

KLEINSCHMIDT, V. (Hrsg.), 1994: UVP-Leitfaden für Behörden, Gutachter und Beteiligte. Grundlagen, Verfahren und Vollzug der Umweltverträglichkeitsprüfung. 2. Aufl. Dortmund.

KOCH, H.-J., 1997: Beschleunigung, Deregulierung, Privatisierung: Modernisierung des Umweltrechts oder symbolische Standortpolitik - Zeitschrift für angewandte Umweltforschung 10 (1): 45-57, (2): 210-221.

KUHN, S.; OTTO-ZIMMERMANN, K.; ZIMMERMANN, M., 1996: "Generation 21" der Stadtentwicklungsplanung: Zukunftsbeständige Stadtentwicklung durch Lokale Agenda 21? Raumforschung und Raumordnung 54 (2-3): 118-128.

LANDESAMT FÜR WASSER UND ABFALL NORDRHEIN-WESTFALEN (LWA, Hrsg.), 1985: Bewirtschaftungspläne - ein Instrument der wasserwirtschaftlichen Planung, Düsseldorf (LWA-Materialien 5/85).

MANTHEY, H., 1993: Aufgaben und Aufbau der Raumordnung. Praxis Geographie (9): 44.

DER NIEDERSÄCHSISCHE MINISTER DES INNERN (NMI; Hrsg.), 1982: Raumordnung und Landesplanung, 2. Aufl., Hannover.

OPPERMANN, B.; LUZ, F.; KAULE, G., 1997: Der "Runde Tisch" als Mittel zur Umsetzung der Landschaftsplanung, Bonn-Bad Godesberg (Angewandte Landschaftsökologie, 11).

OTTO-ZIMMERMANN, K., 1987: Plädoyer für eine kommunale Naturhaushaltswirtschaft. Der Landkreis 57 (6): 250-252.

SCHMITZ, G., 1995: Regionalplanung. In: Akademie für Raumforschung und Landesplanung (Hrsg.): Handwörterbuch der Raumplanung, Hannover, 823-830.

SCHOLLES, F., 1997: Abschätzen, Einschätzen und Bewerten in der UVP. Weiterentwicklung der Ökologischen Risikoanalyse vor dem Hintergrund der neueren Rechtslage und des Einsatzes rechnergestützter Werkzeuge, Dortmund (UVP-Spezial 13).

SCHOLLES, F., 1998: Stand und Perspektiven der Umweltplanung in Deutschland. In: Heinritz, G.; Wießner, R.; Winiger, M. (Hrsg.): Nachhaltigkeit als Leitbild der Umwelt- und Raumentwicklung. 51. Deutscher Geographentag Bonn 1997, 181-195, Stuttgart.

SCHREIBER, H., 1988: Luftreinhaltepläne. Instrumente einer präventiven Umweltpolitik? In: Simonis, U.E. (Hrsg.): Präventive Umweltpolitik, 187-201, Frankfurt/M..

SPITZER, H., 1991: Raumnutzungslehre, Stuttgart.

UPPENBRINK, M., 1983: Modell eines "Integrierten Umweltplanes" als eigenständiger Umweltschutzplanung. In: Akademie für Raumforschung und Landesplanung (Hrsg.): Umweltplanung und ihre Weiterentwicklungen, 21-42, Hannover (Veröffentlichungen der Akademie für Raumforschung und Landesplanung: Forschungs- und Sitzungsberichte, 73).

Gesetze, Verordnungen und Konventionen

Allgemeines Eisenbahngesetz (AEG) vom 27.12.1993 (BGBl. I, 2396), zuletzt geändert am 11.02.1998.

Baugesetzbuch (BauGB) i.d.F. vom 27.08.1997 (BGBl. I, 2141)

Bundesfernstraßengesetz (FstrG) i.d.F. vom 19.04.1994 (BGBl. I, 854), zuletzt geändert am 18.06.1997.

Bundesraumordnungsgesetz (ROG) vom 18.08.1997 (BGBl. I, 2081, 2102), zuletzt geändert am 15.12.1997.

Charta der Europäischen Städte und Gemeinden auf dem Weg zur Zukunftsbeständigkeit (Charta von Aalborg). http://www.iclei.org/europe/ac-germ.htm.

Convention on Access to Information, Public Participation in Decision-Making and Access to Justice in Environmental Matters (Aarhus Convention) vom 15.06.1998.

Gesetz über die Umweltverträglichkeitsprüfung (UVPG) vom 13.02.1990 (BGBl. I, 205), zuletzt geändert am 18.08.1997.

Gesetz über Naturschutz und Landschaftspflege (Bundesnaturschutzgesetz - BNatSchG) i.d.F. vom 21.08.1998 (BGBl. I, 2995).

Gesetz zum Schutz vor schädlichen Umwelteinwirkungen durch Luftverunreinigungen, Geräusche, Erschütterungen und ähnliche Vorgänge (Bundes-Immissionsschutzgesetz - BImSchG) in der Fassung vom 14.05.1990 (BGBl. I, 880), zuletzt geändert am 19.10.1998.

Gesetz zur Ordnung des Wasserhaushaltes (Wasserhaushaltsgesetz - WHG) i.d.F. vom 12.11.1996 (BGBl. I, 1695), zuletzt geändert am 30.04.1998.

Kreislaufwirtschafts- und Abfallgesetz (KrW-/AbfG) vom 24.09.1994 (BGBl. I, 1354), zuletzt geändert am 04.05.2000.

Personenbeförderungsgesetz (PbefG) i.d.F. vom 08.08.1990 (BGBl. I, 1690), zuletzt geändert am 24.04.1998.

Verordnung über die bauliche Nutzung der Grundstücke - BauNVO - i.d.F. vom 23.01.1990 (BGBl. I, 132), zuletzt geändert am 22.04.1993.

Verordnung über die Ausarbeitung der Bauleitpläne und die Darstellung des Planinhalts (Planzeichenverordnung - PlanzV) vom 18.12.1990.

2.4 Planung in bürokratischen Organisationen - Organisation als strukturelle Steuerung des Verwaltungshandelns

Dietrich Fürst

2.4.1 Vorbemerkungen

Planung im hier besprochenen Sinne findet in einem bürokratischen Umfeld statt. Zielsetzung des folgenden Kapitels ist es deshalb zu klären, wie die Einbindung der Planung in bürokratische Umfeldbedingungen oder gar Organisationen zu spezifischen Restriktionen der Planung führt, die auch deren Inhalte berühren. Bürokratische Organisationen sind dabei solche Organisationen, die dem Idealmodell der bürokratischen Organisation von Max Weber von Anfang diesen Jahrhunderts folgen und im Wesentlichen fünf Kriterien genügen (Mayntz 1978, 110):

- "eine genau festgelegte Autoritätshierarchie,
- ein festes System vertikaler Kommunikationslinien (Dienstwege), die eingehalten werden müssen,
- eine geregelte Arbeitsteilung, die auf Spezialisierung beruht,
- ein System von Regeln und Richtlinien, das die Rechte und Pflichten aller Organisationsmitglieder festlegt,
- ein System von genau definierten Verfahrensweisen für die Erfüllung der Aufgaben".

Solche Eigenheiten beeinflussen den Planungsprozess in doppelter Weise:

- Zum einen haben sie Einfluss auf den Zugang zu Informationen, die Bewertung von Informationen und Tatbeständen, aber auch auf das, was als relevante Information identifiziert wird.
- Zum anderen sind bürokratische Strukturen selektiv in Bezug auf Interessen und Werte, die in die Planungsprozesse eingehen: Sie schließen bestimmte Interessen und Werthaltungen aus, gewichten andere, verformen, verstärken oder schwächen Interessendurchsetzungen.

Das gilt umso mehr,

- wenn Behörden sich untereinander koordinieren müssen (welche Interessen und Belange dominieren dabei?)
- wenn Abstimmungsprozesse über föderale Ebenen hinweg durchgeführt werden müssen (Verflechtung von Behörden über föderale Ebenen hinweg) oder
- wenn Behörden in wesentlichen Aktivitäten und Entscheidungen von Dritt-Akteuren abhängen, z. B. von Politikern, Lobby-Gruppen oder Massenmedien.

Darauf soll differenzierter eingegangen werden, wobei die Logik der Argumentation folgendem Gedankengang folgt:

1. Wie sind bürokratische Organisationen strukturiert?
2. Welche Steuerungswirkungen haben formale Organisationen?
3. Wie verhalten sich Personen in formalen Organisationen?
4. Wie laufen Kommunikationsprozesse der Planung ab?

2.4.2 Charakteristika bürokratischer Organisationen in Deutschland

2.4.2.1 Bürokratische Organisationen als besonderer Typus der Organisation

Funktionen und Instrumente der öffentlichen Verwaltung

Bürokratische Organisationen sind charakteristisch für die öffentliche Verwaltung. Öffentliche Verwaltung hat dabei fünf Funktionen wahrzunehmen (Hesse u. Ellwein 1992, 308 f.):

1. Ordnungsfunktionen
2. Dienstleistungsfunktionen
3. wirtschaftspolitische Funktionen
4. Organisations- und Managementfunktionen sowie
5. politische Funktionen

Dafür stehen dem Staat (der öffentlichen Verwaltung) fünf Kategorien von Instrumenten der Steuerung und Aufgabenerfüllung zur Verfügung (Mayntz 1978, 58):

1. Gebote und Verbote
2. an Bedingungen geknüpfte Erlaubnisse
3. finanzielle Transfers zur Befähigung Dritter, bestimmte Leistungen zu erbringen

4. positive und negative Anreize in Gestalt von Subventionen und Abgaben
5. unmittelbare Bereitstellung von Gütern und Dienstleistungen.

Wir hatten bereits auf die wesentlichen fünf Merkmale verwiesen, die bürokratische Organisationen nach Max Weber (und nach Erkenntnissen der organisationssoziologischen Forschung, vgl. Mayntz 1978) kennzeichnen. Hier sollen diese näher erläutert werden.

Eine hierarchische Autoritäts-Struktur
Die Hierarchie hat die Funktion,

1. nach oben die arbeitsteilige Ausdifferenzierung wieder bündelnd zusammenzufassen (= zu koordinieren)
2. nach unten zu kontrollieren und Weisungen umzusetzen (= zu steuern und umzusetzen)
3. Konflikte zu regeln und die Organisation nach außen mit "einer Stimme" vertreten zu lassen. Es gilt das Prinzip der "Einheit der Verwaltung", d. h. jede Behörde muss nach außen eindeutige Botschaften vermitteln - es geht nicht, dass unterschiedliche Stellen innerhalb der Behörde offiziell unterschiedliche Meinungen zu einzelnen Fällen vertreten.

Damit verbunden: ein festes System vertikaler Kommunikationslinien
Hierarchien sind nur wirksam, wenn sie eingehalten werden, d. h. wenn die Informationsflüsse und Weisungen entlang der Hierarchie fließen. Das wird in bürokratischen Systemen durch Regelsysteme und Sanktionen (im Falle des Abweichens) erreicht. So sind bei Informationsflüssen die Dienstwege einzuhalten, abgesichert durch genaue Erfassung der Informationseingänge und -ausgänge. Entlang der Hierarchie gibt es die so genannte Mitzeichnungspflicht: Jede hierarchische Stufe zeichnet den Vorgang ab und haftet dann auch für die Richtigkeit. Für den Bund ist dies in § 35 Gemeinsame Geschäftsordnung der Bundesministerien, Allgemeiner Teil - GGO 1, festgelegt.

Ein hohes Maß an Arbeitsteilung, die sich als sektorale Ausdifferenzierung und Spezialisierung darstellt
Damit wird der Arbeitsteilung in der Organisation Rechnung getragen. Sektorale Ausdifferenzierung wird über die Kompetenz- und Ressourcenverteilung funktionsfähig gemacht, d. h. die einzelnen Organisationseinheiten erhalten bestimmte Zuständigkeiten (und damit verbundene Berechtigungen, "Kompetenzen") sowie Mittel, um diese Zuständigkeiten auch erledigen zu können.

Arbeitsteilung erfordert die koordinierende Zusammenfassung. Koordination erfolgt einerseits über die Hierarchie, andererseits aber über besondere Koordinationsregelungen[76].

Ein beträchtlicher Grad an Formalisierung
Formalisierung bedeutet Regelung nach Vorschriften, wobei diese sowohl Arbeitsprozesse erleichtern (Routinen) als auch Informationsflüsse absichern sollen (Berichtspflichten, Dienstwege, Beteiligungsregeln etc.).
Die Rechte und Pflichten aller Organisationsmitglieder sind festgelegt: Bürokratische Organisationen des öffentlichen Bereichs unterliegen der politischen Kontrolle und müssen folglich ein hohes Maß an Transparenz und Kontrollierbarkeit aufweisen. Das wird am wirksamsten über schriftliche Formern der Verwaltungsarbeit ("Aktenkundigkeit") sowie durch Regelsysteme geleistet. Formalisierung hat den Vorteil, den Entscheidungsbedarf zu reduzieren und damit eine gewisse Entlastung des Apparats zu sichern. Formalisierung begünstigt aber andererseits Routineverhalten und ist problematisch, wenn Verwaltungen sich innovativ gegenüber sich ändernden Umfeldbedingungen anpassen müssen.
Solche spezifischen Regelungen gelten auch für die Personalstruktur: In Deutschland unterscheidet man in Abhängigkeit von ihrer Bedeutung für die Kernaufgaben des öffentlichen Bereichs sowie von der Vorbildung drei unterschiedliche Mitarbeitergruppen:

- *Beamte* - i.d.R. zuständig für "Hoheitsaufgaben", d. h. solche öffentlichen Aufgaben, die ein besonderes Treueverhältnis zum öffentlichen Arbeitgeber voraussetzen, sei es, dass die Aufgaben die "Kernaufgaben" des öffentlichen Bereichs repräsentieren, dass von den Beamten besondere Hingabe für den öffentlichen Dienst gefordert wird, sei es, dass sie eine besondere Unabhängigkeit von "Partei, Klasse oder Kaste" haben müssen
- *Angestellte* - zuständig für alle Aufgaben der Planungs- und Leistungsverwaltung, in denen zudem ein gewisses Konkurrenzverhältnis zur Privatwirt-

---
76 z. B. Abstimmungsverfahren, Beteiligungsverfahren, spezifische Koordinationsgruppen, die projektspezifisch oder generell zwischen Organisationseinheiten gebildet werden

schaft auftreten kann - und
- *Arbeiter*

Zwischen Angestellten und Beamten sind von der Funktion her die Unterschiede in den letzten 50 Jahren immer mehr abgebaut worden, sodass heute die besondere Stellung der Beamten nur noch in ganz wenigen Aufgabenbereichen zu begründen ist (Hesse u. Ellwein 1992, 347 f.). Gleichwohl ist der Beamtenstatus grundgesetzlich festgeschrieben worden (Art. 33 Abs. 4 u. 5 GG).

Der Beamtenstatus ist seit langem umstritten, weil er in eine moderne, leistungsorientierte Verwaltung nicht mehr passt. Sein Ursprung geht auf den Bürokratisierungsprozess zu Beginn des letzten Jahrhunderts zurück (Wunder 1986), als der feudale Staat sich ein von allen gesellschaftlichen und ökonomischen Bindungen unabhängiges Organ schuf, das ihm in "blinder Ergebenheit" unterworfen war und dafür die Sicherheit lebenslänglicher Anstellung und der "standesgemäßen Versorgung" erhielt.

Um diesen Beamtenkörper in vollem Umfang in den Dienst des Staats stellen zu können, wurde ein differenziertes öffentliches Dienstrecht geschaffen. Beamter wurde (und wird) man, wenn man ein geregeltes Ausbildungs- und Prüfungssystem durchlaufen hat (Referendariat), das die Betreffenden in die besonderen Bedingungen der öffentlichen Verwaltung "sozialisieren" soll. Zur wirksameren Einbindung der Beamten wurde zudem ein differenziertes System von Belohnungen durch Beförderung, Besoldungsregelungen und zusätzlichen Ehrungen (Titel, Orden) erfunden. Kern der Beamtenpflicht ist eine bedingungslose Treuepflicht, die vom Bundesverfassungsgericht 1975 bei der Überprüfung des so genannten Radikalenerlasses[77] nochmals bestätigt wurde (vgl. Wunder 1986, 176 f.).

Ein System genau definierter Verfahrensweisen für die Erfüllung der Aufgaben.

Mit der Formalisierung geht ein hohes Maß an Standardisierung einher (Routinehandeln), das Rückwirkungen auf Wahrnehmungsprozesse und Handlungsweisen in der öffentlichen Verwaltung hat, aber sich auch mit spezifischen Verhaltensanreizen verbindet.

2.4.2.2 Die öffentliche Verwaltung wird politisch gesteuert

Politische Steuerung der Verwaltung bedeutet:

1. Verwaltung muss Zielen folgen, die politisch definiert werden. Zwar gibt es eine Gewaltenteilung zwischen Legislative (politische Entscheidungen), Exekutive (administrative Umsetzung) und Judikative (Kontrolle). Aber in der Praxis verwischen die Grenzen zwischen Exekutive und Legislative, weil zum einen die Legislative immer mehr in die administrativen Detailregelungen eingreift (auf kommunaler Ebene zum Teil massiv), zum anderen die Exekutive die legislativen Entscheidungen inhaltlich weitgehend selbst bestimmt (sie erarbeitet die Entwürfe dafür). Dabei hat sich die Macht zunehmend von der Legislative zur Exekutive verschoben, weil die Verwaltung über das überlegene Wissen, die überlegene Informationsverarbeitungsfähigkeit und den Vorteil der Entscheidungsvorbereitung verfügt: Je komplexer die Handlungsfelder werden, umso machtvoller wird die Verwaltung. Verwaltungen verfügen zudem über subtile Formen der Steuerung, die sie von politischen Detailinterventionen in gewisser Weise freihalten können, ohne allerdings den politischen Führungsanspruch ganz abzuwehren. Man spricht von "Selbstführung der Verwaltung"[78].

2. Politische Steuerung erfolgt über Personal: In Deutschland wird das Verwaltungspersonal immer mehr nach parteipolitischer Ausrichtung rekrutiert[79]. Dazu gibt es zwar eine grundsätzliche Genehmigung[80] im Beamtenrechtsrahmengesetz, inzwischen ist diese

---

77 Mit dem Radikalenerlass ("Grundsätze über die Mitgliedschaft von Beamten in extremen Organisationen", Erlass vom 28.01.1972) wurden alle Mitglieder "radikaler" Organisationen (primär: kommunistisch orientierter Organisationen) wegen der grundsätzlichen Vermutung mangelnder Treueleistung aus dem öffentlichen Dienst ausgeschlossen.

78 im Rahmen der politischen Vorgaben (vgl. Hesse u. Ellwein 1992, 317)

79 Ämterpatronage: Man unterscheidet zwei Arten: die Herrschaftspatronage (in die Verwaltung werden die politischen Parteigänger zur Herrschaftssicherung rekrutiert) und Versorgungspatronage (verdiente Parteimitglieder werden mit Posten versorgt).

80 Nach Art 33 Beamtenrechtsrahmengesetz und Art 36 Bundes-Beamtengesetz können Leitende Beamte (in Ministerien: bis zur Abteilungsleiterebene) bei einem Regierungswechsel ausgewechselt werden, um der neuen Regierung den Durchgriff auf die Verwaltung zu erleichtern. Denn andernfalls könnten die Beamten der früheren Regierung blockierend wirken und der neuen Regierung die Arbeit erschweren.

Regelung sehr extensiv, häufig bis zur Referentenebene, ausgenutzt worden.
3. Verwaltungen sind bis zu einem gewissen Grade fremdbestimmt, was ihre Verhaltensmuster nennenswert beeinflusst: Sie orientieren sich an diesen Fremdeinflüssen.
4. Die Verwaltung wird von einer Vielzahl von Kontrollregeln überzogen, die der Legislative Kontrollzugriffe ermöglichen sollen. So wird das Verwaltungspersonal nach festen Besoldungsregeln bezahlt[81]. Darin sind (bisher) kaum Leistungsanreize enthalten. Das hat zur Folge, dass die für das Leistungsverhalten relevanten Anreize anderer Art sind, z. B.:
   - die Ressourcenkontrolle zu mehren, weil damit Macht und Einfluss verbunden sind
   - die Kompetenzgrenzen zu verteidigen, weil damit verhindert wird, dass die eigene Steuerungsautonomie untergraben wird
   - politische Konflikte zu vermeiden, weil diese dazu führen, dass die Verwaltung in Zukunft mehr Schwierigkeiten mit dem politischen Bereich bekommen könnte, was ihre Handlungsmöglichkeiten einschränkten könnte (vgl. Weaver 1986)

2.4.2.3 Innerer und äußerer Aufbau der öffentlichen Verwaltung

Man unterscheidet inneren und äußeren Aufbau, um einerseits einzelne Organisationen intern, andererseits das Verhältnis verschiedener dem öffentlichen Sektor angehörender Organisationen zueinander zu beschreiben.

Innerer Aufbau
Der innere Aufbau einer bürokratischen Organisation wird im Folgenden am Beispiel der Ministerialverwaltung beschrieben. Sie wird vor allem durch die arbeitsteilige Differenzierung und Spezialisierung sowie durch die Hierarchie bestimmt: Dem Minister als politischem Repräsentanten ist ein Staatssekretär als Chef der Verwaltung zugeordnet. Ihm unterstehen auf der zweiten Ebene die Abteilungsleiter mit ihren Abteilungen, denen wiederum auf der dritten Ebene eine große Zahl von Referatsleiter mit ihren Referaten untersteht. Unterhalb der Referatsleiter gibt es die Referenten und Sachbearbeiter. Dieser einfache Aufbau ist inzwischen in verschiedenen Ländern und vor allem beim Bund modifiziert worden: Es gibt gelegentlich mehrere Staatssekretäre, beim Bund neben den normalen Staatssekretären noch die "Parlamentarischen Staatssekretäre", die Sitz und Stimme im Parlament haben und Verbindungsglieder zwischen Exekutive und Legislative sind. Zwischen Abteilungsleitern und Referatsleitern gibt es häufig so genannte Gruppenleiter oder Unterabteilungsleiter, die mehrere Referate zusammenfassen. Unterhalb der Ebene der Referatsleitung gibt es die Sachgebietsleiter, denen wiederum die Sachbearbeiter unterstehen.

Äußerer Aufbau
Der äußere Aufbau wird zunächst durch das Föderalsystem bestimmt. Man unterscheidet Staat sowie Gemeinden und Gemeindeverbände[82]. Der Staat wiederum besteht aus zwei föderalen Ebenen, dem Bund und den Ländern. Die Gemeinden (Gemeindeverbände) werden vom Grundgesetz den Ländern zugerechnet. Das deutsche Föderalsystem ist ein Verbundsystem: Die in Kapitel 2.4.2.1 genannten fünf Funktionen werden von allen Ebenen wahrgenommen, allerdings mit unterschiedlichen Aspekten und unterschiedlicher Intensität: Der Bund bestimmt weitgehend die bundesstaatliche Steuerung und Programmierung, die Länder sind für deren Vollzug zuständig. Gemeinden und Kreise gelten als Teile der Länder, allerdings mit der Besonderheit, dass ihre Selbstverwaltung grundgesetzlich gesichert ist (Art. 28 Abs. 2 GG). Der Bund hat in der Aufgabenerledigung überwiegend die rechtsetzenden und umverteilenden sowie integrativen Funktionen wahrzunehmen, während die Länder und Gemeinden die Umsetzung bundesstaatlicher Vorgaben und die damit verbundenen Leistungen zu erbringen haben. Der Bund hat deshalb i.d.R. keine allgemeinen Verwaltungsbehörden (wie die Länder) und nur Behörden der Oberstufe ohne eigenen Verwaltungsunterbau (Maurer 1994, 508). Eine Ausnahme ist die Wasser- und Schifffahrtsverwaltung.

Das Föderalsystem organisiert die öffentliche Verwaltung *funktional* und *territorial*, d. h. matrixartig: Auf jeder Ebene werden die Funktionen durch eine Vielzahl arbeitsteilig ausdifferenzierter und spezialisierter Res-

---

81 Damit soll verhindert werden, dass sich Parteien und Personen, die an die Macht gekommen sind, bereichern, indem sie sich besonders hohe Gehälter genehmigen.

82 Landkreise und andere Verbände

sorts (Ministerien, Sonderbehörden) wahrgenommen (funktionale Differenzierung), gleichzeitig aber durch den spezifischen und abgegrenzten Raumbezug (Gemeinde, Kreis, Bezirksregierung, Land, Bund) jeweils territorial gebündelt (territoriale Differenzierung). Über die *territoriale Organisation* wird zudem die politische Artikulation von Interessen legitimatorisch abgebildet (Parlamente, Gemeinderäte), über die *funktionale Organisation* werden die Interessen professionell bearbeitet, aber auch institutionalisiert. Denn Ressorts werden nach Aufgaben gegliedert. Aufgaben sind Folge gesellschaftlicher Probleme, hinter denen Interessen stehen. Folglich bildet die funktional ausdifferenzierte Verwaltungsstruktur die zu einer bestimmten Zeit politisch für wichtig gehaltenen gesellschaftlichen Problemfelder ab - und "verewigt" diese. Denn auch, wenn das Problemfeld an Bedeutung verloren hat, bleibt die Institution erhalten (vgl. Parkinson 1961)[83]. Die territoriale Komponente dient dagegen der räumlichen Integration und der demokratischen Kontrollierbarkeit dieser Problembearbeitung.

Zusammenarbeit von Bund und Ländern
Zwischen Bund und Ländern gibt es zahlreiche Formen der Zusammenarbeit: Insofern sind Bund und Länder in vielen Aufgaben voneinander abhängig, zumal der Bund sich an vielen Länderaufgaben finanziell beteiligt. Diese Kooperation zwischen Bund und Ländern hat unterschiedliche Formen angenommen:

1. Beim Vollzug von Bundesgesetzen durch die Länder hat der Bund Aufsichts- und Einwirkungsbefugnisse (Art. 84 u. 85 GG).
2. Bestimmte Aufgaben wurden zu "Gemeinschaftsaufgaben" erklärt (Art. 91a und b GG), d. h. hier finanzieren Bund und Länder die Aufgaben gemeinsam (das gilt für Regionalpolitik, Hochschulbau, Agrarstruktur und Küstenschutz).
3. Bestimmte Aufgaben werden durch gemeinsame Behörden von Bund und Ländern wahrgenommen. Das betrifft allerdings faktisch nur die Finanzverwaltung (Finanzämter).
4. Zusätzlich gibt es zwischen Bund und Ländern zahlreiche technische Kooperationsformen, z. B. Bund-Länder-Arbeitskreise, Ministerkonferenzen (an denen mitunter ein Vertreter des jeweiligen Bundesministeriums teilnimmt).

Diese Verbindungen zwischen Bund und Ländern haben zum spezifisch deutschen Phänomen der "Politikverflechtung" geführt (Scharpf et al. 1976). Mit Politikverflechtung bezeichnet man vertikale (oder horizontale) Verflechtungen zwischen Verwaltungseinheiten unterschiedlicher Gebietskörperschaften. Sie bewirken, dass Entscheidungen zwischen den Akteuren ausgehandelt werden müssen. Dabei gilt das Konsensprinzip, was wiederum zur Folge hat, dass Verteilungskonflikte kaum ausgetragen werden können (das Prinzip der Gleichverteilung herrscht). Im Bund-Länder-Verhältnis hat sich zudem eine besondere Variante der Politikverflechtung ausgebildet, der "Verwaltungsföderalismus" (Hesse u. Ellwein 1992, 88), der die politische Steuerung weitgehend von den Parlamenten auf das diffuse Geflecht von Verwaltungsabstimmungen verlagert.

Landesverwaltung: Oberste, obere, untere Behörden
Der äußere Aufbau einer Landesverwaltung umfasst alle Ebenen zwischen Ministerpräsident und Unterer Landesbehörde. Er ist dreistufig organisiert: Die "Obersten Landesbehörden" sind die Ministerien oder Sonderbehörden ("Landesoberbehörden", z. B. Bergaufsichtsbehörden). Sonderbehörden sind Ministerien unterstellt ("nachgeordnet"). Auf der zweiten Ebene operieren die "Oberen oder Mittleren Behörden". Sie werden üblicherweise in der so genannten Mittelinstanz (Bezirksregierung, Regierungspräsidium) gebündelt. Auch hier gibt es Sonderbehörden, die außerhalb der Mittelinstanz organisiert sind. Unterhalb der Mittelbehörden folgen die Unteren Landesbehörden. Das sind meist die Kreise und kreisfreien Städte mit Aufgaben des "übertragenen Wirkungsbereichs"[84]. Es können aber auch wieder Sonderbehörden sein, die entweder der Mittelinstanz oder den Sonderbehörden auf Landesebene nachgeordnet sind.

Die übergeordneten Behörden sind aufsichts- und weisungsbefugt gegenüber den nachgeordneten. Bei der Aufsicht unterscheidet man Fach- und Dienstaufsicht:

- *Fachaufsicht* bezieht sich auf die Inhalte der Arbeit; sie ist dort nicht zulässig, wo die nachgeordneten Stellen die Aufgaben selbstverantwortlich durchführen. So unterliegen die Gemeinden in ihren *Aufgaben* der Selbstverwaltung keiner Fachaufsicht.

---

83 Der englische Organisationssoziologe C.N. Parkinson prangert mit beißender Satire unter dem Titel "Parkinsons Gesetz" Fehlentwicklungen in Bürokratien an.

84 staatliche Aufgaben, die von ihnen gegen Aufwandersatz erledigt werden

- Die *Dienstaufsicht* betrifft sowohl die formale Abwicklung von Aufgaben als auch Personalangelegenheiten (z. B. Bestrafung von Vergehen nach Disziplinarrecht).
- Daneben gibt es noch die *Rechtsaufsicht*. Sie ist darauf reduziert zu überwachen, dass beaufsichtigte Institutionen ihre Aufgaben nach den rechtlichen Regeln erfüllen. Gemeinden unterliegen der Rechtsaufsicht durch die Bezirksregierung. Rechtsaufsicht kann gleichzeitig Adressat von Rechtsbeschwerden sein.

2.4.2.4 Wandel der Organisationsstruktur

Die geschilderte Struktur der öffentlichen Verwaltung hat sich in den letzten 40 Jahren verändert. Die wesentlichen Veränderungsrichtungen sind:

1. Die strenge Hierarchie wurde immer weiter aufgeweicht, indem den dezentralen Einheiten mehr Entscheidungsmacht zugewiesen wurde und der formale Dienstweg an Bedeutung verloren hat. Das wurde auch durch den immer stärkeren Einbau partizipativer Strukturen in das Verwaltungshandeln bewirkt, und zwar nach innen wie nach außen: nach innen über partizipative Führungsstile, nach außen über partizipative Verfahren der politisch-administrativen Entscheidungsfindung. Das betrifft nicht nur die planende Verwaltung (Stadtplanung, Regionalplanung u. ä.), sondern auch die leistende Verwaltung (z. B. über verbesserte Einspruchsmöglichkeiten der Adressaten).
2. Zwischen formalisierter Verwaltung und faktischem Verwaltungshandeln tritt eine immer größere Diskrepanz auf, weil Verwaltungen in einem komplexen und neuartigen Umfeld (z. B. die Umweltverwaltung) immer mehr zum "informalen Verwaltungshandeln" übergehen: Verwaltung und Adressaten verhandeln über Kontrollmaßnahmen, über Genehmigungen, über Verwaltungsbescheide, um schneller und problemadäquater agieren zu können, aber auch, um der zunehmenden Informations- und Ausweichmacht der Adressaten gerecht zu werden.
3. Die Länder haben sich bemüht, gegenüber dem Bund - vor allem im Zuge der EU-Integration - mehr Eigenmacht zurückzubekommen. Dem diente zum einen die Stärkung der Bundesratskompetenzen (Art. 23 GG), zum anderen das Bestreben der Länder, eigene Handlungsprofile (v. a. in der Wirtschaftspolitik) zu gewinnen.
4. Die laufenden Anstrengungen zur Modernisierung der öffentlichen Verwaltung gehen in Richtung betriebswirtschaftlicher Steuerungselemente:
   - Stärkung der Aufgaben- und Ressourcenverantwortung bei den Organisationseinheiten, die über die Mittelverwendung verfügen ("Budgetierung")
   - ergebnisorientierte Steuerung der Verwaltung durch klarere Zielvorgaben und Zuordnung entsprechender Ressourcen (Kostenrechnung)
   - Verstärkung der Leistungsanreize durch interne Wettbewerbsregelungen (z. B. durch Privatisierungsalternativen) und leistungsbezogene Besoldungsstrukturen
   - adressatenfreundlicheres Verwaltungshandeln durch verbesserte Rückkopplungen zu den Adressaten ("bürgernahe Verwaltung").

Damit wird die bürokratische Organisation nicht obsolet - sie wird auch in Zukunft hierarchisiert sein (politische Verantwortung der Spitze), stark regelgebunden operieren (politische Kontrollierbarkeit), nur über eine geringe Ressourcenverantwortung verfügen (sie kann ihre Ressourcen nicht durch Leistung vermehren, sondern ist auf politische Zuweisungen angewiesen) und nur begrenzt auf ihren Erfolg zu kontrollieren sein. Die technischen Möglichkeiten der Erfolgskontrolle sind gering, aber auch die politischen Entscheider sind wenig interessiert, Erfolgskontrollen durchzuführen[85].

2.4.3 Formale Organisation und Verhalten

Institutionen und Organisation sind unterschiedliche Begriffe, die häufig synonym benutzt werden. In der Soziologie wird mit "Institutionen" ein Regelsystem bezeichnet, das Verhalten organisiert, ordnet und damit steuert. Organisation ist demgegenüber eine verfasste Einheit, die in sich strukturiert ist und ebenfalls Regeln definiert, wie die Mitglieder der Organisation sich den Zielen der Organisation entsprechend verhalten sollen.

---

[85] Erfolgskontrollen wirken auf die Legislative zurück. Typisch für das geringe Interesse an Erfolgskontrollen ist die geringe Aufmerksamkeit, welche die jährlichen Berichte der Rechnungshöfe im Parlament finden.

Organisation ist damit ein Spezialfall der Institutionen. In der politischen Institutionenlehre wird der Begriff der Institutionen allgemeiner verwendet, weil er neben den Regelsystemen auch die Parlamente und Entscheidungsgremien meint, die der politischen Willensbildung dienen. Wir verwenden im Folgenden Institutionen und Organisation weitgehend synonym, machen aber mit entsprechenden Zusatzbemerkungen deutlich, ob wir das Regelsystem oder die Einrichtung meinen - sofern nicht aus dem Kontext klar hervorgeht, wie der Begriff zu verstehen ist.

2.4.3.1 Aufbau- und Ablauforganisation

In den Organisationswissenschaften unterscheidet man zwischen der Strukturorganisation (Aufbauorganisation) und der Prozessorganisation (Ablauforganisation).

Die *Aufbauorganisation* umfasst die Verteilung von Aufgaben, Kompetenzen, Ressourcen sowie Weisungs- und Entscheidungsstrukturen. Aufgaben sind Handlungsfelder, Kompetenzen sind Zuständigkeiten innerhalb dieser Felder, Ressourcen umfassen alle die Mittel, mit denen Aufgaben erfüllt werden können (in erster Linie: Geld/Finanzen, Personal und Information), Weisungs- und Entscheidungsstrukturen definieren Steuerungsmacht.

Die *Ablauforganisation* regelt die Prozesse in methodischer, zeitlicher und verfahrensmäßiger Hinsicht, d. h. sie regelt Informationsflüsse, Entscheidungsabläufe, Beteiligungsverfahren, Dokumentationssysteme etc.

Organisationsstrukturen (Aufbau- und Ablauforganisation) haben zunächst den Charakter von Ordnungsregeln: Sie definieren, was von den einzelnen Mitgliedern der Organisation erwartet wird und welche Handlungsspielräume ihnen gewährt werden. Aber Organisationen haben auch Anreiz- und Bestrafungswirkung. Denn sie definieren

- Macht- und Einflusspositionen
- Grenzen und Ausschlusswirkungen
- den Grad der Arbeitsteilung und Zentralisierung bzw. Dezentralisierung
- Verknüpfungsstellen
- Regelsysteme

Wer in der Hierarchie höher postiert ist, hat mehr *Macht* gegenüber Nachgeordneten; wer über viele Ressourcen verfügt, ist machtvoll. Für die meisten Mitarbeiter von Organisationen ist es erstrebenswert, "Karriere zu machen", d. h. höhere Positionen in der Organisation zu erklimmen. Wer machtvoll ist, hat i.d.R. auch höheren Status und höheres Einkommen.

Die Arbeitsteilung in Organisationen erfordert, dass jeder im Rahmen seiner Kompetenzen "sein Bestes" gibt, aber jenseits seiner Kompetenzen tunlichst nicht "wildert" - denn *Grenzen* und Kompetenzen stecken "Einflusssphären" ab, die in bürokratischen Organisationen auch Macht und Autonomie bedeuten.

Mit dem *Grad der Arbeitsteilung und Zentralisierung bzw. Dezentralisierung* wird Einfluss innerhalb der Organisation verteilt. Je arbeitsteiliger ausdifferenziert eine Organisation ist, umso spezialisierter ist die einzelne Einheit und umso abhängiger ist sie von anderen Einheiten, weil die meisten Themen mehrere Einheiten überschreiten. Es entsteht Koordinationsbedarf. Je zentralisierter eine Organisation ist, umso geringer ist der Einfluss der unteren Einheiten, umso mehr wird die Organisationsspitze mit Themen, Entscheidungsbedarf und Informationen überlastet. Die dezentralen Einheiten hängen dann von der Zentralebene stark ab, im Extremfall müssen sie jede von Routinen abweichende Aktivität von der Organisationsspitze genehmigen lassen. Das verschafft der Spitze zwar eine große Machtfülle, führt aber auch dazu, dass die Organisation sehr inflexibel wird, weil die Beweglichkeit der Organisation allein davon abhängt, wie gut und schnell die Spitze auf neue Situationen reagieren kann und wie schnell sie ihre Entscheidungen an die dezentralen Stellen weiterleitet. Je mehr Funktionen aber die Spitze auf sich vereint, umso mehr überlastet sie sich, umso inflexibler und innovationsärmer wird sie.

In bürokratischen Organisationen verlaufen die *Verknüpfungen* entlang der Hierarchie, während die "horizontalen" Verknüpfungen durch ergänzende Koordinations-Organisationsstrukturen geschaffen werden müssen. Solche sind z. B. Koordinationsgespräche auf derselben hierarchischen Ebene (Kabinettssitzungen, Abteilungsleitergespräche, Dienstbesprechungen auf Referatsleiterebene), können aber auch Sonderorganisationen sein wie interministerielle Arbeitskreise, interministerielle Projektgruppen oder Ähnliches.

Ohne *Regelsysteme* würden Organisationen chaotisch funktionieren. Regelsysteme können explizit und implizit sein. Explizit sind sie, wenn sie aufgeschrieben und förmlich vermittelt werden. Sie finden sich häufig in

Handbüchern oder Erlassen (= Dienstanweisungen bei Gemeinden). Implizite Regeln können sich als eingespielte Normen von Organisationen artikulieren, "das macht man bei uns so" oder "das ist bei uns nicht üblich". Solche stillschweigenden Normen verfestigen sich häufig zu einer "*Organisationskultur*" (vgl. Bosetzky u. Heinrich 1985, 118 ff.): Jede Organisation entwickelt eine solche Kultur, in die neben tradierten Normen auch Verhaltenserwartungen der jeweiligen Organisations-Leitung, aber auch Nicht-Regelungen eingehen, die dazu führen, dass in den Organisationen bestimmte Dinge vernachlässigt werden (z. B. der freundliche Umgang mit Menschen außerhalb der Organisation, die Arbeitsdisziplin, die Innovationsbereitschaft).

2.4.3.2 Strukturelle Steuerung

Während die expliziten Regelsysteme prozessual steuern, wirken die impliziten Regeln, die Organisationskultur und die Aufbauorganisation "strukturell", d. h. durch strukturelle Restriktionen und Kanalisationen des Handelns.

- Sie begünstigen bestimmte Verhaltensweisen, erschweren andere oder schließen sie gar ganz aus (Beispiel: bürokratische Organisationen begünstigen die Ausbildung in Statusgruppen, die untereinander schlecht kommunizieren, oder fördern "institutionelle Eigeninteressen", die ressortübergreifende Belange vernachlässigen lassen).
- Sie filtern und lenken Informationsflüsse, was dazu führt, dass einzelne Elemente der Organisation sehr gut informiert sind, teilweise sogar mit Information überlastet sind, während andere die erforderliche Information nicht bekommen oder sogar systematisch ausgeblendet werden (s. Lauxmann 1971: "Die kranke Hierarchie"). Informationsmanagement wird - mit wachsender Größe der Organisation - zu einem gravierenden Engpassproblem.
- Sie legen die Beziehung zum Umfeld der Organisation fest (regeln sie), was dazu führt, dass bestimmte Interessen und Belange sich gut, andere schlecht in der Organisation durchsetzen lassen. Benachteiligte Interessen sind immer diejenigen, die keine "institutionalisierte Aufmerksamkeit" in der Organisation finden, d. h. für deren Belange keiner zuständig ist.

Die Beschreibung dieser strukturellen Steuerungseffekte der formalen Organisation auf Verhalten stößt sehr schnell an die Grenzen der empirischen Forschung, denn das Verhalten von Menschen in Organisationen wird von einer Vielzahl von Faktoren beeinflusst[86]. Hierbei Kausalität auf Organisationsstrukturen zurechnen zu wollen, ist nur mit sehr komplizierten (multivariaten) Forschungsmethoden und auch dann nur näherungsweise möglich. Vor allem fehlt es an vergleichbaren Fällen - jede Handlungssituation ist in gewisser Weise singulär, d. h. es ist schwierig, eine ausreichende Zahl von Organisationen mit gleichartigen Abläufen zu finden, bei denen die übrigen Einflussfaktoren weitgehend gleich (oder irrelevant) sind.

Man kann die Zusammenhänge weitgehend nur theoretisch-deduktiv "konstruieren". Dabei bieten sich Rollenbilder an, welche die einzelnen Organisationsmitglieder wahrnehmen. Über die Rollenbilder sind die Wirkungen der "strukturellen Steuerung von Organisationen" zu differenzieren, und zwar je nachdem, ob:

- die Rolle von Informationsaufbereitern (in Ministerien: Referenten)
- die Rolle der Manager der Verwaltung (in Ministerien: Abteilungsleiter) oder
- die Rolle der Politiker in der Verwaltung (in Ministerien: Abteilungsleiter, Staatssekretäre sowie Minister)

analysiert wird. Es lassen sich zudem nur durchschnittliche Verhaltensmodelle kennzeichnen, nicht jedoch Verhaltenstheorien für einzelnen Personen in der Verwaltung entwickeln[87].

Die wichtigsten Effekte der Aufbaustruktur auf Planungs- und Informationsprozesse sind:

1. Kompetenzgrenzen sind Informations-, Kommunikations- und Interessensgrenzen: Das führt zunächst zur "selektiven Wahrnehmung", weil von den Organisationseinheiten alles ausgeblendet wird, was nicht in ihren Kompetenzbereich fällt. Solche Selektionen werden noch dadurch verstärkt, dass der "Verbundföderalismus" zur Politikverflechtung führt, d. h. die Ressorts vertikal zusammenarbeiten ("Ressortkumpanei" nach Frido Wagener 1979) und sich damit noch stärker gegen Einflüsse von anderen Ressorts abschotten. Politikverflechtung bewirkt, dass

---

[86] vgl. die sehr anschauliche Darstellung bei Bosetzky u. Heinrich (1985, 55-117)

[87] Solche Verhaltensweisen hängen von Persönlichkeitsmerkmalen und einer Reihe von "situativen" Faktoren ab, d. h. Einflüssen, die in einer konkreten Situation wirksam sind.

die Ressorts zwischen Bund und Ländern gemeinsame Einschätzungen, Werthaltungen, aber auch Ausgleichsregelungen getroffen haben, die u. a. dazu führen, dass zwar die Mittel des Bundes gleichmäßig über alle Länder verteilt werden (nach dem Pro-Kopf-Verhältnis), nicht aber nach sachlich gebotenen Schwerpunkten konzentriert werden können.

2. Ressorts, die über *Mittel* verfügen, die sie verausgaben können, locken eine Lobby an, die auf die Mittelverteilung Einfluss nehmen will. Wenn sich neue Ressorts bilden, die über Geld verfügen, so formieren sich bald auch organisierte Lobby-Gruppen, die sich um diese Ressorts kümmern. Damit verhärtet sich aber die Sektoralisierung der Gesellschaft, weil zwischen Ressorts und Lobbygruppen, meist nochmals verstärkt um entsprechende Parlamentsausschüsse (weil fast jedes Ressort seinen eigenen Parlamentsausschuss hat), feste Bindungen entstehen ("Iron Triangles"), die zur Stärkung des betreffenden Sektors in der Politik drängen.

3. *Organisationsgrenzen* sind Barrieren für Information und Problemsicht, führen zu Ressortstreitigkeiten und "negativer Koordination". Die Kosten der Informationsbeschaffung über die Grenzen hinweg werden erheblich erhöht:

   - Man muss externe Information "kaufen"[88], wenn sie nicht öffentlich zugänglich ist.
   - Die Risiken der Nicht-Information oder Fehlinformation steigen, weil externe Informationsquellen die Information selektieren können.
   - Problemsicht und Problemlösungen werden enger gewählt, als es der Sache nach richtig wäre ("selektive Perzeption").
   - Ressortstreitigkeiten über Kompetenzen werden umso wahrscheinlicher, je weiter das Thema in Domänen anderer Ressorts einwirkt. Um solche Streitigkeiten zu vermeiden, werden die Problemlösungen von vornherein so konfliktentschärft formuliert, dass sie wenig Angriffsflächen bieten.
   - Koordination wird zur "negativen Koordination" reduziert. Darunter versteht man ein Koordinationsverhalten, bei dem die anderen Organisationseinheiten oder Behörden einen Plan nur daraufhin durchsehen, ob ihre Interessen betroffen werden. Sie arbeiten aber nicht konstruktiv mit, indem sie versuchen, durch Kooperation mit dem Planer (Referenten) eine für beide günstigere Lösung zu entwickeln (das wäre "positive Koordination").

4. *Sektoralisierung* in Verbindung mit dem wachsenden Grad der Spezialisierung und Professionalisierung der Verwaltung mindert die Chance der Verwaltung, noch "mit einer Stimme" zu sprechen. Mit zunehmender Ausdifferenzierung und Spezialisierung wächst auch der ressortinterne Koordinationsbedarf, gleichzeitig aber wächst mit der spezialisierten Professionalisierung auch der Widerstand gegenüber demjenigen, der Koordinationsbedarf anmeldet. Koordinationsbedarf wird von den Betroffenen als Einmischung, Imperialismus, feindseliger Akt empfunden. Organisatorische Maßnahmen zur Reduzierung obiger Probleme wie Großgruppenreferate[89], ressortübergreifende Projekt- und Arbeitsgruppen[90] und integrative Planungskonzepte hatten folglich weit weniger Erfolg, als erwartet wurde. Aber Sektoralisierung führt auch zu *Ressortegoismus* und dieser wiederum begünstigt die Neigung, sich Koordinationsansprüchen zu entziehen[91] und sich auf Negativ-Koordination zurückzuziehen. Gleichzeitig begünstigt er Klientelbeziehungen, weil die Allianz mit einer starken Klientel auch die Position des Ressorts stärkt.

5. *Politikverflechtung* führt zu Verantwortungsdiffusion und sinkender Flexibilität gegenüber Änderungen, denn sie basiert auf Vereinbarungen zwischen Ressorts, die wie Kartelle wirken. Zwischen den über mehrere Ebenen verflochtenen Sektorpolitiken sind Koordinationsprozesse außerordentlich schwierig zu etablieren. Es besteht eine enge Verbindung zum Ressortegoismus.

6. *Hierarchische Entscheidungsstrukturen* erschweren die Kommunikation zwischen Ressorts. Informations-

---

88 etwa über Do-ut-des-Geschäfte, Stillhalteabkommen, Einschränkung eigener Ansprüche

89 Großgruppenreferate sollten die Koordinationskosten mindern, weil mehr Problemfelder in einem Groß-Referat behandelt werden könnten.

90 Ressortübergreifende Projekt- und Arbeitsgruppen sollten eine ständige Kommunikation gewährleisten. Die Gruppen sind kommunikativ durchaus erfolgreich, jedoch schwach, wenn es um Aussagen geht, die von den zu beteiligenden Ressorts übernommen werden sollen.

91 Sie engen die Ressortautonomie ein, sie bringen dem Ressort keinen Nutzen.

flüsse folgen zunächst den formalen Dienstwegen, d. h. entlang der Hierarchie resp. in den dafür vorgesehenen Koordinationsgremien. Allerdings hat es schon immer die informalen Wege gegeben: das Telefonat zwischen Referenten, der gemeinsame Mittagstisch mit Mitarbeitern "anderer Häuser", gemeinsame Kneipenbesuche etc. Jedoch sind nur die formalen Informationsflüsse systematisch organisiert - die informalen folgen stärker subjektiven Regeln[92]. Damit verbindet sich eine gewisse Informations-Selektivität, die von der Verwaltung über verschiedene Wege minimiert wird: über externe Gutachten (die auch Information anderer Häuser verarbeiten), über systematische Beteiligungsverfahren, über die Koordinationsgremien auf den verschiedenen Ebenen.

7. *Formalisierung* erschwert Kommunikation, Koordination und die Suche nach problemspezifischen (innovativen) Lösungen. Denn Routinen und Rechtsregelungen sind schwer zu verändern und können von den Fachressorts stets als Waffe gegen Einflüsse anderer Ressorts, insbesondere der (Querschnitt-) Planer, herangezogen werden[93].

2.4.4 Verhalten der Problembearbeitung in bürokratischen Organisationen

Wie verhalten sich Informationsverarbeiter in bürokratischen Organisationen vor dem Hintergrund der Charakteristika von Verwaltungen?[94]
Nehmen wir einen Referatsleiter (im Ministerium) oder einen Amtsleiter (in einer Kommune). Sie stellen die Ebene der intensivsten problembezogenen Informationsverarbeitung und des größten professionellen Sachwissens dar. Denn:
- Referate bzw. Ämter sind diejenigen, die Entwürfe der Verwaltung vorbereiten und dafür das Fachwissen der Verwaltung einsetzen.

- Hier werden institutionell die relevanten Informationen aufgenommen und gesammelt (abhängig von den Zuständigkeiten).
- Hier wird ein institutionelles "Gedächtnis" für bestimmte Themen aufgebaut (Dokumentation, Aktenablage, Erfahrung mehrjähriger Mitarbeit).
- Hier werden Kontaktnetze zu den Informationsquellen organisiert: zu Sachbearbeitern von externen Interessenverbänden, zu anderen Referaten desselben Ressorts bzw. anderen Ämtern desselben Dezernats, aber auch zu Referaten anderer Ressorts bzw. Ämtern anderer Dezernate, zu sonstigen Trägern öffentlicher Belange.

Referats- bzw. Amtsleiter handeln entweder im Auftrag ihres Vorgesetzten (Abteilungsleiter, Dezernent) oder auf eigene Initiative, weil sie die Relevanz eines neuen Themas erkannt haben. Initiativen von Referentenseite entstammen deren Kontakten zu Verbänden und Klientel[95], eigenen Beobachtungen im betreffenden Sachgebiet (Entwicklungen, Krisenphänomene), Rückmeldungen über Störungen im Vollzug früherer Programme etc.

Initiativen werden aber nur bedingt belohnt. Erfolgreiche Referenten haben es zwar leichter, a) mehr Budgetmittel zu erlangen, b) Karriere zu machen, c) Status bei anderen zu gewinnen. Aber diese Form der Entlohnung erfolgt nicht automatisch, sondern hängt davon ab, für wie wichtig die Initiative von den Vorgesetzten (und Politikern) gehalten wird, welche Gegner sie ausgelöst hat, welche Allianzpartner sie mobilisieren konnte etc. Denn Initiativen sind potenziell Störungen in einem auf Routine angelegten Betrieb: Sie können Widerstände auslösen (weil man zur ohnehin schon großen Arbeitsbelastung wegen dieser Initiative zusätzliche Arbeit bekommt), Neidreaktionen hervorrufen (gegenüber demjenigen, der sich "profilieren" will), Misstrauen erzeugen ("was steckt dahinter?") etc. In welchem Maße Widerstände oder Verzögerungen relevant sind, entscheidet aber letztlich die Verwaltungsspitze. Die Verwaltungs-

---

92 zu wem man Kontakt hat, mit wem "man kann" etc.

93 Gute Beispiele dafür finden sich bei den Straßenplanern, die eine Vielzahl von Richtlinien zur Entlastung der Entscheidungsstruktur und zur Vereinheitlichung der Baumaßnahmen entwickelt haben, die aber hinderlich sind, wenn konkrete Problemsituationen anstehen (so: Kurvenradien bei Autobahnen).

94 Eine solche Diskussion bewegt sich auf "mikrosoziologischer Ebene" (Ebene des Individuums) im Gegensatz zur makrosoziologischen Betrachtung, die sich mit Gruppen, Organisationen, Verbänden etc. befasst.

95 Kontakte zu Verbänden sind keineswegs als Zeichen staatlicher Korruption zu verstehen. Interessenverbände und -gruppen nehmen Funktionen der Informationsverarbeitung und Interessenberücksichtigung wahr, die im Sinne guter staatlicher Problembearbeitung liegen können. Deshalb sieht die Gemeinsame Geschäftsordnung der Bundesministerien für die Bundesverwaltungen (GGO) solche frühen Kontakte mit Spitzenverbänden ausdrücklich vor (§ 23 GGO).

spitze ist folglich ein wichtiger Engpass bei der Entwicklung von Initiativen:

- Die Kapazität der Abteilungsleiter und Staatssekretäre ist weitgehend auf deren Person beschränkt. Komplementäre Stäbe oder kanzleiartige Mitarbeiter-Gruppen gibt es praktisch nicht; die Zeitbudgets der Staatssekretäre, häufig aber auch schon der Abteilungsleiter, werden von politischen Abstimmungsaufgaben weitgehend absorbiert.
- Die Prioritätskriterien der Spitze sind primär politische; die politische Dringlichkeit lenkt deren Aufmerksamkeit. Kriterien sind insbesondere:
  - Krisensymptome
  - Konfliktgehalt
  - Öffentlichkeitswirksamkeit
  - Abwehr von Kritik am eigenen Ressort
  - politische Initiativen aus der Regierung und den Regierungsparteien.
- Auf der anderen Seite ist die Kontrollspanne von Leitungsstellen meist zu eng, um alle Themen, die im Apparat unter ihnen bearbeitet werden, jederzeit präsent zu haben. Also müsste der Referent dafür sorgen, dass er die Aufmerksamkeit der Spitze auf sich zieht - Gelegenheiten ergeben sich dann eher informell, in gemeinsamen Clubs, auf gemeinsamen Dienstfahrten etc.

Das institutionelle Anreizsystem bewirkt folglich durch hierarchische Steuerung und politische Fremdbestimmtheit ein beträchtliches Maß an Verunsicherung für die Referats- und Amtsleiter. Das wird noch dadurch verstärkt, dass sie einerseits - vor allem von der "professionellen Zunft" gedrängt - das Bestreben haben, sich fachlich zu profilieren, um nicht als "blasse Verwaltungsleute" zu gelten. Aber je mehr sie Initiativen starten, umso mehr können sie mit den Vorgesetzten in Konflikt geraten, weil diese sich "von unten gesteuert fühlen", mit der Folge, dass Vorgesetzte ihre Mitarbeiter (zur Sicherung der eigenen Autorität, manchmal auch aus Konkurrenzangst) zu bremsen versuchen.

Während also die Vorteile von Initiativen für den Initiator relativ ungewiss sind, sind die mit der Initiative verbundenen Kosten und Risiken sehr konkret. Das Fehlervermeidungsverhalten wird damit vorprogrammiert. Das wird noch durch die Verwaltungskultur in Deutschland bestärkt, die legalistisch und an der Einhaltung von Rechtsregelungen stärker als an der problemspezifischen Lösung ausgerichtet ist. Auch das führt zu überbetontem Sicherheitsdenken - vor allem bei denen, die als Nicht-Juristen einer juristischen Kontrolle (Aufsichtsbehörde, Rechnungshof) ausgesetzt sind.

Initiativen werden folglich vorsichtig eingebracht, denn

- Referenten sind mit Routinearbeit und aufgetragener Arbeit meist so ausgelastet, dass zusätzliche Zeit nicht bleibt
- Referenten, die Themen aufbringen, signalisieren, dass sie nicht voll beschäftigt sind
- die Kosten-Nutzen-Relation von Initiativen sieht für den Referenten häufig negativ aus: Der Grundsatz, "wer Probleme aufbringt, hat sie zu lösen", kann beträchtlichen Folgeaufwand bedeuten, während völlig ungewiss ist, ob die Initiative beim Vorgesetzten so viel Resonanz findet, dass die Beförderungschancen steigen und dass Unterstützung einkommt, dem Referenten mehr Mitarbeiter und Ressourcen zu geben. Vielmehr tendieren die Referats- und Amtsleiter dazu, kein Thema zu übernehmen, das sie mit ihren Ressourcen nicht bearbeiten können (weil sie das von anderen Referaten abhängig macht und das Risiko des Scheiterns erhöht) und keinen Aufwand für Themen zu leisten, die nichts einbringen, d. h. "höheren Ortes" nicht gewollt sind, wenig politische Aufmerksamkeit bringen und nur Arbeitskraft mittelfristig binden (Mayntz 1978, 190).

Übernimmt der Referats- oder Amtsleiter ein neues Thema, so definiert er es in den engen Grenzen seiner Zuständigkeit - würde er das Thema weiterfassen, so wäre er auf die Kooperation anderer Ressorts angewiesen, was zusätzliche Unsicherheit und zusätzliche Kosten[96] verursachen würde.

Wird das Thema bearbeitet, so ist eine der ersten Fragen: Wie ist die Verwaltung bisher mit ähnlichen Themen umgegangen? Der Zweck dieses Vorgehens ist:

- Sicherung der Kontinuität in der Verwaltungsarbeit
- Vermeidung von Präzedenzfällen, die weitere Bindungen der Verwaltung auslösen können
- Verbesserung der politischen Akzeptanz (man hat sich früher bereits so verhalten).

Die Informationsverarbeitung wird meist sehr umfangreich betrieben - nicht selten durch Gutachten abgesi-

---

96 Kooperieren die anderen? Welcher Zeit- und Personalaufwand ist notwendig? Wie weit entgleitet das Thema der eigenen Kontrolle?

chert. Damit soll erreicht werden, dass die Argumentation der Verwaltung unanfechtbar wird und Fehler vermieden werden. Denn Verwaltungsleute reagieren primär auf Fehler, weil bürokratische Organisationen wenig Belohnung für gutes Handeln, aber zahlreiche Sanktionen für Fehlverhalten bereithalten - vom "Rüffel" des Vorgesetzten, über Zurückstellungen bei Beförderungen bis hin zu politischen Missliebigkeiten, die karriereschädlich sein können (vgl. Weaver 1986).

Das Ergebnis der Informationsverarbeitung sind selten mehrere Alternativen, über die nach akademisch distanzierter Abwägung des Für und Wider entschieden wird. Vielmehr erwarten der Vorgesetzte und das politische Umfeld:

- ein klares Ergebnis
- das zwischen den betroffenen Ressorts abgestimmt ist
- mit deutlicher Aussage, wo die Probleme liegen und was das Ganze "politisch einbringt".

Wenn Alternativen vorgetragen werden, dann in bewerteter Form, sodass von vornherein die Entscheidungslinie festliegt; die Spitze verlangt "ausgereifte" und "abgestimmte" Vorlagen. Entscheidend sind nicht die wissenschaftlich brillanten Ergebnisse, sondern die politisch "richtigen", d. h. diejenigen, die Gespür für politische Macht- und Interessenlagen zeigen, "realistisch" sind.

2.4.5 Planerverhalten im Kommunikationsprozess

2.4.5.1 Querschnittsorientierte Akteure in sektoralisierter Verwaltungsstruktur

"Querschnittsorientierte Planer" (Stadt-, Regional- und Landschaftsplaner) entsprechen normalerweise weniger den Strukturen bürokratischer Organisationen. Während bürokratische Organisationen das Individuum "bürokratisch" einbinden, nämlich über ein spezifisches Dienst- und Treueverhältnis (Typ: "preußischer Beamter"), sind Planer stärker auf assoziative Organisationen ausgerichtet: professionelle Netzwerke, in denen die Einbindung durch professionelle Ethik und Sachmotivation erfolgt.

Diese Unterscheidung in "bürokratische" und "assoziative" Organisationen entspricht in der Planungsdiskussion der Unterscheidung in bürokratische und planende Verwaltung (Grauhan 1969). Gemeint ist damit ein Unterschied im Kommunikationsstil, in der Motivationsstruktur, im Regelsystem etc., der auf unterschiedliche Funktionen der Organisationen zurückzuführen ist. Bürokratische Organisationen sind auf *Vollzug*, planende Verwaltungen auf *Politikvorbereitung* ausgerichtet. Politikvorbereitung ist ein kreativer, kommunikativer und kooperativer Akt, Vollzug primär ein Prozess der hierarchischen Steuerung unter Ausübung von Rechtsregelungen. Heute werden diese Unterschiede immer unbedeutender, weil die Vollzugsbehörden immer größere Handlungsspielräume haben, der Vollzug immer genauer auf die jeweilige Situation und den jeweiligen Adressaten ausgerichtet wird, jeder Vollzug kreative Elemente enthält und die vollziehende Verwaltung zudem stärker vernetzt zu operieren beginnt.

Die eher auf "assoziative Organisationen" ausgerichteten "querschnittsorientierten" Planer sehen sich folglich in ihrer Arbeit Widerständen bürokratischer Organisationen gegenüber:

- *Selektivität in den Informationsflüssen*: Das gilt sowohl für Informationsflüsse, die von den Ressorts zu den Planern laufen (Informationsinput), als auch für die Aufnahme der Informationen der Planer durch Dritte (Informationsoutput). Denn Dritte nehmen die Information nur soweit auf, wie sie sich davon betroffen fühlen. Immer muss der Planer deshalb mit sektoralen Sichtweisen, institutionellen Eigeninteressen der Ressorts ("Ressortinteressen") und selektiver Wahrnehmung von Problemen sowie sektoral verengter Bewertung von Problemlösungen rechnen.
- *Kooperationsbarrieren* führen dazu, dass andere Ressorts nur geringe Kooperations- und Koordinationsbereitschaft zeigen, denn Koordination bedeutet für sie primär Kosten, kaum aber Vorteile.
- *Reserviertheit gegenüber Innovationen* mit allen Folgen geringer Resonanz für Anstöße der Planer.
- *Hohe politische Kosten der Konsensfindung* bei zunehmender Zahl von Akteuren, die am Planungsprozess zu beteiligen sind, aber institutionelle Eigeninteressen vertreten.

Die *Selektivität der Informationsflüsse* muss näher erläutert werden. Planer müssen sich über Folgendes im Klaren sein:

- Die bürokratische Organisation wird noch immer stark von hierarchischen Dienstwegen beherrscht, die auch Informationsflüsse filtern. Das gilt kaum für Schriftstücke, die den Dienstweg lediglich formal durchlaufen müssen, sehr wohl aber für Schriftstücke, die eine Aussage nach außen enthalten: Dann bemüht sich jede Hierarchie-Stufe, Entwürfe der Sachbearbeiter so zu modifizieren, dass sie "nach draußen gehen können". Das Ergebnis dieser hierarchischen Textbearbeitung stimmt häufig kaum noch mit dem überein, was der Sachbearbeiter anfangs abschickte (vgl. Lauxmann 1971, 82 ff.).

- Die ihnen zugetragene Information kann "geschönt", strategisch "bereinigt" und nach Durchlaufen von Dienstwegen auch inhaltlich verkürzt sein.
- Die von ihnen ausgesendeten Informationen und Botschaften werden von den Ressorts in anderem Kontext als beabsichtigt gedeutet und aufgenommen. So haben zahlreiche sozialpsychologische Studien zum Informationsverhalten immer wieder deutlich gemacht,
  - dass die Adressaten Informationen verzerrt wahrnehmen, z. B. die ihre Vorstellungen und Interessen stützende Information übergewichten, negative Information untergewichtet aufgreifen und widersprüchliche Information eher ausblenden
  - dass sie sich von mündlicher Information stärker beeindrucken lassen als von schriftlicher
  - dass sie Information nach ihrer subjektiven Einschätzung von Glaubwürdigkeit und Vertrauenswürdigkeit des Senders beurteilen u. ä. (O'Reilly 1983, 103 ff.).
- "Paradigmata"[97] bestimmen heute die Informationsverarbeitungsprozesse wesentlich. Entscheider sind sich solcher Vorurteile häufig nicht bewusst, weil sie ihre Entscheidungen immer irgendwie begründen können. Aber vielfach beruht die Begründung nur auf "impliziten Theorien"[98]. Nicht zuletzt unter dem Eindruck wachsenden "Handelns in virtuellen Welten" ist die Bedeutung impliziter Theorien erst in den letzten Jahren in das Zentrum der Forschung geraten (vgl. Dörner 1989). Paradigmata sind relativ schwer zu verändern, vor allem dann, wenn sie von größeren Gruppen geteilt werden, die sich in ihrem paradigmatischen Denken häufig bestärken können (z. B. über Fachzeitschriften, Tagungen). Das gilt zum einen besonders für professionelle Spezialisten, und dabei wiederum für Spezialisten in der Verwaltung, die sich über vertikale Politikverflechtung abstützen können: Das gemeinsame Paradigma verbindet sie und wird deshalb erst recht nicht infrage gestellt. Zum anderen werden solche gemeinsamen Paradigmata von politisch-administrativen Gruppen von Akteuren (z. B. Fachressort und Lobbygruppe) zur Basis ihrer Kooperation gemacht, wenn sie gemeinsame Überzeugungen in politisches Handeln umsetzen wollen (vgl. Fürst 1996, Sabatier 1988).
- Werthaltungen in Bewertungs- und Entscheidungssituationen können sehr unterschiedlich (und manchmal auch irrational) mobilisiert werden. Optimismus-Pessimismus-Stimmungen beeinflussen die Bewertungen. Die jeweilige Bezugsgröße verändert die Bewertung durch einen anderen "Kontext", weil die Tätigkeit des Wertens nur über Relationen möglich ist[99]. Eine sehr große Zahl von Entscheidungen wird immer noch "aus dem Bauch heraus" ("gutes Gefühl") getroffen, obwohl intuitive Entscheidungen in der hohen Komplexität der meisten Entscheidungssituationen auf irrationaler Entscheidungsbasis beruhen (Shoemaker u. Russo 1993).
- Solche Einseitigkeiten können sich im Urteil auch durch Gruppenzwänge verstärken und sich dann gegen "besseres Wissen" immunisieren. So gibt es zahlreiche Untersuchungen, die sich mit dem Phänomen des "Gruppendenkens" befasst haben: Nach empirischen Untersuchungen und deduktiv entwickelten Vorstellungen hat Janis (1982) die Diskussion zum "Group Think" ausgelöst, wonach Gruppen einen unwiderstehlichen Zwang zum Konformismus im Denken erzeugen. Diese Vorstellung wurde allerdings durch neuere Untersuchungen in Zweifel gezogen: Es hängt auch davon ab, wie Gruppen

---

97 Unter einem Paradigma versteht man ein Denkmuster, Deutungsmuster, aber auch Einstellungen, die unsere Art, wie wir sehen und wahrnehmen (also die Welt deuten), unbewusst bestimmen. Solche Paradigmata sind in gewisser Weise Vorurteile, entstanden aus eigenen Erfahrungen, wissenschaftlichen Theorien, Traditionen einer Organisation im Umgang mit bestimmten Aufgaben, ideologischen Werthaltungen etc. (vgl. Schissler u. Tuschoff 1988).

98 Implizite Theorien sind solche, die man zwar anwendet, aber wiederum nicht bewusst, sodass man sie auch nicht überprüft oder aktualisiert (Hofmann 1995).

99 Wird ein Besiedlungsverbot für ein bestimmtes Gebiet ausgesprochen, weil ein Zoo dort sein Freigehege erweitern will, wird der Protest sich anders artikulieren, als wenn die Freihalteregelung mit Naturschutzbelangen begründet wird.

geführt werden (Hoffman 1982) und wie stark sich Gruppen emotionalisieren lassen - je analytischer sie an Probleme und deren Bearbeitung herangehen, desto weniger sind "Group Think-Prozesse" zu erwarten (Hirokawa u. Rost 1992).

Geht man davon aus, dass Einflussnahme auf Dritte mindestens über drei Methoden erfolgen kann, nämlich über Zwang und hierarchische Steuerung, über Verhandlungen und Tauschgeschäfte sowie über normative Einflussnahme (Überredung, Überzeugung), so haben Planer in diesem administrativen Umfeld praktisch nur Einfluss über Überreden und Überzeugen, also "persuasive Steuerung". Nur sehr bescheiden können sie auch Verhandlungen einsetzen, weil sie meist keine Gegenleistung anbieten können; es sei denn, indem sie ihre Forderungen taktisch überhöht stellen mit dem Ziel, über Verhandlungen sich auf das gewünschte Ergebnis "herunter verhandeln" zu lassen und das "Nachgeben" als Gegenleistung zu deklarieren. Nur gelegentlich haben Planer die Chance, weitere Einflussmittel für sich nutzen zu können:

- *hierarchische Steuerung*, wenn politische Gremien Mehrheitsentscheidungen herbeiführen oder wenn der Verwaltungschef seine politisch-administrative Macht für die Planer einsetzt
- *Einsatz von Tauschmacht*, wenn es ihnen gelingt, mit anderen Akteuren "Package Deals" oder Kompensationsgeschäfte[100] auszuhandeln.
- *normative Steuerung*, indem Planer ethische und moralische Werte für sich geltend machen können, die Gegner nicht abwehren können[101].

Wenn persuasive Strategien dominieren, so müssen Planer ihr kommunikatives Potenzial möglichst gut einsetzen. Aber auch das ist nur begrenzt möglich. Denn Kommunikation über Pläne wird dadurch behindert,

- dass die Pläne eine eigene Sprache haben
- dass sie für den Laien relativ abstrakt und schwer in die eigene Lebenspraxis zu übertragen sind
- dass der Kommunikationsstil meist nur professionelle Adressaten anspricht und

---

[100] "Package Deals" sind Verhandlungspakete, in denen eine Vielzahl von Themen zusammengebunden wird, um damit eine größere Tauschmasse zu erhalten; bei Kompensationsgeschäften bekommt man für die Zustimmung hier Vorteile dort.

[101] was teilweise in der Regionalplanung mit dem Übergang zur "ökologisch orientierten Raumplanung" gelang oder in der Stadtplanung mit Ansätzen der Sozialplanung versucht wurde

- dass (bei Regionalplänen) nicht immer leicht erkennbar ist, welche rechtliche Qualität die einzelnen Planaussagen haben, ob es sich handelt um
  - Ziele (verbindliche Planaussagen)
  - Grundsätze (allgemeine Richtungsaussagen ohne Bindung)
  - Empfehlungen oder
  - Erläuterungen.

2.4.5.2 Umgang mit Kommunikationsaufgaben

Informations- und Kommunikationsregeln sind praktischen Planern sehr vertraut, auch wenn sie die Termini der Kommunikationstheorie (vgl. Kap. 2.6.3) nicht verwenden. Wie gute Verwaltungsjuristen wägen sie sorgfältig jedes Wort ab, das sie in Planwerke schreiben - Syntax, Semantik und Pragmatik der Aussagewirkung werden mehrfach geprüft, die Differenzierung nach empirischer, normativer und präskriptiver Information wird genau beachtet. Vor allem Verwaltungsgerichte stützen sich darauf, wenn es beispielsweise zum gerichtlichen Konflikt zwischen Gemeinden und Regionalplanern kommt.

Für den typischen Verwaltungsangehörigen ist primär die sprachliche Wertigkeit wichtig - handelt es sich um eine normative oder deskriptive Aussage, wenn normativ: verpflichtet sie zum Handeln oder nur zum "Beachten". Früher fand man nicht selten die Übung, im Erläuterungstext zu Planwerken die Differenzierung nach empirischer, normativer und präskriptiver Information nicht genügend zu beachten und Aussagen hineinzuschreiben, die in ihrer Bindungswirkung mehrdeutig waren. Wenn die Adressaten sie als "steuernde Aussage" hinnahmen, war es ein Pluspunkt für den Planer. Opponierten sie, konnte der Planer sich auf Missverständnisse herausreden. Obwohl dieses Verfahren angesichts der Einflussschwäche von Planern verständlich ist, sollte man prüfen, ob man es häufig anwenden kann - Vertrauensverluste und Misstrauenszuwächse sind unweigerlich die Folge. Der kurzfristige Gewinn (einmaliger Pluspunkt, weil man die Unkenntnis der Betroffenen ausnutzen konnte) steht dem langfristigen und dauerhaften Vertrauensverlust entgegen.

Die Kenntnis der Kommunikationsprozesse, ihrer internen Regeln, aber auch ihrer Beeinflussung durch bürokratische Organisationen ist für Planer unerlässlich. Sie sind auch gezwungen, entsprechende Maßnahmen zu ergreifen, um die Kommunikation zu verbessern - das betrifft nicht nur die Aufgabe, die formale Lesbarkeit der Pläne zu erhöhen oder sich mehr um die Deutung der Pläne zu kümmern[102]. Immer mehr treten Aufgaben der "Plan-Didaktik" in den Vordergrund:

- Wie kommuniziert man über Pläne?
- Wie vermittelt man die Inhalte so, dass der Adressat sie entsprechend den Vorstellungen des Senders deutet?

Entsprechende Forderungen werden zwar allenthalben erhoben, aber von den Ausbildungsstätten noch nicht in die Ausbildungsprogramme der Planer übertragen.

Die Planungsdiskussion hat sich unter dem Stichwort der kommunikativen Planung ("Communicative Planning") der Frage verstärkt zugewandt. Da es eigene Forschungen aus dem Lager der Planer dazu noch nicht gibt, werden Anleihen bei Nachbardisziplinen genommen (Healey 1996), z. B. bei:

- der Habermas'schen Theorie der Kommunikation (Habermas 1981)
- der Moderations- und Mediationsforschung
- den Sprachwissenschaften (v. a. bei Eco 1979)
- der sozialwissenschaftlichen Kommunikationsforschung.

Da Pläne immer weniger "durch sich selbst" sprechen, sondern vom Planer mündlich vermittelt werden müssen (z. B. bei Anhörungen), kommt es auch zunehmend auf die Prozesse der Präsentation von Plänen und der Überzeugung in Diskussionen an. Es ist deshalb kein Wunder, dass auch immer mehr Erkenntnisse der sozialwissenschaftlichen Forschung zur wirksamen Vermittlung von Wissen und Einschätzungen in die Planungsdiskussion Eingang finden. Das betrifft z. B. Ansätze der Pädagogik, der Wahrnehmungspsychologie, der Verhandlungsforschung (vgl. Gleim-Egg 1995, 48 ff.). Hier sind vor allem durch die Moderations- und Mediationsforschung neue Impulse in die Planungsdiskussion hineingetragen worden (Fietkau 1991).

Literatur

BOSETZKY, H.; HEINRICH, P., 1985: Mensch und Organisation, 3. Aufl., Stuttgart.
BRAYBROOKE, D.; LINDBLOM, C.E., 1972: Zur Strategie der unkoordinierten kleinen Schritte (Disjointed Incrementalism). In: Fehl; Fester; Kuhnert (Hrsg.): Planung und Information. Materialien zur Planungsforschung, Gütersloh, 69-104.
DÖRNER, D., 1989: Die Logik des Mißlingens. Strategisches Denken in komplexen Situationen, Reinbek bei Hamburg.
ECO, U., 1979: The Role of the Reader. Explanations in the Semiotics of Texts, Bloomington.
FIETKAU, H.-J., 1991: Psychologische Ansätze zu Mediationsverfahren im Umweltschutz, Berlin (FS II 91-302).
FÜRST, D., 1996: Komplexitätsverarbeitung in der Planung (Stadt-, Regional- und Landesplanung) - am Beispiel der Regionalplanung. Archiv für Kommunalwissenschaften 35: 20-37.
GLEIM-EGG, H., 1995: Kommunikative Problembewältigung in Staat und Privatwirtschaft, Speyer (Speyerer Forschungsberichte 148).
GRAUHAN, R.R., 1969; Modelle politischer Verwaltungsführung. Politische Vierteljahresschrift (PVS) 10, 269-284.
HABERMAS, J., 1981: Theorie des kommunikativen Handelns, Bd.1 u. Bd.2, Frankfurt/M.
HÄUSSERMANN, H., 1977: Die Politik der Bürokratie. Einführung in die Soziologie der staatlichen Verwaltung, Frankfurt.
HESSE, J.J.;ELLWEIN, T., 1992: Das Regierungssystem der Bundesrepublik Deutschland, 2.Aufl., Bd.1, Opladen.
HIROKAWA, R.Y.; ROST, K.M., 1992: Effective Group Decision Making in Organizations. Field Test of the Vigilant Interaction Theory. Management Communication Quarterly 5: 267-288.
HOFMANN, J., 1995: Implicit Theories in Policy Discourse: An Inquiry into the Interpretations of Reality in German Technology Policy. Policy Sciences 28: 127-148.
HOFFMAN, L.R., 1982: Improving the Problem-solving Process in Managerial Groups. In: Guzzo, R.A. (Hrsg.): Improving Group Decision Making in Organizations. Approaches from Theory and Research, New York, 95-126.
JANIS, I.L., 1982: Groupthink. A Psychological Interpretation of Foreign Policy Decisions and Fiascoes, Boston.
LAUXMANN, F., 1971: Die kranke Hierarchie, Stuttgart.
LOHMAR, U., 1978: Staatsbürokratie. Das hoheitliche Gewerbe, München.
MAYNTZ, R., 1978: Soziologie der Öffentlichen Verwaltung, Heidelberg.
MAYNTZ, R.; SCHARPF, F.W., 1975: Policy-Making in the German Federal Bureaucracy, Amsterdam.
MILLER, C.M., 1987: State Administrator Perceptions of the Policy Influence of Other Actors. Public Administration Review, 47: 239-245.
PARKINSON, C.N., 1961: Parkinson's Law or the Pursuit of Progress, London.
O'REILLY, C., 1983: The Use of Information in Organizational Decision Making. In. Cummings, L.L., Staw, B.M. (Hrsg.): Research in Organizational Behavior, Bd.5, Greenwich/Conn., 103-140.
RICHTER, B., 1988: Modernisierung des Staates durch Rationalisierung und Dezentralisierung? Demokratische Gemeinde, Sonderheft Juli 1988 ("Die Geteilte Republik?"), 59-68.
SABATIER, P.A., 1993: Advocacy-Koalitionen, Policy-Wandel und Policy-Lernen: Eine Alternative zur Phasenheuristik. In: Héritier, A. (Hrsg.): Policy-Analyse. Kritik und Neuorientierung, Opladen , 116-148 (PVS-Sonderheft 24).
SCHARPF, F.W. et al., 1976: Politikverflechtung, Königstein/Ts.

---

[102] z. B. durch Aufnahme der Kommunikation zu den Adressaten

SCHIMANKE, D., 1982: Assistenzeinheiten der Politischen Leitung in Ministerien. Verwaltungsarchiv 73: 216.
SCHISSLER, J.; TUSCHOFF, C., 1988: Kognitive Schemata: Zur Bedeutung neuerer sozialpsychologischer Forschung für die Politikwissenschaft. Aus Politik und Zeitgeschichte B52-53/88: 3-13.
SCHMID, G.; TREIBER, H., 1975: Bürokratie und Politik, München.
SCHOEMAKER, P.; RUSSO, E., 1993: A Pyramid of Decision Approaches. California Management Review 36: 9-30.
WAGENER, F., 1979: Der öffentliche Dienst im Staat der Gegenwart. Veröffentlichung der Vereinigung der Deutschen Staatsrechtslehrer 37/1979: 215-266.
WEAVER, R.K., 1986: The Politics of Blame Avoidance. Journal of Public Policy 6: 371-398.
WUNDER, B., 1986: Geschichte der Bürokratie in Deutschland, Frankfurt/M.

2.5 Ethikfragen in der Planung
Stephan Löb

2.5.1 Ethik, Moral, Recht

Ethik und Moral

"Ethik" ist die Lehre vom sittlichen Handeln. Ethik begründet fundamentale Prinzipien, die als überindividuelle Wertmaßstäbe und Handlungsmaximen soziales Leben ermöglichen.

Moral bezeichnet ein System gesellschaftlicher Normen und Werte, die Verhalten bestimmen. Sie beschränkt sich nicht auf persönliche Überzeugungen, sondern wird in den politischen, wirtschaftlichen, sozialen und kulturellen Beziehungen innerhalb einer Gesellschaft sichtbar (vgl. Schmidt 1991, 185, 491). Moral ist immer auch das Wertesystem der Herrschenden, während Ethik diese Werte und Handlungsmaximen vor allem in Hinblick auf ihre Begründbarkeit, ihre innere Geschlossenheit und ihre Folgen betrachtet.

Verantwortung

Ein Schlüsselbegriff jeder Ethik ist die *Verantwortung*. Jedoch erhebt sich die Frage: Verantwortung für wen oder was? Wenn man über Ethik redet, benötigt man eine Bezugsgrundlage: Sind es die Menschen (anthropozentrische Ethik)? Sind es alle Lebewesen, also auch Tiere und Pflanzen (biozentrische Ethik)? Oder ist es sogar die ganze Welt, also auch die unbelebten Teile unserer Welt (physiozentrische Ethik)? Alle drei Ethiken wurden in den letzten Jahrzehnten mit dem Aufkommen der Umweltschutzbewegung vehement vertreten: Engagierte Naturschützer verfolgten (bewusst oder unbewusst) ein biozentrisches Konzept (vgl. Irrgang 1991). In den USA wurde sogar versucht, für die unbelebte Natur (z. B. Berge) ein Eigenrecht zu erstreiten (physiozentrischer Ansatz). Heute hat sich der anthropozentrische Ansatz wieder durchgesetzt - alle anderen sind nicht praktikabel (Waldstein 1991; Hampicke 1999, 51).

Aber auch wenn man die Bezugsebene hat: Genügt es, das ethisch Richtige zu wollen, oder ist es erforderlich, das ethisch Richtige auch zu erreichen? Auch diese Kontroverse wurde erbittert geführt: Die erste Konzeption steht für die "deontologische Richtung" (hier zählt nur das Motiv), die zweite für die "konsequentialistische Richtung" (hier zählen nur die Folgen des Handelns). Der berühmte Kant'sche Imperativ: "Handle nur nach derjenigen Maxime, durch die du zugleich wollen kannst, daß sie ein allgemeines Gesetz werde" (zit. in Hampicke 1999, 49), ist der Tendenz nach den Deontologen zuzuordnen. Man spricht auch von "Gesinnungsethik". "Konsequentialisten" sind eher der "Verantwortungsethik" zuzuordnen.

Hier kann auf die Diskussion der Ethik nicht vertiefend eingegangen werden, weil uns die Frage interessiert, wie Planer sich ethisch legitimieren können. Interessenten werden auf Hampicke (1993) verwiesen.

Ethik und gesellschaftliche Regelsysteme

Ethischen Ansätzen kommt insofern eine hohe Bedeutung zu, als sie den Ausgangspunkt zur Bildung jeglichen gesellschaftlichen Regelsystems darstellen. Sie sind deswegen mehr als die "Anmaßung strenger Priester, welche den Lebenden gute Stunden verbieten, um einer imaginierten Zukunft der Urenkel willen" (Marcuse 1975, 196). Ethik liefert übergreifende Wertorientierungen, die willkürlicher Gesellschafts- und Umweltentwicklung entgegenwirken sollen.

Solche gemeinsamen Orientierungen schwinden jedoch in modernen, arbeitsteilig funktional ausdifferenzierten Gesellschaften, deren einzelne Gesellschaftsteile "auf sich selbst bezogen und blind für übergeordnete Ziele sind" (Wehovsky 1990, 161). Der Philosoph Günther Anders (1992, 267 ff.) beschreibt dieses Phänomen als "Prometheisches Gefälle", bei dem jedes Vermögen

(Handeln, Verstehen, Vorstellen, Verantworten) eine eigene Leistungskapazität hat, die jedoch jeweils mehr und mehr voneinander differieren. "Die Fähigkeit zu 'Machen' steht in einem unglückseligen Mißverhältnis zur Fähigkeit, sich die Folgen einer Handlung vorzustellen (oder sie auch nur zu verstehen) und erst recht der Fähigkeit, diese zu verantworten. Dies führt schließlich zu einer 'Risikogesellschaft', gekennzeichnet durch organisierte Unverantwortlichkeit, die Unterversorgung mit zentralen kollektiven Gütern und eine flächendeckende Hilflosigkeit im Umgang mit organisierter Komplexität" (Willke 1994, 25)[103].

2.5.2 Grenzen des Rechts als Handlungsnormierung

Recht in modernen Gesellschaften

Mit diesem Problem haben Gesellschaften immer zu kämpfen gehabt, und deshalb waren verbindliche Regeln, also Gesetze, soziale Normen, institutionell verankerte Pflichten immer nur vorübergehend gültig und dem Wandel unterworfen. Zudem muss Recht auf gesellschaftlich konsensfähigen Werten beruhen; ohne diese kann die Setzung von Recht zu Willkür werden (vgl. Mayer-Tasch 1995, 384).

Recht kann sich aber auch verselbstständigen. Das hängt mitunter damit zusammen, dass sich mit der Einführung von Rechtsbegriffen, die nicht gleichzeitig im allgemeinen Sprachgebrauch verankert sind, Interpretationen mit sich verändernder Werthaltung einschleichen können (vgl. Dierssen 1987, 20). Das kann bis zur 'semantischen Tarnung' gehen - gewollt oder ungewollt dienen Rechtsregeln und Begriffe dem Zweck der symbolischen Politik, können dann aber im Einzelfall plötzlich harte Konsequenzen tragen, die vom Gesetzgeber möglicherweise so nicht gewollt waren.

---

103 Gäbe es dagegen klare Verantwortlichkeiten für Risikoentscheidungen (vgl. Kap. 6.1) und würde die Vermeidung umweltgefährdender Auswirkungen von Vorhaben absolut gesetzt, wäre Fortschrittsfeindlichkeit die Folge, der wiederum das Risiko verpasster Chancen anzulasten wäre. An die Stelle der Risikovermeidung muss deswegen eine Strategie der Risikominimierung treten, bei der jeweils die Chancen und Risiken, die sich aus einer Verwirklichung ergeben, mit den Chancen und Risiken eines Verzichts abgewogen werden (Wildavsky 1988). Kennzeichnend für moderne Gesellschaften als Ausweg aus diesem Dilemma ist dabei das Bedürfnis nach Versicherbarkeit von Risiken, die es ermöglicht, risikofreudige Zukunftsplanung mit Sicherheitsdenken zu verbinden (vgl. Hiller 1994, 110, 117).

Diese Ambivalenz der Begrifflichkeiten führt dann potenziell zu einer gewissen Identitätskrise 'grüner' Fachplaner, weil sie sich entgegen ihrer 'Mission' als Erfüllungsgehilfen politischer Entscheidungen fühlen, indem sie (fachlich bedenkliche) Unbedenklichkeitsbescheinigungen erteilen und damit möglicherweise Entscheidungen erst durchsetzungsfähig machen.

Rechtsnormen erfüllen die Funktion von Kollisionsregeln zur Abgleichung divergierender Interessen und stellen in ihrer Struktur auf die Herstellung von Sicherheit ab (vgl. Hiller 1994, 116 ff.). Umgekehrt gibt es in Gesellschaften immer auch Akteure, die sich solchen Regeln entziehen, wenn sie nicht mit Strafen sanktioniert werden. Deshalb kann nach dieser Überzeugung gesellschaftliche Moral nur als Recht verwirklicht werden.

Das ist aber zunehmend umstritten. Denn explizite Regeln stoßen sehr schnell an ihre Grenzen: Sie müssen kontrolliert werden (Kontrolldefizite), sie müssen in dynamischen Gesellschaften auf immer weitere und neue Bereiche ausgedehnt werden (Steuerungslücken) und sie müssen immer offener formuliert werden, um der wachsenden Vielzahl von Handlungssituationen gerecht zu werden (Komplexitätsschranken).

Hinzu kommt ein "modernes" Phänomen, dass mit zunehmender Wertepluralisierung in der Gesellschaft und mit zunehmenden Unterschieden in den Lebensstilen immer weniger klar ist, welche gemeinsamen Grundwerte eine Gesellschaft noch vertritt. Immer häufiger werden Rechtsregeln von den Betroffenen infrage gestellt, weil sie sie für "unvernünftig", "überholt", "bürokratisch" etc. halten und sich selbst legitimieren, sie nicht einhalten zu müssen. Eine permissive Gesellschaft toleriert solche Ausweichprozesse, bis hin zur milden Akzeptanz von Straftaten (wie Steuerdelikten). Der Staat ist folglich immer weniger in der Lage, über Gesetze und Verordnungen die "gesellschaftlichen Spielregeln" zu sichern. Immer mehr greift er auf die Selbststeuerung und Selbstdisziplin der Adressaten zurück, indem er an "das Gute im Menschen" appelliert, auf intrinsische Normen, im Sinne verinnerlichter Werthaltungen, die aus sich selbst heraus befolgt werden.

Rechtsetzung kann die Leistungen individueller Moral bestenfalls unterstützen, z. T. auch Moraldefizite kompensieren, aber offensichtlich nicht ersetzen - und je komplexer und komplizierter moderne Gesellschaften werden und je schneller sie sich verändern, umso weniger.

Handlungsnormen in der Umweltpolitik

Eine Variante solcher "Steuerung durch Selbststeuerung" finden wir in der modernen Umweltpolitik.

Auf der Erkenntnis, dass eine zukünftige Entwicklung unseres zivilisatorischen Systems ohne intakte Umwelt nicht möglich ist, fußen wichtige - auch rechtlich normierte - Handlungsprinzipien, wie

- das Nachhaltigkeitsprinzip (Schonung von Ressourcen und Naturhaushalt durch Ausrichtung der Nutzung an der Tragfähigkeit des Ökosystems)
- das Vorsorgeprinzip (Gefahrenabwehr, Zukunftsvorsorge, Minimierung negativer Folgen menschlicher Aktivitäten, aber auch aktive konstruktive Zukunftsgestaltung unter ganzheitlichen Aspekten)
- das Verursacherprinzip (marktwirtschaftliches Kostenzurechnungsprinzip)
- und das Kooperationsprinzip (Beteiligung gesellschaftlicher Gruppen und Erzielung von Einvernehmen zwischen ihnen und dem Staat).

Diese Handlungsprinzipien finden zwar auch ihren direkten Niederschlag in Gesetzgebung und Planung und werden auf normativer, strategischer und operativer Ebene des gesellschaftlichen Zielsystems[104] in einer hierarchischen Ableitungskette zunehmend konkretisiert.

Aber das reicht nicht: Die Prinzipien benötigen in der Gesellschaft breite Unterstützung durch Überzeugung und Selbstbindungs-Bereitschaft. Folglich hat ein explizites System von Umweltregeln in der Praxis Grenzen, die sich ergeben aus:

1. Problemen der Gemeinwohlbestimmung
2. den Bedingungen seiner Umsetzung über Recht, Verwaltung und Planung

2.5.3 Gemeinwohl und Ethik

Steuerungsfunktion des Staates

Mangelt es an kollektiver Vernunft, muss Handlungsfreiheit beschnitten werden. Dabei wird meist auf die Pflicht des Staats zur Bindung Einzelner im Interesse aller verwiesen. "Unbestreitbare Steuerbarkeitsprobleme" (Mayntz 1987, 106) im Verhältnis der Politik zur Gesellschaft aufgrund einer fortschreitenden "Enthierarchisierung" der Gesellschaft lassen die Forderung nach einem starken Staat aber fragwürdig erscheinen. Mit zunehmender interdependenter Verflechtung mit anderen gesellschaftlichen Teilsystemen ist der Staat immer weniger in der Lage, monopolistische Steuerungsfunktionen zu übernehmen, weil sich neben ihm eine Vielzahl von Organisationen als selbstständige Machtinstrumente in die Herrschaft einmischt[105].

Die staatliche Zielsetzungsautonomie wird somit durch Umwelteinflüsse relativiert - d. h. nicht, dass die Funktion, über Normgebung zu binden, geschwächt wird, aber die Autonomie bezüglich der Inhalte dieser Normen. Auch wenn der Staat immer noch bindende Entscheidungen herstellen und gesellschaftliche Macht erzeugen kann (vgl. Wieland 1994, 64), hat er doch in einer "enthierarchisierten" Gesellschaft das Definitionsmonopol für das gesellschaftliche Zielsystem verloren, und es fehlen Orientierungsgewissheiten.

Diese Erkenntnis ist übrigens nicht neu, schon die vergleichsweise gemächlichen Entwicklungen der Vormoderne wurden (selbst im Absolutismus) keineswegs von *einem* politischen Zentrum aus gesteuert. Aber mit dem Einzug der wissenschaftlich-technischen und industriellen Revolution ist dieses Bestreben vollends unmöglich geworden.

Hinzu kommt, dass in demokratisch verfassten Gesellschaftssystemen der Staat nur das ausdrücken kann, was mehrheitsfähig ist. Das gilt besonders für die Definition dessen, was "Gemeinwohl" sein soll.

---

104 So begründen normativ-ethische Wertmaßstäbe beispielsweise im Umweltschutzbereich *Leitbilder* (vgl. Kap. 4.2.2) als Gestaltungsvorstellungen zukünftiger Entwicklung in Form von Werte-Systemen. Von diesen leiten sich allgemeine *Leitlinien* (Grundsätze) ab, die einen konkreteren Handlungsbezug (Schutzziele, Vollzugsregeln, Umsetzungsinstrumente) aufweisen. In weiterer Konkretisierung folgen schließlich *Umweltqualitätsziele* (vgl. Kap. 4.3.1) und *Umweltqualitätsstandards* (vgl. Kap. 4.3.3), wobei erstere einen Raum- und Zeitbezug herstellen und letztere Schutzwürdigkeitskriterien sowie Werte für das angestrebte Qualitätsniveau bereitstellen (vgl. Scholles 1990, 35).

105 Die hoheitliche Planung sieht sich dabei organisierten Interessen gegenüber, die ein breites Arsenal von Machtressourcen zur Durchsetzung ihrer Belange entwickelt haben. Hierzu gehören Lobbyarbeit, der Aufbau von Störmacht, wie z. B. Öffentlichkeitsarbeit, eine erhöhte Aufmerksamkeit gegenüber Verfahrens- und Planungsmängeln, ein Bypassing vorgegebener Kommunikationswege durch Rückgriff auf politische Kontaktnetze, die Nutzung günstiger Gelegenheiten und der virtuose Umgang mit Zeit (Verzögerungstaktik, Erzeugung von Zeitdruck), Klagedrohung, Ankauf von Sperrgrundstücken und auch die Erarbeitung alternativer Lösungsvorschläge.

Was ist Gemeinwohl?

Da es aber nicht *das* Gemeinwohl schlechthin geben kann, sondern dieses sich aus dem gesellschaftlichen Diskurs entwickelt (nämlich abhängig davon, was eine Gesellschaft als "Kollektivgüter" definieren will), sind auch die mit solchen demokratischen Diskursen üblichen Kompromisse typisch. "Gemeinwohldefinitionen" sind in der Praxis meist die Einigung auf den kleinsten gemeinsamen Nenner, vielfach auch nur die Fortschreibung des Status quo, mit dem sich die unterschiedlich interessierten Gruppen arrangiert haben. Diese Einigung erscheint nun einer eher wachsenden Gruppe in der Gesellschaft nicht mehr ausreichend, etwa engagierten Umweltschützern oder Kritikern des so genannten "kapitalistischen Systems". Hinzu kommt, dass sich auch vermehrt die Ansicht durchsetzt, dass das kapitalistische System egoistisches Verhalten schüre (und honoriere) und eine ausreichende Berücksichtigung übergeordneter Belange behindere, solange Eigeninteressen berührt werden. Ein Konzept der freiwilligen Selbstbindung krankt somit daran, dass übergeordnete Interessen den Eigeninteressen untergeordnet bleiben[106].

Gibt man dagegen den Individualinteressen (gegenwärtiger und künftiger Generationen) den Vorrang, gelangt man zu einer utilitaristischen Gemeinwohldefinition (vgl. Scharpf 1994, 385). Der philosophische Utilitarismus setzt den Nutzengewinn als absolute Größe und Wertmaßstab ein und erhebt ihn zum Prinzip sittlichen Handelns (vgl. Kunzmann et al. 1993, 165). Handlungen, die einzelne beschneiden, sind danach immer dann zulässig, wenn die Summe des hieraus resultierenden Nutzens größer ist als bei Verzicht der Handlung. Dabei ist es unerheblich, ob sich Gewinne und Verluste gleichmäßig verteilen, solange ein Vorhaben für die Gesamtheit der Bürger einen höheren Nutzen bringt, als Lasten getragen werden müssen (vgl. Scharpf 1994, 385).

Utilitaristische Basisregeln lassen sich folglich ohne eine gleichzeitige Berücksichtigung von Verteilungsfragen nicht zur Basis eines Gesellschaftsmodells machen. Eine solche Verteilungsregel ist das so genannte Pareto-Kriterium[107], "demzufolge alle Maßnahmen positiv zu bewerten sind, bei denen der Netto-Nutzen der Begünstigten mindestens ausreicht, um den Netto-Verlust der Benachteiligten auszugleichen" (Scharpf 1992, 14 f.). Aber auch diese Regel verengt den Raum möglicher Lösungen erheblich. Der Lösungsraum lässt sich nur erweitern, wenn Kompensationszahlungen für Nutzeneinbußen erfolgen - auch hier gilt: Moral hat nur eine Chance, wenn sie sich rechnet[108]. Diese Regel erscheint unzureichend, wenn - wie bei Umweltfragen - intergenerationelle Verteilungskonflikte anstehen: Die heutige Generation lebt zulasten der zukünftigen. Für zukünftige Generationen Verzicht zu leisten, ist für gegenwärtige Generationen nicht leicht - weiß man doch nicht, ob der Verzicht vielleicht zu groß war, weil die zukünftigen Generationen das Knappheitsproblem der Umweltgüter über technischen Fortschritt neuartig lösen können. Es handelt sich um diffuse, d. h. für den Einzelnen kaum abschätzbare und zuordbare "Zukunftsgewinne", deren Investitionskosten jedoch bereits in der Gegenwart aufgebracht werden müssen.

Die Bemühungen der Wohlfahrtstheoretiker um rationale Lösungen sind folglich in der Praxis nicht weit gekommen. Die Praxis behandelt das Gemeinwohlproblem noch immer politisch: Es ist die Aufgabe gewählter Politiker, im politischen Aushandlungsgeschäft dafür zu sorgen, dass Aufgaben, die der Markt und soziale Selbsthilfegruppen nicht bewältigen können, vom Staat wahrgenommen werden. Das ist ein sehr pragmatisches Verfahren und deshalb hat jede Gesellschaft im Ergebnis ein anderes Konzept von "Gemeinwohl" entwickelt. Aber je weniger man dem Staat zutraut, dass er die ihm

---

106 Dahinter verbirgt sich häufig nichts anderes als unterschiedliche Konzepte von Gesellschaftspolitik, die unmittelbar mit unterschiedlichen Ethikvorstellungen verbunden sind. Weitere Schwierigkeiten ergeben sich aufgrund unterschiedlicher Wirklichkeits- und Gegenwartsdeutungen. Nicht nur die Interessenlage, sondern auch der spezifische professionelle Blickwinkel, der soziale Kontext und das Wissen um die Grenzen der eigenen instrumentellen Möglichkeiten führen zu unterschiedlicher Prioritätensetzung, Problemdefinition und Lösungsvorschlägen. Dieses behindert aber die gemeinsame Erstellung gemeinsamer Ziele mit dem Ergebnis einer konzertierten Aktion (Problem der subjektiven Gemeinwohlorientierung).

107 benannt nach Vilfredo Pareto (1848-1923), einem italienischen Soziologen und Wirtschaftstheoretiker, der sich mit Wohlfahrtstheorie befasste.

108 Persuasive Strategien greifen hier nur begrenzt. Natürlich kann man an die Vernunft und an die Notwendigkeit zur Reflexion appellieren, aber hierbei wird leicht übersehen, dass soziale Systeme *autonom*, aber nicht *frei* sind. Die Freiheit ist der Vernunft unterworfen und kann nicht ohne Verantwortung bestehen (vgl. Meyer-Abich, 1990, 107); die Autonomie ist dagegen etwas ganz anderes: Sie entspricht eher einer Freiheit von etwas, als einer Freiheit für etwas.

übertragenen Aufgaben auch wirklich lösen kann[109], umso mehr kommt auch die Diskussion auf: Muss eine moderne Gesellschaft sich nicht wieder auf Selbststeuerungskräfte besinnen? Darauf basieren neuere Staats-Konzepte, die z. B. vom "aktivierenden Staat" ausgehen (der Staat als Initiator von Selbsthilfemaßnahmen). Aber umso wichtiger werden dann auch ethische und moralische Normen, die solche Selbsthilfemaßnahmen kontrollieren oder gar steuern können.

2.5.4 Von der "mechanistischen" Verwaltung zur gestaltenden und planenden Verwaltung

Die kontrollierte Ausübung von staatlicher Herrschaft gegenüber dem Einzelnen ist ein wesentlicher Garant des freiheitlichen Rechtsstaats. Die entscheidende Legitimation demokratisch kontrollierter öffentlicher Bürokratien besteht darin, dass sie ihre Aufträge nicht aus sich selbst schöpfen, sondern allein nach Gesetz[110] und Auftrag handeln (vgl. Lenk 1991, 961). Diese Auftragsgebundenheit trifft in besonderem Maße auf die dem Umweltschutzrecht verpflichteten Akteure zu, weil dort die gesetzlichen Regelungen "in Erfüllung einer verfassungsrechtlichen Pflicht zum Schutz der natürlichen Grundlagen des Lebens, der Gesundheit und des Eigentums der Bürger erlassen werden" (Lübbe-Wolff 1992, 301).

Zunehmend setzt die Politik dabei aber nur generelle Vorgaben, die der Exekutive und der Verwaltung noch erheblichen Spielraum in der konkreten Bearbeitung belassen. Rechtsnormen[111] haben immer weniger den Charakter von - wie Luhmann es ausdrückt - "Konditionalprogrammen im Sinne von 'wenn A - dann B'", die die ausführende Verwaltung wie einen reagierenden Mechanismus binden (vgl. Luhmann 1971, 70). Nach dieser modellhaften Vorstellung ist die in Rechtsnormen formulierte Abfolge einer abstrakten Problembeschreibung und ihrer Lösung auf eine konkrete Situation zu transformieren. Das enthebt die ausführende Verwaltung zwar der Schwierigkeit, Lösungen zu suchen, sachlich oder moralisch zu begründen, durchzusetzen und zu verantworten, macht sie aber auch zum "willenlosen Instrument", das starr agiert (nämlich strikt regelgebunden) und auf die konkrete Situation mit ihren vielen Sonderbedingungen nicht eingehen kann[112] (vgl. Hiller 1994, 112). Dieses Modell hätte zudem zumindest folgende Bedingungen zu erfüllen:

1. *Die Regelungsdichte von Rechtsnormen muss die Bandbreite möglicher Problemkonstellationen abdecken.* Aber: Will das Recht die Dynamik der Entwicklungen fassen, muss es eine Flexibilität aufweisen, die seiner essenziellen Qualität, als stabile Größe Entscheidungssicherheit zu schaffen, abträglich ist[113] (vgl. Treutner 1994, 225).

2. *Normen müssen eine innere Widerspruchsfreiheit besitzen.* Denn: "Wer den Widerspruch so oder so auflöst, wird zum Richter" (Ellwein 1994, 46)[114].

3. *Der Grad der Änderungshäufigkeiten der Gesetze darf ihre Anwendung nicht erschweren* - mit der Gefahr der "Paralysierung staatlichen Handelns" (Bohne 1984, 372)[115].

Verwaltungen können nicht so mechanistisch arbeiten. Sie brauchen mit wachsender Komplexität der Gesellschaft und beschleunigtem Wandel zunehmend Freiräume des Handelns (vgl. Ellwein 1994, 113). Darüber hinaus ist Rechtsetzung ihrerseits einer Fülle von Zwängen und Einflüssen aus der Umsetzung ausgesetzt und wird somit "an der Realität geschliffen" (vgl. Ladeur 1994, 101 f.).

In der Praxis werden Gesetze und Verordnungen im Vollzug deswegen zunehmend flexibler gehandhabt.

---

109 s. die Diskussion um die Grenzen des Wohlfahrtsstaats (vgl. z. B. Ellwein u. Hesse 1994)

110 Artikel 20 (3) GG: "Die Gesetzgebung ist an die verfassungsmäßige Ordnung, die vollziehende Gewalt und die Rechtsprechung sind an Gesetz und Recht gebunden",

111 Hierunter fallen auch Verordnungen, Satzungen und Verwaltungsvorschriften, die der Gesetzeskonkretisierung dienen bzw. den Gesetzesvollzug regeln.

112 Zur Vermeidung ungewollter Folgen von Verwaltungsentscheidungen gibt es rechtlich verankerte Ermessensspielräume, die einer sachlichen Begründung bedürfen - insofern muss die Absolutheit dieser schematischen Darstellung insbesondere im Bereich der planenden Verwaltung relativiert werden.

113 Das zugehörige untergesetzliche Regelwerk ermöglicht zwar eine gewisse Flexibilisierung, aber keine substanzielle Änderung.

114 Selbst einzelne Fachgesetze - beispielsweise das Bundesnaturschutzgesetz - weisen innere Widersprüche auf. Im Verhältnis zu anderen Gesetzen kommt es mitunter zu eklatanten Brüchen.

115 Die normative Geschlossenheit des Rechts muss sich auch auf das Verhältnis der Rechtsetzung zum Instrumentarium seiner Umsetzung beziehen. In der Praxis würde die Verwaltung - wollte sie allen Regeln gerecht werden - zunehmend handlungsunfähig werden.

Hier wirkt das so genannte informale Verwaltungshandeln (vgl. Kap. 9.1).

Auch hier vertraut man auf ethische Normen: Dass die Grenzen des Rechtsstaats eingehalten werden. Aber das sind Ermessensentscheidungen, wobei diese insofern "riskant" sind, weil - wie bei Planern, die in besonderer Weise Macht haben, über andere zu entscheiden - Auswirkungen von Entscheidungen weit in die Zukunft reichen und von (latenter) Unsicherheit gekennzeichnet sein können (vgl. Mintzberg 1994; Wildavsky 1988). Entscheidungen können mit erheblichen Prognoserisiken behaftet sein. Zur Risikoabsicherung greifen auch Planer immer mehr auf Verhandlungssysteme zurück (Runde Tische, Erörterungsverfahren etc.). Aber damit öffnen sie auch machtvollen Interessen Einfluss. Um gesellschaftliche Verhandlungen nicht zu einem Kräftemessen von Interessengruppen verkommen zu lassen und "das Denken in Kollektivgütern wieder zu beleben", bedarf es rahmensetzender Regelungen, der Organisation und des Managements kooperativer Problemlösungsprozesse[116] (vgl. Fürst 1993, 108).

Da diese Prozesse sich nicht unbedingt durch ethische Normen zügeln lassen (oder einer eigenen Ethik folgen), bleibt dann nur als Ausweg die Einigung auf Verfahrensregeln, um die Subjektivität solcher Prozesse zu minimieren oder die Verfahren transparent zu machen: Das sind Regeln, die auf Beteiligung, auf Öffentlichkeit, auf Nachvollziehbarkeit, auf explizite Darstellungen der Wertungen u. ä. gerichtet sind. Aber auch die Regelsetzung hat ihre Logik: Regeln sind nur dann gut, wenn sich alle daran halten. Aber alle halten sich nur daran, wenn sie sie als "gerecht" empfinden. Deshalb gilt: "Nichts ist dauerhaft geregelt, wenn es nicht fair geregelt ist" (Scharpf 1992b, 77). Solche Verfahrensregeln kennzeichnen immer mehr den Umgang moderner Gesellschaft mit den Problemen des Werte-Pluralismus und der sinkenden Fähigkeit, so genannte Grundkonsense in den Werten zu erzeugen. Jürgen Habermas hat mit seiner Diskursethik, die vor allem im englischsprachigen Raum hohe Aufmerksamkeit gefunden hat, hierfür den Grundstein gelegt. Deren Basisregel, eine "kommunikationstheoretische Fassung des kategorischen Imperativs" (Sutor 1997, 34), lautet: "Jede gültige Norm muß der Bedingung genügen, daß die Folgen und Nebenwirkungen, die sich aus ihrer allgemeinen Befolgung für die Befriedigung des Interesses jedes einzelnen voraussichtlich ergeben, von allen Betroffenen zwanglos akzeptiert werden können." (Habermas 1992, 272)

Solche Verfahren gestatten das "making sense together while living differently" (vgl. Healy 1992). Gut gestaltetes Kooperationsmanagement (vgl. Kap. 9) weist die Vorteile informalen Verwaltungshandelns auf, vermeidet jedoch ihre Nachteile, weil es - im Gegensatz zu zweiseitigen Aushandlungsprozessen - im Idealfall alle konfliktrelevanten Akteure zugunsten eines mehrpoligen Interessenausgleichs in eine kooperationsorientierte Kommunikation einschließt[117].

Aber Kommunikation lebt von Ethik. Denn die Kommunikation ist nur bedingt durch formale Regeln zu steuern. Es kommt vor allem auf deren Inhalte an und wie diese vermittelt werden. Die hier notwendigen Filter, die alle Beteiligten beachten sollten, haben ethischen Charakter. Das gilt umso mehr für jene Teilnehmer, die die Macht haben, sich über solche ethischen Normen aus Eigennutz hinwegzusetzen. Aber gerade sie würden die Kommunikationsprozesse zerstören.

2.5.5 Planung als kommunikativer Vorgang im Antlitz der Macht

Ein inzwischen sehr einflussreich gewordenes Buch von John Forester (1989), einem amerikanischen Planer, der am M.I.T. (Boston/Mass.) lehrt, hat diese Problematik unter dem Titel "Planning in the Face of Power" in extenso behandelt. Die folgenden Ausführungen beziehen sich darauf. Sein wesentlicher Fokus ist Planung als Kommunikationsprozess[118].

Die Kriterien für "gute" oder "schlechte" Planung werden

---

116 Wenn Rechtsetzung zu einer verantwortungsbewussten Gesellschaftsentwicklung beitragen kann, dann am ehesten, wenn sie die Rahmenbedingungen für einen offenen gesellschaftlichen Diskurs schafft und staatlichem Handeln eine verstärkte öffentliche Kontrolle gegenüber stellt.

117 Eine individuelle Bürgerbeteiligung (vgl. Kap. 10.3) ist auf der Ebene der Bauleitplanung sinnvoll, auf Ebene der Landesraumordnungsplanung kaum durchführbar. Raumplaner müssen darauf bauen, dass "eine aggregierte Gesellschaft die pluralen Werte und Interessen angemessen abzubilden und einzubringen vermag. Dies notfalls selbst zu organisieren, ist ebenfalls Aufgabe der Planung" (Ritter 1998, 18).

118 1993 hat Forester versucht, seine Argumentation zu einer allgemeinen "kritischen Theorie der Planung" fortzuentwickeln; darauf wird hier jedoch nicht weiter Bezug genommen - die Grundlagen für diesen Theorieansatz finden sich schon bei Forester (1989, 137 ff.).

dabei weniger von der Sache als *vom Prozess* bestimmt. "Gut" und "schlecht" sind deshalb für Forester keine Kriterien, sondern wichtig ist für ihn, dass der Kommunikationsprozess (Forester 1989, 144)

- für alle Beteiligte verständlich
- in den Inhalten ehrlich und aufrichtig, also nicht durch Manipulationen verzerrt
- im Verfahren legitimiert und
- in den vermittelten Informationen akkurat, d. h. nachprüfbar ist.

"Rationale Planung" kann dann unter unterschiedlichen Kontextbedingungen sehr Unterschiedliches sein (Forester 1989, 7). Planer haben nach Forester eher "Hebammenfunktion", als dass sie "Künstler" sind, die ihr Idealkonzept durchsetzen. Planer "lösen Probleme weniger durch gezielte Ergebnisse ('calculation'), eher durch kreativen Umgang mit Problemen, indem sie Probleme im konkreten Fall neu formulieren, um Aktivitäten und Strategien möglich, sinnvoll und akzeptabel zu machen" (Forester 1989, 16). Planen ist "sich Durchwursteln" (Lindblom 1959), allerdings mit Perspektive: "Mixed Scanning" (Etzioni 1967, vgl. Kap. 2.1.4).

Die Rolle von Planern im politischen Prozessen war von jeher nicht spannungsfrei. Mit dem Paradigmenwandel haben Planer eine Reihe von zusätzlichen Funktionen zu erfüllen, die z. T. widersprüchliche Verhaltensanforderungen an sie stellen. Sie sind gleichzeitig:

1. sachorientierte Prozessoptimierer und Kompensatoren unterschiedlicher Akteursmacht
2. inhaltsneutrale Vermittler ('ehrliche Makler') und Vertreter von Fachbelangen
3. Aufmerksamkeitserzeuger und aktive Zuhörer
4. Politikberater und solche, die sich von der Politik beraten lassen müssen.

Daraus leiten sich Verhaltensnormen für Planer ab, die nicht kodifiziert sind und sich zu einem "Normenkörper" verdichten, der unter "Ethik der Planung" abgehandelt wird (Lendi 1995).

Planer als sachorientierte Prozessoptimierer und Machtmediatoren

Soweit möglich, müssen Planer als oberste Regel Prozesse so "fair" wie möglich gestalten und sich um Chancengleichheit im Verfahren bemühen. Dabei müssen Planer Sorge für einen sachorientierten Ablauf des Entscheidungsprozesses tragen, damit dieser die "beste" Lösung hervorbringen kann und nicht nur dominanten Interessen dient.

Dazu gehört, dass sie:

- einen umfassenden Überblick über Problemfeld und Konfliktschwerpunkte erarbeiten und die Gefahr von Blockadesituationen im Prozess mindern
- allen Betroffenen gleichen Zugang zu Information und Einfluss in Entscheidungsgremien verschaffen und den benachteiligten Belangen Unterstützung gewähren, z. B. beim Verständnis der Pläne und der zielorientierten Informationsverarbeitung sowie der Artikulation ihrer Belange
- die Information so offen, so unparteiisch, so aufrichtig und so umfangreich bereitstellen, wie es von der Sache her geboten ist.

Aber kein politisch relevanter Prozess ist frei von Macht und Interessen. Auch Planer haben damit zu tun und müssen diesen Tatbestand in die "fairen" Regeln aufnehmen. Planer können versuchen, Macht zu kompensieren, indem sie sich auf die Seite der Schwächeren stellen. Aber damit verlassen sie die zweite wichtige Grundregel: Planer müssen interessenneutral agieren. Das gilt primär für die räumliche Planung, die alle räumlichen Belange integrativ und gleichberechtigt abwägen muss. Gerade Raumplaner, die die unterschiedlichen Raumnutzungsansprüche auf knappem Raum zum Ausgleich bringen müssen, dürfen nicht in den Ruf der Einseitigkeit geraten. Sie haben damit möglicherweise kurzfristig Erfolg, aber sie verlieren mittelfristig an Glaubwürdigkeit, provozieren Widerstände bei zukünftiger Planung und verschlechtern damit ihre Position. Das heißt, Planer dürfen grundsätzlich auch keine "Robin-Hood-Rolle" einnehmen.

Wie löst man das Problem? Planer können Anwaltsfunktion übernehmen. Dies ist zwar auch nicht unproblematisch, denn je mehr der Planer Anwaltsfunktion übernimmt, umso mehr verliert er die Glaubwürdigkeit eines "ehrlichen Maklers" verschiedener Belange. Faktisch ist es aber eine Vermittlerfunktion, indem Planer sich darum bemühen, die unterschiedlichen Belange in faire Diskurse einzubinden und zu konstruktiver Arbeit an gemeinsamen Problemlösungen zu motivieren (und diese zu moderieren).

Ein entsprechendes Politikmodell ist von dem amerikanischen Politikwissenschaftler Paul A. Sabatier in die Diskussion eingeführt worden. Das Sabatier'sche Modell geht von konkurrierenden Kerngruppen aus, die jeweils über gemeinsame Grundüberzeugungen ("Core Beliefs") zu einem politischen Netzwerk zusammengeschlossen sind und sich in ihren Core Beliefs wechselseitig verstärken. Sie versuchen, andere Akteure für ihre Überzeugungen zu gewinnen, wobei ihnen dieses umso besser gelingt, je mehr sie von "Vermittlern" unterstützt werden (z. B. Parteien) und je mehr die Rahmenbedingungen des Handelns ihre Linie begünstigen. Dabei sind Lernprozesse aber begrenzt. Denn keine Gruppe lässt sich von ihren Grundüberzeugungen abbringen, weil dieses die Gruppen-Kohärenz gefährden könnte. Vielmehr können sich die Lernprozesse nur auf sekundäre Aspekte beziehen. Grundüberzeugungen verändern sich nur, wenn entsprechender Zwang zum Umdenken/Lernen von außen kommt (Sabatier 1993)[119].

Planer im Widerstreit des "ehrlichen Maklers" und des Fach-Experten

Dürfen Planer Vorlieben für bestimmte Planinhalte durchsetzen?

Das führt in die bekannte Dilemma-Situation der Planer. Sie sind eben nicht nur neutrale Moderatoren, sondern auch engagierte "Professionals". Als solche vertreten sie bestimmte inhaltliche Vorstellungen und "Planungs-Standards", die sie einhalten möchten. Das gilt umso mehr, als die Planung auch gestalterische Inhalte verfolgt - typischerweise ist das in der Bauleitplanung stärker der Fall als in der Regionalplanung. Aber auch in der Regionalplanung nehmen gestalterische Anteile zu (z. B. Landschaftsgestaltung, Einbindung von Großprojekten in den Raum, Konzepte der "nachhaltigen Regionalentwicklung"). Es wird zudem erwartet, dass ein Planer seinen Plan verteidigt - er verliert an Glaubwürdigkeit, wenn es ihm gleichgültig ist, was aus seinem Entwurf wird, Hauptsache, es gibt einen verbindlichen Plan!

Die Rolle der Planer wird vor allem dort sehr kompliziert, wo sie nicht nur - wie in der Landschaftsplanung - als Fachplaner auftreten können, sondern als "Querschnittplaner" agieren, wie in der Raumplanung: Hier spielt das "Abwägen" eine zentrale Rolle. Raumplaner müssen ständig zwischen konfligierenden Belangen abwägen, wobei der Ermessensspielraum relativ groß ist. Es gibt zwar einige formale Regeln, die das Bundesverfassungsgericht aufgestellt hat (s. Kap. 4.5.2). Aber sie bestimmen nicht die inhaltlichen Entscheidungen. Diese wiederum werden von den Planern auf der Basis politischer Kräfte, fachlicher Urteile und ethischer Normen getroffen - unterschiedliche Planer können dabei in derselben Situation durchaus zu abweichenden Meinungen kommen.

Im Abwägen, aber auch im "Makeln zwischen unterschiedlichen Belangen" müssen Planer Fallstricke und Stolpersteine meiden, die sich aus ihrer schwierigen Doppelrolle als (inhaltsfreie) Moderatoren auf der Verfahrensebene und als fachlich versierte "Professionals" auf der Inhaltsebene ergeben:

- Einerseits dienen sie dem Prozess im Bestreben, ihn zu einem guten und akzeptierten Ergebnis zu bringen, als neutrale (besser: allparteiliche) Vermittler, Organisatoren und "Prozessmanager" und müssen letztlich akzeptieren, wenn sich andere Belange durchsetzen. Sie dürfen weder einseitig Partei ergreifen noch ideologisch borniert, d. h. verschlossen für die Dynamik der Planungsprozesse, operieren.

- Andererseits transportieren sie als "Experten" mit eigenen, fachspezifischen Vorstellungen Inhalte, von denen sie der Ansicht sind, dass sie aus kollektiver Sicht "richtig" sind.

- Patentlösungen gibt es hier nicht. Jedoch hat sich gezeigt, dass Planer beides durchaus vereinen können. Die vielfach geforderte Neutralität der Moderatoren bezieht sich bekanntlich nur auf die Interessenneutralität, nicht auf die fachliche Neutralität. Im Gegenteil wird Letztere immer mehr gefordert, weil Planer auch so etwas wie regionale Führerschaft wahrnehmen müssen. Planer, die ohne inhaltliche Vorstellungen moderieren, sind erfolglos.

Planer als aktive Zuhörer

Aktives Zuhören ist mehr, als nur interessiert "ein Ohr leihen". Aktives Zuhören ist eine deutende Arbeit: Man muss verstehen, was der andere meint, auch wenn er sich möglicherweise nicht gut ausdrückt.

Das ist das eigentliche Problem: Planer haben es mit Laien zu tun. Deren Sprache ist die "Normalsprache", die dadurch gekennzeichnet ist, dass die verwendeten Begriffe nicht so gut definiert und standardisiert sind wie in der Fachsprache. Hinzu kommt, dass Kommunikation im politischen Kontext etwas anderes ist als Kommunikation zwischen Privaten. Denn bekanntlich gilt:

- dass politisch nur kommunizieren kann, wer sich organisieren und artikulieren kann

---

119 Eine sehr gute Darstellung davon findet sich bei Görlitz (1995, 60 ff.).

- dass Inhalts-Kommunikation eng mit Selbstdarstellungs-Riten, symbolischer Politik, Austragung von Konflikten, die gar nicht Gegenstand der Planung sind, etc. verbunden wird, weil politische Akteure immer auch Medienöffentlichkeit suchen müssen
- dass Deutungsprozesse die Wahrnehmung beeinflussen: z. B. selektive Informationsaufnahme und -wertung (was einem passt, nimmt man wahr, anderes filtert man heraus) und Routinisierung der Wahrnehmung und Deutung[120] (Forester 1989, 149 f.)
- dass Kommunikation in Abhängigkeit von der Adressatenorientierung und -einbindung zu einer "Insider-Kommunikation" werden kann: Man versteht sich durch Andeutungen, aber die Dritten verstehen die Dialoge nicht oder falsch (Forester 1989, 155).

Planer müssen versuchen, solche Verzerrungen der Kommunikation zu erkennen (was außerordentlich schwierig ist) und ihnen mit ihren Möglichkeiten entgegenarbeiten[121].

Gute Planer sind deshalb aktive Zuhörer, d. h. sie wissen Fragen zu stellen und Information in einen Bezug zu stellen, sie zu reflektieren, Unklarheiten auszuräumen etc. (Forester 1989, 107 ff.). Sie sind aufmerksam gegenüber Informations-Verzerrungen, die aus Missverständnissen und Fehldeutungen, aber auch aus verkürzenden Aggregationen, prioritätenabhängigen Wertungen und restriktivem Informationsmanagement (z. B. in Abhängigkeit von institutionellen Selektionen mit Bevorzugung der eigenen Klientel) im politischen Prozess entstehen können.

Planer als Politiker?

Politische Entscheidungen sind häufig in einem hohen Maß intuitiv oder geraten in eine erhebliche Abhängigkeit von Expertenwissen. Eine Folge davon ist, dass politische Gremien in zunehmendem Maß Detailentscheidungen Fachleuten überlassen (vgl. Fürst 1988, 50).

Planer können von Politikern in die engeren Zirkel der Vorentscheider einbezogen werden, weil sie über den notwendigen Fachverstand verfügen. Aber wenn sie Politiker beraten, können sie interessenbezogen agieren: Sie identifizieren sich mit den Interessen des Beratenen, aber werden bemüht sein, Beratung an ihren Planungsprioritäten auszurichten.

Früher hielt man ein solches Engagement der Planer ethisch (und teilweise auch rechtlich) für unzulässig:

- Planer hätten nach politischen Zielvorgaben zu arbeiten und diese nicht zu beeinflussen.
- Zwischen Werten und Analysieren sei strikt zu trennen in Analogie zu dem für Wissenschaftler geltenden und von Max Weber eingebrachten Gebot der "Wertfreiheit" (vgl. Kap. 2.6).
- Planern fehle die politische Legitimation, sodass sie nicht selbst Politik betreiben dürften.

Heute sieht man die Zusammenhänge differenzierter. Planung ist ein wertender Beruf; Planer müssen qua Amt ständig Werturteile treffen[122]. Mit einem Planentwurf treffen Planer zudem politische Vorentscheidungen. Das Werte-Problem lässt sich inhaltlich außerordentlich schwer ausräumen. Planer von Wertungen allein der Politiker abhängig zu sehen, ist unrealistisch - es gibt professionelle Leitbilder, Werthaltungen, Relevanzvorstellungen, die bewusst oder unbewusst immer einfließen.

Die Lösung dieses Dilemmas ist wiederum nur möglich, wenn Planer einen "ethischen Kodex" besitzen, der ihr Handeln leitet. Sie müssen die Gratwanderung zwischen der (notwendigen) fachlichen und der (zu unterlassenden) interessenbezogenen Wertung hinbekommen; sie müssen erkennen, wann Politiker sehr einseitige Interessen verfolgen und wann sie Kollektivbelange angehen. Sie müssen Vorstellungen entwickeln, wie weit sie sich im politischen Aushandeln zwischen den Interessengruppen engagieren oder versuchen, als neutrale Makler einen "fairen" Ausgleich zu schaffen.

2.5.6 Verfahrensregeln und Ethik

Ethische Fragen lassen sich allerdings schwer in Kodizes fassen. Das gilt umso mehr, wenn es sich um Handlungsfelder handelt, die so zahlreiche unterschiedliche Situationen umfassen, dass es unmöglich ist, diese zu standardisierten Regeln zusammenzufassen.

Deshalb neigt man dazu, Ethikfragen durch Verfahrensfragen zu ersetzen - das "faire Verfahren" anzuvisieren.

---

120 D. h. man "hinterfragt" bestimmte Informationen nicht, mit denen man glaubt, vollkommen vertraut zu sein.

121 Ein Überblick über Machteinflüsse auf Informationsprozesse, Formen der Informationsverzerrung und Möglichkeiten, diesen zu begegnen, findet sich bei Forester (1989, 38, 150 f.).

122 die Situation als veränderungsbedürftig einschätzen, das Gewollte vom Nicht-Gewollten trennen, Verbesserungen für gegebene Situationen vorschlagen und diese bewerten u. ä.

Aber Verfahrensregeln allein reichen nicht aus, denn sie garantieren nicht, dass dabei auch die kollektiven Belange (die also keine Individualinteressen berühren) ausreichend berücksichtigt werden. In Verfahren agieren vor allem diejenigen, die Interessen haben - das sind aber andere Interessen als solche, die sich auf Kollektivbelange beziehen (wovon alle etwas haben, aber keiner sich dadurch private Vorteile zuschanzen kann). Dies gilt umso mehr, als der herrschaftsfreie Diskurs eine modellhafte Idealvorstellung ist und in der Realität immer von strategisch taktischen Elementen durchsetzt sein wird. Er ist immer ein "erfolgsorientiertes Ringen sozial strukturierter Mächte um Mehrheiten und um Durchsetzung" (Sutor 1997, 35).

Das Dilemma von Eigennutz und Kollektivnutzen hat heute alle wissenschaftlichen Disziplinen erfasst: Genauso, wie man bei Naturwissenschaftlern zunehmend die Frage stellt, welche Verantwortung die Wissenschaft für ihre Ergebnisse übernehmen muss, so muss auch der Planer nach seiner Verantwortung fragen und darf sie nicht einem "Prozess der Verantwortungsdiffusion" in kooperativen Verfahren übergeben. Der Philosoph Jonas hat nicht zu Unrecht die Verantwortung zur Kernfrage ethischen Handelns für die "technologische Zivilisation" gemacht (Jonas 1979) und damit an die alte "Verantwortungsethik" (im Unterschied zur "Gesinnungsethik", s. Kap. 2.5.1) angeknüpft[123].

Aber die Forderung nach Verantwortungsethik lässt den Einzelnen allein bei der Prüfung dessen, was man nicht mehr verantworten kann, also wenn es um inhaltliche Fragen geht.

Deshalb hat sich in den letzten Jahren - vor allem in den USA - auch in den Planungswissenschaften eine "Ethik-Diskussion" entwickelt, die sich darum bemüht, *die Selbststeuerung* der Planer zu verbessern, und zwar auf Basis ethischer Normen (vgl. Howe 1990; Lendi 1995). Solche Normen können in der Ausbildung vermittelt werden - aber, wie gesagt, ist es außerordentlich schwierig, operationalisierte "Verhaltens-Standards" zu definieren.

Gleichwohl wächst der Bedarf an "Ethik". Denn moderne Gesellschaften müssen sich - weil die Rechtsregeln immer weniger greifen - immer mehr auf die so genannte intrinsische Steuerung, also die Steuerung durch eigene Motivation und eigene Regeln, verlassen: Der Prozess der Zivilisation ist ein solcher, der immer mehr in Richtung intrinsischer Steuerung verläuft (Elias 1976). Die Ethikdiskussion hat deshalb versucht, auch auf Inhalte einzugehen, indem sie einige Dimensionen der Verantwortung festzulegen versuchte, z. B. (Lendi 1995, 232):

- die intergenerationelle Verantwortung für zukünftige Generationen[124]
- die Verantwortung für die Natur
- die Sozialethik (Verantwortung für soziale Gemeinschaften)
- die Präventionsverantwortung (Vorsorgepflichten).

Aber auch solche Ansätze bleiben noch zu allgemein und letztlich zu wenig operationalisiert (handlungsleitend).

Werte sind außerordentlich schwierig generell zu definieren, weil es immer der Abwägung im konkreten Einzelfall bedarf: Absolute Werte, die nicht mehr abwägungsfähig sind, würden die Planer in ihrem Handeln blockieren. Es kommt für Planer immer auf die Situationen an, in denen sie Konsense erreichen und Kompromisse (im Rahmen ihrer ethischen Normen) aushandeln müssen. Deshalb wird immer wieder der Rückgriff auf Verfahrensregeln gesucht, diese sind allerdings selten so "griffig", um darüber auch inhaltliche Steuerung zu leisten.

Zudem ist die Ethik-Diskussion ihrerseits nicht frei von einem Grund-Dilemma: Ethische Normen sind letztlich nur wirksam, wenn sie zu Konventionen führen, die in der Planung zu berücksichtigen sind. Konventionen sind vereinbarte Regeln (die nicht gerichtlich durchsetzbar sind), die auf Mehrheits-Konsens der Fachwelt basieren. Konventionen werden folglich genutzt, um Verhaltens-

---

123 Max Weber hat in seinem berühmten Vortrag "Politik als Beruf" (1919, München) eine scharfe Abgrenzung zwischen Verantwortungs- und Gesinnungsethikern vorgenommen: Den Gesinnungsethiker kennzeichnet vor allem der Grundsatz: "Wenn die Folgen einer aus reiner Gesinnung fließenden Handlung üble sind, so gilt ihm nicht der Handelnde sondern die Welt dafür verantwortlich, die Dummheit der anderen Menschen oder - der Wille Gottes, der sie so schuf" (75). Der Verantwortungsethiker dagegen "rechnet mit eben jenen durchschnittlichen Defekten der Menschen - er hat [...] gar kein Recht, ihre Güte und Vollkommenheit vorauszusetzen. Er wird sagen: diese Folgen sind meinem Tun zuzurechnen" (75).

124 Der Versuch, die Pflicht zur intergenerationellen Gerechtigkeit ethisch zu begründen, ist außerordentlich schwierig. Einen berühmt gewordenen Versuch stellt die kontraktualistische Konzeption von J. Rawls dar (zur Einführung in Rawls' Theorien vgl. Kersting 1993).

weisen, Verfahrensweisen, aber auch Werthaltungen zu standardisieren. Allerdings ist jetzt schon erkennbar, dass fallgebundene Regeln die Tendenz haben werden, über Präzedenzwirkung zu stärker generalisierten Regelungen zu werden - und damit das Dilemma nicht wirklich lösen. Denn je mehr man solche "Vereinheitlichung" betreibt, umso mehr reduziert man die Freiheiten der Planer, also die Individualität der jeweiligen Planungsprozesse.

In der Praxis hofft man, diesem Dilemma durch "Ethik-Kommissionen" zu entgehen. Sie könnten Appellations-Organe im Konfliktfall sein und müssten dann *fallgebunden* entscheiden. Folglich erleben wir in fast allen Wissenschaften den Aufbau von "Ethik-Kommissionen", die sich um die ethischen Grundlagen des wissenschaftlichen Arbeitens in der "technologischen Zivilisation" kümmern.

Literatur

ALBERT, H.; TOPITSCH, E. (Hrsg.), 1971: Werturteilsstreit, Darmstadt.

ANDERS, G., 1992: Die Antiquiertheit des Menschen - Über die Seele des Menschen im Zeitalter der zweiten industriellen Revolution (Bd. 1), 7. Aufl., München.

BOHNE, E., 1984: Informales Verwaltungs- und Regierungshandeln als Instrument des Umweltschutzes - Alternativen zu Rechtsnorm, Vertrag, Verwaltungsakt und anderen rechtlich geregelten Handlungsformen? Verwaltungs-Archiv 75: 343-373.

DIERSSEN, K., 1987: Bewahrender und gestaltender Naturschutz - Reflexionen über Gefahren, Grenzen und Möglichkeiten.- In: Landesnaturschutzverband Schleswig-Holstein - Grüne Mappe 1987, 20-24, Kiel.

ELIAS, N., 1976: Über den Prozeß der Zivilisation, Frankfurt.

ELLWEIN, T., 1994: Das Dilemma der Verwaltung - Verwaltungsstruktur und Verwaltungsreformen in Deutschland, Mannheim.

ELLWEIN, T.; HESSE, J., 1994: Der überforderte Staat, Baden-Baden.

ETZIONI, A., 1967: Mixed Scanning: A "Third" Approach to Decision-Making. Public Administration Review 1967: 385-392.

FORESTER, J., 1989: Planning in the Face of Power, Berkeley.

FORESTER, J., 1993: Critical Theory, Public Policy and Planning Practice: Toward a Critical Pragmatism, New York.

FÜRST, D., 1988: Aktivitätsfolgenabschätzung - zu ihren Auswirkungen auf Planungssysteme. Die öffentliche Verwaltung 49: 49-56.

FÜRST, D., 1993: Planung heute - If Planning is Anything, Maybe It Can be Identified.- Neues Archiv für Niedersachsen (2): 107-113.

GÖRLITZ, A., 1995: Politische Steuerung. Ein Studienbuch, Opladen.

HABERMAS, J., 1992: Moralbewußtsein und kommunikatives Handeln, Frankfurt am Main.

HAMPICKE, U., 1993: Naturschutz und Ethik - Rückblick auf eine 20jährige Diskussion, 1973-1993, und politische Folgerungen. Zeitschrift für Ökologie und Naturschutz 2: 73-86.

HAMPICKE, U., 1999: Zur Ethik in der Umwelt- und Landschaftsplanung. Die Naturschutzpraxis als Beispiel für einen ethisch fragwürdigen Umgang der Menschen untereinander. In: Weiland, U. (Hrsg.): Perspektiven der Raum- und Umweltplanung (Festschrift für K.H. Hübler), Berlin, 63-80.

HEALY, P., 1992: Planning Through Debate - the Communicative Turn in Planning Theory. Town Planning Review 63 (2): 143-161.

HILLER, P., 1994: Risiko und Verwaltung. In: Damman, K.; Grunow, D.; Japp, K.P. (Hrsg.): Die Verwaltung des politischen Systems - Neuere systemtheoretische Zugriffe auf ein altes Thema, Opladen, 108-125.

HOWE, E., 1990: Normative Ethics in Planning, Journal of Planning Literature 5: 123-150.

IRRGANG, B., 1991: Naturrechtliche Begründung der Umweltethik? Aus Politik und Zeitgeschichte B 33, 39-46.

JONAS, H., 1979: Das Prinzip Verantwortung. Versuch einer Ethik für die technologische Zivilisation, Frankfurt am Main.

KUNZMANN, P.; BURKHARD, F.-P.; WIEDEMANN, F., 1993: dtv-Atlas zur Philosophie, 3. Auflage, München.

LADEUR, K.-H., 1994: Recht und Verwaltung - Rechtliche "Steuerung" und "Selbstprogrammierung" in "Beurteilungs-" und "Ermessensspielräumen". In: Damman, K.; Grunow, D.; Japp, K. P. (Hrsg.): Die Verwaltung des politischen Systems - Neuere systemtheoretische Zugriffe auf ein altes Thema, Opladen, 99-107.

LENDI, M., 1995: Ethik der Raumplanung. In: Akademie für Raumforschung und Landesplanung (Hrsg.): Handwörterbuch der Raumplanung, Hannover, 232-237.

LENK, K., 1991: Methodenfragen der politischen Theorie. In: Lieber, H.J. (Hrsg.): Politische Theorien von der Antike bis zur Gegenwart.- Bundeszentrale für politische Bildung, Bonn, 991-1017.

LINDBLOM, C., 1959: The Science of Muddling Through, Public Administration Review 19: 79-88.

LÜBBE-WOLFF, G., 1992: Das Kooperationsprinzip im Umweltrecht - Rechtsgrundsatz oder Deckmantel des Vollzugsdefizits? In: Benz, A.; Seibel, W. (Hrsg.): Zwischen Kooperation und Korruption, Baden-Baden, 209-232.

LUHMANN, N., 1971: Politische Planung. In: Luhmann, N. (Hrsg.): Politische Planung - Aufsätze zur Soziologie von Politik und Verwaltung, Opladen, 66-90.

MAYNTZ, R., 1973: Thesen zur Steuerungsfunktion von Zielstrukturen. In: Mayntz, R. Scharpf, F.W. (Hrsg.): Planungsorganisation, München, 91-97.

MAYNTZ, R., 1980a: Die Implementation politischer Programme. Theoretische Überlegungen zu einem neuen Forschungsgebiet. In: Mayntz, R. (Hrsg.): Implementation politischer Programme, Königstein/Ts., 236-249.

MAYNTZ, R., 1980b: in: Auswertung des Entbürokratisierungs-Hearings, Bonn.

MINTZBERG, H., 1994: The Rise and Fall of Strategic Planning, New York.

KERSTING, W., 1993: Rawls zur Einführung, Hamburg.

RITTER, E.-H., 1998: Stellenwert der Planung in Staat und Gesellschaft. In: Akademie für Raumforschung und Landesplanung (Hrsg.): Handwörterbuch der Raumordnung, Hannover, 6-17.

SABATIER, P.S., 1993: Advocacy-Koalitionen, Policy-Wandel und Policy-Lernen: Eine Alternative zur Phasenheuristik. In: Héritier, A. (Hrsg.): Policy-Analyse. Kritik und Neuorientierung, Opladen, 116-148 (PVS-Sonderheft 24).

SCHARPF, F.W., 1973: Fallstudien zu Entscheidungsprozessen in der Bundesregierung. In: Mayntz, R. Scharpf, F.W. (Hrsg.): Planungsorganisation, München, 68-90.

SCHARPF, F.W., 1992a: Zur Theorie von Verhandlungssystemen. In: Benz, A.; Scharpf, F.W.; Zintl, R. (Hrsg.): Horizontale Politikverflechtung: Zur Theorie von Verhandlungssystemen. Max-Planck-Institut für Gesellschaftsforschung, Köln, 11-26.

SCHARPF, F.W. 1992b: Koordination durch Verhandlungssysteme: Analytische Konzepte und institutionelle Lösungen. In: Benz, A.; Scharpf, F.W.; Zintl, R. (Hrsg.): Horizontale Politikverflechtung: Zur Theorie von Verhandlungssystemen. Max-Planck-Institut für Gesellschaftsforschung, Köln, 51-92.

SCHARPF, F.W. 1994: Politiknetzwerke als Steuerungssubjekte. In: Derlien, H.U.; Gerhardt, U.; Scharpf, F.W. (Hrsg.): Systemrationalität und Partialinteresse - Festschrift für Renate Mayntz, Baden-Baden, 381-407.

SCHEFER, A.G., 1995: Abwägung der Belange. In: Akademie für Raumforschung und Landesplanung (Hrsg.): Handwörterbuch der Raumordnung, Hannover, 14-16.

SCHMIDT, H., 1991: Philosophisches Wörterbuch.- Neu bearbeitet von Schischkoff, G., 22. Aufl., Stuttgart.

SCHOLLES, F., 1990: Umweltqualitätsziele und -standards - Begriffsdefinitionen. UVP-report 4 (3): 35-37.

SUTOR, B., 1997: Kleine politische Ethik.- Bundeszentrale für politische Bildung, Bonn.

TREUTNER, E., 1992: Ausprägungen und Grenzen informalen Verwaltungshandelns. In: Benz, A.; Seibel, W. (Hrsg.): Zwischen Kooperation und Korruption - Abweichendes Verhalten in der Verwaltung, Baden-Baden, 65-87.

TREUTNER, E., 1994: Verwaltung und Publikum. In: Damman, K.; Grunow, D.; Japp, K.P. (Hrsg.): Die Verwaltung des politischen Systems - Neuere systemtheoretische Zugriffe auf ein altes Thema, Opladen, 53-64.

WALDSTEIN, W., 1991: Zur Frage des Naturrechts im Grundgesetz und in der Europäischen Menschenrechtskonvention. Aus Politik und Zeitgeschichte 33: 31-37.

WEHOVSKY, S.,1990: Die unvernünftige Gesellschaft. In: Wissen: Chaos und Kreativität. GEO 2/1990; 152-161.

WIELAND, J., 1994: Die Wirtschaft der Verwaltung und die Verwaltung der Wirtschaft. In: Damman, K.; Grunow, D.; Japp, K.P. (Hrsg.): Die Verwaltung des politischen Systems - Neuere systemtheoretische Zugriffe auf ein altes Thema, Opladen, 65-78.

WILDAVSKY, A., 1988: Searching for Savety, New Brunswick.

WILLKE, H., 1994: Staat und Gesellschaft. In: Damman, K.; Grunow, D.; Japp, K. P. (Hrsg.): Die Verwaltung des politischen Systems - Neuere systemtheoretische Zugriffe auf ein altes Thema, Opladen, 13-26.

2.6 Wissenschafts- und kommunikationstheoretische Grundlagen der Planung

Dietrich Fürst, Frank Scholles

2.6.1 Grundbegriffe der Wissenschafts- und der Erkenntnistheorie

Warum Wissenschaftstheorie?

Bevor die einzelnen Schritte und Methoden der Planung behandelt werden, sollen wichtige Begriffe und Richtungen erörtert werden. Schließlich sind Raumplanung sowie Landschafts- und Freiraumplanung wissenschaftliche Disziplinen und deshalb können andere Partner erwarten, dass Planer wissenschaftliches Arbeiten beherrschen. Die Vermittlung der Grundbegriffe ist auch wichtig, weil ein Verständnis für die Grundprobleme der Planungstheorie (s. Kap. 2.1) ohne Verständnis für einige Grundprobleme des Wissenschaftsbetriebs selbst nicht möglich ist.

Gegenstand

Wissenschaftstheorie ist die Theorie von der Entwicklung und Funktion der Wissenschaft in der Gesellschaft und von den Steuerungssystemen in der Wissensproduktion.

Erkenntnistheorie befasst sich mit der Gewinnung wissenschaftlicher Aussagen. Dazu gehören:

- Logik (logische Wahrheit, logisches Schließen und Ableiten, Generalisierung von Aussagen)
- Wahrheitsfindung (Beweisführung, Wertfreiheit, Prüfung von Hypothesen und Theoriebildung)
- Kommunikationstheorie, Sprachanalyse und Aussagelogik, d. h. Untersuchungen über Zeichen und Operationsregeln für Begriffsverhältnisse (Definitionen, Syntax, Semantik, Pragmatik)
- Methoden der Erkenntnisgewinnung

Erkenntnistheoretische Richtungen

Man unterscheidet verschiedene erkenntnistheoretische Richtungen:

Kritisch Rationale (z. B. Popper, Albert) verkörpern eine

Richtung, die wissenschaftliche Wahrheit an der beobachteten Empirie misst. Sie gehen dabei davon aus, dass alle wissenschaftliche Erkenntnis vorläufig ist, weil sie von "besseren" Erkenntnissen verdrängt werden wird. Der Mensch ist nicht in der Lage, die Realität eindeutig zu bestimmen, weil er die ganze Realität in ihrer Komplexität nie erfassen kann. Vernunftgemäßes Handeln ist demnach Handeln nach der besten verfügbaren Theorie, die wiederum nur eine Annäherung an die Wahrheit ist und als solche durch kritische Diskussion widerlegt werden kann.

Karl Popper, vor dem Zweiten Weltkrieg aus Wien nach England ausgewandert und dort zu Sir Charles Popper geadelt, hat die Richtung der kritisch Rationalen begründet. Eines seiner Hauptwerke, "Die offene Gesellschaft und ihre Feinde", befasste sich zu Kriegsende mit der Frage, ob sich Gesellschaften über "holistische" (ganzheitliche) Planungssysteme selbst steuern könnten (Popper 1945, 139 ff.). Er fasste sein Lebenswerk unter dem Titel "Alles Leben ist Problemlösen" (Popper 1996) zusammen.

Kritische Theoretiker (z. B. Horkheimer, Adorno, Marcuse, Habermas) sind eine schillernd weite intellektuelle Bewegung, die sich seit den 20er Jahren gebildet hat und nach dem 2. Weltkrieg insbesondere an der Universität Frankfurt ihr Zentrum hatte ("Frankfurter Schule").

Sie stellen die Wertfreiheit der Wissenschaft grundsätzlich infrage. Jede Wissensproduktion ist demnach wertend-selektiv und wertend-deutend, ohne sich über die zugrunde liegenden Werte im Klaren zu sein. Werte sind gesellschaftlich bedingt (Habermas 1973). Kritische Theoretiker hinterfragen diese Bedingtheit und das "Erkenntnisinteresse" fortwährend. Sie kritisieren die Ausrichtung der Vernunft auf die instrumentelle Beherrschung der Natur durch den Menschen. Gegen solche mechanistischen Weltbilder setzen sie die Hoffnung auf die Emanzipierung freier und gleicher Individuen und die Überwindung von individuellem menschlichen Leid und Ausbeutung. Dabei akzeptieren sie als einzige Instanz für sich die Aufhebung des gesellschaftlichen Unrechts.

Zwischen den beiden Richtungen liegen Welten, etwa so wie in der Politik zwischen "rechts" und "links".x

2.6.2 Theoriebildung

Definition Theorie

"Theorie ist eine Menge logisch miteinander verbundener widerspruchsfreier Hypothesen." (Friedrichs 1973, 62)

Zu trennen ist folglich zwischen Theorie und Hypothese. Während die Hypothese eine falsifizierbare (widerlegbare) Aussage über empirische Zusammenhänge ist, führt die Theorie mehrere Hypothesen auf höherer Stufe der Komplexität zusammen, sodass testbare Aussagen abgeleitet werden können. Hypothese verhält sich zu Theorie wie Satz zu Text.

Für Theorien gelten folgende Anforderungen:

- Theorien müssen Aussagen über die Realität machen.
- Theorien müssen Gesetzmäßigkeiten zum Ausdruck bringen.
- Theorien müssen logisch widerspruchsfreie Aussagen enthalten.
- Aus den Aussagen müssen sich Folgerungen ableiten lassen, die getestet werden können.

Zur Verifizierung von Theorien

Die Frage, wann eine Theorie "wahr" ist, bezieht sich nicht darauf, wie man zu Einsichten kommt, sondern darauf, wie Einsichten von Experten als "richtig" anerkannt werden. Es interessiert nicht, ob man sie aus eigenen Erkenntnissen speist, ob man sie aus Berichten Betroffener nimmt oder ob man sie im Traum erfährt (wie Niels Bohr das Atom-Modell). Hier geht es um den Test der Hypothesen.

Wissenschaft und damit die Produktion von Wissen ist auf "Wahrheit" ausgerichtet. Es gibt in der Wissenschaft (und erst recht in der Planung) jedoch nicht die absolute Wahrheit. Was als wahr gelten soll, basiert auf einem Regelsystem, so genannten Konventionen, derer, die Wissen produzieren. Selbst in der exakten Wissenschaft beruhen alle Beweise auf Konventionen (Axiomen): Ohne das mathematische Axiom, dass $1 + 1 = 2$ ergibt, wäre die Aussage $1 + 2 = 3$ nicht auf ihre Wahrheit hin überprüfbar. Jede Wissenschaft beruht auf solchen Konventionen.

In den Naturwissenschaften ging man lange Zeit davon aus, dass "absolute Wahrheiten" durch empirisch abprüfbare, also in der Welt vorzufindende Aussagen gefunden werden könnten. Wahr war demnach, was durch Messen, Wiegen, Zählen ermittelt und durch Tests überprüft werden kann. Dies wird sowohl von kritisch Rationalen als auch von kritischen Theoretikern abgelehnt.

Die kritisch Rationalen verweisen darauf, dass Empirie nie als sicherer Beweis dienen kann. Denn die Aussage: "Alle Schwäne sind weiß" kann nur dann richtig sein, wenn alle auf der Welt aufgetretenen Schwäne bekannt und auf Übereinstimmung mit der Theorie geprüft worden sind - ein unmögliches Unterfangen. Deshalb kann eine Theorie nach Popper nicht empirisch bewiesen werden. Sie kann allerdings sehr wohl empirisch widerlegt werden, indem z. B. der erste schwarze Schwan beobachtet und beschrieben wird. Bis zum Beweis des Gegenteils können Theorien als "bislang beste Annäherung an die Wahrheit" angesehen werden. Falsifikationstests sind daher das wichtigste Instrument der kritisch rationalen Richtung.

Die Argumentation der kritischen Theoretiker verläuft anders: Empirische Befunden beziehen sich hier auf gesellschaftlich produzierte Wirklichkeit, die das Ergebnis gesellschaftlicher Produktions-, Herrschafts- und Konfliktstrukturen ist. Wissenschaft ist folglich von Interessen beeinflusst und nicht wertfrei. Empirie kann nur zur Analyse von Schwachstellen genutzt werden und Beleg von hermeneutisch (vgl. u.) gewonnenen Theorien sein.

Heute ist in allen Wissenschaftsdisziplinen eine Relativierung des Wahrheitsbegriffs vorgenommen worden: Wahr ist, was die herrschende Meinung einer Disziplin aufgrund der als gültig anerkannten Regeln der Wissenschaftsproduktion als richtig anerkennt. Wahrheit beruht also auf fachlichem Konsens.

Dieser Konsens kann sich ändern:
- durch neue Erkenntnisse, die neue Theorien zur Deutung und Einordnung verlangen
- durch neue Erkenntnisinteressen, die neue Deutungsmuster hervorbringen, oder
- durch die Änderung der Empirie aufgrund von Änderungen des Institutionensystems, von Werte- und Handlungsmustern der Gesellschaft, der technischen Gegebenheiten (gilt in erste Linie für die Sozialwissenschaften).

Wenn wissenschaftliche Wahrheitsfindung auf Konsens aufbaut, dann kann es sich immer nur um einen vorläufigen Konsens handeln. Ein dauerhafter Konsens wäre nur aufrecht zu erhalten, wenn Wissenschaft dogmatisiert würde, d. h. wenn Vertreter abweichender Auffassungen als Ketzer oder Sektierer diffamiert würden, oder wenn Wissenschaft sich vollständig gegen Empirie immunisieren würde. Deshalb ist für wissenschaftlichen Fortschritt nichts wichtiger als die freie Diskussion, die freie Kreativität, die kontrollierende Kritik und die damit verbundene Rivalität von Meinungen. Infolge dessen sind die wichtigsten Regeln im Wissenschaftsbetrieb die Veröffentlichung von Forschungsergebnissen, das Offenlegen der Methodik, das korrekte Zitieren.

Wertfreiheit?

In diesem Zusammenhang muss das Problem der Wertfreiheit in der Wissenschaft behandelt werden. Bereits durch die Auswahl des Forschungsgegenstände und das Erkenntnisinteresse werden wertende Deutungsmuster in die Wissensproduktion eingebracht. Wird darüber hinaus das wissenschaftliche Anreizsystem extern gesteuert, so liegt eine "strukturelle Wertung" vor, d. h. es wird extern vorbestimmt, was geforscht wird und wo Ergebnisse erzielt werden. Anreizsysteme existieren durch Forschungsförderung oder gar Auftragsforschung in Abhängigkeit von gesellschaftlichen oder politischen Interessen und durch wissenschaftliche Reputation, die eng verknüpft ist mit der Einbindung der Wissenschaftler in gesellschaftliche Entscheidungsstrukturen. Die daraus resultierende Wertung wird von einigen Wissenschaftstheoretikern als "Finalisierung" der Wissenschaft bezeichnet (vgl. Hieber 1975).

Bedeutung für Planung

Was oben für die Wissenschaft erläutert wurde, gilt erst recht für die Planung, die auf wissenschaftliche Erkenntnisse angewiesen ist, darüber hinaus immer eine Auswahl treffen muss, um handlungsfähig zu bleiben, und in der Regel Auftragsarbeit ist. Allerdings hat Planung nie den Anspruch erhoben, wertfrei zu sein; sie hat im Gegenteil den Anspruch, normative und prädikative Aussagen (vgl. u.) zu machen.

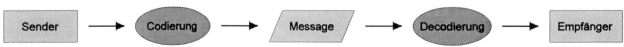

Abbildung 2.6.1: Vorgang der Plan-Kommunikation

2.6.3 Kommunikationstheoretische Grundlagen der Planung

Der Kommunikationsvorgang

Betrachtet man die über den Plan laufende Kommunikation zwischen den Planern und den Adressaten mit den analytischen Kategorien der Kommunikationstheorie, so stellt sich der Prozess formal dar, wie in Abbildung 2.6.1 dargestellt.

Der Planer "codiert" seine Planaussagen auf der Basis von Konventionen und in der Sprache der Planer, die häufig zudem durch gesetzliche Regelsysteme standardisiert wurde: Für die Bauleitplanung und für die Regionalplanung existieren jeweils spezifische Planzeichenverordnungen und auch für Landschaftsplanung haben sich mehr oder weniger verbindliche Plansprachen entwickelt. Dasselbe gilt für die Fachplanungen. Der so formulierte Plan (das Programm) muss vom Empfänger decodiert werden: Er setzt die abstrakten Planaussagen in konkrete Aussagen seiner Betroffenheit um und interpretiert diese, indem er sie mit seiner lebenspraktischen Erfahrung oder mit Vorstellungen seiner Institution verbindet. Denn jeder Empfänger deutet die empfangene Botschaft innerhalb seiner eigenen Deutungsschemata. Darin können emotionale und irrationale Prägungen eingehen wie:

- Misstrauen gegenüber den Planern
- Gefahrenabwehrhaltung aus irrationalen Ängsten
- subjektive Vorstellungen des "guten Plans".

In der Regel liest der Adressat einen Plan, den er für einflussreich hält, außerordentlich kritisch. Denn er muss befürchten, darin für die Zukunft in einer Weise gebunden zu werden, die ihm nicht zusagt. Es hängt dann vom Kommunikationsprozess zwischen Planer und Adressaten ab, ob es gelingt, dieses Planverständnis zu korrigieren, oder ob der Adressat seine subjektive Sicht der Dinge unverändert behält. Wesentlich dabei ist (Faludi u. Korthals Altes 1994, 411 f.):

- dass der Plan, wie er vom Sender geschrieben wurde, und der Plan, wie er vom Adressaten gedeutet wird, zwei unterschiedliche Dinge sein können, denn der Deutungsakt durch den Adressaten ist eine Form der "Rekonstruktion" des Plans im Sinne der Zuordnung von Bedeutung und Inhaltsaussagen
- dass der Planer eine Vorstellung davon haben muss, in welchen Paradigmata der Plan-Adressat denkt, mit welchen Vor-Einstellungen er an den Plan herangehen wird, in welchen Kontext er den Plan stellt
- dass die Codierung der Planaussagen wesentlich für die Kommunikation ist. Geo-Informationssysteme und Computer-Visualisierungen haben hier erhebliche neue Optionen geschaffen, aber auch die Gefahr des zunehmenden Denkens in "virtuellen Welten", die sich lebenspraktischen Tests entziehen (vgl. Fürst 1996).

Plankommunikation kann beeinträchtigt werden durch:

- mangelhafte Informationen
- vom Benutzer nicht empfangene bzw. nicht benötigte Informationen
- falsch vorhandene Informationen
- Benutzerwünsche außerhalb des Plans.

Semiotik

Planaussagen sind insofern nach Regeln der *Semiotik* zu beurteilen. Semiotik ist die Lehre von den Zeichen. Unterbegriffe dazu sind in Tabelle 2.6.1 aufgeführt.

Typen von Aussagen

In der Wissenschaft sind zudem drei Typen von Aussagen zu unterscheiden, die Planer trennen müssen: empirische oder indikative, normative, präskriptive oder prädikative Aussagen (s. Tab. 2.6.2).

Tabelle 2.6.1: Begriffe der Semiotik

Begriff	Erläuterung
Syntax	Zeichen müssen aus einem gemeinsamen Zeichenvorrat kommen. Eine Planzeichenverordnung entspricht einer "Grammatik".
Semantik	Die Bedeutungszuordnung zu Zeichen und Begriffen muss eindeutig sein. Hier nähern sich Pläne den Gesetzen: Nur wenn Eindeutigkeit besteht (im Sinne eines "Wörterbuchs"), können politische Akteure sich gebunden fühlen und sicher sein, dass im Plan nur das steht, was sie wollen
Pragmatik	Dieselben Zeichen mit konsensgebundener Bedeutung können dennoch als Satz bzw. im Kontext anderer Zeichen (in der "Lektüre") unterschiedliche Assoziationen beim Empfänger auslösen. Sender und Empfänger verbinden mit dem Plan unterschiedliche Vorstellungen: Das gilt sowohl für Laien, die mit mehr Fantasie an Pläne herangehen als Planer, als auch für professionelle Planbetroffene, die mehr Konsequenzen in Planaussagen hineindeuten als möglicherweise die Planer selbst.

Tabelle 2.6.2: Typen von Aussagen

Aussagetyp	Zweck	Erläuterung	Beispiel
Empirisch	beschreibt das, was man vorfindet oder vorfinden wird	Empirische Information kann gewiss oder ungewiss sein: deskriptive Information ist gewiss, sofern sie auf empirischen Erhebungen beruht, prognostische Information (vgl. Kap. 6.3) ist ebenfalls empirische Information, aber sehr ungewiss, nur unter Wahrscheinlichkeit (vgl. Kap. 6.2) richtig.	"Das Wirtschaftswachstum der Gemeinde hat sich verlangsamt."
Normativ	enthält ein Werturteil über das Vorgefundene	Streng genommen kann Normative Information in deutende und urteilende Information unterteilt werden: Deutende Information ordnet die empirische Information ein und sagt etwas über ihre Relevanz aus. Urteilende Information sagt etwas über die Wertigkeit von Variablen, Phänomenen etc. für einen bestimmten Akteur aus. Faktisch ist aber deutende und urteilende Information nur schwer zu trennen.	"Das Wirtschaftswachstum der Gemeinde sollte sich erhöhen."
Präskriptiv	soll einen Adressaten zu einem bestimmten Handeln bewegen; sie geben Handlungsanweisungen	Sie spielen in Plänen naturgemäß eine große Rolle.	"Die Gemeinde soll ein Technologiezentrum einrichten, um Klein- und Mittelunternehmen den Technologietransfer zu erleichtern."

Normative und präskriptive Aussagen sind nicht immer auf den ersten Blick zu trennen, sie haben aber unterschiedliche rechtliche und politische Konsequenzen. Je nach der Formulierung können Planaussagen normativ oder präskriptiv gemeint sein. Ein häufiges Argument von Städten im Widerspruch gegen Regionalpläne ist, dass normative und präskriptive Aussagen (an die die Gemeinden gebunden sind) sprachlich nicht exakt genug voneinander getrennt sind.

2.6.4 Was sind Methoden?

Methoden sind Verfahrensweisen zum Erreichen bestimmter Ziele, Ergebnisse oder Planaussagen. Methoden sichern, dass Ergebnisse erstens systematisch gewonnen werden, zweitens nachprüfbar sind und drittens den Kriterien der Abbildungsgenauigkeit (Verlässlichkeit, Gültigkeit, definierter Geltungsbereich) genügen (vgl. Atteslander 1984, 35 ff.).

Analytische Methoden
Analytische Methoden zerlegen komplexe Systeme in ihre Einzelbestandteile und deren Beziehungen, um sie zu beschreiben und zu erklären.
Typisch ist der vorherrschende Gebrauch deduktiver (vgl. u.) Erkenntnismethoden. Die Vorgehensweise entspricht dem westlichen Rationalitätsideal (vgl. Kap. 7.9). Sie ist in der Wissenschaft gekennzeichnet durch

- ein eindeutiges Begriffssystem[125]
- Zerlegung in Elemente (Variable)
- kausale oder funktionale Wirkungsbeziehungen[126]
- Differenzierung.

Dagegen ist v. a. einzuwenden, dass sich nicht alle Eigenschaften eines Systems aus den Eigenschaften und Beziehungen seiner Elemente heraus vorhersagen lassen. Beispielsweise kann aus den Eigenschaften der Gase Wasserstoff und Sauerstoff und ihrer Bindung nicht geschlossen werden, dass Wasser eine Flüssigkeit ist. Solche Eigenschaften, die erst durch Systemzusammenhänge entstehen, werden emergente Eigenschaften genannt (vgl. Mayr 1984, 52 ff.; Popper 1993, 302 ff.); sie sind für das Verständnis ökologischer Systeme besonders wichtig. Rein analytisches Vorgehen ist reduktionistisch; emergente Eigenschaften bleiben auf der Strecke.

Induktives Vorgehen
Bei induktivem Vorgehen wird vom Speziellen auf das Generelle, von Einzelfällen und -beobachtungen auf allgemeingültige Sätze oder Regeln geschlossen. Man sammelt also viele Beobachtungen zum gleichen Erkenntnisgegenstand und bildet daraus allgemeinere Aussagen (vgl. Abb. 2.6.2). Induktion geht von der Behauptung aus, dass der Gang der Natur gleichförmig

---

125 Daher muss zunächst definiert werden.

126 "wenn ... dann", abhängige - unabhängige Variable

ist. Die Naturgesetze bilden die Grundlage der Induktion.

Dem hält Popper (1993, 98 f.) entgegen, dass der Mensch in der Praxis nicht durch Wiederholung oder Gewohnheit Schlüsse zieht, sondern zu einem Schluss springt, der nicht zwingend sein muss und im Sinne eines Selektionsvorgangs berichtigt werden kann. Ebenso ist die Natur nicht gleichförmig, sondern gekennzeichnet durch evolutive Sprünge.

Deduktives Vorgehen
Beim deduktiven Vorgehen dagegen wird vom Generellen auf das Spezielle geschlossen. Es werden aus Axiomen (s. o.) im Wege des logischen Schließens Modellaussagen abgeleitet (s. Abb. 2.6.3), die zwecks Verifizierung (oder Falsifizierung) des Modells mit Beobachtungen konfrontiert werden. Darwins Theorie der Evolution ist auf diese Weise zustande gekommen (s. Abb. 2.6.4). Induktives Vorgehen war aufgrund der langen Zeiträume, in denen sich evolutive Vorgänge bewegen, nicht möglich. In der Ökologie sind aus demselben Grund und mangels Messbarkeit häufig deduktive Methoden nötig.

Kartierungen im Rahmen von Planung sind i.d.R. deduktive Methoden, obwohl die meisten sie spontan wohl den induktiven Methoden zurechnen würden. Die Darstellung der Ergebnisse setzt eine Klassifikation voraus. Ohne Klassen gibt es keine Legende, keine thematische Karte. Planungsrelevante, zielorientierte Kartierung setzt eine Klassifizierung voraus, die a priori festlegt, was kartiert wird und wie es einsortiert wird. Dieses deduktive Vorgehen birgt die Gefahr, nur das zu belegen, was bereits die Hypothese war (und damit einen

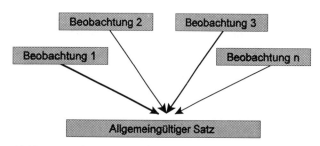

Abbildung 2.6.2: Induktives Vorgehen

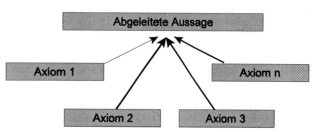

Abbildung 2.6.3: Deduktives Vorgehen

Zirkelschluss zu begehen). Durch die Auswahl der zu kartierenden Ausschnitte der Wirklichkeit beinhaltet es Elemente, die nicht frei von Willkür sind. Jedoch ist eine induktive Klassifikation, bei der zunächst alles aufgenommen und die a posteriori mit mathematischen oder statistischen Methoden aus dem vorliegenden Material heraus erfolgt, nicht weniger willkürlich. Denn sie wird stark durch die Stichprobe, ihre Größe, die berücksichtigten Kriterien bestimmt. Obendrein liefert eine solche Kartierung auch Ergebnisse, die zwar aufwändig gewonnen, aber nicht in der Planung verwertet werden. Daher ist für planungsrelevante Kartierungen ein deduktiver Ansatz sinnvoll, der mit nachfolgenden Tests auf seine Wissenschaftlichkeit geprüft wird.

Tatsache 1
Potenziell exponentielles Wachstum von Populationen (Überfluss an Fruchtbarkeit)
und
Tatsache 2
Beobachtete Gleichgewichts-Stabilität von Populationen
und
Tatsache 3
Begrenztheit von Ressourcen

Schlussfolgerung 1
Kampf ums Dasein unter Individuen
und
Tatsache 4
Einzigartigkeit des Individuums
und
Tatsache 5
Erblichkeit eines großen Teils der individuellen Variation
Deshalb:

Schlussfolgerung 2
Unterschiedliches Überleben, d.h. natürliche Auslese
Deshalb:

Schlussfolgerung 3
Durch viele Generationen: Evolution

Abbildung 2.6.4: Darwins deduktiv hergeleitete Theorie der Evolution (nach Mayr 1984, verändert)

Nicht-analytische Methoden

Nicht-analytische oder synthetische (zusammenfügende) Methoden ordnen Einzelbeobachtungen in immer komplexere Zusammenhänge ein. Statt in Einzelelementen wird in Systemen gedacht. Diese Vorgehensweise gewinnt inzwischen immer mehr Raum; sie ist in der Wissenschaft gekennzeichnet durch systemtheoretische Ansätze, historisierendes Argumentieren, ganzheitliche ("holistische") Betrachtungsweisen und den Gebrauch von Methoden, bei denen das Verstehen mit Zentrum steht. Diese Deutungsmethoden sind meist mit lateralem Denken[127] verbunden und die Aussageergebnisse sind meist nicht empirisch testbar. Nicht-analytische Verfahren tendieren jedoch zur Beliebigkeit, sodass der wissenschaftliche Anspruch zerstört werden kann. Feyerabend (1985) spricht der Wissenschaft den Anspruch auf Wahrheit in der Erkenntnisgewinnung inzwischen völlig ab und formuliert: "Anything goes".

Phänomenologie

Phänomenologie versteht die Lebenswelt des Menschen unmittelbar durch ganzheitliche Interpretation alltäglicher Situationen (Phänomene). "Der Phänomenologe ist demnach ein Wissenschaftler, der selbst an dieser Lebenswelt durch seine Alltagserfahrungen teilhat und der diese Alltagserfahrungen für seine wissenschaftliche Arbeit auswertet." (Seifert 1973, 26)

Hermeneutik

Hermeneutik ist eine Methode, die Lebenssituationen als solche verstehend erfasst. Sie unterscheidet sich von der Phänomenologie dadurch, dass sie nicht an den Erfahrungen des Einzelnen anknüpft, sondern eher deduktiv-schließend von bestimmten Axiomen ausgeht, und dass sie die historische Dimension von Lebenssituationen mit erfasst. Damit entsteht aber auch die Gefahr des "hermeneutischen Zirkels": Um etwas zu verstehen, muss man schon einiges über die Sache, die es zu verstehen gilt, wissen, also verstanden haben.

Dialektik

Die Dialektiv versucht, neue Erkenntnisse zu gewinnen, indem sie These und Antithese bildet und dadurch zur Synthese zu kommen trachtet. Im Marxismus wird die Empirie (These) mit der normativen Kritik der Verhältnisse (Antithese) zu erkannten gesellschaftlichen Verlaufsformen (Synthese) verbunden.

Methoden und Erkenntnis

Insbesondere in der Planung gibt es aber nicht die richtige Methode, sondern nur mehr oder weniger zweckmäßige, denn die Methodenwahl hängt vom Zweck des Verfahrens ab. Obwohl dies inzwischen in der Wissenschaftstheorie weitgehend akzeptiert wird, sind die Verständigungsschwierigkeiten zwischen den Vertretern unterschiedlicher Disziplinen wie auch unterschiedlicher wissenschaftstheoretischer Grundpositionen nicht kleiner geworden. Dies wird z. B. in der Planungspraxis deutlich, wenn Naturwissenschaftler gegen Planungsmethoden einwenden, diese seien reine Ideologie, weil nicht empirisch abgesichert, und umgekehrt Planer naturwissenschaftliche Ergebnisse als nicht planungsrelevante "Datenfriedhöfe" beiseite legen.

Methoden bestimmen von vornherein die Erkenntnisgewinnung mit. Mit den analytischen Methoden der empirischen Sozialforschung können komplexe gesellschaftliche Zusammenhänge nicht erfasst werden, dazu sind eher nicht-analytische Methoden wie Phänomenologie, Hermeneutik oder Dialektik geeignet. Erkenntnistheoretiker empfehlen daher, nicht zwanghaft an bestimmten Theorien und den damit verbundenen Methoden zu kleben, sondern "methodischen Pluralismus" zuzulassen. Erkenntnisfortschritt ist meist auch mit Methodenfortschritt verbunden, denn Methoden werden mit fortschreitender Erkenntnis weiter differenziert. Methoden sind also nicht beliebig austauschbar. Sie hängen zwar vom Zweck des Verfahrens ab, aber sie bestimmem ihrerseits auch den Zweck des Verfahrens mit und damit auch den wissenschaftlichen Fortschritt.

Daher ist die Methodenwahl nicht wertfrei; sie kann das Ergebnis mitbestimmen. Der Wissenschaftsprozess ist vom Ansatz her ein subjektiver Prozess der Erkenntnisgewinnung. Die Methoden können zwar die Intersubjektivität der Ergebnisse verbessern, nicht aber Subjektivität verhindern.

Literatur

ATTESLANDER, P., 1984: Methoden der empirischen Sozialforschung, Berlin.

FALUDI, A.; KORTHALS ALTES, W., 1994: Evaluating Communicative Planning: A Revised Design for Performance Research. European Planning Studies 2: 403-418.

---

[127] Denken, das alle Seiten eines Problems einzuschließen versucht, ohne sich dabei in Details zu verlieren

FEYERABEND, P., 1983: Wider den Methodenzwang, 2. Aufl., Frankfurt/M.

FRIEDIRCHS, J., 1973: Methoden empirischer Sozialforschung, reinbek. b. Hamburg

FÜRST, D., 1996: Komplexitätsverarbeitung in der Planung (Stadt-, Regional- und Landesplanung) - am Beispiel der Regionalplanung. Archiv für Kommunalwissenschaften 35: 20-37.

HABERMAS, J., 1973: Erkenntnis und Interesse, Frankfurt/M.

HIEBER, L., 1975: Zum Konzept "Finalisierung der Wissenschaft". Leviathan 3: 449-472.

KRIZ, J.; LÜCK, H.E.; HEIDBRINK, H., 1981: Wissenschafts- und Erkenntnistheorie, Opladen.

MAYR, E., 1984: Die Entwicklung der biologischen Gedankenwelt. Vielfalt, Evolution und Vererbung, Berlin.

POPPER, K.R., 1945: The Open Society and Its Enemies, London (Die offene Gesellschaft und ihre Feinde).

POPPER, K.R., 1993: Objektive Erkenntnis. Ein evolutionärer Entwurf, Hamburg (Objective Knowledge).

POPPER, K.R., 1996: Alles Leben ist Problemlösen. Über Erkenntnis, Geschichte und Politik, München.

SEIFERT, H., 1972: Einführung in die Wissenschaftstheorie, Band 1, 5. Aufl.

SEIFERT, H., 1973: Einführung in die Wissenschaftstheorie, Band 2, 5. Aufl.

2.7 Planung und IuK-Technik
Wolfgang Roggendorf

2.7.1 Vorbemerkungen

Informations- und Kommunikationstechniken[128] bestimmen unser Leben in immer umfassenderer Weise und sind aus vielen Einsatzfeldern mittlerweile nicht mehr weg zu denken. Auch in der Planung hat IuK-Technik vielfältige Anwendung gefunden, die Anfänge des Technikeinsatzes reichen zurück bis in die 60er Jahre. Planung und Technik haben sich dabei über die Jahrzehnte in einem nicht ganz einfachen Annäherungsprozess bewegt, denn der EDV-Einsatz ist von Planern - sieht man einmal von Phasen ausgeprägter Technikeuphorie ab - stets auch mit kritischer Distanz betrachtet worden. IuK-Techniken beeinflussen die Planung nicht unerheblich und das in mehrfacher Hinsicht:

- Die IuK-Techniken wirken sich auf den gesamten Planungsprozess unmittelbar aus, allerdings je nach Planungsphase in sehr unterschiedlichem Maß, weil die planende Verwaltung immer mehr auf DV-gestützte Informationspools und Verfahrensweisen zurückgreift und sich in der Folge traditionelle Arbeitsweisen und Arbeitsabläufe erheblich verändern können.

- Über Informationssysteme wird das informationspolitische und kommunikative Verhältnis zwischen den Planungsbeteiligten unter besonderer Betonung einer neuen Adressatenorientierung bei Ausnutzung der technischen Möglichkeiten neu gestaltet.

- Verbunden mit dem Vordringen von immer mehr DV-Techniken in alle gesellschaftlichen Bereich zeichnet sich eine enorme gesellschaftliche Umwälzung ab, deren Zielzustand vielfach mit dem Begriff "Informationsgesellschaft" verbunden wird[129]. Dabei ist stark zu vermuten, dass der heute zu verzeichnende Wandel in der Organisation und im Verhalten planender Institutionen mit den Einflüssen der neu entstehenden Informationsgesellschaft in einem engen Zusammenhang steht.

- Unsere gesamte Umwelt wird durch den gerade von IuK-Techniken geprägten technischen Wandel Veränderungen in einem Ausmaß erfahren, der heute nur erahnt werden kann. Planerische Antworten auf diese Entwicklung fehlen bislang weitgehend, wenngleich mögliche Auswirkungen auf raumbildende Prozesse und Raumstrukturen schon häufiger diskutier worden sind[130].

Bevor diese Befunde einer tieferen Betrachtung unterzogen werden, soll im Folgenden zunächst die Technik, von der hier die Rede ist, näher erläutert werden und dann in Ausschnitten die historische Entwicklung des Verhältnisses zwischen Planung und Computern aufgezeigt werden.

---

128 im Folgenden kurz als 'IuK-Technik' bezeichnet

129 vgl. "Europa und die globale Informationsgesellschaft. - Empfehlungen für den Europäischen Rat" (sog. Bangemann-Bericht). Brüssel 1994

130 vgl. etwa Kurnol u. Lorenz-Hennig (1998)

2.7.2 Planungsrelevante IuK-Technik (Begriffsdefinitionen)

In der Planung eingesetzte IuK-Technik stellt sich in vielfältiger Form dar und war in der Vergangenheit einem ständigen Wandel unterworfen, der immer rasanter wird und sich durch immer kürzere Produktzyklen mit 'Halbwertszeiten' von nur noch wenigen Monaten auszeichnet. Immer neue Technik und technische Produkte erscheinen auf dem Markt und eröffnen besonders in Hinblick auf die Kommunikation neue Möglichkeiten. Hier soll der Blick zunächst beschränkt bleiben auf den Einsatz von Computertechnik im engeren Sinne, also etwa den heute üblichen Rechnerarbeitsplatz eines Planers in der Verwaltung, im Planungsbüro oder aber auch als 'Home-PC'.

Hardware

Auch im Einsatzfeld Planung ist in Bezug auf Computerhardware der leistungsfähige Benutzerarbeitsplatz zum Standard geworden und in der Form von Personalcomputern auf vielen Planerarbeitsplätzen zu finden. Spezielle Hochleistungsarbeitsplätze besonders im Bereich der grafischen Datenverarbeitung wiederum sind mit Workstations ausgestattet, die entsprechende Rechen- und Speicherkapazitäten aufweisen und mit speziellen Grafikbildschirmen ausgerüstet sind. Als Peripheriegeräte zählen zu solchen Grafik-Arbeitsplätzen noch Geräte zur Ein- und Ausgabe von Grafikdaten. Digitalisiertische dienen der Eingabe von Vektordaten, mit Scannern können Rasterdaten von Bildern, Schriften und ganzen Karten eingelesen werden. Zur Ausgabe von z. B. Plänen und Postern werden spezielle Drucker oder Plotter für große Formate benutzt.

In Verwaltungen kommen häufig vernetzte Systeme zum Einsatz, auch oft als Intranet bezeichnet. Speziell ausgestattete Geräte dienen dabei als Server für Dienstleistungen im Bereich der Datenhaltung oder stellen Computerprogramme (Software) für die angeschlossenen Rechnerarbeitsplätze (Clients) zentral zur Verfügung. Man spricht von Client-Server-Konzepten, wobei Clients als gut ausgestattete "Frontends" den wesentlichen Teil der Datenverarbeitung selbst übernehmen. Vereinzelt findet man noch Rechnerarchitekturen mit zentralen Großrechnern, auf denen sämtliche Rechen- und Speicheroperationen durchgeführt werden und auf die der Endnutzer mittels "dummer" Terminals zur Datenein- und -ausgabe zugreifen kann.

Seit Anfang der 90er Jahre ist neben den gerade erwähnten lokalen Netzen die weltweite Vernetzung in Form des Internet zunehmend in den Vordergrund gerückt. Über unterschiedlichste Datenaustauschmedien wie Telefonleitungen, Datenkabel, Funkstrecken und Satellitenverbindungen stehen einzelne Rechner, Intranets (Netzwerke von Firmen oder Verwaltungen), Local Area Networks (LANs) bis hin zu den großen Netzverbünden wie z. B. das Deutsche Forschungsnetz (DFN), die auch als Wide Area Networks (WANs) bezeichnet werden, in Verbindung. Sie bilden in ihrer Gesamtheit das Internet. Über diese Netze können Daten und Informationen in digitaler Form für alle angeschlossenen Teilnehmer mit hoher Geschwindigkeit rund um den Erdball ausgetauscht werden.

Software, Programme

Die Rechnerarbeitsplätze von Planern in der Verwaltung oder freien Planungsbüros sind, je nach Aufgabenfeld, mit einer ganzen Reihe unterschiedlicher Softwareprodukte ausgestattet. Dabei lässt sich die IuK-Technik auf der Seite der Software hinsichtlich ihrer Funktionen in etwa in folgende Kategorien einteilen:

- Office-Pakete: Der Standardarbeitsplatz beinhaltet in der Regel zunächst ein Office-Paket mit Textverarbeitung, Tabellenkalkulation und Grafikprogramm, das in der Vorgangsbearbeitung eingesetzt wird. Erfordert ein Vorgang die Beteiligung mehrerer Sachbearbeiter, werden bei moderner Ausstattung Groupware oder Workflow-Managementsysteme eingesetzt. Diese Software ist dem Bereich Bürokommunikation zuzuordnen, der vor allem dem Austausch und der Integration von Dokumenten, Nachrichten oder anderen Daten dient.

- Datenbanksysteme, die heute z. T. in Office-Paketen enthalten sind, dienen der Erfassung, Verwaltung und Auswertung großer Datenmengen (statistische Daten, z.B. Einwohnerdaten, Baumkataster).

- Geografische Informationssysteme oder besser Geo-Informationssysteme (GIS) sind Informationssysteme für raumbezogene Daten. Mit ihnen können raumbezogene Daten digital erfasst und redigiert, gespeichert und reorganisiert, modelliert und analysiert sowie alphanumerisch und grafisch präsentiert werden (Bill u. Fritsch 1994, 5). Daneben existieren Desktop-Mapping-Systeme oder Desktop-GIS-Viewer (Buhmann u. Wiesel 1999, 41), die vorwiegend

der Visualisierung raumbezogener Daten dienen und nur eingeschränkte GIS-Funktionen aufweisen.
- Die technisch-konstruktive Gestaltung und die Planerstellung sind Anwendungsfelder in der Planung, die meist mit Software aus dem Bereich des Computer-Aided-Design (CAD) unterstützt werden.
- Für Aufgaben der Visualisierung, Aufbereitung und Präsentation von Planungsdaten und Planungsentwürfen findet verbreitet Software aus dem Bereich Bildbearbeitung und Desktop-Publishing Anwendung.
- Computergestützte Simulationsmodelle haben das Ziel, natürliche Vorgänge über ein Computermodell nachzubilden, um damit Vorhersagen (Prognosen, vgl. Kap. 5.3) über zu erwartende Zustände zu generieren.
- Computer Supported Cooperative Work (CSCW) - Systeme befinden sich weitgehend noch im Entwicklungs- oder Erprobungsstadium[131]. Die Anwendungsfelder solcher Software gehen weit über die oben erwähnte Bürokommunikation hinaus; sie schaffen völlig neuartige, digitale Arbeitsumgebungen. Als bekannte Schlagworte aus diesem Bereich sind Tele und Video Conferencing oder Teleplanning zu erwähnen.
- Expertensysteme (Decision Support Systems) befinden sich bis auf wenige Ausnahmen in speziellen Anwendungsfeldern (Gefährdungsabschätzung von Altlasten, Umweltverträglichkeitsprüfungen) noch im Stadium prototypischer Anwendungen. Ihre Funktion in der Planung wird darin gesehen, den Prozess der Entscheidungsvorbereitung fundierter und strukturierter zu gestalten.

2.7.3 Daten und Informationen - von der Software zum Informationssystem

Planer bedienen sich dieser Softwarewerkzeuge, um planungsrelevante Information zu generieren oder abzurufen. DV-technisch betrachtet, unterscheidet man in Hinblick auf die Erzeugung von Information die folgenden vier einfachen Arbeitsschritte:

1. Daten müssen erhoben und in DV-Systemen erfasst werden.

- Daten werden in den Systemen organisiert und verwaltet.
- Die Daten werden im Sinne der jeweiligen Fragestellung aufbereitet, aggregiert und analysiert
- und schließlich zur Vermittlung der Information an den Adressaten ausgegeben und präsentiert.

Information entsteht also erst durch problemorientierte Aufbereitung von Daten oder Nachrichten; sie kann nicht gesammelt, sondern muss erarbeitet werden. Aufbereitung ist dabei nicht die Durchführung logischer Operationen oder Sortierung, sondern Verdichten, Übersetzen, Aggregieren, Filtern und Bewerten (Lenk 1991). Systeme, in denen Daten lediglich verwaltet werden, heißen Datenbanken, unabhängig von ihrem Umfang.

Um nicht für jeden Einzelfall der Planung Informationen neu aufbereiten zu müssen, gehen Verwaltungen über alle Ebenen hinweg (Kommunen, Regionen, Land, Staat) den Weg, planungsrelevante Informationen mittels umfänglicher Informationssysteme dauerhaft und aktuell vorzuhalten und auszugeben. Informationssysteme sollen dabei Fragen der Anwender beantworten, d. h. sie müssen antizipierend auf deren Probleme hin zweckorientiert sein und damit mindestens Methoden und Modelle enthalten (Fürst et al. 1996, 5).

Viele planungsrelevante Informationen beziehen sich in irgend einer Weise auf den Raum. Daher haben Informationssysteme häufig eine räumliche Komponente und werden softwareseitig durch GIS unterstützt.

Mitunter wird der Begriff des Informationssystems wesentlich weiter gefasst im Sinne von Mensch-Maschine-Systemen. Nach Türke (1984, 198) ist ein räumliches Informationssystem mithin "die Summe des verfügbaren Wissens in den Köpfen von Mitarbeitern, in klassischen Medien (z. B. Bücher und Karten) sowie in elektronisch gespeicherten und abrufbaren Dateien, welches systematisch für die Beschreibung, Prognose und Planung von räumlichen Prozessen einsetzbar ist". Reinermann bezeichnet in ähnlicher Weise eine gesamte Verwaltung als IuK-System (Reinermann 1995, 1).

Bestimmt von der jeweiligen verantwortlichen Verwaltungsebene spricht man z. B. von Länder- oder Kommunalen Informationssystemen. Zeichnet sich ein System durch fachliche Schwerpunktsetzung aus, heißen diese Fachinformationssysteme dann Umweltinformationssystem, Bodeninformationssystem, Planungsinformationssystem oder ähnlich.

---

131 vgl. etwa die Arbeiten der GMD (Gesellschaft für Mathematik und Datenverarbeitung) - Forschungszentrum Informationstechnik GmbH (http://www.darmstadt.gmd.de)

Als weitere mögliche Komponenten eines Informationssystems sind Meta-Informationssysteme (Meta-IS) zu nennen. Meta-Information ist Information über Information (Page et al. 1993, 17). Meta-IS beschreiben Eigenschaften von Informationen (z. B. Angaben zu Erhebungsmethoden oder -zeitpunkt) und geben an, welche Informationen an welcher Stelle verfügbar sind.

Es ist zu bemerken, dass in der Praxis der Verwaltungen der Begriff des Informationssystems häufig nicht exakt benutzt wird. So findet man etwa die DV-Werkzeuge zur Informationsaufbreitung auch unter der Bezeichnung Informationssystem wieder. Darüber hinaus werden auch einzelne Fachdatenbanken (Altlasten, Indirekteinleiter, Feuerungsanlagen, Abfalltransport) auf der einen sowie dezernatübergreifende kommunale IuK-Gesamtkonzepte auf der anderen Seite als Informationssystem bezeichnet.

2.7.4 Informationssysteme - historischer Abriss

Anfang der 60er Jahre ermöglichte die technische Entwicklung im Bereich der Datenverarbeitung erste Einsätze von Informationssystemen auf Großrechnern in Unternehmen, Behörden und Forschungsinstituten. Die Rechner erforderten zwar einen enormen Betreuungs- und Kostenaufwand, den sich nur entsprechend große und finanzstarke Institutionen leisten konnten, mit einem Mal wurde jedoch die Speicherung, Wiedergewinnung und Verarbeitung von Daten in einem bis dahin nicht gekannten Maß erleichtert. Zur Anwendung im Bereich der Planung kamen die ersten Informationssysteme der 60er Jahre bei der Verkehrsplanung sowie bei Wohnungsmarkt- und Regionalstudien. Hier wurde überwiegend mit quantitativen Kriterien gearbeitet und der Einsatz rechnergestützter Informationssysteme bot sich entsprechend an (Wegener u. Masser 1997, 58 ff.). Im Bereich der Planung kamen in den 60er Jahren die ersten 'Mensch-Maschine-Systeme' auf wie das System POLIS, welches in Frankfurt seinen Ursprung hat, und in den frühen 70er Jahren in Köln und Wien getestet wurde (Wegener 1978, 62).

Die Entwicklungen der damaligen Zeit bilden die Grundlagen für die heutige Generation von Geo-Informationssystemen, wie zum Beispiel den auf Rasterdaten basierenden Informationssystemen GRID und IMGRID oder auch den Vorläufern der heute führenden GIS-Software ArcInfo. Diese Software wurde 1972 in Minnesota aus einem Land-Management-Informationssystem (EPPL1, später EPPL2) entwickelt (Johnston 1998, 4 f.). In Deutschland wurde in den 70er Jahren das Automatisierte Liegenschaftskataster (ALK) erarbeitet und in das behördliche Vermessungswesen eingeführt. Das digitale Geländemodell des Massachusetts Institute of Technology (MIT), entwickelt Ende der 50er Jahre, wurde weiter ausgebaut und DGM-, Raster- und Dreiecksmodelle erlangten ihre bis heute anhaltende Bedeutung in dieser Zeit, nachdem in den Jahren davor die Pilotanwendungen noch auf Grundlagen der Vektorgrafik stattfanden (Bill u. Fritsch 1994, 18).

Steinitz berichtet schon 1972 vom Einsatz eines Umweltinformationssystems zur Bewertung von verschiedenen Trassenalternativen im Hinblick auf die Umweltauswirkungen eines Schnellstraßenbaus in den USA (Steinitz Rogers Ass. 1972). Aber auch in Deutschland zählten Landschafts- und Umweltplaner zu den Pionieren der DV-Entwicklung für die Planung (vgl. etwa Stillger 1979).

Anfang der 80er Jahre kam über die Einführung des PC (Personal Computer) die Anwendung von rechnergestützten Methoden in die kleineren Büros und in das Wohnzimmer. CAD, das in der Architektur und Stadtplanung im Laufe der Zeit auf große Beliebtheit stieß, war für viele andere Bereiche der Planung ungeeignet, da ein räumlicher Bezug nur unter größtem Aufwand herzustellen war (Wegener u. Masser 1997, 58).

Viele planerische Bereiche taten sich schwer mit den neuen Techniken. Das Problem, dass die Vorstellungen und Ansprüche der Planer an die rechnergestützten Informationssysteme häufig weit entfernt lagen von dem tatsächlich Machbaren, konnte nicht befriedigend gelöst werden (Streich 1997, 122). In der Planung herrschte der Wunsch vor, ein räumlich differenziertes Informationssystem zur Simulation, Bewertung und Optimierung von Planungen und Maßnahmen zur Verfügung zu haben, bei dem eine erforderliche Information jederzeit abrufbar war. Den Aufbau eines solchen Informationssystems übernahmen aber nicht Planer, sondern er war Entwicklern vorbehalten, die sich im Bereich der Planung in der Regel nicht auskannten. Zudem bestand das Problem, dass die Planer ihre Ziele und Konzepte nicht konkret ausformulierten und die Entwickler auf dieser Grundlage keine konkreten Informationssysteme entwickeln konnten. So kam es häufig zu Missverständnissen. Die Informationssysteme waren für viele Anwender undurchschaubar und in ihrer Handhabkeit so unkomfortabel, dass sie damit kaum arbeiten konnten. Da es bei der Planung nicht nur auf quantitative Kriterien ankommt, sondern auch auf Interpretationen und Einschätzungen, waren diese auf Quantifizierung der Vorgänge angelegten Informationssysteme nur begrenzt einsetzbar. Außerdem waren sie für bestimmte Bereiche nicht effizient genug und aufgrund des Datenschutzes konnten bei bestimmten Fragestellungen nicht alle bekannten Informationen auf gewünschte Weise zugänglich gemacht werden (Wegener u. Masser 1997, 60 f.). Schwierig war außerdem selbst bei grundsätzlichem Interesse, dass gewisse Vorlaufzeiten sowohl für die Ausbildung als auch für die Handhabung im Alltag einer Fachbehörde einkalkuliert werden mussten (Streich 1991, 92).

So ließ die anfängliche 'Computer-Euphorie', die zeitgleich mit der 'Planungs-Euphorie' aufkam, wieder nach, und während sich in Fachbereichen wie Statistik, Architektur oder Verkehrsplanung das rechnergestützte Arbeiten im Laufe der 70er und 80er Jahre langsam durchsetzte, blieb der Kenntnisstand und der Computereinsatz zum Beispiel im Bereich der Stadtplanung eher unterentwickelt (Streich 1997, 125). Die ersten Systeme, die den umfassenden Ansprüchen der Planung entsprachen, waren Geo-Informationssysteme, die sich seit Mitte der 80er Jahre langsam durchsetzten und Akzeptanz sowie Anwendung in der Planung fanden.

Informationssysteme mit Planungsbezug sind in den letzten beiden Jahrzehnten aber vor allem im Anwendungsfeld Umweltschutz entstanden. Der Aufbau von solchen Umweltinformationssystemen (UIS) wurde zu einem Thema, das viel Aufmerksamkeit und Ressourcen in den Verwaltungen auf sich zog. Auslöser für diese Entwicklung waren einerseits vielbeachtete Umweltskandale (z. B. Dortmund-Dorstfeld, Bielefeld-Brake), vor allem waren es aber die überall entstehenden Umweltverwaltungen, die viel Innovationskraft mitbrachten und früh auf moderne Technik zur Bewältigung der schnell wachsenden Aufgabenflut setzten (Fürst u. Martinsen 1997). Sie lösten gewissermaßen die Euphorie um die Planungsinformationssysteme ab. Intention der UIS war vor allem, die Umwelt möglichst umfassend abzubilden, um Umweltzustände kontrollieren und überwachen sowie Umweltveränderungen und -entwicklungen besser verfolgen zu können. UIS nutzten in der Regel zunächst Datenbanktechniken, räumliche Informationsverarbeitung über GIS kam erst später hinzu.

Aber auch in den Bau- und Planungsverwaltungen sind in der jüngeren Zeit wieder innovative Ansätze zu verzeichnen, Informationssysteme auf der Basis von GIS oder CAD zu etablieren. Vorreiter gehen hier sogar soweit, die mit diesen Systemen erstellten Pläne der Öffentlichkeit über das Internet verfügbar zu machen.

Auf kommunaler Ebene ist heute als wichtiger Trend zu verzeichnen, dass solche fachbezogenen Informationssysteme kaum noch isoliert aufgebaut werden, sondern man sich um eine Integration aller mit raumbezogenen Daten arbeitenden Dienststellen in ein übergreifendes raumbezogenes Informationssystem (RIS oder auch häufig KIS = Kommunales Informationssystem genannt) bemüht (Streich 1997, 122 ff.). Hybride GIS-Technik, also die zeitgleiche Verarbeitung von Vektor- und Rasterdaten in einem System, ermöglicht die verstärkte Integration von Bilddaten und gewährleistet einen schnellen Datenaustausch. Ziele bei der Weiterentwicklung sind, GIS zum einen so einfach in der Bedieneroberfläche zu gestalten, dass sie problemlos zu bedienen sind und so noch stärker in den Alltag integriert werden können, und zum anderen, dass effizient handhabbare und standardisierte Schnittstellen Einzug halten (Bill u. Fritsch 1994).

2.7.5 Informationssysteme - aktuelle Beispiele

Im Folgenden soll anhand von gut publizierten Beispielen ein Überblick zum Implementationsstand von Informationssystemen gegeben werden. Es handelt sich vor allem um Beispiele von Umweltinformationssystemen, weil wie beschrieben gerade dieser Sektor in den letzten 20 Jahren besonders intensiv weiterentwickelt wurde und entsprechend umfangreiche Erfahrungen zum Einsatz der Systeme und zu den Problemen und Hürden in den Phasen des Systemaufbaus gesammelt werden konnten.

Umweltinformationssysteme sind in Deutschland seit Anfang/Mitte der 80er Jahre auf allen Verwaltungsebenen sowie in jüngster Zeit auch auf europäischer Ebene[132] aufgebaut worden. Als prominente Beispiele von UIS auf Bundesebene, die in den nachgeordneten Fachbehörden entstanden sind, aber bisher nicht unter ein Dach integriert wurden, können genannt werden:

---

132 EIONET - European Information and Observation Network (http://eionet.eea.eu.int)

- Das Umweltinformationsnetz Deutschland (GEIN[133]), ein Portal zu mehr als 50 Anbietern in Deutschland
- Das Landschafts- und Naturschutz-Informationssystem LANIS des Bundesamts für Naturschutz, dessen Anfänge in die 70er Jahre zurückreichen und eine der ersten fachbehördlichen GIS-Anwendungen in Deutschland darstellen (Koeppel u. Arnold 1981)
- das Umweltplanungs- und Informationssystem UMPLIS im Umweltbundesamt (UBA[134]), mit Schwerpunkten im sektoralen, technischen Umweltschutz (v. a. Luftreinhaltung, Umweltchemikalien), im Umweltrecht und in der Umweltökonomie
- das Statistische Informationssystem zur Bodennutzung (STABIS)[135] im Statistischen Bundesamt, das für einige umweltplanerische Fragestellungen ebenfalls von Interesse ist.
- UBA und Statistisches Bundesamt arbeiten zudem seit Jahren daran, eine "Umweltökonomische Gesamtrechnung"[136] zu entwickeln, die die Zusammenhänge zwischen Ökologie und Ökonomie darstellen soll. Über Indikatorensysteme soll die Nachhaltigkeit der Entwicklung in der gesamten BRD bestimmt werden. Erste Ergebnisse wurden bereits präsentiert.

Fast in allen Bundesländern sind mittlerweile durch die zuständigen Ministerien UIS aufgebaut worden[137]. Vorreiter waren hier u. a. Baden-Württemberg, Bayern, Berlin, Nordrhein-Westfalen und Niedersachsen, aber auch in den ostdeutschen Ländern etablierten sich schnell entsprechende Informationssysteme. Berlins Vorreiterrolle ist auch in anderer Hinsicht erwähnenswert, hier wurde das erste UIS mit freiem Zugang über das World Wide Web realisiert. Viele andere sind mittlerweile nachgezogen. In den Umweltfachbehörden der Bundesländer sind häufig eigene Fachinformationssysteme aufgebaut worden, die aber in der Regel unter dem Dach des jeweiligen Ländersystems integriert wurden. Prominente Beispiele sind die Bodeninformationssysteme von Niedersachsen (Oelkers 1993) und Nordrhein-Westfalen (Golan 1994) oder das Lufthygienische Überwachungssystem in Baden-Württemberg.

Auf regionaler und kommunaler Ebene findet man UIS vor allem in den größeren Städten, aber zunehmend auch bei den Kreisverwaltungen und einigen Regionalverbänden. Vorreiter mit entsprechendem Bekanntheitsgrad und Ausbauzustand sind etwa die Systeme in Dortmund, Hamm, Hannover, Herne, Münster sowie im Landkreis Wesel oder beim Umlandverband Frankfurt (UVF). Gerade Letzterer hat beim Einsatz von Informationssystemen in den letzten 20 Jahren eine führende Rolle eingenommen. Der UVF verwendet Geo-Informationssysteme als Planungswerkzeug schon seit Mitte der 80er Jahre. Außerdem setzt er seine Informations- und Dokumentationssysteme im Bereich der Bürgerbeteiligung ein und geht damit einen wichtigen Schritt zu einer verbesserten Zugänglichkeit von Informationen nicht nur für Techniker und Planer, sondern auch für Politiker und Bürger. Dieses Einsatzfeld genoss in der Vergangenheit ansonsten viel zu wenig Beachtung (Streich 1997, 122 ff.).

2.7.6 Informationssysteme im Prozess der Planung - Anwendungsebenen

Formal-logische Anwendungsebenen

Will man die Rolle von IuK-Technik in der Planung beschreiben, so ist es zunächst hilfreich, von einer idealtypischen, nämlich formal-logischen Vorstellung von Planung als informationsverarbeitendem Prozess auszugehen, die dem Ziel der Entscheidungsvorbereitung und Entscheidungsunterstützung dienen soll[138]. Denn es besteht eine hohe Affinität zwischen einer formal-logischen Vorgehensweise in der Planung und der Nutzung von IuK-Technik, die klar strukturierte und formalisierte Systemvorgaben verlangt. Daher ist nahe liegend, solche Planungsprozesse durch den Einsatz von IuK-Technik unterstützen, beschleunigen und optimieren zu wollen.

Dabei unterscheiden sich die verschiedenen Phasen des formal-logischen Planungsprozesses hinsichtlich ihrer Unterstützbarkeit durch Technik und Informationssysteme, auch in Abhängigkeit vom Entwicklungsstand der

---

133 German Environmental Information Network, http://www.gein.de

134 Http://www.umweltbundesamt.de

135 http://www.statistik-bund.de/stabis/start.htm

136 http://www.statistik-bund.de/presse_k/ugr_d.htm

137 vgl. hierzu die UIS-Dokumentation unter http://www.mu.niedersachsen.de/UIS-DOKU/UISweb/index.html

138 Das veraltete und eher betriebswirtschaftlich orientierte Modell eines formal-logischen Planungsprozesses muss sehr kritisch gesehen werden und wird in Kapitel 2.2 ausführlicher diskutiert. Es wird hier aus Gliederungsgründen dennoch verwendet, da es Strukturierungsansätze bietet, die Planung leichter in DV-Prozesse abbilden lassen.

Software. Je nach Planungsphase kommen unterschiedliche Werkzeuge und Methoden zum Einsatz, die oft bereits in den herkömmlichen, analogen Arbeitstechniken ihre Anwendung fanden.

Die Bedeutung von IuK-Techniken bzw. Informationssystemen in den Phasen des Planungsprozesses lässt sich in etwa wie folgt umreißen:

- Informationssysteme können für den Planungsprozess entscheidungsrelevante Informationen bereitstellen, indem sie auf Monitoring-Konzepten kontinuierlicher Raum- und Umweltbeobachtung aufbauen, also kontinuierlich Daten über Raum- und Umweltzustände vorhalten. Im Idealzustand liefert ein solches Informationssystem zunächst eine möglichst umfassende *Beschreibung der aktuellen (Umwelt-) Situation*. Diese ist aber abhängig von den zuvor getroffenen Problemdefinitionen der Planer: was nicht als Problem gewertet wurde, ist nicht Gegenstand des Informationssystems[139].

- In der Planungsphase der *Bewertung* ist die Rolle von Informationssystemen weniger bedeutend, weil Bewertung als normsetzender Vorgang, der in der Planung auf gesellschaftlichen Aushandlungsprozessen basiert, nicht vom Computer geleistet werden kann, wenngleich ab und an Ansätze dazu etwa durch die Einrichtung von Expertensystemen o. ä. vorzufinden sind. Diese haben aber eher das Ziel, regelbasierte Verfahren in die Bewertung einzuführen, die den Ablauf strukturierter und nachvollziehbarer machen sollen. D. h. Bewertungsaussagen können geordnet oder verknüpft werden, und immer wiederkehrende Bewertungsvorgänge lassen sich automatisieren (standardisierte Bewertungen), wenn Ergebnisse der gesellschaftlichen Aushandlungsprozesse im System abgebildet werden. Der wertgebende Prozess findet aber stets außerhalb der Maschine im Vorfeld statt, er lässt sich aber auch durch technikbasierte Kommunikationskomponenten unterstützen (vgl. u.).

- Die *Alternativenentwicklung* hingegen ist der ureigene planerisch-kreative Akt, der sich (bislang) jeglicher Technisierung entzieht. Computer können hier nur Assistenten sein, wenn sie etwa bei der Erstellung von Entwürfen genutzt werden.

- In *Prognoseschritten* kommen, wie oben erwähnt, spezielle Softwareprodukte zum Einsatz, die in der Lage sind, mittels Computer-Simulationen Aussagen über zukünftige Zustände zu generieren. Prognosemodelle findet man auch bei den besseren GIS als Teilkomponenten des Softwarepakets.

- Wichtiger ist dann wieder die Rolle von Computern für Erleichterungen im Rahmen der *Entscheidungsvorbereitung*, denn Ist-Soll-Vergleiche lassen sich recht gut automatisieren.

- Im *Vollzug und in der Kontrolle* der Planung werden wieder andere Software-Funktionen benötigt. Zu nennen sind hier etwa Wiedervorlagefunktionen aus der Bürokommunikation, Datenbanken zur Erfassung und Überwachung der Vorgänge, aber auch die schon genannten Ist-Soll-Vergleiche, die bei räumlichen Fragestellungen über GIS leicht zu erstellen sind.

- Beachtet man dann noch, dass formal-logische Planungsprozesse auch stets rekursive Elemente haben können, so sollten die zuvor genannten Funktionen bei gut konzipierten Informationssystemen auch Hilfestellung bieten können für das *Wahrnehmen und Erkennen neuer Problemlagen*.

Hervorgehoben werden müssen die spezifischen *Analysetechniken* (Grafische Selektion, Nachbarschaftsanalyse, Pufferberechnung, Verschneidung, Rasterzellenanalyse, Oberflächenmodellierung, Netzwerkanalyse), die zu den eigentlichen Potenzialen von GIS zu zählen sind, denn sie haben gleich mehrfach Bedeutung: Analysen können z. B. dazu dienen, Ursache-Wirkungs-Zusammenhänge zu erkennen. Wichtig kann dies etwa für die Verursacheridentifikation sein, die eine Zustandsbeschreibung erst vollständig macht. Ursache-Wirkungs-Zusammenhänge spielen aber auch für die Prognose zukünftiger (Umwelt-) Zustände eine entscheidende Rolle. Analysetechniken (insbesondere die Verschneidung) tragen überdies zur Konfliktermittlung bei, die ebenfalls in verschiedenen Planungsphase eine Rolle spielen kann.

Abschließend sei betont, dass aufgrund der offensichtlichen Affinität zwischen formal-logischer Problembearbeitung und IuK-Technik diese einen besonders großen Nutzen gerade in stark formalisierten Phasen von Planungsverfahren entwickeln kann (z.B. UVP, Eingriffsregelung).

Allerdings wird diese Vorstellung von Planungsabläufen der Realität von Verwaltung und Planung nur wenig

---

139 Beispielsweise wurde Bodenschutz lange Zeit in der Umweltplanung nicht thematisiert, entsprechend wenig Informationen lagen und liegen heute oft immer noch über aktuelle Belastungszustände vor (vgl. Fürst et al. 1996, 62 ff.)

gerecht. Wohl auch aus diesem Grund führt Reinermann (1995, 1) an, dass sich trotz aller Entwicklungen von DV-Systemen die Eigenschaften von Verwaltungen darin nicht wirklich haben abbilden lassen.

Kommunikative Anwendungsebenen

Um weitere Funktionen herauszuarbeiten, die die wachsende Bedeutung von IuK-Technik im Planungsprozess bestimmen, muss Planung umfassender gesehen werden als politischer Prozess. In diesem Zusammenhang tritt die Konfliktregelung und Konsensfindung als Aufgabe der Planung in den Vordergrund, die heutzutage in partizipativen und kommunikativen Problemlösungsprozessen bearbeitet wird. Aufseiten der IuK-Technik hat dies zunehmende Bedeutung der kommunikativen Programmfunktionen zur Folge.

Betrachten wir daher nun stärker die Kommunikationsfunktionen der neuen Technik[140]. Als Teil des Kommunikationsprozesses tritt statt der bisher besprochenen Informationsverarbeitung hier mehr die Informationsver- und -übermittlung in den Vordergrund. Sinnvoll ist sicherlich, wie etwa bei Lenk (1997, 100 ff.), beide Aspekte im Zusammenwirken zu betrachten, um die Rolle von Informationssystemen für die Unterstützung eines Partizipationsprozesses in seiner Gesamtheit zu beschreiben.

Die Techniken und Anwendungen entstammen der stürmischen Entwicklung der gesamten Kommunikationstechnik in den letzten Jahren, die wesentlichen Anschub durch die explosionsartig gewachsene Popularität des Internet erhielt. Viele Ansätze stecken jedoch noch in den Kinderschuhen, zahlreich sind aber auch die Experimente und Pilotprojekte in diesem Bereich.

Es gibt eine Reihe verschiedener Möglichkeiten, die IuK-Technik mittels der diversen Softwareprogramme und -funktionen im Kommunikationsprozess einzusetzen. Man kann etwa hinsichtlich der Informationsübermittlung differenzieren in direkten Austausch zwischen Einzelpersonen, gezielte Information spezifischer Gruppen durch Einzelne (Institutionen) und breitgestreuten Informationsangeboten für viele, meist wenig spezifizierte Zielgruppen. Ersteres findet bislang häufig verwaltungsintern statt, also zwischen Planern im selben Amt, zwischen verschiedenen Ämtern oder vertikal über die verschiedenen Hierarchie- und Verwaltungsebenen z. B. im Rahmen von Beteiligungs- oder Genehmigungsverfahren. Die beiden anderen Formen tauchen vor allem in der Kommunikation nach außen auf - und zwar in zunehmendem Maß, also mit den Planungsadressaten und Betroffenen oder grundsätzlicher mit dem Bürger.

Zur internen, elektronischen Kommunikation hat in den Verwaltungen in den letzten Jahren - allerdings um einiges später als in anderen Bereichen - das Verfahren des Electronic Mailing (E-Mail) Einzug gehalten. Erforderlich war dazu eine mittlerweile etablierte, verwaltungsweite Vernetzung[141]. E-Mail dient zunächst dem Austausch von Nachrichten / Mitteilungen zwischen den Mitgliedern der Verwaltung. Darüber hinaus können via E-Mail oder aber über andere Software beliebige Daten übermittelt werden, so dass der Austausch von Textdateien, Tabellen, Bilddateien und vieles andere mehr möglich wird. Ein schneller und effizienter Informationsaustausch bei der Bearbeitung von Geschäftsvorgängen über mehrere Schreibtische hinweg wird über die internen Netze der Verwaltung auch und besonders durch Workflow-Managementsysteme ermöglicht, wobei besonders Wert gelegt wird auf die Integration unterschiedlicher Anwendungssoftware.

'Discussion Groups' und 'Chatrooms' sind zwei weitere Formen der elektronischen Kommunikation, die im Freizeitbereich recht viel Aufmerksamkeit erlangten, für die Planung aber (bislang) wenig Bedeutung gewinnen konnten. Solche Gruppen für Planer im Internet mit dem Ziel fachbezogener Diskussionszirkel zu etablieren, ist zumindest im deutschsprachigen Raum auf relativ wenig Resonanz gestoßen[142].

Eine Kommunikation nach außen, also mit der Öffentlichkeit, hat mittels der neuen Medien lange Zeit nicht stattgefunden; die Verwaltungen waren trotz interner Vernetzung häufig abgeschottet, ein Internet-Zugang bestand selten. Seit einigen Jahren sind hier aber enorme Entwicklungen zu verzeichnen. Vor allem auf kommunaler Ebene setzt man neuerdings sehr stark auf das

---

140 Schwerpunkt wird hier auf computerbasierte Kommunikationstechnik gelegt, d. h. Computer dienen den Anwendern zum Austausch (Eingabe/Empfang) der Nachrichten, weil die Möglichkeiten der verschiedenen Telekommunikationstechniken (Telegrafie, Telefon, TV, Computer) immer mehr über die Computertechnik miteinander verschmelzen.

141 Netze von Stadtverwaltungen werden heute gerne als Intranets bezeichnet, die Verwaltungen in auf Ebene der Länder sind untereinander über Landesbehördennetze verbunden.

142 vgl. etwa das Diskussionsforum für Landschaftsarchitekten LAFORUM-L (http://mailhost.rz.uni-karlsruhe.de/warc/laforum-l.html)

Internet, um die Kontaktstelle Bürger-Verwaltung zu verbessern und dem Zeitgeist anzupassen. Neben den direkten Zugangsmöglichkeiten der Bürger über das Internet werden indirekte Zugänge geschaffen, indem die überall entstehenden Bürgerämter oder Bürgerbüros mit Internet-Anschlüssen versehen werden. Mancherorts werden frei zugängliche Terminals in Büchereien etwa oder an anderen Orten im öffentlichen Raum eingerichtet, die neue Informationsangebote der Verwaltungen dem Bürger erreichbar machen sollen (Schildwächter 1997, 31 ff.). Die Zahl der Verwaltungen, die einen Internetauftritt verwirklicht haben, also über das WWW Informationen zum Aufbau und zur Arbeit der Verwaltung bereitstellen, ist in den letzten Jahren explosionsartig gewachsen[143]. Der Gehalt solcher Informationsangebote, die gemeinhin als Stadtinformationssysteme bezeichnet werden (Kubicek et al. 1997), differiert sehr deutlich. Bei den kommunalen Internetauftritten stehen oft Aspekte des Stadtmarketings und der Wirtschaftsförderung im Vordergrund (Rau u. Rupp 1998), weil der interkommunale Wettbewerb heute eine ansprechende Internet-Präsenz verlangt[144].

Die Planung führt bezüglich der Internet-Präsenz zwar im Vergleich mit anderen Angeboten häufig ein Nischendasein, profitiert aber insgesamt von diesen Entwicklungen, weil mittels WWW-Präsentationen zunehmend auch Informationen aus den Bereichen Planung und Umwelt von den Verwaltungen im Netz angeboten werden. Neben den oben schon erwähnten WWW-Angeboten der Länder finden sich im Netz auch immer mehr kommunale Angebote. Beispiele sind etwa Umweltdaten aus kommunalen Umweltinformationssystemen (z. B. Dortmund), manchmal über GIS-Internet-Mapserver aufbereitet als kommunale Umweltatlanten (z. B. München[145]). Auch die Planungsämter sind z. B. mit ihren Bauleitplänen im Netz präsent (z. B. Hannover[146]). In ersten Ansätzen geht man in manchen Städten sogar noch weiter und gibt über elektronische Kommunikationsangebote im Rahmen der anstehenden Bauleitplan-Verfahren den Bürgern die Möglichkeit zur Beteiligung, indem Anregungen und Bedenken über das Medium eingereicht werden können (z. B. Düsseldorf[147]). Viel beachtete Entwicklungen aus der Forschung in diesem Zusammenhang sind etwa 'Der Interaktive Bebauungsplan', der an der Universität Kaiserslautern als Bürgerinformationssystem für die Begleitung von B-Plan-Verfahren entwickelt wurde (Schmidt 1997) oder das GEOMED-Projekt als internationale Kooperation mit Beteiligung durch die Stadt Bonn und die GMD mit Experimenten zur Entwicklung DV-gestützter Mediationsverfahren in der Stadt- und Regionalplanung (Ziegenhagen u. Seelbach 1998). Sehr intensiv genutzt werden die neuen Techniken auch für den Dialog mit den Bürgern im Rahmen lokaler Agenda 21- oder anderer Stadtentwicklungsprozesse.

Neue Impulse erfährt der Kommunikationsprozess auch durch rechnergestützte Visualisierungs- und Präsentationstechniken. Die vielfältigen Softwareangebote aus diesem Bereich haben meist das Ziel, Planungsgrundlagen und Planungsinhalte den Planungsadressaten besser aufbereitet und damit verständlicher und nachvollziehbarer zu machen. Aber auch der Planer selbst soll durch die Visualisierungstechniken zu einer intensiveren Reflektion seiner Planungen gelangen, indem Ausgangspunkte, Zwischenschritte, Ergebnisse und Auswirkungen der Planung besser verdeutlicht werden. Beispielsweise können in der Analysephase Zusammenhänge besser aufgezeigt werden, wenn etwa die Veränderung von Landschaftszuständen über die Visualisierung von Zeitreihen dargestellt wird. Die visuellen Wirkungen von geplanten Bauwerken oder anderen Eingriffen in die Landschaft lassen sich über Foto-Simulationen oder digitale Geländemodellen erkennen und abschätzen. Auch die Ergebnisse von Modellrechnungen können über Visualisierungen besser nachvollzogen werden, wenn z. B. in Hochwasser-Simulationen statt umfänglicher Zahlenkolonnen oder Ganglinien das Überschwemmungs-Szenario im 3D-Modell erscheint.

Mit diesen Beispielen sind auch die Hauptströmungen im Bereich der Visualisierungssoftware angesprochen, die sich in den letzten Jahren herauskristallisiert haben (vgl. auch Wegner 1999):

---

143 vgl. etwa die Linklisten des Deutschen Instituts für Urbanistik (DifU) und der kommunalen Spitzenverbände oder aber http://www.kommon.de/staedte.htm

144 Eigens ins Leben gerufene Wettbewerbe wie der Städtewettbewerb MEDIA@Komm, gefördert vom Bundesministerium für Wirtschaft und Technologie (http://www.dlr.de/IT/MM/media@komm), unterstützen das Engagement der Kommunen auf diesem Gebiet.

145 http://www.muenchen.de/referat/rgu/frames/datfakt/Fdatfakt.htm

146 http://www.hannover.de/deutsch/wohnen/planen.htm

147 http://www.duesseldorf.de/f_buerg.htm

- Ausgehend von den Computerprogrammen zum digitalen Konstruieren und Entwerfen (CAD) wurden spezielle Programmfunktionen oder -aufsätze entwickelt, die über dreidimensionales Arbeiten und Betonung von möglichst realitätsnaher Darstellung der Oberflächen mittels Rendering-Funktionen die traditionellen Modellbautechniken ersetzen wollen, um den Planentwurf zu visualisieren.
- Die digitalen Geländemodelle der Geo-Informationssysteme, die mittlerweile auch verbesserte Darstellungsmöglichkeiten der Oberflächen besitzen und damit ganze Landschaften im Computer nachbilden sollen[148], werden in Analysephasen genutzt.
- Spezialsoftware zur Visualisierung mehrdimensionaler Datensätze findet primär in der wissenschaftlichen Datenverarbeitung Anwendung (beispielsweise in der Klimatologie, vgl. Encarnacao u. Kühn 1994).

Die meisten dieser Produkte erlauben heute auch bewegte Animationen, d. h. eine Veränderung der Betrachterposition wird möglich. Damit lassen sich Objekte aus verschiedenen Blickwinkeln betrachten oder sogar der Einstieg in virtuelle Welten erleben, wenn der Betrachter durch die digitalen Räume zu einem virtuellen Rundgang und -flug bewegt wird. Die Erlebbarkeit dieser digitalen Räume ist (theoretisch) über CD-ROM oder Internet ubiquitär, daher erscheinen digitale Landschaften sowohl im privaten Wohnzimmer als auch im Besucherzentrum eines Nationalparks.

Wichtig zu erwähnen sind schließlich noch die neuen Möglichkeiten, die durch multimediale Techniken gegeben sind. Damit können die Darstellungsmöglichkeiten erweitert werden, und zusätzlich zu den digitalen Plänen, Bildern und 3D-Animationen auch noch Video- und Tonsequenzen in die Präsentation eingebaut werden. Eindrucksvolle Beispiele wurden bereits vor Jahren etwa von Shiffer am Massachusetts Institute of Technology (MIT) (vgl. etwa Shiffer 1995) oder in Deutschland von Richter (z. B. in Richter u. Mendler 1995) entwickelt. Entscheidenden Einfluss auf die Entwicklung von Multimedia hatten sicherlich die über die Hyperlink-Technik gegebenen Möglichkeiten der Verknüpfung unterschiedlichster digitaler Quellen.

Kooperative Planungsprozesse können in Zukunft aber womöglich noch umfassender mit IuK-Technik unterstützt werden. In Forschungen zu 'Interaktiven Kooperationslandschaften' oder auch 'Computer Supported Cooperative Work (CSCW)' geht es darum, neue Arbeitsumgebungen durch die Verknüpfung von realen und virtuellen Welten zu schaffen, um kreative Teams über räumliche und zeitliche Grenzen hinweg zusammen zu bringen und am gemeinsamen Werkstück, Plan oder Thema arbeiten zu lassen (Streitz 1997). Vorläufer dieser Entwicklung sind Videokonferenz-Systeme.

2.7.7 Verändert IuK-Technik die Planung?

Mit der Einführung von IuK-Technik ist eine Reihe von Erwartungen und Zielen verknüpft worden[149], die auch auf deutliche Veränderungswirkung im Planungsprozess bezogen waren. Allerdings konnten die mitunter überzogenen Erwartungen bei der Realisierung der Systeme dann teilweise nicht erfüllt werden, weil u. a. Implementationshürden und Anwendungsprobleme einen optimalen Systemeinsatz verhinderten. Die wohl wichtigsten diskutierten Veränderungen infolge der neuen Techniken lassen sich wie folgt umreißen:

Veränderung bürokratischer Organisationen
Sehr weitreichend waren die Erwartungen an Informationssysteme vor allem, weil ihnen Veränderungspotenziale für Verwaltungen zugeschrieben wurden, die einen Wandel sowohl in der Organisationsstruktur als auch im Verhalten bei der Problemwahrnehmung und -bearbeitung bewirken sollten. Man erwartete hier mehr Querschnittsorientierung und eine Überwindung sektoralen Denkens. Angestrebt wurde eine Überwindung von Informationsmacht und -monopolen, da Informationssysteme vom Ansatz her Vernetzungskonzepte sind, wo Informationen für alle ständig verfügbar sein sollten. Verbessern sich Informationsverfügbarkeit und -qualität durch solche Ansätze, so kann letztlich Koordination und Steuerung optimiert werden[150].

Die IuK-Technik wird daher mit ihren "drastisch verbesserten Zugangsmöglichkeiten zu Personen, Daten und Programmen" als "'Enabling Technology" gesehen und man geht gar soweit, die IuK-Technik als Schlüssel

---

148 etwa das Softwarepaket World-Construction-Set als Ergänzung zur ESRI-Software

149 Zielsetzungen bei der Einführung von UIS s. Fürst et al. (1996, 51 ff.), Erwartungen an Stadtinformationssysteme s. Kubicek et al. (1997)

150 z. B. im Handlungsfeld Umweltschutz als Erwartung an UIS formuliert

zur Verwaltungsreform zu empfehlen (Reinermann 1999, 11)[151]. Allerdings ist meist nur schwer eine unmittelbare Wirkungsbeziehung zur IuK-Technik nachweisbar, weil ja parallel in den Verwaltungen ohnehin innovative Ansätze Einzug halten (Verwaltungsreform, neues Steuerungsmodell mit Anstößen zur Deregulierung, Dezentralisierung, querschnittsorientierte Arbeitsweise). Zudem ist die Frage angebracht, ob die Rolle der Technik nicht überbewertet wird und sich möglicherweise althergebrachte Verwaltungsstrukturen mit den neuen technischen Netzen eher zementieren. Fürst et al. (1996, 173 f.) konnten nachweisen, dass Informationssysteme alleine Ressortegoismen und Informationsmonopole nicht abbauen können, weil der systemimmanente Vernetzungsansatz in der Praxis selten konsequent umgesetzt ist. Auch Reinermann sieht die bisherigen Wirkungen der Technik in der öffentlichen Verwaltung eher "marginal, weil nicht in die Substanz eingreifend", eine Integration der Verwaltung bislang nicht zustande gebracht wurde und gegebene Potenziale nicht genutzt werden (Reinermann 1999, 12).

Steigerung der Effektivität beim Verwaltungshandeln
Trotz der genannten Einschränkungen sind Effektivitätssteigerungen unverkennbar festzustellen, die auf die Einführung von IuK-Technik zurückgeführt werden können. Es ist den Verwaltungen mit diesen Hilfsmitteln gelungen, die wachsende Aufgabenfülle bei sinkenden Personalbeständen halbwegs aufzufangen und so die häufig konstatierten Vollzugsdefizite zumindest nicht noch größer werden zu lassen (Fürst et al. 1996, 157 ff.). Entlastungseffekte durch Beschleunigung konnten besonders im Bereich standardisierbarer und häufig wiederkehrender Vorgangsbearbeitung vor allem im Vollzugsbereich erreicht werden. Beschleunigungseffekte lassen sich aber auch in Planungs- und Genehmigungsverfahren vorweisen, weil Informationen durch technikbedingte Systematisierung schneller und vollständiger zur Verfügung stehen.

Kommunikation und Partizipation
Viel stärker als die eben angesprochenen, binnenadministrativen Veränderungen lässt sich als Folge der Nutzung von IuK-Technik erkennen, dass das kommunikative Verhältnis zum Bürger maßgeblich verbessert wird.

Die vielen interessanten Ansätze zu Bürgerinformationssystemen, neue Formen partizipativer Planungsprozesse, die auf Internet basieren, die Bürgerbüros als bürgernahe Verwaltungssatelliten, die über Netzzugänge Zugriff auf alle relevanten Informationen in der Verwaltung haben, sind allesamt Anzeichen dieser neuen Verwaltungskultur, die von einer nie da gewesenen Offenheit geprägt ist und Chancen bietet, der Forderung nach verbesserten Partizipationschancen für die Bürger durch Anwendung von IuK-Technik um Einiges eher gerecht zu werden. Auch hier muss aber wieder gelten: Die Technik ist primär Mittel zum Zweck. Zu bedenken ist, dass eine solche "Angebotskommunikation" alleine nicht ausreicht, um alle relevanten Gruppen der Bevölkerung denn auch zu einer Partizipation zu bewegen. Hier gilt es, umfassendere Strategien zu entwickeln (Selle 1997, 46). Denn wer verliert sich schon in den Weiten des Cyberspace in die oft sehr nüchtern daher kommenden Internet-Angebote der Stadtverwaltungen. So hat sich bei einer Untersuchung der Nutzerstruktur und des Nutzerverhaltens der Angebote der "Digitalen Stadt Amsterdam"[152] gezeigt, dass zwar gerade das Bedürfnis nach Kommunikation und sozialen Kontakten sehr hohe Priorität bei den Besuchern hatte, die recht einseitig vor allem aus jungen Bevölkerungsgruppen rekrutierten. Verwaltungsinformationen stießen hingegen beim Publikum auf wenig Interesse (Schalken u. Tops 1995, 147 ff.).

Entscheidungsunterstützung/Decision Support
Der Aufbau von Informationssystemen ist mit der Erwartung verbunden, die Entscheidungsgrundlagen in Planungsprozessen entschieden zu verbessern, weil mehr und damit umfassender, aktueller und genauer Daten und Informationen erzeugt und vorgehalten werden können, die außerdem dann schneller und problemadäquater zur Verfügung stehen. Damit einher geht die Hoffnung, den informationsverarbeitenden Prozess der Planung dem Dilemma unvollkommener Information zu entreißen und damit der Planung unter Unsicherheit und Risiko zumindest teilweise zu entkommen (Le Clerq 1989, 59).

Informationssysteme stellen somit ein Mittel für Planer dar, den immer größer werdenden Anforderungen durch die gestiegene Komplexität der Planungsprobleme und den Druck zur Beschleunigung von Planung

---

[151] Reinermann zitiert hier den im Rahmen der "Initiative Informationsgesellschaft Deutschland" beim Bundeskanzler gegründeten "Rat für Forschung, Technologie und Innovation".

[152] http://www.dds.nl

auch weiterhin gerecht werden zu können. Nach Ingenthron (1997, 116) ist damit die Verfügbarkeit der Planungsinformationen heute eine der wichtigsten Voraussetzungen für die Rechtssicherheit der Planung.

Diese an Informationssysteme geknüpften Hoffnungen müssen aber kritisch gesehen werden. Zunächst bedingen die Systeme ein immer Mehr an Information, was nicht zwangsläufig zu besseren Ergebnissen führt. Im Zusammenhang mit dem Internet wird gerne auch von einem Information-Overflow gesprochen, weil die Informationsflut eine Selektion relevanter Informationen kaum noch zulässt. Erste Erfahrungen haben gezeigt, dass die Fülle und fehlende Gewichtung von Informationen sich beim Aufbau eines Planungsinformationssystems als zentrales Problem erweisen können (Ziegenhagen u. Seelbach 1998, 51 ff.). Borchard (1997, 5 f.) sieht daher intelligente Methoden zur Auswahl von Informationen und darüber hinaus zur intelligenten Verknüpfung der gewonnenen Informationen zu neuem Wissen als zukünftige Anforderungen an entscheidungsunterstützende Systeme. Darüber hinaus wird aber von Fürst kritisch der sich über Informationssysteme verstärkende Trend hinterfragt, dass planerische Entscheidungen immer mehr auf "virtueller Realität" aufbauen, "die der Planer von anderen übernimmt und selbst kaum noch prüfen kann" (Fürst 1996, 22 ff.).

Informationsmanagement

Eine grundlegende Voraussetzung für die effektive Nutzung von Informationssystemen besteht darin, dass gut durchdachte Strategien eines Informationsmanagements entwickelt werden.

Der DV-Einsatz zwingt dazu, klare Organisationsregeln für das Systematisieren, Strukturieren und Managen von Daten und Informationswegen festzulegen, um Datenchaos zu vermeiden. Über klare Regeln des Datenmanagements soll möglich werden, gezielt die richtigen Informationen zum richtigen Zeitpunkt am richtigen Ort vorzuhalten. Geo-Informationssysteme bringen hier enorme Vorteile mit sich, weil sie in der Lage sind, sowohl quantitative wie auch qualitative Eigenschaften von Objekten über deren Raumbezug zu verknüpfen und für die Planung verfügbar zu machen.

Es ist außerdem zu beobachten, dass über die Erfordernisse eines modernen Informationsmanagements offenbar vermehrt Managementmethoden Einzug in die Verwaltung halten, die bislang vor allem aus der Wirtschaft bekannt waren. Beispielsweise sind Führungsinformationssysteme ähnlich wie die der Wirtschaftsunternehmen häufig auch für Verwaltungen gefordert und sogar bis hinauf auf die Länderebene etabliert worden[153]. Reinermann (1995, 13 ff.) konstatiert in diesem Zusammenhang eine Renaissance des Controlling.

Zu fragen ist aber, in wie weit Planer Einfluss auf die Ausgestaltung der Informationssysteme haben und ihre Wünsche und Anforderungen darin abbilden können und nicht etwa die Technokraten in der Verwaltung durch die Systeme begünstigt werden. Ein weiteres Problem des Informationsmanagements besteht darin, dass wie oben schon angesprochen, wenig Klarheit über zukunftsweisende Konzeptionen für eine sachgerechte Filterung, Aggregierung und Aufbereitung von Informationen in der Planung besteht. Denn die neuen Planungsprozesse sind oft schwer strukturierbar und erfordern ein hohes Maß an Flexibilität der Systeme, weil verstärkt Ad-hoc-Informationen abgefragt werden und starr aufgebaute Informationssysteme damit häufig Schwierigkeiten haben.

Dieses Problem verschärft sich noch zusätzlich, wenn 'Politikmoden' immer neue Themen aufwerfen, denen Informationssysteme, die auf zu starren Monitoring-Konzepten und statischem Datenvorhalten basieren, kaum nachkommen können. Hier klafft noch eine gewaltige Forschungslücke hinsichtlich der Frage, wie Informationssysteme gewissermaßen 'quick and dirty' bei solchen Themenstellungen Antworten geben können. Kernproblem ist hier vor allem die Frage geeigneter Indikatoren.

Methodenwahl

Durch neue DV-gestützte Methoden, wie sie z. B. durch GIS-Programme im Bereich der räumlichen Analyse oder durch Simulationsprogramme im Bereich der Prognose geboten werden, soll die Qualität und der Bedeutungsinhalt der Informationen über ein Mehr an Wissenschaftlichkeit gesteigert werden. Konsequenz kann sein, dass, wie Borchard (1997, 9 ff.) für die Stadtplanung beispielhaft fordert, wieder vermehrt quantitative Methoden in der Planung Verwendung finden.

Auch der Forderung nach mehr Objektivierung und Nachvollziehbarkeit von Bewertungsvorgängen (vgl.

---

153 U. a. in Baden-Württemberg ist ein Führungsinformationssystem als integrierter Bestandteil des Landes-Umweltinformationssystem aufgebaut worden.

Kap. 7.9) können GIS Rechnung tragen, denn eine saubere Dokumentation von verwendeten Daten und Methoden entscheidet über die Verwendbarkeit eines Informationssystems. In der Praxis hat sich diese Notwendigkeit aber noch wenig niedergeschlagen, wie die oft nur zögerliche Anwendung von Meta-Informationssystemen verdeutlichen kann. Mit der Einführung von Informationssystemen geht außerdem auch die Vorstellung einer, (Bewertungs-) Verfahren standardisieren zu können. Die vorzufindenden Ansätze dazu haben der Planungspraxis bislang wenig gebracht oder sind skeptisch aufgenommen worden (z. B. EXCEPT, ISAL[154]).

Literatur

BILL, R.; FRITSCH, D., 1994: Grundlagen der Geo-Informationssysteme, Band 1: Hardware, Software und Daten, 2.Aufl., Heidelberg.

BORCHARD, K., 1997: Erwartungen der Stadtplanung an computergestützte Informationssysteme. In: Streich, B.; Schmidt, T. (Hrsg.), 1997: Computergestützte Assistenzsysteme für die Stadtplanung, Stadtmanagement auf neuen Wegen, Kaiserslautern, 3-16 (Computergestützte Planungs- und Entwurfsmethoden 3).

BUHMANN, E., WIESEL, J., 1999: GIS-Report '99, Karlsruhe.

ENCARNACAO, J.; KÜHN, V., 1994: Visualisierungstechniken in Umweltanwendungen. Informationstechnik und Technische Informatik 36, (4/5): 26-31.

FÜRST, D., 1996: Komplexitätsverarbeitung in der Planung (Stadt-, Regional- und Landesplanung) - am Beispiel der Regionalplanung. Archiv für Kommunalwissenschaften 35 (1): 20 - 37.

FÜRST, D.; MARTINSEN, R., 1997: Reaktionsweisen kommunaler Umweltschutzverwaltungen gegenüber wachsenden Anforderungen, Baden-Baden.

FÜRST, D.; ROGGENDORF, W.; SCHOLLES, F.; STAHL, R., 1996: Umweltinformationssysteme - Problemlösungskapazitäten für den vorsorgenden Umweltschutz und politische Funktion, Hannover (Beiträge zur räumlichen Planung, 46).

GOLAN, B., 1994: Umweltinformationssysteme auf Landesebene - am Beispiel des Bodeninformationssystems des Landes Nordrhein-Westfalen. Informationstechnik und Technische Informatik 36, (4/5): 38-42.

INGENTHRON, G., 1997: Lean Management durch Planungsinformationssysteme - Einschätzung aus der Planungspraxis. In: Weber, H.; Streich, B. (Hrsg.): City-Management: Städteplanung zwischen Globalisierung und Virtualität, 100-117, Opladen.

JOHNSTON, A.C., 1998: Geographic Information Systems in Ecology. Methods in Ecology, Oxford.

KÖNIG, R., 1997: Telependeln statt Rush-hour - Verkehrsersparnis durch Telearbeit? In: Institut für Landes- und Stadtentwicklungsforschung des Landes Nordrhein-Westfalen (Hrsg.): Daten- statt Autobahn? Dortmund, 66-70 (ILS-Schriften 120).

KOEPPEL, H.-W.; ARNOLD, F., 1981: Landschafts-Informationssystem, Bonn-Bad Godesberg (Schriftenreihe für Landschaftspflege und Naturschutz, 21).

KUBICEK, H. et al., 1997: www.stadtinfo.de - Ein Leitfaden für die Entwicklung von Stadtinformationen im Internet, Heidelberg.

KURNOL, J., LORENZ-HENNIG, K., 1998: Telekommunikation und Raumordnung. Informationen zur Raumentwicklung (1): 11-16.

LE CLERQ, F., 1990: Information Management within the Planning Process. In: Scholten, H.J., Stillwell, J.C.H.: Geographical Information Systems for Urban and Regional Planning, 59-68 (The GeoJournal Library, 17), Dordrecht [u.a.].

LENK, K., 1991: Führungsinformation: Was heute mit technischer Unterstützung möglich ist. In: Reinermann, H. (Hrsg.): Führung und Information, 16-29, Heidelberg.

LENK, K., 1997: Partizipationsunterstützung durch Informationssysteme. In: Streich, B.; Schmidt, T. (Hrsg.): Computergestützte Assistenzsysteme für die Stadtplanung, Stadtmanagement auf neuen Wegen, Kaiserslautern, 99-110 (Computergestützte Planungs- und Entwurfsmethoden 3).

OELKERS, K.-H., 1993: Aufbau und Nutzung des Niedersächsischen Bodeninformationssystems NIBIS - Fachinformationssystem Bodenkunde (FIS BODEN), Hannover (Geologisches Jahrbuch, F27).

PAGE, B.; HÄUSLEIN, A.; GREVE, K., 1993: Das Hamburger Umweltinformationssystem HUIS, Hamburg.

RAU, S.; RUPP, C.-J., 1998: Virtual Vancouver. Bauwelt 89 (12): 642-643.

REINERMANN, H., 1995: Vernetzte Verwaltung. Die Verwaltung 28 (1): 1-16.

REINERMANN, H., 1999: Verwaltungsreform und technische Innovation - ein schwieriges Dauerverhältnis. In: Kubicek, H. et al. (Hrsg.): Multimedia @ Verwaltung - Jahrbuch Telekommunikation und Gesellschaft 1999, 11-25, Heidelberg.

RICHTER, C.; MENDLER, S., 1995: Die interaktive Landkarte: Multimedia in der Landschaftsplanung. Garten und Landschaft 105, (11): 14-17.

SCHALKEN, K.; TOPS, P.W., 1995: Democracy and Virtual Communities. An Empirical Exploration of the Amsterdam Digital City. In: Van de Donk, W.B.H.J.; Snellen, I.T.M., Tops, P.W.: Orwell in Athens. A Perspective on Informatization and Democracy, 143-154, Amsterdam.

SCHILDWÄCHTER, R., 1996: Das digitale Bürgerinformationssystem: Techniken des World Wide Web für die kommunale Bauleitplanung, Kaiserslautern, (Computergestützte Planungs- und Entwurfsmethoden 1).

SCHMIDT, T., 1997: Der intelligente Bebauungsplan - Planungspartizipation auf neuen Wegen. In: Weber, H.; Streich, B. (Hrsg.): City-Management: Städteplanung zwischen Globalisierung und Virtualität, 118-131, Opladen.

SELLE, K., 1997: Planung und Kommunikation - Anmerkungen zur Renaissance eines alten Themas. DISP 129: 40-47.

---

154 EXCEPT = Expertsystemshell for Computer aided Environmental Planning Tasks, wurde in Zusammenarbeit zwischen der TU Hamburg-Harburg, der Firma IBM und der Landeshauptstadt Hannover als Entscheidungsunterstützungssystem entwickelt, vor allem um Bewertungsverfahren im Rahmen der kommunalen UVP zu unterstützen; ISAL = Informationssystem Altlasten, wurde in Nordrhein-Westfalen zur einheitlichen Erfassung und Bewertung von Altlastenflächen landesweit eingeführt.

SHIFFER, M. J., 1995: Interactive Multimedia Planning Support: Moving from Stand-Alone Systems to the World Wide Web. Environment and Planning B: Planning and Design 22: 649-664.

STEINITZ ROGERS ASSOCIATES INC., 1972: Computeranalyse für die Wahl der Trasse einer Schnellstrasse in Rhode Island / USA. Garten und Landschaft 82 (12): 549-551.

STILLGER, H., 1979: EDV als Hilfsmittel bei der Landschaftsbewertung und Landschaftsplanung, Hannover.

STREICH, B., 1991: Computereinsatz in der Stadtplanung. Über computergraphische Informationsverarbeitung und Entwurfsbearbeitung in der planenden Verwaltung von Kommunen. Archiv für Kommunalwissenschaften 30 (1): 91-100.

STREICH, B., 1997: Computer in der Stadtplanung - oder: Von Irrtümern und vom Umgang mit Komplexität. In: Streich, B.; Schmidt, T. (Hrsg.): Computergestützte Assistenzsysteme für die Stadtplanung, Stadtmanagement auf neuen Wegen, Kaiserslautern, 119-136 (Computergestützte Planungs- und Entwurfsmethoden 3).

STREITZ, N., 1997: Hypermedia-based CSCW Systems and Virtual Meeting Room Environments for Ubiquitous Collaboration. In: T. Ishiguro (Ed.): Multimedia Computing. Philadelphia: Society for Industrial and Applied Mathematics (SIAM), 95-112.

TACKEN, M., 1995: Influence of Telework on Spatial Planning and Transport. In: van Reisen, F.; Tacken, M. (Hrsg.): A future of telework, 101-108, Utrecht/Delft.

TÜRKE, K., 1984: Zum Entwicklungsstand räumlicher Informationssysteme. Informationen zur Raumentwicklung, (3/4): 195-206.

WEBER, H.; STREICH, B. (Hrsg.), 1997: City-Management - Städteplanung zwischen Globalisierung und Virtualität, Opladen.

WEGENER, M., 1978: Mensch-Maschine-Systeme für die Planung, Basel.

WEGENER, M.; MASSER, I., 1997: Schöne neue GIS-Welten. In: Weber, H.; Streich, B. (Hrsg.): City Management, - Städteplanung zwischen Globalisierung und Virtualität, 58-81, Opladen.

WEGNER, H., 1999: Anwendung dreidimensionaler Geodaten in der Raumplaung am Beispiel der kombinierten Nutzung von GIS, CAD und VRML. In: Schmidt, B., Uhlenküken, C. (Hrsg.): IfGIprints: Visualisierung raumbezogener Daten: Methoden und Anwendung. Beiträge zum 2. GeoViSC-Workshop 20. September 1999, 6, 15-34.

ZIEGENHAGEN, U., SEELBACH, M., 1998: GeoMed - ein internetbasiertes neues Medium für die Regional- und Stadtentwicklungsplanung. Zwischenbilanz eines Forschungsprojektes und seine Zukunftsrelevanz für die Praxis. Informationen zur Raumentwicklung, (1): 41-56.

Internetadressen zu den aktuellen Beispielen von Informationssystemen

Stadt Dortmund http://www.dortmund.de

Stadt Düsseldorf http://www.duesseldorf.de/f_buerg.htm

Stadt Hannover http://www.hannover.de/deutsch/wohnen/planen.htm

Stadt München http://www.muenchen.de/referat/rgu/frames/datfakt/Fdatfakt.htm

Stadt Münster http://www.muenster.de/stadt/index.html

Weitere Ausführungen zu verschiedenen angesprochenen Themen finden sich auch auf dem Server des Instituts für Landesplanung und Raumforschung der Universität Hannover unter http://www.laum.uni-hannover.de/ilr/lehre/lsv/lsv2.htm. Auf diesem Server finden sich außerdem weitere interessante Links wie z. B. eine Übersicht zu der Informationssystemen auf Länderebene unter http://www.laum.uni-hannover.de/umwelt/wwwum.html.

3. Planungsmethoden in der Praxis

3.1 Wissenschaftliches und planerisches Arbeiten

Frank Scholles

3.1.1 Anforderungen an wissenschaftliches Arbeiten

Wissenschaftliches Arbeiten muss den folgenden Anforderungen genügen:

Überprüfbarkeit
Die Aussagen müssen intersubjektiv überprüfbar sein, d. h. aufgrund der Konventionen der Wissenschaft konsensfähig sein. Dazu gehören nachvollziehbare Herleitung und Begründung.

Konventionen der Informationsgewinnung
Die Informationsgewinnung muss bestimmten Konventionen folgen:
- inhaltliche Logik
- systematische und methodische Datenerfassung
- methodische und strukturierte Datenauswertung

Die verwendete Methodik muss dem Stand der Kunst entsprechen, denn nur dann ist eine Einschätzung, wie fundiert der Beitrag des Einzelnen ist, und damit die Konsensfähigkeit gesichert.

Weitere Konventionen
Wissenschaftliche Arbeit muss seriös sein, d. h. sie muss Konventionen einhalten. Die wichtigsten Konventionen sind:

- Aussagen müssen entweder empirisch oder logisch-deduktiv oder durch Rückgriff auf anerkannte Literatur belegt sein.
- Leerformeln sind zu vermeiden. Leerformeln sind Aussagen, die immer richtig sind, weil sie nichts aussagen (z. B.: "Studienräte wollen entweder von Anfang an Studienräte werden, oder sie wollten zunächst einen anderen Beruf ergreifen", Seiffert 1972, 229).
- Tautologien sind ebenfalls zu vermeiden. Tautologien sind Aussagen, die nicht nachprüfbar sind, sodass die Aussage immer als richtig dargestellt werden kann, oder bei denen Folgerung mit anderen Worten lediglich die Prämissen wiederholt.
- Auch Zirkelschlüsse sind zu vermeiden. Zirkelschlüsse entstehen, wenn Hypothesen im Laufe der Argumentation wieder als Begründungen auftreten (z. B. "Die Stadt ist ein funktionell-verknüpftes, einheitliches Ganzes und somit ein Organismus."[1]).
- Bei Rückgriff auf Literatur sind konkrete Belege zu nennen, die wissenschaftliche Zitierweise ist einzuhalten. Floskeln wie "bekanntlich" oder "nach herrschender Auffassung" simulieren eine Begründung, wo keine ist, falls die herrschende Auffassung nicht explizit ausgelotet worden ist. Eigene Erhebungen sind nachvollziehbar zu spezifizieren (Fragestellung, Methodik, Rahmenbedingungen), wenn sie als Beleg herangezogen werden.
- Die eigenen Prämissen und die übernommenen Zitate müssen kritisch geprüft werden. Es ist gefährlich, sich unhinterfragt anderen anzuhängen, indem man Zitate unkritisch von (vermeintlichen) Autoritäten übernimmt.
- Es ist verwerflich, Daten so zu manipulieren, dass sie ein bestimmtes Ergebnis produzieren.
- Es muss kenntlich gemacht werden, wie sicher Aussagen sind, wo also Unsicherheit vorliegt (vgl. Kap. 6.1).
- Es muss kenntlich gemacht werden, wo (indikative) Sachaussagen aufhören und (normative) Wertung anfängt.

Gegen diese Anforderungen wird immer wieder fahrlässig oder vorsätzlich verstoßen. Nicht zuletzt deshalb glauben einige Fachleute nur noch Statistiken, die sie selbst gefälscht haben, und bestellen Bürgerinitiativen zu nahezu jedem Gutachten "nach Art des Hauses" ein Gegengutachten. Wenn grobe Verstöße entdeckt werden, ist es für den Verursacher nicht nur peinlich, sondern auch mit z. T. erheblichem Reputationsverlust und materiellen Konsequenzen verbunden. Letztlich kann aber nur an die Verantwortung der Wissenschaftler appelliert werden.

---

[1] Hier werden der Stadt Merkmale eines Organismus - einheitliches Ganzes - zugeschrieben, und dann daraus das Merkmal Organismus abgeleitet, aber: ist die Stadt ein einheitliches Ganzes? (vgl. Muscheler 1985, 221).

Öffentlichkeit

Wissenschaftliche Arbeiten müssen sich der Diskussion stellen. Dies geschieht durch Vorträge und/oder Veröffentlichungen in einschlägigen Zeitschriften und ggf. in Buchform sowie in den letzten Jahren auch im Internet.

"Zehn Gebote"

Morgan und Henrion (1990, 37) formulieren die folgenden "Zehn Gebote" für eine gute wissenschaftliche Arbeit:

1. Mache deine Hausaufgaben mit Literatur, Experten und Beteiligten
2. Lass das Problem die Analyse leiten
3. Mache die Analyse so einfach wie möglich, jedoch niemals einfacher
4. Erkenne alle erheblichen Annahmen
5. Benenne Entscheidungskriterien und politische Strategien explizit
6. Benenne Unsicherheiten explizit
7. Führe systematisch Sensitivitäts- und Risikoanalysen aus
8. Verfeinere die Problemdefinition und die Analyse iterativ
9. Dokumentiere klar und vollständig
10. Setze die Arbeit externer Begutachtung aus

3.1.2 Themenentwicklung

Problemdefinition - die halbe Miete

Die Problemdefinition ist oft bereits die halbe wissenschaftliche Arbeit. Allein das Herausarbeiten der richtigen Fragestellung kann bereits eine wesentliche wissenschaftliche Leistung sein. Das bedeutet:

- Ein wissenschaftliches Problem zu entdecken, kann zu neuen wissenschaftlichen Entwicklungen führen.
- Eine gute Problemdefinition spart Zeit, weil man nicht falschen Fährten folgt und sich nicht auf Nebenschauplätzen tummelt.
- Eine gute Problemdefinition weist in der Regel den Weg zu neuen Lösungen oder Ergebnissen, weil mit der Frageformulierung auch eine Neuorientierung der wissenschaftlichen Wahrnehmung oder Bezugssysteme einher geht.

Alles infrage stellen

Es gibt jedoch keine Methode zur Problemdefinition, hier dominieren Kreativität und Begabung. Grundzug der Wissenschaft ist, alles infrage zu stellen, denn nur dadurch entsteht die Herausforderung, Neues zu entwickeln. Das Bessere ist der Feind des Guten und derzeit anerkannte Theorien können jederzeit durch bessere ersetzt werden (s. Kap. 2.6.2).

Dazu benötigt man neben Kritikfähigkeit und Scharfsinn die Fähigkeit, sich von einer tradierten Denkrichtung zu lösen, bisherige Konventionen auch einmal infrage zu stellen und etwas in neue Bezugssysteme zu stellen.

Voraussetzungen

Eine Fragestellung zu entwickeln, setzt voraus, dass man Verständnis vom zu behandelnden Objekt hat oder erlangt und Problembewusstsein hat. Problembewusstsein besteht darin,

- Vergleiche anstellen zu können
- Alternativ-Vorstellungen zu haben (nicht nur nein zu sagen, sondern konstruktiv zu sein)
- systematisch (vernetzt) denken zu können (gerade bei vernetzten Systemen wie den ökologischen)
- Perspektiven ändern zu können (Bezugssysteme zu wechseln, sich in die Rolle von Vorhabenträgern oder Betroffenen versetzen zu können).

Wahrscheinlich kann man generalisieren: Gute Wissenschaftler sind diejenigen, die Fragen stellen können.

"How to ..."

Es gibt keine Technik zur Themenentwicklung. Je mehr man sich allerdings mit einem Thema befasst, desto bessere Fragen kann man stellen, desto klarer sieht man, wie das Problem zu definieren ist. Deshalb muss man sich zunächst intensiv mit dem Thema beschäftigen, indem man Gespräche mit Fachleuten führt, Literatur heranzieht und bei empirischen Arbeiten lange und differenziert beobachtet und die Beobachtungen reflektiert, d. h. gedanklich verarbeitet.

Bewährt hat sich, ein oder zwei zentrale Aufsätze oder Bücher zum Thema zu lesen, bis man einige Grundvorstellungen hat. Dann sollte man das Thema strukturieren, eigene Ideen sammeln und alles zusammenschreiben, dann wieder lesen und das Geschriebene dabei prüfen und ergänzen. Kriterien für die Prüfung sind:

- Ist die Ausarbeitung differenziert genug oder wurden wichtige Fragen ausgelassen?
- Beruht sie auf ungeprüften Annahmen, die selbst klärungsbedürftig sind?
- Gibt es andere Bezugssysteme, aus denen heraus das Thema angegangen oder interpretiert werden könnte?

Der daraus resultierende erste Vorentwurf ("draft") kann und wird in der Regel unvollkommen sein. Er wird aber den Vorteil haben, dass

- man sich Klarheit verschafft, was man will
- seine Gedanken anderen präziser mitteilen kann, sodass man von diesen passendere Anregungen erhalten kann
- klarer wird, auf was es bei weiterem Lesen ankommt und was von der Literaturflut irrelevant ist.

Womit wir beim Thema Literaturbeschaffung wären.

3.1.3 Literaturbeschaffung

Der Einstieg: Wissenschaftliche Bibliotheken

Einstiegsliteratur bekommt man über wissenschaftliche Bibliotheken. Deren Benutzung setzt aber voraus, dass man zwei bis drei relevante Schlagworte bildet, unter denen man in den zugehörigen Datenbanken recherchieren kann. Dabei empfiehlt sich erfahrungsgemäß der Einstieg sowohl über Schlagworte (früher: Systematischer Katalog) als auch über Titelstichworte[2]. Schlagworte werden von Fachleuten auf der Basis eines hierarchischen Verzeichnisses (Thesaurus) zugeordnet. Hier besteht aber das Problem, dass es den meisten Bibliotheken an versiertem Personal dazu mangelt. Recherche nach Titelstichworten findet im vom Autor vergebenen Titel statt. Dabei ist man darauf angewiesen, dass der Autor in seinem Titel die wesentlichen Stichworte eingebaut hat und dass die Software flexibel sucht (Tippfehler, Plural und Beugungen ignoriert). Während Letzteres ein technisches Problem ist, das zunehmend gelöst wird, ist Ersteres häufig ein ernst zu nehmendes menschliches Problem.

Internet: http://frag-mich-nicht.de/und/hast-du-nicht-gesehen.html

Alle wissenschaftlichen Bibliotheken sind inzwischen im Internet vertreten, die meisten mit Recherchemöglichkeit. Ein Verzeichnis aller deutschsprachigen Bibliotheken bietet Markus Neteler im Internet unter http://www.grass-gis.de/bibliotheken an.

Literaturdienste

Seit einigen Jahren werden elektronische Literaturdienste aufgebaut, die auch Schlagworte bieten. Im Gegensatz zu den wissenschaftlichen Bibliotheken arbeiten hieran Fachleute, die für eine bessere Verschlagwortung garantieren, sodass hier die Suche nach Schlagwort derjenigen nach Titelstichwort unbedingt vorzuziehen ist. Beispiele aus dem Umweltbereich sind ULIDAT, die Umweltliteraturdatenbank des Umweltbundesamts, und MINILIT, ein Index zur Fachpresse der Umweltplanung. Literaturdienste sind meist kommerziell und kosten daher Gebühren.

Und dann?

Wenn man die Einstiegsliteratur gefunden hat, empfiehlt es sich, sich anhand von Literaturverweisen sowie den neueren Ausgaben einschlägiger Fachzeitschriften "weiterzuhangeln". Auch Einträge in fachspezifischen Handwörterbüchern können weiterhelfen. Vor allem Fachzeitschriften sind hilfreich, denn bevor ein Buch veröffentlicht wird, werden meist Zeitschriftenartikel von den Autoren geschrieben, um sich der Diskussion zu stellen und auch Werbung für das zu veröffentlichende Buch zu machen. Hier setzen Datenbanken wie MINILIT an, indem sie die Zeitschriften auswerten und das mühsame Durchsehen von Inhaltsverzeichnissen überflüssig machen.

Bis wohin?

Die Literatursuche ist aber kein Selbstzweck. Man kann gar nicht alles lesen und höchstwahrscheinlich wird kurz nach Fertigstellung der eigenen Arbeit genau der Artikel veröffentlicht, den man noch hätte brauchen können. Man muss ein Gefühl dafür entwickeln, wann man genug Literatur beisammen hat und dann auch den Mut haben, die Suche (vorläufig) zu beenden.

Eigene Literaturdatenbank

Geradezu essenziell ist es, sich unmittelbar beim Lesen die notwendigen Zitatangaben aufzuschreiben; später ist dies nur mit unverhältnismäßig hohem Aufwand, manchmal gar nicht mehr, nachzuholen. Früher hat man empfohlen, sich dazu Karteien oder Zettelkästen mit relevanter Literatur anzulegen. Inzwischen stellt eine

---

2 funktioniert erst, seit es elektronische Kataloge gibt

eigene Datenbank die einzig zukunftssichere Empfehlung dar. Man sollte damit so frühzeitig wie möglich anfangen, denn der Bestand wächst ständig und ist für weitere Arbeiten verfügbar. Den Nutzen der Datenbank wird man dann merken, wenn man Literatur wiederfindet, von der man gar nichts mehr wusste.

Wichtig ist, über die bibliografischen Angaben (Autor, Titel, Ort, Jahr) hinaus wenigstens den Bibliotheksstandort (Name der Bibliothek + Signatur der Quelle) aufzunehmen, damit man die Quelle auf Anhieb wiederfindet. Ob man Abstracts anfertigt, Stichworte notiert oder die Gliederung dokumentiert, mag jeder selbst entscheiden. Es kann jedoch empfohlen werden, nach einer gewissen Zeit mit der Erstellung eines eigenen Schlagwortverzeichnisses (Thesaurus) zu beginnen, möglichst in Anlehnung an ein Muster, und die Quellen in der Datenbank danach zu verschlagworten.

Richtig zitieren!

Die oben genannten Hinweise stellen eine Grundlage für richtiges Zitieren dar. Der Sinn dieser Übung liegt darin, anderen das Wiederfinden der Literatur zu ermöglichen (was auch der Nachprüfbarkeit der eigenen Aussagen dient) und dem kritischen Leser die Einschätzung des zitierten Beitrags zu ermöglichen, ohne dass er ihn lesen muss.

3.1.4 Literaturauswertung

Was soll man lesen?

Nicht nur der Anfänger steht nach erfolgreicher Literaturrecherche oft vor dem Problem, mehr Masse gefunden zu haben, als er in der zur Verfügung stehenden Zeit verarbeiten kann. Daher sollte man die Recherche zunächst danach durchsehen, welche Quellen (voraussichtlich) am meisten zum Thema zu sagen haben könnten.

Diese sollten dann gelesen werden, damit danach möglichst bald ein erster Vorentwurf erstellt werden kann. Weitere Quellen sollte man zunächst "diagonal" lesen, d. h. überschlägig auf ihren Beitrag zum Thema durchforsten. Dazu sind meist Gliederung, Einführung und Zusammenfassung hilfreich. Danach wird man umfangreiche Bücher selten ganz lesen, sondern zielgerichtet bestimmte Kapitel ansteuern.

Typische Fehler

- Kopieren geht über Studieren: Man kopiert erst einmal undifferenziert alle recherchierten Artikel (Vorsicht, Copyright!), um dann festzustellen, dass es insgesamt zuviel und einiges irrelevant ist.
- Undifferenziertes Lesen bis zum "Information Overflow": Es entstehen lange Reihen Ordner oder viele Dateien mit Exzerpten, die viel Zeit und Geld kosten; man verliert aber den Überblick und schafft vor lauter Information nicht mehr den passenden Einstieg.

Dagegen hilft, bereits früh eine Arbeitsgliederung zu entwerfen, die während des Lesens und Schreibens überarbeitet wird. Aber auch hier sollte man nicht zuviel Zeit verwenden, denn Ziel ist es, über das Thema zu lernen, schöne Gliederungen sind lediglich (notwendiges, aber nicht hinreichendes) Mittel zum Zweck.

Wissenschaftliche Literaturverarbeitung

Wissenschaftliche Literaturverarbeitung ist relativ anspruchsvoll. Man muss aktiv lesen, d. h. das Gelesene kritisch hinterfragen, und den Argumentationsgang des Autors in seinen Grundzügen verfolgen. Ob man dazu Abstracts anfertigt, ganze Textstellen kopiert oder scannt oder nur Stichwortlisten macht, ist dabei zweitrangig. Auf jeden Fall Seitenangaben der Fundstellen nicht vergessen.

Die Literatur muss zu einem eigenen Denkrahmen, einem Deutungssystem, verarbeitet werden. Es reicht nicht, viel zu lesen und diesen Fleiß zu dokumentieren, indem man alles Gelesene irgendwie zusammenbaut. Es kommt darauf an, Wichtiges von Unwichtigem zu trennen, analytische oder synthetische Denklinien zu ziehen und durch die Literatur zu verfolgen, das Gelesene zu einem einigermaßen stimmigen Ganzen zusammenzufügen und sich damit ein eigenes Deutungsschema zu erarbeiten. Die Literatur muss daher entsprechend der eigenen Fragestellung ausgewertet werden. Es kommt darauf an, die Erkenntnisse des Autors in den eigenen Bestand an Erkenntnis einzubauen. Deshalb ist das relevant, was man im Rahmen der eigenen Fragestellung für wichtig hält, und weniger, was der Autor für wichtig hält.

Auseinandersetzen mit der Literatur bedeutet, wenn diese für die eigene Argumentation wichtig ist: Kurz skizzieren, wie und warum der Autor zu dem Ergebnis gekommen ist, das man als Beleg braucht, oder, wenn der Autor anderer Ansicht ist als man selbst, kurz widerlegen, wo man ihm nicht folgt.

Falsch!
- Lesefrüchte verteilen; wissenschaftliche Qualität wird normalerweise nicht nach dem Umfang des Literaturverzeichnisses beurteilt.
- Literaturauswertung als reine Pflichtübung, die keinen weiteren Einfluss auf die weitere eigene Arbeit hat. Es ist bekannt, dass Planer, auch angehende, meist ungern lesen und sich lieber mit Karten und Plänen befassen; diese wollen aber auch ausgewertet werden.

Richtig!
- Sich selbst in die wissenschaftliche Argumentation einordnen.
- Eine eigene Meinung entwickeln, die man in Auseinandersetzung mit anders gerichteten Argumenten in der Literatur auch verteidigen kann.
- Ein eigenes Denkmuster entwickeln, das für die Analyse und Einschätzung von Beobachtungen genutzt werden kann.

Zusammenfassend ist festzuhalten, dass wissenschaftliche Literaturbeschaffung und -auswertung kein leichtes, aber ein - v. a. durch Erfahrung - erlernbares Geschäft ist.

3.1.5 Aufbau einer planerischen Arbeit

Überblick über Arbeitsschritte

Planerische Arbeiten haben im Vergleich zu anderen wissenschaftlichen Arbeiten einen etwas anderen Aufbau (vgl. Abb. 3.1.1), denn am Ende sollen entweder Maßnahmen (die Planung) oder die gutachtliche Stellungnahme zu Planungen anderer stehen. Außerdem ist der politische Charakter der planerischen Arbeit (s. Kap. 2.2) zu berücksichtigen. Die Arbeit soll zur Veränderung eines Zustands führen (Entwicklungsplanung) oder eine Veränderung fachlich beurteilen (Verträglichkeitsprüfung).

Dazu sind bei einer *Entwicklungsplanung* folgende Arbeitsschritte in der Regel nötig:
- Problemdefinition und Einarbeiten in das Thema
- Bestandsaufnahme
- Zielformulierung, Entwicklung von Bewertungskriterien
- Bewertung (Mängelanalyse)
- Konzeptplanung
- Maßnahmenplanung

Bei einer *Verträglichkeitsprüfung* (oder Aktivitätsfolgenabschätzung) sind folgende Schritte in der Regel nötig:
- Beschreibung der Planung, Einarbeiten in das Thema
- Zielkonkretisierung, Entwicklung von Bewertungskriterien
- Bestandsaufnahme
- Prognose der Entwicklung mit und ohne Planung
- Bewertung
- Entwicklung von Vorschlägen, Alternativen, Maßnahmen

Hinweise, wie man sich in ein Thema einarbeitet, wurden oben bereits gegeben.

Bestandsaufnahme

Nach dem Einarbeiten in das Thema erfolgt die Bestandsaufnahme. Diese kann aus Kartierungen bestehen, aber auch aus Sammlung und Auswertung bereits vorhandener Daten. In der Regel werden wertvolle Informationen bei Behörden, aber auch Verbänden und Bürgerinitiativen vorliegen, die verfügbar gemacht werden können. Was bereits erhoben ist, muss man nicht

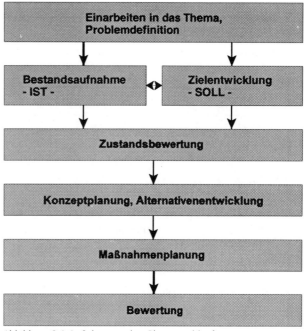

Abbildung 3.1.1: Schematischer Planungsablauf

noch einmal erheben, zumal Erhebungen Zeit und Geld kosten.

Bevor man jedoch Daten erhebt und/oder sammelt, muss man sich darüber klar werden, welche Daten man eigentlich braucht. Wer nur Daten sammelt, ohne sie für seine spätere Planung einzusetzen, produziert Datenfriedhöfe. Die Bestandsaufnahme dient der zielorientierten Beschreibung des derzeitigen Zustands, also des *Ist*. Der Arbeitsschritt ist bis hierhin im Wesentlichen indikativ. Allerdings wird es häufig nötig sein, die Entwicklung abzuschätzen.

Zielformulierung

Daher sollte man sich über die Ziele, die es mit der Planung zu erreichen gilt, klar werden. So früh wie möglich sollten Ziele formuliert werden, möglichst als Zielsystem (vgl. Kap. 4.1). Die Zielformulierung dient der Definition eines zukünftig gewollten Zustands, also des *Solls*. Es können auch Alternativen entwickelt werden. Der Arbeitsschritt ist normativ.

In der Praxis werden Bestandsaufnahme und Zielformulierung mehr oder weniger parallel ablaufen, denn ohne Ziele kann man nicht zielgerichtet erheben, aber ohne eine Grundkenntnis über den Raum und dessen Probleme kann man schlecht sachgerechte Ziele formulieren. Es handelt sich hier um einen iterativen Prozess, der umso besser funktioniert, je mehr Erfahrung man hat.

Prognose

Bei Verträglichkeitsprüfungen sind Aussagen über die voraussichtlichen Auswirkungen der Planung auf die Umwelt nötig. Dazu muss aber auch die Entwicklung ohne Vorhaben prognostiziert werden (vgl. Kap. 6). Daraus ergibt sich ein *zukünftiges Ist*. Da Prognosen zwangsläufig mit Unsicherheit (vgl. Kap. 6.1) leben müssen, kommen normative Elemente hinein.

Bewertung

Nachdem sowohl Ist ermittelt und Soll definiert sind, kann ein *Ist-Soll-Abgleich*, also eine Bewertung des Zustands (vgl. Kap. 7), stattfinden. Hieraus ergeben sich Mängel, die mit der Planung möglicherweise behoben werden sollen.

Planung im engeren Sinne

Die eigentliche Planung, der Entwurf, erfolgt erst danach, denn man sollte sich erst darüber klar werden, wo Probleme liegen und wie sie begründet sind, bevor man über Abhilfe nachsinnt. Ansonsten läuft man Gefahr, Lösungen zu entwerfen, für die es kein Problem (ergo keinen Bedarf) gibt[3]. Der engere Planung gliedert sich in Konzept- oder Grobplanung und Maßnahmen- oder Detail- oder Feinplanung. Schließlich sollte die Planung, ggf. auch geprüfte Alternativen und Varianten, anhand derselben Ziele bewertet werden, die auch in Bezug auf den Zustand angewendet worden sind. Damit ist man in der Lage einzuschätzen, ob der Zustand verbessert wird. Ggf. ergibt sich hier die Notwendigkeit zur Korrektur von Grob- und/oder Maßnahmenplanung, sodass ein wiederholter Durchlauf der entsprechenden Schritte erfolgen muss.

Grobgliederung für Berichte

Daraus ergibt sich die folgende Grobgliederung für Projektberichte, die jedoch nur der Orientierung dienen soll - bitte nicht sklavisch abarbeiten!

1. Einleitung (Anlass, Abgrenzung, Vorgehensweise/Methodik)
2. Grundlagen (soweit für Leser von Interesse)
3. Bestandsaufnahme
4. Ziele (kann mit Bestandsaufnahme getauscht werden)
5. Zustandsbewertung
6. Prognose (bei Verträglichkeitsprüfungen)
7. Konzept (bei Entwicklungsplanungen)
8. Maßnahmen
9. Bewertung
10. Fazit
11. Zusammenfassung

Zuordnung von Methoden

Den einzelnen Schritten kann man Methoden zuordnen. In Tabelle 3.1.1 werden die in den weiteren Kapiteln behandelten Methoden eingeordnet. Wie das konkret aussehen kann, wird am Beispiel der Umweltverträglichkeitsprüfung (Kap. 3.2) und der Dorfentwicklung (Kap. 3.3) erläutert.

---

[3] Dieser Hinweis lässt unberücksichtigt, dass es in der Politik bisweilen Lösungen gibt, die sich ihr Problem suchen (s. Kap. 2.2).

Tabelle 3.1.1: Systematik der Methoden und Arbeitsschritte

Arbeits-schritt	Mögliche Methoden
Problem-definition	Brainstorming, Metaplan, Mind Mapping, Netzplantechnik
Bestands-aufnahme	Messung, Indikation, statistische Methoden, Wirkungsanalyse, Checklisten, Überlagerung
Zielent-wicklung	Brainstorming, Delphi, Metaplan, Mind Mapping, Zielsysteme, Zukunftswerkstatt, Arbeitskreis, Moderation
Prognose	Quantitative Prognosen, Szenario, Planspiel, Delphi
Bewertung	Kosten-Nutzen-Analyse, Nutzwertanalyse, Raumempfindlichkeitsuntersuchung, Ökologische Risikoanalyse, Präferenzmatrix, Relevanzbaum, Bilanzierung, Verbal-argumentative Bewertung, Mediation
Konzept-/ Maßnahmen-planung	Brainstorming, Delphi, Metaplan, Mind Mapping, Zukunftswerkstatt, Arbeitskreis, Projektforum, Beirat, Planungszelle, Verhandlung, Mediation

Literatur

ALEMANN, H. v., 1984: Der Forschungsprozeß. Eine Einführung in die Praxis der empirischen Sozialforschung, Stuttgart = Studienskripten zur Soziologie, 30.

GREIWE, U., 1989: Berichterstellung. Arbeitshilfen für Projekte. Anforderungen an Aufbau und Textarbeit von Projektberichten. Das technische Herstellen des Abschlußberichts, Dortmund = Institut für Raumplanung (IRPUD) (Hrsg): Projektzentrum - Materialien zur Projektarbeit, 2.

MORGAN, M.G.; HENRION, M., 1990: Uncertainty. A Guide to Uncertainty in Quantitative Risk and Policy Analysis, 332 S., Cambridge.

MUSCHELER, U., 1985: 40 Jahre Wandel von Begriffen und Leitbildern in Architektur und Städtebau Deutschlands, 231 S., Köln:

RÜCKRIEM, G.; STARY, J.; FRANCK, N., 1980: Die Technik des wissenschaftlichen Arbeitens, Paderborn.

SEIFFERT, H., 1972: Einführung in die Wissenschaftstheorie, 5. Aufl., München.

STANDOPP, E., 1979: Die Form der wissenschaftlichen Arbeit, Heidelberg.

3.2 Planungsmethoden am Beispiel der Umweltverträglichkeitsprüfung

Frank Scholles, Helga Kanning

3.2.1 Zweck der UVP

Bevor auf die Planungsmethoden, die in der Umweltverträglichkeitsprüfung verwendet werden, eingegangen werden kann, soll zum besseren Verständnis ein kurzer Abriss über das Instrument und seine Entstehung gegeben werden.

Der Begriff Umweltverträglichkeitsprüfung (UVP) gehört inzwischen schon fast zum täglichen Sprachgebrauch. Dennoch werden mit dem Begriff auch heute noch häufig sehr unterschiedliche Vorstellungen verknüpft.

Die Unklarheiten hängen maßgeblich mit dem Begriff "Umweltverträglichkeitsprüfung" zusammen, der eine missverständliche Übertragung des US-amerikanischen Terminus "Environmental Impact Assessment" (EIA) darstellt (Bunge 1988, 3). Der deutsche Ausdruck erweckt die Erwartung, bei entsprechendem Untersuchungsergebnis sei eine Maßnahme für die Umwelt "verträglich". Aufgrund des komplexen Wirkungsgefüges in Ökosystemen und den vielfältigen Folge- und Wechselwirkungen kann jedoch naturwissenschaftlich nicht mit Gewissheit geklärt werden, ob die Auswirkungen einer Maßnahme für das Funktionieren von Ökosystemen noch verträglich sind oder nicht. Gerade Langzeitfolgen sind kaum prognostizierbar, wie die Diskussionen um die Klimaveränderungen dokumentieren. Demzufolge kann die Entscheidung darüber, ob eine Maßnahme als noch "verträglich" im Sinne von "tolerierbar" angesehen werden soll, nur der politischen Verantwortungsebene zugeordnet werden.

Es gab vor Inkrafttreten des Gesetzes über die Umweltverträglichkeitsprüfung (UVPG) kein einheitliches Begriffsverständnis, sodass Spindler (1983) 60 verschiedene Definitionsansätze zusammengestellt hat. Dennoch haben sich schon vor der gesetzlichen Normierung wesentliche Grundzüge der UVP herauskristallisiert:

Die UVP soll

- der Umweltvorsorge und
- der Entscheidungsvorbereitung

dienen.

Umweltvorsorge

Die UVP hat ihren Ursprung in Deutschland etwa Anfang der 70er Jahre. Angesichts wachsender Umweltprobleme wurde es offenbar, dass die bestehende Umweltgesetzgebung mit den einzelnen Fachgesetzen einen umfassenden Umweltschutz nur ungenügend gewährleisten konnte. Für eine sektor- und medienübergreifende Umweltvorsorgepolitik wurde die Notwendigkeit eines integrierenden Instruments gesehen. Im Mittelpunkt der UVP steht daher der Umweltvorsorgegedanke, d. h. bei allen umweltrelevanten Maßnahmen, Planungen, rechtlichen Regelungen und Aktivitäten im weitesten Sinne, die von staatlicher oder privater Seite ausgehen, sollen Umweltbelastungen zum frühest möglichen Zeitpunkt ermittelt und bewertet werden. Allerdings ist bis heute nicht eindeutig definiert, was unter Umweltvorsorge zu verstehen ist.

In bekannten Definitionen, wie sie sich z. B. in der Fortschreibung des Umweltprogramms 1976 und den "Leitlinien Umweltvorsorge" der Bundesregierung finden, und nach verbreiteter Meinung von Umweltwissenschaftlern und Juristen (z. B. Kühling 1992; Peters 1994; Scholles 1995) stellt Vorsorge eine Erweiterung des klassischen Gefahrenbegriffs in den Bereich theoretischer Schadensmöglichkeiten hinein dar. Als Paralleltatbestand zur Gefahrenabwehr ist mit Vorsorge danach die Vermeidung künftiger Umweltgefährdung im Sinne von Prophylaxe gemeint. In der politischen Diskussion und auch bei der rechtlichen Ausgestaltung der UVP verschwimmt dieser Gedanke jedoch immer mehr, wie im Folgenden an verschiedenen Stellen erläutert wird.

Verfahren zur Entscheidungsvorbereitung

Mit der UVP sollen *zur Entscheidungsvorbereitung* die Umweltauswirkungen einer Maßnahme möglichst umfassend erhoben und bewertet werden. In der UVP sollen daher Entscheidungshilfen gegeben werden. Die Entscheidung, ob ein Vorhaben realisiert werden soll oder nicht, ist hingegen ein politischer oder Verwaltungsakt und wird außerhalb der UVP im so genannten Zulassungsverfahren getroffen.

Die UVP ist daher keine Planungsmethode[4], sondern ein *Instrument der Umweltpolitik*. Innerhalb einer UVP können verschiedene Methoden zur Analyse, Prognose, Bewertung, Partizipation und Kooperation zum Einsatz kommen. Die UVP folgt einem im UVPG festgelegten Verfahren.

---

4 wie z. B. die Nutzwertanalyse (vgl. Kap. 7.4) oder die Ökologische Risikoanalyse (vgl. Kap. 7.6)

Definition

Die UVP ist ein Verfahren zur systematisch-analytischen Ermittlung, Beschreibung und Bewertung von Auswirkungen von Maßnahmen auf die Umwelt im Hinblick auf eine wirksame Umweltvorsorge.

Die UVP soll gewährleisten, dass die Umweltauswirkungen einer Maßnahme systematisch und analytisch ermittelt und bewertet werden: *Systematisch* meint, dass

- Arbeitsschritte in ihrer Reihenfolge nach einem bestimmten Muster festgelegt sind und
- Phasen der Erhebung und Beschreibung (Ermittlung) von Phasen der Bewertung deutlich getrennt und abgegrenzt sind (Sach- und Wertebene).

Analytisch bedeutet, dass

- die Auswirkungen einer Maßnahme schrittweise unter jeweils einem Prüfkriterium zu beurteilen sind und
- eine Gesamtbeurteilung der Maßnahme aus diesen Teileinschätzungen abzuleiten ist.

3.2.2 UVP-Arten

Mit der Anforderung, die UVP bei allen umweltrelevanten Maßnahmen, Planungen, rechtlichen Regelungen und Aktivitäten im weitesten Sinne, die von staatlicher oder privater Seite ausgehen, bereits zum frühest möglichen Zeitpunkt anzuwenden, ist zwangsläufig eine Unterscheidung von UVP-Arten nach Anwendungsbereichen und Planungsebenen notwendig. Im Wesentlichen haben sich hierfür folgende Begriffe etabliert.

Freiwillige vs. gesetzliche UVP

Viele Großstädte hatten bereits weit vor Inkrafttreten des UVPG eine eigene, so genannte kommunale UVP installiert. Da dies im Rahmen der kommunalen Planungshoheit geschah, sind die einzelnen Konzepte so unterschiedlich wie die personellen Besetzungen und politischen Mehrheiten in den Städten.

In Abgrenzung zur "gesetzlichen" UVP nach dem UVPG wurde der Begriff "freiwillige" UVP eingeführt, da durch die Konzepte auch Sachverhalte erfasst werden, die nicht unter die UVP-pflichtigen Vorhaben des UVPG fallen. Die kommunalen UVP-Konzepte gehen im Hinblick auf die Prüfgegenstände i.d.R. erheblich weiter als die gesetzlichen Regelungen. Einige vor dem August 1990 freiwillig geprüfte Vorhabentypen fallen seitdem allerdings unter das UVPG, sodass kommunale UVP nicht mit freiwilliger UVP gleichgesetzt werden kann.

Der Begriff "freiwillig" geht streng genommen an den Realitäten vorbei, da diese Art von UVP in den meisten Fällen eher gezwungenermaßen installiert wurde, um Planungen verwaltungsintern und gegenüber der Öffentlichkeit überhaupt noch geregelt durchführen zu können. Hauptargument in Bezug auf die Bauleitplanung war bei der Einführung der UVP, dass eine rechtssichere Abwägung (vgl. Kap. 4.5) nur durch eine in das Aufstellungsverfahren integrierte, aber methodisch eigenständige UVP gewährleistet werden könne. Dadurch würden Abwägungsdefizite und unerlaubte Konflikttransfers vermindert sowie das Optimierungsgebot und der Vorsorgeauftrag besser erfüllt (Hoffjann 1990, 195).

Auch die kommunale UVP dient der Vorbereitung von Entscheidungen. Sie ist ebenso wie die gesetzliche UVP Bestandteil der Verwaltungsverfahren ohne präjudizierende Wirkung.

Projekt-, Plan-, Programm- UVP

Entsprechend dem bundesdeutschen hierarchischen Planungssystem werden für die verschiedenen Planungsebenen die Begriffe Projekt-, Plan- und Programm-UVP verwendet.

Eine Verpflichtung zur Durchführung einer UVP besteht nach dem UVPG nur für bestimmte Vorhabentypen (z. B. Industrieanlagen, Kläranlagen, Schnellstraßen, Bahnlinien); sie erfasst vor allem die Zulassungsverfahren für diese Vorhaben. Diese Verfahren weisen einen konkreten Standortbezug auf, weshalb die UVP dazu auch als Projekt-UVP bezeichnet wird. Auf diese UVP-Art wird weiter unten vertieft eingegangen.

Vor der Zulassung von Vorhaben stehen rahmensetzende Vorgaben wie Politikentscheidungen, Gesetze und Programme des Bundes und der Länder, Haushaltspläne öffentlicher Körperschaften und die raumbezogenen planerischen Vorgaben wie Landesentwicklungspläne, Regionalpläne und Flächennutzungspläne. Für diese übergeordneten Planungsebenen der Politikentscheidungen, Programme und Pläne wird von Fachleuten und auch von der EU-Kommission die Durchführung einer UVP als notwendig erachtet. Der Grund hierfür ist offensichtlich: Auf der Ebene der Planung und des Programmentwurfs werden die Weichen für größere Entwicklungen und für die Bereitstellung von Finanzen gestellt. Verzichtet man auf dieser Ebene auf eine UVP, spielt die spätere Prüfung der Projekte häufig nur noch eine sekundäre Rolle, weil die Durchführung des Vorhabens dann bereits mehr oder weniger feststeht und es nicht mehr um das "Ob", sondern nur noch um das "Wo" und "Wie" geht. Zur nachträglichen Akzeptanzbeschaffung ist die UVP allerdings ungeeignet.

In Deutschland ist ein solches, von der EU inzwischen beschlossenes Instrument teilweise vehement abgelehnt worden. Neben politischen Gründen lassen sich hierfür insbesondere methodische Probleme anführen, denn auf der Konzeptebene geht es um mittelbare Folgen für die Umwelt, weil die Realisierung der Konzepte mindestens eine weitere Entscheidung voraussetzt. Je weiter das jeweilige Konzept von der Realisierung entfernt ist, desto pauschaler und ungenauer sind in der Regel auch die Informationen und desto weniger wird es auch möglich sein, die Umweltauswirkungen konkret abzuschätzen.

In anderen Ländern gehen die Erfahrungen mit der Durchführung von UVPen für Politiken, Programme und Pläne aber weiter (z. B. in den Niederlanden, USA) und auf EU-Ebene laufen seit längerem Diskussionen zur Einführung einer "Strategischen Umweltprüfung" (SUP). Inzwischen liegt ein Entwurf für eine "Richtlinie des Rates über die Prüfung der Umweltauswirkungen bestimmter Pläne und Programme" vor, mit dessen Verabschiedung durch die EU-Organe Mitte 2001 gerechnet wird. Der Anwendungsbereich wird Pläne und Programme umfassen, die Genehmigungen vorbereiten. Dieser Richtlinienvorschlag ist ein wichtiger Schritt zur Weiterentwicklung der UVP.

Der Begriff "Strategische Umweltprüfung" soll deutlich machen, dass es um strategisches Vorgehen und strategische Weichenstellungen gehen soll und nicht um Untersuchung im Detail. Dies ist mit deutscher Gründlichkeit nicht so recht in Einklang zu bringen, sodass die Idee auch deshalb sehr skeptisch behandelt wird.

Die Begriffe "Politikentscheidung", "Programm" und "Plan" sind nicht eindeutig voneinander abzugrenzen, weil sie in der Praxis uneinheitlich benutzt werden und sich teilweise überschneiden. Auf Bundesebene kann als Beispiel für die "Programm-UVP" die für den Bundesverkehrswegeplan durchzuführende "ökologische Beurteilung" (Umweltrisikoeinschätzung) angeführt werden (s. Abb. 3.2.1), auch wenn hier de facto lauter Einzelprojekte geprüft werden und nicht das Straßen- und

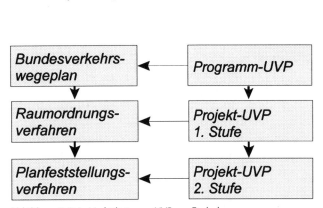

Abbildung 3.2.1: Verhältnis von UVP zur Fachplanung

Schienennetz, also das Konzept. "Plan-UVPen" werden v. a. im Rahmen der freiwilligen kommunalen UVP als Beitrag zum Flächennutzungsplan oder Bebauungsplan durchgeführt (s. Abb. 3.2.2).

Produkt-UVP

Durch die kommunale UVP ist als weitere UVP-Art die Produkt-UVP entstanden.

Vergleichbar mit den Ökobilanzen für Produkte (vgl. Kap. 7.7.4) führen einige Städte für die Anschaffung z. B. von Möbeln, Fenstern, Textmarkern o. ä. UVPen durch, die auch als "Produkt-UVP" bezeichnet werden. Diese Art der UVP ist in der Regel weniger arbeitsintensiv, weil es nicht um konkrete räumliche Auswirkungen geht und die Kommunen die Ergebnisse demzufolge untereinander austauschen können.

Hier geht es um die Umweltauswirkungen, die von einem Produkt von der Rohstoffgewinnung über die Herstellung und die Benutzung bis zur Entsorgung (von der Wiege bis zur Bahre) ausgehen können, und darum, wie diese Gesichtspunkte in die Entscheidung über Beschaffungen einfließen können.

3.2.3 Begriffe

Wie eingangs erwähnt, existierte vor Inkrafttreten des UVP-Gesetzes eine Begriffsvielfalt. Das Gesetz hat aber nur in Teilen Klarheit geschaffen. Hier sind die folgenden Begriffsdefinitionen zum Verständnis wichtig.

- *Umweltverträglichkeitsprüfung (UVP)*: die rechtlich normierte Bezeichnung für das gesamte unselbstständige Verfahren (vgl. Kap. 3.2.5), das Instrument der Umweltpolitik
- *Umweltverträglichkeitsstudie (UVS)*: die nach § 6 UVPG beizubringenden Unterlagen
- *Umweltverträglichkeitsuntersuchungen (UVU)*: die hierfür durchzuführenden Einzel-Erhebungen
- *Vorhaben*: Projekt, für das die UVP durchgeführt werden soll (Bundesstraße X von A nach B, Kläranlage Y, Kohlekraftwerk Z usw.)
- *Vorhabenträger*: Antragsteller, Projektbauherr
- *Vorhabentyp*: Klasse von Projekten, für die eine UVP gemacht werden muss (z. B. Industrieanlagen, Kläranlagen, Schnellstraßen), in der Anlage zu § 3 UVPG aufgelistet
- *Screening*: Umwelterheblichkeitsprüfung, vereinfachte Vorprüfung, bei der festgestellt werden soll, ob eine UVP nötig ist
- *Scoping*: Verfahrensschritt, bei dem das Relevante vom Irrelevanten getrennt und der voraussichtliche Untersuchungsrahmen festgelegt wird

3.2.4 Rechtliche Grundlagen

Die folgenden Ausführungen beschränken sich auf die Darstellung der rechtlich normierten, "gesetzlichen" Projekt-UVP. Die Diskussionen um die Normierung und Praxis der UVP dauern nunmehr über 20 Jahre und sind bis heute nicht konfliktfrei.

Vorgeschichte

Die UVP hat ihren Ursprung in den USA in der Mitte der 60er Jahre. Zunehmende Umweltprobleme und ein starker Anstieg der Mitgliederzahlen von Naturschutzorganisationen veranlassten die amerikanische Regie-

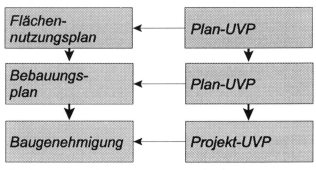

Abbildung 3.2.2: Verhältnis von UVP zur Bauleitplanung

rung zu Vorüberlegungen für ein neuartiges Umweltgesetz, in dem für bestimmte Großprojekte eine Einschätzung der Umweltauswirkungen (Environmental Impact Assessment) gefordert wurde.

1969 verabschiedete der amerikanische Kongress den National Environmental Policy Act (NEPA), das amerikanische UVP-Gesetz, und setzte es 1970 in Kraft. Die zentrale Aussage enthält der Art. 4, nach dem sichergestellt werden soll, dass neben ökonomischen und technischen Aspekten auch Umweltbelange Berücksichtigung finden.

Angesichts wachsender Umweltprobleme griff die deutsche Bundesregierung den Gedanken der amerikanischen UVP auf und stellte 1971 in ihrem Umweltprogramm erstmalig systematische Umweltschutz-Überlegungen an. In den folgenden Jahren liefen diverse Vorbereitungen für ein UVP-Gesetz. 1974 veröffentlichte das Bundesministerium des Innern das als Gesetzentwurf geplante "Verfahrensmuster für die Prüfung der Umweltverträglichkeit öffentlicher Maßnahmen". Zwar war die Anwendung auf die Aktivitäten der Bundesbehörden beschränkt und sollte zudem in das Ermessen der jeweiligen Behörde gestellt werden, trotzdem scheiterte die Einführung politisch. Nach einem neuen Anlauf wurden 1975 "Grundsätze für die Prüfung der Umweltverträglichkeit öffentlicher Maßnahmen des Bundes" verabschiedet. Vom Ansatz her waren diese zwar recht umfassend, da sie auch Programme und Pläne des Bundes einbezogen. Abgesehen von methodischen Konzepten sind sie aber nahezu folgen- und bedeutungslos geblieben.

1976 legte die EG ein Aktionsprogramm vor, nach dem EG-weite UVP-Regelungen entwickelt werden sollten, v. a. um gleiche Wettbewerbsbedingungen sicherzustellen. Dies hatte zur Folge, dass die Weiterentwicklung der Bundes-UVP zunächst zurückgestellt wurde.

Die EG-Richtlinie

Nach vierjähriger Vorbereitung legte die EG-Kommission 1980 einen Vorschlag für eine Richtlinie "über die UVP bei bestimmten öffentlichen und privaten Vorhaben" vor. Hiermit nahm sie Abstand vom ursprünglich umfassenderen Ansatz, die UVP von Anfang an auch auf Programme und Pläne zu beziehen.

Wiederum nach fünfjährigen Verhandlungen wurde die UVP mit der "Richtlinie des Rates vom 27. Juni 1985 über die Umweltverträglichkeitsprüfung bei bestimmten öffentlichen und privaten Projekten" (85/337/EWG) schließlich EG-weit geregelt. Die Genese war "leidvoll, langwierig und konfliktbeladen" (Erbguth u. Schink 1991, 34).

Wesentliche Merkmale der EG-UVP-Richtlinie sind:
- die Beschränkung auf Projekte, die in den Anhängen I und II aufgeführt sind (Art. 1 (2))
- die Verpflichtung zu einem integrativen UVP-Ansatz (Art. 3) (Umweltbegriff)
- die fast vollständige Beschränkung auf Verfahrensregelungen
- die Verpflichtung zur Berücksichtigung der UVP-Ergebnisse (Art. 8)
- die Sicherung der Beteiligung der Öffentlichkeit - auch die anderer betroffener EG-Staaten (Art. 6 (2) u. 9).

Beschränkung auf Projekte

Im Artikel 1 wird die UVP auf bestimmte Projekte beschränkt, die in den Anhängen I ("Pflicht"-Projekte) und II (Projekte, deren Ausprägung von den Mitgliedstaaten genauer zu bestimmen ist) aufgeführt sind.

Umweltbegriff

Der Artikel 3 definiert den Umweltbegriff. Danach umfasst die UVP die Schutzgüter Mensch, Fauna, Flora, Boden, Wasser, Luft, Klima, Landschaft, Sachgüter und das kulturelle Erbe sowie die Wechselwirkungen zwischen den genannten Faktoren.

Beschränkung auf Verfahrensregelungen

Darüber hinaus beschränkt sich die EG-Richtlinie fast vollständig auf Verfahrensregelungen und lässt den Mitgliedstaaten erhebliche Ausgestaltungsspielräume. Letzteres wurde gleichzeitig zu einem Hauptkritikpunkt, weil eine einheitliche Umsetzung und Anwendung kaum möglich war.

Berücksichtigung der Ergebnisse

Nach Artikel 8 sind die Untersuchungsergebnisse im Rahmen des Genehmigungsverfahrens zu berücksichtigen. Dies bedeutet, über die reine Kenntnisnahme hinaus, eine Auseinandersetzung mit den Untersuchungsergebnissen.

Beteiligung der Öffentlichkeit und anderer EG-Staaten

Als eine wesentliche Vorgabe der EG-Richtlinie ist die Beteiligung der Öffentlichkeit hervorzuheben. Für einige bundesdeutsche Verwaltungsverfahren[5] bedeutet diese ein völliges Novum, was sich in der weiteren rechtlichen Ausgestaltung und anhaltenden kontroversen Diskussionen widerspiegelt.

Umsetzungsfrist

Nach Artikel 12 war die Richtlinie innerhalb von drei Jahren nach ihrer Bekanntmachung, d. h. bis spätestens 3.7.1988, in nationales Recht umzusetzen. Die Regelungen hätten bis zum genannten Datum in Kraft sein müssen.

Die Bundesrepublik Deutschland hat dies nicht geschafft, trotz sehr frühzeitiger Bemühungen um eine rechtliche Verankerung der UVP. Gerade weil die Diskussionen auf Bundes- und Länderebene um die UVP seit 1969 zu keinem greifbaren Ergebnis geführt hatten, kam die Verabschiedung der EG-UVP-Richtlinie "für die meisten unerwartet, für manche unerwünscht und für viele unvorbereitet" (Cupei 1994, 32). Eine national gescheiterte Konzeption wurde über die EG "reimportiert" (ebd., 39).

EU-UVP-Änderungsrichtlinie

Am 3.4.97 ist nach wiederum längerem Tauziehen und gegen die Stimme Deutschlands die UVP-Änderungsrichtlinie der EU in Kraft getreten. Sie sollte bis zum 14.3.99 in nationales Recht umgesetzt werden; die Frist ist von Deutschland wiederum nicht eingehalten worden.

Wesentliche Neuerungen der Änderungsrichtlinie beziehen sich v. a. auf den Anwendungsbereich. Weil die Auswahl der UVP-pflichtigen Vorhaben in den EU-Ländern bisher nach sehr unterschiedlichen Kriterien erfolgt ist, werden die Anhänge I und II erweitert und v. a. ein Vorprüfungsschritt eingeführt, das so genannte Screening. Zwar schreibt die Richtlinie hierzu kein einheitliches Verfahren vor, doch wird mit dem neu eingeführten Anhang III durch die Benennung einheitlicher Auswahlkriterien eine inhaltliche Präzisierung vorgenommen. Die Mitgliedstaaten können durch Festsetzung von Schwellenwerten oder durch eine Einzelfallprüfung bestimmen, ob eine förmliche UVP bei Anhang II-Verfahren erfolgt.

Das Gesetz über die Umweltverträglichkeitsprüfung

Am 12.2.90 wurde das "Gesetz zur Umsetzung der Richtlinie des Rates vom 27. Juni 1985 über die Umweltverträglichkeitsprüfung bei bestimmten öffentlichen und privaten Projekten (85/337/EWG)" verabschiedet; es trat im Wesentlichen[6] am 1.8.90 in Kraft, gut drei Jahre nach Ablauf der Umsetzungsfrist.

Wesentliche Merkmale des UVPG sind:
- Beschränkung auf Projekte, deren Regelung in Bundeskompetenz liegt
- Übernahme der Schutzgüter aus der Umweltdefinition der EG-UVP-Richtlinie
- Ausformung der UVP als "ein unselbständiger Teil verwaltungsbehördlicher Verfahren, die der Entscheidung über die Zulässigkeit von Vorhaben dienen" (§ 2 Abs. 1 UVPG)
- die Orientierung an einer "wirksamen Umweltvorsorge" (§§ 1 u. 12 UVPG)
- die nahezu vollständige Beschränkung auf Verfahrensregelungen.

Beschränkung auf Projekte

Analog zur EG-Richtlinie beschränkt sich das UVPG auf Projekte. Die Novellierung des Raumordnungsgesetzes in Verbindung mit § 16 UVPG hat indes zu einer der Genehmigungspraxis angepassten Zweistufigkeit der deutschen UVP geführt. Bei raumbedeutsamen Vorhaben werden in der ersten Stufe der Standort des Vorhabens bestimmt sowie Varianten verglichen und in der zweiten die genaue Ausführung festgelegt. Für die erste Stufe wurde das von den meisten Bundesländern praktizierte Raumordnungsverfahren bundesweit eingeführt und in diesem die UVP verankert. Folglich wird im Raumordnungsverfahren über das "Wo" eines Vorhabens und im Zulassungsverfahren über das "Wie" entschieden. Rechtskraft gegenüber Privaten hat aber nur das Zulassungsverfahren, sodass de jure das "Ob" bis zuletzt offen bleibt. Innerhalb der UVP zum Raumordnungsverfahren wird oft noch einmal differenziert, indem zwischen der Standort- bzw. Trassensuche und

---

5 z. B. für das Raumordnungsverfahren oder die Genehmigungsverfahren nach BImSchG

6 Für Anlagen, die nach § 4 BImSchG zu genehmigen sind (Industrieanlagen), trat das Gesetz erst mit der Novellierung der 9. Verordnung zum Bundesimmissionsschutzgesetz (9. BImSchV) am 1.6.92 in Kraft. Außerdem waren Anlagen, die nach § 7 AtG genehmigt werden (Kerntechnische Anlagen), bis zum Inkrafttreten der Änderung der atomrechtlichen Verfahrensverordnung am 25.11.94 ausgenommen.

dem Variantenvergleich unterschieden wird. Zunächst werden Flächen ausgeschieden, auf denen aus Umweltsicht das Projekt keinesfalls realisiert werden sollte. Für die verbleibenden Flächen (bei punktuellen Vorhaben wie Klär- oder Industrieanlagen) bzw. Korridore (bei linienhaften Vorhaben wie Straßen oder Rohrleitungen) werden Varianten entwickelt, die im zweiten Schritt hinsichtlich ihrer Umweltauswirkungen verglichen werden. Auf der Zulassungsebene wird dann nur noch eine Standort- oder Trassenvariante untersucht, die es zu optimieren gilt. Abbildung 3.2.3 verdeutlicht dieses gestufte Vorgehen.

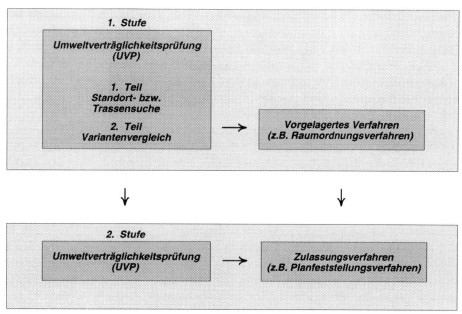

Abbildung 3.2.3: Gestuftes Vorgehen bei der Projekt-UVP

Entsprechend der Gesetzgebungskompetenz des Bundes beschränkt sich das UVPG zudem auf solche Projekte, die in Bundeszuständigkeit liegen. Die UVP-Pflicht besteht für bestimmte Vorhabentypen (Anhang I des UVPG) und wurde vorwiegend auf solche Projekte beschränkt, für die schon die EG-Richtlinie eine UVP-Pflicht vorsieht (Anlage I). Anhang II-Projekte wurden unzulässigerweise überwiegend ausgeklammert. Ähnlich wurde in vielen Mitgliedstaaten verfahren, sodass die EU diesbezüglich in der Änderungsrichtlinie reagiert hat. Die beiden EU-Richtlinien sind insoweit direkt wirksam, sodass für alle Anhang I-Projekte eine UVP und für alle Anhang II-Projekte zumindest ein Screening durchzuführen ist. Derzeit wird ein Artikelgesetz diskutiert, das u. a. die UVP-Änderungsrichtlinie umsetzen soll. Es wird umfangreiche Listen mit Vorhabentypen sowie eine Kombination von Einzelfallprüfung und Schwellenwerten für das Screening einführen.

Umweltdefinition

Das UVPG übernimmt den integrativen Umweltbegriff aus der Richtlinie und stellt ihn gegenüber der Praxis zuvor auf eine breitere Basis: Menschen, Tiere, Pflanzen, Boden, Wasser, Luft, Klima, Landschaft, Kultur- und sonstige Sachgüter sowie die Wechselwirkungen.

Ursprünglich hat sich die Projekt-UVP in Deutschland als Beitrag von Naturschutz und Landschaftspflege auf der Ebene des Raumordnungsverfahrens entwickelt. Deshalb hatte es sich in der Praxis eingebürgert, dem BNatSchG folgend, den Naturhaushalt und das Landschaftsbild zu bewerten. Mithin wurden i.d.R. folgende Schutzgüter abgedeckt: Biotope (Vegetation, Fauna), Boden, Wasser, Klima, Landschaftsbild. Das Schutzgut Luft wurde schon seltener behandelt. Der Mensch wurde in Bezug auf seine Erholung und seinen Wohnstandort (v. a. Lärm) untersucht, dazu kamen Land- und Forstwirtschaft. Dass einige UVP-Gutachter und v. a. Wissenschaftler einen weiteren Ansatz vertraten, sei ausdrücklich erwähnt, aber in der Breite war der o. g. Ansatz vorherrschend.

Durch die EG-UVP-Richtlinie und das UVPG wurde der Schutzgutkatalog erweitert. Das Schutzgut Luft ist in vollem Umfang und auf der Grundlage des BImSchG zu behandeln, Wasser auch nach dem WHG, beim Menschen tritt die Gesundheit in den Vordergrund und zusätzlich kommen die Kultur- und sonstigen Sachgüter hinzu. Ob Landschaft mit Landschaftsbild gleichgesetzt werden kann, ist strittig (vgl. Scholles 1997, 177 ff.).

Schwierigkeiten bereitet insbesondere die Wechselwirkungen zwischen den Schutzgütern, die gemäß Änderungsrichtlinie nun auch auf die Sach- und Kulturgüter zu erweitern sind.

Unselbstständiger Teil verwaltungsbehördlicher Verfahren

Die EG-Richtlinie lässt erhebliche Gestaltungsspielräume offen. Insbesondere lag es im Ermessen der Mitgliedstaaten, wie die UVP rechtlich eingebunden werden sollte. Demzufolge sind die getroffenen Regelungen in den EU-Ländern sehr unterschiedlich. Während in einigen Ländern eine eigene UVP-Behörde geschaffen wurde (z. B. in den Niederlanden), wurde das deutsche UVPG unter der Prämisse beschlossen, Eingriffe in Zielsetzung und Struktur der Umwelt- und Fachgesetze so gering wie möglich zu halten (Bohne 1992, Summerer 1992).

Es wurde ein so genanntes Artikelgesetz verabschiedet, d. h. Artikel 1, das eigentliche "Gesetz über die Umweltverträglichkeitsprüfung" (UVPG), setzt das Verfahren um und versucht, dahin gehend der EG-UVP-Richtlinie genüge zu tun. Die Artikel 2 bis 12 ändern Zulassungsklauseln in Fachplanungsgesetzen, sodass diese die UVP vorschreiben. Hintergrund dieser etwas komplizierten Vorgehensweise war die Notwendigkeit einerseits, eine bereichsübergreifende Beschreibung und Bewertung aller mit einem Vorhaben verbundenen Umweltauswirkungen in das Anlagengenehmigungsrecht einzuführen, die Einsicht andererseits, dass weder die heterogenen Zulassungsverfahren der Fachgesetze noch das ebenso heterogene Umweltrecht anlässlich der Umsetzung der EG-UVP-Richtlinie vereinheitlicht werden konnten. Dazu fehlte die politische Kraft. Die rechtssystematischen und rechtsdogmatischen Unterschiede der bestehenden Zulassungsverfahren und -tatbestände wurden nicht harmonisiert, sondern bewahrt, auch wenn die UVP einen Beitrag zur inneren Harmonisierung des Umweltrechts leisten sollte (Erbguth u. Schink 1991, 60 f.).

"Die 'Väter' des UVPG mußten unter der politischen Vorgabe antreten, einerseits eine gemeinschaftsrechtliche Pflichtaufgabe zu erfüllen, andererseits soweit wie möglich alles beim alten zu lassen. Die EG-UVP sollte so in das bundesdeutsche Umweltrecht integriert werden, daß keine großflächigen Veränderungen des bestehenden Fachrechts notwendig wurden und insbesondere die heilige Kuh des bundesdeutschen Vorhabenzulassungsrechts, das Rechtsinstitut der gebundenen Erlaubnis, nicht geschlachtet werden mußte." (Summerer 1992, 367; vgl. auch Cupei 1994, 32) In der gebundenen Erlaubnis besteht kein Ermessensspielraum (vgl. Kap. 4.5.1).

Die UVP ist folglich kein eigenes Verwaltungsverfahren und sie schließt auch nicht mit einem Verwaltungsakt ab, sondern sie ist als unselbstständiger Bestandteil der bereits vorher bestehenden vorgelagerten bzw. Zulassungsverfahren ausgebildet worden.

Deshalb muss die UVP z. B. mit gebundenen Erlaubnissen nach BImSchG, wasserrechtlichen Genehmigungen, Erlaubnissen und Befreiungen nach WHG, der Eingriffsregelung nach BNatSchG und Umwandlungsgenehmigungen nach BWaldG in ein und demselben Verfahren fertigwerden. Zwischenzeitliche Aktivitäten zur Einführung eines Umweltgesetzbuchs, das die Zulassungsverfahren harmonisieren und die UVP darin integrieren sollte, liegen derzeit auf Eis.

Allerdings war es vor dem UVPG die Regel, dass immissionsschutzrechtliches, wasserrechtliches und naturschutzrechtliches Zulassungsverfahren unkoordiniert und oft nacheinander oder zumindest zeitversetzt durchgeführt wurden, wenn ein Vorhaben alle diese Zulassungen brauchte. Folglich konnten die Auswirkungen auch nur sektoral bzw. medial bewertet werden. Koordination war nur möglich aufgrund ministerieller Erlasse oder persönlicher Initiativen im Einzelfall. Durch die UVP wurde hier ein Bündelungsinstrument geschaffen.

Wirksame Umweltvorsorge

Ungeachtet vorstehend geschilderter Rahmenbedingungen ist es entsprechend der EG-Zielsetzung erklärter Zweck des UVPG, eine "wirksame Umweltvorsorge nach einheitlichen Grundsätzen" (§ 1 UVPG) sicherzustellen. In der Gesetzesbegründung[7] wird dazu angeführt, dass zur Umweltvorsorge "auch die Abwehr von Gefahren" gehört. Ansonsten wird auf den ersten und dritten Erwägungsgrund der EG-UVP-Richtlinie verwiesen. Der erste Erwägungsgrund stellt fest, dass es darum geht, Umweltbelastungen von vornherein zu vermeiden, im dritten wird die Verwirklichung der Ziele des Schutzes der Umwelt und der Lebensqualität betont, also aktives Handeln gefordert.

Ein solches ist jedoch beim derzeitigen Umsetzungsstand der UVP nicht zu erkennen. So lässt sowohl das UVPG als auch die UVPVwV (vgl. u.) die Definition des zentralen Begriffs "wirksame Umweltvorsorge" offen (vgl. Scholles 1995).

---

[7] Bundestagsdrucksache 11/3919, 20

Beschränkung auf Verfahrensregelungen

Wie die EG-Richtlinie beschränkt sich auch das UVPG fast vollständig auf Verfahrensregelungen. Weiter gehende Regelungen und v. a. solche, wie eine UVP inhaltlich und methodisch auszugestalten ist, soll die nach § 20 UVPG ergänzende Verwaltungsvorschrift liefern (vgl. u.).

Beschleunigungsgesetze

Statt die UVP im Sinne der Umweltvorsorge auf Programme und Pläne zu erweitern, wurde sie ab Ende 1991 durch Gesetze wieder reduziert: Durch das Verkehrswegeplanungsbeschleunigungsgesetz wurde die Öffentlichkeitsbeteiligung bei der UVP im Raumordnungsverfahren bei Verkehrswegen in den neuen Bundesländern herausgenommen. Durch das Investitionserleichterungs- und Wohnbaulandgesetz wurde die UVP auf dieser Ebene für alle Vorhaben fakultativ, indem sie wieder aus dem Bundesraumordnungsgesetz gestrichen wurde und damit § 16 UVPG als Kann-Regelung verbleibt. Daneben werden Müllverbrennungsanlagen nicht mehr in einem Planfeststellungsverfahren, sondern in einer gebundenen Erlaubnis nach BImSchG zugelassen, wodurch qualitative Abstriche bei der UVP zu verzeichnen sind. Schließlich wurde das Planungsvereinfachungsgesetz verabschiedet und damit enge Fristen, die Plangenehmigung ohne UVP sowie Klagen ohne aufschiebende Wirkung bei Verkehrswegen eingeführt. Ob all dieses mit den EU-Richtlinien vereinbar ist, muss stark angezweifelt werden und ist Gegenstand von Verfahren beim Europäischen Gerichtshof gegen die Bundesrepublik.

Vollständig umgesetzt ist die EG-UVP-Richtlinie noch immer nicht, denn zum einen besteht ein Umsetzungsbedarf in das Recht der Länder und zum anderen ist die in § 20 UVPG angekündigte Verwaltungsvorschrift am 29.9.95 unvollständig veröffentlicht worden.

Länderregelungen sind v. a. nötig hinsichtlich der Ergänzung um Projekte in Landeskompetenz (z. B. Landesstraßen, Grundwasserentnahmen) sowie der Festlegung der zuständigen und federführenden Behörden. Baden-Württemberg hat als erstes Bundesland am 12.12.91 sein Landes-UVPG verabschiedet, Nordrhein-Westfalen ist am 29.4.92 gefolgt, Berlin am 21.7.92, Bayern am 27.12.99. Die meisten Bundesländer haben die Zuständigkeiten auf dem Weg von Verordnungen oder Verwaltungsvorschriften, einige die Zusammenarbeit zusätzlich auf dem Erlassweg geregelt. Das niedersächsische Umweltministerium hat im Oktober 1993 einen Leitfaden herausgegeben.

Die UVP-Verwaltungsvorschrift

Die "Allgemeine Verwaltungsvorschrift zur Ausführung des Gesetzes über die Umweltverträglichkeitsprüfung" (UVPVwV) hat in diversen Arbeits-, internen und Referentenentwürfen vorgelegen; die Verabschiedung wurde immer wieder verschoben, bis die Vorschrift am 29.9.95 veröffentlicht wurde und am Tag darauf in Kraft treten konnte.

Die UVPVwV ist unterteilt in ein Kapitel 0, das die allgemeinen, für alle Vorhaben geltenden Bestimmungen enthält, die Kapitel 1 bis 16, die für jede Nummer der Anlage zu § 3 UVPG (Vorhabentyp) die besonderen Regelungen enthalten, sowie drei Anhänge mit Orientierungshilfen für die Bewertung sowie Hinweisen für die beizubringenden Unterlagen bei Vorhaben, die Eingriffe in Natur und Landschaft darstellen bzw. Auswirkungen auf Gewässer haben.

Die Vorschrift beinhaltet allerdings nur besondere Teile für diejenigen Vorhabentypen, für deren Regelung das Bundesumweltministerium zuständig ist, sowie ein sehr kurzes Kapitel des damaligen Bundesbauministeriums zu Feriendörfern und Hotelkomplexen. Die Bundesminister für Verkehr, zuständig für den Löwenanteil der fehlenden Kapitel, des Innern und der Wirtschaft "zierten sich", wie es ein Beteiligter auf einer Anhörung in Bonn ausdrückte. Die besonderen Teile der Verwaltungsvorschrift wurden in die speziellen fachlichen Ausführungsvorschriften[8] zu den einzelnen Zulassungsverfahren eingearbeitet und damit verstreut.

Das Kapitel 0 enthält insbesondere Definitionen zentraler Begriffe wie Auswirkungen auf die Umwelt (Kap. 0.3) sowie deren Ermittlung, Beschreibung (Kap. 0.5) und Bewertung (Kap. 0.6). Ebenso werden die formalen Schritte zur Festlegung des Untersuchungsrahmens nach § 5 UVPG (Scoping) definiert (Kap. 0.4).

Definition von Auswirkungen auf die Umwelt

Kap. 0.3 der Vorschrift definiert, was unter Auswirkungen auf die Umwelt zu verstehen ist:

"Auswirkungen auf die Umwelt [...] sind Veränderungen der menschlichen Gesundheit oder der physikalischen, chemischen oder biologischen Beschaffenheit einzelner

---

8 z. B. Planfeststellungsrichtlinien zum Bundesfernstraßenbau sowie Bundeswasserstraßenbau

Bestandteile der Umwelt oder der Umwelt insgesamt, die von einem Vorhaben im Sinne der Anlage zu § 3 UVPG verursacht werden." (0.3 UVPVwV)

Ermittlung, Beschreibung und Bewertung der Umweltauswirkungen

Die Verwaltungsvorschrift soll v. a. die inhaltlichen und methodischen Anforderungen regeln, derer sich sowohl EG-UVP-Richtllinie als auch UVPG weitgehend enthalten. Damit wird auch der Umfang der Ermittlung, Beschreibung und Bewertung der Umweltauswirkungen festgelegt:

- "Durch die Ermittlung und Beschreibung der Umweltauswirkungen (§§ 1, 2 Abs. 1 Satz 2 UVPG) ist der entscheidungserhebliche Sachverhalt für die Erfüllung gesetzlicher Umweltanforderungen festzustellen (...)" (Kap. 0.5.1.1, 1. Halbsatz UVPVwV).
- "Die Bewertung der Umweltauswirkungen (§§ 1, 2 Abs. 1 Satz 2 und 4 UVPG) ist die Auslegung und die Anwendung der umweltbezogenen Tatbestandsmerkmale der einschlägigen Fachgesetze (gesetzliche Umweltanforderungen) auf den entscheidungserheblichen Sachverhalt" (Kap. 0.6.1.1 UVPVwV).

Diese juristischen Formulierungen wollen sagen, dass die UVPVwV die UVP auf eine Prüfung der gesetzlichen Zulässigkeit reduziert, was zu kontroversen Positionen zwischen den Verfechtern fachlicher Ansprüche einerseits und deren materieller Ausgestaltung andererseits geführt hat.

Der Rat von Sachverständigen für Umweltfragen (1994, Tz. 566) geht in seiner insgesamt harschen Kritik an der bundesdeutschen Umsetzung der EG-UVP-Richtlinie soweit, mangels integrativer Kriterien im Gesetz den Vorwurf einer Verfestigung der bestehenden Harmonisierungs- und Systematisierungsdefizite der Umweltgesetze zu erheben. Erbguth und Schink (1991, 224 f.) bewerten den von UVPG und UVPVwV eingeschlagenen Weg der integrativen Ergänzung fachgesetzlicher Zulässigkeitsvoraussetzungen als halbherzig beschritten und inadäquat, da keine wirkliche Erweiterung der Fachgesetze erfolgt und damit der einer integrativ ausgerichteten Bewertung fachlich-mediale Grenzen gesetzt sind. Allerdings übersehen sie nicht die mangelnde Kompetenz zur Einführung einer wirklich integrativen Prüfung anlässlich der Umsetzung der EG-UVP-Richtlinie in deutsches Recht.

3.2.5 Verfahrensschritte

Im UVPG ist festgelegt, dass folgende Schritte bei einer UVP auszuführen sind:

- Unterrichtung über den voraussichtlichen Untersuchungsrahmen (§ 5)
- Ermittlung und Beschreibung der Umweltauswirkungen (§ 6)
- Beteiligung von Behörden, anderen Staaten und Öffentlichkeit (§§ 7-9)
- Zusammenfassende Darstellung der Umweltauswirkungen (§ 11)
- Bewertung der Umweltauswirkungen (§ 12 erster Halbsatz).

Tabelle 3.2.1: Verfahrensschritte der UVP, Durchführende und zu Beteiligende (aus: Scholles 1997, 39, verändert)

UVPG	künftig § 3a	§ 5	§ 6	§ 11	§ 12	§ 12
Verfahrensschritt	Umwelterheblich-keitsprüfung (Screening)	Unterrichtung (Scoping)	Ermittlung und Beschreibung	Zusammenfassende Darstellung	Bewertung	Berücksichtigung
Durchführender	Zuständige Behörde	Vorhabenträger, zuständige Behörde (Gutachter)	Vorhabenträger (Gutachter)	zuständige Behörde (Gutachter)	zuständige Behörde (Gutachter)	zuständige Behörde
Beteiligung Behörden	noch offen	Naturschutzbehörde obligatorisch, andere fakultativ	vorliegende Informationen zur Verfügung stellen	Zulassungs- und Naturschutzbehörden obligatorisch, andere fakultativ	Zulassungsbehörden obligatorisch	abhängig vom Fachrecht
Beteiligung Öffentlichkeit	Unterrichtung	fakultativ	ja (Auslegung + Erörterung)	nein (behördenintern)	nein (behördenintern)	Benachrichtigung der Betroffenen und Einwender

Hinzu kommt nach der Änderungsrichtlinie die Umwelterheblichkeitsprüfung (Screening), die künftig in § 3a UVPG geregelt sein wird. Tabelle 3.2.1 zeigt die einzelnen Verfahrensschritte in ihrer chronologischen Abfolge, die Zuständigkeiten sowie die Beteiligung von Behörden und Öffentlichkeit.

Screening
Beim Screening soll festgestellt werden, ob überhaupt erhebliche Beeinträchtigungen der Schutzgüter zu erwarten sind. Ist dies nicht der Fall, kann auf eine UVP ganz verzichtet werden. Projekte, bei denen dies oft zutreffen kann, sind z. B. Gewässerrenaturierungen oder Verlängerungen von Straßenbahnen um eine oder zwei Haltestellen. Ergibt die Umwelterheblichkeitsprüfung, dass erhebliche Auswirkungen nicht ausgeschlossen werden können, wird eine förmliche UVP in Gang gesetzt.

Scoping
Die Regelungen des UVPG und der UVPVwV zum Scoping sind nur sehr informell und legen nur strikt fest, dass der Vorhabenträger über den voraussichtlichen Untersuchungsrahmen zu unterrichten ist. Der Vorhabenträger kann auf die Einleitung der Unterrichtung verzichten und sofort Anträge stellen und Pläne einreichen. Dennoch kann eine Besprechung mit ihm erforderlich werden (0.4.2 UVPVwV) und er hat damit zu rechnen, weitere Unterlagen beibringen zu müssen. Von daher wird jeder Vorhabenträger gut beraten sein, frühzeitig Mitteilung über das Vorhaben zu machen und keine zu detaillierte Untersuchung abzuliefern.

Ermittlung und Beschreibung der Umweltauswirkungen, Zusammenfassende Darstellung und Bewertung der Umweltauswirkungen
Aus Tabelle 3.2.1 ist ersichtlich, dass der Vorhabenträger für die Ermittlung und Beschreibung der Umweltauswirkungen zuständig ist (§ 6 UVPG), während die Zusammenfassende Darstellung (§ 11 UVPG) und Bewertung (§ 12 UVPG erster Halbsatz) Sache der zuständigen Behörde(n) sind.

Dies bedeutet, dass sich die UVS, die i.d.R. ein Gutachter für einen Vorhabenträger erstellt, auf die Ermittlung und Beschreibung der im Scoping als erheblich gekennzeichneten Auswirkungen zu beschränken hat. Da der Untersuchungsrahmen vorläufig ist, können Gesichtspunkte, die sich erst im Lauf der Untersuchung als wesentlich herausstellen, nach entsprechender Absprache eingestellt werden. Der Vorhabenträger und damit sein Gutachter besitzen jedoch keine Kompetenz zur Bewertung der Umweltauswirkungen im Sinne von § 12 UVPG.

Die Behörden sind für die Zusammenfassende Darstellung und die Bewertung zuständig. Wenn sie nicht genügend Zeit oder fachliche Kompetenz dazu besitzen, werden sie einen Gutachter hinzuziehen. Diesen müssen sie aber auch bezahlen, denn der Vorhabenträger ist nur zur Beibringung der Unterlagen verpflichtet.

Die durch die Verfahrensregelung bedingte Trennung von Beschreibung (Sachebene) und Bewertung (Wertebene) ist zwar logisch nachvollziehbar und rechtsstaatlich zwingend, wenn der Vorhabenträger die Untersuchungspflicht hat, stößt aber in der Praxis auf erhebliche Probleme, weil nicht geklärt ist, wo Beschreibung aufhört und Bewertung im rechtlichen Sinne anfängt.

Es hat sich inzwischen so eingespielt, dass bei der UVP unter Bewertung nur noch die juristische Wertung nach § 12 UVPG verstanden wird, während alle wertenden Elemente bei der Erstellung der Unterlagen nach § 6 UVPG als Beurteilung oder Einschätzung bezeichnet werden. Für Einsteiger wird es dann etwas komplizierter, wenn zwecks Beurteilung Methoden eingesetzt werden, die (auch hier, vgl. Kap. 7) als Bewertungsmethoden bezeichnet werden.

Die Ursache der Verwirrung liegt im unterschiedlichen Begriffsverständnis. Juristen verstehen unter Bewertung die Auslegung und die Anwendung von Tatbestandsmerkmalen der einschlägigen Gesetze (gesetzliche Anforderungen) auf den entscheidungserheblichen Sachverhalt, während der Rest der Welt darunter einen Ist-Soll-Abgleich versteht, unabhängig davon, woher man den Sollzustand bezieht.

Beteiligung von Behörden, anderen Staaten und Öffentlichkeit
Neben den in der Tabelle 3.2.1 angegebenen können weitere betroffene Behörden beteiligt werden.

Alle Behörden, die mit der Zulassung des Vorhabens befasst sind, und die Naturschutzbehörde, deren Aufgabenbereich durch das Vorhaben berührt wird, sind in jedem Fall an den Verfahrensschritten Scoping und Zusammenfassende Darstellung zu beteiligen. Bei der Bewertung muss die Naturschutzbehörde nur dann beteiligt werden, wenn sie gleichzeitig Zulassungsbehörde ist.

Das UVPG sieht eine Einbeziehung bzw. Hinzuziehung der Öffentlichkeit an zwei Stellen im Verfahren vor:

Erstens können Sachverständige und Dritte beim Scoping von der Behörde *hinzugezogen* werden. Dritter kann jedermann sein: natürliche und juristische Personen, Verbände. Vor der Hinzuziehung muss der Vorhabenträger angehört werden und sein mögliches Interesse, das Vorhaben bis zur formellen Einbeziehung der Öffentlichkeit vertraulich zu behandeln (noch geheimzuhalten), gegen die Belange der frühzeitigen Klärung des Untersuchungsrahmens abgewogen werden (0.4.6 UVPVwV).

Diese Hinzuziehung ist also ins Belieben der Behörde und unter einen Abwägungsvorbehalt mit Unternehmerinteressen gestellt, obwohl die Erfahrung gezeigt hat, dass erstens bei weitem nicht alle Kenntnisse über Informationen, die zur Bewertung der Umweltauswirkungen nötig sind, bei Vorhabenträgern oder Behörden vorliegen und zweitens Verfahren durch eine frühzeitige Öffentlichkeitsbeteiligung sowohl effizienter als auch effektiver gestaltet werden können (vgl. Rammert 1994, 128).

Zweitens ist die Öffentlichkeit zu den Umweltauswirkungen aufgrund der ausgelegten Unterlagen *anzuhören*. Schon die Begriffswahl macht deutlich, dass eine echte Beteiligung der Öffentlichkeit an der UVP nicht gewollt ist. Es wurde nicht von dem nach § 73 VwVfG üblichen Verfahren abgewichen. Andere in- und ausländische Behörden werden beteiligt, die Öffentlichkeit wird angehört. Näheres hierzu findet sich in Kapitel 10.2.

Die Unterlagen über das Vorhaben werden gemäß § 73 VwVfG öffentlich ausgelegt, und zwar vollständig einschließlich allgemeinverständlicher Zusammenfassung in der Form, wie sie der Vorhabenträger abzuliefern hat.

Die Zusammenfassende Darstellung dagegen, die von den Behörden erstellt wird, ist ein behördeninternes Schriftstück und darf damit nicht der Öffentlichkeit zugänglich gemacht werden (0.5.2.1 UVPVwV).

3.2.6 Methoden in der UVP

Innerhalb der Projekt-UVP können verschiedenste Planungsmethoden zum Einsatz kommen, das UVPG macht hier keinerlei Vorgaben. Welche es im Einzelnen sind, hängt v. a. ab von:

- Kenntnisstand, Grad der Unsicherheit über Wirkungen
- Verfahrensstand (vorgelagertes Verfahren oder Zulassungsverfahren)
- Aufnahme in der Öffentlichkeit (umstritten oder nicht)
- Vorhabentyp
- Einsatz von finanziellen Ressourcen.

Die folgenden Abbildungen geben an, welche Methoden bei welchen Verfahrensschritten eingesetzt werden können. Die Abbildungen erheben weder den Anspruch auf Vollständigkeit, noch soll ausgesagt werden, dass alle diese Methoden jeweils eingesetzt werden müssen. Die UVP steht hier als Beispiel einer Kontrollplanung: Es werden keine originären Ziele entwickelt, sondern eine Maßnahme wird anhand vorhandener, ggf. zu konkretisierender Ziele überprüft (Verträglichkeitsprüfung).

Die Entscheidung, ob eine vertiefte Prüfung nötig ist (Screening, s. Abb. 3.2.4), kann als Einzelfallprüfung anhand von Checklisten (vgl. Kap. 5.4) mit bestimmten Kriterien oder anhand von Schwellenwerten getroffen werden. Ist ein Schwellenwert (z. B. beanspruchte Fläche > 20 ha) überschritten, muss vertieft untersucht werden.

Die diversen Informationen, die vorhanden oder notwendig sind, können beim Scoping (s. Abb. 3.2.5) mithilfe der Metaplan-Technik (vgl. Kap. 8.4) strukturiert werden. Sofern ein Scoping-Termin oder eine Antragskonferenz stattfindet, auf der auch verhandelt wird,

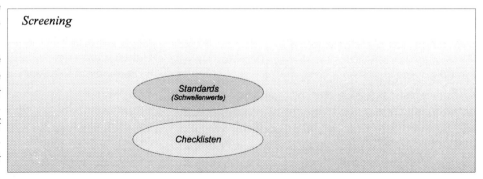

Abbildung 3.2.4: Methodeneinsatz beim Screening

welche Informationen zu erheben sind, empfiehlt es sich, einen Moderator einzusetzen. Dieser kann von der federführenden Behörde kommen, bei komplizierten Verfahren ist es meist sinnvoll, einen externen Moderator einzuschalten. Aber auch ohne Scoping-Termin wird der Untersuchungsumfang oft zwischen den Beteiligten verhandelt (vgl. Kap. 9.2 und 9.3). Um sich einen Überblick über zu den erwartenden Ablauf zu verschaffen, kann man ein Planspiel (vgl. Kap. 8.6) ansetzen.

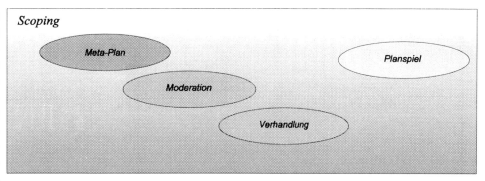

Abbildung 3.2.5: Methodeneinsatz beim Scoping

Bei der Ermittlung und Beschreibung der Umweltauswirkungen kommen die verschiedensten Methoden zum Einsatz, allerdings unterschiedlich je nach Planungsmaßstab.

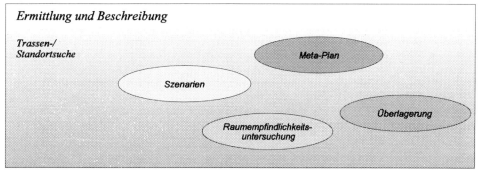

Abbildung 3.2.6: Methodeneinsatz bei der Ermittlung und Beschreibung von Umweltauswirkungen auf der Ebene der Trassen- bzw. Standortsuche

Auf der Ebene der Standort- bzw. Trassensuche (s. Abb. 3.2.6) wird meist eine Raumempfindlichkeitsuntersuchung (vgl. Kap. 7.5) durchgeführt, innerhalb derer die verschiedenen Potenziale oder Schutzgüter überlagert werden, um zu relativ konfliktarmen Korridoren oder Standorten zu gelangen. Dabei kommen heute Geo-Informationssysteme zum Einsatz. Metaplan-Technik (vgl. Kap. 8.4) eignet sich auch hier zur Strukturierung.

Beim Variantenvergleich (s. Abb. 3.2.7) müssen verschiedene Arbeitsschritte unterschieden werden:

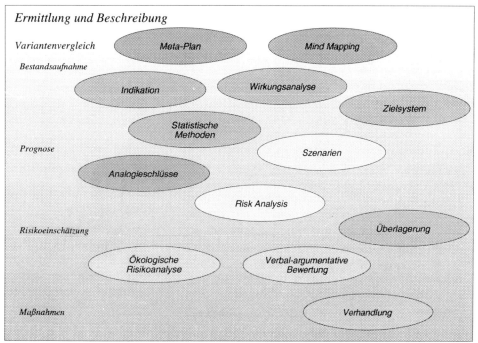

Abbildung 3.2.7: Methodeneinsatz bei der Ermittlung und Beschreibung von Umweltauswirkungen auf der Ebene des Variantenvergleichs

- Bestandsaufnahme
- Prognose
- Risikoeinschätzung
- Entwicklung von Vermeidungs-, Verminderungs- und Ausgleichsmaßnahmen.

Zunächst wird auch hier strukturiert. Die Bestandsaufnahme erfolgt mit den jeweils gängigen Analysemethoden (Wirkungsanalyse, Kap. 5.4, Indikation, Kap. 5.1, statistische Methoden, Kap. 5.2).

Da die Bestandsaufnahme nur die entscheidungserheblichen Daten erfassen soll, muss vorher das Zielsystem (vgl. Kap. 4.1) konkretisiert werden.

Da die Informationen über das Vorhaben auf dieser Ebene gewöhnlich recht wenig konkret sind, ist es für die Prognose der Auswirkungen hilfreich, verschiedene Szenarien (vgl. Kap. 6.5) durchzuspielen. Danach kann eine grobe Abschätzung von Auswirkungen und deren Eintrittswahrscheinlichkeit erfolgen, also eine überschlägige Risikoabschätzung (vgl.

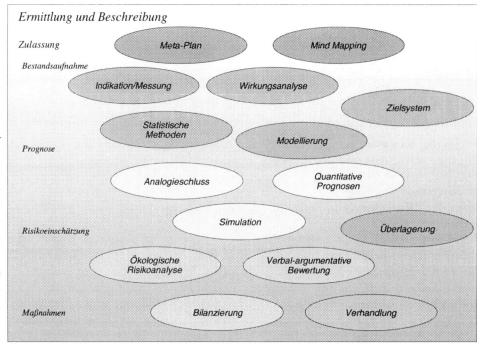

Abbildung 3.2.8: Methodeneinsatz bei der Ermittlung und Beschreibung von Umweltauswirkungen auf der Ebene der Zulassung

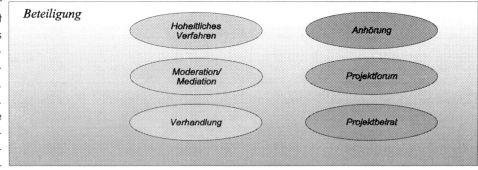

Abbildung 3.2.9: Methodeneinsatz bei der Beteiligung der Öffentlichkeit

Kap. 6.1). Genauere Methoden sind hier meist unangemessen. Zur Risikoeinschätzung werden die verschiedenen Vor- und Zusatzbelastungen klassifiziert und überlagert, meist mithilfe der Ökologischen Risikoanalyse (vgl. Kap. 7.6) und einer zusätzlichen verbal-argumentativen Bewertung (vgl. Kap. 7.8). Maßnahmen werden daraus entwickelt und mit Vorhabenträger, Betroffenen und Behörden verhandelt (vgl. Kap. 9.2).

Auf der Ebene des Zulassungsverfahrens (s. Abb. 3.2.8) liegen meist genauere Informationen über das Vorhaben vor, sodass entsprechende Methoden zusätzlich zum Variantenvergleich eingesetzt werden können, z. B.

Messung und Modellierung bei der Bestandsaufnahme, quantitative Prognosen (vgl. Kap. 6.3) oder Simulationen bei der Prognose einiger Auswirkungen. Wo Messungen nicht möglich sind, helfen Analogieschlüsse oft weiter. Die Maßnahmen müssen schließlich bilanziert werden, um zu der Aussage zu gelangen, in wie weit ein Ausgleich voraussichtlich möglich sein wird (vgl. Kap. 7.7).

Gemäß § 9 UVPG ist die Öffentlichkeit anzuhören. Dies ist im Minimalfall ein hoheitliches Verfahren (vgl. Kap. 9.1): öffentliche Auslage, Erörterungstermin, Stellungnahme der Behörde im stillen Kämmerlein. Weitergehende Beteiligungsverfahren (vgl. Kap. 10.3) sind jedoch möglich: Bei umstrittenen Großvorhaben können Projektbeiräte oder -foren begleitend eingerichtet werden und Verhandlungen oder ein Mediationsverfahren (vgl. Kap. 9.3) hinzutreten (s. Abb. 3.2.9).

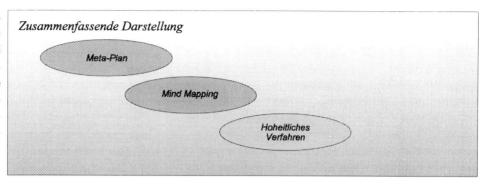

Abbildung 3.2.10: Methodeneinsatz bei der Zusammenfassenden Darstellung

Die Zusammenfassende Darstellung soll die Tatsachenseite auflisten. Hier sollen die wichtigsten Ergebnisse der UVS, der Beteiligung der Behörden und der Beteiligung der Öffentlichkeit wertfrei dargestellt werden. Die Sortierung und Strukturierung kann mit Metaplan oder Mind Mapping (vgl. Kap. 8.4 und 8.5) sinnvoll unterstützt werden (s. Abb. 3.2.10). Der Schritt ist ein hoheitlicher, denn er findet ausschließlich im Behördenkreis statt. Es sei hier noch angemerkt, dass eine wertfreie Darstellung kaum möglich ist.

Bei der Bewertung (s. Abb. 3.2.11) sind den Auswirkungen die rechtlichen Zulässigkeitsvoraussetzungen gegenüberzustellen. Dazu müssen diese durch Umweltqualitätsziele und -standards (vgl. Kap. 4.3) konkretisiert werden. Um die vielfältigen Einzelbewertungen zu aggregieren, können die Ökologische Risikoanalyse (vgl. Kap. 7.6) und die verbal-argumentative Bewertung (vgl. Kap. 7.8) eingesetzt werden. Kosten-Nutzen-Analyse (vgl. Kap. 7.3) und Nutzwertanalyse (vgl. Kap. 7.4), die in der UVPVwV auch noch genannt werden, sind aus fachlicher Sicht zur Bewertung von *Umwelt*auswirkungen ungeeignet. Die Bewertung läuft in einem hoheitlichen Verfahren (vgl. Kap. 9.1) zwischen den Behörden ab.

Bei der Entscheidung über das Vorhaben sind die verschiedenen Belange untereinander und gegeneinander abzuwägen. Dabei ist die Bewertung der Umweltauswirkungen zu berücksichtigen, also korrekt in die Abwägung (vgl. Kap. 4.5) einzustellen.

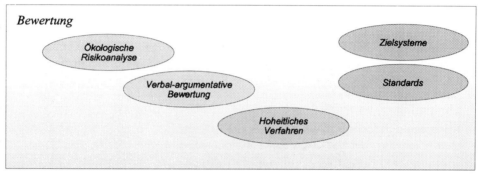

Abbildung 3.2.11: Methodeneinsatz bei der Bewertung der Umweltauswirkungen

3.2.7 Probleme der UVP

Methodenprobleme

Die UVP hat in der Praxis mit verschiedenen gravierenden methodischen Problemen zu kämpfen.

Auch wenn die Ökologische Risikoanalyse vorherrscht, muss betont werden, dass es "die" Methode nicht gibt. Es existiert vielmehr eine Methodenvielfalt und ein Methodenmix. Welche Methoden zum Einsatz kommen, hängt wesentlich von Besonderheiten des betroffenen Naturraums, vom Vorhabentyp und der Datenlage ab. Auch die Ausbildung der Gutachter ist mitbestimmend für die Methodenauswahl. Weiterhin sind die zu verwendenden Indikatoren strittig (vgl. Kap. 5.1.2).

Die Methoden bestimmen jedoch das Ergebnis mit. Daher ist die Frage zu stellen, wie frei die Methodenwahl sein kann. In anderen Disziplinen werden Methoden vorgegeben, um vergleichbare Ergebnisse zu erhalten, oder es besteht zumindest ein Methodenkonsens. Die UVP ist noch recht weit davon entfernt. Auch die UVPVwV lässt diese Frage offen.

Bewertungsprobleme

Eng mit der Methodenfrage sind Bewertungsprobleme verknüpft. Jede UVP leidet an der Suche nach geeigneten, d. h. vorsorgeorientierten und gleichzeitig konsensfähigen Wertmaßstäben, auf denen die Bewertung fußen kann. Bestehende Grenzwerte sind i.d.R. mit Nichtumweltbelangen abgewogen, an der Gefahrenabwehr orientiert und damit für die UVP wenig geeignet. Naturwissenschaftlich abgesicherte Schwellenwerte gibt es recht selten, politisch verabschiedete Umweltqualitätsziele (vgl. Kap. 4.3.1) sind noch seltener. Wenn solche Werte nicht vorliegen, stellt sich für den Gutachter immer die Frage, woher er die Wertmaßstäbe nehmen soll. Er selbst ist dazu genauso wenig legitimiert wie die Wissenschaft, auch wenn sich die Politik gerne hinter wissenschaftliche Aussagen zurückzieht, nach denen man "gar nicht anders entscheiden konnte". Wie ist also der gesellschaftliche Konsens herzuleiten, wenn Politiker ihn nicht festlegen?

Ein weiteres Bewertungsproblem ist das Aggregationsproblem. Hier wird i.d.R. die Ökologische Risikoanalyse (vgl. Kap. 7.6) eingesetzt, oft auch die verbal-argumentative Bewertung (vgl. Kap. 7.8), teilweise auch noch die Nutzwertanalyse (vgl. Kap. 7.4). Einigkeit besteht hier nicht (s. o.).

Unsicherheit

Die UVP kann selten auf abgesicherten Ergebnissen fußen. Die Prognosen sind häufig mit recht großen Unsicherheiten verbunden, die z. B. mit analytischen Wissensdefiziten begründet sind.

Hierunter fallen Modellstrukturfehler durch Unsicherheit über Wirkungsverläufe[9], Modellparameterfehler durch Unsicherheit über die relevanten Indikatoren sowie natürliche Varianz aufgrund der Stochastizität natürlicher Vorgänge.

Weiterhin kann Unsicherheit gesellschaftlich bedingt sein, z. B. durch Wertunsicherheit (Was ist gesellschaftlich gewollt?), durch mangelnde Koordination mit anderen Vorhaben im selben Raum sowie dem Auftreten individueller Betroffenheiten, d. h. subjektiv besteht für Betroffene ein höheres Risiko, als es naturwissenschaftlich hergeleitet wird (vgl. Kap. 6.1).

Missbrauch des Instruments

Man trifft immer wieder auf Gefälligkeits- oder Alibi-Gutachten, die einzig der Akzeptanzbeschaffung dienen sollen. Häufig nehmen Vorhabenträger auf die von ihnen bezahlten UVS-Gutachter dahin gehend Einfluss, dass voraussichtliche Beeinträchtigungen nicht offen angesprochen werden. Dies führt oft zu Zynismus und Gegengutachten sowie Verzögerungen, die dann der UVP angelastet werden.

Auf der anderen Seite werden seitens der Naturschutzbehörden und Umweltverbände oft umfangreiche Grundlagenuntersuchungen verlangt. Es kann jedoch nicht Sinn der UVP sein, die Umwelt vollständig zu beschreiben und dafür jahrelang dauernde Beobachtungen durchzuführen. Unter strategischen und rechtlichen Gesichtspunkten ist es nötig, dass sie sich auf die "Knackpunkte", also die wirklich erheblichen Auswirkungen, beschränkt. Eine UVP kann keinen Landschaftsplan ersetzen.

Juristische Probleme

Der Bewertung innerhalb der UVP liegen Umweltfachbegriffe zugrunde. Diese beinhalten an zentralen Stellen unbestimmte Rechtsbegriffe wie "Wohl der Allgemeinheit" oder "erhebliche Beeinträchtigung". Damit Wertmaßstäbe abgeleitet werden können, müssen diese Begriffe konkretisiert, d. h. in operationale Ziele und Standards umgesetzt werden.

Rest-Risiken stellen für die Justiz eine Kategorie dar, der rechtsstaatlich nicht mehr begegnet werden kann, ohne in Grundrechte einzugreifen. Allgemein wird unter diesem Begriff inzwischen aufgrund der Atomdiskussion ein anderer Inhalt verstanden, weil er politisch missbraucht worden ist für Risiken mit geringer Wahrscheinlichkeit und unabhängig von der Schadensintensität. Hinzunehmende Rest-Risiken werden auch nach dem Verhältnismäßigkeitsgrundsatz bestimmt. Im Einzelfall muss zwischen Verhältnismäßigkeit und Vorsorge abgewogen werden.

Diese kurze Aufzählung zeigt bereits, dass die UVP kein Verfahren ist, das man rein schematisch nach Checklisten abarbeiten kann, sondern eine planerische und ingenieurmäßige Leistung, die in hohem Maße den Einzelfall berücksichtigen muss. Die Bezahlung dieser Leistung gemäß der derzeitigen Honorarordnung für Architekten und Ingenieure (HOAI) verhindert jedoch oft eine sachgerechte UVP.

---

9 Systemabhängigkeit, Wirkungsketten, Wechselwirkungen, Kreisläufe, lange Latenzzeiten

Literatur

Literatur im WorldWideWeb

Aktuelle Hinweise zur UVP finden sich auf der Homepage "Deutsches UVP-Netz" der UVP-Gesellschaft e.V. (http://www.uvp.de).

Grundlegende und aktuelle Informationen hält auch die UVP-Leitstelle des Bremer Umweltsenators bereit unter http://www.umwelt.bremen.de.

Zitierte und weiterführende Literatur

Richtlinie des Rates über die Umweltverträglichkeitsprüfung bei bestimmten öffentlichen und privaten Projekten (85/337/EWG) vom 27.06.85.

Gesetz über die Umweltverträglichkeitsprüfung (UVPG) vom 13.02.90. BGBl. (6): 205.

BEIRAT FÜR NATURSCHUTZ UND LANDSCHAFTSPFLEGE BEIM BML, 1985: Umweltverträglichkeitsprüfung für raumbezogene Planungen und Vorhaben, Münster-Hiltrup (Reihe A: Angewandte Wissenschaft BML, 313).

BOHNE, E., 1992: Grundprobleme des UVP-Gesetzes und seiner Ausführungsvorschriften. In: Hübler, K.-H.; Zimmermann, M. (Hrsg.): UVP am Wendepunkt, 3-18, Bonn (Planung und Praxis im Umweltschutz, 1).

BUNGE, T., 1988: Umweltverträglichkeitsprüfung II. In: Kimminich, O.; v. Lersner, H.; Storm, P.C. (Hrsg.): Handwörterbuch des Umweltrechts (HdUR), 892-906, Berlin.

BUNGE, T., 1992: Zur Umweltverträglichkeitsprüfung von Politikentscheidungen, Plänen und Programmen. In: Hübler, K.-H. (Hrsg.): UVP von Plänen und Programmen, 1-16, Bonn.

CUPEI, J., 1994: Geschichte und Entwicklung der UVP in der Bundesrepublik Deutschland. In: Kleinschmidt, V. (Hrsg.): UVP-Leitfaden für Behörden, Gutachter und Beteiligte. Grundlagen, Verfahren und Vollzug der Umweltverträglichkeitsprüfung. 2. Aufl., 29-52, Dortmund.

DAELE, W. V.D., 1994: Technikfolgenabschätzung als politisches Instrument. Diskursives Verfahren zur Technikfolgenabschätzung des Anbaus von Kulturpflanzen mit gentechnisch erzeugter Herbizidresistenz, Berlin (Veröffentlichungsreihe der Abteilung Normbildung und Umwelt am Wissenschaftszentrum Berlin für Sozialforschung, 94-301).

ERBGUTH, W.; SCHINK, A., 1991: Gesetz über die Umweltverträglichkeitsprüfung. Kommentar, München.

FEHR, G.; JÜRGING, M., 1993: UVP und Abwasserbehandlungsanlagen - Die Bedeutung des Bewertungsvorganges und sein Einfluss auf die behördliche Entscheidung. gwf-wasser/abwasser 134 (8): 474-481.

GASSNER, E.; WINKELBRANDT, A., 1997: UVP: Umweltverträglichkeitsprüfung in der Praxis. Ein Leitfaden, 3. Aufl., München.

HOFFJANN, T., 1990: Umwelterheblichkeitsprüfung von Bauleitplänen. In: Deutsches Institut für Urbanistik (Hrsg.): Fallbeispiele kommunaler Umweltverträglichkeitsprüfungen, 75-86, Berlin (DIFU-Materialien, 2/87).

KGST (Kommunale Gemeinschaftsstelle für Verwaltungsvereinfachung), 1986: Organisation des Umweltschutzes: Umweltverträglichkeitsprüfung (UVP), Köln (Bericht Nr. 11).

KÜHLING, W., 1992: Notwendige Anmerkungen zum Entwurf der Allgemeinen Verwaltungsvorschrift zur Ausführung des Gesetzes über die Umweltverträglichkeitsvorschrift. UVP-report 6, (1), 2-6.

NIEDERSÄCHSISCHES INNENMINISTERIUM, RAUMORDNUNG UND LANDESPLANUNG (HRSG.), 1991: Leitfaden zur Durchführung von Raumordnungsverfahren mit integrierter Prüfung der Umweltverträglichkeit, 12 S. Anhang, Hannover.

PETERS, H.-J., 1994: Die UVP-Richtlinie der EG und die Umsetzung in das deutsche Recht. Gesamthafter Ansatz und Bewertung der Umweltauswirkungen, Baden-Baden (Schriften des Instituts für regionale Zusammenarbeit und Europäische Verwaltung - EURO-INSTITUT - Kehl/Strasbourg, 2).

RAMMERT, U., 1994: Abgrenzung des Untersuchungsrahmens und Scoping - Weichenstellungen für die Effizienz der UVP. In: Kleinschmidt, V. (Hrsg.): UVP-Leitfaden für Behörden, Gutachter und Beteiligte. Grundlagen, Verfahren und Vollzug der Umweltverträglichkeitsprüfung. 2. Aufl., 119-134, Dortmund.

RAT VON SACHVERSTÄNDIGEN FÜR UMWELTFRAGEN, 1994: Umweltgutachten 1994 für eine dauerhaft-umweltgerechte Entwicklung, Stuttgart.

SCHOLLES, F., 1995: Was ist eine "wirksame Umweltvorsorge"? UVP-report 9 (5): 257-258.

SCHOLLES, F., 1997: Abschätzen, Einschätzen und Bewerten in der UVP. Weiterentwicklung der Ökologischen Risikoanalyse vor dem Hintergrund der neueren Rechtslage und des Einsatzes rechnergestützter Werkzeuge, 273 S., Dortmund (UVP-Spezial, 13).

SPINDLER, E.A., 1983: Umweltverträglichkeitsprüfung in der Raumplanung - Ansätze und Perspektiven zur Umweltgüteplanung, Dortmund (Dortmunder Beiträge zur Raumplanung, 28).

SUMMERER, S., 1992: Die Umweltverträglichkeitsprüfung - Ziel und Stand der administrativen Vorgaben. Zeitschrift für Kulturtechnik und Landentwicklung 33, (6), 366-374.

UVP-FÖRDERVEREIN, ARBEITSGEMEINSCHAFT UVP-GÜTESICHERUNG, 1992: UVP-Gütesicherung. Qualitätskriterien zur Durchführung von Umweltverträglichkeitsprüfungen, 81 S., Dortmund (UVP-Anforderungsprofil, 1).

WINTER, G., 1989: Die Vereinbarkeit des Gesetzentwurfs der Bundesregierung über die Umweltverträglichkeitsprüfung vom 29.6.1988 mit der EG-Richtlinie 85/337 und die Direktwirkung dieser Richtlinie. Natur und Recht 11, (5), 197-205.

3.3 Planungsmethoden am Beispiel der Dorfentwicklung
Frank Scholles

3.3.1 Zweck der Dorfentwicklung

Bevor auf die Planungsmethoden, die in der Dorfentwicklung verwendet werden, eingegangen wird, soll zum besseren Verständnis ein kurzer Abriss über das Instrument und seine Entstehung gegeben werden. Vertiefende Informationen zum Thema finden sich z. B. bei Henckel (1984), Magel (1991) sowie Schäfer et al. (1989).

Anpassung vs. Bewahrung
Dorfentwicklungsplanung ist Teil der Strukturpolitik der Bundesländer für ländliche Räume und ländlich geprägte Bereiche in Verdichtungsräumen. Mit ihrer Hilfe sollen

- einerseits die Anpassung an die zukünftigen Erfordernisse als Wohn-, Arbeits-, Sozial- und Kulturraum gefördert und
- andererseits die Eigenart ländlicher Siedlungen im Rahmen der regionalen Identität bewahrt werden.

Dass diese beiden Oberziele im Einzelfall konkurrieren können, ist offensichtlich. Die Eigenart der Siedlungen ist geprägt durch sozio-ökonomische, bauliche, ökologische und kulturelle Werte.

Einzelziele der Dorferneuerung
Um die Dorfentwicklung in Gang zu bringen, fördern die Länder die Dorferneuerung, die als Hilfe zur Selbsthilfe gedacht ist und daher die Bürger befähigen soll, nach der Förderungsphase die Entwicklung eigenverantwortlich und eigenfinanziert in die Hände zu nehmen. Die Dorferneuerung verfolgt ein Bündel von Einzelzielen (vgl. Niedersächsisches Ministerium für Ernährung, Landwirtschaft und Forsten 1995; Akademie für Raumforschung und Landesplanung 1991):

- Erarbeiten von Leitbild und Leitlinien für die künftige Entwicklung
- Erhalt und Verbesserung der ländlichen Siedlung als Standort für land- und forstwirtschaftliche Betriebe
- Verringerung des Arbeitsaufwands für land- und forstwirtschaftliche Betriebe
- in Einklang Bringen der Umweltauswirkungen land- und forstwirtschaftlicher Betriebe mit zeitgemäßen Wohnerfordernissen
- Verbessern der Lebensverhältnisse bäuerlicher Familien
- Stärken der allgemeinen Wirtschaftskraft des Dorfs
- Sicherung der ortstypischen Bausubstanz (ggf. durch Umnutzung)
- Wohnumfeldverbesserung
- Bewahrung bzw. Wiederherstellung der dörflichen ökologischen Eigenart und Vielfalt
- Einbindung des Dorfs in die Landschaft
- Anstoß für weitere öffentliche und private Investitionen.

Zusammengefasst berücksichtigt die Dorferneuerung ökonomische, ökologische, ästhetische und kulturelle Zusammenhänge des Dorfs gleichermaßen und zielt auf die Identifikation der Bewohner mit ihrer Heimat ab.

Aufgabenbereiche
Daraus lassen sich folgende Aufgabenbereiche für die Dorfentwicklungsplanung ableiten (vgl. Hessisches Ministerium für Landesentwicklung, Umwelt, Landwirtschaft und Forsten 1983, 45):

1. Gemeinsames Erarbeiten einer Gesamtentwicklungskonzeption mit den Betroffenen und deren anschauliche Darstellung
2. Wiederherstellen der ortsteilweisen Selbstbestimmung in einem gemeinsamen Prozess der Bewusstseinsbildung, Entwicklung der dörflichen Eigeninitiative.

Für die Dorfentwicklung gibt es auf Bundesebene so gut wie keine formal-rechtliche Regelung, weder im Baugesetzbuch noch im Landwirtschaftsrecht. Dies gibt den Ländern weitest gehenden Gestaltungsspielraum, den sie i.d.R. durch Erlasse, Richtlinien und Programme ausgefüllt haben. Gesetze und Verordnungen sucht man auch hier vergebens.

3.3.2 Begriffe

- *Dorf*: alle Gemeinwesen, die im ländlichen Raum liegen, zentralörtlich als Kleinzentren oder darunter eingestuft werden und von ihrer Entwicklung her vorwiegend landwirtschaftlich geprägt sind (Isermann-Kühn 1995, 18)

- *Dorfentwicklung*: fortwährende Aufgabe des Erhalts und der Weiterentwicklung dörflicher Eigenarten, nicht nur Verbesserung und Erneuerung des Vorhandenen
- *Dorferneuerung*: Sanierungsplanung mithilfe öffentlicher Förderung, zeitlich (i.d.R. auf fünf Jahre) begrenzter Anstoß für die weitere Entwicklung

3.3.3 Formen

Gängig sind zwei Formen der Dorfentwicklung:
- städtebauliche Dorferneuerung
- Dorferneuerung im Rahmen der Flurbereinigung.

Daneben existieren landesspezifische Förderprogramme, die auch Dorfentwicklung betreiben, z. B. in Hessen oder Brandenburg.

Schließlich gibt es den Wettbewerb "Unser Dorf soll schöner werden" (vgl. z. B. Bomkamp u. Strack 1981), aus dem die Dörfer lediglich Imagegewinn, nicht jedoch Finanzmittel erwarten dürfen.

Städtebauliche Dorferneuerung

Die städtebauliche Dorferneuerung richtet sich nach dem besonderen Städtebaurecht (§§ 136 ff. BauGB); es wird ein Sanierungsgebiet förmlich ausgewiesen. Ursprünglich ging es in diesem Gesetzesabschnitt um Stadterneuerung, die Regelungen wurden auf die Dörfer übertragen.

Es werden keine Einzelmaßnahmen gefördert, sondern ausschließlich die Gesamtheit des Dorfs. Der Förderumfang beträgt maximal 40% der bei der Gemeinde und Privaten entstandenen Kosten. Voraussetzung ist die Aufnahme in das Städtebauförderprogramm des Bundeslands.

Das Niedersächsische Ministerium für Ernährung, Landwirtschaft und Forsten hat Richtlinien für die Gewährung von Zuwendungen zur Dorferneuerung (Dorferneuerungsrichtlinie - DorfR) erlassen. Ziel ist die Wohnumfeldverbesserung und die Wahrung der Eigenart der Dörfer. Es werden besonders Gestaltung von Straßen, Plätzen, Pflanzungen und Gewässerrenaturierungen gefördert. Die Mittel werden über die Ämter für Agrarstruktur vergeben.

Dorferneuerung im Rahmen der Flurbereinigung

Die Dorferneuerung im Rahmen der Flurbereinigung oder sonstiger agrarstruktureller Planungen richtet sich im Wesentlichen nach dem Flurbereinigungsgesetz, das allerdings nur zum Verfahren etwas hergibt. Die Förderung kann über die Gemeinschaftsaufgabe Förderung der Agrarstruktur und des Küstenschutzes (GAK) und die Strukturfonds der EU (Ziel 5b, ab 2001 Ziel 2) erfolgen, wenn das betreffende Dorf in einem entsprechenden Fördergebiet liegt. Der Bund stellt jährlich einen Rahmenplan zur GAK auf, den die Länder ausführen. Seit 1984 existiert hierin die Dorferneuerung als eigener Fördergrundsatz. Maßgeblich sind die Richtlinien der Länder, in Niedersachsen seit 1995 wiederum die DorfR.

Ziel dieser Form der Dorferneuerung ist die Verbesserung der Agrarstruktur, v. a. der Produktions- und Arbeitsbedingungen in der Landwirtschaft. Die Dorferneuerungsplanung wird mit bis zu 60% gefördert, die planerische Betreuung ebenfalls mit bis zu 60% (aber maximal 30.000 DM je Dorf). Öffentliche Maßnahmen können mit bis zu 40%, private mit bis zu 30% (aber maximal 40.000 DM je Maßnahme) gefördert werden. Die Antragstellung muss über die Gemeinde an die Bezirksregierung erfolgen. Die Mittel werden von den Ämtern für Agrarstruktur bereitgestellt und verwaltet. Ein Dorf befindet sich fünf Jahre lang in der Förderung. Schwerpunkte der Maßnahmen sind Gebäude und Straßen.

Alle Länder verstehen die Dorferneuerung als "Hilfe zur Selbsthilfe" und gewähren deshalb keine Vollförderung, nur Bayern stellt eine Ausnahme dar. In Niedersachsen scheint dies zu funktionieren, denn es ist ein Verhältnis von Fördervolumen zu Investitionsvolumen von 1 : 3 beobachtet worden (Beck 1995).

Die Verantwortung für die Dorferneuerung liegt bei der Teilnehmergemeinschaft der Flurbereinigung, wodurch die Einbindung der Dorfgemeinschaften in die Planungen erleichtert werden kann, die nach dem Verlust der kommunalen Selbstverwaltung nach der Gebietsreform schwieriger geworden ist.

3.3.4 Verfahrensschritte

Nicht förmlich festgelegt

Die Dorfentwicklungsplanung ist die einzige umfassende Planung für das Dorf. Sie stellt ein ganzheitliches Entwicklungskonzept dar, das keine rechtliche Verbindlichkeit besitzt, sondern Ausdruck der Einigung von

Bürgern, Politikern und Behörden auf gemeinsames Handeln ist.

Die Planung ist weder verfahrens- noch materiell-rechtlich normiert. Es gibt auch keine verbindliche Übereinkunft über Inhalte und Formen, sodass große Freiheiten in der Ausgestaltung bestehen. Daraus folgten in der Vergangenheit sehr individuelle und z. T. unkonventionelle Planungen, die an die Bedingungen der jeweiligen Dörfer angepasst waren, aber auch unbrauchbare Werke mit Datenfriedhöfen.

Gute Planer konnten daraus Vorteile für alle Beteiligten gewinnen:
- Bei begrenztem Honorar konnten die wesentlichen Probleme des jeweiligen Dorfs konzentriert angegangen werden.
- Es wurde ein Rahmen in Form eines Leitbilds (vgl. Kap. 4.2) und von Zielen festgelegt und Vertiefungsplanungen beispielhaft und ohne Details durchgeführt.
- Nur bei zwingender Notwendigkeit wurden Festlegungen für Veränderungen auf bestimmten Grundstücken getroffen.
- Die konkrete Ausgestaltung wurde in der Beratungsphase mit den Betroffenen entwickelt.

Ab ca. 1982 wurden Leistungsbilder und Ablaufschemata für die Dorfentwicklungsplanung erstellt:
- Es wurden Listen der möglichen Untersuchungen erstellt, die von Verwaltungen in deutscher Gründlichkeit als verbindliche Kataloge missverstanden wurden.
- Die Pläne wurden als Bebauungsplan oder Gestaltungssatzung rechtsverbindlich für Jedermann beschlossen, sodass Details rechtssicher geklärt werden mussten.

Besser ist jedoch, den Dorfentwicklungsplan als Rahmen für die weitere Entwicklung zu verstehen und nur unbedingt erforderliche Details einzubauen. Er muss für Laien lesbar und diskutierbar sein, denn diese müssen den Plan beschließen und ausführen. Der Rahmen schafft Planungssicherheit und kann gleichzeitig Vertrauen schaffen. Er kann auch als Broschüre verteilt werden.

Arbeitsschritte in Niedersachsen

Tabelle 3.3.1 zeigt die in Niedersachsen im Allgemeinen durchgeführten Arbeitsschritte der Dorferneuerung in der Flurbereinigung (vgl. Niedersächsisches Ministerium für Ernährung, Landwirtschaft und Forsten 1991). Ähnliche Ablaufbeschreibungen für andere Länder finden sich bei Bayerisches Staatsministerium des Innern (1987), Hessisches Ministerium für Landesentwicklung, Umwelt, Landwirtschaft und Forsten (1983), Isermann-Kühn (1995), Magel (1991).

Die Konzeptplanung umfasst die Bestandsaufnahme, die Entwicklung eines Leitbilds, eine Stärken-Schwächen-Analyse, sowie die Erstellung von Konzepten (Nutzungs- und Strukturkonzept, räumliches und Verkehrskonzept, bauliches Konzept, Freiflächenkonzept). Die Detailplanung macht Gestaltungsvorschläge für wichtige Teilbereiche des Dorfs. Am Ende der Durchführungsplanung wird die Planung dokumentiert.

Rolle des Planers

Die Dorfentwicklung ist eine gemeinsame Aufgabe der Beteiligten vor Ort. Deshalb werden Bürgerversammlungen durchgeführt und ein Arbeitskreis Dorferneuerung eingerichtet. Im Gegensatz zur Teilnehmergemeinschaft der Flurbereinigung sind hier nicht nur die Landbesitzer vertreten, sondern auch Eigenheimbesitzer und Mieter.

Tabelle 3.3.1: Verfahrensschritte der Dorferneuerung in Niedersachsen, Durchführende und zu Beteiligende

Verfahrensschritt	Gemeinderats-beschluss	Aufnahme in das Förderprogramm	Konzept-entwicklung	Detailplanung	Bewilligung	Durchführungs-planung
Durchführender	Gemeinderat	Bezirksregierung	Gemeinde (Planer)	Gemeinde (Planer)	Amt für Agrarstruktur, Bezirksregierung	Gemeinde, Eigentümer (Planer)
Beteiligung Behörden	Verwaltung	Amt für Agrarstruktur, Landkreis	Träger öffentlicher Belange, Amt für Agrarstruktur, Bezirksregierung	Träger öffentlicher Belange, Amt für Agrarstruktur	Gemeinde, Landkreis	Amt für Agrarstruktur
Beteiligung Öffentlichkeit	öffentliche Ratssitzung	nein	Bürgerversammlung, Arbeitskreis	Bürgerversammlung, Arbeitskreis	nein	Arbeitskreis

Die Rolle des Planers umfasst folgende Aufgaben:
- Erstellung des Dorfentwicklungsplans
- Beratung der Gemeinde und der Betroffenen
- Kontakt zu fördernden Stellen
- Ansprechpartner für Betroffene
- Vertretung derjenigen, die sich nicht artikulieren (können)
- Organisation von Exkursionen, Ausstellungen, Begehungen
- Pressearbeit

Umsetzung des Plans

Der Dorfentwicklungsplan selbst hat keine Rechtswirkung.

Seine Inhalte werden entweder über die Flurbereinigung (hier den Wege- und Gewässerplan), die Bauleitplanung oder sonstige kommunale Satzungen (z. B. Gestaltungssatzungen) rechtskräftig umgesetzt.

Der Dorfentwicklungsplan sollte jedoch nicht als Vorlage für solche verbindlichen Planungen missverstanden werden, weil er dann zu detailliert würde und andere Übereinkünfte insbesondere im sozio-kulturellen Bereich, die sich nicht in Satzungsform gießen lassen, wegfallen würden.

Ein Ratsbeschluss über den Dorfentwicklungsplan ist als Selbstbindung zweckmäßig.

3.3.5 Methoden in der Dorfentwicklung

Die Abbildungen 3.3.1 und 3.3.2 zeigen eine Auswahl der einsetzbaren Methoden, die im vorliegenden Buch behandelt werden, getrennt nach Konzept- und Detailplanung. Natürlich sind diese Methoden nicht alle in jeder Planung einzusetzen.

Die Dorfentwicklung ist eine *Entwicklungs*planung, d. h. hier ist unter intensiver Beteiligung der Betroffenen auf zu bestimmende Ziele hinzuarbeiten. Daher ist das Methodenrepertoire von Kreativitäts- und Partizipationsmethoden (vgl. Kap. 8 und 10) geprägt.

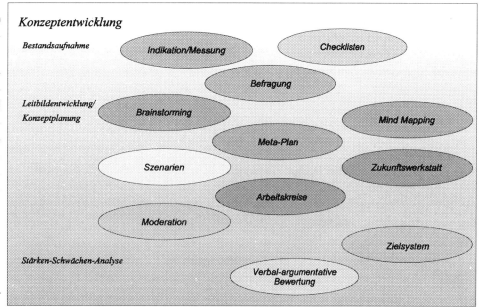

Abbildung 3.3.1: Methodeneinsatz bei der Konzeptentwicklung

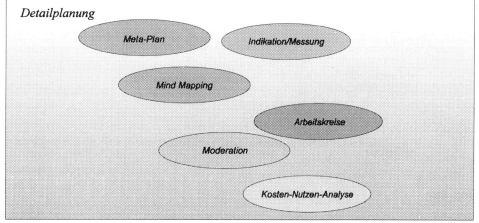

Abbildung 3.3.2: Methodeneinsatz bei der Detailplanung

Die Arbeitsschritte Gemeindebeschluss, Aufnahme in das Förderprogramm und Bewilligung sind formale Akte hoheitlichen Handelns (vgl. Kap. 9.1), bei denen aber auch Verhandlungen (vgl. Kap. 9.2) eingesetzt werden können.

3.3.6 Probleme der Dorfentwicklung

Dorferneuerung mit Leitbildern und Mitteln des Städtebaus?

Der Ausdruck *städtebauliche Dorferneuerung* ist ein Widerspruch in sich, weil er suggeriert, man könne die Dorferneuerung mit den Mitteln des Städtebaus erreichen. Der Ausdruck beruht auf der Tatsache, dass die rechtlichen Regelungen im Städtebauförderungsrecht zu finden sind. Ein Dorf ist jedoch keine Stadt und auch kein Stadtviertel im Kleinformat, weshalb Dorferneuerung auch keine Stadterneuerung in anderem Maßstab sein darf.

Da Dörfer jedoch grundsätzlich anders aufgebaut sind[10], wäre es ein Missverständnis, mit Mitteln des Städtebaus an die Dorfentwicklung heranzugehen. Viele der heutigen Probleme der Dörfer sind erst dadurch entstanden, dass man Gestaltungsgrundsätze und -elemente von Vorstadtsiedlungen auf dörfliche Neubausiedlungen übertragen hat, anstatt dem jeweiligen Dorf angepasst zu planen und zu bauen.

Soziale Komponenten

Die Planinhalte, die die Dorfgestaltung präsentieren, sind i.d.R. leicht nachvollziehbar und herzeigbar und damit politisch schnell verwertbar. Die Lösung soziokultureller und funktionaler Probleme dagegen ist schwer darstellbar und damit schwerer politisch zu verkaufen. Man muss daher darauf achten, dass sich die Dorferneuerung nicht in Gestaltungs- und Verschönerungsmaßnahmen erschöpft und Bewohner, die zu deren Durchführung finanziell nicht in der Lage sind, nicht ausgegrenzt werden (vgl. Projektgruppe Dorfökologie 1991).

Denn die Lösung der sozio-kulturellen und funktionalen Probleme ist für die Nachhaltigkeit der Erneuerungsbemühungen wichtiger. Schließlich hört die Förderung nach fünf Jahren auf und dann muss es ohne Anleitung von außen funktionieren. Daher sind Informations- und Motivationsveranstaltungen wichtig, um die Bewohner zum Mitwirken zu animieren (Dernbach 1998). Jedoch dürfen keine Erwartungen geweckt werden, die anschließend nicht eingelöst werden können.

Die Leitbilderstellung kann dabei als Testfall für das Funktionieren von Partizipation angesehen werden.

Bürgerbeteiligung

In vielen Dörfern haben nach wie vor alteingesessene, landwirtschaftlich tätige Familien das Sagen. Diese stellen oft die Mehrheit der Ortsratsmitglieder, obwohl sie inzwischen im Dorf meist in der Minderheit sind. Sie sind damit an allen Entscheidungen beteiligt. Darüber hinaus beteiligen sich besser gebildete Hinzugezogene.

Es sollte jedoch angestrebt werden, eine möglichst breite Beteiligung herzustellen und nicht nur diejenigen in Arbeitskreise zu wählen, die sich ohnehin immer beteiligen und/oder Land besitzen. Insbesondere die Belange von Frauen und Kindern im Dorf finden sonst meist wenig Beachtung. Hier muss man auf Bürgerversammlungen auch ansonsten eher stille Personen zur Mitwirkungen ermuntern und motivieren.

Die Dorfentwicklung sollte jedoch nicht alleine dem Arbeitskreis überlassen werden. Dieser sollte seine Aufgabe eher im Zusammenführen der Ideen und Vorstellungen sehen. Darüber hinaus können gruppen- oder problemspezifische Arbeitsgemeinschaften gebildet werden. So können Frauen und Jugendliche Gruppen bilden, auch Kinder können beteiligt werden. Wenn dem Arbeitskreis alles überlassen wird oder er alles an sich reißt, besteht die Gefahr, dass doch wieder einige wenige ihre Interessen zu denen des Dorfs machen.

Aussiedlung der Höfe

Gemäß Bundesimmissionsschutzgesetz in Verbindung mit der 4. BImSchV[11] dürfen stark emittierende Betriebe nicht in der Nähe von Wohngebäuden betrieben werden.

In der Landwirtschaft geht es dabei um Geruchsbelästigungen, die von Viehhaltung üblicherweise ausgehen, besonders von intensiver Tierhaltung. Aber auch im Ackerbau werden heute Maschinen eingesetzt, die aufgrund ihrer Größe ein Problem für die Gestaltung von Straßen und Plätzen darstellen. Die Folge der Rechts-

---

10 z. B. in ihrer Entwicklung durch Landwirtschaft und politisch immer noch durch Landwirte geprägt

11 Vierte Verordnung zum Bundes-Immissionsschutzgesetz

lage ist, dass Tierveredelungsbetriebe i.d.R. aus dem Dorf aus- und im Außenbereich angesiedelt werden, z. T. als Einzelhöfe, z. T. zu Weilern zusammengefasst.

Dies hat neben dem Effekt der Zersiedelung der Landschaft zur Folge, dass das bäuerliche Leben, das für die historische Dorfentwicklung verantwortlich ist, aus dem Dorf herausgeplant wird. Einige Landwirte nehmen die anstehende Aussiedlung zum Anlass, die Landwirtschaft ganz aufzugeben. Resultat sind auch leer stehende Gebäude trotz intensiver Landwirtschaft um das Dorf herum.

Andererseits sind gerade Intensivtierhaltungen mit nur schwer erträglichen Geruchsbelastungen verbunden, die auch nicht mehr mit den Gerüchen zu vergleichen sind, die man eigentlich automatisch mit Schweine- oder Rinderställen in Verbindung bringt. Hier ist im Einzelfall eine Abwägung innerhalb des rechtlichen Rahmens erforderlich, denn die Aussiedlung ist keineswegs ein zwingender Automatismus.

Dörfer auf der Warteliste

Die Mittel der Länder reichen nicht aus, um alle Dörfer gleichzeitig in die Förderprogramme aufzunehmen. Das bedeutet zwangsläufig eine Bevorzugung derjenigen Dörfer, die zuerst teilnehmen. Daher wird darauf geachtet, dass bei der Prioritätensetzung die Dörfer mit den größten Missständen zuerst angegangen werden.

In Niedersachsen sind in vielen Gegenden bereits nahezu alle Dörfer beplant worden. In den neuen Ländern stellt sich das Problem besonders, da hier erst 1990 mit der Dorferneuerung begonnen worden ist. Daher sind viele Dörfer in Wartestellung oder sie sind in die Hände von Investoren geraten, die überdimensionierte Bauwerke, Gewerbegebiete oder Shopping Malls in die Landschaft setzen, ohne auf die Einbindung in landschaftliche oder soziale Strukturen zu achten.

Literatur

Richtlinien über die Gewährung von Zuwendungen zur Dorferneuerung (Dorferneuerungsrichtlinien) (DorfR) vom 20.06.95. Niedersächsisches Ministerialblatt (27): 856.

AKADEMIE FÜR RAUMFORSCHUNG UND LANDESPLANUNG (Hrsg.), 1991: Kirchdorf. Eine interdiziplinäre Untersuchung ländlicher Lebenswelt am Beispiel einer niedersächsischen Gemeinde, Hannover (ARL-Arbeitsmaterial, 182).

BAYERISCHES STAATSMINISTERIUM DES INNERN, OBERSTE BAUBEHÖRDE (Hrsg.), 1987: Planungsschritte im ländlichen Raum. Beispiel Birnbach in Niederbayern, 62 S., München (Arbeitsblätter für die Bauleitplanung, 8).

BECK, M., 1995: Neue Ansätze zur Dorfentwicklung in ländlichen Räumen. Der Landkreis 65 (3): 105-107.

BOMKAMP, H.; STRACK, H., 1981: Unser Dorf soll schöner werden. Dokumentation und Auswertung der Bundeswettbewerbe 1961-1979, Münster-Hiltrup (Reihe A: Angewandte Wissenschaft des Bundesministers für Ernährung, Landwirtschaft und Forsten, 259).

DER HESSISCHE MINISTER FÜR LANDESENTWICKLUNG, UMWELT, LANDWIRTSCHAFT UND FORSTEN (Hrsg.), 1983: Dorferneuerung in Hessen. Grundsätze zur Entwicklung ländlich geprägter Orte, 128 S., Wiesbaden.

DERNBACH, D., 1998: Auf's Land kommt's an: Moderation in der Dorf- und Regionalentwicklung. In: Apel, H.; Dernbach, D.; Ködelpeter, T.; Weinbrenner, P. (Hrsg.): Wege in die Zukunftsfähigkeit - ein Methodenhandbuch, 26-37, Bonn (Arbeitshilfen für Selbsthilfe- und Bürgerinitiativen, 19).

HAUPTMEYER, C.-H.; HENCKEL, H.; ILIEN, A.; REINECKE, K.; WÖBSE, H.-H., 1983: Annäherungen an das Dorf. Geschichte, Veränderung und Zukunft, Hannover.

HENCKEL, G. (Hrsg.), 1984: Leitbilder des Dorfes. Neue Perspektiven für den ländlichen Raum, Berlin.

HENCKEL, H., 1993: Dorferneuerung im Wandel. Beispiele aus Niedersachsen. Landtechnik 48 (7): 348-350.

ISERMANN-KÜHN, A., 1995: Dorferneuerung in Brandenburg - das Beispiel Brodowin/Uckermark, 220 S., Berlin (Landschaftsentwicklung und Umweltforschung, 97).

MAGEL, H., 1991: Dorferneuerung in Deutschland. Anstöße zur umweltfreundlichen Entwicklung unserer ländlichen Heimat, 199 S., Stuttgart.

NIEDERSÄCHSISCHES MINISTERIUM FÜR ERNÄHRUNG, LANDWIRTSCHAFT UND FORSTEN (Hrsg.), 1991: Dorfökologie - Dorferneuerung in Niedersachsen. Ergebnisse eines Modellvorhabens des Natur- und Umweltschutzes im Dorf, Hannover.

PROJEKTGRUPPE DORFÖKOLOGIE (Hrsg.), 1991: Ökologie und Bürgerbeteiligung in der Dorferneuerung. Berichte aus Praxis und Wissenschaft, Göttingen (ASG - Kleine Reihe, 48).

SCHÄFER, R.; SCHMIDT, E.; DEHNE, P. U. MITARB., 1989: Städtebauliche Erneuerung von Dörfern und Ortsteilen - Qualitative Analyse von Aufgaben und Instrumenten -, 274 S., Bonn (Schriftenreihe Forschung des Bundesministers für Raumordnung, Bauwesen und Städtebau, 477).

3.4 Der Strategic Choice Approach - Entscheidungsorientierter Planungsansatz zur Lösung komplexer Planungsaufgaben

Oliver Fuchs

3.4.1 Zweck und Herkunft der Methode

Die Aufgaben und Rahmenbedingungen für die Raumplanung sind durch verschiedene gesellschaftspolitische Wandlungen in den vergangenen Jahrzehnten zunehmend komplexer geworden. Neben der Forderung nach einer nachhaltigen Siedlungs- und Freiraumentwicklung (§ 1 Abs. 2 ROG), den Interessen der Wirtschaft und der gestiegenen Mobilität der Bevölkerung ist es unter anderem auch der Bedeutungsgewinn der Regionen in der Europäischen Union, der einen Einfluss auf die Raumplanung ausübt.

Liegen dadurch bedingt bei einer Planung verschiedene, teilweise gegensätzliche Zielvorstellungen vor, so besteht für den Planer und Politiker die Notwendigkeit, die verschiedenen Teilziele gegeneinander abzuwägen (vgl. Kap. 4.5). Kriterien müssen dabei gewichtet und eine weitgehende Erfüllung dieser Kriterien soll angestrebt werden. Zumeist wird die Arbeit des Planers dadurch erschwert, dass zum Zeitpunkt der notwendigen Entscheidungen viele Variablen und Einflussgrößen unbekannt sind. Es besteht demzufolge oftmals die Notwendigkeit, Entscheidungen unter Unsicherheit zu fällen (vgl. Kap. 6.1).

Ein methodischer Ansatz, der dem Planer ein Agieren unter solchen Rahmenbedingungen erleichtern will, ist der 'Strategic Choice Approach' (SCA), der als einen wesentlichen Bestandteil die 'AIDA-Methode' (vgl. Kap. 3.4.2) enthält.

Der SCA ist ein Planungsansatz, durch den die Entscheidungsfindung in komplexen Problemsituationen erleichtert werden soll. Sein Grundprinzip besteht darin, *Planung als eine Verkettung von strategischen Entscheidungen* aufzufassen und zu handhaben. Eine Planungssituation wird dabei in Entscheidungsbereiche aufgeteilt, für die jeweils Lösungsoptionen gesucht werden. Aus diesen Handlungsmöglichkeiten in den Entscheidungsbereichen wird durch eine Reihe methodischer Schritte eine optimale Kombination der Einzellösungen angestrebt.

Kern der Planung ist also nicht länger das Aufstellen eines finalen Plans, sondern das Fällen von strategischen Entscheidungen. Der Strategiebegriff im SCA beinhaltet, dass bei Entscheidungen in einem Teil der Planung sowohl die Entscheidungen in anderen Bereichen der Planung als auch eine optimale zukünftige Entwicklung unter Berücksichtigung aller bestehenden Unsicherheiten beachtet werden sollen. Ein wesentliches Merkmal des SCA besteht dabei darin, dass er für einen interaktiven Gruppenprozess geschaffen wurde und damit gute Voraussetzungen besitzt, einen kooperativen Planungsprozess zu effektivieren.

Die Wurzeln des SCA gehen auf das Jahr 1963 zurück. Damals wurde in London das 'Institute of Operational Research' als Abteilung des 'Tavistock Institute of Human Relations' gegründet. Ziel dieses Instituts war es, Wege zu finden, die Erkenntnisse der Operational Research auf die tägliche Arbeit von Planern und Entscheidungsträgern anzuwenden und die bestehende Kluft zwischen der Operational Research[12] und den Planungswissenschaften zu überwinden (Friend u. Hickling 1997, xi).

Im Rahmen eines Forschungsprojekts wurden am Beispiel der Verwaltung einer englischen Kleinstadt die Grundzüge des SCA entwickelt, die bis in die 90er Jahre hinein durch eine Reihe von Anwendungsprojekten immer weiter modifiziert und ausgearbeitet wurden.

3.4.2 Die Elemente des Strategic Choice Approach

Das Prinzip der strategischen Entscheidung

Der SCA versteht Planung als einen Prozess strategisch miteinander verbundener Entscheidungen.

Durch das Berücksichtigen dieser Verbundenheit sollen sowohl verschiedene räumliche und politische Ebenen als auch Zeithorizonte überwunden werden (Friend u. Hickling 1997, 2). Wird beispielsweise eine Umgehungsstraße geplant, so soll sowohl eine möglichst uneingeschränkte Siedlungsentwicklung in der Zukunft

---

[12] Operational Research befasst sich mit Managementproblemen und der Optimierung von Entscheidungsfindungsprozessen in Großorganisationen (Friend u. Jessop 1973; 1977, 19; vgl. auch Lawrence 1966; Norris 1985).

gewährleistet bleiben als auch eine Abstimmung mit anderen Planungen in der Gegenwart erreicht werden. Zwar besteht dieser Anspruch auch bei anderen Planungsmethoden, die Realität zeigt jedoch, dass bei zunehmendem Handlungsdruck die Tendenz zum 'Durchwursteln' (Golde 1978) steigt. Der Gefahr einer solchen inkrementalistischen Perspektivenverengung und damit des Verlusts einer dauerhaften Orientierung soll im Rahmen des SCA durch eine Verknüpfung der täglichen Entscheidungen mit generellen politischen Zielvorstellungen entgegengewirkt werden.

Der Umgang mit Unsicherheiten

Jede Planung wird in der Regel von einer Reihe von Unsicherheiten begleitet. Entscheidungen müssen getroffen werden, oftmals auch ohne sich aller Unsicherheitsfaktoren bewusst zu sein, geschweige denn, die Unsicherheiten gelöst zu haben (vgl. Kap. 6.1).
Als Alternative zum häufig praktizierten 'Unterdrücken' oder 'Ignorieren' der bestehenden Unsicherheiten schlagen die Autoren des SCA zwei Möglichkeiten für einen Umgang mit Unsicherheiten in der Planung vor (Hickling 1974, 37 ff.):

- sie zu *akzeptieren*[13]
- sie zu *verringern*[14]

Auf den Weg, den der SCA zum Umgang mit Unsicherheiten vorschlägt, wird in der Darstellung der Anwendungspraxis (vgl. Kap. 3.4.3) eingegangen.

Drei Typen der Unsicherheit

Durch eine Einteilung in drei Typen der Unsicherheit soll deren Handhabbarkeit erleichtert werden. Anhand der Typisierung lassen sich bereits Verantwortlichkeiten und Lösungsansätze ablesen. Die Behandlung der Unsicherheiten hilft, die Problemlage besser verstehen und beschreiben zu können, um dadurch die notwendigen Entscheidungen zu erleichtern (Friend u. Hickling 1997, 9):

---

13 Hierzu allerdings muss die Unsicherheit bekannt und die möglichen Folgen müssen einschätzbar sein (z. B. durch Risk Assessment, vgl. Kap. 6.1).

14 Auch zum Verringern der Unsicherheiten müssen diese bekannt sein. Weitere Untersuchungen, politische Absprachen oder Abstimmungen mit anderen Planungsressorts zur Verringerung von Unsicherheiten sind jedoch in der Regel kostenintensiv oder bringen zumindest eine Verzögerung der Planung mit sich. Es muss daher in jedem Fall abgewogen werden, in wie weit solche Maßnahmen im Verhältnis zum erwarteten Nutzen stehen.

- Mit *Unsicherheiten über die Umwelt* (UE - uncertainties about the working environment) sind alle die Unsicherheiten gemeint, die die Planung von außen beeinflussen können, z. B. alle Faktoren der Umwelt. Zur Verminderung dieser Unsicherheiten besteht immer die Notwendigkeit, zusätzliche Informationen zu erlangen. Dies kann durch spezielle Untersuchungen, Recherchen oder Expertenbefragungen geschehen.
- *Unsicherheiten über politische Werte und Zielvorgaben* (UV - uncertainties about guiding values) verlangen zur Minderung eine klarere Formulierung von Leitbildern sowie Zielvorgaben und damit insgesamt eine bessere politische Führung des Planungsprozesses.
- Mit *Unsicherheiten über Entscheidungen in anderen Bereichen*, die in Beziehung zur Planung stehen (UR - uncertainties about related decisions) sind vor allem die Planungen anderer Ressorts gemeint, deren Auswirkungen auch einen Einfluss auf den aktuellen Planungsprozess haben können. Zur Lösung dieser Unsicherheiten muss eine bessere Koordination und Absprache zwischen den Ressorts erreicht werden.

Die vier Phasen der Entscheidungsfindung

Je komplexer sich eine Problemsituation darstellt, je vielfältiger und diffuser die 'Problem-Inputs' und auch die 'Entscheidungs-Outputs' werden, desto unzureichender kann eine Planung nur durch ein einfaches Beschreiben möglicher Problemlösungen und dem Vergleich ihrer wahrscheinlichen Konsequenzen gelöst werden. Der Strategic Choice Approach sieht deshalb vier Phasen der Entscheidungsfindung vor:

- *Gestaltung und Formulierung der Planungsaufgabe (Shaping Mode)*
- *Beschreibung von Problemlösungen und Handlungsmöglichkeiten (Designing Mode)*
- *Vergleich der Konsequenzen der verschiedenen Lösungsalternativen (Comparing Mode)*
- *Festsetzen der Maßnahmen zur Lösung der Planungsaufgabe unter Berücksichtigung der Unsicherheiten (Choosing Mode)*.

Dabei gilt es zu bedenken, dass die Lösungsmöglichkeiten umso weiter reichend sein können, je komplexer sich eine Problemsituation darstellt. Es geht also im Choosing Mode nicht nur um die Entscheidungen zwischen verschiedenen Problemlösungen, sondern auch darum, welche Maßnahmen zur Minderung der Unsicherheiten ergriffen werden sollen, sowie darum, welche Entscheidungen heute gefällt und welche auf die Zukunft verschoben werden können (Friend u. Hickling 1997, 21 f.).

Das A-TOPP Modell

Gerade in komplexen Planungssituationen trifft eine Vielzahl von Menschen und Organisationen aufeinander. Unterschiedliche Wertvorstellungen, Meinungen, Verpflichtungen und Ziele stellen dabei hohe Anforderungen an den gesamten Planungsprozess. Um den Umgang mit diesen speziellen Anforderungen im Rahmen des SCA zu vermitteln, sollen anhand des 'A-TOPP Modells' (*A*pproach - *T*echnology, *O*rganisation, *P*rocess and *P*roduct) die wesentlichen Elemente des Planungsablaufs dargestellt werden.

Technik

Der Strategic Choice Approach erhebt den Anspruch eines "offenen" und damit für alle Akteure nachvollziehbaren Planungsansatzes. Das einfache Verständnis der einzelnen methodischen Schritte ist bedeutsam, da beim Bearbeiten komplexer Entscheidungssituationen verschiedene Institutionen und Menschen zusammengeführt werden sollen.

So soll eine einheitliche Problemsicht der Teilnehmer erreicht werden, die schließlich auch zu einer gemeinsamen Lösung führen soll. Zur Gestaltung dieses Konsensfindungsprozesses kann eine Reihe unterschiedlicher Methoden eingesetzt werden[15]. Die technische Durchführung des SCA ist weniger auf eine Analyse und Betrachtung des gesamten Systems ausgelegt, als vielmehr auf das Finden und Verketten von Einzelentscheidungen (Friend u. Hickling 1997, 86). 'Blackboxverfahren' und spezielle Expertentechniken scheinen für einen solchen auf Kommunikation und Kooperation ausgerichteten Prozess ungeeignet.

Organisation

Zwar kann der SCA von einzelnen Planern durchgeführt werden, geschaffen wurde er jedoch für einen interaktiven Gruppenprozess. Alle relevanten Gruppierungen, die von dem Planungsproblem betroffen sind, sollen am Prozess genauso beteiligt werden wie benachbarte Fachressorts. Auf einer Basis von Kooperation und gegenseitiger Information sollen Unsicherheiten bei allen Beteiligten beseitigt, Synergieeffekte genutzt und gemeinsame Lösungen gefunden werden.

Wünschenswert für einen solchen Prozess ist auch die Beteiligung von politischen Entscheidungsträgern, da der Planungsprozess durch das Überwinden der Grenzen zwischen technischer Durchführung und der politischen Entscheidungsebene bei der Organisation wesentlich effektiviert werden kann (Friend u. Hickling 1997, 90 ff.).

Ausgangspunkt des SCA sind also nicht die Autoritätenfolge oder die Ressorts einer Verwaltung, sondern 'die Probleme', bei deren Bearbeitung Grenzen überschritten werden können und auch sollen.

Prozess

Eine Reihe von Planungsansätzen folgt einer linearen Struktur der Problembearbeitung[16]. Dabei allerdings kann das Problem auftreten, dass sich die Rahmenbedingungen für die Planung bereits im Moment der Planaufstellung stark verändert haben, oder aber es werden im Rahmen der Bestandsaufnahme weitreichende Untersuchungen angestrengt, deren Ergebnisse in das spätere Produkt der Planung nicht mit einfließen. Dadurch besteht die Gefahr, die knappen Ressourcen 'Zeit' und 'Geld' unnötig zu beanspruchen.

Diese Probleme sollen beim SCA durch eine 'zyklische Kontinuität' des Planungsprozesses behoben werden. Ausgehend von den weiter oben im Text beschriebenen vier Phasen der Entscheidungsfindung soll jederzeit ein Wechsel zwischen den einzelnen Phasen möglich sein. Durch dieses zyklische Verständnis der Planung ist die Möglichkeit gegeben, flexibel auf sich verändernde Rahmenbedingungen zu reagieren, sowie im Prozess - trotz bestehender Unsicherheiten - voranzuschreiten. Wenn es nach Klärung der Unsicherheiten notwendig erscheint, können an vorangegangenen Schritten auch wieder Korrekturen vorgenommen werden, wodurch es möglich ist, die Ergebnisse der Planung nach und nach zu optimieren. Natürlich sind dieser Zyklizität im Sinne einer effektiven Planung Grenzen gesetzt, und sie ist daher zum einen als Korrekturmaßnahme und zum anderen als Vorschaumöglichkeit auf spätere Planungsschritte zu sehen (Friend u. Hickling 1997, 289 f.).

---

15   z. B. Brainstorming, vgl. Kap. 8.3, Metaplan, vgl. Kap. 8.4, Mind Mapping, vgl. Kap. 8.5

16   Zielformulierung, Datenerhebung, Alternativenentwicklung, Abwägung, Planaufstellung, s. Kap. 2.2

Produkt

Es ist bei komplexen Problemsituationen nicht zu erwarten, dass die Teilprobleme in einer schrittweisen Abfolge gelöst werden können, die Autoren sprechen vielmehr von einem 'incremental progress through time' (Friend u. Hickling 1997, 98).

Ziel des SCA ist es, in dringenden Entscheidungsbereichen Lösungen zu finden, die eine möglichst große Handlungsfreiheit für zukünftige Lösungen in anderen Entscheidungsbereichen ermöglichen. Das Ergebnis besteht also aus einer Reihe von 'strategischen Produkten', die nach und nach im Laufe des Planungsprozesses entstehen.

Dabei wird zwischen sichtbaren und unsichtbaren Ergebnissen sowie zwischen Ergebnissen für den Prozess und substanziellen Ergebnissen unterschieden. Sichtbare substanzielle Ergebnisse sind dabei zum Beispiel das Aufzeigen akuter Handlungsnotwendigkeiten. Sichtbare Ergebnisse für den Prozess können dagegen im Erkennen von Unsicherheiten bestehen. Unsichtbare Ergebnisse liegen vor, wenn durch den Planungsprozess die Problemsicht der Teilnehmer verändert wird oder wenn Erkenntnisse über Verbesserungsmöglichkeiten des Arbeitsprozesses gewonnen werden können (Friend u. Hickling 1997, 98 ff.).

Die 'Toolbox Analogie'

Im Rahmen des SCA wird eine Reihe von Konzepten und Techniken eingeführt, die zusammen den Planungsansatz formen.

Dabei wird jedoch betont, dass diese Techniken nicht immer zwangsläufig im Verbund angewendet werden müssen. Sie entsprechen eher einem 'Werkzeugkasten', aus dem für die jeweilige Planungssituation die richtigen Werkzeuge ausgewählt werden sollen. Auf diese Weise ist eine hohe Flexibilität des Ansatzes gewährleistet. Je nach Situation können andere Techniken angewendet beziehungsweise die Techniken modifiziert werden.

Für den Planer ergibt sich daraus die Notwendigkeit, entsprechend der Problemlage die richtigen 'Werkzeuge' auszuwählen. Hier spielt der Prozess des Lernens eine große Rolle, da unter Umständen erst nach einer Reihe von Fehlversuchen die richtigen Techniken entdeckt oder entsprechend modifiziert werden können (Friend u. Hickling 1997, 247).

3.4.3 Die Anwendungspraxis des Strategic Choice Approach

Die folgenden Ausführungen sollen einen Einblick in die Anwendungspraxis des SCA vermitteln. Die einzelnen Arbeitsschritte werden dabei teilweise anhand des Beispiels 'Bau einer Ortsumgehungsstraße' illustriert. Die Abbildungen und die dazugehörigen Textpassagen stellen jedoch kein vollständiges Fallbeispiel dar, sie sind stark vereinfacht. Vollständig inhaltlich ausgestaltete Anwendungsbeispiele finden sich in deutscher Sprache bei Fuchs (1998) sowie in englischer Sprache bei Friend und Hickling (1997). Im Folgenden werden auch die englischen Begriffe aufgeführt, um eine Orientierung in den Quellentexten zu ermöglichen.

Gestaltung und Formulierung des Problems (Shaping Mode)

Neben der Strukturierung des Ausgangsproblems besteht die wesentliche Aufgabe im 'Shaping Mode' darin, einen Konsens über eine gemeinsame Problemeinschätzung und -definition in der Planergruppe zu erreichen.

Im Rahmen dieser ersten Arbeitsphase wird von der am Prozess beteiligten Planergruppe die Planungsaufgabe in verschiedene 'Entscheidungsbereiche' (decision areas) aufgeteilt. Unter Entscheidungsbereichen sind dabei nicht nur die räumlichen Fragestellungen zu verstehen, sondern ebenso politische, zeitliche oder finanzielle Aspekte, über die eine Entscheidung herbeigeführt werden soll. Bezogen auf den Bau einer Umgehungsstraße können solche Entscheidungsbereiche beispielsweise 'Wahl der Trasse', 'Ausbaubreite', 'geplanter Baubeginn', 'Schwerpunkt der zukünftigen Siedlungsentwicklung' oder 'Art der Finanzierung' sein.

Nach einem ersten Brainstorming wird die Liste der Entscheidungsbereiche auf Vollständigkeit und Doppelnennungen überprüft und anhand thematischer Gruppen (Verkehr, Finanzen etc.) oder des Allgemeinheitsgrads[17] sortiert.

Die Entscheidungsbereiche der so aufbereiteten Liste werden im Weiteren daraufhin überprüft, ob zwischen ihnen direkte Verbindungen bestehen (decision links). Dabei wird davon ausgegangen, dass Entscheidungen, die bezüglich eines Entscheidungsbereichs getroffen werden, direkte Auswirkungen auf Entscheidungen in

---

17 direkter Bezug zur Planungsaufgabe oder Bezug zu übergeordneten Fragestellungen

anderen Bereichen haben können. Es ist daher im Sinne einer strategischen Planung notwendig, diese Entscheidungsbereiche gemeinsam zu betrachten.

Die Darstellung der Verbindungen kann in tabellarischer oder grafischer Form erfolgen. Der grafischen Darstellung lässt sich vergleichsweise einfach entnehmen, zwischen welchen Entscheidungsbereichen eine Vielzahl von Verbindungen besteht. Solche Cluster bilden jeweils einen 'Problem Focus'; sie werden bei der weiteren Bearbeitung gemeinsam betrachtet (vgl. Abb. 3.4.1).

Beschreibung von Problemlösungen und Handlungsmöglichkeiten (Designing Mode)

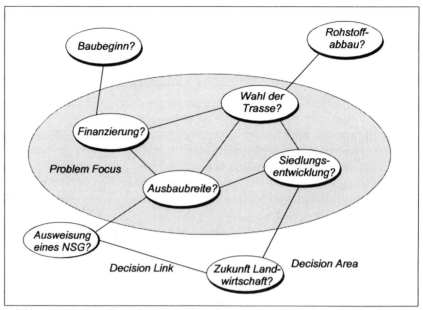

Abbildung 3.4.1: Darstellung der Entscheidungsbereiche einschließlich des 'Problem Focus'

Die verschiedenen Arbeitsschritte des 'Designing Mode' formen zusammen die 'Analysis of Interconnected Decision Areas', die *AIDA-Methode*. Diese Methode dient dazu, im Rahmen des Strategic Choice Approach aus den Handlungsoptionen in den verschiedenen Entscheidungsbereichen durchführbare Lösungskombinationen zu entwickeln.

Ausgehend von den Entscheidungsbereichen des Problem Focus werden für jeden einzelnen Bereich die möglichen Handlungsoptionen (decision options) aufgeführt. Dies können zum Beispiel verschiedene Trassenverläufe der Umgehungsstraße, alternative Finanzierungsmodelle oder unterschiedliche Zeitplanungen sein. Wichtiges Kriterium für die Optionen ist dabei, dass diese sich gegenseitig ausschließen, innerhalb eines Handlungsbereichs also nicht zwei Optionen gleichzeitig möglich sind.

Die Grundidee der AIDA-Methode basiert darauf, dass es innerhalb eines Entscheidungsbereichs Optionen geben kann, die sich mit bestimmten Optionen eines anderen Handlungsbereichs gegenseitig ausschließen. Daher muss für jede mögliche Kombination der Optionen überprüft werden, ob eine solche 'Auswahlsperre' (option bar) besteht.

Der Aufstellung von Auswahlsperren können folgende Motive zugrunde liegen:

- Die Kombination der beiden Optionen ist rechtlich, technisch oder finanziell nicht durchführbar (z. B. Führung der Straßentrasse durch ein geplantes Naturschutzgebiet).

- Die Kombination würde einen Verstoß gegen politische, räumliche, wirtschaftliche oder gesellschaftliche Zielvorstellungen bedeuten (z. B. Kombination einer Trassenvariante und Auswahl eines zukünftigen Wohngebiets am selben Ort).

Nachdem anhand einer Tabelle (vgl. Tab. 3.4.1[18]) alle Auswahlsperren aufgezeigt worden sind, können in Form eines Relevanzbaums (vgl. Kap. 7.2) die überhaupt möglichen Lösungskombinationen der Optionen in den einzelnen Handlungsbereichen (decision schemes) ermittelt werden (vgl. Abb. 3.4.2[19]).

---

18 Jede Auswahlsperre in Tabelle 3.4.1 ist mit einem 'X' gekennzeichnet und muss im Einzelfall begründet werden. Das Wort 'möglich' bedeutet in diesem Zusammenhang, dass keine der zuvor aufgestellten Auswahlsperren verletzt wird. Durch die AIDA-Methode können auf diese Weise alle theoretisch durchführbaren Lösungswege für die jeweilige Planungsaufgabe gefunden werden. Diese bilden dann die Grundlage für die weiteren Entscheidungsprozesse des nächsten Arbeitsabschnitts - des 'Choosing Mode'.

19 Jedes Mal, wenn zwischen zwei Optionen eine Auswahlsperre besteht, endet der Zweig in Abbildung 3.4.2 mit einem 'X'. In der Spalte 'Lösungsschema' sind somit alle grundsätzlich möglichen Lösungskombinationen aufgeführt.

Oliver Fuchs

Tabelle 3.4.1: Darstellung der Auswahlsperren zwischen den Optionen

		Trassenführung					
		Variante A	Variante B				
Finanzierung	Modell A	X			Finanzierung		
	Modell B		X	Modell A	Modell B		
Ausbaubreite	2-spurig					Ausbaubreite	
	4-spurig	X			X	2spurig	4spurig
Siedlungs-entwicklung	Planung A		X				
	Planung B						X
	Planung C	X					X

Vergleich der Konsequenzen der verschiedenen Lösungsalternativen (Comparing Mode)

Im 'Comparing Mode' werden die verschiedenen möglichen Lösungswege der Planungsaufgabe hinsichtlich ihrer Vor- und Nachteile einander gegenüber gestellt und anhand bestimmter Kriterien weiter eingegrenzt, um die letztendliche Wahl einer Alternative vorzubereiten.

Ein Vergleich der einzelnen Alternativen findet anhand von Schlüsselkriterien (comparison areas) statt, die individuell auf die jeweilige Planungssituation bezogen definiert werden müssen. Durch sie soll ein Vergleich der verschiedenen Handlungsoptionen im Sinne einer möglichst effektiven Planung jeweils auf die entscheidenden Fragen reduziert werden. Solche Schlüsselkriterien können für den Bau einer Umgehungsstraße beispielsweise die Kosten der einzelnen Varianten, zu erwartende Konflikte mit der Landwirtschaft oder die Gefährdung regionaler Siedlungs- und Freiraumstrukturen sein.

Die identifizierten Schlüsselkriterien bilden den Bewertungsrahmen, anhand dessen die einzelnen Lösungsalternativen miteinander verglichen werden können. Bevor es jedoch zu einem direkten Vergleich einzelner Lösungswege kommen kann, wird geprüft, ob es einzelne Kriterien gibt, deren Nichterfüllung einen sofortigen Ausschluss des betreffenden Lösungswegs zur Folge hat. Solche Ausschlusskriterien können z. B. im Bereich der Finanzierbarkeit oder auch nicht tolerierbarer Umweltbelastungen eines Lösungswegs liegen.

Schneiden in einer Einschätzung einzelne Lösungswege in allen Schlüsselkriterien schlechter ab als andere, so können auch diese ausgeschieden werden, da es keinen Sinn macht, eine Alternative zu verfolgen, wenn es andere gibt, die in allen Bereichen Erfolg versprechender erscheinen.

Die so dezimierte Zahl möglicher Lösungswege kann in einen direkten Paarvergleich gestellt werden (advantage comparison). Hierbei werden die relativen Vorteile aufgezeigt, die ein Lösungsweg in Bezug zu einem anderen hat (vgl. Abb. 3.4.3).

Die übersichtliche grafische Darstellung soll die spätere Entscheidung für einen Lösungsweg erleichtern. Den Mittelpunkt der Doppelpfeile bildet jeweils der 'Best Guess', durch die Spannweite der Pfeile wird die Unsicherheit darüber ausgedrückt, wie sehr sich der relative Vorteil eines Lösungswegs tatsächlich auswirkt.

Im Laufe eines Planungsprozesses wird in vielen Fällen die Situation eintreten, dass in einzelnen Entscheidungsbereichen der Planungsaufgabe Entscheidungen besonders frühzeitig zu treffen sind, während in anderen Bereichen die Entscheidungen erst zu einem späteren Zeitpunkt stattfinden können oder sollen. Übertragen auf den SCA bedeutet dies, dass es einzelne decision areas geben kann, über die besonders eilig entschieden werden muss, während andere - nach Klärung bestehender Unsicherheiten - erst in der Zukunft entschieden werden können. Zur Lösung einer solchen Situation bietet der SCA den "Flexibilitätsvergleich" (comparison of flexibility) an.

Dabei gilt der Grundsatz, sich bei heute zu fällenden Entscheidungen in den aktuellen Entscheidungsbereichen eine möglichst große Flexibilität für die Zukunft zu wahren. Es werden bei diesem Vergleich demnach die Optionen der aktuell zu entscheidenden Bereiche daraufhin verglichen, wie viele Lösungswege sie für die Zukunft offen lassen.

Festsetzen der Maßnahmen zur Lösung der Planungsaufgabe unter Berücksichtigung der Unsicherheiten (Choosing Mode)

Der SCA sieht - im Gegensatz zu umfassenden Bestandsaufnahmen anderer Planungsmodelle - einen möglichst effizienten Umgang mit bestehenden Unsicherheiten vor, bei dem jeweils nur die für eine Entscheidung notwendigen Fragen mit möglichst einfachen Mitteln geklärt werden sollen.

Anhand des Bewertungsrahmens werden dabei die Unsicherheitsbereiche (uncertainty areas) formuliert, die jeweils zur Beurteilung eines Schlüsselkriteriums notwendig sind. Diese Aufstellung der notwendigerweise zu klärenden Fragen kann nach Dringlichkeit priorisiert und anhand der drei Typen der Unsicherheit (s. o.) sortiert werden.

Die genannte Schlüsselkriterien können beispielsweise die Unsicherheitsbereiche 'Höhe der Ausgleichsforderungen der Landwirtschaft für Flächenverluste' oder 'zukünftige Siedlungsplanung der betroffenen Gemeinden' beinhalten.

Für die Unsicherheitsbereiche, deren Klärung für eine Entscheidungsfindung notwendig erscheint, werden in einem weiteren Schritt Lösungsoptionen (exploratory options) gesucht. Teilweise kann es dabei Alternativen geben, durch die eine bestehende Unsicherheit aufgeklärt werden kann.

Um eine Entscheidung zwischen diesen Alternativen zu erleichtern und um zu überprüfen, ob sich die Durchführung lohnt, werden die Alternativen anhand dreier Kriterien miteinander verglichen:

- *Erfolg* - absehbarer Erfolg der Alternativen zur Lösung der Unsicherheit

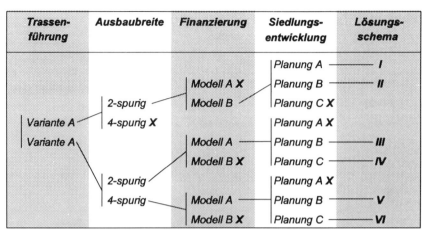

Abbildung 3.4.2: Darstellung der möglichen Lösungskombinationen

Abbildung 3.4.3: Vergleich der relativen Vorteile von Lösungsalternativen

- *Ressourcen* - notwendige menschliche und finanzielle Ressourcen zur Klärung der Unsicherheit
- *Verzögerung* - Verzögerung des gesamten Planungsprozesses bei Durchführung der Alternativen.

Anhand dieser Kriterien entscheidet die Planergruppe, welche der Lösungsalternativen gewählt werden sollen. Dabei kann es sich ergeben, dass es sinnvoller erscheint, lediglich ein Expertengespräch zur Lösung eines Unsicherheitsbereichs zu führen, als langwierige Untersuchungen zu beauftragen, die zwar einen wissenschaftlich fundierteren Erkenntnisgewinn brächten, allerdings wesentlich kostspieliger wären und den Planungsprozess für Monate lähmen könnten.

Die abschließenden Ergebnisse einer Planung mit dem SCA werden in Form eines Arbeitsplans (commitment package) dargestellt. Dieser enthält die Entscheidungen über die Handlungsoptionen in den kurzfristig zu klärenden Entscheidungsbereichen der Planungsaufgabe sowie eine Darstellung und zeitliche Abfolge der notwendigen Untersuchungen zur Klärung bestehender Unsicherheiten, um zukünftige Entscheidungen in den anderen Entscheidungsbereichen des Problems fällen zu können.

3.4.4 Einschätzung des Strategic Choice Approach

Der Strategic Choice Approach wurde bisher in einer Reihe praktischer Projekte in verschiedenen Ländern mit teilweise großem Erfolg erprobt und modifiziert (vgl. Steenbergen 1990; Hickling 1989; STRADSPAN Ltd. Im Internet). Anwendungen im deutschsprachigen Planungsraum sind dagegen bisher nicht bekannt, obwohl die Grundzüge des SCA bereits in den 60er Jahren entwickelt wurden.

Dabei scheint der Ansatz eine Reihe bedeutsamer Vorteile zu beinhalten, wozu insbesondere gehören:

- der problemorientierte Planungsansatz, der durch eine Konzentration auf das Wesentliche einen effizienten Ressourceneinsatz ermöglicht (z. B. Auswahl der Lösungsoptionen zur Klärung bestehender Unsicherheiten)
- die Möglichkeit, auch unter einer Reihe bestehender Unsicherheiten zu optimierten Ergebnissen zu gelangen (z. B. der Vergleich der Flexibilität einzelner Lösungswege)
- die durch die einfachen Techniken bedingte Eignung für einen interaktiven und kooperativen Gruppenprozess, der das Erzielen von Konsensen erleichtert sowie
- die durch die freie Kombinierbarkeit der verschiedenen Arbeitsschritte und Einzelinstrumente bestehende Flexibilität und Anpassungsfähigkeit an die jeweilige Planungsaufgabe.

Durch das schrittweise Vorgehen ist es den Teilnehmern darüber hinaus möglich, viel eher die Motive der anderen Akteure nachzuvollziehen. Es wird nicht über komplette Lösungswege entschieden, sondern diese werden nach und nach durch eine Vielzahl notwendiger Konsense gemeinsam erarbeitet. Differenzen treten dadurch an der Stelle auf, wo sie auch wirklich bestehen, und können so zumeist auch einfacher behoben werden.

Der 'zyklische Planungsansatz' entspricht in seinen Grundzügen der Forderung nach einer prozesshaften Planung als notwendige Ergänzung zu finalen Plänen und erscheint damit sinnvoll. Allerdings zeigen sich hier auch Ansatzpunkte, den Strategic Choice Approach kritisch zu hinterfragen.

Die 'zyklische Kontinuität' des SCA kann, insbesondere bei lang andauernden Planungsprozessen, dazu führen, dass die gesamten Arbeitsschritte mehrfach durchlaufen werden müssen, wenn beispielsweise gegen Ende der Planung entschieden wird, den 'Problem Focus' um einen weiteren Entscheidungsbereich zu erweitern. Bei aller Flexibilität weist der SCA hierbei eine gewisse 'Starrheit' auf, die u. U. zur Demotivation der Teilnehmer des Prozesses führen kann. Insofern sollte der Schwerpunkt auf der 'Kontinuität' liegen und ein 'zyklisches Vorgehen' eher als Kontroll- und Vorschaumöglichkeit genutzt werden.

Eine Schwäche der Methode liegt darüber hinaus in den methodischen Beschränkungen, die der SCA mit sich bringt. So hat sich gezeigt, dass von einer Planergruppe zumeist nicht mehr als vier bis sechs Entscheidungsbereiche in einem Problem Focus mit jeweils nicht mehr als zwei bis vier Lösungsoptionen pro Teilbereich überschaubar bearbeitet werden können, da die Summe der möglichen Lösungskombinationen exponentiell zur Anzahl der Optionen und Teilbereiche ansteigt. In der Realität allerdings lässt sich eine Planungsaufgabe selten mit einer so geringen Zahl von Variablen umfassend darstellen, sodass hier die Gefahr einer ungebotenen Vereinfachung besteht. Hinzu kommt, dass das Ergebnis des Planungsprozesses nicht über die Tiefe einer Kombination der einzelnen Lösungsoptionen hinauskommen kann.

Der SCA und seine Planungsphilosophie können sicherlich keinen vollständigen Ersatz für bestehende Planungskonzepte bieten, sehr wohl aber eine sinnvolle Ergänzung darstellen. Denkbar ist zum Beispiel die Übernahme einzelner Arbeitsschritte und Techniken wie z. B. den Umgang mit Unsicherheiten in 'konventionelle' Planungsprozesse.

Literatur

DE KLEIN, P. (Hrsg.), 1997: Workshop - Policy-Making in Physical Planning, Development of Strategic Policy- Programs Using the AIDA-Method, Katholijke Universiteit Nijmegen, Faculty of Policy Studies, drei Bände: Band 1, Syllabus/Textbook; Band 2, Workbook; Band 3, Literature Syllabus, Nijmegen.

FALUDI, A., 1987: A Decision-Centred View of Environmental Planning, Oxford (Urban and Regional Planning Series, 38).

FRIEND, J.; HICKLING, A., 1997: Planning under Pressure - The Strategic Choice Approach, 2. Aufl., Oxford.

FRIEND, J., JESSOP, W.N., 1973: Entscheidungsstrategie in Stadtplanung und Verwaltung, Düsseldorf (Bauweltfundamente 36).

FRIEND, J., JESSOP, W.N., 1977: Local Government and Strategic Choice, 2. Aufl., Oxford.

FUCHS, O., 1998: Die AIDA-Methode im Regionalmanagement - Anwendung der Strategic Choice Approach, Diplomarbeit am Institut für Landesplanung und Raumforschung, Universität Hannover, Hannover.

GOLDE, R. A., 1978: durchwursteln - unkonventionell führen und organisieren, Heidelberg.

HICKLING, A., 1974: Managing Decisions - the Strategic Choice Approach. Abgedruckt in: De Klein, P. 1997, Band 3, Text 3.

HICKLING, A., 1989: Gambling with Frozen Fire? In: Rosenhead, J.W. (Hrsg.): Rational Analysis for a Problematic World, 159-192, Chichester.

LAWRENCE, J. R., 1966: Operational Research and the Social Sciences, London.

NORRIS, M.E., 1985: Operational Research and the Social Sciences, Review of Local Government and Strategic Choice. Journal of the Operational Research Society 36: 870-872.

STEENBERGEN, F. v., 1990: The Strategic Choice Approach in Regional Development Planning. Third World Planning Review 12: 301-304.

Literatur im WorldWideWeb

STRADSPAN Limited, New Horizons in Strategic Decision Support, http://www.btinternet.com/~stradspan/.

Teil B
Methoden der Zielformulierung und der Bewertung

4. Zielsysteme und Entscheidung

4.1 Zielsysteme in der Planung
Frank Scholles

4.1.1 Die Unterscheidung von Sach- und Wertebene

Warum Zielsysteme?
Wie bereits Kapitel 3.1 dargelegt, ist die Zielformulierung ein zentraler und unverzichtbarer Bestandteil jeder Planung. "Wer nicht weiß, was er will, wird verlieren. Seine Reise wird von irgendwoher nach nirgendwohin gehen." (Schöller 1990, 35)
Wenn die Ziele, die mit einer Planung verfolgt werden, nicht dargelegt sind, ist die Begründung für die Planung nicht transparent und es kommt häufig zu vermeidbaren Streitigkeiten bei der Entscheidung und Umsetzung. Mit vielen durchgeführten Maßnahmen ohne zugrunde liegendes Zielsystem werden zwar einzelne Schwierigkeiten beseitigt, dabei bleiben aber viele Lösungen nur Flickwerk.

Sachebene - Wertebene
Ziele gehören zur Wertebene der Planung. Sach- und Wertebene sind voneinander zu unterscheiden und entsprechend in Berichten zu trennen.
Die *Sachebene* umfasst alle Seins-Aussagen, also Beschreibungen empirischer Gegebenheiten, statistischer Zusammenhänge sowie Naturgesetze, Hypothesen und Prognosen.
Die *Wertebene* steht in Beziehung zum menschlichen Handeln, sie umfasst normative Sätze, also Sollens-Anforderungen, Empfehlungen, Vorschriften, Interessen, wertende Stellungnahmen, Werturteile.
Sachaussagen beschreiben die (Um-) Welt, wie sie ist, war oder (möglicherweise) sein wird, und fragen nach dem Warum. Sie sind wahr, falsch oder unter bestimmten Bedingungen wahr und dies unabhängig von der Meinung oder Werthaltung des Betrachters.
Normative Sätze sehen die (Um-) Welt, wie sie sein soll, und fragen nach dem Warum-Nicht. Es hängt immer von der Perspektive, vom eingenommenen Standpunkt (z. B. "aus der Sicht von Naturschutz und Landschaftspflege") ab, ob etwas gut oder erstrebenswert ist. Man kann in diesem Zusammenhang nicht von Wahrheiten sprechen.

Einige Beispielaussagen sollen dies verdeutlichen (s. Tab. 4.1.1).

Tabelle 4.1.1: Abgrenzung von Sach- und Wertaussagen

Sachebene	Wertebene
"Im Bach Lachte leben Flussperlmuschel, Bachforelle und Bachneunauge."	"Im Bach Lachte sollen wieder Flussperlmuschel, Bachforelle und Bachneunauge leben."
"Wenn das Ablassen der Teiche unterbleibt, können voraussichtlich im Bach Lachte wieder Flussperlmuschel, Bachforelle und Bachneunauge leben."	"Das Ablassen der Teiche an der Lachte ist negativ zu bewerten."
"Der Landwirt Meier lehnt es ab, seinen Teich aufzugeben."	"Es ist abzulehnen, dass Meier seinen Teich aufgibt."

Eine Aussage kann nur entweder der Sach- oder der Wertebene angehören, beides gleichzeitig ist unmöglich. Allerdings bezieht sich jede wertende Stellungnahme, Zielsetzung oder Vorschrift auf bestimmte Sachverhalte; durch normative Sätze werden folglich Sach- und Wertdimension verknüpft. Ziele "fallen nicht vom Himmel, sondern entwickeln sich aus dem Diskurs der Wissenschaft über die Funktionszusammenhänge in Ökosystemen, aus der systematischen Information über die Zustände von Ökosystemen und ihrer Entwicklung sowie aus der Verarbeitung dieser Befunde durch die politischen Entscheidungsträger und die Öffentlichkeit" (SRU 1994, Tz. 140).

Rolle der Wissenschaft und naturalistischer Fehlschluss
Allein aus Sachaussagen können keine Bewertungsmaßstäbe, Ziele oder Ähnliches abgeleitet werden.
Die Ökologie beschreibt die Beziehungen der Organismen zu ihrer Umwelt und untereinander und liefert damit zwar Basiswissen zur Erklärung der Auswirkungen menschlichen Handelns auf die natürlichen Ressourcen, als prinzipiell deskriptive Wissenschaft ist sie aber ungeeignet, für normative Aussagen herzuhalten. Diese werden z. B. durch den Naturschutz auf der Basis ökologischer Erkenntnisse und primärer Ziele im gesellschaftlichen Diskurs abgeleitet, denn "welche Qualität

der Umwelt wir haben wollen, müssen wir selbst entscheiden - und auch verantworten." (Fürst et al. 1992, 238). Welche Umweltqualität angestrebt wird, unterliegt den vorherrschenden gesellschaftlichen Werthaltungen. Wollte man aus Sachaussagen normative Aussagen ableiten, beginge man einen Sein-Sollens-Fehlschluss (naturalistischen Fehlschluss), denn eine Schlussfolgerung kann niemals mehr enthalten als die zugrunde liegenden Prämissen. Wenn die Prämissen (hier: die naturwissenschaftlichen Erkenntnisse) kein normatives Moment beinhalten, kann in der Folgerung keine Wertdimension enthalten sein. Allerdings können Naturwissenschaften wie die Ökologie zur gesellschaftlichen Zielfindung beitragen, indem sie geeignete Unterziele und Handlungsziele (vgl. Kap. 4.2.1 und 4.3.2) für die Umsetzung vorgegebener Oberziele aufzeigen.

4.1.2 Beispiel für ein Zielsystem: das Fließgewässerschutzprogramm

Leitbild

Das niedersächsische Fließgewässerschutzprogramm (Dahl u. Hullen 1990) beinhaltet ein mehrstufiges, hierarchisches Zielsystem, basierend auf folgendem *Leitbild* (ebd., 13):

- Fließgewässer sind von der Quelle bis zur Mündung als ökologische Einheit zu betrachten.
- Fließgewässer und Aue stehen in enger Wechselbeziehung zueinander.
- Die Fließgewässer der verschiedenen Naturräume unterscheiden sich hinsichtlich ihrer abiotischen Faktoren und ihrer typischen Pflanzen- und Tierwelt.
- Zwischen den Fließgewässern der verschiedenen Stromgebiete bestehen auch aufgrund einer unterschiedlich verlaufenen Besiedlungsgeschichte faunistische und floristische Unterschiede.

Leitlinien

Daraus werden folgende *Leitlinien* abgeleitet (ebd., 13):

- Repräsentation sämtlicher in der betreffenden Region vorkommenden Fließgewässertypen
- Sicherung des unter naturnahen Bedingungen gegebenen Spektrums an Arten und Lebensgemeinschaften in und an Fließgewässern
- Bildung eines durchgängigen Netzes naturnaher Fließgewässer, zwischen denen der erforderliche Austausch möglich ist
- Vorhalten von ökologisch weitgehend intakten Zellen innerhalb der Fließgewässernetzes der betreffenden Region, von wo eine Neubesiedlung anderer Bäche und Flüsse ausgehen kann, sobald sich die Lebensbedingungen dort verbessert haben.

Qualitätsziele

Daraus wiederum ergeben sich folgende *Umweltqualitätsziele* für die Haupt- und Nebengewässer des Programms (ebd., 64):

- Auf der gesamten Fließstrecke muss die Wassergüte der natürlichen Wassergüte nahekommen.
- Auf der gesamten Fließstrecke dürfen keine unüberwindbaren Wanderungshindernisse vorhanden sein.
- Der Abfluss muss dem natürlichen Abflussgeschehen (in Bezug auf Hochwasser, Niedrigwasser, Mittel-

Tabelle 4.1.2: Referenzwerte für Fließgewässer (nach: Dahl u. Hullen 1990)

Lüneburger Heide			
Parameter	Quellregion	Bach	Fluss
Gefälle	gering	gering bis mittel	gering bis mittel
Temperatur	ganzjährig zw. 7° und 10°C	geringe jährliche Temperaturschwankungen durch ständigen Grundwassereinstrom (8-9 °C), ganzjährig kühles Wasser	jährliche Temperaturschwankungen > 20 °C
Güteklasse	I	I, I-II	I-II
Harz			
Parameter	Quellregion	Bach, Harz	Bach, Vorland
Gefälle	gering bis sehr hoch	sehr hoch, geringer nur in Plateaulagen	mittel
Temperatur	ganzjährig zw. 7° und 10°C	niedrig, mit geringen jährlichen Schwankungen (bis ca. 15 °C)	mittel, jährliche Schwankungen über 20 °C
Güteklasse	I	I bis I-II	I-II

wasser) einschließlich der natürlichen Geschiebeführung möglichst nahekommen.
- Das Gewässerprofil muss auf der gesamten Flussstrecke dem natürlichen Profil möglichst ähneln, lediglich kurze Teilstrecken - die aber für Tiere passierbar sein müssen - können auch ein naturfernes Profil aufweisen.
- Überschwemmungsgebiete sollten in möglichst großem Umfang reaktiviert werden.
- Der Uferbereich muss auf möglichst langer Strecke (auf der überwiegenden Strecke) dem natürlichen Bewuchs entsprechen.

Standards

Die Qualitätsziele werden konkretisiert durch *Standards*, die den naturnahen Zustand der Fließgewässer in den einzelnen Landschaftsräumen definieren und somit als Referenzwerte herangezogen werden können. Beispielhaft sollen hier Referenzwerte für Fließgewässer in der Lüneburger Heide und im Harz vorgestellt werden (s. Tab. 4.1.2).

4.1.3 Aufbau von Zielsystemen

Elemente

Das oben vorgestellte Zielsystem wurde aus der Sicht des Naturschutzes für Fließgewässer aufgestellt; es ist auf ein Oberziel, den Schutz der Fließgewässer als Teil des Naturhaushalts, ausgerichtet und daher recht übersichtlich.

In Planungsprozessen wird nicht nur ein einziges, sondern in der Regel eine Vielzahl von Zielen verfolgt. Die Anordnung aller für eine Planung oder Entscheidung relevanten Ziele bezeichnet man als *Zielsystem*. Innerhalb eines Zielsystems kann nach verschiedenen Gesichtspunkten gegliedert werden:

- Nach dem *Grad der Operationalisierung oder Konkretisierung* hat sich seit der Untersuchung von Fürst et al. (1992) die Gliederung

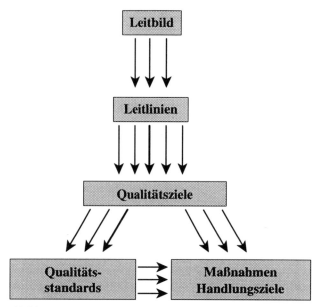

Abbildung 4.1.1: Zusammenhang zwischen Leitbild, Leitlinien, Qualitätszielen und Standards (nach UVP-Förderverein 1995, verändert)

in Leitbild (vgl. Kap. 4.2.2), Leitlinien (vgl. Kap. 4.2.2), Qualitätsziele (vgl. Kap. 4.3.1) und Handlungsziele (vgl. Kap. 4.3.2) bzw. Standards (vgl. Kap. 4.3.3) eingebürgert (s. Abb. 4.1.1).

- Hinsichtlich der *Begründung* von Zielen wird zusätzlich zwischen Oberzielen und abgeleiteten Zielen (vgl. Kap. 4.2.1) unterschieden.

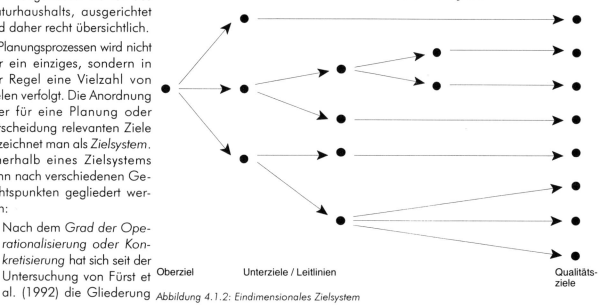

Abbildung 4.1.2: Eindimensionales Zielsystem

- Nach ihrem *Gewicht* lassen sich Haupt- und Nebenziele unterscheiden.

Man kann zwischen eindimensionalen und mehrdimensionalen Zielsystemen unterscheiden: Eindimensionale Zielsysteme wie das oben vorgestellte verfolgen ein Oberziel; alle abgeleiteten Unterziele dienen dem Erreichen dieses Ziels und erhalten umgekehrt ihre Legitimation ausschließlich durch dieses Ziel (s. Abb. 4.1.2).

Die Planungspraxis ist allerdings erheblich komplexer, da sie in der Regel mehrere primäre Ziele verfolgt, die sich komplementär, konkurrierend oder indifferent zueinander verhalten können (vgl. u.). Damit liegt ein mehrdimensionales Zielsystem mit mehreren primären, in unterschiedlichen Beziehungen zueinander stehenden Zielen vor, die über abgeleitete Ziele verknüpft sein können, und es bedarf der einzelfallorientierten Abwägung (vgl. Kap. 4.5).

Beziehungen

Zwischen zwei Zielen A und B derselben Ebene können verschiedene Beziehungen bestehen (vgl. Bechmann 1981, 149):

- Substituierbarkeit: Ziel A kann mehr oder weniger durch Ziel B ersetzt werden (z. B. Erreichen eines naturnahen Gewässerzustands an der oberen Oker oder der oberen Innerste)
- Konkurrenz: Höherer Erfüllungsgrad von Ziel A führt zu geringerem bei Ziel B und umgekehrt (z. B. Erhalt von Schwermetallrasen vs. Bodenschutz; Aufforstung vs. Grundwasserneubildung)
- Komplementarität: Höherer Erfüllungsgrad von Ziel A geht mit höherem Erfüllungsgrad bei Ziel B einher (z. B. Wiederherstellung einer natürlichen Gewässersohle und Steigerung der Selbstreinigungskraft des Gewässers)
- Indifferenz: Die Ziele A und B sind voneinander unabhängig.

Zwischen Zielen unterschiedlicher Ebenen können folgende Beziehungen bestehen:

- Zweck-Mittel-Beziehung: Das untergeordnete Ziel ist Mittel zum Erreichen des übergeordneten Ziels (womöglich aber auch zum Erreichen anderer Ziele). Das übergeordnete Ziel kann seinerseits wiederum einem Ziel auf höherer Ebene untergeordnet und damit Mittel zum Erreichen dieses Ziels sein. Ob ein Ziel Mittel oder Zweck ist, kommt auf die Perspektive an und ist damit relativ (s. Abb. 4.1.3).
- Implikationsbeziehung: Das übergeordnete Ziel beinhaltet das untergeordnete, konkretere Ziel; ist das übergeordnete Ziel erreicht, ist das untergeordnete auch erreicht (s. Abb. 4.1.4).

Literatur

BECHMANN, A., 1981: Grundlagen der Planungstheorie und Planungsmethodik, UTB 1088, Bern, Stuttgart.

DAHL, H.-J.; HULLEN, M., 1990: Studie über die Möglichkeiten eines naturnahen Fließgewässersystems in Niedersachsen (Fließgewässerschutzsystem Niedersachsen). In: Dahl, H.-J.; Hullen, M.; Herr, W.; Todeskino, D.; Wiegleb, G.: Beiträge zum Fließgewässerschutz in Niedersachsen, 5-120, Hannover (Natur-

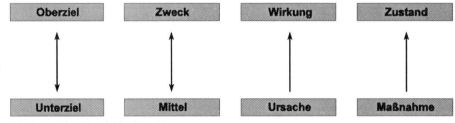

Abbildung 4.1.3: Zweck-Mittel-Beziehung

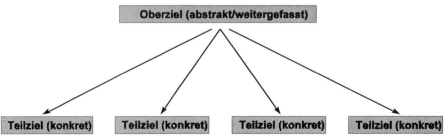

Abbildung 4.1.4: Implikationsbeziehung

schutz und Landschaftspflege in Niedersachsen, 18).
FÜRST, D.; KIEMSTEDT, H.; GUSTEDT, E.; RATZBOR, G.; SCHOLLES, F., 1992: Umweltqualitätsziele für die ökologische Planung. 1. Abschlußbericht. 2. Dokumentation der Fachgespräche am 24.11. und 8.12.89 in Berlin, 351+45 S., Berlin (UBA-Texte, 34/92).
RAT VON SACHVERSTÄNDIGEN FÜR UMWELTFRAGEN, 1994: Umweltgutachten 1994 für eine dauerhaft-umweltgerechte Entwicklung, 378 S., Stuttgart.
SCHÖLLER, D, 1990: Leitbilder für den ländlichen Raum. In: Glück, A., Magel, H. (Hrsg.): Das Land hat Zukunft. Neue Perspektiven für ländliche Räume, München, 35-42.
UVP-FÖRDERVEREIN, ARBEITSGEMEINSCHAFT UMWELTQUALITÄTSZIELE (HRSG.), 1995: Aufstellung kommunaler Umweltqualitätsziele. Anforderungen und Empfehlungen zu Inhalten und Verfahrensweise, 69 S., Dortmund (UVP-Anforderungsprofil, 2).

4.2 Oberziele, Leitbilder, Leitlinien

Frank Scholles, Magrit Putschky

4.2.1 Oberziele und abgeleitete Ziele

Oberziele

Das Ziel, die menschliche Gesundheit zu schützen, ist ebenso wie § 1 BNatSchG ein Oberziel oder primäres Ziel.

Es ist dadurch gekennzeichnet, dass es keinem übergeordneten Ziel dient, sondern (derzeit) unhinterfragt als Selbstzweck verfolgt wird. Primäre Ziele stellen die obersten Prämissen in Begründungsketten dar. Dies bedeutet aber nicht automatisch, dass primäre Ziele sehr abstrakt sein müssen. Auf Gemeindeebene kann es z. B. ein Oberziel sein, die Flussperlmuschel in einem bestimmten Gewässer zu erhalten.

Primäre Ziele können nicht aus naturwissenschaftlichen Erkenntnissen abgeleitet werden. Vielmehr müssen die Wissenschaften auf offengelegten, primären Zielen als Prämissen aufbauen (vgl. Lehnes u. Härtling 1997, 19 f.).

Abgeleitete Ziele

Aus Oberzielen können Unterziele abgeleitet werden. Abgeleitete Ziele sind nur wirklich nachvollziehbar, wenn die ihnen zugrunde liegenden übergeordneten Ziele bis zum primären Ziel offengelegt werden. Der Erhalt der Flussperlmuschel ist z. B. nur realistisch, wenn kaum Sand sedimentiert wird und eine intakte Bachforellenpopulation existiert. Diese wiederum benötigt bestimmte Wassertemperaturen (max. 22 °C) und Unterstände.

Grenzfälle

Es gibt Grenzfälle, in denen nicht leicht zu entscheiden ist, ob ein Ziel primär oder abgeleitet ist. Insbesondere bei Mobilitätszielen streiten sich die Gelehrten, ob Mobilität ein abgeleitetes Bedürfnis des Menschen ist oder ob und in welchem Maße sie auch Selbstzweck darstellt.

4.2.2 Leitbilder und Leitlinien

Entstehung

Seit es räumliche Planungen gibt, ist sowohl bei der Gesamtplanung mit ihren verschiedenen Planungsebenen sowie bei Fachplänen eine inhaltliche Orientierung an einem übergeordneten Leitbild zu beobachten. Jede Planung basiert - bewusst oder unbewusst - auf einem Leitbild.

Anfang der 50er Jahre wurde bei der Diskussion über Wesen und Aufgabe der Raumordnung und Landesplanung auch der Begriff des "Leitbilds" als Zentralbegriff der Raumordnung eingeführt. Offiziell anerkannt wurde der Begriff, als dem von der Bundesregierung 1956 eingesetzten Sachverständigenausschuss für Raumordnung (SARO) ausdrücklich die Erarbeitung eines Leitbilds aufgetragen wurde (Maute 1994, 9; Dittrich 1953).

Einen entscheidenden Einfluss auf die Entstehung von Leitbildern hat auch die maßgebliche politische Situation und deren Entwicklung. So wurde beispielsweise das gesellschaftspolitische Leitbild der 50er Jahre durch die Folgen des Zweiten Weltkriegs bestimmt. Die beiden Hauptmotive, die das Leitbild dieser Zeit in der westlichen Welt bestimmten, waren das Anstreben eines freien und sozial gesicherten Lebens (Maute 1994, 12). Zu Beginn der 70er Jahre trat der Umweltschutz hinzu und im Laufe der 80er in den Vordergrund. Seit der UNCED 1992[1] in Rio de Janeiro hat das Leitbild der nachhaltigen Entwicklung (sustainable development) die Planungsdiskussion bestimmt.

---

1 United Nations Conference on Environment and Development

Die Leitbilder der beiden großen Gedankenströmungen des 19. Jahrhunderts waren der Klassische Liberalismus (Freiheit mit unbeschränktem Risiko) und der marxistisch bestimmte Sozialismus (soziale Sicherheit auf Kosten der Freiheit). Dies soll die Spannbreite des Themas aufzeigen.

Definitionsversuche

Der Begriff des Leitbilds ist weder in der Raumordnung noch in der Landschaftsplanung gesetzlich geregelt. Er wird in der Literatur und auch in der Planungspraxis in verschiedenen Bedeutungen verwendet und unterschiedlich interpretiert.

Obwohl bislang eine allgemein akzeptierte Definition des Begriffs fehlt, wird er in der räumlichen Planung zur Charakterisierung eines anzustrebenden Zustands des Planungsraums verwendet.

Leitbilder basieren auf gesellschaftlichen Oberzielen und spiegeln die Ausprägung und Gewichtung der Oberziele in einem bestimmten Zeitraum wider. Dadurch sind sie keine in sich geschlossenen Systeme, denn Oberziele werden in pluralistischen Gesellschaften immer Widersprüchlichkeiten beinhalten, die es im Einzelfall abzuwägen (s. Kap. 4.5) und auszuräumen gilt.

Die Raumordnung hat ein mehrdimensionales Zielsystem und muss verschiedene *Belange* abwägen und moderieren. Daher verfolgt sie immer ein gesamtgesellschaftliches Leitbild, das die längerfristige, potenziell wünschbare und grundsätzlich realisierbare räumliche Ordnung, Entwicklung und Nutzung umfassend und ganzheitlich beschreibt (vgl. Brösse 1982).

Der in Kapitel 4.1.2 angesprochene Fließgewässerschutz verfolgt ein eindimensionales Zielsystem; er stellt einen Belang dar und stellt Forderungen aus fachlicher Sicht auf, die mit einem naturschutzfachlichen Leitbild begründet werden. Bei ihm handelt es sich also um ein fachplanerisches Leitbild. Ebenso entwickeln Finck et al. (1997) naturschutzfachliche, nicht mit anderen Belangen abgewogene Leitbilder für verschiedene Landschaftsräume.

Die Umweltplanung liegt in dieser Beziehung zwischen Raumordnung und Biotopschutz; da sie diverse Schutzgüter zu vertreten hat, ergibt sich ein mehrdimensionales Zielsystem. Die verschiedenen Schutzgüter können auch als mehrere Belange in die Abwägung eingestellt werden. Umweltplanung wägt jedoch nicht gesamtgesellschaftlich ab. Sie verfolgt ein fachliches, allerdings interdisziplinär entstandenes Leitbild. In der Umweltplanung hat sich - basierend auf Fürst et al (1992) - eine relativ einheitliche inhaltliche Bestimmung des Begriffs "Leitbild" und dessen funktionale Einbindung in ein Zielsystem durchgesetzt. Danach sind Leitbilder allgemeine, übergeordnete Zielvorstellungen der Umweltqualität in einem bestimmten Raumausschnitt. Da die Aussagen des Leitbilds allgemeiner Natur sind und abstrakt bleiben, bedarf es einer schrittweisen räumlichen, sachlichen und zeitlichen Konkretisierung der Aussagen. Dies geschieht durch ein hierarchisches System von Leitlinien, Umweltqualitätszielen, Umweltstandards bis hin zu konkreten Maßnahmen (s. Kap. 4.1.3, Abb. 4.1.1).

In der Literatur findet sich eine Vielzahl weiterer Begriffsbestimmungen[2], doch soll hier diese Auswahl genügen, um die wichtigsten Charakteristika und Funktionen von Leitbildern sowie ihre Bedeutung für alle Bereiche von Entwicklungsplanungen vorzustellen.

Wir haben es mit einem Feld zu tun, auf dem noch kontrovers diskutiert wird und in das in den letzten Jahren neue Bewegung gekommen ist.

Leitbilder verschiedener Ebenen

Generell lassen sich Leitbilder für alle Bereiche menschlicher Tätigkeit entwickeln, gesellschaftliche Relevanz erhalten sie allerdings überwiegend durch die Raumordnung. Dabei entsteht eine Hierarchie von Leitbildern, die von der höchsten gesellschaftspolitischen Ebene mit z. B. "Gleichwertige Lebensbedingungen" als Leitbild bis zur Ebene der Gemeinde-Entwicklungsplanung reicht. Auf jeder räumlichen Ebene (EU, Bund, Land, Region, Landkreis, Gemeinde, Gemeindeteil) können eigene, auf den jeweiligen Planungsmaßstab abgestimmte Leitbilder, Leitlinien, Qualitätsziele und -standards entwickelt werden. Wenn solche Ziele auf Landesebene z. B. im Landesraumordnungsprogramm formuliert werden, werden sie in der Regel abstrakter sein als auf kommunaler Ebene z. B. im Flächennutzungsplan.

Da die Kommunen durch die in Art. 28 des Grundgesetzes verankerte kommunale Planungshoheit sowohl für programmatische Aussagen zur zukünftigen Entwicklung als auch für die rechtsverbindliche Planung und die Umsetzung verantwortlich sind, kommt ihnen für die

---

2 vgl. Henckel (1984); Attenberger (1989); Maute (1994); Roweck (1995); Lehnes u. Härtling (1997); Wiegleb (1997)

Erarbeitung und Umsetzung von Leitbildern eine wichtige Rolle zu. Hierbei gewährleisten die Anpassungspflicht[3] und das Gegenstromprinzip[4] die Berücksichtigung übergeordneter räumlicher Belange und Leitbilder im Gemeindegebiet.

Kennzeichen von Leitbildern

Am Beispiel des Leitbilds Gleichwertige Lebensbedingungen (vgl. § 2 (1) ROG) wird deutlich, dass Leitbilder Zustände anstreben, die von der Wirklichkeit teilweise (noch) stark abweichen. Weiterhin kommt zum Ausdruck, dass Leitbilder keine direkten Handlungsanleitungen geben, sondern Spielräume für die praktische Ausführung lassen. Ebenso ist kein Zeitraum für die Realisierung vorgegeben; das unterscheidet Leitbilder von Programmen. Diese "Leerformelhaftigkeit" von Leitbildern ermöglicht es allerdings, komplexe Probleme überhaupt in Worte zu fassen und unterschiedliche Interessen zusammenzufassen (vgl. Henckel 1984, 4).

Auch wenn kein Konsens über die Definition des Leitbildbegriffs festzustellen ist, können folgende Kennzeichen genannt werden (vgl. Lendi 1995, 624 f.; Lehnes u. Härtling 1997, 12):

- Allgemeinheit im Sinne von Abstraktheit: Die Aussagen beschränken sich auf eine relativ allgemeine, häufig bildhafte Beschreibung des anzustrebenden Zustands; sowohl die zeitliche und räumliche Konkretisierung als auch Vorschläge für Maßnahmen zur Umsetzung sind nicht Gegenstand des Leitbilds.
- Orientierungsrahmen zur Ableitung konkreter Ziele: Ein Leitbild bietet keine vorgefertigten Lösungen; Handlungsanweisungen können jedoch abgeleitet werden.
- Grundsätzliche Realisierbarkeit: Ein Leitbild ist keine Utopie, sondern ein prinzipiell erreichbarer Zustand, lässt allerdings offen, wie es erreicht werden kann.
- Politische Zielaussage: Ein Leitbild beruht auf einem gesellschaftlichen oder fachlichen Wertesystem.
- Gruppenkonsens, d. h. es wird nicht *ein* Leitbild für die zukünftige Entwicklung geben, sondern mehrere, fachliche, unter Umständen konkurrierende.

---

3 § 1 Abs. 4 BauGB: "Die Bauleitpläne sind den Zielen der Raumordnung und Landesplanung anzupassen."

4 § 1 Abs. 4 ROG: "Die Ordnung der Teilräume soll sich in die Ordnung des Gesamtraumes einfügen. Die Ordnung des Gesamtraumes soll die Gegebenheiten und Erfordernisse seiner Teilräume berücksichtigen."

Abbildung 4.2.1: Die Leiden des Leitbild-Malers (aus Zepf et al. 1991, 60)

- Zusammenfassung verschiedener (Ober-)Ziele: Dies scheint zwar dem Kennzeichen Orientierungsrahmen zur Ableitung zu widersprechen, jedoch entstehen Zielsysteme i.d.R. in einer Kombination von Zusammenfassung vorhandener und Ableitung neuer Ziele (vgl. u.).

Leitbilder und Wertewandel

Leitbild ist kein statischer Begriff, sondern *zeitlich bedingt und folglich wandelbar* (s. Abb. 4.2.1). Zielvorstellungen und ihnen zugrunde liegende Werte können sich im Laufe der Zeit aufgrund von gesellschaftlichen, politischen und volkswirtschaftlichen Veränderungen weiter entwickeln. Wertewandel hat zuletzt durch die Umweltbewegung wie auch durch die Öffnung Osteuropas und die damit verbundene Vereinigung der beiden deutschen Staaten und insbesondere durch die Globalisierung stattgefunden. "Die Leitbilder verändern sich mit der immerwährenden Anpassung an gesellschaftliche, politische, wirtschaftliche und technologische Entwicklungen" (Maute 1994, 8).

Leitlinien

Leitlinien sind häufig in Gesetzen enthalten, z. B. in § 2 BNatSchG oder § 2 ROG; sie werden auch als Grundsätze bezeichnet. In Zielsystemen werden sie als erste Stufen der Konkretisierung benötigt. Dabei ist die Anordnung von Leitlinien auf mehreren Hierarchieebenen des Systems möglich. Im Gegensatz zu Qualitätszielen sind Leitlinien meist noch unkonkret und benennen keinen Indikator (vgl. Kap. 5.1.2), sodass man ihre Einhaltung nicht direkt überprüfen kann. Im Beispiel Fließgewässerschutz (s. Kap. 4.1.2) kann nicht direkt geprüft werden, ob das gegebene Artenspektrum gesichert ist; dazu bedarf es der Operationalisierung durch Umweltqualitätsziele und -standards, hier: der Definition, welche Arten im jeweiligen Naturraum zum Artenspektrum gehören.

Erarbeitung von Leitbildern und Leitlinien

Für Leitbilder gibt es weder inhaltliche (Mindest-) Anforderungen noch Vorgaben darüber, wie bei ihrer Erstellung vorzugehen ist.

Bei der Erarbeitung von Leitbildern ist möglichst eine ganzheitliche Betrachtungsweise anzustreben. Das bedeutet, dass Überlegungen bezüglich Veränderungen nicht auf nur einen Bereich, z. B. Bausubstanz, oder ein Umweltgut, z. B. Luft, reduziert werden dürfen.

Oberziele bilden die Grundlage des Leitbilds; sie sind i.d.R. vorgegeben, es geht nun um ihre Ausprägung und Gewichtung. Auf dieser Basis werden Unterziele bis hin zu Qualitätszielen abgeleitet, formuliert und angeordnet. Dies geschieht sowohl durch Ableitung von Unterzielen aus Oberzielen, also *Konkretisierung* von Zielen, (Top Down Approach) also auch durch Zusammenfassung von Unterzielen zu Oberzielen, also *Abstrahierung* von Zielen (Bottom Up Approach).

Das Leitbild kann mit einem Schlagwort und/oder einem Logo plakativ beschrieben werden (z. B.: "Aachen - sprudelnde Vielfalt"[5], vgl. Abb. 4.2.2).

Allgemeiner Konsens besteht inzwischen darüber, dass bereits bei der Erarbeitung eines Leitbilds die jeweils betroffenen Kreise (bei kleinmaßstäbigen Planungen z. B. auf Landes- oder Regionsebene) bzw. Bürger (auf der kommunalen Ebene) zu beteiligen sind. Dadurch soll vermieden werden, dass "von außen" Idealvorstellungen übergestülpt werden und somit an den eigentlichen Bedürfnissen vorbeigeplant wird. Die Bürger sollen die Möglichkeit haben, aktiv an der Gestaltung ihrer Umwelt mitzuwirken. Die allerorten laufenden Prozesse zur Erstellung lokaler Agenden 21, die der nachhaltigen Entwicklung auf kommunaler Ebene dienen sollen, sind ein Beispiel hierfür. Die Agenda 21 sieht vor, dass die Leitbilddiskussion "von unten" in einem partizipativen Prozess wachsen soll.

Wie sich Betroffene in den Aufstellungsprozess einbringen können und wie solche Prozesse gesteuert werden, wird unter Partizipative Planung (Kap. 10) sowie Moderation und Mediation (Kap. 9.3) behandelt. Zur Entwicklung von Leitbildern sind Kreativitäts- und Strukturierungsmethoden (Kap. 8) geeignet. Zur Einleitung eines gesellschaftlichen Diskurses können auch Szenarien (Kap. 6.5) eingesetzt werden.

Abbildung 4.2.2: Beispiel für ein Logo, das ein Leitbild plakativ beschreibt

Die notwendige Legitimation des Leitbilds erfolgt über einen Beschluss durch die politischen Entscheidungsträger. Danach kann das Leitbild als Grundlage für alle raumrelevanten Planungen dienen.

Literatur

ATTENBERGER, J., 1989: Es gibt noch einiges zu verbessern. In: Deutsches Institut für Fernstudien an der Universität Tübingen (Hrsg.): Instrumente und Programme, Tübingen, 11-57 (Dorfentwicklung 6).

BRÖSSE, U., 1982: Raumordnungspolitik, Berlin.

DITTRICH, E., 1953: Vom Primat der Raumordnung. Informationen zur Raumentwicklung (3), 363 ff.

FINCK, P.; HAUKE, U.; SCHRÖDER, E.; FORST, R.; WOITHE, G., 1997: Naturschutzfachliche Landschafts-Leitbilder. Rahmenvorstellungen für das nordwestdeutsche Tiefland aus bundesweiter Sicht, 265 S., Bonn-Bad Godesberg (Schriftenreihe Landschaftspflege und Naturschutz, 50/1).

FÜRST, D.; KIEMSTEDT, H.; GUSTEDT, E.; RATZBOR, G.; SCHOLLES, F., 1992: Umweltqualitätsziele für die ökologische Planung. 1. Abschlußbericht. 2. Dokumentation der Fachgespräche am 24.11. und 8.12.89 in Berlin, 351+45 S., Berlin (UBA-Texte, 34/92).

HENCKEL, G. (Hrsg.), 1984: Leitbilder des Dorfes. Neue Perspektiven für den ländlichen Raum, Berlin.

LEHNES, P.; HÄRTLING, J.W., 1997: Der logische Aufbau von Umweltzielsystemen. Zielkategorien und Transparenz von Abwägungen am Beispiel der "nachhaltigen Entwicklung". In: Gesellschaft für UmweltGeowissenschaften (Hrsg.): Umweltqualitätsziele. Schritte zur Umsetzung, 9-49, Berlin (Geowissenschaften + Umwelt, 1).

LENDI, M., 1995: Leitbild der räumlichen Entwicklung. In: Akademie für Raumforschung und Landesplanung (Hrsg.): Handwörterbuch der Raumordnung, 624-629, Hannover.

MAUTE, H., 1994: Räumliche Leitbilder im Wandel: Auswirkungen auf die Raumorganisation in Bayern, München. Dissertation.

MUSCHELER, U., 1985: 40 Jahre Wandel von Begriffen und Leitbildern in Architektur und Städtebau Deutschlands, 231 S., Köln.

ROWECK, H., 1995: Landschaftsentwicklung über Leitbilder? Kriti-

---

5   Das Logo stammt aus den 70er Jahren - inzwischen benutzt die Stadt Aachen ein weniger bildhaftes Logo.

sche Gedanken zur Suche nach Leitbildern für die Kulturlandschaft von morgen. LÖBF-Mitteilungen 20 (4): 25-34.

SCHÖLLER, D, 1990: Leitbilder für den ländlichen Raum. In: Glück, A., Magel, H. (Hrsg.): Das Land hat Zukunft. Neue Perspektiven für ländliche Räume, München, 35-42.

WIEGLEB, G., 1997: Beziehungen zwischen naturschutzfachlichen Bewertungsverfahren und Leitbildentwicklung. In: Alfred Toepfer Akademie (Hrsg.): Bewerten im1 Naturschutz, 40-47, Schneverdingen (NNA-Berichte, 3/97).

ZEPF, E.; KROMKA, F.; EGGERS, B.; KURZ, O.; MANIG, K.; ZEPF, M., 1991: Leitbild Dorf. Berücksichtigung soziokultureller Aspekte bei der Dorferneuerung, 62 S., München (Bayerisches Staatsministerium für Ernährung, Landwirtschaft und Forsten (Hrsg.): Materialien zur Ländlichen Neuordnung, 26).

4.3 Qualitätsziele, Handlungsziele, Standards

Frank Scholles

4.3.1 Qualitätsziele

Zweck von Qualitätszielen

Insbesondere in der kommunalen Umweltplanung werden schutzgutübergreifend Umweltqualitätsziele formuliert, um integrative Umweltpolitik zu fördern. Die Diskussion wird seit etwa zehn Jahren geführt; zusammenfassende Darstellungen finden sich bei Fürst und Kiemstedt (1997) sowie Scholles (1997). Seit Ende 1996 wird die Diskussion auch unter Juristen geführt (Rehbinder 1997).

Ziel ist, an die Stelle abstrakter und damit unprüfbarer Zielaussagen (z. B.: "Die Gewässerqualität soll verbessert werden") möglichst konkrete, nachprüfbare Ziele zur Qualität von Umweltgütern (z. B: "Bis zum Jahr 2002 soll die Wassergüte der Lachte der natürlichen Wassergüte nahekommen.") zu formulieren, deren Erfüllung nachgeprüft und eingefordert werden kann.

Auslöser der Umweltqualitätsziele-Diskussion

Die aktuelle Diskussion wurde ausgelöst durch einen Ad-hoc-Arbeitskreis der Akademie für Raumforschung und Landesplanung. Uppenbrink und Knauer (1987, 55) definieren im Bericht dieses Arbeitskreises Umweltqualitätsziele als "immissionsbezogene Ziele einer gesetzlich, politisch-programmatisch oder fachlich-wissenschaftlich definierten Qualität der Umwelt oder Teilen davon".

Der zweite Anstoß kam aus dem Umweltgutachten 1987 des Rats von Sachverständigen für Umweltfragen. Der Rat stellt fest, dass die Forderung nach sektor- und stoffübergreifenden Umweltqualitätszielen, die die gewünschte Beschaffenheit der Umwelt wiedergeben, unerfüllbar ist, weil es keinen Umweltgesamtindikator, sondern nur Indikatorsysteme geben kann (SRU 1987, Tz. 75, vgl. Kap. 5.1). Ausgehend von Schutzwürdigkeits- und Gefährdungsprofilen, die bislang noch nicht existieren, sollen Ziele und Standards gesetzt werden.

Definition

Aufbauend auf diese Arbeiten wurde im Auftrag des Umweltbundesamts das Gutachten "Umweltqualitätsziele für die ökologische Planung" (Fürst et al. 1992) erarbeitet.

Umweltqualitätsziele werden nach Fürst et al. (1992) wie folgt charakterisiert[6]:

- Sie sind an Rezeptoren oder Betroffenen (Fließgewässer), nicht an Verursachern (z. B. Kläranlage) orientiert. Der Begriff 'immissionsbezogen' geht hier nicht weit genug, weil Umweltqualitätsziele sich nicht nur auf stoffliche Qualitäten beziehen.

- Sie beziehen sich immer auf Ausschnitte der Umwelt (Wassergüte), weil eine Gesamtqualität in einem Ziel nicht operational abbildbar ist.

- Sie stellen durch die Benennung eines Schutzguts (Fließgewässer) einen Schritt zur Konkretisierung und Operationalisierung von Leitbildern dar.

- Sie verbinden wissenschaftliche Information (natürliche Wassergüte) mit gesellschaftlicher Werthaltung (soll nahekommen), die beide untrennbarer Bestandteil von Umweltqualitätszielen sind.

- Sie beziehen sich auf die konkrete Situation (Lachte) und sind dadurch nicht direkt auf andere Fälle zu übertragen.

- Sie bestehen aus einer inhaltlichen (Wassergüte), einer räumlichen (Lachte) und ggf. auch einer zeitlichen (bis 2002) Angabe.

- Sie beschreiben den erwünschten Grad der Aus-

---

[6] illustriert durch den Verf. am Beispiel des Qualitätsziels "Bis zum Jahr 2002 soll die Wassergüte der Lachte der natürlichen Wassergüte nahekommen."

schöpfung von Umweltfunktionen (Selbstreinigungskraft des Gewässers).

"Umweltqualitätsziele geben also bestimmte, sachlich, räumlich und ggf. zeitlich definierte Qualitäten von Ressourcen, Potentialen oder Funktionen an, die in konkreten Situationen erhalten oder entwickelt werden sollen." (ebd., 9; vgl. SRU 1998, Tz. 9)

Umweltqualitätsziele können nicht immer direkt umgesetzt, sondern müssen weiter operationalisiert werden[7], insbesondere wenn Rechtsfolgen greifbar sein sollen. Dieses geschieht durch Übernahme oder Ableitung von Umweltqualitätsstandards (vgl. Kap. 4.3.3).

Aufstellungsprozess

Anforderungen an die Inhalte und den Prozess der Aufstellung von kommunalen Umweltqualitätszielen hat der UVP-Förderverein in Form eines praxisorientierten Modells vorgelegt (UVP-Förderverein 1995). Dabei wird besonderer Wert auf die Regionalisierung (Anpassung an die jeweilige Raumsituation) sowie die Erarbeitung der Ziele in einem konsensualen Verfahren zusammen mit der gesamten Verwaltung sowie interessierter Gruppen, ggf. unter Einschaltung eines Moderators, gelegt. In den letzten Jahren haben v. a. Großstädte Umweltqualitätszielkonzepte aufgestellt. Die kommunalpolitische Bedeutung der Konzepte ist derzeit v. a. im Zusammenhang mit der lokalen Agenda 21 hoch; es werden jedoch auch große Erwartungen an die Konzepte geknüpft, die von den Verwaltungspraktikern wohl nur mit hohem zeitlichen Aufwand eingelöst werden können.

Stellenwert in der Umweltplanung

Umweltqualitätsziele haben für die Umweltplanung einen hohen Stellenwert:
- Sie sind Voraussetzung für die projekt- und prozessorientierte Herangehensweise.
- Sie sind Voraussetzung für Prüfinstrumente wie die Umweltverträglichkeitsprüfung.
- Das Verfahrensmodell des UVP-Fördervereins beinhaltet alle Schritte, die auch eine Umweltplanung durchlaufen muss.
- Landschaftsplanung ist heute bereits in der Lage, Umweltqualitätsziele zu entwickeln, weil sie diesen Präzisierungsgrad bei der Bewertung der Leistungsfähigkeit des Naturhaushalts erreichen muss.

4.3.2 Handlungsziele

Zweck und Definition

Ohne eine Umsetzung in Maßnahmen bleiben Zielsysteme ohne Wirkung. Daher formuliert man Handlungsziele. *Diese geben die Schritte an, die notwendig sind, um die in den Qualitätszielen definierten Zustände zu erreichen* (vgl. SRU 1998, Tz. 65).

Handlungsziele sind im Gegensatz zu Qualitätszielen auf die Belastungsfaktoren ausgerichtet, also verursacherorientiert. Sie regeln z. B. Emissionen[8]. Sie sollen quantifiziert oder anderweitig überprüfbar sein. Damit werden Vorgaben für notwendige Entwicklungen oder Teilschritte gemacht (SRU 1998, Tz. 9 u. 65).

In der Praxis wird es bisweilen Abgrenzungsprobleme zwischen Qualitäts- und Handlungszielen geben, die Unterscheidung ist aus systematischen und strategischen Gründen (wo ist anzusetzen?) aber sinnvoll.

Verrechtlichung

Umweltqualitäts- und -handlungsziele sollten jedoch ein planerisches Instrument bleiben. Rehbinder (1997) sowie der SRU (1998, Tz. 242) warnen vor ihrer völligen Verrechtlichung, da sie damit ihre Funktion und Flexibilität verlieren. Es ist im Einzelfall zu entscheiden, wo - wie im Fall der besonders geschützten Biotope (§ 20c BNatSchG) - eine rechtliche Verankerung einer planerischen vorzuziehen ist. Behördenverbindlichkeit wird jedoch vom SRU (1998, Tz. 242) empfohlen.

4.3.3 Standards

Rechtliche Bedeutung von Standards

Gesetze beinhalten oft unbestimmte Rechtsbegriffe, wie z. B. das Wohl der Allgemeinheit. Diese Begriffe müssen im Einzelfall operationalisiert werden. Dies geschieht im Umweltrecht häufig durch untergesetzliche oder private Umweltstandards.

Untergesetzliche Standards findet man in Rechtsverordnungen und Verwaltungsvorschriften. Private Standards werden von nicht staatlichen Organisationen wie DIN oder VDI definiert. Sie können in Zulassungs- oder Gerichtsverfahren als Indizien herangezogen werden.

Sachlich kann man zunächst Schutzstandards und Qualitätsstandards unterscheiden. Erstere setzen beim Ver-

---

7 Was ist die natürliche Wassergüte der Lachte? Güteklasse I

8 z. B. Ausstoß von Schadstoffen in Luft, Boden, Wasser

ursacher an und regeln dort zulässige oder erwünschte Emissionen (z. B. maximal erlaubter SO_2-Ausstoß einer Anlage); letztere setzen dagegen beim Schutzgut an und versuchen, zu erhaltende oder zu schaffende Zustände zu beschreiben (z. B. maximale SO_2-Konzentration in der Luft).

Bedeutung von Standards in Zielsystemen
Auch Umweltqualitätsziele können nicht immer direkt umgesetzt, sondern müssen weiter operationalisiert werden, insbesondere wenn Rechtsfolgen greifbar sein sollen. Dies geschieht ebenfalls mithilfe von Umweltqualitätsstandards, soweit die dazu nötigen Parameter und Indikatoren (vgl. Kap. 5.1) standardisierbar sind. Das ist nicht bei allen Indikatoren der Fall. "Wenn Umweltqualität ausschließlich über Umweltstandards definiert wird, so ist das gleichbedeutend mit der Eliminierung der nicht quantifizierbaren Inhalte aus dem Konzept der Umweltqualität" (Summerer 1988, 11). Qualitätsziele können die Eigenschaften eines Systems abbilden, Standards oder Gruppen von Standards höchstens Teilbereiche. Nicht zuletzt aus diesem Grund wird man in einem Zielsystem nicht allein mit Standards auskommen und auf Umweltqualitätsziele verzichten können.

Definition
"*Standards sind damit konkrete Bewertungsmaßstäbe zur Bestimmung von Schutzwürdigkeit, Belastung, angestrebter Qualität, indem sie für einen bestimmten Parameter bzw. Indikator Ausprägung, Meßverfahren und Rahmenbedingungen festlegen.*" (Fürst et al. 1992, 11)

Voraussetzung für die Standardsetzung ist also die Existenz eines Parameters oder Indikators (z. B. SO_2 oder Wassergüte), der gemessen werden kann (z. B. mit Messgeräten oder Saprobien).

Systematisierung der Begriffe
Aufgrund der Vielzahl kursierender Begriffe für Standards haben Fürst et al. (1992) die Begrifflichkeit systematisiert und die verbleibenden Begriffe wie folgt definiert (vgl. dazu Abb. 4.3.1).

Nach dem *Kriterium Verbindlichkeit* werden unterschieden:

- Diskussionswert: aufzeigender Standard, der sich noch in der wissenschaftlichen Diskussion befindet
- Orientierungswert: empfehlender Standard, der von einer Gruppe von Fachleuten vorgeschlagen wird
- Richtwert: einzuhaltender Standard, der durch ein autorisiertes Gremium gesetzt wird

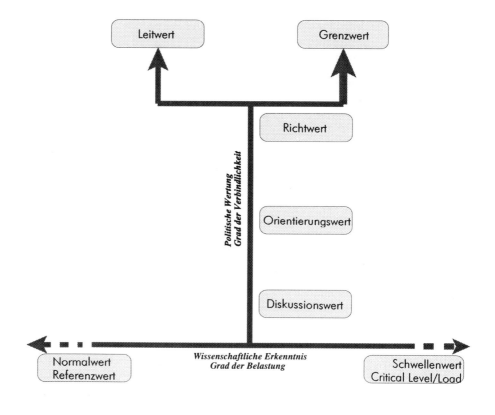

Abbildung 4.3.1: Systematisierung von Standards (nach: Fürst et al. 1992)

- **Grenzwert:** verbindlich festgelegter Standard aus einem Gesetz, einer Verordnung oder einer Verwaltungsvorschrift, der ein Verschlechterungsverbot markiert
- **Leitwert:** verbindlich festgelegter Standard, der ein Minimierungsgebot markiert, um der Gefahr des Auffüllens von Grenzwerten entgegen zu wirken, wird derzeit nur auf EU-Ebene definiert.

Nach der *fachlichen Aussage* werden unterschieden:

- **Schwellenwert:** fachliche Aussage, die einen vermuteten kritischen Punkt oder Bereich bezeichnet, ab dem rasante Prozesse der Umweltveränderung eintreten und z. B. Ökosysteme aus dem Gleichgewicht geraten
- **Normal- und Referenzwert:** fachliche Aussage, die die natürliche bzw. geogene Vor- bzw. Grundbelastung bezeichnet, die mangels Nachweisen auch abgeschätzt sein kann.

Zwei weitere Gruppen von Standards sind verbreitet, die meist mit englischen Begriffen belegt werden und ebenfalls nach der fachlichen Aussage differenzieren:

- **Critical Load, Critical Level** (kritische Eintragsrate, kritische Konzentration): kennzeichnen mithilfe von Antriebs- bzw. Zustandsindikatoren Eintragsraten bzw. Konzentrationen, bei denen nach bisherigem Wissen keine nachweisbaren Veränderungen bzw. Schäden an der Funktion und Struktur der Ökosysteme zu erwarten sind (vgl. Nagel u. Gregor 1999); das entspricht im Wesentlichen dem Schwellenwertkonzept, wird aber nur für Schadstoffe angewendet, vom SRU (1994, Tz. 183ff.) wurde zusätzlich der Begriff "kritische strukturelle Veränderung (Critical Structural Change)" eingeführt, der für nicht-stoffliche Belastungen von Ökosystemen gelten soll
- **No-Effect-Level (NEL):** fachliche Aussage, die Konzentrationen von Stoffen bezeichnen soll, bei denen keine Wirkung beim Schutzgut auftritt, aufgrund von

Tabelle 4.3.1: Systematisierung von Quellen für Umweltqualitätsstandards nach ihrer Verbindlichkeit am Beispiel Niedersachsen (aus: Scholles 1997, 50)

	Kategorien von Quellen von Umweltqualitätszielen	Beispiele für Quellen von Umweltqualitätszielen und -standards
A	Gesetzliche Festlegungen	Besonders geschützte Biotope nach §§ 28a und b NNatG
B	Untergesetzliche, jedoch mit unmittelbarer Wirkung gegen die Allgemeinheit rechtsetzende Vorschriften: Verordnungen, kommunale Satzungen	Verordnungen für Natur-, Landschafts- und Wasserschutzgebiete, TrinkwasserVO, Festsetzungen in Bebauungsplänen nach § 9 Abs. 1 Nrn. 10, 15, 20, 25 BauGB
C	EU-Richtlinien	Flora-Fauna-Habitat, Oberflächengewässerqualität, Trinkwasserqualität, Luftqualität
D	(Abgewogene) Aussagen der Gesamtplanung mit Bindungswirkung gegenüber Behörden	LROP, RROP, Flächennutzungsplan
E	Kabinettsbeschlüsse	Nds. Moorschutzprogramm, Fließgewässerprogramm (Fließgewässerschutzsystem)
F	Verwaltungsvorschriften zur Konkretisierung von Gesetzesinhalten	UVPVwV
G	Fachpläne auf der Grundlage eines gesetzlichen Planungsauftrags	Landschaftsprogramm, Landschaftsrahmenpläne, Landschaftspläne nach §§ 4-6 NNatG, Bewirtschaftungspläne nach § 184 NWG, Luftreinhaltepläne nach § 47 BImSchG
H	Sonstige ministerielle Erlasse	Ausweisung von Naturwaldreservaten
I	Explizit aufgestellte und fachlich abgestimmte Zielsetzungen und Planungen der Fachbehörde ohne gesetzlichen Planungsauftrag	Fischotterprogramm, Weißstorchprogramm, Waldfunktionenkartierung
J	Behördeninterne Kartierungen oder Zielvorstellungen	Kartieranleitung der Fachbehörde für Naturschutz, Hinweise des NLÖ zur Eingriffsregelung in der Bauleitplanung
K	Fachgutachten und fachliche Veröffentlichungen zu Einzelfällen bzw. -fragen	Deutscher Rat für Landespflege (1983); Eikmann u. Kloke (1993); Heydemann (1981); Kaule (1986); Kühling (1990)

Kritik an der Machbarkeit solcher Aussagen teilweise durch "No-Observed-(Adverse-)Effect-Level (NOEL)" ersetzt, wodurch deutlich gemacht wird, dass keine (nachteilige) Auswirkung beobachtet worden ist, womöglich mangels Messgenauigkeit.

Darüber hinaus gibt es eine Vielzahl weiterer Begriffe, die jedoch synonym zu den oben genannten oder auf sie zurückzuführen sind. Daher kann in der Planung auf sie verzichtet werden.

Das Umweltgutachten 1996 des Sachverständigenrats für Umweltfragen (SRU 1996) beinhaltet eine umfangreiche Bestandsaufnahme und Kategorisierung von Umweltstandards in Deutschland. Tabelle 4.3.1 zeigt eine Systematisierung von Quellen für Qualitätsstandards nach ihrer Verbindlichkeit.

Literatur

DEUTSCHER RAT FÜR LANDESPFLEGE (Hrsg.), 1983: Integrierter Gebietsschutz, Bonn (Schriftenreihe des Deutschen Rates für Landespflege, 41).

EIKMANN, T.; KLOKE, A., 1993: Nutzungs- und schutzgutbezogene Orientierungswerte für (Schad-)Stoffe in Böden - Eikmann-Kloke-Werte -. 2. Fassung. Rosenkranz, D.; Einsele, G.; Harreß, H.-M. (Hrsg.): Bodenschutz. Ergänzbares Handbuch der Maßnahmen und Empfehlungen für Schutz, Pflege und Sanierung von Böden, Landschaft und Grundwasser 3590: 1-26.

FÜRST, D.; KIEMSTEDT, H., 1997: Umweltbewertung. In: Fränzle, O. (Hrsg.): Handbuch der Umweltwissenschaften, VI-3.4, o.O..

FÜRST, D.; KIEMSTEDT, H.; GUSTEDT, E.; RATZBOR, G.; SCHOLLES, F., 1992: Umweltqualitätsziele für die ökologische Planung. 1. Abschlußbericht. 2. Dokumentation der Fachgespräche am 24.11. und 8.12.89 in Berlin, 351+45 S., Berlin (UBA-Texte, 34/92).

HEYDEMANN, B., 1981: Zur Frage der Flächengröße von Biotopbeständen für den Arten- und Ökosystemschutz. In: Arbeitsgemeinschaft Deutscher Beauftragter für Naturschutz und Landschaftspflege (ABN, Hrsg.): Flächensicherung für den Artenschutz, 21-51, o.O. (Jahrbuch für Naturschutz und Landschaftspflege, 31).

NAGEL, H.-D.; GREGOR, H.-D. (Hrsg.), 1999: Ökologische Belastungsgrenzen - Critical Loads & Levels. Ein internationales Konzept für die Luftreinhaltung, Berlin.

KAULE, G., 1986: Arten- und Biotopschutz, Stuttgart.

KÜHLING, W., 1990: Luftbelastungen. Storm, P.C.; Bunge, T. (Hrsg.): Handbuch der Umweltverträglichkeitsprüfung, Berlin, 2710: 1-63.

RAT VON SACHVERSTÄNDIGEN FÜR UMWELTFRAGEN, 1987: Umweltgutachten 1987, Stuttgart.

RAT VON SACHVERSTÄNDIGEN FÜR UMWELTFRAGEN, 1994: Umweltgutachten 1994 für eine dauerhaft-umweltgerechte Entwicklung, 378 S., Stuttgart.

RAT VON SACHVERSTÄNDIGEN FÜR UMWELTFRAGEN, 1996: Umweltgutachten 1996 zur Umsetzung einer dauerhaft-umweltgerechten Entwicklung, 463 S., Stuttgart.

RAT VON SACHVERSTÄNDIGEN FÜR UMWELTFRAGEN, 1998: Umweltgutachten 1998. Umweltschutz: Erreichtes sichern - neue Wege gehen. 383 S., Stuttgart.

REHBINDER, E., 1997: Festlegung von Umweltzielen - Begründung, Begrenzung, instrumentelle Umsetzung -. Natur und Recht 19 (7): 313-328.

SCHOLLES, F., 1997: Umweltqualitätsziele. In: Cremer, W.; Fisahn, A. (Hrsg.): Jenseits der marktregulierenden Selbststeuerung - Perspektiven des Umweltrechts, 237-265, 0000-0272.

SUMMERER, S., 1988: Umweltqualität. In: Kimminich, O.; v. Lersner, H.; Storm, P.C. (Hrsg.): Handwörterbuch des Umweltrechts (HdUR), 736-743, Berlin.

UPPENBRINK, M.; KNAUER, P., 1987: Funktion, Möglichkeiten und Grenzen von Umweltqualitäten und Eckwerten aus der Sicht des Umweltschutzes. In: Akademie für Raumforschung und Landesplanung (Hrsg.): Wechselseitige Beeinflussung von Umweltvorsorge und Raumordnung, 45-132, Hannover (Veröffentlichungen der Akademie für Raumforschung und Landesplanung: Forschungs- und Sitzungsberichte, 165).

UVP-FÖRDERVEREIN, ARBEITSGEMEINSCHAFT UMWELTQUALITÄTSZIELE (HRSG.), 1995: Aufstellung kommunaler Umweltqualitätsziele. Anforderungen und Empfehlungen zu Inhalten und Verfahrensweise, 69 S., Dortmund (UVP-Anforderungsprofil, 2).

4.4 Beispiele für Zielsysteme

Frank Scholles, Magrit Putschky

4.4.1 Zielsystem am Beispiel einer Dorfentwicklungsplanung

Beispielhaftes Vorgehen

Am Beispiel der Dorfentwicklung (s. Kap. 3.3) soll in groben Zügen verdeutlicht werden, wie ein Zielsystem entwickelt werden kann.

Bezogen auf ein konkretes Planungsgebiet empfiehlt sich folgende Vorgehensweise:

Am Anfang steht grundsätzlich die Feststellung, dass etwas nicht so ist oder anders zu werden droht, als es sein könnte oder sollte (sonst bestünde ja kein Veränderungs- bzw. Planungsbedarf): Der Ist-Zustand wird als unbefriedigend empfunden.

Schwachpunkte

Zur Aufdeckung von Missständen oder Defiziten dienen zusätzlich zu eigenen Bestandsaufnahmen vor Ort alle Äußerungen, die im Rahmen von Bürgerbeteiligungen getätigt werden. Dabei kristallieren sich die wichtigsten "Knackpunkte" heraus. Im Falle einer Dorfentwicklungsplanung können beispielsweise folgende Schwachpunkte entdeckt werden:

- mangelhafte Anbindung von Neubaugebieten untereinander und an den alten Dorfkern, dadurch erschwerte Kommunikation
- unbefriedigende Verkehrssituation, die eine Gefährdung von Fußgängern und eine Beeinträchtigung des Spiel- und Wohnwerts zur Folge hat
- Reduktion dorfspezifischer ökologischer Nischen, dadurch Artenrückgang.

Insgesamt entsteht der Eindruck, dass das Dorf auf die Funktion eines "Schlafstandorts" für Pendler reduziert wird, was auf die fehlende Identifikation der Einwohner mit "ihrem" Dorf zurückgeführt werden kann. Die aufgedeckten Schwächen können sowohl Ursache als auch Auswirkung des Identifikationsdefizits sein.

Ziele

Die Umkehrung der negativ formulierten Befunde in positiv formulierte Aussagen ermöglicht die Festlegung erster, noch recht abstrakter Grobziele und könnte folgendermaßen lauten:

- Förderung der Dorfgemeinschaft
- Verbesserung der Lebensqualität
- Berücksichtigung des Umweltschutzes.

Letztendlich werden über eine Stärkung der dörflichen Identität (dem Dorf sein eigenes "Gesicht" geben) den Bürgern neue Identifikationsmöglichkeiten mit ihrem Ort gegeben. In enger Wechselwirkung mit diesen Überlegungen steht die Ausdifferenzierung und Formulierung eines Leitbilds, das die grobe Zielrichtung zukünftiger Entwicklung zum Ausdruck bringt. In diesem Falle könnte es lauten: *Im Dorf - leben - mit dem Dorf.* Dieses "Motto", das auch der Sensibilisierung und Motivation der Bürger dient, versinnbildlicht die angestrebte Ortsentwicklung, nämlich das Dorf (wieder) als ganzheitlichen Lebensraum zu gestalten und zu erleben.

Im Anschluss daran werden Leitlinien herausgearbeitet, die der Konkretisierung und der Umsetzung der im Leitbild zusammengefassten Grobziele dienen.

- Eine Förderung der Dorfgemeinschaft ließe sich beispielsweise durch folgende Leitlinie realisieren: Aufwertung dorftypischer Raumqualitäten (dadurch erhöhte Aufenthaltsqualität/Anreiz zur Kommunikation)
- Die Berücksichtigung des Umweltschutzes ließe sich realisieren durch: Erhaltung und Entwicklung von Bereichen mit besonderer Bedeutung für den Naturschutz und die Landschaftspflege.

Leitlinien bilden zugleich des Gerüst der Zielplanung und werden konkretisiert in der Formulierung von (Umwelt-) Qualitätszielen und ggf. Standards.

- Die Aufwertung dorftypischer Raumqualitäten kann beispielsweise erreicht werden über das konkrete Qualitätsziel: Erhaltung/Wiederherstellung von Treffpunkten im Dorfkern.
- Die Naturschutzleitlinie ließe sich u. a. konkretisieren durch das Umweltqualitätsziel: Naturnaher Umgang mit Regenwasser im gesamten Dorf.

Maßnahmen

Als abschließende Arbeitsschritte sind Konzepte und Maßnahmen auszuarbeiten, die die Realisierung der angestrebten Ziele ermöglichen. Um zu einem naturnahen Umgang mit Regenwasser zu kommen, würde für das Dorfgebiet ein Regenwasserversickerungskonzept erarbeitet werden, das durch verschiedene Maßnahmen, wie z. B. die Anlage eines Regenwasserrückhaltebeckens auf dem Schulhof, umgesetzt wird.

4.4.2 Zielsystem am Beispiel "Nachhaltige Entwicklung"

Leitbild "Nachhaltige Entwicklung"

Die Erklärung von Rio zu Umwelt und Entwicklung von Juni 1992 (BMU o.J.) hat das Leitbild "Nachhaltige Entwicklung" deklariert, das seitdem breit diskutiert wird. An diesem Beispiel sollen einige der oben definierten Begriffe illustriert werden.

Lehnes und Härtling (1997, 30) kommen zwar zu dem Schluss, dass es sich hierbei nicht um ein Leitbild handele, sondern um ein Konzept. Dennoch soll die "Nachhaltige Entwicklung" hier als Leitbild behandelt werden, weil es die Kriterien dazu erfüllt, inzwischen auf breiter Basis so bezeichnet wird und nicht genug operationalisiert ist, um ein Konzept darstellen zu können.

Leitlinien: Vier Säulen und 27 Grundsätze

Nachhaltige Entwicklung beruht auf den vier Säulen dauerhaft-umweltgerecht, wirtschaftlich tragfähig, sozialverträglich, die Partizipation stärkend, die damit als Leitlinien bezeichnet werden können. Die 27 Grundsätze, die in der Rio-Deklaration formuliert sind, können diesen Säulen zugeordnet werden und stellen mithin weitere untergeordnete Leitlinien dar.

Es ist offensichtlich, dass die vier Säulen zumindest teilweise in Konkurrenz zueinander stehen, sodass unter dem Leitbild Nachhaltige Entwicklung ein mehrdimensionales Zielsystem aufgebaut werden muss (vgl. SRU 1996, Tz. 6). Aus der Rio-Deklaration lassen sich nur wenig allgemein gültige Hinweise für Gewichtungen ableiten; die hoch abstrakten Grundsätze müssen vielmehr je nach Bezugsraum konkretisiert werden, was sich in Industrieländern anders als in Entwicklungsländern und in Verdichtungsräumen anders als in ländlichen Räumen darstellen wird.

Unter den Grundsätzen finden sich solche, die primäre Ziele darstellen, wie z. B. gesundes und produktives Leben (1), inter- und intragenerative Gerechtigkeit (3), Beseitigung der Armut (5), Schutz, Erhalt und Wiederherstellung des Ökosystems Erde (7), Lebensqualität (8). Die übrigen Grundsätze stellen sich bei genauem Hinsehen als aus den obigen abgeleitete Ziele heraus (vgl. Lehnes u. Härtling 1997). Beispiele für Umweltziele in der Rio-Deklaration sind:

- Die Staaten ... haben die Verantwortung, dafür Sorge zu tragen, dass Tätigkeiten unter ihrer Hoheit und Kontrolle der Umwelt ... keinen Schaden zufügen.
- Eine nachhaltige Entwicklung erfordert, dass der Umweltschutz Bestandteil des Entwicklungsprozesses ist und nicht von diesem getrennt betrachtet werden darf.
- Die Staaten arbeiten ... zusammen, um die Gesundheit und Unversehrtheit des Ökosystems der Erde zu erhalten, zu schützen und wiederherzustellen. ...
- Zum Schutz der Umwelt wenden die Staaten im Rahmen ihrer Möglichkeiten weitgehend den Vorsorgegrundsatz an. ...
- Als nationales Instrument werden bei Vorhaben, die wahrscheinlich wesentliche nachteilige Auswirkungen auf die Umwelt haben und der Entscheidung durch eine zuständige nationale Behörde bedürfen, Umweltverträglichkeitsprüfungen durchgeführt.

Zusammen mit der Rio-Deklaration sind die gleichzeitig entwickelte und verabschiedete Agenda 21 und die Konvention über Biologische Vielfalt zu beachten.

Nutzungsregeln als Umweltqualitätsziele

Die Leitlinien, die die Umwelt betreffen, sind von der Richtung der "Ökologischen Ökonomie"[9] zu Nutzungsregeln für Quasi-Nachhaltigkeit[10] konkretisiert worden, die auf der globalen Ebene gelten können (vgl. Tab. 4.4.1).

Diese Regeln gelten räumlich global und sind sachlich so konkret, dass ihnen Standards und Maßnahmen zugeordnet werden können, sodass sie als globale Umweltqualitätsziele bezeichnet werden können.

Tabelle 4.4.1: Managementregeln der Ökologischen Ökonomie

1	Die Abbaurate erneuerbarer Ressourcen darf die (natürliche oder menschlich beeinflusste) Regenerationsrate nicht übersteigen.
2	Die Abgabe von Schadstoffen muss unter der Assimilationskapazität des Ökosystems bleiben.
3	Die Reduktion des Bestands erschöpfbarer Ressourcen durch laufenden Verbrauch muss ausgeglichen werden durch eine entsprechende Zunahme des Bestands erneuerbarer Ressourcen, die für denselben Verwendungszweck eingesetzt werden können, durch entsprechende Effizienzsteigerung bei der Nutzung erschöpfbarer Ressourcen ... und/oder durch den Ersatz knapp vorhandener erschöpflicher Ressourcen durch reichlicher vorhandene, aber ebenfalls nicht erneuerbare Ressourcen mit der Perspektive des Zeitgewinns für den Übergang zu entsprechenden erneuerbaren Ressourcen.

Indikatoren und Standards

Die Agenda 21[11] fordert in Kapitel 40 ausdrücklich die Entwicklung von Nachhaltigkeitsindikatoren, die Entwicklungstrends in zentralen Problembereichen eines Lands beschreiben sollen. Die Commission for Sustain-

---

9 Die ökologischen Ökonomen halten Nutzungs- und Belastungsgrenzen für erforderlich, gehen aber gleichzeitig von einer gewissen Ersetzbarkeit von Natur durch Kapital aus, weil ökonomische und soziale Systeme Zeit brauchen, um die erforderliche Transformation zur Nachhaltigkeit zu schaffen.

10 vgl. Nutzinger u. Radke (1995, 251 f.); Rees (1995); Vornholz (1995, 103 ff.), "quasi", weil Strong Sustainability, d. h. Nachhaltigkeit ohne Substitution von natürlichem Kapital durch vom Menschen erzeugtes Kapital, derzeit nicht erreichbar erscheint

11 Eine deutschsprachige Fassung findet sich bei BMU (1993) oder auf der Website der Deutschen Gesellschaft für Nachhaltige Entwicklung und Umweltvorsorge (http://www.degeneu.de/docs/Agenda21/A21Inhalt.htm).

able Development (CSD) befasst sich seit 1995 mit der Umsetzung eines Arbeitsprogramms zu Nachhaltigkeitsindikatoren. Derzeit wird mit einer Arbeitsliste operiert, die insgesamt 134 Einzelindikatoren umfasst und in soziale, ökonomische, Umwelt- und institutionelle sowie Antriebs-, Zustands- und Maßnahmenindikatoren gegliedert ist.

In den Niederlanden wurden 18 Nachhaltigkeitsindikatoren definiert und mit Standards für "Maximum Sustainable Impacts" belegt, z. B. Jährliche CO_2-Emission 2,6 Gigatonnen weltweit (1992 13 Gigatonnen tatsächlich), Aussterben von maximal 5 Arten weltweit pro Jahr (1992 365 bis 65000 Arten geschätzt), Bodenverlust durch Erosion weltweit 9,3 Mrd. T (1992 45 bis 60 Mrd t) (vgl. Weterings u. Opschoor 1992). Das niederländische Indikatoren- und Standardssystem wird allerdings je nach Bedarf ergänzt und regionalisiert. Für Deutschland steht eine solche Operationalisierung noch aus; ein Nachhaltigkeitskonzept ist in Arbeit. Weiter gehende Aussagen zu Nachhaltigkeitsindikatoren finden sich u. a. bei Bell und Morse (1999); Birkmann (1999); Gustedt et al. (1997), SRU (1998).

Literatur

BELL, S.; MORSE, S., 1999: Sustainability Indicators. Measuring the Immeasurable, 175 S., London.

BIRKMANN, J., 1999: Indikatoren für eine nachhaltige Entwicklung. Eckpunkte eines Indikatorensystems für räumliche Planungsfragen auf kommunaler Ebene. Raumforschung und Raumordnung 57 (2/3): 120-131.

BUNDESMINISTERIUM FÜR UMWELT, NATURSCHUTZ UND REAKTORSICHERHEIT (BMU, Hrsg.), o.J.: Konferenz der Vereinten Nationen für Umwelt und Entwicklung im Juni 1992 in Rio de Janeiro - Dokumente -, Bonn.

BUNDESMINISTERIUM FÜR UMWELT, NATURSCHUTZ UND REAKTORSICHERHEIT (BMU, Hrsg.), 1993: Agenda 21, Bonn.

GUSTEDT, E.; KANNING, H.; WEIH, A., 1998: Nachhaltige Regionalentwicklung. Kriterien zur Beurteilung der Erfolgsaussichten von regionalen Entwicklungsprojekten, 63 S., Hannover (Beiträge zur räumlichen Planung, 55).

LEHNES, P.; HÄRTLING, J.W., 1997: Der logische Aufbau von Umweltzielsystemen. Zielkategorien und Transparenz von Abwägungen am Beispiel der "nachhaltigen Entwicklung". In: Gesellschaft für UmweltGeowissenschaften (Hrsg.): Umweltqualitätsziele. Schritte zur Umsetzung, 9-49, Berlin (Geowissenschaften + Umwelt, 1).

NUTZINGER, H.; RADKE, V., 1995: Wege zur Nachhaltigkeit. In: Nutzinger, G. (Hrsg.): Nachhaltige Wirtschaftsweise und Energieversorgung. Konzepte, Bedingungen, Ansatzpunkte, 225-256.

RAT VON SACHVERSTÄNDIGEN FÜR UMWELTFRAGEN (SRU), 1996: Umweltgutachten 1996 zur Umsetzung einer dauerhaftumweltgerechten Entwicklung, 463 S., Stuttgart.

RAT VON SACHVERSTÄNDIGEN FÜR UMWELTFRAGEN (SRU), 1998: Umweltgutachten 1998. Umweltschutz: Erreichtes sichern - neue Wege gehen. 383 S., Stuttgart.

REES, W.E., 1995: Achieving Sustainability: Reform or Transformation? Journal of Planning Literature 9 (4): 343-361.

SCHÖLLER, D, 1990: Leitbilder für den ländlichen Raum. In: Glück, A.; Magel, H. (Hrsg.): Das Land hat Zukunft. Neue Perspektiven für ländliche Räume, München, 35-42.

VORNHOLZ, G., 1995: Die ökologischen Ziele im Sustainable Development-Konzept. Eine ökologisch tragfähige Entwicklung. In: Nutzinger, G. (Hrsg.): Nachhaltige Wirtschaftsweise und Energieversorgung. Konzepte, Bedingungen, Ansatzpunkte, 81-115.

WETERINGS, R.A.P.M.; OPSCHOOR, J.B., 1992: The Ecocapacity as a Challenge to Technological Development, Rijswijk (Publikatie RMNO, 74A).

4.5 Abwägung, Entscheidung

Frank Scholles

4.5.1 Gebundene Erlaubnis

Im deutschen Planungs- und Genehmigungssystem existieren mindestens zwei, grundsätzlich voneinander verschiedene Entscheidungstypen, die gebundene Erlaubnis und die planerische oder Ermessensentscheidung, die zentral auf der Abwägung beruht.

Die gebundene Erlaubnis ist durch ein vorgegebenes eindimensionales Zielsystem (sd. Kap. 4.1) und durch Standards (s. Kap. 4.3.3) determiniert. Es besteht somit kein Ermessensspielraum, d. h. wenn alle vorgegebenen Standards (i.d.R. Grenzwerte) eingehalten werden, muss das Vorhaben genehmigt werden, wird mindestens ein Standard nicht eingehalten, darf nicht genehmigt werden. Daher gibt es nur die Frage, ob ein Vorhaben die Kriterien (Standards) erfüllt oder nicht (Ja-Nein-Entscheidung). Gebundene Entscheidungen kennt v. a. das Anlagenzulassungsrecht (nach dem BImSchG).

4.5.2 Abwägung

Zweck

Zweck der Abwägung ist es, unterschiedlichen Zielen und Belangen zu ihrem Recht zu verhelfen. Abwägung ist ein rechtlich geregelter Vorgang; sie muss aber bei jeder Entscheidung über konkurrierende Ziele stattfinden.

Entscheidungen über Abwägung ist Kennzeichen jeder Planung, aber auch von Planfeststellungsverfahren. Ziel ist die Optimierung der Planung.

Bedeutung für die Planung

Räumliche Gesamtplanung hat regelmäßig über unterschiedliche Belange zu entscheiden und diese daher gerecht untereinander und gegeneinander abzuwägen. "Die Rechtsstaatlichkeit fordert, daß der Planungsträger die vorhandenen Interessen erkennt, bewertet und erst auf Grundlage dieses Informationsstandes zu einer gerechten Planung gelangt" (Schlichter 1988, 40). Abwägung ist ein Kennzeichen jeder räumlichen Gesamtplanung - im Gegensatz zu Fachplanungen; sie setzt sich zusammen aus der Informationsbeschaffung, der Analyse des Vorhandenen, des Erkennens der Interessen und Konflikte, des Gewichtens der einzelnen Interessen und der abschließenden Entscheidung über die divergierenden Belange (ebd.). Damit besteht das Problem, dass eigentlich Unvergleichbares vergleichbar gemacht werden muss.

Rahmenbedingungen

Damit ergeben sich folgende Rahmenbedingungen, unter denen Abwägung stattfindet: rechtlicher Rahmen, Macht, Bewertungsverfahren, Werte. Die Durchsetzungsfähigkeit von Belangen hängt von diesen Rahmenbedingungen ab. Starke Belange sind rechtlich kodifiziert, machtvoll, quantifizierbar und institutionalisiert. Schwache Belange sind oft nicht kodifiziert, ohne eine Lobby, nur qualitativ beschreibbar und nicht institutionalisiert.

Abwägung hat sich auf den Einzelfall zu beziehen; sie ist im Gegensatz zur gebundenen Erlaubnis (s. o.) keine determinierte Entscheidung. Daher liegt ihr kein festes Ziel- und Wertesystem und keine feste Rangordnung der Belange zugrunde; diese sind vielmehr im Einzelfall aufzubauen. Damit verbieten sich auch Verrechnungseinheiten wie Geld oder Punkte.

Arbeitsschritte

Daraus ergeben sich drei wesentliche Arbeitsschritte, die der Planungsträger (bei der Gesamtplanung) bzw. die zuständige Behörde (bei einem Planfeststellungsverfahren) durchzuführen hat (Peine 1998, 170 f.; Schlichter 1988, 42):

1. Schritt: Bestandsaufnahme und begriffliche Einordnung des Vorhandenen in die Belange (Sachverhaltsermittlung)
2. Schritt: Gewichten durch Bewerten der einzelnen Interessen nach dem Maß der ihnen zukommenden Bedeutung
3. Schritt: Eigentliche planerische Entscheidung, welchem Belang der Vorrang eingeräumt und welcher zurückgestellt wird

Im ersten Schritt sind die konkret betroffenen Interessen zu ermitteln und somit das Abwägungsmaterial zusammenzustellen. Dabei sind für die Abwägung erhebliche Gesichtspunkte herauszufiltern. Die deutschen Rechtsvorschriften sehen hierzu die Beteiligung der Träger öffentlicher Belange, teilweise auch der Öffentlichkeit vor (vgl. Kap. 10).

Dabei ermöglicht es erst die Umweltverträglichkeitsprüfung (s. Kap. 3.2), Umweltbelange in ihrer wahren Tragweite zu erkennen und sie in den 2. Schritt mit dem ihnen zukommenden Gewicht einzustellen.

Im zweiten und dritten Schritt werden die betroffenen Interessen angemessen berücksichtigt.

Die im zweiten Schritt nötige Bewertung funktioniert in der Praxis trotz aller Probleme (vgl. Kap. 7.9) aufgrund von Erfahrung: Durch schrittweise Reduktion von Kriterien und Varianten (Rückstellung) sowie über Standards (s. Kap. 4.3.3) wird zunächst geklärt, was entscheidungserheblich ist. Danach werden verbleibende Konkurrenzen durch Rangfolgenbildung, Paarvergleich (vgl. Kap. 7.8) oder nach Erfahrung und Gefühl, also intuitiv, aufgelöst (vgl. Ortgiese 1997, 80 ff.). Dazu gehören auch Mut und informelles Verwaltungshandeln mit bestimmten wichtigen Beteiligten ("Könnt ihr damit leben?"). Dieser Aushandlungsprozess ist jedoch nicht frei, sondern an den rechtlich gesetzten Rahmen gebunden (vgl. Kap. 9.1 u. 9.2).

Ermessensspielraum

Bevorzugung oder Zurücksetzung einzelner Belange ist nur innerhalb des rechtlich gesteckten Rahmens zulässig; dieser steckt den Abwägungs- oder Ermessensspielraum des Entscheidungsträgers ab.

Nur richtig erkannte und richtig gewichtete Belange können dabei überwunden werden. Die Ausfüllung des Ermessensspielraums muss dem rechtlichen Gebot der Verhältnismäßigkeit genügen (Schlichter 1988, 43). Daraus ergibt sich, dass die abwägende Behörde neutral sein muss, d. h. sie darf keine Partikularinteressen verfolgen. Abwägung wird damit in erster Linie zu einem Koordinationsvorgang.

Abwägungsregeln

Abwägung ist juristisch nachvollziehbar und damit gerichtlich überprüfbar. Das Bundesverwaltungsgericht hat sich mehrfach mit Abwägung und Abwägungsmängeln befasst und die folgenden Abwägungsregeln aufgestellt. Danach ist das Gebot gerechter Abwägung verletzt, wenn eine sachgerechte Abwägung nicht stattfindet (Abwägungsausfall), wenn in eine Abwägung an Belangen nicht eingestellt wird, was nach Lage der Dinge in sie eingestellt werden muss (Abwägungsdefizit), wenn die Bedeutung der betroffenen privaten Belange verkannt oder wenn der Ausgleich zwischen den von der Planung berührten öffentlichen Belangen in einer Weise vorgenommen wird, der zur objektiven Gewichtigkeit einzelner Belange außer Verhältnis steht (Abwägungsfehleinschätzung) (BVerwGE 45, 309 (314); Gassner 1993, 18).

Auch wenn diese Regeln relativ unkonkret sind, so kennzeichnen sie doch die wesentlichen Kriterien einer gerechten Abwägung. Die Gerichte haben sich bei der Ausfüllung dieser Kriterien jedoch auf Formalia zurückgezogen, da sie nicht in der Lage sind, die oft komplizierten fachlichen Grundlagen nachzuvollziehen, was zur Überprüfung notwendig wäre. Sie prüfen i.d.R., ob naheliegende Alternativen berücksichtigt wurden und ob die Belange richtig gewichtet wurden.

Vertiefende Ausführungen zum Thema Abwägung finden sich bei Gassner (1993) und Strassert (1995).

Literatur

GASSNER, E., 1993: Methoden und Maßstäbe für die planerische Abwägung - Theorie und Praxis abgeleiteter Bewertungsnormen, Köln.

ORTGIESE, M., 1997: Räumliche Planung unter Unsicherheit, Karlsruhe (Schriftenreihe des Instituts für Städtebau und Landesplanung, 28).

PEINE, F.-J., 1998: Interessenermittlung und Interessenberücksichtigung im Planungprozeß. In: Akademie für Landesplanung und Raumforschung (Hrsg.): Methoden und Instrumente räumlicher Planung, 169-185, Hannover.

SCHLICHTER, O., 1988: Abwägung. In: Kimminich, O.; v. Lersner, H.; Storm, P.C. (Hrsg.): Handwörterbuch des Umweltrechts (HdUR), 39-46, Berlin.

STRASSERT, G., 1995: Das Abwägungsproblem bei multikriteriellen Entscheidungen. Grundlagen und Lösungsansatz unter besonderer Berücksichtigung der Regionalplanung, Frankfurt a.M.

4.6 Grenzen von Zielsystemen

Frank Scholles, Magrit Putschky

Gefahr der Starrheit

Feste Zielsysteme laufen Gefahr, zu starr zu sein. Die Formulierung eines Leitbilds kann dazu verleiten, einen "Endzustand" zu planen und damit einer finalen Planung Vorschub zu leisten.

Endgültige Leitbilder sind aber realitätsfremd und nicht sinnvoll, denn Leben geht in Raum und Zeit weiter, mithin Entwicklung (Evolution) auch. Da alles Leben sich entwickelt hat und der Evolution unterliegt, wäre es unsinnig, einen finalen Zustand anzustreben.

Da Leitbilder stets auf die jeweilige historische und gesellschaftspolitische Situation bezogen sind, sind sie mit politischen und/oder wirtschaftlichen Interessen verknüpft, was z. B. durch den Slogan "Freie Fahrt für freie Bürger" deutlich wird, der in den 60er und 70er Jahren ein Leitbild widerspiegelte. Im Falle der Dorfentwicklung bedeutet dies, dass die jeweils gültigen Leitbilder der Raumordnungspolitik kritisch geprüft werden müssen, um festzustellen, ob sie im Widerspruch zu dorfeigenen Interessen stehen.

Im politischen Alltag ist Flexibilität wichtig, deshalb sind eine flexible Umsetzung von Leitbildern und wandelbare Zielsysteme zu fordern. Sonst werden bei Wertewandel zu spät "die Zeichen der Zeit" erkannt bzw. man wird aufgrund von selbstverursachten Sachzwängen handlungsunfähig.

Die Prozessorientierung von Leitbildern erfordert ein Planungsverständnis, das dynamisch und fehlerfreundlich ist. Planung als Prozess braucht Leitbilder und Zielsysteme, die einen Rahmen bieten, der flexibel auszufüllen ist.

Leerformelhafte Leitbilder

Andererseits besteht bei sehr flexiblen Leitbildern die Gefahr, dass nahezu alles an Zielvorstellungen hineinpasst. Solche Leitbilder stellen Leerformeln dar (vgl. Muscheler 1985, 223 ff.). Sie sind bei Politikern beliebt, weil sie sich in "Sonntagsreden" verwenden lassen, ohne dass daraus Verpflichtungen resultieren würden.

Durch konkrete Qualitätsziele soll gerade der Unverbindlichkeit politischer Aussagen entgegen gewirkt werden. Daher ist zu fragen, welche konkreten Ziele als Eckpfeiler nötig und welche eher zu Starrheit führen und daher verzichtbar sind.

Häufig wird auch gefordert, die Leerformelhaftigkeit der Leitbilder durch Standards zu überwinden.

Probleme bei der Verwendung von Qualitätszielen und Standards

Fürst et al. (1992) ermitteln Schwachstellen und Anforderungen und geben strategische Hinweise zur Festsetzung und Verwendung von Umweltqualitätszielen und -standards:

Der Ableitungszusammenhang wird v. a. für Stoffeinträge diskutiert und von Toxikologen kritisiert. Viele stoffliche Standards sind unter bestimmten engen Bedingungen entwickelt worden und nur bei Eintreffen dieser Bedingungen gültig. Aus den hier feststellbaren Schwachstellen ergeben sich v. a. die Anforderungen:

- nur "bedingte" Standards festzulegen, wobei die Bedingungen, unter denen sie gültig sind, als Toleranzbreiten angegeben werden können
- bei Schwellenwerten das Objekt anzugeben, an dem sie geeicht wurden.

Beim Begründungszusammenhang geht es um die Übernahme wissenschaftlicher Erkenntnisse in die administrative Praxis, wobei politische Wertsetzungen hinzutreten. Die Trennung von wissenschaftlicher Erkenntnis und Wertung ist im Nachhinein selten nachvollziehbar. Es ergeben sich die folgenden Anforderungen:

- für die systematischere Entwicklung von Standards der Bestimmung von Umweltqualitätszielen hohe Priorität einzuräumen
- die Übertragung von Standards aus anderen Zusammenhängen sehr sorgfältig zu prüfen, insbesondere auf die Gleichartigkeit der Rahmenbedingungen zu achten
- die Normierung der Rahmenbedingungen für die Definition der Standards rechtlich und/oder forschungspolitisch zu vereinheitlichen
- das Verfahren zur Festlegung von Standards nachprüfbar und der öffentlichen Diskussion zugänglich zu institutionalisieren.

Dabei ist allerdings auch zu prüfen, ob eine einzelstoffbezogene Standardsetzung hilfreich ist, weil die dann erforderliche Zahl von Standards in die Tausende geht, was den Ansatz unpraktikabel macht. Deshalb wird gefordert, sich lediglich auf "Leitindikatoren" oder "Schlüsselindikatoren" zu beschränken. Anforderungen aus dem Verwendungszusammenhang sind v. a.:

- Die Integration der Standardfortschreibung in die Planungs- und Genehmigungspraxis muss besser gelöst werden, um Akzeptanzprobleme zu mindern.
- Die Verselbstständigung der Standards (z. B. als Schwellen, bis zu denen die Umwelt belastet werden kann) muss ständig beobachtet werden; Standardsetzung ohne Analyse der Verwendung von Standards kann unerwünschte Ergebnisse erzeugen.
- Der Forderung nach Regionalisierung der Standards stehen kaum Untersuchungen über die praktikable Umsetzung dieser Ansprüche gegenüber.

Ausgehend davon, dass die Festlegung von Umweltqualitätszielen dringender ist als die Setzung von Umweltqualitätsstandards, aber Umweltqualitätsziele nur sehr lückenhaft vorliegen, sehen Fürst et al. (1992, 273) zwei Anhaltspunkte zur Verbesserung der Situation:

- Intensivierung der Vorbereitung von Umweltqualitätszielen durch die fachlich zuständigen Stellen und
- vermehrte Verabschiedung solchermaßen vorbereiteter Umweltqualitätsziele durch die Entscheidungsträger.

Bei der Verwendung von Standards ist also besondere Vorsicht geboten, weil neben die Gefahr der völligen Starrheit die Gefahr der falschen Verwendung tritt.

Experten-Leitbilder

Häufig werden Leitbilder entwickelt und/oder verwendet, ohne die Betroffenen zu beteiligen. Solche Leitbilder kann man als "Experten-Leitbilder" bezeichnen. Ihre Gültigkeit ist jedoch infrage zu stellen, denn

- die Legitimation der Zielsetzung ist entweder überhaupt nicht vorhanden oder auf eine bestimmte Gruppe oder Disziplin (z. B. Landschaftsplaner) beschränkt
- innerhalb von Disziplinen gibt es Richtungen und Schulen, was die Gültigkeit weiter einschränkt.

Solche Leitbilder dienen dann der Rechtfertigung von Entscheidungen, die andere betreffen, gegenüber den Betroffenen. Werden sie dann noch (angeblich) wissenschaftlich hergeleitet und als allgemeingültig bezeichnet, wird Planung und Entscheidung zum Sachzwang und Verantwortung verdrängt. Häufig beruht der Drang, Experten-Leitbilder zu verwenden, auf der inneren Überzeugung bestimmter Planer, am besten zu wissen, was für die Betroffenen gut und richtig ist (auch wenn diese das zunächst nicht sehen wollen). Nach einem solchen Planerselbstverständnis sind dem Anwalt der Beplanten die individuellen Wünsche ebenso wie das gesellschaftlich Wünschenswerte bekannt.

Experten-Leitbilder beruhen auf (vgl. Muscheler 1985, 219 ff.):

- Tradition[12]: weil etwas überkommen ist, hat es sich bewährt und ist es gut, dagegen steht die Evolution
- Autorität: weil ein fachlich geschätzter Experte oder "Guru" es verkündet, wird es gut sein
- Wertvorstellungen darüber, was richtig und gut ist
- unbewusster Verwendung typischer disziplinärer Vorgehensweisen
- Naturgesetzen und sonstigen Gesetzmäßigkeiten: weil etwas formal korrekt ist oder weil die Natur es so will[13], ist es verbindlich.

Wenn es darum geht, aus einer bestimmten Sicht Stellung zu nehmen und Interessen zu vertreten, sind Experten-Leitbilder sinnvoll. Wenn aber für Betroffene geplant wird, sollten diese bereits an der Leitbildbestimmung beteiligt werden (vgl. Kap. 10).

Literatur

FÜRST, D.; KIEMSTEDT, H.; GUSTEDT, E.; RATZBOR, G.; SCHOLLES, F., 1992: Umweltqualitätsziele für die ökologische Planung. 1. Abschlußbericht. 2. Dokumentation der Fachgespräche am 24.11. und 8.12.89 in Berlin, 351+45 S., Berlin (UBA-Texte, 34/92).

MUSCHELER, U., 1985: 40 Jahre Wandel von Begriffen und Leitbildern in Architektur und Städtebau Deutschlands, 231 S., Köln.

---

12 "Haben wir schon immer so gemacht."

13 Es gibt keine "naturgewollten" Zustände, Evolution und natürliche Entwicklung sind nicht zwangsläufig, sondern beruhen auf Zufall, Selektion, Anpassung.

5. Analysemethoden
5.1 Messung, Indikation
Frank Scholles

5.1.1 Messung

Definition

Messung ist ein *Verfahren, das Quantitäten ermittelt*. Ergebnis der Messung ist "Uraufschreibung" oder ein Primärdatum.

Grenzen

Messen ist in der Wissenschaft recht attraktiv, denn es besteht ein Zusammenhang zwischen dem Einsatz exakter Messmethoden in einer Wissenschaft und ihrem gesellschaftlichen Prestige.

Das Messen darf sich aber nicht in der Reduktion von Qualitäten auf Quantitäten beschränken, denn damit geht oft Informationsverlust einher. Vielmehr soll Messen zusätzliche Information über Qualitäten aufdecken.

Skalentypen

Die folgenden Zuordnungen können gemessen werden:
- Identität
- Ordnung
- Intervall
- Verhältnis

Daraus ergeben sich die vier grundlegenden Skalentypen für Daten:

Die *Nominalskala* ist eine Zuordnung von Kategorien oder Typen, z. B. Biotoptypen. Aus der Information, dass der Biotoptyp der Fläche A Erlen-Bruchwald, der von Fläche B Birken-Bruchwald und der von Fläche C Hartholzauwald ist, geht keinerlei Reihenfolge hervor. Allerdings werden alle real vorkommenden Biotope, die bestimmte Pflanzengesellschaften beherbergen, dem Biotoptyp Erlen-Bruchwald zugeordnet. Auch die Nummerierung von Fußballspielern ist nominal skaliert, denn der Spieler mit der 10 ist weder besser noch doppelt so gross wie der Spieler mit der 5. Auch wenn die Typen mit Nummern codiert sind, sagt eine Nominalskala nichts über Reihenfolgen aus und kann mit ihr nicht gerechnet werden. Die einzig zulässige Operation ist die Prüfung auf Identität (gleich oder ungleich, wahr oder falsch). Bei statistischen Auswertungen kann nur eine Aussage über den häufigsten Wert, den so genannten Modus, gemacht werden.

Die *Ordinalskala* bildet Rangfolgen ohne Abstände, wie z. B. bei den Gefährdungsklassen der Roten Listen, den Gewässergüteklassen oder Schutzwürdigkeitswertungen nach dem Muster "hoch - mittel - gering". Da über die Abstände nichts ausgesagt ist, kann man z. B. nur sagen, dass "ausgestorben" eine höhere Gefährdung ist als "vom Aussterben bedroht", nicht jedoch wie viel höher die Gefährdung ist. Güteklasse IV ist auch nicht doppelt so schmutzig wie II. Da nur eine Ordnung erzeugt wird, sind die zulässigen Operationen Identität sowie größer/kleiner. Das statistische Mittel bei Ordinalskalen ist der Median (Zentralwert). Eine durchschnittliche Studiendauer von 14 Semestern besagt, dass genauso viele Studierende weniger als 14 wie mehr als 14 Semester brauchen, um ihr Studium zu beenden.

Die *Intervallskala* definiert Abstände und besitzt einen relativen Nullpunkt. Beispiele hierfür sind Temperatur in °C oder die Kalenderzeit n.Chr. Hier kann man bereits arithmetische Mittel (Summe der Einzelwerte dividiert durch Anzahl der Werte) bilden.

Die *Verhältnisskala* schließlich hat einen absoluten Nullpunkt und definiert Zahlenverhältnisse. Beispiele sind Länge, Gewicht, Konzentrationen von Stoffen in der Luft oder im Wasser. Zulässig sind alle mathematischen Operationen (Summen, Vielfache, Quotienten). Die Verhältnisskala ist mithin die einzige, mit der man tatsächlich rechnen darf. Ebenso sind alle statistischen Verfahren zulässig.

Verhältnis- und Intervallskala werden auch zusammengefasst als *Kardinalskalen* bezeichnet.

Weiterführende Informationen zu Skalen, Skalentransformation und Mittelwerten finden sich in jedem Statistik-Lehrbuch. Zum Zusammenhang von Messung, Skalen und Abwägung siehe Strassert (1995).

Messvorschriften

Messergebnisse sind nur dann vergleichbar, wenn mit denselben Messmethoden gearbeitet worden ist, ansonsten ist ein Vergleich irreführend.

- Für Biotoptypen in Niedersachsen hat Drachenfels einen Schlüssel aufgestellt.
- Die Gewässergüte wird i.d.R. nach einer Methode bestimmt, die die Länderarbeitsgemeinschaft Wasser und Abwasser (LAWA) normiert hat.
- Für Bodenmessungen gibt es die Deutschen Einheitsverfahren (DIN)
- Temperatur wird mit einem geeichten Thermometer gemessen, usw.

Darüber hinaus sind Rahmenbedingungen für die Messung zu beachten. Die Temperatur von Bächen und Flüssen z. B. schwankt i.d.R. im Tagesverlauf und zwischen den Jahreszeiten nennenswert und viele Eigenschaften ändern sich in direkter oder indirekter Abhängigkeit von der Temperatur.

Direkte und indirekte Messung

Wird die interessierende Eigenschaft unmittelbar über eine der vier oben genannten Zuordnungen erfasst, spricht man von direkter Messung, man misst einen *Parameter* (Länge, Gewicht, Temperatur usw.).

Ist dies nicht möglich oder ineffizient, muss indirekt gemessen werden, indem ein *Indikator* (vgl. u.) herangezogen wird.

5.1.2 Indikation

Definition und Einsatzfelder

Ein Indikator im naturwissenschaftlichen Wortgebrauch ist ein *Lebewesen, Stoff oder Gegenstand zum Nachweis einer Größe, die nicht oder nur mit unverhältnismäßig hohem Aufwand direkt gemessen werden kann.*

Ein einfaches Beispiel für einen Indikator ist das Lackmuspapier: Die Färbung des Teststreifens gibt Auskunft über den pH-Wert der beprobten Flüssigkeit.

Im Umweltschutz gibt es darüber hinaus Indikatoren, die stellvertretend für ein ganzes Bündel von Einzelkomponenten stehen und damit als Index unmittelbar Beurteilungsergebnisse liefern. So ist das Vorkommen bestimmter Mikroorganismen (Saprobien) in Gewässern ein anerkanntes Indiz für die Wasserqualität. Das Vorkommen bestimmter Flechten ist ein anerkanntes Indiz für die Luftqualität. Der Vorteil dieser "Anzeiger" liegt darin, dass sie auch Synergismen und Wechselwirkungen abbilden können (vgl. Kühling et al. 1997).

In der Planung wird der Begriff Indikator universeller im Zusammenhang mit Zielsystemen gebraucht. Auf der untersten Stufe der Zielhierarchie wird der Indikator eingesetzt, um Zielerfüllung messbar zu machen. Insbesondere Bewertungsmethoden wie die Nutzwertanalyse (vgl. Kap. 7.4) bedienen sich Indikatoren in dieser Weise. Sie indizieren hier den Zustand der Umweltgüter oder die Auswirkungsintensität von Eingriffen auf Umweltgüter.

In den Naturwissenschaften werden *deskriptive* Indikatoren gebraucht, die Planung benötigt darüber hinaus *normative* Indikatoren.

Zweck von Indikatoren

Erkenntnisse über komplexe Systeme können nur stichprobenhaft und auf ausgewählte Komponenten bezogen gewonnen werden. Da es unmöglich ist, sämtliche Wechselbeziehungen und Wirkungszusammenhänge innerhalb eines Systems zu erfassen, bedient man sich ausgewählter Indikatoren, die als repräsentativ für die Beschreibung bestimmter Zustände oder Wirkungsweisen eines gesamten Systems erscheinen. Indikatoren liefern Indizien für den mutmaßlichen Zustand oder die Wirkungsweisen eines zu beobachtenden Systems (Saprobien für Wasserqualität, Flechten für Luftqualität).

Indikatoren dienen nicht nur der Analyse, Erfassung und Beurteilung komplexer Systeme, sondern auch ihrer Vereinfachung, indem sie vielfältige Mechanismen eines Systems auf die wesentlichen Zusammenhänge reduzieren. Diese Vereinfachung ist notwendig, weil trotz Erforschung von immer mehr Details und immer komplexeren Systemzusammenhängen der Kenntnisstand nur auf einen Bruchteil dessen beschränkt ist, was bisher noch unerforscht im Verborgenen liegt. Das Verkürzen auf wesentliche, operationalisierbare Sachverhalte ist notwendig und kennzeichnend für Planung. Der Einsatz von Modellen und Indikatoren in der Planung dient einerseits dem Erkennen und Bewerten von Prozessen und ihrer Wirkungen sowie andererseits der Auswahl und Einschätzung von Maßnahmen und ihrer absehbaren Folgen.

Daher hat sich in den letzten Jahren eine Unterscheidung von drei Klassen von Indikatoren nach dem Pressure-State-Response-Ansatz durchgesetzt (vgl. OECD 1994, CSD 1997):

- *Antriebsindikatoren* (pressure indicators) werden bei der Analyse der Wirkfaktoren und Folgewirkungen sowie der Empfindlichkeit gegenüber bestimmten

Auswirkungen von Maßnahmen verwendet (z. B. Eintrag von Phosphat in ein Gewässer).
- *Zustandsindikatoren* (state indicators) geben den Zustand der Umwelt wieder (z. B. Phosphatkonzentration im Gewässer).
- *Maßnahmenindikatoren* (response indicators) dienen der Entwicklung, Auswahl und Kontrolle von politischen Maßnahmen (z. B. Phosphatkonzentration im Abfluss aus einer Kläranlage).

Anforderungen und Grenzen

Der Vorgang der Indikation sollte nachvollziehbar, vergleichbar, weitestgehend objektiv und kontrollierbar sein. Indikatoren liefern allerdings - und dies ist Grundlage für ihre Bewertung im Rahmen der Umweltplanung - nur Indizien für die Beschreibung oder Beurteilung eines Zustands bzw. einer Entwicklung.

Die Vereinfachung auf eine eindimensionale Fragestellung, die Messbarkeit, die Vergleichbarkeit und die Operationalisierbarkeit sind wesentliche Kriterien zur Auswahl geeigneter Indikatoren. Unschärfen bei der Abbildung, die Beschränkung auf Teilprobleme, subjektive Momente und normative Setzungen gehören daher zum Wesen von Indikatoren. Die Interpretation ihrer Ausprägungen muss daher sorgsam und adäquat zur Fragestellung vorgenommen werden. Der Luftgüteindex eines Flechtenkatasters gibt z. B. nicht per se Auskunft über Schadstoffbelastung der Luft. Flechten reagieren z. B. empfindlich auf Säuren. Sie sind also ein probates Mittel zur Einschätzung der Konzentration SO_2 und NO_x in der Luft. Über Belastungen durch Ruß oder Aromate sagen sie dagegen wenig aus (vgl. Kühling et al. 1997). Der Saprobienindex macht Aussagen über die Wasserqualität, sagt aber wenig über den Zustand des Gewässerbetts, -querschnitts und -randstreifens aus. Die selektive Sichtweise kann im Extrem dazu führen, dass Probleme übersehen werden.

Die Operationalisierbarkeit ist in der Planung besonders bei Maßnahmenindikatoren gewährleistet. Die Belästigung eines Wohnquartiers mit Lärm und Luftschadstoffen durch eine nahegelegene Hauptverkehrsstraße lässt sich statt mit aufwändigen Messverfahren einfacher mit dem Indikator "Kfz-Aufkommen" berechnen. Sowohl bei der Definition von Qualitätsstandards als auch zur Vorbereitung von Maßnahmen hat die Auswahl der Indikatoren großen Einfluss auf das Ergebnis (vgl. Kühling et al. 1997).

Praxisprobleme

Die Praxis steht bei nahezu jeder Planung vor dem Problem, Indikatoren suchen zu müssen. Diese werden oft vom Planer oder Gutachter frei ausgewählt und unterscheiden sich damit von Untersuchung zu Untersuchung. Dadurch wird jedoch die Vergleichbarkeit ähnlich gelagerter Fälle und damit die Nachvollziehbarkeit der Aussage erschwert, wenn nicht derselbe Gutachter tätig war.

Indikatorensets

Alle Versuche, "Indikatorensets" zu entwickeln, scheiterten bislang jedoch an der Komplexität der Aufgabe. Diese Aussage trifft auch auf das mit großem Aufwand vom Bundesforschungsministerium geförderte Indikatorenprojekt zu, mit dem durch Chemikalien induzierte Veränderungen in Ökosystemen untersucht und bewertet werden sollten. Hier sollten die Indikatoren auf ihre Eignung erprobt werden, die Verträglichkeit der ausgewählten Belastungstypen im Vorhinein zu bewerten (Breckling 1993, 37 f.). Das letzte Ziel ist bereits theoretisch nicht erreichbar, da Indikatoren etwas anzeigen, nicht jedoch bewerten können. Dazu braucht man Bewertungsmaßstäbe (Standards), die auch eine politische Dimension haben und somit nicht allein in naturwissenschaftlicher Forschung erarbeitet werden können. Unabhängig davon war das Projekt eine "unabschließbare Folge von Unikat-Untersuchungen [...], die zwar den gewünschten Allgemeinheitsgrad behaupten, der jedoch real nicht praktisch handhabbar ist" (Breckling 1993, 39).

Die Vielfalt der örtlichen naturräumlichen Verhältnisse auf der einen sowie der Länderregelungen und kommunalen Satzungen auf der anderen Seite führten bei allgemeingültigen Ansätzen entweder zu unüberschaubaren Mengen an Indikatoren, von denen ein großer Teil im konkreten Planungsfall nicht relevant war, oder zu eher kleinen Indikatorensets, die auf den Einzelfall nur schwer anzupassen waren und den Zwang ausübten, auch zu weniger relevanten Sachverhalten eine Aussage machen zu müssen. Das in Wiesbaden erarbeitete Indikatorenset für die kommunale Umweltverträglichkeitsprüfung (Landeshauptstadt Wiesbaden 1995) z. B. gilt nur dort und auch nur für Bebauungsplan-UVPen, muss also für alle anderen Fälle angepasst werden.

Dennoch wird derzeit national und international im Rahmen der Arbeiten für eine nachhaltige Entwicklung mit großem Aufwand an "Nachhaltigkeitsindikatoren" gearbeitet (vgl. OECD 1994, CSD 1997). Bell und Morse (1999) melden ihre Zweifel gegenüber diesen Aktivitäten an, indem sie ihr Überblicksbuch mit dem Untertitel "Measuring the Immeasurable" versehen.

Anforderungen an Indikatorensets

Die analytische Unsicherheit, d. h. die Wahrscheinlichkeit, dass eine der Modellaussagen nicht zutrifft, wächst mit der Genauigkeit des Modells und damit der Zahl der Indikatoren (vgl. Kap. 6.1). Andererseits ist die Gefahr von Fehlinterpretationen bei Verwendung lediglich einzelner Indikatoren hoch.

Daraus folgt die Anforderung, sich auf Spektren ausgewählter Indikatoren zu stützen, deren Verwendung durch die zum Einsatz kommenden Modelle und nicht durch ihre Messbarkeit oder ihr Vorhandensein in Datenbanken begründet wird. Eine Qualitätsanforderung aus naturwissenschaftlicher Sicht für Modelle innerhalb von Umweltplanungen muss dann sein, möglichst einfache Modelle zu benutzen, die aber die wesentlichen bzw. kritischen Komponenten und Beziehungen erfassen. Dabei ist erklärenden Modellen gegenüber beschreibenden der Vorzug zu geben. Der Gutachter muss nachweisen, dass sein Modell begründete Abschätzungen des Risikos in der realen Welt beinhaltet. Dabei ist die Planungsebene zu berücksichtigen: In Vorverfahren kann kein so hoher Erfassungsaufwand getrieben werden wie in Zulassungsverfahren. Wo sachgerechte Modelle mangels Sachkenntnis bzw. zeitlicher und finanzieller Ressourcen nicht erstellt werden können, ist es möglich, auf Experteneinschätzungen zurückzugreifen. Ein solches Vorgehen ist jedoch hinreichend deutlich darzustellen, wodurch darüber hinaus auch die Nachvollziehbarkeit der Ergebnisse verbessert wird.

Konzept des Rats von Sachverständigen für Umweltfragen

Der Rat von Sachverständigen für Umweltfragen (1994) hat sich intensiv mit der Indikatorenfrage auseinander gesetzt, ausgehend von der Forderung nach einer Politik, die sich an den ökologischen Gesamtzusammenhängen orientiert und dem Leitbild einer "dauerhaft-umweltgerechten Entwicklung" (= nachhaltige Entwicklung) folgt. Der Rat fordert, dass Indikatorensysteme die informatorischen Voraussetzungen der Operationalisierung von Umweltqualitätszielen (vgl. Kap. 4.3.1) bereitstellen (Tz. 139), also mit diesen eng verwoben sein müssen. "Umweltindikatoren im Sinne einer dauerhaft-umweltgerechten Entwicklung müssen aufzeigen, durch welche Beeinträchtigungen die Fließgleichgewichte von Ökosystemen oder Gleichgewichte eines Ökosystemgefüges derart gestört werden, daß die nachhaltige Wirksamkeit der natürlichen Strukturen, Funktionen und Prozesse der Ökosysteme und damit die Kompensation anthropogener Störungen nicht mehr gewährleistet ist." (Tz. 155)

Umsetzungschancen

Folgt man dem Rat von Sachverständigen für Umweltfragen, so stünde ein Indikatorensystem zur Verfügung, das die Abweichungen der Indikatoren (tatsächliche Schadstoffkonzentrationen, Stoffeinträge und strukturelle Eingriffe) von Schwellenwerten (kritische Konzentrationen, kritische Eintragsraten und kritische strukturelle Veränderungen) darstellen könnte. Genau dies braucht die Umweltplanung, um aus dem Dilemma der gutachterabhängigen Indikatorensets herauszukommen. Derzeit fehlen nicht nur die Indikatoren, sondern insbesondere die dazugehörigen Schwellenwerte als Bewertungsmaßstäbe.

Der Rat hat damit eine Systematisierung für die zukünftige Forschung vorgegeben, die sehr hilfreich erscheint. Es sollen hier jedoch Zweifel angemeldet werden, ob der Ansatz flächendeckend mit Indikatoren und Schwellen ausgefüllt werden kann. Allein für die Regionalisierung müsste ein Untersuchungsaufwand betrieben werden, der die Kapazitäten der heutigen Landschaftsplanung bei weitem übersteigt, da neben den strukturellen Indikatoren, die zum Standardprogramm einer qualifizierten Landschaftsplanung gehören sollten, Konzentrationen und Eintragsraten regionalisiert ermittelt und eingeschätzt werden müssen. Dies geschieht bislang nur für Fließgewässer in der Bewirtschaftungsplanung nach § 36b WHG und das auch nur für wenige, meist für die Wasserwirtschaft besonders wichtige oder problematische Flusssysteme.

Literatur

BELL, S.; MORSE, S., 1999: Sustainability Indicators. Measuring the Immeasurable, 175 S., London.

BRECKLING, B., 1993: Naturkonzepte und Paradigmen in der Ökologie. Einige Entwicklungen, 53 S., Berlin (Veröffentlichungsreihe der Abteilung Normbildung und Umwelt des Forschungsschwerpunkts Technik-Arbeit-Umwelt am Wissenschaftszentrum Berlin für Sozialforschung, 93-304).

CSD, 1997: CSD-Nachhaltigkeitsindikatoren. http://www.umwelt-

bundesamt.de/uba-info-daten/daten/csd.htm
KÜHLING, W.; BONHOFF, C.; MUSINSKI, A.; RÖSEL, B.; PEITHMANN, O.; WÜRSTLIN, W., 1997: Studienbrief Umweltplanung I, Lüneburg.
LANDESHAUPTSTADT WIESBADEN - UMWELTAMT (Hrsg.), 1995: Handlungsanweisung zur Durchführung von UVPs in Bebauungsplanverfahren, Dortmund (UVP-Spezial, 11).

OECD (Hrsg.), 1994: Environmental Indicators - OECD Core Set, Paris.
DER RAT VON SACHVERSTÄNDIGEN FÜR UMWELTFRAGEN, 1994: Umweltgutachten 1994 für eine dauerhaft-umweltgerechte Entwicklung, 378 S., Stuttgart.
STRASSERT, G., 1995: Das Abwägungsproblem bei multikriteriellen Entscheidungen. Grundlagen und Lösungsansatz unter besonderer Berücksichtigung der Regionalplanung, Frankfurt a.M.

5.2 Statistische Methoden
Gerald Mühl

5.2.1 Einführung: Deskriptive und analytische Statistik

"In den empirischen Wissenschaften geht es darum, beobachtbare (empirische) Sachverhalte (Phänomene; Ereignisse) zu beschreiben und zu erklären, und zwar in einer Weise, die intersubjektiv nachprüfbar ist. Das bedeutet, die Aussagen über Sachverhalte, die von einem Wissenschaftler gemacht werden, sollen von einem anderen, der über den gleichen Kenntnisstand, die gleichen Informationen und die gleichen Hilfsmittel verfügt, nachvollzogen, überprüft, kritisiert und gegebenenfalls als falsch zurückgewiesen werden können" (Bahrenberg et al. 1990, 9).

Die beobachtbaren Sachverhalte werden in einzelne Untersuchungselemente oder Gruppen von Untersuchungselementen unterteilt. Je nach Fragestellung können Untersuchungselemente Menschen, Tiere, Gewässer, Staaten, Planungsregionen, Unternehmen, Zeiteinheiten u. Ä. sein. Für empirische Untersuchungen ist es erforderlich, den Merkmalsausprägungen Eigenschaften zuzuschreiben, welche als Ausprägungen von Variablen aufgefasst werden können (Bahrenberg et al. 1990, 13). Beispielsweise kann die Variable "Temperatur" die Merkmalsausprägung "10 °C" haben.

In den empirischen Wissenschaften kann man bei der Analyse von Daten (Werten einer Variablen) zwei Gruppen von Fragestellungen unterscheiden.

In der ersten Gruppe wird nach der Verteilung der Variablenwerte innerhalb einer Grundgesamtheit gesucht. Die Grundgesamtheit ist die Menge aller Untersuchungselemente, für die eine Aussage gemacht werden soll (Bahrenberg et al. 1990, 17). Es geht demnach auch darum, eine Grundgesamtheit zu charakterisieren, indem beispielsweise ein Durchschnittswert berechnet wird. Die Aufgabe der Statistik besteht in der Beschreibung der Daten; sie wird deshalb auch *deskriptive Statistik* genannt.

Die zweite Gruppe von Fragestellungen sucht nach Begründungen für die beobachtete Verteilung der Variablen. Dieser Teil der Statistik wird *analytische Statistik* genannt.

Beide Teile stehen dabei nicht isoliert nebeneinander, sondern sie werden bei empirischen Untersuchungen häufig in der Form kombiniert, dass gewonnene Daten im ersten Durchgang beschrieben werden und danach versucht wird, Zusammenhänge zwischen den Variablen zu finden.

5.2.2 Maße zur Charakterisierung empirischer Verteilungen

Im Folgenden sollen kurz einige wichtige Maße zur Beschreibung empirischer Verteilungen vorgestellt werden.

Verteilungs- und Konzentrationsmaße

Empirische Häufigkeitsverteilungen können einigermaßen zureichend nur durch einen ganzen Satz statistischer Maßzahlen für Lage, Variabilität, Schiefe und Wölbung beschrieben werden.

In der Praxis beschränkt man sich meistens auf die Lagemaße (Mittelwerte) oder auf die hier vorgestellten Lage- und Streuungsmaße. Das erfordert allerdings eine entsprechend vorsichtige Interpretation. Über Fug und Unfug der Durchschnitte ist mit Recht schon viel gelästert worden! Der Planer muss wissen, welche Maßzahlen er wo verwenden darf und wie sie zu berechnen sind. Außerdem hat er sich öfters mit Konzentrationsvorgängen auseinander zu setzen und sollte die Möglichkeiten zu deren Messung kennen.

Mittelwerte (Maßzahlen der Lage oder der Zentraltendenz)

Das *arithmetische Mittel* ist der Durchschnitt der Variablenwerte. Es wird bei intervall-skalierten Daten[1] am häufigsten angewandt und wird dem Planer überhaupt in den meisten Fällen genügen. Umgangssprachlich wird dieser Begriff häufig mit den Bezeichnungen „Durchschnitt", „Mittel" und „Mittelwert" gleichgesetzt. Diese ungenaue Bezeichnung muss im wissenschaftlichen Bereich vermieden werden, da es ansonsten zu Missverständnissen kommen kann.

Neben dem arithmetischen Mittel wird häufig auch das *gewichtete arithmetische Mittel* verwendet. Dieses kommt beispielsweise dann zum Einsatz, wenn das einfache arithmetische Mittel nicht eingesetzt werden darf. Dies ist u.a. dann der Fall, wenn aus mehreren Mittelwerten ein Gesamtmittel oder allgemein ein Mittelwert aus Quotienten (z. B. Realsteuerhebesätze, Je-Einwohner-Beiträge) gebildet werden soll. Hier ist das gewogene arithmetische Mittel zu berechnen, bei dem das Gewicht der Einzelwerte berücksichtigt wird.

Gewichtete arithmetische Mittel spielen auch bei der Berechnung fehlender Variablenwerte[2] und bei der Glättung von Werten[3] eine große Rolle.

Der *Modus* (häufigster Wert, dichtester Wert) ist die am häufigsten vorkommende Merkmalsausprägung, bei klassierten Merkmalen die am dichtesten besetzte Klasse oder auch deren Mitte. Bei ungleichen Klassenbreiten ist erst deren Besetzung durch die Klassenbreite zu teilen, um die Dichte zu ermitteln!

Den *Median* ermittelt man, indem man die Werte nach ihrer Größe ordnet. Bei einer ungeraden Anzahl von Variablenwerten ist der mittlere Wert der Median. Bei einer geraden Anzahl von Werten ist der arithmetische Mittelwert der beiden mittleren Werte der Median.

Vergleich der drei Maße für die Zentraltendenz (vgl. Bahrenberg et al. 1990):

- Der Modus ist kaum sinnvoll auf ordinal und kardinal skalierte Daten anwendbar, bei nominal skalierten Daten das einzig zulässige Maß für die Zentraltendenz. Beim Median müssen die Daten dagegen wenigstens ordinal, beim arithmetischen Mittelwert kardinal skaliert sein.
- Im Fall einer unimodalen symmetrischen Verteilung sind alle drei Maße gleich groß. Je asymmetrischer die Verteilung ist, desto weiter liegen die drei Maße voneinander entfernt. In solchen Fällen ist es sinnvoll, möglichst alle drei Maße zur Beschreibung der Zentraltendenz heranzuziehen.
- Extremwerte beeinflussen kaum den Modus und Median, dagegen sehr stark den arithmetischen Mittelwert, wenn sie nur in einer Richtung, d. h. an einer Seite des Werteintervalls auftreten. Für Verteilungen mit solchen einseitigen Extremwerten (so genannten Ausliegern) ist daher der Median dem arithmetischen Mittelwert vorzuziehen. Ein Beispiel für solche Verteilungen ist die durchschnittliche Studiendauer[4].

Überhaupt nicht angewandt werden darf das arithmetische Mittel bei intervall-skalierten Daten, wenn

- Durchschnitte von (positiven) Zuwachsraten zu berechnen sind - hier ist das geometrische Mittel anzuwenden (Beispiele: Mittelwerte von Wachstumsraten, Mittelwert zwischen einer Verdopplung und einer Verachtfachung)
- Mittelwerte zwischen Geschwindigkeiten auf vorgegebenen Strecken oder Mittelwerte von Preisen, die sich auf vorgegebene Ausgabesummen beziehen, zu berechnen sind - hierfür ist das harmonische Mittel geeignet.

Für ordinal skalierte Werte ist das arithmetische Mittel ebenfalls nicht verwendbar, sondern nur Zentralwert und häufigster Wert. Der Zentralwert (Median) fällt auf den mittleren Merkmalsträger der nach der Größe geordneten Reihe. Für den Zentralwert ist immer ein (sogar ziemlich typischer) Wert vorhanden, während das arithmetische Mittel gar nicht vorzukommen braucht. Der häufigste Wert (Modus, Mittelwert, Dichtemittel) fällt auf diejenige Merkmalsausprägung oder Klasse von Ausprägungen, bei der die dichteste Konzentration der Merkmalsträger vorkommt. Er ist auch bei intervallskalierten Merkmalen zu verwenden, wenn mehrgipflige Verteilungen oder klassifizierte Werte mit offenen Klas-

---

1 zu den Skalenniveaus s. Kap. 5.1.1

2 für einen einzelnen fehlenden Zeitpunkt

3 unregelmäßig auftauchende Spitzen in empirischen Zeitreihen

4 Ein Student, der nach 30 Semestern abschließt, treibt das arithmetische Mittel in die Höhe, während er den Median nicht anders beeinflusst als ein Student, der 1 Semester länger als die Hälfte der Kommilitonen braucht.

sen vorliegen, für die ein verlässliches arithmetisches Mittel nicht geschätzt werden kann. Bei klassifiziertem Material mit ungleichen Klassenbreiten ist es die am dichtesten besetzte Klasse, nicht die mit den meisten Fällen.

Streuungsmaße (Maßzahlen der Variabilität)

Die arithmetischen Mittelwerte mehrerer grundverschiedener Häufigkeitsverteilungen können völlig gleich sein; bei gleicher Grundform der Verteilung können die Einzelwerte sowohl sehr nahe beim Mittelwert liegen als auch sehr breit streuen. Zudem braucht das arithmetische Mittel real überhaupt nicht vorzukommen (s. o.).

Wie treffsicher ein Mittelwert die Häufigkeitsverteilung charakterisiert, wie repräsentativ der Durchschnitt für die individuellen Fälle ist, lässt sich ohne eine Angabe über die Streuung nicht sagen. Das durchschnittliche Einkommen allein besagt nichts über die Ungleichheit in der Verteilung; die Festigkeit einer Kette hängt nicht von ihrer durchschnittlichen Stärke ab, sondern vom schwächstem Glied. Auch Planer müssen jede eingehendere Aussage, die sie auf einen Mittelwert stützen, mithilfe eines Streuungsmaßes absichern, oder mindestens die Streuung in Tabellen oder Grafiken erkennbar machen. Sie müssen deshalb - wie bei den Mittelwerten - das jeweils geeignete Streuungsmaß auswählen, berechnen und interpretieren können.

Die mittlere Abweichung ist der mittlere Abstand der einzelnen Datenwerte vom arithmetischen Mittelwert. Die Varianz ist die mittlere quadratische Abweichung der einzelnen Datenwerte vom arithmetischen Mittelwert.

Die Standardabweichung ist die Wurzel aus der Varianz. Sie ist bei intervall-skalierten Merkmalen das gebräuchlichste Maß für die absolute Streuung. Es hat jeweils die gleiche Dimension (Maßeinheit) wie das zugehörige arithmetische Mittel und gibt an, in welchem Bereich um den Mittelwert die Mehrzahl der Fälle liegt. Die Beliebtheit der Standardabweichung hängt wesentlich damit zusammen, dass ihr Quadrat - die Varianz - in der schließenden Statistik eine große Rolle spielt.

Anwendungsbereich und Aussagekraft der Streuungsmaße (vgl. Bahrenberg et al. 1990):

- Die drei Streuungsmaße sind ausschließlich auf metrische Daten anwendbar, da der arithmetische Mittelwert als Bezugspunkt dient bzw. paarweise Differenzen gebildet werden müssen.

- Mittlere Abweichung und Standardabweichung haben gegenüber der Varianz den Vorteil, dass die Streuung der Variablenwerte in der ursprünglichen Einheit messen und somit inhaltlich leichter zu interpretieren sind. Ist m (oder °C) z. B. die Maßeinheit der Variablen, so werden die mittlere Abweichung und die Standardabweichung ebenfalls in m (oder °C) angegeben, die Varianz dagegen in m^2 (oder $°C^2$).

- Die mittlere Abweichung bezieht sich immer auf das arithmetische Mittel. Ihre Aussagekraft ist daher umso größer, je besser das arithmetische Mittel zur Charakterisierung der Zentraltendenz geeignet ist. Die Standardabweichung lässt sich dagegen auch als Maß für die mittlere Abweichung der Werte voneinander auffassen. Allerdings werden durch das „Quadrieren" extreme Werte bei der Standardabweichung stärker berücksichtigt als bei der mittleren Abweichung. Deshalb ist des Weiteren festzuhalten:

- Alle drei Maße eignen sich besonders zur Charakterisierung unimodaler, symmetrischer Verteilungen. Je schiefer eine Verteilung ist, desto notwendiger ist die Benutzung von Häufigkeitstabellen und -diagrammen.

- Varianz und Standardabweichung haben in der Statistik insgesamt eine größere Bedeutung als die mittlere Abweichung, weil sie sich leicht für theoretische Verteilungen berechnen lassen.

5.2.3 Uni-, bi- und multivariate Statistik

Die große Anzahl statistischer Methoden lässt sich auf unterschiedliche Art und Weise klassifizieren. Ein Ansatz ist die Einteilung der Methoden in Abhängigkeit von der Anzahl der betrachteten Variablen in uni-, bi- und multivariate Statistik (s. Abb. 5.2.1).

Die univariate Statistik betrachtet nur eine Variable. Im Vordergrund des Interesses steht dabei häufig die Verteilung der Variablen (z. B. Durchschnittswerte). Die bivariate Statistik untersucht die Verteilung von zwei Variablen gleichzeitig. Dabei wird z. B. die Art und Stärke des Zusammenhangs zwischen den Variablen oder der Einfluss der einen Variablen auf die andere untersucht (z. B. Wachstumsrate). Die multivariate Statistik untersucht den Zusammenhang zwischen mehr als zwei Variablen. Erst die Einbeziehung mehrerer Variablen ermöglicht die "statistische Erklärung" einer Variablen, denn die Variation einer Variablen ist häufig nicht ausreichend mithilfe einer zweiten Variablen erklärbar[5]. Für konkrete empirische Situationen ist es fast immer sinnvoll, mehr als zwei Variablen einzubeziehen, d. h. eine multivariate Analyse durchzuführen (Bahrenberg et al. 1990, 13).

Ein weiterer Ansatz zur Klassifizierung der statistischen Methoden ist die Einteilung in verschiedene Typen von Fragestellungen. Im Folgenden werden vier Typen unterschieden:

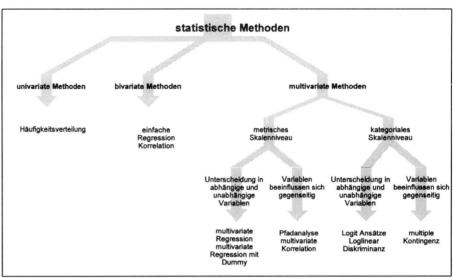

Abbildung 5.2.1: Überblick über statistische Methoden

1. Analyse der Beziehungen zwischen Variablen
2. Analyse abstrakter Größen
3. Typisierungs- und Regionalisierungsverfahren
4. Analyse stochastischer Abhängigkeiten.

5.2.4 Analyse der Beziehungen zwischen Variablen

Klassifizierung der Methoden

Bei der Analyse der Beziehungen zwischen mehreren Variablen kann man drei verschiedene Fälle unterscheiden:[6]

1. Es existieren eine abhängige und mehrere sich gegenseitig nicht beeinflussende, unabhängige Variablen.
2. Es existieren eine abhängige und mehrere sich gegenseitig beeinflussende, unabhängige Variablen.
3. Die Variablen können nicht in abhängige und unabhängige unterschieden werden.

Die große Anzahl der mittlerweile zur Verfügung stehenden multivariaten Methoden kann man weiterhin mithilfe des Kriteriums Skalenniveau der betrachteten Variablen klassifizieren. Es lassen sich nominal, ordinal und kardinal skalierte Variablen unterscheiden (s. Kap. 5.1.1). Der Einsatz vieler statistische Methoden ist davon abhängig, ob kardinal skalierte oder nicht-kardinal (kategorial) skalierte Daten bearbeitet werden sollen. Für viele statistische Methoden unterscheidet man die mögliche Fragestellung weiterhin in solche, bei denen abhängige und unabhängige Variablen existieren, und in solche, bei denen sich die Variablen gegenseitig beeinflussen, dann kann man vier Gruppen von statistischen Fragestellungen unterscheiden.

In der ersten Gruppe befinden sich die Methoden, die kardinal skalierte, abhängige Variablen verarbeiten können. Folgende Methoden können in Abhängigkeit vom Skalenniveau der unabhängigen Variablen gewählt werden:

- unabhängige Variable kardinal: Regressionsanalyse
- unabhängige Variable gemischt: Regressionsanalyse mit Dummy-Variablen
- unabhängige Variable nicht-metrisch: Varianzanalyse.

In der zweiten Gruppe befinden sich die Methoden, die nicht-metrisch skalierte, abhängige Variablen verarbeiten können. Folgende Methoden können in Abhängigkeit vom Skalenniveau der unabhängigen Variablen gewählt werden:

- unabhängige Variable kardinal: Logit (Diskriminanz)
- unabhängige Variable gemischt: Logit
- unabhängige Variable nicht-metrisch: Logit und Loglinear-Ansätze.

---

5 z. B. ist Luftfeuchtigkeit nicht nur von der Lufttemperatur abhängig

6 Methoden, die der Analyse der Beziehung zwischen Variablen dienen, die nicht in abhängige und unabhängige Variablen unterschieden werden können, werden an dieser Stelle nicht beschrieben, siehe hierzu Bahrenberg et al. (1992)

In der dritten und vierten Gruppe befinden sich die Methoden, die Variablen verarbeiten können, die sich gegenseitig beeinflussen. Handelt es sich bei der Untersuchung um metrische Variablen, dann kann man eine multiple Korrelationsanalyse einsetzen. Die multiple Kontingenztabelle setzt man ein, wenn kategoriale Variablen untersucht werden sollen.

Die bisher genannten Analysemethoden können hier nicht alle ausführlich dargestellt werden; stattdessen muss auf die vorhandene Literatur verwiesen werden. An dieser Stelle soll der Einsatz von zwei Methoden, der Regressions- und Korrelationsanalyse, anhand eines Beispiels etwas detaillierter dargestellt werden.

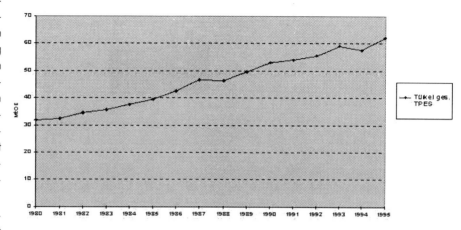

Abbildung 5.2.2: Entwicklung des Primärenergieangebots in der Türkei 1980 -1994 in MtOE (1 MtOE entspricht dem Äquivalent von einer Million Tonnen Erdöl. Primärenergieverbrauch = engl. Total Primary Energy Supply - TPES)

Analyse der Beziehung zwischen unabhängigen und abhängigen Variablen - Beispiel

Für die Durchführung eines Forschungsprojekts ist es u. a. erforderlich zu wissen, wie sich der Energieverbrauch in der Türkei insgesamt und in einzelnen Sektoren und Provinzen bis zum Jahr 2010 entwickelt. Bevor eine Prognose des Energieverbrauchs erstellt wird, soll untersucht werden, wie seine bisherige Entwicklung aussieht.

Die Untersuchung des statistischen Materials erfolgt in zwei Schritten, im ersten Schritt wird die Stärke des Zusammenhangs[7] der Variablen Zeit und Energieverbrauch der türkischen Industrie ermittelt: Besteht zwischen den beiden Variablen überhaupt ein Zusammenhang; korrelieren sie miteinander (daher Korrelationsanalyse)?. Im darauf folgenden zweiten Schritt wird die Form des Zusammenhangs der Variablen ermittelt (wie hängen die Variablen zusammen?), d. h. es wird untersucht, ob ein linearer Trend vorliegt.

Abbildung 5.2.2 lässt vermuten, dass der Energieverbrauch mit "konjunkturellen Schwankungen" stetig steigt; d. h. es liegt ein linearer Trend vor (Hypothese). Mithilfe der Korrelationsanalyse soll diese Hypothese untersucht werden.

Die Durchführung der Korrelationsanalyse (hier: lineare Einfachkorrelation nach Pearson) ergibt zwei Werte. Das Bestimmtheitsmaß gibt an, welcher Anteil der Varianz der abhängigen Variablen auf die Varianz der unabhängigen Variablen zurückgeführt werden kann. Der Korrelationskoeffizient gibt das Maß für die Stärke des Zusammenhangs zwischen den Variablen (Zeit und Energieverbrauch) an. Er kann Werte zwischen -1 und +1 annehmen. Beträgt der Wert 0, dann sind die Variablen "unkorreliert"; je näher der Betrag des Werts bei 1 liegt, desto stärker ist die Korrelation zwischen den Variablen (Bahrenberg et al. 1990, 146 ff.).

Für die in Abbildung 5.2.2 dargestellte Zahlenreihe wurden folgende Werte ermittelt: Korrelationskoeffizient r = 0,9932, Bestimmtheitsmaß B = 0,9864 = 98,64%.

Der Korrelationskoeffizient deutet eine sehr starke Korrelation zwischen der Entwicklung des Primärenergieangebots und der Zeit an. Für den untersuchten Zeitraum liegt ein relativ stabiler Trend vor.

Zusätzlich können 98,64% der Gesamtvarianz der y (in diesem Fall: des Energieverbrauchs) auf die Varianz von x (BIP) zurückgeführt werden.

Im nächsten Schritt könnte man die Form des Zusammenhangs zwischen diesen beiden Variablen, d. h. die Regressionsgerade, bestimmen. Dieses Vorgehen ist

---

[7] Es handelt sich um einen statistischen Zusammenhang zwischen Zeit und Energieangebot und nicht um einen "kausalen" Zusammenhang.

aber nicht sinnvoll, denn eine Zeitreihenanalyse kann wie in diesem Fall nur "statistische Abhängigkeiten" zwischen Variablen aufdecken. Für weiter gehende Untersuchungen und auch Prognosen sind "kausale Zusammenhänge" interessanter.

Der Energieverbrauch eines Staats ist neben anderen Faktoren stark von den Leistungen seiner Volkswirtschaft abhängig. Deshalb soll im Folgenden die unabhängige Variable "Zeit" (s. Abbildung 5.2.2) durch die unabhängige Variable Bruttoinlandsprodukt (BIP = engl. GDP) ersetzt werden; Abbildung 5.2.3 zeigt die Entwicklung des Primärenergieverbrauchs und des BIP. Die Durchführung einer Korrekationsanalyse ergibt für den Korrelationskoeffizienten den Wert 0,9957, das Bestimmtheitsmaß beträgt 99,15%. Dieser Wert deutet einen sehr starken Zusammenhang zwischen den beiden Variablen an.

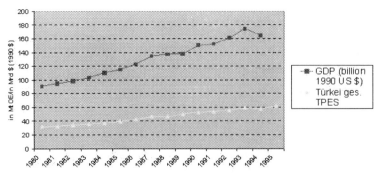

Abbildung 5.2.3: Entwicklung des Bruttoinlandsproduktes (GDP) und des Primärenergieverbrauchs (TPES) in der Türkei 1980 - 1994

Nachdem ein linearer Trend nicht nur nach "Augenschein", sondern auch statistisch mit Hilfe der Korrelationsanalyse ermittelt wurde, soll nun im zweiten Schritt die Form dieses Zusammenhangs (Funktion der Regressionsgeraden) ermittelt werden. Die Regressionsanalyse in ihrer einfachsten Form, die lineare Einfachregression, versucht die Form des Zusammenhangs zwischen einer unabhängigen und einer abhängigen Variablen zu erheben. Es wird die Regressionsgerade

$$Y = \alpha + \beta X + \varepsilon$$

ermittelt[8].

Bei der Durchführung praktischer Untersuchungen wird häufig nicht mit Grundgesamtheiten gearbeitet, sondern nur mit Stichproben. In diesem Fall sind einige Anforderungen an die Regressionsanalyse zu stellen. Wenn mithilfe von Stichproben auf Grundgesamtheiten geschlossen werden soll, dann spielen nicht nur die genannten Anforderungen an die Analyse eine Rolle, sondern zusätzlich müssen auch noch Testverfahren durchgeführt werden. Für die Ermittlung einer linearen Regressionsgeraden müssen folgende Bedingungen erfüllt sein (Bahrenberg et al. 1990, 150 ff.):

1. für jeden Wert x (beliebig, fest) muss die zugehörige Zufallsvariable $Y|x$ normalverteilt mit dem Mittelwert $\mu_{y|x}$ und der Standardabweichung $\varsigma_{(y|x)}$ sein
2. die Mittelwerte $\mu_{y|x}$ müssen alle auf der Geraden $\mu_{y|x} = \alpha + \beta X$ liegen
3. die Varianzen $\varsigma^2_{y|x}$ müssen für jedes x gleich groß sein und
4. die Residualvariablen $\varepsilon|x (=y|x-\mu_{y|x})$ müssen jeweils paarweise stochastisch unabhängig sein, d. h. der Korrelationskoeffizient für je zwei beliebige Residualvariablen ist 0.

Dabei sind einige dieser Anforderungen in der Praxis kaum erfüllbar, so z. B. die erste Anforderung, da die eigene Stichprobe einzelnen x-Werten nur einen oder wenige y-Werte zuordnet. Deshalb sollte man vor jeder Regressionsanalyse ein Streuungsdiagramm anfertigen, um zu erkennen, ob die oben genannten Voraussetzungen offensichtlich nicht erfüllt werden, denn dann erübrigt sich die weitere statistische Auswertung. Die Bedingungen sind für die in Abbildung 5.2.3 dargestellten Werte gegeben. Die Gerade hat folgende Werte:

1. $\alpha = -0,19$[9]
2. $\beta = 0,35$
3. d. h. die Funktion der Geraden lautet: Y (Energieverbrauch) $= \alpha + 0,35 X$.

Die Durchführung einer Regressionsanalyse ergibt für die Steigung einen Wert von 0,35, d. h. die Erzeugung von Gütern und Dienstleistungen in Höhe von 1 Mrd US $ (1990, real) ist mit einem Primärenergieverbrauch von 0,35 MtOE (Mio t Erdöläquivalent) verbunden.

---

8 Die Regressionsanalyse ist eine "lineare", weil sie nur lineare Zusammenhänge zwischen Variablen ermittelt, und sie ist eine "einfache" Analyse, da sie nur den Zusammenhang zwischen einer abhängigen und "einer unabhängigen" Variablen untersucht.

9 Rein rechnerisch beträgt der Wert für a = -0,19. "α" beschreibt den Punkt, bei dem die Regressionsgerade die Y-Achse schneidet, d. h. es gibt den Y-Wert für x = 0 an. In unserem Fall sind solche Extremfallbetrachtungen nicht sinnvoll - x=0 bedeutet, dass das BIP = 0 ist.

Analyse der Beziehung zwischen sich gegenseitig beeinflussenden Variablen

Die vorgenannten Methoden setzen Fragestellungen voraus, bei denen schon vor der Analyse bekannt ist, welches die abhängigen und welches die unabhängigen Variablen sind. Zwar kann auch die Korrelationsanalyse eingesetzt werden, um die Stärke der Beziehung zwischen sich gegenseitig beeinflussenden Variablen zu ermitteln, aber dabei braucht es sich nur um statistische Abhängigkeiten zu handeln. Ursache-Wirkungs-Zusammenhänge werden mit diesen Methoden nicht zwangsläufig erfasst. Zudem führt der Versuch, ein möglichst hohes Bestimmtheitsmaß für das Regressionsmodell zu erreichen, dazu, möglichst solche Variablen in das Modell einzuführen, die einen hohen Korrelationskoeffizienten mit Y aufweisen. Da es sich dabei auch um Schein- oder Unsinnskorrelationen handeln kann, besteht die Gefahr, dass das Regressionsmodell zu einem reinen Schätzmodell für Y wird (Bahrenberg et al. 1992, 63 ff.).

Diese Gefahr lässt sich mithilfe der Pfadanalyse vermeiden. Die Methode stellt ein kausalanalytisches Modell dar, das im Gegensatz zur Korrelations- und Regressionsanalyse stärker Ursache-Wirkungs-Zusammenhänge untersucht. Diese Methode ist nur bei metrischen Skalenniveaus einsetzbar. Für die Analyse der Beziehung nicht metrischer Variablen kommt die Methode der Kontingenztabelle infrage.

Shift-Share-Analyse

Ein Sonderfall der univariaten deskriptiven Statistik stellt die Shift-(Share)-Analyse dar, da sie zwar "nur" eine Variable, beispielsweise Beschäftigtenzahlen, verwendet, diese aber vergleichsweise stark differenziert (z. B. Beschäftigtenzahlen in einzelnen Branchen). Diese Methode kann für bestimmte regionalökonomische Fragestellungen ein hilfreiches Analyseinstrument sein.

Boddy et al. (1986) versuchen die wirtschaftliche Entwicklung der Region Bristol u. a. anhand der Entwicklung der Beschäftigtenzahl zwischen 1971 bis 1978 und 1978 bis 1981 zu untersuchen. Dafür setzen sie die Shift-Share-Analyse ein. Mit dieser Methode kann die Arbeitsplatzentwicklung einer Region relativ zur nationalen Ebene in verschiedene Elemente bzw. Komponenten differenziert werden. Die nationale Komponente bezeichnet die Veränderung der Beschäftigtenzahl, die sich ergeben würde, wenn sie mit der gleichen Rate wie auf nationaler Ebene erfolgen würde. Die strukturelle Komponente bezeichnet die Veränderung der Beschäftigtenzahl in einer Region, die sich ergäbe, wenn jede Wirtschaftsbranche ihre Beschäftigtenzahl mit der gleichen Rate wie die entsprechende Branche auf nationaler Ebene verändern würde, subtrahiert von der nationalen Komponente. Diese strukturelle Komponente gibt an, ob eine Region eine günstige Wirtschaftsstruktur hat. Die nationale und strukturelle Komponente summieren sich zur erwarteten Arbeitsplatzveränderung. Zusätzlich ergibt sich eine dritte Komponente, die die Differenz zwischen erwarteter Arbeitsplatzveränderung und tatsächlicher Arbeitsplatzveränderung angibt. Die dritte Komponente bezeichnet einen Standorteffekt, hinter dem eine Vielzahl von Einflussgrößen stehen kann (Boddy et al. 1986, 20 ff.).

Demnach handelt es sich bei dieser Methode um eine kombinierte Längs- und Querschnittanalyse, die nicht nur die Entwicklung beispielsweise der Beschäftigtenzahl zwischen zwei oder mehreren Zeitpunkten[10] untersucht, sondern gleichzeitig die gesamte Arbeitsplatzveränderung einer Region als auch die Entwicklung in den einzelnen Branchen mit den entsprechenden Entwicklungen auf nationaler Ebene vergleicht.

Die Shift-Share-Analyse ermöglicht eine quantitative Differenzierung der Veränderung einer Variablen in mehrere Komponenten. Dies bedeutet aber nicht, dass die realen Ursachen der Entwicklung damit identifiziert wurden. Stattdessen liefert sie einen guten Ausgangspunkt, "to raise questions for more detailed enquiry" (Boddy et al. 1986, 24).

5.2.5 Analyse abstrakter Größen

In den Raumwissenschaften sollen häufig nicht nur einzelne Variablen ausgewertet werden, sondern komplexe Begriffe ("Kontinentalität" des Klimas) sollen analysiert werden. Abstrakte Sachverhalte (Siedlungsstruktur, Zentralität von Orten) sollen zum einen messbar gemacht werden, indem sie auf beobachtbare Variablen zurückgeführt werden, und zum anderen durch möglichst wenig Variablen gut repräsentiert werden (Bahrenberg et al. 1992, 198 ff.)

Allgemein handelt es sich hier um Fragestellungen, bei denen die Beziehung zwischen einer Menge von Variablen (direkt beobachtbaren Größen) und einer Menge

---

10 Boddy et al. (1986) verwenden drei Zeitpunkte.

von nicht direkt beobachtbaren komplexen Größen untersucht werden soll (Bahrenberg et al 1992, 199). Die Analyse dieser komplexen Größen, auch Hauptkomponenten oder Faktoren genannt, erfolgt mit der Hauptkomponenten- oder Faktorenanalyse.

Die Reduktion komplexer Größen auf wenige, statistisch nicht voneinander abhängige Variablen lässt sich auch mithilfe der multiplen Korrelationsanalyse ermitteln. Hauptkomponenten- und Faktorenanalyse stellen Verfahren dar, die Interpretation einer Korrelationsmatrix formal und intersubjektiv nachvollziehbar zu gestalten (Bahrenberg et al 1992, 203). Voraussetzung für den Einsatz der beiden Verfahren ist, dass die Variablen metrisch skaliert und die Beziehungen zwischen den Variablen linear sind[11].

Beide Verfahren gehen von unterschiedlichen Gedankenmodellen aus. Die Hauptkomponentenanalyse versucht, die gesamte Varianz einer Menge von Variablen durch neue, gemeinsame Varianten (Hauptkomponenten) zu reproduzieren (eventuell abzüglich einer Fehlervarianz). Dabei liegt ihr die Annahme zugrunde, dass eine Gruppe von Variablen eine gemeinsame "Ursache" hat. Diese Annahme ist allerdings wenig realistisch, denn die Variation der Werte einer Variablen kann auch variablenbedingt sein. Die Faktorenanalyse vermeidet diese unrealistische Annahme, indem sie versucht, nur den gemeinsamen Teil der Varianz der Variablen zu erfassen.

5.2.6 Typisierungs- und Regionalisierungsverfahren

Bei der Aufgabe, Beobachtungseinheiten (Raumeinheiten; wie z. B siedlungsstrukturelle Typen) aufgrund bestimmter Eigenschaften zu klassifizieren, kann man die Clusteranalyse einsetzen. Bei der Klassifikation von Raumeinheiten werden Einheiten zusammengefasst, die eine ähnliche Ausprägung in Bezug auf eine oder mehrere Variablen haben. Nach der Durchführung dieser Analyse wird jede Raumeinheit genau einem Typen zugeordnet, d. h. es gibt keine Überschneidung bei den Typen.

Eine der einfachsten Methoden zur Klassifikation von Raumeinheiten ist der Einsatz von Schwellenwerten. So werden die siedlungsstrukturellen Gebietstypen der Bundesrepublik Deutschland mithilfe dieser Methode definiert; Kriterien sind Bevölkerungsdichte und Einwohnerzahl der Oberzentren (Bahrenberg et al. 1992, 278 ff.). Die Schwellenwertmethode setzt allerdings voraus, dass theoretisch plausible oder aus der "Erfahrung" gewonnene Schwellenwerte und nur wenige Variablen mit einer deutlich strukturierten Verteilung vorliegen.

Wenn diese Voraussetzungen nicht gegeben sind, muss statt der Schwellenwertmethode ein formales Verfahren zum Einsatz kommen. Dies ist die Clusteranalyse. Für die Durchführung dieser Methode gibt es mehrere Varianten. Eine davon ist die schrittweise Erzeugung von Clustern. Dazu werden im ersten Schritt die beiden Raumeinheiten identifiziert, die das größte Ähnlichkeitsmaß (bzw. die geringste Distanz) besitzen. Diese beiden Raumeinheiten bilden das erste Cluster. Mithilfe des Ähnlichkeitsmaßes werden schrittweise Raumeinheiten zu Clustern und Cluster mit zwei Elementen zu größeren Clustern zusammengefasst. Mit jedem Schritt wächst der Grad der Generalisierung bzw. des Informationsverlusts.

Das Ergebnis einer Clusteranalyse hängt stark von der Variablenauswahl ab. Deshalb sollte die Auswahl der Variablen sorgfältig auf den Zweck abgestimmt werden.

Die Clusteranalyse versucht, eine große Anzahl von Raumeinheiten zu klassifizieren und Raumtypen zu bilden. Demgegenüber ist es Aufgabe der Diskriminanzanalyse zu untersuchen, ob vorhandene Gruppierungen verbesserungswürdig sind, welcher Gruppe man ein neues Objekt zuordnen muss, dessen Gruppenzugehörigkeit nicht bekannt ist (Erklärung von Gruppenunterschieden). Die Cluster- und die Diskriminanzanalyse stehen demnach in einem komplementären Verhältnis. Die erste dient der Klassifizierung bzw. Typisierung und die zweite Methode überprüft das Ergebnis (Bahrenberg et al. 1992, 316 ff.).

Literatur

BAHRENBERG, G.; GIESE, E.; NIPPER, J., 1990: Statistische Methoden in der Geographie 1, Stuttgart.

BAHRENBERG, G.; GIESE, E.; NIPPER, J., 1992: Statistische Methoden in der Geographie 2, Stuttgart.

BODDY, M.; LOVERING, J.; BASSETT, K., 1986: Sunbelt City?: a study of economic change in Britain`s M4 corridor, Oxford.

BROSIUS, G., 1988: SPSS/ PC+ Basics und Graphics. Einführung und praktische Beispiele, Hamburg.

---

11 Diese Bedingung lässt sich auch durch eine geeignete Transformation erfüllen.

ESENWEIN-ROTHE, I., 1976: Die Methoden der Wirtschaftsstatistik, Band 1+2, Göttingen.
HARTUNG, J. H.; ELPELT, B.; KLÖSENER, K. H., 1999: Statistik: Lehr- und Handbuch der angewandten Statistik, 12. Auflage, München.
INTERNATIONAL ENERGY AGENCY (IEA), 1991: Energy balances of OECD Countries, verschiedene Jahrgänge, Paris.
INTERNATIONAL ENERGY AGENCY (IEA), 1997: Energy Policies of IEA Countries 1997 Review, Paris.
KRÄMER, W., 1997: So lügt man mit Statistik, Frankfurt/Main.
OPP, K.-D., 1970: Methodologie der Sozialwissenschaften. Einführung in Probleme ihrer Theoriebildung, Hamburg.
STOYAN, D.; STOYAN, H.; JANSEN, U., 1997: Umweltstatistik: statistische Verarbeitung und Analyse von Umweltdaten, Stuttgart.

5.3 Überlagerung
Frank Scholles

5.3.1 Herkunft und Zweck der Methode

Zweck

Kartenüberlagerung (overlay mapping) ist eine relativ alte Analysetechnik. Ihr Zweck ist die Aggregation von Informationen.

In analoger Form erfolgt sie durch übereinander Legen von Dias oder Karten am Lichttisch. Damit sind ihr Auflösungsgrenzen gesetzt. Rechnergestützter Überlagerung sind dagegen keine technischen Grenzen gesetzt, allerdings solche der Interpretation, denn die Überlagerung ist kein Selbstzweck, sondern dient der Beantwortung einer bestimmten Frage, z. B. bei einer Umweltverträglichkeitsstudie derjenigen nach der voraussichtlichen Auswirkungsintensität eines Vorhabens.

Mithilfe der Überlagerung sollen durch Kombination vorhandener raumbezogener Informationen neue Erkenntnisse auf höherem Aggregationsniveau gewonnen werden (Beispiel: Welche Biotoptypen werden von einer geplanten Straßentrasse durchschnitten?).

Herkunft

Die Kartenüberlagerung geht wahrscheinlich auf Warren Manning zurück, der bereits 1912 mit ihr zu arbeiten anfing (vgl. Steinitz et al. 1976, 444 f.; Simpson 1989, 317).

Allgemein eingeführt in die Landschaftsplanung wurde sie durch Ian McHarg; sie wird daher im englischsprachigen Raum auch "the McHarg method" genannt. Entwickelt hat McHarg (1969) seine Methodik anhand der Trassensuche für Autobahnen (Highways) und der Eignung von naturräumlichen Einheiten für bestimmte Landnutzungen (Schutz, Erholung, Industrie, Siedlung). Die Überlagerung war eine Grundlage für die Entwicklung der Ökologischen Risikoanalyse (vgl. Kap. 7.6) Ende der 70er Jahre. Heute ist sie eine der wichtigsten Methoden innerhalb von Geo-Informationssystemen (GIS).

5.3.2 Vorgehen

Die Methode beruht bei McHarg (1969, 105 ff.) auf den folgenden Schritten, die das Ziel verfolgen, die wichtigsten physikalischen und biologischen Prozesse zu ermitteln, die die Umwelt konstituieren:

1. Die Basisdaten werden nach Schutzgütern zusammengetragen und kartografisch dargestellt.

2. Für jedes Schutzgut werden ein bestimmtes Set von Indikatoren sowie messbare Kriterien ausgewählt.

3. Die Kriterien werden innerhalb eines Wertesystems eingeordnet (klassifiziert).

4. Die für die jeweilige vorgesehene Landnutzung bzw. für das Projekt wichtigsten Indikatoren werden ausgewählt.

5. Die Indikatoren werden nach Gewicht hierarchisch angeordnet.

6. Die für die Landnutzung relevanten Indikatoren und ihre Ausprägungen werden in Graustufen auf Transparentpapier kartiert, wobei die niedrigsten Werte das hellste, die höchsten das dunkelste Grau erhalten.

7. Die daraus resultierenden Karten mit den jeweils relevanten Indikatoren werden für jede voraussichtliche Landnutzung übereinander gelegt und fotografiert.

8. Das Ergebnis wird auf eine Karte ("composite map") übertragen, die die Summe aller Werte repräsentiert.

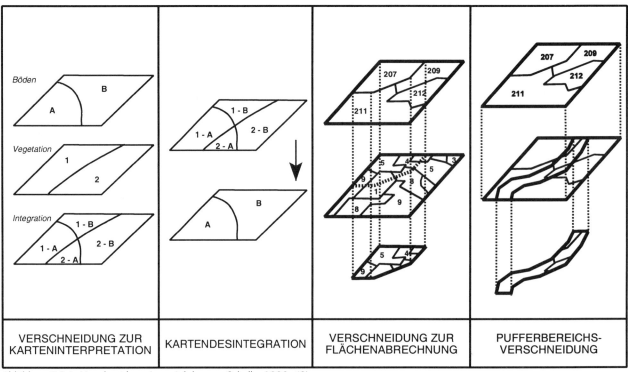

Abbildung 5.3.1: Verschneidung (aus: Ashdown u. Schaller 1990, 42)

Voraussetzung für die Kartenüberlagerung ist, dass alle Eingangsparameter klassifiziert (ordinal skaliert) vorliegen. Daher müssen kardinal skalierte Parameter transformiert werden. Nominalskalen können bis zu einem bestimmten Grad[12] verwendet werden, ansonsten ist auch hier eine Transformation notwendig, was dann immer mit einer Inwertsetzung verbunden ist[13]. Die Schritte 1 bis 5 sind daher Voraussetzung für die eigentliche Überlagerung. Auf sie wird im Zusammenhang mit Relevanzbäumen (vgl. Kap. 7.2) näher eingegangen.

5.3.3 GIS-gestütztes Vorgehen

Durch die ersten GIS-Entwickler wurde die Überlagerung als zentrale Methode übernommen und weiterentwickelt, was aber nicht bedeutet, dass jede Software, die sich GIS nennt, die Methode beherrscht.

Die Schritte 1 bis 5 nach McHarg (s. o.) müssen vor der GIS-Überlagerung ausgeführt werden. Schritt 6 dient als Eingangsstufe, Schritt 7 und 8 werden wie folgt automatisiert (s. Abb. 5.3.1):

- Zwei oder mehr Karten mit verschiedenen Geometrien und unterschiedlicher Ausgangsinformation werden überlagert.
- Aus den Ausgangs-Geometrien werden neue Polygone einschließlich Größe und Lage berechnet[14].
- Den neuen Polygonen werden einige oder alle Attribute der Ausgangskarten nach bestimmten Regeln zugeordnet. Als Regeln kommen einfache Formeln bis hin zu komplexen Modellen zum Einsatz.
- Danach werden benachbarte Polygone mit identischen Attributen zusammengelegt (s. Abb. 5.3.2).

Da am Ende eine neue Geometrie entsteht, wird die GIS-gestützte Methode *Verschneidung* genannt. Allerdings wird nur im Deutschen zwischen Überlagerung und Verschneidung unterschieden, im Englischen heißt beides Overlay.

---

12 max. neun verschiedene Ausprägungen, bei McHarg sind es fünf, vgl. Tab. 5.3.1

13 Welche Biotoptypen werden zu einer Klasse zusammengefasst und nach welchen Kriterien?

14 Was hier so lapidar erwähnt wird und für das menschliche Sehvermögen assoziativ leicht lösbar ist, muss mathematisch mit komplizierten Vektorberechnungen realisiert werden. Dies erklärt auch die lange Dauer größerer Verschneidungsläufe.

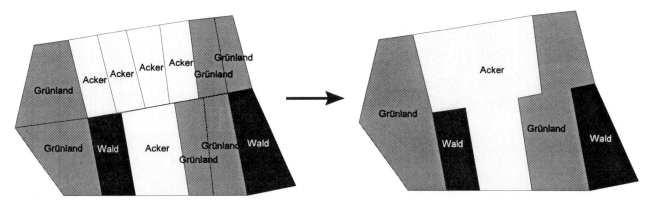

Abbildung 5.3.2: Zusammenlegung (Dissolve) von Flächen über das Attribut Nutzungstyp

Je nach der verwendeten Software gibt es mehrere Möglichkeiten der Verschneidung, z. B. Vereinigung, Ausschneiden, Schnittmenge. Weiterführende Informationen hierzu bietet die GIS-Grundlagenliteratur (z. B. Ashdown u. Schaller 1990; Bill 1996; Burrough 1986).

5.3.4 Das Beispiel Staten Island

Aufgabe

Eines der Hauptfallbeispiele, an denen McHarg seine Methodik entwickelt hat, war die Untersuchung der naturräumlichen Potenziale von Staten Island, New York, auf ihre Eignung für Schutz, Erholung, Wohnsiedlung sowie Gewerbe und Industrie (vgl. McHarg 1969, 103 ff.).

Bei dieser Eignungsbewertung ging es um die Vorbereitung einer Landnutzungsplanung im groben Maßstab, nicht jedoch um die Erstellung des Plans selbst.

Umsetzung

Dazu wurden im ersten Schritt folgende Basisdaten erhoben: Klima, Geologie, Landschaft, Wasser, Böden, Vegetation, Habitate, Nutzungen. Tabelle 5.3.1 zeigt die Auswahl von Indikatoren (ecological factors), die Zuordnung von Kriterien (ranking criteria) und die Klassifizierung der Kriterien (phenomena rank).

Die einzelnen Indikatoren wurden dann gemäß der Klassifizierung (phenomena rank) auf Transparentpapier übertragen. Die Karten in Abbildung 5.3.3 zeigen zwei Beispiele. Je dunkler der Grauton, desto höher ist der Indikatorwert.

Danach wurde für jede Zielaussage (Schutz, Erholung, Siedlung) die Eignung ermittelt, indem die transparenten Karten überlagert wurden. Die Klassenwerte wurden schließlich addiert und die Ergebnis-Karten (composite maps, Abb. 5.3.4) der besseren Lesbarkeit wegen neu gezeichnet.

Um z. B. die Eignung für Schutzgebiete zu ermitteln, wurden die folgenden Indikatoren überlagert: features of historic value, high-quality forests, high-quality marshes, bay beaches, streams, water-associated wildlife habitats, intertidial wildlife habitats, unique geological features, unique physiographic features, scenic land features, scenic water features, scarce ecological associations (s. Tab. 5.3.1).

Schließlich wurden die drei verschiedenen Eignungen (für Schutz, Erholung, Siedlung) überlagert, um eine aggregierte Gesamtaussage zu erhalten: Welche Gebiete sind primär für Erholung, welche primär für Siedlung und Industrie, welche primär als Schutzgebiete und welche für zwei oder mehr Landnutzungen geeignet?

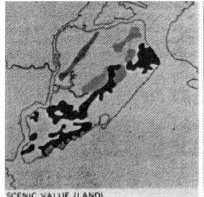 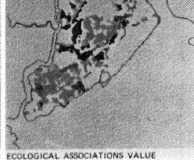

Abbildung 5.3.3: Karte der Indikatoren Landschaftsbild (Land) und seltene Lebensgemeinschaften (aus: McHarg 1969, 111)

Abbildung 5.3.4: Karte der Eignung für Schutzgebiete (aus: McHarg 1969, 110)

5.3.5 Das Beispiel Nutzungskonflikte an der Oker

Aufgabe

Im Rahmen des Fließgewässerschutzprogramms Niedersachsen ist es ein politisches Ziel, die Oker im Harzvorland zu renaturieren. Diese ist durch Talsperren im Harz sowie Ausbaumaßnahmen im Harzvorland teilweise stark reguliert, teilweise ist ihr Verlauf noch naturnah. Insbesondere durch Bergbau, aber auch geogen, ist das Wasser schwermetallbelastet. Die Belastung hat sich im Laufe der Nutzungsgeschichte auf die aktuellen und ehemaligen Überschwemmungsgebiete ausgedehnt, sodass einerseits Belastungen der Nahrungsmittelproduktion, andererseits seltene, aus Naturschutzsicht schutzwürdige Pflanzengesellschaften entstanden sind.

Im Rahmen eines Modellvorhabens sollte untersucht werden, ob für den Raum ein neues raumplanerisches Instrument, ein "Sanierungs- und Entwicklungsgebiet", geeignet ist, zur Problemlösung beizutragen. Dazu mussten zunächst Qualitätsziele (s. Kap. 4.3.1) entwickelt und Entwicklungsmöglichkeiten in Form von Szenarien (vgl. Kap. 6.5) entwickelt werden.

Die Einzelheiten sind in Ossenkop et al. (1998) erläutert.

Umsetzung

An einem Beispielabschnitt soll erläutert werden, wie die umweltinternen Zielkonflikte zwischen Naturschutz und Gesundheitsschutz ermittelt wurden. Die dazu eingesetzte Überlagerung erfolgte GIS-gestützt; hier kann allerdings nur der Abschluss eines längeren Analysevorgangs vorgestellt werden.

Zunächst wurden die Ziele des Naturschutzes für den Raum konkretisiert und räumlich in Zielräumen abgebildet. Auf dieser Basis wurde der Bestand mithilfe von Indikatoren bewertet und Maßnahmen abgeleitet (s. Abb. 5.3.5). Ebenso wurde mit dem Gesundheitsschutz verfahren (s. Maßnahmen in Abb. 5.3.6).

Die so hergeleiteten, räumlich konkreten Maßnahmenplanungen wurden miteinander verschnitten, um Konflikte ablesen zu können. Das überarbeitete Verschneidungsergebnis zeigt Abbildung 5.3.7.

Auf dieser Basis kann nun politisch oder planerisch abgewogen werden, in welchem Ausmaß eine Renaturierung sinnvoll ist und wo sie an Grenzen stößt, bei denen Schwermetallausträge und Gesundheitsschäden zu befürchten sind.

5.3.6 Kritik an der Methode

Anwendungsmöglichkeiten

Heute wird niemand mehr Fotos von Transparenten machen und auf dieser Basis Karten neu zeichnen. Auch die Überlagerung mithilfe des Lichttischs stirbt langsam aus. Daher wird im Folgenden die Verschneidung im GIS zugrunde gelegt.

Verschneidung kann so vielfältig wie kaum eine andere Methode in der Planung angewendet werden. Beispiele sind:

- kartografische Addition von Flächen derselben Wertstufe, dadurch Eliminieren von überflüssigen Grenzen in einem Kataster zwecks Darstellung der Landnutzung
- Ermittlung von "Restflächen"[15]

---

15 Flächen, die eine bestimmte Mindestgröße unterschreiten und daher mit zum Flächenverlust zu rechnen sind

Tabelle 5.3.1: Indikatoren, Kriterien, Klassifizierung (aus: McHarg 1969, 108 f.)

ECOLOGICAL FACTOR	RANKING CRITERIA	PHENOMENA RANK				
		I	II	III	IV	V
CLIMATE						
AIR POLLUTION	INCIDENCE MAX > MIN	High	Medium	Low		Lowest
TIDAL INUNDATION	INCIDENCE MAX > MIN	Highest Recorded	Highest Projected			Above Flood-Line
GEOLOGY						
FEATURES OF UNIQUE, SCIENTIFIC AND EDUCATIONAL VALUE	SCARCITY MAX > MIN	1 Ancient Lakebeds 2 Drainage Outlets	1 Terminal Moraine 2 Limit of Glaciation 3 Boulder Trail	Serpentine Hill	Palisades Outlier	1 Beach2 Buried Valleys 3 Clay Pits 4 Gravel Pits
FOUNDATION CONDITIONS	COMPRESSIVE STRENGTH MAX > MIN	1 Serpentine 2 Diabase	Shale	Cretaceous Sediments	Filled Marsh	Marsh and Swamp
PHYSIOGRAPHY						
FEATURES OF UNIQUE, SCIENTIFIC AND EDUCATIONAL VALUE	SCARCITY MAX > MIN	Hummocks and Kettleholes within the Terminal Moraine	Palisades Outlier	Moraine Scarps and Lakes along the Bay Shore	Breaks in Serpentine Ridge	
LAND FEATURES OF SCENIC VALUE	DISTINCTIVE MOST > LEAST	Serpentine Ridge and Promontories	Beach	1 Escarpments 2 Enclosed Valleys	1 Berms 2 Promontories 3 Hummocks	Undifferentiated
WATER FEATURES OF SCENIC VALUE	DISTINCTIVE MOST > LEAST	Bay	Lake	1 Pond 2 Streams	Marsh	1 The Narrows 2 Kill Van Kull 3 Arthur Kill
RIPARIAN LANDS OF WATER FEATURES	VULNERABILITY MOST > LEAST	Marsh	1 Stream 2 Ponds	Lake	Bay	1 The Narrows 2 Kill Van Kull 3 Arthur Kill
BEACHES ALONG THE BAY	VULNERABILITY MOST > LEAST	Moraine Scarps	Coves	Sand Beach		
SURFACE DRAINAGE	PROPORTION OF SURFACE WATER TO LAND AREA MOST > LEAST	Marsh and swamp	Areas of constricted drainage	Dense stream/swale network	Intermediate stream/swale network	Spars stream/swale network
SLOPE	GRADIENT HIGH > LOW	Over 25%	25-10%	10-5%	5-2,5%	2,5-0%
PEDOLOGY						
SOIL DRAINAGE	PERMEABILITY AS INDICATED BY THE HEIGHT OF WATER TABLE MOST > LEAST	Excellent - good	Good - fair	Fair - poor	Poor	Nil
FOUNDATION CONDITIONS	COMPRESSIVE STRENGTH AND STABILITY MOST > LEAST	Gravelly to stony, sandy loams	Gravelly sand or silt loams	Gravelly sandy to fine sandy loam	1 Sandy loam 2 Gravel 3 Beach sands	1 Alluvium 2 Swamp Muck 3 Tidal marshlands 4 Made land
EROSION	SUSCEPTIBILITY MOST > LEAST	Steep slopes over 10%	Any slope on gravelly sandy to fine sandy loam	Moderate slopes (2,5 - 10%) on 1 Gravelly sand or silt loams 2 Gravelly to stony sandy loams	Slopes (0-2,5%) on gravelly sand or silt loams	Other soils

Tabelle 5.3.1 *(Fortsetzung)*

HYDROLOGY						
MARINE						
Commercial Craft	NAVIGABLE CHANNELS DEEPEST > SHALLOWEST	The Narrows	Kill Van Kull	Arthur Kill	Fresh Kill	Raritan Bay
Pleasure Craft	FREE EXPANSE OF WATER LARGEST > SMALLEST	Raritan Bay	Fresh Kill	The Narrows	Arthur Kill	Kill Van Kull
FRESH WATER						
Active recreation (swimming, paddling, model-boat sailing, etc.)	EXPANSE OF WATER LARGEST > SMALLEST	Silver Lake	1 Clove Lake 2 Grassmere Lake 3 Ohrbach Lake 4 Arbutus Lake 5 Wolfes Pond	Other ponds	Streams	
Stream-side recreation (fishing, trails, etc.)	SCENIC MOST > LEAST	Nonurbanized perennial streams	Nonurbanized intermittent streams	Semiurbanized streams	Urbanized streams	
WATERSHEDS FOR STREAM QUALITY PROTECTION	SCENIC STREAMS MOST > LEAST	Nonurbanized perennial streams	Nonurbanized intermittent streams	Semiurbanized streams	Urbanized streams	
AQUIFERS	YIELD HIGHEST > LOW	Buried valleys		Cretaceous sediments		Crystalline rocks
AQUIFER RECHARGE ZONES	IMPORTANT AQUIFERS MOST > LEAST	Buried valleys		Cretaceous sediments		Crystalline rocks
VEGETATION						
EXISTING FOREST	QUALITY BEST > POOREST	Excellent	Good	Poor	Disturbed	None
FOREST TYPE	SCARCITY MOST > LEAST	1 Lowland 2 Upland dry	Marsh	Upland	Upland moist	Absence
EXISTING MARSHES	QUALITY BEST > POOREST	Good	Fair		Poor (filled)	None
WILDLIFE						
EXISTING HABITATS	SCARCITY MOST > LEAST	Interidal	Water-related	Field and forest	Urban	Marine
INTERTIDAL SPECIES	ENVIRONMENTAL QUALITY BASED ON INTENSITY OF SHORE ACTIVITY LEAST ACTIVITY > MOST ACTIVITY	1	2	3	4	5
WATER-ASSOCIATED SPECIES	ENVIRONMENTAL QUALITY BASED ON THE DEGREE OF URBANIZATION URBANIZED > FULLY URBANIZED	1	2	3	4	5
FIELD AND FOREST SPECIES	FOREST QUALITY BEST > POOREST	1	2	2	3	
	PRESENCE OF TREES ABUNDANT > ABSENT	1		2		URBAN-RELATED SPECIES
LAND USE						
FEATURES OF UNIQUE, EDUCATIONAL AND HISTORICAL VALUE	IMPORTANCE MOST > LEAST	Richmond Town	1 Amboy Road 2 Tottenville Conference	Area with abundance of landmarks	Area with sparseness of landmarks	Area with absence of landmarks
FEATURES OF SCENIC VALUE	DISTINCTIVE MOST > LEAST	The Verazzano Bridge	Ocian Liner Channel	Manhatten Ferry	1 The Goethals Bridge 2 The Outer-bridge crossing 3 The Bayonne Bridge	Absence
EXISTING AND POTENTIAL RECREATION RESOURCES	AVAILABILITY MOST > LEAST	1 Existing public open space 2 Existing institutions	Potential nonurbanized recreation areas	Potential urbanized recreation areas	Vacant land (with low recreation potential)	Urbanized areas

Szenario: Planung für den Naturschutz

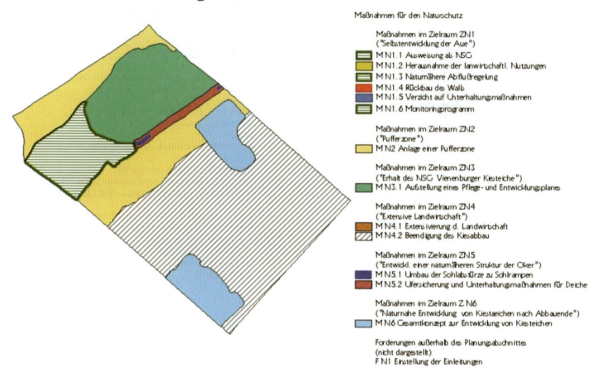

Abbildung 5.3.5: Maßnahmenplanung aus Naturschutzsicht (nach: Ossenkop et al. 1998)

Szenario: Planung für den Gesundheitsschutz

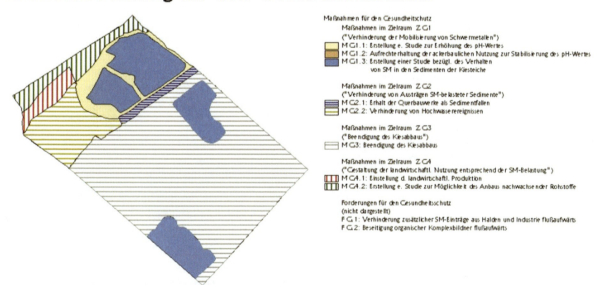

Abbildung 5.3.6: Maßnahmenplanung aus Gesundheitsschutzsicht (nach: Ossenkop et al. 1998)

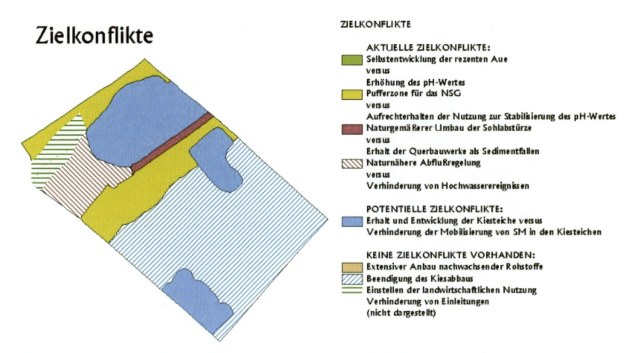

Abbildung 5.3.7: Zielkonflikte aufgrund der Überlagerung der beiden Planungen (nach: Ossenkop et al. 1998)

- Überlagerung von Biotoptypen mit Verkehrswegetrassen
- Überlagerung von Nutzung mit Lärmisophonen oder Luftschadstoffausbreitung.

Insbesondere kann man mit Verschneidung Flächennutzungsänderungen, d. h. Zustand mit und ohne Vorhaben, und ihre räumlich darstellbaren Wirkungen, d. h. Vorbelastung und Zusatzbelastung, Beeinträchtigungsempfindlichkeit und Beeinträchtigungsintensität, vergleichen.

Durch die Möglichkeit, verschiedene Geometrien zu verwenden und Analysen quer über diese laufen zu lassen, entfällt der Zwang zur Bildung von gemeinsamen Raumeinheiten. Die landschaftliche Vielfalt muss nicht mehr zu quasihomogenen Raumeinheitskonstrukten wie den "planungsrelevanten ökologisch begründeten Landschaftseinheiten" reduziert werden, sondern jede Aussage bekommt die ihr angemessene Geometrie. Die Verschneidung und damit Neuberechnung der Geometrie wird aufgrund der Fragestellung (nach Klassen oder Wertstufen) vorgenommen und damit tatsächlich planungsrelevant.

Insbesondere wenn es gilt, die Auswirkungen von Varianten abzuschätzen und zu vergleichen, können rechnergestützte Methoden ihren Vorteil ausspielen, da der manuelle Mehraufwand für die Dateneingabe nahezu nur in der Digitalisierung der Variante besteht, die Verschneidungsprozedur dagegen wiederholt werden kann. Gleiches trifft auf Änderungen von Vorhaben während der Umweltverträglichkeitsuntersuchungen aufgrund von Vermeidungsmaßnahmen oder Verhandlungen zu.

Mithilfe von Verschneidungen ist es auch möglich, Abweichungen von Zielen darzustellen, wenn diese Ziele als angestrebter Zustand räumlich darstellbar sind. Dann ist man nicht auf den Status quo als Messlatte angewiesen.

Anwendungsgrenzen

Folgende Problembereiche sind zu beachten:

Die zu verschneidenden Schichten müssen maßstäblich zueinander passen. Man sollte nicht die Karte der hpnV[16] im Maßstab 1:250.000 mit einer Biotoptypenkarte im Maßstab 1:5.000 verschneiden. Diese inhalt-

---

16 heutige, potenziell natürliche Vegetation, ein gedankliches Konstrukt, das eine Vegetation beschreibt, die sich auf einem Standort entwickeln würde, wenn der menschliche Einfluss ab sofort aufhören würde

lich unzulässige Operation stellt technisch kein Problem dar, weil die Begrenzungslinien in der Vektorgrafikverarbeitung im Gegensatz zur fotomechanischen Technik bei Vergrößerung nicht dicker werden.

Die Schichten müssen auch zeitlich zusammenpassen. Wenn man die aktuelle Nutzungstypenkarte mit zehn Jahre alten Lärmdaten überlagert, wird auch nicht unbedingt brauchbare Information dabei herauskommen. Etwas anderes ist die Verschneidung der gleichen Daten unterschiedlichen Alters, z. B. aktuelle Nutzung mit Nutzung 1965, um Aussagen zum Flächennutzungswandel zu erhalten.

Sehr kleine Polygone in der Ergebniskarte können auf ungenaue Digitalisierung oder real sehr kleinen (Rest-)Flächen beruhen, hier muss interpretiert werden. Das Verschneidungsergebnis in Abbildung 5.3.7 ist daher bereits eine überarbeitete Fassung.

Eine zentrale Frage ist die Übernahme der (codiert vorliegenden) Attribute: Bei Typisierung erhalten die resultierenden Flächen das Attribut 1:1, bei kardinalen Zahlen (Anzahl Brutpaare, Einwohner etc.) stellt sich die Frage, ob man sie gleichmäßig auf die Flächen verteilt oder die Verteilung mit der Flächengröße gewichtet. In der Praxis entstehen hier leicht Bruchteile von Brutpaaren oder wundersame Einwohnervermehrungen. Nach Möglichkeit sollte man hier auf Original-Punktdaten zurückgreifen. Bei interpretierten Messdaten wie z. B. SO_2-Belastung der Luft muss man auf Primärdaten zurückgreifen und die Interpolation neu durchlaufen. In nicht ausreichend durchdachter Attributübernahme liegt eine große Fehlerquelle, die bei analogem Arbeiten kaum auftritt.

Kartografische Ungenauigkeiten aufgrund ungenauer Digitalisierung oder aber unscharfer Übergänge in der Realität pflanzen sich bei jeder Verschneidung fort. Man kann qualitativ schlechte Daten nicht mit GIS-gestützter Überlagerung zu qualitativ besseren Ergebnissen verarbeiten. Unter Berücksichtigung des analytischen Risikos (vgl. Kap. 6.1.2) müssen die Ungenauigkeiten abgeschätzt[17] und angegeben werden.

McHarg unterstellt, dass das Wertesystem aus den Basisdaten heraus destilliert werden kann, die Werte also durch Prozesse in der Natur bestimmt werden. Ein solches biozentrisches Weltbild vernachlässigt auf unzulässige Weise die Gesellschaft als Träger von Werthaltungen[18].

Die Overlay-Technik beruht auf statischen Einheiten, da Karten per Definition nur aus solchen Einheiten bestehen. Landschaftsdynamik und funktionale Zusammenhänge können damit nur sehr begrenzt abgebildet werden. Ökosysteme sind jedoch in erster Linie funktionale und weniger räumliche Einheiten. Die Abgrenzung funktionaler Einheiten ist noch nicht sehr weit gediehen. Diese grundlegende Einschränkung bedeutet, dass Überlagerung für deskriptive Aufgaben gut geeignet ist, für die Untersuchung der funktionalen Zusammenhänge aber andere Methoden gebraucht werden, wie z. B. System- oder Wirkungsanalysen (vgl. Kap. 5.4).

Literatur

ASHDOWN, M.; SCHALLER, J., 1990: Geographische Informationssysteme und ihre Anwendung in MAB-Projekten, Ökosystemforschung und Umweltbeobachtung, 250 S., Bonn (MAB-Mitteilungen, 34).

BILL, R., 1996: Grundlagen der Geo-Informationssysteme. Band 2: Analysen, Anwendungen und neue Entwicklungen, 463 S., Karlsruhe.

BURROUGH, P.A., 1986: Principles of Geographic Information Systems for Land Resources Assessment, 194 S., Oxford.

McHARG, I.L., 1969: Design with Nature, 197 S., Philadelphia.

OSSENKOP, M.; PAULSEN, F.; PIEPER, N.; STEIN, U., 1998: Szenario Okeraue. GIS-unterstützte Planungsansätze zu einem Renaturierungs- und Nutzungskonzept für die Oker und ihre Aue unter besonderer Berücksichtigung der Schwermetallbelastung. Vertiefungsprojekt am Fachbereich Landschaftsarchitektur und Umweltentwicklung der Universität Hannover, Hannover.

SIMPSON, J.W., 1989: A Conceptual and Historical Basis for Spatial Analysis. Landscape and Urban Planning 17: 313-321.

STEINITZ, C.; PARKER, P.; JORDAN, L., 1976: Hand-Drawn Overlays: Their History and Prospective Uses. Landscape Architecture 66 (5): 444-455.

---

17 Flächengröße +/- doppelte Größe der Fläche

18 Dies stellt jedoch nicht die Überlagerung infrage, sondern führt dazu, dass zunächst ein Zielsystem herangezogen und die Indikatoren und Kriterien samt Klassen bestimmt werden und erst danach zielorientiert Daten gesammelt werden.

5.4 Ökologische Wirkungsanalysen
Frank Scholles

5.4.1 Herkunft und Zweck von ökologischen Wirkungsanalysen

Herkunft

Die ökologische Wirkungsanalyse wurde entwickelt, um den Anspruch der Landschaftsplanung einzulösen, teilquerschnittsorientiert zu arbeiten, d. h. die ökologische Verträglichkeit der Nutzungen untereinander und mit natürlichen Ressourcen zu beurteilen (Bierhals et al. 1974). Es gibt verschiedene Varianten, die alle ähnliche Ziele verfolgen. Wirkungsanalysen sind heute Teil jeder Landschaftsplanung und Umweltverträglichkeitsstudie.

Ziel

Man kann sie sowohl rückblickend zur Erklärung von Zuständen und Prozessen als auch vorausschauend zur Prognose von zukünftigen Zuständen (als Wirkungsprognose) einsetzen.
Ökologische Wirkungsanalysen fragen nach den Ursachen für Ereignisse. Ihr Ziel ist das systematische Erfassen und Bewerten von Wirkungen eines bestimmten Nutzungsanspruchs auf die Umwelt. Dabei lassen sich nach Krause (1980, 42 f.) und Steinitz et al. (1969) vier Fragestellungen unterscheiden:

1. Wer verursacht was bei wem?
2. Wer verursacht was und wodurch bei wem?
3. Wodurch wird etwas verursacht?
4. Was würde passieren, wenn?

Indem sie versuchen, beobachtete oder prognostizierte Wirkungen Verursachern zuzuordnen, dienen ökologische Wirkungsanalysen dem Verursacherprinzip in der Umweltpolitik. Insbesondere im Rahmen der Eingriffsregelung nach § 8 BNatSchG ist es als erster Schritt zur Beurteilung von Eingriffen in Natur und Landschaft wichtig, über die Wirkungszusammenhänge die voraussichtlichen Auswirkungen eines Vorhabens auf die Naturraumpotenziale zu erkennen.

5.4.2 Grundmuster von Wirkungsanalysen

Bestandteile, Definitionen

Wirkung ist definiert als "Veränderung eines Sachverhalts durch die Veränderung eines anderen" (Scharpf 1982, 92).

Ökologische Wirkungsanalysen folgen dem *Grundmuster*: verursachender Nutzungsanspruch - ausgelöster Wirkfaktor - davon betroffene Nutzungsansprüche bzw. Naturraumpotenziale, kurz: *Verursacher - Wirkung - Betroffener*. Weiterhin verfolgen sie *Folgewirkungen*, die von der Veränderung eines betroffenen Nutzungsanspruchs bzw. Potenzials auf andere Nutzungen und Potenziale ausgehen können. Darunter können auch Rückwirkungen (Rückkopplungen) fallen, sodass *Wechselwirkungen* zwischen Nutzungsansprüchen offen gelegt werden können (Bierhals et al. 1974, 78). Die natürliche Umwelt ist ein Geflecht aus Ursachen, Wirkungen, Folge- und Rückwirkungen.

Wirkungsanalysen verlangen eine funktionale Betrachtungsweise; sie basieren nicht auf homogenen Raumeinheiten. Damit ergänzen sie die Überlagerung (s. Kap. 5.3), die räumliche, nicht jedoch funktionale Beziehungen abbilden kann. Sie sind Methoden zur Aufschlüsselung von Wirkungszusammenhängen.

In diesem Zusammenhang sind folgende Klassen von *Beziehungen* zu unterscheiden:

- Kausalbeziehung: A ist die Ursache von Wirkung B; B tritt immer ein, wenn A eintritt. Die Beziehung ist eindeutig und reproduzierbar (deterministisch), Beispiel: durch Versiegelung wird die Versickerung auf Null reduziert.

- Korrelativbeziehung: A ist mehr oder weniger wahrscheinliche Ursache der Wirkung B; B tritt mehr oder weniger wahrscheinlich ein, wenn A eintritt (stochastische Beziehung), Beispiel: Nach Flächenverlust kann eine Intensivierung auf den verbleibenden landwirtschaftlich genutzten Flächen folgen.

- Koinzidenz: A und B treten gleichzeitig auf, eine Ursache-Wirkungs-Beziehung ist jedoch nicht nachweisbar, Beispiel: gleichzeitiger Rückgang der Geburtenrate und der Weißstorchpopulationen in Mitteleuropa.

Systemanalytische Betrachtung

Wirkungsanalysen setzen eine Systemanalyse voraus, da sie versuchen, das System Umwelt in seine Komponenten aufzuschlüsseln und dadurch zu modellieren. Dabei werden zunächst aktive Komponenten identifiziert, die es in der Untersuchung weiter zu verfolgen gilt. Diese werden systemanalytisch unterteilt in *Sender* (Komponenten, von denen Wirkungen ausgehen = Verursacher) und *Empfänger* (Komponenten, auf die Wirkungen einwirken = Betroffene). Die Beziehungen zwischen den Komponenten werden als *Prozesse* aufgefasst, Auswirkungen werden dabei als *Output*, Einwirkungen als *Input* und der Weg vom Sender zum Empfänger als *Prozessstrecke* betrachtet (s. Abb. 5.4.1). Wenn von einem System nur Eingangs- und Ausgangsgrößen (Input und Output), nicht jedoch das Innere des Systems bekannt sind, spricht man von einer "Black Box".

Beispiele: Die Anlage eines Parkplatzes mit Verbundsteinpflaster (Sender) hat die Überdeckung des Bodens zur Folge (Output), durch die Versiegelung (Prozess) wird die Versickerung von Wasser (Input) im Boden (Empfänger) reduziert. Der Betrieb eines Braunkohlekraftwerks (Sender) hat SO_2-Ausstoß (Output) zur Folge, dieses wird durch die Luft transportiert (Prozess) und kann als saurer Niederschlag (Input) Wälder (Empfänger) schädigen.

Prinzipielle Grenzen

Die kausale Betrachtungsweise kann Ursache-Wirkungs-Zusammenhänge aufschlüsseln. Dies endet dort, wo die Menge der Variablen nicht mehr verarbeitet werden kann. Für keine Wirkungsanalyse können jemals alle erforderlichen Daten vollständig und gleichzeitig zur Verfügung stehen. "Will man dem Komplexitätsproblem in der Landschaftsplanung Herr werden, so muß eine endliche Zahl von Komponenten (Elemente und Prozesse) definiert werden, d. h. Komplexität wird reduziert." (Krause 1980, 23)

In natürlichen Systemen lassen sich darüber hinaus Kausalbeziehungen selten nachweisen; es wird unter Unsicherheit (vgl. Kap. 6.1) geplant; deshalb tritt die Ökologische Risikoanalyse (vgl. Kap. 7.6), die normative Elementen beinhaltet, oft an die Stelle einer Wirkungsanalyse.

5.4.3 Wirkungsketten

Eine Wirkungskette ist eine "Folge von Wirkungen, bei denen Wirkungen zu Ursachen neuer Wirkungen werden" (Scharpf 1982, 92). Beispielsweise wird infolge der durch die Versiegelung durch den Parkplatzbau reduzierten Versickerung die Neubildungsrate von Grundwasser herabgesetzt.

In den Naturwissenschaften wird oft mit linearen Kausalketten gearbeitet, d. h. eine Ursache löst genau eine Wirkung bei genau einem Betroffenen aus, die wiederum genau eine Folgewirkung bei genau einem Betroffenen auslöst usw. Dies gelingt nur unter Laborbedingungen, indem Kausalketten isoliert unter Ausschluss vielfältiger verflochtener Ereignisse betrachtet werden. Bei der Abschätzung von Gefährdungen der menschlichen Gesundheit durch Schadstoffe mithilfe von Dosis-Wirkungs-Beziehungen ist ein solches Vorgehen die Regel (vgl. Protoschill-Krebs et al. 1994).

Wirkungsketten werden durch drei Schritte gebildet (Krause 1980, 34):

1. Identifizieren der aktiven Elemente
2. Charakterisieren des Wirkungsgeschehens
3. Korrelieren des Wirkungsgeschehens mit den Systemverhältnissen der aktiven Elemente.

Wirkungsketten können meist nur durch interdisziplinäre Zusammenarbeit identifiziert werden. Die Intensität der Folgewirkungen kann mit quantitativen Indikatoren abgeschätzt werden, wenn physikalische Gesetzmäßigkeiten dominieren. Ansonsten ist eine Abschätzung durch Analogieschlussverfahren nötig (Scharpf 1982, 92 f.).

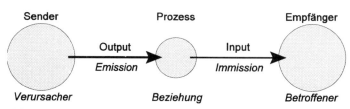

Abbildung 5.4.1: Systemanalytische Betrachtung der Wirkungsanalyse

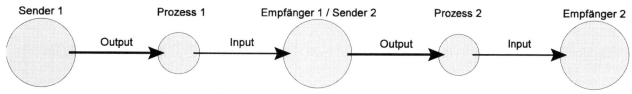

Abbildung 5.4.2: Folgewirkung in systemanalytischer Betrachtung

Abbildung 5.4.3 zeigt schematisch eine Wirkungskette, die durch den Gebrauch von Streusalz an Straßen im Winter ausgelöst wird.

5.4.4 Verflechtungsmatrix, Checklisten

Ziel der Verflechtungsmatrix oder Wirkungsmatrix ist es, als relevant erkannte Elemente miteinander in Beziehung zu setzen, zu bewerten und dabei Schlüsselfaktoren zu identifizieren.

Empfindlichkeitsmatrix

Schemel (1979) hat im Rahmen der Raumempfindlichkeitsuntersuchung (vgl. Kap. 7.5) die *Empfindlichkeitsmatrix* eingeführt. Sie listet grundsätzliche Konfliktmomente auf und ordnet sie Raumtypen zu (vgl. Ausschnitt in Tab. 5.4.1). Mit geringem Aufwand können so wichtige Empfindlichkeiten eines Landschaftsausschnitts gegen bestimmte Nutzungsarten und -intensitäten gekennzeichnet werden. Schemels Verflechtungsmatrix ist eine Kreuztabelle, die grundsätzliche Beziehungen oder Konfliktmomente auflistet.

Konfliktmatrix

Die Konfliktmatrix macht Aussagen über negative Auswirkungen von Maßnahmen auf die Umwelt. Basierend auf der in Kapitel 5.3.4 dargestellten Matrix von McHarg (1969) bringt sie Verflechtungsnetze zwischen den betroffenen Objekten zum Ausdruck, strukturiert aber keine Wirkungsabläufe (Krause u. Henke 1980, 228). Ziel von McHarg (1969) war die umfassende Eignungsbewertung auf der Basis homogener Raumeinheiten. Wirkungsanalysen verlangen jedoch eine funktionale Betrachtungsweise und setzen daher im Gegensatz zur McHarg-Methode keine homogenen Raumeinheiten voraus. Mit der Konfliktmatrix lassen sich Aussagen machen über (Bierhals et al. 1974, 79):

- das Verhältnis von Verursachern und Wirkungen
- die Verkettung von Wirkungen und Folgewirkungen
- die Verknüpfung von Verursachern und Betroffenen

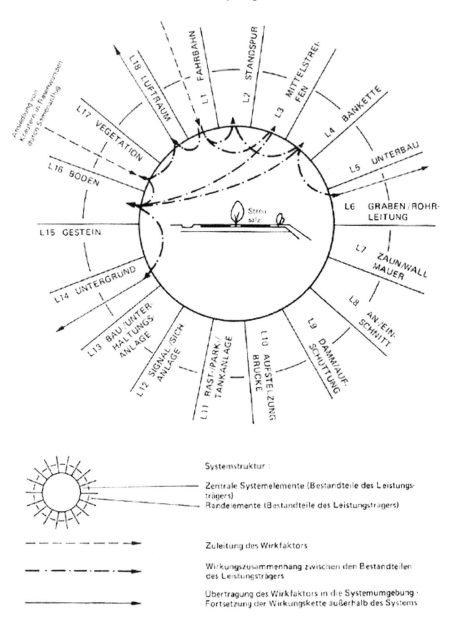

Abbildung 5.4.3: Beispielhafte Darstellung einer Verkettung von Wirkungen durch den Wirkfaktor "Streusalz" (aus: Krause 1980, 101)

- den Zusammenhang von Wirkungen und Betroffenen

Tabelle 5.4.1: Empfindlichkeitsmatrix: Zuordnung der Funktionsräume zu den für sie relevanten Konfliktzonen (aus: Schemel 1979, 84, Ausschnitt)

	Funktionsräume (Typen) / Konfliktzonen	a	b	c	d	e	f	g	h
Biotopfunktion	Naturschutzgebiete, Nationalparks	x		x	x				
	Naturdenkmale	x		x	x				
	Kartierte Biotope	x		x	x				
	Ökologische besonders wertvoller Wald	x		x	x				
	Sonstige ökologisch wertvolle Bereiche	x		x	x				
	Naturnahe Gewässer mit Uferbereich	x		x	x				
	Bewegungsräume für wandernde Tierarten							x	
	Grünland (ökolog. Funktion)								
	Mischwald								
	Landschaftsbereiche mit hoher natürl. Diversität (bei sonst. Monostruktur)								
	Landschaftsschutzgebiete (ökolog. Funktion)	x		x	x				
	Geschlossener Lebensbereich							x	
Erholungsfunktion	Ruhezonen der Erholung	x	x			x			
	Intensivzonen der Erholung	x	x	x					
	Bereiche der Feierabenderholung	x	x			x			
	Erholungswälder	x	x						
	Landschaftsschutzgebiete und sonst. planerisch ausgewiesene Erholungsräume (Erlebniswert)	x	x			x			
	Erlebnisräume naturnahen Charakters					x		x	
	Erlebnisräume mit dörflicher Struktur und Grünlandnutzung					x		x	
	Exponierte Hänge, Kuppen und landschaftsbestimmende Grünzüge					x		x	
	Typische, ungewöhnliche Landschaftsformen	x	x			x			
	Reichhaltig gegliederte Landschaftsbereiche					x		x	

a Straßentrasse (Flächenverlust), b Lärmzonen, c Abgaszonen, d Abwassereinflussbereich, e Visuelle Ausbreitungsräume, f Stauräume behinderter Luftbewegung, g Zerschneidungseffekt (unterbrochene Verbindungen), h Nebeleffekt (gefährdete Streckenabschnitte)

Bierhals et al. (1974, 79) bezeichnen diesen Typ der Verflechtungsmatrix auch als "Verursacher - Wirkung - Betroffener - Matrix" (s. Tab. 5.4.2). Die Detaillierung erfolgt je nach Planungsmaßstab und Art der vorhandenen Unterlagen auf der Basis von Systemanalysen. Die allgemeine Konfliktmatrix kann damit als *Checkliste* verwendet werden, denn sie zeigt allgemein zu erwartende Auswirkungen und damit potenzielle Konflikte auf (ebd., 81). Auf dieser Basis ist im Einzelfall zu prüfen, ob die Konflikte im Raum tatsächlich auftreten, was auch eine Frage von Nutzungsintensität und Empfindlichkeit ist.

Ökologische Risikoanalyse

Bei der Präferenzmatrix der Ökologischen Risikoanalyse nach Bachfischer (1978, vgl. Kap. 7.6) tritt die kartographische Abgrenzung von Wirkungen in den Vordergrund, die Verflechtung tritt zurück.

Vergleich der Ansätze

Der Vorteil der Empfindlichkeitsmatrix liegt darin, dass ohne informatorischen und analytischen Aufwand in kürzester Zeit mittels Vergleich von Merkmalen und Phänomenen die wichtigsten Empfindlichkeitsmomente eines Raums für bestimmte Nutzungsintensitäten ermittelt werden können. Die Konfliktmatrix bringt zusätzlich die Verflechtung der betroffenen Funktionen zum Ausdruck. Die Ökologische Risikoanalyse bietet dagegen den Vorteil der räumlich konkreten Darstellung (Krause u. Henke 1980, 232).

Die Ablaufmatrix nach Krause (1980) versucht, Wirkungsabläufe zu strukturieren und dynamische Wirkungen zu integrieren, um die Vorteile der genannten Ansätze zusammenzuführen. Als Mehrfachmatrix versucht sie, mehrere Dimensionen einzubeziehen. Sie ist jedoch schwer zu veranschaulichen und nur sinnvoll machbar bei Vorliegen von Grundlagenforschung (Ökosystemforschung), sodass sie in der Praxis kaum Bedeutung erlangt hat und hier nur der Vollständigkeit halber genannt wird.

Tabelle 5.4.2: Matrix der Beziehungen Verursacher - Auswirkungen - Betroffener (aus: Bierhals et al. 1974, 82)

5.4.5 Wirkungsdiagramme

Wirkungsketten sind linear, d. h. sie setzen jeweils einen Verursacher mit einem Betroffenen über eine Wirkung kausal in Beziehung.

In der Realität stellt man jedoch oft fest, dass ein Verursacher auf mehrere Betroffene und mehrere Verursacher auf einen Betroffenen wirken, dass also multikausale Beziehungen und damit Wirkungsnetze vorherrschen.

Im Rahmen des Gutachtens zur Umweltverträglichkeit der Bundesautobahn A4 Rothaargebirge haben Kiemstedt et al. (1982) daher Wirkungsschemata entwickelt

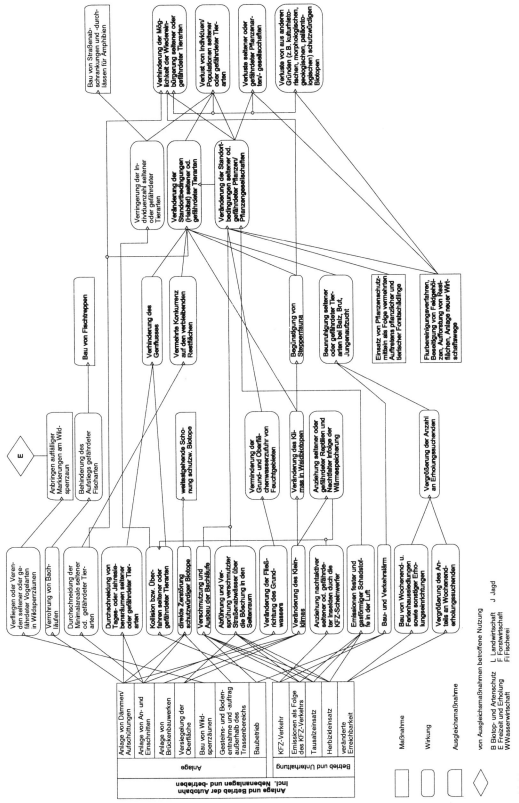

Abbildung 5.4.4: Wirkungsschema Biotop- und Artenschutz (aus: Kiemstedt et al. 1982, 397)

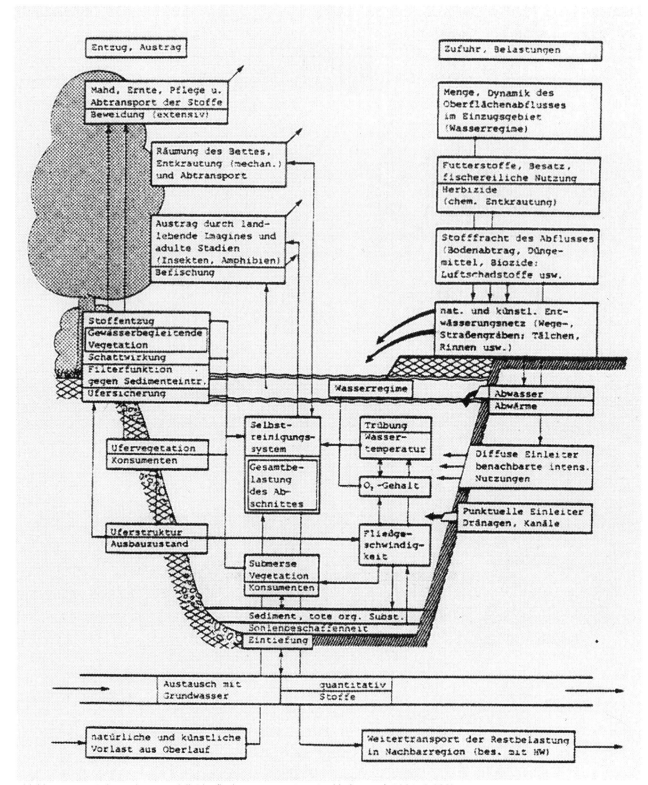

Abbildung 5.4.5: Faktorwirkungsmodell Oberflächengewässer (aus: Bachhuber et al. 1984, 3-038)

(s. Abb. 5.4.4), die sie neben die Konfliktmatrix (s. o.) stellen. Solche Wirkungsdiagramme sind mathematisch betrachtet nicht-zyklische Graphen mit Knoten und Beziehungen (Kanten); sie repräsentieren unsichere Variablen und Entscheidungen, die ausdrücklich probabilistische Abhängigkeiten und Informationsfluss zeigen (Zhu et al. 1998, 38 f.). Die Diagramme sollen die wichtigsten Wirkungsabläufe und Prozessstrecken transparent machen; die Übersicht hat jedoch darstellungstechnische Grenzen.

Haber und Mitarbeiter an der TU München haben den Kiemstedt'schen Ansatz weiterentwickelt zu so genannten Faktorwirkungsmodellen (s. Abb. 5.4.5). Sie sollen sich auf die wesentlichen Faktoren und Beziehungen beschränken sowie systemare und funktionale Zusammenhänge aufzeigen und so die Auswirkungen von Nutzungen auf die natürlichen Ressourcen veranschaulichen. Ziel ist auch eine Modellierung, die eine rechnergestützte Bearbeitung in Geo-Informationssystemen erlaubt, d. h. in Datenflussmodelle umsetzbar ist. Zhu et al. (1998) verfolgen für entscheidungsunterstützende Systeme einen ähnlichen Ansatz auf der Basis von so genannten räumlichen Einflussdiagrammen.

5.4.6 Probleme von Wirkungsanalysen

Beziehungen offen

Zu der Verflechtungsmatrix nach Schemel und dem Wirkungsdiagramm nach Kiemstedt et al. ist kritisch anzumerken, dass Beziehungen angegeben werden, ohne den Wirkfaktor zu benennen. Damit ist unklar, welche Beziehung besteht, überspitzt heißt ein Kreuz in der Matrix oder eine Verbindung im Netz ohne Anmerkung: "Da ist etwas, aber wir wissen nicht, was." Diese Information ist für die weitere Untersuchung und die Entscheidungsvorbereitung nur von sehr begrenztem Nutzen.

Analytische Methoden bei komplexen Systemen?

Systeme kann man allgemein typisieren, wie in Tabelle 5.4.3 dargestellt.

Tabelle 5.4.3: Typisierung von Systemen (nach Scharpf 1982, 85)

Elemente \ Beziehungen	bestimmt	unbestimmt
gering	einfache Systeme	komplexe Systeme
groß	komplizierte Systeme	überkomplexe Systeme

Ökosysteme sind meist schlecht definiert, d. h. komplex oder überkomplex. Das macht den Einsatz von Wirkungsanalysen, die an Algorithmen gebunden sind, unmöglich. Lediglich Teilbereiche sind in wissenschaftlichen Einzelabhandlungen so gut untersucht, dass Algorithmisierung möglich ist. Dies darf aber nicht zur selektiven Berücksichtigung der wohldefinierten Systembestandteile führen. In schlecht definierten Systemen braucht man heuristische Methoden wie Szenario (vgl. Kap. 6.5) oder Verflechtungsmatrix/Checkliste (Scharpf 1982, 86 f.).

Durch die analytische Vorgehensweise, d. h. das Zerlegen der Realität in Einzelbestandteile, kann es leicht zu einer Vielzahl vermeintlich oder tatsächlich wichtiger Elemente und Beziehungen und damit zu Unübersichtlichkeit und Unsicherheit kommen. Wirkungsketten können nahezu unendlich werden, da die Zusammenhänge und Abhängigkeiten in natürlichen Systemen vielfältig sind. Komplizierte Modelle sind nicht automatisch besser als einfache.

Die Forderung nach problemadäquaten, aber möglichst einfachen Modellen bedeutet, dass problemspezifisch und normativ wesentliche Elemente, Beziehungen sowie Anfang und Ende von Wirkungsketten festgelegt werden müssen.

Damit bleibt die Methode aber immer noch reduktionistisch. Nicht alle Eigenschaften eines Systems können aus den Eigenschaften und Beziehungen seiner Elemente heraus geschlossen werden. Emergente Eigenschaften (s. Kap. 2.6.5) sind für das Verständnis von Ökosystemen besonders wichtig.

In laborähnlichen Versuchen zustande gekommene Einzelerkenntnisse helfen nur begrenzt weiter, da hier Wechselbeziehungen weitestgehend ausgeschaltet werden. So werden geschlossene Systeme erzeugt, in denen äußere Einflüsse höchstens als Störgrößen einfließen und die innere Ordnung allein die Gleichgewichte garantiert. Ökosysteme sind jedoch meist keine Inseln, sondern offene Systeme, die vielfältigen, sich ggf. gleichzeitig ändernden Bedingungen ausgesetzt sind.

Ziel muss es daher sein, analytisch-reduktionistische und holistische Vorgehensweisen zusammenzuführen. "Natur folgt eben nicht ein paar exakten Regeln, die wir ihr irgendwo entlockt haben, sondern die Mannigfaltigkeit und die Besonderheit des konkreten Einzelfalles ist Trumpf" (Scharpf 1982, 75).

Lösungsansatz Ökosystemforschung

Das Hauptziel der Ökosystemforschung ist es, Zusammenhänge in Ökosystemen kausal zu erklären, wobei eine Konzentration auf funktionale Ziele erfolgt (s. hierzu Ellenberg 1973; Haber 1978).

In den letzten Jahrzehnten ist die Ökosystemforschung mit erheblichem Aufwand von der UNESCO (über das Programm MAB - Man and the Biosphere), Bund und Ländern gefördert worden. Es wurden in Deutschland Ökosystemforschungszentren gegründet. Dank deren Arbeit sind einige Ökosysteme inzwischen sehr gut untersucht (z. B. Bornhöveder Seenplatte, Solling, Hochgebirge Berchtesgaden) und einige Erkenntnisse sind auf andere Ökosysteme übertragbar. Dennoch gilt nach wie vor, was oben gesagt wurde: Ökosysteme sind überkomplexe Systeme, in denen nur unter mehr oder weniger großer Unsicherheit geplant werden kann.

5.4.7 Bedeutung von Wirkungsanalysen heute

Checklisten

Checklisten sind heute Standardmethoden bei der Umwelterheblichkeitsprüfung, der kommunaleN Umweltverträglichkeitsprüfung sowie der Erstellung von Wirkungsprofilen für Vorhabentypen bei der Projekt-UVP (s. Kap. 3.2). Sie werden hier meist eingesetzt, um festzulegen, ob und welche vertieften Untersuchungen stattzufinden haben. Für viele Vorhabentypen (z. B. Straßen, Kläranlagen) kann man inzwischen auf vorliegende Checklisten zurückgreifen, die nur noch auf den Einzelfall angewendet werden müssen.

Es muss aber betont werden, dass das Abarbeiten von Checklisten nur den ersten Untersuchungsschritt darstellt. Ansätze, die hierbei stehen bleiben und lediglich vorsehen, vom Schreibtisch aus Wirkungen und ihre Intensität intuitiv anzukreuzen, führen zu mystischen Aussagen.

Wirkungsanalysen in der Landschaftsplanung und der UVP

Jede Landschaftsplanung beinhaltet eine ökologische Wirkungsanalyse - trotz aller Bedenken ist es ohne diese Methode nicht möglich, Maßnahmen zu ermitteln und zu begründen (vgl. Kiemstedt et al. 1990).

Ebenso ist die Ökologische Wirkungsanalyse unverzichtbarer Bestandteil jeder Umweltverträglichkeitsstudie und jedes Landschaftspflegerischen Begleitplans, denn diese sollen gemäß § 2 UVPG Auswirkungen eines Vorhabens auf die Umwelt ermitteln und beschreiben bzw. gemäß § 8 BNatSchG erhebliche oder nachhaltige Beeinträchtigungen des Naturhaushalts oder des Landschaftsbilds ermitteln und ggf. vermeiden, ausgleichen oder ersetzen helfen. Die Wirkungsanalyse wird hierbei meist in die Ökologische Risikoanalyse als Arbeitsschritt eingebettet (vgl. Kap. 7.6 und Scholles 1997, 194 ff.).

Sowohl in der Landschaftsplanung als auch der UVP kann aufgrund von Kenntnislücken, die mit wahrscheinlichen Annahmen, Analogieschlüssen oder normativen Aussagen z. T. geschlossen werden können, nur unter Unsicherheit gearbeitet werden - dies bringt der Begriff "Risikoanalyse" zum Ausdruck.

Wirkungsanalysen in der Luftreinhaltepolitik

Aufbauend auf Wirkungsketten wird in der Luftreinhaltepolitik versucht, Schwellenwerte (s. Kap. 4.3.3) zu erforschen. Ziel ist es, Konzentrationen bzw. Eintragsraten zu identifizieren, bis zu denen Ökosysteme durch Puffervermögen oder Reparaturmechanismen Schadstoffbelastungen aufnehmen können, ohne dass Wirkungen zu beobachten sind, ohne dass sie sich also irreversibel verändern. Dieses Konzept der Critical Levels und Critical Loads (s. Kap. 4.3.3 sowie Nagel et al. 1994; Nagel u. Gregor 1999) liegt z. T. auch den Zielvorstellungen einer nachhaltigen Entwicklung zugrunde (SRU 1994, vgl. Kap. 4.4). Es wurde von der Wirkungsforschung entwickelt.

In diesem Zusammenhang wurden Bioindikationsmethoden entwickelt (s. LFU 1994a) und - darauf basierend - vom Bund und einigen Ländern Wirkungskataster aufgebaut (s. LFU 1994b). Es handelt sich um einen wissenschaftlichen Ansatz, aus dem rechtliche oder politische Standards nicht direkt abgelesen werden können. Vielmehr sollen die Wirkungsschwellenwerte wissenschaftliche Hintergrundinformation zur Definition von Standards liefern.

Abgesehen davon, dass es bislang nur gelungen ist, diesen Ansatz für das Schutzgut Luft auszufüllen, muss angemerkt werden, dass Vorsorge v. a. darauf zielt, wie man Umwelt schützen und entwickeln kann, und weniger, was man ihr an Belastung noch zumuten kann. Häufig sind diese Schwellen bereits überschritten. Daher dürfen Wirkungsschwellenwerte nicht als politische Standards missverstanden werden.

Literatur

BACHHUBER, R.; GERTBERG, W.; HABER, W.; KAULE, G.; KERNER, H.; SCHALLER, J.; SITTARD, M., 1984: Landschaftsökologische Modelluntersuchung Ingolstadt (Moding), Berlin (UBA-Texte, 23/84).

BIERHALS, E.; KIEMSTEDT, H.; SCHARPF, H., 1974: Aufgaben und Instrumentarium ökologischer Landschaftsplanung. Raumforschung und Raumordnung 32 (2): 76-88.

ELLENBERG, H. (Hrsg.), 1973: Ökosystemforschung, Berlin.

HABER, W., 1980: Ökosystemforschung - Ergebnisse und offene Fragen. In: Buchwald, K.; Engelhardt, W. (Hrsg.): Handbuch für Planung, Gestaltung und Schutz der Umwelt. Band 1: Die Umwelt des Menschen, München, 80-89.

KIEMSTEDT, H.; TROMMSDORFF, U.; WIRZ, S., 1982: Gutachten zur Umweltverträglichkeit der Bundesautobahn A4-Rothaargebirge, Hannover (Beiträge zur räumlichen Planung, 1).

KIEMSTEDT, H.; WIRZ, S.; AHLSWEDE, H., 1990: Gutachten "Effektivierung der Landschaftsplanung", Berlin (UBA-Texte, 11/90).

KRAUSE, C.L., 1980: Methodische Ansätze zur Wirkungsanalyse im Rahmen der Landschaftsplanung. In: Krause, C.L.; Henke, H.: Wirkungsanalysen im Rahmen der Landschaftsplanung, 7-206, Bonn-Bad Godesberg (Schriftenreihe Landschaftspflege und Naturschutz, 20).

KRAUSE, C.L.; HENKE, H., 1980: Beispielhafte Untersuchung von Wirkungszusammenhängen im Rahmen der Landschaftsplanung. In: Krause, C.L.; Henke, H.: Wirkungsanalysen im Rahmen der Landschaftsplanung, 207-300, Bonn-Bad Godesberg (Schriftenreihe Landschaftspflege und Naturschutz, 20).

LANDESANSTALT FÜR UMWELTSCHUTZ BADEN-WÜRTTEMBERG (Hrsg.), 1994a: Methoden zu Wirkungserhebungen - Ein Methodenhandbuch, 78 S., Karlsruhe.

LANDESANSTALT FÜR UMWELTSCHUTZ BADEN-WÜRTTEMBERG (Hrsg.), 1994b: Signale aus der Natur. 10 Jahre Ökologisches Wirkungskataster Baden-Württemberg, 63 S., Karlsruhe.

McHARG, I.L., 1969: Design with Nature, 197 S., Philadelphia.

NAGEL, H.-D.; GREGOR, H.-D. (Hrsg.), 1999: Ökologische Belastungsgrenzen - Critical Loads & Levels. Ein internationales Konzept für die Luftreinhaltung, Berlin.

NAGEL, H.-D.; SMIATEK, G.; WERNER, B., 1994: Das Konzept der kritischen Eintragsraten als Möglichkeit zur Bestimmung von Umweltbelastungs- und -qualitätskriterien - Critical Levels & Critical Loads -, 75 S., Stuttgart (Materialien zur Umweltforschung, 20).

PROTOSCHILL-KREBS, G.; SERWE, H.-J.; KOBUSCH, A.-B.; FEHR, R., 1994: Quantitative Risikoabschätzung als zentrale Methode der GVP - Grundlagen. UVP-report 8 (1): 5-9.

DER RAT VON SACHVERSTÄNDIGEN FÜR UMWELTFRAGEN, 1994: Umweltgutachten 1994 für eine dauerhaft-umweltgerechte Entwicklung, 378 S., Stuttgart.

SCHARPF, H., 1982: Die ökologische Risikoanalyse als Beitrag zur Umweltverträglichkeitsprüfung in der Landwirtschaft. Dissertation, 208 S. + Anh., Hannover.

SCHEMEL, H.-J., 1979: Umweltverträglichkeit von Fernstraßen - ein Konzept zur Ermittlung des Raumwiderstandes. Landschaft + Stadt 11 (2): 81-90.

SCHOLLES, F., 1997: Abschätzen, Einschätzen und Bewerten in der UVP. Weiterentwicklung der Ökologischen Risikoanalyse vor dem Hintergrund der neueren Rechtslage und des Einsatzes rechnergestützter Werkzeuge, 273 S., Dortmund (UVP-Spezial, 13).

STEINITZ, C.; MURRAY, T.; SINTON, D.; WAY, D., 1969: A Comparative Study of Resource Analysis Methods, 382 S., Cambridge, Mass..

ZHU, X.; HEALEY, R.G.; ASPINALL, R.J., 1998: A Knowledge-Based Systems Approach to Design of Spatial Decision Support Systems for Environmental Management. Environmental Management 22 (1): 35-48.

6. Prognosemethoden

6.1 Planung unter Unsicherheit: Risiko, Risk Assessment

Frank Scholles

6.1.1 Planung und Unsicherheit

Unsichere Information

Planung hat es häufig mit unvollständiger oder unsicherer Information zu tun, d. h. an die Stelle von kausalanalytischen Beschreibungen von Zusammenhängen treten Ergebnisse, die nicht frei von subjektiven Einflüssen sind und deren Wahrscheinlichkeit kleiner als eins ist, die also nicht sicher sind.

Wirkungen

Wirkung ist als "Veränderung eines Sachverhalts durch die Veränderung eines anderen" (Scharpf 1982, 92) definiert. Daher sind Wirkungsanalysen (s. Kap. 5.4) nur bei Vorliegen von Kausalbeziehungen uneingeschränkt möglich.

Da die Natur als überkomplexes System jedoch nicht einigen wenigen exakten Regeln folgt, kann man oft nur Korrelationen feststellen. Wo Juristen und Politiker, aber auch Gutachter gerne eindeutige Ursache-Wirkungs-Beziehungen und damit Verursacher-Auswirkung-Betroffener-Zusammenhänge hätten, um dem individuellen Verursacherprinzip genüge zu tun, findet man langfristige, kumulative Wirkungen, die nicht eindeutig Verursachern zuzuordnen und oft erst nach mehreren Jahren beobachtbar sind[1].

Risiko

Der Begriff Risiko ist inzwischen im alltäglichen Sprachgebrauch gängig, nicht zuletzt aufgrund der Werbung für Arzneimittel: "Zu Risiken und Nebenwirkungen lesen Sie die Packungsbeilage oder fragen Sie Ihren Arzt oder Apotheker."

Wissenschaftlich betrachtet, bedeutet der Begriff: Wenn ein Sachverhalt nicht mit Sicherheit (Wahrscheinlichkeit gleich eins) erklärt werden kann, existiert ein *Risiko*, dass sich die Realität (Natur) anders verhält als erklärt[2]. Planungen und insbesondere Prognosen sind folglich auf Risikoabschätzungen angewiesen. Diese müssen aber auch als solche deutlich gemacht werden.

Risk Assessment

In den Vereinigten Staaten wurde das Risk Assessment[3] entwickelt mit dem Ziel, eine Grundlage für Entscheidungen zu schaffen, die sowohl gut begründet als auch gesellschaftlich legitim und akzeptabel sind (Andrews 1988, 85). In der Literatur zum Risk Assessment unterscheidet man verschiedene Arten von Unsicherheit, die zu Risiken führen (s. Abb. 6.1; vgl. Suter II et al. 1987).

Risk Assessment ist nicht vergleichbar mit der Ökologischen Risikoanalyse, wie man sie in Deutschland kennt (vgl. Kap. 7.6), sondern stellt eine quantitative Abschätzung der naturwissenschaftlich-technischen Unsicherheit von Experten-Prognosen dar. Ziel ist es dabei, zur Vorbereitung politischer Entscheidungen naturwissenschaftlich-technische Unsicherheiten im Verfahren von Wertunsicherheiten und Wertediskussionen zu trennen (Morgan u. Henrion 1990, 323).

Aufgrund der Existenz verschiedener Risikobegriffe und der unklaren Verwendung in der Praxis muss zunächst eine begriffliche Klärung vorgenommen werden.

Die vollständige und systematische Abarbeitung des interdisziplinären Gebiets des Risikoforschung würde hier zu weit führen. Deshalb wird auf den stilbildenden Aufsatz von Starr (1969) verwiesen, der die Frage "How safe is safe enough?", die bis heute ohne befriedigende Lösung geblieben ist, in die Diskussion brachte. Zusammenfassende Abhandlungen finden sich u.a. bei Bechmann (1993), Beck (1986), Binswanger (1990), Morgan und Henrion (1990), Rowe (1977).

---

1   Bestes Beispiel hierfür ist die Diskussionen um das Waldsterben, in denen Politik und Öffentlichkeit klare Ursache-Wirkungs-Ketten erwarteten und angesichts der Expertenaussagen, die einmal diesen und einmal jenen Aspekt der Wirkungskomplexe mehr betonten, zu dem Schluss kamen, die Wissenschaft streite noch um die wahre Ursache, sodass noch nicht klar sei, wo man ansetzen könne. Tatsächlich gab es nicht die Ursache, sondern es kamen (und kommen immer noch) diverse Wirkungen zusammen, die schließlich das bewirkten, was man heute Waldsterben oder neuartige Waldschäden nennt.

2   dass z.B. die Arznei nicht nur die gewünschten und bekannten Wirkungen hat

3   vgl. z. B. Andrews (1988); Starr (1969); Suter II (1990); Suter II et al. (1987)

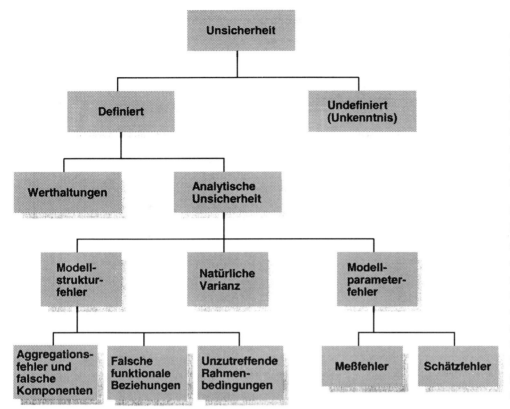

Abb. 6.1: Arten von Unsicherheit (aus: Scholles 1997, 15)

6.1.2 Naturwissenschaftliche Aspekte des Risikos

Risiko oder Gewissheit?

Aus naturwissenschaftlicher Sicht ist zunächst Risiko von Gewissheit und Ungewissheit zu unterscheiden: Sind die Umweltfolgen bekannt, d. h. lassen sich die Wirkungen kausalanalytisch bestimmen, besteht Gewissheit, ist nur bekannt, dass Umweltfolgen eintreten könnten, ohne Wahrscheinlichkeiten für ihr Eintreten angeben zu können, besteht Ungewissheit. In beiden Fällen kann kein Risiko bestimmt werden.

Im Fall der Gewissheit besteht auch kein Bedarf einer Risikoaussage. Wenn z. B. die Temperatur in einem Salmonidengewässer aufgrund einer Kühlwassereinleitung über 25 °C ansteigen wird, ist sicher, dass hier keine autochthone Bachforellenpopulation mehr existieren kann. Es besteht hier kein sehr hohes Risiko für die Tierwelt, sondern die Gewissheit einer erheblichen Beeinträchtigung. Schwieriger zu betrachten ist der Fall der Ungewissheit, denn das Vorsorgeprinzip (Prophylaxe) stellt ja gerade auf den Fall ab, dass Schadensintensität und/oder Eintrittswahrscheinlichkeit nicht hinreichend bestimmt oder bestimmbar sind. Sind beide Größen hinreichend bestimmt, fallen die Untersuchungen in den Bereich der Prävention.

Unkenntnis

Unkenntnis ist der undefinierte Bestandteil der Unsicherheit. Was man nicht weiß, kann notwendigerweise nicht abgeschätzt und daher einer Risikoabschätzung nicht zugänglich gemacht werden.

Man muss sich aber darüber im Klaren sein, dass es immer unbekannte Phänomene gibt und Risk Assessment im günstigsten Fall den Stand der Wissenschaft widerspiegeln kann. Neue wissenschaftliche Erkenntnisse nach Abschluss der Planung können einzelne Aussagen, aber auch die Gesamteinschätzung widerlegen. Eine Wahrscheinlichkeit für das Eintreffen neuer Erkenntnisse ist aber nicht kalkulierbar.

Analytische Unsicherheit

Deterministische Feststellungen können in der Praxis der Prognose selten getroffen werden. Intensität und Häufigkeit von Wirkungen müssen i.d.R. abgeschätzt werden. Es gilt also aus naturwissenschaftlicher Sicht, eine bestimmte Wahrscheinlichkeit zu benennen, mit der eine Wirkung anders ist als erwartet.

Versicherungen können dies in Bezug auf Todesrisiken vergleichsweise genau, weil Zeitreihen und damit Erfahrungswerte vorliegen. Für die Abschätzung ökologischer Risiken sind i.d.R. extrem wenig empirische Daten verfügbar, sodass das analytische Risiko sehr groß ist. Es gibt keine Populationsstatistik für Fische, Amphibien oder Libellen, am ehesten gibt es längerfristige Beobachtungen für Vögel. Darüber hinaus muss bedacht werden, dass es einige Zehntausend allein in Mitteleuropa vorkommende Spezies gibt, die noch nicht einmal alle bekannt sind, aber miteinander und mit ihrer abiotischen Umwelt in vielfältigen Beziehungen stehen. Die Beziehungen wiederum bestimmen die Populationsgrößen und Pufferkapazitäten in weitgehend unbekanntem Umfang. Absolute Prognosen von Umweltzuständen sind daher unglaubwürdig.

Quellen analytischer Unsicherheit
Es gibt verschiedene Quellen analytischer Unsicherheit (vgl. De Jongh 1988; Petzoldt u. Recknagel 1991, 336; Suter II et al. 1987):
- Modellstrukturfehler
- natürliche Varianz
- Modellparameterfehler.

Modellstrukturfehler
Modellstrukturfehler entstehen bei der Kalkulation des Risikos. Da die Realität zu komplex ist, um 1:1 abgebildet werden zu können, muss vereinfacht werden; dazu werden Modelle erstellt. Diese Modelle können falsche Komponenten (Parameter oder Indikatoren), falsche Beziehungen zwischen den Komponenten (oder nur unzureichend qualifizierte) oder unzutreffende Rahmenbedingungen enthalten. Strukturfehler sind nie ganz auszuschließen, ihre Richtung und die Höhe des Ausschlags sind analytisch kaum zu bestimmen.

Natürliche Varianz
Natürliche Varianz entsteht bei der Risikoabschätzung, weil natürliche Systeme typischerweise räumlich heterogen und zeitlich variabel sind. Die Konzentration von Immissionen in der Luft hängt z. B. von meteorologischen Parametern wie Windrichtung oder Wetterlage ab, die kleinräumig und langfristig nicht vorherzusagen sind.

Diese Varianz kann empirisch mit Modell- oder Laborversuchen nur begrenzt kalkuliert werden, weil diese bemüht sind, jeweils nur einen Parameter zu verändern und alle anderen konstant zu halten. Die Wirklichkeit läuft aber nicht unter solchen Ceteris paribus-Bedingungen ab, sondern es ändern sich mehrere Parameter und Beziehungen gleichzeitig und in gegenseitiger Abhängigkeit.

Modellparameterfehler
Viele Parameter und Indikatoren, die Modelle benötigen, können nur außerordentlich schwer gemessen oder sogar nur in Größenordnungen abgeschätzt werden (s. Kap. 5.1). Daraus resultieren Modellparameterfehler (Mess- und Schätzfehler), die mit in die Risikobestimmung eingehen müssen.

Abschätzung analytischer Unsicherheit
Natürliche Varianz kann mithilfe von Zeitreihen, Fuzzy-Methoden[4] oder Simulationen abgeschätzt werden, soweit Langzeituntersuchungen vorliegen und die Simulationsergebnisse statistisch ausgewertet werden können. In der Hydrologie und der Meteorologie ist dies i.d.R. der Fall. In der Ökologie sind solche Abschätzungen nur partiell möglich, die nötigen Daten sind kaum verfügbar und außerdem nur schwierig und mit hohem Kostenaufwand zu erheben. Darüber hinaus erlaubt die Variabilität ökologischer Systeme die Bestimmung von Parametern auch bei beliebig hohem Messaufwand prinzipiell nur mit hoher Unsicherheit (Poethke et al. 1993, 463). Deshalb bleibt oft nur der Weg, fehlende Daten durch begründete Expertenmeinung zu ersetzen (De Jongh 1988, Suter II et al. 1987) oder verschiedene Szenarien (vgl. Kap. 6.5) durchzuführen.

Modellparameterfehler zeigen statistisch beschreibbare Verteilungen, sodass man sie berechnen oder zumindest eingrenzen kann, wenn die Datensammlung und die Erhebungsmethoden dokumentiert sind. Die Verwendung undokumentierter Daten vergrößert das Risiko von Parameterfehlern schon deshalb stark, weil die Rahmenbedingungen der Messung unbekannt sind und nicht mit denen der Standardsetzung übereinstimmen müssen. Solche Daten und die daraus gezogenen Schlüsse sind deshalb abzulehnen.

Modellstrukturfehler sind dagegen nur schwer zu kalkulieren. Die beste Methode ist der Einsatz des Modells mit anderen Bedingungen (Grundannahmen) oder anderen Daten. Man kann Modelle auch "rückwärts" laufen lassen, d. h. beim derzeitigen Zeitpunkt beginnen und bis zu einem vergangenen Zeitpunkt laufen lassen, dessen Zustand dokumentiert ist[5]. Der Vergleich der Modellergebnisse mit dem tatsächlich dokumentier-

---

4   Methoden, die mit unscharfen Begriffen umgehen können

5   "use a selected method against a known standard" (De Jongh 1988, 70)

ten Zustand sagt einiges über die Genauigkeit des Modells aus, wenn eine Dokumentation des vergangenen Zustands vorliegt.

Sensitivitätsanalyse

Durch das gezielte Verändern einzelner Daten lässt sich feststellen, welche Parameter robust gegenüber Veränderungen sind und welche sensitiv. Mit solchen Sensitivitätsanalysen kann man zwar das Risiko eines Strukturfehlers noch nicht kalkulieren, aber sensitive Elemente der Prognose identifizieren.

Information Paradox

Dabei sind einfache Modelle mit wenigen Parametern und wenigen Beziehungen meist leicht zu verifizieren. Da diese Modelle i.d.R. nur triviale Aussagen ergeben, werden komplexere Modelle angestrebt. Höhere Modellkomplexität erhöht aber die Zahl der Parameter und Beziehungen und damit die Möglichkeit, sich Parameterfehler einzuhandeln. Rowe (1977) bezeichnet diesen Zusammenhang als "Information Paradox": Richtigkeit und Genauigkeit von Modellen stehen in umgekehrt proportionalem Verhältnis zueinander. Je komplexer ein Modell wird, je mehr man also über die Struktur der (Um-)Welt weiß, desto größer wird die Unsicherheit, d. h. die Wahrscheinlichkeit, dass eine der Aussagen nicht zutrifft.

6.1.3 Versicherungstechnische Sicht des Risikobegriffs

Versicherung gegen Umweltrisiken

Versicherungen beschäftigen sich professionell mit Risiken, weil sie gegen diese versichern. Seit der Einführung der Umwelthaftung interessieren sich Haftpflichtversicherer für Umweltrisiken.

Eine Versicherung von Umweltrisiken setzt voraus, dass das Risiko (weitgehend) bekannt ist, d. h. es muss analysiert werden. Bei der Analyse wird differenziert nach stofflichen, organisationsbedingten, standortbedingten und betriebsbedingten Risiken (Fleck 1992, 17).

Umweltrisiko ist aus der Sichtweise der Haftpflichtversicherer "ein mit einer Schadeneintrittswahrscheinlichkeit bewertetes Umweltgefahrenpotential" (Fleck 1992, 16). Das bedeutet, dass im Gegensatz zur naturwissenschaftlichen Sichtweise einerseits das potenzielle Schadensausmaß Eingang in die Risikobestimmung findet, andererseits aber nur Risiken betrachtet werden, die hinreichend genau analysiert bzw. analysierbar und quantitativ beschreibbar sind. Daher werden Folgewirkungen der Technik systematisch unterbewertet (Kollert 1993, 42). Da ökologische Risiken i.d.R. schlecht analysiert, komplex, mit hohen Schäden oder Spätschäden behaftet sind und Umweltgesetze und Grundlagenwissen sich noch entwickeln, wird ihnen die Versicherbarkeit abgesprochen (Helten 1991, 125).

Die Bewertung eines Schadens unter Berücksichtigung seines potenziellen Ausmaßes hat in das Risk Assessment und auch die Umweltverträglichkeitsprüfung Eingang gefunden.

6.1.4 Gesellschaftswissenschaftliche Aspekte des Risikos

Risk Assessment und Akzeptanz

Risk Assessment ist eine Form der angewandten Politikanalyse und nicht reine wissenschaftliche Untersuchung. Ziel ist nicht in erster Linie, neues Wissen zu produzieren, sondern eine Akzeptanzbasis für politische Entscheidungen herzustellen.

Die Ergebnisse unterliegen zeitlichen, finanziellen und Wissensrestriktionen und sind als Expertenmeinung normative Aussagen, die Fachleute aufgrund der Erfahrungen, Werthaltungen und Paradigmata ihrer Disziplinen machen (vgl. Andrews 1988, 86). Daraus resultieren weitere Quellen für Unsicherheiten und somit Risiken, die nicht naturwissenschaftlichen Ursprungs sind.

Individuelle Betroffenheit

Manche Sachverhalte stellen subjektiv (also für ein Individuum) ein hohes Risiko dar, obwohl sie naturwissenschaftlich gesehen ein niedriges sind, und umgekehrt. Während analytisches Risiko nicht zwischen individuell erwünschtem Nervenkitzel (Glücksspiel, Kräftemessen) und unerwünschtem, weil unkontrollierbarem Katastrophenpotenzial (drohende Gefahr, schleichende Gefahr) unterscheidet, liegen in der Wahrnehmung durch die Betroffenen Welten zwischen diesen beiden Erlebnishorizonten (Renn 1993, 72).

Subjektive Risikobewertung beruht auf einer intuitiven Schätzung von Gefahren, wie sie im Alltag vollzogen wird. Der entscheidende Faktor für diese Bewertung ist die Kontextabhängigkeit (Abhängigkeit von Begleitumständen). Die relevanten Faktoren für die intuitive

Schätzung sind (vgl. Fietkau 1990; Renn 1993, 69):
- Gewöhnung an die Risikoquelle
- Freiwilligkeit der Risikoübernahme
- vermeintliche oder tatsächliche Kontrollmöglichkeit des Risikograds
- wahrgenommene Natürlichkeit versus Künstlichkeit der Risikoquelle
- Sicherheit fataler Folgen bei Gefahreneintritt (GAU) bzw. Eindruck der Irreversibilität der Risikofolgen
- Möglichkeit von weitreichenden Folgen und vielen Betroffenen
- unerwartete Folgen für die kommende Generation
- sinnliche Wahrnehmbarkeit von Gefahren
- Eindruck einer gerechten Verteilung von Nutzen und Risiko
- Kongruenz zwischen Nutznießer und Risikoträger
- Existenz verbundener Wahrscheinlichkeiten.

Welche Rolle die einzelnen Faktoren spielen, hängt erheblich von der Risikoquelle sowie von Wissen, Werten und Wahrnehmungsbereitschaft der Betroffenen ab.

Individuelle Betroffenheit vs. naturwissenschaftliches Risiko

Solche individuellen Betroffenheiten und subjektiven Risikobewertungen sind nicht Gegenstand der naturwissenschaftlich-technischen Risikoanalyse und fließen damit auch nicht in die naturwissenschaftliche Aufstellung von Schwellenwerten ein. Die oft zitierten Vergleiche zwischen den beiden Risiken, aufgrund von Zigarettenrauch oder eines GAU[6] zu sterben, sind naturwissenschaftlich korrekt, auf der Basis individueller Betroffenheit aber unsinnig, denn das Risiko durch Rauchen ist freiwillig übernommen, man glaubt es kontrollieren zu können und der Schaden liegt v. a. beim Verursacher - alles Faktoren, die beim GAU nicht zutreffen. Politisch abgewogene Standards enthalten solche Bewertungen jedoch in hohem Maße, denn ein politisches Urteil muss abwägen und damit über das Expertenurteil hinausgehen, darf dieses aber auch nicht außer acht lassen.

Unpolitische Risikosicht

Eine Betrachtung, die nur die naturwissenschaftliche Unsicherheit ins Blickfeld rückt, stellt eine vereinfachte Sichtweise des Informationsflusses im Entscheidungsprozess dar.

Danach wird der Unsicherheit durch mehr und genauere (bessere) Information, v. a. durch "bessere" Modelle und Prognosemethoden (vgl. Kap. 6.3), begegnet. Unbestimmte Rechtsbegriffe wie "Stand von Wissenschaft und Technik" oder "Wohl der Allgemeinheit" werden von Technikern über private technische Regelwerke ausgefüllt, die bestimmen sollen, was sicher genug ist und welches Risiko eingegangen werden soll.

Diese Sichtweise verkennt aber, dass der Informationsbedarf vom Entscheidungsträger bestimmt wird und die Planung daher prozedurale Elemente wie die Antragskonferenz und die Öffentlichkeitsbeteiligung kennt, in deren Rahmen erörtert wird, mit welchen Methoden welche Alternativen auf welche Auswirkungen zu untersuchen sind. Folglich wird hier bereits eine Wertung in Form einer Gewichtung vorgenommen.

Wertunsicherheit und Risiko

Neben den naturwissenschaftlich begründeten Unsicherheitsquellen beinhaltet Planung immer subjektive Elemente (v. a. Werthaltungen), die zu Unsicherheit führen.

Welche Auswirkungen sollten vor dem Hintergrund begrenzter Zeit und Mittel vertieft untersucht werden? Wie sind die einzelnen Auswirkungen zu gewichten? Die Risikoanalyse braucht für diese Gewichtungen eine Legitimation in Form von Maßstäben. Diese sind i.d.R. keine entdeckungsbedürftigen Naturphänomene, sondern gesellschaftliche Konventionen, die mit einer wissenschaftlichen Rechtfertigung versehen sind (vgl. Gethmann u. Mittelstrass 1992, 17). Die Existenz verschiedener Auffassungen über Konventionen in Gesellschaften ist die Regel und in unterschiedlichen Werthaltungen begründet. Ob eine naturwissenschaftlich festzustellende Wirkung als Schaden aufgefasst wird, ist eine gesellschaftliche Frage, die politisch entschieden wird. Analytische Unsicherheit kann prinzipiell durch verstärkte Forschung reduziert werden, Reduktion von Unsicherheit bei Werthaltungen bedarf des Konfliktmanagements (vgl. Kap. 9).

Wenn Bewertung anonymisiert und mit Sachzwängen begründet wird, kann nicht mit Vertrauen und Akzeptanz bei den Betroffenen gerechnet werden, denn: Politiker sind dankbar für Sicherheit und Konsens; wenn diese jedoch nicht gut begründet sind, führt das schlicht

---

6 Größter anzunehmender Unfall in einem Kernkraftwerk

zu öffentlichem Zynismus über die Untersuchung, ohne Opposition gegen die Entscheidung zu reduzieren (Andrews 1988, 91).

Allgemeine Richtlinien

Wertunsicherheit kann auch wirkungsvoll durch die Herausgabe allgemeiner Richtlinien reduziert werden. Damit wird die Diskussion auf eine allgemeinere Ebene verlagert.

Verwaltungsvorschriften stellen vom Ansatz her einen solchen Versuch dar. Die Vorteile liegen auf der Hand: Vorgehensweisen, die vorgegeben sind, brauchen auf der Projektebene nicht mehr diskutiert zu werden. Nachteilig ist aber, dass nicht alle Aspekte des Einzelfalls antizipiert werden können und hohe Regelungsdichte Kreativität und die Beachtung von Besonderheiten verhindert. Hilfreich wären Richtlinien und Standards, die Spielräume innerhalb einer bestimmten Spanne zur Berücksichtigung des Einzelfalls lassen.

Fundierte Risikoanalysen müssen nicht nur Unsicherheit reduzieren, sondern deutlich machen, welche Unsicherheiten trotz allem bleiben. Insgesamt kann das Hauptproblem der Wertunsicherheit nicht gelöst, sondern nur verdeutlicht werden.

Unsicherheit über benachbarte Entscheidungen

Häufig stehen nicht einzelne Entscheidungen zu einem Vorhaben in einem bestimmten Raum zur Debatte, sondern sind Entscheidungen Teil eines größeren Geflechts.

Wird z. B. gleichzeitig die Genehmigung einer Wohn- und Bürobebauung und die einer Straße geprüft, so sind für den Straßenquerschnitt insbesondere Angaben über die Höhe des zu erwartenden neuen Verkehrs aufgrund der neuen Bebauung erforderlich und umgekehrt für die Frage der zulässigen Baumasse der genehmigungsfähige Straßenquerschnitt. Wenn benachbarte Entscheidungen in unabhängigen Verfahren durchgeführt werden, dann entsteht Entscheidungsunsicherheit. Diese kann aber durch gegenseitige Information und Koordination der Entscheidungsträger wirkungsvoll reduziert werden. Im deutschen Planungssystem kommt diese Aufgabe der räumlichen Gesamtplanung zu (s. Kap. 2.3).

6.1.5 Juristische Aspekte des Risikos

Risikobewertung

Entscheidungen sind häufig Gegenstand gerichtlicher Auseinandersetzung, v. a. wenn Wertunsicherheiten bei Betroffenen nicht ausreichend berücksichtigt werden. Zu § 12 UVPG kommentieren Erbguth und Schink (1991, 221 f.): "Gegenstand des Bewertens ist die Beurteilung der zusammenfassenden Darstellung als Risikoabschätzung; es handelt sich also um eine Risikobewertung". Daher ist es wichtig, auf die Behandlung von Risiken durch die Rechtsprechung einzugehen.

Risiko als Rechtsbegriff

Der Risikobegriff ist kein traditioneller Rechtsbegriff wie der Gefahrbegriff. Gefahr setzt die Kenntnis von Umständen, eine Erfahrungsregel oder eine hinreichende Wahrscheinlichkeit der Schädigung von Rechtsgütern voraus. Hinreichende Wahrscheinlichkeit wird dann als gegeben angenommen, wenn mehr dafür spricht als dagegen. Allerdings muss das juristische Gefahrenurteil neben der rechnerischen Wahrscheinlichkeit die Intensität und die Bedrohlichkeit eines möglichen Schadens berücksichtigen.

Kurz formuliert wird dies in der "Je-desto-Regel": "Je gewichtiger das gefährdete Gut und/oder je größer der zu befürchtende Schaden ist, desto geringere Anforderungen sind an die Höhe der Eintrittswahrscheinlichkeit zu stellen." (Kloepfer 1993, 65)

Der Risikobegriff stellt juristisch gesehen eine Erweiterung des klassischen Gefahrenbegriffs in den Bereich theoretischer Schadensmöglichkeiten hinein dar. Damit ist Risikovorsorge ein Paralleltatbestand zur Gefahrenabwehr, zu dem es einer besonderen gesetzlichen Ermächtigung bedarf (Di Fabio 1991, 357). Juristen sprechen von einem Risiko, wenn ein Schaden möglich ist, der Schadensverlauf und die Eintrittswahrscheinlichkeit aber nicht hinreichend sicher beurteilt werden können. Kloepfer (1993) hat eine begriffliche Differenzierung vorgelegt, die aufgrund ihrer Bindung an die Rechtsordnung gerade im Hinblick auf die Planung und die Umweltverträglichkeitsprüfung (s. Kap. 3.2) hilfreich ist (vgl. Kap. 6.2).

Juristischer vs. naturwissenschaftlicher Risikobegriff

Im Vergleich zum naturwissenschaftlichen Risikobegriff ist festzustellen, dass einerseits auch beim juristischen

Risikobegriff mit Unsicherheiten gearbeitet wird, andererseits aber noch Schadenshöhen und -intensitäten hinzutreten. Bei Risikoentscheidungen werden naturwissenschaftlich-technische Kompetenz und politisch-rechtliche Entscheidungsverantwortung zusammengeführt. Die Verwendung des Begriffs Risiko in der Rechtsprechung stellt also einen Schritt hin zur Integration der natur- und sozialwissenschaftlichen Risikoaspekte dar und fügt die rechtliche Verantwortung hinzu.

Sach- und Wertebene

Oftmals wird hierbei aber von einer weitgehenden Trennbarkeit von fachlicher Kompetenz und rechtlicher Bewertung ausgegangen, sodass gefordert wird, zunächst wissenschaftlich die Sachverhalte klar darzulegen, um anschließend der Politik eine Entscheidung über das hinzunehmende (Rest-)Risiko zu ermöglichen (vgl. z. B. Arbeitsgemeinschaft für Umweltfragen 1986). Dabei wird übersehen, dass Wissenschaft nicht wertfrei arbeiten kann und daher bereits bei der Untersuchung Werthaltungen insbesondere in Form von Gewichtungen einfließen, die gesellschaftlich abgesichert sein müssen. Anzustreben wäre demnach eine Zusammenarbeit von Wissenschaft und Politik bzw. Rechtsprechung bei der Risikoabschätzung anstelle einer sequenziellen Abarbeitung.

6.1.6 Fazit

Charakterisierung

Die oben dargestellten Sichtweisen des Risikobegriffs lassen sich verallgemeinernd wie folgt charakterisieren (Scholles 1997, 24):

- Die naturwissenschaftliche Sichtweise zielt auf Unsicherheiten bei der Analyse und Prognose von Wirkungen.
- Die versicherungstechnische Sicht stellt die Berechenbarkeit in den Mittelpunkt.
- Die gesellschaftswissenschaftliche Sicht stellt die Akzeptabilität von und Konsensbildung über Risiken in der Vordergrund.
- Die juristische Sicht beschäftigt sich mit staatlichem Eingreifen und muss dazu sowohl Eintrittswahrscheinlichkeit als auch Schadenshöhe berücksichtigen.

Daraus ergeben sich als die beiden zentralen Größen für die Risikobestimmung die Eintrittswahrscheinlichkeit und die Schadensintensität und somit:

*Risiko = Schadensintensität * Eintrittswahrscheinlichkeit*

Literatur

ANDREWS, R.N.L., 1988: Environmental Impact Assessment and Risk Assessment: Learning from Each Other. In: Wathern, P. (Hrsg.): Environmental Impact Assessment. Theory and Practice, 85-97, London.

ARBEITSGEMEINSCHAFT FÜR UMWELTFRAGEN E.V. (HRSG.), 1983: Statusseminar "Umweltstandards", Bonn.

BECHMANN, G., 1993: Risiko als Schlüsselkategorie in der Gesellschaftstheorie. In: Bechmann, G. (Hrsg.): Risiko und Gesellschaft. Grundlagen und Ergebnisse interdisziplinärer Risikoforschung, 237-276, Opladen.

BECK, U., 1986: Risikogesellschaft. Auf dem Weg in eine andere Moderne, Frankfurt/M..

BINSWANGER, H.C., 1990: Neue Dimensionen des Risikos. Zeitschrift für Umweltpolitik und Umweltrecht 13: 103-118.

DE JONGH, P., 1988: Uncertainty in EIA. In: Wathern, P. (Hrsg.): Environmental Impact Assessment. Theory and Practice, 62-84, London.

DI FABIO, U., 1991: Entscheidungsprobleme der Risikoverwaltung. Natur und Recht 13 (8): 353-359.

ERBGUTH, W.; SCHINK, A., 1991: Gesetz über die Umweltverträglichkeitsprüfung. Kommentar, 566 S., München.

FIETKAU, H.-J., 1990: Störfallvermeidung und Risikokommunikation als Erfordernisse des Umweltschutzes. Aus Politik und Zeitgeschichte. Beilage zur Wochenzeitung Das Parlament B (6): 15-23.

FLECK, P., 1992: Umweltrisiken - ihre Handhabung durch die Versicherung. In: Spindler, E.A. (Hrsg.): Risiko-UVP. Die Umweltverträglichkeitsprüfung als Ansatz zur Risikoabschätzung für Unternehmen, Versicherungen und Banken, 15-21, Bonn (Unternehmenspraxis Umweltschutz, 3).

GETHMANN, C.F.; MITTELSTRAß, J., 1992: Maße für die Umwelt. GAIA 1 (1): 16-25.

HELTEN, E., 1991: Ökologische Risiken und Versicherungsmöglichkeiten. Zeitschrift für angewandte Umweltforschung 4 (2): 122-125.

KLOEPFER, M., 1993: Handeln unter Unsicherheit im Umweltstaat. In: Gethmann, C.F.; Kloepfer, M.: Handeln unter Risiko im Umweltstaat, 55-98, Berlin.

KOLLERT, R., 1993: Systematische Unterbewertung von Katastrophenrisiken - zur Anwendung des Risikobegriffs in nuklearen Risikoanalysen. In: Bechmann, G. (Hrsg.): Risiko und Gesellschaft. Grundlagen und Ergebnisse interdisziplinärer Risikoforschung, 25-58, Opladen.

KOLODZIEJCOK, K.-G.; RECKEN, J., 1977ff.: Naturschutz, Landschaftspflege und einschlägige Regelungen des Forstrechts. Ergänzbarer Kommentar, Berlin.

MORGAN, M.G.; HENRION, M., 1990: Uncertainty. A Guide to Uncertainty in Quantitative Risk and Policy Analysis, 332 S., Cambridge.

PETERS, H.-J., 1994: Die UVP-Richtlinie der EG und die Umsetzung in das deutsche Recht. Gesamthafter Ansatz und Bewertung der Umweltauswirkungen, 136 S., Baden-Baden (Schriften des Instituts für regionale Zusammenarbeit und Europäische Verwaltung - EURO-INSTITUT - Kehl/Strasbourg, 2).

PETZOLDT, T.; RECKNAGEL, F., 1991: Monte-Carlo-Simulation mit dem dynamischen Seenmodell SALMO zur Abschätzung der Konsequenzen der Inputvariablen-Unsicherheit. In: Hälker, M.; Jaeschke, A. (Hrsg.): Informatik für den Umweltschutz. 6. Symposium. Proceedings, 335-344, Berlin (Informatik-Fachberichte, 296).

POETHKE, H.J.; OERTEL, R.; SEITZ, A., 1993: Variabilität in ökologischen Systemen. Konsequenzen für den Zeithorizont von Modellprognosen. In: Pfadenhauer, J. (Hrsg.): 22. Jahrestagung Zürich 1992, 457-464, Berlin (Verhandlungen der Gesellschaft für Ökologie, 22).

RENN, O., 1993: Technik und gesellschaftliche Akzeptanz: Herausforderungen der Technikfolgenabschätzung. GAIA 2 (2): 67-83.

ROWE, J., 1977: An Anatomy of Risk, New York.

SCHARPF, H., 1982: Die ökologische Risikoanalyse als Beitrag zur Umweltverträglichkeitsprüfung in der Landwirtschaft. Dissertation, Hannover.

SCHOLLES, F., 1997: Abschätzen, Einschätzen und Bewerten in der UVP. Weiterentwicklung der Ökologischen Risikoanalyse vor dem Hintergrund der neueren Rechtslage und des Einsatzes rechnergestützter Werkzeuge, 273 S., Dortmund (UVP-Spezial, 13).

STARR, C., 1969: Social Benefits vs. Technological Risk: What is Our Society Willing to Pay for Safety. science 165: 1232-1238.

SUTER II, G.W., 1990: Endpoints for Regional Ecological Risk Assessments. Environmental Management 14 (1): 9-23.

SUTER, G.W. II; BARNTHOUSE, L.W.; O'NEILL, R.V., 1987: Treatment of Risk in Environmental Impact Analysis. Environmental Management 11 (3): 295-303.

6.2 Eintrittswahrscheinlichkeit
Frank Scholles

Notwendigkeit des Arbeitsschritts

Die Anforderung, Eintrittswahrscheinlichkeiten von Wirkungen bei Verträglichkeitsprüfungen abzuschätzen, ergibt sich aus zwei Gesichtspunkten:

- Die Wahrscheinlichkeit der Beeinträchtigung ist Bestandteil fast aller Risikodefinitionen (s. Kap. 6.1).
- Die Abschätzung ist rechtlich gefordert.

Alle theoretischen Risikodefinitionen lassen sich auf einen Zusammenhang zwischen Schadensintensität und Eintrittswahrscheinlichkeit zurückführen. Ziel der Planung muss es sein, für politische Entscheidungen eine rationale Grundlage abzuliefern, die sowohl gut begründet als auch von der Öffentlichkeit als legitim und akzeptabel betrachtet wird (Andrews 1988, 85). Das heißt, auch die Genauigkeit der Abschätzung der Eintrittswahrscheinlichkeit muss entscheidungsorientiert sein.

Ökologische Risikoanalyse und Eintrittswahrscheinlichkeit

Die Praxis der Ökologischen Risikoanalyse (vgl. Kap. 7.6) unterlässt i.d.R. Wahrscheinlichkeitsaussagen. Ein Grund dafür liegt darin, dass in komplexen Systemen die Aussagemöglichkeit eng begrenzt ist und insbesondere quantitative Bestimmungen meist unredlich sind. Morgan und Henrion (1990, 43) beobachteten jedoch, dass der meistbenutzte Ansatz der Risikobetrachtung in der Planung darin besteht, Unsicherheit schlicht zu ignorieren; sie bezeichnen dies als chronische Planerkrankheit. Die Folge dieser Unterlassung kann aber auch sein, dass bei Außenstehenden der Eindruck entsteht, als würden die aufgezeigten Auswirkungen sicher eintreten.

Vorschlag

Scholles (1997, 215ff.) hat einen Vorschlag zur ordinalen Klassifizierung von Eintrittswahrscheinlichkeit im Rahmen von Verträglichkeitsprüfungen unterbreitet. Er orientiert sich dabei an den umweltpolitischen Prinzipien Vorsorge, Gefahrenabwehr, Sanierung als minimaler Aussagegenauigkeit und schlägt vor, nur in Einzelfällen, soweit redlich und verhältnismäßig, weiter gehende Aussagen zu treffen.

Dabei zielt die Gefahrenabwehr i.d.R. auf wahrscheinliche Auswirkungen, während Umweltvorsorge auch auf mögliche Auswirkungen abzustellen hat - in Abhängigkeit von der Schadensintensität. Daraus resultiert der in Tabelle 6.2.1 vorgestellte Vorschlag.

Die Extremwerte *sicher* und *unmöglich* sind klar zu definieren, dürften aber in der Natur selten zu prognostizieren sein, da man es i.d.R. mit mehr oder weniger großen Unsicherheiten zu tun hat. Die Abgrenzung zwischen *wahrscheinlichen* und *möglichen* Auswirkungen ist ebenfalls leicht zu definieren: die Auswirkungen, die mit mehr als 50% Wahrscheinlichkeit eintreten, also statistisch in mehr als der Hälfte der Fälle, sind wahrscheinlich, solche, die in weniger als der Hälfte der Fälle eintreten, sind möglich, d. h. die Wirkung kann eintreten, sie kann nicht mit hinreichender Sicherheit ausgeschlossen werden. Eine vorsorgeorientierte Einschätzung und Bewertung hat solche Auswirkungen einzubeziehen, v. a. wenn sich die Bewertung auf Zulässigkeitsvoraussetzungen wie die Eingriffsregelung stützt, die das Wort "kann" beinhalten. Die Differenzierung von Wahrscheinlichkeit und Möglichkeit ist inzwischen auch rechtlich weitgehend anerkannt (Kloepfer 1993, 57ff.; Kolodziejcok u. Recken 1977ff., 1125, Rnr. 6; Peters 1994, 32). Eine Berücksichtigung wahrscheinlicher Auswirkungen wird also anders aussehen als eine Berücksichtigung lediglich möglicher Auswirkungen.

Darüber hinaus kann es in der Praxis sinnvoll erscheinen, für sehr wahrscheinliche und sehr unwahrscheinliche Auswirkungen weitere Prädikate einzuführen, statistisch gesehen also für die Bereiche der Gauß'schen Normalverteilung, die asymptotisch verlaufen. Daher wird vorgeschlagen, für Auswirkungen, die nicht sicher sind, aber nach den Maßstäben praktischer Vernunft eintreten werden, sowie für solche, die nicht unmöglich sind, aber nach denselben Maßstäben kaum eintreten werden, die Begriffe *sehr wahrscheinlich* bzw. *unwahrscheinlich* einzuführen. Mit besonders hoher Wahrscheinlichkeit eintretende Auswirkungen sind in der Abwägung (s. Kap. 4.5) besonders zu berücksichtigen, sehr wenig wahrscheinliche i.d.R. nicht. Schließlich dürften immer noch Fälle verbleiben, in denen die Kenntnislücken so groß sind, dass eine Aussage nicht vertretbar ist. Diese sollen als *unwägbar* bezeichnet werden. Wenn nicht alle Stufen belegbar sind, sollte deren Anzahl einzelfallorientiert reduziert werden.

Die vorgeschlagene ordinale, an rechtlichen Kategorien orientierte Herleitung dürfte sowohl gutachtlich leistbar als auch entscheidungsrelevant sein. Sie ist zwar pragmatisch, gewährleistet dadurch aber die Vergleichbarkeit der einzelnen Aussagen. Dass hier naturwissenschaftliche und juristische Gesichtspunkte im Vordergrund stehen, ist beabsichtigt. Gesellschaftliche Anforderungen können in Aggregationsvorschriften nicht abgebildet werden; sie sollten durch die Prozeduralität des gesamten Vorgehens aufgenommen werden.

Literatur

ANDREWS, R.N.L., 1988: Environmental Impact Assessment and Risk Assessment: Learning from Each Other. In: Wathern, P. (Hrsg.): Environmental Impact Assessment. Theory and Practice, 85-97, London.

KLOEPFER, M., 1993: Handeln unter Unsicherheit im Umweltstaat. In: Gethmann, C.F.; Kloepfer, M.: Handeln unter Risiko im Umweltstaat, 55-98, Berlin.

Tabelle 6.2.1: Eintrittswahrscheinlichkeit (aus: Scholles 1997, 216)

Stufe	Bezeichnung	Erläuterung	quantifiziert [1]	Beispiel
A	sicher	Wirkung wird definitiv eintreten.	n=100%	Verlust der Grundwasserneubildungsfunktion bei Überbauung
B	sehr wahrscheinlich	Wirkung wird nach praktischer Vernunft eintreten.	95% < n < 100%	Zerschneidung von Amphibien-Teilhabitaten durch Straßenbau zwischen Wald und Tümpel
C	wahrscheinlich	Wirkung wird in mehr als der Hälfte der Fälle eintreten.	50% < n < 95%	Intensivierung der landwirtschaftlichen Nutzung infolge Flächenverlusts
D	möglich	Wirkung kann eintreten, d. h. in weniger als der Hälfte der Fälle, ihr Eintritt ist jedoch nicht von der Hand zu weisen.	5% < n < 50%	Bodenkontamination durch wassergefährdende Stoffe infolge von Verkehrsunfällen
E	unwahrscheinlich	Wirkung wird nach praktischer Vernunft nicht eintreten.	0% < n < 5%	Bodenkontamination oder Gewässerverunreinigung durch Sabotage einer Anlage
F	unmöglich	Wirkung kann nicht eintreten.	n=0%	Schadstoffeintrag ins Grundwasser bei Vollversiegelung
X	unwägbar	Eine Abschätzung ist aufgrund von Unkenntnis nicht vertretbar.	???	Krebs als Folge des Wohnens in der Nähe von Freileitungen

[1] Wenn die Eintrittswahrscheinlichkeit berechnet werden kann, sollte der errechnete Wert zusätzlich angegeben werden.

KOLODZIEJCOK, K.-G.; RECKEN, J., 1977ff.: Naturschutz, Landschaftspflege und einschlägige Regelungen des Forstrechts. Ergänzbarer Kommentar, Berlin.

MORGAN, M.G.; HENRION, M., 1990: Uncertainty. A Guide to Uncertainty in Quantitative Risk and Policy Analysis, 332 S., Cambridge.

PETERS, H.-J., 1994: Die UVP-Richtlinie der EG und die Umsetzung in das deutsche Recht. Gesamthafter Ansatz und Bewertung der Umweltauswirkungen, 136 S., Baden-Baden (Schriften des Instituts für regionale Zusammenarbeit und Europäische Verwaltung - EURO-INSTITUT - Kehl/Strasbourg, 2).

SCHOLLES, F., 1997: Abschätzen, Einschätzen und Bewerten in der UVP. Weiterentwicklung der Ökologischen Risikoanalyse vor dem Hintergrund der neueren Rechtslage und des Einsatzes rechnergestützter Werkzeuge, 273 S., Dortmund (UVP-Spezial, 13).

6.3 Quantitative Prognosemethoden

Frank Scholles, Gerald Mühl

6.3.1 Zweck von Prognosen

Zweck

Zweck von Prognosen ist es, die zukünftige Entwicklung vorauszusagen, um unterstützende oder gegensteuernde Maßnahmen zum Trend zu ergreifen. Bei einer wissenschaftlichen Untersuchung ist der zu erklärende Zustand eines Objekts oder ein zu erklärendes Ereignis gegeben, während die *Erklärung* dafür gesucht wird. Bei einer Prognose ist es umgekehrt: die Erklärung ist bereits gegeben, der - künftige - Zustand des Objekts wird gesucht (Stiens 1996, 23).

Die Prognose besteht demzufolge mindestens aus folgenden Elementen: dem Vorauszusagenden ("zukünftiger Zustand des Objekts"), den allgemeinen Gesetzen, auf deren Grundlage die zukünftigen Zustände des Objektbereichs berechnet werden können und den Anwendungsbedingungen (Stiens 1996, 24 f.).

Stiens (1996, 25) weist zusätzlich darauf hin, dass neben den erwähnten Elementen auch die einzelnen Komponenten des jeweiligen Objekts erwähnt werden müssen. Das Betrachtungsobjekt muss differenziert werden. Soll beispielsweise die Einwohnerzahl einer Region vorausgesagt werden, so muss das Betrachtungsobjekt Bevölkerungszahl weiter differenziert werden nach Altersstruktur, Geburtenrate, Wanderungsverhalten etc. Handelt es sich um räumlich differenzierende Prognosen, dann muss der betrachtete Untersuchungsraum in Teilräume differenziert werden.

Dabei wird bei quantitativen Methoden möglichst nach Variablen gesucht, die quantifiziert werden können. Dennoch bleibt eine mehr oder weniger große Unsicherheit, die jedoch z. T. ebenfalls quantifiziert werden kann (s. Kap. 6.1).

Anforderungen

An empirisch gehaltvolle wissenschaftliche Prognosen sind folgende Anforderungen zu stellen (vgl. Birg 1982, 161):

- Nichttrivialität: nicht: "Morgen regnet es oder auch nicht"
- "Objektivität": intersubjektive Überprüfbarkeit der Methode[7]
- Überprüfbarkeit der Prognose selbst.

Da jedes Erklärungsmodell potenziell auch für Prognosezwecke eingesetzt werden kann, bilden die statistischen Methoden auch die Grundlage für den Bau vieler Prognosemodelle (s. Kap. 5.2; Birg 1982, 162).

6.3.2 Einsatzbereiche und Arten von Prognosen

Beispielhafte Einsatzbereiche

Quantitative Prognosen begegnen uns ständig in den Nachrichten und in der Planung als:

- Prognose des Wirtschaftswachstums
- Prognose der Inflationsrate
- Prognose der Arbeitslosenquote
- Verkehrsprognosen
- Wohnungsbedarfsprognosen usw.

Auch in der Umweltplanung sind Prognosen nötig, z. B. zu zukünftigen Umweltzuständen, Auswirkungen von Vorhaben oder Maßnahmen auf die Umwelt oder zur Entwicklung von begründeten Ausgleichs- oder Ersatz-

---

[7] Dazu gehört auch die vollständige Angabe und Spezifikation der Bedingungen, von denen das Eintreffen des prognostizierten Ergebnisses abhängig gemacht wird.

maßnahmen. Allerdings gelingt es hier selten, quantitative Prognosen zu erstellen, sodass Umweltplanung eher zu den prognosekonsumierenden als zu den prognoseerstellenden Disziplinen gehört. Auch die Eintrittswahrscheinlichkeit (s. Kap. 6.2) kann meist nur qualitativ in Größenordnungen angegeben werden.

In der Raumordnung haben Prognosen eine längere Tradition. Anfangs wurden Raumordnungsprognosen als Lenkungsinstrument eingesetzt: Regionen und Gebietskörperschaften wurden damit Weisungen für ihre eigenen Prognosen erteilt und Richtwerte für die zukünftige Entwicklung von Bevölkerung und Arbeitsplätzen vorgegeben (vgl. Stiens 1998, 120 f.). Dieser Ansatz ist politisch gescheitert. Heute wird eingesehen, dass es bei Raumplanung v. a. um das Offenhalten von Zukunftsoptionen für kommende Generationen (nachhaltige Entwicklung) und um Aktivitätsfolgenabschätzung geht. Daher wird eher mit Szenarien (vgl. Kap. 6.5) gearbeitet, die jedoch auch Modellrechnungen einbeziehen können (ebd. 127 f.).

Arten von Prognosen

Die Vielzahl der vorhandenen Methoden zur Ermittlung des (zukünftigen) Zustands eines Objektbereichs lässt sich nach verschiedenen Kriterien gliedern. Zum einen lassen sich die Methoden zur Erstellung von Prognosen danach unterscheiden, ob sie stärker quantitativ oder qualitativ arbeiten. Zu den quantitativen Prognosemethoden gehören die Extrapolation (vgl. u.) und die Trendprognose. Diese werden auch als Prognosen i.e.S. bezeichnet. Zu den qualitativen, auch als intuitiv bezeichneten Methoden zählen z. B. Delphi oder Szenario (vgl. Kap. 6.4 u.6.5).

Die Prognosemethoden lassen sich weiter nach dem Typ der Aufgabenstellung unterscheiden: Soll lediglich ein zukünftiger Zustand beschrieben werden, werden *deskriptive* Prognosemethoden wie die Trendprognose eingesetzt. Sollen dagegen zukünftige Zustände erkundet werden, d. h. es soll nicht nur der Zustand des Untersuchungsobjekts beschrieben, sondern beispielsweise auch gezeigt werden, welche Prozesse für die vorausgesagte Situation verantwortlich sind, dann werden *explorative* Prognosen eingesetzt. Zu den quantitativen explorativen Methoden zählen die Status quo-Prognose und Simulationsmodelle.

Neben diesen beiden Aufgaben dienen Prognosen mittlerweile auch dazu, Entscheidungen vorzubereiten.

6.3.3 Extrapolation

Ziel einer Extrapolation ist eine Aussage nach dem Muster: Wie entwickelt sich das Untersuchungsobjekt, wenn alle Rahmenbedingungen so wie bisher, also im Trend, weiterverlaufen? Das Untersuchungsobjekt stellt die abhängige Variable, die Rahmenbedingungen stellen die unabhängigen Variablen dar. Für die Durchführung einer Extrapolation müssen die Art und die Stärke der Beziehung zwischen unabhängiger und abhängiger Variablen und die Entwicklung der unabhängigen Variablen bekannt sein. Zusätzlich müssen die weiteren Rahmenbedingungen betrachtet werden.

Die am häufigsten eingesetzte Extrapolation ist die Trendextrapolation. Sie kommt zum Einsatz, wenn die bisherige Entwicklung einer Größe (des Untersuchungsobjekts) eine mathematisch definierbare Gesetzmäßigkeit zeigt. Der beobachtete Trend wird dann in die Zukunft verlängert. Voraussetzung für die Anwendung einer Trendextrapolation ist nur das Vorhandensein einer mathematisch definierbaren Gesetzmäßigkeit. Dabei spielt es keine Rolle, ob es sich um eine theoretisch begründbare Gesetzmäßigkeit handelt, die auch mathematisch beschreibbar ist, oder nur um eine formale Regelhaftigkeit. Trendextrapolationen sind also pragmatische, nicht theoretisch begründete Prognosen, bei denen der zukünftige Verlauf aus vorangegangenen Verläufen abgeleitet wird (vgl. Stiens 1998, 121).

6.3.4 Das Beispiel "Primärenergieverbrauch in der Türkei"

Aufgabenstellung

Für ein Forschungsprojekt ist es erforderlich zu wissen, wie viel Primärenergie (TPES) die Türkei im Jahr 2010 verbrauchen wird. Für die Jahre 1980 bis 1995 liegen Verbrauchswerte vor (IEA 1997).

Trendextrapolation

Die statistische Auswertung (s. Kap. 5.2.3) ergibt, dass für den beschriebenen Zeitraum ein linearer Trend vorliegt. Dieser wird bis zum Jahr 2010 fortgeschrieben (extrapoliert, Abb. 6.3.1). Danach würde der Primärenergieverbrauch bis 2010 auf ca. 94 MtOE[8] steigen.

---

8   Millionen Tonnen Öl-Äquivalente; Maß zur Beschreibung des Energiegehalts von Brennstoffen

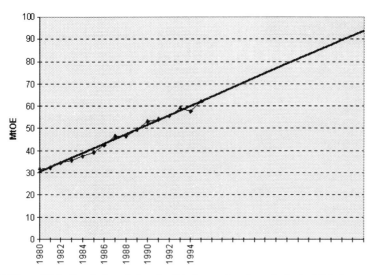

Abbildung 6.3.1: Trendextrapolation des Primärenergieverbrauchs in der Türkei

Die Methode der Trendextrapolation einer Zeitreihe stellt allerdings keine "echte" Prognose dar, da sie nur den Trend der Variablen Primärenergieverbrauch zwischen 1980 und 1985 fortschreibt. Von einer Prognose kann eigentlich erst gesprochen werden, wenn kausale Zusammenhänge fortgeschrieben werden können.

Derivate Prognose

Bei statistischen Auswertungen wurde weiter festgestellt, dass die Entwicklung des Primärenergieverbrauchs und die Entwicklung des Bruttoinlandprodukts (BIP) stark korrelieren. Es wurde festgestellt, dass das Wachstum des BIP um 1 Mio $ mit einem zusätzlichen Energieverbrauch in Höhe von 350 t OE verbunden ist (s. Kap. 5.2.3).

Für das Jahr 2010 existiert eine Prognose des Bruttoinlandsprodukts (BIP) der Türkei (IEA 1997). Man kann nun den Energieverbrauch der Türkei für 2010 berechnen, indem man das BIP des Jahres 2010 (415 Mrd $) mit dem Koeffizienten multipliziert, der das Verhältnis von jährlichem zusätzlichem Energieverbrauch und jährlichem Wachstum des BIP darstellt. Das ergibt einen Energieverbrauch für das Jahr 2010 in Höhe von 415 Mrd $ * 350t OE / 1 Mio $ = 145,25 MtOE.

Dieser Wert des zukünftigen Energieverbrauchs ist deutlich höher als der in Abbildung 6.3.1 abzulesende, fortgeschriebene Wert, da die Internationale Energieagentur bei der Prognose des zukünftigen BIP für den Zeitraum 1995 bis 2010 ein stärkeres Wachstum zugrunde gelegt hat, als im gleich langen Zeitraum von 1980 bis 1995 tatsächlich stattfand.

Bei dem zweiten Ansatz zur Berechnung des zukünftigen Energieverbrauchs handelt es sich um eine Prognose i.e.S., da die Berechnung aufgrund realer Gesetzmäßigkeiten erfolgte. Wirtschaftliche Aktivitäten (ausgedrückt als BIP) sind immer auch mit Energieverbrauch verbunden.

Bei der Prognose in diesem Beispiel handelt es sich um eine *derivate* Prognose, d. h. sie greift auf Ergebnisse anderer Prognosen zurück.

6.3.5 Kritik an quantitativen Prognosemethoden

Probleme

Die Prognose im Fallbeispiel hat u.a. die Schwäche, dass sie von der Annahme ausgeht, dass das Verhältnis von Energieverbrauch und BIP konstant bleibt. Diese Annahme ist unbefriedigend, da rationellere Energieausnutzung und Steigerung der Effektivität, steigende Energiepreise, verstärkte Energiesparmaßnahmen oder umweltpolitische Maßnahmen das Verhältnis verschieben können. Die Prognosemethoden versuchen hier lediglich, Regelmäßigkeiten zu entdecken und diese in die Zukunft fortzuschreiben. Sie sind theoretisch nicht hinreichend begründet.

Trendextrapolationen gehen darüber hinaus (unzutreffenderweise) davon aus, dass sich Trends aus der Vergangenheit in der Zukunft so fortsetzen. Dazu müssen die Beziehungen zwischen den herangezogenen Variablen konstant bleiben, also Gesetzmäßigkeiten darstellen, was in der Realität beileibe nicht immer der Fall ist.

Die Genauigkeit hängt ab vom

- Prognosezeitraum: je kürzer der Zeitraum, desto genauer die Prognose

- *Maßstab:* je kleiner (!) der Maßstab, desto genauer die Prognose
- *Stabilität der Rahmenbedingungen:* je stabiler die Bedingungen, desto genauer die Prognose.

Es ist jedoch auf jeden Fall eine Quantifizierung nötig, was wiederum eine gute Datenlage voraussetzt. Die Datenlage ist in der Raum- und Umweltplanung jedoch häufig unzureichend - und dennoch werden Aussagen benötigt, laisser faire ist meist die schlechtere Alternative als eine Entscheidung auf unsicherer Datenbasis.

Politikoptionen wie Verbote, neue Steuern, Subventionen können nur berücksichtigt werden, indem jeweils neue Varianten durchgerechnet werden.

Unvorhersehbare Entwicklungen verursachen Krisen, wenn man stark auf quantitative Prognosen setzt. Die besten Beispiele sind der "Pillenknick", den Verhütungsmittel in der Bevölkerungsentwicklung der Industrieländer verursacht haben, während seinerzeit (Anfang der 60er) von weiteren geburtenstarken Jahrgängen ausgegangen wurde und entsprechend z. B. Schulen gebaut und Lehrer ausgebildet wurden, oder der Ölpreis-"schock", als 1973 die OPEC-Länder völlig überraschend an der Preisschraube drehten und es deswegen zu Engpässen bei der Benzinversorgung und zu autofreien Sonntagen kam.

Normative Elemente

Auch wenn die Verfechter quantitativer Prognosemethoden oft etwas anderes behaupten, sind Prognosen keine reine Wissenschaft, denn sie haben oft Auswirkungen auf die Zukunft:

- Es gibt Prognosen, die zu Gegenmaßnahmen führen ("self destroying prophecy"), wie z. B. (hoffentlich) die Prognosen zur Entwicklung des CO_2-Ausstoßes und des Treibhauseffekts.
- Es gibt Prognosen, die zu ihrer Erfüllung beitragen ("self fulfilling prophecy") wie z. B. Verkehrsprognosen, die - von Mineralölunternehmen erstellt (vgl. z. B. Deutsche Shell AG 1991) - als Basis für die Verkehrswegeplanung und damit die Mittelbereitstellung dienen, oder Wohnungsbedarfsprognosen, die als Grundlage für Wohnbaulandausweisung dienen.

Aus dieser Sicht betrachtet sind sie nicht unbedingt "besser" als mit normativen Aussagen arbeitende und daher bisweilen als unwissenschaftlich abqualifizierte Methoden wie die Szenariotechnik (vgl. Kap. 6.5).

Einsatzmöglichkeiten

Der Einsatz von Trendextrapolationen ist nur dann vertretbar, wenn keine wissenschaftliche Erklärung für Veränderungen gefunden werden kann. In der Praxis verschwimmen aber die Unterschiede zwischen den Methoden. Der Einsatz von Prognosen kann dadurch erschwert werden, dass es statt einer mehrere Theorien gibt oder die erforderlichen Daten nicht erhoben werden können, zu ungenau oder veraltet sind. Dann wird häufig auf vorhandene lange Zeitreihen zurückgegriffen. Stiens (1996, 37) bezeichnet diese Art von Prognose, die nur noch soweit wie möglich theoretisch geleitet sind, als Projektionen.

Wegen der vielen Schwächen wird weder die Trendextrapolation noch die quantitative Prognose exakte Werte bezüglich zukünftiger Zustände eines Objekts liefern können. Sie können aber die Spannbreite zukünftiger Entwicklungen beschreiben.

Wird bei einer Prognose nicht nur ein Wert für einen zukünftigen Zustand mithilfe einer Extrapolation berechnet, sondern werden Annahmen so modifiziert, dass beispielsweise verschiedene Politikoptionen berücksichtigt werden können, dann könnte man die eingesetzte Methode auch als *quantitative Szenariotechnik* bezeichnen, da es sich bei einem solchen Vorgehen um eine Mischtechnik von Extrapolation und Szenariotechnik handelt.

Die Schwächen der Prognose sprechen nicht grundsätzlich gegen ihren Einsatz, sondern geben einen Rahmen vor für vernünftigerweise zu stellende Erwartungen und Anforderungen an ihre Ergebnisse. "Mittel- und langfristige Projektionen in die Zukunft sollten deshalb nur dazu dienen, in sich konsistente Überlegungen über künftige mögliche Entwicklungen, Situationen oder Problemstrukturen zu unterstützen. Auf jeden Fall sollten Prognosen (...) nicht dafür mißbraucht werden, andere in dem Glauben zu bestärken, daß damit wirklich zutreffende Aussagen über künftige Entwicklung gemacht werden können" (Stiens 1996, 11). Sie sollten vielmehr für künftige Prozesse und Probleme sensibilisieren.

Literatur

BIRG, H., 1982: Analyse- und Prognosemethoden in der empirischen Regionalforschung. In: Akademie für Raumforschung und Landesplanung (Hrsg.): Grundriß der Raumordnung, Hannover, 135-168.

BUCHER, H., 1993: Die Raumordnungsprognose 2010 - Ein Ansatz

für ein zukunftsbezogenes Informationssystem. Geographische Rundschau 45 (12): 730.
DEUTSCHE SHELL AG (Hrsg.), 1991: Motorisierung nach der Vereinigung: Aufbruch zu neuen Dimensionen. Shell Szenarien des Pkw-Bestandes bis zum Jahr 2010, Hamburg (Deutsche Shell AG (Hrtsg.): Aktuelle Wirtschaftsanalysen, 22).
GEE, C; TREUNER, R., 1995: Prognosemethoden. In: Akademie für Raumforschung und Landesplanung (Hrsg.); Handwörterbuch der Raumplanung, Hannover, 728-731.
INTERNATIONAL ENERGY AGENCY (IEA, Hrsg.), 1997: Energy Policies of OECD-Countries 1997 Review, Paris.
STIENS, G., 1996: Prognostik in der Geographie, Braunschweig.
STIENS, G., 1998: Prognosen und Szenarien in der räumlichen Planung. In: Akademie für Raumforschung und Landesplanung (Hrsg.): Methoden und Instrumente räumlicher Planung, 113-145, Hannover.

6.4 Delphi
Frank Scholles

6.4.1 Ziel der Methode

Zweck des Delphi ist es, das Wissen mehrerer Experten zu nutzen, da mehrere Experten mehr wissen als einer. Dabei soll ein Konsens zustande gebracht werden, ohne dass Gruppeneinflüsse wie Selbstdarstellung oder Konformitätszwang diesen behindern.

Anwendungsfelder sind die Einschätzung zukünftiger Entwicklungen, die Bestimmung einzusetzender Bewertungskriterien und Standards (s. Kap. 4.3.3) oder die Ideenabfrage. Zur Ideenproduktion ist Delphi wenig geeignet. Zukünftige Entwicklungen können aufgrund der Einschätzung überprüft und diskutiert werden, sodass Maßnahmen zur Unterstützung oder Verhinderung entwickelt werden können.

Entwickelt wurde die Methode 1966 von O. Helmer in den USA. Sie heißt Delphi, weil man in gewisser Weise ein Orakel befragt: Es werden Fragen in den Raum geworfen und die gegebenen Antworten bleiben anonym.

6.4.2 Aufbau der Methode

Grundsätze

Für die Durchführung eines Delphis gelten die folgenden Spielregeln oder Grundsätze:
- Experten werden befragt, indem man sie zu einem Experten*panel* formiert.
- Die Befragung erfolgt schriftlich, die Auswertung erfolgt statistisch.
- Es wird ein Koordinator eingesetzt.
- Grundsatz der Anonymität: Die Experten wissen nicht, wer dem Panel angehört, denn das Panel kommt nie an einem Ort zur selben Zeit zusammen. Dies verhindert Absprachen.
- Grundsatz der kontrollierten Rückkopplung: Die Ergebnisse werden statistisch ausgewertet und den Experten zwecks erneuter Stellungnahme zu-

Tabelle 6.4.1: Ablauf eines Delphis

1	Festlegen der Teilnehmer	Kriterium: Sachkompetenz, Fachkompetenz, Interdisziplinarität, Ausgewogenheit in fachlicher Orientierung, erfordert Überblick, knifflig
2	Gliederung des Themas und Aufbereitung für die Befragung	Bei Bewertungen ist Vorstrukturierung nötig, um auswerten zu können, bei Ideensammlung ist dies weniger wichtig.
3	Aufbereitung und Layout des Fragebogens	
4	Erste Befragungsrunde	liefert Ausgangsmaterial, auf Bewertungsfragen sollte möglichst verzichtet werden
5	Auswertung und Aufbereitung	Fragebogen für die zweite Runde erstellen
6	Zweite Befragungsrunde	Anfordern von Bewertungen zum Material aus der ersten Runde, dazu Klassen bilden
7	Statistische Auswertung	Bilden von Median und Quartilabstand (vgl. u.), Vertreter extremer Meinungen können aufgefordert werden, ihren Standpunkt zu begründen
8	Dritte Befragungsrunde	auf der Basis der Ergebnisse der zweiten Runde, ggf. auch nur mit den Fragen, bei denen noch kein Konsens erzielt wurde, die Experten sollen ihre Antworten überdenken und ggf. revidieren (Opinion feed back)
9	Auswertung	
10	Weitere Befragungsrunden	Ziel: Konsens erzielen, ggf. Versuch der präziseren Fragestellung

geschickt. Die Runden können mehrfach wiederholt werden, bis erwartet werden kann, dass die Meinungsäußerungen stabil sind.

Ablauf

Tabelle 6.4.1 zeigt die Einzelheiten des Ablaufs eines Delphis.

Abbildung 6.4.1: Darstellung von Median und Quartilabstand

Zur Auswertung: Median und Quartilabstand

Median und Quartilabstand sind statistische Maßzahlen für ordinal skalierte Messgrößen (s. Kap. 5.2).

Der Median gibt den mittleren Wert an, d. h. innerhalb einer Stichprobe liegen genauso viele Werte oberhalb des Medians wie unterhalb. Oder beim Delphi: Es bewerten z. B. 11 Experten, die Einzelbewertungen werden aufgereiht und der sechste Wert in der Reihe liefert den Median.

Der Quartilabstand gibt die Streuung bei Ordinalskalen an. Dazu wird ein unterer Quartilwert ermittelt, über dem drei Viertel der Werte liegen, und ein oberer Quartilwert, unter dem drei Viertel der Werte liegen. Damit umfasst der Quartilabstand die Hälfte der Werte. Hiermit kann gemessen werden, wie einig sich die Experten sind, wobei die Extrembewertungen ausgeklammert werden. Ein weiter Quartilabstand signalisiert große Streuung und damit Uneinigkeit, ein kleiner relative Einigkeit.

Median und Quartilabstand werden typischerweise grafisch dargestellt, wie in Abbildung 6.4.1 gezeigt.

6.4.3 Die Zukunftsstudie "Delphi '98"

1998 hat das Bundesministerium für Bildung und Wissenschaft, Forschung und Technologie (BMBF) zum zweiten Mal nach 1993 ein Delphi durchgeführt, in dem 2000 Experten aus Unternehmen, Verwaltung, Hochschulen und Forschungsinstituten befragt wurden, welche Entwicklungen in den nächsten 30 Jahren zu erwarten sind.

Die Themenfelder

Die Themenfelder des Delphi '98 waren: Information & Kommunikation, Dienstleistung und Konsum, Management & Produktion, Chemie & Werkstoffe, Gesundheit & Lebensprozesse, Landwirtschaft & Ernährung, Umwelt & Natur, Energie & Rohstoffe, Bauen & Wohnen, Mobilität & Transport, Raumfahrt, Großexperimente.

Ablauf

1. Es wurden zunächst von einem Lenkungsausschuss und sechs Fachkommissionen Thesen erarbeitet. Das Ausgangsmaterial wurde also nicht vom Panel erarbeitet, sondern diesem vorgegeben.

2. Um zu jedem Themenfeld mindestens 100 Antworten zu erhalten, wurden ca. 7000 Personen ausgewählt und angeschrieben. Jeder sollte nur einen Bogen aus einem Themenfeld beantworten, konnte jedoch einen weiteren Bogen anfordern oder wechseln. Mit der ersten Befragungsrunde sollten die Experten die Thesen bewerten.

3. Die 2453 eingegangen Antwortbögen[9] wurden anonym ausgewertet. Die Auswertung wurde in einer zweiten Runde demselben Personenkreis zugeschickt, damit die Experten ihre Antworten unter dem Einfluss der übrigen Einschätzungen überdenken konnten. Hierbei kamen 1856 Antwortbögen zurück, also 75% (BMBF 1998).

Fragen

Jeder Teilnehmer sollte folgende Punkte zu jeder These beantworten, Kommentare waren möglich:

1. Einschätzung seiner eigenen Fachkenntnis

2. die Wichtigkeit des Themas für die Erweiterung des Wissens, die wirtschaftliche Entwicklung, die gesellschaftliche Entwicklung, die Lösung ökologischer Probleme[10] sowie Arbeit und Beschäftigung

3. Einschätzung des Zeitraums der Verwirklichung

4. Stand der Forschung und Entwicklung (wer ist führend?)

5. Einschätzung der Rahmenbedingungen und Maßnahmen zur Verbesserung der Situation in den Bereichen Ausbildung, Austausch Wissenschaft - Wirtschaft, internationale Kooperation, Forschungsinfra-

---

9 Ein Rücklauf von über 30% ist bereits als erfreulich zu bewerten.

10 gemeint sind Umweltprobleme

struktur, Förderung durch Dritte, Änderungen in den staatlich gesetzten Rahmenbedingungen
6. Mögliche Folgeprobleme für Umwelt, Sicherheit, soziale und kulturelle Belange, andere Bereiche.

Ergebnisse

Tabelle 6.4.2 gibt einen Überblick über einige Nennungen, Abbildung 6.4.2 zeigt ein Gesamtbild, das sich nach Ansicht der Autoren ergibt. Weitere Ergebnisse stehen in der Pressedokumentation des BMBF, die im Internet in Kurz- und Langfassung herunter geladen werden kann[11].

6.4.4 Kritik an der Methode

Die Durchführung von DelphiVerfahren setzt sich zur Unterstützung strategischer staatliche Entscheidungen mehr und mehr durch. Japan als Vorreiter hat inzwischen sechs Delphi-Studien durchgeführt, Deutschland zwei große und dazwischen zwei Mini-Delphis. Frankreich, Südkorea, Großbritannien, Österreich, Malaysia sind gefolgt. Inzwischen existiert ein Netzwerk der beteiligten Institutionen, über das auch Methodengesichtspunkte ausgetauscht werden.

Die Methode hat folgende Vorteile:
- Sie ist billig.
- Der Meinungsaustausch geht ohne negative Gruppeneinflüsse vonstatten.
- Jeder Experte hat dieselbe Chance, sich zu artikulieren, unabhängig von Temperament, Redegewandtheit, Tagesform und Status.
- In den Folgerunden besteht die Möglichkeit zu lernen und zu revidieren.
- Die Anonymität erleichtert unkonventionelle Vorschläge.

Sie hat aber auch Nachteile:
- Die Expertenauswahl kann zu Verzerrungen führen; dadurch hat der Koordinator eine große Verantwortung. Beispielsweise waren beim Delphi 98 nur gut 5% der Antwortenden Frauen. Ob dies den Frauenanteil in Forschung und Entwicklung oder in der Adressdatenbank der durchführenden Institutionen widerspiegelt, kann nicht beurteilt werden.

---

11 http://www.bmbf.de/archive/magazin/mag98/kw08/pm0217908.htm

Tabelle 6.4.2: Auszug aus den Ergebnissen des Delphi `98

Entwicklung	Median
Verschlüsselungstechniken für finanzielle Transaktionen im Internet	2003
Halbierung der Zahl der Tierversuche	2008
Ersatz der Schreibtisch-Platte durch einen berührungsempfindlichen Computer-Bildschirm	2008
Stop der großflächigen Waldrodungen	2013
Impfstoff gegen AIDS	2014
Elektrischer Strom aus transparenten Solarzellen (Fensterersatz)	2014
2-Liter-Auto geht in Serie	2016
Roboter können Entscheidungen treffen	2017
Einsatz chemisch aktiver Substanzen als Farbersatz, um Strom zu erzeugen, Wärme zu speichern, Schadstoffe aus der Luft zu filtern	2021
Ständig bemannte Forschungsstation auf dem Mond	2025

- Zeitaufwand: Erstellung der Fragebögen, Verschicken per Post und Warten auf Antwort dauern relativ lange. Dem kann man bei Panels, die mithilfe vernetzter Computer arbeiten, ab Runde 2 abhelfen. Der Fragebogen wird dann über das WorldWideWeb verteilt, die eingehenden Ergebnisse in Datenbanken gespeichert. Sobald die letzten Daten eingegangen sind, können Median und Quartilabstand berechnet und sofort zurück an die Experten gegeben werden. So wäre eine (immer noch anonyme) Delphi-Konferenz zu gestalten, auf der natürlich mehr Runden und Diskussionen über Chat-Software möglich sind.
- Sterilität: Es fehlen kreative Anreize, weil die Diskussion wegfällt, die Fragebogenauswertung ist kein Ersatz für Diskussion.
- Fluktuation: Während des Verfahrens können Experten aussteigen, weil sie keine Zeit mehr haben, weil sie mit dem Ablauf nicht einverstanden sind oder weil sie eine Minderheitenposition vertreten. Fällt ein bestimmter Expertypus dadurch weg, entstehen systematische Fehler.
- Das Delphi leidet wie jede Art der Umfrage unter Fragebogen-Problemen wie Suggestivfragen, Mehrdeutigkeit und begrenzte Antwortmöglichkeiten. Dadurch kann wichtige Information unterdrückt oder das Ergebnis in eine bestimmte Richtung gelenkt werden.

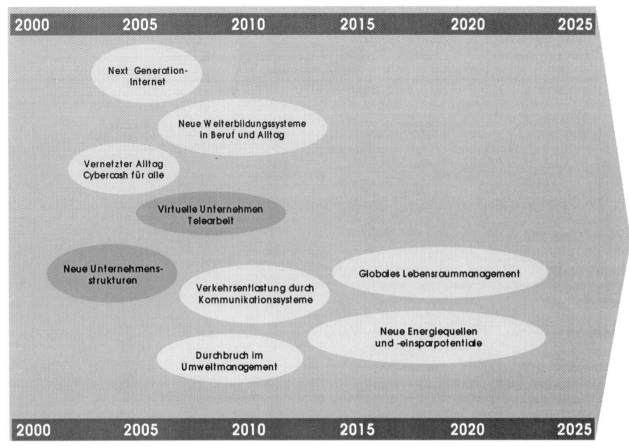

Abbildung 6.4.2: Zusammengefügtes Gesamtbild des Delphi 98 (aus BMBF 1998)

- Konsens ist noch kein Beweis für Richtigkeit der Ergebnisse; auch eine Mehrheit kann irren.

Literatur

BOMMER, J., o.J.: Seminar Systemtechnik. Brainstorming, Morphologie, Scenario, Delphi und DelphiConferenceMethode zum Auffinden und zur Definition von Systemalternativen und zur Erstellung von Prognosen. Manuskript : 174.

BUNDESMINISTERIUM FÜR BILDUNG UND WISSENSCHAFT, FORSCHUNG UND TECHNOLOGIE (BMBF), 1998: Pressedokumentation: "Delphi '98", http://www.bmbf.de/archive/magazin/mag98/kw08/pm0217908.htm.

CUHLS, K.; BLIND, K.; GRUPP, H.; BRADKTE, H.; DREHER, C.; HARMSEN, D.M.; HIESSL, H.; HÜSING, B.; JAECKEL, G.; SCHMOCH, U.; ZOCHE, P., 1998: DELPHI '98 Umfrage. Studie zur globalen Entwicklung von Wissenschaft und Technik. Zusammenfassung der Ergebnisse, Methoden- und Datenband, 338 S., Karlsruhe.

6.5 Szenariotechnik

Frank Scholles

6.5.1 Zweck und Herkunft der Methode

Zweck

Mit der Szenariotechnik sollen realistische Entwicklungsmöglichkeiten bzw. -korridore in vergleichsweise ferner Zukunft und bei relativ großer Unsicherheit in Abhängigkeit von bestimmten Rahmenbedingungen aufgezeigt werden.

Die Methode wird insbesondere bei langfristigen Zeitspannen eingesetzt, wo quantitative Prognosemethoden

(s. Kap. 6.3) versagen und die Unsicherheiten für eine Simulation zu groß sind. Im Mittelpunkt stehen im Gegensatz zu quantitativen Prognosen weniger Wahrscheinlichkeit und Eintreffgenauigkeit, sondern eher Ermittlung und Beschreibung von bestimmenden Faktoren und Wirkungszusammenhängen (vgl. Sträter 1988, 423).

Herkunft

Ursprünglich stammt die Methode aus der Zukunftsforschung, also nicht aus Planungszusammenhängen. Sie wurde in den 50er und 60er Jahren von Kahn und Mitarbeitern in den USA entwickelt und verbreitet als Prognosetechnik bei nicht linearen Verläufen und unberechenbaren Ereignissen (Kahn u. Wiener 1971). Inzwischen ist diese Funktion in den Hintergrund getreten und Szenarien dienen mehr als Entscheidungshilfe ("Was wäre wenn ...") als der Zukunftsvorhersage.

Die theoretische Diskussion hatte ihre Hochzeit am Anfang und Ende der 80er Jahre, zusammenhängend mit der Abkehr von der Quantifizierungseuphorie in der Planung; danach ebbte sie ab. Besondere Berühmtheit hat die Studie "Grenzen des Wachstums" für den Club of Rome (Meadows et al. 1972) erlangt. In Deutschland wurden das Energiewendeszenario (Krause et al. 1980) und das Kernenergie-Ausstiegs-Szenario (Fischer 1986) intensiv diskutiert.

Neuerdings erlebt die Szenariotechnik eine neue Popularitätswelle in der Praxis, wobei Diskussionen über die dahinter stehenden Methoden unterbleiben. Man macht einfach, und das nicht ohne Erfolg.

In der Raum- und Umweltplanung wird zunehmend mit Szenarien gearbeitet, z. B. bei Leitbilddiskussionen (s. Kap. 4.2.2; vgl. BMBau 1993; Horlitz 1998; Krüger et al. 1995) oder in der Umweltverträglichkeitsprüfung[12] (s. Kap. 3.2).

6.5.2 Begriffe

- *Szenario*: das Ergebnis der Methode
- *Szenariotechnik* = Szenariomethode = Scenario Writing: der Entstehungsprozess
- *Szenariostudie*: Anwendung der Methode auf einen konkreten Fall und Dokumentation

---

12 um die voraussichtliche Entwicklung mit und ohne Vorhaben bzw. Plan zu ermitteln

- *Querschnittsanalyse*: Durchführung von zeitgleichen Momentaufnahmen auf verschiedenen Entwicklungspfaden (vgl. u.)
- *Längsschnittanalyse*: Durchführung von Momentaufnahmen in zeitlichem Abstand auf demselben Entwicklungspfad

6.5.3 Definition und Bausteine

Definitionsversuche

Die Szenariotechnik ist eine Verbindung von kontrollierter Fantasie und konkreter Utopie, basierend auf allgemeinen Tendenzen der Entwicklung. Sie verwendet insbesondere, aber nicht nur, qualitative Information. Sie hat sowohl kreative als auch analytische Elemente, weshalb sie bisweilen zu den Kreativitätsmethoden (vgl. Kap. 8) gezählt wird.

Eine genaue Definition der Methode scheint schwierig zu sein, noch nicht einmal die Arbeitsschritte sind eindeutig festgelegt. In der Praxis ist eine enorme Vielfalt an Definitionen und Varianten anzutreffen, die meist nur ein Grundgerüst gemeinsam haben, welches auf der *Systemtheorie* basiert. Diese versucht, sich komplexen Systemen sowohl analytisch (Untersuchung der Elemente und ihrer Beziehungen) als auch holistisch (Untersuchung des Ganzen) zu nähern. Daher wird die Szenariotechnik auch als "Angewandte Systemtechnik" bezeichnet. Sie ist eine Anleitung zur prozessorientierten Problemlösung, die situations- und zielbedingt verschiedene Einzeltechniken benutzt (Blume 1996, 5). In Szenarien wird die Zukunft systematisch in ihre Bestandteile zerlegt, um sie anschließend strategisch und zielgerichtet wieder zusammenzusetzen (Stiens 1998, 132). Dabei wird modular, schrittweise und rückgekoppelt (also lernfähig) vorgegangen.

Bausteindefinition

Da eine allgemein akzeptierte Definition nicht vorliegt, empfiehlt van Vught (zit. in Blume 1996, 5) eine "Bausteindefinition", d. h. sie definiert die Methode über vier auf jeden Fall nötige Bestandteile (vgl. Abb. 6.5.1):

- Systemanalyse
- Rahmenbedingungen der Entwicklung
- Entwicklungspfade
- Zukunftsbilder.

Systemanalyse

Eine gute Systemanalyse muss die wesentlichen Systemelemente (Schlüsselfaktoren) und Beziehungen erfassen.

Daher ist zunächst zwischen wichtig und unwichtig zu trennen, wobei sich das Gewicht aus dem Einfluss der Elemente und Beziehungen auf die Entwicklung des Systems ergeben muss. So kann ein System in seinen Grundzügen abgebildet werden. Hierin liegt bereits ein normatives Moment der Methode. Die Elemente und Beziehungen werden als vernetztes System begriffen, wodurch auch Wechselbeziehungen erfasst werden können.

Bei Szenarien für die räumliche Entwicklung werden Steuerungs- und Strukturelemente unterschieden. Erstere sind Stellgrößen, die letztere beeinflussen. Es gibt externe Steuerelemente, die Einflüsse auf das System von außen beschreiben, und interne, die innerhalb des Gebiets wirken. Wenn z. B. die Fremdenverkehrsentwicklung einer Region bearbeitet werden soll, ist die natürliche Ausstattung ein wichtiges Strukturelement, das Angebot an Aktivitäten ein internes, und Urlaubsmotive der Zielgruppe sind ein externes Steuerungselement.

Rahmenbedingungen der Entwicklung

Ausgehend von der Systemanalyse wird der Rahmen denkbarer Entwicklungen abgesteckt. Innerhalb dieses Entwicklungskorridors bewegen sich später die einzelnen Szenarien. Dabei ist die Frage nach dem Trend der Entwicklung zu beantworten, d. h. was passiert, wenn alles wie bisher weiter läuft.

Danach sind Eckwerte möglicher Entwicklungen zur Begrenzung des Korridors festzulegen. Eckwerte sind Standards im Sinne von Schwellenwerten (s. Kap. 4.3.3), die Zustände beschreiben, in denen das System nicht mehr funktionieren kann, wie ökologische, wirtschaftliche Tragfähigkeit, Sozialverträglichkeit oder Grenzen politischer Wertvorstellungen.

Entwicklungspfade und Zukunftsbilder

Innerhalb der Spannweite möglicher Entwicklungen wird eine begrenzte Anzahl von Entwicklungspfaden und Zukunftsbildern herausgegriffen. Kriterium ist dabei i.d.R. die Bedeutung für die Politik.

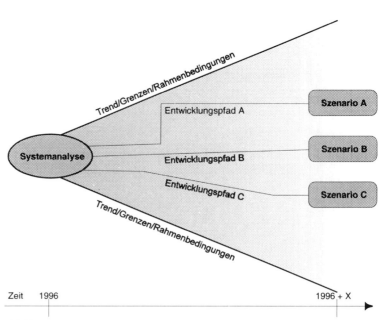

Abbildung 6.5.1: Der Szenariotrichter - Schema der Bestandteile der Szenariotechnik nach der "Bausteindefinition" (aus: Blume 1996, 6, verändert)

Die Entwicklungspfade zeigen auf, was mit welcher Eintrittswahrscheinlichkeit (s. Kap. 6.2) passieren wird, wenn bestimmte Ziele umgesetzt werden, und welche Entscheidungen wann dafür getroffen werden müssten.

Die Zukunftsbilder sind Momentaufnahmen auf den Entwicklungspfaden; sie haben die Funktion, künftige Zustände möglichst anschaulich zu illustrieren. Sie können als Längsschnitt- oder Querschnittsanalyse angeordnet sein (vgl. Blume 1996, 6 f.).

Anforderungen

Sträter (1988, 429) formuliert die folgenden Anforderungen an Szenario-Schreiber:

- Sachkompetenz: Kenntnisse über Untersuchungsgegenstand und -raum
- Vorstellungen und Kenntnisse über grundlegende gesellschaftliche Zusammenhänge und Prozesse
- Methodenkompetenz
- Fantasie, Kreativität.

Da niemand alle diese Anforderungen auf sich vereinigen kann, folgt daraus, dass Szenario-Schreiben eine Gruppenarbeit ist.

Das Erstellen von Szenarien ist auch in einem partizipativen Prozess im Rahmen von Zukunftswerkstätten oder Bürgergutachten (vgl. Kap. 10.3) möglich, dann übernehmen sachkompetente "Laien" Teile der Autorenschaft.

Um ihren pädagogischen Zweck zu erfüllen, muss die Darstellung der Szenarien für den Adressatenkreis anschaulich und nachvollziehbar sein. Daher ist bei allen Arbeitsschritten auf größtmögliche Transparenz zu achten. Dabei macht es einen Unterschied, ob ein Expertenkreis bzw. die Träger öffentlicher Belange[13] oder die breite Öffentlichkeit (wie bei Blume 1996) angesprochen werden. Auf jeden Fall sollte man sich bei Szenarien für die räumliche Entwicklung nicht nur auf Text beschränken.

Es ist wichtig, dass Szenarien Überzeugungskraft entwickeln, damit sie nicht als Luftschlösser oder Horrorvisionen abgetan werden, sondern eine ernsthafte Diskussion entfacht wird. Dazu können Beispiele aus anderen Gebieten, programmatische Zielvorstellungen von Entscheidungsträgern, relativ sichere Trends sowie plausible und in sich stimmige Visionen herangezogen werden. Plausibilität bedeutet, dass alle absehbaren und wahrscheinlichen Ereignisse, aber auch weniger wahrscheinliche, überraschende, Diskontinuitäten markierende Ereignisse wirklichkeitsnah und unvoreingenommen beschrieben werden. Die Ereignisse dürfen sich aber nicht logisch ausschließen, ein Szenario muss konsistent sein (Sträter 1988, 428 f.).

6.5.4 Typen von Szenarien und Studien

Typisierung nach Intention
Die Vielfalt der gebräuchlichen Szenarien kann man zunächst nach ihrer Intention oder ihrem Zweck unterscheiden in:

- Hilfsmittel für den Kommunikationsprozess und
- Entwürfe einer Strategie.

Bei ersteren ist das Ergebnis zweitrangig. Sie haben vielmehr didaktische Funktion, indem sie Lernprozesse und Diskussionen unter den Beteiligten anstoßen. Solche Szenarien sind mehr Kreativitäts- als Prognosemethoden.

Szenarien als Strategieentwürfe dienen dem möglichst frühzeitigen Erkennen von Störgrößen und der Folgeabschätzung von (alternativen) Entscheidungen.

Typisierung nach der Reihenfolge der Bausteine
Nach der Bearbeitung der Bausteine Entwicklungspfade sowie Zukunftsbilder kann man differenzieren nach:

- normativen und
- explorativen Szenariostudien.

Normative Studien geben das Ziel in der Aufgabenstellung vor. Daher wird zuerst das Zukunftsbild als Kontrastszenario (vgl. u.) entworfen und dann wird im Rückwärtsgang der Entwicklungspfad erstellt.

Bei explorativen Studien werden dagegen zuerst verschiedene denkbare Entwicklungspfade ergründet und dann die Zukunftsbilder skizziert. Dies ergibt Trend- oder Statusquo- sowie Alternativszenarien.

Trends, Alternativen, Kontraste
Trendszenarien stellen die Frage, wie es weitergeht, wenn alles wie bisher weiter läuft (business as usual). Sie sind als Ausgangspunkte wichtig. Sie kommen Trendextrapolationen (s. Kap. 6.3.3) am nächsten, berücksichtigen aber auch qualitative Informationen und sind damit methodisch komplexer. Beispiel: Wie entwickelt sich der CO_2-Ausstoß, wenn alle weiterwirtschaften wie bisher und die Bevölkerung global ebenfalls ungebrochen weiter zunimmt?

Alternativszenarien stellen die Frage, was wäre, wenn diese oder jene Richtung eingeschlagen würde. Sie geben alternative Entwicklungsmöglichkeiten an, die, wenn sie erreicht werden sollen, entsprechendes zielgerichtetes Handeln voraussetzen oder, wenn sie vermieden werden sollen, entsprechende Gegenmaßnahmen notwendig machen. Beispiel: Wie entwickelt sich der CO_2-Ausstoß, wenn der Liter Benzin DM 5 kostet und alle nur noch einmal in fünf Jahren mit dem Flugzeug in Urlaub fliegen?

Kontrastszenarien stellen die Frage, was zu tun ist, um ein bestimmtes Ziel zu erreichen. Beispiel: Was ist zu tun, damit der globale CO_2Ausstoß im Jahr 2020 auf dem Niveau von 1990 ankommt?

In der Praxis sind die Übergänge zwischen den Typen oft fließend.

Sollen die Umweltauswirkungen von Planungen frühzeitig eingeschätzt werden, besteht häufig das Problem, dass beim Vorhabenträger noch keine konkreten Vorstellungen über Einzelheiten seines Projekts bestehen. Dies behindert einerseits massiv die Wirkungsabschätzung, ist aber andererseits strategisch unverzichtbar,

---

[13] wie im Falle der Szenarien für ein gesamträumliches Leitbild der HannoverRegion (s. Krüger et al. 1995)

wenn die Planung beeinflusst werden soll. Als Gutachter kann man sich hier behelfen, indem man zunächst die Spannweite möglicher Auswirkungen als *Best-Case-* und *Worst-Case-Scenario* abzustecken versucht. Beide sind realistisch zu verfassen, das eine darf kein Luftschloss, das andere kein reines Horrorszenario sein. Den einzuschätzenden Fall kann man dann als wahrscheinlichsten Mittelweg oder *Most-likely-Case-Scenario* aufbauen.

Kartoszenarien

Insbesondere bei der Entwicklung und Vermittlung raumordnerischer Inhalte ist in den letzten Jahren die Szenariomethode angewendet worden. Beispiele sind der raumordnungspolitische Orientierungsrahmen (BMBau 1993), die Trendszenarien zur Raumentwicklung in Deutschland und Europa (BfLR 1995) sowie die Szenarien für ein gesamträumliches Leitbild im Auftrag des Kommunalverbands Großraum Hannover (Krüger et al. 1995).

Hierbei wird der Versuch unternommen, Expertenvorstellungen zwecks Vermittlung zu visualisieren. Die kartografische Visualisierung beschränkt sich auf Symbole und stark generalisierende topografische Elemente. Man bezeichnet diese Szenarien daher als Kartoszenarien (Stiens 1998, 138).

6.5.5 Das Beispiel UVP in der Flurbereinigung

Aufgabe

In einer Gemarkung wurde zur ländlichen Bodenordnung und zur Umsetzung des niedersächsischen Fließgewässerprogramms ein Flurbereinigungsverfahren eingeleitet. Dieses hat zum Ziel, sowohl die Produktionsbedingungen der Landwirte zu verbessern, als auch die Umweltgüter zu entwickeln, hier insbesondere ein Gewässer zu renaturieren und Erosion zu reduzieren.

Gemäß UVP-Gesetz ist zu einer Flurbereinigung wie auch zu einer wasserbaulichen Maßnahme eine UVP erforderlich. Diese wird frühzeitig begonnen, um Einfluss auf die Planungen, insbesondere die Grundstücksaufteilung, den Wegebau und den Wasserbau nehmen zu können. Damit fehlen jedoch alle Rahmenbedingungen, um sinnvolle Wirkungsabschätzungen durchführen zu können.

Vier Szenarien

Um aus diesem Dilemma herauszukommen, wurden nach einer Bestandaufnahme vier Szenarien entwickelt, die hier nur in ihren Grundzügen angerissen werden können:

- Nullvariante: Flurbereinigung unterbleibt, Erosion besteht fort, Gewässer bleibt in unbefriedigendem Zustand, Qualität verschlechtert sich eher infolge der Erosionseinträge, Landwirtschaft wird durch z. T. ungünstige Grundstückszuschnitte behindert, sie behilft sich, so gut es geht, durch Grundstückstausch und kleinere Maßnahmen selbst, Kosten entstehen weiter nicht (Trendszenario)

- Szenario "Optimierung aus Naturschutzsicht": Erosion wird durch Anlage eines Heckensystems sowie Neueinteilung nach den Gesichtspunkten Verkleinerung der Schläge und Änderung der Pflugrichtung wirksam reduziert, dem Bach wird die Möglichkeit gegeben, sich innerhalb seiner Aue zu entwickeln, wozu die landwirtschaftliche Nutzung herausgenommen wird, die forstwirtschaftliche Nutzung wird eingeschränkt, dazu sind staatliche Investitionen nötig, die Landwirtschaft büßt Flächen in erheblichem Umfang ein, profitiert jedoch von der reduzierten Erosion, es sind dennoch Widerstände der Landwirte zu erwarten (Alternativszenario, Best-Case-Scenario)

- Szenario "Optimierung der Produktionsbedingungen": Die Schläge werden so zusammengelegt, dass optimale Bewirtschaftung möglich ist, wodurch einige Wege und Hecken wegfallen, Erosion wird allein durch Flächenzuordnung zu reduzieren versucht, Viehweiden in der Bachaue bleiben bestehen, werden jedoch neu zugeteilt unter Erreichbarkeitsgesichtspunkten, Hecken werden nur insoweit angelegt, wie durch die Eingriffsregelung des BNatSchG unumgänglich, dadurch und durch Wegebau entstehen Kosten, die Naturschutzbehörden werden ihre Mitarbeit auf das gesetzlich Geforderte beschränken, der ortsansässige Naturschutzverband leistet Widerstand (Alternativszenario, Worst-Case-Scenario).

- Szenario "Mittlerer Weg": Erosion wird durch Begrenzung der Schlaggröße auf max. 40 ha und teilweise Änderung der Pflugrichtung eingedämmt, Dreiecksschläge werden vermieden, parallel zur Pflugrichtung werden Hecken oder Raine vorgesehen, die auch als Ausgleichsmaßnahme gelten, die

Nutzung in der Aue wird reduziert und die Grundstücke werden so angeordnet, dass eine Bachquerung ausgeschlossen ist, der Bach kann in Teilen seine natürliche Dynamik zurück erhalten, jedenfalls entstehen Gewässerrandstreifen, aus dem Fließgewässerprogramm wird ein Zuschuss bezahlt, dies wird zwischen den Beteiligten verhandelt (Most-likely-Case-Scenario).

Hier kann nur eine grobe Beschreibung gegeben werden, die die Richtung angibt. Natürlich sollten die Begriffe "Best Case" und "Worst Case" höchstens intern verwendet werden, um unnötige strategische Probleme zu vermeiden. Außerdem ist anzumerken, dass die Szenarien realistisch bleiben müssen. Dränage von Flächen kommt z. B. auch im Landwirtschaftsszenario nicht vor, da diese Maßnahme heute nicht mehr staatlich gefördert und daher in den Flurbereinigungsrichtlinien ausgeschlossen wird.

Horlitz (1998) beschreibt ein weiteres Beispiel, in dem er aufzeigt, dass die Szenariotechnik bei der Ermittlung von Kosten möglicher Landschaftsentwicklungen in einem Landschaftsraum sinnvoll eingesetzt werden kann.

6.5.6 Kritik an der Methode

Mangelnde Wissenschaftlichkeit?
Insbesondere aus natur-, ingenieurwissenschaftlich und ökonometrisch geprägter Perspektive wird der Szenariotechnik der Vorwurf der mangelnder Wissenschaftlichkeit entgegen gehalten. Dies wird v. a. mit der subjektiven Beeinflussung begründet, die auf der Verwendung qualitativer und normativer Informationen beruhe. Dieser Vorwurf basiert auf einem Wissenschaftsbegriff und einer Forschungspraxis, in der die Quantifizierbarkeit bei der Erfassung von Zuständen einseitig in den Vordergrund gestellt wird und "nicht messbare" Phänomene ausgeblendet werden.

Diese Argumentation übersieht, dass auch quantifizierende Methoden normative Elemente enthalten und darüber hinaus eher die verfügbaren bzw. weiter zu entwickelnden Methoden als die Wichtigkeit der Elemente und Beziehungen die Auswahl der untersuchten Gegenstände bestimmen.

Der Vorwurf geht also am Kern der Szenariotechnik vorbei; diese ist durchaus in der Lage, gegenwärtige und zukünftige Wirklichkeiten zutreffender, differenzierter und umfassender darzustellen als quantifizierende Prognosemethoden, wenn auch insgesamt spekulativer (Sträter 1988, 419).

Vorteile
Die Szenariotechnik bietet wichtige Vorteile (vgl. Sträter 1988, 430):

- Sie trägt zu einem besseren Systemverständnis bei.
- Es besteht die Möglichkeit, auch komplizierte Sachverhalte und Entwicklungen anschaulich darzustellen und dabei wichtige Einflussfaktoren, Beziehungen und Interventionsmöglichkeiten zu identifizieren.
- Politikoptionen können plastisch dargestellt und damit der Diskussion zugänglich gemacht werden. Damit wird das Denken in Alternativen gefördert (didaktischer Wert).
- Qualitative Informationen und "weiche" Daten (z. B. Grad der zu erwartenden Widerstände) können neben "harten", empirischen (Kosten) einbezogen werden.
- Nicht lineare Entwicklungen und Wechselwirkungen (z. B. zwischen Hecken, Erosion und Kosten) können abgebildet werden.

Nachteile
Dem stehen einige Nachteile gegenüber (vgl. Sträter 1988, 431 f.):

- Die Methode ist oft zeitaufwändig und dann auch kostenaufwändig, wenn gute Experten zugezogen werden müssen. Dies gilt für den Typ Strategieentwurf. Es ist aber auch der relativ rasche Entwurf einer Skizze beim Typ Kommunikationshilfsmittel möglich, wenn Diskussionen angestoßen oder Rahmenbedingungen für Planungsprozesse skizziert werden sollen.
- Die Methode ist nicht wertfrei, sie arbeitet geradezu mit Werthaltungen und Zielen und variiert diese gegebenenfalls. Es handelt sich nicht um zielgerichtete Zukunftsforschung. Anderseits stehen durch die Auswahl von Entwicklungspfaden dem Missbrauch Tür und Tor offen[14]. Hier besteht einerseits die Gefahr eines übermäßigen Einflusses von subjektiven, nicht nachprüfbaren Expertenurteilen, an-

---

14 Bisweilen werden einige Voraussetzungen oder Randbedingungen "vergessen" oder nicht ausgeführt.

- dererseits ist es oft schwierig, politische Rücksichtnahme zu vermeiden und die Entwicklung beim Namen zu nennen.
- In der Praxis wird noch zu wenig Gebrauch gemacht von grafischen, zeichnerischen und bildhaften Darstellungen. Dies behindert die Anwendung in partizipativen Prozessen (Blume 1996, 25).

Die Nachteile begrenzen den Einsatz der Szenariotechnik, sie machen ihn jedoch nicht unmöglich. Für die Raum- und Umweltplanung bietet sich hier eine interessante Möglichkeit, mit Unsicherheit umzugehen. Das Arbeiten mit Szenarien schafft erst die Voraussetzungen für Leitbild- und Zielentwicklung im Dialog mit der Öffentlichkeit (Horlitz 1998, 329; s. Kap. 4). Insbesondere bei der Strategischen Umweltprüfung von Plänen, Programmen oder sogar Politiken dürften sich Szenarien zu einer Standardmethode entwickeln.

Literatur

BLUME, W., 1996: Die Szenariotechnik in der räumlichen Planung. Möglichkeiten und Grenzen der Anwendung mit Beispielstudie Fremdenverkehrsszenarien für das Aller-Leinetal. Diplomarbeit am Fachbereich Landschaftsarchitektur und Umweltentwicklung, 138 S., Hannover.

BUNDESMINISTERIUM FÜR RAUMORDNUNG, BAUWESEN UND STÄDTEBAU (Hrsg.), 1993: Raumordnungspolitischer Orientierungsrahmen. Leitbilder für die räumliche Entwicklung der Bundesrepublik Deutschland, 31 S, Bonn-Bad Godesberg.

FISCHER, J. (Hrsg.), 1986: Der Ausstieg aus der Atomenergie ist machbar, Reinbek.

HORLITZ, T., 1998: Naturschutzszenarien und Leitbilder. Eine Grundlage für die Zielbestimmung im Naturschutz. Naturschutz und Landschaftsplanung 30 (10): 327330.

KAHN, H.; WIENER, A.J., 1971: Ihr werdet es erleben. Voraussagen der Wissenschaft bis zum Jahre 2000, Reinbek.

KRAUSE, F. et al., 1980: Energiewende. Wachstum und Wohlstand ohne Erdöl und Uran, Frankfurt/M.

KRÜGER, R.; KARSTEN M.; RUDOLPH, A.; JANSSEN, H., 1995: Szenarien für ein gesamträumliches Leitbild der HannoverRegion. Werkstattbericht, 57 S., Hannover.

MEADOWS, D.; MEADOWS, D.; ZAHN, E.; MILLING,, P., 1972: Die Grenzen des Wachstums. Bericht des Club of Rome zur Lage der Menschheit, Stuttgart.

STIENS, G., 1998: Prognosen und Szenarien in der räumlichen Planung. In: Akademie für Raumforschung und Landesplanung (Hrsg.): Methoden und Instrumente räumlicher Planung, 113145, Hannover.

STRÄTER, D., 1988: Szenarien als Instrument der Vorausschau in der räumlichen Planung. In: Akademie für Raumforschung und Landesplanung (Hrsg.): Regionalprognosen. Methoden und ihre Anwendung, 417440, Hannover (Veröffentlichungen der Akademie für Raumforschung und Landesplanung: Forschungs- und Sitzungsberichte, 175).

Frank Scholles

7. Bewertungsmethoden

7.1 Die Präferenzmatrix

Frank Scholles

7.1.1 Zweck der Methode

Die Präferenzmatrix gehört in der Praxis der Umweltplanung zu den gängigsten Methoden. Sie wird v. a. zur Einschätzung von Naturraumpotenzialen im Rahmen der Landschaftsplanung oder der Umweltverträglichkeitsprüfung (s. Kap. 3.2) eingesetzt.

Zweck der Präferenzmatrix ist die Aggregation von Einzelmerkmalen, die ordinal skaliert sind, zu abstrakteren Merkmalen (aggregierten Merkmalen).

Da eine arithmetische Aggregation (durch Addition, Multiplikation etc.) bei Ordinalskalen nicht zulässig ist, muss durch logische Kombination, so genannte Boole'sche Algebra, aggregiert werden. Diese beruht auf Wenn-dann-Aussagen nach dem Muster: "WENN Merkmal A den Wert 1 hat UND Merkmal B den Wert 1, DANN wird der aggregierte Wert 1 zugeordnet."

7.1.2 Vorgehen

Klassifizierung

Voraussetzung für den Einsatz der Präferenzmatrix ist, dass die zu aggregierenden Merkmale klassifiziert und damit ordinal skaliert vorliegen. Bei der Gewässergüte ist das z. B. regelmäßig der Fall (s. Tab. 7.1.1). Wenn die Merkmale (noch) nicht klassifiziert vorliegen, muss die Klassifizierung als erster Schritt vom Anwender vorgenommen werden.

Verknüpfung von zwei Merkmalen

Die einfache Präferenzmatrix kann nur zwei Merkmale verknüpfen. Abbildung 7.1.1 zeigt die theoretische Vorgehensweise bei jeweils dreistufig klassifizierten Merkmalen.

Die Matrix ist wie folgt zu lesen: "WENN Merkmal n1 den Wert 1 hat UND Merkmal n2 den Wert 1, DANN ergibt sich für das aggregierte Merkmal N der Wert 1. WENN Merkmal n1 den Wert 1 hat UND Merkmal n2 den Wert 3, DANN ergibt sich für das aggregierte Merkmal N der Wert 2". Achtung! Dies wurde nicht als arithmetisches Mittel (1+3/2=2) "errechnet", sondern aus der Matrix abgelesen. Bis hierhin ist es unmittelbar einsichtig, aber: "WENN Merkmal n1 den Wert 1 hat UND Merkmal n2 den Wert 2, DANN ergibt sich für das aggregierte Merkmal N der Wert 2". Da es keine Zwischenstufen geben kann, kann hier nicht 1,5 herauskommen; das wäre kardinal skaliert.

Ob 1 UND 2 nun in der Aggregation den Wert 1

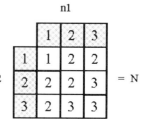

Abbildung 7.1.1: Schema der Präferenzmatrix

Tabelle 7.1.1: Die Gütegliederung der Fließgewässer (aus: LAWA 1985, 6)

Güte-klasse	Grad der organischen Belastung	Saprobität(Saprobiestufe)	Saprobien-index	Chemische Parameter		
				BSB_5 (mg/l)	NH_4-N (mg/l)	O_2-Minimum (mg/l)
I	unbelastet bis sehr gering belastet	Oligosaprobie	1,0-<1,5	1	höchstens Spuren	>8
I-II	gering belastet	Oligosaprobie mit betamesosaprobem Einschlag	1,5-<1,8	1-2	um 0,1	>8
II	mäßig belastet	ausgeglichene Betamesosaprobie	1,8-<2,3	2-6	<0,3	>6
II-III	kritisch belastet	alpha-betamesosaprobe Grenzzone	2,3-<2,7	5-10	<1	>4
III	stark verschmutzt	ausgeprägte Alphamesosaprobie	2,7-<3,2	7-13	0,5 bis mehrere mg/l	>2
III-IV	sehr stark verschmutzt	Polysaprobie mit alphamesosaprobem Einschlag	3,2-<3,5	10-20	mehrere mg/l	<2
IV	übermäßig verschmutzt	Polysaprobie	3,5-<4,0	>15	mehrere mg/l	<2

oder 2 ergibt, ist keine Frage der Mathematik oder Statistik, sondern eine *Wertsetzung*, also eine normative Frage. Unterstellt, 1 wäre eine gute und 3 eine schlechte Ausprägung, dann bedeutet die Aggregation von 1 UND 2 zu 2, dass bei einer UVP dem Vorsorgeprinzip gefolgt wird und im Zweifel aufgrund der Unsicherheit (s. Kap. 6.1) über Auswirkungen vorsichtig vorgegangen wird, während die Aggregation von 1 UND 2 zu 1 eher eine Orientierung an der Gefahrenabwehr andeutet (im Zweifel für den Eingriff).

Bei der Aufstellung der Matrix werden zunächst die Eckwerte besetzt (im Beispiel: 1 UND 1 ergibt 1, 3 UND 3 ergibt 3, 1 UND 3 ergibt 2, 3 UND 1 ergibt 2). Weitere Wertepaare können aufgrund von Kausalzusammenhängen, also indikativ, besetzt werden, wenn solche Kausalzusammenhänge bekannt sind. Ansonsten (und das ist in der Praxis die Regel) ist normativ vorzugehen (s. o.). Bei einer großen Präferenzmatrix (9x9 Klassen) schlagen Boese et al. (1981, 50 f.) vor, die verbleibenden Werte durch lineare Interpolation zwischen den bekannten bzw. gesetzten Werten zu gewinnen.

Die Präferenzmatrix ist eine Operationalisierung des Paarvergleichs (vgl. Kap. 7.8.2), der intuitivem menschlichen Bewerten i.d.R. zugrunde liegt. Der Paarvergleich wird im obigen Schema in 3x3=9 Regeln aufgelöst.

Bachfischer (1978) definiert für die Ökologische Risikoanalyse eine Präferenzmatrix, die die aggregierten Klassen grafisch darstellt (s. Abb. 7.1.2).

Ergebnis der Matrix ist wiederum ein klassifiziertes, also ordinal skaliertes Merkmal, allerdings auf höherer Abstraktionsebene. Im Beispiel in Kapitel 7.1.3 werden Körngröße und Mächtigkeit der Deckschicht zu Filterwirkung für Schadstoffe aggregiert.

Verknüpfung von drei Merkmalen

Leider lassen sich Bewertungsprobleme oft nicht auf zwei Merkmale eingrenzen. Wenn drei Merkmale zu aggregieren sind (z. B. Empfindlichkeit, Beeinträchtigungsintensität und Eintrittswahrscheinlichkeit), wird die Matrix zum Würfel (s. Abb. 7.1.3). Aus Gründen der Übersichtlichkeit wurden die aggregierten Werte nicht dargestellt.

Der Würfel ist wie folgt zu lesen: "WENN Merkmal n1 den Wert 1 hat UND Merkmal n2 den Wert 3 UND Merkmal n3 den Wert 3, DANN ergibt sich für das aggregierte Merkmal N der Wert 3". Der Würfel in Abbildung 7.1.3 hat bereits 3x3x3=27 Regeln dieser Art.

Verknüpfung von mehr als drei Merkmalen

Viele Probleme kann man auch mit drei Merkmalen noch nicht eingrenzen. Dann kann man entweder gestuft aggregieren, wie es die Nutzwertanalyse der 2. Generation (vgl. Kap. 7.4.7) tut, oder unser Präferenzwürfel wird zum gedanklichen Konstrukt des *Hyperwürfels* (vgl. Drösser 1994, 93 ff.), also eines Würfels mit mehr als drei Dimensionen.

Auf die grafische Darstellung des gedanklichen Konstrukts wird hier aus nahe liegenden optischen Gründen verzichtet. Die Zahl der Regeln bei drei Klassen und vier Merkmalen beträgt 3x3x3x3=81. Wenn es nicht mit drei

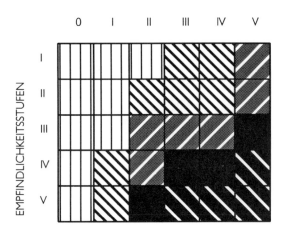

Abbildung 7.1.2: Präferenzmatrix der Ökologischen Risikoanalyse (nach: Bachfischer 1978, 102).

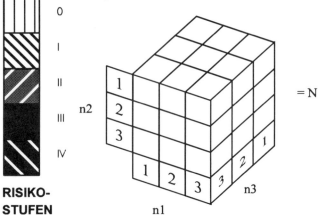

Abbildung 7.1.3: Schema des Präferenzwürfels

Klassen getan ist, sondern z. B. sieben Klassen nötig sind, wird es bei vier Merkmalen mit 7x7x7x7=2401 Regeln etwas unübersichtlich ...

Nichts desto weniger existieren solch komplexe Probleme - und das menschliche Gehirn kann sie in den Griff bekommen, allerdings nicht mit voll ausgefüllten Hyperwürfeln, sondern mit radikalen Vereinfachungen, die Relevanzbäumen (vgl. Kap. 7.2) näher kommen.

7.1.3 Das Beispiel "Karte der natürlichen Grundwasserschutzbedingungen"

Das Ziel des Beispiels ist es, den natürlichen Schutz für das Grundwasser im oberen Hauptaquifer (Grundwasserleiter) gegen Verunreinigungen von der Erdoberfläche aufzuzeigen, eine in der Umweltplanung häufig zu leistende Teilaufgabe. Das Beispiel ist bei Haertlé und Josopeit (1982) ausführlicher beschrieben.

Die Filterwirkung in der Grundwasser-Überdeckung (Boden und Gestein als Deckschichten), auf die es hier ankommt, lässt sich verbal z. B. wie folgt beschreiben: Günstig für die Filterwirkung sind flächenhafte Überlagerungen des Aquifers mit schwer durchlässigen Deckschichten (Ton, Schluff) von mindestens einem Meter Mächtigkeit oder durch eine durchlässige Schicht, die aber gut reinigt, von mehr als 2,5 Metern Feinsand oder mehr als 4 Metern Mittelsand oder gröberem Material (ebd., 96).

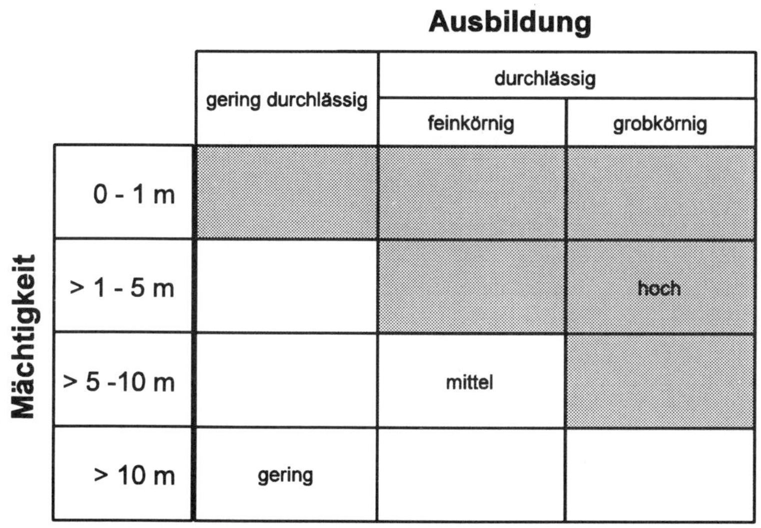

Das heißt, dass wir es hier mit zwei Merkmalen zu tun haben, nämlich erstens der Mächtigkeit und zweitens der Ausprägung (Korngröße) der Deckschicht. Daraus entwickeln die Autoren die Präferenzmatrix in Abbildung 7.1.4. Ergebnis der Aggregation sind drei Gefährdungsklassen, nämlich hohe, mittlere, geringe Grundwassergefährdung. Die Bewertung ist auch kartografisch als Chloroplethenkarte darstellbar.

7.1.4 Probleme der Methode

Symmetrie der Matrix

Auffällig bei den meisten Anwendungen ist die Symmetrie der Präferenzmatrix, d. h. wenn das Merkmal 1 in fünf Klassen eingeteilt wird, erhalten Merkmal 2 und das aggregierte Merkmal ebenfalls fünf Klassen (vgl. Bachfischer 1978). Ebenso auffällig ist, dass sich die Klassenzahl oft einheitlich durch alle Einstufungen für alle Schutzgüter oder Potenziale zieht. Dasselbe gilt für den Präferenzwürfel: Es ist halt ein Würfel mit drei gleich breiten Seiten, nie ein Quader.

Eine sachliche Begründung für diese Vorgehensweise sucht man meist vergeblich; sie dürfte auch von der Sache her nicht begründbar sein. Der Vorteil liegt in der Einheitlichkeit der Verfahrensweise und der Eleganz der Methodik.

Klassifizierungsprobleme

Das Fehlen einer sachlichen Begründung für die gewählte Klassenanzahl hängt eng mit einem weiteren Problem zusammen: der Beliebigkeit der Einstufung. Während die Extremklassen meist leicht und nachvollziehbar begründet werden, werden die Zwischenstufen selten sachlich begründet. Bei an sich kardinal messbaren Indikatoren wie Stickstoffgehalt im Grundwasser, Sauerstoffsättigung von Fließgewässern oder Gehalt an Cadmium im Boden erfolgt die Klassenbildung durch Ableitung aus vorhandenen Daten mithilfe statistischer Methoden oder durch lineare oder logarithmische Interpolation (Aufteilung des Abstands zwischen den beiden Extremwerten) auf die verbleibenden Klassen.

Sauber wäre eine Herleitung der Klassen mithilfe von Relevanzbäumen (vgl. Kap. 7.2). Die Zahl der Klassen müsste sich dabei aus

Mächtigkeit	Ausbildung		
	gering durchlässig	durchlässig	
		feinkörnig	grobkörnig
0 - 1 m			
> 1 - 5 m			hoch
> 5 -10 m		mittel	
> 10 m	gering		

Abbildung 7.1.4: Schema zur Beurteilung der Gefährdung des Grundwassers im oberen Hauptaquifer (aus: Haertlé u. Josopait 1982, 98, verändert)

der Sache ergeben. Wenn anerkannte Ziele und Standards existieren, die die inhaltlich begründete Bildung von fünf oder mehr Klassen zulassen (z. B. bei der Gewässergüte), sollte man auch entsprechend viele Klassen bilden. Wenn dies nicht der Fall ist, muss von der Vielzahl an Klassen abgesehen werden. Denn die Ergebnisse müssen einer verbal-argumentativen Interpretation standhalten können, sollen sie aus der Unverbindlichkeit reiner Relativaussagen heraus gehoben und bei der politischen Entscheidung berücksichtigt werden. Dazu ist es notwendig, dass jede Klasse eine Bezeichnung bekommt und die Bezeichnungen der Klassen einer klaren objektsprachlichen Definition unterliegen. D. h. dass mit jeder Bezeichnung eine eindeutige Wertzuordnung verbunden ist, die logisch nachvollzogen werden kann (vgl. Kias 1990, 169). In der naturschutzfachlichen Bewertung der Schutzwürdigkeit setzen sich daher vier bis sechs Wertstufen sowie die Prädikate "international, landesweit, überregional, regional, lokal bedeutsam" zunehmend durch (Plachter 1991, 251; Reck et al. 1992, 348).

Die Klassenbildung setzt erhebliches Fachwissen aus den entsprechenden Disziplinen voraus.

Die derzeit üblichen Klasseneinteilungen sind selten sachlich begründet und entscheidungsorientiert. Ziel muss aber sein, vergleichbare und reproduzierbare und gleichzeitig sachgerechte fachliche Einschätzungen zu produzieren, um dem Vorwurf nicht nachvollziehbarer Gutachten und Stellungnahmen entgegenzuwirken. Vergleichbarkeit und Reproduzierbarkeit bedingen mindestens eine klare Strukturierung, darüber hinaus aber auch eine gewisse Formalisierung der Klassenbildung (vgl. dazu Scholles 1997).

Grenzen der Übersichtlichkeit

Eine größere Präferenzmatrix, z. B. 7x7, erst recht größere Würfel oder Hyperwürfel, sind kaum noch in allen Einzelheiten zu überblicken.

Für jede Verknüpfung eine sachliche Begründung zu finden, ist kaum möglich. Sie ist allerdings auch nicht nötig, denn einige Verknüpfungen werden nie auftreten oder sind im Hinblick auf die zu machende Aussage irrelevant. Daher müssen gar nicht alle Felder der Präferenzmatrix und erst recht nicht der mehrdimensionalen Aggregationshilfen gefüllt werden. Die Konsequenz aus dieser Erkenntnis ist die Entwicklung von Relevanzbäumen (vgl. Kap. 7.2).

Politische Wertung in der Aggregation

Wie oben bereits ausgeführt, verstecken sich politische Wertungen in der Präferenzmatrix.

Sachlich korrekt müssten alle Werte durch eine externe, normative Wertsetzung festgelegt werden. Folglich müssten für alle Klassen anerkannte Standards vorliegen (s. Kap. 4.3.3). Da dies selten der Fall ist, bleibt nur die Möglichkeit der normativen Festlegung durch den Gutachter, wenn dieser sich für eine bestimmte Anzahl von Klassen für jede Matrix entschieden hat. Zu dieser Vorgehensweise fehlt ihm aber die Legitimation, denn es besteht ein Unterschied zwischen dem Beschluss eines Stadtrats, sich das Unterschreiten der Grenzwerte der TA-Luft um 60% zum Ziel zu setzen, und der Einstufung einer Belastung von 40% des Grenzwerts der TA-Luft als gering durch einen Gutachter.

Nicht zuletzt aus diesem Grund reduzieren Hoppenstedt und Riedl (1992) die Anzahl der Klassen auf prinzipiell drei. Sie vermeiden damit das o. g. Problem, handeln sich dabei jedoch große Informationsverluste bei gut strukturierten Problemen ein, die sie mit verbal-argumentativer Bewertung (vgl. Kap. 7.8) auffangen wollen. Bei anderen Autoren führt die weiterhin vorgenommene Aggregation von Einzelrisiken bei drei Stufen tendenziell dazu, dass mittleres Risiko als Ergebnis steht. Als Alternative werden zum Zwecke der Aggregation methodisch unzulässige Zwischenstufen eingeführt. 1 UND 2 ergibt dann "1 bis 2", was auch immer man darunter verstehen mag. Unter Vorsorgegesichtspunkten ist die von Bachfischer (1978) für die Ökologische Risikoanalyse vorgeschriebene Aggregation von hoher Intensität (1) und mittlerer Empfindlichkeit (2) zu hohem Risiko (1) folgerichtig, wenn auch für Vorhabenträger als Auftraggeber unbequem. Andere Aggregationsregeln müssten gesondert begründet werden.

Es muss jedoch deutlich gemacht werden, welche normativen Festlegungen gemacht werden und welchen Einfluss sie auf das Ergebnis haben. Sonst ist die Nachvollziehbarkeit nicht gegeben.

Literatur

BACHFISCHER, R., 1978: Die ökologische Risikoanalyse, Diss. TU München.

BOESE, P.; HANKE, H.; OPHOFF, W.; RAUSCHELBACH, B.; SCHIER, V. U. MITARB., 1981: Handbuch zur ökologischen Planung, Band 1, Teil I: Einführung, Teil II: Arbeitsanleitung,

Berlin (UBA-Berichte, 3/81).
DRÖSSER, C., 1994: Fuzzy Logic. Methodische Einführung in krauses Denken, 167 S., Reinbek.
HAERTLÉ, T.; JOSOPAIT, V., 1982: Methodik und Arbeitsweise zur Anfertigung von Karten über die natürlichen Grundwasserschutzbedingungen. In: Institut für Stadtbauwesen der TU Braunschweig (Hrsg.): Anthropogene Einflüsse auf die Grundwasserbeschaffenheit in Niedersachsen, 91-110, Braunschweig (Veröffentlichungen des Instituts für Stadtbauwesen, 34).
HOPPENSTEDT, A.; RIEDL, U., 1992: Grundwasserentnahmen, 44 S., Berlin (Storm, P.C.; Bunge, T. (Hrsg.): Handbuch der Umweltverträglichkeitsprüfung, 4400.
KIAS, U., 1990: Biotopschutz und Raumplanung, 297 S. + Anh., Zürich (ORL-Bericht, 80).

LÄNDERARBEITSGEMEINSCHAFT WASSER (LAWA, HRSG.), 1985: Die Gewässergütekarte der Bundesrepublik Deutschland, Bonn.
PLACHTER, H., 1991: Naturschutz. UTB 1563, 463 S., Stuttgart.
RECK, H.; HENLE, K.; HERMANN, G.; KAULE, G.; MATTHÄUS, G.; OBERGFÖLL, F.-J.; WEIß, K.; WEIß, M., 1992: Zielarten: Forschungsbedarf zur Anwendung einer Artenschutzstrategie. In: Henle, K.; Kaule, G. (Hrsg.): Arten- und Biotopschutzforschung in Deutschland, 347-353, Jülich (Berichte aus der Ökologischen Forschung, 4).
SCHOLLES, F., 1997: Abschätzen, Einschätzen und Bewerten in der UVP. Weiterentwicklung der Ökologischen Risikoanalyse vor dem Hintergrund der neueren Rechtslage und des Einsatzes rechnergestützter Werkzeuge, 273 S., Dortmund (UVP-Spezial, 13).

7.2 Der Relevanzbaum
Frank Scholles

7.2.1 Zweck der Methode

Relevanzbäume können für mehrere Zwecke eingesetzt werden:
- Bestimmung der Relevanz, d. h. des Zielbeitrags, eines Teilziels für das Gesamtziel
- ordinale Klassifikation komplexer Indikatoren
- Aggregation von Indikatoren.

Der erste Zweck ist heute in der Praxis der Umweltplanung nicht anzutreffen und kann daher hier ausgeklammert werden. Die weiteren Zwecke dagegen gehören zum Standardrepertoire landschaftsplanerischer Methodik.

7.2.2 Vorgehen

Schritte

Zur Klassifikation werden komplexe Sachverhalte, wie z. B. Schutzwürdigkeit von Biotopen, analytisch in ihre Elemente (Merkmale) aufgegliedert. Dabei kann man sich im Gegensatz zur Präferenzmatrix (s. Kap. 7.1) auf die wesentlichen (relevanten) Merkmale und Ausprägungen beschränken. Die Erstellung eines Relevanzbaums erfolgt in vier Schritten (vgl. Bachfischer 1978, 104):

1. Auflisten der Merkmale[1] in der Reihenfolge ihrer Relevanz für das Gesamtergebnis, d. h. die wichtigsten Merkmale kommen nach oben, die weniger wichtigen darunter
2. Klassifikation der Merkmale[2]
3. Festlegung der Anzahl der Klassen der Ordinalskala, in die die komplexe Größe (z. B. Schutzwürdigkeit von Biotopen) eingeteilt werden soll

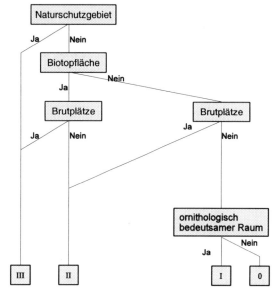

Abbildung 7.2.1: Relevanzbaum für die Klassifikation der Schutzwürdigkeit (nach Bachfischer 1978, 209)

---
1 z. B. Schutzstatus, Biotoptyp, Brutplätze

2 z. B. Nationalpark, Naturschutzgebiet, geschützter Landschaftsbestandteil, Landschaftsschutzgebiet; ja, nein; <10, 10, >10; Schwellenwerte

4. Zuordnung der Merkmale und ihrer Ausprägungen (Wertbereiche) zu den Klassen der komplexen Größe (z. B. wenn, dann).

Grafische Darstellung

Das Ergebnis kann grafisch dargestellt werden (s. Abb. 7.2.1). Weitere Beispiele werden bei der Ökologischen Risikoanalyse (in Kap. 7.6) vorgestellt. Die formale Struktur eines Relevanzbaums zeigt Abbildung 7.2.2.

Darstellung in Boole'scher Algebra

Mathematisch betrachtet, beruht der Relevanzbaum auf der Boole'schen Algebra. Da die Merkmale ordinal oder nominal skaliert sind, kann man nicht arithmetisch aggregieren. Daher müssen die Merkmale mit Operatoren wie UND oder ODER verknüpft werden. Die Einteilung der Klassen erfolgt dann mit Wenn-dann-Regeln. Der in Abbildung 7.2.2 dargestellte Baum kann auch als Boole'sche Funktion (s. Abb. 7.2.3) notiert werden, was aber weniger anschaulich und daher nicht verbreitet ist.

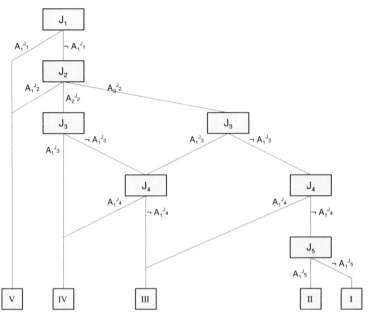

J_i Indikator i

$A_j^{J_i}$ Wertebereich j des Indikators J_i

Abbildung 7.2.2: Formale Struktur eines Relevanzbaums (nach: Bachfischer 1978, 102)

Tabu-Kriterien

Es können *Tabu-Kriterien* eingeführt werden. Zu Tabu-Kriterien werden solche Merkmale, bei deren Erfüllung auf jeden Fall eine bestimmte Einstufung erfolgt, unabhängig davon wie alle übrigen Kriterien ausgeprägt sind. Beispiel: Wird ein europaweit durch die Flora-Fauna-Habitat-Richtlinie der EU geschütztes Biotop durch den Bau einer Kläranlage zerstört, dann kommt die betreffende Alternative in die schlechteste Klasse, egal wie sauber sie das Abwasser macht, wie wenig sie an Gerüchen emittiert usw.

Merkmale sind bekannt und desto mehr Klassen können begründet werden. Bei neun Klassen liegt allerdings eine Obergrenze, die nicht überschritten werden sollte, weil der Mensch i.d.R. nicht mehr als neun Klassen gleichzeitig differenzieren kann.

Die verwendeten Merkmale müssen nicht unabhängig voneinander, d. h. substituierbar, sein, denn jede beliebige Beziehung kann innerhalb eines Baums abgebildet werden. In Abbildung 7.2.1 sind Brutplätze und ornithologische Bedeutung offensichtlich nicht unabhängig, sondern zu verstehen im Sinne der Frage: Wenn der

Weitere Eigenschaften

Die Anzahl der Klassen und Merkmale ist nicht festgelegt; sie ist je nach Sachverhalt im Einzelfall zu bestimmen. Dabei gilt: Je genauer ein Sachverhalt wissenschaftlich untersucht und aufgeklärt ist, desto mehr

$$AG = \begin{array}{ll} V & \text{für } A_{1/1} \vee A_{1/2} \\ IV & \text{für } \neg A_{1/1} \wedge [(A_{2/2} \wedge A_{1/3}) \vee (A_{2/2} \wedge A_{1/4}) \vee (A_{3/2} \wedge A_{1/3} \wedge A_{1/4})] \\ III & \text{für } \neg A_{1/1} \wedge [(A_{2/2} \wedge \neg A_{1/3} \wedge \neg A_{1/4}) \vee (A_{3/2} \wedge (A_{1/3} \vee A_{1/4}) \wedge (\neg A_{1/3} \vee \neg A_{1/4}))] \\ II & \text{für } \neg A_{1/1} \wedge A_{3/2} \wedge \neg A_{1/3} \wedge \neg A_{1/4} \wedge A_{1/5} \\ I & \text{für } \neg A_{1/1} \wedge A_{3/2} \wedge \neg A_{1/3} \wedge \neg A_{1/4} \wedge \neg A_{1/5} \end{array}$$

AG : Aggregatgröße
$\wedge$: UND
$\vee$: ODER
$\neg$: NICHT

Abbildung 7.2.3: Relevanzbaum in der Notation der Boole'schen Algebra (nach Bachfischer 1978, 101)

Raum kein Brutplatz ist, ist er dann wenigstens sonstwie ornithologisch bedeutsam?

In den Beispielen werden die Klassen mit römischen Ziffern (I, II, III) belegt. Man kann sie auch mit Buchstaben (A, B, C) oder arabischen Ziffern (1,2,3) belegen. Letzteres birgt bisweilen die Gefahr, dass die Ergebnisse "kardinales Eigenleben" zu entfalten beginnen, d. h. dass jemand auf die Idee kommt, mit den Ergebnissen im weiteren Verlauf einer Analyse oder Bewertung zu rechnen, obwohl dies formal bei Ordinalskalen unzulässig ist.

7.2.3 Das Beispiel Arten- und Biotopschutzbewertung

Kaule (1986) hat ein umfassendes Konzept zur Einschätzung der Schutzwürdigkeit von Biotopen für die Belange des Artenschutzes vorgelegt.

Die Methodik unterscheidet zunächst die besonders schutzwürdigen Lebensräume von den (sonstigen) Nutzflächen. Danach wird anhand der Merkmale Nutzungsintensität, Größe, Seltenheit, Repräsentanz, Alter, Trophie und Vollständigkeit eine neunstufige Skala abgeleitet. Die Abbildung 7.2.4 zeigt den zugrunde liegenden Relevanzbaum. Die neunstufige Skala hat sich bewährt, soll jedoch nicht dogmatisch verstanden werden; bei Bedarf können Klassen zusammengefasst oder weggelassen werden.

Der in Tabelle 7.2.1 enthaltene Rahmenvorschlag ist von Kaule (1986) für Wälder und Forsten, Äcker, Grünland, Weinberge, Obstanlagen, vorrangig ackerbaulich genutzte Gebiete und Siedlungsgebiete differenziert und konkretisiert worden.

Reck (1990) hat aus diesem Ansatz Merkmale für tierökologische Fragestellungen abgeleitet und dabei Adjektive für die neun Stufen vergeben. Diese Adjektive können problemlos auf die Kaule-Skala übertragen werden (vgl. Tab. 7.2.1 und Scholles 1997).

7.2.4 Kritik an der Methode

Begründung

Der wichtigste Vorteil der Methode liegt darin, dass die Klasseneinteilung *sachlich* begründet wird und nicht arithmetisch oder statistisch durch eine stetige Funktion oder Häufigkeitsverteilung. Dadurch bietet die Methode das Potenzial, die Wertung transparent zu machen. Dies setzt voraus, dass jede Klasse mit einer natürlichsprachlichen Bezeichnung versehen wird, sodass die Klassifizierung insgesamt einer Interpretation zugänglich ist.

Aus analytischer Sicht ist die Methode sehr wichtig, weil man sich über die Bestandteile eines Systems Klarheit verschafft und dies nach außen transparent machen kann.

Die Zerlegung der Realität in ihre Bestandteile kann gleichzeitig jedoch ein Nachteil sein, wenn darüber die holistische Betrachtung vernachlässigt wird und das System nur noch über seine Einzelteile definiert wird.

Konkret können Wechselbeziehungen zwischen Schutzgütern nicht mit Relevanzbäumen bearbeitet werden.

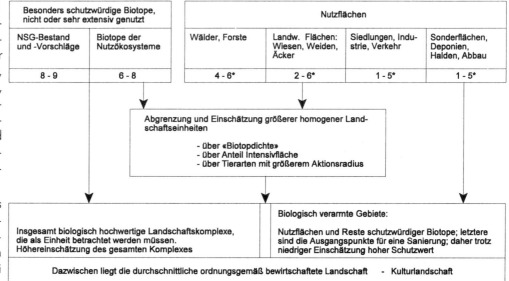

Abbildung 7.2.4: Relevanzbaum für eine flächendeckende Einschätzung der Landschaft (aus: Kaule 1986, 317)

Tabelle 7.2.1: Klassifikation der Vorbelastung und Zusatzbelastung des Schutzguts Pflanzen (aus: Scholles, 1997, 224).

Stufe	Bezeichnung	Erläuterung
A	international bzw. gesamtstaatlich bedeutsam	NP, BR (Zone I), NSG, § 20c-Biotope, FFH-Schutzgebiete. Seltene und repräsentative, natürliche und extensiv genutzte Ökosysteme. I.d.R. alte und/oder oligotrophe Ökosysteme mit Spitzenarten der Roten Listen, geringe Störung, große Flächen (soweit vom Typ möglich)
B	landesweit bedeutsam	BR (Zone I), NSG, ND, § 20c-Biotope, wie A, jedoch weniger gut ausgebildet sowie Einzelschöpfungen
C	regional bedeutsam	LSG, BR (Zone II), kleinere NSG, größere LB. Nicht oder extensiv genutzte Flächen mit Arten der Roten Liste zwischen Wirtschaftsflächen, regional zurückgehende sowie oligotraphente Arten, Restflächen der Typen von A und B, Kulturflächen, in denen regionale zurückgehende Arten noch zahlreich vorkommen
D	lokal bedeutsam	ggf. LB, kleinere Ausgleichsflächen zwischen Nutzökosystemen (Kleinstrukturen). Unterscheidet sich von C durch Fehlen oder Seltenheit von oligotraphenten und Rote-Liste-Arten. Bedeutend für Arten, die in den eigentlichen Kulturflächen nicht mehr vorkommen
E	verarmt	Nutzflächen, in denen nur noch wenig charakteristische Arten vorkommen. Die Bewirtschaftungsintensität überlagert die natürlichen Standorteigenschaften. Grenze der "ordnungsgemäßen Land- und Forstwirtschaft"
F	stark verarmt	Nutzflächen, in denen nur noch Arten eutropher Standorte bzw. die Ubiquisten der Siedlungen oder die widerstandsfähigsten Ackerunkräuter vorkommen. Randliche Flächen werden belastet
G	belastend	Nur für sehr wenige Ubiquisten nutzbare Flächen, starke Trennwirkung, sehr deutlich Nachbargebiete belastend
H	stark belastend	Fast vegetationsfreie Flächen. Durch Emissionen starke Belastungen für andere Ökosysteme von hier ausgehend
I	weitgehend unbelebt	Vegetationsfreie Flächen. Durch Emissionen sehr starke Belastungen für andere Ökosysteme von hier ausgehend
X	nicht erhoben	Nicht Bestandteil des Untersuchungsgebiets, nicht zugänglich oder Entwicklung unklar

Interne Wertungen

Die Festlegung der Merkmale, die herangezogen werden, ihre Position innerhalb des Baums, die Zahl der Verzweigungen sowie die Verwendung von Schwellenwerten stellen Wertungen dar, sind also bereits normative Schritte (vgl. Cerwenka 1984). Das sagt im übrigen bereits der Name *Relevanzbaum*. Diese Wertungen können indikativ durch wissenschaftliche Untersuchungen soweit gestützt werden, dass sie sich fast zwangsläufig aus logischen Gründen ergeben. Meist sind die ökologischen Grundlagen jedoch nicht hinreichend vorhanden, sodass Unsicherheit und auch ein Stück Willkür bleiben. Die Relevanz der Merkmale darf jedoch nicht völlig willkürlich sein, denn dann wird es einem Kritiker leicht fallen, die Klassifizierung an ihrer Wurzel zu widerlegen und damit das ganze darauf aufbauende Gutachten womöglich zu diskreditieren.

Einen Ausweg zwischen mangelnden Kenntnissen und Willkür stellen allgemein anerkannte Konventionen dar. Die oben vorgestellte Kaule-Skala ist inzwischen eine solche Konvention. Leider existieren bei weitem nicht für alle Klassifikationsbedarfe solche Konventionen. Dann sind sämtliche internen Wertungen offen zu legen.

Literatur

BACHFISCHER, R., 1978: Die ökologische Risikoanalyse, Diss. TU München.

CERWENKA, P., 1984: Ein Beitrag zur Entmythologisierung des Bewertungshokuspokus. Landschaft + Stadt 16 (4): 220-227.

KAULE, G., 1986: Arten- und Biotopschutz, Stuttgart.

RECK, H., 1990: Zur Auswahl von Tiergruppen als Biodeskriptoren für den zoologischen Fachbeitrag zu Eingriffsplanungen. In: Riecken, U. (Hrsg.): Möglichkeiten und Grenzen der Bioindikation durch Tierarten und Tiergruppen im Rahmen raumrelevanter Planungen, 99-120, Bonn-Bad Godesberg (Schriftenreihe Landschaftspflege und Naturschutz, 32).

SCHOLLES, F., 1997: Abschätzen, Einschätzen und Bewerten in der UVP. Weiterentwicklung der Ökologischen Risikoanalyse vor dem Hintergrund der neueren Rechtslage und des Einsatzes rechnergestützter Werkzeuge, 273 S., Dortmund (UVP-Spezial, 13).

7.3 Die Kosten-Nutzen-Analyse

Frank Scholles

7.3.1 Zweck der Methode

Rechtliche Grundlagen

Nutzen-Kosten-Untersuchungen sind in Deutschland seit 1969 bei öffentlichen Maßnahmen vorgeschrieben, und zwar in:

- § 7 Abs. 2 Bundeshaushaltsordnung (BHO) für den Bund
- § 6 Abs. 2 Haushaltsgrundsätzegesetz für die Länder
- § 10 Abs. 2 Gemeindehaushaltsverordnung für die Gemeinden

Die Kosten-Nutzen-Analyse ist die gängige Methode zur Durchführung dieser Untersuchungen. Das Bundesfinanzministerium hat 1973 "Erläuterungen zur Durchführung von Nutzen-Kosten-Untersuchungen" als Erlass herausgegeben, die der Darstellung des Ablaufs in Kapitel 7.3.4 zugrunde liegen[3].

Ziel

Die Analyse soll die Wirtschaftlichkeit einer Maßnahme der öffentlichen Hand vorab prüfen. Ziel ist die ökonomische Bewertung von öffentlichen Vorhaben, v. a. von Infrastrukturvorhaben, als Vorbereitung der politischen Entscheidung. Es sollen diejenigen Projekte ausgewählt werden, die für die verfolgten Ziele am effektivsten sind. Anwendungsbereiche sind besonders Verkehrs-, Bildungs- und Gesundheitsinfrastruktur. Da die öffentliche Hand keine Gewinne macht, ist die Kosten-Nutzen-Analyse keine Rentabilitätsrechnung[4].

Daher werden bei Kosten-Nutzen-Analysen alle bei einem Vorhaben voraussichtlich anfallenden Kosten und alle prognostizierten Nutzen in Geld ausgedrückt. Danach werden sie jeweils addiert und ins Verhältnis zueinander gesetzt.

Definition

Die Kosten-Nutzen-Analyse ist eine Methode, die öffentliche Projekte nach ihrer wirtschaftlichen Ergiebigkeit bewertet.

7.3.2 Herkunft der Methode

Wohlfahrtsökonomie

Die Methode stammt aus der angewandten Wohlfahrtsökonomie (vgl. Worch 1996, 89 ff.). Diese verfolgt das Ziel, marktliche und nicht marktliche Allokationsmechanismen (vgl. u.) nach dem Kriterium *Effizienz* zu optimieren.

Wohlfahrt wird dabei allerdings auf ökonomische Kategorien reduziert (Bruttosozialprodukt, Einkommen etc.). Im englischsprachigen Raum ist die Methode als Cost-Benefit-Analysis verbreitet.

Charakteristika

Für die Kosten-Nutzen-Analyse bedeutet das:

- *Gesamtwirtschaftliche* Kosten und Nutzen werden einbezogen.
- Die Methode ist auf eine *ökonomische Rationalität* (Erreichen der Ziele mit dem geringsten Geldeinsatz) ausgerichtet. Sie könnte auch auf eine soziale (Erreichen der Ziele mit niedrigster unerwünschter Umverteilung zwischen sozialen Gruppen) oder ökologische Rationalität (Erreichen der Ziele mit geringster Beanspruchung natürlicher Ressourcen) ausgerichtet sein.
- Man orientiert sich an *Marktpreisen*, sodass unterschiedliche Maßnahmen auf Geldniveau kardinal skaliert werden können.

7.3.3 Begriffe

Die folgenden Begriffe sind zum weiteren Verständnis wichtig. Zur Vertiefung sei auf die angegebene Literatur verwiesen.

- Kosten: "in Geld ausgedrückter, betriebsgewöhnlicher Verzehr von Gütern und Diensten zur Erstellung von betrieblichen Leistungen" (Schmidt 1996, 240)
- Externe Kosten: "Kosten, die der Gesellschaft entstehen, ohne dass sie im betrieblichen Rechnungswesen bzw. in der Wirtschaftsrechnung der privaten und öffentlichen Haushalte auftauchen" (Wicke 1991, 661)

---

3 vgl. dazu auch den Überblick in Schmidt (1996, 103 ff.)

4 Rentabilität: Verhältnis von Nettogewinn zu eingesetztem Kapital

- Nutzen: hier: Einnahmen und Erlöse, ansonsten: nicht messbare, relative Bedeutung eines Guts im Hinblick auf die Bedürfnisbefriedigung
- Allokation: Steuerung knapper Ressourcen in bestimmte Verwendungen
- Effizienz: Relation von Aufwand und Ertrag
- Öffentliche Güter: (Gegensatz zu privaten Gütern) können nicht aufgeteilt und verkauft werden; i.d.R. ist niemand freiwillig bereit, zu ihrer Erstellung beizutragen, da dies für den Einzelnen Kosten oder Nachteile bringt, denen nur sehr geringer persönlicher Nutzen gegenüber steht (Wicke 1991, 662).

7.3.4 Ablauf der Methode

Tabelle 7.3.1 und Abbildung 7.3.1 geben die Arbeitsschritte und den Ablauf der Kosten-Nutzen-Analyse wieder.

Die Schritte 1 bis 4 werden auch als "Vorfeld" der Analyse bezeichnet. Sie beinhalten politische (Vor-) Entscheidungen und sollten daher durch Entscheidungsträger vorgegeben werden. Die Schritte 5 bis 11 gehören zur Analyse im engeren Sinne. Entscheidungsträger und Analytiker müssen während der gesamten Untersuchung zusammenarbeiten, da wiederholt Teilentscheidungen zu treffen sind, für die sowohl Information als auch Legitimation nötig sind. In Schritt 5 sind folgende

Tabelle 7.3.1: Schritte der Kosten-Nutzen-Analyse und Erläuterungen (zusammengestellt nach BMF 1973)

	Arbeitsschritt	Bemerkungen
1	Problemdefinition, Vorklären der Aufgabe	Was wird betrachtet, was insbesondere nicht (vgl. Kap. 3.1)? Beispiel: Wird der Main-Donau-Kanal als isolierter Verkehrsweg betrachtet oder als Bestandteil des deutschen oder des europäischen Verkehrsnetzes? Wird die Konkurrenz von Straße und Schiene mit betrachtet?
2	Konkretisierung eines Zielsystems	Festlegung und Gewichtung der relevanten Entscheidungskriterien (Baukosten, Betriebskosten, Beschäftigungsnutzen, verkehrliche Nutzen ..., s. Kap. 4.1), Umsetzung in monetär messbare Indiktoren (s. Kap. 5.1.2)
3	Bestimmen des Entscheidungsfelds	Analyse der Rahmenbedingungen, die den Entscheidungsspielraum beeinflussen oder begrenzen, z. B. internationale Verträge, personelle, finanzielle und technische Möglichkeiten
4	Auswahl und Darstellung der Alternativen	Technische Alternativen, Trassen- und Standortalternativen, Systemalternativen (z. B. Straße statt Kanal), Null-Alternative (es wird nicht gebaut)
5	Erfassung und Beschreibung der Vor- und Nachteile sowie Prognose der Auswirkungen der Alternativen	Wirkungen der einzelnen Alternativen bezüglich der Ziele, Berücksichtigung aller auftretenden realen Wirkungen
6	Bewertung der Wirkungen	in monetären Größen (DM), Kosten sind negativer, Nutzen positiver Zielbeitrag, dabei gibt es Grenzfälle bei Zielkonkurrenzen, Betriebs- und Unterhaltungskosten können als "negative Nutzen" angesehen werden, intangible Wirkungen werden nur beschrieben
7	Sensitivitätsanalyse	Feststellen der Empfindlichkeit der Analyseergebnisse gegenüber Änderung der Annahmen und Eingangsdaten
8	Diskontierung	Kosten treten schwerpunktmäßig in der Bauphase auf, Nutzen schwerpunktmäßig erst nach Fertigstellung. Daher fallen sie zeitlich auseinander. Es kann also wegen Inflation und Verzinsung nicht alles zu heutigen Preisen gerechnet werden. Außerdem bevorzugen Menschen das, was heute ist, gegenüber dem, was zukünftig einmal sein wird, unabhängig von der Eintrittswahrscheinlichkeit (s. Kap. 6.2). Deshalb muss abdiskontiert, d. h. der heutige Wert berechnet werden
9	Gegenüberstellung der Nutzen und Kosten	Bruttonutzenprinzip: Alle (abgezinsten) Nutzen werden saldiert, alle (abgezinsten) Kosten ebenfalls. Nettonutzenprinzip: Alle Nutzen sowie Betriebs- und Unterhaltungskosten (negative Nutzen) werden saldiert, alle Investitionskosten ebenfalls. Es wird der Quotient der beiden Summen gebildet, das Nutzen-Kosten-Verhältnis.
10	Verbale Beschreibung der Intangibles	gesonderte Darstellung der nicht-monetarisierbaren Indikatoren
11	Gesamtbeurteilung und Entscheidung	für diejenige Alternative mit dem besten Nutzen-Kosten-Verhältnis unter nachrichtlicher Einbeziehung intangibler Wirkungen (Abwägung, s. Kap. 4.5.2)

Wirkungen zu unterscheiden (vgl. auch Hanusch u. Kuhn 1995, 557 f.):

- direkte (=interne) Wirkungen: sind eng auf das Projektziel bezogen und stehen in unmittelbarem Zusammenhang mit dem Projekt, z. B. Baukosten, Unterhaltungskosten, Kostenersparnisse durch geringere Gebühren
- indirekte (=externe) Wirkungen: fallen an anderer Stelle in der Volkswirtschaft an, meist bei unbeteiligten Dritten, z. B. Lärmbelastung/Schallschutzkosten, Luftverschmutzung; externe Kosten werden ungerne kalkuliert
- tangible (direkt messbare) Wirkungen: sind direkt monetär (in Geldeinheiten) ausdrückbar, z. B. Frachtkosten, Baukosten
- intangible (nicht direkt messbare) Wirkungen: sind nicht direkt monetär auszudrücken, z. B. Zeitersparnis, Erholung; es gibt Methoden zur Annäherung
- primäre Wirkungen: sind unmittelbare Folgen des Vorhabens, z. B. billigerer Massengütertransport
- sekundäre Wirkungen: Folgewirkungen, z. B. ein Kanal erzeugt Fremdenverkehr; wo werden Wirkungsketten abgeschnitten? Gehören die Auswirkungen der EXPO 2000 auf den globalen CO_2-Ausstoß in die Betrachtung, hört man an der Gemeinde- oder Landesgrenze auf? Dann liegen unangenehme Vorhaben meist an der Gemeinde- oder Landesgrenze, weil die beeinträchtigte Fläche, die in die Betrachtung einbezogen wird, dann kleiner ist.

7.3.5 Das Beispiel Main-Donau-Kanal

Ziele des Kanalbaus

Der Main-Donau-Kanal (MDK) wurde gebaut, um eine Wasserstraßenverbindung zwischen Donau und Main und damit zwischen Rhein und Südosteuropa für den Güterverkehr zu schaffen. Dazu musste zwischen Nürnberg und Kelheim ein Kanal gebaut werden, der zwischen Dietfurt und Kelheim im Tal der Altmühl verläuft (s. Abb. 7.3.2). Gleichzeitig wurden umfangreiche Pläne zum Ausbau der Donau zwischen Kelheim und Passau erarbeitet, die inzwischen z. T. realisiert sind, im Folgenden jedoch nicht in die Betrachtung einbezogen werden.

Der Kanal hat einen bedeutsamen Nebeneffekt, denn durch die Überleitung von Altmühl- und Donauwasser

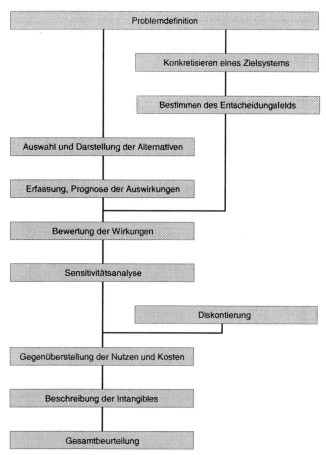

Abbildung 7.3.1: Arbeitsschritte der Kosten-Nutzen-Analyse

in das Wassermangelgebiet Mittelfranken und die Speicherung von Donauwasser dient das Projekt auch der Wasserwirtschaft.

Vorliegende Studien

Vom Bundesverkehrsministerium wurde 1976 eine Nutzen-Kosten-Untersuchung durchgeführt. Da das Projekt sehr umstritten war, wurden 1981 bzw. 1982 zwei weitere Untersuchungen durchgeführt, eine im Auftrag des Bundesverkehrsministeriums (Planco 1981), die zweite im Auftrag des Deutschen Kanal- und Schiffahrtsvereins Rhein-Main-Donau e.V. (Hahn et al. 1982). Ziel beider Untersuchungen war festzustellen, ob ein Fortführen der 1981 bereits laufenden Bauarbeiten am Kanal wirtschaftlich vertretbar sei.

Beide Studien stellen insofern eine Ausnahme von der Praxis der Kosten-Nutzen-Analyse dar, als sie nicht Varianten bewerten, sondern die Effizienz einer einzigen Planung. Da sie zu deutlich unterschiedlichen

Ergebnissen kommen, eignen sie sich aber gut, die Probleme von Kosten-Nutzen-Analysen aufzuzeigen.

Die Kosten-Nutzen-Analyse der Planco Consulting GmbH

Planco hat die Analyse im Auftrag des Bundesverkehrsministeriums durchgeführt. Die Ergebnisse sind im Überblick in Tabelle 7.3.2 dargestellt.

Die Gutachter standen nach eigenen Aussagen vor dem Problem, eine Prognose der Verteilung der Güter auf Straße, Schiene und Wasserstraße unter Konkurrenz nach Bau des Kanals durchführen zu müssen. Sie errechnen unter diversen Annahmen, dass ca. 2,7 Mio. Tonnen an Gütern (39,8%) von der Bahn auf das Binnenschiff verlagert werden, insbesondere Massengüter.

Die Nutzen ergeben sich insgesamt aus:

- Verkehrsnutzen
- Beschäftigungseffekten
- wasserwirtschaftlichen Nutzen.

Ein Verkehrsnutzen ist dann festzustellen, wenn sich durch Baumaßnahmen Güterverkehr verlagert und zu niedrigeren volkswirtschaftlichen Kosten transportiert werden kann als ohne neue Wasserstraße. Der verkehrliche Nutzen (NK) ergibt sich damit aus dem Produkt der Verlagerungsmenge (VM) und der Transportkostendifferenz von Schiene (TKS) und Wasserstraße (TKW): NK = VM * (TKS - TKW). Verlagerungspotenzial von der Straße auf den Kanal wird offensichtlich nicht gesehen.

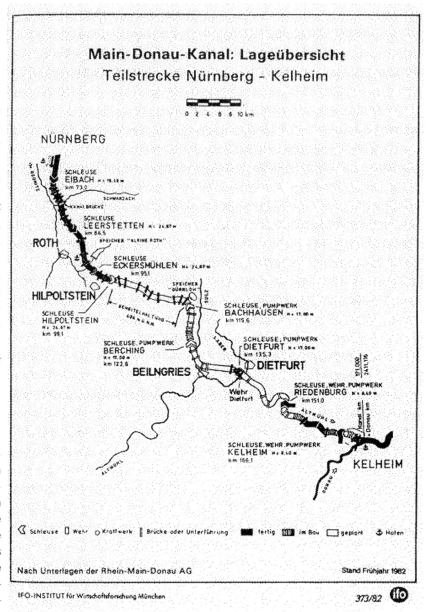

Abbildung 7.3.2: Main-Donau-Kanal - Lageübersicht (aus: Hahn et al. 1982, VII)

Die Berechnung der Bahnkosten wird nach vorgegebenen Kostensätzen des Verkehrsministeriums vorgenommen. Dabei werden wiederum diverse Annahmen vorgenommen, insbesondere dass die in Planung befindlichen Neubaustrecken der Bahn realisiert werden. TKS ergibt sich damit aus dem Produkt von Bahnentfernung und Nettotonnensatz.

Die Schiffkosten werden nach Schätzungen des Binnenschifffahrtsgewerbes für das Durchschnittsschiff vorgenommen, wobei eine inflationsgebundene Verzinsung für in Fahrzeuge gebundenes Kapital von 3,5% zugrunde gelegt wird.

Die prognostizierten Güterrelationen werden nach Ziel- und Quellregionen zusammengefasst (z. B. Rotterdam - Regensburg, Nürnberg - Österreich). Die Verlagerung von Verkehren von und nach Österreich, Ungarn, Rumänien und Bulgarien wird mit einbezogen, denn Kosteneinsparungen sind hauptsächlich im grenzüberschreitenden und Transitverkehr zu erwarten. Die Transportkosten der Bahn für 2,7 Mio Tonnen Verlagerungspotenzial werden mit 64,8 Mio DM pro Jahr, diejenigen für das Schiff mit 52,4 Mio. DM pro Jahr berechnet, sodass sich ein Nutzen von 12,4 Mio. DM pro Jahr ergibt.

Weitere Nutzen sind von Beschäftigungseffekten während der Bauzeit und des Betriebs zu erwarten. Bei einer jährlichen Investitionssumme von 163,7 Mio. DM wird ein Beschäftigungsnutzen von 2,88 Mio DM pro Jahr errechnet. Das ergibt sich aus 2210 Arbeitsplätzen, von denen 770 (35%) aus der Region kommen, für die daher Transferzahlungen (Arbeitslosenunterstützung usw.) entfallen.

Während des Betriebs kann Verkehrsinfrastruktur zum Erhalt bestehender und zur Schaffung neuer Arbeitsplätze beitragen. Allerdings sind bei Wasserstraßen nur geringe Arbeitsplatzeffekte in der Region nachzuweisen, sodass nur 3,0 Mio. DM insgesamt angesetzt werden. Die zusätzliche Wertschöpfung in der Region durch verringerte Frachtkosten ist für die regionalwirtschaftliche Situation unbedeutend, v. a. weil die wirtschaftlichen Schwerpunkte in den angrenzenden, strukturschwachen Landkreisen eindeutig auf Landwirtschaft und Fremdenverkehr liegen. Die Standortnachteile der Region können durch den Kanal nicht ausgeglichen werden, denn es entstehen kaum zusätzliche regionale Verkehre, wie auch die Erfahrung des Elbe-Seiten-Kanals zeigt.

Wasserwirtschaftliche Nutzen entstehen durch ersparte Kosten für den Bau einer Wasserleitung für Trinkwasser,

Tabelle 7.3.2: Gegenüberstellung der verschiedenen Kosten-Nutzen-Analysen

Position	BMV (1976)	Planco (1981)	ifo (1982)
Transportaufkommen 1990	3,7 Mio t/Jahr	2,7 Mio t/Jahr	5,5 Mio t/Jahr
Zinssatz	3,5%	3,5%	2,8%
Nutzen gesamt	765 Mio DM	638 Mio DM	1720 Mio DM
verkehrliche Nutzen	64 Mio DM	209 Mio DM	563 Mio DM
Beschäftigungsnutzen	118 Mio DM	38 Mio DM	38 Mio DM
wasserwirtschaftliche Nutzen	945 Mio DM	829 Mio DM	1119 Mio DM
Betriebs- und Unterhaltungskosten	-362 Mio DM	-438 Mio DM	-
Kosten gesamt	1854 Mio DM	1232 Mio DM	1769 Mio DM
Investitionskosten	1854 Mio DM	1232 Mio DM	1302 Mio DM
Betriebs- und Unterhaltungskosten	-	-	467 Mio DM
Nutzen-Kosten-Verhältnis netto	0,41	0,52	0,96

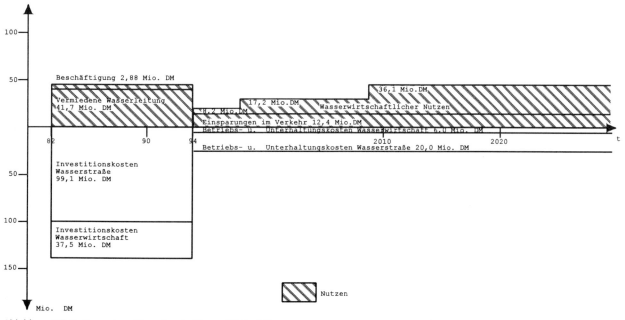

Abbildung 7.3.3: Barwertermittlung (nach: Planco 1981, 16)

gewerbliche und landwirtschaftliche Wasserversorgung, die 500 Mio. DM gekostet hätte. Darüber hinaus erzeugt der Kanal Energie in Wasserkraftwerken, dient dem Hochwasserschutz an der Donau und dem Gewässerschutz in Regnitz und Main, indem das belastete Wasser dort verdünnt wird.

Soweit die Nutzenseite, die Kostenseite besteht aus:
- Baukosten
- Betriebs- und Unterhaltungskosten.

Bei einer Bauzeit von 12 Jahren entstehen Baukosten von 163,7 Mio. DM pro Jahr. Betriebs- und Unterhaltungskosten summieren sich auf 20 Mio. DM pro Jahr für den Verkehr und 6 Mio. DM für die Wasserwirtschaft.

Da Nutzen und Kosten nicht zum selben Zeitpunkt auftreten (s. Abb. 7.3.3), müssen die Barwerte errechnet werden, d. h. es wird auf das Jahr 1980 *abgezinst*; als Zinssatz werden durchgängig 3,5% zugrunde gelegt. Abbildung 7.3.3 zeigt, dass die erwarteten verkehrlichen Nutzen noch nicht einmal die Betriebs- und Unterhaltungskosten des Kanals decken, sodass der Nebeneffekt wasserwirtschaftlicher Nutzen zur eigentlichen Rechtfertigung für den Bau wird.

Es ergibt sich aus den Planco-Berechnungen nach der Nettonutzenmethode ein Nutzen-Kosten-Verhältnis von 0,52, d. h. jede investierte Mark bringt 48 Pfennige Verlust. Nach der Methode ergibt sich das Verhältnis aus NV+NB+NW-KB/KI[5]. Betriebskosten werden also als negative Nutzen eingesetzt.

Die Kosten-Nutzen-Analyse des ifo-Instituts

Der Deutsche Kanal- und Schifffahrtsverein Rhein-Main-Donau e.V. hat das ifo-Institut für Wirtschaftsforschung e.V. mit der Überprüfung der Planco-Studie beauftragt.

Die niedrigen Beschäftigungsnutzen werden angezweifelt, jedoch nicht neu berechnet. Ifo errechnet ein Transportvolumen von 5,5 Mio. Tonnen für den Kanal und setzt die (gesparten) Investitionskosten für die Wasserüberleitung mit 540 Mio. DM an. Weiterhin wird ausgeführt, dass Pumpenergiekosten (Betriebskosten) für die Wasserleitung in Höhe von 68 Mio. DM eingespart werden.

---

[5] verkehrliche Nutzen + Beschäftigungsnutzen + wasserwirtschaftlicher Nutzen - Betriebs- und Unterhaltungskosten / Investitionskosten

Die Betriebs- und Unterhaltungskosten für den Kanal werden mit 15 statt 20 Mio. DM angesetzt. Der Zinssatz wird mit 2,8% deutlich niedriger angesetzt als von Planco (3,5%).

Damit kommt ifo insgesamt auf ein Nutzen-Kosten-Verhältnis von 0,96. Wenn darüber hinaus die Bruttonutzenmethode angewendet wird, also die Betriebs- und Unterhaltungskosten im Nenner eingesetzt werden, errechnet sich ein Verhältnis von 0,98, sodass jede ausgegebene Mark nach dem ifo-Gutachten nahezu wieder herein kommt (s. Tab. 7.3.2).

Schlaglichter auf die tatsächliche Entwicklung

Im Oktober 1997 erschien in DIE ZEIT ein Artikel, der sich mit der Wirtschaftlichkeit des Kanals befasst (Wittmann 1997). Dieser wurde schließlich 1995 eingeweiht. In diesem Jahr wurden 6,7 Mio. Tonnen befördert, im Folgejahr 1996 nur noch 6,1 Mio. Tonnen. Davon abgezogen werden müssen allerdings die Frachtchargen des Hafens Nürnberg nach Norden, die auch ohne Kanal zu befördern wären, sodass für 1995 4,2 und für 1996 3,9 Mio. Tonnen bleiben, Tendenz fallend. Das ist mehr, als Planco, aber weniger, als ifo erwartet hatte. Beide konnten die Öffnung Osteuropas nicht voraus ahnen, die zusätzliche Güter bringt. Das Problem des Kanals besteht allerdings darin, dass er zu schmal und die Durchfahrthöhe seiner Brücken zu niedrig ist, sodass Schiffe, die auf Rhein und Donau verkehren, nicht durchfahren können und die Güter deshalb nach wie vor umgeladen werden, auch auf die Bahn. Aufgrund der Mengen, der gegenüber den Prognosen gestiegenen Baukosten und der längeren Bauzeit (15 statt 12 Jahre) beträgt das tatsächliche Nutzen-Kosten-Verhältnis nur noch 0,3.

Über die wasserwirtschaftlichen Nutzen sagt der Artikel nichts aus, allerdings weist er auf die nicht eingerechneten, intangiblen Kosten der Landschaftszerstörung und der damit verbundenen Verminderung des Freizeitwerts hin, denn Altmühl und Sülz haben im Kanalbereich nur mehr den Charakter von Stillgewässern. Der Kanal selbst zieht inzwischen kaum Touristen mehr an.

7.3.6 Probleme der Methode

Netto- oder Bruttonutzenprinzip?

Nach dem Bruttonutzenprinzip werden alle Werte mit positivem Vorzeichen als Nutzen und alle Werte mit negativem Vorzeichen als Kosten betrachtet, während beim Nettonutzenprinzip Betriebs- und Unterhaltungskosten (operation costs) als negative Nutzen betrachtet und von den Nutzen abgezogen werden, bevor durch die Investitionskosten dividiert wird (vgl. Abb. 7.3.5).

Dies hat Auswirkungen auf das Ergebnis: Das Nettonutzenprinzip verstärkt gute und schlechte Ergebnisse gegenüber dem Bruttonutzenprinzip, wirtschaftliche Projekte erscheinen dadurch noch wirtschaftlicher, unwirtschaftliche noch unwirtschaftlicher, in der Nähe des ausgeglichenen Nutzen-Kosten-Verhältnisses 1 wirkt sich die Wahl des Prinzips kaum aus. Die Wahl des Prinzips hat also keinen Einfluss auf die Reihung von Alternativen bei der Bewertung oder darauf, ob eine Alternative als wirtschaftlich oder nicht betrachtet wird.

Allerdings kann ein nennenswerter Einfluss auftreten, wenn das Nutzen-Kosten-Verhältnis als absoluter Maßstab für die Effizienz angesehen wird oder Alternativen verglichen werden, die nach unterschiedlichen Prinzipien durchgerechnet wurden.

Selektivität

In den ersten Schritten der Methode werden wichtige Entscheidungen getroffen:

- Wird eine Maßnahme isoliert oder als Bestandteil eines Systems betrachtet? Konkret: Wird der Main-Donau-Kanal als isolierter Verkehrsweg betrachtet oder als Bestandteil des deutschen oder des europäischen Verkehrsnetzes? Wird die Konkurrenz von Straße und Schiene mit betrachtet?
- Welche Ziele werden einbezogen und wie werden sie in monetär messbare Indikatoren umgesetzt? Konkret: Wird mit dem Kanalbau auch Biotopentwicklung verfolgt?

Diese Entscheidungen sind eindeutig politischer Natur, und man sollte sie keinesfalls einem Gutachter oder gar dem Vorhabenträger überlassen, denn letzterer wird alles einbeziehen, was seine Maßnahme begünstigt, und nach Möglichkeit nur solche Kosten betrachten, die nicht von der Hand zu weisen sind. So wurde dem Bundesverkehrsministerium beim Main-Donau-Kanal von der bayerischen Landesregierung vorgehalten, den Weiterbau des Kanals verhindern zu wollen und daher dem Gutachter eindeutige Vorgaben gemacht zu haben. In diesem Zusammenhang ist auch zu prüfen, ob zugrunde liegende Prognosen nicht deutlich zu hohe Annahmen beinhalten.

Sekundärwirkungen

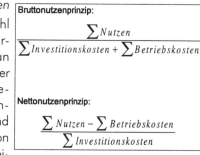

Abb. 7.3.5: Brutto-vs. Nettonutzenprinzip

Durch eine Vielzahl von Sekundärwirkungen kann man die Rechnung in der einen oder anderen Richtung "anreichern". Während die Anrechnung von Rückgang oder Steigerung des Fremdenverkehrs in der Region noch plausibel abgrenzbar erscheint, ist die Änderung der deutschen oder gar globalen Bilanz des CO_2-Ausstoßes durch den Bau des Kanals kaum mehr abzugrenzen. Aber wo ist die Grenze, bis zu der Sekundärwirkungen einbezogen werden? Manche Wirkungen treten erst in langen Wirkungsketten und mit zeitlicher Verspätung auf und man weiß oft wenig Konkretes. Man kann hier sehr kreativ in der Prognose von Folgewirkungen sein. Die Ergebnisse werden immer weniger durchschaubar und damit auch immer weniger überzeugend. Hier ist eine realistische, begründete Abschätzung der Eintrittswahrscheinlichkeit (s. Kap. 6.2) von Folgewirkungen nötig.

Dennoch treten Folgewirkungen immer wieder auf, manchmal überraschend: Der Main-Donau-Kanal führt wahrscheinlich zu einem Absinken des Grundwasserspiegels an der oberen Altmühl (wo nicht gebaut wurde), wie sich jetzt in der Praxis herauszustellen scheint. Dadurch werden in der Landwirtschaft Kosten verursacht, die nicht einbezogen waren.

Intangible Wirkungen

Alle Wirkungen, die sich nicht monetär messen lassen, sind intangibel, d. h. sie können nicht in die Berechnung des Nutzen-Kosten-Verhältnisses einfließen und daher nur nachrichtlich in die Abwägung eingestellt werden. Damit bekommen sie eine schwächere Position gegenüber den "objektiv" errechneten direkten Wirkungen.

Dies gilt unabhängig davon, ob die intangiblen Wirkungen im Einzelfall wichtig oder unwichtig sind. Dadurch wirkt die Kosten-Nutzen-Analyse strukturell selektiv, indem durch die Methode und nicht durch die Sache bestimmt wird, was einbezogen wird und was nicht. Intangibel sind die meisten sozialen und ökologischen Auswirkungen. Was kostet die Zerstörung von 10 ha

Röhricht und die Vertreibung von 10 Rote-Liste-Arten? Was kostet die Trennung einer Ortschaft durch einen Verkehrsweg? Es gibt keinen Markt für öffentliche Güter wie Biotope oder wildlebende Arten, also auch keinen Marktpreis. Verschmutzungsrechte versucht man derzeit über Zertifikate einem Markt zuzuführen, ohne dass ein durchschlagender Erfolg erkennbar wäre.

Man versucht sich mit Näherungslösungen zu behelfen, indem man "Schattenpreise" berechnet. Schattenpreise sind keine richtigen Marktpreise, aber aus marktlichen Bezügen abgeleitet. Dazu gibt es fünf Varianten:

- Ersatzpreise
- offenbarte Konsumentenpräferenz
- abgeleitete Nachfrage
- Umfragen
- Kompensationskosten.

Ersatzpreise kann man erhalten, indem man z. B. die Reduktion des Verkehrsunfallrisikos durch Straßenbau in ersparten Aufwendungen für Unfallbehandlung ausdrückt oder Zeitgewinn bzw. -verlust im Verkehr in Stundensätze für Arbeitnehmer umsetzt, da diese dann länger arbeiten bzw. sich länger erholen können. Die neoklassische Ökonomie beurteilt die gedanklich dahinter stehende Substituierbarkeit von Naturgütern jedoch zu optimistisch, denn die einzelnen Ressourcen sind in Ökosystemen meist komplementär und wenig substituierbar. Wenn Systeme demzufolge nur als Ganzes Sinn machen, kann man die Bestandteile (z. B. einzelne Arten) nicht substituieren und auch nicht monetarisieren (Hampicke 1989, 33 f.).

Offenbarte Präferenzen (revealed preferences) kann man aus dem Verhalten von Konsumenten ermitteln. Als z. B. entlang der Rhône eine mautpflichtige Autobahn gebaut worden war, stellte man fest, dass LKW und viele PKW weiterhin die alte, kurvige, überfüllte und unfallträchtige Route Nationale benutzten. Offensichtlich war den Fahrern der erhöhte Komfort der Autobahn nicht die Mautgebühr wert. Man kann aber nicht immer von in der Vergangenheit getroffenen Entscheidungen auf zukünftiges Verhalten schließen.

Auch bei der *abgeleiteten Nachfrage* wird von monetär bewertbaren Verhaltensweisen auf den Nutzen (bzw. die Kosten) geschlossen. Wenn bei der Einrichtung eines National- oder Naturparks in Deutschland kein Eintritt genommen wird, kann man einen indirekten Preis aus den aufgewendeten Reisekosten ableiten. Allerdings kann man nur einen Teil ansetzen, denn die Reisekosten bleiben auch bestehen, wenn man Eintritt nimmt, und außerdem ist es fraglich, ob die Besucher allein zwecks Parkbesuchs die Reise unternehmen.

Mit *Umfragen* kann man die potenziellen Kunden fragen, wie viel sie bereit wären zu zahlen, wenn ein für sie nützliches Projekt gebaut würde oder wenn ein bestimmter Wald erhalten oder entwickelt würde. Eine solche Zahlungsbereitschaftsanalyse (Willingness-to-Pay-Analysis) wurde z. B. beim Bau des Arlberg-Tunnels unter 1400 Kfz-Fahrern durchgeführt. Es wurde gefragt, wie viel Geld sie für eine Tunnelnutzung ausgeben würden.

Solche Umfragen sind problematisch, denn erstens ist die Frage oft hypothetisch und hypothetische Fragen erzeugen "gegriffene", zufällige Antworten. Zweitens werden von den Befragten untertriebene Werte angegeben, wenn die Frage ernst genommen wird, denn man erwartet, dass die Betreiber ihre Gebühren auf die Befragung gründen. Umweltschützer dagegen werden auf Fragen nach dem Wert der Landschaft hohe Beträge angeben, da sie wissen, dass niemand das Recht auf freies Betreten des Waldes anrühren wird. Degenhardt et al. (1998) beschreiben Möglichkeiten und Grenzen von Zahlungsbereitschaftsanalysen für den Naturschutz.

Kompensationskosten stellen die Umkehrmethode von Ersatzkosten dar. Während dort nach den ersparten Aufwendungen gefahndet wird, sucht man hier nach erforderlichem Aufwand, der notwendig ist, um Schäden oder Beeinträchtigungen zu beseitigen. Diese Methode stellt einen Ansatz dar, der derzeit intensiv für Umweltbeeinträchtigungen untersucht wird. Da die Eingriffsregelung zu Ausgleichs- und Ersatzmaßnahmen, in einigen Bundesländern auch zu Ersatzzahlungen verpflichtet, kann man die Kosten dafür unmittelbar den Investitionskosten zuschlagen. Dies ist auf Projektebene machbar (vgl. Schweppe-Kraft 1998); auf der Ebene der Bundesverkehrswegeplanung z. B. weiß man noch recht wenig über Eingriffsumfang und -intensität, sodass die Berechnung der Kompensationskosten schwerfällt (vgl. Kraetzschmer 1997).

Alle diese Methoden zur Ermittlung von Schattenpreisen sind für unterschiedliche intangible Wirkungen brauchbar; man kann nicht mit einer der Methoden alle Intangibles erfassen. Allerdings erzeugen unterschiedliche Methoden oft unterschiedliche Werte für denselben

Sachverhalt, sodass die Vergleichbarkeit der ermittelten Werte fraglich ist. Gemeinsam ist den Methoden, dass sie Werte über Preise abzubilden versuchen - Ökonomen wissen von allem den Preis und von nichts den Wert (Hampicke 1989).

Zeitliche Harmonisierung
Diskontierung muss stattfinden, damit die zukünftigen Werte nicht verzerrt in die Rechnung eingehen. Es sollen durch die Harmonisierung die gesellschaftliche Zeitpräferenz und die intragenerationelle Gerechtigkeit (s. Hampicke 1989, 34 ff.; Worb 1996, 149 ff.) zum Ausdruck gebracht werden.
Problematisch ist der Zinssatz. Der Marktzins (orientiert am Diskontsatz) ist unbrauchbar, weil er von Einflüssen wie Geldpolitik, Außenwirtschaftspolitik, Sparverhalten oder internationaler Konjunkturentwicklung abhängt, die mit gesellschaftlicher Zeitpräferenz nichts zu tun haben. Man verwendet i.d.R. einen Zinssatz, der dem langfristigen Kapitalmarktzins oder der Verzinsung öffentlicher Anleihen nahe kommt, die die o. g. Einflüsse ausblenden (Kapitalwertmethode, vgl. Hanusch u. Kuhn 1995, 558; Schmidt 1996, 93 ff.). Die Prognose gerade der Entwicklung dieser Zinssätze über Zeiträume von mehr als zehn Jahren ist jedoch mit vielen Unsicherheiten behaftet und für Nichtökonomen geradezu nebulös.
Den Einfluss des Zinssatzes auf das Ergebnis verdeutlicht Tabelle 7.3.3. Der Einfluss ist umso größer, je weiter Kosten und Nutzen zeitlich auseinander fallen. Langfristdiskontierungen über 50 Jahre und mehr sind dabei irrelevante ökonomische Zeremonien, denn es sind Interessen zukünftiger Generationen betroffen, die nur auf der Basis von Werturteilen und nicht mit innerökonomischem, schwer durchschaubarem Kalkül berücksichtigt werden können (vgl. Hampicke 1989, 36). Der Zinssatz stellt ein starkes Manipulationspotenzial in Kosten-Nutzen-Analysen bereit.

Tabelle 7.3.3: Einfluss des Zinssatzes auf das Ergebnis am Beispiel Main-Donau-Kanal (aus: Hahn et al. 1982)

Zins-satz	Nutzen-Kosten-Verhältnisse	
%	Nettonutzen-prinzip	Bruttonutzen-prinzip
2,5	0,62	0,74
2,7	0,59	0,72
2,8	0,58	0,71
2,9	0,57	0,70
3,0	0,56	0,69
3,1	0,55	0,68
3,2	0,54	0,67
3,3	0,53	0,66
3,5	0,52	0,64
4,0	0,48	0,61

Verteilungswirkungen - gesamt- oder einzelwirtschaftliche Nutzen?
Die Kosten-Nutzen-Analyse erhebt den Anspruch, ausschließlich gesamtwirtschaftliche Werte zu berücksichtigen. Dies bedeutet, dass Nutzen und Kosten, die Einzelnen oder Gruppen entstehen, nicht einbezogen werden.
In der Praxis wird jedoch regelmäßig mit den Nutzen und Kosten einzelner Nutzergruppen gearbeitet; so im Beispiel Main-Donau-Kanal mit eingesparten Frachtkosten, die zunächst den Gütertransporteuren der Region zugute kommen, die nun statt mit der Bahn billiger mit dem Schiff transportieren können. Ob und wie diese Nutzen bei der Allgemeinheit ankommen, ist reichlich unbestimmt. Die Maßnahmen können einzelne Gruppen begünstigen und damit Verteilungswirkungen haben. Ob und wie man diese erfasst, ist unklar. Insbesondere im internationalen Verkehr sind diese Verteilungswirkungen feststellbar, denn im Beispiel wird mit deutschen Steuergeldern in Deutschland ein Kanal gebaut, durch den nun Fracht von der deutschen Bahn auf in Deutschland, aber auch in den Niederlanden und Tschechien gemeldete Schiffe verlagert wird.
Um Verteilungswirkungen einzubeziehen, gibt es zwei Methoden:
- Nutzengewichtung
- Planungsbilanz.

Bei der Nutzengewichtung kann man theoretisch so vorgehen, dass für unterschiedliche Gruppen unterschiedliche Nutzenfunktionen gebildet werden. Eine beliebte These ist z. B., dass der Nutzen einer zusätzlichen Mark für einen armen Menschen wesentlich größer ist als für einen reichen und dass dementsprechend die monetären Nutzen und Kosten bei Armen höher gewichtet werden müssen als bei Reichen. Dieser Ansatz ist jedoch empirisch nicht abzusichern.
Möglich ist dagegen ein politischer Ansatz, bei dem ein Gewichtungsfaktor für das politische Ziel eingeführt wird, eine Umverteilung zugunsten bestimmter Gruppen vorzunehmen. Für einzelne gesellschaftliche Gruppen sind relevante Wirkungen bisweilen unterschiedlich. Was für die einen relevant ist, kann für die anderen irrelevant sein. Daher können Gruppen für sich Ziele festlegen, aus denen sich der Wert einer Maßnahme ergibt. Allerdings beginnen die Probleme, wenn man die Gruppen vergleichen soll. Soll man die Be-

wertung der Transporteure, für die der Kanal einen Nettonutzen erwarten lässt, gegen die starke Negativbewertung des Bund Naturschutz aufrechnen? Oft dramatisiert eine Gruppe aus strategischen Gründen bestimmte Wirkungen, die eine andere aus denselben Gründen verharmlost.

Wir haben es hier mit gesellschaftlichen Zielen zu tun, sodass man an einer politischen Wertauseinandersetzung nicht vorbei kommt. Bei dem hier vorliegenden problematischen Wechselverhältnis zwischen gesellschaftlichen Gruppen und ihren Interessen versucht man mit Methoden vergeblich, das Wechselverhältnis in ein technisch lösbares Problem aufzulösen. Allein mit Methoden alles rechenbar und damit objektiv machen zu wollen, ist ein Irrglaube einiger Methoden-Fetischisten.

7.3.7 Bedeutung der Methode für die Umweltplanung

Nutzen-Kosten-Untersuchungen sind trotz aller Unzulänglichkeiten nach wie vor Pflicht für Infrastrukturmaßnahmen. Allerdings werden sie inzwischen flankiert von anderen Prüfverfahren wie der Umweltverträglichkeitsprüfung (s. Kap. 3.2).

Die Methode hat Vorteile: Geld ist prinzipiell der eingängigste Vergleichsmaßstab bei mehrdimensionalen Zielsystemen. Es ist besser vermittelbar als abstrakte, dimensionslose Zahlen und leichter überschaubar als mehrseitige Argumentationen. Daher gibt es immer wieder Versuche, intangible Wirkungen durch angemessene Monetarisierung zu reduzieren. In der Bundesverkehrswegeplanung ist die Kosten-Nutzen-Analyse Grundlage für die Einordnung in die Kategorien vordringlicher oder weiterer Bedarf, also ob mit dem Neubau oder Ausbau in den nächsten fünf Jahren begonnen werden soll oder nicht. Beim Plan von 1992 wurde die Grenze beim Nutzen-Kosten-Verhältnis von 4 gezogen und alle Vorschläge, die darüber lagen, kamen in den vordringlichen Bedarf, einige mit dem Hinweis "trotz erheblicher ökologischer Probleme". Städtebauliche und Umweltbelange werden in ergänzenden Bewertungen hinzugefügt (vgl. Gühnemann et al. 1997; Hoppenstedt 1997, 50).

Bei der Bildung von Rangfolgen von Projekten mithilfe des Nutzen-Kosten-Verhältnisses sind einige der dargestellten Probleme irrelevant, z. B. ob nach dem Netto- oder Bruttonutzenprinzip gerechnet wird, weil die Probleme alle Projekte gleichermaßen bevor- oder benachteiligen.

Einige Probleme lassen sich dadurch mildern, dass man systematisch Wirkungsannahmen und interne Bewertungen variiert[6] und die Auswirkungen solchen Tuns auf das Ergebnis prüft. Durch solche Sensitivitätsanalysen werden strukturelle Wirkungen sichtbar. Dennoch ist bei Kosten-Nutzen-Analysen Vorsicht geboten. Man darf die Ergebnisse keinesfalls absolut sehen, sondern muss hinterfragen, ob sie aufgrund interner Wertungen oder weggelassener Sachverhalte Mängel aufweisen.

Man sollte vor allem die Kosten-Nutzen-Analyse für den Zweck benutzen, für den sie erfunden worden ist: für die ökonomische Bewertung. Man sollte sie nicht durch mehr oder weniger aufgesetzte Bewertung von sozialen und Umweltauswirkungen zweckentfremden. Stattdessen müssen parallel und gleichberechtigt (nicht nur flankierend) Sozial- und Umweltverträglichkeitsprüfungen durchgeführt werden.

Literatur

DEGENHARDT, S.; HAMPICKE, U.; HOLM-MÜLLER, S.; JAEDICKE, W.; PFEIFFER, C., 1998: Zahlungsbereitschaft für Naturschutzprogramme, Bonn-Bad Godesberg (Angewandte Landschaftsökologie, 25).

DER BUNDESMINISTER DER FINANZEN (BMF), 1973: Erläuterungen des Bundesministers der Finanzen zur Durchführung von Nutzen-Kosten-Untersuchungen. RdSchreiben vom 21.05.73 (abgedruckt u.a. bei Schmidt 1996, 202 ff.).

FORSCHUNGSGESELLSCHAFT FÜR DAS STRASSEN- UND VERKEHRSWESEN (Hrsg.), 1986: Richtlinien für die Anlage von Straßen RAS, Teil: Wirtschaftlichkeitsuntersuchungen RAS-W, Köln.

GÜHNEMANN, A.; KUCHENBECKER, K.; ROTHENGATTER, W., 1997: Entwicklung eines Verfahrens zur Aufstellung umweltorientierter Fernverkehrskonzepte als Beitrag zur Bundesverkehrswegeplanung. In: UVP-Förderverein (Hrsg.): UVP in der Bundesverkehrswegeplanung. Die Bedeutung der Plan-/Programm-UVP zur Sicherung einer umwelt- und sozialverträglichen Mobilität, 79-92, Dortmund (UVP-Spezial, 14).

HAHN, W.; MÜLLER, J.; WEITZEL, G., 1982: Der Main-Donau-Kanal. Argumentationsstudie zu einer kontroversen Diskussion, 119 S., München (Ifo-Studien zur Verkehrswirtschaft, 14).

HAMPICKE, U., 1989: Was darf und was kann monetarisiert werden? In: Beckenbach, F.; Hampicke, U.; Schulz, W.: Möglichkeiten und Grenzen der Monetarisierung von Natur und Umwelt, 19-41, Berlin (Schriftenreihe des IÖW, 20/88).

---

6 z. B. mehr oder weniger Transportaufkommen annehmen, Zinssatz senken oder erhöhen

HANUSCH, H.; KUHN, T., 1995: Kosten-Nutzen-Untersuchungen. In: Akademie für Raumforschung und Landesplanung (Hrsg.): Handwörterbuch der Raumordnung, 555-559, Hannover.

HOPPENSTEDT, A., 1997: Erwartungen an eine Modifizierung der Bundesverkehrswegeplanung aus Sicht der Umweltplanung. In: UVP-Förderverein (Hrsg.): UVP in der Bundesverkehrswegeplanung. Die Bedeutung der Plan-/Programm-UVP zur Sicherung einer umwelt- und sozialverträglichen Mobilität, 48-54, Dortmund (UVP-Spezial, 14).

KRAETZSCHMER, D., 1997: Monetarisierung des Wertverlustes von Natur und Landschaft durch verkehrswegebedingte Flächenbeanspruchung im Rahmen der Bundesverkehrswegeplanung. In: UVP-Förderverein (Hrsg.): UVP in der Bundesverkehrswegeplanung. Die Bedeutung der Plan-/Programm-UVP zur Sicherung einer umwelt- und sozialverträglichen Mobilität, 163-170, Dortmund (UVP-Spezial, 14).

PLANCO CONSULTING-GMBH, 1981: Nutzen-Kosten-Untersuchung Main-Donau-Kanal Nürnberg-Kelheim, 32 S., Essen.

SCHMIDT, J., 1996: Wirtschaftlichkeit in der öffentlichen Verwaltung: Grundsatz der Wirtschaftlichkeit, Zielsetzung, Planung, Vollzug, Kontrolle, Wirtschaftlichkeitsuntersuchungen, Kosten- und Leistungsrechnung, 262 S., 5. Aufl., Berlin.

SCHWEPPE-KRAFT, B., 1998: Monetäre Bewertung von Biotopen, Bonn-Bad Godesberg (Angewandte Landschaftsökologie, 24).

WICKE, L., 1991: Umweltökonomie: eine praxisorientierte Einführung, 2. Aufl., München.

WITTMANN, K., 1997: Der Schmalspurkanal. Die Zeit (41): 34.

WORCH, B., 1996: Die Anwendung der Kosten-Nutzen-Analyse im Umweltbereich, Darmstadt (Ökologische Reihe, 1).

7.4 Die Nutzwertanalyse und ihre Weiterentwicklung

Frank Scholles

7.4.1 Zweck und Konzeption der Methode

Zweck

Die Nutzwertanalyse gehört, ebenso wie die Kosten-Nutzen-Analyse (s. Kap. 7.3), zu den Nutzen-Kosten-Untersuchungen. Auch hier ist es Zweck herauszufinden, wie groß der Wert einer bestimmten Maßnahme oder eines Projekts ist (hier: Nutzwert). Dazu werden Alternativen oder Varianten verglichen; der Nutzwert ist daher ein relativer Wert. Er wird jedoch nicht monetär angegeben.

Die Methode wurde aus den Ingenieurswissenschaften heraus entwickelt, um Probleme der Kosten-Nutzen-Analyse (s. Kap. 7.3.6) zu überwinden. Denn diese bewertet nur die wirtschaftliche Effizienz und ist nur auf monetär bestimmte Ziele hin ausgerichtet.

Die Nutzwertanalyse wurde in den Vereinigten Staaten entwickelt (utility analysis). In Deutschland wurde sie von Zangemeister Anfang der 70er Jahre verbreitet.

Definition

Die Nutzwertanalyse ist eine Planungsmethode zur systematischen Entscheidungsvorbereitung bei der Auswahl von Projektalternativen. Sie analysiert eine Menge komplexer Handlungsalternativen mit dem Zweck, die einzelnen Alternativen entsprechend den Präferenzen des Entscheidungsträgers bezüglich eines mehrdimensionalen Zielsystems zu ordnen (Zangemeister 1971, 45).

Ziel: Effektivität

Die Nutzwertanalyse ermittelt daher weniger die Effizienz eines Projekts, als vielmehr die *Effektivität*, d. h. den Gesamtbeitrag des Projekts zu gegebenen Zielen. Der Gesamtzielbeitrag oder Gesamtnutzen ergibt sich aus der Summe von Einzelzielbeiträgen.

Konzeption

Die Methode beruht auf drei Annahmen:

1. Der Gesamtzielbeitrag lässt sich in Beiträge zu Einzelzielen zerlegen. Deshalb wird ein hierarchisches Zielsystem (s. Kap. 4.1) aufgebaut, an dessen Spitze ein einziges Oberziel steht, das den Gesamtnutzen darstellt.

2. In der Hierarchie kann man für jedes Unterziel logisch schließen oder abschätzen, welchen Beitrag es für sein Oberziel leistet. Jenes leistet wiederum einen definierten Beitrag zum darüber geordneten Oberziel usw. bis zum Gesamtnutzen.

3. Man ermittelt den Beitrag des Projekts zur untersten Zielebene, der Indikatorebene; alles Weitere kann man dann berechnen.

7.4.2 Begriffe

- *Nutzwert* ist der subjektive Wert, der durch die Tauglichkeit zur Bedürfnisbefriedigung bestimmt wird (Zangemeister 1971, 45)

- *Nutzenfunktion*: mathematische Funktion zur Transformation von Mess- und Schätzwerten in Zielerreichungsgrade
- *Zielerreichungsgrad* (oder *Zielerfüllungsgrad*): dimensionsloser Wert, der ausdrückt, wie gut ein bestimmtes Ziel aus der Sicht des Bewerters erreicht ist (Bechmann 1978, 27)
- *Teilnutzen*: entsteht durch Multiplikation des Zielerfüllungsgrads mit dem zugehörigen Kriteriengewicht
- *Aggregation*: Zusammenfassung von Kriterien zu abstrakteren Kriterien (Superzeichen)

7.4.3 Ablauf der Methode

Tabelle 7.4.1 und Abbildung 7.4.1 zeigen den idealtypischen Ablauf der Arbeitsschritte.

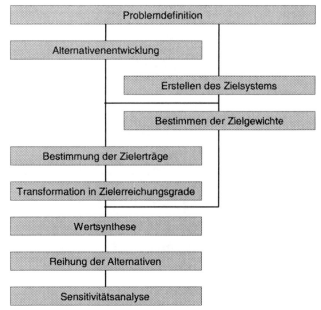

Abbildung 7.4.1: Arbeitsschritte der Nutzwertanalyse

Tabelle 7.4.1: Schritte der Nutzwertanalyse und Erläuterungen

	Arbeitsschritt	Erläuterungen
1	Problemdefinition	Was wird betrachtet, was insbesondere nicht (s. Kap. 3.1)?
2	Alternativenentwicklung	Ziel ist die relative Bewertung von Alternativen: Trassen- und Standortalternativen, Produktalternativen, Null-Alternative (wird nicht gebaut)
3	Konkretisierung des Zielsystems	Wichtigster Schritt der Methode: Das Zielsystem muss soweit ausdifferenziert werden, dass es in messbaren oder abschätzbaren Indikatoren (s. Kap. 5.1.2) endet. Es muss streng hierarchisch sein, sonst ist nicht berechenbar, welchen Zielbeitrag die einzelnen Zielelemente zum Gesamtnutzen liefern. Trotz Gesamtnutzen haben wir es mit einem mehrdimensionalen Zielsystem (s. Kap. 4.1) zu tun. Es wird allerdings am Projekt orientiert, d. h. auf das für das Projekt Relevante reduziert
4	Zielgewichtung	Nicht alle Ziele sind gleich wichtig für den Gesamtnutzen; sie tragen nicht dasselbe zum Nutzen bei. Wie wichtig welches Teilziel ist, hängt von den Präferenzen der Entscheidungsträger ab und ist daher *politisch bestimmt*. Die Summe aller Gewichte muss 100 ergeben, damit 100% Gesamtnutzen vorhanden ist
5	Bestimmung der Zielerträge	Bestimmung der Auswirkungen des Projekts auf die Indikatorenausprägung (z. B.: Welchen Schallpegel - in dB(A) - verursacht die neue Straße?)
6	Transformation in Zielerreichungsgrade	Rechenvorgang anhand von Nutzenfunktionen (vgl. u.): Zwecks Bestimmung des Verlaufs des Nutzens bei Zu- oder Abnahme des Indikatorwerts, Inwertsetzen von Zuständen (z. B. mit Zunahme des Lärms nimmt der Nutzen/Wohnwert ab; mit Zunahme des Verkehrs nimmt der Nutzen/verkehrliche Wert zu)
7	Wertsynthese	Nur noch Rechenvorgang (da Zielsystem, Gewichte und Nutzenfunktionen nun festliegen), Aggregation von verschiedensten Werten zu *einem* Wert, dem Gesamtnutzen (s. Abb. 7.4.1), für jede Alternative (z. B. 75 dB(A) Schallpegel, 5 ha wertvolle Biotope überbaut, 2 Wohngebiete zertrennt, 1000 Stunden Zeitersparnis, 10 Arbeitsplätze gesichert)
8	Alternativenbewertung	Je größer der Gesamtnutzen, desto besser ist der Zielerreichungsgrad der Alternative, also ihre Effektivität
9	Sensitivitätsanalyse	
10	Entscheidung	I.d.R. für diejenige Alternative mit dem höchsten Gesamtnutzen

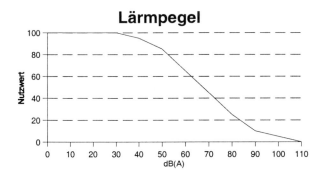
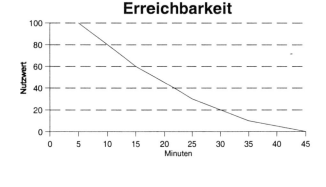
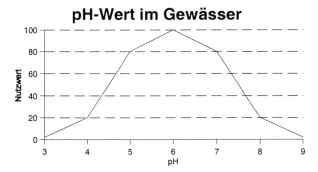
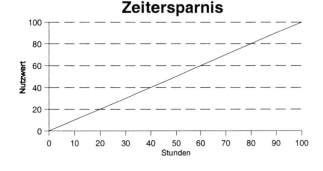

Abbildung 7.4.2: Beispiele für Nutzenfunktionen

Nutzenfunktionen

Ein Schallpegel von 75 dB(A) sagt noch nichts über den Wert aus. Es muss erst bewertet werden, ob dies ruhig oder laut ist.

Dazu werden in der Nutzwertanalyse so genannte Nutzenfunktionen entwickelt. Abbildung 7.4.2 zeigt Beispiele für verschiedene Nutzenfunktionen. Der Verlauf der Kurve ist nicht vorgegeben; er hängt vom Sachverhalt und von den Werthaltungen der Gesellschaft ab. Je lauter es ist, desto geringer ist z. B. der Wohnwert, je mehr Verkehr eine Straße aufnehmen kann, desto höher ist ihr verkehrlicher Wert.

Da die Nutzenfunktionen Werthaltungen widerspiegeln, müssen sie geeicht werden. Dazu ist es sinnvoll, Optimum- und Pessimumwerte anzugeben. Im schlechtesten Fall nimmt eine neue Straße 0 Fahrzeuge auf, im besten Fall so viele, wie ihr Querschnitt maximal hergibt. Im besten Fall fahren alle mit dem öffentlichen Personennahverkehr (ÖPNV), im schlechtesten niemand (wenn maximale ÖPNV-Nutzung gesellschaftliches Ziel ist).

$$N = \sum_{j=1}^{m} g_j * n_j$$

N: Gesamtnutzen
m: Anzahl der Teilnutzen
n: Zielertrag
g: Gewicht

Abbildung 7.4.3: Berechnung des Gesamtnutzens

Wertsynthese

Die Wertsynthese ist nur noch ein Rechenvorgang: Die per Nutzenfunktion herausgefundenen Zielerträge werden mit den Gewichten zu Teilnutzen multipliziert, die einzelnen Teilnutzen werden dann addiert (s. Abb. 7.4.3).

Dieser Schritt wird i.d.R. rechnergestützt durchgeführt.

Sensitivitätsanalyse

Vor der Entscheidung ist es sinnvoll, eine Sensitivitätsanalyse durchzuführen.

Ziel dieses Schritts ist es herauszufinden, ob das Ergebnis robust gegenüber Veränderungen von subjektiven Komponenten (z. B. Gewichte) oder von Annahmen ist, die sich im Verlauf der Projektrealisierung ändern können (z. B. Investitionskosten).

Technisch ist dies leicht machbar, wenn alle Daten z. B. in einem Tabellenkalkulationsprogramm vorliegen, sodass sich Manipulationen an einzelnen Faktoren sofort im Ergebnis ablesen lassen.

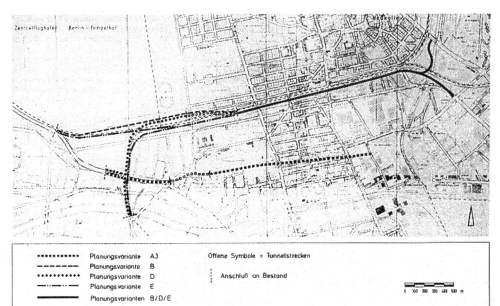

Abbildung 7.4.4: Darstellung der Trassenvarianten (aus: Klockow et al. 1987, 373)

Alternativen

Es wurden vier Trassenvarianten (A3, B, D, E) und die weiterentwickelte Null-Variante als Vergleichsfall untersucht (s. Abb. 7.4.4, Null-Variante nicht gekennzeichnet). Weiterentwickelt bedeutet, dass kleinere Baumaßnahmen an vorhandenen Straßen einkalkuliert wurden.

Zielgewichtung

Die Zielgewichtung kann Tabelle 7.4.2 entnommen werden. Für U7 wurde offensichtlich die

7.4.4 Das Beispiel Berliner Innenring

Ausgangssituation

Im Jahr 1987 - die deutsche Wiedervereinigung war noch nicht in Sicht - hatte Berlin (West) einen innerstädtischen Autobahn-"Ring", die BAB A 10 (mittlerweile A 100), der von Plötzensee/Moabit bis Tempelhof reichte. Nun war die Verlängerung um 4,5 km bis Neukölln geplant. Weiter war wegen der Mauer nicht denkbar. Die folgenden Ausführungen beruhen auf einer Veröffentlichung von Klockow et al. (1987).

Problemstellung

Das Gebiet ist z. T. dicht bebaut, die BAB endet in einem Kleingartengebiet, von wo aus sich dichter Verkehr durch die anschließenden Stadtstraßen drängt.

Im Rahmen des Linienbestimmungsverfahrens nach dem Bundesfernstraßengesetz ist ein Variantenvergleich vorgesehen, der hier mithilfe der Nutzwertanalyse vorgenommen worden ist. Die Studie sollte als Pilotprojekt zur Weiterentwicklung der "Richtlinien für die Anlage von Straßen - Teil Wirtschaftlichkeitsberechnungen (RAS-W)" (FGSV 1986) dienen und Umweltaspekte hierin einbeziehen.

Tabelle 7.4.2: Zielgewichtung (nach Klockow et al. 1987, 377)

	Kriterium	Gewicht
L L1 L2	Gesamte zusätzl. jährliche Kosten Investitionskosten Laufende Kosten	15,00
V1 a b	Verkehrsunfallgeschehen, Gewichtung a:b = 50:50 Unfallzahl Unfallkosten	10,66
V2	Reisezeiten	5,34
V3	Betriebskosten	4,00
R1	Lärmbelastung für Anwohner	15,75
R2	Schadgasimmissionen für Anwohner	7,00
R3	Trennwirkung (Zeitverlust)	5,85
R4 a b	Beeinträchtigung des Stadtbilds, Gewichtung a:b = 50:50 Beeinträchtigung Gestaltungspotenzial	6,40
U1	Tragfähigkeit der vorhandenen Situation	9,00
U2	Auswirkungen durch Bau und Betrieb	5,01
U3	Kompatibilität mit dem Landschaftsprogramm	3,99
U4	Flächenverbrauch (Ersatzforderung)	4,50
U5	Anteil des ÖPNV	5,01
U6	Energieverbrauch	2,49
U7 a b	Schadstoffemissionen, Gewichtung a:b = 50:50 Schadgase Schwebstaub	?

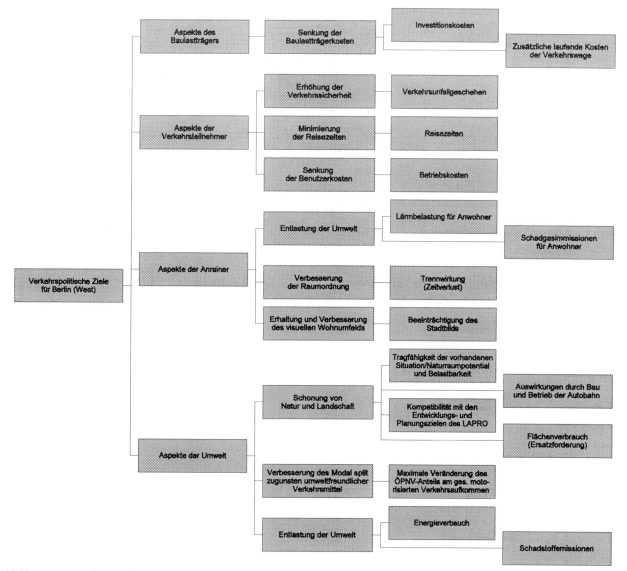

Abbildung 7.4.5: Zielsystem für die Bewertung der Planungsvarianten zum BAB-Abzweig Neukölln (nach: Klockow et al. 1987, 374, verändert)

Gewichtung vergessen; das Ziel taucht auch in der Wertsynthese (vgl. Tab. 7.4.4) nicht mehr auf.

Zielsystem

Zunächst wurde auf der Basis der verkehrspolitischen Ziele der Bundesrepublik Deutschland, der Ziele der Verkehrsinvestitionspolitik und der verkehrspolitischen Ziele von Berlin (West) ein umfassender Zielkatalog mit zehn Oberzielen und 32 Unterzielen erstellt.

Im Hinblick auf die Problemstellung wurden die Unterziele auf 16 relevante reduziert (s. Abb. 7.4.5). Interessant ist dabei, dass Umwelt als Teil der Verkehrspolitik betrachtet wird.

Zielerträge

Die Ermittlung der Zielerträge wird von den Autoren als "Knochenarbeit" bezeichnet. Es wurden ca. 10.000 Einzeldaten eingegeben, verrechnet und in Zielerreichungsgrade transformiert. Dies kann hier nicht im Einzelnen dargestellt werden.

Die Ergebnisse sind aus Tabelle 7.4.3 abzulesen. Die Tabelle zeigt für jede Alternative und jeden Indikator die

Zielerträge an, wobei noch die Dimensionen (z. B. Mio. DM pro Jahr, Wartestunden pro Jahr, Hektar) angegeben sind, also noch keine Umrechnung in Nutzwerte stattgefunden hat. Für jeden Indikator wurde zusätzlich zu den Alternativen ein Optimalfall (+Fall) und ein Pessimalfall (-Fall) zwecks Eingrenzung der Skalen und Zuordnung von Punktwerten zu Zielerträgen eingeführt.

Wertsynthese und Alternativenreihung

Wie oben dargestellt, ist die Wertsynthese in der Nutzwertanalyse ein reiner Rechenvorgang. Im Beispiel wurde er daher rechnergestützt durchgeführt.

Die Gesamtergebnisse sind in Tabelle 7.4.4 wiedergegeben. Für jedes Kriterium (Indikator) sind die bereits gewichteten Teilnutzen angegeben. In der Zeile "Total" ist der Gesamtnutzwert der Alternative, darunter ihr Rang angegeben.

Variante A3 wird von den Gutachtern aufgrund des größten Gesamtnutzwerts vorgeschlagen. Allerdings liegt der Vergleichsfall nur knapp dahinter.

Sensitivitätsanalyse

Schließlich wurden die Gewichte variiert, um herauszufinden, wie robust die Ergebnisse gegenüber anderen Werthaltungen sind. Dabei stellte sich heraus, dass trotz Änderung der Gewichte immer Variante A3 oder der Vergleichsfall vorne lagen.

7.4.5 Probleme der Methode

Indikatorenauswahl

Wie bereits festgestellt wurde, gibt es keinen Konsens über zu verwendende Indikatoren (s. Kap. 5.1.2).

Das hat zur Folge, dass für jedes Projekt spezifische Indikatoren gebildet werden (müssen). Über diese lässt sich trefflich und lange streiten, wie jedem aufmerksamen Leser der Tabellen zum Beispiel auffallen wird.

Ob die Indikatoren das messen, was sie sollen, ist eine zweite Frage (vgl. im Beispiel die Sammelkategorie

Tabelle 7.4.3: Zusammenstellung der Zielerträge (aus: Klockow et al. 1987, 377)

Kriterium	Dimension	Zielerträge						
		-Fall	A3	B	D	E	V	+Fall
L1/2	Mio DM/a	21,75	8,23	20,35	20,50	21,57	2,78	0
L1	Mio DM/a	20,95	7,80	19,80	19,93	20,95	2,78	0
L2	Mio DM/a	0,62	0,43	0,55	0,57	0,62	0	0
V1a	U/a	1872	1699	1652	1640	1621	1872	323
b	Mio DM/a	40,5	37,7	37,2	37,1	36,5	40,5	15,0
V2	1000 Kfz.h/a	62862	6904	6978	7408	6713	8074	3724
V3	TDM/a	82846	77123	76725	77881	73693	82846	71351
R1	L-Punkte	93945	89459	89886	89326	88920	93945	0
R2	S-Punkte	35124	31993	34652	33977	34536	36142	0
R3	1000 Warteh/a	1436,6	1373,6	1369,4	1353,2	1353,7	1390,0	0
R4a	Punkte	12072	1254	3243	3923	5079	0	0
b	1000 Pkt.	0	1574	1908	1556	2009	0	2009
U1	Punkte	10,0	4,5	4,1	3,5	3,9	2,7	0
U2	Punkte	10,0	3,0	4,5	3,6	4,5	1,2	0
U3	Punkte	10,0	2,1	3,1	2,2	2,8	0,7	0
U4	ha	8,54	0,3	2,93	3,08	4,64	0	0
U5	%	0	33,5	33,5	34,5	33,5	40,0	100
U6	1000 t SKE/a	37196	34274	33852	34694	33987	37196	29768
U7a	t/a	6341	5771	5832	5872	5681	6341	4413
b	a	937,7	937,7	956,2	969,8	946,4	919,3	919,3

Tabelle 7.4.4: Wertsynthese und Ergebnisse (aus: Klockow et al. 1987, 377)

Kriterium	Gewicht	Nutzwerte				
		A3	B	D	E	V
L1/2	15,00	9,2768	0,8484	0,7441	0,0000	13,0668
V1	10,66	1,1805	1,4468	1,5090	1,6998	0,0000
V2	5,34	5,0529	5,0462	5,0073	5,0701	4,9472
V3	4,00	1,9915	2,1300	1,7277	3,1850	0,0000
R1	15,75	0,7521	0,6805	0,7744	0,8424	0,0000
R2	7,00	1,6273	0,0976	0,2321	0,1207	0,0000
R3	5,85	0,2565	0,2736	0,3396	0,3376	0,1898
R4	6,40	5,3317	5,3795	4,6386	5,0537	3,2000
U1	9,00	4,9500	5,3100	5,8500	5,4900	6,5700
U2	5,01	3,5070	2,7555	3,2064	2,7555	4,4088
U3	3,99	3,1521	2,7531	3,1122	2,8728	3,7107
U4	4,50	4,3419	2,9561	2,8770	2,0550	4,5000
U5	5,01	1,6784	1,6784	1,7285	1,6784	2,0040
U6	2,49	0,9795	1,1210	0,8387	1,0757	0,0000
Total		43,0782	32,4767	32,5856	32,2367	42,5973
Rang		1.	4.	3.	5.	2.

Schadgase in t/a für Schadstoffemissionen ohne Berücksichtigung der Schädlichkeit des einzelnen Stoffs).

Einbeziehen von Kosten

Die Nutzwertanalyse zielt auf die Effektivität eines Projekts und vernachlässigt damit die Kostenseite.

Es ist jedoch für die Entscheidung nicht unbedeutend, wie teuer die einzelnen Alternativen werden. Es gibt drei Lösungsansätze:

1. Man schließt eine Kosten-Nutzen-Analyse an (und handelt sich dabei deren Probleme wieder ein, die man mit der Nutzwertanalyse vermeiden wollte).
2. Man führt eine Kosten-Wirksamkeits-Analyse durch (vgl. Hanusch u. Kühn 1995). Das soll hier nicht vertieft werden, weil die Methode in der räumlichen Planung in Deutschland nicht gängig ist.
3. Man behandelt Kosten als einen Indikator, der das Ziel "Kostenminimierung" abbildet. Je geringer die Kosten, desto höher der Zielertrag. Kosten stellen dabei gedanklich entgangene Nutzen dar. Im Beispiel wird mit Investitions- und laufenden Kosten so

verfahren, die - verbunden mit einem hohen Gewicht - nicht unerheblichen Einfluss auf das Ergebnis haben.

Festlegung der Zielgewichte

In der Theorie wird festgestellt, dass die Zielgewichtung eine subjektive (also politische) Komponente der Methode ist und daher vom Entscheidungsträger vorgenommen werden muss (Zangemeister 1971, 45).

Die Praxis sieht meist anders aus: Da sich Politiker meist zieren, sich so genau auf Einzelziele und deren Wichtigkeit festzulegen oder dies in endlose Debatten ausarten kann, wird die Zielgewichtung vom Gutachter vorgenommen und am Ende mit einer Sensitivitätsanalyse überprüft.

Dies ist sehr kritisch, denn der Gutachter trifft damit politische Entscheidungen, ohne dazu legitimiert zu sein. Wenn er am Ende die Belange dieser oder jener Nutzergruppe in den Vordergrund stellt, wird unterstellt, dass er deren Präferenzen genau kennt, was auf ein problematisches Planungsverständnis schließen lässt (s. Kap. 4.6). Es mangelt hier an einem allgemein anerkannten Bezugssystem, aus dem die Gewichte ableitbar wären.

Wenn Ingenieure dann noch hingehen und wie im Beispiel Gewichte mit zwei Stellen hinter dem Komma formulieren (3,99; 2,49; 5,34), wird es völlig absurd, denn so genau kann kein Mensch und erst recht keine Gruppe Präferenzen angeben. Die Zielgewichtung der Nutzwertanalyse ist meist mystisch.

Festlegung der Nutzenfunktionen

Die Nutzenfunktionen sind gedanklich genial. Sie sind in der Realität jedoch selten gegeben, sodass man sie konstruieren muss. Also sind sie gedankliche Konstrukte mit einer beträchtlichen Portion Willkür.

Es gibt einzelne Standards (s. Kap. 4.3.3) für die unterschiedlichsten Sachverhalte (z. B. Lärm, Emissionen), aber mit diesen Einzelwerten ist noch keine stetige Funktion gegeben. Für die Beeinträchtigung des Stadtbilds ist z. B. bereits keine Skala festgelegt, geschweige denn ein Standard.

Man kann die Methodik ein Stück weit objektivieren, indem man Experten oder auch Betroffene befragt. Dies ist jedoch aufwändig und wird daher meist unterlassen.

Nivellierung des Gesamtergebnisses

Wenn man viele formal unabhängige Kriterien saldiert, ist es sehr wahrscheinlich, dass die eine Alternative hier und die andere dort ihre Stärken oder Schwächen hat; selten gibt es einen "Sieger" in allen Teildisziplinen.

Daher wird es ab ca. zehn Kriterien immer wahrscheinlicher, dass die Endergebnisse alle im mittleren Wertebereich, d. h. zwischen 40 und 60 von 100 möglichen Punkten, liegen. Die ursprünglich beabsichtigte Aussage, um wie viel die einzelnen Alternativen absolut auseinander liegen, muss daher stark relativiert werden.

Pseudogenauigkeit

Die kardinal skalierte Nutzenschätzung ist das Hauptproblem der Nutzwertanalyse.

Die Einzelnutzen werden auf einer Kardinalskala angegeben, also mit absoluten Werten. Zweck der Übung ist die (relative) Reihung von Alternativen, wozu jedoch eine Ordinalskala völlig ausreichen würde. Diese hat jedoch den Nachteil, dass man geringere Möglichkeiten hat, mathematische Operationen vorzunehmen; man kann hiermit weder addieren noch multiplizieren (s. Kap. 5.1.1).

Menschliches Bewerten ist meist auf Paarvergleiche ausgerichtet, die wenigsten Menschen können mehr als drei Alternativen auf einmal reihen. Kein Mensch kann jedoch angeben, ob der Nutzen einer Alternative nun 3 oder 4 auf einer Skala von 1 bis 10 ist - und das auch noch auf vier Stellen hinter dem Komma genau wie im Beispiel. Allerdings werden Zahlen mit vier Stellen hinter dem Komma im politischen Raum seltener angezweifelt, denn die Auffassung ist verbreitet, dass derjenige, der etwas so genau angeben kann, das ganz genau und objektiv durchgerechnet haben wird. Hier wird eine Genauigkeit vorgegaukelt, die durch nichts begründet ist und nur als Pseudogenauigkeit oder Bewertungshokuspokus (Cerwenka 1984) bezeichnet werden kann. Darüber hinaus ist der Nutzwert dimensionslos; man kann ihn nicht in Metern, Litern, Stück oder DM angeben. Was soll man sich aber konkret darunter vorstellen, dass Alternative A3 einen Nutzwert von 43,0782 und Alternative V einen Nutzwert von 42,5973 hat, also um 0,4709 schlechter ist? Hier ist der Manipulation Tür und Tor geöffnet.

Unabhängigkeit und Substituierbarkeit der Teilnutzen

Bei der Wertsynthese werden die gewichteten Teilnutzen addiert. Dies setzt methodologisch voraus, dass sie jeweils unabhängig voneinander sind, d. h. dass sie sich nicht gegenseitig überlappen oder beeinflussen. Sie können damit auch wechselseitig ersetzt werden (Substituierbarkeit).

Im Beispiel jedoch sind Schadstoffemission und Schadstoffimmission gewiss nicht unabhängig voneinander. In der Praxis bedingen oder verstärken sich Teilnutzen oft gegenseitig.

Es werden im Beispiel längere Reisezeiten bei der Alternative V z. T. durch geringere Investitionskosten aufgewogen oder mehr Auswirkungen der Alternative A3 auf das Naturraumpotenzial durch weniger Schadstoffimmissionen für die Anwohner. Ob dies tatsächlich zulässig ist, hängt ab von rechtlichen Grundlagen (Naturschutz- vs. Immissionsschutzrecht) und politischen Wertsetzungen.

In der Praxis werden v. a. in den Bereichen Städtebau und Umwelt einzelne Kriterien munter gegeneinander aufgerechnet. Das läuft methodisch auf dasselbe hinaus, als ob man bei einem Haus die tragenden Wände dünner machen kann, wenn man einen teureren Teppichboden hinein legt. Hier werden nicht Äpfeln mit Birnen verglichen, sondern Äpfel mit Nägeln.

Darüber hinaus gibt es Schwellen, bei denen die Auswirkungen so unakzeptabel werden, dass sie durch nichts mehr aufgewogen werden können. Man kann dann Tabuwerte einführen, ändert dadurch aber nichts an den methodischen Problemen.

Die Belange Umwelt, Soziales und Wirtschaft sind so unterschiedlicher Natur, dass man sie nicht gegeneinander verrechnen sollte, sondern sie gegeneinander und untereinander abwägen muss (s. Kap. 4.1.2).

Ein einzelner Gesamtnutzwert sagt nicht das aus, was er auszusagen vorgibt, nämlich Entscheidungsvorbereitung, Rationalität, Transparenz. Bei der Nutzwertanalyse kann niemand mehr nachvollziehen, warum die eine Alternative besser abschneidet als die andere.

Zerlegung eines komplexen Problems in Einzelprobleme

Bereits Zangemeister (1971, 75 ff.) räumt ein, dass die Lösung mehrdimensionaler Bewertungsprobleme durch schrittweise Teilbewertungen entscheidungstheoretisch nur bedingt vertretbar ist, begründet seine Vorgehensweise jedoch damit, dass Rationalität durch die Zerlegung überhaupt erst ermöglicht wird, da nur so eine Überforderung der Entscheidungsfähigkeiten des Menschen vermieden werden kann.

Dem ist im Grundsatz zuzustimmen. Aber das Ganze ist mehr als die Summe seiner Einzelteile; es kommen durch die Kombination neue, "emergente" Eigenschaften und Werte hinzu (s. Kap. 2.6.5). Ein Gebäude z. B. ist nicht deshalb schöner als ein anderes, weil Fenster, Türen, Dach, Mauerwerk jeweils für sich schön sind, sondern durch das Zusammenwirken aller Bestandteile. Genauso können Trennwirkung, Lärm, optische Beeinträchtigung einer Straße für sich jeweils erträglich sein, jedoch in der Summe unerträglich werden. Solche holistischen Gesichtspunkte dürfen in der Bewertung nicht unter den Tisch fallen.

7.4.6 Überlegungen zur Weitentwicklung

Zur Weiterentwicklung der Nutzwertanalyse wurde an drei Punkten angesetzt:
1. Beheben der Schwachstellen
2. Erhöhung der Akzeptanz in der politischen Praxis
3. Erhöhung des Aussagewerts durch Kombination mit anderen Methoden

Beheben der Schwachstellen
Die erste Aktivität zielt darauf, die kardinale durch eine ordinale Nutzenschätzung zu ersetzen. Damit werden die Nutzenfunktionen obsolet und durch Klassifizierungen ersetzt.

Ordinale Schätzung ist meist sachgerechter, weil die genaue Distanz zwischen zwei Werten, die die Kardinalskala verlangt, im Umweltbereich selten angegeben werden kann. Außerdem ist Zweck der Nutzwertanalyse die Reihung von Alternativen und nicht ihre absolute Bewertung.

Die Aggregation der Teilnutzen kann dann aber nicht mehr mit Addition, Multiplikation u.ä. berechnet, sondern nur noch durch logische Verknüpfung geleistet werden. Dazu kann man die Präferenzmatrix (s. Kap. 7.1) heranziehen. Diese kann jedoch bisweilen nicht vollständig ausgefüllt werden, sodass meist Relevanzbäume (s. Kap. 7.2) zur Klassifikation eingesetzt werden. Relevanzbäume bieten differenzierte logische Kombinationen zwischen mehreren Kriterien.

Allerdings gehen in der ordinalen Skalierung, der Klassenbildung, leicht relevante Unterschiede verloren. Klassenbildung ist daher ein wichtiger Schritt, der aus der Sache heraus zu begründen ist; mathematische oder statistische Klassenbildungen helfen selten weiter.

Hier kann man mit Sensitivitätsanalysen ansetzen, indem man die Klassengrenzen ändert.

Erhöhung der Akzeptanz in der politischen Praxis
Zum Verständnis der Akzeptanz in der politischen Praxis ist ein Ausflug in die psychologischen Grundlagen der Entscheidung hilfreich.

Der Mensch kann nur eine begrenzte Anzahl von Einheiten gleichzeitig wahrnehmen, differenzieren und bearbeiten. Bei allen individuellen Unterschieden geht man heute davon aus, dass 5 bis 9 Stufen das Maximum dessen darstellen, was Menschen gleichzeitig differenzieren können. Daher sollte man nicht mit mehr als neun Kriterien bei der Entscheidung arbeiten und nicht mehr als neun Klassen für ein Kriterium zulassen.

Müssen einmal mehr Kriterien verarbeitet werden, ist die schrittweise Zusammenfassung von Kriterien zu "Superzeichen", also aggregierten Kriterien, ratsam. Beispielsweise kann man den Wert einer Landschaft für Wandern durch die Kriterien Wiesentäler, Bergkuppen, Reliefenergie, Waldränder, zugängliche Wasserränder, Lichtungen, Bäche, Teiche, Forstwege, Restaurants usw. bewerten. Zur besseren Übersicht kann man diese Kriterien zu den Gruppen natürliche Grundausstattung, innere Erschließung, klimatische Höhenstufe und Wanderziele aggregieren (vgl. Bechmann u. Kiemstedt 1974 sowie Tab. 7.4.8).

Darüber hinaus kann der Mensch nur begrenzt Information verarbeiten. Die meisten Projektentscheidungen sind komplex und damit nicht mehr überschaubar. Der Mensch behilft sich dann, indem er den Informationsverarbeitungsbedarf reduziert:

- Es werden subjektive Relevanzkriterien eingeführt: Was ist (mir) wichtig?
- Kriterien werden zu Superzeichen zusammengefasst: Welche Details kann man aggregieren?
- Es wird nach einer befriedigenden Lösung statt nach der optimalen gesucht und die Suche dann beendet.
- Einzelne Alternativen werden über Tabu-Kriterien ausgeschieden: Was kommt überhaupt nicht infrage?

Dies in der Methodik abzubilden, ist nicht trivial, weil die Methodik über- und durchschaubar bleiben muss. Methodische Raffinessen können auch Misstrauen erzeugen, v. a. bei Verbänden und Bürgerinitiativen, aber auch bei Politikern, wenn diese sich die Mühe machen wollen, das Vorgehen nachzuvollziehen. Es entsteht dann leicht der Eindruck, mit komplizierter Methodik solle etwas verschleiert werden.

Die klassische Nutzwertanalyse überfordert Betroffene und Politiker, denn

- das Zielsystem ist früh festzulegen, ohne dass die Tragweite erkennbar ist
- Gewichte sind auf etliche Unterziele zu verteilen
- Nutzenfunktionen sind zu entwickeln.

Daher sind folgende Anforderungen an die Weiterentwicklung zu stellen:

- Reduktion auf fünf bis neun Kriterien und Klassen
- Einführung von schrittweiser Aggregation
- Einführung von Tabu-Kriterien zur frühzeitigen Eliminierung von indiskutablen Alternativen
- Keep it small and simple (KISS-Forderung).

Kombination mit anderen Methoden

An den verschiedensten Stellen der Nutzwertanalyse lässt sich etwas verfeinern.

So kann man zur *Erstellung des Zielsystems und der Gewichtung* systematische Umfragen oder Delphi-Methoden (s. Kap. 6.4) einsetzen. Damit wird zwar keine Objektivität, aber immerhin Intersubjektivität erzeugt, da die gesellschaftliche Werthaltung einfließt und nicht die des Gutachters. Aber diese Ansätze sind aufwändig und nur auf den Einzelfall ausgerichtet. Denn man urteilt in unterschiedlichen Bezugsfeldern auch unterschiedlich und Urteile sind nicht beständig, sondern vom Kontext abhängig und Lernprozessen unterworfen[7].

Bessere Indikatoren kann man über den Einsatz von Kreativitätsmethoden finden.

Wirkungen von Alternativen kann man durch Szenariotechnik (s. Kap. 6.5) plastisch machen und abschätzen.

Jedoch wird bei all diesen Ansätzen an Symptomen kuriert. Das Grundproblem der klassischen Nutzwertanalyse bleibt bestehen: Ihre Verfechter versuchen, politische Probleme durch Technik (Transformation, Zielhierarchien, Aggregation) zu lösen.

Und die Komplexität nimmt mit der Zahl der Kriterien und Aggregationen zu. Damit sinkt die Nachvollziehbarkeit, steigen die Fehlerquellen und damit die Unsicherheit (s. Kap. 6.1), sodass wiederum das Vertrauen sinkt.

Den Prototypen des Methoden-Mixes stellt das "Handbuch der ökologischen Planung" von Dornier Systems (Boese et al. 1981) dar. Hier wurden in einem sehr aufwändigen Projekt alle verfügbaren Methoden analysiert und alle brauchbaren kombiniert. Das Handbuch hat sich jedoch nicht durchsetzen können.

Der Ansatz von Bechmann

Bechmann hat die Nutzwertanalyse der 2. Generation maßgeblich entwickelt. Die Leitidee ist, das wertende Subjekt in den Mittelpunkt der Überlegungen zu stellen. Dokumentiert ist der Ansatz in Bechmann (1978).

Es werden vier zentrale Forderungen aufgestellt (ebd., 77 f.):

1. Der komplexe Bewertungsvorgang ist in mehrere, weniger komplexe Vorgänge aufzuteilen und die Gesamtbewertung aus Teilbewertungen zusammenzufügen.
2. Die Zielerträge sind ordinal einzustufen mit zehn Stufen (bits) als Grenze der Überschaubarkeit.
3. Es sind Vorstellungen zu entwickeln, welche Wertbeziehungen zwischen den Zielerfüllungsgraden bestehen, mögliche Wertbeziehungen sind Substitution, Komplementarität, Konkurrenz, Indifferenz.
4. Alle vorgenommenen Einstufungen müssen als Wertung durchgeführt werden und nicht abstrakt über Berechnungen.

Daraus ergeben sich folgende Eigenschaften im Vergleich zur ersten Generation der Nutzwertanalyse (ebd., 78):

- Die begriffliche Objektfassung (Problemdefinition, Zielsystem, Alternativen) ist gleich.
- Die Menge der relevanten Eigenschaften ist ebenfalls gleich.
- Die Zielerreichungsgrade werden über Ordinalskalen statt Kardinalskalen mit bis zu zehn statt beliebig vielen Stufen gebildet.
- Die Wertsynthese erlaubt nicht nur lineare Substitution, sondern jede mögliche Wertbeziehung (s. o.). Das hat logische Aggregation statt Addition zur Folge.

---

[7] Konrad Adenauer soll in solchen Zusammenhängen in der ihm eigenen Art immer geäußert haben: "Wat intressiert mich mein Jewäsch von jestern"

7.4.7 Ablauf der 2. Generation

Tabelle 7.4.5 und Abbildung 7.4.6 zeigen Ablauf und Arbeitsschritte der Nutzwertanalyse der 2. Generation. Die wichtigsten Neuerungen sind:
- zulässige Wertbeziehungen
- ordinales Skalenniveau
- ordinale Gewichtung
- Wertaggregation durch logische Zusammenfassung.

7.4.8 Das Beispiel Erholungseignung Sauerland

Problemstellung

Am im Folgenden dargestellten Beispiel wurde die 2. Generation der Nutzwertanalyse entwickelt und getestet. Das Projekt wurde bereits 1973 abgeschlossen, ist also nicht ganz taufrisch. Dennoch soll es zur Erläuterung herangezogen werden, weil es die Theorie vollständig umzusetzen versucht.

Aufgabe war die Auswahl geeigneter Räume für die Erholung im Sauerland. Es sollten dabei Entscheidungs-

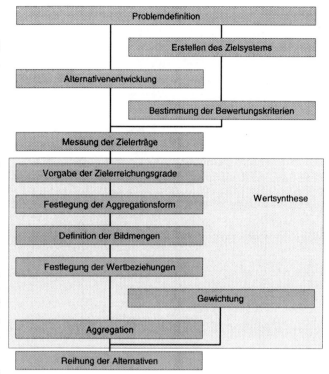

Abbildung 7.4.6: Arbeitsschritte der Nutzwertanalyse der 2. Generation

Tabelle 7.4.5: Schritte der Nutzwertanalyse und Erläuterungen

	Arbeitsschritte	Erläuterungen
1	Problemdefinition	Was wird betrachtet, was insbesondere nicht (s. Kap. 3.1)?
2	Aufstellung des Zielsystems	Wichtigster Schritt der Methode: Das Zielsystem muss auch hier streng hierarchisch sein (s. Kap. 4.1).
3	Alternativenentwicklung	Ziel ist die relative Bewertung von Alternativen: Trassen- und Standortalternativen, Produktalternativen, Null-Alternative (wird nicht gebaut).
4	Bestimmung der Bewertungskriterien	Wird hier als eigener Schritt betrachtet, ist bei der ersten Generation Teil der Zielsystemkonkretisierung.
5	Messung der Zielerträge	Bestimmung der Auswirkungen des Projekts auf die Kriterienausprägung (z. B.: Welchen Schallpegel - in dB(A) - verursacht die neue Straße?).
6	Vorgabe der Zielerreichungsgrade	Ordinal skalierte Klassifizierung anhand von Bewertungsregeln
7	Wertsynthese	Besteht aus mehreren Unterschritten: - Festlegung der Aggregationsform (Über welche Stufen wird zum Gesamtnutzen aggregiert?) - Definition der Bildmengen, d. h. Zusammenfassung der Kriterien zu Gruppen (Superzeichen) usw. bis zum Gesamtnutzen (Welche Kriterien werden zusammengefasst?) - Festlegung der Wertbeziehungen (Substitution, Komplementarität, Konkurrenz, Indifferenz) - Gewichtung (ordinal) - Aggregation, dabei Zuordnung wiederum zu Klassen, durch logische Regeln (z. B.: Wenn Kriterium A= Stufe 1 und Kriterium B=Stufe 1, dann Superzeichen A=Stufe 1)
8	Alternativenbewertung	Reihung der Alternativen
9	Entscheidung	I.d.R. für diejenige Alternative auf dem ersten Rang

hilfen für die Ausweisung von Vorranggebieten für Erholung innerhalb der Landesplanung (Landesentwicklungsplan III in NRW) erarbeitet werden. Auftraggeber war die damalige Abteilung Landesplanung der nordrhein-westfälischen Staatskanzlei, Auftragnehmer das Institut für Landschafts- und Freiraumplanung der TU Berlin.

Die Eignungsbewertung für die Erholung umfasst i.d.R. subjektive Kriterien, sodass die Nutzwertanalyse als geeignete Methode herangezogen wurde. Erfasst wurden die natürliche Ausstattung, die Infrastruktur und kulturelle Faktoren; es ergibt sich ein mehrdimensionales Zielsystem.

Die relevanten Erholungsaktivitäten für das Sauerland zeigt Tabelle 7.4.6. Als relevant wurden diejenigen Aktivitäten identifiziert, die sich die sozial schwächeren Schichten an Rhein und Ruhr leisten können. Insofern wurde eine Vorauswahl getroffen.

Das Planungsgebiet wurde in Raster mit 2 km Kantenlänge aufgeteilt; die Raster wurden auf ihre Eignung hin untersucht. Im Folgenden wird die Bewertung am Beispiel der Aktivität "Wandern im Sommer" dargestellt. Die Angaben stammen aus Bechmann und Kiemstedt (1974).

Zielsystem

Für jede Aktivität wurde eine Zielhierarchie aufgestellt, die in Kriterien mündet (s. Abb. 7.4.7). Die Kriterien werden zu Gruppen zusammengefasst, diese zu Verbänden, diese wiederum zu Aktivitäten.

Darüber hinaus findet keine Aggregation statt. Wir finden daher eine durchgängige, strenge Vier-Ebenen-Hierarchie vor.

Bewertungskriterien

Für die landschaftliche Eignung zum Wandern im Sommer wurden für das Sauerland spezifische Kriterien entwickelt (vgl. Tab. 7.4.8, 2. Spalte).

Die Kriterien wurden anschließend gemessen; ihnen kommt also Indikatorfunktion zu.

Tabelle 7.4.6: Relevante Erholungsaktivitäten für die Sauerlandbewertung (nach: Bechmann u. Kiemstedt 1974, 193 f.)

Aktivitätskomplexe	Aktivitäten
Sommererholung am Wasser	Baden/Schwimmen Lagern/Spielen Camping
Sommererholung auf dem Wasser	Rudern/Paddeln Segeln Dampferfahren
Waldfreiflächenbezogene Sommererholung	Spazieren Gehen/Wandern Lagern/Spielen Besichtigen von Sehenswürdigkeiten
Waldfreiflächenbezogene Wintererholung	Skilaufen/Skiwandern Rodeln Skiabfahrtslauf Wandern/Spazierengehen

Messen kann hier auch die Abfrage "vorhanden oder nicht?" bedeuten (z. B. bei Bergkuppen).

Zwischen den Kriterien sind alle Wertbeziehungen möglich, z. B.

- Substitution zwischen Nadel- und Laubwald oder zwischen Reliefenergie, Bergkuppen und Wiesentälern
- Komplementarität zwischen Wald und Wegen
- Konkurrenz zwischen Wald und Wiese oder zwischen Höhenstufen

Alternativen

Durch die Problemstellung (Erholungseignung als Grundlage für die Ausweisung von Vorranggebieten)

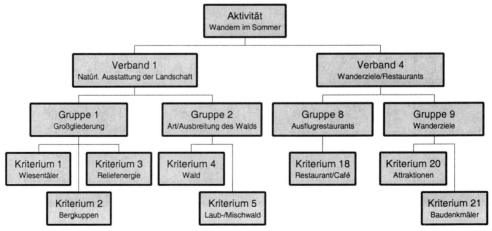

Abbildung 7.4.7: Schema der Bewertungsstruktur einer Freizeitaktivität (nach Bechmann u. Kiemstedt 1974, 195)

entfällt sachlich der Schritt Alternativenentwicklung. Methodisch kann man jedoch jedes Rasterquadrat als Alternative betrachten: Erholung wird entweder im gerade betrachteten oder in einem anderen Rasterquadrat gesucht, abhängig vom Erfüllungsgrad der Kriterien.

Zielerreichungsgrade

Tabelle 7.4.7 zeigt die Klassifizierung der Zielerreichungsgrade. Alle gemessenen Indikatoren wurden anhand einer Ordinalskala vierstufig bewertet. Die Bewertungsregel bildet also jeweils vier Güteklassen.

Wertsynthese

Wie im Zielsystem festgelegt, werden durchgängig vier Hierarchieebenen gebildet, sodass die Kriterien in jeweils drei Schritten zur Eignung für die Aktivität aggregiert werden.

Auf jeder Ebene (Gruppen, Verbände, Aktivitäten) wird dieselbe vierstufige Skala wie bei den Kriterien (s. o.) angelegt.

Tabelle 7.4.8 zeigt, welche Kriterien zu Gruppen und welche Gruppen zu Verbänden aggregiert werden. Der durch die Aggregation entstehende Informationsverlust wird teilweise dadurch aufgefangen, dass für jedes Kriterium, jede Gruppe und jeden Verband Rasterkarten ausgegeben werden können.

Die Gewichtung ist nicht explizit in Tabellen dargestellt. Man kann sie jedoch rekonstruieren, wie das Beispiel aus Bechmann (1978, 94) zeigt (s. Tab. 7.4.9).

Die Logik der Aggregation ist den Tabellen 7.4.10 bis 7.4.13 zu entnehmen. Deutlich wird, dass Boole'sche Verknüpfungslogik angewendet und nicht addiert, multipliziert oder das arithmetisches Mittel gebildet wird.

Tabelle 7.4.7: Zielerreichungsgrade (nach Bechmann u. Kiemstedt 1974, 197)

Zielerfüllungsgrad	Beschreibung
1	sehr gute Qualität
2	gute Qualität
3	deutlich feststellbare Qualität

Tabelle 7.4.8: Strukturierung der Aktivität "Wandern im Sommer" (nach Bechmann u. Kiemstedt 1974, 200)

Symbol	Kriterium	Gruppe	Verband
K (1) K (2) K (3)	Wiesentäler Bergkuppen Reliefenergie	Großgliederung der Landschaft G (1)	Natürliche Grundausstattung der Landschaft V (1)
K (4) K (5)	Wald Laub- und Mischwald	Art und Ausbreitung des Waldes G (2)	
K (6)	Zugänglicher Gewässerrand (See/Fluss)	Zugänglicher Gewässerrand G (3)	
K (7) K (8) K (9)	Lichtungen Waldrand Große Waldbestände	Kleingliederung der Landschaft G (4)	
K (10) K (11) K (12) K (13)	Bach Fluss Teich See	Art und Größe der Gewässer G (5)	
K (14) K (15)	Forstwege Beschilderte Wanderwege	Innere Erschließung der Landschaft G (6)	Innere Erschließung der Landschaft V (2)
K (16) K (17)	Höhenstufe über 450 m Höhenstufe über 650 m	Klimatische Höhenstufe G (7)	Klimatische Höhenstufe V (3)
K (18)	Restaurant/Café	Ausflugsrestaurants G (8)	Wanderziele/Ausflugsrestaurants V (4)
K (19) K (20) K (21)	Landschaftliche Sehenswürdigkeiten Attraktionen Baudenkmäler	Wanderziele/Sehenswürdigkeiten G (9)	
K (22) K (23)	Parkplätze Bahnstationen	Einrichtungen für den ruhenden Verkehr G (10)	

Tabelle 7.4.9: Gewichtung der Verbände der Aktivität "Wandern im Sommer" (aus: Bechmann 1978, 94)

Verbände	Natürliche Grundausstattung	Innere Erschließung	Klimatische Höhenstufe	Wanderziele/ Ausflugsrestaurants	Einrichtungen des ruhenden Verkehrs
Grad der Bedeutung	1	1	2	2	3

1 = zentrale Bedeutung
2 = nur für Spitzenprädikate von Bedeutung
3 = ohne Bedeutung

Tabelle 7.4.10: Beispiel für die Aggregationslogik, Bewertungsregel zur Abbildung der Zielerreichungsgrade (nach Bechmann u. Kiemstedt 1974, 200)

Kriterium	Symbol der Wertfunktion	Gütestufe	Zugeordnete Güteeinstufung von Kriterienausprägungen	Begründung
Wiesentäler K (1)	WK (1)	1 2 3 4	5 km <= MK (1) MK (1) = 4 km MK (1) = 3 km MK (1) <= 2 km	1) Die Güteeinstufung erfolgt proportional zur Längenzunahme der Wiesentäler. 2) Die Klassenbildung erfolgt gemäß der Häufigkeitsverteilung. 3) Das Mindestanspruchsniveau enthält Wiesental als Schwellwert.
Bergkuppen K (2)	WK (2)	1 2 3 4	6 <= MK (2) 4 <= MK (2) <= 5 2 <= MK (2) <= 3 0 <= MK (2) <= 1	Die Anzahl der Bergkuppen ist ein Kennzeichen für die topografische Bewegtheit einer Landschaft. Bei Gütestufe 2 wurde Klasseneinteilung nach der Häufigkeitsverteilung gebildet.
Reliefenergie K (3)	WK (3)	1 2 3 4	245 m <= MK (3) 185 m <= MK (3) <= 244 m 85 m <= MK (3) <= 184 m MK (3) <= 84 m	Die Einstufung der Reliefenergie geschieht analog zu der von K (2).

Tabelle 7.4.11: Beispiel für die Aggregationslogik, Aggregationsregel zur Aggregation von Kriterien zu einer Gruppe (nach Bechmann u. Kiemstedt 1974, 201)

Symbol der Wertfunktion	Gütestufe	Zugeordnete Gütestufung der die Gruppe bildenden Kriterien		Begründung der Gütegliederung
		Hauptbedingung	Nebenbedingung	
WG (1)	1	[WK (1) + WK (2) + WK (3)] <= 6	-	Durch die Kriterien Wiesentäler K (1), Bergkuppen K (2) und Reliefenergie K (3) wird die Großgliederung der Landschaft gekennzeichnet. Diese Kriterien sind nur bedingt gegenseitig substituierbar, da jedes von ihnen eine spezifische Aussagekraft hat.
	2	7 <= [WK (1) + WK (2) + WK (3)] <=8	-	
	3	9 <= [WK (1) + WK (2) + WK (3)] <=11	-	
	4	[WK (1) + WK (2) + WK (3)] = 12	-	

Tabelle 7.4.12: Beispiel für die Aggregationslogik, Aggregationsregel zur Aggregation von Gruppen zu einem Verband (nach Bechmann u. Kiemstedt 1974, 201)

Symbol der Wertfunktion	Gütestufe	Zugeordnete Gütestufung der den Verband bildenden Gruppen		Begründung der Gütegliederung
		Hauptbedingung	Nebenbedingung	
WV (1)	1	WG (1) <= 2 UND WG (2) <= 2 UND WG (3) <= 3 UND WG (4) <= 2 UND WG (5) <= 2	-	Gütestufe 1 und 2 werden nur dann vergeben, wenn nicht nur einzelne Kriterien gut erfüllt sind, sondern eine Vielfalt in der Landschaftsform vorhanden ist. Gütestufe 3 setzt noch eine positive Bewertung von den Gruppen "Art und Ausbreitung des Waldes" (G2), "Kleingliederung der Landschaft" (G4) und "Art und Größe der Gewässer" (G5) voraus.
	2	WG (1) <= 3 UND WG (2) <= 2 UND WG (4) <= 2 UND WG (5) <= 2	WV (1) <> 1	
	3	WG (2) <= 3 UND WG (4) <= 3 UND WG (5) <= 3	WV (1) <> 1 WV (1) <> 2	
	4	sonstige	WV (1) <> 1 WV (1) <> 2 WV (1) <> 3	

Tabelle 7.4.13: Beispiel für die Aggregationslogik, Aggregationsregel zur Aggregation von Verbände zu einer Aktivität (nach Bechmann u. Kiemstedt 1974, 201)

Symbol der Wertfunktion	Gütestufe	Zugeordnete Gütestufung der die Aktivität bildenden Verbände		Begründung der Gütegliederung
		Hauptbedingung	Nebenbedingung	
"Wandern im Sommer" WE (1)	1	WV (1) = 1 UND WV (2) <= 2 UND WV (3) <= 2 UND WV (4) <= 2		Eine sehr gute Raumeignung für Wandern ist gegeben, wenn die natürliche Grundausstattung und Infrastruktur der Landschaft von hoher Qualität sind. Im Übrigen geht in den Aufbau der Wertfunktion die aufgestellte Gewichtung der Verbände sichtbar ein.
	2	WV (1) <=2 UND WV (2) <= 2 UND WV (3) <= 2 UND WV (4) <= 3	WE (1) <> 1	
	3	[WV (1) <=3 UND WV (2) <= 3] ODER WV (1) <= 2	WE (1) <> 1 WE (1) <> 2	
	4	sonstige	WE (1) <> 1 WE (1) <> 2 WE (1) <> 3	

In den Tabellen bedeuten:
- WK( ): Zuordnung von Güteprädikaten zu den Messwerten der Kriterien
- WG( ): Zusammenfassung der Güteprädikate der einzelnen Kriterien einer Gruppe zu Gütenoten für die Gruppe
- WV( ): Zusammenfassung der Gütenoten der einzelnen Gruppen eines Verbands zu Gütenoten für den Verband
- WE( ): Zusammenfassung der Gütenoten der einzelnen Verbände einer Aktivität zu Gütenoten für die Aktivität
- <=: kleiner oder gleich
- <>: ungleich

7.4.9 Probleme der 2. Generation

Informationsverluste

Durch die Einführung der Ordinalskala entstehen zwangsläufig Informationsverluste.

Die *Anzahl der Klassen* (im Beispiel vier) ist bisweilen hinderlich. Wenn man genauere Informationen hat, muss dennoch vergröbert werden. Es ist zwar in der Umweltplanung eher die Regel als die Ausnahme, dass nur grobe Information mit vergleichsweise hoher Unsicherheit verfügbar ist, jedoch liegen bisweilen auch recht genaue Messungen vor (z. B. Emissionsmesswerte). Die eher grobe Klassenbildung ist zur Vermeidung von Pseudogenauigkeit zwar meist angemessen, aber eben nicht immer. Wenn dann noch, wie im Beispiel, eine strikte Vierklassigkeit eingeführt wird, entstehen Fragen: Warum müssen es immer vier Klassen in der

Bewertungsregel sein? Warum müssen es immer vier Stufen auf dem Wege zur Aktivität sein? Hier wird durch die Eleganz der Methodik die Sache unangemessen behandelt.

Bei *Paarvergleichen* ergibt sich, dass Alternative A besser als Alternative B ist, nicht jedoch, wie viel besser sie ist. Das muss bei einer Ordinalskala offen bleiben, sodass eine zusätzliche verbale Erläuterung folgen muss.

Dominante Kriterien bestimmen oft die Zielerreichungsgrade auf der übergeordneten Aggregationsstufe, die Information der übrigen Kriterien geht dann verloren. Dies ist nicht immer sachgerecht, weil die dominanten nicht immer Tabukriterien darstellen.

Es muss allerdings festgehalten werden, dass *Aggregation nicht ohne Informationsverlust und Entscheidung bei komplexen Situationen nicht ohne Aggregation möglich* ist. Wichtig ist die Transparenz, d. h. dass nachvollziehbar ist, an welchen Kriterien die Einstufung oder Reihung liegt.

Implizite Wertungen

Die *Zuordnung* von Kriterien zu Gruppen usw. beinhaltet implizite Wertungen, insbesondere Gewichtungen durch die Zahl der Kriterien, die zusammengefasst werden, und durch die Regel, nach der sie aggregiert werden. So fühlte sich Bechmann (1978) bemüßigt, die internen Gewichtungen der Sauerlandmethode zu "rekonstruieren".

Das Festlegen der *Zahl der Güteklassen* ist eine Wissenschaft für sich. Denn bei wenigen Güteklassen werden oft Alternativen, die nicht ranggleich sind, gleich eingestuft, während viele Güteklassen sachlich oft nicht begründbar sind. Jede Güteklasse sollte einer verbalen Interpretation zugänglich sein und möglichst mit einem nachvollziehbaren Qualitätsstandard (s. Kap. 4.3.3) belegt werden können.

Anspruchsvolle Theorie, Anwendungsfehler

Die Boole'sche Logik und die mathematischen Abbildungen, die dahinter stehen[8], werden von Gutachtern meist nicht nachvollzogen und dann verletzt.

So werden mit Ziffern codierte, ordinal skalierte Stufen verrechnet. Es werden hier oft Kriterienausprägungen addiert oder es wird das arithmetische Mittel von drei oder vier Kriterienausprägungen in die nächst höhere Aggregationsstufe gestellt, obwohl dies formal nicht zulässig ist. Die unzulässige Addition tritt bereits bei der Modellstudie auf, wo bei der Aggregation von Kriterien zu Gruppen addiert wird.

Da die Methode auf den ersten Blick einfach, die dahinter stehende Theorie dies jedoch keinesfalls ist, treten in der Praxis ständig Anwendungsfehler auf, die meist darauf beruhen, dass die Theorie nicht durchdrungen wurde.

7.4.10 Bedeutung der Methode für die Umweltplanung

Die Nutzwertanalyse ist in den 70er Jahren die am häufigsten benutzte Bewertungsmethode in der Raum- und Umweltplanung gewesen. Mit Abebben der Methodeneuphorie ging ihre Anwendung stark zurück. Hier und da findet man sie bis heute noch. Sie stößt jedoch i.d.R. auf herbe Kritik aufgrund der bekannten Probleme.

Die Nutzwertanalyse der 2. Generation hat großen Einfluss auf die Methodenentwicklung bis heute gehabt, obwohl sie selten in der von Bechmann vorgelegten Form angewendet worden ist. Insbesondere die ordinal skalierten Zielerreichungsgrade, d. h. die Klassenbildung, gehören heute zum Standard jeder Bewertung in der Umweltplanung.

Das ordinale Skalenniveau entspricht meist dem Kenntnisstand über die Umweltsituation, v. a. bei Prognosen und in Zukunft zu realisierenden Projekten. Allerdings wird selten mit einer starren Anzahl von Klassen gearbeitet, sondern es werden im Einzelfall so viele Klassen gebildet, wie belegbar, vertretbar und interpretierbar sind. Je nach Sachverhalt sind es zwischen zwei und neun Klassen. Zwei Klassen bedeutet dabei "Trifft zu" oder "Trifft nicht zu" (Ja/Nein-Entscheidung).

Bei Umweltverträglichkeitsprüfungen wird nur noch bis auf Schutzgut-Ebene (Menschen, Tiere, Pflanzen, Boden usw., s. Kap. 3.2) aggregiert, nicht jedoch zu einem einzigen Wert oder einer Aussage zusammengefasst.

Die Nutzwertanalyse der 2. Generation war auch eine Grundlage für die Ökologische Risikoanalyse (vgl. Kap. 7.6), die anschließend entwickelt wurde und weite Verbreitung gefunden hat. Sie ist heute Grundlage für die Entwicklung von Expertensystemen zur Bewertungsunterstützung.

---

[8] und oben zwecks Verständlichkeit für mathematisch nicht vorbelastete Leser nicht angeben wurden; vgl. dazu Bechmann (1978)

Literatur

BECHMANN, A., 1978: Nutzwertanalyse, Bewertungstheorie und Planung, 361 S., Bern (Beiträge zur Wirtschaftspolitik, 29).

BECHMANN, A.; KIEMSTEDT, H., 1974: Die Landschaftsbewertung für das Sauerland als ein Beitrag zur Theoriediskussion in der Landschaftsplanung. Raumforschung und Raumordnung 32 (5): 190-202.

BOESE, P.; HANKE, H.; OPHOFF, W.; RAUSCHELBACH, B.; SCHIER, V. U. MITARB., 1981: Handbuch zur ökologischen Planung, Band 1, Teil I: Einführung, Teil II: Arbeitsanleitung, Berlin (UBA-Berichte, 3/81).

CERWENKA, P., 1984: Ein Beitrag zur Entmythologisierung des Bewertungshokuspokus. Landschaft + Stadt 16 (4): 220-227.

FORSCHUNGSGESELLSCHAFT FÜR DAS STRAßEN- UND VERKEHRSWESEN (FGSV, Hrsg.), 1986: Richtlinien für die Anlage von Straßen RAS, Teil: Wirtschaftlichkeitsuntersuchungen RAS-W, Köln.

HANUSCH, H.; KUHN, T., 1995: Kosten-Nutzen-Untersuchungen. In: Akademie für Raumforschung und Landesplanung (Hrsg.): Handwörterbuch der Raumordnung, 555-559, Hannover.

KLOCKOW, S.; LÜDTKE, U.; MEYER, H., 1987: Bewertungsverfahren in der Straßenplanung. Fallbeispiel für die Linienbestimmung nach Paragraph 16 FStrG mit Hilfe der RAS-W. Strasse und Autobahn 38 (10): 372-376.

ZANGEMEISTER, C., 1971: Nutzwertanalyse in der Systemtechnik. Eine Methodik zur multidimensionalen Bewertung und Auswahl von Projektalternativen, 370 S., 2. Aufl., München.

7.5 Die Raumempfindlichkeitsuntersuchung

Frank Scholles

7.5.1 Herkunft und Zweck der Methode

Herkunft

Die Raumempfindlichkeitsuntersuchung oder -analyse wurde Mitte der 70er Jahre von Landschaftsplanern für die Umweltverträglichkeitsprüfung auf der Ebene des Raumordnungsverfahrens (s. Kap. 3.2) für Straßen im Maßstab 1:25.000 entwickelt.

Sie basiert methodisch auf der Überlagerung, die von McHarg (1969) in der Landschaftsplanung populär gemacht worden ist (s. Kap. 5.3). Zunächst wurde sie nur im Rahmen von Straßenplanungen eingesetzt, später auch für die Suche nach anderen Trassen (z. B. für Bahnstrecken, Leitungen, Pipelines) oder auch für die Suche nach Standorten für größere Projekte (z. B. Deponien, Müllverbrennungsanlagen, Kraftwerke). Bei der Planung von Bundesfernstraßen hat sich die Methode soweit durchgesetzt, dass sie im Merkblatt zur Umweltverträglichkeitsstudie in der Straßenplanung (MUVS, FGSV 1990) vorgeschrieben wird (vgl. Abb. 7.5.1).

Zweck

Die Methode dient der Suche nach *relativ konfliktarmen Korridoren* für Infrastrukturtrassen.

Damit stellt sie den ersten Teil einer Umweltverträglichkeitsstudie dar, indem sie dazu dient, den Untersuchungsraum für die weitere Untersuchung, den Variantenvergleich, einzugrenzen. Zum Zeitpunkt der Untersuchung ist der Trassenverlauf bzw. Standort noch nicht festgelegt, sodass besonders konflikträchtige Trassen bzw. Standorte frühzeitig ausgeschlossen werden können. Die Hauptaufgaben der Raumempfindlichkeitsuntersuchung sind (vgl. Wagensonner u. Brand 1997):

- großräumige Vorplanung im Vorfeld des Raumordnungsverfahrens

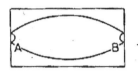
- Abgrenzung des Untersuchungsraums

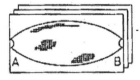
- Ermittlung, Darstellung und Bewertung aller Flächen mit umweltrelevanten Funktionen im Untersuchungsraum

- Ermittlung relativ konfliktarmer Korridore nach Überlagerung aller Flächen mit umweltrelevanten Funktionen

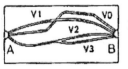
- Planung von Trassenvarianten innerhalb der konfliktarmen Korridore

Abbildung 7.5.1: Ablauf der Linienfindung für eine Straße mit Raumempfindlichkeitsuntersuchung (aus: FGVS 1990)

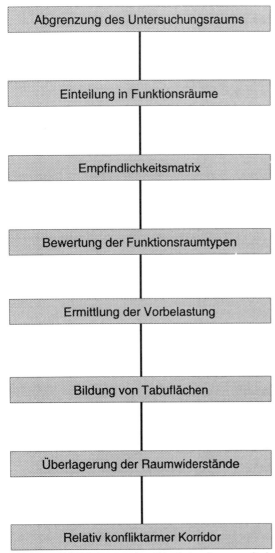

Abbildung 7.5.2 Schematischer Ablauf einer Raumempfindlichkeitsuntersuchung

- Informationsbasis für die Auswahl von auch unter Umweltgesichtspunkten sinnvollen Trassen bzw. Standorten
- Eingrenzung der Untersuchungsfläche und damit auch des Zeitaufwands für den Variantenvergleich
- Nutzung des verfügbaren amtlichen und sonstigen Datenbestands
- transparente Darstellung der Raumempfindlichkeiten
- frühzeitige Berücksichtigung umweltfachlicher Leitbilder bei der Infrastrukturplanung.

7.5.2 Begriffe

- *Raumempfindlichkeit* = Raumwiderstand: Grad der Vereinbarkeit des Projekts mit den Naturraumpotenzialen oder Qualitätsminderung der Umweltgüter, die im betroffenen Raum bei Beanspruchung durch das Vorhaben zu erwarten ist (vgl. Schemel 1979, 83)
- *Funktionsraum*: Raum, der eine bestimmte flächenmäßig abgrenzbare Funktion erfüllt und dabei auf natürliche Ressourcen angewiesen ist (Schemel 1979, 81)
- *relativ konfliktarmer Korridor*: Weg für eine Trasse durch konfliktreichste Funktionsräume hindurch, bei dem der Raumwiderstand relativ gering ist, Aneinanderreihung von Flächen mit relativ geringer Empfindlichkeit, die eine Trassierung ermöglicht (FGSV 1990)

7.5.3 Ablauf der Methode

Arbeitsschritte

In Anlehnung an Schemel (1979 und 1985, 345 ff.) kann man folgende Arbeitsschritte benennen (s. Abb. 7.5.2):

1. Großzügige Abgrenzung des Untersuchungsraums
2. Einteilung der Landschaft in Funktionsräume durch Typisierung für jedes Schutzgut[9]
3. Empfindlichkeitsmatrix: Feststellen der Betroffenheit der Funktionsräume durch Störfaktoren, die vom Vorhaben ausgehen[10]
4. Bewertung der Funktionsraumtypen anhand ihres gesellschaftlichen Stellenwerts (also aufgrund eines Zielsystems) ohne Kenntnis der Ausprägung des jeweiligen konkreten Raums nach den Kriterien Bedeutung, Seltenheit, Ersetzbarkeit
5. Ermittlung der Vorbelastung der Funktionsräume durch bestehende Infrastruktur
6. Bildung von Tabuflächen, d. h. Funktionsräumen[11], deren Bedeutung alleine ausreicht, um die höchste Stufe des Raumwiderstands zu erreichen, und die damit für die weitere Suche ausscheiden

---

9 z. B. Erlebnisraum, Ruhezone, geschlossener Lebensraum

10 z. B. Flächenverlust, Zerschneidung, Verlärmung

11 z. B. Siedlung, Schutzgebiete nach der Flora-Fauna-Habitat-Richtlinie als europarechtlich festgelegte Taburäume

7. Überlagerung (additive Aggregation) der Raumwiderstände der einzelnen Schutzgüter zu einem ordinal skalierten Gesamtraumwiderstand und kartografische Darstellung[12]
8. Ermittlung relativ konfliktarmer Korridore bzw. Standorte für das Vorhaben

Untersuchungsumfang

Bei der Untersuchung wird fast ausschließlich auf vorhandene Daten zurückgegriffen; Primärerhebungen finden nicht statt. Grundlage für die Bildung der Funktionsräume ist i.d.R. eine Strukturtypenkartierung aus Luftbildern. Mehr ist im Maßstab 1:25.000, in dem meist gearbeitet wird, meistens weder nötig noch sinnvoll.

Die konkreten Umweltauswirkungen des Vorhabens auf die Umwelt werden nicht ermittelt. Daher ist das Ergebnis der Untersuchung nicht so zu verstehen, dass innerhalb der Korridore der Projektverwirklichung nichts im Wege steht, sondern dass außerhalb der Korridore mit unlösbaren Konflikten zu rechnen ist.

Heute wird die Raumempfindlichkeitsuntersuchung meist rechnergestützt mit Geo-Informationssystemen durchgeführt.

7.5.4 Das Beispiel BAB A38

Als Fallbeispiel zur Anwendung Raumempfindlichkeitsuntersuchung bei einer Projekt-UVP wird der Neubau der Bundesautobahn A 82/140 Göttingen - Halle/Leipzig[13] vorgestellt.

Aufgabe und Organisation

Das Projekt gehört zu den "Verkehrsprojekten Deutsche Einheit". Die Umweltverträglichkeitsstudie wurde im Auftrag des Bundesministeriums für Verkehr von einer Arbeitsgemeinschaft von fünf Planungsbüros unter Federführung der Planungsgruppe Ökologie und Umwelt erarbeitet. Die Methodik spiegelt einen Konsens der beteiligten Büros wider. Die UVP erfolgte auf der Ebene des Raumordnungsverfahrens nach dem Gesetz über die Umweltverträglichkeitsprüfung (UVPG).

In einer 1. Stufe werden relativ konfliktarme Korridore innerhalb eines Untersuchungsraums von 150.000 ha[14] ermittelt. In einer 2. Stufe wurde anschließend die vertiefte Untersuchung, der Variantenvergleich, durchgeführt. Die folgenden Ausführungen lehnen sich eng an den Band "UVS Stufe I" (Planungsgruppe Ökologie und Umwelt et al. 1991) an. Abbildung 7.5.3 zeigt den Untersuchungsraum.

Ablauf und Ergebnisse der Untersuchung

Zur Abgrenzung der Funktionsräume wurden die naturräumlichen Haupteinheiten herangezogen, ergänzt durch die aktuelle Nutzungssituation. Abbildung 7.5.4 zeigt einen Ausschnitt mit dem Ergebnis der Strukturtypenkartierung für das Biotoppotenzial.

Mithilfe von Relevanzbäumen (s. Kap. 7.2) wurde die Empfindlichkeit eingeschätzt und auf dieser Basis eine dreistufige Klassifizierung der Konfliktdichte (sehr hoch - hoch - gering) vorgenommen (s. Ausschnitt in Abb. 7.5.5).

Schließlich wurden relativ konfliktarme Korridore ermittelt und dargestellt (s. Ausschnitt in Abb. 7.5.6). Dazu muss festgehalten werden, dass es keinen durchgehenden Korridor mit geringer Konfliktdichte gibt. Dies ist kein Einzelfall; es ist aufgrund der Besiedlungsdichte und der Landschaftsstrukturen in Deutschland sogar eher unwahrscheinlich, dass man einen tatsächlich konfliktarmen Korridor findet, wenn man unterstellt, dass Siedlungsflächen, international geschützte Gebiete, Naturschutzgebiete oder die Zonen I und II der Wasserschutzgebiete sehr hohe Konflikte erzeugen. Daher wird ohnehin von *relativ* konfliktarmen Korridoren gesprochen. Bei der Standortsuche dagegen kann es häufiger gelingen, einen oder mehrere Standorte mit geringem Konfliktpotenzial zu identifizieren.

7.5.5 Kritik an der Methode

Probleme der Überlagerung

Da sich die Raumempfindlichkeitsuntersuchung der Überlagerung bedient, trifft sie deren zentrale Einschränkung (s. Kap. 5.3): Die Technik beruht auf statischen Einheiten, da Karten per Definition nur aus solchen Einheiten bestehen.

---

12 als Helligkeitsstufen oder Rot-gelb-grün-Skala

13 inzwischen als A 38 abschnittsweise in die Planfeststellungsverfahren gegangen

14 Diese Größe übersteigt das Übliche deutlich.

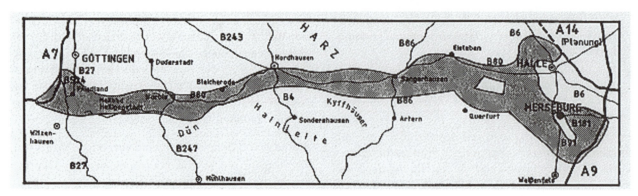

Abbildung 7.5.3: Übersicht über den Untersuchungskorridor (aus: Planungsgruppe Ökologie und Umwelt et al. 1991, 10)

Abbildung 7.5.4: Ausschnitt aus der Karte Biotoppotenzial, unmaßstäblich (aus: Planungsgruppe Ökologie und Umwelt et al. 1991)

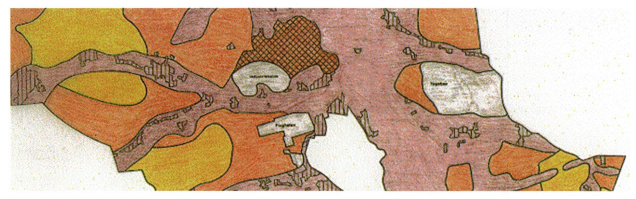

Abbildung 7.5.5: Ausschnitt aus der Konfliktkarte, unmaßstäblich (aus: Planungsgruppe Ökologie und Umwelt et al. 1991)

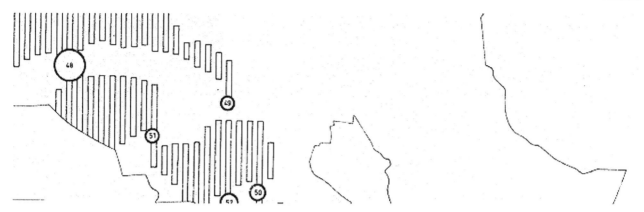

Abbildung 7.5.6: Relativ konfliktarme Korridore und Konfliktschwerpunkte, Ausschnitt, unmaßstäblich (aus: Planungsgruppe Ökologie und Umwelt et al. 1991)

Landschaftsdynamik und funktionale Zusammenhänge können damit nur sehr begrenzt abgebildet werden. Ökosysteme sind jedoch in erster Linie funktionale und weniger räumliche Einheiten. Die Abgrenzung funktionaler Einheiten ist noch nicht sehr weit gediehen. Das bedeutet, dass Überlagerung für deskriptive Aufgaben gut geeignet ist, für die Untersuchung der funktionalen Zusammenhänge eigentlich andere Methoden gebraucht werden (vgl. Simpson 1989). Daher ist die Bezeichnung "Funktionsraum" für die räumlich abgegrenzte Typisierung kritisch zu sehen.

Empfindlichkeitsbegriff

In der Praxis wird Empfindlichkeit häufig sehr pauschal behandelt. Sie wird dort parallel laufend zu Schutzwürdigkeit eingestuft - je natürlicher, desto empfindlicher. Es bleibt meistens außer acht, gegen welche Auswirkungen von Vorhaben die Schutzgüter empfindlich reagieren.

Empfindlichkeit bildet einen Komplex von Merkmalen ab; sie beruht im Wesentlichen auf Stabilitätsvorstellungen. Stabilität ist eine der in der theoretischen Ökologie am meisten diskutierten Vorstellungen. Es kann aber festgehalten werden, dass es *die* Stabilität nicht geben kann, sondern immer gefragt werden muss, was am zu untersuchenden System stabil ist. Genauso wenig kann es folglich *die* Empfindlichkeit von Schutzgütern geben, sondern immer nur eine Empfindlichkeit gegen eine bestimmte Einwirkung. Dabei ist es derzeit unmöglich, Empfindlichkeit quantitativ anzugeben.

Auf der Basis von Gigon (1984) sowie Riecken et al. (1994) definiert Scholles (1997, 221) eine Ordinalskala der Empfindlichkeit für die Ökologische Risikoanalyse (vgl. Kap. 7.6.7). Diese kann sinngemäß für das höhere Abstraktionsniveau der Raumempfindlichkeitsuntersuchung übernommen werden.

Verantwortung des Gutachters

Durch die Methode wird eine frühzeitige Zusammenarbeit von Infrastrukturplanern und UVP-Gutachtern gewährleistet. Idealerweise wird die Untersuchung abgeschlossen, bevor sich bei den Infrastrukturplanern Vorstellungen über die Trassenlage oder den Standort verfestigt haben. Dies ist leider v. a. bei Standorten nicht die Regel.

Wenn jedoch auf der Grundlage der Raumempfindlichkeitsuntersuchung geplant wird, übernimmt der UVP-Gutachter Mitverantwortung an der Fachplanung, denn diese kann immer darauf verweisen, in einem der relativ konfliktarmen Korridore zu planen, der ihr aus Umweltgesichtspunkten anempfohlen worden ist. Die Untersuchung trägt zur Optimierung der Fachplanung und damit streng genommen zur weiteren Belastung der Umwelt bei; sie ist kein Verhinderungsinstrument. Man muss aber immer nachfragen, ob man sich also besser nicht "die Finger schmutzig macht" oder zu optimieren versucht, also das beste herauszuholen, wenn man unterstellt, dass die Entscheidung, *ob* gebaut wird, meist ohnehin nicht mehr zur Diskussion steht.

Dahinter verbirgt sich allerdings die Wertung des Umweltschutzes, dass es besser ist, Belastungen zu bündeln und damit neue Belastungen in bereits vorbelasteten Räumen zu konzentrieren, als bisher gering belastete Räume heranzuziehen. Dies ist einleuchtend, wenn man z. B. Lärmbelastungen betrachtet, weil in bereits stark verlärmten Räumen eine weitere Belastung oft kaum wahrnehmbar ist. Es ist aus Naturschutzsicht ebenso einleuchtend, dass ungestörte, unzerschnittene Räume möglichst geschützt werden sollen. Es ist aber eine politische Frage, ob man Bewohnern eines stark vom Verkehr belasteten Gebiets nun auch noch eine Deponie oder ein Kraftwerk zumutet, oder ob man solche Belastungen, die mit dem Wohl der Allgemeinheit rechtfertigt werden, gleichmäßiger auf die Teile der Allgemeinheit verteilt. Das Problem ist methodisch nicht lösbar, sondern nur politisch.

Literatur

FORSCHUNGSGESELLSCHAFT FÜR STRAßEN- UND VERKEHRSWESEN, ARBEITSGRUPPE "STRAßENENTWURF" (FGSV, Hrsg.), 1990: Merkblatt zur Umweltverträglichkeitsstudie in der Straßenplanung (MUVS). Verkehrsblatt , (11), 373.

GIGON, A., 1984: Typologie und Erfassung der ökologischen Stabilität und Instabilität mit Beispielen aus Gebirgsökosystemen. In: Hegg, O. (Hrsg.): 12. Jahrestagung Bern 1982, 13-29, Göttingen (Verhandlungen der Gesellschaft für Ökologie, 12).

GÜNNEWIG, D.; SCHOLLE, B., 1999: Die UVS zur Linienbestimmung. In: Buchwald, K.; Engelhardt, W. (Hrsg.): Verkehr und Umwelt. Umweltbeiträge zur Verkehrsplanung, 192-204, Bonn (Umweltschutz - Grundlagen und Praxis, 16/II).

McHARG, I.L., 1969: Design with Nature, 197 S., Philadelphia.

PLANUNGSGRUPPE ÖKOLOGIE UND UMWELT ET AL., 1991: Neubau der Bundesautobahn A 82 / 140 Göttingen - Halle / Leipzig. Umweltverträglichkeitsstudie. UVS Stufe I, Hannover.

RIECKEN, U.; REIS, U.; SSYMANK, A., 1994: Rote Liste der gefährdeten Biotoptypen der Bundesrepublik Deutschland, 184 S., Bonn-Bad Godesberg (Schriftenreihe Landschaftspflege und Naturschutz, 41).

SCHEMEL, H.-J., 1979: Umweltverträglichkeit von Fernstraßen - ein Konzept zur Ermittlung des Raumwiderstandes. Landschaft + Stadt 11 (2): 81-90.

SCHEMEL, H.-J., 1985: Die Umweltverträglichkeitsprüfung (UVP) von Großprojekten, Regensburg, Münster (Beiträge zur Umweltgestaltung, A 9).

SCHOLLES, F., 1997: Abschätzen, Einschätzen und Bewerten in der UVP. Weiterentwicklung der Ökologischen Risikoanalyse vor dem Hintergrund der neueren Rechtslage und des Einsatzes rechnergestützter Werkzeuge, 273 S., Dortmund (UVP-Spezial, 13).

SIMPSON, J.W., 1989: A Conceptual and Historical Basis for Spatial Analysis. Landscape and Urban Planning 17: 313-321.

WAGENSONNER, I.; BRAND, F., 1997: Die Raumempfindlichkeitsanalyse (REA) in der Bundesverkehrswegeplanung. In: UVP-Förderverein (Hrsg.): UVP in der Bundesverkehrswegeplanung. Die Bedeutung der Plan-/Programm-UVP zur Sicherung einer umwelt- und sozialverträglichen Mobilität, 216-217, Dortmund (UVP-Spezial, 14).

7.6 Die Ökologische Risikoanalyse und ihre Weiterentwicklung

Frank Scholles

7.6.1 Ziel und Herkunft der Methode

Die Ökologische Risikoanalyse wurde als Methode zur Betrachtung natürlicher Ressourcen in einem größeren Planungsraum im Rahmen eines Gutachtens im Großraum Nürnberg - Fürth - Erlangen - Schwabach entwickelt (vgl. Aulig et al. 1977; Bachfischer 1978).

In der Folgezeit wurde sie im Hinblick auf die Durchführung von Umweltverträglichkeitsprüfungen (s. Kap. 3.2) fortentwickelt, v. a. von Scharpf (1982) sowie Kiemstedt et al. (1982). Inzwischen gehört die Methode in den verschiedensten Abwandlungen zum Standardrepertoire der Umweltplanung. Die letzten wesentlichen Entwicklungen gingen von der Planungsgruppe Ökologie und Umwelt (vgl. Hoppenstedt u. Riedl 1992) sowie der Anpassung an neue rechtliche Grundlagen (Scholles 1997) aus.

Ziel der Ökologischen Risikoanalyse ist die Beurteilung der ökologischen Nutzungsverträglichkeit bei unvollständiger Information. Sie versteht sich als "Versuch einer planerischen Operationalisierung des Verursacher-Auswirkung-Betroffener-Zusammenhangs, d. h. als eine Form der Wirkungsanalyse im Mensch-Umwelt-System" (Bachfischer 1978, 72).

7.6.2 Ablauf der Methode

Vorgehen

Die Beurteilung erfolgt formal durch die Bildung der drei Aggregatgrößen

- Intensität potenzieller Beeinträchtigung (kurz Beeinträchtigungsintensität),
- Empfindlichkeit gegenüber Beeinträchtigungen (Beeinträchtigungsempfindlichkeit) und
- Risiko der Beeinträchtigung (s. Abb. 7.6.1).

Dabei werden unter *Beeinträchtigungen* natürlicher Ressourcen Änderungen von Quantitäten oder Qualitä-

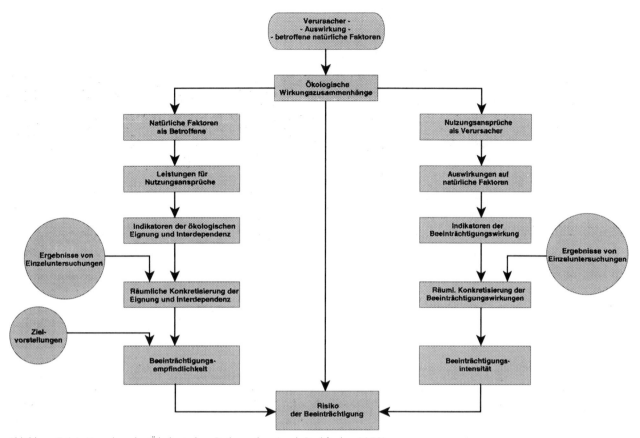

Abbildung 7.6.1: Vorgehen der Ökologischen Risikoanalyse (nach Bachfischer 1978)

ten natürlicher Ressourcen verstanden, die nach Art und Ausmaß die Befriedigung der Ansprüche an natürliche Ressourcen erheblich erschweren oder unmöglich machen. Um den Zusammenhang Verursacher - Auswirkung - Betroffener zu untersuchen, teilt sich das Verfahren auf in die Untersuchung der Betroffenen (natürliche Faktoren, linke Seite in Abb. 7.6.1) und der Verursacher (Nutzungsansprüche, rechte Seite in Abb. 7.6.1).

Beeinträchtigungsempfindlichkeit

Auf der *Betroffenenseite* werden zunächst die Leistungen der Naturgüter für Nutzungsansprüche, d. h. die *Eignung*, ermittelt.

Dazu werden *Indikatoren* (s. Kap. 5.1.2) gebildet und herangezogen. Diese werden durch Untersuchungen (Datenübernahme, Berechnung oder Messung) für den Untersuchungsraum konkretisiert. Durch Abgleich der Untersuchungsergebnisse mit fachlichen Zielvorstellungen entsteht die *Beeinträchtigungsempfindlichkeit*. Diese fasst die Nutzungseignung natürlicher Ressourcen und die "Übertragungseigenschaften" der Geofaktoren für Wirkungen zusammen und ordnet sie in einer ordinalen Skala.

Beeinträchtigungsintensität

Auf der *Verursacherseite* werden die *Auswirkungen* von Nutzungen auf die Schutzgüter untersucht, indem auch hier *Indikatoren* gebildet werden.

Die räumliche Konkretisierung erfolgt durch Prognose, da es um zukünftige Zustände geht. Daraus wird für jedes Teilsystem[15] die *Beeinträchtigungsintensität* ermittelt. Diese fasst Beeinträchtigungsfaktoren entsprechend den von ihnen ausgehenden Wirkungen zusammen und ordnet sie wiederum in einer ordinalen Skala.

---

15 in der ursprünglichen Fassung bei Bachfischer (1978) Klima/Luft, Boden, Wasser, Biotope, Land- und Forstwirtschaft, Erholung, Wohnen; nach dem UVPG wären es Mensch, Tiere, Pflanzen, Boden, Wasser, Luft, Klima, Landschaft, Sachgüter, Kulturgüter

Relevanzbäume

Die ordinale Skalierung, also die Klassen, für die Abschätzung der Beeinträchtigungsintensität und der Beeinträchtigungsempfindlichkeit werden mithilfe von *Relevanzbäumen* (s. Kap. 6.2) einzelfallorientiert hergeleitet.

Präferenzmatrix

Das *Risiko der Beeinträchtigung* ergibt sich dann aus der Verknüpfung der beiden mithilfe der Bewertungsbäume ermittelten Größen in einer "Risikomatrix" (oder Präferenzmatrix) und soll das Ausmaß der Beeinträchtigung natürlicher Ressourcen messbar machen.

Die *Präferenzmatrix* (s. Kap. 6.1) stellt die Intensitäts- und Empfindlichkeitsstufen gegenüber. Hohe Beeinträchtigungsintensität und -empfindlichkeit ergeben demnach hohes Risiko, geringe Beeinträchtigungsintensität und -empfindlichkeit geringes Risiko.

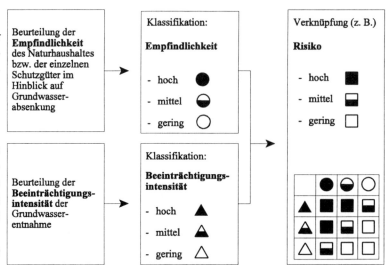

Abbildung 7.6.2: Präferenzmatrix (nach Hoppenstedt u. Riedl 1992)

Sach- und Wertaussage

In jedem Fall bestehen die Arbeitsschritte aus

- einer naturwissenschaftlich-empirischen Wirkungsanalyse (Wie funktioniert der Naturhaushalt? Wie wirken Belastungen? Wie reagieren die Schutzgüter?) und
- einer normativen Aussage (Einschätzung, Beurteilung, Bewertung) aus fachlicher Sicht (Wie gut funktioniert der Naturhaushalt? Führen die Belastungen zu Beeinträchtigungen? Verlieren die Schutzgüter ihre Funktionen? Besteht eine Schutzwürdigkeit?).

Aggregationstiefe

Ging der ursprüngliche Ansatz (vgl. Kap. 7.6.4) noch davon aus, die verschiedenen Teilrisiken zu einem Gesamtrisiko aggregieren zu können, wird inzwischen auf eine solche Aggregation meist verzichtet. Man bleibt bei der Aggregation auf der Ebene von Naturraumpotenzialen, Raumfunktionen oder Schutzgütern stehen, weil eine Abwägung zwischen einzelnen Schutzgütern stattzufinden hat, zu deren Durchführung letztlich nur der Entscheidungsträger, nicht aber der Gutachter legitimiert ist. Der Gutachter kann einen Vorschlag machen, den er aber als solchen kennzeichnen muss.

Die Planungsgruppe Ökologie und Umwelt hat den projektbezogenen Ansatz weiterentwickelt. Sie reduziert die Bewertungsbäume auf eine tabellarische Zuordnung zu Wertstufen[16]. Auch sie macht keine formalisiert hergeleiteten Aussagen zu einem Gesamtrisiko. Zur Veranschaulichung werden einfache grafische Symbole eingeführt. Geringe Empfindlichkeit und hohe Beeinträchtigungsintensität ergeben immer mittleres Risiko, geringe Empfindlichkeit und mittlere Beeinträchtigungsintensität immer geringes Risiko. Zwischenstufen sind nicht vorgesehen (s. Abb. 7.6.2). Das Beispiel in Kapitel 7.6.5 führt die Methodik weiter aus.

Zum Risikobegriff der Ökologischen Risikoanalyse

Die Ökologische Risikoanalyse ist definiert als ökologische Wirkungsanalyse (s. Kap. 5.4) bei unvollständiger Information, d. h. an die Stelle von kausalanalytischen Beschreibungen von Zusammenhängen treten Ergebnisse, die nicht frei von subjektiven Einflüssen sind und deren Wahrscheinlichkeit (s. Kap. 6.2) kleiner als eins ist.

Bei der Analyse und Prognose ökologischer Wirkungen besteht eine vergleichsweise große Unsicherheit, die verschiedene Quellen haben kann. Diese Unsicherheit führt zu einem Risiko (s. Kap. 6.1). Obwohl das Adjektiv "ökologisch" zunächst eine naturwissenschaftliche Vorgehensweise nahe legt, beinhaltet Ökologisches Risiko über naturwissenschaftliche Erforschbarkeit hinausgehende Werturteile. Hierin ist ein großer Teil der Probleme begründet, die bei der Bewertung von Umweltauswirkungen in der Praxis auftreten.

---

16 vgl. zu Grundwasserentnahmen Hoppenstedt u. Riedl (1992)

Die Ökologische Risikoanalyse benutzt einen *Risikoindex*, d. h. es werden aus einzelnen partiell unterschiedlichen Beeinträchtigungsgrößen nach einer Regel (hier der Matrix) aggregierte Risiken gebildet. Dies trägt der komplexen Beeinträchtigungsstruktur Rechnung.

7.6.3 Überblick zum Stand der Methodik

Ökologische Risikoanalyse als Stand der Kunst

Die Praxis der Umweltplanung wird heute methodisch von der Ökologischen Risikoanalyse bestimmt. Wenn auch bisweilen der Name vermieden und/oder die Methodik als verbal-argumentative Bewertung (vgl. Kap. 7.8) bezeichnet wird, so finden sich doch regelmäßig Elemente der Ökologischen Risikoanalyse wieder wie die Relevanzbäume, die Präferenzmatrix, die Klassenbildung zwecks Einschätzung oder die Begrifflichkeit. Beispiele, die streng nach Bachfischer vorgehen, finden sich nicht mehr. Die meisten Gutachter verwenden einen Methodenbaukasten, indem sie quantitative Bilanzierungen (vgl. Kap. 7.7), Szenarien (s. Kap. 6.5), logische Aggregationen oder verbale Einschätzungen (vgl. Kap. 7.8) mit einfließen lassen. Dieses Zusammenfließen der Methoden in Abhängigkeit der Sachlage entspricht dem heutigen Stand der Methodik.

Einigkeit aber nicht zu verzeichnen

Eine halbwegs einheitliche Methodik ist trotz der Dominanz der Ökologischen Risikoanalyse nicht zu erkennen. Vielmehr folgen die Gutachter verschiedenen Schulen oder haben im Laufe der Zeit eigene Methodiken entwickelt. Dies schließt die Indikatorenauswahl, die Klassenbildung und die Verknüpfungsvorschriften ein. I.d.R. wird bis auf Schutzgutebene aggregiert; dann werden die Schutzgüter tabellarisch oder argumentativ gegenüber gestellt.

Die Methodik vergleicht i.d.R. Varianten, indem Aggregatgrößen mit "hoch-mittel-gering" oder ähnlich eingeschätzt werden. Weil genaue Untersuchungen meist kosten- und zeitaufwändig sind und selbst dann sichere Aussagen kaum möglich sind, werden Begriffe wie Beeinträchtigung oder Empfindlichkeit sehr allgemein benutzt.

7.6.4 Das Beispiel Mittelfranken

Planungsbezogener Ansatz

Als Fallbeispiel zur Anwendung der Ökologischen Risikoanalyse bei einer Planung wird das Originalanwendungsbeispiel herangezogen, an dem die Methode 1977 entwickelt wurde. Technik und Problemstellung sind daher nicht mehr ganz taufrisch, jedoch lässt sich die Methode am Original am besten verdeutlichen.

In einem wissenschaftlichen Gutachten wurden die ökologischen Planungsgrundlagen im Verdichtungsraum Nürnberg - Erlangen - Fürth - Schwabach erarbeitet. Die Methode wird an den Beispielen Biotope und Erholung verdeutlicht.

Aufbau und Organisation

Im Auftrag der genannten Städte wurden vom Lehrstuhl für Raumforschung, Raumordnung und Landesplanung der TU München in Zusammenarbeit mit dem Institut für Landschafts- und Freiraumplanung der TU Berlin die ökologischen Grundlagen für die Aufstellung des Regionalplans für die Planungsregion 7 "Industrieregion Mittelfranken" als Abwägungsmaterial zusammengestellt.

Die folgenden Aussagen basieren auf dem Gutachten (Aulig et al. 1977) sowie einer Zusammenfassung bei Bachfischer (1978).

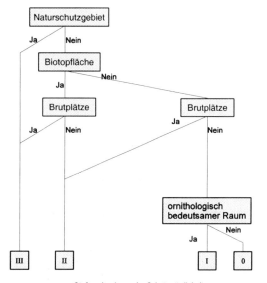

Abbildung 7.6.3: Relevanzbaum für die Klassifikation der Schutzwürdigkeit (nach Bachfischer 1978, 209)

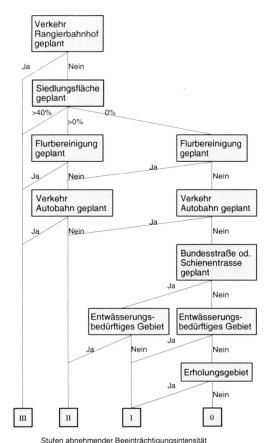

Abbildung 7.6.4: Relevanzbaum für die Klassifikation der Beeinträchtigungsintensität (nach Bachfischer 1978, 211)

Fragestellung

Das Gutachten hat die folgenden Konfliktbereiche ausgewiesen, die man heute als Schutzgüter bezeichnen würde:

- Klima/Luft
- Grundwasser
- Biotope
- Erholung

Die Aufbereitung erfolgte im Maßstab 1:200.000. Die Erarbeitung wurde rechnerunterstützt durchgeführt. Da aus technischen Gründen ein homogenes räumliches Bezugssystem nötig war, wurden Planquadrate mit einer Rasterweite von 1 km gebildet.

Konfliktbereich Biotope

Bei Biotopen wird von der Vorgabe Beeinträchtigungsempfindlichkeit abgewichen, weil nur Zerstörung als Auswirkung erfasst werden konnte. Daher wird Empfindlichkeit mit Schutzwürdigkeit der Biotope gleichgesetzt. Folgende Arbeitsschritte werden durchgeführt:

1. Bildung von Indikatoren für die Schutzwürdigkeit der Biotope: Naturschutzgebiet, Biotopfläche, Brutplätze, ornithologisch bedeutsamer Raum
2. Bildung von Indikatoren für die Beeinträchtigungsintensität: geplanter Rangierbahnhof, geplante Siedlungsfläche, geplante Flurbereinigung, geplante Autobahn, geplante Bundesstraße oder Schienentrasse, entwässerungsbedürftiges Gebiet, Erholungsgebiet
3. Übernahme der Ausprägungen der Indikatoren aus der bayerischen Biotopkartierung
4. Definition des Relevanzbaums für die Klassifizierung der Schutzwürdigkeit (s. Abb. 7.6.3)
5. Definition des Relevanzbaums für die Klassifizierung der Beeinträchtigungsintensität (s. Abb. 7.6.4)
6. Aggregation zum Risiko der Biotopgefährdung (s. Abb. 7.6.5)

Die Schritte 4 bis 6 führen zu rasterorientierten Karten.

Konfliktbereich Erholung

Erholung ist gemäß Bachfischer (1978) als Nutzungsanspruch ein abgeleiteter Konfliktbereich. Daher werden im Fallbeispiel nur reale und potenzielle Beeinträchtigungen der Erholungseignung (und nicht Empfindlichkeit und Beeinträchtigungsintensität) bearbeitet und gegenüber gestellt.

Folgende Arbeitsschritte werden durchgeführt:

1. Bildung von Indikatoren für die Bestimmung der Empfindlichkeit: Naherholungsgebiet, Feriengebiet, Naturpark

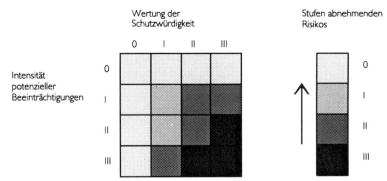

Abbildung 7.6.5: Präferenzmatrix Biotopgefährdung (nach Bachfischer 1978, 212)

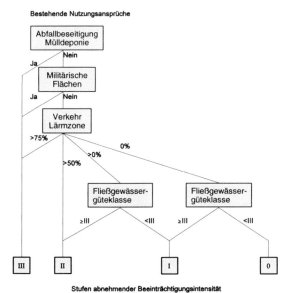

Abbildung 7.6.6: Relevanzbaum für die Klassifikation der Beeinträchtigung durch bestehende Nutzungsansprüche (nach: Bachfischer 1978, 222)

feststellungsverfahren gegangen) vorgestellt. Das Beispiel stammt aus einer Umweltverträglichkeitsstudie (UVS).

Die Darstellung der Beispiele konzentriert sich auf die beiden in erster Linie wertenden Arbeitsschritte Umwelteinschätzung (Zustandseinschätzung) und Einschätzung der Auswirkungen und Risiken. Die ebenso wichtigen anderen Elemente einer UVS, die nicht in erster Linie wertenden Charakter haben, müssen hier ausgeklammert bleiben. Zustands- und Risikoeinschätzung werden anhand der Schutzgüter Biotope sowie Erholung behandelt.

2. Bildung von Indikatoren für die Beeinträchtigungsintensität: Mülldeponie, militärische Flächen, Lärmzonen Verkehr, Fließgewässergüteklasse, geplanter Rangierbahnhof, geplante Siedlungsfläche, Autobahn, Bundesstraße, Schienentrasse
3. Definition des Relevanzbaums für die Klassifizierung der Beeinträchtigung durch bestehende Nutzungsansprüche (s. Abb. 7.6.6)
4. Definition des Relevanzbaums für die Klassifizierung der Beeinträchtigung durch geplante Nutzungsansprüche (s. Abb. 7.6.7)
5. Überlagerung durch kartografische Addition zur Intensität der Gesamtbeeinträchtigung (s. Abb. 7.6.8)

Die Schritte 1 und 3 bis 5 führen zu rasterorientierten Karten.

7.6.5 Das Beispiel BAB A 38

Projektbezogener Ansatz

Als Fallbeispiel zur Anwendung der Ökologischen Risikoanalyse bei einer Projekt-UVP wird der Neubau der Bundesautobahn A 82/140 Göttingen - Halle/Leipzig (inzwischen als A 38 abschnittsweise in die Plan-

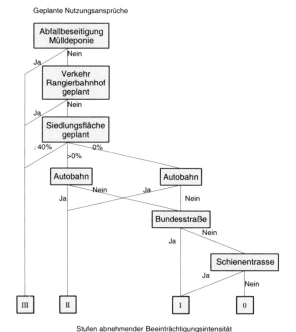

Abbildung 7.6.7: Relevanzbaum für die Klassifikation der Beeinträchtigung durch geplante Nutzungsansprüche (nach: Bachfischer 1978, 222)

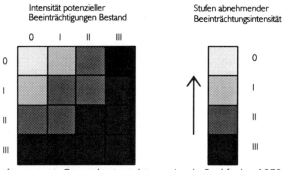

Abbildung 7.6.8: Präferenzmatrix Gesamtbeeinträchtigung (nach: Bachfischer 1978, 221)

Aufgabe und Organisation

Das Projekt gehört zu den "Verkehrsprojekten Deutsche Einheit". Die UVS wurde im Auftrag des Bundesministeriums für Verkehr von einer Arbeitsgemeinschaft von fünf Planungsbüros unter Federführung der Planungsgruppe Ökologie und Umwelt erarbeitet. Die Methodik spiegelt einen Konsens der beteiligten Büros wider. Die UVP erfolgte auf der Ebene des Raumordnungsverfahrens nach dem Gesetz über die Umweltverträglichkeitsprüfung (UVPG).

In einer 1. Stufe (Raumempfindlichkeitsuntersuchung, s. Kap. 7.5) wurden "relativ konfliktarme Korridore" ermittelt. Dadurch wurde der Untersuchungsraum von 150.000 ha auf 83.500 ha verkleinert. Für dieses Gebiet wurde in einer 2. Stufe (vertiefte Untersuchung und Variantenvergleich im Maßstab 1:10.000 bzw. 1:25.000) die eigentliche UVS auf der Ebene des Raumordnungsverfahrens durchgeführt. In einer weiteren Stufe folgen die UVP sowie der Landschaftspflegerische Begleitplan zu den Planfeststellungsverfahren. Die folgenden Ausführungen lehnen sich eng an den Band "Planungsablauf und Bewertungsmethodik - Grundlagen" der UVS (Planungsgruppe Ökologie und Umwelt et al. 1993) an.

Fragestellungen

Die Methodik folgt dem Prinzip der ökologischen Wirkungsanalyse und der sich daraus ergebenden Risikoeinschätzung. Die UVS bearbeitet folgende Sachverhalte:

- Ermittlung der Eigenschafts- und Empfindlichkeitsmerkmale, die die möglicherweise von einem Vorhaben betroffenen Schutzgüter kennzeichnen
- Klassifikation der Empfindlichkeitsmerkmale
- Einschätzung der Entwicklung des Untersuchungsraums ohne das geplante Vorhaben
- Ermittlung der Umweltauswirkungen des Vorhabens (Nutzungsmerkmale und Belastungsfaktoren) hinsichtlich Intensität, Zeit, Entfernung
- Klassifikation der Belastungsfaktoren
- Ermittlung des Risikos der Beeinträchtigung
- Beschreibung risikovermeidender bzw. -mindernder Maßnahmen
- Einschätzung von Sekundäreffekten
- Einschätzung von räumlich-funktionalen Zusammenhängen zwischen dem Vorhaben und anderen raumwirksamen Vorhaben bzw. kumulativer Auswirkungen
- Variantenvergleich, Vergleich mit Nullvariante und mit anderen Lösungen bzw. Alternativen.

Die Untersuchung erfolgt getrennt nach den Schutzgütern Biotop (Tiere und Pflanzen), Boden, Wasser, Landschaftsbild/Erholung, Klima, Wohnen, Kultur- und Sachgüter. Das Schutzgut Mensch des UVPG wird nicht eigenständig behandelt, sondern insbesondere durch den Aspekt Wohnen, Einbeziehung in die Schutzgüter Boden, Grundwasser und landschaftsbezogene Erholung sowie separate Behandlung der Wirkungen von Lärm und Schadstoffen auf Gesundheit und Wohlbefinden bearbeitet.

Die Einschätzung erfolgt aufgrund der Komplexität der zu bewertenden Sachverhalte unter Verwendung qualitativ beschreibender Wertstufen. Die allgemeine Struktur zeigt Abbildung 7.6.9.

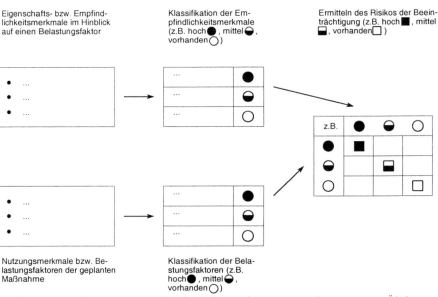

Abbildung 7.6.9: Allgemeine Wertstruktur der Risikoeinschätzung (aus: Planungsgruppe Ökologie und Umwelt et al. 1993, 10)

Zustandseinschätzung am Beispiel des Schutzguts Biotop

Folgende Arbeitsschritte werden für das Schutzgut Biotop (Tiere und Pflanzen) durchgeführt:

1. Zunächst wird eine flächendeckende Biotoptypenkartierung im Maßstab 1:10.000 vorgenommen, die durch vertiefende faunistische Untersuchungen ergänzt wird. Dabei wird die Einschätzung auf der Basis der folgenden Kriterien vorgenommen: Bedeutung für Arten und Lebensgemeinschaften, Empfindlichkeit, Schutz- und Vorranggebiete.
2. In die Bedeutung für Arten und Lebensgemeinschaften gehen die Kriterien Standortverhältnisse, Art und Intensität der Nutzung, Regenerationsmöglichkeit, Vorkommen gefährdeter Arten und Gesellschaften, Vorkommen für das Untersuchungsgebiet besonders arten- bzw. individuenreicher Lebensgemeinschaften oder Populationen bestimmter Arten ein. Die Einschätzung der Bedeutung erfolgt in drei Stufen:

Tabelle 7.6.1: Generelle Einstufung der Biotoptypen (aus: Planungsgruppe Ökologie und Umwelt et al. 1993, 20)

Wertstufe	Bedeutung für den Schutz von Arten und Lebensgemeinschaften
sehr hoch	Hierzu zählen Biotoptypen, wenn sie (Teil-) Lebensraum - landesweit gefährdeter Tier- und Pflanzenarten sind und/oder - landesweit gefährdete Pflanzenarten beherbergen. Es handelt sich in der Regel um Biotoptypen - der vom Mittelmaß abweichenden Standorte (vor allem: trocken-feucht / nass; nährstoffarm; Sonderstandorte), - mit extensiver oder fehlender Nutzung oder - mit langen Regenerationszeiten (mehrere Generationen). Ausgenommen sind jeweils Einzelvorkommen landesweit gefährdeter Pflanzenarten (wenige Exemplare, keine floristischen oder faunistischen Besonderheiten), Zufallsfunde auf der Fläche nicht bodenständiger, landesweit gefährdeter Tierarten sowie fragmentarische Ausbildungen landesweit gefährdeter Pflanzengesellschaften. Pflanzengesellschaften, die landesweit großteils nur (noch) in fragmentarischer Ausbildung vorkommen, werden auch zur Wertstufe I gezählt. Ebenfalls zu dieser Wertstufe zählen Einzelbäume und Baumgruppen, die sich durch besonders hohes Alter auszeichnen (sehr lange Regenerationszeit) sowie in Sonderfällen Gebiete mit besonderem Arten- bzw. Individuenreichtum, auch wenn die oben genannten Kriterien nicht zutreffen.
hoch	Hierzu zählen Biotoptypen - der vom Mittelmaß abweichenden Standorte, - mit mäßig intensiver bis fehlender Nutzung und/oder - mit langen Regenerationszeiten und/oder - mit wichtigen Vernetzungs- und Korridorfunktionen bzw. Funktionen als Rückzugslebensraum. In den betroffenen Biotoptypen sind landesweit gefährdete Arten entweder nicht oder nur als Einzelfunde sowie landesweit gefährdete Pflanzengesellschaften entweder nicht oder nur in fragmentarischer Ausbildung nachgewiesen worden (Ausnahme: landesweit großteils nur noch in fragmentarischer Ausbildung vorkommende Pflanzengesellschaften, vgl. Wertstufe sehr hoch).
vorhanden	Hierzu gehören Biotoptypen - der mittleren Standorte, - mit mittlerer und intensiver Nutzungsintensität, - mit mittleren bis kurzen Regenerationszeiten und/oder - mit wichtigen Vernetzungs- oder Korridorfunktionen bzw. Funktionen als Rückzugslebensraum. Landesweit gefährdete Arten oder Pflanzengesellschaften sind in diesen Biotoptypen in der Regel nicht zu finden; bei intensiver Nutzung enthalten sie nur sehr wenige für den Arten- und Biotopschutz wichtige Elemente.

("sehr hoch-hoch-vorhanden"). Die Vorbelastung ist in dieser Einstufung bereits berücksichtigt und wird daher nicht gesondert bearbeitet. Tabelle 7.6.1 zeigt die generelle Einstufung der Biotoptypen.

Tabelle 7.6.2: Klassifizierung der Empfindlichkeit und Wertigkeit der Biotoptypen (Auszug, aus: Planungsgruppe Ökologie und Umwelt et al. 1993, C-A1)

Code	Beschreibung	Natürlichkeit, Nutzungseinfluss	Repräsentanz, Schutz	Wiederherstellbarkeit	Empfindlichkeit* a	b	c	d	Wertigkeit**
Waldflächen (Laubwald/Nadelwald)									
	Strukturmerkmale: I: Altholz incl. Totholz/ältere Baumbestände II: Stangenholz/junges Baumholz III: Aufforstung/Dickung				+ -	+ -	+ -	+ -	
WD	Laubwald/-forsten (nicht naturnah)								
WD pa	Pappelforsten; soweit sie nicht als Einzelbäume in Brachflächen etc. kartiert werden, hauptsächlich Bestände von Bastardpappeln	naturferne Forsten; mehr oder weniger intensiv genutzt	verbreiteter Biotoptyp	bedingt bis gut wiederherstellbar, abhängig vom Alter der Bestände	3	3	3	3	○
WD ex	exotische Laubhölzer; Waldbestände aus Roteichen, Robinien und sonstigen nicht heimischen Laubbäumen, soweit sie nicht als Park oder wertvoller Gehölzbestand erfasst werden	naturferne Forsten; mehr oder weniger intensiv genutzt	verbreiteter Biotoptyp	bedingt bis gut wiederherstellbar, abhängig vom Alter der Bestände	3	3	3	3	○
...									
WG	Mischwald/-forsten; im Bestand gemischte Waldbestände oder kleinflächig wechselnde Bestände mit ca. 30 - 70 % Laub- bzw. Nadelholzanteil	naturferne Forsten; mehr oder weniger intensiv genutzt	verbreiteter bis häufiger Biotoptyp	bedingt bis gut wiederherstellbar, abhängig vom Alter der Bestände	2	2	2	2	◐
...									
WM	Mesophiler Buchenwald								
WM bä	Bärlauch-Buchenwald; naturnaher Buchenwald mit eindeutiger Dominanz der Buche und Bärlauch im Unterwuchs	natürliche Waldgesellschaft; extensiv bis mäßig intensiv genutzt	seltener bis verbreiteter Biotoptyp	kaum bis nicht wiederherstellbar	1	1	1	2	●
...									

* Empfindlichkeit gegenüber:
a = Verlust/Zerschneidung
b = Lärm
c = Schadstoffen
d = Standortveränderung

1 = sehr hoch
2 = hoch
3 = vorhanden

** Wertigkeit:
● = sehr hoch
◐ = hoch
○ = vorhanden

3. Die konkrete Empfindlichkeit der einzelnen Biotoptypen wird im Hinblick auf Schadstoffeintrag, Zerschneidung, Verlärmung, Störung funktionaler Zusammenhänge sowie Standortveränderung eingeschätzt und ebenfalls in drei Stufen ("sehr hoch-hoch-vorhanden") klassifiziert (s. Tab. 7.6.2).

4. Darüber hinaus werden die Schutzgebietskategorien nach den Naturschutzgesetzen sowie nach internationalen Konventionen berücksichtigt.

Zustandseinschätzung am Beispiel des Schutzguts Landschaftsbild/Erholung

Für das Schutzgut Landschaftsbild und landschaftsbezogene Erholung werden folgende Arbeitsschritte durchgeführt:

1. Es wird ebenfalls auf der Grundlage der Biotoptypenkartierung gearbeitet.

2. Die Bedeutung der Biotoptypen für das Naturerleben wird aufgrund der Kriterien Naturnähe, Schichtung/Vielfalt und Benutzbarkeit in vier Wertstufen klassifiziert ("sehr hoch-hoch-mittel-gering", vgl. Tab. 7.6.3).

3. Weiterhin werden Landschaftsbildtypen (Erlebnisräume) abgegrenzt und im Hinblick auf ihre Erholungseignung aufgrund der Kriterien Erlebnisqualität der Biotoptypen, strukturelle Vielfalt und Ausstattung mit erholungsrelevanten Einrichtungen wie oben klassifiziert (vgl. Tab. 7.6.4).

Die Einschätzung der Belastungsintensität der Schutzgüter Biotop, landschaftsbezogene Erholung und Wohnen durch Schadstoffe und Lärm, die von der Straße ausgehen, zeigt Tabelle 7.6.5.

Risikoeinschätzung

Im Anschluss an die Zustandseinschätzung erfolgt die Risikoeinschätzung. Dazu wird zunächst die Belastungsintensität des Vorhabens ermittelt.

Die Umweltrisiken werden schutzgutbezogen durch Überlagerung bzw. Verknüpfung der prognostizierten Belastungsintensität (bau-,

Tabelle 7.6.3: Wertstufung der Biotoptypen nach ihrer Erholungseignung (aus: Planungsgruppe Ökologie und Umwelt et al. 1993, 30 f.)

Biotoptypen		Wertstufe
allgemeine Umschreibung	Abkürzung	
- Acker/Grasacker	AA	IV = gering
- Windschutzstreifen	BW	
- Gemüsebau - Sonderkulturen	ASge	
- Klärteich	SK	
- Erwerbsgartenbau	OGer	
- monotone Reihengräberfelder	OFmo	
- städtischer Ort	OSve, OSzb, OSmo	
- Bergbau, Industrie- u. Gewerbefläche	OB, OI	
- Landwirtschaftlicher Großbetrieb	OL	
- Freizeithausgebiet (mit monoton wirkenden Gärten)	FZmo	
- Militärgelände	OM	
- Deponie	OA	
- artenarmes Intensivgrünland	GI	III = mittel
- Brache	UR, UP, VA	
- Pflanzung (z.B. Haldenbepflanzung, landschaftsbildprägende Windschutzstreifen)	BP, BR	
- Sonderkulturen (Hopfen, Weinbau, Obst)	ASho, ASwe, ASob, ASbs, ASwb	
- naturferne Quellen, Fließ- u. Stillgewässer	FQ, FB, FF, FG, SS, SW, SA, SY, SB, ST mit Strukturmerkmal III	
- Freizeitgärten; monotone(r) öffentl. Grünanlagen u. Platz	OGfz, OÖmo, OÖpl	
- monotoner Siedlungshausbereich	ODmo, ODve	
- städt. Ort mit hohem Gehölzanteil	OSei	
- monoton strukturierte Erholungseinrichtungen	OE	
- Grabeland	OGgl	
- nicht naturnahe Wälder	WD, WG, WN	II = hoch
- extensiv genutztes Grünland u. Grünlandbrache; sonst. Grünland mit Bedeutung als Lebensraum gefährdeter Arten	GM, GB, GY	
- ausdauernde Ruderalflur, ruderale Pioniervegetation, Ackerwildkrautvegetation, Brache mit Bedeutung als Lebensraum gefährdeter Arten	UR, UP, UA, UY	
- Gebüsch	BT, BF, BM	
- strukturarme Feldgehölze	BG	
- in Abschnitten naturnahe Quellen, Fließ- u. Stillgewässer	FQ, FB, FF, FG, SS, SW, SY, SA ST, SB mit Strukturmerkmal II	
- gehölz- u. strukturreiche Gärten mit Gebäuden	OGsg	
- strukturreiche Friedhöfe mit Gehölzbestand	OFsg	
- struktur- u. gehölzreiche Freizeithausgebiete	FZsg	
- Vorwaldgebüsch	BV	
- öffentl. Grünanlage (überwiegend gärtnerisch gepflegt)	OÖan	
- naturnahe, standortgerechte Wälder	WM, WL, WQ, WC, WH, WW, WE, WA, WT	I = sehr hoch
- Schlagfluren	US	
- Magerrasen/Heiden/Brachen	RG, RK, RS, RP, RM, RH	
- Feuchtgrünland (ohne oder mit extensiver Nutzung) und Niedermoor/Sumpf, Salzsumpf	GF, NS, NH	
- gliedernde Elemente bei kleinkammerter Landschaft (Hecken, Strauchreihen)	B	
- Streuobstwiesen	BO	
- Kopfbäume + Kopfbaumgruppen	BK	
- Parkanlagen mit wertvollem Grünbestand	ZG	
- naturnahe, strukturiert aufgebaute Feldgehölze	BG	
- naturnahe Quellen, Fließ- und Stillgewässer	FQ, FB, FF, FG, SS, SW,SA, SB mit Strukturmerkmal I	
- Friedhof- u. Parkanlagen mit Altholzbestand	OFpk, OÖsg	
- dörfliche Orte mit abwechslungsreichem Ortsbild + Gehölzreichtum	ODsg, Odei	

anlage- und betriebsbedingte Wirkungen) des Projekts mit den bewerteten natürlichen Ressourcen und sonstigen Umweltgütern eingeschätzt. Die Verknüpfungsregeln zur Risikoermittlung werden für jedes Schutzgut separat festgelegt (s. Tab. 7.6.6 und 7.6.7). Die Darstellung der ermittelten Risikostufen erfolgt flächenhaft in Auswertungskarten.

Neben methodisch formalisierbaren Aspekten werden in die Risikoeinschätzung auch solche Wirkungszusammenhänge einbezogen, die sich "nur" argumentativ-beschreibend erfassen lassen. Schließlich werden die quantifizierbaren Auswirkungen bilanziert.

7.6.6 Kritik an der Methode

Risikobegriff: Anspruch und Wirklichkeit

Bereits bei Bachfischer besteht eine Diskrepanz zwischen der theoretischen Fundierung des Risikobegriffs und seiner Verwendung in der Ökologischen Risikoanalyse. Eintrittswahrscheinlichkeiten (s. Kap. 6.2) werden nicht ermittelt, sodass das Risiko der Beeinträchtigung mit dem Ausmaß der Beeinträchtigung gleichgesetzt wird, ohne dass eine nähere Begründung erfolgt.

Die Übersichtlichkeit und leichte Anwendbarkeit der Methode hat in der Planungspraxis zu bisweilen formal-mechanistischer und wenig reflektierter Abarbeitung geführt.

Einige Anwender reduzieren die Methode sogar auf die Präferenzmatrix und verzichten völlig auf die Relevanzbäume, sodass die Eingangsgrößen kaum nachvollziehbar sind. Als Ergebnis mehr oder weniger ausführlicher Argumentationen und verbaler Darstellungen wird eine hohe, mittlere oder geringe Beeinträchtigung bzw. Empfindlichkeit konstatiert. So bleibt meist außer acht, gegen welche

Tabelle 7.6.4: Wertstufung der Erlebnisraumtypen nach ihrer Erholungseignung (aus: Planungsgruppe Ökologie und Umwelt et al. 1993, 32)

Wertstufe		Erlebnisraumtyp
gering	IV	- ausgeräumte Agrarlandschaft - Industrieflächen - Tagebauflächen
mittel	III	- Siedlungen mit überwiegend städtischem Charakter - Sonderkulturen - strukturierte Kulturlandschaft
hoch	II	- relativ naturferne Aue - relativ naturferne stehende Gewässer - Siedlungen mit vorwiegend dörflichem Charakter
sehr hoch	I	- Wald - naturnahe Aue - naturnahe stehende Gewässer - kleinstrukturierte Kulturlandschaft

Tabelle 7.6.5: Einstufung der Belastungsintensität durch Lärm und Schadstoffe (aus: Planungsgruppe Ökologie und Umwelt et al. 1993, 47)

Entfernung vom Fahrbahnrand	Belastungsintensität		
	Biotop	Landschaftsbezogene Erholung	Wohnen
Zone I: bis 50 m	sehr hoch	sehr hoch	sehr hoch
Zone II: 50 m bis ca. 400 m [^ = ≥ 55 dB(A) tags]	hoch		
Zone III: 400 m bis ca. 900 m [^ = ≥ 50 bis ≤ dB(A) tags]	vorhanden	hoch bis vorhanden	hoch bis vorhanden

Tabelle 7.6.6: Risikoermittlung für das Schutzgut Biotop (aus: Planungsgruppe Ökologie und Umwelt et al. 1993, 48)

Belastungsintensität	Empfindlichkeit gegenüber					
	Lärm			Schadstoffen		
	sehr hoch	hoch	vorhanden	sehr hoch	hoch	vorhanden
sehr hoch (bis 50 m)	●	●	◑	●	●	◑
hoch (50 - 400 m)	●	◑	○	◑	○	○
vorhanden	◑	○	○	○	○	○

Tabelle 7.6.7: Risikoermittlung für das Schutzgut Landschaftsbild/landschaftsbezogene Erholung (aus: Planungsgruppe Ökologie und Umwelt et al. 1993, 49)

Belastungs-intensität	Empfindlichkeit (= Erholungseignung der Erlebnisräume) gegenüber Lärm und Schadstoffbelastung			
	sehr hoch	hoch	mittel	vorhanden
sehr hoch	●	●	◐	○
hoch	●	◐	○	○

Auswirkungen die Schutzgüter wie empfindlich reagieren. Um zu einem "Gesamtrisiko" zu kommen, werden die Einzelrisiken dann teilweise noch ungehemmt saldiert, was bereits formal unzulässig ist. Die Einfachheit der Methode verleitet offensichtlich Gutachter mit geringen methodischen und inhaltlichen Kenntnissen, Umweltauswirkungen pauschal zu beurteilen (vgl. Eberle 1984; Scholles 1997, 155 ff.).

Indikatorprobleme

Indikation ist bei der Ermittlung der Umweltauswirkungen unumgänglich, weil umfassende Kausalketten viel zu aufwändig und daher nicht mit vertretbarem Aufwand erforschbar sind (s. Kap. 5.1.2). Die Praxis steht vor dem Problem, Indikatoren suchen zu müssen. Diese werden oft vom Gutachter frei ausgewählt und unterscheiden sich damit von Untersuchung zu Untersuchung. Dadurch wird jedoch die Vergleichbarkeit ähnlich gelagerter Fälle und damit die Nachvollziehbarkeit der Aussage erschwert, wenn nicht derselbe Gutachter tätig war.

Probleme bei der Klassenbildung

Die ordinale Einstufung von Beeinträchtigungsintensität und Beeinträchtigungsempfindlichkeit ist nur möglich, wenn Klassen gebildet werden. Dabei werden zwischen drei und neun Klassen gebildet und i.d.R. mit Prädikaten (z. B. "sehr hoch-hoch-mittel-gering-sehr gering") belegt. Die Klassenbildung setzt erhebliches Fachwissen aus den entsprechenden Disziplinen voraus.

Die in der Praxis üblichen Klasseneinteilungen sind selten sachlich begründet und entscheidungsorientiert. Ziel muss aber sein, vergleichbare, reproduzierbare und gleichzeitig sachgerechte fachliche Einschätzungen zu produzieren, um dem Vorwurf nicht nachvollziehbarer Gutachten und Stellungnahmen entgegenzuwirken.

Die Forderung nach Vergleichbarkeit und Reproduzierbarkeit bedingt mindestens eine klare Strukturierung, darüber hinaus aber auch eine gewisse Formalisierung der Klassenbildung. Diese könnte in vorgegebenen Bezeichnungen, vorgegebenen Textbausteinen zur Begründung oder vorgegebenen Skalierungen, so genannten Mantelskalen, liegen. Damit ist sicherlich immer auch ein Informationsverlust gegeben, was der Forderung nach Sachgerechtigkeit entgegenlaufen kann. Denn diese zielt auf die hinreichende Berücksichtigung des Einzelfalls und seiner Besonderheiten ab, was z. B. eine Differenzierung nach Schutzwürdigkeiten innerhalb eines zu betrachtenden Raums bedeutet. Dazu bedarf es landschaftlicher Leitbilder und daraus entwickelter regionalisierter Umweltqualitätsziele (s. Kap. 4.3.1), mit deren Hilfe die Klassengrenzen begründet bestimmt werden können (vgl. Scholles 1997, 160 ff.).

Aggregation

Die Aggregation der diversen Wirkungsaussagen zu einer Gesamtaussage wie "umweltverträglich" ist die umstrittenste Problematik aller Methoden. Zumindest bis auf Schutzgutebene muss aggregiert werden, soll der Entscheider noch den Überblick behalten. Irgendwann muss aber eine Gesamtaggregation stattfinden, damit eine Entscheidung für eine Alternative fallen kann - und sei es die Null-Alternative.

Die Ökologische Risikoanalyse behandelt in ihrer klassischen Form unterschiedlichste Schutzgüter nach demselben Schema. Dass dies nicht immer sachgerecht sein kann, muss bereits Aulig et al. (1977) aufgefallen sein, als sie im Mittelfranken-Gutachten bei Biotopen und bei Erholung vom Schema abwichen. Schematische Vorgehensweisen sind immer angreifbar, dienen andererseits jedoch der Übersicht.

Soll diese Aggregation mit planerischen Methoden bewältigt werden? Dann wird die Aggregation für den Entscheider bzw. Politiker i.d.R. intransparent; gleichzeitig übernimmt der Gutachter indirekt politische Funktionen, weil jede Aggregation normative Elemente enthält, die das Ergebnis massiv beeinflussen können. Oder soll die Aggregation durch freihändige Einschätzung (abgewogenes Expertenurteil) erfolgen? Dann übernimmt der Experte politische Funktionen, ohne dafür legitimiert zu sein. Außerdem tendieren solche Urteile bei ungenauer Dokumentation dazu, noch weniger nachvollziehbar zu sein. Oder soll die Aggregation bewusst als politische Aufgabe, die vom Entscheider bzw. Politiker auszufüllen ist, offen gelassen werden?

Damit kann ein Politiker aber heillos überfordert werden, denn die vom Gutachten aufbereiteten Informationen über zahlreiche Wirkungen mit unterschiedlich hohem Risiko können die totale Unübersichtlichkeit auslösen. Resultat ist eine Entscheidung in "politischer Instinkthaftigkeit" - und die aufwändige Analyse war umsonst.

7.6.7 Weiterentwicklung für die Umweltverträglichkeitsprüfung

Scholles (1997) hat die Methodik für die Anwendung im Rahmen der Umweltverträglichkeitsprüfung weiterentwickelt, um mit ihrer Hilfe Umweltauswirkungen abschätzen, einschätzen und bewerten zu können. Das UVPG unterscheidet zwischen einer fachlichen *Beschreibung*, zu der bei Unsicherheit Abschätzung und im Falle des Einfließens fachlicher Werturteile Einschätzung gehört, und der rechtlichen *Bewertung*.

Die hier wesentlichen Vorschläge sind:
- Bezugnahme auf Umweltqualitätsziele
- Strukturierung und Formalisierung von Aggregationsschritten.

Bezugnahme auf Umweltqualitätsziele

Umweltqualitätsziele (s. Kap. 4.3.1) haben sowohl bei der (fachlichen) Einschätzung als auch bei der (rechtlichen) Bewertung eine Bedeutung (vgl. Scholles 1997, 212 f.).

Bei der *Einschätzung* werden naturraumspezifische Referenzen, die aus regionalen oder kommunalen Umweltqualitätszielen abzuleiten sind, zur fachlichen Klassenbildung benötigt, insbesondere bei der Einschätzung des Zustands der Schutzgüter. Dies gilt sowohl für die Einschätzung des aktuellen Zustands (der Vorbelastung) als auch für die Einschätzung prognostizierter Zustände (Belastungen durch das Vorhaben bzw. die verschiedenen Varianten). Durch die Orientierung an Umweltqualitätszielen, die nicht durch den Gutachter gesetzt werden, wird die geforderte Entscheidungserheblichkeit der Untersuchungen erreicht. Damit können die Relevanzbäume zumindest teilweise auf sicherere und legitimierte Füße gestellt werden.

Bei der *Bewertung* der Umweltauswirkungen nach § 12 UVPG ist die Zulässigkeit der Auswirkungen unter Umweltvorsorgegesichtspunkten zu untersuchen. Dabei dürfen nur Umweltgesichtspunkte der Zulässigkeitsvoraussetzungen berücksichtigt werden, die außerdem noch vorsorgeorientiert ausgelegt werden müssen. Dazu eignen sich Umweltqualitätsziele, wenn sie den o. g. inhaltlichen Anforderungen entsprechen. Alternativen und Varianten sind keine Umweltqualitätsziele, weil jede von ihnen und auch die Nullvariante unzulässig sein kann. Statt an relativen Maßstäben muss sich die Bewertung an regionalen Charakteristika der Schutzgüter orientieren. Dies ist i.d.R. nicht der heutige, mehr oder weniger stark vorbelastete Zustand. Bei mehreren Varianten, die das Umweltqualitätsziel erfüllen, ist die Bestimmung der relativen Vorzüglichkeit aus Umweltsicht sinnvoll. Ob mehrere Klassen benötigt werden, hängt im Wesentlichen von der jeweiligen Zulässigkeitsvoraussetzung ab. Andererseits soll bei diesem Verfahrensschritt auch eine Gewichtung vorgenommen werden. Wenn aber gewichtet werden soll, sind Wertstufen nötig, auch wenn es nur wenige, ordinal skalierte sind. "Eine Gewichtung oder Wertung anhand nur einer Aussage (z. B. ein Immissionswert der TA-Luft oder ein ökologisch begründeter Schwellenwert) als JA/NEIN-Aussage muß als bewertungsmethodisch unvernünftig bezeichnet werden und ist rechtlich nicht zulässig" (Kühling u. Peters 1994, 36).

Das bedeutet:
- Bei der Einschätzung sind die im Scoping-Prozess ausgewählten Bewertungsmaßstäbe anzuwenden und ggf. durch Referenzwerte fachlich zu konkretisieren.
- Bei der Bewertung ist der Vergleich der Ergebnisse der Einschätzung mit den Zulässigkeitsvoraussetzungen unter Weglassung der Nicht-Umweltbelange herzustellen. Hier ist eine umweltinterne Abwägung unter Einbeziehung ggf. vorhandener Etappenziele vorzunehmen. Aufgrund des Vorsorgegebots sind Umweltqualitätsziele zur Konkretisierung der umweltbezogenen Zulässigkeitsvoraussetzungen heranzuziehen.
- Bei der auf die UVP folgenden Entscheidung haben schließlich alle Belange einzufließen, sodass die Umweltqualitätsziele mit anderen Belangen abgewogen werden.

Bei allen Schritten haben Einstufungen ihre Berechtigung. Zwecks nachvollziehbarer Einstufung braucht man Umweltqualitätsstandards (s. Kap. 4.3.3). Grundlage für Einstufungen und Wertungen sind Umweltqualitätsziele als vorsorgeorientierte und regionalisierte Maßstäbe aus Umweltsicht.

Aggregationsschritte

Ziel von Scholles (1997, 213 ff.) ist es, Hinweise für verallgemeinerbare Abschätzungs-, Einschätzungs- und Aggregationsregeln zu geben, die über die gängigen vergleichenden Aussagen "hoch-mittel-gering" hinausgehen und zur Formalisierung beitragen.

Den betroffenen Umweltbelangen wird erfahrungsgemäß umso eher der angemessene Rang im behördlichen Zulassungsverfahren zugebilligt, je genauer, plausibler und begründeter die gutachterlichen Aussagen gestaltet sind (vgl. Hoppenstedt u. Riedl 1992, 29). Deshalb sollte die Aggregierung zu Risikoindizes, die die Ökologische Risikoanalyse vornimmt, mit plausiblen und begründeten verbalen Erläuterungen einhergehen, die nach Möglichkeit tabellarisch aufbereitet werden sollten, statt sich auf umfangreiche Erläuterungsberichte zu erstrecken.

Auch wenn unbestritten ist, dass die Angabe einer genaueren Abschätzung als sachlich vertretbar unredlich ist, so muss man vor dem Hintergrund politischer Durchsetzbarkeit von Umweltbelangen feststellen, dass genauere Aussagen zu denjenigen Faktoren, welche es erlauben, nützlich sind und deshalb gemacht werden sollten, selbst wenn dabei die methodische Eleganz beeinträchtigt wird. Wo zu große Unsicherheit besteht, sollte der Gutachter diese auch eingestehen (dürfen). Die folgenden Absätze schlagen Begrifflichkeiten für die verschiedenen notwendigen Klassifikationen vor, die absolute Einschätzungen und damit Bewertungen erlauben. Arbeitsschritte, die ohne Umweltqualitätsziele und -standards auskommen, also rein fachlich abgearbeitet werden können, werden als *Abschätzung*, solche die auf Umweltqualitätszielen und -standards basieren, als *Einschätzung* bezeichnet.

Abschätzung der Eintrittswahrscheinlichkeit

Auch die Ökologische Risikoanalyse sollte Eintrittswahrscheinlichkeit einbeziehen. Dies verlangt schon der Risikobegriff. Wie dies geschehen kann, wird in Kapitel 6.2 erläutert.

Abschätzung der Empfindlichkeit

Empfindlichkeit bildet einen Komplex von Merkmalen ab; sie beruht im Wesentlichen auf Stabilitätsvorstellungen.

Stabilität ist eine der in der theoretischen Ökologie am meisten diskutierten Vorstellungen. Es kann aber festgehalten werden, dass es *die* Stabilität nicht geben kann, sondern immer gefragt werden muss, was am zu untersuchenden System stabil ist. Daher und weil Empfindlichkeit entscheidungserheblich sein soll, muss angegeben werden, *wogegen* ein System empfindlich reagiert (z. B. Versiegelung, Mahd, Tritt, Klärschlammausbringung).

Es bietet sich an, die (prinzipielle) Ersetzbarkeit in den Arbeitsschritt zu integrieren. Ersetzbarkeit bzw. Regene-

Tabelle 7.6.8: Klassifizierung der Empfindlichkeit (aus: Scholles 1997, 221)

Stufe	Bezeichnung	Erläuterung	Beispiel
A	sensibel, nicht ersetzbar	Einwirkung führt zu nachhaltigen Veränderungen im System, das mehr als 150 Jahre zur Regeneration braucht	Kahlschlag in Buchen- oder Eichen-Hainbuchenwäldern, Entwässerung von Hochmooren
B	sensibel, schwer ersetzbar [1,2]	Einwirkung führt zu nachhaltigen Veränderungen im System, das von 15 bis zu 150 Jahren zur Regeneration braucht	Beseitigung von Wallhecken
C	sensibel, bedingt ersetzbar [2]	Einwirkung führt zu nachhaltigen Veränderungen im System, das bis zu 15 Jahre zur Regeneration braucht	Versiegelung durch Aufstellen von Baucontainern auf Grünland oder Brache und Entfernung nach 2 Jahren
D	elastisch	Einwirkung führt zu wesentlichen Veränderungen im System; dieses kehrt jedoch zum Ausgangsverhalten zurück	einmaliger, kurzfristiger Stoffeintrag in Fließgewässer
E	resistent	Auswirkung nicht feststellbar, Schutzgut reagiert im Wesentlichen indifferent auf Einwirkung	Eintrag von Stoffen in das Grundwasser, die nicht dem geohydrochemischen Milieu entsprechen
X	nicht abschätzbar	Aussage zu Empfindlichkeit nicht möglich	

[1] hier geht es nur um prinzipielle Ersetzbarkeit, die Überprüfung der Möglichkeiten im Raum erfolgt unter Vermeidungs-, Verminderungs- und Ausgleichsmaßnahmen
[2] entfällt bei Mensch und Kulturgütern

rierbarkeit ist vergleichsweise gut untersucht: Im Rahmen der Erstellung der Roten Liste gefährdeter Biotoptypen wurde eine vierstufige Skala erstellt (vgl. Riecken et al. 1994). Auf der Basis von Gigon (1984) sowie Riecken et al. (1994) definiert Scholles (1997, 221) die in Tabelle 7.6.8 wiedergegebenen Begriffe.

Einschätzung der Belastung
Bei der Einschätzung von Vor- und Zusatzbelastung bedarf es spezifischer, fachwissenschaftlich begründeter Vorgehensweisen für jedes Schutzgut. Teilweise können hierzu Umweltgesetze herangezogen werden, jedoch sind die hierin enthaltenen Rechtsbegriffe meist für eine direkte Umsetzung zu abstrakt.

Absolute, aus Umweltqualitätszielen abgeleitete Aussagen sind gegenüber relativen vorzuziehen (s. o.). Die Ökologische Risikoanalyse ermöglicht die Verwendung mehrerer, unterschiedlich anspruchsvoller Maßstäbe auf einer Skala. Die Skalierung sollte mithilfe eines Relevanzbaums verdeutlicht werden. Für das Schutzgut Pflanzen soll hier beispielhaft die Kaule-Skala (s. Kap. 7.2.3) angeführt werden, die inzwischen allgemein anerkannt ist.

Einschätzung des Ökologischen Risikos
Ökologisches Risiko ergibt sich aus der Verknüpfung der ordinal skalierten Größen Beeinträchtigungsintensität (Vor- + Zusatzbelastung) und Eintrittswahrscheinlichkeit.

Da die Einschätzung entscheidungsrelevant sein soll, sind Begriffe anzustreben, die sowohl fachlich als auch juristisch interpretierbar sind. Die in Tabelle 7.6.9 aufgeführten und definierten Begriffe können Rechtsfolgen auslösen. Die auch rechtlich verwendbaren Begriffe werden hier fachlich belegt, ebenso wie die Naturwissenschaft fachliche Vorgaben für politisch zu beschließende Umweltqualitätsziele macht (Fürst et al. 1992). Die Behörden sind daran nicht gebunden und können zu anderen Ergebnissen kommen.

In erster Näherung kann man die drei Handlungsebenen der Umweltpolitik Sanierung - Gefahrenabwehr - Vorsorge unterscheiden (s. Tab. 7.6.9). Sanierung greift bei eingetretenen Beeinträchtigungen, Gefahrenabwehr bei drohenden Beeinträchtigungen, Vorsorge ist bemüht, Beeinträchtigungen (auch langfristig) gar nicht erst entstehen zu lassen. Da die UVP ein Vorsorgeinstrument ist, ist insbesondere der Begriff der Vorsorge weiter zu differenzieren, um Ermessensspielräume bei der Abwägung zu verdeutlichen. Weil Vorsorge Risiken möglichst gering zu halten versucht, ist eine Differenzierung des Risikobegriffs sinnvoll. Dabei wird im Wesentlichen Kloepfer (1993) gefolgt. Weiter gehende Erläuterungen finden sich bei Scholles (1997, 232 ff.).

Tabelle 7.6.9: Klassifizierung des Ökologischen Risikos (aus: Scholles 1997, 231)

Stufe	Umweltpolitisches Prinzip	Bezeichnung	Erläuterung
A	Sanierung	Zerstörung	katastrophale Schutzgutausprägung, Schutzgut vollständig irreversibel verändert
B		Schaden	Schutzgut in Teilen irreversibel verändert, Gefährdung sicher, Sanierungsbedarf
C	Gefahrenabwehr	Gefahr	Beeinträchtigung des Schutzguts erkennbar, Gefährdung sehr wahrscheinlich oder wahrscheinlich (und aus Umweltsicht nicht hinnehmbar)
D		Gefahrengleiches Risiko	Beeinträchtigung eines gewichtigen Schutzguts erkennbar, Gefährdung wahrscheinlich oder möglich (und aus Umweltsicht nicht hinnehmbar)
E	Vorsorge	Gefahrenverdacht	Beeinträchtigung des Schutzguts erkennbar, Überschreiten der Gefahrenschwelle möglich, Überschreiten der Restrisikoschwelle sehr wahrscheinlich
F		Risiko i.e.S.	Schleichende, nicht direkt erkennbare Beeinträchtigung des Schutzguts, Überschreiten der Gefahrenschwelle unwahrscheinlich, Überschreiten der Restrisikoschwelle wahrscheinlich
G		Risikomöglichkeit	Beeinträchtigungen können durch Maßnahmen weitgehend vermieden oder ausgeglichen werden, Überschreiten der Restrisikoschwelle möglich
H		Restrisiko	Veränderungen bleiben innerhalb der regionalen Schwankungsbreite, Schutzgutbeeinträchtigung unwahrscheinlich, staatliches Eingreifen nicht möglich
X		Forschungsbedarf	keine Risikoeinschätzung möglich

Präferenzmatrix und Pfeildiagramme

Ob die Aufstellung einer Präferenzmatrix als Aggregationsvorschrift sinnvoll ist, muss im Einzelfall geklärt werden. Es bedarf auf jeden Fall einer Erläuterung durch eine verbale Argumentation. Die vorgeschlagene Skalierung beruht darüber hinaus auf drei Größen (Wertigkeit des Schutzguts, Intensität der Beeinträchtigung und Eintrittswahrscheinlichkeit), sodass die Matrix durch einen Quader ersetzt werden müsste. Dieser ist jedoch kaum noch übersichtlich darstellbar. Die zwingende Verwendung klar definierter Begriffe soll intuitive Einschätzungen verhindern.

Für die Entscheidung wird nicht nur die Information über das Ökologische Risiko durch das Vorhaben von Interesse sein, sondern auch die Veränderung gegenüber dem Zustand, sodass sich eine Veranschaulichung anhand von Pfeildiagrammen in Anlehnung an Krämer und Lohrberg (1994) anbietet (s. Abb. 7.6.9).

Die Einschätzung des Ökologischen Risikos soll für jedes Schutzgut und darüber hinaus für strukturelle und stoffliche Veränderungen getrennt erfolgen; eine weitergehende Aggregation sollte man unterlassen. Dieser Schritt muss der (umweltinternen) Abwägung nach vorangehender Gewichtung vorbehalten bleiben. Die Aggregation muss daher im Bewertungsschritt erfolgen.

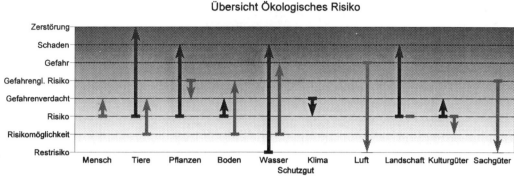

Abbildung 7.6.9: Pfeildiagramm (fiktives Beispiel, aus Scholles 1997, 234)

Literatur

AULIG, G.; BACHFISCHER, R.; DAVID, J.; KIEMSTEDT, H., 1977: Wissenschaftliches Gutachten zu ökologischen Planungsgrundlagen im Verdichtungsraum Nürnberg - Fürth - Erlangen - Schwabach, 227 S., München.

BACHFISCHER, R., 1978: Die ökologische Risikoanalyse, Diss. TU München.

EBERLE, D., 1984: Die ökologische Risikoanalyse -Kritik der theoretischen Fundierung und der raumplanerischen Verwendungspraxis-, Kaiserslautern (Werkstattbericht, hrsg. v. H. Kistenmacher, 11).

FÜRST, D.; KIEMSTEDT, H.; GUSTEDT, E.; RATZBOR, G.; SCHOLLES, F., 1992: Umweltqualitätsziele für die ökologische Planung. 1. Abschlußbericht. 2. Dokumentation der Fachgespräche am 24.11. und 8.12.89 in Berlin, 351+45 S., Berlin (UBA-Texte, 34/92).

GIGON, A., 1984: Typologie und Erfassung der ökologischen Stabilität und Instabilität mit Beispielen aus Gebirgsökosystemen. In: Hegg, O. (Hrsg.): 12. Jahrestagung Bern 1982, 13-29, Göttingen (Verhandlungen der Gesellschaft für Ökologie, 12).

HOPPENSTEDT, A.; RIEDL, U., 1992: Grundwasserentnahmen, 44 S., Berlin. In: Storm, P.C.; Bunge, T. (Hrsg.): Handbuch der Umweltverträglichkeitsprüfung, 4400.

KIEMSTEDT, H.; TROMMSDORFF, U.; WIRZ, S., 1982: Gutachten zur Umweltverträglichkeit der Bundesautobahn A4-Rothaargebirge, Hannover (Beiträge zur räumlichen Planung, 1).

KLOEPFER, M., 1993: Handeln unter Unsicherheit im Umweltstaat. In: Gethmann, C.F.; Kloepfer, M.: Handeln unter Risiko im Umweltstaat, 55-98, Berlin.

KRÄMER, B.; LOHRBERG, F., 1994: Umweltverträglichkeit bewerten - Überlegungen und Ansätze am Beispiel des Straßenbauvorhabens A 26. UVP-report 8 (1): 42-45.

KÜHLING, W.; PETERS, H.-J., 1994: Die Bewertung der Luftqualität bei Umweltverträglichkeitsprüfungen. Bewertungsmaßstäbe und Standards zur Konkretisierung einer wirksamen Umweltvorsorge, Dortmund (UVP-Spezial, 10).

PLANUNGSGRUPPE ÖKOLOGIE UND UMWELT ET AL., 1993: Neubau der Bundesautobahn A 82 / 140 Göttingen - Halle / Leipzig. Umweltverträglichkeitsstudie. Planungsablauf und Bewertungsmethodik - Grundlagen -, 74 S. + Anhang, Hannover.

RIECKEN, U.; REIS, U.; SSYMANK, A., 1994: Rote Liste der gefährdeten Biotoptypen der Bundesrepublik Deutschland, 184 S., Bonn-Bad Godesberg (Schriftenreihe Landschaftspflege und Naturschutz, 41).

SCHARPF, H., 1982: Die ökologische Risikoanalyse als Beitrag zur Umweltverträglichkeitsprüfung in der Landwirtschaft. Dissertation Universität Hannover.

SCHOLLES, F., 1997: Abschätzen, Einschätzen und Bewerten in der UVP. Weiterentwicklung der Ökologischen Risikoanalyse vor dem Hintergrund der neueren Rechtslage und des Einsatzes rechnergestützter Werkzeuge, Dortmund (UVP-Spezial, 13).

7.7 Umweltbilanzmethoden
Helga Kanning

7.7.1 Begriffe und Bilanzverständnisse

7.7.1.1 Herkunft des Begriffs

Umweltbilanzmethoden werden seit langem in den verschiedensten Disziplinen verwendet und besonders mit dem Nachhaltigkeitsleitbild sowie dem damit verbundenen "haushälterischen" Umgang mit den natürlichen Ressourcen erfreut sich das "Bilanz Ziehen" zunehmender Beliebtheit. Dabei fehlt aber bisher ein einheitliches Begriffsverständnis, sodass die methodischen Ansätze weit auseinander gehen[17]. Dieses wird verständlich, wenn man zunächst die beiden Begriffe Umwelt und Bilanz betrachtet:

Der Umweltbegriff setzt mit den Wortstämmen "um" und "welt" ein Umgebensein und ein Bezugsobjekt voraus[18]. Daraus ergibt sich, dass es keine "Umwelt an sich" gibt, sondern so viele Umwelten, wie es Bezugsobjekte gibt (vgl. Haber 1993, 1 ff.). Insofern kann es auch keine "vollständige" oder einheitliche Umweltbilanz geben, sondern es können allenfalls Teilaspekte bilanziert werden. Der Begriff Umweltbilanz lässt sich deshalb allgemein als Oberbegriff verwenden, unter dem im Folgenden alle Ansätze subsumiert werden, bei denen zu Teilaspekten der natürlichen Umwelt im weitesten Sinne "Bilanz gezogen" wird.

Der Begriff Bilanz geht ursprünglich auf das lateinische Substantiv "bilanx" zurück, mit den Wortstämmen "bi"- (zweifach) und "lanx" (Schüssel, Schale), und bezeichnet zwei sich im Gleichgewicht befindliche (Waag-) Schalen (vgl. Brockhaus 1965, 285; Drosdowski et al. 1963, 66). Etymologisch beinhaltet der Begriff also zwei konstitutive Elemente: erstens eine Betrachtung von zwei korrespondierenden Größen (-komplexen) und zweitens einen ausgewogenen Zustand.

Dem gegenüber wird der Bilanzbegriff in der Praxis heute sehr vielfältig verwendet. Unterscheiden lassen sich dabei drei grundlegende Bilanzverständnisse, die sich auch zur Typisierung umweltbezogener Bilanzen heranziehen lassen. Dieses sind: erstens das umgangssprachliche, zweitens das kaufmännische und drittens das physikalische Verständnis.

7.7.1.2 Umgangssprachliches Bilanzverständnis

Im alltäglichen Sprachgebrauch wird der Begriff Bilanz sehr weit gefasst verwendet, z. B. im Sinne von "balancieren"[19] oder "abwägen", oder er steht in seiner allgemeinsten Bedeutung auch synonym für Ergebnis, Fazit oder einen abschließenden Überblick (Drosdowski et al. 1997, 116). Dabei dient der Bilanz-Begriff häufig dazu, über den Erfolg (seltener einen Misserfolg) eines Sachverhalts nach Ablauf eines bestimmten Zeitraums zu berichten.

Häufig wird z. B. im Verlauf oder am Ende einer Legislaturperiode "Bilanz gezogen" und über die politischen Erfolge berichtet (vgl. z. B. Merkel 1998, 311).

In methodischer Hinsicht sind mit diesem Bilanzverständnis keine besonderen Ansprüche verbunden.

7.7.1.3 Kaufmännisches Bilanzverständnis

Im kaufmännischen Bereich dient die Bilanz im Wesentlichen der Erfolgsermittlung sowie der Information und Rechenschaftslegung. Sie wird hier allgemein definiert als eine "zweiseitige, betragsmäßig ausgeglichene und nach bestimmten Kriterien gegliederte Gegenüberstellung von Vermögens- und Kapitalpositionen (Aktiva/Passiva)" (Dichtl u. Issing 1987, 268) zu einem Bilanzstichtag.

Methodisch ist die Erstellung einer Bilanz unweigerlich mit zwei Grundfragen (-komplexen) verbunden, wie sie auch für jeden anderen Bewertungsvorgang gelten (vgl. Kap. 4.1 und 7.9):

1. Zum einen ist der "Bilanzansatz dem Grunde nach" (Wöhe 1984, 222 f.) zu klären, d. h. es sind die Fragen (der Sachebene) zu prüfen, ob und zu welchem Zeitpunkt eine Größe in die Bilanz aufzunehmen ist.

2. Zum anderen ist der "Bilanzansatz der Höhe nach" (Wöhe 1984, 223) zu klären; d. h. es sind die Fra-

---

17 weiterführend zum Bilanzbegriff und den verschiedensten Umweltbilanzmethoden s. Kanning (2000)

18 Die Definition geht auf Uexküll (1909) zurück und wird in ihrer Bedeutung für die Umweltpolitik z. B. diskutiert in SRU (1987, Tz 1 ff.).

19 wie die französische Bezeichnung 'balance' für Bilanz

gen (der Wertebene) zu prüfen, mit welchen (monetären) Werten die Größen in der Bilanz anzusetzen sind.

Neben den Bilanzen umfasst das betriebliche Rechnungswesen weitere Teilrechnungen, die in enger Verbindung miteinander stehen und z. T. auf das gleiche Zahlenmaterial zurückgreifen, dieses allerdings unter verschiedenen Gesichtspunkten bzw. mit unterschiedlichen Zielsetzungen und anderen Methoden verwenden. Verwendet werden z. B. *Konten*, als zweiseitige Rechnungen[20], die auf der einen Seite (Soll/Haben) den Anfangsbestand und die Zugänge und auf der anderen Seite die Abgänge und den Endbestand enthalten und mit denen in der Buchhaltung alle in Zahlenwerten festgestellten wirtschaftlichen Vorgänge in chronologischer Reihenfolge festgehalten werden (Wöhe 1984, 3 ff., 67).

Daneben werden im betrieblichen Rechnungswesen auch Vergleichsrechnungen durchgeführt, z. B. einfache *Zeitvergleiche* oder *Soll-Ist-Vergleiche*, als Gegenüberstellungen von vorgegebenen Richtgrößen (Soll-Größen, z. B. Plankosten) mit den tatsächlich angefallenen Größen (Ist-Größen) (Wöhe 1984, 3 ff.).

Ähnliche Methoden werden auch für umweltbezogene Fragestellungen verwendet, erfahren dabei aber im Allgemeinen nicht die scharfe begriffliche Trennung, sondern werden häufig unter dem Bilanz-Begriff subsumiert (s. weiter dazu Kap. 7.7.2).

7.7.1.4 Physikalisches Bilanzverständnis

Im Unterschied zum kaufmännischen Bilanzverständnis, bei dem sich das Bilanzgleichgewicht letztlich zwangsläufig durch die Bildung des Gewinn- oder Verlustsaldos bei der Gegenüberstellung von Aktiva und Passiva einstellt, bilden beim dritten, physikalischen Bilanzverständnis die Naturgesetze die Bedingung für die Bilanzierung.

Auf der Basis der fundamentalen Energie- und Massenerhaltungssätze, wonach Energie und Masse in einem abgeschlossenen System weder durch chemische noch durch physikalische Vorgänge zerstört oder neu geschaffen werden können (sieht man von Kernreaktionen ab), lassen sich Stoff- und Energieströme mathematisch durch Gleichungen beschrieben. Nach diesem Verständnis wird die Bilanz - bzw. die Stoff- und Energiebilanz, wie dieser Typus auch bezeichnet wird - definiert als eine zahlenmäßig ausgeglichene Gegenüberstellung von Eingangs- und Ausgangsstoffen (-energie) (bzw. Input- und Outputgrößen) bezogen auf ein analytisch abgegrenztes System (vgl. Schulze u. Hassan 1981, 1). Dabei werden je nach Zielsetzung und Zeitpunkt unterschiedliche Ansprüche an die Genauigkeit und Detaillierung gestellt:

- Sollen die Bilanzen zur Optimierung eines Systems hinsichtlich der Stoff- und Energieverbräuche beitragen (vornehmlich prospektive Verwendung), so müssen die Prozesse so genau wie möglich beschrieben und detaillierte Stoffflussanalysen erstellt werden, um auf dieser Basis auch Simulationen durchführen zu können (vgl. Schnitzer 1991, 3).
- Sollen die Bilanzen dagegen zur Kontrolle des Systems beitragen, um beispielsweise über einen längeren Zeitraum hinweg unerwünschte Stoff- und Energieverluste zu ermitteln (vornehmlich retrospektive Verwendung), so reicht im Allgemeinen eine "Black-Box"-Betrachtung aus, bei der keine internen Umwandlungsprozesse berücksichtigt werden, sondern nur die ein- und austretenden Massenströme (vgl. Bockhardt et al. 1997, 33).

7.7.2 Umweltbilanzen auf der Basis unterschiedlicher Bilanzverständnisse

Auf der Basis der vorstehend skizzierten grundlegenden Bilanzverständnisse lassen sich auch die vielfältigen umweltbezogenen Bilanzmethoden stark vereinfacht in drei Typen einteilen.

In Abbildung 7.7.1 sind hierfür einige Beispiele aus verschiedenen Disziplinen zusammengestellt, die im Folgenden exemplarisch erläutert werden[21]. Die Zusammenstellung erhebt keinen Anspruch auf Vollständigkeit. Vielmehr soll hiermit das vorhandene Spektrum aufgezeigt und eine Orientierung über in der aktuellen umweltpolitischen Diskussion häufig auftauchende Begriffe sowie deren originäre Anwendungsbereiche gegeben werden. Aufgeführt sind deshalb auch solche Ansätze, die zwar nicht explizit als Bilanzen bezeichnet werden, aber entsprechende Elemente enthalten oder

---

20 italienisch: conto = Rechnung

21 Die jeweils relevanten Begriffe sind im Text durch *Kursivschrift* hervorgehoben.

7.7 Umweltbilanzmethoden

Bilanzver- ständ- nisse \ Anwendungsfelder	umgangssprachliches Bilanzverständnis "Bilanz ziehen" (Resumee, Fazit)	kaufmännisches Bilanz- oder Rechnungs- verständnis (Bilanzstichtag) Vermögen | Kapital	physikalisches Bilanzverständnis Input → Output Stoffe, Energie → Stoffe, Energie
Räumliche Umwelt- planung, Raumbe- obachtung	Flächenbilanzen "Regionale Ökobilanz" "Expo-Ökobilanz"	Flächenhaushaltspolitik Flächenbilanzen Ökokonten "Ökologischer Nettogewinn"	"Expo-Ökobilanz"
Umwelt- politik, Umwelt- monitoring, Umwelt- bericht- erstattung	Kommunale Umweltbilanzen Energiebilanzen Emissionsbilanzen Abfallbilanzen	Kommunale Naturhaushaltswirtschaft Umweltkonten "Kommunale Umweltbilanzen"	"Umweltbilanzen im kommunalen Maßstab", "kommunale Umweltbilanzen" Energiebilanzen Prozessanalysen, Input- Output-Analysen Stoffbilanzen für diverse umweltgefährdende Stoffe Stoffstromanalysen für Produktketten, Bedürfnisfelder Stoffstrommanagement (Produkt-) Ökobilanz Produktlinienanalyse
Umwelt- ökonomie gesamt- wirtschaftliche Ebene			Material- und Energieflussrechnungen Materialbilanz Physische I-O-Analyse "Stoffstrombilanz Ruhrgebiet"
einzel- betriebliche Ebene		"Ökologische Buchhaltung"	Stoff- und Energiebilanz Materialbilanz (Betriebliche) Umweltbilanz Input- / Outputbilanz Prozessbilanz Produktbilanz Umweltmanagement, Ökocontrolling EMAS (EG-Öko-Audit)
Naturwissen- schaft, Technik, Umwelt-, Ökosystem- forschung			Material- /Stoff- und Energiebilanzen Stoffstrom-, -flussanalysen "Regionaler Stoffhaushalt", "Regionale Stoffbuchhaltung", "Synoikos" Stickstoffbilanzen Nährstoffbilanzen, Wasserbilanzen Gesamtstädtische Stoff- und Energiebilanzmodelle

Legende: ☐ Praktische Ausführung   ⋯ Konzeptioneller Ansatz   " " Einzelne Projekte / Diskussionsbeiträge

Abbildung 7.7.1: Umweltbilanzen und bilanzintegrierende Ansätze auf der Basis unterschiedlicher Bilanzverständnisse (exemplarisch) (aus: Kanning 2000)

in Diskussionen häufig unter den Themenkomplex der Umweltbilanzierung gefasst werden.

Dabei sind die Übergänge zwischen den beiden erstgenannten Typen - dem umgangssprachlichen und dem kaufmännischen bzw. an anderen Instrumenten des betrieblichen Rechnungswesens orientierten Bilanzverständnis - fließend, sodass diese im Folgenden zusammengefasst als Gruppe der "Bilanz ziehenden" Methoden dargestellt werden.

7.7.2.1 "Bilanz ziehende" Ansätze

In der räumlichen Umweltplanung herrschen "Bilanz ziehende" Ansätze der beiden erstgenannten Typen vor. Dabei handelt es sich bei allen um sehr weit gefasste Auslegungen des Bilanz-Begriffs, die nur im weitesten Sinne mit der originären Wortbedeutung korrespondieren und in der Praxis auch nicht dem engeren kaufmännischen Bilanzverständnis - im Sinne einer periodischen Gewinn- oder Verlustermittlung zu einem bestimmten Bilanzstichtag - entsprechen.

Anschaulich untermauert Finke (1990) das Dilemma bei der Bilanzierung umweltbezogener Teilaspekte in seiner Abhandlung "Der ökologische Nettogewinn". Danach lässt sich ein Gewinn oder Verlust naturwissenschaftlich nicht begründen [22], weil "je nach Blickwinkel und Standpunkt der Gewinn des einen zum Verlust des anderen geraten kann" (ebd., 59). Daraus ergibt sich wiederum die Erkenntnis, dass es nicht möglich ist, ohne vorab klar definierte Zielsetzungen (vgl. Kap. 4) herzuleiten, was gut oder schlecht bzw. daraus resultierend ein Gewinn oder ein Verlust ist (ebd., 60).

Insofern lassen sich zahlreiche "bilanzähnliche" Ansätze aufführen, die mehr oder weniger den in Kapitel 7.7.1.3 genannten Methoden des betrieblichen Rechnungswesens entsprechen. Je nach Funktion im Planungsprozess lassen sich dabei vergleichbare methodische Ausprägungen erkennen:

- Mit einer Monitoring- oder Informations-Funktion (z. B. im Rahmen der Raum- und Umweltbeobachtung und der Umweltberichterstattung) sind vornehmlich einfache Zeitvergleiche für einzelne oder auch mehrere umweltbezogene Teilaspekte verbunden (z. B. *Flächenbilanzen, kommunale Umweltbilanzen, Abfallbilanzen*).

- Für Bewertungs-Funktionen werden im Wesentlichen vergleichende Gegenüberstellungen im Sinne von "Soll-Ist"-, oder "Vorher-Nachher"-Vergleichen verwendet (z. B. in Form von *Flächenbilanzen* im Rahmen der naturschutzfachlichen Eingriffsregelung - s. weiter dazu Kap. 7.7.3 - oder von Umweltverträglichkeitsstudien).

- In umfassendere Planungskonzeptionen eingebundene Ansätze orientieren sich z. T. noch stärker an Instrumenten des betrieblichen Rechnungswesens. Zunehmend populär wird für unterschiedliche umweltbezogene Fragestellungen die Führung von *Öko- oder Umweltkonten*, mit denen ein Ausgleich zwischen verschiedenen Größen über die Zeitschiene und z. T. über Verrechnungseinheiten herbeigeführt werden soll. Populäre Beispiele für die Führung von Ökokonten finden sich wiederum im Bereich der naturschutzfachlichen Eingriffsregelung (s. z. B. Wiesner 1998).

7.7.2.2 Ansätze auf der Basis des physikalischen Bilanzprinzips (Stoff- und Energiebilanzen)

Auch für die zweite Gruppe lassen sich zahlreiche Ansätze aus verschiedenen Disziplinen anführen, wobei gleichzeitig eine enorme Begriffsvielfalt herrscht (s. Abb. 7.7.1), obwohl alle Ansätze auf derselben theoretischen Basis aufbauen: Allen liegt das physikalische Bilanzprinzip (s. Kap. 7.7.1.4) zugrunde, sodass es sich hier um Bilanzen im Sinne der ursprünglichen Wortbedeutung handelt, als ausgeglichene Gegenüberstellungen zweier korrespondierender Größen.

Stoff- und Energiebilanzen werden seit langem in Bereichen der Naturwissenschaft und Technik, der Umwelt- und Ökosystemforschung, der Umweltökonomie und auch in verschiedenen Umweltpolitikfeldern verwendet (s. Abb. 7.7.1). Verbunden mit dem Nachhaltigkeitsleitbild hat sich ein rapide wachsendes Forschungsfeld entwickelt, das durch eine Vielzahl von Arbeiten und methodischen Ansätzen geprägt ist[23]:

---

22 Geht man z. B. wie bei der Bewertung von Eingriffen in den Naturhaushalt (vgl. Kap. 7.7.3) vom Status quo aus, "dann läßt sich relativ schnell ein ökologisch minderwertiger Maisacker durch Besiedlung mit Ein- und Zweifamilienhäusern in eine ökologisch hochwertige Siedlungslandschaft verwandeln" (Finke 1990, 58).

23 Weiterführend sei diesbezüglich auf die vom Wuppertal Institut initiierte "ConAccount"-Aktion verwiesen, in deren Rahmen mit Unterstützung der Europäischen Union bis Ende 1997 u. a. die (Fortsetzung...)

- Die theoretischen Grundlagen sind am vollständigsten im Bereich der chemischen Verfahrenstechnik beschrieben, wo die Methodik (hier auch als *Material- und Energiebilanzierung* bezeichnet) schon seit Mitte der 60er Jahre verwendet wird[24].

- Auch im Bereich der Ökosystemforschung sind bereits Ende der 70er Jahre erste qualitative, *gesamtstädtische Stoff- und Energiebilanzmodelle* für die Verdichtungsräume Brüssel und Hongkong erstellt worden[25]. Spätere Arbeiten konzentrieren sich vornehmlich auf einzelne Nährstoffflüsse (*Nährstoffbilanzen*)[26] sowie auf spezielle, natürliche Ökosysteme (z. B. die Berchtesgadener Alpen, das Wattenmeer und die Bornhöveder Seenplatte).

- Eine populäre, naturwissenschaftlich orientierte Methode zur Analyse anthropogener Stoffströme ist die von Baccini und Brunner (1991) entwickelte "*Regionale Stoffbuchhaltung*". Charakteristisch für das Konzept ist die Gliederung einer Modellregion (Metaland) in vier Aktivitätsfelder (1. Ernähren, 2. Reinigen, 3. Wohnen und Arbeiten, 4. Transportieren und Kommunizieren). Für diese Aktivitätsfelder werden für ausgewählte Indikatorstoffe detaillierte Stoffflussanalysen erstellt[27].

- Auch die makroökonomische Umweltforschung legte schon in den 60er und frühen 70er Jahren einen Schwerpunkt auf die Analyse der materiellen und energetischen Relationen zwischen der natürlichen Umwelt und dem ökonomisch-gesellschaftlichen System. Als erster umfassender und differenzierterer Ansatz kann der vor allem in den USA entwickelte statistische *Materialbilanzansatz*[28] angesehen werden. Dessen Weiterentwicklung stellt heute gleichfalls die konzeptionelle Grundlage für die nationalen *Material- und Energieflussrechnungen* (MEFR) als Teilrechnungen der im Aufbau befindlichen Umweltökonomischen Gesamtrechnungen (UGR) dar (s. z. B. STBA 1998).

- Auf betriebswirtschaftlicher Ebene hat die Stoff- und Energiebilanzierung mit dem Bedeutungszuwachs des Umweltschutzes und der Implementierung von Umweltmanagementsystemen etwa seit Mitte der 80er Jahre Bedeutung erlangt. Nach einer maßgeblich vom Institut für Ökologische Wirtschaftsforschung (IÖW) entwickelten Systematik lassen sich dabei drei Stoff- und Energiebilanztypen unterscheiden: 1. die *Betriebsbilanz* als "black-box"-artige Gegenüberstellung der Input- und Outputströme eines gesamten Betriebs (auch als *Input-Output-Bilanz* bezeichnet); 2. *Prozessbilanzen* als Gegenüberstellungen der Input- und Outputströme einzelner Produktionsprozesse und 3. *Produktbilanzen* als Gegenüberstellungen der produktbezogenen Input- und Outputströme[29].

- Ebenso werden in der Umweltpolitik entsprechende Bilanzen verwendet, mit langer Tradition im Bereich der Energie- und Klimapolitik. Ausgelöst durch die Energiekrise beschäftigten sich schon in den frühen 70er Jahren Ingenieure, Ökonomen und Politiker mit dem "*Energiebilanzierungsspiel*", wie es Spreng (1995) anschaulich wegen der anfangs noch fehlenden methodischen Konventionen beschreibt. Inzwischen ist die Methodenentwicklung im Energiebereich weit voran geschritten und hat auch Vorbildcharakter für den stofflichen Bereich.

- So werden auch im Abfallbereich bereits seit Anfang der 80er Jahre umfangreiche *Stoffbilanzen* für ausgewählte, besonders gefährdende Stoffe oder Stoffgruppen (insbesondere Schwermetalle) auf verschiedenen Ebenen (lokal, regional, national und global) erstellt[30].

---

23 (...Fortsetzung)
bisher umfassendste Übersicht über die verschiedenen methodischen Ansätze zur Analyse von Stoffflüssen erstellt sowie eine Forschungs- und Entwicklungsagenda erarbeitet wurde (s. Bringezu et al. 1998a, 1998b). Auch nach Ablauf des Projekts besteht ConAccount weiterhin als Diskussionsforum. Übersichten über aktuelle Veranstaltungen etc. sind beispielsweise zu finden unter http://www2.wupperinst.org/Projekte/ConAccount/index.html; http://www.leidenuniv.nl/interfac/cml/conaccount).

24 s. hierzu insbesondere Schulze u. Hassan (1981); Kölbel u. Schulze (1982); Schnitzer (1991)

25 s. Duvigneaud u. Denayer-De Smet (1977); vgl. dazu auch Deutsches Nationalkomitee für das UNESCO-Programm "Der Mensch und die Biosphäre" (MAB) (1988, 41)

26 Einen Überblick über den methodischen Kenntnisstand geben z. B. Fränzle et al. (1997).

27 Die Methodik wird ausführlich beschrieben in Baccini und Bader (1996).

---

28 Leontief (1963, 1970, 1972) zit. z. B. in: Bechmann et al. (1987, 17)

29 vgl. z. B. Strebel (1978, 76); Hallay u. Pfriem (1992, 58 f.); Stahlmann (1994, 177 f.)

30 Als Prototyp einer regionalen, einzelstoffbezogenen Bilanz gilt beispielsweise die schon in den 80er Jahren für den Regierungsbezirk Darmstadt entwickelte CKW-Bilanz (vgl. Hofmeister 1998, 187).

- Zudem setzte sich in der Umweltpolitik mit Beginn der 90er Jahre die Forderung durch, die Produkte selbst umweltorientierter zu gestalten, womit gleichzeitig die Standardisierung von Ökobilanz-Methoden vorangetrieben wurde. Letzteren wird nach den Richtung weisenden konzeptionellen Arbeiten der Enquete-Kommission "Schutz des Menschen und der Umwelt" (1994) auch im Rahmen der Nachhaltigkeitsdiskussion eine besondere Bedeutung beigemessen (ebd., 555 ff.).

Aus den beiden in den Kapiteln 7.7.2.1 und 7.7.2.2 skizzierten, sehr unterschiedlichen Bilanzgruppen werden im Folgenden exemplarisch zwei Methodenkomplexe dargestellt, die heute eine Bedeutung im Bereich der räumlichen Umweltplanung haben (Flächenbilanzen im Rahmen der Eingriffsregelung, vgl. Kap. 7.7.3) bzw. denen insbesondere verbunden mit dem Nachhaltigkeitsleitbild zukünftig eine Bedeutung beigemessen werden kann (Ökobilanz-Methodik, vgl. Kap. 7.7.4).

7.7.3 Flächenbilanzen im Rahmen der Eingriffsregelung

Für die Anwendung der §§ 8 und 8a BNatSchG, wonach erhebliche oder nachhaltige Beeinträchtigungen der Leistungsfähigkeit des Naturhaushalts zu vermeiden und unvermeidbare Beeinträchtigungen auszugleichen bzw. zu ersetzen sind[31], existiert eine Vielzahl standardisierter Bewertungsmethoden, mit denen Eingriffe in den Naturhaushalt beurteilt und erforderliche Kompensationsmaßnahmen bemessen werden sollen. Aus fachlicher Sicht wird deren Anwendung kontrovers diskutiert, was an dieser Stelle jedoch nicht ausgeführt werden soll. Vielmehr sollen im Folgenden einige methodische Grundzüge und Probleme dargestellt werden, weiterführend sei insbesondere verwiesen auf Kiemstedt und Ott (1994) sowie Kiemstedt et al. (1996a, 1996b).

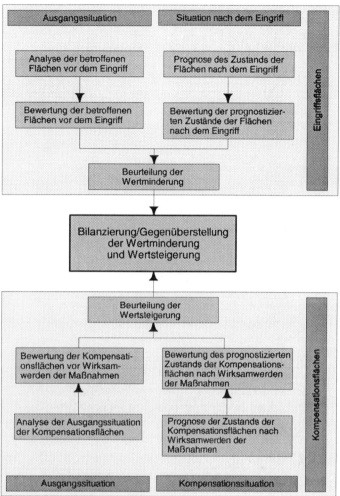

Abbildung 7.7.2: Grundmodell der Bilanzierung im Rahmen der naturschutzfachlichen Eingriffsregelung (nach Peters 1993, verändert)

7.7.3.1 Grundzüge der Bilanzierungsmethoden

Abgesehen von den zahlreichen Unterschieden im Detail, basieren die bisher in den verschiedenen Bundesländern entwickelten und angewendeten Bewertungsmethoden zur Anwendung der Eingriffsregelung sämtlich auf einem ähnlichen methodischen Grundmodell, einer Bilanzierung im Sinne eines Vorher-Nachher-Vergleichs (s. Abb. 7.7.2).

Dabei lassen sich grundsätzlich drei Komponenten unterscheiden:

- Erstens wird der aktuelle Wert der betroffenen Fläche vor dem Eingriff bestimmt, deren Wert nach dem Eingriff prognostiziert und durch eine vergleichende Gegenüberstellung der beiden Größen die

---

31 § 8 BNatSchG unterscheidet zwischen Ausgleich und Ersatz. Aus Vereinfachungsgründen wird hierauf an dieser Stelle verzichtet und beide Kategorien werden zusammengefasst als Kompensation bezeichnet.

Tabelle 7.7.1: Beispiel zweier Flächenbilanzierungen (aus Kiemstedt et al. 1996a, 46, leicht verändert)

	Variante I	Variante II
Biotoptypen-Wertliste II	Wald 4 Grünland 3 Acker 2 Straße 1	Wald 15 Grünland 7 Acker 3 Straße 1
Berechnung der Wertminderung der Eingriffsflächen	Wertstufe (vorher- nachher) x Flächengröße = Wertminderung (3 - 1) x 10 ha = 20 Werteinheiten (WE)	Wertstufe (vorher- nachher) x Flächengröße = Wertminderung (7 - 1) x 10 ha = 60 Werteinheiten (WE)
Berechnung der Wertsteigerung der Kompensationsflächen / Bemessung des Kompensationsumfangs	Wertstufe (nachher - vorher) x Flächengröße = Wertsteigerung; Wertminderung = Wertsteigerung 20 WE = (4 - 2) x 10 ha	Wertstufe (nachher - vorher) x Flächengröße = Wertsteigerung; Wertminderung = Wertsteigerung 60 WE = (15 - 3) x 5 ha

eingriffsbedingte Wertminderung ermittelt (vgl. dazu das nachfolgende Beispiel).

- Zweitens wird nach demselben Prinzip und denselben Bewertungsvorschriften die potenzielle Wertsteigerung relevanter Kompensationsflächen nach Durchführung geeigneter Kompensationsmaßnahmen bestimmt.
- Drittens werden Wertminderung und Wertsteigerung "bilanziert", d. h. die beiden Größen müssen wertgleich sind, damit die mit dem geplanten Vorhaben verbundenen erheblichen oder nachhaltigen Beeinträchtigungen des Naturhaushalts durch die vorgesehenen Maßnahmen definitionsgemäß kompensiert werden.

Grundsätzlich sollten entsprechende Bilanzierungen für die verschiedenen Schutzgüter und Funktionen des Naturhaushalts gesondert erstellt werden. Darüber hinaus sollte eine funktionsübergreifende Gesamtbilanzierung vorgenommen werden (Kiemstedt et al. 1996b, 126 f.). Während letztere ausschließlich qualitativ und verbal-argumentativ vorgenommen werden kann (Kiemstedt et al. 1996b, 127), werden für die Bilanzierung einzelner Schutzgüter und Funktionen in der Praxis häufig mehr oder weniger standardisierte, quantitative Bewertungsverfahren angewendet. Deren zentraler Bestandteil ist die Inwertsetzung von Biotopen bzw. Biotoptypen (Biotopwertverfahren, vgl. Kiemstedt et al. 1996a, 38), sodass sich das folgende Beispiel darauf beschränkt.

Beispiel: Durch ein Straßenbauvorhaben werden 10 ha Grünland versiegelt. Als Kompensation ist die Entwicklung von Wald auf vormals Acker vorgesehen (Kiemstedt et al. 1996a, 46).

Eine Beurteilung des Kompensationsumfangs läuft bei den Biotopwertverfahren nach folgendem Muster: Grundlage für die Beurteilung des Kompensationsumfangs ist die Inwertsetzung der vom Eingriff betroffenen sowie der für die Kompensation infrage kommenden Flächen bzw. Biotoptypen. Hierfür werden in der Praxis unterschiedliche Bewertungskriterien (z. B. Natürlichkeit, Gefährdung, Wiederherstellbarkeit), Wertskalen und Aggregationsvorschriften (z. B. Mittelwertbildung, Addition, Multiplikation) zur Bildung von Gesamtwerten verwendet, anhand derer die Biotoptypen in (ordinale) Wertstufen eingeordnet werden bzw. eine bestimmte Wertpunktzahl erhalten (s. Tab. 7.7.1)[32].

Hiermit werden sowohl die vom Eingriff betroffenen als auch die für die Kompensation infrage kommenden Flächen bewertet und mit den jeweiligen Flächengrößen multipliziert. Die so ermittelten, dimensionslosen Werte werden bilanziert und damit der Nachweis der Kompensation geführt bzw. der erforderliche Umfang der vorgesehenen Kompensationsmaßnahmen bemessen. Tabelle 7.7.1 stellt entsprechende Flächenbilanzierungen exemplarisch mit zwei unterschiedlichen Biotoptypen-Wertlisten dar.

Die in Tabelle 7.7.1 dargestellten Berechnungsbeispiele veranschaulichen, dass unterschiedliche methodische Handhabungen und Wertelisten deutlich abweichende Kompensationsflächenumfänge ergeben. Dabei entscheiden sowohl die Anzahl der Wertstufen als auch die konkrete Wertigkeit der Typen maßgeblich über die Bemessungen (vgl. Kiemstedt et al. 1996a, 46 f.).

---

32 weiterführend dazu s. Kiemstedt et al. (1996a, 38 ff.)

7.7.3.2 Kritische Würdigung

Prinzipiell ist die Notwendigkeit einer bilanzierenden Gegenüberstellung der Beeinträchtigungen und der Kompensationsmaßnahmen für die Anwendung der Eingriffsregelung unumstritten (vgl. Kiemstedt et al. 1996b, 125). Jedoch wird die Anwendung rein quantitativer Bilanzierungen kontrovers diskutiert.

Auf der einen Seite bestehen bewertungsmethodische Probleme und fachliche Einwände, wie sie im vorstehend skizzierten Beispiel ansatzweise deutlich geworden sind. Dazu gehören z. B. folgende Punkte (vgl. Peters 1993, 88 ff.; Kiemstedt et al. 1996a, 38 ff.):

- Rechenoperationen mit Ziffern ordinaler Wertstufen sind methodisch nicht zulässig (vgl. Kap. 7.9.5).
- Der bei der Multiplikation von Wertigkeit und Flächengrösse unterstellte lineare Zusammenhang ist wissenschaftlich nicht herleitbar.
- Pseudogenaue mathematische Formeln vermitteln das Gefühl, dass die Aussage hinreichend valide ist (s. Kap. 7.4.5). Oft sind die Bewertungen aber nicht einmal auf die Biotoptypen der Nachbarregion übertragbar, was z. B. durch die unterschiedliche Seltenheit eines Biotoptyps bedingt sein kann.
- Die Auswahl der 'geeignetsten' Kompensationsmaßnahmen und -flächen bleibt trotz Anwendung einer Bewertungsmethode weiter dem Planer, d. h. dessen Fachwissen und Kreativität überlassen.
- Es besteht kein bundesweiter fachlicher Konsens über valide Bewertungsmethoden und Aggregationsvorschriften. Bei der Anwendung unterschiedlicher Methoden auf gleiche Eingriffsfälle werden deshalb, wie im vorstehend dargestellten Beispiel, unterschiedliche Kompensationsflächenbedarfe ermittelt.

Auf der anderen Seite kann aber in der Praxis nach überwiegender Meinung nicht völlig auf standardisierte, quantitative Bewertungsmethoden verzichtet werden, denn diese tragen dazu bei, gegenüber dem Vorhabenträger gewisse Mindeststandards in Bezug auf Bestandserfassung, Bewertung und Umfang der Kompensationsmaßnahmen durchzusetzen (vgl. z. B. Peters 1993, 94).

Vereinfacht lässt sich deshalb an dieser Stelle das Fazit ziehen, dass die Verwendung rein quantitativer Bewertungs- und Bilanzierungsmethoden kritisch betrachtet und die für den jeweiligen Bezugsraum erzielten methodischen Konventionen herangezogen werden sollten.

Liegt hierüber kein politischer Konsens vor, so sind an die Entwicklung neuer Bilanzierungsmethoden u. a. dieselben Anforderungen zu knüpfen, wie sie an jede Bewertung zu stellen sind (vgl. Kap. 7.9)[33].

7.7.4 Die Ökobilanz-Methodik (Life Cycle Assessment - LCA)

Die Ökobilanz-Methodik unterscheidet sich methodisch völlig von den vorstehend skizzierten Bilanzierungsmethoden; sie lässt sich in die in Kapitel 7.7.2.2 dargestellte zweite Gruppe der Methoden auf der Basis des physikalischen Bilanzprinzips einordnen.

Zwar findet die Methodenentwicklung bis heute im Wesentlichen für produktbezogene Anwendungen statt, doch kann die Methodik prinzipiell auch für andere umweltbezogene Fragestellungen verwendet werden.

Nach der allgemein gefassten Definition des Umweltbundesamts (UBA) ist eine Ökobilanz *"ein möglichst umfassender Vergleich der Umweltauswirkungen zweier oder mehrerer unterschiedlicher Produkte, Produktgruppen, Systeme, Verfahren oder Verhaltensweisen"* (UBA 1992, 17).

Im Zentrum der Ökobilanz steht die Betrachtung des gesamten Lebenswegs eines Systems "von der Wiege bis zur Bahre", wie es die englische Bezeichnung "Life Cycle Assessment" (LCA) und auch die Bezeichnungen in den meisten anderen Sprachen deutlich zum Ausdruck bringen. Dem gegenüber hat sich in der deutschen Sprache die weniger aussagekräftige Bezeichnung Ökobilanz durchgesetzt.

Hauptanwendungsfeld ist derzeit die vergleichende Betrachtung alternativer (Produkt-) Systeme, insbesondere von Verpackungen, Chemieerzeugnissen, nachwachsenden Rohstoffen, Baustoffen, Kraftfahrzeugen, anderen Transportmitteln und Energie (vgl. Rubik 1997).

7.7.4.1 Arbeitsschritte einer Ökobilanz

Während die methodischen Diskussionen in der "Frühzeit" der Ökobilanzierung sehr diversifiziert geführt wur-

---

[33] weiterführende fachliche Empfehlungen s. insbesondere Kiemstedt et al. (1996b)

den[34], wird der methodische Rahmen inzwischen durch vier international gültige Normen definiert (s. Tab. 7.7.2).

Im Folgenden wird ein Überblick über den idealtypischen, methodischen Rahmen einer Ökobilanz gegeben, wie er im Wesentlichen durch die international gültigen Normen definiert wird. Dieser wird in der Praxis jedoch nicht vollständig, sondern je nach Zielsetzung und verfügbarem Datenmaterial in unterschiedlichem Maße ausgefüllt, sodass Beispiele jeweils nur für einzelne Teilaspekte angeführt werden können.

Nach der ISO 14040 besteht eine Ökobilanz grundsätzlich aus vier Arbeitsschritten (s. Abb. 7.7.3):

- der Festlegung des Ziel- und Untersuchungsrahmens (goal and scope definition)
- der Erstellung der Sachbilanz (life cycle inventory analysis - LCI)
- der Wirkungsabschätzung (life cycle impact assessment - LCIA) und
- der Auswertung (interpretation).

In der Praxis lassen sich die einzelnen Arbeitsschritte häufig nicht konsequent nacheinander abarbeiten, weil Inhalt und Umfang der Ergebnisse der anderen Schritte vor- bzw. mitbestimmt werden. Die Erarbeitung von Ökobilanzen wird daher auch als Prozess charakterisiert.

Festlegung des Ziel- und Untersuchungsrahmens

Mit dem ersten (grundlegenden) Arbeitsschritt sollen vor Beginn der Untersuchung insbesondere festgelegt werden (vgl. DIN EN ISO[35] 14040:1997, Pkt. 5.1.2; Bruck et al. 1996, 30):

a) welche Ziele und Interessen mit der Ökobilanz verfolgt werden, dazu gehört z. B. die Festlegung des Untersuchungsgegenstands, die Darlegung der Grün-

Tabelle 7.7.2: *Internationale und nationale Normen zur Ökobilanz-Methodik (eigene Zusammenstellung, Stand: August 2000)*

Bezeichnung (E = Entwurf)	Titel
International (ISO)	Umweltmanagement - Ökobilanz - ...
DIN EN ISO 14040:1997	Prinzipien und allgemeine Anforderungen
DIN EN ISO 14041:1998	Festlegung des Ziels und des Untersuchungsrahmens sowie Sachbilanz
DIN EN ISO 14042:2000	Wirkungsabschätzung
DIN EN ISO 14043:2000	Auswertung
National (DIN)	Umweltmanagement - ...
DIN 33926:1998	Ökobilanzen - Standardberichtsbogen
DIN 33927:2000	Verwendung von Ökobilanzen in Marketing, Werbung und Öffentlichkeitsarbeit

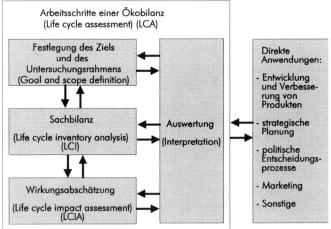

Abbildung 7.7.3: *Arbeitsschritte einer Ökobilanz (DIN EN ISO 14040: 1997, leicht verändert)*

de, warum eine Ökobilanz durchgeführt werden soll, wie die Resultate verwendet werden und wem diese Ergebnisse zur Verfügung stehen sollen;

b) welchen Umfang die Untersuchungen dafür haben sollen, dazu gehört z. B. die Abgrenzung des zu untersuchenden Systems (Systemabgrenzung) sowie die Definition der Funktionen des Systems, der funktionalen Bezugs- bzw. Vergleichseinheit, der Anforderungen an die Datenqualität, der ausgewählten Methoden, der Annahmen und Einschränkungen.

Die Abgrenzung des Untersuchungsumfang beeinflusst die Ergebnisse wesentlich. Dabei ist für vergleichende

---

34 Das UBA (1992) spricht diesbezüglich auch von einem "babylonischen Sprachgewirr" (23). Übersichten und kritische Gesamteinschätzungen zu den verschiedenen methodischen Ansätzen sind z. B. zu finden in UBA (1992); Enquete-Kommission (1994); Ö.B.U. (1994); Braunschweig et al. (1994 und 1996); Böning (1995) und Giegrich et al. (1995).

35 Die Abkürzungen DIN EN ISO bezeichnen die drei Ebenen der Normierungsinstitutionen (von rechts): 1. Die International Standard Organisation (ISO), 2. das europäische Comité Européen de Normalisation (CEN) und 3. die jeweilige nationale Normungsinstitution, in Deutschland das Deutsche Institut für Normung e.V. (DIN). Vereinfacht werden die Normen im vorliegenden Beitrag nur mit der internationalen Abkürzung ISO benannt.

zur Abfrage von Input- und Outputströmen
eines Bilanzobjekts entlang seines Lebenswegs

Inputströme	Menge	Phasen / Prozessstufen	Outputströme	Menge
Rohstoffeinsatz für Produktion			Kuppelprodukte	
Einsatz an Hilfs- und Betriebsstoffen		I. Rohstoffgewinnung	Abfälle	
Rohstoffeinsatz für Energiebereitstellung			Luftemissionen	
Wassereinsatz			Wasseremissionen	
Boden- und Flächenbeanspruchung			Sonstige Aspekte	
Sonstige Aspekte				
Rohstoffeinsatz für Produktion			Kuppelprodukte	
Einsatz an Hilfs- und Betriebsstoffen		II. Rohstoff-Aufbereitung	Abfälle	
Rohstoffeinsatz für Energiebereitstellung			Luftemissionen	
Wassereinsatz			Wasseremissionen	
Boden- und Flächenbeanspruchung			Sonstige Aspekte	
Sonstige Aspekte				
Rohstoffeinsatz für Produktion			Kuppelprodukte	
Einsatz an Hilfs- und Betriebsstoffen		III. Produktion	Abfälle	
Rohstoffeinsatz für Energiebereitstellung			Luftemissionen	
Wassereinsatz			Wasseremissionen	
Boden- und Flächenbeanspruchung			Sonstige Aspekte	
Sonstige Aspekte				
Rohstoffeinsatz für Produktion			Kuppelprodukte	
Einsatz an Hilfs- und Betriebsstoffen		IV. Montage bzw. Handel	Abfälle	
Rohstoffeinsatz für Energiebereitstellung			Luftemissionen	
Wassereinsatz			Wasseremissionen	
Boden- und Flächenbeanspruchung			Sonstige Aspekte	
Sonstige Aspekte				
Rohstoffeinsatz für Produktion			Kuppelprodukte	
Einsatz an Hilfs- und Betriebsstoffen		V. Nutzung Unterhalt	Abfälle	
Rohstoffeinsatz für Energiebereitstellung			Luftemissionen	
Wassereinsatz			Wasseremissionen	
Boden- und Flächenbeanspruchung			Sonstige Aspekte	
Sonstige Aspekte				
Rohstoffeinsatz für Produktion			Kuppelprodukte	
Einsatz an Hilfs- und Betriebsstoffen		VI. Entsorgung	Abfälle	
Rohstoffeinsatz für Energiebereitstellung			Luftemissionen	
Wassereinsatz			Wasseremissionen	
Boden- und Flächenbeanspruchung			Sonstige Aspekte	
Sonstige Aspekte				
Rohstoffeinsatz für Produktion		*) Transporte zwischen:	Kuppelprodukte	
Einsatz an Hilfs- und Betriebsstoffen		Stufe I (Menge:)	Abfälle	
Rohstoffeinsatz für Energiebereitstellung		Stufe II (Menge:)	Luftemissionen	
Wassereinsatz		Stufe III (Menge:)	Wasseremissionen	
Boden- und Flächenbeanspruchung		Stufe IV (Menge:)	Sonstige Aspekte	
Sonstige Aspekte		Stufe V (Menge:) Stufe VI (Menge:)		

Abbildung 7.7.4: Schema zur Abfrage von Input- und Outputströmen eines Bilanzobjekts entlang seines Lebenswegs (aus: Kanning 2000, nach Rubik et al. 1995, 31; DIN 33926: 1998-02, 11 f.)

Betrachtungen beispielsweise die Festlegung der Bezugs- und Vergleichseinheit, die so genannte funktionelle Äquivalenz, eine wesentliche Größe, denn verglichen werden können nur Systeme, die auch exakt die gleiche Funktion erfüllen.

Beispiel: Will man die Umweltwirkungen eines Tetra-Packs mit einem Fassungsvermögen von 0,7 l mit denen einer Mehrwegflasche von 1 l Fassungsvermögen vergleichen, so müssen die jeweiligen Größen entsprechend angeglichen werden.

Sachbilanz

Die Sachbilanz entspricht methodisch den in Kapitel 7.7.1.4 dargestellten Stoff- und Energiebilanzen und bildet das Kernstück jeder Ökobilanz. In diesem Arbeitsschritt werden die Stoff- und Energieströme eines funktional definierten (Produkt-) Systems über dessen gesamten Lebensweg hinweg systematisch erfasst.

Dafür muss das zu untersuchende System zunächst in eine modulare Struktur überführt bzw. in die einzelnen Lebenswegphasen wie Rohstoff-Gewinnung, -Aufbereitung, Produktion, Montage bzw. Handel, Nutzung, Unterhalt und Entsorgung 'zerlegt' werden (s. Abb. 7.7.4).

Beispiel: Sollen die lebenszyklusweiten Umweltwirkungen einer Pizza ermittelt werden, so gilt es hierfür, die Lebenswege der einzelnen Bestandteile (z. B. Mehl, Tomaten, Käse) von der Rohstoff-Gewinnung (Getreide-, Tomatenanbau und Milcherzeugung) über die weiteren Verarbeitungsstufen und den Konsum der Pizza bis zur Entsorgung des Verpackungsmaterials nachzuzeichnen und die jeweiligen stoff- und energiebezogenen Daten zu erheben.

Für jedes Modul bzw. jede Lebenswegphase werden die stofflichen und energetischen Input- und Outputströme auf der Basis der Massen- und Energieerhaltungssätze möglichst vollständig erfasst (physikalisches Bilanzprinzip).

Aufgrund der vielzähligen Verflechtungen von Produktions- und Entsorgungsstrukturen ist es praktisch unmöglich, eine "ideale" oder "vollständige" Sachbilanz zu erstellen[36].

Vielmehr ist je nach Zielsetzung zu entscheiden, welche Module und Stoffströme berücksichtigt werden sollen und welche nicht, weil sie z. B. lediglich den Aufwand erhöhen würden, ohne den Erkenntniswert wesentlich zu verbessern. Entscheidend ist dafür die Funktion des Systems, nicht das Endprodukt.

Beispiel: Sollen die Umweltwirkungen einer digitalen Armbanduhr mit denen einer mechanischen verglichen werden, so stellt sich z. B. die Frage, ob auch das Armband berücksichtigt werden soll, wenn beide Uhren mit dem gleichen Armband ausgeliefert werden (Schmidt-Bleek 1994, 276).

Zur systematischen Datenerhebung kann auf das vom IÖW entwickelte Schema zur Abfrage von Input- und Outputströmen sowie den Standardberichtsbogen zur einheitlichen Erfassung von Ökobilanz-Studien (DIN 33926) zurückgegriffen werden (s. Abb. 7.7.4).

Danach sollten auf der Inputseite für jedes Modul insbesondere der Rohstoffeinsatz für die Produktion, der Einsatz an Hilfs- und Betriebsstoffen, der Rohstoffeinsatz für die Energiebereitstellung und der Wassereinsatz erfasst werden. Dem gegenüber gestellt werden sollte jeweils der Output an Kuppelprodukten, Abfällen sowie Luft- und Wasseremissionen. Die für die einzelnen Module erfassten Stoff- und Energiestrommengen können addiert und auf diese Weise die lebenszyklusweiten Stoff- und Energieströme eines Bilanzobjekts ermittelt werden. Gleichzeitig können z. B. die Lebenswegphasen mit den größten Mengenanteilen identifiziert werden.

Beispiel: Eine Ökobilanz für einen PC hat ergeben, dass der Stromverbrauch der Herstellungsphase den Stromverbrauch der Betriebsphase um ein Vielfaches übersteigt[37] (Grote 1994). Hieraus lässt sich wiederum die Schlussfolgerung ableiten, dass die Nutzung gebrauchter PC's weitaus "ökologischer" - bzw. energiesparender - ist als die stromsparender 'Öko'-Modelle (vgl. ebd.).

Wirkungsabschätzung

Zur Beurteilung der mit den lebenszyklusweiten Stoff- und Energieströmen verbundenen potenziellen Umweltwirkungen sehen die Ökobilanz-Normen als weiteren Arbeitsschritt eine Wirkungsabschätzung vor.

Die diesbezüglich entwickelten Methoden sind von einer medienübergreifenden Sichtweise geprägt und konzentrieren sich auf global bedeutsame Umweltproblem-

---

36 Die Erstellung einer Sachbilanz ist oft sehr arbeitsaufwändig. In der Praxis besteht eine Sachbilanz z. T. aus bis zu 3000 Datensätzen (Saur 1997).

37 Stromverbrauch für die Herstellung eines PC's: 5335 kWh, Stromverbrauch für einen privat genutzten PC pro Jahr: 85 kWh

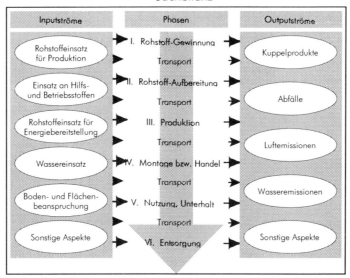

	Wirkungskategorien[1]	räumlicher Wirkungsbereich[2]; Wirkungsindikatoren z.B.	Referenzgrößen z.B.[3]
Input-Kategorien	Verbrauch abiotischer Ressourcen	○	
	Verbrauch biotischer Ressourcen	◐	
	Landnutzung oder Naturraumbeanspruchung	○ ◐	
Output-Kategorien	Treibhauseffekt	● (Global Warming Potential - GWP)	▲ Kohlendioxid (CO_2)
	Stratosphärischer Ozonabbau	● (Ozone Depletion Potential - OOP)	▲ Trichlorfluormethan (FCKW R 11)
	Humantoxikologische Wirkungen	○	
	Ökotoxikologische Wirkungen	○ ◐	
	Bildung von Photooxidantien (Sommersmog)	◐ (Photochemical Ozone Potential - PCOP)	Ethylen (C_2H_4)
	Versauerung	◐ (Acidification Potential)	Schwefeldioxid (SO_2)
	Eutrophierung	◐ (Nutrification Potential)	Phosphat (PO_4^{3-})
	Geruch	○	
	Lärm	○	
	(harte) Strahlung	○	

○ lokal
◐ regional
● global
▲ weitgehender internationaler Konsens hinsichtlich Charakterisierung

[1] Kategorienliste nach Setac in: Klöpffer (1999)
[2] verändert nach Damborg et al.(1993)(Setac) in: Klöpffer u. Renner (1995, 31)
[3] Charakterisierungsvorschläge für die verschiedenen Wirkungskategorien siehe insbesondere Heijungs et al. (CML) (1992); Klöpffer u. Renner (1995, 41 ff.; Udo de Haes (1996)

Abbildung 7.7.5: Von der Sachbilanz zur Wirkungsabschätzung (aus: Kanning 2000)

Tabelle 7.7.3: Emissionen ausgewählter Treibhausgase von Bier-Verpackungssysteme und CO_2-Äquivalente (ILV et al. 1995, B13, verändert)

Angaben je 1000 l	Mehrweg-Glasflasche	Einweg-Glasflasche	Aluminium-Dose	Weißblech-Dose
CO_2-Emissionen (aus fossilen Quellen) /kg	57	265	279	292
Methan-Emissionen /g	88	1837	492	381
CO_2-Äquivalente /kg (gerundet)	2	37	10	8
Gesamt CO_2-Äquivalente /kg	59	302	289	300

felder bzw. Wirkungskategorien in der Terminologie der Ökobilanzierung. Nach neuestem Diskussionsstand werden die in Abbildung 7.7.5 aufgeführten Input-Output-Kategorien vorgeschlagen (Klöpffer 1999). Generell befindet sich die Methodenentwicklung aber noch in einem recht frühen Stadium und wird derzeit noch am stärksten diskutiert.

Konsens besteht über die verschiedenen Teilschritte der Wirkungsabschätzung. Geleitet von der Zielsetzung, eine möglichst objektive Methodik zu entwickeln, wird die Wirkungsabschätzung nach der ISO 14042 in verschiedene obligatorische, weitgehend wertfreie sowie optionale, gewichtende Schritte unterteilt. Obligatorisch sind im Wesentlichen zwei Teilschritte:

- Die Klassifizierung (classification), d. h. die Zuordnung der in der Sachbilanz erhobenen Input-Output-Daten zu relevanten Wirkungskategorien (s. Abb. 7.7.5);: Beispiel: Zur Beurteilung des Treibhauseffekts wird die in der Sachbilanz ermittelte lebenszyklusweite - bzw. kumulierte - Menge an CO_2-Emissionen sowie die an anderen treibhausrelevanten Gasen[38] betrachtet (s. Tab. 7.7.3). Weil die Wirkungskategorien nicht logisch auf den Input-Outputdaten der Sachbilanz aufbauen, sind dabei Mehrfachzuordnungen möglich, grundsätzlich sollte aber nur eine Zuordnung zu einer Wirkungskategorie erfolgen. Beispiel: Stickoxid(NO_x)-Emissionen tragen sowohl zur Bildung von bodennahem Ozon (Sommersmog) als auch zur Versauerung bei und können folglich beiden Wirkungskategorien zugeordnet werden.
- Die Charakterisierung (characterization), d. h. die

Quantifizierung der relevanten Wirkungskategorien durch numerische Wirkungsindikatoren: Hierfür wird derzeit im Wesentlichen auf die vom niederländischen Centrum voor Milieukunde (CML) der Universität Leiden entwickelte Methodik zurückgegriffen, wonach der Beitrag der einzelnen Schadstoffe zu einer Wirkungskategorie über Normungsfaktoren in Äquivalenzwerte umgerechnet wird. Beispiel: Für die Charakterisierung des Treibhauspotenzials wird CO_2 als Referenzwert benutzt (= 1) und die anderen treibhausrelevanten Gasen[39] werden nach wissenschaftlich hergeleiteten Umrechnungsfaktoren in CO_2-Äquivalente umgerechnet. In dem in Tabelle 7.7.3 dargestellten Berechnungsbeispiel ist für Methan ein Faktor von 20,5 zugrunde gelegt, der sich auf einen Zeithorizont von 100 Jahren bezieht und sowohl die direkten als auch indirekten Strahlungswirkungen berücksichtigt (ILV et al. 1995, A11, nach Brühl 1993). Innerhalb einer Wirkungskategorie ist dann eine Aggregation zu einer Größe möglich (s. Tab. 7.7.3).

Weitgehende internationale Übereinstimmung herrscht über die Charakterisierung der Wirkungskategorien Treibhauseffekt und Ozonabbau (s. Abb. 7.7.5), aktuelle Umrechnungsfaktoren hierfür publizieren das Intergovernmental Panel on Climate Change (IPCC) und die World Meteorological Organisation (WMO) (vgl. Klöpffer 1999). Für die übrigen Wirkungskategorien existieren derzeit noch unterschiedliche Verfahren, sodass im Bereich der Wirkungsabschätzung insgesamt noch erheblicher Forschungsbedarf besteht.

Hervorheben lässt sich an dieser Stelle noch, dass die numerischen Wirkungsindikatoren lediglich potenzielle Umweltwirkungen abbilden, wie es die englischen Bezeichnungen Global Warming *Potential*, Ozone Depletion *Potential* usw. (s. Abb. 7.7.5) zum Ausdruck bringen. Obwohl dabei Wirkungen mit unterschiedlichen räumlichen Wirkungsbereichen betrachtet werden, also z. B. neben den globalen Umweltproblemen wie dem Treibhauseffekt auch regional auftretende Umweltprobleme wie die Versauerung (Acidification Potential), fließen bei der Charakterisierung üblicherweise keine räumlichen und zeitlichen Parameter oder Schwellenwert- und Dosis-Wirkungs-Informationen ein, sodass

---

38 z. B. Methan, Kohlenmonoxid, flüchtige organische Verbindungen, Stickstoffoxide und Distickstoffoxid

39 z. B. Methan, Kohlenmonoxid, flüchtige organische Verbindungen, Stickoxide

die Wirkungsindikatoren hypothetischen Charakter haben.

Über die weitere Ausgestaltung der Wirkungsabschätzung, insbesondere die Verwendung von Werthaltungen konnte im Rahmen der Standardisierungsdiskussionen bisher nur insoweit ein Konsens erzielt werden, als in der ISO 14043 optional drei weitere Schritte beschrieben werden: 1. die Berechnung von Verhältniswerten bzw. Normung auf ausgewählte Referenzwerte, 2. die Ordnung bzw. Rangbildung auf einer nominalen und/ oder ordinalen Skala und 3. die Gewichtung durch numerische Faktoren (z. B. durch die Berechnung von Ökopunkten). Während insbesondere niederländische und schweizerische Experten an der Weiterentwicklung quantitativer Gewichtungsmethoden arbeiten[40], wird deren Anwendung in Deutschland kritisch gesehen, sodass an dieser Stelle auf eine weitere Darstellung verzichtet wird. Weiterführend sei vielmehr verwiesen auf die Handreichung des Umweltbundesamtes zur Bewertung[41] in Ökobilanzen (Schmitz u. Paulini 1999).

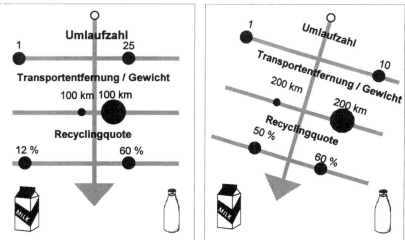

Abbildung 7.7.6: Der Getränkekarton auf der Umweltwaage (aus: Informationszentrale Verpackung und Umwelt o.J., o.S.)

Auswertung

Letzter Schritt einer Ökobilanz sollte eine zusammenfassende Auswertung sein. Diese zielt jedoch nicht auf die Gewinnung eines abschließenden ökologischen (Gesamt-)Werturteils im Sinne von "wenig" oder "hoch" umweltbelastend oder die Ermittlung einer Ökopunktzahl - entsprechende Bewertungsschritte werden, wie vorstehend skizziert, optional der Wirkungsabschätzung zugeordnet. Vielmehr sollen im Rahmen der Auswertung die für die jeweilige Fragestellung und das betrachtete System maßgeblichen Größen aus den Ergebnissen der Sachbilanz und der Wirkungsabschätzung möglichst objektiv identifiziert und nachvollziehbar dargestellt werden.

Hierzu werden in der ISO 14043 verschiedene, vornehmlich mathematisch geprägte Prüfungsmethoden vorgeschlagen, wie die Prüfung auf Vollständigkeit, Sensitivität und/oder Konsistenz, mit denen die signifikanten Parameter ermittelt werden sollen. Letztere können z. B. sein: einzelne Sachbilanzgrößen (z. B. der Energieverbrauch oder die Abfallmenge), einzelne Wirkungsindikatoren (z. B. das Treibhauspotenzial) oder auch einzelne Module bzw. Lebenswegphasen (z. B. der Transport).

7.7.4.2 Kritische Würdigung

Die Ökobilanz-Methodik unterscheidet sich methodisch und inhaltlich wesentlich von den in der räumlichen Umweltplanung gebräuchlichen, zumeist flächenbezogenen "ökologischen Bilanzen" (s. Kap. 7.7.3) und auch den gängigen Methoden zur Bewertung von Umweltauswirkungen, insbesondere der Ökologischen Risikoanalyse bzw. deren zahlreichen Varianten (s. Kap. 7.6).

Als wesentliche Unterschiede, Problembereiche und Stärken lassen sich anführen:

- Nach den Normen der ISO 14040er-Gruppe ist die Ökobilanz eine weitgehend naturwissenschaftlich geprägte Methode, deren Schwerpunkt - im Unterschied zu den in Kapitel 7.7.3 dargestellten Bilan-

---

40 Populär ist derzeit der "Eco-indicator 1995" (Goedkoop 1995). Ein aktuelles Anwendungsbeispiel für die vergleichende Beurteilung biotechnologischer Verfahren zur Abfallverwertung (Kompostierung, Vergärung und thermische Behandlung) ist z. B. zu finden unter http://www.biogas.ch/arbi/oekobila.htm.

41 Die "Bewertung" umfasst in der Terminologie des UBA die optionalen Teilschritte Normung und Ordnung im Rahmen der Wirkungsabschätzung sowie die abschließende Auswertung (Schmitz u. Paulini 1999, 1).

zierungsverfahren - im sachlich-analytischen Teil von Bewertungsvorgängen liegt.

- Methodische Probleme sind z. B. angelegt durch:
  - die Festlegung von Systemgrenzen (welche Ausschnitte sollen für die jeweilige Zielsetzung betrachtet werden, welche nicht?)
  - das zugrunde Legen von Annahmen (z. B. über die Nutzungsdauer von Systemen)
  - die Datenerhebung, die in der Praxis die größten Probleme bereitet, z. B. weil Daten häufig nicht für sämtliche Lebenswegphasen verfügbar sind[42].

Insofern gilt auch für solche Ökobilanz-Studien, in denen weitgehend auf Werturteile verzichtet wird, das Sprichwort "glaub keiner Statistik, die du nicht selbst gefälscht hast". D. h. bevor Schlussfolgerungen gezogen oder Ergebnisse auf andere Sachverhalte übertragen werden, sollte sorgfältig geprüft werden, welche Ausschnitte untersucht wurden und welche Daten hierzu herangezogen wurden. Für vergleichende Aussagen, die veröffentlicht werden, sieht die ISO 14040 deshalb auch ein "critical review" eines unabhängigen Sachverständigen vor (DIN EN ISO 14040: 1997, Pkt. 7.3).

Besondere Stärken der Ökobilanz-Methodik sind:

- die systematische Erfassung von Stoff- und Energieströmen (Input- und Output) im Rahmen der Sachbilanz, womit - im Gegensatz zu traditionellen Analysemethoden in der Umweltplanung - nicht primär die Umweltwirkungen Untersuchungsgegenstand sind, sondern zunächst die Ursachen für derartige Wirkungen; in diesem Prinzip liegen die Chancen für die Ableitung "begin-of-pipe"- orientierter Maßnahmen zur Minimierung des Ressourcenverbrauchs, was als ein Erfolg versprechender Weg zu einer nachhaltigen Entwicklung gilt ('Effizienzstrategie')
- die Ansätze der Wirkungsabschätzung, mit denen aufbauend auf den Ergebnissen der Sachbilanz Systemwirkungspotenziale für global bedeutsame, medienübergreifende Umweltproblemfelder beurteilt werden können
- die weitgehend naturwissenschaftlich-mathematische Prägung, die sich für die Darstellung verschiedener Entwicklungsalternativen im Rahmen von Szenarien (s. Kap. 6.5) eignet und damit zur Verbesserung der Entscheidungsfindung beitragen kann.

Anschaulich lässt sich dieses (stark vereinfacht) am Beispiel der populären Getränkeverpackungs-Ökobilanz (ILV et al. 1995) demonstrieren (s. Abb. 7.7.6).

Bei dem Basis-Szenario (linke Seite der Abbildung 7.7.6) wird die Verwendung einer Mehrwegflasche und eines TetraPacks als Getränkeverpackung mit den dargestellten, zugrunde liegenden Annahmen zur durchschnittlichen Umlaufzahl, Transportentfernung und Recyclingquote hinsichtlich der Umweltwirkungen annähernd gleich eingeschätzt. Werden einzelne Parameter geändert, wie z. B. die Umlaufzahl oder hier insbesondere die Transportentfernung, lassen sich gleichfalls der veränderte Stoff- und Energieverbrauch sowie die damit verbundenen Umweltwirkungspotenziale berechnen, und die Ergebnisse können - wie in Abbildung 7.7.6 vereinfacht mit dem Pendel dargestellt - zur Entscheidungsfindung herangezogen werden.

Zusammenfassend lässt sich festhalten, dass Ökobilanzen die heute in der Umweltplanung gebräuchlichen, zumeist flächenbezogenen Methoden zur Beurteilung von Umweltwirkungen ergänzen können. Sie liefern neue Erkenntnisse über lebenszyklusweite Stoff- und Energieverbräuche sowie die damit verbundenen Wirkungspotenziale und eignen sich insbesondere zur vergleichenden Beurteilung "echter" Planungsalternativen, d. h. sie können zur Entscheidungsfindung darüber beitragen, "wie" eine Funktion über die gesamte Lebensdauer hinweg betrachtet am Ressourcen schonendsten erfüllt werden kann. Insofern sollten die bisher vornehmlich im produktbezogenen Bereich entwickelten Methoden und erhobenen Daten zukünftig auch für Fragen der räumlichen Umweltplanung verstärkt genutzt werden. Ansätze finden sich bisher v. a. im Abfall- und im Baubereich[43].

---

42 Während zur Verwendung generalisierter Daten derzeit noch größtenteils auf kommerzielle Datenbanken und Software-Produkte zurückgegriffen werden muss - Datenbanken enthalten insbesondere die Public domain-Software GEMIS sowie verschiedene kommerziellen Produkte (Rey et al. 1998, 23 ff.) -, wird auch von Seiten des UBA langsam ein Prozess zur Entwicklung und Pflege öffentlich verfügbarer Ökobilanz-Datenbanken und Software in Gang gesetzt. Bereitgestellt werden derzeit beispielsweise vom Öko-Institut Daten zum Indikator "Kumulierter Energieaufwand" (KEA) (s. http://www.oeko.de/service/kea/index.htm).

43 zum Abfallbereich s. z. B. Ewen et al. (1993); Giegrich u. Mampel (1993); Giegrich et al. (1999); zum Baubereich s. z. B. Lützkendorf et al. (1992); Bruck et al. (1996); Grießhammer u. Buchert (1996); Paschen et al. (1996); Schmidt-Bleek et al. (1996); Doedens et al. (1997); Wittassek u. Rudolphi (1998); Buchert et al. (1999); Jenseit et al. (1999)

Literatur

BACCINI, P.; BADER, H.-P., 1996: Regionaler Stoffhaushalt. Erfassung, Bewertung und Steuerung, Heidelberg.

BACCINI, P.; BRUNNER, P.H., 1991: Metabolism of the Anthroposphere, Berlin.

BECHMANN, A.; HOFMEISTER, S.; SCHULTZ, S., 1987: Umweltbilanzierung - Darstellung und Analyse zum Stand des Wissens zu ökologischen Anforderungen an die ökonomisch-ökologische Bilanzierung von Umwelteinflüssen, Berlin (UBA-Texte, 5/87).

BOCKHARDT, H.-D., 1997: Grundlagen der Verfahrenstechnik für Ingenieure, Stuttgart.

BÖNING, J.A., 1995: Methoden betrieblicher Ökobilanzierung, Marburg.

BRAUNSCHWEIG, A.; FÖRSTER, R.; HOFSTETTER, P.; MÜLLER-WENK, R., 1994: Evaluation und Weiterentwicklung von Bewertungsmethoden für Ökobilanzen - Erste Ergebnisse. Zwischenbericht des Nationalfondsprojekts SPP Umwelt, St. Gallen (IWÖ-Diskussionsbeitrag, 19).

BRAUNSCHWEIG, A.; FÖRSTER, R.; HOFSTETTER, P.; MÜLLER-WENK, R., 1996: Developments in LCA Valuation. Final Report of the project nr. 5001-35066 from the Swiss National Science Foundation, Swiss Priority Programme Environment, St. Gallen (IWÖ-Diskussionsbeitrag, 32).

BRINGEZU, S.; FISCHER-KOWALSKI, M.; KLEIJN, R.; PALM, V. (Hrsg.), 1998a: The ConAccount Inventory: A Reference List for MFA Acitivities and Institutions, Wuppertal (Wuppertal Special, 9).

BRINGEZU, S.; FISCHER-KOWALSKI, M.; KLEIJN, R.; PALM, V. (Hrsg.), 1998b: The ConAccount Agenda: The Concerted Action on Material Flow Analysis and its Research & Development Agenda, Wuppertal (Wuppertal Special, 8).

BROCKHAUS, F.A., 1965: Der neue Brockhaus, Bd. 1, Wiesbaden.

BRUCK, M.; JASCH, CH.; TUSCHL, P., 1996: Handbuch für Ökologische Bilanzierung, (Hrsg.: Fachverband Stein- und keramische Industrie Österreich), Wien.

BUCHERT, M.; FRITSCHE, U.R.; GENSCH, C.-O.; GRIESSHAMMER, R.; JENSEIT, W.; RAUSCH, L., 1999: Stoffflußbezogene Bausteine für ein nationales Konzept der Nachhaltigen Entwicklung, Berlin (UBA-Texte, 47/99).

DEUTSCHES NATIONALKOMITEE FÜR DAS UNESCO-PROGRAMM "DER MENSCH UND DIE BIOSPHÄRE" (MAB) (Hrsg.), 1988: Der Mensch und die Biosphäre. Internationale Zusammenarbeit in der Umweltforschung, UNESCO, Paris.

DICHTL, E.; ISSING; O. (Hrsg.), 1987: Vahlens großes Wirtschaftslexikon, Bd. 1, München.

DOEDENS, H.; CIESIELSKI, R.; BRINGEZU, S.; SCHÜTZ, H.; GALLENKEMPER, B.; SCHLÜTER, A.; GELLENBECK, K., 1997: Grundlagen für die Bilanzierung von Baustoffströmen im Bereich einer Kommune, unveröffentlichtes Manuskript.

DROSDOWSKI, G.; KÖSTER, R.; MÜLLER, W.; SCHOLZE-STUBENRECHT, W., 1963: Der Duden, Herkunftswörterbuch, Mannheim.

DROSDOWSKI, G; SCHOLZE-STUBENRECHT, W.; EICKHOFF, B., 1997: Der Duden, Bd. 5, Fremdwörterbuch, Mannheim.

DUVIGNEAUD, P.; DENAYER-DE SMET, S., 1977: L'ecosysteme urbs. L'ecosysteme urbain bruxellois. In: Duvigneaud, P.; Kestemont, P.: Productive biologique en Belgique, 581-599, Travaux de la Section belge du Programme Biologique International Gembloux.

ENQUETE-KOMMISSION "SCHUTZ DES MENSCHEN UND DER UMWELT" DES 12. DEUTSCHEN BUNDESTAGES, 1994: Die Industriegesellschaft gestalten. Perspektiven für einen nachhaltigen Umgang mit Stoff- und Materialströmen, Bonn.

EWEN, C.; BUCHERT, M.; DEHOUST, G.; GENSCH, C.-O.; SIMON, K.-H., 1993: Nicht schadstoffbezogene ökologische Belastungsparameter der Verwertung und Behandlung/Ablagerung von Abfällen (nicht-toxikologische Parameter) - 2. Vorstudie zum F+E-Vorhaben "Ökologische Bilanzen der Abfallwirtschaft, UFOPLAN-Nr. 103 10 606/02, o.O.

FINKE, L., 1990: Der ökologische Nettogewinn. Ein neues Element im System der räumlichen Planung - Eine systematische Standortbestimmung. RaumPlanung, 49, 57-66.

FRÄNZLE, O.; MÜLLER, F.; SCHRÖDER, W. (Hrsg.), 1997: Handbuch der Umweltwissenschaften, Landsberg am Lech.

FRAUNHOFER-INSTITUT FÜR LEBENSMITTELTECHNOLOGIE UND VERPACKUNG (ILV); INSTITUT FÜR ENERGIE- UND UMWELTFORSCHUNG (IFEU); GESELLSCHAFT FÜR VERPACKUNGSFORSCHUNG (GVM), 1995: Ökobilanzen für Getränkeverpackungen, Berlin (UBA-Texte, 52/95).

GIEGRICH, J.; FEHRENBACH, H.; ORLIK, W.; SCHWARZ, M., 1999: Ökologische Bilanzen in der Abfallwirtschaft, Berlin (UBA-Texte, 10/99).

GIEGRICH, J.; MAMPEL, U., 1993: Schadstoffaspekte der Verwertung und Behandlung/Ablagerung von Abfällen (Toxizitätsparameter). 1. Vorstudie zu F+E-Vorhaben "Ökobilanzen der Abfallwirtschaft", UFOPLAN-Nr. 103 10 606/01, Heidelberg.

GIEGRICH, J.; MAMPEL, U.; DUSCHA, M.; ZAZCYK, R.; OSORIO-PETERS, S.; SCHMIDT, T., 1995: Bilanzbewertung in produktbezogenen Ökobilanzen. Evaluation von Bewertungsmethoden, Perspektiven. In: Umweltbundesamt (Hrsg.): Methodik der produktbezogenen Ökobilanzen. Wirkungsbilanz und Bewertung, 1-137, Berlin (UBA-Texte, 23/95).

GOEDKOOP, M., 1995: The Eco-indicator 1995, Amersfoort (NL).

GRIESSHAMMER, R.; BUCHERT, M., 1996: Nachhaltige Entwicklung und Stoffstrommanagement am Beispiel Bau, Freiburg (Werkstattreihe Öko-Institut, 96).

GROTE, A., 1994: Grüne Rechnung. Das Produkt Computer in der Ökobilanz. c't-magazin, (12), 92-98.

HABER, W., 1993: Ökologische Grundlagen des Umweltschutzes, Bonn (Umweltschutz - Grundlagen und Praxis, 1).

HALLAY, H.; PFRIEM, R., 1992: Öko-Controlling. Umweltschutz in mittelständischen Unternehmen, Frankfurt/M.

HEIJUNGS, R.; GUINÉE, J.B.; HUPPES, G.; LAMKREIJER, R.M.; UDO DE HAES, H.A.; WEGENER SLEESWIJK, A.; ANSEMS, A.M.M.; EGGELS, P.G.; VAN DUIN, R.; DE GOEDE, H.P., 1992: Environmental Life Cycle Assessment of Products. Guide (Part 1) and Backgrounds (Part 2), prepared by CML, TNO and B&G, Leiden (NL).

HOFMEISTER, S., 1998: Von der Abfallwirtschaft zur ökologischen Stoffwirtschaft, Wiesbaden.

INFORMATIONSZENTRALE VERPACKUNG UND UMWELT, o.J.: Eine Broschüre zur Ausstellung der Informationszentrale Verpackung und Umwelt, Stuttgart.

JENSEIT, W.; LÜTZKENDORF, T.; EIERMANN, O., 1999: Der Kumulierte Energieaufwand (KEA) im Baubereich. Arbeitspapier im Rahmen des UBA-F+E-Vorhabens Nr. 104 01 123 Aufbereitung von Basisdaten zum Energieaufwand und der Umweltbelastung von energieintensiven Produkten und Dienstleistungen für Ökobilanzen und Öko-Audits, Darmstadt.

KANNING, H., 2000: Umweltbilanzen als Instrumente einer zukunftsfähigen Regionalplanung? Dissertation am Fachbereich Landschaftsarchitektur und Umweltentwicklung, Universität Hannover, Veröffentlichung in Vorbereitung.

KIEMSTEDT, H.; OTT, S., 1994: Methodik der Eingriffsregelung. Teil I: Synopse, Stuttgart (Schriftenreihe der Länderarbeitsgemeinschaft Naturschutz, Landschaftspflege und Erholung (LANA), 4).

KIEMSTEDT, H.; OTT, S.; MÖNNECKE, M., 1996a: Methodik der Eingriffsregelung. Teil II: Analyse, Stuttgart (Schriftenreihe der Länderarbeitsgemeinschaft Naturschutz, Landschaftspflege und Erholung (LANA), 5).

KIEMSTEDT, H.; OTT, S.; MÖNNECKE, M., 1996b: Methodik der Eingriffsregelung. Teil III: Vorschläge zur bundeseinheitlichen Anwendung der Eingriffsregelung nach § 8 BNatSchG, Stuttgart (Schriftenreihe der Länderarbeitsgemeinschaft Naturschutz, Landschaftspflege und Erholung (LANA), 6).

KLÖPFFER, W., 1999: Umweltmanagement und Ökobilanzierung. In: Doktoranden-Netzwerk Öko-Audit e.V.(Hrsg.): Nachhaltige (Fehl-)Entwicklungen? Umweltmanagementsysteme mit Zertifikat - Anreize, Blockaden, Mythen und Visionen. Symposium am 28.10.99 in Berlin, Berlin.

KLÖPFFER, W.; RENNER, I., 1995: Methodik der Wirkungsbilanz im Rahmen von Produkt-Ökobilanzen unter Berücksichtigung nicht oder nur schwer quantifizierbarer Umwelt-Kategorien. In: Umweltbundesamt (Hrsg.): Methodik der produktbezogenen Ökobilanzen. Wirkungsbilanz und Bewertung, 1-80, Berlin (UBA-Texte, 23/95).

KÖLBEL, K.; SCHULZE, J., 1982: Projektierung und Vorkalkulation in der chemischen Industrie, New York.

LÜTZKENDORF, T.; KOHLER, N.; HOLLIGER, M., 1992: Regeln zur Datenerfassung für Energie- und Stoffflußanalysen. Leitfaden, Weimar.

MERKEL, A., 1998: Umweltbericht 1998 - Erfolgreiche Bilanz der 13. Legislaturperiode. Umwelt, (7-8), 311-312.

PASCHEN, H.; KOHLER, N.; RICHTER, P.; HASSLER, U.;INSTITUT FÜR WOHNEN UND UMWELT (IWU); INGENIEURBÜRO FÜR ENERGIEBERATUNG, HAUSTECHNIK UND ÖKOLOGISCHE KONZEPTE (EBÖK); LINDEN, W., 1996: Stoffströme und Kosten in den Bereichen Bauen und Wohnen. Bericht für die Enquete-Kommission „Schutz des Menschen und der Umwelt" des Deutschen Bundestages, Karlsruhe.

PETERS, W., 1993: Die Anwendung standardisierter Bewertungsverfahren im Rahmen der Eingriffsregelung. In: Böhme, C.; Preisler-Holl, L: Die naturschutzrechtliche Eingriffsregelung, 84-112, Berlin (Difu-Materialien 3/93).

DER RAT VON SACHVERSTÄNDIGEN FÜR UMWELTFRAGEN (SRU), 1987: Umweltgutachten 1987, Bonn.

REY, U.; JÜRGENS, G.; WELLER, A. (FRAUNHOFER INSTITUT ARBEITSWIRTSCHAFT UND ORGANISATION), 1998: Betriebliche Umweltinformationssysteme - Anforderungen und Einsatz. Ergebnisse einer Befragung von Anwendern und Anbietern von informationstechnischen Unterstützungssystemen im Umweltmanagement, Stuttgart.

RUBIK, F., 1997: UTECH-Tagungsband Ökobilanzen V, Berlin.

RUBIK, F.; ANKELE, K.; HELLENBRANDT, S., 1995: Entwicklung und Umsetzung eines Konzeptes zur vergleichenden Dokumentation der Ergebnisse produktbezogener Ökobilanzen. Abschlußbericht. In: Umweltbundesamt; Institut für ökologische Wirtschaftsforschung GmbH: Standardberichtsbogen für produktbezogene Ökobilanzen, Berlin (UBA-Texte, 24/95).

SAUR, K., 1997: Die Ökobilanz als Entscheidungswerkzeug zur Werkstoffauswahl. Vortrag anlässlich des Workshops "Ökobilanzen - Trends und Perspektiven" der Gesellschaft Deutscher Chemiker (GDCh)-Fachgruppe Umweltchemie und Ökotoxikologie am 26.06.97 in Frankfurt.

SCHMIDT-BLEEK, F., 1994: Wieviel Umwelt braucht der Mensch? MIPS - Das Maß für ökologisches Wirtschaften, Berlin.

SCHMIDT-BLEEK, F.; LIEDTKE, C.; BRINGEZU, S., 1996: Bauen und Wohnen - Bausteine zum Schließen einer ökologischen Innovationslücke, Wuppertal.

SCHMITZ, S.; PAULINI, I., 1999: Bewertung von Ökobilanzen. Methode des Umweltbundesamtes zur Normierung von Wirkungsindikatoren, Ordnung (Rangbildung) von Wirkungskategorien und zur Auswertung nach ISO 14042 und 14043 Version '99, Berlin (UBA-Texte, 92/99).

SCHNITZER, H., 1991: Grundlagen der Stoff- und Energiebilanzierung, Braunschweig.

SCHULZE, H.; HASSAN, A., 1981: Methoden der Material- und Energiebilanzierung bei der Projektierung von Chemieanlagen, Weinheim.

SCHWEIZERISCHE BUNDESVEREINIGUNG FÜR ÖKOLOGISCH BEWUSSTE UNTERNEHMENSFÜHRUNG (Ö.B.U.) (Hrsg.), 1994: Methoden für Ökobilanzen und ihre Anwendung in der Firma. 5 international bekannte Ökobilanz-Methoden im Vergleich, Adliswil (CH).

SPRENG, D., 1995: Graue Energie. Energiebilanzen von Energiesystemen, Stuttgart.

STAHLMANN, V., 1994: Umweltverantwortliche Unternehmensführung, München.

STATISTISCHES BUNDESAMT (STBA) (Hrsg.), 1998: Umweltökonomische Gesamtrechungen - Material- und Energieflußrechnungen, Wiesbaden (Fachserie 19 - Reihe 5).

STREBEL, H., 1978: Produktgestaltung als umweltpolitisches Instrument der Unternehmung. Die Betriebswirtschaft 38, (1), 73-82.

UDO DE HAES, H.A. (Hrsg.), 1996: Towards a Methodology for Life Cycle Impact Assessement. SETAC-Europe, Brüssel.

UMWELTBUNDESAMT (UBA) (Hrsg.), 1992: Ökobilanzen für Produkte. Bedeutung - Sachstand - Perspektiven, Berlin (UBA-Texte, 38/92).

WIESNER, H., 1998: Ökokonto - Neues Schlagwort oder praktikables Instrument für eine nachhaltige Raumplanung? UVP-report 12, (2+3), 118-121.

WITTASSEK, R.; RUDOLPHI, A., 1998: Produktökobilanzen und ihre Anwendungsmöglichkeiten im Baubereich - Berichtsbände 1-3, Berlin (UBA-Texte, 69/98).

WÖHE, G., 1984: Bilanzierung und Bilanzpolitik, betriebswirtschaftlich - Handelsrechtlich - Steuerrechtlich, München.

Gesetze und Technische Regelwerke

(BNatSchG) Gesetz über Naturschutz und Landschaftspflege (Bundesnaturschutzgesetz - BNatSchG) i.d.F. der Bekanntmachung vom 21.09.1998, BGBl. I, S. 2994.

(DIN 33926:1998) Deutsche Norm Umweltmanagement - Ökobilanzen - Standardberichtsbogen, Deutsches Institut für Normung e.V. (DIN), Berlin.

(DIN 33927:2000) Deutsche Norm Entwurf Umweltmanagement -Verwendung von Produkt-Ökobilanzen in Marketing, Werbung und Öffentlichkeitsarbeit, Deutsches Institut für Normung e.V. (DIN), März 2000, Berlin.

(DIN EN ISO 14040:1997) Deutsche Norm Umweltmanagement - Ökobilanz - Prinzipien und allgemeine Anforderungen (ISO 14040:1997) Deutsche Fassung EN ISO 14040:1997, Deutsches Institut für Normung e.V. (DIN), Berlin.

(DIN EN ISO 14041:1998) Deutsche Norm Umweltmanagement - Ökobilanz - Festlegung des Ziels und des Untersuchungsrahmens sowie Sachbilanz. (ISO 14041:1998) Deutsche Fassung EN ISO 14041:1998, Deutsches Institut für Normung e.V. (DIN), Berlin.

(DIN EN ISO 14042:2000) Deutsche Norm Entwurf Umweltmanagement - Ökobilanz - Wirkungsabschätzung. (ISO 14042:2000) Deutsche Fassung EN ISO 14042:2000-07, Deutsches Institut für Normung e.V. (DIN), Juli 2000, Berlin.

(DIN EN ISO 14043:2000) Deutsche Norm Entwurf Umweltmanagement - Ökobilanz - Auswertung (ISO 14043:2000) Deutsche Fassung EN ISO 14043:2000-07, Deutsches Institut für Normung e.V. (DIN), Juli 2000, Berlin.

7.8 Die verbal-argumentative Bewertung
Frank Scholles

7.8.1 Herkunft der Methode

Ende der Quantifizierungseuphorie

In den 70er Jahren herrschte in der Planung eine Quantifizierungseuphorie, die u.a. zur Entwicklung und Hochzeit der Nutzwertanalyse (s. Kap. 7.4) führte. Diese Euphorie nahm Anfang der 80er Jahre ein abruptes Ende, v. a. wegen der in Kapitel 7.4.5 dargestellten Probleme der Nutzwertanalyse und des Aufkommens eines politischeren Planungsverständnisses (s. Kap. 2.1.4).

Neben der Suche nach nicht quantifizierenden Methoden wie der Nutzwertanalyse der 2. Generation (s. Kap. 7.4.7), der Raumempfindlichkeitsuntersuchung (s. Kap. 7.5) oder der Ökologischen Risikoanalyse (s. Kap. 7.6) wurde von einigen Methodikern die Aufgabe nicht nur der Quantifizierung, sondern auch weitgehend der Formalisierung gefordert und die verbal-argumentative Bewertung postuliert.

Die Methode ist heute v. a. verbreitet in der Praxis der kommunalen Umweltverträglichkeitsprüfung (s. Kap. 3.2.2), denn diese wird meist verwaltungsintern durchgeführt und kann damit weniger methodischen Aufwand betreiben (Otto-Zimmermann 1989, 144).

7.8.2 Der Ansatz

Breites Spektrum

Die Methode soll ausschließlich durch Argumentation bewerten, nicht durch arithmetische oder logische Aggregation. Daher ist kein ausformuliertes Zielsystem (s. Kap. 4.1) erforderlich.

Es gibt allerdings keine Definition für die Methode. Stattdessen wird eine große Bandbreite von Ansätzen, die nicht oder nur schwach formalisiert sind, als verbal-argumentative Bewertung bezeichnet. Da auch in der Raumempfindlichkeitsuntersuchung und der Ökologischen Risikoanalyse verbal-argumentative Schritte vorkommen, lassen sich die Methoden in der Praxis oft nicht eindeutig abgrenzen.

Die verbal-argumentative Bewertung erlaubt eine einfache und schnelle Erfassung der spezifischen Bedingungen und ist damit zeit- und kostengünstig. Die Ergebnisse sind meist allgemeinverständlich (vgl. Weiland 1994, 57). Sie werden meist weder kardinal (Punkte, Zielerreichungsgrade) oder ordinal (Noten, Wertstufen, Klassen) skaliert, sondern rein verbal als Übersicht in Tabellenform dargestellt (s. Tab. 7.8.1). Es folgt i.d.R. eine verbale Zusammenfassung der wesentlichen Auswirkungen.

Innerhalb von verbal-argumentativen Bewertungen können verschiedene Methoden wie Rangordnung, schrittweise Rückstellung, Paarvergleich (vgl. u.) zur Anwendung kommen.

Tabelle 7.8.1: Schema einer typischen Ergebnisdarstellung

Schutzgut	Ziele	Variante 1	Variante 2	Variante 3	Variante n
Menschen	- ...- ...	...	...	...	...
Tiere	- ...- ...	...	...	...	...
Pflanzen	- ...- ...	...	...	...	...
...	...				

Rangordnungen

Rangordnungen können gebildet werden, indem festgestellt wird, welche zur Diskussion stehende Variante welches Kriterium am besten, an zweitbesten usw. erfüllt. Diese Vorgehensweise kommt der Nutzwertanalyse (s. Kap. 7.4) sehr nahe, besonders wenn Kriterien gewichtet werden. Gewichtung kann jedoch nicht nur mit Faktoren, sondern auch argumentativ erfolgen[44].

Rangordnungen können auch gebildet werden, indem Standards (s. Kap. 4.3.3) herangezogen werden und dann festgestellt wird, welche Alternative die wenigsten Standards nicht erfüllt. Hierbei können sowohl verbindliche, rechtlich vermittelte als auch unverbindliche, private Standards herangezogen werden. Jedoch ist bei der Verwendung rechtlicher Standards in Rangordnungen Vorsicht geboten, denn weil die Verwaltung an Recht und Ordnung gebunden ist, dürfen die meisten rechtlichen Standards (Grenzwerte) nicht verletzt werden. Insofern ist jede Alternative, die Grenzwerte verletzt, zu verwerfen.

Schrittweise Rückstellung

Ziel der schrittweisen Rückstellung ist die Eliminierung von Handlungsalternativen. Dabei werden zunächst diejenigen Alternativen eliminiert, bei denen pessimale Ausprägungen von Kriterien gehäuft auftreten oder rechtliche Standards oder Tabu-Kriterien nicht erfüllt werden. Tabu-Kriterien sind solche, die auf jeden Fall erfüllt sein müssen. Es können auch Kriterien eliminiert werden, und zwar solche, bei denen sich alle Alternativen kaum unterscheiden.

Bleiben dann weitere Alternativen übrig, kann durch Verschärfung der Kriterien, also Elimination solcher Alternativen, bei denen relativ schlechte Ausprägungen gehäuft vorkommen, schrittweise weiter eingegrenzt werden. Dabei liegt die Strategie der Minimierung der Nachteile zugrunde. Es ist aber auch strategisch möglich, die Vorteile zu maximieren, d. h. solche Alternativen heranzuziehen, bei denen relativ gute bis optimale Ausprägungen von Kriterien gehäuft vorkommen. Die Wahl der Strategie spiegelt die Risikoeinstellung des Entscheidungsträgers wider (vgl. Ortgiese 1997, 80 ff., 92).

Die Methode wird Rückstellung genannt, weil zunächst eliminierte Alternativen oder Kriterien je nach Untersuchungsverlauf wieder in die Betrachtung einbezogen werden können, also nur vorläufig ausgeschieden (zurückgestellt) sind. Sie eignet sich besonders, wenn eine größere Anzahl (mehr als 5) von Alternativen und Kriterien zu bewerten ist, sodass Paarvergleiche ausscheiden.

Paarvergleich

Mit Paarvergleichen kann festgestellt werden, welche von zwei oder mehreren Alternativen die günstigste in Bezug auf mehrere Kriterien ist oder ob es gleichwertige Alternativen gibt.

Dabei wird bezüglich jedes Kriteriums paarweise verglichen, d. h. schneidet bezüglich des Kriteriums 1 Alternative A oder B besser ab oder sind sie gleich? Dabei besteht das Dilemma, dass relative Vorteile einer Alternative regelmäßig mit relativen Nachteilen an anderer Stelle gekoppelt sind. Deshalb muss jede Alternative mit jeder für jedes Kriterium verglichen werden. Die Zahl der durchzuführenden Vergleiche steigt mithin exponentiell mit der Zahl der Kriterien (m) oder Alternativen (n), denn sie beträgt $m * (n * (n - 1)/2)$ (Ortgiese 1997, 82 ff.).

Deswegen ist die Methode bis maximal 5 Kriterien und Alternativen einsetzbar. Deren Zahl kann jedoch vorher durch Rückstellung (s. o.) reduziert werden. Die beiden Methoden sind kombinierbar.

---

44 z. B. über Adjektive wie unverzichtbar, wesentlich, wichtig, nachrangig

7.8.3 Das Beispiel Baugebiet Mainzer Straße in Wiesbaden

Aufgabe

Die Stadtverordnetenversammlung Wiesbaden hat 1988 eine "Richtlinie zur Durchführung von Umweltverträglichkeitsprüfungen" verabschiedet, zu deren Geltungsbereich Bebauungspläne gehören. Für den "Planungsbereich Mainzer Straße" hat das Umweltamt der Landeshauptstadt Wiesbaden eine Umweltverträglichkeitsstudie erarbeitet, deren Durchführung als Modellprojekt "UVP in der Stadt- und Dorferneuerung" durch das Bundesministerium für Raumordnung, Bauwesen und Städtebau gefördert wurde. Für das Projektgebiet war vom Planungsamt neben den Bebauungsplänen ein Rahmenplan zu erarbeiten.

Das Projekt sollte eine Methodik für die UVP in der Bebauungsplanung erarbeiten, die sowohl wissenschaftlich vertretbar als auch innerhalb der Kommunalverwaltung noch handhabbar ist. Das Planungsgebiet war bereits intensiv baulich genutzt. Es werden drei Varianten geprüft: Ist-Situation, Landschaftsplan, Rahmenplan. Die folgenden Ausführungen lehnen sich eng an den Projektbericht (Landeshauptstadt Wiesbaden 1995) an.

Fragestellungen

Die Methode stellt nach Aussage der Ersteller eine verbal-argumentative Bewertung dar. Sach- und Wertebene werden strikt getrennt. Im Rahmen des Modellprojekts wird ein Indikatorenkonzept zur Erfassung von Wirkungszusammenhängen in der Bauleitplanung entwickelt.

Eine differenzierte Kartendarstellung erfolgt bereits auf der Ebene von Empfindlichkeiten und Beeinträchtigungen und z. T. sogar für einzelne Indikatoren, um die Überprüfbarkeit der Aussagen zu ermöglichen.

Die Untersuchung erfolgt getrennt nach den Schutzgütern Boden, Grundwasser, Oberflächengewässer, Fauna/Flora, menschliche Gesundheit, Luft, Klima, Landschaft. Folgende Fragestellungen und Sachverhalte werden behandelt bzw. bewertet:

- Erfassung des Naturhaushalts, seiner Ressourcen und Empfindlichkeit und der vorhandenen Wirkungsketten
- Erfassung der aktuellen Nutzungen
- Erfassung der potenziellen Nutzungsänderungen infolge der Planung

Tabelle 7.8.2: Indikatorblatt für einen Empfindlichkeitsindikator (aus: Landeshauptstadt Wiesbaden 1995, 78)

	Empfindlichkeitsindikator
FAUNA/FLORA	**Biotopverbund**
Erläuterung:	
Mit dem Kriterium "Biotopverbund" wird die ökologische Funktionsfähigkeit einer Fläche für notwendige großräumige Kontaktbeziehungen von Tierarten sowie einiger Pflanzenarten berücksichtigt. Diese Vernetzungsfunktion ist gegeben, wenn der Biotoptyp nicht isoliert vorkommt, sondern derart vernetzt ist, dass er für die infrage kommenden Arten gut erreichbar ist. Die Beurteilung des Vernetzungsgrads kommt in der Biotopwertermittlung einzelner Biotope nur ungenügend zum Ausdruck.	
Ersatzindikator	
Erforderliche Daten	**Datenquelle**
vorhandene Tier- und Pflanzenarten Lage und Abgrenzung der Biotope notwendige Größe der Lebensräume	Biotopvernetzungsplan der Stadt Wiesbaden Biotopkataster der Stadt Wiesbaden Artenlisten Begehung Karten mit Lebensräumen bestimmter Tierarten
Norm/UQZ	
Zur Biotopvernetzung soll im gesamten Stadtgebiet - insbesondere im Bereich des so genannten 'Ländchens' - ein engmaschiges Verbindungssystem hergestellt werden, das alle erhaltenswerten Biotope miteinander verbindet. (UQZ der Stadt Wiesbaden)	
Bezugsfläche	Biotopflächen

Normierung	Stufe
bio-ökologische Vernetzung zwischen wertvollen Biotopkomplexen vorhanden	2
bio-ökologische Vernetzung zwischen wertvollen Biotopkomplexen rudimentär vorhanden oder vermutet	1
keine bio-ökologische Vernetzung vorhanden	0

- Ermittlung der Auswirkungen der Nutzungen bzw. Nutzungsänderungen
- vergleichende Einschätzung verschiedener Handlungsalternativen
- Benennen und Einschätzung von Konfliktminderungsmaßnahmen.

Einschätzung des Zustands und des Grads der Belastung

Zur Einschätzung des Zustands werden den Indikatoren jeweils Einschätzungsvorschriften zugeordnet. Für jeden Indikator wurde ein Indikatorblatt erarbeitet, das eine Erläuterung, die erforderlichen Daten, ihre Quellen, die Bezugsfläche, das zugrunde liegende Umweltqualitätsziel (UQZ, s. Kap. 4.3.1) sowie schließlich die Klassifizierungsvorschrift enthält. Tabelle 7.8.2 und 7.8.3 geben Beispiele solcher Blätter wieder. Der Indikatorenkatalog ist bei zukünftigen Anwendungen offen für Erweiterungen.

Bereits bei diesem Arbeitsschritt wird nach Empfindlichkeiten und Beeinträchtigungen unterschieden; diese werden verbal-argumentativ zur Vorbelastung aggregiert (vgl. Abb. 7.8.1). Empfindlichkeiten und Beeinträchtigungen werden in maximal fünf Stufen klassifiziert. Die Einstufung orientiert sich an wissenschaftlich begründeten Vorsorgewerten auf der einen und nachweisbarer Umweltgefährdung auf der anderen Seite, aber auch an ggf. vorhandenen Richt- oder Grenzwerten, gesellschaftlich festgelegten Umweltstandards und den in Wiesbaden kommunalpolitisch beschlossenen Umweltqualitätszielen. Mit dem Umweltqualitätszielkatalog liegen in Wiesbaden im Gegensatz zu den meisten anderen Städten politisch beschlossene Bewertungsmaßstäbe vor, auf die sich das Umweltamt bezieht und die damit eine wertvolle und nachvollziehbare Argumentationsgrundlage darstellen.

Tabelle 7.8.3: Indikatorblatt für einen Beeinträchtigungsindikator (aus: Landeshauptstadt Wiesbaden 1995, 118)

LANDSCHAFT	Beeinträchtigungsindikator
	Zerschneidung/Substanzverlust

Erläuterung:
Der Indikator erfasst die Beeinträchtigung der Erholungswirksamkeit von Landschafts-/Stadträumen (für landschaftsbezogene Erholung) durch visuelle/funktionale Barrieren oder wesentliche Flächenreduzierung. Die Wirkung einer Barriere können haben: z.B. Verkehrsstrassen; Mauern, Zäune und andere lang gestreckte bauliche Anlagen; eine Zerschneidung oder eine Flächenreduzierung z.B. durch Bebauung kann zu einer Unterschreitung der für bestimmte Erholungsnutzungen notwendigen Mindestgrößen führen. Die Beeinträchtigung ist umso größer, je weniger die Erholungsnutzung auf der(n) verbleibenden Restfläche(n) noch ausgeübt werden

Ersatzindikator	
Erforderliche Daten	**Datenquelle**
ausgeübte Erholungsnutzung(en); erholungsspezifische Mindestflächengröße; nach Beplanung verbleibende nutzbare Rest-Erholungsfläche(n)	Ortsbegehung Bebauungsplan-Entwurf Fotos, Luftbild, Videofilm

Norm/UQZ	§ 2 BNatSchG: Erschließung, zweckmäßige Gestaltung und Erhaltung geeigneter Flächen für Erholung und Freizeitgestaltung; Erleichterung des Zugangs RROP: Schutz von Gebieten mit besonderer Bedeutung für die Erholung vor Maßnahmen, die die Erholungswirksamkeit nachhaltig beeinträchtigen; Zugänglichkeit von Landschaftsteilen mit besonderem Erholungs- und Erlebniswert

Bezugsfläche	für Kurzzeiterholung nutzbare zusammenhängende Raumeinheiten

Normierung	Stufe
Erholungsnutzung auf verbleibender Restfläche nicht mehr möglich, da erholungsspezifisch erforderliche Mindestgröße unterschritten	3
Erholungsnutzung noch möglich, aber stark erschwert durch Zerschneidung oder Sichtbarrieren	2
Erholungsnutzung kann auf der/den verbleibenden Restfläche(n) ohne größere Einschränkung ausgeübt werden	1

Die Methode verwendet den Risikobegriff nicht, weil sie keine Eintrittswahrscheinlichkeiten (s. Kap. 6.2) ermittelt. Stattdessen wird der Begriff "Grad der Belastung" verwendet.

Methodisch besteht zwischen der Ermittlung der Vorbelastung und derjenigen der zukünftigen Belastung kein Unterschied. Die durch die Planung zu erwartenden zukünftigen Belastungen werden genau wie die Vorbelastung durch Überlagerung von Empfindlichkeit und Beeinträchtigung und verbale Abhandlung ermittelt. Tabelle 7.8.4 zeigt das Ergebnis der Umweltverträglichkeitsstudie für die Variante Rahmenplan.

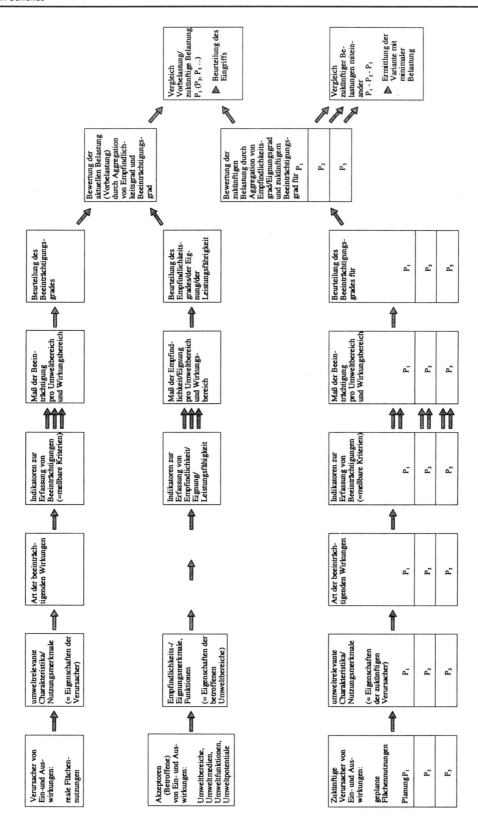

Abbildung 7.8.1: Vorgehensweise bei der UVP-Methode Wiesbaden (aus Landeshauptstadt Wiesbaden 1995, 56)

Tabelle 7.8.4: Variantenbezogene Gesamtbewertung (aus: Landeshauptstadt Wiesbaden 1995, 211)

Umweltbereich	Indikator	Variante: Empfindlichkeit	**Rahmenplan** Beeinträchtigung	Konflikt
Boden	Art der baulichen Nutzung		keine Prognose	
	Kontaminationsverdacht		mittel / hoch	
	Struktur		mittel / hoch	
	Versiegelung			
	Gesamt	mittel		ja
Fauna / Flora	Empfindlichkeit auf Teilflächen	mittel / hoch	mittel / hoch	
	Empfindlichkeit gesamträumlich	gering / mittel	auf Teilflächen	
	Beeinträchtigung auf Teilflächen		gesamträumlich	
	Gesamt			ja nein
Oberflächengewässer Salzbach | Wäschbach	Gewässerbett	keine | gering		
	Gewässerrand	keine | gering		
	Gewässergüte	mittel		
	angrenzende Nutzung			
	Gesamt	keine | mittel	gering | hoch	nein | ja
menschliche Gesundheit	Art und Intensität der Nutzung Tag	mittel		
	Lärmpegel Tag	hoch	hoch	
	Unfallgefährdung Straßenverkehr	hoch / sehr hoch	keine Prognose	
	Gesamt			ja
Luft	Nutzungsdichte		keine Prognose	
	Luftaustausch durch Kaltluftflüsse		keine Prognose	
	Schadstoffkonzentration punktuell			
	Schadstoffkonzentration flächenhaft		mittel	
	Wärmeinselintensität		keine Prognose	
	Flechtenbewuchs		keine Prognose	
	Geruchshäufigkeit		im nördl. Bereich	
	Gesamt			ja
Klima	Kaltluftproduktion und -abfluss	gering / mittel	gering	
	Behind. Kaltluftprod./ -strömungen			
	Gesamt			nein

7.8.4 Kritik an der Methode

Einordnung des Beispiels

Die in Wiesbaden verwendete Methodik stellt eine verbal-argumentative Bewertung dar, weil die Aggregation nicht formalisiert erfolgt. Sie beinhaltet jedoch nutzwertanalytische Elemente (Einstufung) und verwendet Begriffe aus der Ökologischen Risikoanalyse. Ein Risikobegriff wird nicht explizit benutzt; die gesamte Vorgehensweise ist jedoch stark gesellschaftspolitisch geprägt.

Bei allen Schutzgütern fällt auf, dass nur wenige Indikatoren bzw. Kriterien herangezogen werden. Diese wurden im zugrunde liegenden Forschungsvorhaben definiert. Dies ist sicherlich Folge der Zielsetzung, das Verfahren bei der Vielzahl der zu prüfenden Baugebiete leicht handhabbar zu machen. Man wird jedoch für eine sachgerechte Abwägung nicht immer mit zwei bis drei Indikatoren pro Schutzgut auskommen. Allerdings ist die Methodik offen für Erweiterungen, da die Aggregation der Kriterien nicht formalisiert durchgeführt wird. Dass das Ergebnis der Zustandseinschätzung als Vorbelastung bezeichnet wird, ist für die politische Argumentation hilfreich, da Vorbelastung und zusätzliche Belastung gegenüber gestellt werden können. Das Vorgehen läuft jedoch Gefahr, Entwicklungspotenziale zu unterschlagen.

Die Existenz politisch beschlossener Umweltqualitätsziele erweist sich als hilfreich und v. a. zeitsparend, da nicht in jedem Verfahren Bewertungsmaßstäbe entwickelt und diskutiert werden müssen. Die Klasseneinteilung ist durch die verschiedenen Standards sowohl naturwissenschaftlich als auch gesellschaftlich begründet.

Zyklische Majoritäten

Wenn man auf logische Aggregationsregeln verzichtet und stattdessen über Paarvergleiche und Gremien (Abstimmungen) aggregiert, können zyklische Majoritäten auftreten. Das Phänomen ist auch als Abstimmungsparadoxon bekannt (vgl. Strassert 1995, 9 f.):

Gesetzt den Fall, drei Alternativen seien durch ein Gremium aus drei Personen zu reihen, so könnte Person 1 die Reihung A vor B vor C vornehmen, Person 2 C vor A vor B und Person 3 B vor C vor A. Dies ist bei stark subjektiven Kriterien nicht unwahrscheinlich.

Wenn man nun im Gremium abstimmen lässt, hängt das Ergebnis ausschließlich von der Reihenfolge der Abstimmung ab. Wird z. B. zuerst A:B abgestimmt und dann C:A, so ergibt sich aus der obigen individuellen Reihung jeweils 2:1 und damit C vor A vor B. Da aber auch B:C 2:1 ergibt, ist jede andere Reihung ebenfalls möglich, sodass der Zufall das Ergebnis bestimmt.

Willkür

Da die verbal-argumentative Bewertung praktisch keinerlei Vorgaben unterliegt, erfüllt sie keine der planungsmethodischen Anforderungen an Bewertung, v. a. wenn sie auf niedrigem Aggregationsniveau angesetzt wird (Weiland 1994, 57):

- Bewertungsgegenstände werden oft willkürlich und unvollständig festgelegt.
- In wie weit Zusammenhänge verdeutlicht werden, hängt vom Fachwissen der Gutachter ab.
- Wissenslücken und Interpretationsschwierigkeiten können mangels Formalisierung verdeckt werden.
- Informationsverluste durch Aggregation sind auch hier nicht zu vermeiden.
- Der Übergang von der Sach- zur Wertebene wird oft nicht deutlich.
- Wertmaßstäbe werden meist nicht explizit genannt, sodass Bewertungsschritte verschleiert werden[45].
- Oft kommen Gutachter nach mehr oder weniger langen Ausführungen ("Textbrei") zum nicht nachvollziehbaren Ergebnis, die Beeinträchtigungen seien hoch, mittel oder gering.

Insgesamt öffnet die Methode der Willkür Tür und Tor, rechtssichere Bewertungen sind mit ihr allein nicht zu erstellen.

Rückkehr der Formalisierung

Knospe (1998) stellt zwei mögliche Vorteile der Methode heraus, die jedoch noch selten genutzt werden:

- Es ist leicht möglich, "wertbestimmende", also entscheidungserhebliche, Kriterien herauszustellen[46].
- Die verbale Aggregation kann über direkte Vergleiche und Ausschlusskriterien erfolgen.

Die verbal-argumentative Bewertung gilt als *die* nicht formalisierte Methode. Aber in der Praxis werden in Teilen immer wieder Formalisierungen vorgenommen, indem mit Tabellen, Rangordnungen, Matrizen, Checklisten, Prüfkriterienkatalogen etc. gearbeitet wird.

Der Grund dafür liegt darin, dass die Komplexität anders nicht nachvollziehbar zu bewältigen ist. Ergebnis ist oft eine halbherzige Rückkehr zur Ökologischen Risikoanalyse oder zu Elementen davon, indem Zielsysteme, ordinale Rangfolgen, Relevanzbäume, Präferenzmatrizen oder zumindest die Begriffe Beeinträchtigungsintensität, Empfindlichkeit und Risiko benutzt werden.

Auch das "Handbuch der argumentativen Bewertung" (Knospe 1998) geht diesen Weg. Es setzt sich sogar - aufbauend auf dem Beispiel aus Wiesbaden - zum Ziel, die Methode zu formalisieren, indem Arbeitshilfen im Sinne eines Baukastens präsentiert werden, die Zielsysteme, schutzgutbezogene Kriterienkataloge, Textbausteine, Indikatoren und Verknüpfungsregeln vorgeben. Dies alles ist eng an die Ökologische Risikoanalyse angelehnt (Knospe 1998, 22) und handelt sich damit wiederum einen Großteil deren Probleme ein.

---

45 Das Umweltqualitätszielkonzept Wiesbaden ist hier eine Ausnahme.

46 Dies wird meist eher bei der Relevanzbaummethode angetroffen.

7.8.5 Anwendungsbereiche der Methode

Man kann die verbal-argumentative Bewertung trotz ihrer Mängel nicht zu den Akten legen, denn es gibt sinnvolle Anwendungsbereiche.

- Sie ist eine wichtige Ergänzung zu Raumempfindlichkeitsuntersuchung, Ökologischer Risikoanalyse und Bilanzierung.
- Bei einfach gelagerten Fällen, wie z. B. Bebauungsplänen für Ein- und Mehrfamilienhäuser, verbietet der Verhältnismäßigkeitsgrundsatz den Einsatz komplizierter formalisierter Methoden; dann ist eine kurze verbale Argumentation oft auch sachbezogen empfehlenswert und transparent, weil sie schnell die weniger relevanten Auswirkungen deutlich machen kann.
- Bei der hoch aggregierten Abwägung (s. Kap. 4.5.2) zwischen den Schutzgütern oder verschiedenen Belangen ist die Aufstellung von Verrechnungseinheiten nicht möglich und Formalisierung meist unangemessen. Die dann nötige politische oder juristische Entscheidung kann besser verbal-argumentativ dokumentiert werden.

Die heutige Bewertungspraxis ist gekennzeichnet durch einen Methodenmix, bestehend aus Checklisten (Kap. 5.4.4), Bilanzierung (Kap. 7.7), Relevanzbaum (Kap. 7.2), Präferenzmatrix (Kap. 7.1), Raumempfindlichkeitsuntersuchung (Kap. 7.5), Ökologischer Risikoanalyse (Kap. 7.6) und verbal-argumentativer Bewertung. Was jeweils zum Einsatz kommt, hängt von der Komplexität und der Datenverfügbarkeit im Einzelfall ab.

Literatur

KNOSPE, F., 1998: Handbuch zur argumentativen Bewertung. Methodischer Leitfaden für Planungsbeiträge zum Naturschutz und zur Landschaftsplanung, 390 S., Dortmund.

LANDESHAUPTSTADT WIESBADEN - UMWELTAMT (Hrsg.), 1995: Handlungsanweisung zur Durchführung von UVPs in Bebauungsplanverfahren, 231 S., Dortmund (UVP-Spezial, 11).

ORTGIESE, M., 1997: Räumliche Planung unter Unsicherheit, Karlsruhe (Schriftenreihe des Instituts für Städtebau und Landesplanung, 28).

OTTO-ZIMMERMANN, K., 1989: Beispiele angewandter Bewertungsverfahren. In: Hübler, K.-H.; Otto-Zimmermann, K. (Hrsg.): Bewertung der Umweltverträglichkeit. Bewertungsmaßstäbe und Bewertungsverfahren für die Umweltverträglichkeitsprüfung, 143-196, Taunusstein.

STRASSERT, G., 1995: Das Abwägungsproblem bei multikriteriellen Entscheidungen. Grundlagen und Lösungsansatz unter besonderer Berücksichtigung der Regionalplanung, Frankfurt a.M.

WEILAND, U., 1994: Strukturierte Bewertung in der Bauleitplan-UVP. Ein Konzept zur Rechnerunterstützung der Bewertungsdurchführung, 203 S., Dortmund (UVP-Spezial, 9).

7.9 Grundfragen der Bewertung

Dietrich Fürst, Frank Scholles

7.9.1 Zweck und Struktur von Bewertungsmethoden

Zweck im Planungsprozess

Im Planungsprozess sind sowohl der derzeitige Zustand als auch geplante bzw. prognostizierte Zustände zu bewerten. Die Bewertung nimmt einen Ist-Soll-Vergleich vor, d. h. sie setzt die beschriebenen Zustände in Beziehung zu gesetzten Zielen. Dazu werden bestimmte Methoden verwendet.

Mit Bewertungsmethoden soll die Rationalität fachlicher und politischer Entscheidungen erhöht werden, indem die Rationalität der Entscheidungsvorbereitung erhöht wird. Die Praxis lässt bei der Auswahl von Bewertungsmethoden häufig Rationalität vermissen, bisweilen werden geradezu Glaubenskämpfe um die "richtige" Methode geführt.

Strukturen intuitiver Bewertung

Jeder Mensch steht ständig vor Entscheidungssituationen, in denen er Alternativen bewerten muss. Dies tut er, indem er entweder wie die Evolution mit Versuch und Irrtum arbeitet oder routinemäßig nach Erfahrungsmustern und Erwartungshaltungen auf Bewährtes zurückgreift. Diese Art der Bewertung geschieht bisweilen bewusst, oft auch unbewusst, selten aber formalisiert oder strukturiert. In jedem Fall wird eine Relation zwischen dem wertenden Subjekt und einem gewerteten Objekt oder Sachverhalt hergestellt.

Erst wenn nachgefragt wird, warum man denn so und nicht anders entschieden habe, forscht man nach

Gründen, also Strukturen. Dabei wird meist klar, dass die intuitive Bewertung aus komplizierten Wechselwirkungen zwischen indikativen und normativen, z. T. auch emotionalen Elementen besteht.

Das menschliche Gehirn nimmt die Umwelt immer selektiv wahr, weil es sonst der schieren Anzahl der über die sechs Sinne einströmenden Impulse nicht Herr werden kann. Diese Selektion ist willentlich steuerbar. Intuitive Bewertung beruht auf eingeschränkter Wahrnehmung der Realität.

Bewertung im politischen Bereich

Die rein intuitive Bewertung muss im Bereich politischer Entscheidung versagen, denn

- die Komplexität der Probleme führt bei intuitiver Bewertung zu hoher Irrtumswahrscheinlichkeit
- die Auswirkungen von Irrtümern können gravierend sein
- die Politik ist gegenüber den Betroffenen zur Rechenschaft über ihre Entscheidungen verpflichtet.

Mit bloßer Rationalität lassen sich politische Entscheidungen jedoch auch nicht fällen, denn allein mit formaler Logik wird man nicht abwägen können, welche von mehreren Möglichkeiten die besten ist. Ohne politische Instinkthaftigkeit geht es häufig nicht. Entscheidung kombiniert Rationalität mit Intuition (vgl. Goleman 1997, 74 ff.).

Daraus kann man erste Anforderungen an Bewertungsmethoden ableiten:

- Sie sollen die Komplexität reduzieren. Dazu dienen Selektion, Aggregation.
- Sie sollen die Schadensintensität kennzeichnen. Dazu dient Wertzuordnung.
- Sie sollen transparent und nachvollziehbar für die Betroffenen sein, nicht jedoch die Entscheidung ersetzen.

Selektivität, Informationsverlust

Bewertungsmethoden versuchen, den im menschlichen Gehirn ablaufenden Urteilsbildungsvorgang vereinfacht nachzubilden. Ein Informationsverlust ist dabei zwangsläufig, da Komplexität reduziert werden muss, um das Problem handhabbar zu machen. Es muss vereinfacht werden. Allerdings sollte der Informationsverlust rekonstruierbar bleiben (vgl. Bechmann 1988; Cerwenka 1984).

Menschen, Gruppen, Institutionen, Entscheidungsträger nehmen die Umwelt selektiv wahr. Das Regulativ sind Werthaltungen. Für Bewertungsmethoden bedeutet dies, dass sie auf das Wesentliche, Relevante, Entscheidungserhebliche reduzieren müssen. Das Regulativ sind Zielsysteme (s. Kap. 4.1). Erst durch selektive Wahrnehmung der Realität wird eine Auswahl zwischen Alternativen (Entscheidung) möglich.

Sach- und Wertebene

Der Urteilsbildungsprozess soll möglichst so zerlegt werden, dass indikative und normative Elemente sauber getrennt sind. Denn die indikative Seite kann man den Fachleuten, der Wissenschaft, überlassen, die normative Seite ist wesentlich Sache der Politik. Beide, indikative und normative Elemente, sind konstitutiv für die Bewertung; eine objektive Bewertung kann es nicht geben (vgl. Cerwenka 1984), sodass jede Bewertung und jede Bewertungsmethode Konvention ist und damit Gegenstand von (Wert-) Diskussionen sein kann. Allerdings lassen sich Sach- und Wertebene nicht immer sauber trennen (vgl. u.).

Politische Bewertung stellt wie intuitive Bewertung eine Relation zwischen wertendem Subjekt und gewertetem Sachverhalt her (vgl. Bechmann 1989). Das wertende Subjekt ist hier die Gesellschaft, repräsentiert durch Entscheidungsträger. Bei einer fachlichen Bewertung ist das wertende Subjekt dagegen ein Experte.

Um die Relation herstellen, also bewerten zu können, werden gebraucht:

- eine Abbildung der Wirklichkeit, denn man kann nur bewerten, was man kennt
- ein Wertsystem oder Zielsystem als normative Basis
- ein wertendes Urteil, das das Wertsystem auf den konkreten Fall anwendet.

Woher kommt das Wertsystem?

Die Bewertung verknüpft die Abbildung der Wirklichkeit und das Wertsystem des wertenden Subjekts (Bechmann 1989).

Es stellt sich hier die Frage, wer wertendes Subjekt ist und damit welches Wertsystem zur Anwendung kommt. Ist das Subjekt ein *Individuum*, liegt sein persönliches Wertsystem zugrunde (intuitive Bewertung, s. o.)

Bei fachlichen Stellungnahmen ist das wertende Subjekt eine *Fachdisziplin oder Gruppe* (Lobby), sodass ein fachliches oder gruppenspezifisches Wertsystem zugrunde liegt, das die Bewertung bestimmt, gewissermaßen durch eine bestimmte Brille betrachtet: aus der Sicht von z. B. Naturschutz und Landschaftspflege oder des ADAC.

Bei *politischen Entscheidungen* liegt das Wertsystem des Entscheidungsträgers zugrunde. Daher sollte das in Gutachten zu verwendende Wertsystem vom Entscheidungsträger vorgegeben werden, z. B. als Umweltqualitätszielkonzept (vgl. Fürst et al. 1992; UVP-Förderverein 1995).

Ist dies nicht der Fall, muss das verwendete, zunächst gutachtlich zu entwickelnde Wertsystem vom Entscheidungsträger akzeptiert werden, sonst ist die ganze Bewertung sinnlos. Dies ist im Einzelfall schmerzhaft, denn Umweltgutachter vertreten häufig selbst Wertsysteme und diese sind beileibe nicht immer identisch mit denen der Politik oder des Auftraggebers. Jedoch ist kein Gutachter oder Planer legitimiert, sein Wertsystem als Expertenleitbild zu verabsolutieren und der Politik vorzugeben.

Bewertungsmethoden als nach Regeln ablaufender Prozess

Bewertungsmethoden sind regelhafte Verknüpfungen von Sachinformation und Wertmaßstäben zu einem Werturteil. Sie strukturieren und reglementieren den komplexen Vorgang sowohl formal als auch inhaltlich. Sie basieren also auf Regeln. Diese lassen sich einteilen in

- Zuordnungsregeln ("Der Biotoptyp Halbtrockenrasen ist regional bedeutsam.") und
- Aggregationsregeln oder Wertsynthese[47] ("Die Schutzwürdigkeit eines Biotoptyps ergibt sich aus seiner Seltenheit, Repräsentanz, Gefährdung, ...")

Elemente von Bewertungsmethoden

Bewertung sollte auf einem angemessenen und zutreffenden Sachmodell fußen. Angemessen bedeutet nicht möglichst genau, denn es ist unmöglich, alle Elemente des Systems Umwelt mit ihren Beziehungen zu erfassen und zu erklären. Der Grad der Genauigkeit hängt vom Planungsmaßstab und der Art der Auswirkungen ab. Wenn sämtliche Energie in die Optimierung des Sachmodells gesteckt wird, bleibt keine Zeit für die Bewertung. Außerdem sind genauere Modelle nicht immer die richtigeren.

Die Bewertung sollte sich explizit auf Ziele (Werte) beziehen. Sie sollte eine Struktur besitzen und zu einer Reihung von bewerteten Alternativen führen.

Bewertungsmethoden bestehen daher aus:

- einem Sachmodell
- einem Zielsystem
- Bewertungsregeln zur Wertzuordnung und Wertsynthese/Aggregation.

Anforderungen an Bewertungsmethoden

Zweckdienliche Bewertungsmethoden sollten folgende formale Anforderungen erfüllen (vgl. Weiland 1994, 51 f.):

- *Intersubjektivität*: Nach der Festlegung von Zielsystem und Bewertungsregeln sollen die Ergebnisse von der Person des Anwenders unabhängig sein.
- *Reliabilität* (Verlässlichkeit): Ein wiederholter Durchlauf der Methode unter gleichen Rahmenbedingungen muss zu den gleichen Ergebnissen führen.
- *Validität*: In den Werturteilen müssen sich die Inhalte und Prioritäten des zugrunde gelegten Zielsystems widerspiegeln.
- *Trennung von Sach- und Wertelementen*: Die Werturteile sollen sich auf ein explizites Ziel- oder Wertsystem beziehen, sodass indikative und normative Aussagen soweit wie möglich unterschieden werden können.
- *Strukturkonsistenz*: Die Bewertungsstruktur soll formal konsistent sein und zu einer konsistenten Ordnung der zu bewertenden Alternativen führen.
- *Transparenz und Nachvollziehbarkeit*: Das Sachmodell, die Struktur, Bewertungsmaßstäbe, Bewertungsergebnisse und alle Bewertungsschritte sollen für Gutachter, Verfahrensbeteiligte, Entscheidungsträger und Öffentlichkeit durchschaubar und nachvollziehbar sein.

In der Planungspraxis kommen pragmatische Anforderungen hinzu: Zielorientierung, klare Begriffsdefinitionen, geringer Zeitaufwand verbunden mit Kostenminimierung, Orientierung am Stand der Technik.

Methoden bestimmen die Wahrnehmung der Realität mit

Bewertungsmethoden sollen dem Entscheidungsträger nicht suggerieren, es gebe keinen Entscheidungsspielraum, weil alles "naturwissenschaftlich exakt bestimmt" sei und man daher gar nicht anders entscheiden könne.

---

47 Wie werden die Einzelbewertungen zu einer Aussage verknüpft?

Die abgebildete Wirklichkeit wird von den Methoden beeinflusst; diese haben Einfluss darauf, wie wir Realität wahrnehmen. Das kann soweit gehen, dass das, was für Wirklichkeit gehalten wird, lediglich ein Konstrukt bestimmter Methoden ist.

Mit der Methodenanwendung werden diverse implizite Werturteile gefällt. Das sollte man sich immer vor Augen führen, wenn Politiker dazu neigen, die Entscheidungsvorbereitung und damit ein Stück Verantwortung auf (renommierte) Gutachter zu übertragen. Diese müssen bei der Entscheidungsvorbereitung eine Fülle von Einzelentscheidungen treffen, meist im Wege der Auswahl zwischen mehreren Möglichkeiten. Vielfach ist ihnen noch nicht einmal bewusst, dass sie auswählen, wenn sie z. B. routinemäßig immer mit derselben Methode (z. B. der Ökologischen Risikoanalyse, s. Kap. 7.6) arbeiten. Deshalb kann man die Auswahl der Erfassungs- und Bewertungsmethoden nicht den (Natur-)Wissenschaftlern alleine überlassen.

Im Folgenden werden die wichtigsten "Fallstricke" von impliziten Entscheidungen kurz dargestellt, die man zu drei Problemfeldern zusammenfassen kann:
1. Abbildung der Realität im Sachmodell
2. Zuordnungsregeln
3. Aggregationsregeln

Zuerst soll jedoch das Rationalitätsproblem behandelt werden, denn wenn Bewertung Rationalität erhöhen soll, muss man sich darüber verständigen, was unter Rationalität verstanden wird.

7.9.2 Das Rationalitätsproblem

Was ist Rationalität?
Die wirtschaftliche und technische Entwicklung der westlichen Welt ist eng mit dem spezifischen Rationalitätsverständnis unserer Kultur verbunden. Rationalität ist lineares, logisches Zweck-Mittel-Denken. Rational ist das, was einen unmittelbaren kausalen oder funktionalen Bezug zwischen einer Zielsetzung und den Maßnahmen zum Erreichen dieses Ziels herstellt.

Rationalität wurde v. a. durch den Rationalismus zur herrschenden geistigen Orientierung des Handelns. Rationalismus ist ein Paradigma, das im 17./18. Jahrhundert insbesondere von den Philosophen Descartes, Spinoza, Leibniz und Wolff entwickelt worden ist und davon ausgeht, dass die Welt dem Verstand und der Vernunft gemäß strukturiert ist, also logisch erschließbaren Gesetzmäßigkeiten folgt, die mathematisch ausgedrückt und damit berechenbar gemacht werden können.

Rationalität und wirtschaftliches Handeln
Die Rationalität hat mit dem Prozess der Industrialisierung den Siegeszug durch die Gesellschaft angetreten und sukzessive alle Lebensbereiche durchzogen. Sie wurde zur Grundlage der Technikentwicklung und des wirtschaftlichen Umgangs mit knappen Ressourcen. Wirtschaftlich ist Handeln dann, wenn ein Ziel mit den geringsten Aufwendungen erreicht oder wenn mit gegebenen Aufwendungen ein Maximum an Zielerreichung erlangt wird. Handeln ist dann effizient.

Rationalität hat den Vorzug, dass sich Handlungsregeln ableiten lassen, die nachprüfbar und intersubjektiv vergleichbar sind. Damit verbindet sich Berechenbarkeit und Kalkulationssicherheit, was die Kosten des Handelns erheblich reduziert.

Bedeutung für moderne Gesellschaften
Die der Rationalität verpflichteten Regeln des Handelns sind Grundlage der Entwicklung moderner westlicher Gesellschaften in allen ihren Subsystemen[48]. Dazu gehört zum einen der "Prozess der Zivilisation", wie Elias (1976) die Unterwerfung aller Lebensbereiche unter die Rationalitätsmaxime bezeichnet. Zum anderen sind aber auch das Konzept der Demokratie[49] und insbesondere Webers Bürokratiemodell sowie die Logik der marktwirtschaftlichen Steuerung (Adam Smith) darunter zu subsumieren.

Dass dieses Paradigma nicht einer "natürlichen" Grundlage der menschlichen Entwicklung entsprechen muss, zeigen die anderen Entwicklungspfade der asiatischen oder der afrikanischen Gesellschaften. Erstere gehen eher von Spannungsverhältnissen zwischen Gegensätzen aus, die zu einem (vorübergehenden) Gleichgewicht zu bringen sind, letztere lassen sich in ihrem Denken eher von organisch-zyklischen Modellen leiten.

Kritik am Rationalitätsdenken
Rationalitätsdenken wurde lange Zeit als eine selbstverständliche Voraussetzung der Moderne betrachtet. In-

---

48 "Projekt Moderne" - Habermas (1985)

49 rationales und kontrolliertes politisches Entscheidungshandeln

zwischen wird auch auf die Kosten dieses Denkens aufmerksam gemacht:
- Es läuft in seiner borniertеn (sektoralen und linear-logischen) Form Gefahr, reduktionistisch zu wirken. Komplexität wird zu stark vereinfacht und damit tendenziell falsch wahrgenommen. Dieses Problem ist im Zuge der Umweltdiskussion offenbar geworden. Dagegen wurde das Konzept des "vernetzten Denkens" oder "inklusiven Denkens" (Capra 1983; Vester 1978) im Sinne asiatischer Paradigmen gesetzt.
- Die "68er" haben dem Rationalitätsdenken eine technokratische Verselbstständigung vorgeworfen, die der Komplexität psycho-sozialer und politischer Beziehungen einer Gesellschaft nicht gerecht werde. Sie vereinfache Beziehungen auf einen naturwissenschaftlich fassbaren Ausschnitt, vernachlässige aber die Folgen für soziale Systeme und führe zu einer "seelenlosen Entscheidungsmaschinerie".
- Rationalismus kann zu individuell-utilitaristischem Verhalten führen, das die Logik des Egoismus fördert, aber gemeinschaftliches Handeln und Denken in Gemeinschaftsbezügen beeinträchtigt.
- Rationalitätsdenken kann in übersteigerter Form zum Ritual werden. Beispielsweise wird politische Interessendurchsetzung "rational" begründet, indem sich Lobbyisten einer rationalen Argumentation bedienen. Aber in Wirklichkeit setzen sie nur ihre blanken egoistischen Ziele durch.

Einordnung der Kritik
Die Kritik schüttet das Kind bisweilen mit dem Bade aus, weil mit unterschiedlichen Rationalitätsbegriffen operiert wird. Es macht einen Unterschied, ob Rationalität als eigenständige Gesellschaftsphilosophie und damit als Oberziel (s. Kap. 4.2.1) oder lediglich als Hilfsmittel betrachtet wird. Damit wendet sich die Kritik nicht gegen die Rationalität als Handlungsprinzip, sondern gegen Rationalität als Selbstzweck.

Bedeutung der Rationalität für die Planung
Planung kann ohne Rationalität nicht auskommen, weil sie Berechenbarkeit und Umgang mit knappen Ressourcen sichert und damit die Grundlage für Kommunikation und wirtschaftlicher Interaktion ist. Allerdings ist das Rationalitätsprinzip nicht immer durchzuhalten. Gründe dafür leuchten ein:
- Die hohe Komplexität ökologischer und sozialer Systeme lässt sich nicht in einfachen Kausal- und Funktionsbeziehungen abbilden.
- Wenn Planung sich auf einfache Beziehungen zurückzieht, verdrängt sie politische Entscheidungen und entwickelt sich zu einem technokratischen Konzept. Technokraten glauben zu wissen, was für die Gesellschaft gut und richtig ist (s. Kap. 4.6). Diese wissenschaftliche Anmaßung nimmt zu, weil Wissenschaftler sich immer mehr berufen fühlen, ihr Fachwissen zur Beurteilung gesellschaftlicher Probleme einzusetzen und Handlungsanweisungen abzuleiten[50].
- Umgekehrt gibt es ein zunehmendes Bedürfnis, Wissenschaft von Wertungen frei zu halten und eine strikte Trennung zwischen naturwissenschaftlich-technischen Aussagen und politischen Wertungen vorzunehmen[51]. Umso wichtiger wird es dann, die impliziten Wertungen in wissenschaftlichen Aussagen offen zu legen.
- Ein Verzicht auf Wertungen in der Sachverhaltsermittlung führt häufig zu intensiven Datenerhebungen, ohne dass die zusätzlichen Daten einen wesentlichen Beitrag zur Problemlösung leisten. So entstehen Datenfriedhöfe.
- Auf Berechenbarkeit verkürzte Rationalität, die nur mit mathematischen Modellen arbeitet, ist reduktionistisch, weil sie nicht quantifizierbare Eigenschaften ausblendet und die einfachen linearen Abbildungsformen den komplexen systemischen vorzieht.

7.9.3 Abbildung der Realität im Sachmodell

Abbildungsgenauigkeit
Modelle bilden die Realität ab, indem sie Komplexität zweckgerichtet reduzieren. Jede Abbildung der Realität beruht auf einem Modell. Bereits die Einteilung der Umwelt in Schutzgüter gemäß § 2 des UVP-Gesetzes beruht auf einem Modell.

Für die Modellierung gilt nach wie vor, was bereits Scharpf (1982, 86 f.) festgestellt hat: Quantitative Pro-

---

50 Dabei wird erkennbar, dass keineswegs einheitliche Einschätzungen seitens verschiedener Wissenschaftler abgegeben werden, sondern Schulen-Streite, Gefälligkeitsgutachten und Methodendiskussionen auftreten, was wiederum das Ansehen der Wissenschaft sinken lässt.

51 vgl. hierzu das UVP-Gesetz: § 6 - Ermittlung und Beschreibung sowie § 11 - Zusammenfassende Darstellung einerseits und § 12 - Bewertung andererseits

gnosemethoden (s. Kap. 6.3) oder Simulationsmodelle können nur in wohl definierten Systemen eingesetzt werden; viele Umweltbeziehungen sind jedoch schlecht definiert, sodass die Algorithmisierung scheitern muss. Die Abbildung der Umwelt erfolgt daher über Indikatoren (s. Kap. 5.1.2).

Die Genauigkeit des Modells hängt von Planungsmaßstab ab. Für die Landschaftsrahmenplanung im Maßstab 1:25.000 wird kein so genaues Modell benötigt wie für eine Grünordnungsplanung im Maßstab 1:1.000, dafür muss das erste Modell für einen größeren Raum Aussagen ermöglichen. Das hat Folgen für die Indikatoren. Wer die Karte der potenziell natürlichen Vegetation im Maßstab 1:250.000 mit einer Biotoptypenkarte 1:1.000 verschneidet, kann nicht erwarten, brauchbare Ergebnisse zu erhalten, auch wenn er es schafft, die beiden Karten mithilfe grafischer Datenverarbeitung auf dieselbe Größe zu zoomen.

Höhere Modellgenauigkeit führt nicht zwangsläufig zu besseren, richtigeren Modellen; sie erhöht die Zahl der Indikatoren und Beziehungen und damit die Möglichkeit, sich Parameterfehler einzuhandeln. Rowe (1977) bezeichnet diesen Zusammenhang als "Information Paradox". Bewertungsmethoden, die auf Sachmodellen mit sehr vielen Indikatoren beruhen, sind daher nicht unbedingt richtiger, aber sicherlich schwerer durchschaubar als einfache Modelle, die sich auf das Wesentliche konzentrieren.

Abbildungsselektivität

Modelle sind zweckorientiert. Daher wird die Realität notwendigerweise selektiv abgebildet (s. o.). Die Modellierung ist ebenso wie die Indikatorenauswahl mangels anerkannter Richtlinien eine fachliche Konvention sowie eine Frage der Zweckmäßigkeit.

Die Praxis insbesondere der UVP steht bei nahezu jedem Gutachten vor dem Problem, Indikatoren suchen zu müssen. Diese werden oft mangels Konsens der Fachleute vom Gutachter frei ausgewählt und unterscheiden sich damit von Untersuchung zu Untersuchung. Dadurch wird jedoch die Vergleichbarkeit ähnlich gelagerter Fälle und damit die Nachvollziehbarkeit der Aussage erschwert, wenn nicht derselbe Gutachter tätig war.

Neben Indikatoren "nach Art des Hauses" trifft man auch auf Unterschiede, die auf Ausbildungsgängen beruhen. Landschaftsplaner neigen oft dazu, für die Schutzgüter Pflanzen und Landschaft sehr differenzierte Indikatorensysteme zu verwenden, Geografen und Bodenkundler erkennt man an der Differenzierung beim Schutzgut Boden, Meteorologen und Verfahrenstechniker stellen die Schutzgüter Klima und Luft in den Vordergrund. Das bedeutet aber, dass die Realität in einer Weise selektiv abgebildet wird, die nichts mit dem Zweck der Bewertung zu tun hat, sondern mit den Kenntnissen und Vorlieben der Gutachter. Dies führt zu Konstruktion von Wirklichkeit, indem nur wahrgenommen wird, wofür man einen Blick hat, d. h. was man wahrzunehmen gelernt hat.

Gewichtung

Oft werden Indikatoren zu Indizes zusammengefasst, z. B. bei der Gewässergüte oder gar als Ökologisches Risiko. Dann ist es eine zentrale Frage, wie wichtig die einzelnen Indikatoren im Systemzusammenhang sind, wie sie also gewichtet werden. Neben der Indikatorenauswahl steckt hinter ihrer Gewichtung eine schwerwiegende implizite Wertung.

Das Problem der Gewichtung der Variablen hat inzwischen sogar die Gerichte intensiv beschäftigt. Planer dürfen solche Gewichtungen nicht willkürlich wählen, sondern müssen dabei das Gebot der Verhältnismäßigkeit beachten und die Bedeutung der Indikatoren im jeweiligen System "richtig" einschätzen.

7.9.4 Zuordnungsregeln

Mit Zuordnungsregeln werden empirische Befunde und Messungen auf einer Werteskala abgebildet. Sie stellen also die Skalierungen der Indikatoren dar. Dabei sind zwei Entscheidungen zu treffen, die implizite Wertungen beinhalten:

- Skalenniveau
- Klasseneinteilung.

Skalenniveau

Die möglichen Skalenniveaus (Nominal-, Ordinal-, Intervall-, Verhältnisskala) wurden bereits in Kapitel 5.1.1 behandelt. Je nach dem, welches Skalenniveau man wählt, erzeugt man einen anderen Umgang mit der Wirklichkeit.

Nominalskalen sind wohl die "ehrlichsten" Zuordnungen, denn sie erhalten alle Informationen, indem sie etwas Vorhandenes oder nicht Vorhandenes lediglich beschreiben und typisieren.

Kardinale Zuordnungen suggerieren, es gebe eine allgemein anerkannte Nutzenfunktion, auf der man detailliert ablesen könnte, wie hoch der Nutzen eines bestimmten Indikators ist. Kardinale Nutzenzuordnung unterstellt, dass die Ausprägung A eines Indikators (z. B. Biotoptyp Hochmoor) als "zweimal so hoch" oder "halb so hoch" wie die Ausprägung B eines Indikators (z. B. Biotoptyp Niedermoor) ausgedrückt werden kann - das ist logisch eigentlich unmöglich. Aber in dem Moment, in dem man mit Nutzenindikatoren rechnet wie mit Parametern, die sich in Metern oder Gramm ausdrücken lassen, schafft man eine eigene Welt, in der nicht nur festgelegt werden kann, dass Hochmoor besser ist als Niedermoor, sondern auch dass es um ein Vielfaches besser ist; der Abstand zwischen Hoch- und Niedermoor kann dann kardinal (absolut) festgelegt werden. Oder bei den Gefährdungskategorien der Roten Listen: 1 ist hier nicht doppelt so gefährdet wie 2 und 2 nicht doppelt so gefährdet wie 4, denn 1 bedeutet "vom Aussterben bedroht", 2 "stark gefährdet" und 4 "potenziell gefährdet".

Rote Listen bieten ordinale Skalen. Die Welt der ordinalen Zuordnung sieht bescheidener aus als die der kardinalen. Man weiss zwar, dass 1 stärker gefährdet ist als 2 und dass Hochmoore wertvoller sind als Niedermoore, aber ob dazwischen große oder marginale Abstände liegen, kann ordinal nicht bestimmt werden. Ordinale Messung ist insofern realistisch, als sie der menschlichen Nutzenbestimmung am nächsten kommt. Nutzen kann nicht kardinal gemessen werden, denn es gibt keine allgemein verbindliche Nutzenskala wie das Metermaß, an dem man den Nutzen jedes einzelnen Indikators exakt ablesen könnte.

Die meisten Indikatoren in der Raum- und Umweltplanung sind ordinal skaliert. Der Übersichtlichkeit halber werden die Klassen bzw. Stufen i.d.R. codiert und zwar mit Ziffern. Formale und logische Probleme treten immer dann auf, wenn diese Ziffern kardinales Eigenleben zu entfalten beginnen und mit ihnen gerechnet wird. Dann geht die dahinter stehende verbale Interpretation verloren.

Wenn z. B. das Wasser in einem naturnahen, kalkarmen Bach (Hyporhithral, gefährdeter Biotoptyp) sehr gering belastet ist, kann man das im Norddeutschen Tiefland als Biotopgefährdung 3 (Riecken et al. 1994) und Güteklasse I (LAWA 1985) einstufen. Ein naturnahes, kalkreiches Hyporhithral mit mäßig belastetem Wasser bekäme hier Biotopgefährdung 2 und Güteklasse II. Wenn jetzt die Frage aufkommt, in welches Gewässer das geklärte Wasser einer Kläranlage eingeleitet werden soll, trifft man bisweilen auf folgende Argumentation: Bach A: $(3 + 1) / 2 = 2$ und Bach B: $(2 + 2) / 2 = 2$ (keine Entscheidung möglich), also wird die Biotopgefährdung mit 2 gewichtet, sodass für A $(2 * 3 + 1) / 2 = 3,5$ und für B $(2 * 2 + 1) / 2 = 2,5$ herauskommt, also kommt die Kläranlage an Bach B. Aber was will uns das sagen? Zwei mal gefährdeter Biotoptyp plus sehr gering belastetes Wasser dividiert durch zwei ergibt 3,5 Nutzeneinheiten? Das ist formal unzulässig, weil in Ordinalskalen nicht addiert, multipliziert und dividiert werden darf und schon gar keine Dezimalwerte herauskommen können, und es ist inhaltlich nichtssagend und gespickt mit impliziten Wertungen. Man kann Äpfel nicht mit Birnen verrechnen; man kann aber sehr wohl Äpfel mit Birnen vergleichen, also Äpfel gegenüber Birnen bevorzugen (oder umgekehrt), aber nur auf einer Ordinalskala.

Um kardinales Eigenleben auszuschließen, sollte man Ordinalskalen entweder mit Buchstaben[52] oder mit grafischen Symbolen (wie im Beispiel in Kap. 7.6.5) codieren.

Klasseneinteilung

Wenn die Ordinalskala für die Umweltplanung sachgerechter ist als die Kardinalskalen, dann stellt sich die Frage nach der Klasseneinteilung, denn Ordinalskalen ordnen, sie klassifizieren. Bei den oben angeführten Beispielen Rote Liste und Gewässergüte liegen fachlich anerkannte Klassifizierungen auf ordinalem Niveau vor. Probleme beginnen immer da, wo es solche Konventionen nicht gibt und der Gutachter selbst klassifizieren muss. Wie sollen die Klassen geschnitten werden? Alles was in eine Klasse kommt, erhält denselben Wert und ist danach nicht mehr unterscheidbar. Jede Grenze, die zwischen zwei Klassen gesetzt wird, ist künstlich und damit normativ. Sie kann allerdings mehr oder weniger gut begründet sein. In der Raum- und Umweltplanung sollten solche Klassen nicht mathematisch (linear oder mit Formeln) oder statistisch (mit Häufigkeitsverteilungen oder Wertlücken) begründet werden, sondern sachlich oder rechtlich. Dazu können rechtlich vermittelte, private oder naturwissenschaftlich begründete Standards herangezogen werden (vgl. Fürst et al. 1992).

---

52 A, B, C geben eine Reihenfolge an, ohne dass sie zum Rechnen verleiten.

Wenn es auch diese nicht gibt, stellt die Relevanzbaummethode (s. Kap. 7.2) die derzeit transparenteste Herleitung dar.

Insbesondere bei der Umweltverträglichkeitsprüfung ist die transparente Herleitung Gegenstand umfangreicher Abhandlungen (vgl. Scholles 1997).

Aber auch mit Ordinalskalen, naturwissenschaftlich begründeten Klassengrenzen und Relevanzbäumen sind implizite Wertungen verbunden, weil Entscheidungsträger und Öffentlichkeit diese Wertungen zwar vielleicht erkennen, aber auf keinen Fall sinnvoll diskutieren können. Sie können sie nur hinnehmen oder nicht. Sie können nicht die Auswirkungen der Wertungen auf das Ergebnis dadurch prüfen, dass andere Klassengrenzen oder andere Relevanzbäume eingesetzt werden. Zu diesem Zweck werden oft Gegengutachten vergeben.

7.9.5 Aggregationsregeln

Aggregation ist die problematischste Phase der Bewertung. Denn hier werden die vielen einzelnen Indikatoren zu einer oder wenigen Aussagen verdichtet.

Aggregation ist zwangsläufig mit Informationsverlusten verbunden, weil die Bedeutung der Indikatoren in der Gesamtaussage untergeht. Insofern sind Aggregations*regeln* wichtig. Sie geben an, wie die einzelnen Indikatoren zueinander gewichtet werden sollen[53] und wie die Verknüpfungsregel aussieht. Sollen die Indikatoren additiv und multiplikativ verknüpft (verrechnet) werden wie bei der klassischen Nutzwertanalyse (s. Kap. 7.4.3) oder soll es nur logische Verknüpfung (mit Boole'scher Algebra) geben wie bei der Nutzwertanalyse der 2. Generation (s. Kap. 7.4.7) und der Ökologischen Risikoanalyse (s. Kap. 7.6)?

Aggregation kann die Aussage verzerren. Bei kardinaler Nutzenzuordnung und entsprechender arithmetischer Verknüpfungsregel können sich Indikatoren wechselseitig substituieren: Ein extrem guter Wert bei dem einen Indikator kann mit einem extrem schlechten Wert bei einem anderen ausgeglichen werden. Dann kann man Wald womöglich ohne Weiteres in Grünland umwandeln, weil Wald zwar der wertvollere Biotoptyp sein dürfte, aber die Grundwasserneubildungsrate unter Grünland erheblich höher ist.

Leider ist die an sich sachgerechte logische Aggregation mit Boole'scher Algebra zunächst schwerer zu durchschauen; rechnen können wir alle, mit Mengenlehre haben viele ihre Probleme. Gerade Planer, die sich mit Bewertungsmethoden befassen, scheinen eine Scheu (oder Phobie?) vor mathematischen Ausdrucksweisen und eine Affinität für Schemata und Argumentationen zu haben. Jedoch können Formeln häufig die Zusammenhänge prägnanter und komprimierter wiedergeben als mehrseitige verbale Darstellungen. Spätestens bei der Umsetzung von Methoden in Geo-Informationssysteme merkt man, dass sich die meisten Schemata mathematisch ausdrücken lassen und auch für den Rechnereinsatz so ausgedrückt werden müssen. Manche implizite Wertung wird dadurch erst offenbar.

Wenn aber Bewertung der Entscheidungsvorbereitung dienen soll, muss aggregiert werden, denn sonst ist die Informationsmenge nicht überschaubar. Die Frage ist, wie weit man aggregieren soll:

- Soll man alles zu einem Wert (Nutzwert oder Nutzen-Kosten-Verhältnis) zusammenfassen[54]?
- Soll bis auf die Ebene der Nachhaltigkeitssäulen Wirtschaft, Umwelt, Gesellschaft aggregiert werden?
- Soll im Umweltbereich bis auf die Ebene der Schutzgüter[55] aggregiert werden. Das kann schon unübersichtlich werden.
- Oder soll noch weiter unten Schluss gemacht werden, indem z. B. Wasser getrennt nach Oberflächen- und Grundwasser bewertet wird?

Hier kann keine allgemein gültige Empfehlung gegeben werden. Wenn Bewertung der Entscheidungsvorbereitung dient, muss zunächst geklärt werden, wozwischen zu entscheiden ist. Es werden sicherlich nicht in jedem Fall entscheidungserhebliche Auswirkungen auf jedes Schutzgut zu erwarten sein. Daher hängt es auch vom Einzelfall ab, wie weit man aggregieren soll. Dabei sollte noch nachvollziehbar sein, welches im Einzelfall die Ausschlag gebenden, entscheidungserheblichen Kriterien sind. Bewertung dient der Entscheidungs*vorbereitung*. Ein Gutachter sollte einen Entscheidungs*vorschlag* machen, diesen aber deutlich als solchen kennzeichnen.

---

53 sofern sie denn gewichtet werden sollen

54 Das erscheint weder sachgerecht noch nötig, Abwägung zwischen den Belangen sollte dem Entscheidungsträger überlassen bleiben.

55 Menschen, Tiere, Pflanzen, Boden, Wasser, Luft, Klima, Landschaft, kulturelles Erbe, Sachgüter

7.9.6 Fazit

Bewertung und Verwaltung

Bewertungsmethoden sind sehr problematisch; sie müssen dennoch verwendet werden, denn es entspricht dem Verwaltungshandeln, Regeln zu haben, die Entscheidungen "objektivieren" und damit Entscheidungsträger entlasten. Gleichzeitig legitimieren die Regeln, weil sie deutlich machen, dass nicht willkürlich entschieden worden ist.

Wissenschaft nimmt immer stärker Einfluss auf Verwaltungshandeln, zum einen weil die Angehörigen des höheren Dienstes akademisch geschult sind und sich an die Wissenschaft rückbinden, zum anderen weil immer mehr Wissenschaftler "etwas bewegen" wollen und Politikberatung betreiben. Das führt dazu, dass Verfahren immer komplizierter werden und dass immer formalisierter bewertet wird.

Gerichte wirken in dieselbe Richtung. Weil Verwaltung ein Interesse an gerichtsfesten Entscheidungen hat, neigt sie zu Formalisierung, die nicht angefochten werden kann. Gerichte prüfen meist nur das formale Zustandekommen, selten jedoch inhaltlich.

Weg vom Hokuspokus

Dennoch gibt es eine Gegenbewegung, die weg will vom "Bewertungshokuspokus" (Cerwenka 1984) und hin zu politischen Diskussionen.

Dafür sprechen immer mehr Stimmen in der Wissenschaft, aber auch die Betroffenen, die sich mit allzu komplizierten Modellen und Methoden über den Tisch gezogen fühlen. Auch von Seiten der Wirtschaft kommen Forderungen nach Vereinfachung, allerdings aus anderen Motiven: Verfahrensverkürzung, mehr Berechenbarkeit, weniger Untersuchungsaufwand, weniger Beteiligte, insbesondere bei Umwelt- und sozialen Belangen, kurz: für den "Standort Deutschland".

Daher ist die Situation in der Methodendiskussion ambivalent: Einerseits gibt es einen wachsenden Bedarf nach rationaler, interessenfreier Bewertung. Damit verbunden ist steigender politischer Rechtfertigungsbedarf. Bevölkerung und Medien nehmen Entscheidungen nicht mehr einfach hin, sondern erwarten plausible Begründungen, d. h. die Methode ist wichtig. Andererseits entfremden Methoden, weil sie zur Spielwiese für Spezialisten werden, die von Laien immer weniger kontrolliert werden können. Daher gibt es ein Misstrauen gegen Methoden.

Aus dem Dilemma kommt man nur heraus, wenn man einfache, nachvollziehbare Methoden nutzt oder wenn bei komplizierten Methoden Experten-Diskurse stellvertretend für die Bevölkerung durchgeführt werden. Bei konfliktbeladenen Fällen wird zunehmend von Moderation oder Mediation (vgl. Kap. 9.3) Gebrauch gemacht und damit eine Kombination von wissenschaftlichem Sachverstand, methodischer Differenziertheit und partizipativer Planung (vgl. Kap. 10) genutzt (vgl. v.d. Daele 1994).

Grundsätze zu Bewertungsmethoden

Es gibt plausible und implausible, zweckmäßige und unzweckmäßige Bewertungsmethoden, nicht aber richtige und falsche. Es gibt eben kein Bewertungs-Ei des Kolumbus.

Jede Bewertung ist normativ; objektive Bewertung gibt es nicht.

Jede Aggregation ist Informationsverlust. Aggregation ist aber nötig, um entscheiden zu können. Weil Vereinfachung für die Akzeptanz vor Ort nötig ist, muss man sich für einen Weg zwischen Realitätsnähe und Akzeptanz entscheiden.

Jede Bewertung bewegt sich zwischen Willkür und deterministischer, mechanistischer Verfahrensanweisung als Extrempolen, die unbedingt vermieden werden müssen, denn Bewertung muss akzeptabel und im Einzelfall flexibel sein. Bewertung bedeutet Verantwortung übernehmen.

Eine exakte Anweisung zur Auswahl einer Bewertungsmethode oder Kombinationen davon zu geben, ist nicht möglich und zwar prinzipiell. Wer dies versucht, versucht sich an der Quadratur des Kreises.

Literatur

BECHMANN, A., 1988: Grundlagen der Bewertung von Umweltauswirkungen, 23 S., Berlin (Storm, P.C.; Bunge, T. (Hrsg.): Handbuch der Umweltverträglichkeitsprüfung, 3510).

BECHMANN, A., 1989: Bewertungsverfahren - der handlungsbezogene Kern von Umweltverträglichkeitsprüfungen. In: Hübler, K.-H.; Otto-Zimmermann, K. (Hrsg.): Bewertung der Umweltverträglichkeit. Bewertungsmaßstäbe und Bewertungsverfahren für die Umweltverträglichkeitsprüfung, 84-103, Taunusstein.

CAPRA, F., 1983: Wendezeit. Bausteine für ein neues Weltbild, Bern.

CERWENKA, P., 1984: Ein Beitrag zur Entmythologisierung des Bewertungshokuspokus. Landschaft + Stadt 16 (4): 220-227.

DAELE, W. v.d., 1994: Technikfolgenabschätzung als politisches Instrument. Diskursives Verfahren zur Technikfolgenabschätzung des Anbaus von Kulturpflanzen mit gentechnisch erzeugter Herbizidresistenz, 58 S., Berlin (Veröffentlichungsreihe der Abteilung Normbildung und Umwelt am Wissenschaftszentrum Berlin für Sozialforschung, 94-301).

ELIAS, N., 1976: Über den Prozeß der Zivilisation: Soziogenetische und psychogenetische Untersuchungen, 2 Bde., Frankfurt/M.

GOLEMAN, D., 1997: Emotionale Intelligenz, München.

FÜRST, D.; KIEMSTEDT, H.; GUSTEDT, E.; RATZBOR, G.; SCHOLLES, F., 1992: Umweltqualitätsziele für die ökologische Planung. 1. Abschlußbericht. 2. Dokumentation der Fachgespräche am 24.11. und 8.12.89 in Berlin, 351+45 S., Berlin (UBA-Texte, 34/92).

HABERMAS, J, 1985: Der philosophische Diskurs der Moderne. Frankfurt/M.

LÄNDERARBEITSGEMEINSCHAFT WASSER (LAWA, Hrsg.), 1985: Die Gewässergütekarte der Bundesrepublik Deutschland, Bonn.

RIECKEN, U.; REIS, U.; SSYMANK, A., 1994: Rote Liste der gefährdeten Biotoptypen der Bundesrepublik Deutschland, 184 S., Bonn-Bad Godesberg (Schriftenreihe Landschaftspflege und Naturschutz, 41).

ROWE, J., 1977: An Anatomy of Risk, New York.

SCHARPF, H., 1982: Die ökologische Risikoanalyse als Beitrag zur Umweltverträglichkeitsprüfung in der Landwirtschaft. Dissertation, Hannover.

SCHOLLES, F., 1997: Abschätzen, Einschätzen und Bewerten in der UVP. Weiterentwicklung der Ökologischen Risikoanalyse vor dem Hintergrund der neueren Rechtslage und des Einsatzes rechnergestützter Werkzeuge, 273 S., Dortmund (UVP-Spezial, 13).

UVP-FÖRDERVEREIN, ARBEITSGEMEINSCHAFT UMWELTQUALITÄTSZIELE (Hrsg.), 1995: Aufstellung kommunaler Umweltqualitätsziele. Anforderungen und Empfehlungen zu Inhalten und Verfahrensweise, 69 S., Dortmund (UVP-Anforderungsprofil, 2).

VESTER, F., 1983: Unsere Welt - ein vernetztes System, München.

WEILAND, U., 1994: Strukturierte Bewertung in der Bauleitplan-UVP. Ein Konzept zur Rechnerunterstützung der Bewertungsdurchführung, 203 S., Dortmund (UVP-Spezial, 9).

Teil C
Methoden des Planungsmanagements

8. Strukturierungs- und Kreativitätsmethoden
8.1 Grundlagen der Kreativität
Magrit Putschky, Frank Scholles

8.1.1 Was ist Kreativität?

Wie läuft eine konventionelle Konferenz ab?

Eine konventionelle Konferenz läuft meist wie folgt ab: Man trifft sich mit dem Ziel, Lösungen zu finden. Der Vorsitzende, gleichzeitig Vorgesetzter, fragt in die Runde: "Wer weiß eine Lösung?" oder fordert auf: "Lassen Sie sich etwas einfallen!" Danach ist entweder Stille oder ein Mutiger äußert eine Idee. Ist diese Idee konventionell, nicken alle und sind froh, dass sie sich keine weiteren Gedanken machen müssen. Es passiert aber nichts Innovatives. Ist die Idee jedoch neu, ungewöhnlich, noch nicht ausprobiert und damit schwer zu beurteilen, passiert etwas Eigenartiges: Alle haben Einwände, zerlegen den gar nicht zu Ende gedachten Vorschlag in seine Einzelteile, kritisieren ihn. Damit ist er normalerweise erledigt und niemand traut sich mehr, etwas Kreatives vorzuschlagen.

Die üblichen Standard-Argumente sind: "So etwas haben wir ja noch nie gemacht; das ist hier nicht üblich." "Wer soll das finanzieren?" "Das bekommen wir beim Chef, Aufsichtsrat, Stadtrat nie durch!" "Damit machen wir uns doch lächerlich, das kann doch nicht Ihr Ernst sein!" "Das geht in unserer Struktur nicht." "Das ist doch reine Theorie!"

Kommt dann nichts mehr, bildet man einen Ausschuss zwecks Beruhigung, Verschleierung oder Beerdigung der Idee. Dies hält die Sache in der Schwebe, und nichts passiert.

Wo liegen die Gründe für solches Verhalten?

- Man hat eine vorgefertigte Meinung, die man mit aller Macht durchzusetzen versucht.
- Man orientiert sich an Vorschlägen hierarchisch höherstehender Personen, auch wenn man eine an sich bessere Idee hat.
- Man scheut Konfrontation, um sich nicht als realitätsfremder Fantast zu outen, der nicht mehr ernst genommen wird.
- Man lässt sich nicht "von außen" in seinen Bereich hineinreden.
- Die gegenseitige Erwartungshaltung bei Personen, die sich lange kennen, verhindert oft Offenheit.

Kreative Ideen können in einer solchen Atmosphäre nicht aufkommen. Daher muss eine andere Atmosphäre mit den nötigen Rahmenbedingungen geschaffen werden, um Kreativität zu fördern.

Begriff

Dem Begriff "Kreativität" kommt derzeit eine derartige Hochschätzung zu, dass Hentig (1998, 9) ihn als charakterisierendes "Heilswort" der gegenwärtigen Epoche klassifiziert: "Es steckt noch voller Versprechungen. Jeder weiß es zu nutzen, keiner mag es entbehren, keiner kritisiert es. Es ist gleichermaßen beliebt bei Technikern und Umweltschützern, Wirtschaftsführern und Pädagogen, den schwarzen, roten, grünen und blaugelben Parteien" (ebd., 10).

In dem Wort "Kreativität" steckt das lateinische *creare* (erschaffen, hervorbringen), "Kreativität" wird allerdings als Eindeutschung des englischen Begriffs *creativity* betrachtet, der als wissenschaftliches Konstrukt der seit den 50er Jahren von den USA ausgehenden Kreativitätsforschung entstand. "Schöpferische Begabung" und "Schöpferisch-Sein" können als Umschreibung für kreatives Denken und Handeln dienen (ebd., 14; 32).

Kreativitätsforschung

Das Phänomen der Kreativität war bis in die späten 50er Jahre eine von den Wissenschaften kaum beachtete menschliche Fähigkeit; Kreativität wurde als angeborenes Attribut des Genies dem Schaffensbereich der Kunst zugeordnet (Schlicksupp 1993, 69).

Auslösende Faktoren für eine intensivere Beschäftigung mit der Natur von Erfindungs- bzw. Problemlösungsprozessen stellen folgende Entwicklungen dar:

Anfang des 20. Jahrhunderts wurde in den USA nach Bewertungskriterien für die Tauglichkeit von Rekruten gesucht. Als Indikatoren dienten "Gesundheit" und "Intelligenz". Zwecks Ermittlung der letzteren wurde der Intelligenz-Quotient wissenschaftlich konstruiert. Ab 1918 wurden 1,7 Millionen Rekruten Intelligenz-Tests unterzogen. Die Ergebnisse waren schlecht, und außerdem zeigten sich Unterschiede zwischen schwarzen und weißen Kandidaten, was unvereinbar war mit dem

Grundsatz "All men are created equal". Zweifel an der Brauchbarkeit des Intelligenz-Quotienten machten sich breit.

Nach dem 2. Weltkrieg traten die USA und die Sowjetunion auf dem Feld der Raumfahrt in Wettbewerb. 1957 zündete die Sowjetunion ihren ersten künstlichen Satelliten, den Sputnik. Nachdem sich die USA von ihrem Schock erholt hatten, etablierte sich eine breit angelegte Kreativitätsforschung auf der Suche nach den Faktoren, die "Begabung" bzw. kreatives Handeln ausmachen. Umfangreiche Forschungen beschäftigten sich mit der Frage, "warum der eine Mensch viele, der andere einige und die meisten keine Einfälle haben" (Metzger zit. in Benesch 1987, 197).

Bereits 1950 stellte J.P. Guilford dem einfachen linearen Denken das "Divergent Thinking" gegenüber (Hentig 1998, 12). Von Edward de Bono wird diese Art des Denkens als "Lateral Thinking" (Querdenken) bezeichnet und folgendermaßen erklärt: "Lateral thinking is about moving sideways when working on a problem to try different perceptions, different concepts and different points of entry. The term covers a variety of methods including provocations to get us out of the usual line of thought. Lateral thinking is cutting across patterns in a self-organising system, and has very much to do with perception" (OzEmail Ltd.[1]).

Guilford machte deutlich, dass Intelligenztests keine Antwort auf die Frage geben, was den kreativen (schöpferischen) Menschen kennzeichne. 1962 beendeten Getzel und Jackson die Alleinherrschaft der Intelligenz, indem sie alle Bedeutungen ermittelten, die mit Begabung in Verbindung gebracht wurden. Als Ergebnis wurden folgende Kategorien[2] formuliert: creativity, intelligence, morality, psychological adjustment (Hentig 1998, 12 ff.). Die Forschungsgruppe um Guilford ermittelte vier Hauptmerkmale kreativen Verhaltens:

- Problemsensitivität
- Ideenflüssigkeit
- Flexibilität
- Originalität.

Daraus leitete sie sechzehn Möglichkeiten ab, kreatives Verhalten zu fördern, z. B. das Erlernen eines vertieften Zuhörens, Beobachtens und Tuns (Benisch 1987, 197). Goleman (1997) führte den Begriff der "emotionalen Intelligenz" ein, der den traditionellen, rational bestimmten Intelligenzbegriff ergänzen und erweitern soll, indem auch auf gefühls- und einfühlungsorientierte Kriterien abgehoben wird. Als Ergebnis der Kreativitätsforschung kann nach Schlicksupp (1993, 69) "die Erkenntnis als gesichert gelten, daß jeder Mensch seine eigene Kreativität signifikant steigern kann, wenn er sich für bestimmte innere und äußere Abläufe und Gegebenheiten sensibilisiert" und "daß ein Team ein enormer Kreativitätsverstärker ist, wenn sich die Teammitglieder an bestimmten Einstellungen und Verhaltensweisen orientieren".

Was ist Kreativität denn nun?

Der Brockhaus (1996, 476) definiert Kreativität als "schöpf. Vermögen, das sich im menschl. Handeln oder Denken realisiert und einerseits durch Neuartigkeit oder Originalität gekennzeichnet ist, andererseits aber auch einen sinnvollen und erkennbaren Bezug zur Lösung techn., menschl. oder sozialpolit. Probleme aufweist".

Kreativität bezieht sich nicht mehr nur auf künstlerische Produktionen, sondern auch auf wissenschaftliche Entdeckungen, technische Erfindungen und soziale Problemlösungsansätze. Innerhalb eines *kreativen Prozesses* unterscheidet der Brockhaus (1996, 476) folgende Phasen:

1. Auseinandersetzung mit der Umwelt
2. Problemwahrnehmung und -analyse
3. Informationssammlung
4. systematische oder unbewusste Hypothesenbildung
5. Einfall, Gedankenblitz, Idee, Erleuchtung
6. Überprüfung und Ausarbeitung
7. Mitteilung, Kommunikation
8. Durchsetzung, Realisierung

Sellnow (1997, 27; 31) reduziert den kreativen Prozess in Anlehnung an die von Robert Jungk entwickelten "Zukunftswerkstätten" auf den methodischen Dreischritt:

1. Kritikphase/Bestandsaufnahme
2. Fantasiephase/Ideensuche
3. Verwirklichungsphase/Umsetzung

Kreativen Menschen werden folgende *Persönlichkeitsmerkmale* zugeschrieben: Energie- oder Aktivitätspotenzial, Neugier, Konflikt- und Frustrationstoleranz, Un-

---

[1] http://www.ozemail.com.au
[2] Die englischen Begriffe für die Kategorien werden hier absichtlich beibehalten, weil sie z. T. nicht ohne Umschreibung oder Erklärung zu übersetzen sind.

abhängigkeit, Nonkonformismus, Problemsensitivität, Flexibilität, Eigenständigkeit, in viele Richtungen nach Ansätzen suchendes Denken, Bereitschaft zur Umgestaltung von Wahrnehmungs- und Denkinhalten in Richtung auf neue Ordnungssysteme (Brockhaus 1996, 476).

Nach Schlicksupp (1993, 65) verlangt kreatives *Denken* "die Lösung von Fixationen, den Mut, sich vom Bekannten, vom Stand der Technik zu lösen, es verlangt ein flexibles, spielerisch-ausschweifendes Denken, einen Wechsel von Betrachtungsweisen, eine Durchforstung neuer Erfahrungsfelder. Es kann hypothetische und spekulative Elemente enthalten und wird immer durch Versuch und Irrtum gekennzeichnet."

Guntern (1995, 7; 12; 25) bringt Kreativität mit "spielerischer Imagination" in Verbindung, deren Wertschätzung gegenwärtig wieder sehr hoch ist, denn einseitiges rationales Denken kann nicht kreativ sein, "weil es nur kohärent ableitet, was in den Prämissen bereits enthalten ist. Erst die Imagination produziert neue Ideen, die den kreativen Prozeß beflügeln."

Zusammenfassend lässt sich feststellen, dass sich in der Literatur eine Vielzahl von Umschreibungen für Kreativität findet; eine einzige und eindeutige Definition dieses Begriffs ist nicht möglich. Kreativität scheint zumindest nicht diesen Zustand zu meinen: "We are stuck, and we should be afloat" (Hentig 1998, 10).

8.1.2 Ist Kreativität lehr- und lernbar?

Die Kreativitätsforschung hat, trotz aller Mängel (vgl. u.), den Mythos der nur einigen Genies angeborenen Kreativität widerlegt und ermöglicht folgenden Schluss: Jedem Menschen wohnt ein kreatives Potenzial inne, das förderbar ist.

Der Brockhaus (1996, 476) kommt zu der Einschätzung, dass Kreativitäts-Erziehung als eine Grundaufgabe von Erziehung und Bildung gelten kann und in vielen schulischen und außerschulischen Lernsituationen von frühester Kindheit an möglich ist.

Kreativität als abstraktes, an sich inhaltsleeres Konstrukt ist sicherlich nicht lehr- und lernbar wie ein "klassisches" Unterrichtsfach. Stattdessen ist eine Auseinandersetzung mit den Faktoren erforderlich, die die Entfaltung von kreativen Potenzialen behindern beziehungsweise fördern.

Abbildung 8.1.1: Vernetzung im Gehirn (aus: Vester 1978, Titelseite)

Erkenntnisse der Gehirnforschung

Von grundlegender Wichtigkeit, nicht nur bezüglich einer Auseinandersetzung mit Kreativität, ist die Kenntnis über die Funktionsweise des menschlichen Gehirns (vgl. hierzu z. B. Vester 1978).

Das menschliche Gehirn besteht aus zwei Hälften (der rechten und der linken Hirnhemisphäre), auf denen unterschiedliche Funktionszentren und Assoziationsfelder lokalisiert sind. Die Hemisphären werden durch einen Balken, den Corpus callosum, verbunden. Da das Nervensystem des restlichen Körpers überkreuz mit dem Gehirn verbunden ist, werden die Funktionen der rechte Körperhälfte von der linken Hemisphäre gesteuert und umgekehrt. Diese Symmetrie wird allerdings nicht konsequent durchgehalten (Vester 1978, 22 ff.).

So ist beispielsweise das Sehzentrum symmetrisch in beiden Hemisphären angelegt. Funktional liegt aber eine asymmetrische Arbeitsteilung vor: Der linke Bereich ist mehr für Schriftbilder zuständig, der rechte mehr für Figuren und Formen.

Bereits den Wissenschaftlern des frühen 19. Jahrhunderts war aufgrund der Beobachtung der Auswirkungen von Hirnverletzungen bekannt, dass das aktive Sprachzentrum in der linken Hemisphäre sitzt. Da Sprache so wichtig für den Menschen ist, führte diese Feststellung zur Höherbewertung der linken Hemisphäre und zur Disqualifizierung der rechten Hemisphäre als stummes, untergeordnetes, minder entwickeltes "Anhängsel". Diese Auffassung spiegelt sich auch heute noch in unserem Sprachgebrauch und manchen Verhaltensweisen wider.

Grundlegend neue Erkenntnisse gewann die Neurophysiologie in den 60er Jahren durch die so genannten Split-Brain-Forschungen von Roger W. Sperry und seinen Schülern. Split-Brain-Patienten sind Epileptiker, die unter so starken Anfällen leiden, dass das gesamte Gehirn in Mitleidenschaft gezogen wird. Um wenigstens eine Hemisphäre zu entlasten, wird bei ihnen der Corpus callosum durchtrennt. Beobachtungen und Tests an diesen Patienten zeigten, dass *beide* Hemisphären an hochentwickelten kognitiven Prozessen beteiligt sind, wobei jede Gehirnhälfte ihre speziellen Funktionen und Arten der Informationsverarbeitung hat (Edwards 1990, 40 ff.).

Abbildung 8.1.2 verdeutlicht die unterschiedlichen Zuständigkeiten und Arbeitsweisen der beiden Hemisphären, die im Optimalfall über den Corpus callosum miteinander kommunizieren und sich je nach Bedarf wechselseitig ergänzen[3].

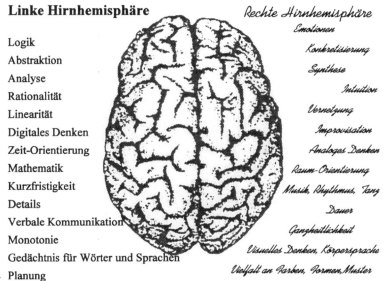

Abbildung 8.1.2: Gehirn-Hemisphären und -Funktionen (nach: Kirckhoff 1994, 104, verändert)

Wenn der Altphilologe und Reformpädagoge Hentig noch 1998 - siebzehn Jahre nach Verleihung des Nobelpreises für Medizin an Sperry für dessen Erkenntnisse im Bereich der Gehirnforschung - feststellt, dass das gegenwärtige Schulsystem mehr die Tätigkeiten der linken Hemisphäre fordert und fördert, sodass kein ausbalanciertes Miteinander beider Denkmodi stattfinden kann, besteht Grund zu der Annahme, dass das Wissen um die Funktionsweisen des Gehirns immer noch nicht zur grundlegenden Allgemeinbildung gehört. Eine einseitige Überbetonung der linken Hemisphäre erschwert oder verhindert den Zugang zur rechten Hemisphäre, sodass z. B. zeichnerische und gestalterische Qualitäten nicht zum Ausdruck gebracht werden können. Umgekehrt "verspielen" sich rechtshirndominierte Personen gerne, sodass sie zu keinem Ergebnis kommen oder dieses nicht vermitteln können. Über die individuelle Ebene hinaus gehend, kann sich das fehlende Wissen um diese Zusammenhänge als problematisch erweisen, wenn rechtshirn- und linkshirndominante Personen zusammenarbeiten und kommunizieren, was zu Missverständnissen bis hin zu Unverständnis führen kann (vgl. Beyer 1993, 4; Kirkhoff 1994, 106; Edwards 1990, 50 f.). Vor allem für Planer ist dieses Wissen wichtig, denn Planung verlangt sowohl kreative als auch analytische Fähigkeiten.

Externe kreativitätshemmende Faktoren

Sellnow (1997, 14) verdeutlicht: "Viele Menschen können ihr *kreatives Potential* nicht entfalten, weil sie durch die Art ihrer Erziehung in der Familie und ihre Erfahrungen bei der Ausbildung und im Beruf *systematisch blockiert* worden sind und heute noch - z. T. unbewußt - blockiert werden." (Hervorh. d. Verf.).

Neue Ideen werden durch "*Killerphrasen*" im Keim erstickt. Die Auswahl in Abbildung 8.1.3 verdeutlicht die Bandbreite an externen Sach- und Fachzwängen, die vermeintlich nahe legen, warum etwas schon "aus Prinzip" nicht geht.

In diesem Zusammenhang verweist Eipper (1998, 26) auf die selbstverständlichste aller Kreativitätsblockaden, die *Selbstverständlichkeit*: "scheinbar Selbstverständliches wird nicht mehr hinterfragt", sodass auch die oben erwähnten demotivierenden Sprüche gar nicht mehr wahrgenommen werden.

Prenzel (1997, 32ff) zählt weitere Möglichkeiten der *Demotivation* von Lernenden auf (die sich allerdings

---

3   Ausführliche Darstellungen zum Thema Gehirnfunktionen finden sich bei Edwards (1990, 40 ff.), Beyer (1994, 1 ff.), Kirckhoff (1994, 102 ff.), Hentig (1998, 46 ff.) und Eipper (1998, 7 ff.).

Abbildung 8.1.3: Killerphrasen (aus: Sellnow 1997, 14)

auch auf das Verhältnis Arbeitgeber und -nehmer übertragen lassen), die kreative Ansätze verhindern oder zumindest erschweren:
- intransparente/vage Ziel- und Anforderungsstruktur
- mangelhafte Instruktionsqualität (mit Fakten "füttern" statt zu fragendem Nachdenken und Problemlösen anregen)
- fehlendes Zutrauen und mangelnde Kompetenzunterstützung
- fehlender personeller/sozialer Einbezug
- ansteckende Langeweile (Dozent/Ausbilder findet Stoff unter seinem Niveau).

Das das Individuum umgebende *gesellschaftliche Wertesystem* beeinflusst sowohl individuelles als auch kollektives Verhalten. So wird kreative Entfaltung durch das Vorherrschen von bestimmten Weltanschauungen wie z. B. Prädestinationslehre und Orthodoxie eher verhindert als durch Existentialismus und Liberalismus.

Auch strenge hierarchische Arbeits- oder Familienstrukturen mit ausgeprägtem Gehorsamkeitsanspruch ersticken kreative Ansätze. Wenig kreativitätsförderlich sind einseitig rational orientierte Bildungssysteme, die Fähigkeiten wie systemisches Denken, Assoziation, Fantasie, Denken in Bildern, Optimierung der Kommunikation, Flexibilität in den Lehrplänen immer noch untergeordnet behandeln (vgl. Hentig 1998, 22 f.; Eipper 1998, 27).

"Dazu haben wir keine Zeit!"

Das Empfinden, wie viel Zeit jemand braucht, um sich gedanklich mit einem Thema auseinander zu setzen, ein Problem zu lösen, Ziele umzusetzen usw., ist individuell unterschiedlich ausgeprägt.

Reheis (1998, 46ff) spricht in diesem Zusammenhang von den "Eigenzeiten" sowohl von Individuen als auch von Systemen, die insbesondere in modernen Wirtschaftssystemen nicht mehr berücksichtigt werden, was zu Stress führt. Auch das Empfinden, ob Stresssituationen als positiv, leistungsfördernd, inspirierend etc. oder als negativ, belastend, blockierend etc. empfunden werden, ist individuell unterschiedlich. Zuviel des Stresses, ebenso wie Angst, blockiert das freie Assoziieren ("Gedanken-Schweifen-Lassen"); stattdessen wird Fluchtverhalten in Routinen und reaktives Denken bewirkt.

Interne kreativitätshemmende Faktoren

Interne, individuelle Blockaden bilden sich zwar nicht unabhängig von externen Einflüssen; sie sind allerdings oft "hausgemacht" und können somit leichter reflektiert und verändert werden als externe Faktoren. Sellnow (1997, 15 f.) zählt zu diesen internen Kreativitätsblockaden:
- *Pessimismus*: die ständige Erwartung negativer Entwicklungen und schlechter Erfahrung macht wenig Mut zu kreativen Experimenten.
- *Konformismus*: der Wunsch nach Übereinstimmung mit den Werten anderer kann notwendige Erneuerungen verhindern.
- *Angst*: "vor Angst gelähmt sein" oder wie ein "Angsthase" flüchten; beide Verhaltensweisen verhindern bewusstes und eigenständiges Problemlösen und Handeln.
- *Vorurteile*: vorschnelle Urteile und Lösungen klammern bestimmte Aspekte aus und führen zu Ergebnissen, die Personen und/oder Situationen nicht angemessen sind.
- *Routine*: Gewohnheitshandeln ist bequem, wird veränderten Situationen allerdings nicht gerecht.

Fehlendes (Fach-)Wissen

Die "beste Idee" bleibt jedoch ein Luftschloss (oder stellt sich erst gar nicht ein), wenn fehlende (Fach-) Kenntnisse - z. B. bezüglich Verfahrensweisen, verwendbaren Materialien, rechtlichen Rahmenbedingung, entsprechenden Alternativen - deren Umsetzung verhindert.

Kreativitätsfördernde Faktoren

Die voran gegangenen Ausführungen lassen erkennen, dass der Weg zu kreativem Handeln mit zahlreichen Stolpersteinen gepflastert ist. Stolpersteine können beiseite geräumt werden. Dazu ist allerdings eine intensive Auseinandersetzung mit den oben genannten Hemmfaktoren notwendig, was die Bereitschaft und die Zeit zur (Selbst-) Reflexion voraussetzt.

- Sensibilisierung für interne Hemmfaktoren: Dazu gehört das Wissen um die Gehirnfunktionen und das Erkennen eigener "rechts- oder linkshirniger" Tendenzen und der daraus resultierenden Folgen. Auch das Hinterfragen eigener Einstellungen und Verhaltensweisen kann neue Blickwinkel öffnen. Sellnow (1997) gibt dazu die in Abbildung 8.1.4 wiedergegebenen Anregungen.
- Sensibilisierung für externe Hemmfaktoren: Eine Auseinandersetzung mit gesellschaftlichen Bedingungen, Vorgaben, Standards und Modeströmungen ist unabdingbar, auch um "etwas mal ganz anders zu machen".
- Sensibilisierung für förderliche Team-Eigenschaften: Dazu gehört die Beschäftigung mit dem Themenbereich Kommunikations- und Kooperationsprozesse.
- Eine intensive Beschäftigung mit dem jeweiligen Thema und Aneignung der nötigen Fachkenntnisse sind Grundvoraussetzungen, um zu einer funktionierenden Lösung zu kommen. Darüber hinaus gilt: Je mehr "Bausteine" bekannt sind, desto mehr "Spielvarianten" können ausprobiert werden.

Schlicksupp (1993, 140 ff.) fasst die Grundvoraussetzungen für die Entfaltung menschlicher Kreativität zusammen in den Dimensionen "Wollen, Können, Dürfen". Bestimmend für Art und Ausmaß individueller Kreativität ist danach, ob

- ein Mensch sich mit einem Bereich überhaupt auseinander setzen *will*
- er sachlich befähigt ist, also etwas *kann*;

Abbildung 8.1.4: *Kreativitätsfördernde Eigenschaften, Haltungen und Verhaltensweisen (aus: Sellnow 1997, 16)*

- innere und äußere Bedingungen Kreativität zulassen, d. h. ob er *darf*.

Und last but not least kann kreatives Handeln durch den *gezielten Einsatz von Kreativitätsmethoden und -techniken* (vgl. Kap. 8.2) unterstützt werden.

8.1.3 Kritik

Wie eingangs erwähnt, ist Kreativität derzeit ein "Jahrhundert-Wort". Der Kreativitätsmarkt boomt.

Eine Flut einschlägiger "Litera-Tour", "CreatART"-Workshops und unzähliger Kreativitätsmethoden suggerieren, dass jedes (Entwurfs-) Problem problemlos gelöst werden könne[4]. Da ein Anbieter die Schwachstellen seines eigenen Produkts tunlichst nicht erwähnt, findet so gut wie keine kritische Auseinandersetzung mit dem Thema Kreativität statt.

Kritische Gedankengänge lassen sich nachlesen bei Hentig (1998) in "Kreativität: Hohe Erwartungen an eine schwachen Begriff": Der Autor kritisiert, dass sich die wissenschaftliche Kreativitätsforschung ausschließlich auf Persönlichkeitsmerkmale konzentriert und *zwei polare Typen* konstruiert hat (kreativ - nicht kreativ),

---

4 vgl. z. B. im WorldWideWeb OzEmail Ltd.; MindJET; MindManager; Zeit zu leben

ohne externe kreativitätsförderliche oder - hinderliche Faktoren zu berücksichtigen (ebd., 20 ff.). Er verweist auf die Problematik von *Messbarkeit* und Benotung von Kreativität. Er erhebt den Vorwurf an "vollmundig philosophierende Kreativitäts-Apostel", dass sie "nichts erklären, nichts beweisen, nichts besser machen können" im Gegensatz zu erfolgreichen Gegenströmungen, die auf Skinners Konditionierungstechniken zurückgreifen (ebd., 48 ff.).

Weiterhin bezweifelt er, ob eine schnellere und größere Zahl von Varianten, Kompositionen oder Möglichkeiten, insbesondere durch den Einsatz neuer Medien (also gesteigerte *Produktivität*), gleichbedeutend ist mit erhöhter Kreativität (ebd., 27 ff.). Er kritisiert gängige Auslegungen bzw. *Definitionen* von Kreativität. So sei beispielsweise kindliche (=naive) Kreativität nicht automatisch für das Erwachsenenleben geeignet. Auch der Mythos der "schöpferischen Zerstörung", Beliebigkeit im Handeln und Erzeugen von Illusion und Unwirklichkeit könne nicht mit Kreativität gleichgesetzt werden.

Hentig stellt die *Instrumentalisierung, Methodisierung und Didaktisierung* von Kreativität infrage. Als Beispiel erwähnt er die Aktion "Schleswig-Holstein - Land für Kinder", in deren Rahmen eine Zukunftswerkstatt für Kinder organisiert wurde mit "Beteiligungsspirale", "Kritik- und Beschwerdephase, Fantasie- und Utopiephase, Umsetzungs- und Präsentationsphase", in der Methoden über Methoden angewandt wurden und zwei Seiten Regeln für die Fantasiephase sowie Rezepte für Raumgestaltung vorgegeben waren. Hentigs Schüler "fingen spätestens jetzt an, sich kreativ zu verkrümeln" (Hentig 1998, 54 f.).

Weiterhin hinterfragt er einen Artikel in der Zeitschrift Focus[5], der bezüglich Kreativität folgendes empfiehlt: "Beginnen Sie jeden Tag mit einem konkreten Ziel, auf das Sie sich freuen können. Dies kann eine Verabredung sein oder ein neues Kleid"; "Geniale Ideen unter der Dusche sind keine Seltenheit"; etc. Hentig hat nichts dagegen, Alltagserfahrungen wissenschaftlich verpackt neu auszuteilen, bezweifelt aber, dass dies einen bisher unkreativen Menschen kreativ macht: "Die Befolgung von Aufforderungen und Rezepten ist selbst schon die Widerlegung dieser Erwartung - von Rezepten obendrein, die zu ihrer eigenen Anwendung genau anleiten, zum einzigen, was dem Kreativitäts-Käufer noch überlassen war" (Hentig 1998, 56).

Bei den "Consultants" für z. B. "Strategieentwicklung und -implementierung", "Informations-Management", "Kreativitäts-Management" vermutet er Innovationsbesessenheit und wirft ihnen eine formale, inhaltsleere Moderationskunst vor, für die mehr Zeit und Energie als für das eigentliche Problem aufgewandt wird (ebd., 57 ff.).

Hentig hinterfragt die *Motive* der Kreativitätsförderung und bringt ethische Aspekte ins Spiel: Welche Kreativität sucht die Gesellschaft? Wenn "Kreativität als Chance für den Standort Deutschland" in den Dienst der Wirtschaft gestellt wird[6], dann verliert sie sozusagen ihre "Unschuld". Denn: "So wenig, wie allein die Machbarkeit und die Verkäuflichkeit eine Sache rechtfertigen, so wenig ist Innovation an sich gut". So fragt er beispielsweise, ob die innovative Erfindung, dehydrierte Tierkadaver als Viehfutter zu verwerten, als kreativ bezeichnet werden kann (ebd., 67 ff.). Ein Besuch auf den Seiten von Basadur Simplex[7] lässt erkennen, wie dehnbar der Begriff Kreativität ist: "Mission and Believes" der Kreativitäts-Verkäufer finden überwiegend in Konzernen Absatz ...

Ist Kreativität denn nun lehr- und lernbar? Ja und nein!

Da "kreatives Denken in erster Linie befreites Denken - nicht gehemmt von Furcht oder Routine oder perfektem Vorbild - " ist und da die damit verbundene Spontaneität nicht veranstaltet, methodisiert und eingeübt werden kann, lassen sich für kreatives Verhalten keine Handlungsanweisungen im Sinne von Rezepten geben (Hentig 1998, 71 f.). Stattdessen ist es wichtig, "sich weniger Bewußtes bewußter zu machen, sich mit dem auseinanderzusetzen, was Kreativität verhindert oder fördert" und das zu "erhalten, was die Natur vorgibt und was wir durch die Kulturanstrengung verkümmern lassen, ja ersticken" (ebd., 31; 41).

Was aber tun, wenn "naturgegebene" Fähigkeiten bereits verkümmert oder gar erstickt sind? Eine Vielzahl von Autoren geht davon aus, dass Kreativität gefördert werden kann und somit lehr- und lernbar ist. Folgende Auswahl deutet die Spannbreite praktizierter Kreativität an:

- Edwards (1990) ist der Auffassung, dass Zeichnen von jedem gelernt werden kann; ihre Zeichenkurse basieren auf dem bewussten Einsatz rechtshemisphärischer Eigenschaften.

---

5 39/1996: Kreativität - Simple Erfolgsformeln

6 Produktionssteigerung, Beschleunigung, High Tech, Spitzenleistung, Innovation etc.

7 http://www.basadursimplex.com

- Sellnow (1997, 17) geht davon aus, dass das Erkennen und Überwinden von "geistigen Trampelpfaden" geübt und trainiert werden kann. Seine kreativen Problemlösungsprozesse finden insbesondere in Zukunftswerkstätten statt.
- Schlicksupp (1993, 143) geht es um die "Förderung angewandter Kreativität" in Unternehmen. Dabei setzt er diverse Kreativitätstechniken ein (vgl. Kap. 8.2).

Literatur

Literatur im WorldWideWeb

Basadur Simplex® Worldwide, the Center for Research in Applied Creativity, http://www.basadursimplex.com

MindJET, englische Mindmanager Homepage, http://www.mindman.com

MindManager, deutsche Mindmanager Homepage, http://www.mindmanager.de

OzEmail Ltd., Australien, http://www.ozemail.com.au

Techniques for Creative Thinking, http://www.ozemail.com.au/~caveman/Creative/Techniques/index.html

Zeit zu leben, http://www.zeitzuleben.de

Zitierte und weiterführende Literatur

BENESCH, H., 1987: dtv-Atlas zur Psychologie, Band 1, München.

BEYER, M., 1994: BrainLand: Mind Mapping in Aktion, 2. Aufl., Paderborn.

BROCKHAUS, F.-A., 1996: Der große Brockhaus, Wiesbaden.

BRODBECK, K.-H., 1995: Entscheidung zur Kreativität, Darmstadt.

EDWARDS, B., 1990: Garantiert zeichnen lernen. Das Geheimnis der rechten Hirn-Hemisphäre und die Befreiung unserer schöpferischen Gestaltungskräfte, Reinbek.

GOLEMAN, D., 1997: Emotionale Intelligenz, München.

GUNTERN, G., 1995: Kreativität und Imagination. Eine Einführung. In: Guntern, G. (Hrsg.), 1995: Imagination und Kreativität. Playful Imagination, 7-52, Zürich.

HENTIG, H. v., 1998: Kreativität. Hohe Erwartungen an einen schwachen Begriff, München.

JUNGBLUTH, V., 1998a: Denktechniken. Der Weg zum genialen Einfall. c't (20): 136-138.

JUNGBLUTH, V., 1998b: Ideenmaschinen. Kreativitätswerkzeuge im Vergleich. c't (20): 142-147.

KIRCKHOFF, M., 1994: Mind Mapping: die Synthese von sprachlichem und bildhaftem Denken, 9. Aufl., Bremen.

PRENZEL, M., 1997: Sechs Möglichkeiten, Lernende zu demotivieren. In: Gruber, H; Renkel, A. (Hrsg): Wege zum Können: Determinanten des Kompetenzerwerbs, 32-43, Bern.

REHEIS, F., 1998: Die Kreativität der Langsamkeit. Neuer Wohlstand durch Entschleunigung, Darmstadt.

SCHAUB, M., 1989: DuMont's Handbuch Kreative Entwurfsarbeit am Computer, Köln.

SCHLICKSUPP, H., 1992: Innovation, Kreativität und Ideenfindung, Würzburg.

SCHLICKSUPP, H., 1993: Kreativ-Workshop: Ideenfindungs-, Problemlösungs- und Innovationskonferenzen planen und veranstalten, Würzburg.

SELLNOW, R., 1997: Die mit den Problemen spielen... Ratgeber zur kreativen Problemlösung, Bonn.

URBAN, D., 1993: Kreativitätstechniken für Werbung und Design, Düsseldorf.

VESTER, F., 1978: Denken, Lernen, Vergessen, München.

8.2 Kreativitätstechniken und ihre Wirkungsmechanismen

Magrit Putschky

8.2.1 Entstehung

Die so genannten Kreativitätstechniken oder "erfindungsfördernden Denkmethoden" (Schlicksupp 1993, 69) verdanken ihre Entstehung der Kreativitätsforschung, ausgehend von den USA nach dem 2. Weltkrieg (s. Kap. 8.1).

Ihren ersten erfolgreichen Einsatz fanden sie bei der Lösung von Hochtechnologie-Problemen in der Militär- und Weltraumtechnik.

Deutschland beschäftigte sich mit der Methodisierung und Anwendung kreativer Prozesse in Wirtschaft und Verwaltung im Rahmen eines Forschungsprojekts des Frankfurter Batelle-Instituts, das 1972 abgeschlossen wurde.

Pionieranwendungen fanden fast ausschließlich in Unternehmen der Gebrauchs-, Konsum- und Investitionsgüter-Industrie sowie in Werbeagenturen statt (Schlicksupp 1993, 162 f.).

8.2.2 Wie wird Kreativität methodisch bewirkt?

Kreatives Problemlösen und Handeln setzt zunächst ein (Arbeits-) Umfeld voraus, welches kreatives "Wollen-Können-Dürfen" fördert (s. Kap. 8.1.2). Darüber hinaus kann Kreativität methodisch unterstützt werden durch den Einsatz von Kreativitätstechniken. Diesen liegen folgende Wirkungsweisen zugrunde (vgl. Schlicksupp 1993, 164 ff.):

- *Synergieeffekte durch Teamarbeit*: Ein Team, insbesondere ein heterogen besetztes, bringt mehr Wissen und Lösungsansätze in Bezug auf ein Problem ein, als das eine einzelne Person tun könnte. Nicht zu vernachlässigen ist die Motivation durch ein gutes Team, die eher zum Weiterdenken inspiriert als bei Einzelarbeit.
- *Vermeidung von Blockaden durch Verhaltensregeln*: Hier geht es darum, die "Killerphrasen" (s. Kap. 8.1.2) und demotivierenden Umgangsweisen bewusst zu machen und zu vermeiden, damit zarte Gedanken-Pflänzchen nicht schon im Keim zertreten werden. Dazu gehören auch die "Spielregeln" beim Brainstorming (vgl. Kap. 8.3). Für jede Anwendung von Kreativitätstechniken gelten zehn Kernregeln:
  - Schätze jeden Teilnehmer als gleich wert.
  - Bringe dich vorbehaltlos ein, biete dem Team dein ganzes Wissen an.
  - Zeige dich nicht als Vorgesetzter oder führender Experte.
  - Vermeide jegliche Wertung der hervorgebrachten Ideen, d. h. trenne die schöpferische Phase konsequent von der Phase der Bewertung.
  - Suche das Positive in den Ideen der anderen, greife es auf und versuche, es weiterzudenken.
  - Lasse deiner Intuition freien Lauf; äußere auch ungewöhnliche Gedanken.
  - Befreie dich vom Zwang, nur gute, sofort brauchbare Ideen finden zu müssen. Lasse dich von Spontaneität tragen - aber fasse dich knapp mit deinen Beiträgen.
  - Visualisiere deine Gedanken, wann immer dies nötig erscheint.
  - Drücke dich so einfach und verständlich wie möglich aus; vermeide weniger geläufige Fachbegriffe.
  - Signalisiere Lockerheit und bewahre den Sinn für Humor.
- *Lösung der Gedanken von eingefahrenen Bindungen*: Erfahrungen und gewohnte Sichtweisen erschweren oder verhindern, ein Problem einmal "ganz anders" anzugehen - was vielleicht zu seiner Lösung führen würde. Insbesondere durch Verfremdungstechniken wird eine Distanz zum gegebenen Problem erzeugt, was zu neuen Sichtweisen und Lösungsansätzen führen kann (Methoden: Heuristische Umformulierung; Imaginäres Brainstorming).
- *Aktivierung aller Wissensbereiche durch künstliche Assoziationssprünge*: Gedanken bleiben meist innerhalb des betroffenen Fachgebiets stecken. Durch Provokation interdisziplinärer Denkvorgänge soll, ähnlich dem analogen Denken, Wissen aus anderen Erfahrungsbereichen auf den Problembereich übertragen werden (Methode: z. B. Reizwort-Analyse).
- *Nutzung halb- und unterbewusster Problemlösungsfähigkeiten*: Unser Unterbewusstsein arbeitet mit Bildern und Symbolen und verfügt über einen reichhaltigen Speicher an Erfahrungen und Erlebnissen. Antworten auf Probleme werden durch das Unterbewusstsein oft in symbolischer Form gegeben. Einige Methoden sensibilisieren für den Empfang und die Interpretation symbolischer Analogien (Methoden: Gordon'sche Synektik, Semantische Intuition).
- *Systematische Erfassung möglicher Lösungen*: Bisher gesicherte "Wissens-Stützpunkte" bezüglich möglicher Lösungen werden systematisch variiert und kombiniert (Methoden: Morphologische Matrix, Morphologischer Kasten).

8.2.3 Methodenüberblick

Ein Ausflug ins Internet[8] verdeutlicht das gegenwärtige "Revival" von Kreativitätsmethoden. Schlicksupp (1993, 70) geht davon aus, dass im deutschen Sprachraum gegenwärtig circa 100 Kreativitätsmethoden bekannt sind, von denen sich allerdings nur etwa zwei Dutzend deutlich voneinander unterscheiden. Die wichtigsten Grundinstrumente zur Lösung der in der "Unternehmenspraxis auftretenden Innovationsprobleme" (ebd.) zeigt Tabelle 8.2.1.

Die Brainstorming- und Brainwriting-Methoden gehören zu den Methoden, die relativ einfach zu erlernen und zu praktizieren sind. Sie können auch im Bereich der Raum- und Umweltplanung vielseitig eingesetzt werden, insbesondere bei Partizipationsprozessen (vgl. Kap. 10.3). Die anderen Methoden erfordern eine intensivere Lern- und Übungsphase.

---

8 z. B. zu den in Kap. 8.1 angegebenen Adressen

Tabelle 8.2.1: Methodenüberblick (die im Weiteren vorgestellten Methoden sind kursiv gedruckt)

Analytisch-systematische Methoden	
Morphologische Methoden	
Morphologischer Kasten	
Morphologische Matrix	
Problemlösungsbaum	ähnlich wie Relevanzbaum, s. Kap. 7.2
Planspiel	vgl. Kap. 8.6
Intuitiv-kreative Methoden	"Kreativitäts-Techniken" im engeren Sinn
Brainstorming-Methoden	gesprochenes Wort als Stimulus, Assoziationen hervorzurufen
Klassisches Brainstorming	vgl. Kap. 8.3
Variante destruktiv-konstruktives Brainstorming	v.a. zur Verbesserung bereits bestehender Lösungen, ausgehend von den Schwachstellen
Variante imaginäres Brainstorming	führt fast zwangsläufig zu Loslösung von Ideenfixationen, da ein zum gegebenen Problem radikal anderes, imaginäres konstruiert wird; die dazu gefundenen Lösungen werden auf ihre Übertragbarkeit auf das Realproblem überprüft
Brainwriting-Methoden	geschriebenes Wort als Stimulus, Assoziationen hervorzurufen
Kärtchentechnik (Metaplan)	vgl. Kap. 8.4
Methode 635	
MindMapping	vgl. Kap. 8.5
Brainwriting Pool	
Synektische Methoden	
Synektik	von "synechein" (griech.) = etwas miteinander in Verbindung bringen; verknüpfen. 1961 von Gordon entwickelt, gilt als *die* Kreativitätstechnik. Grundlegende Heuristik (=Findekunst) der Ideengenerierung: Übertragung problemfremder Strukturen bzw. Kombination sachlich unzusammenhängender Wissenselemente, Analogiebildungen aus unterschiedlichen Bereichen, z. B. Natur, Technik, Kunst, und Verfremdungsprozess; dieses Prinzip entspricht angeblich dem Wesen kreativer Akte, nämlich Reorganisation von unterschiedlichem Wissen zu neuen Mustern.
Reizwortanalyse	verkürzte Synektik: Verzicht auf Verfremdungsprozess
Visuelle Synektik	optische Wahrnehmung als Stimulus, Assoziationen hervorzurufen
Semantische Intuition	Semantik ist die Lehre von der Bedeutung der Begriffe der Sprache. Wirkungsprinzip: beim Hören/Lesen eines Begriffs wird gleichzeitig und intuitiv eine bildhafte Vorstellung hervorgerufen, auch bei neuartigen Begriffen; aus Zufallskombinationen von Begriffen aus einem oder mehreren Gegenstandsbereichen ergeben sich neue Bedeutungen, die zu konkreten Ideen ausgebaut werden können.

Ein rezepthaftes Anwenden von Kreativitätstechniken ist nicht empfehlenswert. Lösungen und neue Ideen stellen sich nicht automatisch ein, sondern bleiben abhängig von den jeweiligen Problemsituationen und den Menschen, die damit umgehen. Die jeweilige Methode ist nichts weiter als der "Pinsel des Malers" und kann notwendiges Wissen niemals ersetzen.

Die Vorteile von Kreativitätstechniken können darin gesehen werden, dass sie wechselseitige Wissensvermittlung unterstützen. Im Gegensatz zum eingangs in Kapitel 8.1.1 dargestellten Ablauf bei "konventionellen Konferenzen" kann das "etwas andere" Vorgehen ein Arbeitsklima schaffen, das ungezwungen inspirieren und motivierend wirkt und den Blick frei macht für neue Lösungsansätze.

Brodbeck (1995, 2) geht davon aus, dass Kreativitätstechniken zwar hilfreich sein können, jedoch nur dadurch, dass sie Achtsamkeit wecken und die "Entscheidung zur Kreativität" erleichtern.

Literatur

BRODBECK, K.-H., 1995: Entscheidung zur Kreativität, Darmstadt.
SCHLICKSUPP, H., 1992: Ideenfindung, Würzburg.
SCHLICKSUPP, H., 1993: Kreativ-Workshop, Würzburg.
SELLNOW, R., 1997: Die mit den Problemen spielen... Ratgeber zur kreativen Problemlösung, Bonn.

8.3 Brainstorming
Frank Scholles

8.3.1 Zweck der Methode

Zweck des Brainstormings ist es, zu einem vorgegebenen Thema Ideen oder Lösungsmöglichkeiten zu finden. Dieses soll möglichst frei von Zwängen geschehen, insbesondere von solchen, denen traditionelle Konferenzen unterliegen. Daher werden bestimmte Verhaltensweisen eingeführt, die Barrieren abbauen und kreatives Verhalten fördern sollen. So ist das Brainstorming eine Gruppenaktivität, die die üblichen gruppendynamischen Zwänge ausschalten soll. Es basiert also auf Gruppenarbeit (synergistischer Effekt) und freier Assoziation (lateralem Denken)

Die Methode wurde 1953 von Alex F. Osborn in den USA entwickelt. Der Name Brainstorming weist darauf hin, dass das Gehirn intensiv nach Ideen durchforscht werden soll.

8.3.2 Aufbau der Methode

Rahmenbedingungen

Eine Brainstorming-Sitzung sollte folgende Rahmenbedingungen beachten:

- Man sollte eine Tageszeit wählen, zu der der Biorhythmus des Menschen üblicherweise keine Tiefs verzeichnet, also zwischen 9 und 13 bzw. 16 und 20 Uhr.
- Der Zeitrahmen (5 bis 30 min) ist festzulegen.
- Jedem muss ungestörte Äußerung ermöglicht werden.
- Kommentare, Korrekturen, Kritik sind verboten.

Spielregeln

Folgende Spielregeln sollten beachtet werden (vgl. Bommer o.J.):

1. Alle Teilnehmer müssen ihr Faktenwissen einbringen, auch wenn es für das Problem nicht relevant erscheint[9].
2. Einfälle der Teilnehmer dürfen nicht reglementiert werden.
3. Problemorientierung geht vor Lösungsorientierung, denn frühzeitiges "Einschießen" auf eine Lösung erschwert das Auffinden von Alternativen.
4. Geringer Konsens kann auch fördernd auf das Hervorbringen neuer, innovativer Ideen wirken.
5. Die Ideen*bewertung* kommt nach der Sitzung; diese dient der Ideen*findung*.
6. In hierarchisch strukturierten Gruppen mit Abhängigkeitsverhältnissen darf der Vorgesetzte die von ihm vermutete oder favorisierte Lösung nicht äußern, denn die anderen schwenken sonst leicht darauf ein, anstatt innovativ und kreativ zu sein.
7. Quantität geht vor Qualität, denn es geht zunächst darum, Ideen zu produzieren.
8. Jeder Versuch einer Kritik oder Stellungnahme während der Sitzung soll vermieden oder aufgeschoben werden.
9. Es besteht kein individuelles Urheberrecht an Ideen, sondern ein kollektives, denn Kennzeichen des Brainstormings ist das Aufgreifen und Weiterspinnen von Ideen. Daher kann sich kein Beteiligter das Ergebnis oder Teile davon auf seine Fahne schreiben.

Leitung

Ob ein Gesprächsleiter nötig ist oder die Gruppe sich selbst organisiert, hängt von ihr und der Häufigkeit der Sitzungen im selben Kreis ab.

Wenn ein Leiter bestimmt wird, so hat er folgende Aufgaben (vgl. Nimmergut 1975, 90 f.):

- überwachen, dass die Spielregeln eingehalten werden
- kurz ins Thema bzw. Problem einführen

---

9   Denn es kann Assoziationen bei anderen wecken.

- Kommunikationsfluss durch unauffälliges Eingreifen aufrecht erhalten
- bei Abschweifen zum Thema zurückführen.

Werden diese Aufgaben als unnötig betrachtet, braucht die Gruppe keinen Leiter.

Protokoll

Zur Dokumentation der Ergebnisse ist ein Protokoll nötig. Dazu sind eine oder zwei Personen abzustellen, die nicht kreativ mitarbeiten.

Die geäußerten Ideen werden nummeriert und anonym festgehalten. *Alle* Vorschläge sind zu protokollieren, es darf nicht durch Weglassen gewertet werden. Rückfragen des Protokollanten sind unzulässig, da sie den Ideenfluss stören. Eine zusätzliche Tonbandaufnahme ist möglich, um sicher zu stellen, dass nichts untergeht.

Das Protokoll wird entweder am Tisch zu Papier oder auf eine Tafel oder ein Flipchart gebracht. Letzteres kann der Ermunterung dienen, da die Teilnehmer sich leichter auf weiter zurückliegende Ideen beziehen können.

Kurz vor Beendigung des Brainstormings wird eine Zusammenfassung der Stichworte vorgelesen, um dann zum "Endspurt" zu kommen.

Teilnehmerzahl

Die Gruppe muss genügend groß sein, um die erforderlichen gruppendynamischen Anreize zu schaffen. Andererseits muss sie sein klein genug sein, um Kommunikation von jedem mit jedem zu ermöglichen. Es müssen auch alle vom Thema verlangten Disziplinen oder Spezialisierungen durch die Teilnehmer abgedeckt werden.

Großen Gruppen lassen sich möglicherweise in Untergruppen teilen, wobei das jeweilige Ergebnis der Gesamtgruppe zu referieren ist. Die konkreten Werte für die Gruppengröße gehen in der Literatur auseinander. Es werden Zahlen zwischen vier und mehr als zwanzig genannt.

Gruppenstruktur

Wenn die Gruppe fachlich heterogen ist, ist sie i.d.R. mit weniger Äußerungshemmungen behaftet, weil die gegenseitige Kontrolle in Fachdetails geringer ist. Allerdings haben heterogene Gruppen oft Verständnisprobleme, die nur durch Erklärungspausen überbrückt werden können.

Es gibt drei Typen von heterogenen Gruppen:
1. Gruppen, die sich in der fachlichen Kompetenz ergänzen, z. B. Architekt, Landschaftsarchitekt, Soziologe, Verkehrsplaner in der Stadtentwicklung
2. Gruppen, die sich in psychologischen Fähigkeiten ergänzen, z. B. Analytiker, Querdenker, Theoretiker, Praktiker
3. Gruppen, die sich in ihrem Charakterprofil ergänzen.

Bei der Teilnehmerauswahl sind kreative Typen zu bevorzugen, wobei zu fragen ist, was Kreativität ist und wie man sie misst (s. Kap. 8.1). Für ein erfolgreiches Brainstorming sind sowohl Assoziationen als auch Wissensreproduktion nötig. Denkanstöße können durchaus von nicht besonders kreativen Personen ausgehen.

Wichtig ist es, dass die Teilnehmer die Fähigkeit haben, Probleme zu sehen, und sich von konventionellen, traditionellen Anschauungen lösen können. Es gibt daher kein Rezept für die Teilnehmerauswahl. Oft stellt sich dieses Problem auch gar nicht, weil man mit den vorhandenen Personen arbeiten muss. Dies ist aus Gründen der Motivation immer dann vorrangig, wenn die Umsetzung der Lösung von den Brainstormern erwartet wird.

Auswertung

Das Brainstorming kann nur Rohmaterial liefern, fertige Lösungen sind nicht zu erwarten.

Daher muss zunächst das Material strukturiert werden. Erstmals im Prozess ist nun Kritik wieder erlaubt und auch notwendig. Nachdem man ähnliche Ideen zusammengefasst hat, kann man z. B. nach Realisierbarkeit sortieren in: sofort realisierbar, später realisierbar, nach weiterer Bearbeitung realisierbar, nicht realisierbar.

Den Abschluss der Auswertung stellt eine Liste mit Vorschlägen dar. Wenn dabei nur fünf realisierbare Vorschläge herauskommen, war ein halbstündiges Brainstorming mit zwölf Teilnehmern bereits effizient, denn wie bekommt man sonst in 6 Personenstunden 5 praktikable Vorschläge hin?

8.3.3 Themenbeispiele

Beispiele für Brainstorming-Themen innerhalb des Planeralltags sind:

- Leitbildentwicklung (Facetten sammeln)
- Maßnahmen zur Entwicklung der Landschaft sammeln
- Auswirkungsprofil von Vorhaben auf die Umwelt erstellen, insbesondere Wechselwirkungen berücksichtigen
- Gestaltungsideen sammeln.

8.3.4 Probleme der Methode

Die Methode ist leicht zu erlernen, da man i.d.R. keine zehn Minuten braucht, um den Teilnehmern Sinn und Spielregeln zu vermitteln. Es sind darüber hinaus keinerlei Hilfsmittel nötig.

Das Brainstorming ist sicherlich geeignet, ohne große Vorarbeiten einen schnellen Einstieg in komplexe Themen zu bekommen. Die dabei gelernte Kommunikation kann auch förderlich für die Umsetzung sein.

Allerdings ist es nicht sicher, ob neue Ideen von kreativen Leuten nicht schneller im Alleingang ("Brainwriting") produziert werden können, also ob die Summe von Einzelergebnissen nicht besser ist als das Gruppenergebnis. Es gibt einige formale Probleme:

- Die Größe der Gruppe ist begrenzt, denn bei zu großen Gruppen werden die Intervalle zwischen den Beiträgen zu groß.
- Selbstdarstellungsrituale einzelner Teilnehmer sind schwer zu unterbinden, ohne die Betreffenden zu brüskieren.
- Wer von den Teilnehmern in der Lage ist, seine Vorstellungen besser und schneller zu formulieren, dem wird im Allgemeinen höhere Aufmerksamkeit zuteil, sodass es innerhalb einer Gruppe zu informeller Führerschaft kommen kann.
- Auch non-verbale Kritik ist vom Grundsatz her zu unterlassen. Wer hat jedoch seine Mimik und Gestik so im Griff? Und wenn sich nichts regt, ist dies förderlich für kreatives Denken?

Es ist aber insbesondere fraglich, ob durch die Methode die Grenzen im eigenen Kopf überwunden werden können. Analytiker sollen plötzlich binnen 5 bis 30 Minuten kreativ werden, ihr lineares Denken soll überlistet werden. Kreative sollen sich unter Zeitdruck verbal äußern. Dies wird selten funktionieren, denn Kreativität lässt sich nicht durch Konstruktion von festen Regeln herbei zwingen (Braem 1986, 183 ff.)

In der Praxis wird häufig auch etwas als Brainstorming angekündigt, was bei näherem Hinsehen eine freie Diskussion innerhalb einer Konferenz ist: Leiter ist der in der Hierarchie am höchsten Stehende, es geht nicht ohne Kommentare ab, vermeintlich unangenehme Vorschläge unterbleiben.

Literatur

BOMMER, J., o.J.: Seminar Systemtechnik. Brainstorming, Morphologie, Scenario, Delphi und Delphi-Conference-Methode zum Auffinden und zur Definition von Systemalternativen und zur Erstellung von Prognosen. Manuskript: 1-74.

BRAEM, H., 1986: Brainfloating. Neue Methoden der Problemlösung und Ideenfindung, München.

CLARK, C.H., 1972: Brainstorming. Methoden der Zusammenarbeit und Ideenfindung, 215 S., 4. Aufl., München.

NIMMERGUT, J., 1975: Regeln und Training der Ideenfindung, München.

8.4 Metaplan
Frank Scholles, Magrit Putschky

8.4.1 Zweck der Methode

Brainstorming hat mit psychologischen, gruppendynamischen Problemen zu kämpfen (s. Kap. 8.3). Bestimmte, durchsetzungsstarke Charaktere werden dadurch bevorteilt.

Außerdem ist es nicht einfach für die Protokollanten mitzukommen, wenn sie nicht stenografieren können.

Der wichtigste Nachteil des Brainstormings (und auch der traditionellen Konferenz) ist das rein auditive Anregen der Kreativität. Dies kann man durch Mitschreiben an einer Tafel auffangen, allerdings verbietet sich dann das Stenogramm. Es gilt die Devise (Druschel et al. 1991, 14):

Was man gehört hat, vergisst man wieder.
Was man gesehen hat, daran erinnert man sich.
Was man gemacht hat, das kann man.

Nicht zuletzt aus diesen Gründen wurde Ende der 70er/Anfang der 80er Jahre eine Technik und Methodik entwickelt, bei der die Ideen zunächst auf Karten gesammelt und dann aufgehängt, strukturiert und ergänzt werden.

Für diese Kartenabfrage-Technik und -Methodik, die durch v. a. atmosphärische Begleitmethoden unterstützt wird, haben sich zwei Bezeichnungen etabliert: der Name des marktführenden Herstellers von Hilfsmitteln "Metaplan" sowie ModerationsMethode (vgl. Kleber et al. 1985). Da die letztere Bezeichnung zu Verwechslungen mit der Moderation als Kooperationsmangement-Methode (vgl. Kap. 9.3) führen kann, wird im Folgenden der Begriff Metaplan benutzt. Die Metaplan-Technik findet ihren Einsatz überwiegend in moderierten Veranstaltungen. Unter Moderation ist in diesem Zusammenhang die zielorientierte Gestaltung von Kommunikations- und Kooperationsprozessen innerhalb von Gruppen zu verstehen.

Die Metaplan-Technik ist einsetzbar für:

- die Ideensammlung
- die Strukturierung und
- die Visualisierung

und kann damit in verschiedenen Anwendungsfeldern hilfreich sein:

- Vorstellungsrunde in Seminaren: Wer sind wir? Was erwarten wir?
- Themenspeicher bei Ideensammlung
- Ideenproduktion
- Strukturierung und Gliederung von Ideen oder Problemen
- logische Verknüpfung von Sachverhalten
- Ursachenanalyse
- Prioritätenbildung
- Bewertung von Lösungsansätzen (Abstimmung)
- Evaluation: Wie hat es mir gefallen?

8.4.2 Aufbau der Methode

Equipment, Hilfsmittel

Die übliche Metaplan-Ausrüstung umfasst:

- transportable Stellwände (zur Not auch fest installiert, große Pinnwand)
- Packpapier zum Bespannen (150 x 125 cm)
- Moderationskoffer mit Karten in verschiedenen Größen, Formen und Farben, Filzstiften in verschiedenen Farben und Breiten, Klebepunkten, Pinns, Klebestiften
- spezielle Kamera für das Fotoprotokoll.

Tabelle 8.4.1: Rhythmus/Phasen einer Metaplan-Sitzung

	Phase	einsetzbare Technik	Bemerkungen
1	Begrüßung - Kennenlernen - Anwärmen	Begrüßung durch Moderatoren, Zielplakat, Vorstellungsrunde, Gruppenspiegel ("Wer sind wir?"), Blitzlicht (Kurzbeitrag jedes Teilnehmers reihum zu seinen gegenwärtigen Gefühlen/Stimmungen), Ein-Punkt-Frage ("Wie stark bin ich interessiert?", "Was erwarte ich?")	abhängig davon, wie gut sich die Gruppe kennt, hier geht es noch nicht um Inhalte, sondern um entspannte Atmosphäre
2	Problem-/Themenorientierung herstellen, Einstieg ins Thema	Ein-Punkt-Frage ("Wie wichtig ist...?" "Wie zufrieden bin ich mit ...?"), Tagesordnung entwickeln, Zuruf-Frage ("Worüber wollen wir heute sprechen?"), Kartenabfrage, Themenspeicher	Probleme und Themen bewusst machen
3	Themen-/Problembearbeitung	Kleingruppenarbeit, Kleingruppenszenario, Kartenabfrage	
4	Ergebnisorientierung	Tätigkeitskatalog ("Was ist von wem bis wann zu tun?")	kritische Phase, weil hier Farbe bekannt werden muss, Arbeit übernommen wird, Euphorie kann auftreten, nicht überschätzen, Teilnehmer nicht auf Zeiten festnageln
5	Abschluss	Ein- oder Zwei-Punkte-Frage ("Wie zufrieden bin ich mit Ergebnissen/Zusammenarbeit?"), Feedback-Runde	Gruppenprozess und inhaltliche Ergebnisse reflektieren
6	Protokoll	Fotoprotokoll, Abschrift/Abzeichnung, ggf. Erläuterung	entsteht simultan zur Sitzung als "Abfallprodukt", nur noch abfotografieren, ggf. abschreiben, für Präsentationen ist i.d.R. eine Aufbereitung nötig

Ablauf einer Metaplan-Sitzung

Der Ablauf oder die "Dramaturgie" orientieren sich an den verschiedenen Phasen eines Problemlösungsprozesses (s. Kap. 3.1).

Darüber hinaus sind die natürlichen Bedürfnisse der Teilnehmer, ihre Aufnahmebereitschaft und ihre Aktivitätsbedürfnisse zu berücksichtigen. Tabelle 8.4.1 gibt eine Überblick über die verschiedenen Phasen einer Sitzung. Es empfiehlt sich, einen logischen Ablauf der Phasen und sinnvolle Pausen einzuhalten. Im Folgenden wird der Ablauf einer Standard-Variante beschrieben. Der tatsächliche Ablauf kann mehr oder weniger stark modifiziert werden. Er hängt vom Teilnehmerkreis, von der Aufgabe und den Ideen der Moderatoren ab. Da die Methode aus Modulen besteht, die nahezu frei kombinierbar sind, kann sie sehr flexibel eingesetzt werden. Vor sklavischem Abarbeiten der Tabellen 8.4.1 und 8.4.2 ist zu warnen.

Die vollständige Metaplan-Sitzung besteht aus drei bis vier Stufen und ist auf mehrtägige Dauer angelegt. Bei einer Kurzsitzung, die zwischen einer dreiviertel und vier Stunden dauern kann, werden einzelne Module des Ablaufs ausgewählt (s. Kleber et al. 1985, 125 ff.).

Tabelle 8.4.2 zeigt den möglichen Ablauf der am häufigsten auch als Einzelmodul verwendeten Technik, der Kartenabfrage.

Darstellungsformen und Schreibregeln

Damit alle Teilnehmer während der Sitzung und auf dem anschließenden Fotoprotokoll alles lesen können, ist das Einhalten einiger Schreibregeln empfehlenswert (s. Abb. 8.4.1).

Auf dem Packpapier sind mit den verschiedenen Karten verschiedenste optische Darstellungsformen einsetzbar. Die Abbildungen 8.4.2 und 8.4.3 geben einen Überblick über gängige Visualisierungselemente. Grundsätzlich ist hier der Fantasie der Moderatoren und Teilnehmer nur die Grenze der Lesbarkeit gesetzt. Weitere Informationen hierzu finden sich bei Kleber et al. (1985, 119 ff.).

Moderation einer Metaplan-Sitzung

Die Metaplan-Sitzung wird meistens von zwei Personen moderiert, wobei die eine Person leiten und reden, die andere visualisieren und pinnen sollte. Die Rollen können gewechselt werden. In Ausnahmefällen (Spontanmoderation, Kurzmoderation) kann auch eine Person moderieren.

Die Aufgaben des Moderators und seine Rolle zeigt Abbildung 8.4.4. Der Moderator ist ein Helfer in Sachen Methodik, der die Gruppe in die Lage versetzen soll, sich ihren roten Faden selbst zu spinnen. Er ist kein Leiter, Oberexperte oder Vorgesetzter, der weiß und zeigt, wo es lang geht und/oder wo es hingehen muss, sondern vielmehr ein Experte für die möglichen Wege der Kommunikation. In dieser "Hebammen-Funktion" sind die Metaplan-Hilfsmittel sein Handwerkszeug.

Kleber et al. (1985, 117) charakterisieren die Haltung der Moderatoren wie folgt:

Tabelle 8.4.2: Ablauf einer Kartenabfrage

	Phase	Bemerkungen
1	Frage stellen	und auf Packpapier notieren (bzw. vorbereitete Tafel einsetzen)
2	Kartenabfrage	auf Karten schreiben lassen, was dazu einfällt, Schreibregeln beachten
3	ggf. Auswahl und Sortierung nach Wichtigkeit durch jeden Teilnehmer selbst	wenn offensichtlich ist, dass es zu viele Karten werden
4	Einsammeln und aufhängen	unsortiert aufhängen, dabei Karteninhalt vorlesen
5	Clustern	Gruppieren der Karten, dabei Interaktion mit allen Teilnehmern, Überschriften zu den Clustern finden, Mehrfachnennungen übereinander hängen, offene und nicht clusterbare Punkte seitlich hängen, noch keine Kritik üben
6	Ergänzen und Kritik	"Was fehlt?" Vorlesen der Gruppen, ggf. Nachfrage mit Bitte um Konkretisierung oder deutlichere Formulierung ("Wie ist das gemeint?"), weniger Relevantes ggf. wegnehmen, dabei nicht brüskieren
7	ggf. Bewerten	Punkte kleben

- Sie stellen ihre eigenen Meinungen, Ziele und Werte zurück und bewerten weder Meinungsäußerungen noch Verhaltensweisen. Wenn sie mit einer Gruppe verbunden sind und daher auch einen eigenen Standpunkt haben, müssen sie jeweils sichtbar machen, wann sie den Prozess steuern und wann sie ihre eigene Meinung äußern.
- Sie nehmen eine fragende und keine behauptende Haltung ein. Damit öffnen sie die Gruppe für einander und für das Thema.
- Sie helfen den Teilnehmern, möglichst selbstverantwortlich zu reagieren, und sind sich ihrer Einstellungen zu den Menschen und Themen bewusst.
- Sie rechtfertigen sich nicht für ihre Handlungen und Aussagen, sondern klären Schwierigkeiten, die hinter Angriffen und Provokationen stehen.
- Sie fassen alle Äußerungen der Gruppe als Signale auf und versuchen, den Teilnehmern ihr eigenes Verhalten bewusst zu machen, sodass Störungen und Konflikte bearbeitet werden können - ohne moralische Appelle auszusprechen.
- Sie diskutieren nicht über die Methode, sondern wenden sie an.

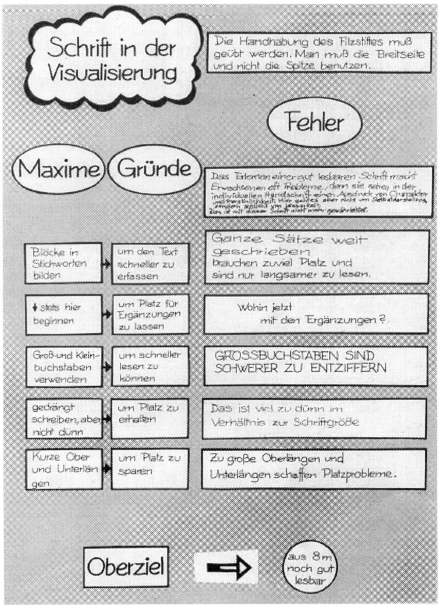

Abbildung 8.4.1: Schrift in der Visualisierung (aus: Druschel et al. 1991, 18)

Teilnehmerzahl

Die ideale Teilnehmerzahl für die Ideensammlung liegt zwischen acht und 15 Personen. Bei höherer Teilnehmerzahl werden zu viele Karten produziert, um den Überblick zu behalten, bei geringerer ist die Kartenabfrage immer noch möglich, jedoch werden mehr Gesichtspunkte vergessen, die später zu ergänzen sind.

Ergänzende Techniken und Methoden

Die Metaplan-Technik kann durch viele Techniken und Methoden ergänzt werden, insbesondere durch:
- Brainstorming (s. Kap. 8.3)
- Mind Mapping (vgl. Kap. 8.5)
- Rollenspiel (vgl. Kap. 8.6)

8.4.3 Das Beispiel Bürgerbeteiligung an einer Umsiedlungsplanung

Das folgende Beispiel wurde in einer Projektarbeit am Institut für Landesplanung und Raumforschung der Universität Hannover entwickelt (Grosser u. Ludwig 1998). Diese hat sich mit dem zweifellos heiklen Thema der Umsiedlung eines Dorfs wegen eines heranziehenden Braunkohlentagebaus befasst. Es ging darum,

- eine Verständigung innerhalb der Dorfgemeinschaft herzustellen
- die Kommunikation zu beleben
- die Betroffenen adäquat zu informieren
- Problembewusstsein zu schaffen und
- sie schließlich zur Selbstorganisation zu befähigen;

dies alles mit dem Ziel, die Bewohner an der Umsetzung zu beteiligen, wenn schon auf die Tatsache der Umsiedlung kein Einfluss mehr genommen werden

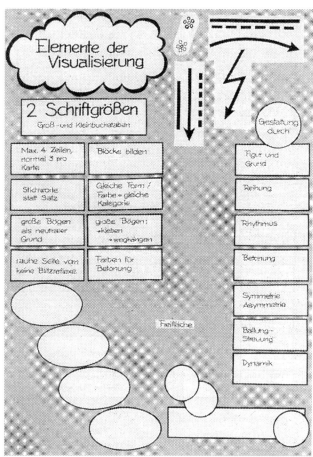

Abbildung 8.4.3: Elemente der Visualisierung (aus. Druschel et al. 1991, 17)

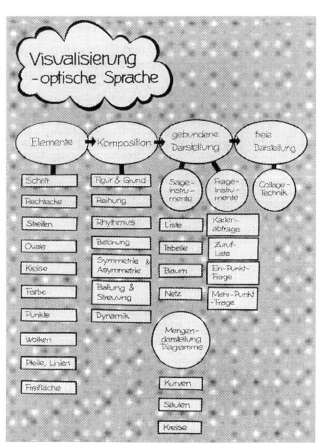

Abbildung 8.4.2: Visualisierung - optische Sprache (aus. Druschel et al. 1991, 16)

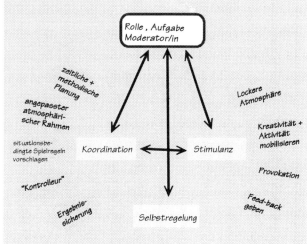

Abbildung 8.4.4: Aufgaben der Moderation

konnte. Dazu wurden offene Gesprächsrunden durchgeführt, bei denen zur Strukturierung des Ablaufs, zur Visualisierung der Inhalte und zur Einbeziehung der Teilnehmer in die Planungen Metaplan-Technik Verwendung fand.

Hier soll es nicht um die Inhalte gehen; das Beispiel soll vielmehr die Spanne der Einsatz- und Gestaltungsmöglichkeiten der Metaplan-Technik vorführen.

Die Abbildungen 8.4.5 bis 8.4.8 zeigen:
- einen Ablaufplan einer Veranstaltung
- eine Kartenabfrage zur Problemorientierung zum Thema "Was verbindet mich mit dem Dorf?"
- eine Ergebnisorientierung, auf dem die Teilnehmer den weiteren Fahrplan gewählt haben und
- den nahezu obligatorischen Abschlussplan "Wie hat es mir gefallen?".

8.4.4 Kritik an der Methode

Grundlegende Voraussetzung

Der Aufwand lohnt nur, wenn unterschiedliche Meinungen und Interessen ausgetauscht werden müssen und eine gemeinsame Lösung erforderlich ist. Wenn man

Abbildung 8.4.6: Metaplan Kartenabfrage zur Problemorientierung (aus: Grosser u. Ludwig 1998, 83)

sich bereits einig ist oder das Interesse an einer gemeinsamen Lösung fehlt, ist der Einsatz von Metaplan meist sinnlos (vgl. Kleber et al. 1985, 32).

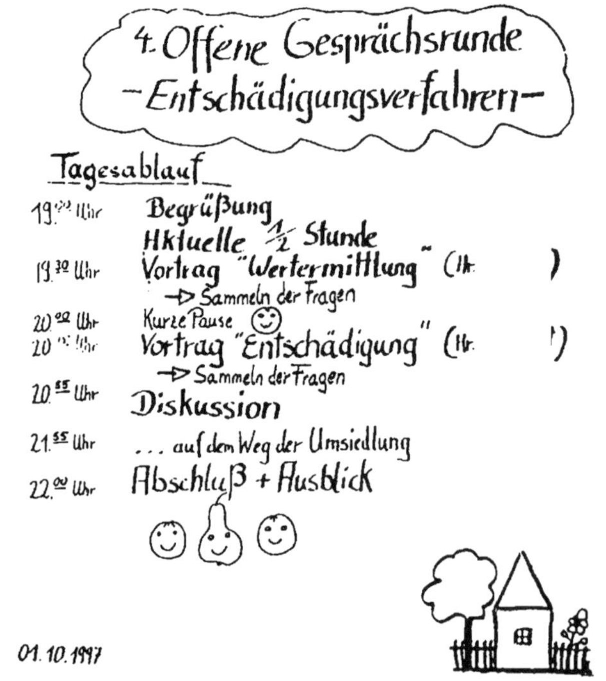

Abbildung 8.4.5: Metaplan Tagesablauf (aus: Grosser u. Ludwig 1998, 99)

Abbildung 8.4.7: Metaplan Ergebnisorientierung (aus: Grosser u. Ludwig 1998, 90)

Abbildung 8.4.8: Metaplan Abschluss
(aus: Grosser u. Ludwig 1998, 91)

Vorteile

Die Methode eignet sich hervorragend zur Visualisierung innerhalb von Gruppenprozessen; sie wird von den meisten Gruppen nach anfänglichem Zögern gut angenommen. Die wesentlichen Punkte können kurz und prägnant zusammengefasst werden. Bei etwas Übung lassen sich Abläufe strukturieren, sodass insgesamt Zeit durch das Vermeiden unstrukturierter Diskussionen gespart wird.

Der Hauptvorteil ist allerdings die aktive Einbeziehung der Teilnehmer.

Technische Probleme

Es tritt besonders bei ungeübten Teilnehmern immer wieder das Problem nicht oder *schlecht lesbarer Karten* auf, weil trotz aller Hinweise zu klein geschrieben wird, mehrere Gedanken auf einer Karte landen oder die Handschrift unleserlich ist. Dies wird durch Übung zwar besser, aber die betroffenen Teilnehmer dürfen nicht brüskiert werden, manch einer kann beim besten Willen nicht besser schreiben.

Die *Zuordnungsvorschläge* können konkurrierend sein. Dies kann man durch Kartenverdopplung beheben. In Zweifelsfällen sollte der Kartenschreiber entscheiden.

Teilweise sind Zuordnungen nicht gleich nachvollziehbar, dann können sich unnötige Diskussionen entspinnen, die abgebrochen werden sollten. Denn die Funktion des Ordnens ist eine dienende, sie ist kein Selbstzweck. Die Trennung von Kartensammlung und Problemdiskussion ist nicht immer leicht praktisch umzusetzen. Ein Tafelbild ist auch *nie optimal* - und dennoch bzw. deswegen muss irgendwann abgebrochen werden. Das Tafelbild ersetzt nicht die inhaltliche Diskussion, sondern soll sie unterstützen.

Wenn mit Klebepunkten bewertet oder abgestimmt wird, dann ist die *Abstimmung weder gleich noch geheim*. Jeder kann sehen, wie die anderen abstimmen (es sei denn, die Tafel steht verdeckt), und wer zuletzt klebt, kann den größten Einfluss ausüben, indem er seine Punkte dort einsetzt, wo es noch etwas bringt.

Es kann der subjektive Eindruck entstehen, dass das ganze Prozedere sehr viel *Zeit* beansprucht. Es ist aber zu berücksichtigen, dass alles festgehalten und durch das Mitwirken meist auch größtenteils bei den Teilnehmern verarbeitet und gespeichert ist. Außerdem ist eine bessere strukturierte Diskussion möglich.

Schließlich ist die Technik recht *teuer*; Tafeln und Verbrauchsmaterialien haben einen vergleichsweise hohen Anschaffungspreis. Einige Materialien kann man durch preiswertere ersetzen[10], jedoch ist die optische Wirkung schlechter.

Gruppendynamische Probleme

Wenn die Teilnehmer die Methode nicht kennen, sehen sie nicht immer auf Anhieb ihre Vorteile ein. Manche sind *unsicher* (Was kommt jetzt?), andere fühlen sich im falschen Film und sind *unmotiviert* (Was soll die Spielerei?). Hier muss behutsam eingeführt und erläutert werden. Sonst erlebt man, dass Teilnehmer sich weigern, auf die Karten zu schreiben, oder die Sortierung geht schleppend voran.

Andererseits treten auch *übermotivierte Teilnehmer* auf, die sich durch ihren Elan leicht in den Vordergrund drängen und andere demotivieren oder verärgern können. Hier muss behutsam gebremst werden.

Andererseits gleitet die Sortierung leicht in *konfuse Diskussion* ab. Es muss dann vom leitenden Moderator klar gemacht werden, dass es zunächst um das Ordnen geht und danach erst um die aufgrund der Strukturierung leichtere Diskussion.

Zu vermeiden ist ein "Methoden-Showdown" und die damit verbundene Überstrukturierung.

Der Umgang mit Konfliktsituationen stellt für Moderierende eine Herausforderung dar, auf die je nach Situation individuell eingegangen werden muß. Moderierende sind weder Schiedsrichter noch Übereltern und auch keine Therapeuten. Konflikte sollten allerdings offen angesprochen werden und gegebenenfalls aus der Sitzung "ausgelagert" werden. Oft hilft bereits das Verdeutlichen gemeinsamer Interessen und Ziele.

---

10 Karten aus Papier schneiden, mit Krepp auf Wand kleben

Literatur

CLAUSSEN, B.; FÜRST, D.; SELLE, K.; SINNING, H., 1996: Zukunftsaufgabe Moderation. Herausforderung in der Raum- und Umweltplanung, 143 S., Frankfurt/Main (Dokumentationen zur wissenschaftlichen Weiterbildung, 28).

DEUSSEN, M. ET AL., 1998: Moderationswerkstatt "Die Dritte". Dokumentation drittes studentisch organisierte Seminar zur Moderation von Planungsprozessen am Fachbereich Landschaftsarchitektur und Umweltentwicklung der Universität Hannover, Hannover.

DRUSCHEL, D.; GERSTER-BENTAYA, M.; HEFFNER, P., 1991: Teilnehmerorientierte ländliche Erwachsenenbildung, 47 S., Bonn (Auswertungs- und Informationsdienst für Ernährung, Landwirtschaft und Forsten (AID), 3173).

GROSSER, S.; LUDWIG, H., 1998: Planen am Abgrund - ein Dorf an der Kippe. Vertiefungsprojekt am Institut für Landesplanung und Raumforschung der Universität Hannover.

KLEBERT, K.; SCHRADER, E.; STRAUB, W.G., 1987: KurzModeration: Anwendung der ModerationsMethode in Betrieb, Schule und Hochschule, Kirche und Politik, Sozialbereich und Familie bei Besprechungen und Präsentationen, 166 S., 2. Aufl., Hamburg.

8.5 Mind Mapping

Magrit Putschky, Frank Scholles

8.5.1 Was ist Mind Mapping? - Entstehungsgeschichte

Begriff

Wie würden Sie den Begriff "Mind Map" übersetzen? Gedankenlandkarte? Gedächtniskarte? Gehirnführer? Geistplan? Da sich "Mind" nicht mit einem einzigen Wort übersetzen lässt, hat sich in Deutschland die englische Bezeichnung eingebürgert.

Sowohl der Begriff als auch die Methode Mind Mapping wurde in den 70er Jahren von dem Engländer Tony Buzan geprägt. Er machte sich die neueren Erkenntnisse der Gehirnforschung über die zwei unterschiedlichen Denkmodi des Gehirns (s. Kap. 8.1.1) zunutze. Daraus entwickelte er eine Arbeits- und Darstellungsmethode, die gleichermaßen für die rechte wie auch für die linke Hirnhemisphäre schmackhaft ist, indem sie sprachlich-logisches Denken mit intuitiv-bildhaftem Denken verbindet.

Geschichte der Bildschrift

Die Vorteile des Denkens in Bildern waren bereits den alten Griechen bekannt. Der Rhetoriker Simonides pflegte um 500 v. Chr. eine Gedächtniskunst, die Mnemotechnik genannt wird. Dabei werden Inhalte einer Rede in Vorstellungsbilder gekleidet, die an verschiedenen Stellen im Vortragsraum "aufgehängt" werden. Das Ablesen dieser Bilder ermöglicht einen stundenlangen Vortrag ohne Manuskript.

Auch im Mittelalter beschäftigte man sich mit Methoden der Gedankenstrukturierung. Der Philosoph Ramon Llull verband Wort und Bild und stellte seine Gedanken in

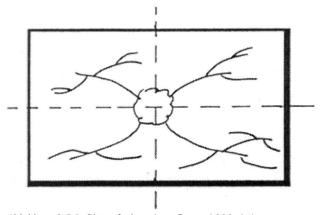

Abbildung 8.5.1: Blattaufteilung (aus: Eipper 1998, 14)

einem "Wissensbaum" dar, der Ähnlichkeit mit den heute noch gebräuchlichen Stammbäumen hat und ein Vorläufer der heutigen Mind Maps sein könnte (vgl. Eipper 1998, 6; Kirckhoff 1994, XIII f.).

Als Gutenberg im 15. Jahrhundert den Buchdruck erfand, nahm die Nutzung von Bildern und Symbolen als Gedankenstütze und -ausdruck zugunsten der alphabetischen Schrift ab. Rationales und logisches Denken gewannen die Oberhand.

Die Bilderschrift ist allerdings nicht ausgestorben. Eipper (1998, 9 f.) erinnert an die Comics[11] und betont die Wichtigkeit des Bilds zur Verdeutlichung abstrakter Begriffe. So sind Lehr- und Fachbücher ohne die visuelle Unterstützung durch Abbildungen heute undenkbar.

---

11 seit den 50er Jahren des 20. Jahrhunderts

8.5.2 Wie funktioniert Mind Mapping? - Grundregeln und Wirkungsweisen

Wann haben Sie zum letzten Mal anders geschrieben oder gelesen, als Sie es aufgrund Ihrer Erziehung gewohnt sind: von links oben nach rechts unten, in einer durchgängigen Linie auf einem A4-Blatt hochkant? Noch nie? Kein Wunder, dass Sie manchmal Schwierigkeiten haben, Ihre Gedanken "auf Reihe" zu bekommen... Versuchen Sie es mal anders![12]

Das Blatt im Querformat, oder: der erste Schritt zum Querdenken

Mensch verwende unliniertes Papier, der Größe sind keine Grenzen gesetzt. Wichtig ist das Querformat, denn es beugt durch die andere grafische Raumaufteilung dem linkshemisphärischen, linearen Denken vor, das durch das Hochkantformat angesprochen wird. Die hierarchische Struktur "Oben-Unten" wird aufgehoben, und die Aufzeichnungen werden eher als Bild denn als Text wahrgenommen, was der rechten Hemisphäre sehr entgegen kommt (s. Abb. 8.5.1).

Das zentrale Thema ins Zentrum

Der Mittelpunkt des Blatts ist der Brennpunkt. Was da steht, verlieren Sie nicht aus den Augen; Ihre Gedanken kreisen um Ihre zentrale Fragestellung oder These (s. Abb. 8.5.2). Wichtig ist eine knappe, schlagwortartige Formulierung, die hinreichend aussagekräftig formuliert ist. So macht es einen Unterschied, ob Sie z. B. allgemein über des Thema "Regionalplanung" referieren oder ob Sie spezielle "Vorteile der endogenen Regionalentwicklung" untersuchen wollen. Geben Sie Ihrem Thema eine Fassung, indem Sie es einkreisen.

Die zugehörigen Gedanken als Schlüsselworte auf Äste

Mind Maps basieren nicht auf ganzen Sätzen oder Teilsätzen, sondern auf so genannten Schlüsselworten. Diese haben den Vorteil, dass sie dazu anregen, Assoziationen, ja ganze Assoziationsketten zu erzeugen, indem Eindrücke, Gefühle, Ideen miteinander verknüpft werden. Dabei ist eine aussagekräftige Wortwahl wichtig: die Substantive "Grünland - Mahd - Vertrag" rufen wohl mehr Bilder hervor als "ein - leicht - und". Diese assoziative Fähigkeit unserer rechten Hirnhemisphäre

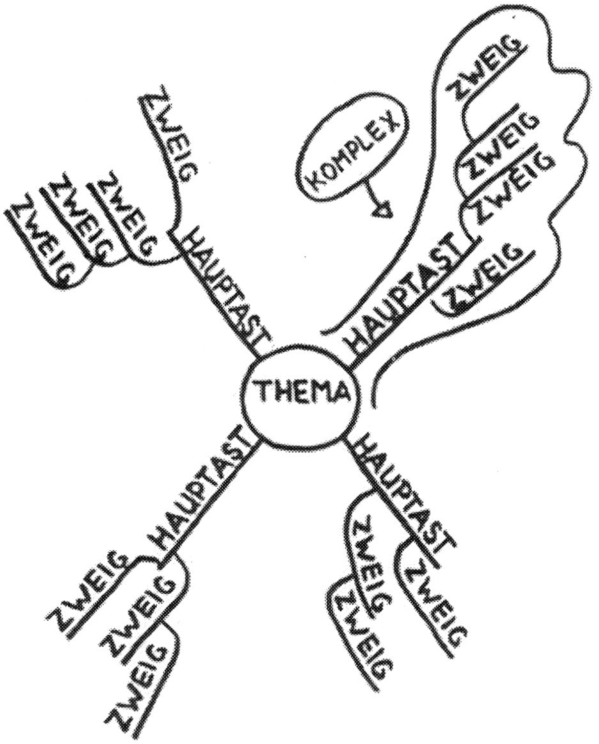

Abbildung 8.5.2: Zentrum und Äste (aus: Kirckhoff 1994, 5)

erübrigt ein komplettes Ausformulieren einzelner Sachverhalte.

Die dem zentralen Thema inhaltlich zugehörigen oder untergeordneten Schlüsselworte werden auf Linien geschrieben, die sich für weitere Unterbegriffe immer weiter verästeln können. Die Struktur einer Mind Map ist dadurch einem Baum sehr ähnlich (vgl. Abb. 8.5.3).

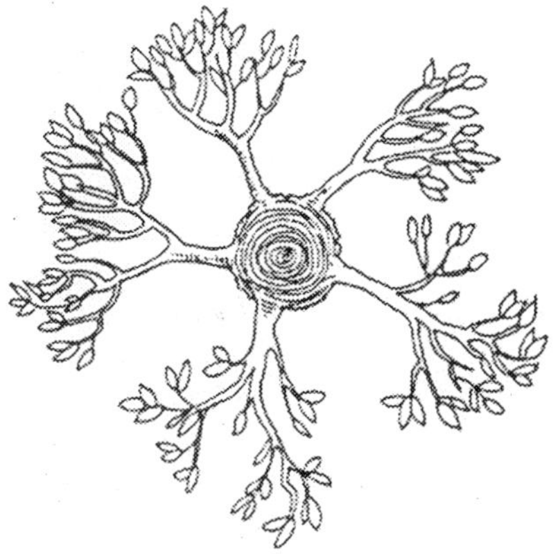

Abbildung 8.5.3: Baumstruktur (aus: Kirckhoff 1994, 6)

Wichtig ist dabei, das Bedürfnis der linken Hemisphäre nach Ordnung, Übersichtlichkeit und effizienter Raumnutzung zu berücksichtigen, indem z. B. die Linien lückenlos aneinander anschließen und nicht unnötig lang sind. Das lässt sich durch eine Art "Bogentechnik" erreichen, und indem ein klares Schriftbild angestrebt wird.

---

[12] in Anlehnung an Beyer (1993, 8 ff.);. Eipper (1998, 12 ff.)

Die Vorteile dieser Schreibweise gegenüber der "traditionellen" Zeilenschrift sind folgende:
- Die Verwendung von Schlüsselwörtern ermöglicht schnelles und effizientes Arbeiten.
- Thematisch sprunghaftes Arbeiten wird erleichtert; ein neuer Gedanke und damit verknüpfte Assoziationen können sofort notiert werden, ohne dass erst eine linear-logische Abfolge hergestellt werden muss. Bis Sie nämlich überlegt haben, wo eine neuer Aspekt einzuordnen ist, haben Sie einen anderen Gedanken schon wieder vergessen.
- Mind Maps visualisieren Gedankennetze. Querbezüge sind schneller und leichter erfassbar als in einer linearen Gliederung.
- Die offene Struktur eines solchen Netzwerks ist jederzeit erweiterbar.

Bilder & Symbole, Farbverwendung

Bilder, Symbole und Farbe aktivieren die rechte Hemisphäre und vermitteln ohne Worte komplexe Inhalte. Zum Beispiel erleichtert die Verwendung von Piktogrammen im öffentlichen Raum (z. B. auf Bahnhöfen) die Orientierung. Die Kombination von Wort und Bild erhöht außerdem durch das Ansprechen mehrerer Eingangskanäle des Gehirns die Einprägsamkeit von Inhalten. Der Entwicklung eigener Symbole sind dabei keine Grenzen gesetzt.

Farben können einerseits eingesetzt werden, um Zuordnungen zu verdeutlichen (inhaltlich, zeitlich, nach Wichtigkeit usw.). Andererseits rufen Farben Assoziationen und Empfindungen hervor, was unterstützend bei der Erarbeitung bzw. Vermittlung von Inhalten eingesetzt werden kann. In der Farbpsychologie gilt Rot als Signalfarbe, die in einer Mind Map eingesetzt werden kann, um z. B. Konflikte zu verdeutlichen.

8.5.3 Einsatzmöglichkeiten von Mind Maps

Mind Maps können sowohl als strukturierende Notiztechnik (Aufarbeiten von Bestehendem/Bekanntem) als auch als Kreativitätstechnik (Entwickeln neuer Gedanken) eingesetzt werden.

Der Einsatz zur Strukturierung ist z. B. möglich bei:
- Informationsverarbeitung/Lernen: z. B. Fachbuchauswertung, Vorlesungsmitschrift
- Redemanuskript
- (Projekt-) Sitzungsprotokoll
- Visualisierung von Inhalten zwecks Präsentation

Der Einsatz zur Ideenentwicklung bietet sich z. B. an bei:
- Themenentwicklung und Stoffsammlung für Referate oder Vorträge
- Entwickeln von Problemlösungsstrategien
- Projektplanung

Mind Maps lassen sich auch in Kombination mit anderen Kreativitätstechniken einsetzen, z. B. zur Sortierung von Brainstorming-Ergebnissen.

Ein zweistufiges Mind Mapping könnte z. B. aussehen, wie in Abbildung 8.5.5 dargestellt: In einem ersten Schritt werden alle Gedanken auf Ästen um das Zentrum herum aufgetragen; in einem zweiten Schritt erfolgt die hierarchische Strukturierung.

Mind Mapping am PC

Inzwischen gibt es ein Fülle an "Kreativ-Software", die auf dem Mind Mapping Prinzip basiert (vgl. hierzu Jungbluth 1998).

"Traditionelle" handgeschriebene Maps tendieren, insbesondere bei komplexen Themen, zur Unübersichtlichkeit. Dieses Problem ist durch PC-Maps lösbar, die in

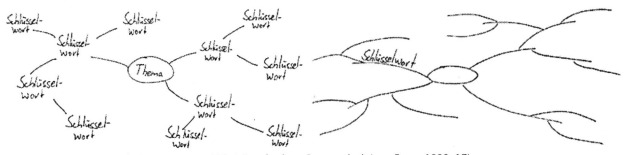

Abbildung 8.5.4: Falsche Technik (aus: Eipper 1998, 16) und richtige Bogentechnik (aus: Eipper 1998, 17)

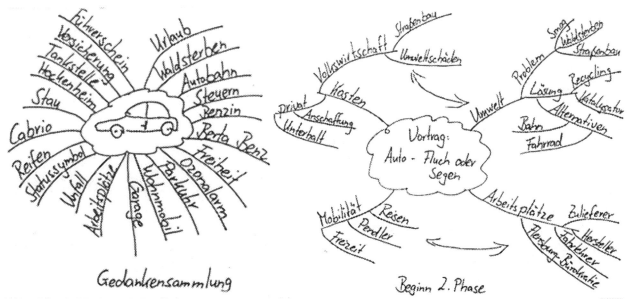

Abbildung 8.5.5: 1. Gedankensammlung (links), 2. Strukturierung (rechts) (aus: Eipper 1998, 22)

der Lage sind, Äste aus- oder einzublenden und ggf. Arbeiten in der dritten Dimension (Ebenen) ermöglichen. PC-Maps (vgl. Abb. 8.5.6) bieten weitere Vorteile:

- Möglichkeit, Begriffe mit Erklärungen zu hinterlegen
- Möglichkeit, ganze Webseiten über Hyperlinks zu hinterlegen

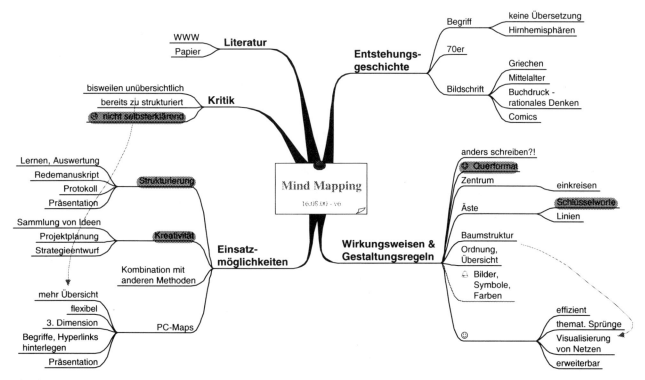

Abbildung 8.5.6: Der vorliegende Beitrag als PC-Mind Map

- einfache und schnelle Erweiterung und/oder Umstrukturierung
- einfache und schnelle farbliche und grafische Gestaltung
- Präsentationseignung.

8.5.4 Kritik an der Methode

Mind Maps sind bereits zu strukturiert für "chaotische" Ideenproduktion durch z. B. Brainstroming oder freies Assoziieren. Das "Heraussprudeln" von Ideen wird durch gleichzeitige Sortierungsversuche behindert.

Dieses Problem ist allerdings lösbar, wenn Ideen entweder zunächst unsortiert notiert (Brainwriting) oder mitprotokolliert werden und dann in einem zweiten Arbeitsgang durch Mind Maps strukturiert und ergänzt werden oder indem die in Abbildung 8.5.5 dargestellte zweistufige Technik angewandt wird.

Andererseits ist es für stark "linkshirnige" Menschen gewöhnungsbedürftig, Gedanken auf Ästen statt mit Spiegelstrichen zu notieren. Nach einer Eingewöhnungsphase überwiegen jedoch meist die Vorteile durch die bereits vorgenommene Strukturierung.

Die Vorteile von Mind Maps liegen somit in der einprägsamen Art der Strukturierung und der Möglichkeit der individuellen Gestaltung entsprechend den eigenen Bedürfnissen und Vorlieben. Letzteres ist bei PC-Maps durch die Vorgaben der Software wiederum eingeschränkt.

Mind Maps sind allerdings nicht selbsterklärend, da die Assoziationen zu einem Schlüsselwort bei verschiedenen Personen durchaus unterschiedlich sein können.

Literatur

Literatur im WorldWideWeb

MindJET, englische Mindmanager Homepage, http://www.mindman.com
MindManager, deutsche Mindmanager Homepage, http://www.mindmanager.de
OzEmail Ltd., Australien, http://www.ozemail.com.au

Zitierte und weiterführende Literatur

BEYER, M., 1994: BrainLand. Mind Mapping in Aktion, 2. Auflage, Paderborn.
EIPPER, M., 1998: Sehen, Erkennen, Wissen. Arbeitstechniken rund um Mind Mapping, Renningen-Malmsheim.
JUNGBLUTH, V., 1998: Ideenmaschinen. Kreativitätswerkzeuge im Vergleich. c't (20): 142-147.
KIRCKHOFF, M., 1994: Mind Mapping. Einführung in eine kreative Arbeitsmethode, Bremen.
REIMANN, P., 1998: Frische Brise. Helfen Mind Maps beim Denken? c't (20): 140-141.

8.6 Planspiel
Frank Scholles

8.6.1 Herkunft der Methode

Planspiele haben eine Jahrhunderte alte Tradition; als Kriegsspiele wurden sie bereits im Altertum angewendet. Seit dem Ende des 17. Jahrhunderts wurden sie formalisiert und in Regeln gefasst - eine Entwicklung, die in der strategischen Vorbereitung der beiden Weltkriege des 20. Jahrhunderts ihren Höhepunkt fand.

In den 40er und 50er Jahren eröffnete die Entwicklung von Spieltheorien und Computern neue Möglichkeiten der Modellkonstruktion und Simulation, sodass die hochentwickelte Kriegsspieltechnik in Form von Unternehmensspielen Eingang in die Wirtschaftswissenschaften und später auch in andere wissenschaftliche Disziplinen fand.

In der Raumplanung wurde Ende der 50er Jahre damit begonnen, Planspiele zu entwickeln. Ende der 60er Jahre erlebte die Planspielentwicklung in der Raumplanung, insbesondere in der Stadtentwicklung, ihren Höhepunkt. Mit dem Abebben der Planungseuphorie (s. Kap. 2.1.3) verschwand auch die inzwischen mit Simulationsmethoden zusammengewachsene Planspielmethode weitgehend aus der Diskussion. Es wurden lediglich Brett- und Computerspiele für den Einzelnen entwickelt, deren bekannteste Vertreter Ökolopoly (Vester 1989) und SIM CITY (White 1992, zit. in Scheibig 1996) sind.

In den 90er Jahren wurde das Planspiel in der Form des Rollenspiels als Lehrmethode und zur Antizipation möglicher Konflikte in der Planung wieder entdeckt, forciert auch durch Planungsjuristen und durch die zunehmende Prozessorientierung der Planung. Seitdem wurden auch für die Politik diverse Planspiele durchgeführt, um Aushandelungs- und Planungsprozesse im Vorfeld des Erlasses von Rechtsvorschriften zu simulieren (z. B. Böhret u. Hofmann 1992; Bunzel et al. 1997; UVP-Gesellschaft 1999).

Im Folgenden wird Planspiel im Wesentlichen als Rollenspiel aufgefasst.

8.6.2 Ziele der Methode

Ziel eines Planspiels ist nicht die Ermittlung einer optimalen Alternative, vielmehr geht es darum, Einblicke in die Verhaltensweisen verschiedener Akteure unter Konkurrenzbedingungen sowie in das Problemlösen in Konfliktsituationen zu gewinnen (Scheibig 1996, 28).

Bereits Ende der 60er Jahre wurde neben dem Kennenlernen von Stadtentwicklungsprozessen und der daran beteiligten Akteure eine weitere Aufgabe von Planspielen erkannt: Da finale Pläne an Bedeutung verloren und Aushandelungsprozesse in der Planung immer mehr an Bedeutung gewonnen haben, gehen die Planspiele der 90er Jahre in Richtung Prozessmanagement und die Planer übernehmen dabei die Rolle der Moderatoren.

Ein Planspiel ist dabei eine Methode zur Bewusstmachung oder Prüfung von Verhaltensweisen und Auswirkungen von Entwürfen, bei der anhand eines Modells der Realität den Teilnehmern Handlungsentscheidungen abverlangt werden.

Dabei wird unterschieden zwischen *subjektbezogenen* Spielen, die den Teilnehmern bestimmte Erfahrungen liefern und Lerneffekte und Bewusstmachungsprozesse bei ihnen hervorrufen sollen, und *objektbezogenen* Spielen, die wissenschaftliche oder praktische Erkenntnisse über das Verhalten der Akteure oder des Systems liefern sollen (Diekmann u. Leppert 1978, 11). Letztere sind besonders dann sinnvoll, wenn zu prüfende Sachverhalte nur simuliert werden können[13] oder der direkte Test zu aufwändig wäre (Böhret u. Hofmann 1992, 39).

Ziele für ein idealtypisches Planspiel in der Raum- und Umweltplanung sind (vgl. Scheibig 1996, 46):

- Identifizieren von Determinanten räumlicher Entwicklung wie Standortfaktoren verschiedener Raumnutzungen, Nutzungskonkurrenzen, Zusammenhang zwischen Siedlungsentwicklung und Verkehr, Grundstücksmarkt
- Identifizieren zentraler Akteure und Verstehen ihrer Handlungsweisen
- Erkennen zentraler Aufgaben des Planers
- Erkennen der Vor- und Nachteile des Einsatzes verschiedener Planungsinstrumente
- Erprobung der Zuordnung von Flächennutzungen: komplementäre Nutzungen, Nutzungskonflikte
- Erlernen und Erproben kommunikativer Fähigkeiten
- Durchsetzen von sozialen und ökologischen Belangen gegen ökonomische Verwertungsinteressen.

Ziel ist es auch, möglicherweise auftretende Interessenkonflikte zu verdeutlichen (vgl. Scheibig 1996, 47) und ggf. bereits im Entwurfsstadium von Planungen oder Rechtsvorschriften zu eliminieren:

- Nutzungskonkurrenz
- gegenseitige Abhängigkeit
- Konflikte zwischen Nutzungen
- Konflikte zwischen Nutzungen und Umweltgütern
- Beziehungen zwischen Raumnutzungen und Verkehr.

8.6.3 Die Struktur der Methode

Elemente

Jedes Planspiel setzt sich aus drei Elementen zusammen: dem Setting, den Rollen und den Aktionsmöglichkeiten der Spieler.

Das Setting ergibt sich aus der Modellierung eines ausgewählter Teils der Realität. Die wesentlichen Akteure in dieser Teilrealität werden identifiziert und in Rollen widergespiegelt. Schließlich wird festgelegt, welche Möglichkeiten des Handelns den Spielern in ihren Rollen zur Verfügung stehen sollten. Diese Handlungsmöglichkeiten ergeben die Spielregeln (Scheibig 1996, 51). Um die Effektivität der Spielanwendung zu steigern, sollten flexible Regeln aufgestellt werden, die je nach Verlauf modifiziert werden können.

Die Ausgestaltung der Rollen sollte so vorgenommen werden, dass sie zwar ein realistisches Abbild der Realität darstellen, die Teilnehmer aber nicht überfordern. Die Teilnehmer sollen einen vagen Überblick über das Spiel behalten; ein vollständiger Überblick wäre realitätsfremd, der Verlust des Überblicks motivationsmindernd (Scheibig 1996, 83).

---

13 wie z. B. Störfälle, neue Anwendungsfelder, gesellschaftlich kritische Sachverhalte

- Die Spielbarkeit der einzelnen Rollen muss gewährleistet sein.
- Die Interaktionen zwischen den Spielern sollte gefördert werden.
- Es sollten in erster Linie solche Aspekte berücksichtigt werden, die in direkten Zusammenhang mit der Fallstudie zu bringen sind.

Das Planspiel wird als eine Art Laborexperiment durchgeführt, also unter künstlichen Bedingungen (Zeit, Ort, Zusammensetzung der Teilnehmer, Fallstudie), die jedoch Funktionen und Eigenschaften der Wirklichkeit hinreichend repräsentieren sollen (Böhret u. Hofmann 1992, 39).

Spielleitung

Die Spielleitung entwickelt die oben genannten Elemente, bereitet die Materialien zu den Fallstudien vor, moderiert das Planspiel, greift bei Problemen ein, liefert ggf. Materialien und Informationen während des Planspiels zu. Daraus ergibt sich, dass die Spielleitung nicht am eigentlichen Planspiel teilnimmt.

Zeit

Im Planspiel müssen Zeitverkürzungen vorgenommen werden. Verwaltungsverfahren, die üblicherweise sechs Wochen dauern können, werden an einem Tag durchgespielt. Dies ist nur möglich, indem vorbereitete Unterlagen eingespeist werden, ausschließlich an einem Fall gearbeitet wird und eine Konzentration auf die zentralen Fragestellungen erfolgt.

Ort

Planspiele finden üblicherweise an einem Ort statt, d. h. alle Teilnehmer werden in einem Seminarhaus zusammengezogen. Dies führt einerseits zu örtlicher und sachlicher Isolation von der Außenwelt, andererseits zu intensiver, direkter Kommunikation der Teilnehmer untereinander.

Zusammensetzung der Teilnehmer

In einem Planspiel übernehmen die Teilnehmer Rollen ausgewählter Personen oder Angehöriger von Institutionen. Sie spielen im Rahmen eines durch Lagebeschreibung und Spielregeln umrissenen, jedoch jederzeit modifizierbaren Modells spezifische Konfliktsituationen und Problemstellungen durch (Schran 1968, 1443). Dabei kann - bei objektbezogenen Planspielen - eine heterogene Gruppe spielen, sodass die einzelnen Teilnehmer ähnliche Rollen wie im realen Leben übernehmen[14]. Bei der subjektbezogenen Variante spielt meist eine homogene Gruppe, wobei die Teilnehmer versuchen, sich in die Rolle der übrigen Gruppen zu versetzen[15].

Die Spieler sollen unterschiedliche Rollen einnehmen, im Wettbewerb miteinander stehen und ermuntert werden, Schritte strategisch zu planen.

Fallstudie

Die durchzuspielende Fallstudie wird i.d.R. anonymisiert und verfremdet, damit die Teilnehmer nicht in Versuchung geraten, persönliche Betroffenheiten über den Sachverhalt zu stellen.

Spielablauf

Spielablauf besteht i.d.R. aus drei Phasen:

1. Zweck des *Vorlaufs* ist es, eine Brücke zwischen dem Vorwissen der Spieler zu schlagen und deren Wissen auf einen annähernd gleichen Stand zu bringen. Dies kann durch Versand von schriftlichen Unterlagen an die Teilnehmer geschehen. Gruppenarbeit zu bestimmten Teilbereichen kann schon im Vorfeld zu erwartende Konflikte aufzeigen.
2. Das *Planspiel* i.e.S. wird möglichst an einem oder wenigen Tagen durchgeführt.
3. Die *Nachbereitung* sollte sich möglichst direkt an das Spiel anschließen, da dann die gemachten Erfahrungen noch frisch sind. In der Praxis stellt die Nachbereitung eine wichtige Phase dar, da in ihr der Spielverlauf für den weiteren Verfahrensablauf nutzbar gemacht wird.

8.6.4 Das Beispiel "Eigenständige Regionalentwicklung in einem Großschutzgebiet, Schutzstatus und Zonierung"

Anlass und Gegenstand

Das im Folgenden erläuterte Beispiel steht für ein subjektbezogenes Planspiel. Es wurde in der Planerausbildung eingesetzt.

---

14 Planungsbehörde, Naturschutzbehörde, Gemeinde, Verbände, vgl. Beispiel in Kap. 8.6.5

15 vgl. Beispiel in Kap. 8.6.4

Bei dem Planspiel geht es insbesondere um die Regionalentwicklung eines Großschutzgebiets. Dabei sollen die verschiedenen Belange und Interessen zu Wort kommen. Der Fokus der Diskussion liegt auf zwei Punkten, deren Auswirkungen auf die weitere Entwicklung zu diskutieren sind:

- Schutzstatus: soll ein Nationalpark oder ein Biosphärenreservat ausgewiesen werden?
- Zonierung: soll zoniert werden, wenn ja, wie sollen die Zonen abgegrenzt werden?

Dabei kann es nicht um die genauen Grenzen auf der Karte gehen, sondern vielmehr um Grundsätze und Kriterien für die Zonierung und den Anteil der einzelnen Zonen am Gesamtgebiet.

Setting und Rollen

Bei der Ausweisung eines Großschutzgebiets an einem Strom in Deutschland ist es zu Konflikten zwischen Naturschutzbehörden und Landnutzern über die Intensität des Schutzes und die Grenzen des Schutzgebiets gekommen. Wenig berücksichtigt wurde dabei die Rolle, die die Regionalplanung spielen könnte, wenn sie als Regionalmanagement einer eigenständigen Entwicklung agieren würde. Das Planspiel soll Konflikte offen legen und Lösungsmöglichkeiten unter Einbeziehung der Regionalplanung entwickeln.

Folgende Rollen sind zu verteilen:

1. Regionalplanung:
   - Oberste Landesplanungsbehörde (Ministerium)
   - Obere Landesplanungsbehörde bei der Bezirksregierung
   - Büro für Regionalmanagement (Moderation)
2. Naturschutz:
   - Landesumweltamt
   - Obere Naturschutzbehörde bei der Bezirksregierung
   - Untere Naturschutzbehörde beim Landkreis
   - Biologe der Universität, Leiter der Naturschutzstation
   - BUND Kreisverband
3. Land- und Forstwirtschaft:
   - Landwirtschaftskammer
   - Vertreter des Landvolks
   - Mitglied der Agrargenossenschaft
   - Arbeitsgemeinschaft bäuerliche Landwirtschaft
   - Förster
4. Fremdenverkehr/Wirtschaft:
   - Ministerium für Wirtschaft, Technologie und Verkehr, Wirtschaftsförderung
   - Hotel- und Gaststättenverband
   - Industrie- und Handelskammer
   - Tourismusbüro (extern)
5. Gemeinden:
   - Bürgermeister Amt A
   - Bürgermeister Stadt B
   - Verwaltungsdirektor Samtgemeinde C
   - Verwaltungsdirektor Samtgemeinde D
6. beratende Gäste:
   - Verwaltung des Nationalparks Harz
   - Bürgermeister einer Gemeinde im Spreewald
   - Regionalberater Rhön

Vorlauf

Das Planspiel fand im Rahmen eines dreitägigen Blockseminars statt. Die Teilnehmer bereiteten sich durch Referate auf die Thematik allgemein und die speziellen Probleme des Raums vor. Dadurch war ein anonymes Planspiel nicht möglich; es ist aber in der Ausbildung auch nicht zwingend nötig.

Regieanweisungen Gruppe 1

Die Bezirksregierung als Gastgeberin begrüßt die Anwesenden und übergibt die Moderation. Die Gruppe muss darauf achten, dass alle beim Thema Regionalentwicklung bleiben und nicht auf andere Konfliktpunkte ausweichen. Dabei hat die Regionalplanung aber auch eigene Ziele, nämlich die eigenständige Regionalentwicklung umzusetzen, wobei der Gruppe überlassen bleibt, ob eher "von oben" oder eher "von unten". Die Planer sollen als Manager/Koordinatoren auftreten. Sie haben jedoch Zweifel, ob der Wert des Gebiets für einen Nationalpark genügt. Der Gast aus der Rhön kann einbringen, wie es dort gelaufen ist.

Moderation bedeutet, den Diskussionsprozess möglichst neutral zu leiten, aber auch stille Teilnehmer zu animieren und Personen, die sich in den Vordergrund drängeln, höflich aber bestimmt in die Schranken zu weisen. Das Interesse liegt darin, zu einem konsensfähigen Ergebnis zu kommen oder zumindest den Dissens sauber zu definieren.

Regieanweisungen Gruppe 2
Ziel des Naturschutzes ist es, einen Nationalpark auszuweisen, insbesondere weil weder BNatSchG[16] noch Landesnaturschutzgesetz ein Biosphärenreservat kennen. Die Unterschutzstellung wäre in einem Biosphärenreservat mit diversen Einzelverordnungen verbunden. Die Sachargumente, wie Strukturvielfalt, Rote Listen, Schutzwürdigkeit, können den zum Planspiel vorhandenen Materialien entnommen werden. Forderungen können sein: Totalreservat für Gewässer, Sümpfe, Ufer, Magerrasen und den größten Teil der Wälder, das wären dann 33 %, Pufferzone mit dem Ziel der Entwicklung zum Totalreservat für Teile des Grünlands, Bewirtschaftungsauflagen für den Rest. Es soll möglichst flächendeckend ein ökologischer Landbau entwickelt werden.

Die Gruppe soll sich aber auch konstruktiv mit umweltverträglichen Entwicklungsmöglichkeiten auseinander setzen. Auch Fördermöglichkeiten können angeboten werden; dies wird einem Ankauf vorgezogen. Der Leiter der Naturschutzstation weist auf die Bedeutung für die Forschung hin, der BUND ist leidgeprüft in der Region mit einer Atomanlage.

Regieanweisungen Gruppe 3
Die Vertreter wollen das Einkommen der Landwirte sichern, d. h. eine wirtschaftliche Nutzung muss weiterhin möglich bleiben. "Landwirt als Landespfleger" kann nur Ausnahme oder Zubrot sein. Die Auflagen dürfen die Nutzung nicht infrage stellen. Das gilt auch für den Privatwald. Daher ist man gegen einen Nationalpark und für eine möglichst große Zone III, wenn denn überhaupt ein Großschutzgebiet sein muss. Staatsforst kann anders bewirtschaftet werden, auch wenn die Forstverwaltung sich daran erst gewöhnen muss. Sowohl Land- als auch Forstwirtschaft haben die Landschaft, die jetzt so schutzwürdig ist, durch ihre Nutzung geprägt. Allerdings ist Nutzung immer einem Wandel unterworfen, damit auch Landschaft.

Wenn der Naturschutz ein Totalreservat wünscht, soll der Staat die Flächen ankaufen. Andererseits möchten die meisten Landwirte ungern ihr Land verkaufen. Manche Nutzungsauflagen kommen aber einer Enteignung gleich. Man kann sich vorstellen, Vermarktungsgemeinschaften zu bilden, weiß aber nicht so recht wie. Die AG bäuerliche Landwirtschaft hat als einzige Vorstellungen hierzu und kann Beispiele von anderen Orten vorstellen. Hier gibt es auch Vorstellungen über ökologischen Landbau.

Regieanweisungen Gruppe 4
Der Entwicklungsunterschied im Tourismus West/Ost ist zu beachten. Der Fremdenverkehr weist auf Aktivitäten wie Kulturtourismus, Natur Erleben, Rad Fahren, Wandern hin. Die Attraktivität muss aber noch steigen. Das Schutzgebiet soll also den Tourismus fördern, daher ist man für eine Ausweisung, aber gegen einen Nationalpark. Im Reservat muss eine hinreichend große Entwicklungszone bleiben, Betretungsverbote werden abgelehnt. Man muss sich über Marketing Gedanken machen. Es werden Wirtschaftsfördergelder aus Ziel 1 der europäischen Strukturfonds für einen Teil des Gebiets verlangt.

Die IHK sieht einiges etwas anders. Sie ist gegen ein Schutzgebiet überhaupt, verlangt Infrastrukturausbau im Ziel 1-Gebiet, Erschließung des Gebiets, in diesem Zusammenhang mindestens eine weitere Strombrücke für den Straßenverkehr sowie Ortsumgehungen. Die Verlängerung der Autobahn zur Landeshauptstadt soll möglich bleiben. Außerdem wird ein vorsichtiger Ausbau der Wasserstraße für nötig gehalten. Dann kann auch bestimmte Industrie angesiedelt werden, die für den Wirtschaftsstandort gebraucht wird.

Regieanweisungen Gruppe 5
Die Gemeinden sind auf Steuereinnahmen angewiesen und müssen daher den Tourismus, die Landwirtschaft und auch Gewerbe fördern. Größere Industrieansiedlungen werden abgelehnt mit dem Hinweis auf die Nutzung der Potenziale. Allerdings sieht das die Samtgemeinde D etwas anders (im Wesentlichen der Gemeindeteil mit der Atomanlage). Ortsumgehungen werden klar befürwortet, ebenso Dorferneuerungsmaßnahmen. Hier kann man in Teilgebieten auf gute Erfahrungen verweisen.

Insbesondere die Stadt B weist auf dringenden Wohnungsbedarf hin (Nähe zu einer Metropole), was auch für Steuereinnahmen sorge. Die Gemeindeentwicklung dürfe durch die Ausweisungen nicht unmöglich werden. Amt A weist darauf hin, dass 40 Jahre lang alle Entwicklung unmöglich war, man also erst einmal etwas nachholen müsse. Dazu brauche man Fördermittel.
Ein Großschutzgebiet würde sicherlich den Bekanntheitsgrad der Gegend steigern und daher als Marke-

---

16 in der seinerzeitigen Fassung

tinginstrument einsetzbar sein. Bisher kennt man die Gegend nur aus anderen Zusammenhängen. Samtgemeinde D weist darauf hin, dass das Schutzgebiet nicht benutzt werden darf, um die Atomanlage zu behindern. Das unterstützen die anderen aber nicht. Aus dem Spreewald wird berichtet, dass das Biosphärenreservat erfolgreich zur Vermarktung eingesetzt worden ist, dass es aber Probleme mit Hotelrenovierungen und -erweiterungen in Zone II gegeben habe.

Ergebnisse

Bei der Durchführung des Planspiels mit Studierenden der Landschafts- und Freiraumplanung zeigte sich, dass sich die angehenden Landschaftsplaner trotz ihrer thematischen Nähe zum Naturschutz sehr gut in die Rolle der anderen Beteiligten hineinversetzen konnten. Am Ende sprachen sie sich mehrheitlich gegen einen Nationalpark aus. Nur selten glitt jemand in "Schauspielern" ab.

Bei einer wenig später stattfindenden Exkursion mit teilweise identischem Teilnehmerkreis in den Raum äußerten sich die Referenten überrascht über die Sach- und Strategie-Kenntnisse der Teilnehmer.

8.6.5 Das Beispiel "Strategische Umweltprüfung im Gebietsentwicklungsplan"

Anlass und Gegenstand

Ein objektbezogenes Planspiel wurde 1998 in Nordrhein-Westfalen durchgeführt, um die Konsequenzen der Einführung eines neuen umweltpolitischen Instruments, der Strategischen Umweltprüfung (SUP, s. Kap. 3.2), zu simulieren. Das Planspiel fand im Rahmen des Aushandlungsprozesses vor der Verabschiedung einer EU-Richtlinie statt.

Die EU-Kommission hatte einen Vorschlag für eine "Richtlinie des Rates über die Prüfung der Umweltauswirkungen bestimmter Pläne und Programme" vorgelegt, der in Deutschland außerhalb der Umweltlobby auf Ablehnung gestoßen war. Da sich dennoch eine Zustimmung der Mehrheit der Mitgliedsstaaten abzeichnete, sollte ein Planspiel einen Beitrag zur Substanziierung der Diskussion liefern. Daher beauftragte das Ministerium für Umwelt, Raumordnung und Landwirtschaft des Landes Nordrhein-Westfalen die UVP-Gesellschaft e.V., ein Planspiel zur Strategischen Umweltprüfung (SUP) in der Gebietsentwicklungsplanung (GEP) vorzubereiten und durchzuführen. Das Planspiel ist dokumentiert in UVP-Gesellschaft (1999).

Fallstudie, Setting und Rollen

Für das Planspiel wurde der Fall eines GEP-Änderungsverfahrens ausgewählt. In einer Region sollten anlässlich eines neuen Autobahnanschlusses Gewerbe- und Industriesiedlungsbereiche (GIB) neu ausgewiesen oder erweitert werden, so die Bedarfsanmeldung dreier Gemeinden. Da zwei der Gemeinden bereits in größerem Umfang ungenutzte Gewebeflächen haben und bei der dritten die Entwicklungsmöglichkeiten durch Naturraum- und Wasserschutzgesichtspunkte sehr stark eingeschränkt sind, bestehen regionalplanerische Vorbehalte. Interkommunale Kooperation soll geprüft werden. Der Fall war der Realität entnommen und eng an sie angelehnt, jedoch anonymisiert, da Behördenvertreter aus der betroffenen Region am Spiel teilnahmen.

Die Rollen der Teilnehmer waren die, die sie in einem realen Verfahren auch zu übernehmen gehabt hätten: Bezirksplanungsbehörde, Umweltbehörden, Landwirtschaftskammer, Industrie- und Handelskammer, Gemeinden, anerkannte Naturschutzverbände, Bürgerinitiativen als Vertreter der Öffentlichkeit[17]. Daneben waren Vertreter des Bundesumweltministeriums, der EU-Kommission, anderer Bundesländer und von Universitäten[18] als Beobachter zugegen.

Verlauf des Planspiels

Das Planspiel umfasste die folgenden Verfahrensschritte (UVP-Gesellschaft 1999, 3):

- Anmeldung eines Bedarfs zur gewerblichen Entwicklung
- Scoping-Termin
- Erarbeitung eines Planentwurfs und einer Umwelterklärung[19]
- Beteiligungsverfahren
- Überarbeitung des Planentwurfs.

Die nötigen Unterlagen wurden im Vorfeld durch die UVP-Gesellschaft vorbereitet. Der Scoping-Termin fand halbtägig im kleineren Kreis, das Beteiligungsverfahren

---

17 neu im Verhältnis zur Praxis aufgrund des Richtlinienvorschlags

18 unter ihnen auch der Verfasser

19 = Umweltbericht nach der aktuellen Fassung des Richtlinienentwurfs

zweitägig in großer Runde (50 Personen incl. Beobachter) in einem Tagungshotel in Bielefeld statt. Die beiden Beteiligungs- und Verhandlungstermine standen im Vordergrund des Planspiels, da insbesondere die Beteiligung der Öffentlichkeit unter Regionalplanern als kaum durchführbar galt.

Die Spielleitung übernahmen professionelle Moderatoren; UVP-Gesellschaft und Ministerium standen ihnen als Berater zur Seite.

Ergebnisse

Hier werden nur die methodischen Erkenntnisse zum Planspiel referiert: Die Mehrzahl der Beteiligten hat durch das Planspiel neue Erkenntnisse gewonnen und Anregungen für die eigene Tätigkeit bekommen. In wie weit das Planspiel für die politische Diskussion Wirkung entfalten könnte und ob direkt verwertbare Ergebnisse erzielt wurden, war unter den Teilnehmern strittig. Gut ein Jahr nach dem Planspiel kann festgestellt werden, dass es - zumindest in Nordrhein-Westfalen - offensichtlich politische Wirkung erzielt hat, denn bei den politischen Diskussionen um den Richtlinienentwurf wurde es häufiger ins Feld geführt. Es gelang, die meisten Teilnehmer von der Durchführbarkeit und auch der Sinnhaftigkeit (Transparenz, Nachvollziehbarkeit, Bedarfsprüfung) der SUP im GEP zu überzeugen.

8.6.6 Kritik an der Methode

Vorteile von Rollenspielen in der Planung

Der Hauptvorteil von Planspielen liegt in ihrer großen Flexibilität, die eine Anpassung an unterschiedlichste Problemstellungen und Konfliktsituationen ermöglicht.

Wird es in einer frühen Verfahrensphase in Aushandlungsprozessen eingesetzt, kann es zur Auflockerung der Atmosphäre in den folgenden Sitzungen beitragen und zu einem Zeitpunkt, an dem die Fronten noch nicht verhärtet sind, zum gegenseitigen Rollenverständnis beitragen. Je nach Sachlage kann es sinnvoll sein, das Spiel zum Einstieg in den Planungsprozess als Mittel der besseren Verständigung zu nutzen oder es so auszugestalten, dass es inhaltlich ein Abbild des zu verhandelnden Sachverhalts und damit bereits einen konkreten Einstieg in die Verhandlungen darstellt[20].

---

20 Insofern kann man das Planspiel auch als Methode des Kooperationsmanagements betrachten.

Pädagogische Eignung

Von Planern wird erwartet,

- dass sie sich in andere Situationen und Akteure hineinversetzen können
- überdurchschnittliche kommunikative Fähigkeiten besitzen
- flexibel auf die Vorschläge der Verhandlungspartner reagieren
- Vorschläge zu tragfähigen Beschlüssen zusammenführen können
- sehr gute Kenntnisse über die zur Verfügung stehenden planerischen Instrumente und Verhandlungsspielräume besitzen.

Dies alles sind Fähigkeiten, die gut mithilfe von Planspielen geschult werden können (Scheibig 1996).

Spiele motivieren und erhöhen die Merkfähigkeit. Sie sind besonders geeignet, Einblicke in das Verhalten von Akteuren, den Umgang mit knappen Ressourcen und das Handeln im Wettbewerb mit anderen zu vermitteln, denn durch das Spiel können neue Umgebungen entdeckt und Reaktionen angepasst werden. Die Teilnehmer lernen oft innerhalb weniger Stunden, wie Planung zu agieren hat, wozu sie im Normalfall Jahre lange Praxiserfahrung gebraucht hätten (s. Kap. 8.6.4, vgl. auch Scheibig 1996, 29). Darüber hinaus eignen sich Planspiele dazu, Voraussetzungen von Entscheidungen und ihre Tragweite kennen zu lernen.

Durch das Planspiel lernen die Spieler nicht nur zu verhandeln, zu kooperieren und zu moderieren, sondern auch, diese Fähigkeiten in einem strukturellen Kontext einzusetzen, der in zentralen Punkten dem dem Verhandlungsgegenstand zugrunde liegenden Kontext entspricht. Bestehende Denkschemata können aufgegriffen und gefüllt werden, was zu einer hohen Akzeptanz des Vermittelten durch begreifendes Erkennen und damit zu Einstellungsänderungen führt (Scheibig 1996, 19).

Durch die Methode kann insbesondere ein tieferes Verständnis für die Beweggründe und die Art und Weise der Verhandlungsführung anderer Akteure erzeugt werden. Planspiele können daher auch zum besseren Verständnis der übrigen Interessengruppen einer Verhandlung beitragen. Dies ist insbesondere der Fall, wenn die Teilnehmer nicht ihre eigene, sondern die Rolle des Verhandlungspartners übernehmen.

Probleme

Oft stehen wirtschaftliche Aspekte überproportional im Vordergrund. Die Lernerfolge erstrecken sich dann zum größten Teil auf den Zusammenhang zwischen wirtschaftlichen Aktivitäten und räumlicher Entwicklung und die für das Verständnis von Entscheidungsprozessen wichtigen Akteurskonstellationen werden weitest gehend vernachlässigt.

Planspiele gestalten sich oft als sehr komplex und unübersichtlich, was sich negativ auf den Lernerfolg der Teilnehmer bzw. die Aussagekraft der Ergebnisse auswirkt. Außerdem wird die Spielbarkeit dadurch eingeschränkt. Planspiele sind dann zeitaufwändig, v. a. im Vorlauf, und deshalb auch kostenintensiv.

Im Spiel bestehen häufig nur geringe, der realen Situation kaum entsprechende Verflechtungen zwischen politischen und wirtschaftlichen Entscheidungen und ihren Auswirkungen auf die räumliche Entwicklungsstruktur. Die Spielergebnisse sind aufgrund der Sondersituation, in der sich die Teilnehmer befinden (Laborbedingungen), häufig nicht auf die tatsächlich gegebene Situation übertragbar, für die gespielt wurde.

Schließlich erfordern Planspiele ein hohes Engagement der Teilnehmer.

Literatur

BÖHRET, C.; HOFMANN, M., 1992: Umweltverträglichkeit. Test von Umweltrecht im Planspiel, Frankfurt a.M. (Beiträge zur Politikwissenschaft, 49).

BUNZEL, A.; LAU, P.; LÖHR, R.-P.; SCHÄFER, R., 1997: Planspiel "BauGB-Novelle 1997". Ergebnisse des Praxistests und Text des Regierungsentwurfs, Berlin (Deutsches Institut für Urbanistik (Hrsg.): Materialien, 1/97).

DIEKMANN, P.; LEPPERT, H., 1978: Planspiel und Planspielsimulation in der Raumplanung, Basel.

SCHEIBIG, H., 1996: PlanLos! Ein Planspiel zur Stadtentwicklung und seine Einsatzmöglichkeiten. Diplomarbeit an der Universität Dortmund, Dortmund.

SCHRAN, H., 1968: Planspiel-Simulation. Stadtbauwelt 19: 1443-1447.

UVP-GESELLSCHAFT e.V. (Hrsg.), 1999: Strategische Umweltprüfung. Planspiel zum Anwendungsbereich in der Gebietsentwicklungsplanung NRW, Dortmund (UVP-Spezial, 15).

VESTER, F., 1989: Ökolopoly. Das kybernetische Umweltspiel, München.

9. Kooperationsmanagement

9.1 Hoheitliches Verwaltungshandeln
Dieter Kostka

9.1.1 Rechtliche Grundlagen

Aufgaben der öffentlichen Verwaltung

Der öffentlichen Verwaltung als exekutivem Teil der Staatsgewalt obliegt die Durchführung der Gesetze, jedenfalls soweit es sich um öffentliches Recht handelt. Dazu gehören Prüfungen, Abwägungen, Beratungen, Förderungen, Planungen, Zulassungen und Bewilligungen beziehungsweise deren Versagung, Erteilung von Auflagen, Überwachungen und anderes mehr. Diese Tätigkeiten sind zu einem wesentlichen Teil auf Rechtswirkungen nach außen gerichtet, für die die öffentliche Verwaltung ein gesellschaftliches Monopol hat. Sie sind insofern hoheitlich; damit kommt der öffentlichen Verwaltung eine bedeutende Steuerungsfunktion in der Gesellschaft zu.

Verwaltungsverfahrensgesetz

Auf welche Art und Weise die öffentliche Verwaltung ihren Aufgaben jedoch nachkommt, das wurde erst am 25. Mai 1976 mit dem *Verwaltungsverfahrensgesetz* (VwVfG) für den bundesrechtlichen Bereich und in der Folge durch entsprechende landesrechtliche Verwaltungsverfahrensgesetze geregelt[1].

Inzwischen sind die Prinzipien, die in diesem Gesetz festgelegt sind, zu *dem* klassischen Schema schlechthin für den Ablauf des Verwaltungshandelns geworden. Sie betreffen zum Beispiel Zuständigkeiten, Fristen, die Anhörung Beteiligter, die Akteneinsicht durch Beteiligte, Ermessensausübung, Einwendungsmöglichkeiten. Die Regelungen sind häufig im Grundsatz sehr weitreichend, lassen dabei aber breite Auslegungsspielräume zu. So bestimmt etwa § 24 Abs. 2 VwVfG: "Die Behörde hat alle für den Einzelfall bedeutsamen [...] Umstände zu berücksichtigen." Welche konkreten Umstände im Einzelfall jedoch tatsächlich als bedeutsam zu gelten haben, und wie ihre Berücksichtigung genau auszufallen hat, darüber wird dann oft erbittert gestritten.

Förmliche Verwaltungsverfahren

Die wichtigsten förmlichen hoheitlichen Verfahrenstypen[2] sind *gebundene Genehmigungsverfahren* und *Planfeststellungsverfahren*. Der wesentliche Unterschied zwischen gebundenen Genehmigungsverfahren und Planfeststellungsverfahren besteht darin, dass im Ersteren der Antragsteller einen Rechtsanspruch auf Erteilung der Genehmigung hat, sofern er bestimmte Vorschriften einhält, während beim Letzteren die Zulassungsbehörde einen Ermessensspielraum hat, ob ein Vorhaben nach Abwägung (s. Kap. 4.5) aller Umstände vertretbar erscheint. In der Regel sind Planfeststellungsverfahren aufwändiger; es gibt deshalb noch den Mischtypus der *Plangenehmigung*, der in einfacheren Fällen anstelle der Planfeststellung angewandt werden kann und vor allem durch den Fortfall der ansonsten obligatorischen Öffentlichkeitsbeteiligung gekennzeichnet ist.

Welcher Verfahrenstyp jeweils zur Anwendung gelangt, ergibt sich ansonsten aus dem Gesetz; über bestimmte Möglichkeiten hinaus, die das Gesetz ausdrücklich vorsieht, kann nicht zwischen verschiedenen Verfahrenstypen gewählt werden. Gestaltungsspielräume bestehen demnach nur in der konkreten Auslegung einzelner gesetzlicher Rahmenbestimmungen und im Stil der Verfahrenshandhabung, zum Beispiel in Grenzen hinsichtlich Prioritäten, Untersuchungsintensität, Beteiligungsumfang oder Transparenz.

Der Entwurf eines Umweltgesetzbuchs (1. Buch, 3. Kapitel) hatte insofern eine wesentliche Änderung vorgesehen, als sämtliche Vorhabenzulassungen ins Umweltrecht integriert wären. Die drei oben genannten Typen sollten jedoch erhalten bleiben, und zwar als gebundene, planerische und einfache Vorhabengenehmigung (vgl. Bundesministerium für Umwelt, Naturschutz und Reaktorsicherheit 1997, 83 ff.[3]).

---

1   Als einziges Bundesland verfügte Schleswig-Holstein bereits vorher (1967) über ein entsprechendes Gesetz.

2   Diese münden in der Regel in eine unmittelbar verbindliche Verwaltungsentscheidung in Form eines Verwaltungsakts.

3   Der Entwurf wird inzwischen nicht mehr weiterverfolgt (s. Kap. 2.3.4)

Unselbstständige Verwaltungsverfahren

Neben den genannten förmlichen Verwaltungsverfahren gibt es noch eine Reihe so genannter unselbstständiger Verwaltungsverfahren, die keine eigene bindende Rechtswirkung entfalten. In der Regel handelt es sich dabei um bestimmte Teile eines förmlichen Verwaltungsverfahrens, die der Entscheidungsfindung der Verwaltung zu bestimmten komplexeren Aspekten dienen. Beispielsweise hat die Umweltverträglichkeitsprüfung (s. Kap. 3.2), die etwa im Rahmen eines Planfeststellungsverfahrens durchgeführt wird, selbst keine Rechtswirkung nach außen, sondern eher den Charakter einer komplexen gutachterlichen Klärung, deren Ergebnis die Verwaltung lediglich bei ihrer weiteren Entscheidungsfindung "berücksichtigen" muss. Auch hier führt die Verwaltung hoheitliche Aufgaben aus, für die sie ein Monopol hat; der Begriff "hoheitliches Verwaltungshandeln" wird aber vornehmlich in Zusammenhang mit den förmlichen Verwaltungsverfahren gebraucht.

Öffentlich-rechtliche Verträge

Alternativ zur Durchführung eines förmlichen Verwaltungsverfahrens kann die Verwaltung auch öffentlich-rechtliche Verträge abschließen (§§ 54 ff. VwVfG). Ein öffentlich-rechtlicher Vertrag kann dieselben Wirkungen haben wie ein hoheitlicher Verwaltungsakt; jedoch verzichtet die Verwaltung auf ihre Hoheitsposition und wird quasi gleichberechtigter Vertragspartner. In der Praxis wird von dieser Möglichkeit allerdings vergleichsweise selten Gebrauch gemacht.

9.1.2 Informale Kooperation in der Verwaltungspraxis

Charakter des hoheitlichen Verwaltungshandelns

Verkürzt kann das klassische, hoheitliche Verwaltungshandeln so charakterisiert werden: Zur Entscheidung über ein konkretes Vorhaben holt die zuständige Behörde anhand vorgegebener Verfahrensvorschriften bestimmte Informationen ein. Genau zu diesem Zweck beteiligt sie - überwiegend bilateral - auch andere Institutionen und Personen. Aufgrund der so gewonnenen Informationen trifft die Verwaltung schließlich eine bindende Entscheidung und sorgt für deren Umsetzung. Bei allen Schritten ist sie strikt an Recht und Gesetz gebunden.

Hoheitlich = autoritär?

Während "hoheitliches Verwaltungshandeln" vom Wortsinn her an sich nichts anderes meint als eben dasjenige Verwaltungshandeln, das letztendlich auf Rechtswirkungen nach außen gerichtet ist, für die die öffentliche Verwaltung ein gesellschaftliches Monopol hat, wird der Begriff im landläufigen Sprachgebrauch oft auf den Stil des Verwaltungshandelns bezogen und abwertend verwendet: "Hoheitlich" bekommt dann eine Bedeutung von "autoritär, obrigkeitsorientiert, ignorant" und wird in einen Gegensatz zu "bürgerfreundlich, dienstleistungsorientiert, kooperativ" gebracht. Hier kommen Beurteilungen des Verwaltungshandelns ins Spiel, das subjektiv von außen so wahrgenommen wird. Im Folgenden wird unter "hoheitlichem Verwaltungshandeln" eine Verfahrensweise verstanden, die sich eng an das oben skizzierte klassische Schema anlehnt und dabei von einem Handlungsstil geprägt ist, welcher Aufwand kurzfristig zu minimieren trachtet und zumindest nicht wesentlich darauf gerichtet ist, den Wünschen der Beteiligten durch weitreichende Ausschöpfung der gesetzlichen Regelungen entgegen zu kommen, sondern stattdessen im Zweifel lieber Konflikte in Kauf nimmt.

In der Praxis wird kooperiert

Seit geraumer Zeit ist wissenschaftlich anerkannt, dass Verwaltungshandeln in der Praxis oft wesentlich flexibler vonstatten geht, als verbreitete Vorurteile und vielleicht der Gesetzeswortlaut erwarten lassen (vgl. Bohne 1981, Bohne 1984; Bulling 1989; Ellwein 1990b; Benz 1994; Tomerius 1995). Hoheitlich bedeutet eben nicht automatisch unkooperativ. So beschreibt Bulling (1989) die Praxis von Vorverhandlungen, Arrangements, Agreements und öffentlich-rechtlichen Verträgen im Regierungspräsidium Stuttgart mit verschiedenen Firmen zur Durchsetzung bestimmter gesetzlicher Bestimmungen (Beispiel: Nachtbackverbot), die einige unangenehme Verwaltungsakte und vermutlich auch Gerichtsverfahren unnötig machte. Die Kooperation beschränkte sich dabei allerdings weitgehend auf bilaterale Kontakte zwischen Behörde und Adressaten einer drohenden Zwangsmaßnahme.

Vielfach ist kooperatives Verwaltungshandeln in diesem Sinne inzwischen Standard, jedenfalls in Verwaltungen, die häufig konfliktträchtige Angelegenheiten zu bearbeiten haben, wie etwa die Umweltverwaltung. Ohne es könnte die Verwaltung ihre Aufgabe in diesen Bereichen praktisch nicht mehr erfüllen (vgl. auch Kostka 1997). Dabei muss jedoch betont werden, dass kooperatives Verwaltungshandeln regelmäßig gerade im Rahmen an sich hoheitlicher Verwaltungsverfahren erfolgt; es ist keine Alternative zum förmlichen Verwaltungsverfahren, sondern eine bestimmte Ausgestaltung davon. Alles andere wäre unzulässig; das wird von Kritikern oft übersehen.

Grade der Kooperativität
Zilleßen (1998, 55 f.) lenkt dazu das Augenmerk auf verschiedene Grade der Kooperativität im Verwaltungshandeln und unterscheidet formale (= hoheitliche im engeren, negativen Sinne), informale (wie von Bulling beschrieben, s. o.) und "bürgernahe" Kooperation:
"[...] formale Kooperation, die z. B. als Auskunfts- und Akteneinsichtsrecht [...], als Anhörung von Beteiligten [...], als Beteiligung der Träger öffentlicher Belange oder als Mitwirkung von Verbänden [...] geregelt ist, dient allein der Entscheidungsvorbereitung der Behörde. Ihre Perspektive ist nicht die der Legitimation der Verwaltungsentscheidung und eher sekundär die der Akzeptanz durch die Betroffenen, d. h. letztere sind nur indirekt auslösender Faktor für diese Kooperation, im Vordergrund steht das Interesse der Behörde an einer auftragsgemäßen und möglichst einwandsimmunen Entscheidung. [...] Das 'informale' und 'kooperative' Verwaltungshandeln [...] hat den Focus [...] über die verwaltungsinterne Qualitätssicherung hinaus auf die Entscheidungsbetroffenen erweitert."
Aber: "Die von der Verwaltung praktizierte informale Kooperation hat [...] im wesentlichen nur einen sehr engen Kreis von Betroffenen einbezogen, z. B. bei Genehmigungsverfahren lediglich den Antragsteller sowie gegebenenfalls noch externe Fachexperten. Die von der Entscheidung betroffenen Dritten, [...], werden in der Regel nicht beteiligt."
Heutzutage sei darüber hinaus jedoch bürgernahe Kooperation erforderlich, die in Anlehnung an Hill (1993, 973) definiert wird als "ein Verwaltungshandeln, das darauf abzielt, durch eine angemessene Mitwirkung am Verfahren und der Vorbereitung von Entscheidungen den Bürger in den Staat zu integrieren". Anders als die formale und informale Kooperation ist die so verstandene bürgernahe Kooperation noch selten anzutreffen. Möglichkeiten hierzu werden in den Kapiteln 9.2 und 9.3 vorgestellt.

Kooperation in der Umweltverwaltung
Die tatsächliche Anwendung mehr als nur formal kooperativen, hoheitlichen Verwaltungshandelns scheint eher eine Frage der Verwaltungskultur und -tradition zu sein: Einer vergleichsweise hohen Verbreitung in der Umwelt- oder der Sozialverwaltung steht eine eher weniger ausgeprägte Verbreitung zum Beispiel in der Finanzverwaltung gegenüber. Im Einzelfall kommt es letztlich darauf an, ob ein Mitarbeiter sich in dieser Weise engagieren will, und ob solch ein Verhalten von seinen Vorgesetzten, insbesondere der Behördenspitze, ausdrücklich gefördert wird.
Aber auch in der Umweltverwaltung, wo Kooperation noch verbreiteter ist, herrscht gerade in Deutschland zurzeit Unzufriedenheit speziell mit der Art und Weise, wie Zulassungsverfahren vonstatten gehen. Über unterschiedliche politische Motivationen hinweg wird der Verlauf von Zulassungsverfahren von allen Seiten - Antragstellern, Einwendern und Behörden - zunehmend als schleppend, unzweckmäßig ritualisiert und wenig effizient empfunden (vgl. Würtenberger 1991; Ronellenfitsch 1994; Hill 1994).

Deregulierung vs. erweiterte Partizipation
Zur Abhilfe wird von der einen Seite - hier hat sich in den 90er Jahren insbesondere die Bundesregierung durch entsprechende Gesetzesinitiativen hervorgetan - auf "Verfahrensbeschleunigung"[4] und Deregulierung gesetzt, vor allem durch Abbau von Einwendungs- und Beteiligungsmöglichkeiten Dritter und teilweiser Ersetzung von Zulassungserfordernissen durch freiwillige Selbstkontrolle der Unternehmen in Kooperation mit den Behörden.
Die andere Seite - bislang vor allem einzelne leitende Verwaltungsbeamte, die besonderen Wert auf Bürgerorientierung legen, und etliche Wissenschaftler - empfiehlt im Gegenteil deutlich erweiterte Partizipation in Verwaltungsverfahren. Hier liegt die Nahtstelle zu den Verfahren, die in den Kapiteln 9.2 und 9.3 vorgestellt werden. Derzeit kann noch nicht abschließend beurteilt werden, welcher der genannten Richtungen auf lange Sicht Erfolg beschieden sein wird. Jedenfalls scheint sich das hoheitliche Verwaltungshandeln in einem Verände-

---

4 Verfahrensbeschleunigung erscheint hier in Anführungszeichen, weil es in der Rechtswissenschaft umstritten ist, ob die betreffenden Gesetzesänderungen auch wirklich zu der intendierten Beschleunigung führen (vgl. z. B. Steinberg 1996).

9.1.3 Das Beispiel Abbau eines Gipsvorkommens

Zum folgenden Beispiel vgl. Kostka (1992, 33 ff.) und Kostka (1993, 88 f.).

Hintergrund

In einer kleinen baden-württembergischen Gemeinde befindet sich ein alteingesessener Gips gewinnender und verarbeitender mittelständischer Betrieb, dessen bisheriges Abbaugebiet Mitte der achtziger Jahre zur Neige zu gehen drohte. Da die Firma nach eigenen Angaben über keine weiteren Rohstoffquellen verfügte, stellte diese Situation für sie eine existenzielle Bedrohung dar. Seit 1981 hatte sich die Firma deshalb um den Abbau eines größeren Gipsvorkommen unter einem Wald auf der Gemarkung einer Nachbargemeinde bemüht.

Bei dem Wald handelte es sich um einen Erholungswald Stufe 1, der von der Bevölkerung in der Umgebung als Naherholungsgebiet genutzt wurde. Eigentümerin des Walds war eine gemeinnützige Stiftung, die von einer angrenzenden großen Kreisstadt getragen wurde. Das geplante Gipsabbaugebiet lag zwischen zwei Friedhöfen in unmittelbarer Nähe eines neu erbauten Wohngebiets. Um die neue Quelle nutzen zu können, musste die Firma mit der Stiftung einen privatrechtlichen Nutzungsvertrag schließen und anschließend zwei öffentlich-rechtliche Genehmigungen einholen: eine Genehmigung zum Gipstageabbau nach dem Bundesimmissionsschutzgesetz und eine Umwandlungsgenehmigung nach dem Landeswaldgesetz.

Verlauf des Verfahrens

Bereits nach kurzer Zeit war eine Bürgerinitiative gegen den Gipsabbau entstanden, die rasch breite Unterstützung gewann. Ihre Hauptinitiatoren waren Bewohner des Neubaugebiets am Rand des Walds. Die Bürgerinitiative verfolgte die Strategie, möglichst viele und einflussreiche Stellen in die Angelegenheit einzubeziehen. Insgesamt waren bis zur Verwaltungsentscheidung über die Genehmigung schließlich Vertreter von 42 Organisationen beteiligt. Seitens der Behörden kam der heftigste Widerstand von der Markungsgemeinde, auf deren Gebiet der Gipsabbau stattfinden sollte.

Die privatrechtliche Einigung mit der Stiftung nahm über drei Jahre in Anspruch. Das anschließende Genehmigungsverfahren beim Landratsamt dauerte noch einmal etwa eineinhalb Jahre. In der Endphase schalteten sich neben den Bürgermeistern der betroffenen Gemeinden der Regierungspräsident, ein örtlicher Landtagsabgeordneter und der für den Naturschutz zuständige Minister ein. Im Regierungspräsidium wurde ein Kompromissvorschlag erarbeitet, der darauf hinauslief, der Firma die Genehmigung für ein stark verkleinertes Gebiet zu erteilen, welches ohnehin für eine Erweiterung des benachbarten Stadtfriedhofs vorgesehen gewesen war.

Dieser Vorschlag wurde den Behörden und der Firma - nicht jedoch der Bürgerinitiative - bei einer Besprechung, zu der der Regierungspräsident persönlich eingeladen hatte, in ultimativer Form unterbreitet. Eine Diskussion wurde nicht zugelassen. Der Regierungspräsident forderte die Anwesenden lediglich auf, den Vorschlag zu prüfen und in Kürze ihre Entscheidung mitzuteilen; Alternative zur Annahme des Vorschlags sei die Ablehnung des Abbauantrags wegen fehlenden Einvernehmens der Markungsgemeinde und naturschutzrechtlicher Bedenken. Tatsächlich wurde der Antrag im März 1987 abgelehnt, da die Firma sich nicht zur Annahme des Kompromisses durchringen konnte. Es gab jedoch noch ein umfangreiches gerichtliches Nachspiel, das 1998 noch nicht endgültig abgeschlossen war.

Gerichtsverfahren

In dem Gerichtsverfahren bekam die Firma nachträglich über ein Jahr später in erster Instanz zunächst doch Recht. Gegen dieses Urteil legten die Behörden Berufung ein. Noch während des Berufungsprozesses stellte die Markungsgemeinde einen Bebauungsplan auf, der das umstrittene Waldgebiet als Naherholungsgebiet auswies; zugleich erließ sie eine Veränderungssperre. Damit wurde ein Gipsabbau vorerst unmöglich. Das Berufungsgericht bestätigte die Rechtmäßigkeit dieses Vorgehens und hob im Juni 1989 das erstinstanzliche Urteil auf. Revision wurde nicht zugelassen; ein weiteres Jahr später dann aber in Teilen doch. Die Firma kündigte an, in Revision zu gehen und gegen die Bebauungsplansatzung ein Normenkontrollverfahren anzustrengen. Die Situation stellte sich mittlerweile noch komplizierter dar, weil zwischenzeitlich noch ein Landschaftsschutzgebiet ausgewiesen wurde, das den gesamten fraglichen Bereich mit umfasst. Zwei Tümpel auf dem geplanten Abbaugebiet wurden außerdem zu flächenhaften Naturdenkmalen erklärt. Ihren Rohstoffbedarf deckte die Firma bis auf Weiteres mithilfe eines anderen Gipsunternehmens, welches überregional tätig ist und deshalb nicht unter Versorgungsengpässen leidet.

Die Revision wurde schließlich weitgehend abgelehnt; in Teilen wurde ihr aber stattgegeben. Derzeit steht aufgrund dessen noch das Ergebnis einer Fortsetzungsfeststellungsklage aus zu der Frage, ob das damalige Verwaltungshandeln des Landratsamts rechtens gewesen war. Dieses Urteil ist vor allem wichtig im Hinblick auf eine zivilrechtliche Schadensersatzklage mit einem Streitwert in einer Größenordnung von acht Millionen DM, die die Firma gegen das Land parallel zu ihren Klagen vor der Verwaltungsgerichtsbarkeit angestrengt hatte.

9.1.4 Kritik

Ergebnis des Verfahrens

Ergebnis des Verfahrens war demnach einmal seitens der Behörden ein erheblicher Verwaltungs- und Gerichtsaufwand, durch den personelle und andere Ressourcen nun schon seit bald zwanzig Jahren gebunden werden, die mit Sicherheit auch anderswo gebraucht würden. Sollte die Schadensersatzklage der Firma Erfolg haben, könnte sich der Aufwand des Landes noch um mehrere Millionen DM erhöhen. Der Erholungswald konnte bislang erhalten werden; die Firma dagegen geriet an den Rand der Existenzgefährdung und in hohe wirtschaftliche Abhängigkeit. Seitens der Bevölkerung entstand ein Vertrauensverlust gegenüber den Behörden und der Politik, der die Arbeit der Verwaltung in späteren Fällen nicht gerade erleichtert haben dürfte. Schließlich ist auch immer noch nicht endgültig entschieden, ob der Wald nicht doch noch angegriffen wird. Die Bilanz könnte also sogar völlig negativ werden.

Gründe

Innerhalb des förmlichen Verwaltungsverfahrens waren lediglich zwei nennenswerte Schwierigkeiten aufgetreten:

- eine verwaltungsinterne rechtliche Kontroverse über die Frage, ob die immissionsschutzrechtliche Genehmigung die Genehmigung nach Landeswaldgesetz bereits mit einschließen würde oder ob diese separat zu erteilen wäre, und
- die Beurteilung, ob die vorgebrachten naturschutzrechtlichen Bedenken so gravierend wären, dass sie die Versagung der ansonsten unproblematischen immissionsschutzrechtlichen Genehmigung erforderten.

Nach Auskunft maßgeblich an dem Verfahren beteiligter Verwaltungsmitarbeiter kam die schwierige Entwicklung des Falls für sie dennoch obendrein nicht wirklich überraschend. Man kann insofern fragen, ob das geschilderte Ergebnis hätte vermieden werden können, und wenn nein, ob es nicht wenigstens mit weniger Aufwand hätte erreicht werden können.

Effektivität und Effizienz des hoheitlichen Verwaltungshandelns

Trotz der unbefriedigenden Bilanz im obigen Beispiel - und diese ist zumindest in Fällen mit nicht alltäglichen Problemlagen keineswegs untypisch - muss zunächst eine Lanze für das herkömmliche hoheitliche Verwaltungshandeln gebrochen werden: Es ist unübertroffen effizient in Fällen mit niedriger Sachkomplexität und wenigen Beteiligten; und das sind nach wie vor die meisten. In diesen Fällen ist es in der Regel auch effektiv. Der Hauptvorteil besteht dabei in seiner Klarheit, Berechenbarkeit und Nachprüfbarkeit. Es kann auf eingespielte Handlungsroutinen zurückgegriffen werden, relativ neutrale und angemessene Abwägungen sind möglich, und der Aufwand bis zur Entscheidungsfindung ist überschaubar. Zudem ist die rechtliche Absicherung von Entscheidungen durch Sanktionsmöglichkeiten gut gewährleistet.

Nachteile

Nachteile können liegen:

- in unzureichender Flexibilität bei ungewöhnlichen Problemlagen
- in einer tendenziellen Benachteiligung von Gruppen, die keine oder eingeschränkte Beteiligungsrechte haben oder diese nicht hinreichend wahrzunehmen wissen, und
- in einer Beeinflussungsgefahr durch Lobbyismus.
- Insbesondere ist ein überdurchschnittlicher Anstieg

des Umsetzungsaufwands aufgrund geringer Akzeptanz möglich: Wenn die Interessen einer der beteiligten Parteien bei der Entscheidung subjektiv gar keine Berücksichtigung finden, ist nämlich die Gefahr gegeben, dass der Konflikt zu lang andauernden Blockaden führt, sei es auf gerichtlichem, sei es auf politischem Wege (vgl. Kostka 1993).

Optimierung des Vorhandenen

Fragt man nach Verbesserungsmöglichkeiten, so ist nochmals festzuhalten, dass das förmliche Verwaltungsverfahren beim Verwaltungshandeln nicht zur Disposition steht, da die Verwaltung ja an die gesetzlichen Vorgaben gebunden ist. Innerhalb dieser Vorgaben bestehen jedoch wie gesagt Spielräume hinsichtlich ihrer konkreten Ausgestaltung (vgl. hierzu z. B. Kostka 1992). Die kreative und problemadäquate Ausschöpfung dieser Spielräume scheint dabei im Wesentlichen eine Frage politischer Akzentsetzungen, persönlicher Arbeitsauffassungen sowie der Unterstützung durch Vorgesetzte zu sein.

Systembedingten (z. B. verwaltungsorganisatorischen) Restriktionen schließlich wird bisweilen durch die Einführung besonderer Koordinationsfunktionen[5] entgegen zu wirken versucht, oder durch spezielle Beteiligungsregelungen innerhalb des Behördensystems in bestimmten Fällen[6].

Folgerichtig wurde in den Sachverständigenentwurf für ein Umweltgesetzbuch ein § 89 "Interessenausgleich" aufgenommen, der die Möglichkeit expressis verbis bieten würde, einzelne Verfahrensabschnitte einem unabhängigen "Verfahrensmittler" zu übertragen (vgl. Bundesministerium für Umwelt, Naturschutz und Reaktorsicherheit 1997).

Literatur

Verwaltungsverfahrensgesetz (VwVfG) vom 25.05.76, i.d.F. vom 12.09.90. Bundesgesetzblatt I: 1253.
BENZ, A.1994: Kooperative Verwaltung: Funktionen, Voraussetzungen und Folgen. Baden-Baden.

BÖCKEL, M.,1995: Projektmanagement in Verwaltungsverfahren. Die öffentliche Verwaltung 28 (3): 102-106.
BOHNE, E. 1981: Der informale Rechtsstaat. Eine empirische und rechtliche Untersuchung zum Gesetzesvollzug unter besonderer Berücksichtigung des Immissionsschutzes. Berlin.
BOHNE, E., 1984: Informales Verwaltungs- und Regierungshandeln als Instrument des Umweltschutzes. Alternativen zu Rechtsnorm, Vertrag, Verwaltungsakt und anderen rechtlich geregelten Handlungsformen? Verwaltungs-Archiv 75, 343ff.
BULLING, M., 1989: Kooperatives Verwaltungshandeln (Vorverhandlungen, Arrangements, Agreements und Verträge) in der Verwaltungspraxis. Die Öffentliche Verwaltung 42 (7): 277-289.
BUNDESMINISTERIUM FÜR UMWELT, NATURSCHUTZ UND REAKTORSICHERHEIT (HRSG.), 1997: Umweltgesetzbuch (UGB-KomE). Entwurf der Unabhängigen Sachverständigenkommission zum Umweltgesetzbuch, 389 S., Bonn.
ELLWEIN, T., 1990a: Koordination ohne Ende. Von den Grenzen der Zusammenarbeit in komplexen Organisationen. In: Fisch, R.; Boos, M. (Hrsg.): Vom Umgang mit Komplexität in Organisationen: Konzepte, Fallbeispiele, Strategien. Konstanz, 165-179.
ELLWEIN, T., 1990b: Über Verwaltungskunst oder: Grenzen der Verwaltungsführung und der Verwaltungswissenschaft. Staatswissenschaften und Staatspraxis 1 (1): 89-104.
HILL, H., 1990: Staatliches Handeln bei veränderlichen Bedingungen. In: Ellwein, T.; Hesse, J.J. (Hrsg.): Staatswissenschaften: Vergessene Disziplin oder neue Herausforderung? Baden-Baden, 55-71.
HILL, H., 1993: Integratives Verwaltungshandeln - Neue Formen der Kommunikation und Bürgermitwirkung. Deutsches Verwaltungsblatt 108 (18): 973-982.
HILL, H., 1994: Kommunikative Problembewältigung bei umweltrelevanten Großvorhaben. Die öffentliche Verwaltung 47 (7): 279-286.
KOSTKA, D., 1992: Umgang mit komplexen Verwaltungsaufgaben in der Wirtschaftsförderung. Typische Verlaufsmuster und Wege zur Erweiterung persönlichen Handlungsspielraums. Opladen.
KOSTKA, D., 1993: Öffentliches Konfliktmanagement. Praktische Beispiele in der Diskussion. Die Verwaltung 26 (1): 87-112.
KOSTKA, D., 1997: Außergerichtliche Konfliktregelung in der Praxis: Verwaltung. In: Gottwald, W.; Strempel, D.; Beckedorff, R.F.; Linke, U. (Hrsg.): Handbuch zur außergerichtlichen Konfliktregelung (AKR). Loseblattwerk. Bornheim, 5.2.17.
RONELLENFITSCH, M., 1994: Beschleunigung und Vereinfachung der Anlagenzulassungsverfahren. Berlin.
STEINBERG, R., 1996: Zeit, Umwelt und Beschleunigung bei der Planung von Verkehrswegeprojekten. Natur und Recht 18 (1): 6-14.
TOMERIUS, S., 1995: Informelle Projektabsprachen im Umweltrecht. Möglichkeiten und Grenzen im kooperativen Normenvollzug aus verfassungsrechtlicher Sicht. Baden-Baden.
WÜRTENBERGER, T., 1991 Akzeptanz durch Verwaltungsverfahren. Neue Juristische Wochenschrift 44 (5): 257-263.
ZILLEßEN, H. (Hrsg.),1998: Mediation. Kooperatives Konfliktmanagement in der Umweltpolitik. Opladen.

---

5   behördenübergreifende Lenkungsgruppen, Projektmanager, Koordinationsreferenten etc. (s. Kap. 2.4)

6   vgl. z. B. Böckel (1995) oder Ellwein (1990a), der nachdrücklich auf die Bedeutung des Koordinationsproblems beim Verwaltungshandeln hinweist. Der Verfasser war selbst einige Jahre als Koordinationsreferent in einer Ministerialverwaltung tätig.

9.2 Verhandlungen
Dieter Kostka

9.2.1 Zweck und Arten von Verhandlungen

Bilaterale Verhandlungen im Verwaltungshandeln

Es wurde in Kapitel 9.1 dargelegt, dass zum Verwaltungshandeln auch Verhandeln gehört, selbst im hoheitlichen Bereich. Das ist im Vorfeld des Abschlusses von öffentlich-rechtlichen Verträgen selbstverständlich, im Rahmen der informalen Kooperation auch im Zusammenhang mit förmlichen Verwaltungsverfahren inzwischen mehr oder weniger üblich. Ausführliche Schilderungen darüber, wie solche Verhandlungen vonstatten gehen, liegen für einzelne Verwaltungsbereiche vor, zum Beispiel für die Gewerbeaufsicht (Dose 1987; Dose 1992) und die Bauverwaltung (Bachmann 1993).

Diese Art von Verhandlungen sind jedoch ihrem Wesen nach lediglich bilateral - d. h. Drittbetroffene werden in der Regel nicht einbezogen - und dabei zuvörderst darauf abgestellt, der Verwaltung ihre Arbeit zu erleichtern (z. B. die Informationsbeschaffung oder bestimmte Vollzugstätigkeiten), und nicht den Kunden oder Adressaten zufrieden zu stellen. Es geht also weniger um einen Interessenausgleich zwischen gleichberechtigten Partnern, sondern der hoheitliche Charakter der Situation bleibt grundsätzlich erhalten.

Das Grundmuster ist dabei, dass die Verwaltung signalisiert, im Rahmen ihrer rechtlich bedingten Handlungsspielräume bestimmte Machtmittel nicht oder in abgemilderter Form einzusetzen, wenn sie dadurch Arbeitserleichterungen, Aufwandsreduktion, einen Zeitgewinn oder einen politischen Gewinn erreichen kann. Das ist dann auch Verhandlungsgegenstand.

Multilaterale Verhandlungen in Policy-Netzwerken

Verhandlungen zwischen grundsätzlich gleichberechtigten Partnern, wie sie ausführlich schon seit langem etwa in der psychologischen und soziologischen Literatur beschrieben werden (z. B. bei Crott et al. 1977), sind im Verwaltungskontext noch vergleichsweise selten anzutreffen. Dort, wo die Politik im Vordergrund steht, hat es sie zwar immer schon gegeben (z. B. Koalitionsverhandlungen, Rüstungskontrollverhandlungen), seit etwa zehn Jahren spätestens scheinen sie jedoch zunehmend zu einem eigenständigen Typus des Verwaltungshandelns zu werden, der die hierarchische - hoheitliche - Steuerung außerhalb wie innerhalb förmlicher Verwaltungsverfahren ergänzt.

Diese Art des Verwaltungs-Verhandelns spielt sich häufig in gemischten Policy-Netzwerken ab[7] und findet in der Regel mulilateral statt. Die gesellschaftliche Steuerung durch Verhandlungen in Policy-Netzwerken erscheint dabei dann besonders attraktiv, wenn die Gemeinwohlorientierung der Beteiligten mangelhaft ist oder die Verwaltung als Steuerungsinstanz nicht über hinreichende Informationen verfügt und diese auf rein hoheitlichem Weg auch nicht zu beschaffen sind. Und gerade das ist bei zunehmend komplexeren Problemlagen eben immer häufiger der Fall.

Verhandeln, Aushandeln, Argumentieren

Dabei wird in Anlehnung an Begrifflichkeiten, die im englischen Sprachraum üblich sind, analytisch zwischen eher interessenorientiertem Aushandeln ("bargaining") und eher wissensbasiertem Argumentieren ("arguing") unterschieden: "Zum einen bezeichnet das Wort 'Verhandeln' (englisch am ehesten mit 'negotiation' zu übersetzen) einen Typus der Selbstkoordination, in den unterschiedliche Kommunikationsmodi, darunter auch das Argumentieren, einfließen. Zum anderen wird als Verhandeln ein bestimmter Idealtypus sozialer Kommunikation gefasst, der sich am besten durch die Bezeichnung 'Aushandeln' (bargaining) fassen lässt und der dann systematisch dem Idealtypus des Argumentierens (arguing) gegenübergestellt werden kann" (Prittwitz 1996, 8). In der Praxis treten die beiden Formen natürlich meist gemischt auf; dabei ist auch der Typus der verhandelten Thematik von Bedeutung, z. B. ob es sich um Probleme aus dem Bereich von Ordnungsaufgaben, Produktions- und Entwicklungsaufgaben oder Verteilungsaufgaben handelt (vgl. Benz 1994, 223 ff.).

Wie das "einfache" kooperative Verwaltungshandeln (s. Kap. 9.1) ist auch das hier beschriebene Verhandeln aus rechtlichen Gründen keine Alternative zum förmlichen Verwaltungsverfahren, die an seiner Stelle gewählt werden könnte. Es kommt zur Anwendung im Vorfeld, in Ergänzung oder als Vorgehensweise innerhalb förmli-

---

[7] vgl. hierzu ausführlich Prittwitz (1996); Scharpf (1988); Scharpf (1993)

cher Verwaltungsverfahren. Geschicktes Verhandeln im Vorfeld kann in einzelnen Fällen allerdings zur Folge haben, dass bei entsprechenden Vereinbarungen - z. B. durch einen öffentlich-rechtlichen Vertrag - ein förmliches Verwaltungsverfahren entbehrlich wird.

9.2.2 Das Harvard-Negotiation-Konzept

Besondere Aufmerksamkeit ist einem bestimmten Verhandlungskonzept zuteil geworden, dem "Harvard-Negotiation-Konzept"[8]. Dieses Verhandlungskonzept (vgl. Fisher u. Ury 1981) wurde an der Harvard Law School (USA) entwickelt und hat dort Eingang gefunden in ein eigenes Ausbildungsprogramm, dem "Harvard Program on Negotiation"- nicht speziell auf die öffentliche Verwaltung zugeschnitten, aber in wesentlichen Teilen auch dort anwendbar. Es ähnelt praktisch einer Art Moderation (vgl. Kap. 9.3) ohne Moderator.

Grundregeln
Nach Fisher und Ury (1981) ist bei Negotiation als Grundregel zu beachten, dass die Sachprobleme von den Personen getrennt werden.

Man solle sich auf objektive oder wenigstens gemeinsam akzeptierte Bewertungskriterien einigen und keinen Streit über Positionen führen (d. h. darüber, was man konkret will), sondern über die dahinter stehenden Interessen (d. h. darüber, warum man gerade dieses will). Ziel ist, dass die Verhandlungspartner auf kooperative Weise versuchen sollten, die Interessen herauszuarbeiten, die sie trotz aller Gegensätze dennoch gemeinsam haben, um auf dieser Basis dann zusammen Alternativen zu entwickeln und nach Vereinbarungen zu suchen, die von allen Beteiligten als vorteilhaft erkannt werden, unter Bewusstmachung der "Best Alternative To a Negotiated Agreement (BATNA)" - d. h. alle Beteiligten müssen sich immer wieder vor Augen halten, was ein Scheitern der Verhandlungen für sie im Vergleich zu einem bestimmten Kompromiss bedeuten würde (Kostka 1993, 98 f.).

Voraussetzungen
Für diese Vorgehensweise sind einige Voraussetzungen nötig:
1. Eine Vereinbarung, die für alle Beteiligten vorteilhaft ist, muss *sachlich überhaupt möglich* sein. Das ist schwierig bei extrem ungleicher Machtverteilung der beteiligten Parteien oder bei stark wertbeladenen Konflikten, in denen sich die Konfrontation auf ein Alles oder Nichts reduziert.
2. Die Verhandlungspartner müssen *ernsthaft an einer Lösung interessiert* sein. Das beinhaltet jeweils auch die prinzipielle allseitige Bereitschaft zum Verzicht auf Teile von ursprünglichen Vorstellungen. In Situationen, die so weit eskaliert sind, dass Feindbilder die Diskussion überlagern, ist Negotiation deshalb kaum möglich ohne vorherige vertrauensbildende Maßnahmen.
3. Die Verhandlungspartner müssen jeweils wenigstens über so viel Macht verfügen, dass sie *einerseits gegenseitig aufeinander angewiesen sind, andererseits* aber auch die *Umsetzung getroffener Vereinbarungen im eigenen Lager sicherstellen* können. Sonst besteht die Gefahr, dass die Verhandlungen nicht als lohnend erachtet werden.
4. Negotiation verlangt ein hohes Maß an *Verhandlungserfahrung, Disziplin und allgemeiner Sozialkompetenz* aller Beteiligter. In der Regel sind diese Kompetenzen in einer Verhandlungsrunde zumindest ungleich verteilt. Das kann ad hoc nicht mehr ohne Weiteres auf faire Weise ausgeglichen werden. Hier wird dann schnell der Ruf nach einem professionellen Moderator laut. An diesem Punkt kann Negotiation in Moderation oder Mediation (vgl. Kap. 9.3) übergehen.

Das Verfahren ist in der beschriebenen Form allerdings ein Idealkonzept, das in der Verwaltungspraxis selten genau so zur Anwendung gelangen dürfte.

Eigenschaften
Zusammenfassend kann Negotiation im Verwaltungskontext folgendermaßen charakterisiert werden: Die Verwaltung lädt diejenigen Institutionen, die für die Bearbeitung eines konflikthaften Falls faktisch wichtig erscheinen, dazu ein, multilateral gemeinsame Interessen zu klären und zusammen an einer Lösung zu arbeiten. Diese Lösung kann dann später in die zu treffenden Verwaltungsentscheidungen einfließen.

Ziel ist dabei, Abreden zu treffen, die einen formalen Verwaltungsakt vorbereiten, seine Umsetzung regeln, ihn ergänzen oder unter Umständen unnötig werden lassen. Konsensorientierung ist charakteristisch; die Gespräche verlieren so ihren einseitig-hoheitlichen Charakter.

---

8   im Folgenden verkürzt mit "Negotiation" bezeichnet

Runder Tisch

Steht in einem Verhandlungsverfahren dagegen lediglich die breite und gleichberechtigte Einbindung verschiedener Beteiligter im Vordergrund, ohne dass gleichermaßen Wert auf eine kooperative Art und Weise des Verhandelns gelegt wird, wie sie systematisch im Harvard-Konzept angelegt ist, sollte von "Runden Tischen" gesprochen werden (vgl. Kostka 1997, 269). Runde Tische sind institutionalisierte multilaterale Verhandlungsrunden, die temporär zu einem bestimmten Projekt oder Thema eingerichtet werden. Sie haben in der Regel vornehmlich Meinungsbildungs- oder Positionsklärungscharakter und erarbeiten Empfehlungen oder Konzepte. Weil sie relativ unkompliziert gebildet und auch wieder aufgelöst werden können und ihr Arbeitsauftrag meist so formuliert ist, dass ihre Arbeitsergebnisse den Beteiligten weitest gehende Handlungsspielräume belassen, haben sie in der Verwaltungspraxis in jüngster Zeit eine gewisse Verbreitung gefunden[9].

9.2.3 Das Beispiel Ansiedlung eines Automobilwerks

Das folgende Beispiel wurde entnommen aus: Kostka (1993, 89 ff.).

Hintergrund

Ein großer Automobilkonzern plante Mitte der 80er Jahre den Bau eines Montagewerkes auf dem Gelände einer großen Kreisstadt im Oberrheingebiet. Die Region war (für baden-württembergische Verhältnisse) eher wirtschaftsschwach und schon damals von Arbeitslosigkeit gekennzeichnet. Das geplante Montagewerk sollte an ein bestehendes Getriebewerk angrenzen und über 7000 zusätzliche Arbeitsplätze schaffen. Das vorgesehene Gelände lag in unmittelbarer Nähe eines Naturschutzgebiets von europäischem Rang; die erforderliche Verkehrsanbindung hätte ein "Waldgebiet von gesamtstaatlicher Bedeutung" sowie ein weiteres ökologisch wertvolles Feuchtgebiet zerschnitten.

Die Interessenlage

Die Stadt war äußerst interessiert an der Werksansiedlung; auch die Landesregierung sprach sich dafür aus und sagte der Firma finanzielle Unterstützung für den Ankauf und die Erschließung des Geländes zu. Strikt dagegen waren die Naturschutzorganisationen, zumindest was den Standort betraf.

Die Naturschutzorganisationen versuchten zunächst, bei den Behörden eine Umweltverträglichkeitsprüfung zu erreichen, in der Hoffnung, so einen ökologisch unbedenklichen Alternativstandort zu finden. Diesem Wunsch wurde nicht nachgekommen. Der Stadtrat dagegen hatte vielmehr bereits eine Änderung des Flächennutzungsplans in die Wege geleitet, weil der geltende Plan an der betreffenden Stelle weder Gewerbeansiedlung noch Verkehrsstrassen zugelassen hätte.

Daraufhin begannen die Naturschutzorganisationen mit einer breiten Öffentlichkeitsarbeit und präsentierten ein eigenes Gutachten. Darin wurde dargelegt, dass es in der Region mehrere Alternativstandorte gebe, die ökologisch akzeptabel seien (vgl. Zinke 1991). Die Resonanz darauf blieb jedoch schwach. Ein Angebot der Landesregierung, Mittel in Millionenhöhe für ökologische Maßnahmen bereitzustellen, wenn die Naturschutzorganisationen an einer umweltverträglichen Gestaltung der Werksansiedlung am geplanten Standort mitwirken würden, lehnten diese zunächst ab.

Beginn des hoheitlichen Verfahrens

Die Firma dagegen setzte die Behörden unter Druck. Sie forderte, dass das Gelände binnen zwei Jahren erschlossen sein müsse, andernfalls würde das Werk in einem anderen Bundesland errichtet. Die Stadt sicherte sich ein Vorkaufsrecht für die betreffenden Grundstücke. Nach Angaben der Naturschutzorganisationen habe außerdem die Landesregierung die nachgeordneten Behörden angewiesen, es bei den Planungs- und Genehmigungsverfahren nicht zu Verzögerungen kommen zu lassen. Dazu sei ein detaillierter Netzplan (vgl. Kap. 12.1) aufgestellt worden, der sich an den Wünschen der Firma orientierte (vgl. Frank 1991). Das Genehmigungsverfahren wurde dabei in mehrere Einzelverfahren unterteilt, die parallel bearbeitet werden konnten. Auf diese Weise konnte ein Raumordnungsverfahren vermieden und Zeit gespart werden. Weiterhin leitete der Regionalverband trotz Bedenken des Bundesumweltministeriums eine Änderung des Regionalplans ein.

---

9 Ein aktuelles Beispiel hierfür auf kommunaler Ebene sind so genannte Energie-Tische zur Umsetzung der "Agenda 21" der Internationalen Umweltkonferenz von Rio de Janeiro, die vielerorts eingerichtet wurden.

Die Wende im Verfahren

Im Mai 1987 gelangte eine der Naturschutzorganisationen durch Schenkung doch in den Besitz eines Grundstücks am Rand des geplanten Werksgeländes und erhielt so die Möglichkeit, als Grundstückseigentümerin gegen den Bebauungsplan zu klagen. Das führte umgehend zu einer Wende: Die Landesregierung bot den Naturschutzorganisationen Verhandlungen an, obwohl die Erfolgsaussichten einer Klage vermutlich gering gewesen wären.

Die Verhandlungen

Die Verhandlungen wurden zusammen mit Vertretern der Firma und anfangs auch der Stadt nach knapp zwei Wochen begonnen; insgesamt fanden neun Verhandlungsrunden statt. Den Wunsch nach der Prüfung von Alternativstandorten lehnte die Landesregierung dabei von Anfang an ab; sie wollte nur über ökologische Ausgleichsmaßnahmen am geplanten Standort reden. Die Naturschutzorganisationen hielten solche Verhandlungen nicht für sinnvoll und erwogen einen Abbruch der Gespräche.

Inzwischen war jedoch das Planfeststellungsverfahren für einen besonders sensiblen Teil unterschriftsreif abgeschlossen worden, sodass die Naturschutzorganisationen unter Druck gerieten: Ein Stocken oder gar der Abbruch der Verhandlungen hätte dazu geführt, dass in diesem Punkt vollendete Tatsachen geschaffen worden wären. Die Naturschutzorganisationen gaben deshalb ihren grundsätzlichen Widerstand auf und ließen sich auf Verhandlungen zur Schadensbegrenzung ein. Dabei konnten einige Planänderungen zugunsten des Naturschutzes sowie die Zusicherung umfangreicher Ausgleichs- und Ersatzmaßnahmen erreicht werden. An der Umsetzung dieser Maßnahmen sollten die Naturschutzorganisationen beteiligt werden; im Gegenzug erklärten sie sich bereit, auf Rechtsmittel zu verzichten.

Beim Versuch, die Ergebnisse in einer Vereinbarung festzuhalten, gab es noch einmal Komplikationen: Die Vertreter des Landes erhoben neue Forderungen, welche von einer der Naturschutzorganisationen abgelehnt wurden. Diese Organisation scherte daraufhin aus der Reihe der Naturschützer aus und erklärte die Verhandlungen für gescheitert. Dennoch wurde drei Monate nach Verhandlungsbeginn von den anderen Naturschutzorganisationen, darunter insbesondere der Organisation, die das Sperrgrundstück besaß, eine Vereinbarung mit dem Land getroffen; die Vereinbarung floss so in das förmliche Verwaltungsverfahren ein. Das wurde in der Presse landesweit als "Ökokompromiss" gefeiert und auch in der Literatur als Modellfall diskutiert (vgl. Benz 1990).

Ergebnisse

Ergebnisse dieses Verfahrens waren demnach zunächst seitens der Natur eine Beeinträchtigung, die jedoch geringer ausfiel als ursprünglich befürchtet und durch zusätzliche Ausgleichs- und Ersatzmaßnahmen teilweise anderweitig kompensiert werden konnte. Die Naturschützer erreichten damit einen Teilerfolg, der allerdings mit einer Spaltung ihrer Anhängerschaft verbunden war. Die Firma konnte dagegen ihre Pläne in relativ kurzer Zeit nahezu vollständig durchsetzen und damit der regionalen Wirtschaft einen Schub geben. Die Landesregierung schließlich verbuchte einen politischen Erfolg, den sie jedoch mit erheblichem finanziellem Aufwand und seitens der nachgeordneten Behörden mit einem "verwaltungsmäßigen Kraftakt" erkaufte.[10]

9.2.4 Kritik

Vorteile

Generell können als Vorteile des Negotiation-Verfahrens angesehen werden:

- hohe Flexibilität auch bei ungewöhnlichen Problemlagen
- die Möglichkeit der Einbeziehung von Gruppen, die keine oder eingeschränkte Beteiligungsrechte haben
- ein erweiterter Lösungsspielraum aufgrund multilateraler Erörterungen und
- eine tendenziell zügigere Umsetzung und höhere Tragfähigkeit durch Einbindung potenzieller Opponenten.

Auf diese Weise können auch im Anschluss drohende Gerichtsverfahren oft vermieden werden.

---

10 In der "Gemeinsamen Erklärung" vom 13.10.1987 sicherte das Land 30-40 Millionen DM für ein Ausgleichs- und Raumnutzungskonzept zu; außerdem wurde der Bau eines Tunnels mit ca. 50 Millionen DM Mehrkosten anstatt einer ebenerdigen Straße vorgesehen. Nach Aussage eines Verwaltungsmitarbeiters, der mit dem Fall maßgeblich befasst war, wären solche Zusagen bei der heutigen Finanzlage auch in deutlich geringerem Umfang undenkbar.

Nachteile

Nachteilig ist, dass eine Reihe von Voraussetzungen erfüllt sein muss (s. o.), vor allem allseitiges Einigungsinteresse und hohe Sozialkompetenz aller Beteiligten. Dennoch verbleiben nicht zu beseitigende Machtungleichgewichte und ungleiche Zugangschancen; dadurch entsteht die Gefahr einer Oligarchisierung und der Vernachlässigung nicht vertretener Interessen. Der Aufwand bis zur Entscheidungsfindung wird höher, und die Einbettung von Vereinbarungen ins förmliche Verwaltungsverfahren und deren rechtliche Absicherung sind oft problematisch.

Grenzen von Verhandlungen

Schwierig wird Negotiation bei extrem ungleicher Machtverteilung der beteiligten Parteien – hier dürfte die mächtigere Seite kaum Verhandlungsinteresse zeigen – oder bei stark wertbeladenen Konflikten, in denen sich die Konfrontation auf ein Alles oder Nichts reduziert – hier wird es kaum eine Einigung geben. Und wenn ein Konflikt schon so weit eskaliert ist, dass die Beteiligten oder Teile davon eine Kompromisslösung in jedem Fall zu verhindern trachten oder gar der Schädigung des Gegners Vorrang geben, bleibt Negotiation gleichfalls wirkungslos. Speziell in Deutschland gibt es außerdem grundsätzliche Bedenken gegen Verhandlungslösungen wegen des so genannten Kopplungsverbots, nach dem die Verwaltung keine Gegenleistungen für Begünstigungen verlangen darf (Kostka 1993, 102 f.).

Erfolgsvoraussetzungen im Beispielfall

In dem oben geschilderten Fall waren nach der Schenkung des Sperrgrundstücks die Voraussetzungen für Negotiation gegeben, und das Land entschloss sich dazu, sich neben dem förmlichen Verwaltungsverfahren auf Verhandlungen einzulassen. Dabei konnte eine Lösung gefunden werden, die fast allen Beteiligten brauchbar erschien, und es gab offenbar keine völligen Verlierer – allenfalls die Steuerzahler außerhalb der betroffenen Region. Die Verteilung des Erfolgs stellt sich aber sehr ungleich dar; insofern blieb die Freude über die Lösung ambivalent.

Ein wesentliches Element der gefundenen Lösung war finanzielle Kompensation in beträchtlicher Höhe zulasten der Staatskasse; eine wesentliche Triebfeder des Verfahrens war die Entschlossenheit der Landesregierung, das Projekt in jedem Fall und zugleich zügig möglich zu machen. Ansonsten wäre es wahrscheinlich nicht zu Verhandlungen gekommen, sondern zu einem Gerichtsverfahren mit entsprechenden Verzögerungen.

Diese Entschlossenheit der Landesregierung wurde durch eine besondere personelle Konstellation noch verstärkt. Der für das förmliche Verwaltungsverfahren zuständige Umweltminister dürfte nämlich neben den wirtschaftlichen Erwägungen auch persönlich ein hohes Interesse an einem Erfolg in diesem Fall gehabt haben: Erstens hatte er als einer der ersten Umweltminister in Deutschland überhaupt erst wenige Monate zuvor sein Amt angetreten und musste sich insofern in besonderer Weise profilieren, und zweitens war er vor seiner Ernennung zum Umweltminister Oberbürgermeister einer Stadt just in der betreffenden Region gewesen und der Region von daher besonders verbunden.

Andererseits wurden Verhandlungen nicht erwogen, solange keine Klagemöglichkeit durch das Sperrgrundstück bestand: Das zeigt, dass sich das Land offenbar in einem klaren Machtkalkül auf die Verhandlungen eingelassen hat und vor der Klagegefahr das strikt hoheitliche Verwaltungsverfahren ohne Verhandlungen für die "Best Alternative To a Negotiated Agreement" gehalten hatte.

Literatur

BACHMANN, B., 1993: Verhandlungen (mit) der Bauverwaltung. Aushandlungsprozesse im Grenzbereich von Planungs- und Ordnungsrecht. Opladen.

BENZ, A., 1990: Verhandlungen ohne Vermittlung. Der Fall "Rastatt". Informationsdienst Umweltrecht 1 (2): 45-46.

BENZ, A., 1994: Kooperative Verwaltung: Funktionen, Voraussetzungen und Folgen. Baden-Baden.

CROTT, H.; KUTSCHKER, M.; LAMM, H., 1977: Verhandlungen. 2 Bde., Stuttgart.

DOSE, N., 1987: Muster von Verhandlungsprozessen mit Ordnungsverwaltungen. In: Windhoff-Héritier, A. (Hrsg.): Verwaltung und ihre Umwelt. Opladen, 111-131.

DOSE, N., 1992: Normanpassung durch Verhandlungen mit der Ordnungsverwaltung. In: Benz, A.; Seibel, W. (Hrsg.): Zwischen Kooperation und Korruption. Abweichendes Verhalten in der Verwaltung. Baden-Baden, 87-111.

FISHER, R.; URY, W., 1981: Getting to Yes. Negotiating Agreement without Giving In. Boston (Mass.).

FRANK, M., 1989: Verhandlungen zur Lösung von Konflikten mit Zielen des Naturschutzes bei einem Industrieansiedlungs-Projekt. In: Calließ, J.; Striegnitz, M. (Hrsg.): Um den Konsens streiten. Neue Verfahren der Konfliktbearbeitung durch Verhandlungen, Rehburg-Loccum, 152-163 (Loccumer Protokolle 12/1989).

KOSTKA, D., 1993: Öffentliches Konfliktmanagement. Praktische Beispiele in der Diskussion. Die Verwaltung 26 (1): 87-112.

KOSTKA, D., 1997: Laufende Mediationsverfahren im Bereich der Sonderabfallproblematik. In: Fisch, R.; Beck, D. (Hrsg.): Entsorgungsnotstand und Verwaltungshandeln. Fallbeispiele - Konzepte - Perspektiven. Ein multidisziplinärer Zugang. Baden-Baden, 265-275 (Verwaltungsorganisation, Staatsaufgaben und Öffentlicher Dienst 36).

PRITTWITZ, V.v., 1996: Verhandeln und Argumentieren. Dialog, Interessen und Macht in der Umweltpolitik. Opladen.

SCHARPF, F.W., 1988: Verhandlungssysteme, Verteilungskonflikte und Pathologien der politischen Steuerung. In: Schmidt, M.G. (Hrsg.): Staatstätigkeit. International und historisch vergleichende Analysen. Politische Vierteljahresschrift, 29, Opladen, Sonderheft 19, 61-87.

SCHARPF, F.W., 1993: Positive und negative Koordination in Verhandlungssystemen. In: Héritier, A. (Hrsg.), Policy-Analyse. Kritik und Neuorientierung. Politische Vierteljahresschrift, 34, PVS-Sonderheft 24, 57-83.

ZINKE, A., 1991: Verhandlungen zur Lösung von Konflikten mit Zielen des Naturschutzes bei einem Industrieansiedlungs-Projekt. In: Calließ, J.; Striegnitz, M. (Hrsg.): Um den Konsens streiten. Neue Verfahren der Konfliktbearbeitung durch Verhandlungen. Rehburg-Loccum, 164-183 (Loccumer Protokolle 12/1989).

9.3 Moderation und Mediation
Dieter Kostka

Vorbemerkung: Moderation oder Mediation?

Die Methoden der Moderation und der Mediation werden hier in einem gemeinsamen Abschnitt behandelt, weil die Übergänge zwischen beiden Methoden fließend sind und sie in der Praxis - zum Teil leider nicht einmal in der Fachliteratur - oft nicht klar unterschieden werden. In den folgenden Ausführungen wird aber trotz der gemeinsamen Abhandlung eine Unterscheidung vorgenommen.

9.3.1 Ziele und Einsatzbereiche der Moderation

Was ist Moderation?

"Moderation ist ein sehr diffuser Begriff. Unter Moderation wird heute nahezu jede Form der Leitung von Gruppen verstanden. Auch die klassische Funktion der 'Führung' läuft heute unter 'Moderation'. Folglich gibt es kein klares Verhaltensprofil eines Moderators, und vielfach wird unter Moderationsschulung tatsächlich nichts anderes als rhetorische und metaplan-technische[11] Schulung verstanden." Diese wenig befriedigende Feststellung treffen Fürst und Sinning (1996, 219), um sich allerdings sogleich von diesem Verständnis abzugrenzen und ein anspruchsvolles und differenziertes Trainingsprogramm für Moderatoren in der Raum- und Umweltplanung vorzustellen, welches an der Universität Hannover entwickelt wurde[12].

Nichtsdestoweniger trifft die zitierte Beschreibung weitgehend das, was in der Verwaltungspraxis unter Moderation verstanden wird: wie auch immer geartete Diskussionsleitung, zumeist durch den ranghöchsten einladenden Besprechungsteilnehmer, wobei nicht unbedingt Wert auf kooperatives Verhalten in der Diskussion gelegt wird. Um diese Art von "Moderation" geht es hier nicht, sondern um Moderation als Methode des Kooperations- und Konfliktmanagements.

Vorgesetztenlösung und Vorgehen nach Zuständigkeit

Andere - in der öffentlichen Verwaltung leider noch verbreitetere - Modelle der Sitzungsleitung sind die "Vorgesetztenlösung" und das "Vorgehen nach Zuständigkeit". Bei der Vorgesetztenlösung hat der Sitzungsleiter zuvor selbst einen Lösungsvorschlag erarbeitet; Zweck der Diskussion ist dann nur noch, dessen fachliche Absicherung und Umsetzbarkeit durch die anderen Teilnehmer prüfen zu lassen. Beim Vorgehen nach Zuständigkeit werden die Teilnehmer vorab gebeten, spezifische Lösungsvorschläge aus ihrer je eigenen, parteiischen Sicht einzubringen; Zweck der Diskussion ist dann hauptsächlich, Hinweise für die Zusammenführung der unterschiedlichen Lösungsvorschläge im Hinblick auf eine anschließende Entscheidungsfindung zusammenzutragen. Bei beiden Modellen bringt die Sitzungsleitung ihre eigene Meinung maßgeblich in die Diskussion mit ein; dadurch wird das Diskussionsergebnis meist stark vorgeprägt und somit inhaltlich tendenziell eingeengt. Im Hinblick auf ihre Effektivität bei der Bewältigung komplexer Probleme schneiden beide Modelle nicht gut ab; in besonderem Maß gilt das für die Vorgesetztenlösung (vgl. Boos u. Scharpf 1990, 236 ff.).

---

11 s. Kap. 8.4 in diesem Buch - Anm. d. Red.

12 vgl. http://www.unics.uni-hannover.de/zew/wbur.htm

Rolle des Moderators

Tatsächlich ist Moderation eine Methode der Diskussions- beziehungsweise Verhandlungsleitung. Sie ist jedoch auf den Zweck ausgerichtet, auf ein Ergebnis hinzuwirken, das nach Möglichkeit von allen Beteiligten akzeptiert wird (Fürst u. Sinning 1996, 220).

Dem Moderator kommt dabei eine besondere Rolle zu: Zuvörderst soll er sich nicht mit eigenen inhaltlichen Beiträgen an der Diskussion beteiligen, sondern sich auf deren Strukturierung beschränken. Das entspricht weitgehend der Rolle der Sitzungsleitung beim "integrativen Vorgehen", wie es von Boos und Scharpf (1990) vor allem zum Umgang mit komplexen Problemen als besonders effektiv empfohlen wird. Der Moderator soll insofern neutral sein. Das bedeutet nicht zwingend, dass er selbst keiner der Diskussionsparteien angehören darf; wenn das der Fall ist, fällt diese Rollenbeschränkung allerdings in der Regel leichter und wird von den Beteiligten auch besser akzeptiert.

Der Moderator versucht schließlich, auftretende "Probleme der Interaktion sowie inhaltliche und prozedurale Differenzen mit sofortigen 'Selbstheilungseingriffen' zu korrigieren" (Glasl 1990, 363). Moderation sollte deshalb nur in solchen Fällen angewandt werden, wo allfällige Differenzen und Konflikte noch nicht so weit eskaliert sind, dass Beteiligte sich als Feinde erleben. Das Bewusstsein, dass im Wege der direkten, kooperativen Auseinandersetzung eine Lösung gefunden werden kann und sollte, die alle zufrieden stellt, muss vorherrschend sein (so genannte Win-Win-Orientierung). Der Moderator kann dann deshalb bei seiner Tätigkeit "darauf vertrauen, daß die Parteien die Konflikte nach einigen Interventionen selbst bewältigen können" (Glasl 1990, 363).

Einsatzbereiche

Moderation im obigen Sinne kann also sowohl bei Verhandlungen (s. Kap. 9.2), als auch bei informaler Kooperation (s. Kap. 9.1) und sogar bei gewöhnlichen internen Dienstbesprechungen zur Anwendung kommen - sofern mehr als zwei Personen beteiligt sind -, muss aber nicht.

Werden Verhandlungen von einem neutralen, externen Moderator geleitet und dabei die Grundprinzipien des Harvard-Negotiation-Modells beachtet, liegt ein Grenzfall zur Mediation (wörtlich: "Vermittlung") vor.

9.3.2 Ziele und Einsatzbereiche der Mediation

Was ist Mediation?

Wie bei Negotiation sind auch bei Mediation kooperative Verhandlungen zwischen der Verwaltung und anderen Beteiligten der Kern. Im Vordergrund steht dabei die Lösungsorientierung; Harmonie herzustellen ist nicht das primäre Ziel. Die Leitung und Moderation des Verfahrens wird deshalb einer unabhängigen, sachkundigen und neutralen Vermittlungsperson ("Mediator") übertragen. Wichtig dabei ist, dass die Beauftragung der Vermittlungsperson freiwillig und gemeinschaftlich durch alle Verhandlungsparteien erfolgt[13].

Einsatzbereich: eskalierter Konflikt

Nach Glasl (1990, 380 ff.) ist Mediation dann angebracht, wenn der Konflikt so weit eskaliert ist, dass die Konfrontation sich um die Angst vor Gesichtsverlust dreht, Drohstrategien vorherrschen oder es sogar bereits zu gezielten wechselseitigen Schädigungen kommt, weil die Beteiligten dann außerstande seien, in direkter Begegnung die Probleme kooperativ zu lösen. Die Beteiligten hegen (dann mittlerweile) die Grundüberzeugung, dass eine Lösung nur auf Kosten der jeweils anderen Konfliktpartei erreicht werden kann ("Win-Lose-Orientierung"). Doch genau dazu sieht man sich ohne fremde Hilfe außerstande. Man will mit dem Gegner nichts mehr gemein haben; was die Parteien an den Verhandlungstisch bringt, ist allein das Interesse an einer Schadensbegrenzung[14].

Ein gutes Beispiel aus dem politischen Bereich für solche Konfliktkonstellationen sind etwa die Friedensverhandlungen zwischen Israel und den Palästinensern. Andere Bereiche, in denen Mediation inzwischen auch in Deutschland Verbreitung gefunden hat, sind Vermittlung bei Familienstreitigkeiten (vornehmlich Scheidungsangelegenheiten) oder beim Täter-Opfer-Aus-

---

13 Für Zilleßen (1998:17) ist die gemeinsame Erarbeitung und Aushandlung von Problemlösungen durch alle wesentlichen Gruppen von Beteiligten das entscheidende Merkmal von Mediation. Als klares Abgrenzungskriterium ist dieses Merkmal aber nur gegenüber dem hoheitlichen Verwaltungshandeln (s. Kap. 9.1) brauchbar, denn es trifft i.d.R auch für Negotiation und Moderation zu.

14 Das ist das so genannte Impasse-Kriterium: Die Lage muss so festgefahren sein, dass die Hauptkonfliktparteien keinen anderen Ausweg mehr sehen, als einen Vermittler zu rufen.

gleich im Rahmen des Strafvollzugs. In solchen Kontexten wurde die Methode ursprünglich auch entwickelt, zunächst gedacht als Alternative zu herkömmlichen Gerichtsverfahren, die die Eigenverantwortung der Beteiligten betont. Der Mediator bemüht sich dabei "zwischen den Parteien um einen akzeptablen Kompromiß, der den Interessen aller Rechnung trägt und eine Koexistenz ermöglicht" (Glasl 1990, 363).

Conciliation

Solange noch die Hoffnung da ist, dass der Gegner doch noch überzeugt oder "zur Einsicht" gebracht werden könnte, empfiehlt Glasl für stark formgebundene Konflikte, wie sie im öffentlichen Bereich vorherrschen, die Strategie der "*Conciliation*" (1990, 387 ff.). Dabei handelt es sich um eine gewissermaßen "weichere" Variante von Mediation, bei der sich der Mediator (genauer: Conciliator) mehr auf die sozialpsychologische Prozessbegleitung und die Vertrauensbildung konzentriert als auf die inhaltliche Lösungsfindung. Die Techniken, die dabei zur Anwendung kommen, sind denen der Mediation sehr ähnlich; der Hauptunterschied liegt im Anwendungsfokus[15].

Aufgaben des Mediators

Praktisch nimmt der Mediator eine ganze Reihe von Aufgaben wahr (vgl. Cormick 1976; ähnlich Holznagel 1989 und Zilleßen 1998): Zunächst muss er als *Verfahrenswalter* ("Facilitator") die Verhandlungsrunden organisieren, einen fairen Ablauf sicherstellen durch Auswahl von Ort und Teilnehmern und durch Erarbeitung einer allseits akzeptierten Tagesordnung in Abstimmung mit diesen, sowie die Verhandlungen (lediglich) verfahrensorientiert leiten und moderieren.

Während und zwischen den Verhandlungsrunden muss er die Interessen und Zwänge der Verhandlungsparteien interpretieren, gegebenenfalls auch Botendienste übernehmen zur Übermittlung von Angeboten, beides mit dem Ziel des Abbaus von Misstrauen und der Ermittlung von Gebieten möglicher Einigung (Funktion eines *Kommunikators*).

Schließlich muss er als eine Art *Verhandlungstrainer* für den Ausgleich von Ungleichgewichten zwischen den Parteien sorgen, zum Beispiel hinsichtlich ihrer Artikulationsfähigkeit und Sachkunde, oder Hilfestellungen bei der Abfassung einer praktisch umsetzbaren Verhandlungsübereinkunft bieten (vgl. Kostka 1993, 99).

Einige Autoren (v. a. Susskind u. Cruikshank 1987) gehen noch einen Schritt weiter und fordern, dass sich der Mediator als "aktiver" Konflikthelfer auch an der Entwicklung inhaltlicher Kriterien für die Überprüfung von Verhandlungslösungen beteiligen sollte; diese Sicht überwiegt inzwischen. Es soll damit verhindert werden, dass im Laufe einer Mediation Vereinbarungen getroffen werden, über die dann zwar Einigkeit besteht, die aber nicht genug zur Lösung der eigentlichen Sachprobleme beitragen oder diese zulasten Unbeteiligter vorsehen. Weitgehende Übereinstimmung besteht jedenfalls darin, dass ein Mediator selbst keine inhaltlichen Lösungsvorschläge machen sollte wie etwa bei einem Schlichtungsverfahren.

Der Moderator nimmt hingegen nur einige Tätigkeiten aus dem Aufgabenspektrum des Verfahrenswalters und eventuell des Verhandlungstrainers wahr; die Funktion des Kommunikators und des aktiven Konflikthelfers gehören nicht zur Moderation.

Voraussetzungen für die Durchführung

Die sachlichen Voraussetzungen für die Durchführung von Mediation sind ähnlich wie bei der Negotiation (s. Kap. 9.2.2): grundsätzliche Möglichkeit einer für alle vorteilhaften Lösung sowie ernsthaftes Lösungsinteresse und hinreichende Macht aller Beteiligter. Ungleichgewichte hinsichtlich der Verhandlungserfahrung der Beteiligten können und sollen durch den Mediator gemildert werden. Das setzt entsprechende Fähigkeiten voraus; daher ist bei Auswahl des Mediators große Sorgfalt geboten. Für Moderation genügt dagegen schon weitgehend die Bereitschaft der Beteiligten, sich darauf einzulassen[16].

Mediation oder Moderation?

Mediation ist also aufwändiger, aber dafür auch und gerade für solche Konstellationen geeignet, bei denen Moderation wegen fortgeschrittener Konflikteskalation nicht mehr aussichtsreich wäre.

---

15 In der verwaltungswissenschaftlichen und -praktischen Diskussion hat sich dieser Begriff deshalb allerdings bislang leider nicht durchgesetzt; häufig wird auch hier fälschlicherweise von Mediation gesprochen.

16 Selbst diese bescheiden anmutende Voraussetzung ist aber in der Praxis häufig bereits problematisch!

Grenzen

Die Grenzen von Mediation sind gleichfalls ähnlich wie bei Negotiation: Bei extrem ungleicher Machtverteilung wird sie erst gar nicht zustande kommen, und bei extrem eskalierten Konflikten - wenn die Schädigung des Gegners Vorrang vor einer Lösung hat ohne Rücksicht auf möglichen eigenen Schaden ("Lose-Lose-Orientierung") - helfen allenfalls noch Schieds- und Machteingriffe. Dass Mediation beziehungsweise mediationsähnliche Verfahren bei stark wertbeladenen Konflikten (wie zum Beispiel im Bereich der Kernenergie) grundsätzlich ungeeignet seien, wie häufig behauptet wird (vgl. z. B. Zilleßen 1998, 33 f.), kann nicht pauschal so gesagt werden; ein Gegenbeispiel ist etwa das Diskursprojekt zur Gentechnologie in Niedersachsen von Mai 1995 bis Mai 1996. Schwieriger wird es dann aber gewiss.

Praktische Begriffsverwirrung

In der Praxis dürfte das, was unter dem Begriff Mediation diskutiert wird, vielfach eher zu Conciliation hin tendieren, zuweilen sogar zur Moderation. Hier hat sich ein unpräziser Sprachgebrauch eingebürgert, der nicht mehr trennscharf zwischen diesen Vorgehensweisen unterscheidet. Das mag zum Teil auch dem Phänomen geschuldet sein, dass die Verfahren während ihres Verlaufs ineinander übergehen können: Wenn es zum Beispiel einem Mediator gelingt, in einem Konflikt so weit zu vermitteln, dass die Konfliktparteien dabei - sozusagen als Nebenprodukt aus dem Vermittlungsprozess - wieder Vertrauen zu einander gewinnen, kann in einer zweiten Verhandlungsphase Moderation ausreichend sein. Ebenso ist es möglich, dass Teilnehmer erst während einer Moderation entdecken, dass ihre Differenzen viel tiefgreifender sind, als sie bisher annahmen, und deshalb Conciliation oder Mediation erforderlich wird.

Wichtig bleibt, dass zu Beginn von Vermittlungsbemühungen bewusst gemacht wird, ob der Verbesserung des Klimas zwischen den Konfliktparteien ein eigenständiger Wert zukommen soll, oder ob es ausschließlich darum geht, zu einer irgendwie gearteten Lösung zu gelangen. Je nachdem wird sich der Vermittler eher wie ein Conciliator oder wie ein Mediator im engeren Sinne verhalten müssen. Im Folgenden ist in Angleichung an den inzwischen eingebürgerten Sprachgebrauch auch hier mit "Mediation" sowohl Mediation im engeren Sinn als auch Conciliation gemeint.

9.3.3 Das Beispiel Standortfindung für eine Landessammelstelle für radioaktive Abfälle (Moderation)

Was ist eine Landessammelstelle?

Nach dem Atomgesetz ist der Bund für eine sichere Endlagerung radioaktiver Abfälle zuständig; die Länder sind verpflichtet, Landessammelstellen einzurichten. Erzeuger schwach- und mittelaktiver radioaktiver Abfälle haben diese an die zuständige Landessammelstelle abzuliefern. Solche Abfälle stammen nicht aus kerntechnischen, sondern aus wissenschaftlichen, medizinischen und industriellen Anwendungen. Hochaktive radioaktive Abfälle werden in Landessammelstellen nicht zwischengelagert.

Deren Funktion besteht darin, die Abfälle zu sammeln und sicher zu verwahren, bis sie einem Endlager zugeführt werden. Eine objektive Gefährdung durch eine Landessammelstelle ist praktisch nicht vorhanden. Für die Errichtung einer Landessammelstelle bedarf es einer atomrechtlichen Genehmigung und einer baurechtlichen Zulassung. Im atomrechtlichen Verfahren ist nach dem Gesetz keinerlei Öffentlichkeitsbeteiligung erforderlich. Untersuchungen des Öko-Instituts Darmstadt, die vom Land Brandenburg in Auftrag gegeben wurden, belegen für die dortigen Verhältnisse Folgendes: Bei ordnungsgemäßem Betrieb unter Einhaltung der gesetzlichen Sicherheitsvorschriften ist die von einer Landessammelstelle ausgehende Strahlung bereits an der Außenwand der Landessammelstelle so niedrig, dass sie messtechnisch nicht mehr erfasst werden kann, da sie im Rauschhintergrund der ohnehin vorhandenen natürlichen Strahlung untergeht. Und selbst beim ungünstigsten Störfall, der sich in einer Landessammelstelle ereignen kann, nämlich einem Brand, bei dem Fässer ihre Dichtigkeit verlieren und brennbare Abfälle Feuer fangen, werden die Grenzwerte für Gesundheitsbedenklichkeit von einem Menschen im Kleinkindalter, der sich nach dem Unfall über 50 Jahre lang im Freien am Ort der höchsten Strahlenbelastung außerhalb der Anlage aufhielte und während dieses Zeitraums von dort sämtliche Nahrungsmittel bezöge, unterschritten.

Hintergrund

Wie zunächst alle neuen Bundesländer nach der deutschen Wiedervereinigung 1990 verfügt das Land Brandenburg nicht über eine Landessammelstelle. Eine sichere Verwahrung der vorhandenen Abfälle ist aber dennoch vorläufig gegeben: Auf dem Betriebsgelände eines stillgelegten Kernkraftwerks arbeitet eine "Vorläufige Verwahrstelle". Diese bietet jedoch keine dauerhafte Perspektive, da das Kernkraftwerk aufgrund eines politischen Beschlusses vollständig rückgebaut werden soll. Zunächst bemühte sich das Land um die Einrichtung einer gemeinsamen Landessammelstelle für die fünf neuen Bundesländer; diese Bemühungen scheiterten jedoch. 1991 beauftragte das Umweltministerium als für die Einrichtung zuständige Behörde deshalb das ihm nachgeordnete Landesumweltamt (LUA) damit, einen geeigneten Standort für eine eigene brandenburgische Landessammelstelle zu finden. Mehrere Versuche, einen Einzelstandort zu finden, blieben erfolglos. Die damit verbundenen öffentlichen Diskussionen wurden zeitweilig äußerst emotional geführt und waren sehr konfliktgeladen. Daraufhin wurde zu einer systematischen Suche übergegangen, die sich vor allem auf ehemalige militärische Liegenschaften konzentrierte. So ermittelte man schließlich 30 potenzielle Standortvarianten.

Unabhängiges Gutachten zu Standortkriterien

1993 wurde ein unabhängiges Institut damit beauftragt, Standort übergreifende Anforderungen an Landessammelstellen zu formulieren, die 30 potenziellen Standorte gemäß dieser Anforderungen auf ihre prinzipielle Eignung sowie vier musterhaft vom LUA ausgewählte Standorte detailliert zu überprüfen, um objektivierbare Kriterien zu erhalten. Das Gutachten wurde dem Umweltministerium im Juni 1994 vorgelegt; das Umweltministerium stellte im darauf folgenden Monat in einer Informationsveranstaltung Vertretern aller potenziellen Standorte die Ergebnisse vor.

Einleitung der Moderation

Im Januar 1994 hatte zwischenzeitlich der Umweltminister einer Bürgerinitiative zugesagt, die Standortentscheidung in einem transparenten Verfahren treffen zu wollen, bei dem auf freiwilliger Basis die jeweiligen Bürger und Gemeinden weitest möglich einbezogen werden sollten. Vor dem Hintergrund dieser Zusage war ein Mitarbeiter der zuständigen Fachabteilung des Umweltministeriums[17] damit beauftragt worden, ein Konzept für ein solches Verfahren zu entwickeln. Ergebnis war die Einrichtung eines "Bürgerforums Landessammelstelle" unter der Moderation eines neutralen Dritten. Der Mitarbeiter, der das Konzept entwickelt hatte, wurde mit der verwaltungsseitigen Koordination des Bürgerforums betraut. Insgesamt ging der Durchführung des Bürgerforums eine circa halbjährige verwaltungsinterne Meinungsbildungs- und Vorbereitungsphase voraus.

Standortsuche und Bürgerforum

Das verwaltungsinterne Vorprüfverfahren zur Standortfindung wurde unmittelbar nach der Präsentation des Gutachtens im Juli 1994 eingeleitet, indem das LUA damit beauftragt wurde, die betreffenden 30 potenziellen Standorte unter Berücksichtigung der Ergebnisse des Gutachtens detailliert auf ihre Eignung zur Einrichtung einer Landessammelstelle zu untersuchen und dem Umweltministerium bis spätestens Ende des Jahres eine Standortempfehlung vorzulegen. Parallel dazu wurde das begleitende Bürgerforum eingerichtet. Die laufenden Arbeitsergebnisse des LUA im Standortprüfverfahren sollten im Bürgerforum zur Diskussion gestellt und gegebenenfalls entsprechend modifiziert werden; dies sollte möglichst einvernehmlich geschehen.

Zweck des Bürgerforums sollte dabei sein, gemeinsam getragene Kriterien für die Standortbewertung zu erarbeiten, im direkten Kontakt mit den Bürgern systematisch ergänzende ortsspezifische Informationen aufzunehmen und in die Entscheidungsfindung des Landes einfließen zu lassen, die Entscheidungsfindung transparent zu gestalten und sie weitest möglich zu objektivieren. Mit der Leitung des Bürgerforums beauftragte das Umweltministerium einen externen Moderator, der vertraglich zur Neutralität verpflichtet wurde. Er sollte von beiden Seiten akzeptiert sein, das war Bedingung.

Das Bürgerforum war konzipiert als Abfolge von schließlich insgesamt vier zentralen und drei dezentralen Informations- und Diskussionsveranstaltungen. Aufgabe des Moderators war dabei die inhaltliche Vorbereitung der Veranstaltungen in Abstimmung mit allen am Standortsuchverfahren beteiligten Partnern, die neutrale Diskussionsleitung, das Einbringen wesentlicher Informationen und Interessen aus den Veranstaltungen in den Entscheidungsfindungsprozess des Landes sowie die Beratung der beteiligten Parteien im Hinblick auf die Gewährleistung eines fairen und transparenten Verfahrens. Eigene Konfliktmittlung gehörte nicht dazu.

Der Moderator wurde bei seiner Arbeit durch eine Umweltberatungsfirma unterstützt. Aufgabe dieser unter-

---

17 Bei dem Mitarbeiter handelte es sich um den Verfasser.

stützenden Firma war die technische Organisation und Dokumentation der Veranstaltungen und die Einrichtung einer permanenten Bürger-Anlaufstelle, außerdem Strategieberatung und begleitende Öffentlichkeitsarbeit für das Umweltministerium[18].

Eingeladen wurden neben Umweltministerium und LUA Vertreter aller potenziellen Standortgemeinden, Ämter[19], Landkreise und - sofern vorhanden - örtlichen Bürgerinitiativen, bei den dezentralen Veranstaltungen auch die lokale Öffentlichkeit.

Schritte

Der erste Schritt in der Arbeit des LUA bestand in der Formulierung und Anwendung von vier Ausschlusskriterien auf gesetzlicher sowie sicherheitstechnischer Grundlage; Standortvarianten, die eines oder mehrere dieser Kriterien verletzten, sollten aus dem Suchverfahren ausscheiden. Auf diese Weise wurde die Menge der weiter zu untersuchenden potenziellen Standorte einvernehmlich auf zunächst fünf, später vier reduziert.

Mit den Vertretern der vier Standortvarianten, die keines der Ausschlusskriterien verletzten, wurden dann in der Folgezeit weitere Bewertungskriterien und deren Gewichtung diskutiert und vereinbart. In drei Gemeinden wurde Ende Oktober 1994 je eine öffentliche Vor-Ort-Veranstaltung zur Information, Diskussion und Aufnahme ortsspezifischer Hinweise durchgeführt; die vierte Gemeinde verzichtete darauf.

Im weiteren Verlauf wurden unter Einbeziehung der Arbeiten des Bürgerforums vertiefende Untersuchungen und Erhebungen an den verbliebenen Standortvarianten durchgeführt. Im Dezember 1994 legte das LUA schließlich auf der Basis dieser Arbeitsergebnisse eine Standortempfehlung vor mit zwei gleichermaßen geeigneten Vorzugsstandorten und einem Ausweichstandort. Das Umweltministerium machte sich die Standortempfehlung zu eigen und erklärte, auf der Basis anschließend eine endgültige Entscheidung treffen zu wollen. In diese sollten weitere Gesichtspunkte wie Verfügbarkeit der Liegenschaften und Finanzierungsfragen einfließen, die nicht Gegenstand des Bürgerforums waren.

Vorläufiges Ergebnis

Die Standortentscheidung des Umweltministeriums wurde nach einigen weiteren Prüfungen und Verzögerungen im März 1997 bekannt gegeben; zu nennenswerten Protesten am ausgewählten Standort kam es bislang nicht. Die baurechtliche Zulassung wurde in die Wege geleitet, ist allerdings noch nicht abgeschlossen; das atomrechtliche Genehmigungsverfahren steht noch vollständig aus. Es gibt im Land Brandenburg also nach wie vor keine Landessammelstelle (Stand: März 1998).

Mit ein Grund für die lange Verfahrensdauer seit Abschluss des Bürgerforums mag sein, dass in die Zeit des Bürgerforums eine Landtagswahl fiel, die eine teilweise Verschiebung in der politischen Führung mit sich brachte und einen schnellen Abschluss des Standortfindungsverfahrens nicht mehr so dringlich erscheinen ließ wie zuvor[20]. Die politische Dringlichkeit dürfte auch im Zuge der zwischenzeitlich gescheiterten Länderfusion zwischen Brandenburg und Berlin geringer geworden sein: Ein stark diskutiertes Thema im Bürgerforum war nämlich die Befürchtung gewesen, nach einer Länderfusion möglicherweise zusätzlich Berliner Abfälle in der Landessammelstelle zwischenlagern zu müssen. Aufgrund des haushaltstechnischen Einsparpotenzials wurden auch erneut Verhandlungen mit dem Land Mecklenburg-Vorpommern aufgenommen, welches mittlerweile eine eigene Landessammelstelle eingerichtet hat, mit dem Ziel, doch noch eine länderübergreifende Sammelstelle außerhalb Brandenburgs schaffen zu können.

Im Ergebnis war es also gelungen, in kurzer Zeit - verglichen mit den Bemühungen vor Durchführung des Bürgerforums - gemeinsame Kriterien zur Bewertung der potenziellen Standorte zu formulieren, sich auf eine konsensuale Kriteriengewichtung zu einigen, diese so anzuwenden, dass der Kreis der geeignet erscheinenden Standorte einvernehmlich auf drei konkrete Orte eingegrenzt werden konnte, und schließlich auf dieser Basis eine weitgehend akzeptierte Entscheidung zu tref-

---

18 Die gewählte Arbeitsteilung führte in der zweiten Hälfte des Bürgerforums zu häufigerem Klärungsbedarf hinsichtlich der Aufgabenverteilung zwischen dem Moderator und der ihn unterstützenden Firma.

19 Mit "Amt" wird in der Brandenburgischen Kommunalverfassung die Gemeindeverwaltung bezeichnet, sofern es sich nicht um eine so genannte amtsfreie Gemeinde handelt. In der Regel werden mehrere Gemeinden von einem Amt verwaltet; der Verwaltungschef trägt den Titel "Amtsdirektor". Amtsfreiheit ist ab einer bestimmten Gemeindegröße möglich; in diesem Fall wird die Gemeindeverwaltung vom Bürgermeister geleitet.

20 Diese Deutung ist eine rein persönliche Vermutung des Verfassers aufgrund seiner Kenntnisse der damaligen brandenburgischen Umweltpolitik.

fen. Die Entscheidung wurde aber bis heute noch nicht endgültig umgesetzt; sollte es zu einer Einigung mit dem Land Mecklenburg-Vorpommern kommen, würde die endgültige Umsetzung auch hinfällig.

9.3.4 Das Beispiel Sanierung einer Sonderabfalldeponie (Mediation)

Hintergrund

In einer ländlichen Gegend Niedersachsens, in unmittelbarer Nähe zur nordrhein-westfälischen Landesgrenze, befindet sich die vor ca. 25 Jahren eingerichtete und im Jahre 1983 stillgelegte Sonderabfalldeponie Münchehagen[21]. Sie liegt abseits von Wohnbebauung am Schnittpunkt der Grenzen dreier Landkreise, darunter ein nordrhein-westfälischer. Auf der Deponie war zunächst Sondermüll unterschiedlicher Zusammensetzung eingelagert worden. Eine Zustimmung der betreffenden Standortgemeinde war damals noch nicht erforderlich gewesen.

Bei den Einlagerungen kam es zu erheblichen Problemen zum Beispiel hinsichtlich der Dichtigkeit des Untergrunds, die dazu führten, dass im Jahr 1974 der Betreiberfirma die Betriebsgenehmigung wegen des Austritts vergifteten Wassers entzogen wurde. Anschließende Sanierungsversuche blieben erfolglos.

Nach dreijähriger Pause wurde auf einem benachbarten Grundstück eine Fortsetzungs-Deponie eingerichtet. Wiederum kam es zu Austritten kontaminierten Wassers, Geruchsbelästigungen, Baumsterben und anderem mehr. In der Zwischenzeit wuchs das Misstrauen der Bevölkerung und auch der betroffenen Kommunen gegenüber den zuständigen Behörden; man sprach nicht mehr miteinander. Stattdessen fanden Demonstrationen statt, die breite Unterstützung genossen, und sogar Sabotageakte. Mehrere Bürgerinitiativen entstanden.

Aufgrund eines Verfahrensfehlers bei der Betriebsgenehmigung für ihren zweiten Teil musste die Sonderabfalldeponie im Jahr 1983 endgültig geschlossen werden. Die damalige Landesregierung war zunächst bestrebt, den Verfahrensfehler nachträglich zu heilen. Das wurde aber aufgegeben, nachdem Dioxinaustritte entdeckt wurden und Krankheitsfälle auftraten. Zwei Jahre später musste die Betreibergesellschaft des zweiten Teils der Sonderabfalldeponie Konkurs anmelden.

Seither wird erneut versucht, die stillgelegte Deponie zu sichern und zu sanieren. Umfangreiche technisch-naturwissenschaftliche Gutachten wurden von verschiedenen Seiten in Auftrag gegeben. Die Ergebnisse dieser Gutachten widersprachen sich teilweise; dadurch wuchs das allseitige Misstrauen noch weiter. Ein parlamentarischer Untersuchungsausschuss und eine Sonderkommission des Landeskriminalamts mussten eingerichtet werden. Haarsträubende Zustände bei der Einlagerung des Sondermülls und gravierende Behördenfehler wurden dabei nachträglich aufgedeckt.

Informelle Foren

Im Jahre 1979 begann sich die ortsansässige Evangelische Akademie Loccum der Thematik anzunehmen, indem sie einen Arbeitsbereich "Ökologie/Umweltpolitik" einrichtete und diverse Tagungen hierzu organisierte. So entstanden sporadische Foren, auf denen man sich unverbindlich und vergleichsweise unbefangen begegnen konnte. Ein erster Durchbruch ergab sich durch zwei Akademie-Fachgespräche zu hydrogeologischen (Oktober 1987) und toxikologischen (Dezember 1988) Problemen der Sonderabfalldeponie.

Beginn der Mediation

Der für den Arbeitsbereich zuständige Studienleiter der Akademie entschloss sich, zur Vorbereitung der Fachgespräche Mediation anzuwenden, eine Methode, die in Deutschland im Umweltbereich bis dato so gut wie unbekannt war. In einer Vielzahl einzelner persönlicher Vorgespräche mit den Hauptkontrahenten in Sachen Sonderabfalldeponie klärte der Studienleiter[22] grundlegende Rahmenbedingungen ab. Dazu gehörten die Ermittlung des einzuladenden Teilnehmerkreises, die Eingrenzung der Schlüsselprobleme und eines sich daraus ergebenden, exakt umrissenen Diskussionsthemas, die Bestimmung der voraussichtlich besonders konfliktträchtigen Punkte und die Erstellung einer gemeinsamen Verfahrensvereinbarung für den Umgang miteinander während der Fachgespräche und für den Umgang mit Informationen aus den Fachgesprächen (vgl. im einzelnen Striegnitz 1990, Striegnitz 1991).

Während der Fachgespräche war es Aufgabe des Mediators, die Einhaltung der Verfahrensvereinbarung zu

---

21 zu den folgenden Ausführungen vgl. Kostka (1993, 91 ff.), Striegnitz (1990) und Striegnitz (1991)

22 im Folgenden nunmehr mit "Mediator" bezeichnet

gewährleisten und die Diskussion so zu strukturieren und zu moderieren, dass eine sachorientierte, kreative, ausgeglichene und von gegenseitiger Achtung gekennzeichnete Atmosphäre entstand. Inhaltlich konnten einige fachliche Kontroversen beigelegt, einige immerhin systematisiert und versachlicht werden.

Einrichtung eines Ausschusses
Zwischenzeitlich war auf Betreiben des damaligen niedersächsischen Umweltministers ein Ausschuss eingerichtet worden, in dem die wesentlichen Konfliktparteien vertreten waren, und der so für einen besseren Informationsfluss sorgen sollte. Er erfüllte seine Aufgabe jedoch nur teilweise; die konstruktive Atmosphäre der beiden Fachgespräche fand sich nicht wieder.

Ausschuss mit Mediation
1990 wurde der Ausschuss nach einem Regierungswechsel auf Landesebene in Struktur, Kompetenzen und Anbindung an die zuständigen Behörden reformiert. Mediation wurde dabei als zentrales Element integriert. Dem Mediator steht behördenseitig ein Koordinator gegenüber, der eigens bei der Bezirksregierung nur für diese Aufgabe eingesetzt wurde. Als übergeordnete Schiedsinstanz wurde ein Schlichter vorgesehen, der aber nicht tätig werden musste. Zum Teil nahm auch der Mediator schlichtende Funktionen wahr.

Erste Ergebnisse
Danach wurden inhaltliche Fortschritte erzielt. So wurde eine vorläufige Oberflächenabdeckung auf der Deponie angebracht und ein Konsens über die Errichtung und Ausgestaltung eines ökologischen Landschaftsgürtels um das Deponiegelände gefunden.
1993 übergab der Mediator die Leitung des Verfahrens dann wegen Berufswechsels vorübergehend an seinen Nachfolger als Studienleiter an der Akademie; auch einige Mitglieder des Ausschusses und der Koordinator bei der Bezirksregierung hatten mittlerweile gewechselt. Als bisherige Ergebnisse konnten zu dem Zeitpunkt festgehalten werden: ein Abbau von Misstrauen und die Schaffung eines konstruktiven Arbeitsklimas, die Einbindung aller wesentlichen Konfliktparteien, die Klärung grundlegender strittiger Fragen, die Vermeidung verschiedener Rechtsstreitigkeiten, Teilschritte in Richtung auf eine Sanierung, und allerdings auch ein hoher finanzieller, personeller und politischer Aufwand.

Veränderung der Rahmenbedingungen
1994 gab es einen erneuten Teil-Regierungswechsel auf Landesebene, und im Frühjahr 1995 wurde eine selbstständige Umweltberaterin als neue Mediatorin berufen. Inzwischen hatte sich auch die abfallpolitische und zugleich die finanzpolitische Landschaft stark verändert: Während bisher in der Bundesrepublik von einem Entsorgungsnotstand in der Sonderabfallwirtschaft gesprochen worden war (vgl. Fisch u. Beck 1997), verlor dieses Thema in den landespolitischen Diskussionen rapide an Dringlichkeit. Zugleich wurde die Finanzsituation der öffentlichen Haushalte immer prekärer. Das bedeutete veränderte Rahmenbedingungen für das Mediationsverfahren: Die Fachbehörden nahmen nunmehr eine Neubewertung der Situation vor und rückten von früheren Zugeständnissen aus fachlichen Gründen wieder ab; insbesondere waren sie nicht länger bereit, die bisher avisierten Sicherungsmaßnahmen durchzuführen. Sie drängten stattdessen jetzt auf einen Abschluss des Verfahrens; bereits zugesagte Haushaltsmittel wurden gekürzt.

Ergebnisse und Ende der Mediation
Zu diesem Zweck legten die Fachbehörden 1996 ihre Sicht dem Umweltministerium dar. Eine interministerielle Arbeitsgruppe befasste sich mit der Problematik und legte dem Landeskabinett einen Bericht vor, den dieses zum Anlass nahm, einen Beschluss über endgültige Sanierungsmaßnahmen für die Sonderabfalldeponie zu fassen; in dem Beschluss wurden einige Maßnahmen festgeschrieben. Ohne die Mediation wäre der Maßnahmenkatalog mit Sicherheit weitaus sparsamer ausgefallen, dennoch blieb er deutlich hinter dem zurück, was während der Mediation 1995 schon verabredet gewesen zu sein schien. Dies geschah außerhalb der Mediationsrunde und stellte diese praktisch vor vollendete Tatsachen, was massiven Unmut hervorrief. Die Mediation wurde schließlich im Dezember 1997 beendet.

9.3.5 Kritik

Ambivalentes Gesamturteil
In beiden geschilderten Fällen hat der Entschluss, Methoden des kooperativen Konfliktmanagements unter Einsatz eines neutralen Dritten anzuwenden, offenbar zunächst zu einem Durchbruch aus einer verfahrenen

Situation geführt und letztendlich zumindest teilweise Ergebnisse hervorgebracht, die allein mit hoheitlichem Verwaltungshandeln nicht hätten erreicht werden können.

Dennoch fällt das Gesamturteil, je nach Perspektive, ambivalent aus: In dem Moderationsbeispiel wurde der erzielte Konsens so lange nicht umgesetzt, dass mittlerweile die endgültige Umsetzung möglicherweise gar nicht mehr erforderlich sein wird. Ganz anders verfuhr bei derselben Problematik (Einrichtung einer Landessammelstelle) das Land Sachsen: In Sachsen gab es ebenfalls Konflikte über die Standortfrage. Die zuständigen Behörden setzten sich jedoch in klassisch-hoheitlicher Manier darüber hinweg und nahmen den entsprechenden Ärger einfach in Kauf. Die sächsische Landessammelstelle arbeitet jetzt bereits seit geraumer Zeit, und die Konflikte haben mittlerweile wieder weitgehend nachgelassen.

In dem Mediationsbeispiel wurden Kompromisse, die nach jahrelanger gemeinsamer Arbeit scheinbar bereits verabredet waren, teilweise einseitig wieder aufgekündigt. Und das ist jeweils vor dem Hintergrund der nicht unerheblichen Kosten der beiden Verfahren zu sehen. Diese betrugen in dem Moderationsbeispiel circa 100.000 DM; die Kosten des Mediationsbeispiels lassen sich anhand der verfügbaren Unterlagen nicht beziffern, dürften aber ein Vielfaches betragen haben, zumal das Verfahren insgesamt auch etwa sechzehnmal so lang dauerte. Das geschilderte Mediationsbeispiel war im übrigen auch deshalb überdurchschnittlich aufwändig, weil es sich um einen Fall mit Pilotcharakter handelte: um die erste Umweltmediation in Deutschland überhaupt.

Immerhin gab es Ergebnisse und Einigungen, die unbestritten nicht zustande gekommen wären, hätte man sich auf hoheitliches Verwaltungshandeln beschränkt. Doch ist das summa summarum als Erfolg zu werten? Die Literatur kennt zudem nicht wenige Beispiele, in denen - zumindest von einigen Beteiligten - selbst solche Ergebnisse vermisst werden (vgl. Jansen 1997). Daraus jedoch abzuleiten, dass die Anwendung von Moderation beziehungsweise Mediation mäßig effektiv und noch weniger effizient sei, wäre eine vorschnelle Verkürzung.

Kostenargumente

Das Kostenargument erweist sich im Wesentlichen als eine Frage der Perspektive. In der Tat wird das Verwaltungsverfahren zunächst aufwändiger, das heißt zeit- und kostenintensiver als üblicherweise. Näher betrachtet, wird jedoch genau das getan, was eigentlich auch vom Recht her ohnehin getan werden müsste, nämlich eine umfassende Abwägung vorgenommen - wenn auch in einem anderen Kommunikationsstil.

Das bedeutet im Umkehrschluss, dass beim herkömmlichen hoheitlichen Verwaltungshandeln oftmals aus vielerlei - zum Teil durchaus plausiblen - Gründen faktisch viel zu oberflächlich vorgegangen wird, verglichen mit der Komplexität der Problemstellung. Die formale Einhaltung der Buchstaben des Gesetzes bei weitgehend konstant gehaltenem Gesamt-Input - auf Kosten der Bearbeitungstiefe oder -dauer anderer Fälle - darf heutzutage schließlich kein ernsthaftes Erfolgskriterium mehr sein. Außerdem kann der anfängliche Mehraufwand in der Implementationsphase wieder wettgemacht werden: Durch die frühzeitige Einbindung der Betroffenen läuft die Verwaltung weniger Gefahr, "Bumerangs" zu erzeugen, die später als Störfaktoren wieder auf ihre Schreibtische zurückkehren; dies deshalb, weil tendenziell sowohl die fachliche Qualität als auch die Akzeptanz von so erarbeiteten Vorlagen gesteigert werden. Zugleich sinkt das Risiko langwieriger Gerichtsverfahren.

Organisation komplexer - Erfolg ungewiss

Die Organisation des Entscheidungsprozesses wird also in jedem Fall komplexer, während der zu erwartende Ertrag über einen längeren Zeitraum hinweg ungewiss und störanfällig bleibt.

Das erklärt - neben ihrer relativen Neuheit - die noch stark verbreitete Skepsis gegenüber Moderation und vor allem Mediation. Die anderen Vorteile geraten darüber leicht aus dem Blickfeld[23]: In jedem Falle verbessert sich die Informationsbasis aller Beteiligten, das Verfahren wird transparenter und damit nachvollziehbarer, und wechselseitige Vorurteile können abgebaut, Missverständnisse leichter ausgeräumt werden[24].

---

23 Fietkau und Pfingsten (1995, 65 ff.) zeigen beispielsweise anhand eines anderen Falls, dass subjektiv aus psychologischen Gründen die erreichten Teilkonsense und die Flexibilität der jeweils anderen Verfahrensbeteiligten tendenziell unterschätzt werden, während die Bedeutung des Verfahrensendergebnisses eher überschätzt wird (vgl. hierzu auch Fonteyn und Mankowsy 1995).

24 vgl. Zilleßen (1998, 27 ff.); ausführlich zur Bilanz zwischen Vor- und Nachteilen Weidner (1996)

Vergleich Moderation/Mediation - Verhandlung

Zum Verhältnis zwischen Moderation und Mediation einerseits und den "einfachen" Verhandlungen (s. Kap. 9.2) andererseits kann gesagt werden, dass bei Moderation und Mediation die Anforderungen an die Sozialkompetenz der Beteiligten etwas geringer sind: Die Gefahr, dass die Verhandlungen "platzen", kann durch den Moderator bzw. Mediator verringert werden, desgleichen durch umsichtige Teilnehmerauswahl die Gefahr einer Oligarchisierung. Dafür ist der Aufwand bis zur Entscheidungsfindung noch höher. In der Regel sind bei stark gespanntem Klima zwischen den Konfliktparteien Moderation und Mediation leistungsfähiger, und auch wenn wichtige Beteiligte keine ausreichende Verhandlungserfahrung haben, sind Moderation oder Mediation vorzuziehen. Solange all das aber nicht gegeben ist, dürften "einfache" Verhandlungen letztlich wirtschaftlicher sein.

Konsens selten, Dissens aber klarer

Zu einer konsensualen Einigung in der Streitfrage, die Anlass einer Moderation oder Mediation war, kommt es in der Praxis eher selten. Erfolgreich in diesem Sinne können Mediation und ähnliche Verfahren nur dann sein, wenn allseitige ernsthafte Lösungsbereitschaft vorhanden ist, und daran mangelt es oft bei einem großen Teil der Konfliktparteien. Konsensuale Lösungen in Teilbereichen können jedoch sehr wohl erwartet werden. Die Folge von all dem ist, dass ein eventuell verbleibender Dissens in der Kernfrage, der letzendlich dann doch politisch entschieden werden muss, nunmehr klarer, sachlich fundierter und weniger emotional beladen ist (vgl. v.d. Daele u. Neidhardt 1996). Das kann allfällige politische Entscheidungen erheblich erleichtern!

Mediation ist nicht Akzeptanzbeschaffung oder Verfahrensbeschleunigung

Mediation und verwandte Verfahren sind schließlich weder Akzeptanzbeschaffungs- noch Verfahrensbeschleunigungsinstrumente, obwohl sie von politischen Entscheidungsträgern, die mit dem Einsatz solcher Verfahren liebäugeln, gerne dafür gehalten und gegebenenfalls auch missbräuchlich dazu umfunktioniert werden[25]. Hier dürfte der Wunsch Vater des Gedankens sein und zusätzliche Akzeptanzkonflikte erst erzeugen, die dann anschließend leicht dem Verfahren angelastet werden können. Sie können vielmehr eher als Legitimitäts- und Qualitätssteigerungsinstrumente für zum Teil gleichwohl schmerzhafte Entscheidungen angesehen werden.

Das führt zu einem letzten Befund: Einiges deutet darauf hin, dass die Umstände, die zur Initiierung eines solchen Verfahrens führen, wesentlichen Einfluss auf seinen späteren Verlauf haben. Hier wird oftmals der Grundstock für Erfolg oder Scheitern gelegt (vgl. Kostka 1997; Fietkau 1997).

Literatur

BOOS, M., SCHARPF, U., 1990: Drei Modelle der Führung und Zusammenarbeit beim Umgang mit komplexen Problemen. In: Fisch, R.; Boos, M. (Hrsg.): Vom Umgang mit Komplexität in Organisationen. Konzepte, Fallbeispiele, Strategien. Konstanz, 235-254.

CORMICK, G.W., 1976: Mediating Environmental Controversies: Perspectives and First Experience. Earth Law Journal 2: 215-224.

DAELE, W. v.d.; NEIDHARDT, F., 1996 "Regierung durch Diskussion" - Über Versuche, mit Argumenten Politik zu machen. In: v.d. Daele, W. Neidhardt, F. (Hrsg.): Kommunikation und Entscheidung. Politische Funktionen öffentlicher Meinungsbildung und diskursiver Verfahren. WZB-Jahrbuch 1996. Berlin, 9-51.

FIETKAU, H.-J., 1997: Das Eis brechen. Bei der Vorbereitung einer informellen Konfliktregelung können Hemmnisse bereits im Vorfeld ausgeräumt werden. Müllmagazin 10 (2): 33-35.

FIETKAU, H.-J.; PFINGSTEN, K., 1995: Umweltmediation: Verfahrenseffekte und Urteilsperspektiven. Archiv für Kommunalwissenschaften 34 (1): 55-70.

FISCH, R.; BECK, D. (Hrsg.), 1997: Entsorgungsnotstand und Verwaltungshandeln. Fallbeispiele - Konzepte - Perspektiven. Ein multidisziplinärer Zugang, Baden-Baden (Verwaltungsorganisation, Staatsaufgaben und Öffentlicher Dienst, Bd. 36).

FONTEYN, R.; MANKOWSKY, K., 1995: Neue Wege im Verwaltungshandeln? Öffentlichkeitsarbeit und Mediation zum Abfallwirtschaftskonzept des Kreises Neuss - Ein Praxisbericht. Archiv für Kommunalwissenschaften 34 (1): 71-89.

FÜRST, D.; SINNING, H., 1996: Moderation in der Raum- und Umweltplanung. Ein Modellversuch berufsbegleitender Weiterbildung. Der Landkreis 66 (5): 218-221.

GLASL, F., 1990: Konfliktmanagement. Ein Handbuch für Führungskräfte und Berater. 2. Aufl., Bern.

HOLZNAGEL, B., 1989: Der Einsatz von Konfliktmittlern, Schiedsrichtern und Verfahrenswaltern im amerikanischenUmweltrecht. Die Verwaltung 22 (4): 421-444.

JANSEN, D., 1997: Mediationsverfahren in der Umweltpolitik. Politische Vierteljahresschrift 38 (2): 274-297.

KOSTKA, D., 1993: Öffentliches Konfliktmanagement. Praktische Beispiele in der Diskussion. Die Verwaltung 26 (1): 87-112.

KOSTKA, D., 1997: Außergerichtliche Konfliktregelung in der Praxis:

---

25 Der Verfasser hat hier eigene praktische Erfahrungen in der Ministerialbürokratie gemacht.

"Verwaltung". In: Gottwald, W.; Strempel, D.; Beckedorff, R.F. ; Linke, U. (Hrsg.): Handbuch zur außergerichtlichen Konfliktregelung (AKR). Loseblattwerk. Bornheim, 5.2.17.

STRIEGNITZ, M., 1990: Mediation: Lösung von Umweltkonflikten durch Vermittlung - Praxisbericht zur Anwendung in der Kontroverse um die Sonderabfalldeponie Münchehagen. Zeitschrift für angewandte Umweltforschung 3 (1): 51-62.

STRIEGNITZ, M., 1991: Konsensorientierte Verfahren der Konfliktbearbeitung durch Verhandlungen - Praxisbezogene Berichte. Mediation-Fachgespräche Münchehagen. In: Calließ, J.; Striegnitz, M. (Hrsg.): Um den Konsens streiten. Neue Verfahren der Konfliktbearbeitung durch Verhandlungen. Rehburg-Loccum, 101-125 (Loccumer Protokolle 12/1989).

SUSSKIND, L. & CRUIKSHANK, J., 1987: Breaking the Impasse. Consensual Approaches to Resolving Public Disputes. New York.

WEIDNER, H., 1996: Freiwillige Kooperationen und alternative Konfliktregelungsverfahren in der Umweltpolitik. Auf dem Weg zum ökologisch erweiterten Neokorporatismus? In: v.d. Daele, W.; Neidhardt, F. (Hrsg.): Kommunikation und Entscheidung. Politische Funktionen öffentlicher Meinungsbildung und diskursiver Verfahren. WZB-Jahrbuch 1996. Berlin, 195-231.

ZILLEßEN, H. (Hrsg.), 1998: Mediation. Kooperatives Konfliktmanagement in der Umweltpolitik. Opladen.

10. Partizipative Planung

10.1 Gründe für die Partizipationsdiskussion

Dietrich Fürst, Frank Scholles, Heidi Sinning

Warum Partizipation?

Partizipation wird in der Regel verstanden als Teilnahme oder Teilhabe an politischen und sozialen Entscheidungsprozessen. Ziel ist die breite Beteiligung der Öffentlichkeit, der Betroffenen, an Planungs- und Entscheidungsvorgängen.

Die Bedeutung der Partizipationsprozesse geht aber über die jeweiligen Planungs- und Entscheidungsprozesse weit hinaus, indem demokratische Verhaltensweisen eingeübt werden und Integration in das Sozialsystem stattfindet.

Die Diskussion zur Partizipation ist im Bereich der Unternehmensführung vergleichsweise alt. Mitbestimmung ist dort spätestens mit Einführung der Montan-Mitbestimmung (1952) ein Dauerthema geworden. Zunächst wurde Mitbestimmung von Arbeitnehmerseite als Hebel verstanden, die Macht und das Entscheidungsmonopol der Kapitaleigner einzuschränken; heute wird Mitbestimmung von Unternehmen selbst propagiert - als Mittel der Arbeitnehmermotivation, -disziplinierung und Menschenführung.

Daraus wird in Ansätzen die Ambivalenz der Partizipation sichtbar: Es ist nicht eindeutig, in wessen Interesse und mit welchen Zielen sie stattfindet.

Beteiligung an politischen Entscheidungen

In politischen Entscheidungen hat die Partizipationsdiskussion sehr spät Eingang gefunden - in der Bundesrepublik Deutschland praktisch erst mit der Studentenbewegung Mitte der 60er Jahre. Die Forderung nach mehr Partizipation ist allerdings typisch für repräsentative Demokratien, da die gewählten Politiker in der Gefahr stehen, sich von der Basis und den Bedürfnissen sowie Interessen der Wähler zu entfernen.

Die Ursachen für die politische Partizipationsdiskussion waren und sind:

- Die traditionellen Formen der politischen Interessenvertretung sind zu unsensibel geworden, um die Pluralität von Interessen und Bedürfnissen noch hinreichend genau politisch zu repräsentieren.
- Aufgrund ihres Selbstverständnisses betrachten Entscheidungsträger und Planer Beteiligung oft eher als Störung des technischen Prozesses denn als Bereicherung.
- Bedürfnisse werden politisch zum Thema, für die der verfassungsmäßige Institutionenrahmen nur unzureichende Resonanz besitzt.
- Im Rahmen einer Stadt- oder Dorfentwicklung, die sich als Hilfe zur Selbsthilfe versteht (s. Kap. 3.3), sollen die Bewohner motiviert oder animiert werden, sich an der Planung zu beteiligen, um die Maßnahmen anschließend selbst zu tragen.

Mangelnde Sensibilität des politischen Systems

Das politische System hat sich durch das Berufspolitikertum und eigene Informationssysteme, eigene Institutionen, eigene Gesetzmäßigkeiten verselbstständigt. Es existieren eigene informelle Regeln, nach denen Themen "geboren", in die politischen Arenen gebracht, "aufgebaut" und letztlich entscheidungsreif gemacht werden (s. Kap. 2.2.3).

Parlamentarische Abgeordnete ebenso wie Gemeindevertreter werden zwar durch das Volk gewählt, aber ihre Nominierung erfolgt durch Parteien nach deren Interessen. Parteien sind in ihren Personalentscheidungen keineswegs nur am Willen des Volks ausgerichtet. Sie unterliegen Verbandseinflüssen, internen Kämpfen von Machtgruppierungen, politischen Geschäftsbindungen (z. B. Zusagen im Gefolge einer früheren Mehrheitsgewinnung) etc. Parteien und Verbände sind mittlerweile in einem Maße durchorganisiert, dass der Institutionenrahmen und die damit einhergehenden Traditionen, Verhaltensnormen und Rollenerwartungen das Verhalten der Politiker stärker steuern, als die Politiker noch das System steuern können. Wenn z. B. die GRÜNEN versucht haben, die etablierten Regelsysteme zu missachten, so haben sie zwar das System flexibilisiert, aber das System hat sie schnell eingefangen: Weil sie (Regierungs-) Einfluss haben wollten, konnten sie die Missachtung nicht durchhalten.

Auch der Zeitrhythmus und die chronische Nachrichtenüberflutung führen zu einem hohen Maß an Fremdbestimmung des einzelnen Politikers und geringen Chancen, lokale Probleme noch wahrzunehmen.

Die Inflexibilität der Großorganisationen ist häufig beschrieben worden (z. B. Glotz 1982). Ursache dafür sind Organisationszwänge, die Herausbildung eigener Deutungs- und Problemwahrnehmungsmuster der politisch Etablierten ("Bonn-Syndrom") und das Bedürfnis des politischen Systems, sich von externen Störungen abzuschirmen. Politische Gremien können nur "verallgemeinerungsfähige" Interessen abbilden. In zunehmendem Maß zeigt sich aber, dass damit Kosten verbunden sind, die Minderheiten zu tragen haben, die parlamentarisch nicht oder schlecht repräsentiert sind. Insofern übernimmt die außerparlamentarische Partizipation auch die Rolle des Minderheitenschutzes.

Planerselbstverständnis

Unter dem Thema Experten-Leitbilder wurde das früher vorherrschende und auch heute noch anzutreffende Planerselbstverständnis bereits beschrieben (s. Kap. 4.6). Aus einem solchen Verständnis heraus wird Partizipation wie folgt gesehen (vgl. Merkhofer et al. 1997, 832):

- Es werden endlose Debatten über Nebensächlichkeiten geführt.
- Den Betroffenen mangelt es an Verfahrenskenntnissen: So wird z. B. in Planfeststellungsverfahren grundsätzlich über den Bedarf des Vorhabens diskutiert, obwohl es doch nur noch um den genauen Standort geht.
- Die Betroffenen sind unfähig oder unwillig, zwischen Umwelt- und Wirtschaftsbelangen abzuwägen.
- Planer und Entscheider wollen die Verantwortung nicht mit Personen teilen, denen es an Verständnis für die wesentlichen technischen Erwägungen (Sachzwänge) mangelt.
- Es ist ohnehin unmöglich, allgemeine Zufriedenheit mit dem Ergebnis zu erreichen.

Dies missachtet, dass Partizipation nicht Selbstzweck ist und auch nicht das verwaltungsrechtliche Entscheidungsverfahren ersetzen (Genehmigung durch Bürgerentscheid), sondern Mittel und Bestandteil eines Verfahrens sein soll. Die letzte Verantwortung für die Entscheidung und damit die Abwägung bleibt bei den dazu Legitimierten. Allgemeine Zufriedenheit kann nicht vorrangiges Ziel von Entscheidungen sein. Ebenso wurde im Planungsselbstverständnis das Streben nach dem besten Plan abgelöst durch das Denken in Alternativen und die Prozesshaftigkeit der Planung. Planer verstehen sich hier als fachlich kompetente, sozial engagierte und politisch handelnde Berater, die zwar nicht parteiisch, aber parteinehmend agieren (vgl. Isselmann 1991, 28). Allerdings funktioniert Partizipation nur dann, wenn sie ehrlich und offen ist und wesentliche Vorentscheidungen nicht ohne Beteiligung getroffen werden.

Unzureichende Resonanz durch die gesellschaftlichen Institutionen

Grundsätzlichere gesellschaftstheoretische Analysen deuten die Entwicklung außerparlamentarischer Partizipationsformen als Folge gesamtgesellschaftlicher Bedürfnis-Entwicklungen, die vom dominanten Politiksystem nur unzureichend aufgenommen und verarbeitet werden.

Bezeichnend ist, dass die außerparlamentarische Partizipation eng mit so genannten reproduktionsorientierten Interessen[1] verbunden ist. Solche Bedürfnisse werden auf staatlicher Ebene selten genügend berücksichtigt. Das staatliche Institutionensystem ist primär auf Schutz-, Regulierungs- und Gestaltungsmaßnahmen ausgerichtet, die entweder eng mit wirtschaftlichem Wachstum oder mit Politik des sozialen Ausgleichs verbunden sind. Die parlamentarische Diskussion der reproduktionsorientierten Interessen findet primär auf der lokalen Ebene statt; aber auch die Gemeinden waren lange Zeit vordringlich am wirtschaftlichen (und einwohnerbezogenen) Wachstum ausgerichtet. Dies war v. a. durch den notwendigen Wiederaufbau der Städte nach dem 2. Weltkrieg begründet. Als man sich in den 70er Jahren der Stadterneuerung widmete und damit bewohnte Stadtteile beplante, wurden Interessen der Betroffenen deutlich artikuliert.

Insofern vollzieht sich hier ein Lernprozess in der Berücksichtigung von Interessen, der - wie immer bei Institutionen, die zum Lernen gezwungen werden - anfänglich unter erheblichen Störungen vollzogen werden musste: Um sich Gehör zu verschaffen, arbeiteten außerparlamentarische Interessenträger auch mit Mitteln der gezielten Störung, bisweilen auch der Gewalt, um die Institutionen zu Reaktionen, aber auch zur Reflexion über die vorgetragenen Forderungen zu bewegen.

Dass solche Bewegungen überhaupt aufkommen konnten, setzt dreierlei voraus:

---

1 Interessen des Wohnens, der Lebensqualität, der Lebenssicherheit und der Selbstentfaltung

1. Es musste in das Bewusstsein der Betroffenen dringen, dass politische Prozesse außerparlamentarischen Einflüssen zugänglich sein können, d. h. dass das politische System sich nach Bürgerinteressen auszurichten hat und dass es darauf ein Anrecht gibt[2].
2. Organisationsmöglichkeiten, niedrige Organisationskosten und hohe Organisationsbereitschaft mussten vorhanden sein, um die außerparlamentarischen Interessen wahrnehmbar und politisch einflussreich zu machen. Hier waren moderne Kommunikationstechnologien, Lernen aus Erfahrung[3] und die Verfügbarkeit von "Organisierern"[4] mitentscheidend.
3. Eine "permissive" Gesellschaft, die außerparlamentarische Bewegungen zuließ und nicht mit repressiven Mitteln unterdrückte, war Voraussetzung dafür, dass Lernprozesse in außerparlamentarischen Bewegungen möglich wurden, die letztlich in relativ kurzer Zeit die Partizipation durch Aufnahme entsprechender Regelungen in das Planungsrecht zum festen Bestandteil der Planungs- und Entscheidungsprozesse machten[5].

In seiner ignoranten Form hat das Bewusstsein, seine Interessen auch außerparlamentarisch durchsetzen zu können, dazu geführt, dass Maßnahmen, die zwar unzweifelhaft durchgeführt werden müssen, aber eine größere oder einflussreiche Gruppe benachteiligen, kaum noch durchzusetzen sind. Hier hat sich eine NIMBY[6]-Mentalität entwickelt, die für die Partizipation insgesamt eher hinderlich ist, aber auch als Symptom von zu wenig Partizipation gedeutet werden kann.

Literatur

Baugesetzbuch (BauGB) i.d.F. vom 27.08 1997 (BGBl. I, 2141).

ALEMANN, U. v. (Hrsg.), 1978: Partizipation - Demokratisierung - Mitbestimmung. 2. Aufl., Wiesbaden.

EDLINGER, R.; POTYKA, H., 1989: Bürgerbeteiligung und Planungsrealität, Wien.

GARBE, D. (Hrsg.), 1982: Bürgerbeteiligung. Von der Theorie zur Handlungsorientierung, Frankfurt/Main.

GLOTZ, P., 1982: Die Beweglichkeit des Tankers. Die Sozialdemokratie zwischen Staat und neuen sozialen Bewegungen, 202 S., München.

ISSELMANN, M., 1991: Bürgerbeteiligung bei der Flächennutzungsplanung - Eine neue Diskussion? RaumPlanung 52: 27-30.

MERKHOFER, M.W.; CONWAY, R.; ANDERSON, R.G., 1997: Multiattribute Utility Analysis as a Framework for Public Participation in Siting a Hazardous Waste Management Facility. Environmental Management 21 (6): 831-839.

Literatur im WorldWideWeb

Public Participation Campaign, http://www.participate.org

UN/ECE Public Participation, http://www.unece.org/env/pp/

---

2 dass man sich als Bürgerinitiative beispielsweise im Recht befinden kann

3 Bürgerinitiativen informierten sich gegenseitig über ihre Erfahrungen.

4 häufig rekrutiert aus akademischen Gruppen, geprägt durch eine handfeste Ideologie der "Systemveränderung"

5 So wurde bereits 1976 im Bundesbaugesetz (heute Baugesetzbuch) die vorgezogene Bürgerbeteiligung (vgl. Kap. 10.2) verankert.

---

6 "not in my backyard"

10.2 Rechtlicher Mindeststandard der Partizipation
Frank Scholles

Instrumente der Partizipation

Das geltende Recht hat zahlreiche Instrumente mit partizipativem Charakter vorgesehen:

- Im Baurecht und im Fachplanungsrecht sind - z. T. über die Umweltverträglichkeitsprüfung - Verfahrensschritte verankert worden, die öffentliche Planauslage, Anhörung und Erörterung vorsehen (s. Kap. 3.2).
- In einigen Landesverfassungen[7] gibt es das Bürgerbegehren bzw. Volksbegehren und/oder den Bürgerentscheid bzw. Volksentscheid.
- Durch die Gemeindereform wurde eine größere Zahl von Entscheidungsebenen eingeführt (Bezirksparlamente, Bezirksvertreter, Ortsbeiräte u. ä.).
- In den Parlamenten werden Fragestunden für Bürger eingeführt, jeder kann seine Abgeordneten kontaktieren.
- Man kann Eingaben machen, Leserbriefe in Zeitungen schreiben, kann jederzeit über fast alles, insbesondere über den Zustand der Umwelt, von der Verwaltung Auskunft verlangen.

Am 25.06.1998 wurde ein Meilenstein der Partizipation verabschiedet: das Übereinkommen über den Zugang zu Informationen, die Beteiligung der Öffentlichkeit an Entscheidungen und den Zugang zu Gerichten in Umweltangelegenheiten (ECE/CEP/43), die so genannte Aarhus-Konvention der UN/ECE. Deutschland hat die Konvention Ende 1998 unterzeichnet, die Ratifizierung steht jedoch noch aus. Die Konvention hat nicht nur Folgen für Verfahren der Umweltverwaltung, sondern für alle Verfahren, die Auswirkungen auf die Umwelt haben können. Insbesondere bei der Aufstellung von Plänen und Programmen sind hierdurch Veränderungen im deutschen Recht zu erwarten.

Als Beispiele für rechtlich verankerte Beteiligung soll hier ein Blick auf die Regelungen nach dem Verwaltungsverfahrensgesetz (VwVfG), dem Gesetz über die Umweltverträglichkeitsprüfung (UVPG) und dem Baugesetzbuch (BauGB) geworfen werden.

Es soll hier betont werden, dass die Gesetze eine *Mindestanforderung* an die Beteiligung festschreiben, einer kreativen Erweiterung steht im Einzelfall rechtlich nichts entgegen.

Öffentlichkeitsbeteiligung in Planfeststellungsverfahren mit Umweltverträglichkeitsprüfung

Die UVP-Richtlinie der EU legt besonderen Wert auf die Beteiligung der Öffentlichkeit. Dies wird in § 9 UVPG in deutsches Recht umgesetzt, indem festgelegt wird, dass bei allen Verfahren mit UVP eine Anhörung der Öffentlichkeit zu den Umweltauswirkungen stattzufinden hat. Grundlage dafür sind die vorher auszulegenden Unterlagen nach § 6 UVPG, die unter dem Begriff Umweltverträglichkeitsstudie geläufig sind. Ansonsten wird auf § 73 VwVfG verwiesen, wo das Anhörungsverfahren innerhalb von Planfeststellungsverfahren geregelt ist.

Daraus ergibt sich folgender Ablauf der Beteiligung:

- Die Unterlagen liegen einen Monat lang in den Gemeinden, in denen sich das Vorhaben voraussichtlich auswirkt, aus. Darauf wird durch die Gemeinden in ortsüblicher Weise aufmerksam gemacht.
- Bis zwei Wochen danach können von Jedermann Einwände schriftlich oder zur Niederschrift erhoben werden.
- Anschließend werden die Einwände in einem Erörterungstermin mündlich verhandelt mit dem Ziel, Einigung zu erzielen.
- Über Einwände, über die keine Einigung erzielt werden konnte, muss die zuständige Behörde entscheiden.
- Alle Betroffenen und alle Einwender sind schriftlich und mit Begründung über die Entscheidung zu benachrichtigen.

Das Verfahren ist ein schriftliches und begründet zunächst eine Jedermann-Beteiligung. Wer sich nicht schriftlich äußert oder nicht betroffen ist, bleibt im weiteren mündlichen Verfahren außen vor, denn es wird zwischen unbegrenzter Öffentlichkeit und betroffener Öffentlichkeit, d. h. denjenigen Personen, "deren Belange durch das Vorhaben berührt werden" (§ 73 Abs. 4 VwVfG), unterschieden. Erstere sind zu unterrichten, nur letztere anzuhören. Der Rechtsweg schließlich, also die Klage, steht i.d.R. nur Betroffenen offen

---

[7] z. B. denjenigen von Baden-Württemberg und Bayern

und betroffen meint im deutschen Recht meist materiell, also mit Grundeigentum. Winter (1989, 201) legt dar, dass diese Einschränkung der Beteiligung, die auch Verbände und Gemeinden ausschließt, nicht mit der Intention der EG-UVP-Richtlinie übereinstimmt. "Vermutlich steht die Bundesrepublik ziemlich allein da mit ihrer ängstlichen Unterscheidung zwischen Rechten, rechtlich geschützten Belangen und bloßen faktischen Interessen." (Winter 1989, 201)

Darüber hinaus macht die Begriffswahl (Anhörung) deutlich, dass eine echte Beteiligung der Öffentlichkeit an der UVP mit zweiseitiger Kommunikation (vgl. u.) nicht gewollt ist. Es wurde nicht von dem nach § 73 VwVfG üblichen Verfahren abgewichen. In- und ausländische Behörden werden beteiligt, die Öffentlichkeit wird angehört.

Verfahren der Verträglichkeitsprüfung, wie sie nach der EG-UVP-Richtlinie und den amerikanischen Vorbildern intendiert sind, dienen regelmäßig nicht nur der Politikberatung, sondern auch der Politikkontrolle. "Diese Tatsache löst unter Juristen bisweilen Irritationen aus, da sie zur Politisierung der Verfahren führt und die Geltungsansprüche des nach Recht und Gesetz zustandegekommenen Verwaltungshandelns zu relativieren droht. Diese Relativierung ist jedoch längst eine Tatsache." (v.d. Daele 1994, 240)

Dem Eindruck, es würden zwischen Zulassungsbehörden und Vorhabenträger informelle Absprachen zwecks Zulassung problematischer Vorhaben getroffen, kann nur durch eine vorbehaltlose Information und Einbeziehung der Öffentlichkeit entgegengewirkt werden.

Öffentlichkeitsbeteiligung in der Bauleitplanung

Die Beteiligung der Öffentlichkeit an der Bauleitplanung ist anspruchsvoller als die in der Planfeststellung. Als Reaktion auf die veränderten Rahmenbedingungen in der Stadtplanung wurde 1976 der § 2a in das damalige Bundesbaugesetz eingefügt[8].

Danach findet in der Bauleitplanung eine zweistufige Beteiligung statt (vgl. Ermer et al. 1996, 277 ff.):

1. vorgezogene Bürgerbeteiligung
2. förmliches Auslegungsverfahren.

Bei der vorgezogenen oder frühzeitigen Bürgerbeteiligung werden die Planungsabsichten durch die Planer auf geeigneten Veranstaltungen öffentlich dargelegt. Gegenstand sind allgemeine Ziele und Zwecke der Planung, Alternativen sowie voraussichtliche Auswirkungen. Es besteht Gelegenheit zur Äußerung und Erörterung. Dadurch werden die Bürger frühzeitig informiert und in die Lage versetzt, tatsächlich Einfluss auf die Planung im Konzept oder Grobentwurf zu nehmen und nicht nur fertige Pläne zu kommentieren. Die Art und Weise der vorgezogenen Bürgerbeteiligung, wie also der gesetzliche Rahmen gefüllt wird, steht der Gemeinde frei.

Voraussetzung für eine funktionierende Beteiligung ist, dass vorab über Handlungsspielräume, Hintergründe, Auswirkungen informiert und verständlich präsentiert wird (vgl. Bischoff et al. 1996, 48). Hier ist in den 70er und 80er Jahren viel mit weitergehenden Formen (vgl. Kap. 10.3) experimentiert worden. Heute haben sich mangels Personal Informationsverfahren durchgesetzt; diese sind in den meisten Städten und Gemeinden institutionalisiert, standardisiert und in förmliche Verfahren eingebunden. Insofern hat sich zwar eine gewisse Ernüchterung im Alltagsgeschäft eingestellt, jedoch muss betont werden, dass Bürgerbeteiligung heute fester Bestandteil der Bauleitplanung ist (Isselmann 1991, 28).

Im förmlichen Auslegungsverfahren wird der fertige, aber noch nicht beschlossene Plan einen Monat lang öffentlich ausgelegt. Dies ist "ortsüblich" bekannt zu machen. Die Bürger haben die Möglichkeit zur Äußerung, d. h. sie können Bedenken und Anregungen während der Frist vorbringen. Die Einwände müssen von der Verwaltung geprüft und abgewogen werden. Das Ergebnis der Abwägung ist dem Einwender schriftlich mitzuteilen und für die Politik im Erläuterungsbericht darzustellen. Das förmliche Verfahren findet im Wesentlichen schriftlich statt.

Den heute üblichen Ablauf der Bürgerbeteiligung beschreibt Isselmann (1991). Die Beteiligung gemäß BauGB ist eine Jedermann-Beteiligung, d. h. alle Bürger können teilnehmen, sich äußern und Einwände erheben.

Mit dem Einzug des Internet in die Kommunen und dort schließlich auch in die Planungsämter werden neue Möglichkeiten eröffnet. Die Auslage kann durch die Veröffentlichung im Netz ergänzt, Anregungen und Bedenken können auch per E-Mail eingereicht werden. Die Landeshauptstädte Düsseldorf und Hannover beispielsweise haben in einem ersten Schritt ihren Flächen-

---

8 heute § 3 BauGB

nutzungsplan und ihre Bebauungspläne ins Internet gestellt (s. Kap. 2.7) und Hinweise als Lesehilfe für Laien sowie eine Liste der Ansprechpartner hinzugesellt. Bisher sind nur beschlossene Pläne verfügbar, die eigentliche Beteiligung via Internet ist aber ein Ziel.

Einschränkung durch Beschleunigungsgesetze

In den 90er Jahren glaubte die Wirtschaft und mit ihr die Bundesregierung, dass die Partizipation für die lange Dauer von Verwaltungsverfahren zumindest mitverantwortlich sei, damit zur Gefährdung des Standorts Deutschland beitrage und den wirtschaftlichen Aufbau des Beitrittsgebiets (fünf neue Länder) behindere.

Die rechtlichen Mindestanforderungen an die Partizipation wurden in der Folge durch Beschleunigungsgesetze z. T. bis auf Null reduziert:

- Durch das Verkehrswegeplanungsbeschleunigungsgesetz wurde die Öffentlichkeitsbeteiligung bei der UVP im Raumordnungsverfahren bei Verkehrswegen in den neuen Bundesländern heraus genommen.
- Durch das Investitionserleichterungs- und Wohnbaulandgesetz wurde die UVP und mit ihr die Beteiligung auf dieser Ebene für alle Vorhaben fakultativ, indem sie wieder aus dem Bundesraumordnungsgesetz gestrichen wurde.
- Im Maßnahmengesetz zum Baugesetzbuch wurde festgelegt, dass die vorgezogene Bürgerbeteiligung dann nicht durchgeführt wird, wenn "dringender Wohnbedarf" besteht.
- Schließlich wurde das Planungsvereinfachungsgesetz verabschiedet und damit enge Fristen, die Plangenehmigung ohne jegliche Beteiligung (wenn Einwände nicht zu erwarten sind) sowie Klagen ohne aufschiebende Wirkung bei Verkehrswegen eingeführt.

Literatur

Baugesetzbuch (BauGB) i.d.F. vom 27.08 1997 (BGBl. I, 2141).

Gesetz über die Umweltverträglichkeitsprüfung (UVPG) vom 13.02.90, i.d.F. vom 23.11.94. Bundesgesetzblatt I (6): 205.

UN/ECE Aarhus-Konvention - Convention on Access to Information, Public Participation in Decision Making and Access to Justice in Environmental Matters (ECE/CEP/43) vom 25.06.98, http://www.unece.org/env/europe/ppconven.htm.

Verwaltungsverfahrensgesetz (VwVfG) vom 25.05.76, i.d.F. vom 12.09.90. Bundesgesetzblatt I: 1253.

BISCHOFF, A.; SELLE, K.; SINNING, H., 1996: Informieren, Beteiligen, Kooperieren. Kommunikation in Planungsprozessen. Eine Übersicht zu Formen, Verfahren, Methoden und Techniken, 2. Aufl. 174 S., Dortmund.

DAELE, W. V.D., 1994: Technikfolgenabschätzung als politisches Instrument. Diskursives Verfahren zur Technikfolgenabschätzung des Anbaus von Kulturpflanzen mit gentechnisch erzeugter Herbizidresistenz, 58 S., Berlin (Veröffentlichungsreihe der Abteilung Normbildung und Umwelt des Forschungsschwerpunkts Technik-Arbeit-Umwelt am Wissenschaftszentrum Berlin für Sozialforschung, 94-301).

ERMER, K.; HOFF, R.; MOHRMANN, R., 1996: Landschaftsplanung in der Stadt, 304 S., Stuttgart.

ISSELMANN, M., 1991: Bürgerbeteiligung bei der Flächennutzungsplanung - Eine neue Diskussion? RaumPlanung 52: 27-30.

WINTER, G., 1989: Die Vereinbarkeit des Gesetzentwurfs der Bundesregierung über die Umweltverträglichkeitsprüfung vom 29.6.1988 mit der EG-Richtlinie 85/337 und die Direktwirkung dieser Richtlinie. Natur und Recht 11 (5): 197-205.

10.3 Weiter gehende Formen der Partizipation in der Stadtplanung

Heidi Sinning, Frank Scholles

10.3.1 Überblick

Im Folgenden kann nur ein Überblick über die wichtigsten stadtplanerischen Partizipationsformen gegeben werden. Vertieft wird das Thema z. B. bei Bischoff et al. (1996) sowie Linder et al. (1992).

Die Palette der Partizipationsmöglichkeiten umfasst inzwischen ein sehr breites Spektrum: von Bürgerinformation über Rundschreiben und Bürgerbefragungen bis zu etablierten Gremien, in denen die Bürger ständig an den Planungs- und Entscheidungsaufgaben mitwirken können.

Partizipation ist Kommunikation

Basis der Partizipation ist Kommunikation; diese kann ein- und zweiseitig sein. *Einseitig* ist sie,

- wenn die planende Verwaltung als einseitiger Sender (ohne Empfangsbereitschaft) auftritt, d. h. die Betroffenen informiert (über Rundschreiben, Planauslegung, Werbemittel etc.)

- wenn die planende Verwaltung als Kommunikationsempfänger erscheint und entweder nur passive Empfangsbereitschaft aufbaut (z. B. Umwelttelefon) oder sich aktiv Information über Betroffene beschafft, indem sie sich beispielsweise durch Mittel der sozialwissenschaftlichen Forschung über die Betroffenen und ihre Probleme informiert (Umfragen, Feldstudien)

- wenn die Betroffenen eine einseitige Kommunikation in Gang setzen, z. B. Protest-Resolutionen abgeben, sich non-verbal gegen öffentliche Maßnahmen wenden (Demonstration, passiver Widerstand) oder mit Eingaben agieren.

Zweiseitig ist die Kommunikation, wenn ein organisierter oder institutionalisierter Austausch zwischen planender Verwaltung und Betroffenen stattfindet. Einfache

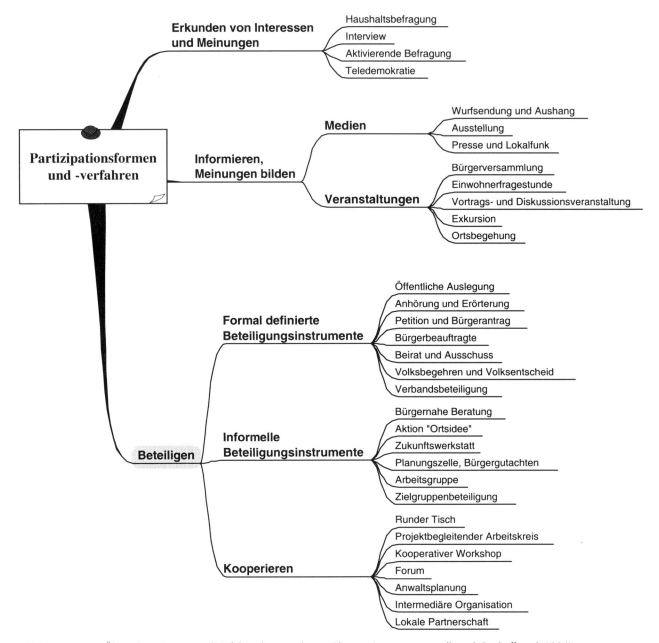

Abbildung 10.3.1: Übersicht zu Formen und Verfahren kommunikativer Planung (zusammengestellt nach Bischoff et al. 1996)

Organisationsformen sind Bürgerversammlungen[9], Anhörungen sowie Entgegennahme, Bearbeitung und Erörterung von Einsprüchen zu ausgelegten Plänen. Komplexere Formen sind beispielsweise Foren, Beiräte und Anwaltsplanung.

Spektrum der Beteiligungs- und Kommunikationsformen

Abbildung 10.3.1 verdeutlicht das Spektrum sowohl der formalen als auch der informellen Formen und Verfahren.

Als Partizipation im engeren Sinne sollen solche Organisationsformen definiert werden, die "rückgekoppelte" Kommunikation zulassen. Das verlangt eine gewisse Institutionalisierung der Mitwirkung:

- Es müssen Organisationsformen geschaffen werden, in denen die interessierenden Themen verhandelt werden können.
- Die Mitwirkung in diesen Gremien und Organisationen kann nicht völlig beliebig erweitert werden, sondern es müssen zumindest Regeln für die Auswahl der Mitwirkenden (Legitimationsproblematik), für die Aufgaben und Einwirkungsmöglichkeit der Gremien und Organisationen sowie für die Außendarstellung geschaffen werden, damit die Planer bzw. Entscheidungsträger verlässliche Ansprechpartner erhalten.

In den verschiedenen Planungs- und Entscheidungsprozessen gibt es unterschiedliche Grade der Partizipation und ihrer Institutionalisierung. Die Stufen der Partizipation reichen von der Information über die Beteiligung bis hin zur Kooperation.

Lokale Agenda 21

Nach der Konferenz für Umwelt und Entwicklung 1992 in Rio de Janeiro hat die Partizipation auf kommunaler Ebene einen neuen Schub bekommen: Kapitel 28 der dort verabschiedeten Agenda 21 ruft die Kommunen dazu auf, eine *Lokale Agenda 21* aufzustellen.

Seitdem finden weltweit in vielen Kommunen Lokale Agenda 21-Prozesse statt, die die verschiedensten Formen der Partizipation nutzen. Die Europäischen Kampagne zukunftsbeständiger Städte und Gemeinden[10] bündelt und vernetzt in Europa die Aktivitäten. Ihre bislang wichtigste Dokumente zur Umsetzung der Lokalen Agenda sind die Charta von Aalborg, der Lissabonner Aktionsplan und der Hannover Aufruf.

Wichtige Formen

Wichtige Formen der Partizipation im Bereich der Stadtplanung sind:

- (Inter-) Kommunale Foren (Stadt-, Stadtteil-, Regionalforen)
- Beiräte, Ausschüsse
- Bürgergutachten, Planungszelle
- Anwaltsplanung, Stadtentwicklungsbeauftragte
- Bürgerausschuss, Betroffenenausschuss

10.3.2 Kommunale Foren

Aufgaben und Vorgehen

Kommunale und interkommunale Foren haben die Aufgabe, städtische Planungsprobleme kommentierend zu begleiten, Anstöße für die Verwaltung zu geben und Ansprechpartner für die Verwaltung in Planungsfragen zu sein.

Die Foren setzen sich aus Vertretern interessierter Gruppen, Verbände, Parteien, aber auch aus interessierten Einzelpersonen zusammen. Sie sind mitunter als eingetragener Verein organisiert. Die Rekrutierung erfolgt in der Regel im Wege der Kooption, nicht in förmlichen Wahlen. Das Rekrutierungsmuster, das daraus resultiert, hat deutliche Schlagseite zu Akademikern, beruflich mit Stadtplanungsproblemen Verbundenen und wirtschaftlichen Interessen (z. B. Architekten, Grundstückseigentümer). Folgende Aspekte sind deshalb zu bedenken:

- Die vertretenen Interessen sind nicht repräsentativ; möglicherweise werden Interessen der sozial Schwächeren systematisch unterwertig einbezogen.
- Das Gremium besitzt keine politische Legitimation; insofern ist sein Stellenwert für die Verwaltung vernachlässigbar, es sei denn, das Gremium würde durch aktive Öffentlichkeitsarbeit eine stärkere Politisierung anstreben. Dem sind jedoch Grenzen gesetzt durch den kooperativen Grundkonsens solcher Gremien[11], durch die geringe Konsensfähigkeit offensiver Strategien, durch Befürchtungen, andern-

---

9 Die Verwaltung spricht mit den betroffenen Bürgern in einberufenen Versammlungen.

10 European Sustainable Cities and Towns Campaign - http://www.sustainable-cities.org

11 Man will langfristig "fruchtbar" mit der Verwaltung zusammenarbeiten.

falls von wichtigen Informationen der Verwaltung abgeschnitten zu werden.
- Die langfristige Kooperation mit der Verwaltung führt tendenziell dazu, dass das Gremium die Denk- und Werthaltung der Verwaltung in Planungsfragen annimmt und dadurch das Kritikpotenzial durch "Einbindung" reduziert wird.

Generelle Aussagen sind jedoch nicht möglich; es hängt davon ab, wie die im Gremium mitarbeitenden Persönlichkeiten das Instrument nutzen.

Das Beispiel "Verkehrsforum Heidelberg"

Das Verkehrsforum Heidelberg ist ein Modell der kooperativen Stadtentwicklung, das von März 1991 bis Juni 1993 durchgeführt wurde. Es wurde von der Heidelberger Oberbürgermeisterin ins Leben gerufen und hatte zum Ziel, ein Verkehrsleitbild für Heidelberg zu erarbeiten.

Das Beteiligungsmodell setzte sich zusammen aus (Stadt Heidelberg 1993, 7):
- Bürgerversammlungen für alle Heidelberger Bürger
- dem Verkehrsforum, einem Arbeitskreis aus Vertretern organisierter gesellschaftlicher Gruppen und
- der Projektgruppe Verkehr, die die Sitzungen des Verkehrsforums plante und inhaltlich vorbereitete.

Alle am Stadtleben und an der künftigen Verkehrsentwicklung Heidelbergs interessierten Gruppen, Initiativen, Verbände, Institutionen, Parteien und die Stadtverwaltung konnten teilnehmen. 128 Gruppen nutzten diese Möglichkeit auf freiwilliger und ehrenamtlicher Basis. Das Verkehrsforum setzte sich aus jeweils einem Vertreter jeder Gruppe zusammen, die im Verkehrsforum gleichberechtigt waren.

Das Forum tagte dreiwöchentlich jeweils 3-4 Stunden, sodass insgesamt 34 Sitzungen stattfanden. Das Verfahren wurde prozesshaft gestaltet. Das Verkehrsforum wurde u. a. durch Fachvorträge, Exkursionen und Expertenanhörungen ergänzt. Themen wurden durch freiwillige Arbeitsgruppen vorbereitet. Damit konnten die Arbeit effektiviert und die Vertreter des Forums qualifiziert werden. Im Herbst/Winter 1992 fand außerdem eine Moderationsphase statt, in der ein Konsens in den vom Verkehrsforum erarbeiteten Zielen angestrebt wurde (ebd., 36).

Die Aufgaben des Moderators waren:
- die Strukturierung des Ablaufs des Forums
- die methodische Verfahrensgestaltung sowie
- die Gewährleistung eines konsensorientierten, fairen Dialogs zwischen den verschiedenen Interessengruppen.

Das Verkehrsforum Heidelberg führte mit der Beteiligung von 128 verschiedenen Gruppen zu einem großen Interesse und kommunalpolitischen Engagement. Als kritisch wird eingeschätzt, dass der Zeitaufwand des Moderators sehr hoch war und dass die hohe Teilnehmerzahl zu Grenzen der Handhabbarkeit des Prozesses führte. Die Moderationsphase war nur teilweise erfolgreich. "In einer kleinen Verhandlungsgruppe, die die Hauptkonfliktlinien des Verkehrsforums abbildete, gelang [die Konsensfindung] weitgehend. Im Plenum des Verkehrsforums wurde dieses Ergebnis jedoch nur teilweise akzeptiert" (Sellnow 1994, 8).

Da die Zeitspanne von den Beschlüssen bis zur Umsetzung als sehr lang eingeschätzt wird, ist infrage zu stellen, ob bei sich ändernder Besetzung der politischen Gremien an den Beschlüssen festgehalten wird (vgl. Sinning 1995, 174 f.).

10.3.3 Beiräte, Ausschüsse

In den Gemeindeordnungen der Länder sind keine gesetzlichen Regelungen für die Bildung und die Funktion von *Beiräten* formuliert, jedoch existieren Regelungen in einigen Gemeindesatzungen. Bürger können als Interessenvertreter durch einfachen Antrag oder durch Berufung durch den Gemeinderat Mitglied werden.

Die Bildung und die Arbeit von *Ausschüssen* sind dagegen gesetzlich über die Gemeindeordnungen der Länder festgelegt (z. B. §§ 51-53 Niedersächsische Gemeindeordnung). Die Mitglieder werden in der Regel durch den Fachausschuss des Gemeinderats selbst und nicht auf Initiative der Bürger hinzugezogen.

Es existieren verschiedene Formen von Beiräten und Ausschüssen. Die wichtigsten Unterscheidungsmerkmale sind:

- Themen und Aufgabenstellung: es gibt z. B. Ausländerbeiräte, Sanierungsbeiräte, Landschaftsbeiräte (in Nordrhein-Westfalen), Jugendausschüsse, Umweltausschüsse
- personelle Zusammensetzung: bei Beiräten wird zwischen Betroffenen- und Sachverständigenbeiräten unterschieden, bei Ausschüssen entsenden die

Parteien entsprechend ihrer Fraktionsstärke eine bestimmte Zahl von Vertretern, die Zahl der hinzugezogenen, ratsfremden Personen, so genannte Bürgervertreter, variiert je nach Bundesland[12]

- Kompetenzen der ratsfremden Bürger: sie reichen von Anhörungsrechten über die Beratungsfunktionen bis hin zu Beteiligungsmöglichkeiten an Entscheidungsprozessen
- zeitlicher Rahmen: es existieren punktuelle und permanente Beiräte und Ausschüsse
- Planungsebene: Beiräte und Ausschüsse gibt es sowohl auf der Regional- und Landesebene als auch auf lokaler Ebene (Gemeinde, Ortsteil)
- Aufnahme und Auswahl der Vertreter: die Initiative zur Aufnahme der Bürgervertretung in Beiräte oder Ausschüsse kann vom Gemeinderat ausgehen oder durch einen Bürgerantrag entstehen, ausgewählt werden die Vertreter entweder, indem der Gemeinderat einzelne Persönlichkeiten beruft, oder, indem die Bürger selbst ihre Vertretung wählen.

Beiräte und Ausschüsse sind die in der räumlichen Planung am häufigsten verwendeten Beteiligungsformen. Beiräte unterliegen einer vergleichsweise stärkeren Formalisierung ihrer Arbeit: Die Mitglieder werden durch die Verwaltung in ihr Amt berufen; bei der Rekrutierung wird i.d.R. auf eine ausgewogene Mischung der Repräsentanten verschiedener relevanter Gruppierungen geachtet. Beiräte haben beratende Funktion, ohne dass die Verwaltung an die Beratungsergebnisse gebunden sein kann (Bischoff et al. 1996, 53).

Mit der Funktionszuweisung und Rekrutierung können bestimmte Probleme verbunden sein:

- Beiratsmitglied werden häufig Persönlichkeiten organisierter Interessen oder der Wissenschaft; nichtorganisierte Betroffene werden nie oder selten hinzugezogen.
- Die Thematik wird stärker von der Verwaltung (indirekt durch ihre Tätigkeit) bestimmt, als dass der Beirat autonom Themen suchen könnte.
- Das Rekrutierungsmuster führt zu einer gewissen Disziplinierung solcher Gremien.
- Die Funktionszuweisung erlaubt praktisch nicht, offensive Strategien zu wählen: Damit verbaut man

sich die Kontaktwege zur Verwaltung und würde ein hohes Maß an Politisierung der Themen bewirken, die vom Beirat nicht mehr gesteuert werden kann.

10.3.4 Bürgergutachten, Planungszelle

Die Methode Planungszelle bzw. Bürgergutachten wurde in den 70er Jahren von Dienel entwickelt. Es handelt sich hierbei um ein problembezogenes Partizipationsmodell: Betroffene resp. interessierte Laien werden zu einem speziellen Planungsproblem zusammen mit Angehörigen der Fachressorts und Prozessbegleitern zu einer "Planungszelle" (Gruppe von ca. 25 Bürgern) organisiert.

Die Teilnehmer werden im Zufallsverfahren ausgewählt und für eine begrenzte Zeit von ihren arbeitstäglichen Verpflichtungen freigestellt, Verdienstausfall wird i.d.R. entschädigt. Unterstützt von Prozessbegleitern, arbeiten sie sich in die Thematik ein und entwickeln Lösungsvorschläge aufgrund ihrer besonderen Kenntnis des Problemfelds. Die Ergebnisse der Planungszellen werden als so genannte Bürgergutachten zusammengefasst und veröffentlicht.

Das Modell ist dem der Laien-Richter nachgebildet worden. Inzwischen wurde es an verschiedenen Beispielen praktiziert, z. B. in Köln (Bereich Rathaus-Gürzenich), Hagen-Haspe, Hannover (Bürgergutachten ÜSTRA zur Verbesserung des öffentlichen Personennahverkehrs, Sinning et al. 1996).

Sinn der Planungszelle ist es:

- den Laien-Sachverstand wirksamer in die Planung einzubringen, indem über schnelle und intensive Lernprozesse das Informations- und Wissensgefälle zwischen Fachplanern und Laien abgebaut wird
- den Fachplanern das Korrektiv der Betroffenen zuzuführen, gleichzeitig damit den Bewertungsvorgang bei Planungen zu differenzieren und die Qualität der Planung durch Vorab-Konsensprozesse zu verbessern
- die Akzeptanz der Planung durch diese Vorbereitung zu erhöhen.

Es wurde eine Erfolgskontrolle der Planungszelle vorgenommen, die zu positivem Ergebnis kam. Dienel hat das Modell inzwischen mit Gebrauchsmusterschutz versehen lassen, sodass sich ein Verfahren nur noch dann Planungszelle nennen darf, wenn es exakt so vor-

---

12 In Niedersachsen kann z. B. maximal ein Drittel der Personen ratsfremd sein.

geht, wie bei Dienel (1992) beschrieben. Kritiker halten dem Modell jedoch entgegen, dass es finanziell sehr aufwändig und die verfügbare Zeit zu kurz sei, um gegen das "Herrschaftswissen" der Verwaltung wirksame Gegenpositionen aufbauen zu können.

10.3.5 Anwaltsplanung, Stadtentwicklungsbeauftragte

Aufgaben und Funktionsweise

Das in den USA Anfang der 60er Jahre entwickelte Modell der Anwaltsplanung (Davidoff 1972) soll den Nachteil der Betroffenen, sich nicht ausreichend artikulieren zu können[13], sowie das Wissensgefälle zwischen Verwaltung und Betroffenen kompensieren.

Anwaltsplanung in diesem Sinne heißt: Ein geschulter Planer nimmt als Anwalt der Bewohner die Belange der Betroffenen im Planungsprozess wahr. Der Anwaltsplaner hat die Aufgaben, zu beraten, zu vermitteln und die Interessen der artikulations-schwachen Bewohnergruppen in kommunalen und staatlichen Gremien zu vertreten. Voraussetzung ist:

- Der Anwalt wird für diese Tätigkeit von anderen Tätigkeiten freigestellt, die Finanzierung übernimmt in der Regel der Planungsträger, z. B. die Gemeinde.
- Der Anwalt muss von den Betroffenen akzeptiert werden, d. h. deren Vertrauen besitzen.
- Zwischen Anwalt und Betroffenen muss eine regelmäßige Kommunikation institutionalisiert werden. Dem können Bürgerversammlungen oder Betroffenen-Beiräte oder andere Formen der Betroffenen-Organisation dienen.

Mit dem Konzept der Anwaltsplanung wird seit etwa 20 Jahren auch in deutschen Städten erfolgreich (besonders bei Sanierungsvorhaben) experimentiert, wobei das ursprüngliche Modell aus den USA in abgewandelter Form praktiziert wird.

Beispiele aus Hannover

Die Stadt Hannover hat es z. B. im Sanierungsgebiet Hannover-Linden von 1972 bis etwa 1989 eingesetzt, wobei die Betroffenen über Repräsentanten zusammen mit Ratsmitgliedern aller Fraktionen in "Sanierungskommissionen" vertreten wurden und darüber hinaus Bürger der Sanierungsgebiete, Bürgerinitiativen in den Sanierungsgebieten, Anwaltsplaner und Mitglieder der planenden Verwaltung in Arbeitsgruppen themenbezogen zusammenarbeiten (z. B. Modernisierung durch Mieter, Verkehr).

Weiterhin gibt es in Hannover für die Nordstadt und für das im Rahmen der EXPO 2000 entwickelte Wohngebiet Kronsberg eine Anwaltsplanung. 1992 wurde auch auf gesamtstädtischer Ebene mit der Anwaltsplanung experimentiert (vgl. Selle 1994).

Seit Herbst 1995 besteht das Bürgerbüro Stadtentwicklung der Stadt Hannover, das die Aufgaben hat, Probleme, Fragen, Hinweise aus der städtischen Öffentlichkeit zu sammeln, zu bündeln und aufzugreifen, Gruppen, Verbände, Initiativen und Einzelpersonen zu beraten und zu unterstützen, sich eigenständig mit Problemen der Stadtentwicklung auseinander zu setzen, über Planungen und Projekte zu informieren.

Probleme

Neben den positiven Funktionen der Anwaltsplanung gibt es auch kritische Anmerkungen:

- Die Rolle des Anwalts ist so definiert, dass er einerseits vom Planungsträger finanziert wird[14], andererseits die Interessen der Betroffenen vertreten soll. Vermittelt er, kann er sehr schnell die Unterstützung der Betroffenen verlieren[15], agitiert er die Betroffenen, um deren Interessen wirksamer zur Geltung kommen zu lassen, so läuft er Gefahr, sich die Kommunikationskanäle zur Verwaltung zu verschütten.
- Der Anwalt muss auch seine eigenen Interessen berücksichtigen[16]. Das kann zu Interessenkonflikten mit seiner Anwaltsfunktion für Betroffene führen.
- Die Kommunikation zwischen Anwalt und Betroffenen kann sich schwierig gestalten - Sprachprobleme, Artikulationsprobleme, Desinteresse der Randgruppen an Mitarbeit, wenn die Kommunikation mit

---

13 oder durch mangelhafte Artikulationsfähigkeit nicht ernst genommen zu werden

14 was ihn in gewisse Abhängigkeit von jenem führt - Problem: "Wes Brot ich ess, des Lied ich sing"

15 die sich dann an ihm vorbei über Bürgerinitiativen zu Wort melden

16 z. B. dass er nach Abschluss des Planungsproblems weiterhin eine Existenzgrundlage braucht, dass er möglicherweise mit der Verwaltung langfristig zusammenarbeiten will

dem Anwalt primär von den artikulationsstärkeren Mittelschicht-Angehörigen bestritten wird.
- Die Mobilisierung der Betroffenen ist problematisch; vielfach verfallen die Betroffenen erst recht in Passivität, wenn sie sich zu stark auf den Anwalt verlassen.

10.3.6 Bürgerausschuss, Betroffenenausschuss

Das Modell des Bürgerausschusses ist eng verwandt mit einer Bürgerinitiative. Während diese jedoch basisdemokratisch organisiert ist[17], ist der Bürger- oder Betroffenenausschuss repräsentativdemokratisch organisiert: Die Betroffenen wählen eine bestimmte Anzahl Vertreter, die über den Ausschuss die Interessen der Bürger bzw. Betroffenen wahrnehmen.

Das Modell ist vielfach modifizierbar: Statt des "Ausschusses" kann ein Verein gegründet werden, es können Beiratsformen (s. o.) gewählt werden[18].

Das Modell trägt die Probleme aller repräsentativen Organisationen:
- Wie gut repräsentieren die Vertreter die Vertretenen (Rekrutierungs- und Auswahlsystem)?
- Wie legitimiert können die Vertreter für die Betroffenen sprechen, hat jeder Betroffene ausreichende Chancen gehabt, "seinen" Kandidaten durchzubringen?
- Wie gut funktioniert die Rückkopplung[19] zu den Betroffenen?
- Wie wirksam können die Repräsentanten politischen Einfluss geltend machen[20]?

---

17 Jeder Betroffene kann unmittelbar Mitglied sein, die Mitgliedschaft unterliegt keinen formalen Regelungen.
18 Die Betroffenen wählen den "Beirat" für die planende Verwaltung.
19 Sprach-, Verständnis-, Kommunikationsproblem, Problem der Verselbstständigung der Repräsentanten gegenüber den Betroffenen
20 Problem der Anerkennung durch planende Verwaltung, der Mobilisierung der Betroffenen, der Güte der Argumentation und Planungsinputs des Ausschusses

Literatur

Literatur im WorldWideWeb

European Sustainable Cities and Towns Campaign - Informationen zur Lokalen Agenda 21 sind insbesondere über die Europäische Kampagne zukunftsbeständiger Städte und Gemeinden - http://www.sustainable-cities.org

Public Participation and Right to Know Campaign - http://www.participate.org

Zitierte Literatur

BISCHOFF, A.; SELLE, K.; SINNING, H., 1996: Informieren, Beteiligen, Kooperieren. Kommunikation in Planungsprozessen. Eine Übersicht zu Formen, Verfahren, Methoden und Techniken, 2. Aufl. 174 S., Dortmund.

DAVIDOFF, P., 1972: Anwaltsplanungsprinzip und Pluralismus in der Planung. In: Lauritzen, L. (Hrsg.): Mehr Demokratie im Städtebau. Beiträge zur Beteiligung der Bürger an Planungsentscheidungen, 149-173, Hannover.

DIENEL, P.C., 1992: Die Planungszelle. Eine Alternative zur Establishment-Demokratie, 3. Aufl., Opladen.

LINDER, W.; LANFRANCHI, P.; SCHNYDER, D., 1992: Mitwirkungsverfahren und -modelle, herausgegeben vom Schweizer Bundesamt für Raumplanung, Bern.

SELLE, K., 1994: Was ist bloß mit der Planung los?, Erkundungen auf dem Weg zum kooperativen Handeln. Ein Werkbuch, Dortmund (Dortmunder Beiträge zur Raumplanung, 69).

SELLNOW, R., 1994: Verkehrsforum Heidelberg (eine Bürgermitwirkung am Verkehrsentwicklungsplan). In: Claus, F.; Wiedemann, P.M. (Hrsg.): Umweltkonflikte. Vermittlungsverfahren zu ihrer Lösung, 159-174, Taunusstein.

SINNING, H., 1995: Verfahrensinnovationen kooperativer Stadt- und Regionalentwicklung. Raumforschung und Raumordnung 52 (3): 169-176.

SINNING, H.; SCHESNY, M.; REINERT, A.; KANTHER, S. (Bearb.), 1996: Bürgergutachten ÜSTRA. Attraktiver Personennahverkehr in Hannover, 201 S., Bonn (Brennpunkt-Dokumentationen zu Selbsthilfe und Bürgerengagement, 27).

STADT HEIDELBERG (Hrsg.), 1993: Verkehrsforum Heidelberg. Empfehlungen zum Verkehrsentwicklungsplan Heidelberg, Dokumentation der Arbeitsergebnisse März 1991 - Juli 1993, Heidelberg.

Weiterführende Literatur

ALEMANN, U. v. (Hrsg.), 1978: Partizipation - Demokratisierung - Mitbestimmung. 2. Aufl., Wiesbaden.

ANTALOVSKY, E. (Hrsg.), 1991: Die Bürger und ihre Stadt. Direkte Demokratie in der Kommunalpolitik, Wien.

ARBEITSKREIS FÜR KOOPERATION UND PARTIZIPATION (Hrsg.), 1990: Kooperatives Management. Bestandsaufnahme, Konflikte, Modelle, Zukunftsperspektiven, Baden-Baden.

BRECH, J.; GREIFF, R. (Hrsg.), 1978: Bürgerbeteiligung mit Experten. Berichte und Analysen zur Anwaltsplanung, Weinheim.

BUNDESFORSCHUNGSANSTALT FÜR LANDESKUNDE UND RAUMORDNUNG; INSTITUT FÜR STÄDTEBAU BERLIN (Hrsg.), 1988: Bürgerbeteiligung, Bürgermitwirkung, Bürgerselbsthilfe, Bonn.

DEUTSCHER AUSSCHUSS FÜR DIE EUROPÄISCHE KAMPAGNE ZUR

STADTERNEUERUNG (Hrsg.), 1981: Planen mit dem Bürger. Ausgewählte Beispiele aus der Praxis, Bonn-Bad Godesberg.
DIENEL, P.C.; FISCHER, A., 1990: Politiker hören auf Bürger. Anwendungsfelder partizipativer Politikberatung. Impulse zum Einsatz der Beteiligungsverfahren Planungszelle und Bürgergutachten, Bonn.
EDLINGER, R.; POTYKA, H., 1989: Bürgerbeteiligung und Planungsrealität, Wien.
FÜRST, D., 1994: Regionalkonferenzen zwischen offenen Netzwerken und fester Institutionalisierung. Raumforschung und Raumordnung 52 (3): 184-192.
GABRIEL, O.W. (Hrsg.), 1983: Bürgerbeteiligung und kommunale Demokratie, München.
GARBE, D. (Hrsg.), 1982: Bürgerbeteiligung. Von der Theorie zur Handlungsorientierung, Frankfurt/Main.
GRUNOW, D., 1988: Bürgernahe Verwaltung. Theorie, Empirie, Praxismodelle, Frankfurt a.M.
HATZFELD, U., JUNKER, R. (Hrsg.), 1989: Stadtteilbüros, Neue Formen bürgernaher Planung bei der Stadterneuerung, Dortmund.
JUNGK, R.; MÜLLERT, N.R., 1994: Zukunftswerkstätten, Mit Phantasie gegen Routine und Resignation, München.
SELLE, K. (Hrsg.), 1996: Planung und Kommunikation. Gestaltung von Planungsprozessen in Quartier, Stadt und Landschaft. Grundlagen, Methoden, Praxiserfahrungen, Wiesbaden.
STIFTUNG MITARBEIT (Hrsg.), 1991: Demokratie vor Ort. Modelle und Wege der lokalen Bürgerbeteiligung, Bonn (Beiträge zur Demokratieentwicklung von unten, 2).

10.4 Partizipation bei Landschaftspflege und Naturschutz
Frank Scholles

Jahrzehntelang hat sich die Diskussion um Bürger- und Verbandsbeteiligung an Stadt-, Verkehrs-, Abfallwirtschaftsplanungen gedreht. Forderungen nach mehr Beteiligung wurden meist von Naturschutzseite unterstützt. Neuerdings sieht sich der Naturschutz mit Forderungen konfrontiert, auch seine Planungen diskursiv, also unter Beteiligung aller Betroffenen, zu gestalten.

Partizipation in Schutzgebieten

Die Ausweisung von Großschutzgebieten[21] ist regelmäßig mit Nutzungseinschränkungen verbunden. In dicht besiedelten Ländern wie Deutschland sind von solchen Ausweisungen immer Bürger betroffen, die im Gebiet wohnen und wirtschaften, insbesondere in Landwirtschaft, Forstwirtschaft, Tourismus.

Bei Nutzungseinschränkungen fürchten viele Betroffene um ihre wirtschaftliche Existenz und/oder persönliche Bewegungsfreiheit, sodass sich Widerstände manifestieren, die z. B. im Kellerwald und in der Elbtalaue zum letztendlichen Scheitern der Projekte geführt haben.

Bislang wurden Ziele und Maßnahmen oft vom amtlichen Naturschutz im Alleingang oder unter Hinzuziehung ehrenamtlicher Naturschützer festgelegt, wobei Nutzer eher als potenzielle Störer und ihre Belange als Probleme betrachtet wurden. Es ist aber notwendig, auch im Naturschutz alle Betroffenen und Interessierten frühzeitig an Verfahren zu beteiligen, und zwar nicht nur beim Verwaltungsakt der Schutzgebietsausweisung, sondern auch und vor allem bei der Entwicklung von Leitbildern, Zielen und Maßnahmen. Im englischsprachigen Raum wird Öffentlichkeitsbeteiligung inzwischen allgemein als wesentlicher Bestandteil erfolgreichen Schutzgebietsmanagements angesehen (Hockings et al. 1998, 643). Interessenbezogene Beteiligung bezieht Erholungssuchende, Landbesitzer, ländliche Gemeinden ein; sie integriert deren spezifische Wünsche, Probleme und Sichtweisen. Man sollte nicht versuchen, die Betroffenen mit einem Programm umzuerziehen, das Personen festgelegt haben, die möglicherweise weit weg in einem Ministerium sitzen und eine eher städtisch geprägte Sichtweise haben (Hockings et al. 1998, 645). Denn wenn nachhaltige Entwicklung charakterisiert wird als dauerhaft umweltverträglich, wirtschaftlich tragfähig, sozial verträglich und die Mitbestimmung gesellschaftlicher Gruppen fördernd, dann ist ein Schutzgebietsmanagement, das ausschließlich auf Umweltverträglichkeit abstellt, nicht nachhaltig (Scholles, im Druck). Innerhalb des Leitbilds der nachhaltigen Entwicklung sind Biodiversität, Ressourcennutzung, inter- und intragenerationelle Gerechtigkeit sowie Partizipation integrale Bestandteile.

Aus Naturschutzsicht erweist sich bei einer kooperativen Vorgehensweise als Nachteil, dass im Ergebnis Schutzziele hinter Erholungs- oder Wirtschaftsziele zurücktreten können. Dies ist jedoch ein demokratischer Vorgang, und ob anspruchsvolle Schutzziele in einem auf Konflikt ausgerichteten Verfahren tatsächlich beachtet und umgesetzt werden, muss stark bezweifelt werden. Denn Erfolg und Stellenwert von Naturschutz und Land-

---
21 Nationalparks, Biosphärenreservaten, großflächigen Naturschutzgebieten

schaftspflege hängen eng mit der gesellschaftlichen Akzeptanz ihrer Ziele und Maßnahmen zusammen, insbesondere bei der Bevölkerung vor Ort.

Partizipationsformen beim Schutzgebietsmanagement sind vielfältig und letztlich Mittel zum Zweck. Daher ist es sekundär, welche Form eingesetzt wird. Es existieren Berichte vom Einsatz von Foren (Elbtalaue, s. Donner u. Schmidt 1997), Beiräten (Vasseur et al. 1997). Wichtig ist, dass ein unabhängiger Moderator eingeschaltet wird und die Beteiligten vorbehaltlos informiert werden: Je besser das Verständnis, desto besser die Partizipation (Vasseur et al. 1997, 364). Das bedeutet aber auch, dass Partizipation nicht zur Akzeptanzbeschaffung für im Vorfeld festgelegte Maßnahmen dienen kann. Ein Forum, bei dem die Beteiligten den Eindruck gewinnen, nur vordergründig beteiligt zu werden, aber nichts am Ergebnis ändern zu können, ist zum Scheitern verurteilt.

Die Entwicklung in Naturschutz geht von einem Schutz vor den Nutzern hin zum Schutz mit den und durch die Nutzer.

Umsetzungsorientierte Landschaftsplanung

Zur Erhöhung der Akzeptanz der Landschaftsplanung insbesondere bei der Landwirtschaft, aber auch bei anderen Landnutzern, wird inzwischen gefordert, kommunikative Instrumente zum festen Bestandteil der Planung zu machen.

Kaule et al. (1994) sowie Oppermann et al. (1997) empfehlen insbesondere die Nutzung der Partizipationsform "Runder Tisch" in der umsetzungsorientierten Landschaftsplanung und stellen ihre Forderungen unter das Schlagwort "Mehr ermitteln - besser vermitteln" (Kaule et al. 1994, 135). Aus methodischer Sicht sind Szenarien (s. Kap. 6.5) und Leitbilder (s. Kap. 4.2.2) notwendige Elemente einer solchen, auf Diskurs ausgerichteten Landschaftsplanung (Horlitz 1998, 329).

Literatur

DONNER, H.; SCHMIDT, A., 1997: Das Forum Elbtalaue - Erfahrungen und Ergebnisse eines Mediationsverfahrens in Niedersachsen. In: Akademie für Raumforschung und Landesplanung (Hrsg.): Großschutzgebiete: Chancen und Konflikte im Rahmen einer integrierten Regionalentwicklung am Beispiel insbesondere auch der Flußlandschaft Elbe, 73-95, Hannover (Akademie für Raumforschung und Landesplanung (Hrsg.): Arbeitsmaterial, 239).

HOCKINGS, M.; CARTER, B.; LEVERINGTON, F., 1998: An Integrated Model of Public Contact Planning for Conservation Management. Environmental Management 22 (5): 643-654.

HORLITZ, T., 1998: Naturschutzszenarien und Leitbilder. Eine Grundlage für die Zielbestimmung im Naturschutz. Naturschutz und Landschaftsplanung 30 (10): 327-330.

KAULE, G.; ENDRUWEIT, G.; WEINSCHENCK, G., 1994: Landschaftsplanung, umsetzungsorientiert! Ausrichtung von Extensivierungs-, Flächenstillegungs- und ergänzenden agrarischen Maßnahmen auf Ziele des Natur- und Umweltschutzes mittels der Landschaftsplanung, 148 S., Bonn-Bad Godesberg (Angewandte Landschaftsökologie, 2).

OPPERMANN, B.; LUZ, F.; KAULE, G., 1997: Der "Runde Tisch" als Mittel zur Umsetzung der Landschaftsplanung, 92 S., Bonn-Bad Godesberg (Angewandte Landschaftsökologie, 11).

SCHOLLES, F., im Druck: Muss Naturschutz zur Nachhaltigkeit beitragen? Alfred-Töpfer-Akademie (NNA).

VASSEUR, L.; LAFRANCE, L.; ANSSEAU, C.; RENAUD, D.; MORIN, D.; AUDET, T., 1997: Advisory Committee: A Powerful Tool for Helping Decision Makers in Environmental Issues. Environmental Management 21: 359-365.

10.5 Probleme und Erfolgsfaktoren der Partizipation

Dietrich Fürst, Frank Scholles, Heidi Sinning

Funktionen der Partizipation

Nach der ersten Euphorie über partizipative Mitwirkungsmöglichkeiten der Bürger besteht heute eine umfassendere Sichtweise von Möglichkeiten und Grenzen der Partizipation.

Beteiligung der Betroffenen an Planungs- und Entscheidungsprozessen ist heute als Notwendigkeit weitgehend anerkannt. Die zunehmenden Akzeptanzprobleme, die sich als Störungen während der Planvollzugsphase darstellen (z. B. gerichtliche Einsprüche, Bürgerproteste), müssen frühzeitig ausgeräumt werden. Dazu im Gegensatz stehend, wurden Beteiligungsrechte allerdings im Rahmen der "Standort-Deutschland-Diskussion" durch die Beschleunigungsgesetze (s. Kap. 10.2) teilweise drastisch eingeschränkt.

Partizipation erfüllt mehrere Funktionen, die für eine erfolgreiche Arbeit gleichzeitig Berücksichtigung finden sollten, sicherlich mit unterschiedlichem Gewicht:

- *Legitimation* (demokratischer Aspekt): Das geringe Interesse an der (Kommunal-) Politik wird überall beklagt. Über aktivierende Bürgerbeteiligung und kooperative Planungsverfahren kann neues Interesse entstehen, denn die Distanz zwischen staatlichen Institutionen, administrativen Einrichtungen und Bürgern kann dadurch abgebaut werden. Entscheidungen werden stärker legitimiert.
- *Effizienz* (ökonomischer Aspekt): Bürgerbeteiligung und kooperative Verfahren führen i.d.R. nicht nur zu mehr, sondern auch zu verbesserter Information für alle beteiligten Akteure. Zudem ist Kommunikation zwischen den Beteiligten wesentliche Voraussetzung für eine bedürfnisgerechte Planung. Je mehr Interessen berücksichtigt werden können[22], desto bedürfnisgerechter und langfristig zufrieden stellender sind die Planungen letztlich für alle Seiten.
- *Identifikation, Eigenverantwortung* (emanzipatorischer Aspekt): Ziel ist es auch, die gesellschaftliche Benachteiligung einzelner Bevölkerungsgruppen abzubauen, die politische Handlungskompetenz und das Selbstbewusstsein der Bürger gegenüber den kommunalen Entscheidungsträgern sowie die Identifikation mit dem eigenen Lebensraum zu stärken. Die Chancen zur Durch- und Umsetzung von Interessen sind ungleich verteilt. Nicht organisierte Gruppen haben gegenüber organisierten Gruppen und Personen, die über Planungsmittel verfügen (z. B. Grundstückseigentümer), weniger Einflussnahmemöglichkeiten. Sie sollten über spezielle Beteiligungsformen wie Anwaltsplanung besonders unterstützt werden.

Die genannten positiven Effekte der Bürgerbeteiligung und kooperativen Planung können allerdings nur eintreten, wenn keine "Scheinpartizipation" erfolgt. Dies wäre z. B. der Fall,

- wenn allenfalls Beschlüsse abgesegnet werden sollen, die Politik und Verwaltung bereits gefasst haben.
- wenn die Verwaltung Veranstaltungen als lästigen "Dienst nach Vorschrift" betreibt und nur Äußerungen entgegennimmt, ohne sie zu diskutieren und aus ihnen zu lernen
- wenn die Verwaltung die Beteiligung lediglich als Frühwarnsystem benutzt oder
- wenn Planer nur Informationen erhalten, aber keine Spielräume für Mitentscheidung einräumen wollen.

Prozessmanagement

Weiterhin wird in der Diskussion um kommunikative Stadt- und Regionalentwicklung nur selten die Frage des Prozessmanagements thematisiert. Das Prozessmanagement ist jedoch mit seinen verschiedenen Elementen für einen erfolgreichen Planungsprozess entscheidend. Für die Gestaltung von Beteiligungs- und Kooperationsformen und -verfahren sind Kommunikationselemente[23] von zentraler Bedeutung (vgl. Sinning 1995).

Anwendungsfeld

Die Relevanz der Partizipationsformen hängt auch vom Anwendungsfeld ab.

Ausgangspunkt war das Anwendungsfeld Stadtplanung. Inzwischen hat sich das Spektrum der Mitwirkung erheblich erweitert: In Umweltproblemfeldern übernimmt die Beteiligung häufig die Funktion von Frühwarn- oder generell Warnsystemen, um im politischen Raum Themen zur Sprache zu bringen, die von den Filterstellen des politischen Systems ausgeblendet werden. Das reicht von Bürgerinitiativen über private Forschungsförderung (Club of Rome) bis hin zu breiten Bewegungen (Verbänden). In bundespolitischen Anwendungsfeldern (Rüstungspolitik, Friedenspolitik) übernimmt die außerparlamentarische Beteiligung die Funktion, Gegenkonzepte zu formulieren und die politischen Kraftfelder zu verändern.

Je nach Stoßrichtung, Politikfeld, politischer Ebene (ob Gemeinde-, Landes- oder Bundesebene) und je nach historischer Zeit werden unterschiedliche partizipative Formen im Vordergrund stehen müssen. Partizipationsformen verändern sich, sei es weil bisherige Formen nach einer gewissen Zeit "stumpf" werden, weil das "Establishment" sich darauf eingerichtet hat oder weil Lernprozesse zu Veränderungen führen. Es ist nicht möglich, mit einer Organisationsform alle Beteiligungsaufgaben zu bewältigen. Vielmehr geht es häufig um eine Beteiligungsstrategie, die verschiedene Formen und Verfahren der Information, Mitwirkung und Kooperation integriert.

---

22 auch diejenigen von Frauen, älteren Menschen, Jugendlichen, Kindern, ausländischen Bewohnern

23 Moderationstechniken, Methoden zur Gestaltung von Gruppenprozessen, Techniken der Konfliktregelung, Veranstaltungsmanagement etc.

Grenzen

Die Grenzen der Jedermann-Beteiligung bzw. der rechtlichen Mindestanforderungen sind in der Praxis v. a. folgende:

- Die bei der öffentlichen Auslegung nötige Schriftform erweist sich meist als Hemmnis.
- Die verwendeten Fachausdrücke ("Planerchinesisch", "Juristendeutsch") behindern die Kommunikation und damit die Beteiligung fachlicher Laien. Die Darlegung von technischen Details sowie von vermeintlichen und tatsächlichen Sachzwängen kann das Gefühl der Ohnmacht bei Betroffenen hervorrufen.
- Die "ortsübliche" Bekanntmachung findet meist per Aushang am Rathaus und im entsprechenden Teil der Lokalpresse statt, der von wenigen Bürgern zur Kenntnis genommen wird.
- Die teilweise vorgeschriebenen Räume bei der Auslage (Polizei) schrecken viele Bürger ab.
- Bei Erörterungen artikulieren sich meist bestimmte Gruppen, die dazu aufgrund ihrer Bildung oder ihres Selbstvertrauens in der Lage sind.

Die Grenzen der weiter gehenden Partizipationsformen (s. Kap. 10.3) liegen in folgenden Bereichen:

- Legitimation der Teilnehmenden: Solange kein systematisches Auswahlsystem für Repräsentanten gibt, ist das Problem der Selbstrekrutierung nicht zu umgehen: Die Mittelschicht dominiert, Partikularinteressen setzen sich mit dem Anspruch der Betroffenen-Vertretung durch, Fachleute dominieren, die in Ausrichtung, Problemsicht und Kommunikation mit den Betroffenen nur eingeschränkt deren Interessen widerspiegeln.
- Mitwirkungsfähigkeit: Den Betroffenen bzw. ihren Repräsentanten fehlt häufig die Zeit, das Wissen und das Geld, um sich mit den Planungsproblemen ausreichend befassen zu können. Je kompetenter die Repräsentanten sind, desto mehr tendieren sie dazu, sich von der "Basis" zu lösen - die Rückkopplung mit der Basis kostet Zeit, Energie und führt häufig zu Störungen (um die komplizierten Konsensfindungsprozesse zu bewältigen). Je enger die Repräsentanten dagegen der Basis verbunden bleiben, desto weniger werden sie in die Hintergründe der Planung eindringen können: Rationalität wird dann häufig durch Emotionalität, Agitation und offensives Verhalten kompensiert, was die Beziehung zur planenden Verwaltung schnell in Konfrontationsbezüge bringt.
- Diskrepanz zwischen der Komplexität der zu bearbeitenden Aufgabe und der begrenzten Informationsverarbeitungsfähigkeit der Betroffenen: Durch Organisation, Zuführung von Ressourcen und Lernprozesse sowie gezielte Schulung kann dieses Problem zwar reduziert werden, parallel dazu aber differenziert sich die Betroffenenstruktur aus in "Insider" und "Outsider", was zunehmend zu Desinteresse und Demotivation der Letzteren führt.
- Egoismen: Entscheidungsstrukturen, in denen alle nur Ansprüche formulieren, ohne gleichzeitig auch die Kosten der Anspruchsbefriedigung tragen zu müssen, tendieren dazu, Ansprüche zu inflationieren und die Kosten zu externalisieren - auf zukünftige Generationen, auf die Natur, auf Nichtbeteiligte. Vieles, was zunächst wie eine Win-Win-Strategie aussieht, hat bei genauem Hinsehen doch einen oder mehrere "Loser".

Politische Effektivität

Die politische Effektivität der Partizipationsformen ist durch eine Reihe von Dilemmata gekennzeichnet:

Die innere Konsensfindung der Betroffenengruppen ist sehr schwierig; die Gruppen sind sozial sehr heterogen. Man kann sich darauf einigen, was man *nicht* will (den Status quo verändern), nur schwer darauf, was man kollektiv *will*.

Die Stärke des politischen Einflusses hängt vom mobilisierbaren Störpotenzial ab[24]. Das verlangt die Mobilisierung der Betroffenen. Üblich ist ein vergleichsweise schnelles Abflauen des Betroffenen-Engagements; es muss folglich durch Agitationen immer wieder aufgestachelt werden. Das führt leicht zu Freund-Feind-Konfrontationen, zur Emotionalisierung der Problemfelder und zur überzogenen Offensivstrategie der "Führer", was wiederum zum Dilemma der Kommunikationsstörung gegenüber der Verwaltung beiträgt.

Die Kontinuität legitimierter Betroffenen-Vertretungen ist nicht immer gesichert. Wird sie durch Institutionalisierung gesichert, besteht die Gefahr, dass die Repräsentanten sich von ihrer Basis lösen, dass die Kommunikation einfriert, ritualisiert wird oder zu nicht legitimierten

---

24 ob diejenigen, die politische Entscheidungen treffen, gezwungen werden können, den Betroffenen zuzuhören

Äußerungen der Betroffenen führt, d. h. Kooperation nach außen erhöht die Konflikte im Innenverhältnis.

Effektive Mitwirkung erfordert ein Mindestmaß an Institutionalisierung: Jede Institutionalisierung führt jedoch zu dem Dilemma, dass die planende Verwaltung die institutionalisierte Partizipation "kolonialisiert", indem sie z. B. bewusst die Repräsentanten von der Basis abkoppelt, die Repräsentanten missbraucht, um bei den Betroffenen die erforderliche Akzeptanz für die Planung zu beschaffen.

Partizipation erfordert ein Mindestmaß an Resonanz bei der planenden Verwaltung; je weniger die Verwaltung für die Betroffenen Gehör bietet, desto mehr werden diese zur Konfrontation legitimiert und ermuntert, desto mehr entwickelt sich das Zusammenspiel zu einem Konfrontationsspiel, desto weniger kann eine Interessenbefriedigung auf beiden Seiten erreicht werden.

Partizipation erhöht unzweifelhaft das Konfliktniveau der Planung: mehr Interessen sind zu berücksichtigen, mehr Kompromisse sind auszuhandeln.

Erfolgsfaktoren

Zum Gelingen partizipativer Planung tragen verschiedene Erfolgsfaktoren bei. Dies sind insbesondere:

- *Schulung/Bildung*: Das Wissens- und Informationsgefälle zwischen Verwaltung/Vorhabenträger und Betroffenen muss merklich abgebaut werden.
- *Verständliche Kommunikation*: Abläufe und Sprache müssen verständlich für alle Beteiligten sein.
- *Wirkliche Beteiligung*: Die Kommunikation zwischen Planung und Betroffenen muss frühzeitig und wirksam aufgebaut werden. Die Betroffenen müssen Zugang zu Informationen und technischer Kompetenz erhalten. Die Veranstaltung darf nicht zum Ritual werden.
- *Partnerschaftliches Klima*: Gegenseitiger Respekt ist wichtig, Freund-Feind-Konfrontationen müssen vermieden werden. Die Beteiligten müssen ein wechselseitiges Vertrauensverhältnis aufbauen - weder darf die Verwaltung versuchen, die Partizipation manipulativ zu missbrauchen, noch darf die Führungselite der Betroffenen die Interaktion dazu missbrauchen, sich auf Kosten einer effektiven Planung zu profilieren. Die Regeln kooperativer Kommunikation müssen gelernt und eingehalten werden.[25]
- *Institutionalisierung*: Die Kommunikation muss in der Grundstruktur institutionalisiert werden. Auf der Seite der Betroffenen muss mindestens ein Ansprechpartner benannt werden, es muss sichergestellt werden, dass die von der Verwaltung kommende Information verarbeitet werden kann und dass die Verwaltung in angemessener Zeit mit einer Reaktion rechnen kann. Die Partizipation muss politisch legitimiert sein. Dazu ist es erforderlich, dass sie in legitimierte Entscheidungsstrukturen integriert wird und das Gleichheitsprinzip erfüllt, d. h. nicht lediglich Einzelinteressen verstärkt.
- *Akzeptanz von außen*: Die etablierten politischen Repräsentanten (Parteien, Verbände) sollten in der außerparlamentarischen Beteiligung kein Konkurrenzunternehmen sehen, das sie mit Negativ-Behauptungen aus dem Felde zu schlagen suchen[26]. Konkurrierende Personen bei den Betroffenen dürfen die agierenden nicht desavouieren, indem sie ihnen Unterwerfung unter die Verwaltung, Missachtung der Betroffenen-Interessen, Loslösung von der Basis etc. vorwerfen.

Literatur

ARBEITSKREIS FÜR KOOPERATION UND PARTIZIPATION (Hrsg.), 1990: Kooperatives Management. Bestandsaufnahme, Konflikte, Modelle, Zukunftsperspektiven, Baden-Baden.

MERKHOFER, M.W.; CONWAY, R.; ANDERSON, R.G., 1997: Multiattribute Utility Analysis as a Framework for Public Participation in Siting a Hazardous Waste Management Facility. Environmental Management 21 (6): 831-839.

SINNING, H., 1995: Prozeßmanagement. Für eine kommunikative Stadt- und Regionalentwicklung. RaumPlanung 71: 262-266.

---

25 Das ist insbesondere für die Verwaltung ein schwieriger Lernprozess gewesen, weil sie gewohnt war, durch einseitige Willens- oder Absichtserklärungen bereits ausreichende Gefolgschaft zu erreichen.

26 vgl. das Gerede vom Investitionsstau durch Bürgerinitiativen, von der Unregierbarkeit der Gemeinden und des Staats

11. Evaluation in der Planung
Margit Mönnecke

11.1 Geschichtliche Wurzeln der Evaluationsforschung

Die Evaluationsforschung begann sich in den 30er Jahren in den USA zu entwickeln. Einen besonderen Aufschwung nahm sie Ende der 50er und in den 60er Jahren im Rahmen von groß angelegten Evaluationsprojekten. Dabei ging es nicht nur um die Evaluation von sozialpolitischen Reformprogrammen, insbesondere im Bildungs- und Gesundheitswesen, sondern auch gleichzeitig um die Entwicklung formaler Regeln und Kriterien zur Durchführung solcher Programme und Maßnahmen. Unterstützt wurde diese Entwicklung auch durch das Vorhandensein neuer methodischer und statistischer Techniken[1] (Rossi et al. 1988, 7).

Die Entwicklung der Evaluationsforschung setzte im deutschsprachigen Raum Ende der 60er, Anfang der 70er Jahre ein. Anwendungsgebiete waren hier zu Beginn ähnlich wie in den USA Programme im Bildungsbereich, im Gesundheitswesen sowie Politikforschung. Mit der Zeit hat sich in Deutschland die Evaluationsforschung deutlich weiterentwickelt und der Katalog von Evaluationsobjekten hat sich kontinuierlich erweitert[2].

11.2 Begriffsbestimmung und Evaluationsformen

Zur Begriffsbestimmung

Wer sich mit dem Thema 'Evaluation' beschäftigt, trifft auf eine Vielzahl von Begriffsdefinitionen. Statt den zahlreichen Definitionen eine weitere hinzuzufügen bzw. bestehende zu modifizieren, wird auf die bereits existierenden Übersichten verwiesen (vgl. u. a. Hotz 1987; Marti u. Stutz 1993).

Es wird für angebrachter gehalten, Evaluationen anhand von Merkmalen zu charakterisieren (vgl. Wottawa u. Thierau 1998, 14):

- Evaluationen sind Beurteilungen von Konzepten, Forschungsdesigns, Programmen, Planungen, Instrumenten und Maßnahmen, überwiegend gemessen an ihrer Umsetzung und ihren Auswirkungen. Dabei können unterschiedliche Gesichtspunkte in den Vordergrund treten wie etwa Handlungsinteressen, Inhalte, Verwendungsmöglichkeiten. Außerdem müssen entsprechende Evaluationsmethoden angewandt und unterschiedliche Bewertungsinteressen reflektiert werden.
- Sie sind anwendungsorientiert (vgl. Königs 1989, 19).
- Sie sind ziel- und zweckorientiert. Vorrangiges Ziel der Evaluation ist es, den Evaluationsgegenstand, das Evaluandum, zu überprüfen, zu verbessern oder über seinen Einsatz zu entscheiden.
- Sie können nach dem Zweck, der Phase im Planungsverlauf, den Methoden unterschieden werden (vgl. Holzinger 1993, 7).
- Sie sollten dem aktuellen Stand in Forschung und Wissenschaft entsprechen und sind insofern nicht mit alltäglichen Bewertungen gleichzusetzen (vgl. Wittmann 1990, 8).

Ziel einer Evaluation ist die Bewertung von Programmen, Planungen, Projekten, Instrumenten oder Maßnahmen unter bestimmten Gesichtspunkten[3] unter Verwendung entsprechender Methoden.

Hinsichtlich eines gemeinsamen Begriffsverständnisses werden die Begriffe "Evaluation" und "Evaluierung" synonym verwendet; sie sind nicht auf einzelne Aspekte, wie sie beispielsweise in den Begriffen 'Vollzugskontrolle' oder 'Wirkungskontrolle' zum Ausdruck kommen, zu reduzieren.

Evaluationsformen

Im Folgenden werden einige Evaluationsformen kurz näher erläutert[4]:

Häufig als *summative* oder auch als *ex-post* bezeichnete *Evaluationen* bezwecken eine zusammenfassende Beurteilung der Ergebnisse bzw. der Wirkungen, die

---

1 z. B. Verbesserung der Umfragemethoden, Entwicklung multivariater, statistischer Analyseverfahren

2 ausführlicher zur Geschichte der Evaluationsforschung und verschiedener Strömungen vgl. Hellstern u. Wollmann (1984); Königs (1989); Cook u. Matt (1990).

3 z. B. Handlungsinteresse, Inhalte, Implementation, Planungsprozess, Ergebnisse, Kosten, Nutzen

4 ausführlicher dazu vgl. Mönnecke (2000, 9 ff.)

durch eine Planung oder ein Projekt (nach Implementation und Durchführung) in der Vergangenheit hervorgerufen wurden (vgl. Bortz u. Döring 1995, 107). Dabei ist zu spezifizieren, anhand welcher inhaltlichen Ausrichtung bzw. mit welcher Ausführlichkeit die eingetretenen Effekte untersucht werden sollen. Durch eine *Zielerreichungskontrolle* wird die Untersuchung auf die Frage fokussiert, in wie weit die angestrebten Ziele einer Planung bzw. eines Projekts[5] tatsächlich erreicht wurden. Oder mittels einer *Wirkungskontrolle* wird eingeschätzt, in wie weit die feststellbaren Veränderungen und Effekte kausal auf die durchgeführte Planung bzw. das Projekt zurückführbar sind. Ausgehend vom Zielkriterium bzw. Indikator wird untersucht, ob die mit der Planung bzw. dem Projekt intendierten Effekte eingetreten sind und ursächlich mit der Planung zusammenhängen. Bei einer anderen Vorgehensweise wird ausgehend von der Planung bzw. dem Projekt analysiert, welche Wirkungen feststellbar sind und ob sie zu den Zielen der Planung beitragen *(Wirkungsanalyse)*.

Formative oder *(Prozess) begleitende Evaluationen* verfolgen das Ziel, während des Verlaufs einer Planung bzw. eines Projekts die Zwischenergebnisse bzw. Wirkungsverläufe zu analysieren, zu interpretieren und zu beurteilen sowie ggf. bei Abweichung von vorgegebenen Etappenzielen das Evaluandum zu modifizieren und zu verbessern. Ggf. können mehrere Rückkoppelungsschleifen in den Prozess integriert werden, um die Planung bzw. das Projekt zu korrigieren oder völlig zu ändern. In diesem Kontext kann es hilfreich sein, eine *Zielanalyse* durchzuführen, bei der untersucht wird, in wie weit die definierten Ziele sinnvoll und zweckmäßig sind bzw. gewesen sind und/oder ob sie richtig operationalisiert wurden.

Wie bei der summativen Evaluation können in den Prozess spezifizierte Evaluationen wie die Zielerreichungs- oder Wirkungskontrolle eingesetzt werden. Von besonderer Relevanz sowohl für die formative Evaluation als auch für die Durchführung der Zielerreichungs- und Wirkungskontrolle ist die *Vollzugskontrolle*. Dabei wird überprüft, in wie weit die geplanten Maßnahmen und/oder Mittel umgesetzt bzw. eingesetzt wurden. Dazu zählen alle Aktivitäten zur Implementation einer Planung bzw. eines Projekts sowie zur Verfahrens- und Maßnahmendurchführung.

Die als *Effizienzkontrolle* oder auch als *bilanzierende Evaluation* bezeichnete Evaluationsform hat ihren inhaltliche Schwerpunkt darin, wertende Aussagen über das Verhältnis der eingesetzten Ressourcen zu den erreichten Zielen und Effekten einer Planung bzw. eines Projekts zu treffen. Die Frage, wie groß der Aufwand für die erreichten Wirkungen ist, wird häufig mittels Kosten-Nutzen- und Kosten-Wirksamkeits-Analysen beantwortet, deren Ergebnisse in monetären Bezugsgrößen oder in Einheiten, die sich aus den konkreten Zielsetzungen ableiten, benannt werden (s. Kap. 7.3; vgl. u. a. Rossi et al. 1988, 164 ff.).

Mithilfe von *ex-ante* oder *prognostischen Evaluationen* wird zu Beginn der Durchführung einer Planung bzw. eines Projekts abzuschätzen versucht, mit welchen Hemmnissen, Nebenwirkungen, Folgen oder Reichweiten bei der Durchführung eines Projekts zu rechnen ist (als eine Art Projektsimulation) und wie groß die Wahrscheinlichkeit ist, dass die Aktivitäten den im Hinblick auf die Ziele gewünschten Erfolg erreichen werden. Gegebenenfalls auftretende Probleme können so im Vorhinein geklärt werden *(Evaluability Assessment)*.

Da bei einer Evaluation Beschränkungen auftreten können, die entstehen, wenn nur die offiziellen Ziele einer Planung bzw. eines Projekts evaluiert werden oder nur den Interessen einzelner Akteursgruppen entsprochen wird, soll mit der Durchführung von so genannten "zielfreien" *Evaluationen* erreicht werden, möglichst vollständig Veränderungen und Effekte, die durch eine Planung bzw. ein Projekt entstanden sind, zu erfassen (vgl. AK ARL 1984, 33 f.; Cook u. Matt 1990, 18 f.). Auch bei diesem Ansatz besteht die Möglichkeit, spezifizierte Evaluationen wie etwa Vollzugs- und Wirkungskontrolle sowie Wirkungsanalysen einzusetzen.

Meta-Evaluationen haben bereits durchgeführte Evaluationen zum Untersuchungsgegenstand. Anhand von Bewertungskriterien, beispielsweise Standards des Joint Committee (1994), bezieht sich die Bewertung entweder auf einzelne oder mehrere Untersuchungen.

11.3 Zweck von Evaluationen

Im Rahmen der Konzipierung einer Evaluation sind Fragen nach dem Zweck bzw. den sie leitenden Erkenntnis- oder Handlungsinteressen zu beantworten. Im Folgenden werden unterschiedliche Verwendungszwecke von Evaluationen erläutert, die nicht alle von einer Evaluationsstudie erfüllt werden können.

---

5 Die Formulierung "Planung bzw. Projekt" dient als Verkürzung für unterschiedliche Evaluationsgegenstände wie Programme, Planungen, Projekte und Maßnahmen.

Information

Die Informationsfunktion erfüllt jede Evaluationsstudie. Per se bietet sie eine verbesserte Informationsgrundlage für Entscheidungen in Politik, Verwaltung und interessierter Öffentlichkeit. Darüber hinaus können basierend auf den Ergebnissen von Evaluationsstudien Vorschläge zur Verbesserung des Verwaltungshandelns oder zur Qualifizierung bzw. Weiterentwicklung von Programmen und Planungen, beispielsweise im Naturschutz, gemacht werden. Ebenso können Evaluationsstudien - soweit sie veröffentlicht werden - einer besseren Informiertheit der Bevölkerung dienen.

Entscheidungsgrundlage

Um ein Projekt, ein Programm oder eine Planung beginnen, fortsetzen oder ggf. modifizieren und verbessern zu können, sind Entscheidungen notwendig. Für solche Entscheidungen können Evaluationsergebnisse hinzugezogen werden, ohne dass für sie der Anspruch formuliert werden kann, die alleinige Entscheidungsgrundlage zu sein. Evaluationen können dazu beitragen, den Entscheidungsprozess rationaler zu gestalten und dadurch auch zu mehr Transparenz des Entscheidungsvorgangs beitragen.

Rechenschaft und Legitimierung

Gegenüber Gesetzgebern, Verwaltung oder einer kritischen Öffentlichkeit soll mithilfe einer Evaluation - je nach Blickwinkel der Befürworter oder der Kritiker - nachgewiesen werden, dass das Projekt bzw. die eingesetzten Mittel zum gewünschten Ziel geführt haben bzw. die angestrebten Effekte nicht zustande kamen.

Optimierung und Qualifizierung

Ergebnisse von Evaluationsstudien können dazu dienen, dass bestehende Programme, Planungen oder naturschutzorientierte Maßnahmenkonzepte allmählich verbessert werden und sie so besser ihr Ziel erfüllen können. Beispielsweise ist dies bei laufenden Projekten möglich, indem Rückkoppelungsmechanismen innerhalb des Evaluationssystems genutzt bzw. Schwächen und Fehleinschätzungen, die iterativ modifiziert und verbessert werden, aufgezeigt werden.

Wissens- und Erkenntniszuwachs

Evaluationsstudien werden durchgeführt, um das Wissensdefizit über die Wirksamkeit des Programms, der Planung oder der Maßnahme zu mindern. Dies muss nicht zwangsläufig in konkrete Handlungsvorschläge münden. Beispielsweise besteht für Marti und Stutz (1993, 21) ein wichtiger Zweck von Evaluationen im "Aufdecken von Wirkungen verschiedener Naturschutzmassnahmen". Holzinger (1993) betont stärker einen anderen Aspekt: Durch eine Evaluationsstudie kann es zum Aufdecken und Bewusstmachen von unterschiedlichen Interessen und Wertvorstellungen im Rahmen einer Planung kommen, die helfen, Interessenkonflikte anzuerkennen, die für die Studie bzw. für den fortlaufenden Prozess relevant sein können.

11.4 Methoden der Evaluation

Die Darstellung methodischer Ansätze in der Evaluationsforschung kann nicht umfassend erfolgen, da es dort keine einheitliche Systematisierung gibt bzw. die verschiedenen Evaluationsdesigns unterschiedlich kategorisiert werden. Die folgende knappe Darstellung des für die Evaluation zur Verfügung stehenden Methodenrepertoires gibt einen Einblick in die Möglichkeiten der Methodenauswahl.

Bei der Evaluation stehen nach Hellstern und Wollmann (1984a, 19) vorwiegend die folgenden Kernfragen im Mittelpunkt der Untersuchung, die Auswirkungen auf die Methodenauswahl haben:

1. Welche Veränderungen sind festzustellen? In welchem Umfang wurden mit dem Programm bzw. mit der Maßnahme die angestrebten Ziele erreicht? ("Bestimmung des Zielerreichungsgrads")
2. Sind die beobachtbaren Veränderungen kausal auf das Programm, die Planung bzw. die Maßnahme zurückzuführen? Wie sind Zielabweichungen, unerwartete Nebenwirkungen zu erklären? ("Untersuchung des Ursache-Wirkungs-Zusammenhangs")

Zur Beantwortung der Frage nach der Zielerreichung geht es methodisch um die Bildung und Bestimmung geeigneter Indikatoren - soweit die Wirkungen nicht unmittelbar am Zielkriterium gemessen werden können (Zielkriterium und Indikator sind dann identisch) -, die möglichst empirisch abgesichert sein sollen. Die Indikatoren sollen dazu geeignet sein, den "Zielerreichungsgrad" (Ist-Soll-Vergleich) sowie den Umfang und die Richtung zu bestimmen.

Für die Untersuchung des Ursache-Wirkungs-Zusammenhangs, wobei sowohl die intendierten als auch die nicht-intendierten Wirkungen erfasst werden sollen, steht die gesamte Palette wirkungsbezogener Untersuchungen zur Verfügung:

Bei den "echten Experimenten" werden die Untersuchungsbedingungen so gewählt, dass die Wirkung einer Maßnahme ("unabhängige" Variable, z. B. Bestrahlung mit UV-Licht) auf das Untersuchungsobjekt ("abhängige" Variable, z. B. Pflanze) feststellbar ist. Zur Überprüfung möglicher Fehler erfolgt eine Aufteilung in eine Untersuchungs- und Kontrollgruppe, die durch Zufallsauswahl ("Randomisierung") gebildet wird (vgl. Hellstern u. Wollmann 1983, 47).

Im Gegensatz zu den "echten" Experimenten werden bei den *Quasi-Experimenten* den Versuchsgruppen zur Analyse der Wirkungen konstruierte oder statistisch definierte Kontrollgruppen gegenüber gestellt (vgl. Rossi et al. 1988, 114 f.).

Bei den *nicht experimentellen Untersuchungen* steht der explorative Zweck mehr im Mittelpunkt und es gibt kein starres Untersuchungsschema, sondern je nach Fragestellung können Vorgehensweise und Methoden flexibel gewählt werden. Vor allem (vergleichende) Fallstudien kommen dabei zum Einsatz, in denen meistens verschiedene Untersuchungsformen, beispielsweise Befragungen, Aktenstudium ("Methodenmix") angewandt werden (vgl. Kromrey 1995; Schnell et al. 1999).

In Abhängigkeit vom Zeitpunkt und der Häufigkeit der Messung können verschiedene *Untersuchungsmethoden* bestimmt werden, die bei den eben beschriebenen wirkungsbezogenen Untersuchungsformen zur Anwendung kommen können. Bei *Längsschnittanalysen*, bei denen Daten zu verschiedenen Zeitpunkten erhoben werden (Panel-Untersuchungen) und die über eine einmalige Vorher-Nachher-Untersuchung hinausgehen müssen, werden systematische Veränderungen im Zeitverlauf aufgezeigt. Als Erweiterung von Panel-Untersuchungen sind Zeitreihenuntersuchungen anzusehen, in denen schon vor Beginn des Programms bzw. der Maßnahme zu verschiedenen Zeitpunkten Messungen durchgeführt werden. Aufgrund dieser Ergebnisse wird ein Trend bestimmt, der sich ohne Intervention ergeben würde. Nach Durchführung des Programms bzw. der Maßnahme wird der Trend mit dem prognostizierten verglichen (vgl. Rossi et al. 1988, 117).

Im Gegensatz dazu werden bei *Querschnittsuntersuchungen* die Wirkungen eines Programms bzw. eines Projekts zu einem einzigen Zeitpunkt, unter Einschluss eines Referenzgebiets in verschiedenen Einheiten stichprobenhaft erhoben, beispielsweise um die "Entwicklung einer Zielvariablen in Förder- und Nichtfördergebieten" (Fischer 1982, 19) zu vergleichen.

Es kann konstatiert werden, dass es *die* Evaluationsmethode nicht gibt. Die Frage nach der Verwendung der angemessenen Methode für eine spezielle Forschungs- bzw. Untersuchungsfrage spiegelt zum Teil die Auseinandersetzung zwischen quantitativer und qualitativer Forschung wider, auf die in der Grundlagenliteratur zur empirischen Sozialforschung und der Evaluationsforschung immer wieder abgehoben wird. Beim *quantitativen* Ansatz erfolgt eine Quantifizierung und Messung von Ausschnitten der Beobachtungsrealität. Die dabei erhobenen Messwerte werden in statistischen Verfahren analysiert und ausgewertet. Beim *qualitativen* Ansatz findet eine "Verbalisierung" der Realität ("Erfahrungswirklichkeit") statt, die mittels Interpretation ausgewertet wird. Dazu wird nicht-numerisches Material verwendet, wie z. B. Beobachtungsprotokolle, Interviewtexte, Zeitungsartikel, Fotos und Zeichnungen. Im Gegensatz zum quantitativen Ansatz besteht weniger die Notwendigkeit, den Untersuchungsvorgang zu standardisieren (vgl. Bortz u. Döring 1995).

Es kann festgestellt werden, dass bei einfach strukturierten Untersuchungsfeldern eher nur eine Untersuchungsmethode bzw. -strategie gewählt wird. Bei komplexeren und somit umfassenderen Wirkungsfeldern sollten verschiedene Untersuchungsmethoden ("Methodenmix") zur Anwendung kommen. Häufig werden Fallstudien als methodischer Ansatz dafür vorgeschlagen. Für die Entscheidung des Untersuchungsdesigns und für die Verwendung von Methoden im Rahmen einer Evaluation sollten v. a. die folgenden Aspekte eine besondere Rolle spielen (vgl. Holzinger 1993, 30):

- Zielsetzung und Handlungsinteresse: welche Methode ist am besten für die Zielsetzung und den Zweck der Evaluation geeignet, z. B. Ergebniskontrolle, Begleituntersuchung, Optimierung der Planung?
- Angemessenheit: welche Methode ist dem Untersuchungsgegenstand adäquat hinsichtlich des Objektivitätsproblems, der Beteiligung verschiedener Akteure und Betroffener, der Zweckbestimmung, des Datenmaterials und des Zeitpunkts der Evaluation?
- Gültigkeit und Zuverlässigkeit: mit welcher Methode und den damit verbundenen Untersuchungstechniken kann eine möglichst genaue, die Realität ab-

bildende Aussage getroffen werden; wie müssen die Untersuchungsbedingungen beschaffen sein, um zu "eindeutigen" (Mess-) Ergebnissen zu gelangen?

11.5 Das Beispiel "Integration in die Bauleitplanung"

Die Evaluation der Integration landschaftsplanerischer Aussagen in die Bauleitplanung zeigt beispielhaft einen Untersuchungsgegenstand auf. Darüber hinaus können - bezogen auf die Landschaftsplanung - ebenso die Planwerke der Landschaftsplanung und das Verfahren, die Übernahme landschaftsplanerischer Aussagen in Instrumente anderer Fachplanungen, die Umsetzung der Maßnahmen in die Realität sowie ihre Auswirkungen auf Veränderungen zugunsten von Natur und Landschaft oder der Planungsprozesse evaluiert werden.

Ziele und Aufgabenbestimmung der Evaluation "Integration in die Bauleitplanung"

Der Landschaftsplan besitzt nur in wenigen Bundesländern eine eigene Verbindlichkeit. Von daher ist die Integration landschaftsplanerischer Aussagen in die Bauleitplanung ein wichtiger Schritt zur Erreichung der mit der Landschaftsplanung intendierten Effekte. Mit der Evaluation soll beurteilt werden, in wie weit die für die Integration in die Bauleitplanung geeigneten Ziele, Erfordernisse und Maßnahmen des Landschaftsplans übernommen wurden (Vollzugskontrolle).

Für die Evaluation sind folgende Fragen zu beantworten:

- Welche Aussagen des Landschaftsplans sollen in den Flächennutzungsplan übernommen werden?
- Welche Inhalte des Landschaftsplans wurden von der Bauleitplanung übernommen? In welchem Umfang? Wie ist dies zu bewerten?
- Aus welchen Gründen wurden bestimmte landschaftsplanerische Aussagen nicht übernommen?

Bestimmung der übernahmefähigen Landschaftsplan-Inhalte

Die Ländernaturschutzgesetze enthalten unterschiedliche Vorgaben bzw. Empfehlungen hinsichtlich der "Verwertbarkeit" der Landschaftsplanung für die Bauleitplanung. Soweit der Landschaftsplan keine Angaben darüber enthält, welche seiner Aussagen in die Bauleit-

planung zu integrieren sind[6], ist dies Aufgabe des Evaluators.

Ziele, Erfordernisse und Maßnahmen des Landschaftsplans werden daraufhin eingeteilt, welche sich grundsätzlich für die Übernahme in den Flächennutzungsplan eignen und welche nicht. Nicht alle Aussagen eines Landschaftsplans können in die Bauleitplanung übernommen werden (z. B. Vorschläge für einzelne Artenschutzmaßnahmen). Anschließend sind die einzelnen landschaftsplanerischen Erfordernisse und Maßnahmen in adäquate Planzeichen nach der PlanzV zu übersetzen, um so für den nächsten Schritt der Evaluation eine Basis zu haben.

Im Anwendungsbeispiel der Stadt Mainz werden die Inhalte des Landschaftsplans der Stadt Mainz mithilfe einer eigens erstellten Tabelle, die Darstellungsmöglichkeiten landschaftsplanerischer Aussagen in Flächennutzungsplänen enthält (vgl. Mönnecke 2000, 143), in die Sprache der Bauleitplanung "übersetzt" (vgl. Tab. 11.1).

Bewertung

Bevor eine Bewertung der in die vorbereitende Bauleitplanung übernommenen landschaftsplanerischen Aussagen erfolgt, wird überprüft, ob und welche Aussagen in welchem Umfang übernommen wurden, also beispielsweise, ob Vorschläge für Kompensationsflächen im Flächennutzungsplan ein geringeres Ausmaß als im Landschaftsplan besitzen. Für die Einschätzung des Umfangs der übernommenen landschaftsplanerischen Aussagen stehen drei Kategorien zur Verfügung (vgl. auch Kiemstedt et al. 1999, 30 ff.):

Überwiegende bis vollständige Übernahme bedeutet, die Aussage des Landschaftsplans findet sich vom Inhalt her im Flächennutzungsplan wieder und dieser hat in der zeichnerischen Darstellung annähernd die gleiche Fläche wie im Landschaftsplan vorgesehen. Dies kann am besten anhand der Entwicklungskarte überprüft werden.

Beispielsweise soll laut Landschaftsplan eine große extensiv gepflegte Wiesenfläche für die Erholung genutzt werden. In der kartografischen Darstellung des Landschaftsplans ist dies als Grünfläche mit der Zweckbestimmung 'Extensivwiese' dargestellt. Im Flächennut-

---

6 z. B. Vorhandensein einer Vorschlagsliste, welche landschaftsplanerischen Erfordernisse und Maßnahmen in Plankategorien der Bauleitplanung übertragen werden können (vgl. Landesamt für Umweltschutz 1991, 85 ff.)

zungsplan ist dieselbe Fläche mit der Signatur "Flächen für Maßnahmen zum Schutz, zur Pflege und zur Entwicklung von Natur und Landschaft" mit der Zweckbestimmung 'Extensivwiese' dargestellt (PlanzV 13.1).

Teilweise Übernahme bedeutet, die Aussage des Landschaftsplans ist im Flächennutzungsplan geringer dimensioniert oder mit einem anderen Planzeichen dargestellt, das die Inhalte des Landschaftsplans nicht vollständig abdeckt. Zum Beispiel wird im Flächennutzungsplan ein geplanter Laubwald (PlanzV 12.2) mit anderen Flächenabgrenzungen und geringerer Flächengröße, als im Landschaftsplan vorgeschlagen, dargestellt.

Geringe bis keine Übernahme bedeutet, die Aussage des Landschaftsplans ist - obwohl sie vom Inhalt her hätte übernommen werden können - nicht, nur sehr unvollständig oder in deutlich geringerer Fläche in den Darstellungen des Flächennutzungsplans enthalten. Beispielsweise schlägt der Landschaftsplan vor, die vorhandenen Hecken und Böschungen an den Hangbereichen einzelner Ortsteile zu sichern.

In der kartografischen Darstellung des Landschaftsplans wird dazu vorgeschlagen, für bestimmte Flächen die extensive Obstbaumnutzung zu erhalten. Der Flächennutzungsplan stellt nur einen geringen Teil der vorgesehenen Flächen als "Flächen für Maßnahmen zum Schutz, zur Pflege und Entwicklung von Natur und Landschaft" (PlanzV 13.1) dar und übernimmt nicht die Zweckbestimmung "extensiver Obstbau".

Evaluation in Mainz

Im Anwendungsbeispiel der Stadt Mainz wurde für zwei Teilräume überprüft, welche inhaltlichen Aussagen des Landschaftsplans in welchem Umfang in den Entwurf

Tabelle 11.1: Übersetzung landschaftsplanerischer Aussagen in Darstellungskategorien des Flächennutzungsplans – Ausschnitt -

Ziele, Erfordernisse und Maßnahmen	Räumlicher Bezug	Darstellung im Landschaftsplan (Karte) als ...	Mögliche Darstellungen im FNP als ... "Übersetzungsschlüssel" [1]
'Die Talmulde muss als wichtige Frischluftschneise von Querstrukturen frei bleiben'	Talmulde des Kesseltals	Freihaltezonen - Talräume, Flächen mit Kaltluftsammel- und Abflussfunktion	Nichtdarstellen der Flächen als Baugebiet und Darstellung als Grünfläche (Nr. 9) Flächen für die Landwirtschaft / Forstwirtschaft (Nr. 12) (vgl. H: 73) Flächen für Maßnahmen zum Schutz, zur Pflege und zur Entwicklung von Natur und Landschaft (Nr. 13.1) (H: 43) ggf. mit Zweckbestimmung oder Zielsetzung Klimaschutz (H: 42, B: 151)
'Sicherung, Pflege und Vernetzung der Biotope'	Wildgrabental	Pflege als Grünanlage, Erhalt als Brachfläche, Biotoppflege (je nach Situation) Aufbau von Vernetzungszonen aus verschiedenen Biotoptypen Waldanpflanzung, Wald- und Biotoppflege	Umgrenzung von Flächen für Maßnahmen zum Schutz, zur Pflege und zur Entwicklung von Natur und Landschaft (Nr. 13.1) Grünflächen (Nr. 9) mit Zweckbestimmung (H: 66) Flächen für Wald (Nr. 12.2), ggf. mit Zweckbestimmung (H: 73) überlagernde Darstellung von Grünverbindungen über Flächen für die Landwirtschaft (Nr. 12.1) (H: 67)
'Naturnahe Gestaltung der Bachläufe, Grabenrinnen und Sicherung von breiten Uferstreifen'	Wildgrabental	Extensivierung von Uferstreifen, Profilaufweitung	Wasserfläche (Nr. 10.1) und Überlagerung mit Umgrenzung von Flächen für Maßnahmen zum Schutz, zur Pflege und zur Entwicklung von Natur und Landschaft (Nr. 13.1) (M: 235), ggf. mit Kennzeichnung "Extensivierung von Grünlandnutzung" (B: 151)
'An Straßen sollten durchgehende Gehölzpflanzungen aufgebaut werden'	Wildgrabental, Straßen	Eingrünung von Baugebieten etc.	Darstellung von Grünflächen (Nr. 9) mit Zweckbestimmung Abstandsfläche, Schutzpflanzung (H: 68)
'Anlage eines durchgehenden möglichst leicht befahrbaren Radweges im Tal'	Gonsbach- und Aubachtal; entlang der Gonsenheimer Straße	Fuß- und Radwege	Darstellung der überörtlichen Wege und örtlichen Hauptwege (Nr. 5.3) mit entsprechenden Kürzeln
1) Grundlage sind die Veröffentlichungen von Mitschang (1993) [M]; Hinzen (1995) [H] und Bunzel & Meyer (1996) [B]			

Margit Mönnecke

Tabelle 11.2: Übernahme landschaftsplanerischer Ziele, Erfordernisse und Maßnahmen in den Entwurf des Flächennutzungsplans - Ausschnitt

Ziele, Erfordernisse und Maßnahmen	Räumlicher Bezug	Darstellung im Landschaftsplan (Karte) als ...	Mögliche Darstellungen im FNP als ... "Übersetzungsschlüssel"	Darstellung im FNP-Entwurf (Karte)	Übernahme / Anmerkungen
'Erhöhung des Bewuchsanteils an den Rändern durch Pflanzen von Hecken, Gehölzen etc.'	Wildgrabental, Tiefental und Zahlbachtal	öffentliche Grünflächen mit Zweckbestimmung Heckenstrukturen Waldanpflanzung	Grünflächen (Nr. 9) mit Zweckbestimmung (B: 136f) Flächen für Wald (Nr. 12.2)	Umgrenzung von Flächen für Maßnahmen zum Schutz, zur Pflege und zur Entwicklung von Natur und Landschaft (Nr. 13.1) mit Zweckbestimmung (geplante Grünvernetzungszonen) Flächen für Wald (Nr. 12.2) (geplant)	vollständige Übernahme
'Naturnahe Gestaltung der Bachläufe, Grabenrinnen und Sicherung von breiten Uferstreifen'	Gonsbach- und Wildgrabentalsystem mit Hangbereichen	Extensivierung von Uferstreifen, Profilaufweitung	Wasserfläche (Nr. 10.1) und Überlagerung von Flächen für Maßnahmen zum Schutz, zur Pflege und zur Entwicklung von Natur und Landschaft (Nr. 13.1) (M: 235), ggf. mit Kennzeichnung "Extensivierung von Grünlandnutzung" (B: 151)	für Wildgrabental größtenteils und Gonsbachtal auf Teilabschnitten Umgrenzung von Flächen für Maßnahmen zum Schutz, zur Pflege und zur Entwicklung von Natur und Landschaft (Nr. 13.1) mit unterschiedlichen Zweckbestimmungen (z. B. Extensivwiesen)	teilweise Übernahme
'... muß eine zügige Wegeführung vor allem der Radwege geschaffen werden.'	Gonsbachtal und Wildgrabental	Fuß- und Radwege	Darstellung der überörtlichen Wege und örtlichen Hauptwege (Nr. 5.3) mit entsprechenden Kürzeln	nicht dargestellt	keine Übernahme
'Auf den Kuppen und Hochflächen sollten größere Waldflächen angepflanzt werden'	Kesseltalsystem und Hechtsheimer Hochfläche	Waldpflanzung, Wald- und Biotoppflege	Kennzeichnung als zu entwickelnde Flächennutzung (B: 169) Flächen für Wald (Nr. 12.2)	Flächen für Wald (Nr. 12.2) mit Kennzeichnung geplanter Laubwald; einige Flächen nicht bzw. eingeschränkt berücksichtigt	teilweise Übernahme
'Die wichtigsten, heute noch vorhandenen Biotopelemente, ..., müssen als Landschaftsbestandteile unter Schutz gestellt werden.'	Hechtsheimer Hochfläche	Geschützter Landschaftsbestandteil, § 20 LPflG (Vorschlag)	Umgrenzung von Flächen für Maßnahmen zum Schutz, zur Pflege und zur Entwicklung von Natur und Landschaft (Nr. 13.1) Kennzeichnung als zu entwickelnde Flächennutzung (B: 169): Darstellung als Schutzobjekt (Nr. 13.3)	Umgrenzung von Schutzgebieten und Schutzobjekten im Sinne des Naturschutzrechtes: geschützter Landschaftsbestandteil geplant	vollständige Übernahme
'Alle vorhandenen Hecken und Böschungen müssen erhalten bleiben.'	Hangbereiche von Finthen bis Marienborn	Je nach Situation Pflege als Grünanlage, Erhalt als Brachfläche, Biotoppflege Obstbau, z.T. noch extensiv, Nutzung erhalten.	Umgrenzung von Flächen für Maßnahmen zum Schutz, zur Pflege und zur Entwicklung von Natur und Landschaft (Nr. 13.1) Grünflächen (Nr. 9) mit entsprechender landschaftspflegerischer Zweckbestimmung (B: 136f) Flächen für die Landwirtschaft (Nr. 12.1) mit Ausweisung des Zweiges (H: 72) und Überlagerung mit Umgrenzung der Flächen für Nutzungsbeschränkungen (Nr. 15.6) (H: 43)	Umgrenzung von Flächen für Maßnahmen zum Schutz, zur Pflege und zur Entwicklung von Natur und Landschaft (Nr. 13.1) und Zweckbestimmung extensiver Obstbau, Grünvernetzungszonen - nicht alle Flächen des Landschaftsplans dargestellt	teilweise Übernahme

des Flächennutzungsplans übernommen wurden. Dabei kam folgendes Ergebnis zustande:

Überwiegend bzw. vollständig übernommen wurden Planaussagen zu 'Ausweisung von Ersatzflächen'; 'Biotopvernetzung'; 'Ausweisung von Grünzügen bzw. -flächen sowie Naherholungsräumen'; 'Anlage neuer Biotope bzw. Sicherung und Pflege bestehender Biotope sowie Waldanpflanzungen'; 'Nichtbebauung bzw. Nichtnutzung ökologisch wertvoller Flächen'; 'Extensivierungen der Nutzungen'; 'geplanter Ausweisung schutzbedürftiger Flächen und natürlicher Landschaftsbestandteile'.

Teilweise übernommen wurden Planaussagen zu 'Extensivierung der Nutzungen'; 'Waldanpflanzung'; 'Erhalt und Sicherung bestehender Biotope sowie Anlage neuer Grünflächen'; 'Nichtbebauung ökologisch wertvoller Flächen'.

In geringem Maß bzw. nicht übernommen wurden Planaussagen zu 'Fuß- und Radwegen'; 'Bachrenaturierung'; 'Eingrünung von Bau- und Gewerbegebieten, Freiflächengestaltung und Biotopvernetzung'; 'Waldanpflanzung'; 'keine Westumgehung in Finthen' (vgl. Tab. 11.2).

Das Ergebnis dieser Vollzugskontrolle beschreibt, welche landschaftsplanerischen Aussagen sich 'überwiegend/vollständig', 'zum Teil' oder 'kaum/nicht' in den Darstellungen des Flächennutzungsplans wiederfinden. Da dies noch nichts darüber aussagt, ob die Übernahme bis zu diesem Zeitpunkt der Untersuchung als "gut" einzuschätzen ist, werden die in die vorbereitende Bauleitplanung umgesetzten Aussagen mit den inhaltlichen Schwerpunkten des Landschaftsplans in Beziehung gesetzt. Die Umsetzung der landschaftsplanerischen Aussagen wird als "erfolgreich" beurteilt, wenn die im Flächennutzungsplan enthaltenen Aussagen insbesondere dazu dienen, die im Landschaftsplan formulierten Aufgabenschwerpunkte zu verwirklichen. Dies impliziert, dass es kein messbares Erfolgskriterium gibt, also keinen "Schwellen-/Grenzwert", ab dem die Umsetzung "erfolgreich" ist.

Tabelle 11.3: Ergebnisse der Beurteilung der Integration in die Bauleitplanung - Zusammenfassung -

Ziele des Landschaftsplans	Ergebnisse der Umsetzung in die Realität
Wichtigste Aufgabe der Landschaftsplanung: Verbesserung der Funktionen und der Schutz der Erholungs- und Arten- und Biotopschutzpotenziale Entwicklungsziele für Finthen und Hechtsheim: Naturnahe Gestaltung der Bachläufe, Grabenrinnen und Sicherung breiter Uferstreifen Sicherung, Pflege und Vernetzung der Biotope, insbesondere Sicherung der wenigen wertvollen Obstbestände Mittelfristige Umstellung der Acker- und Gemüseflächen auf biologischen Anbau Gliederung der großen ausgeräumten Talabschnitte mit Gehölzen unter Beachtung der Luftströmungen Keine weitere Bebauung und Versiegelung; keine Bebauung westlich von Finthen Sicherung und Erhalt der wertvollen Lebensräume der Kalkflugsandgebiete und der Auen Entwicklungsziele zusätzlich für Hechtsheim: Sicherung, Erhalt und Pflege aller Grün- und Brachflächen Gestaltung einer Kulturlandschaft durch Aufbau von Hecken, Baumreihen und Feldgehölzen zur Verbesserung der Erholungseignung für die Stadtbevölkerung und zur Schaffung eines Lebensraumes für Pflanzen und Tiere der Feldflur Errichtung von Biotop- und Klimaschutzwäldern Verbesserung der Erholungseignung Verbesserung der lokal-klimatischen Situation	Überwiegend bzw. vollständig wurden folgende Planaussagen übernommen: · Entlastung der bioklimatischen Situation · Erhalt und Pflege von Biotopen · Gewässerrenaturierung · Siedlungsentwicklung · Sicherung und Erweiterung von Schutzgebieten Teilweise wurden folgende Planaussagen übernommen: · Sicherung und Erweiterung von Schutzgebieten · Gewässerrenaturierung · Erhalt und Pflege von Biotopen In geringem Maße bzw. nicht wurden folgende Planaussagen übernommen: · Siedlungsentwicklung · Landschaftsgestaltung · Vernetzung der Biotope und Schaffung neuer Lebensräume · Gewässerrenaturierung · Schaffung neuer Erholungsräume und Grünflächen sowie Verbesserung der Rad- und Wanderwege · Waldanpflanzungen
Ein großer Teil landespflegerischer Aussagen wurde in den Flächennutzungsplan-Entwurf integriert; mit einigen Abstrichen werden die Zielvorstellungen des Landschaftsplans durch den Flächennutzungsplan-Entwurf "transportiert".	

Um eine Beurteilung abgeben zu können, die sich an den örtlichen Bedingungen und Gegebenheiten orientiert, sollte zuvor gefragt werden, aus welchen Gründen bestimmte Aussagen des Landschaftsplans nicht in den Flächennutzungsplan übernommen wurden.

Praktisch eignet sich dazu der Erläuterungsbericht zum Flächennutzungsplan, in dem ggf. Hinweise zu Abweichungen vom Landschaftsplan enthalten sind. In einigen Länderregelungen ist explizit vorgesehen, dass Begründungen abgegeben werden müssen, aus welchen Gründen bei der Integration in die Bauleitplanung von den Landschaftsplan-Inhalten abgerückt wird (vgl. § 17 Abs. 4 LPflG). Ergänzend sollten dazu Personen befragt werden, beispielsweise Stadtplaner, Vertreter der Naturschutzbehörde, des Grünflächenamts und der Umweltschutzverbände, die am Prozess der Flächennutzungsplanung beteiligt gewesen sind. Auf jeden Fall ist es angezeigt, verschiedene Personen zu den Ursachen der Nicht-Übernahme zu befragen, um abgesicherte Begründungen zu erhalten. Bei der Bewertung der Integration landschaftsplanerischer Inhalte in die vorbereitende Bauleitplanung sind diese Gründe zu berücksichtigen, die zu einer differenzierten Bewertung führen können.

Im Anwendungsbeispiel der Stadt Mainz kam das nachfolgend dargestellte Bewertungsergebnis zustande. Dabei ist zu berücksichtigen, dass die Evaluatoren aus zeitökonomischen Gründen keine Gespräche mit an der Bauleitplanung Beteiligten führen konnten, um Begründungen für die von der Landschaftsplanung abweichenden Aussagen im Entwurf des Flächennutzungsplans zu erhalten.

Als Maßstab für die Bewertung wurde die Aufgabenstellung des Landschaftsplans zugrunde gelegt. Danach liegen "die wichtigsten Aufgaben der Landschaftsplanung ... in der Verbesserung der Funktionen und im Schutz der Erholungs- und Arten- und Biotopschutzpotentiale" (Landschaftsplan Mainz 1993, 54). Der Landschaftsplan (1993, 54, 56 f.) geht davon aus, dass durch die Ziele des Arten- und Biotopschutzes die Ziele für die Funktionen Boden-, Wasser- und Klimaschutz unterstützt werden. Diese Schwerpunktsetzung wird durch Entwicklungsziele für die beiden untersuchten Teilräume konkretisiert (vgl. Tab. 11.3) und spiegelt sich auch im Entwurf des Flächennutzungsplans wider: Vorschläge zum "Aufbau von Vernetzungszonen aus verschiedenen Biotoptypen", zur "Anlage neuer Biotope bzw. Sicherung und Pflege bestehender Biotope sowie Waldanpflanzungen" oder zur "Nichtbebauung/-nutzung ökologisch wertvoller Flächen" erscheinen in großem Umfang im Entwurf des Flächennutzungsplans.

Diese Planaussagen betreffen sowohl die "Arten- und Biotopschutzfunktion" als auch auf die "Erholungsfunktion". Ebenfalls sind in beiden Untersuchungsräumen landschaftsplanerische Vorschläge zu neuen Grünflächen und -anlagen in den Flächennutzungsplanentwurf übernommen worden, die ebenfalls der Schwerpunktsetzung des Landschaftsplans entsprechen.

Abgesehen von der Darstellung "Grünvernetzungszonen" wurden vor allem landespflegerische Aussagen in den Flächennutzungsplanentwurf übernommen, die sich auf die im Landschaftsplan (Karte 25) vorgeschlagenen Ersatzflächen beziehen. Dies gilt beispielsweise für Planaussagen zu Waldanpflanzungen, Schaffung neuer Erholungsräume/Grünzüge, Anlage und Erhalt von Heckenstrukturen, extensiver Obstanbau. Die außerhalb der vorgeschlagenen Ersatzflächen getroffenen Aussagen des Landschaftsplans wurden in geringerem Maße als die für Ersatzflächen getroffenen berücksichtigt. Dies gilt für "Biotopmaßnahmen" und für den "Obstbaumerhalt in Finthen", die im Flächennutzungsplanentwurf hätten dargestellt werden können. Dadurch entsteht der Eindruck, dass die Ersatzflächen mit größerer Priorität als andere Planaussagen zur Biotopentwicklung integriert wurden.

In einem Teilraum wurde eine vorgesehene Ersatzfläche (mit dem Entwicklungsziel Wald) nicht übernommen, da laut Erläuterungsbericht zum Flächennutzungsplanentwurf in diesem Teilraum die Flächenverluste für die Landwirtschaft durch konkurrierende Nutzungen bereits zu hoch sind. Ferner geht die Bauleitplanung davon aus, dass die "verbleibenden Flächen ... immer noch groß genug [sind], um eintretende Beeinträchtigungen auszugleichen" (Erläuterungsbericht zum Flächennutzungsplan-Entwurf 1995, 4/15).

Zur Begründung für die Nichtübernahme landschaftsplanerischer Vorschläge zur Gewässerrenaturierung verweist der Erläuterungsbericht zum Entwurf des Flächennutzungsplans ausdrücklich auf andere Planungen (Gewässerpflegepläne). Auf die Vorschläge zu den Radwegen in beiden Untersuchungsräumen geht der Erläuterungsbericht nicht ein. Problematisch ist aus landschaftsplanerischer Sicht die Darstellung der so genannten Westumgehung bei Finthen im Flächennutzungsplanentwurf, obwohl andere Gutachten und der Landschaftsplan sie ablehnen. Die geplante Trasse würde durch ein ausgewiesenes Naturschutzgebiet verlaufen.

Zusammenfassend wird die Umsetzung des Landschaftsplans Mainz in die Bauleitplanung im Großen und Ganzen als erfolgreich bewertet, da diejenigen landschaftsplanerischen Aussagen in den Flächennutzungsplanentwurf übernommen wurden, die den Zielen und den Schwerpunkten des Landschaftsplans entsprechen. Relativierend wird jedoch angemerkt, dass nicht alle Aussagen des Landschaftsplans beurteilt werden konnten, da einige der landschaftsplanerischen Vorschläge räumlich zu unkonkret angegeben wurden.[7]

Das vorgestellte Beispiel ist nicht nur ein Beispiel für einen zu evaluierenden Untersuchungsgegenstand, sondern auch ein Beispiel für das Vorgehen einer Evaluation. Hier wird die Ansicht vertreten, dass es keinen idealtypischen Ablauf für eine Evaluation geben kann, da die mit einer Evaluation verbundenen Zielstellungen und Handlungsinteressen zu sehr differieren.

In den Arbeiten von Marti und Stutz (1993) sowie Scharpf und Appel (2000) sind unterschiedliche Evaluationsabläufe und -schritte dargestellt.

11.6 Probleme / Kritik

Operationalisierung des Zielsystems und Indikatorbildung

Neben der genauen Bestimmung des Untersuchungsgegenstands bildet die Benennung konkreter Ziele eine wichtige Voraussetzung für die Evaluation, da sie für die Bildung eines messbaren Indikatorsystems und für die Bestimmung der Wirkungen von Maßnahmen erforderlich sind.

In der Konzipierung und Anwendung von Evaluationsstudien wird oft konstatiert, dass diese Voraussetzungen nicht immer gegeben sind (vgl. u. a. Bortz u. Döring 1995, 118 f.): Zieldefinitionen bergen als Bestandteil des politischen Prozesses in sich häufig Konfliktstoff und werden aus diesem Grunde vage gehalten. So können sie eher in späteren Implementationsprozessen konkretisiert, ggf. modifiziert und verändert werden (Hellstern u. Wollmann 1984b, 17)

Unterhalb der Zielebene bestehen die typischen Probleme der Indikatorbildung und ihrer Aussagekraft (Abbildungsgenauigkeit, Validität, Aggregationsgrad, Modellbildung). Trotz dieser Mängel werden Indikatoren als unerlässlich für Zielerreichungskontrollen gesehen oder benötigt, wenn qualitative in quantitative Größen transformiert werden sollen, um beispielsweise statistische Auswertungsverfahren anwenden zu können (vgl. Königs 1989, 130).

Kenntnisse über Wirkungszusammenhänge

Ein weiterer Punkt, durch den die Evaluation erschwert wird, ist die fehlende Kenntnis über eindeutige Wirkungszusammenhänge. Nur selten werden die Zusammenhänge zwischen Zielen und Maßnahmen (Ziel-Maßnahmen-Bezug) dargelegt, die dann auch zur Überprüfung zur Verfügung stehen. Eine wichtige Voraussetzung dafür ist, dass die für die Zielerreichung erforderlichen Wirkungen der Maßnahme bekannt und messbar sowie von den Einflüssen anderer Faktoren, beispielsweise anderer raumwirksamer Instrumente oder Störfaktoren (wie etwa Umwelteinflüsse, Regression), abzugrenzen sind.

Bedingt durch dieses Zurechnungsproblem müsste theoretisch als Untersuchungsdesign das Experiment gewählt werden, d. h. das zu evaluierende Programm, die Planung usw. müsste als Experiment durchgeführt werden. Dies hätte zur Folge, dass alle mit dem "echten Experiment" verbundenen Probleme auf der Tagesordnung stehen würden: Vorhandensein äquivalenter Zieleinheiten (Versuchs- und Kontrolleinheit), Konstanthalten der Ausgangsbedingungen, Isolierung der mit der Planung bzw. dem Projekt verbundenen Wirkungen von exogenen Faktoren, um den Nachweis der Wirksamkeit der Planung bzw. des Projekts sicher zu stellen. Dadurch bedingt könnten nur sehr einfach strukturierte Untersuchungsfragen behandelt werden.

Von daher sind wirkungsbezogene Untersuchungen mit einem großen methodischen Aufwand verbunden, um das Wirkungsspektrum des jeweiligen Untersuchungsfalls entsprechend abzugrenzen und zu versuchen, die Wirkungszusammenhänge zu erfassen. Deshalb findet eher eine Beschränkung auf die Beschreibung von Wirkungsverläufen statt, anstatt dass eine Wirkungsanalyse durchgeführt wird (Fürst 1984, 136).

Verfügbarkeit von Daten und Informationen

Wichtige Grundlage sowohl für die Anwendbarkeit von Indikatoren als auch insgesamt für die Durchführung von Evaluationsstudien ist die Datenverfügbarkeit.

---

[7] ausführliche Dokumentation des Anwendungsbeispiels Stadt Mainz in Mönnecke (2000)

Zur Gewährleistung eines adäquates Untersuchungsdesigns hat die Qualität der zur Verfügung stehenden Daten einen besonderen Stellenwert. In der Praxis kann das Problem auftauchen, dass die benötigten Daten unvollständig sind, die Datenlage zu grob ist und somit die für die Evaluation geforderten Differenzierungen nicht möglich sind. Ebenfalls können unzureichende Aktualität der Daten oder mangelnde Vergleichbarkeit der Daten aus unterschiedlichen Untersuchungsräumen zu Aussageungenauigkeiten führen.

Bestimmung von Bewertungs- und Erfolgsmaßstäben

Bei Bewertungen handelt es sich um die Verknüpfung von Sachinformationen (z. B. Art der in den Flächennutzungsplan übernommenen landschaftsplanerischen Aussagen) und Wertmaßstäben (z. B. Darlegung des Stellenwerts der Landschaftsplanung für die vorbereitende Bauleitplanung aufgrund rechtlicher Normierungen) zu einem Werturteil (s. Kap. 7.9).

Doch diese Anforderung wird von Evaluationsstudien nicht immer erfüllt. So zeigt Mönnecke (2000) in ihrer Analyse von Evaluationsstudien im Bereich der Landschaftsplanung auf, dass häufig Sach- und Wertebene miteinander vermischt werden. Nicht immer ist erkennbar, woran sich die Bewertung orientiert, sodass es der eigenen Interpretation überlassen bleibt, den Ableitungszusammenhang zwischen "theoretischen" Darstellungen und der Bewertung herzustellen.

Ferner bleibt festzustellen, dass teilweise Kriterien zur Bewertung bzw. zur Bestimmung des Erfolgs herangezogen werden, deren Herleitung nicht immer nachvollziehbar und zu wenig offen gelegt ist.

Literatur

Landesgesetz über Naturschutz und Landschaftspflege Rheinland-Pfalz (Landespflegegesetz -LpflG -)

Verordnung über die Ausarbeitung der Bauleitpläne und die Darstellung des Planinhalts (Planzeichenverordnung - PlanzV) vom 18.12.1990.

ARBEITSKREIS "WIRKUNGSANALYSEN UND ERFOLGSKONTROLLE IN DER RAUMORDNUNG" (AK ARL), 1984: Begriffe und Funktionen der Evaluierung räumlich relevanter Sachverhalte. In: Akademie für Raumforschung und Landesplanung (Hrsg.): Wirkungsanalysen und Erfolgskontrolle in der Raumordnung, 29-40, Hannover (Forschungs- und Sitzungsberichte der ARL, 154).

BORTZ, J.; DÖRING, N., 1995: Forschungsmethoden und Evaluation, 2. Auflage Berlin.

BUNZEL, A.; MEYER, U., 1996: Die Flächennutzungsplanung - Bestandsaufnahme und Perspektiven für die kommunale Praxis, Berlin (Difu-Beiträge zur Stadtforschung 20).

COOK, T.D.; MATT, G.E., 1990: Theorien der Programmevaluation - ein kurzer Abriß. In: Koch, U.; Wittmann, W.W. (Hrsg.): Evaluationsforschung, 15-38, Berlin.

FISCHER, G., 1982: Grundsätzliche Fragen der Erfolgskontrolle. In: 'Thema-Hefte' der Programmleitung des Nationalen Forschungsprogramms 'Regionalprobleme', 13-27, Diessenhofen.

FÜRST, D., 1984: Die Wirkung von Hochschulen auf die Region. In: Akademie für Raumforschungs und Landesplanung (Hrsg.): Wirkungsanalysen und Erfolgskontrolle in der Raumordnung, 135-151, Hannover (Forschungs- und Sitzungsberichte der ARL, 154).

HELLSTERN, G.-M.; WOLLMANN, H., 1983: Evaluierungsforschung. Ansätze und Methoden - dargestellt am Beispiel des Städtebaus, Basel (Stadtforschung aktuell 7).

HELLSTERN, G.-M.; WOLLMANN, H., 1984a: Entwicklung, Aufgaben und Methoden von Evaluierung und Evaluierungsforschung. In: Akademie für Raumforschung und Landesplanung (Hrsg.): Wirkungsanalysen und Erfolgskontrolle in der Raumordnung, 7-27, Hannover (Forschungs- und Sitzungsberichte der ARL, 154).

HELLSTERN, G.-M.; WOLLMANN, H., 1984b: Evaluierung und Erfolgskontrolle auf der kommunalen Ebene. Ein Überblick. In: Hellstern, G.-M.; Wollmann, H. (Hrsg.): Evaluierung und Erfolgskontrolle in Kommunalpolitik und -verwaltung, 10-57. Basel (Stadtforschung aktuell 6).

HELLSTERN, G.-M.; WOLLMANN, H., 1984c: Evaluierung und Evaluierungsforschung - ein Entwicklungsbericht, Bd. 1, 17-91. Opladen.

HINZEN, A., 1995: Umweltschutz in der Flächennutzungsplanung, Wiesbaden.

HOLZINGER, E., 1993: Programm-Evaluation. Theoretische Grundlagen und Anwendungsmöglichkeiten in Raumordnung und Regionalpolitik, Wien (Schriften zur Regionalpolitik und Raumplanung 23).

HOTZ, D., 1987: Zweckzuweisungen und kommunales Investitionsverhalten. Ein Beitrag zur empirischen Wirkungsforschung, Bonn (Forschungen zur Raumentwicklung 16).

JOINT COMMITTEE ON STANDARDS FOR EDUCATIONAL EVALUATION, 1994: The program evaluation standards: how to assess evaluations of educational programs, 2. Auflage, Thousand Oaks, California.

KIEMSTEDT, H.; MÖNNECKE, M.; OTT, S., 1999: Erfolgskontrolle örtlicher Landschaftsplanung, Bonn-Bad Godesberg (BfN-Skripten 4).

KÖNIGS, L., 1989: Erfolgskontrolle und Evaluierung kommunaler Entwicklungsplanung, Dortmund (Dortmunder Beiträge zur Raumplanung 54).

KROMREY, H., 1995: Empirische Sozialforschung, 7. Auflage, Opladen.

LANDESAMT FÜR UMWELTSCHUTZ UND GEWERBEAUFSICHT RHEINLAND-PFALZ (Hrsg.), 1991: Landschaftsplanung Osthofen, Oppenheim.

MARTI, F.; STUTZ, H.-P.B., 1993: Zur Erfolgskontrolle im Naturschutz, Birmensdorf (Berichte der Eidgenössischen Forschungsanstalt für Wald, Schnee und Landschaft 336).

MITSCHANG, S., 1993: Die Belange von Natur und Landschaft in der kommunalen Bauleitplanung. Rechtsgrundlagen, Planungserfordernisse, Darstellungs- und Festsetzungsmöglichkeiten, Berlin.

MÖNNECKE, M., 2000: Evaluationsansätze für die örtliche Landschaftsplanung. Dissertation am Fachbereich Landschaftsarchitektur und Umweltentwicklung, Universität Hannover.

ROSSI, P.H.; FREEMAN, H.E.; HOFMANN, G., 1988: Programm-Evaluation. Einführung in die Methoden angewandter Sozialforschung, Stuttgart.

SCHARPF, H.; APPEL, E., 2000: Evaluierung von DBU-geförderten Projekten der nachhaltigen Regionalentwicklung. AZ: 12067. Forschungsvorhaben, gefördert durch die Deutsche Bundesstiftung Umwelt. Abschlussbericht, Osnabrück.

SCHNELL, R.; HILL, P.B.; ESSER, E., 1999: Methoden der empirischen Sozialforschung, 6. Auflage, München.

WITTMANN, W.W., 1990: Evaluationsforschung, Berlin (Lehr- und Forschungstexte Psychologie 13).

WOTTAWA, H.; THIERAU, H., 1998: Lehrbuch Evaluation, 2. Auflage, Bern.

12. Planungsmanagement

12.1 Netzplantechnik

Stephan Löb

12.1.1 Das Problem

Projekte im Bereich der Raum- und Umweltplanung sind häufig sehr aufwändig und zumeist durch eine lange Laufzeit, einen großräumigen Bezug und/oder eine hohe Sachkomplexität gekennzeichnet. Oftmals muss eine Vielzahl von Akteuren mit unterschiedlichen Einzelbeiträgen zu verschiedenen Projektphasen eingebunden, aktiviert und über einen längeren Zeitraum koordiniert werden (s. Abb. 12.1.1).

Die vom Raum- bzw. Landschaftsplaner zu erbringende Koordinationsleistung wird häufig überdies erschwert:

- durch das Eintreten unvorhersehbarer Ereignisse (Planung unter Unsicherheit - s. Kap. 6.1, Veränderung der Rahmenbedingungen, Auftreten von Widerstand gegen die Planung)
- durch die Mehrstufigkeit formaler Verfahren, die in verschiedenen Phasen z. T. andere Beteiligtenkreise bzw. Einbindungsformen erfordern (z. B. Aufstellungsverfahren für Regionalpläne, Raumordnungsverfahren, Planfeststellungsverfahren)
- durch unzureichende Zugriffsmöglichkeiten auf die Planungsbeteiligten (fehlende hierarchische oder andere Steuerungsinstrumentarien, mangelnde Information über verfügbare Kapazitäten) und
- durch den Druck eines restriktiver werdenden Zeitregimes infolge der Forderungen nach Verfahrensbeschleunigung (vgl. die Diskussionen zu Standortwettbewerb und Planentfeinerung), der die Möglichkeiten der Suche nach umweltverträglichen Lösungen zusätzlich erschwert.

Zur (zeit-) effizienten Gestaltung von Verfahren wird deswegen eine geeignete Technik benötigt, die die vielfältigen Aufgaben des Projektkoordinators unterstützt.

Tabelle 12.1.1: Funktionen der Netzplantechnik

Funktion	Beschreibung
Strukturierungsfunktion	Alle Arbeitsschritte hinsichtlich ihrer logischen Abhängigkeiten in einer rationalen Ablaufstruktur verknüpfen
Orientierungs- und Berichtsfunktion	Während des gesamten Verfahrens den Überblick über den Projektverlauf behalten und den jeweiligen Projektstand über eine verständliche und eindeutige Darstellung vermitteln
Flexibilisierungsfunktion	Unvorhergesehenen Änderungen gegenüber flexibel bleiben, eine schnelle Konsequenzenanalyse und eine vorausschauende Problemwahrnehmung ermöglichen
Monitoringfunktion	Einen wenig aufwändigen Ist-Soll-Vergleich des Projektfortschritts gewährleisten
Delegationsfunktion	Den Gesamtprozess in Arbeitspakete (z. B. gutachtliche Leistungen) zergliedern und mit Verantwortlichkeiten versehen
Terminierungsfunktion	Den Teilaktivitäten im Hinblick auf einen termingerechten Projektabschluss Zeitbedarfe zuordnen und verbindliche Terminabsprachen treffen
Optimierungsfunktion	Im laufenden Prozess Effizienzsteigerungen über den Variantenvergleich von Zeit-, Kosten- und Kapazitätsplanung zulassen

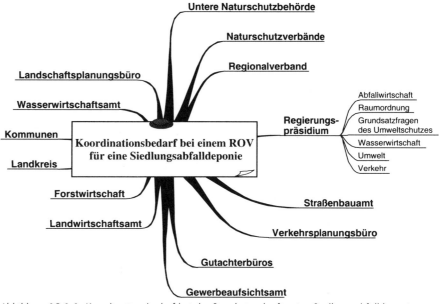

Abbildung 12.1.1: Koordinationsbedarf bei der Standortsuche für eine Siedlungsabfalldeponie

Im Einzelnen geht es dabei um die in Tabelle 12.1.1 dargestellten Funktionen.

Ein Planungs- und Steuerungssystem sollte diesen Anforderungen gewachsen sein, ohne dass wesentliche Verfahrensverzögerungen auftreten. Es soll einen größtmöglichen Koordinationseffekt mit einem vertretbaren Koordinationsaufwand verbinden.

12.1.2 Was ist Netzplantechnik?

Ein solches Instrument zur zeitökonomischen Ablaufplanung und -kontrolle stellt die *Netzplantechnik* dar. Netzplantechnik ist ein Sammelbegriff für alle Verfahren, die den inneren Projektzusammenhang als netzförmiges Vorgangsgeflecht wiedergeben[1]. Sie fasst eine Methodenklasse zur Unterstützung des Projektmanagements zusammen, die der Analyse, Planung, Durchführung, Kontrolle und Steuerung von Projekten bzw. Prozessen dient. Insbesondere bei komplexen Projekten ist ein solides Projektmanagement ohne Anwendung der Netzplantechnik kaum denkbar (vgl. Reichert 1994, 4). Die wichtigsten Begriffe der Netzplantechnik sind in der DIN 69 900 festgelegt.

12.1.3 Geschichte der Netzplantechnik

Bereits gegen Ende des 19 Jahrhunderts entwickelte der Ingenieur Henry Lawrence Gantt[2] Hilfsmittel zur Projektplanung, um die Terminierung von Einzelvorgängen über horizontale Balkendiagramme grafisch darzustellen[3] (vgl. Haynes 1996, 35).

Netzplantechnik im eigentlichen Sinne kam aber erst in den 50er Jahren auf. Wichtige Meilensteine bei der Methodenentwicklung und -anwendung waren (vgl. Gerhard u. Unsin 1972, 2 ff.; Holzschuh 1989, 11):

1. In der zweiten Hälfte des zweiten Weltkriegs wurden bei der Entwicklung der nuklearen Bombe (Projekt "Manhattan") Vorarbeiten[4] zur Entwicklung der Netzplantechnik geleistet.

2. 1957 entwickelten die Firmen Remington Rand und Du Pont in Zusammenarbeit mit der US-Navy die so genannte Critical Path Method (Methode des kritischen Weges - CPM), die jedoch noch über keine genaue Kostenüberwachung und Kapazitätenkontrolle verfügte.

3. Ein Jahr später erarbeiteten die Firmen Lockheed Missile und Booz-Allen & Hamilton - ebenfalls in Kooperation mit der US-Navy - das PERT-Verfahren[5] zur Planung und Kontrolle des Polaris-Raketen-Waffensysteme-Projekts.

4. Zeitgleich entwickelte die französische METRA-Gruppe das MPM-Verfahren (Metra-Potential-Methode). Dessen erste Anwendung war die Plan- und Umsetzungskoordinierung für den Bau von Atomkraftwerken an der Loire im Auftrag der Electricité de France in den Jahren 1958/59.

5. Anfang der 60er Jahre arbeitete die Firma Dornier AG gemeinsam mit dem Bundesministerium der Verteidigung die erfolgreichste deutsche Netzplanmethode, das so genannte PPS-Verfahren (Projekt-Planungs-System) aus, welches auf der Vorgangs-Knoten-Netz-Technik (vgl. u.) basiert, die bis heute am weitesten verbreitet ist.

Obwohl die Netzplantechnik ursprünglich überwiegend für militärische Anwendungen entwickelt wurde, fand sie bald Verbreitung im zivilen Sektor, z. B. im Unternehmensbereich zur Optimierung der Produktionsplanung, in der Baubranche zur Koordinierung und Überwachung von Großprojekten und nicht zuletzt auch in der Verwaltung als Hilfsmittel zur Kontrolle und effektiven Gestaltung von Verwaltungsabläufen[6].

---

1 Netzplantechnik ist eine Methode aus dem Bereich des Operations Research, zu dem weitere Bereiche wie z. B. Spieltheorie, Kybernetik, Simulationsmodelle zählen.

2 Gantt (1861-1919) war zeitweise Assistent von Frederick Winslow Taylor (1865-1915), dessen ökonomische Organisationslehre über die Vertaktung von Arbeit die industriellen Produktionsprozesse revolutionierte (zum Taylorismus vgl. Kieser 1993, 63 ff.).

3 In der herkömmlichen Form von Balkendiagrammen fehlt jedoch die logische Verknüpfung einzelner Vorgänge hinsichtlich ihrer Abhängigkeiten, weswegen sie nur eingeschränkt für die Projektplanung geeignet sind.

4 Einsatz und Modifizierung von Balkenplänen und Gantt-Diagrammen

5 Program Evaluation and Review Technique (Programmbeurteilung und -überprüfung): PERT gehört zu der Gruppe der so genannten Ereignisknotennetzpläne (EKN), eine Besonderheit von PERT ist, dass bei der Zeitanalyse optimistische und pessimistische Zeitabschätzungen zugelassen werden.

6 So wurde die Netzplantechnik z. B. 1972 in der Hamburger Verwaltung eingeführt (vgl. Dieke et al. 1972). Auch das unter enormem Zeitdruck durchgeführte komplexe Genehmigungsverfahren für das umstrittene "Montagewerk Mercedes Benz" in den Rastatter Rheinauen wurde über Netzplantechnik effektiviert (vgl. Fürst et al. 1995).

Im Bereich der Raum- und Umweltplanung wird die Netzplantechnik heute kaum mehr eingesetzt. Diese (bedauerliche) Vernachlässigung des sehr leistungsfähigen Instruments lässt sich vermutlich vornehmlich auf folgende Ursachen zurückführen:

Zum Ersten war der mit der Planungsmethode vor der Einführung rechnergestützter Programme verbundene Aufwand verhältnismäßig hoch: Netzpläne wurden i.d.R. von Hand gezeichnet. Verzögerungen im Zeitplan oder das Eintreten unvorhergesehener Ereignisse - wie sie bei komplexen Projekten mit großem Zeithorizont die Regel sind - machten eine Neuberechnung und -zeichnung des häufig mehrere hundert Vorgänge umfassenden Plans notwendig.

Zum Zweiten geriet die raum-, umwelt- und gesellschaftsbezogene Planung in der Bundesrepublik spätestens nach dem Ölpreisschock in der Mitte der 70er Jahre zunehmend unter Beschuss[7], weil Planung ihr Entwicklungsversprechen nur unter der Annahme unbegrenzter Ressourcen und den Bedingungen stabilen Wirtschaftswachstums einhalten konnte und es (im Gefolge der 68er-Bewegung) zu einer latenten Methodenfeindlichkeit kam, weil diesen die Tendenz nachgesagt wurde, über die Technisierung von Planung zur Entpolitisierung von Entscheidungen zu führen[8]. Dies führte schließlich zu einem Bedeutungsverlust von Planung von der Entwicklungs- zur vorsorgenden Planung (so genannte Negativplanung) mit einem abnehmenden Projektbezug.

Für die Wiederentdeckung der Netzplantechnik im Bereich der Raum- und Umweltplanung sprechen mehrere Gründe:

1. Der Koordinationsaufwand lässt sich durch Einsatz moderner Software drastisch reduzieren, sodass die Netzplantechnik heute ein äußerst leistungsfähiges und den dynamischen Planungsprozess adäquat flexibilisierendes Instrument darstellt (vgl. Kap. 12.1.5).
2. Planung erhält neuerdings wieder einen stärkeren Projektbezug (z. B. IBA-Emscher-Park, EXPO 2000).
3. Eine zunehmende Handlungsverflechtung von Akteuren erfordert in wachsendem Maße Koordinationsleistung, sodass Konzepte des Projektmanagements in den vergangenen Jahren eine wachsende Verbreitung in der Verwaltung, insbesondere bei den Bezirksregierungen, gefunden haben (vgl. Kap. 12.2).
4. Der Vorwurf der Entpolitisierung greift in Bezug auf die Netzplantechnik kaum, denn zum einen gibt es auch in der Raum- und Umweltplanung eine Vielzahl von Routineprojekten, bei denen es vorwiegend um eine zeit- und kostenoptimierte technische Abwicklung geht (z. B. Kiesgrubenrekultivierung, Fließgewässerrevitalisierung), zum anderen verhält sich die Methode grundsätzlich zielneutral: Sie lässt Freiräume, um kreative Phasen einzuplanen[9], und ermöglicht ein prozesshaftes Vorgehen ohne festgelegte Problemdefinition und Zielaussage, weil sie sich während des Planungsprozesses sukzessive fortschreiben lässt.

Netzplantechnik ist somit ein zu Unrecht vernachlässigtes Planungsmittel und ein brachliegendes Managementpotenzial für die Raum- und Umweltplanung.

12.1.4 Grundprinzipien zur Erstellung eines Netzplans

Die Methode ist relativ einfach zu erlernen. Sie basiert im Wesentlichen auf einer konsequenten Trennung zwischen logischer Ablaufstruktur und der Berechnung der zu ihrer Erledigung notwendigen Dauer.

Man geht dabei phasenweise vor, beschäftigt sich zunächst mit der *Strukturanalyse*, bei der das Gesamtprojekt über eine Vorgangsliste in einzelne Arbeitspakete zerlegt und die Reihenfolge ihrer Abarbeitung festgelegt wird, um die Aufgabe zu durchdringen, die Vernetzung von Einzelaktivitäten zu organisieren und zu koordinieren. Anschließend befasst man sich mit der *Zeitanalyse*, bei der einzelnen Vorgängen der Zeitbedarf zugeordnet, die Gesamtdauer des Projekts berechnet und sinnvolle Zeitpuffer eingeplant werden.

12.1.4.1 Phase 1: Strukturanalyse

In einem ersten Schritt wird das Projekt in einzelne Vorgänge zerlegt. Ein Vorgang bezeichnet dabei ein Zeit

---

7 Ende der Planungseuphorie (vgl. Kap. 2.1.3)

8 weil die Voraussetzungen im Verständniszugang höherer Methoden die Beteiligungsfähigkeit Betroffener, aber auch der politisch Verantwortlichen reduziere

9 Ansonsten könnte sie nicht erfolgreich in Forschungs- und Entwicklungsprojekten eingesetzt werden.

verbrauchendes Geschehen mit festgelegtem Anfang und Ende (nach DIN 69 000). Beispiele sind: Angebot einholen, Luftbilder auswerten, Vegetationskartierung durchführen, Bestandsaufnahme digitalisieren, Bericht schreiben, Entscheidung fällen.

In einem zweiten Schritt werden die logischen Abhängigkeiten zwischen den einzelnen Vorgängen hinterfragt, um eine optimale Ablaufstruktur bestimmen zu können. Bei der Festlegung der Vorgangsfolgen sind folgende Fragestellungen hilfreich (vgl. Holzschuh 1989, 15)[10]:

- Welche Vorgänge sind Voraussetzung für den in Betracht gezogenen?
- Welche Vorgänge können sich unmittelbar an den in Betracht gezogenen anschließen?
- Welche Vorgänge können parallel ablaufen?

Abbildung 12.1.2 verdeutlicht die Logik von Anordnungsbeziehungen am Beispiel von vier Vorgängen: (A) Bericht schreiben, (B) Pläne zeichnen, (C) Textkorrektur (D), Bericht drucken. (A) ist Voraussetzung für (C). (D) kann erst nach Beendigung von (C) erfolgen. (B) kann parallel zu (A) und/oder (C) erfolgen, ist aber Voraussetzung für (D).

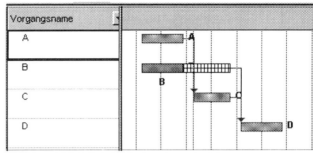

Abbildung 12.1.2: Beispiel für Anordnungsbeziehungen

12.1.4.2 Phase 2: Zeitanalyse

Die Zeitanalyse dient dem Ermitteln von Vorgangsdauer und dem Setzen von Terminen. Dabei geht man nach folgendem Schema vor:

- Zunächst wird für jeden Vorgang die für seine Erledigung benötigte Zeit geschätzt (in Stunden, Tagen, Kalender- oder Arbeitswochen, vgl. Holzschuh 1989, 19, Reichert 1994, 11). Hier kann häufig auf Erfahrungswerte zurückgegriffen werden. Bei der Koordinierung von mitwirkenden Akteuren werden Zeitangaben abgefragt, die gleichzeitig als Zielvereinbarungen fungieren[11].

- Die Berechnung der Anfangs- und Endtermine von Vorgängen erfolgt in zwei Schritten, zunächst vom Projektbeginn (so genannte Vorwärtsrechnung) und anschließend vom Projektende (so genannte Rückwärtsrechnung) ausgehend (vgl. Holzschuh 1989, 20 ff.).

- Bei der Vorwärtsrechnung wird die voraussichtliche Gesamtdauer des Projekts anhand der Strukturanalyse berechnet und in Kalendertermine (Berücksichtigung von Sonn- und Feiertagen, Urlaubszeiten etc.) umgerechnet. Ausgehend vom ersten Vorgang werden dabei sukzessive alle frühesten Endzeitpunkte (FEZ)[12] ermittelt, um die frühesten Anfangszeitpunkte (FAZ) der jeweils nachfolgenden Vorgänge zu bestimmen (Beispiel: Wenn der erste Vorgang drei Tage beansprucht, können der resp. die nachfolgenden frühestens drei Tage nach dem Projektstart beginnen).

- Bei der Rückwärtsrechnung verfährt man - ausgehend von dem über die Vorwärtsrechnung ermittelten frühest möglichen Endzeitpunkt des Gesamtprojekts - in umgekehrter Richtung. Im Ergebnis erhält man nun für jeden Vorgang seinen spätesten Anfangs- und Endzeitpunkt.

- Über den Vergleich der frühest möglichen und spätest erlaubten Zeitpunkte erhält man für jeden Vorgang die so genannten Pufferzeiten, d. h. die Zeit

---

10 In der erweiterten Form unterscheidet man üblicherweise folgende Anordnungsbeziehungen zwischen Vorgängen: (1) EA-Beziehung: das Ende von Vorgang A ist die Voraussetzung für den Anfang von Vorgang B; (2) AA-Beziehung: der Anfang von Vorgang A ist die Voraussetzung für den Anfang von Vorgang B; (3) AE-Beziehung: der Anfang von Vorgang A ist die Voraussetzung für das Ende von Vorgang B; (4) EE-Beziehung: das Ende von Vorgang A ist die Voraussetzung für das Ende von Vorgang B.

11 Holzschuh (1989, 19) macht darauf aufmerksam, dass hier eine psychologisch bedingte Fehlerquelle liegt, weil bspw. die befrag-
(Fortsetzung...)

11 (...Fortsetzung)
ten Sachbearbeiter ihre Leistungsfähigkeit unbewusst oder bewusst (als Reaktion auf eine befürchtete Kontrolle) über- bzw. unterschätzen. Es ist deswegen bedeutsam, die angegebenen Schätzwerte im Projektverlauf zu überprüfen und gegebenenfalls zu korrigieren.

12 Zur Spezifizierung dieser Zeitpunkte werden folgende Begriffe verwendet (siehe DIN 69 900, Blatt 1): FAZ - frühester Anfangszeitpunkt, FEZ - frühester Endzeitpunkt, SAZ - spätester Anfangszeitpunkt, SEZ - spätester Endzeitpunkt.

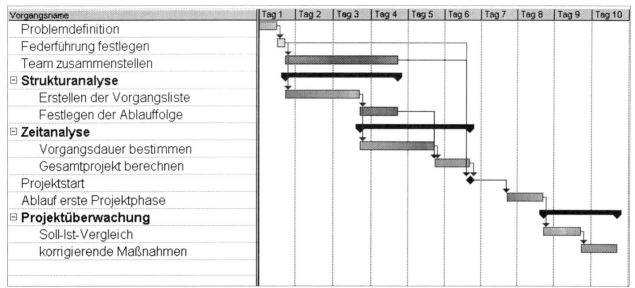

Abbildung 12.1.3: Netzplandarstellung des grundsätzlichen Vorgehens beim Einsatz von Netzplanung

spannen der Verzögerung des Anfangs oder Abschlusses eines Vorgangs, die möglich sind, ohne die Gesamtdauer des Projekts zu beeinflussen[13].

- Die Zusammenschau der Vorwärts- und Rückwärtsrechnung ergibt darüber hinaus, dass zumindest immer eine bestimmte Kette von Vorgängen, die sich vom Anfang des Projekts bis zu seinem Ende durchzieht, keine Pufferzeiten aufweist, somit jede Verschiebung oder Verzögerung einzelner Vorgänge in dieser Kette den Endtermin beeinflussen würde. Diese lückenlose Folge von Vorgängen mit einer Pufferzeit von null bezeichnet man als den *kritischen Weg* (vgl. Reichert 1994, 7; Holzschuh 1989, 23). Der kritische Weg ist von besonderer Bedeutung, weil er das Augenmerk auf mögliche Engpässe in der Projektabwicklung lenkt. Über die geschickte Ausnutzung von Zeit- resp. Kapazitätsreserven (Puffer) in nicht kritischen Vorgänge können Terminüberschreitungen möglicherweise verhindert werden.

Abbildung 12.1.3 zeigt beispielhaft einen einfachen Netzplan. Die wichtigsten grafischen Symbole bei der Plandarstellung sind

- Knoten: Verknüpfungspunkte im Netzplan
- Pfeile: gerichtete Verbindungen zwischen zwei Knoten.

Bei der verbreiteten Vorgangsknotentechnik entspricht jeder Knoten einer Tätigkeitsphase (Vorgang), jeder Pfeil einer logischen Verknüpfung zwischen zwei Vorgängen[14].

12.1.5 Rechnergestützte Netzplanung

Die manuelle Erarbeitung von Netzplänen ist i.d.R. nicht mehr zeitgemäß. Der Einsatz von rechnergestützten Netzplansystemen hat den zur Erstellung von Netzplänen notwendigen Aufwand drastisch reduziert.

Es gibt mittlerweile eine Vielzahl an Netzplan-Software. Sie erleichtern die Erstellung und Visualisierung von Netzplänen immens und automatisieren sowohl die

---

13 Unterschieden wird (a) die Gesamtpufferzeit als Spanne zwischen frühester und spätester Lage eines Vorgangs, also der Zeitraum, der für Verschiebung oder Ausdehnung eines Vorgangs zur Verfügung steht, wenn alle Vorgänger sich in der frühesten und die Nachfolger sich in der spätesten Lage befinden, (b) die freie Pufferzeit als eine Teilmenge der Gesamtpufferzeit, entsprechend der Verschiebungsmöglichkeit, die sich ergibt, wenn die Vorgänger zum frühest möglichen Zeitpunkt enden und die Nachfolger zu ihrem frühesten Zeitpunkt anfangen, (c) die unabhängige Pufferzeit, die Verschiebungsmöglichkeit eines Vorgangs innerhalb des Zeitraums zwischen dem spätest möglichen Ende der vorhergehenden und dem frühest möglichen Anfang der nachfolgenden Vorgänge (vgl. Reichert 1994, 40).

14 Bei der älteren (und heute weniger verbreiteten) Vorgangspfeiltechnik verhält es sich genau umgekehrt: Vorgänge werden hier über Pfeile symbolisiert, deren Verknüpfung über Knoten erfolgt (vgl. Reichert 1994, 15).

Prozesse der Vorwärts- und Rückwärtsrechnung als auch die Identifikation des kritischen Pfads. Eingabemasken für die Struktur- und Zeitplanung, die Kapazitäts- und Kostenrechnung sowie variable Arbeitskalender[15] sind mittlerweile Standard. In der Regel ist auch der Wechsel zwischen verschiedenen Ansichten (z. B. Balkendiagramme, Vorgangsknotennetze, Kapazitätsauslastung) möglich. Teilweise erkennen solche Programme auch logische Fehler in der Abfolge von Vorgängen (so genannte zirkuläre Vorgänge) und zeigen eine entsprechende Meldung an. Ein großer Vorteil ergibt sich insbesondere für die Projektüberwachung, weil Modifikationen, die sich aus veränderten Projektsituationen ergeben, einfach und schnell mit dem alten Datenbestand verknüpft und aktualisiert werden können.

12.1.6 Einsatzfelder und Ausbaumöglichkeiten

12.1.6.1 Integrierte Netzplantechnik

Die dargestellte Grundtechnik lässt sich in Abhängigkeit von den Projektanforderungen um eine Kapazitäts- und Kostenplanung erweitern und für die Projektüberwachung nutzen. Man spricht dann von integrierter Netzplantechnik (vgl. Reichert 1994, 15; DIN 69 000).

Kapazitätsplanung

Über die Kapazitätsplanung lässt sich der notwendige Ressourcenaufwand und die Auslastung der vorhandenen Kapazitäten berechnen. Dabei werden jedem Vorgang entsprechende Informationen zugeordnet[16]. Hierbei gilt die Regel, dass zunächst die kritischen Vorgänge berücksichtigt werden müssen. Zeitaufwand und Ressourceneinsatz sind (begrenzt) verrechenbar, d. h. die Kapazitätsplanung kann entweder zur Berechnung der benötigten Ressourcen bei vorgegebenem fixen Endtermin oder aber zur Prognose des voraussichtlichen Projektabschlusses bei vorgegebenen Kapazitäten genutzt werden (vgl. Holzschuh 1989, 41).

Kostenplanung

Des Weiteren können Netzpläne auch als Überwachungsinstrument für die Projektkosten resp. für die Planung eines rationalen Einsatzes an Arbeitsmitteln zur Kostenminimierung bei vorgegebenem Budget genutzt werden.

Projektsteuerung und Controlling

Die Projektüberwachung, die mit dem Start des Projekts einsetzt, wird als periodischer Ist-Soll-Vergleich durchgeführt.

Ein wichtiges Hilfsmittel stellt dabei der so genannte Basisplan dar. Er entspricht dem zu Projektbeginn erstellten Netzplan und wird als Referenzgröße zum tatsächlichen Projektfortschritt resp. zu den tatsächlich aufgewendeten Kosten, Personal- und Betriebsmitteln, die sich aus der Fortschreibung des Netzplans ablesen lassen, genutzt (vgl. Holzschuh 1989, 50; Reichert 1994, 13).

12.1.6.2 Weitere Anwendungsmöglichkeiten

Die Anwendungsmöglichkeiten der Netzplantechnik reichen von der Strukturierung der eigenen Arbeit über die Koordinierung von Projekten innerhalb eines Planungsbüros oder einer Verwaltung bis hin zur organisationsübergreifenden Projektsteuerung. Darüber hinaus bietet die Technik die Möglichkeit, Verantwortlichkeiten festzulegen und somit mögliche Verzögerungen und Fehlentwicklungen zu verorten. Netzplantechnik lässt sich in Abhängigkeit von der gewünschten Anwendung modifizieren. Übliche Varianten von Netzplänen sind:

Hierarchisch gegliederte Netzpläne

Komplexe Projekte werden sinnvollerweise nicht mittels eines einzigen Netzplans dargestellt. Es ist möglich, mehrere Informationsebenen mit unterschiedlicher Informationsdichte aufzubauen (Holzschuh 1989, 35). Hier wird unterschieden zwischen:

- Rahmennetz- resp. Meilensteinpläne[17] geben als Übersichtspläne nur die besonders wichtigen Punkte eines Projekts wieder. In ihnen werden die Informationen eines detaillierten Netzplans verdichtet, d. h. nur besonders wichtige Knoten werden dargestellt bzw. die Abfolge ganzer Vorgangsgruppen in so genannten Sammelvorgängen zusammengefasst

---

15 in die Feiertage, Teilzeitarbeit usw. eingetragen werden können

16 Verantwortlichkeiten, Stundenaufwand verschiedener Qualifikationen, Materialeinsatz etc.

17 Meilensteine bezeichnen im Bereich des Projektmanagements wichtige Ereignisse und Zäsuren, um Projektfortschritt, Managementstrategien, Adäquanz der ursprünglichen Ziele u. ä. zu bestimmen (vgl. Kap. 12.2)

und Verbindungen zwischen nicht dargestellten Knoten durch Direktverbindungen ersetzt.
- Fein- oder Teilnetzpläne beinhalten eine detaillierte Aufspaltung in einzelne Vorgänge. Wichtig ist, dass diese Teilnetzpläne Verantwortungsbereichen (Abteilungen, Ressorts etc.) zugeordnet werden können (vgl. Reichert 1994, 99).

Die hierarchische Stufung der Netzpläne ermöglicht die vernetzte Differenzierung größerer Projekte in übersichtliche Teilprojekte. Dieses Vorgehen ist auch dann ratsam, wenn eine zunehmende Detaillierung der Abläufe erst im Verlauf des Projekts erfolgt resp. erfolgen kann.

Standardnetzpläne
Bei Verfahren mit festgelegter Ablaufstruktur können Standardnetzpläne eine wesentliche Arbeitserleichterung darstellen.
Standardnetzpläne sind vorgefertigte Grundpläne (Schablonen), die - gegebenenfalls nach fallspezifischer Modifikation - direkt für alle Verfahren gleichen Typs genutzt werden können (vgl. Reichert 1994, 101). In der Raum- und Umweltplanung sind solche Verfahrenstypen z. B. Planfeststellungsverfahren, Raumordnungsverfahren, Umweltverträglichkeitsstudien, Landschaftsrahmenpläne.

Entscheidungsnetzpläne
Eine Anwendung ganz anderen Typs ist der so genannten Entscheidungsnetzplan. Er enthält logische Weichen innerhalb eines vom Netzplaner festgelegten Optionenpfads.
Von mehreren möglichen Wegen wird im Projektverlauf an jeder Entscheidungsgabel einer gewählt, die anderen verworfen. Entscheidungsnetze haben den Vorteil einer hohes Flexibilität. Der Ablauf eines Projekts wird hier im Gegensatz zu normalen Netzplänen nicht starr vorgeplant. Der Planungsaufwand ist dabei allerdings größer. Für die verschiedenen Alternativen, die nach einem Entscheidungsknoten auftreten, wird empfohlen, zunächst nur eine Grobplanung vorzunehmen. Erst wenn die Entscheidung für eine Alternative gefallen ist, sollte eine Detailplanung vorgenommen werden.
Praktisch angewandt werden Entscheidungsnetzpläne vor allem bei Forschungs- und Entwicklungsprojekten (Reichert 1994:103 f.).

Weitere Anwendungsmöglichkeiten
Im Hinblick auf die Hinwendung der Planung zu mittlergestützter Verhandlung birgt die Netzplanung ein derzeit noch kaum ausgelotetes Potenzial: die Visualisierung des Diskussionsfortschritts in Verhandlungsrunden, die Bestimmung der nächsten Schritte und die sukzessive Konkretisierung der diskursiv entwickelten Planung in Form eines Projektdrehbuchs (vgl. Löb i.Vorb.), welches Orientierungsproblemen und zirkulären Diskussionen vorbeugen und den Übergang von der Plan- bzw. Projektkonkretisierung zur Umsetzung im Rahmen eines Projektmanagements erleichtern kann.

Literatur

Um einen hinreichenden Einblick in die Prinzipien der Netzplantechnik zu gewinnen, können die gut verständlichen Einführungen von Holzschuh (1989) oder von Reichert (1994) empfohlen werden. Als Standardwerke zum Erwerben vertiefter Kenntnisse ist darüber hinaus das Lehrbuch von Schwarze (1994) mit zugehörigem Übungsband (1999) zu nennen. Des Weiteren lohnt sich der Blick ins Internet: Allein zum Suchbegriff Netzplantechnik finden sich mehrere Hundert Einträge auf deutschsprachigen Seiten. Janko und Geyer-Schulz von der Abteilung für Informationswirtschaft der WU Wien bieten einen Überblick über die Critical Path Method an[18].

Für den praxisorientierten Anwender dürfte auch der direkte Einstieg über Programme mittels zugehöriger Lernsoftware resp. Programmhandbuch ein gangbarer Weg sein.

Dieke, K.; Lindner, K.; Schulz, H., 1972: Netzplantechnik - Einführung für die hamburgische Verwaltung, Senatsamt für den Verwaltungsdienst, Organisationsamt (Hrsg.), Hamburg.
Deutsches Institut für Normung (Hrsg.), 1987: DIN 6990, Teil 1: Netzplantechnik, Begriffe, Berlin.
Fürst, D.; Brandel, R.; Löb, S.; Stöbe, S., 1995: Die Bündelungsfunktion der Mittelinstanz, Gelsenkirchen.
Gerhard, G.R.; Unsin, E., 1972: Projekt und Netzplan in der Verwaltung, Köln.
Golde, R.A., 1978: Durchwursteln - unkonventionell führen und organisieren, Heidelberg.
Haynes, M., 1996: Projektmanagement, Wien.
Holzschuh, G., 1989: Was ist Netzplantechnik? 4. Aufl., Heidelberg.

---

18 http://aif.wu-wien.ac.at/usr/geyers/archive/iworg/cpm/cpm/cpm.html

Kieser, A., 1993: Managementtheorien und Taylorismus. In: Kieser, A. (Hrsg.): Organisationstheorien, Stuttgart, 63 ff.

Lindbloom, C., 1959: The Science of Muddling Through. Public Administration Review, Spring 1951: 79-88.

Löb, S., i.Vorb.: Prozessmanagement als Führungskonzept. Informationen zur Raumentwicklung.

Reichert, O., 1994: Netzplantechnik - Grundlagen, Aufgaben und Lösungen für Studenten und Praktiker, Braunschweig.

Ritter, E.-H.; 1998: Stellenwert der Planung in Staat und Gesellschaft. In: Akademie für Raumforschung und Landesplanung (Hrsg.): Methoden und Instrumente räumlicher Planung, Hannover, 6-22.

Schwarze, J., 1999: Übungen zur Netzplantechnik, 3. Auflage, Herne.

Schwarze, J., 1994: Netzplantechnik, 7. Auflage, Herne.

12.2 Projektmanagement

Dietrich Fürst

12.2.1 Das Problem

Projekte spielen in der Praxis der Raum- und Umweltplanung eine immer größere Rolle (Siebel et al. 1999). Das ist Folge insbesondere

- der Privatisierung öffentlicher Aufgaben
- der größeren Bedeutung von Raumentwicklung über Leitprojekte
- der Kapitalexplosion: Anlage suchendes Kapital wächst fast exponentiell[19]

Unter dem zunehmenden Bedarf, die für die Projektbearbeitung aufzuwendende Zeit zugunsten "wettbewerbsfähiger Standortqualitäten" zu verkürzen (Deregulierung, Entbürokratisierung, Verfahrensbeschleunigung), haben die damit verbundenen wachsenden Koordinations- und Konsensfindungsaufgaben Projektmanagement zu einem "Renner" werden lassen. Auch in die öffentliche Verwaltung ist "Projektmanagement" eingezogen, damit beispielsweise komplexe Genehmigungsverfahren, an denen zahlreiche Träger öffentlicher Belange beteiligt sind, schneller bearbeitet werden können. Deshalb verwenden fast alle Bezirksregierungen seit etwa 5-8 Jahren Konzepte des Projektmanagements. Für die Verwaltungsmodernisierung hat Projektmanagement folglich einen relativ großen Stellenwert erhalten. So hat beispielsweise die Arbeitsgruppe "Steuerungsinstrumente" der niedersächsischen Verwaltungsreform-Aktivitäten dazu eine Handreichung herausgegeben[20].

---

[19] aufgrund zunehmender Einkommensdisparitäten, hoher Vermögensübertragungen auf Erben, starker Kapitalsammelgesellschaften und Fonds etc.

[20] Stand: 11/1997, zu beziehen beim Niedersächsischen Landesamt für Bezüge und Versorgung, Auestr. 14, 30449 Hannover

Projektmanagement hat sich aus der Privatwirtschaft entwickelt, wo es darum ging, große, durch vielfältige Leistungen verschiedener Akteure zu erstellende Vorhaben (z. B. Hochbaumaßnahmen, Entwicklung neuer Flugzeuge) möglichst effizient zu realisieren. Die Bedeutung des Projektmanagements im Vollzug solcher technischen Großprojekte wird dadurch verdeutlicht, dass 1980 dazu eine Deutsche Industrienorm (DIN 69 901) erschienen ist.

Ein Projekt ist - nach der DIN 69 901 - durch Komplexität, Zeit- und Mittelbeschränkung, einen klaren Auftrag, Einzelfallbedingungen und die Bearbeitung durch ein Team gekennzeichnet (vgl. Abb. 12.2.1). Was dabei als Projekt gilt, kann sehr Vielfältiges sein (vgl. Tab. 12.2.1).

Wichtig ist, dass Projekte dadurch "einmalig" sind, dass sie nicht auf ein identisches Vorbild zurückgreifen können, dass es also keine Routinen gibt, wie das Vorhaben zu bewältigen ist. Vielmehr muss ein eigener Weg der Problembearbeitung gefunden werden.

Die Lehre vom Projektmanagement ist dabei ein aus verschiedenen Disziplinen gespeistes Know-how (vgl. u.). In erster Linie geht es um effiziente Koordinations-

Tabelle 12.2.1: Beispiele für Projekte

Projektart	Produkt
wissenschaftliches Projekt	ein neues Forschungsergebnis bei vorgegebenem Forschungsauftrag
Planwerk	ein Plan als Zusammenspiel von Informationsverarbeitung und Konsensfindung unter heterogenen Planbetroffenen
Gebäude	die Umsetzung der Gebäudepläne über die Einholung und Koordination von Einzelleistungen unter Kontrolle von Zeit- und Kostenrahmen
Genehmigung	die Koordination der Mitwirkenden im Rahmen von Genehmigungsverfahren

arbeit. Aber um diese Effizienz zu erreichen, sind systematisch die Störstellen in Projektabläufen unter Kontrolle zu bringen. Solche *Probleme der Projektbearbeitung* resultieren im Wesentlichen aus (vgl. Englich u. Fisch 1999):

- Restriktionen (Zeit, Personal, Finanzen)
- Komplexitätsverarbeitung ohne Vorbild ("Einmaligkeit")
- Gruppenarbeit (gruppendynamische Koordination)
- Zielerfüllung (nicht "open-ended" Kreativitätsspiel)

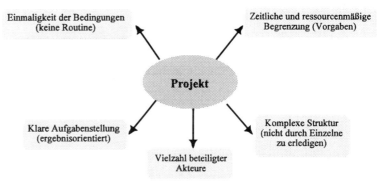

Abbildung 12.2.1: Kennzeichen von Projekten

Auf diese "sensiblen" Bereiche der Projektarbeit soll im Folgenden eingegangen werden.

12.2.2 Begriff des Projektmanagements

Projektmanagement ist - nach DIN 69 901 - die Gesamtheit von Führungsaufgaben, -organisation, -techniken und -methoden für die Abwicklung eines Projekts. Projektmanagement hat immer zwei zentrale Aufgabenblöcke zu bewältigen, die untereinander verschränkt sind: die psycho-soziale Seite von Gruppen zu meistern und die fachlich-inhaltliche Arbeit, die sich aus der Logik des Projekts ergibt (vgl. Abb. 12.2.2).

Bei der psycho-sozialen Seite von Gruppen ist wiederum die Ebene der Gruppe und die Ebene des Individuums in der Gruppe zu unterscheiden. Die Gesamtheit der Managementaufgabe lässt sich dann anhand des aus der "Themenzentrierten Interaktion" bekannten Grundmodells des Führens skizzieren. Themenzentrierte Interaktion ist ein von der amerikanischen Psychoanalytikerin Ruth Cohn (1975) für pädagogische Zwecke entwickeltes Interaktionskonzept, das sich in der praktischen Arbeit von Gruppen bewährt hat. Wesentlicher Kern des Ansatzes ist, dass Gruppen zwar leistungsbezogen arbeiten müssen, Leistung aber behindert werden kann, wenn Gruppen innere Konflikte haben oder der Einzelne sich in Gruppen unwohl fühlt (Konkurrenzängste, Kontrollängste, Versagensängste, Statusängste etc.).

Die Führung muss erreichen, auf allen drei Ebenen erkennbare Schwächen auszugleichen oder abzuarbeiten. Führung muss immer auf drei Ebenen präsent sein (vgl. Abb. 12.2.3).

Aus der unausgewogenen Beziehung der drei Handlungsebenen zueinander können sich Probleme ergeben:

- *Gruppenprobleme*: Die Gruppe ist nicht kohärent genug, kooperiert

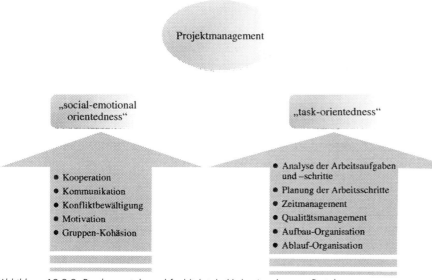

Abbildung 12.2.2: Psycho-soziale und fachlich-inhaltliche Aspekte von Projektmanagement

schlecht, ist in sich zersplittert (z. B. Führungsrivalitäten, Ausgrenzung einzelner Mitglieder, Aufsplitterung in Kerngruppe und Randgruppe).
- *Aufgabenvernachlässigung*: Die Gruppe beschäftigt sich nur mit sich selbst.
- *Ego-Probleme*: Einzelne stören, weil sie sich unwohl fühlen (verkannt, vernachlässigt, unsicher, überfordert, unterfordert etc.).

12.2.3 Methodik des Projektmanagements

Projektmanagement folgt in der Logik weitgehend den üblichen formal-logischen Planungsschritten (s. Kap. 2.2):
- *Situationsanalyse* (was ist die Aufgabe und unter welchen Bedingungen muss sie erledigt werden?)
- *Zielsetzung* (was soll erreicht werden und wie stehen die Mitwirkenden zu diesen Zielen?)
- *Konzeptentwurf* (wie kann die Aufgabe unter den Zielen gelöst werden und welche Alternativen gibt es?)
- *Bewertung* (welche der Lösungen ist die sinnvollste?)
- *Entscheidung* (wie lässt sich die Lösung realisieren?).

12.2.3.1 Phasen der Bearbeitung

Diese formal-logischen Schritte werden üblicherweise in vier Phasen bearbeitet.

Definitionsphase
In der ersten Phase (Definitionsphase) wird eine Grobplanung durchgeführt, in der auch die "Machbarkeit" abzuprüfen ist:
- Ist das Projekt überhaupt durchführbar?
- Sind die Vorgaben realistisch?
- Mit welchen Kosten ist zu rechnen und stehen die Kosten noch im richtigen Verhältnis zum Ertrag (Wirtschaftlichkeitsprüfung = Kosten-Nutzen-Prüfung)?

Planungsphase
In der zweiten Phase (Planungsphase) sind die einzelnen Tätigkeiten festzulegen, also die Arbeitsschritte zu definieren, Schnittstellen zwischen den Arbeitsschritten festzulegen, Zeiten für die einzelnen Schritte zu bestimmen, das "Produkt", das am Ende jedes einzelnen

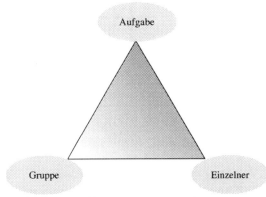

Abbildung 12.2.3 Themenzentrierte Interaktion

Schritts stehen soll, genau zu definieren etc. Das wird in so genannten Lasten- oder Pflichtenheften festgelegt. In diese Phase gehört auch die Prüfung des Risikos des Scheiterns: Woran kann das Projekt scheitern? Wie geht man mit diesen Risiken um?

Realisierungsphase
Die dritte Phase ist die Realisierungsphase: Hier müssen die geplanten Maßnahmen umgesetzt werden und es muss ein funktionsfähiges Monitoring existieren, das den Projektfortschritt jederzeit bestimmen lässt. Hier hat sich eingebürgert, "Meilensteine" zu definieren, die an konkreten Indikatoren überprüft werden können und das Signal geben, dass Arbeitsschritte erfüllt sind. Meilensteine können genutzt werden, um den Stand des Projekts zu überprüfen, aber auch um generell über das Projekt erneut nachzudenken:
- ob die ursprünglichen Ziele noch stimmen
- ob die Projektarbeit unter den geänderten Rahmenbedingungen noch sinnvoll ist
- ob die Führung ausgewechselt werden sollte.

In der Realisierungsphase zeigt sich auch, wie gut das Management mit Abweichungen umgehen kann: Wie fängt man Unvorhergesehenes auf? Wie kompensiert man mögliche Zeitverluste? Wie hält man die Kosten unter Kontrolle?

Abschlussphase
Die letzte Phase ist die Abschlussphase, in der das Projekt förmlich als beendet erklärt wird. Das setzt i.d.R. einen Projektabschlussbericht voraus, aber auch den Prozess, wie das Projekt aufgelöst und die Mitwirkenden, die ja nur vorübergehend, nämlich für dieses Pro-

jekt aus ihren "Normalfunktionen" herausgelöst wurden, in ihre "Stammorganisationseinheiten" zurückgeführt werden (Reintegration der Mitwirkenden).

Die Sachaufgabe und die sozio-emotionale Aufgabe sind gemeinsam zu bewältigen. Gruppen sind umso motivierter und kreativ-kooperativer, je mehr sie durch Erfolg bestätigt werden; Erfolg ist aber umso leichter zu erzielen, je reibungsfreier Gruppen arbeiten und je wirksamer sie die Begabungen und Fähigkeiten ihrer Mitglieder zur vollen Entfaltung bringen.

Das bedeutet: Mitwirkung der Gruppe an den fundamentalen Entscheidungen und Berücksichtigung der Gruppen-/Ego-Belange. Deshalb darf Projektmanagement nicht in der Qualität einer "Selbsterfahrungsgruppe"[21] enden, sondern muss zielorientiert betrieben werden.

Anfangs wurde Projektmanagement rein technisch verstanden. Folglich dominierten Methoden und Techniken, die allein dem Strang "Aufgabenerledigung im Rahmen der vorgegebenen Restriktionen" dienten. In den 70er und 80er Jahren kehrte sich die Priorität um: Jetzt stand die Gruppe im Mittelpunkt und deren Funktionsweise. Das führte nicht selten dazu, dass der Moderator lediglich noch darum bemüht war, die Gruppe "bei Laune zu halten". Die Aufgabenorientierung wurde dabei "Nebenprodukt".

Heute bemüht man sich im Sinne der Themenzentrierten Interaktion um eine Balance der drei Ebenen: Ich - Wir - Aufgabe.

12.2.3.2 Bausteine des Projektmanagements

Eine ausgefeilte Methodik des Projektmanagements gibt es nicht, wohl unterschiedliche methodische Bausteine, die miteinander in geeigneter Form zu verbinden sind. Im Einzelnen sind folgende Bausteine relevant:

Projektstrukturplanung

Bei der Zerlegung der Aufgabe in Arbeitsschritte (Projektstrukturplanung) bieten sich Techniken wie Metaplan oder Mind Mapping (s. Kap. 8.3 und 8.4) an. Entscheidend ist allerdings, dass die Gliederung fachlich bestimmt wird.

Zeitmanagement, Terminplanung

Für das Zeitmanagement sind bereits in den 50er Jahren technische Verfahren geschaffen worden, die darauf basieren, dass

- die Arbeitsabläufe in Arbeitseinheiten zerlegt werden können (s. o.)
- der Zeitaufwand für die Herstellung des Gesamtprojekts dadurch minimiert werden kann, dass möglichst viele Arbeitseinheiten zeitlich parallel durchgeführt werden (was voraussetzt, dass die Arbeitsschritte genügend zeitliche Unabhängigkeit haben)
- der Gesamtzeitbedarf auf den "kritischen Pfad" reduziert werden kann, der durch die Aneinanderreihung der Arbeitseinheiten gebildet wird, die nur hintereinander durchgeführt werden können (s. Kap. 12.1.4).

Die Verfahren firmieren unter dem Begriff "Netzplantechnik" (s. Kap. 12.1); sie werden heute wegen ihrer Komplexität i.d.R. rechnergestützt abgewickelt. Zu beachten ist dabei:

- Mit der Verkürzung der Gesamtprojekt-Laufzeit durch Ausgliederung von Teilarbeitsschritten, die dann parallel zum kritischen Pfad durchgeführt werden, gewinnt man zwar Zeit, aber nur auf Kosten von mehr Arbeitseinsatz. Entweder werden die Mitarbeiter stärker belastet oder es wird parallel gearbeitet. Das wiederum verlangt, dass es Arbeitskräfte gibt, die parallel eingesetzt werden können - heute wird das vielfach dadurch erledigt, dass man Unteraufträge "nach draußen" vergibt ("Outsourcing"). Projektmanagement wird dann immer mehr zu einer "Generalunternehmerschaft"[22].
- Man kann zwar die Arbeitsabläufe in immer kleinere selbstständige Einheiten zerlegen. Aber damit entsteht ein wachsender Koordinationsbedarf, vor allem dann, wenn die Einheiten sachlich/inhaltlich aufeinander abgestimmt werden müssen und nicht genormte Teile sind. Folglich sind die Kosten der Koordination gegen die Vorteile der Arbeitsteilung abzuwägen.
- Mit der Reduktion auf den kritischen Pfad wächst das Risiko, durch Ausfall eines Arbeitsschritts auf diesem Pfad in der gesamten Zeitplanung durcheinander zu kommen. Die Praxis löst das Problem, in-

---

21 Unter einer Selbsterfahrungsgruppe versteht man eine Gruppe, deren einziges Ziel darin besteht, durch Gespräche die Befindlichkeit der Gruppenmitglieder auf eine rationale, kommunikationsfähige und damit therapiefähige Ebene zu heben.

22 Ein Generalunternehmer übernimmt den Auftrag und kümmert sich seinerseits darum, die einzelnen Gewerke an Unterauftragnehmer zu vergeben, die nur ihm verantwortlich sind.

dem sie "Schlupf" einbaut, d. h. Pufferzeiten einkalkuliert.

Qualitätsmanagement, Qualitätsplanung
Für das Qualitätsmanagement werden üblicherweise Kontrollstrukturen geschaffen, die vom Monitoring über Stichprobenkontrollen bis zu regelmäßigen Berichtspflichten reichen können. Dabei sind selbst-reflexive Kontrollstrukturen am besten, indem die Mitwirkenden sich selbst kontrollieren. Bei Fertigungsprozessen geschieht das über "Qualitäts-Zirkel". Hier diskutieren Mitwirkende selbstkritisch ihre Leistungen und überlegen, was zur Qualitätsverbesserung getan werden kann. Selbst-Kontrolle setzt voraus, dass die Führung Vertrauen in die Mitwirkenden hat. Misstrauische Führung kontrolliert zu häufig, zieht gelegentlich auch Aufgaben an sich (im Glauben, sie besser und schneller erledigen zu können) und ist insofern in ihrem Führungsverhalten unberechenbar, was wiederum Widerwillen und Demotivation im Team auslösen kann (vgl. Adams 1997).

Voraussetzung des Qualitätsmanagements ist, dass Klarheit über das besteht, was "Qualität" sein soll. Es bedarf folglich einer klaren Leistungsbeschreibung, die nicht nur quantitativ, sondern auch über qualitative Indikatoren geleistet wird (vgl. dazu Kap. 11).

Aufbau- und Ablauforganisation, Projektablaufplanung, Kapazitätsplanung
Aufbauorganisation kann auch als "Projektorganisation", Ablauforganisation als "Prozessorganisation" bezeichnet werden. Für die organisatorischen Maßnahmen gelten die üblichen organisationssoziologischen und organisationstechnischen Argumente:

- Die Organisation ist den Teilaufgaben entsprechend anzupassen: Wenn die Teilaufgabe kreative Leistungen erfordert, sind Gruppen zu organisieren, die möglichst wenig außengeleitet werden und eine möglichst hohe Autonomie der Selbststeuerung haben. Wenn die Teilaufgabe reine Vollzugsfunktion nach vorgegebenen Plänen ist, können stärker hierarchisch ausgerichtete Strukturen hilfreich sein.
- Es sind Organisationsstrukturen zu schaffen, welche die Mitwirkenden als adäquat empfinden; sie müssen Mitwirkungsmöglichkeiten haben.
- Die Organisation sollte möglichst flexibel-prozessual gestaltet werden: Es kann nicht darum gehen, kleinteilige hochspezialisierte Arbeitseinheiten zu schaffen, die nur "ihren Job" tun, sich aber um die Zusammenhänge ihrer Arbeit mit dem Gesamtprojekt nicht kümmern. Vielmehr sollen die einzelnen Einheiten kommunikativ miteinander verbunden sein und immer das Gesamtergebnis mit reflektieren. D. h. sie müssen sich ihrer spezifischen Funktion im Gesamtzusammenhang bewusst sein und ihre Arbeit daraufhin relativieren.
- Arbeitsteilung und Koordination sind aufeinander zu beziehen, denn sie stellen zwei unterschiedliche Logiken dar. Arbeitsteilung begünstigt Spezialisierung und evtl. Qualität; aber je mehr ein Projekt arbeitsteilig ausdifferenziert ist, umso mehr Aufwand ist für die Koordination zu leisten. Dieser Aufwand kann sich der Kontrolle durch das Management entziehen, indem sich immer mehr "Quatsch-Zirkel" bilden.
- Verantwortlichkeiten müssen definiert werden, sonst liegt alle Durchführungsverantwortlichkeit unmittelbar beim Manager. Er muss Verantwortung delegieren, auch wenn er letztlich für das Ergebnis die volle Verantwortung tragen muss - die kann ihm keiner nehmen.
- Es sind geeignete Anreize zu schaffen, um die Mitwirkenden zu motivieren und anzureizen, ihre Leistung im Gesamtzusammenhang zu effektiveren und zu optimieren. Anreize dieser Art werden heute über Gehaltszuschläge ("Leistungslohn") und über Wettbewerbsstrukturen geschaffen.

Kostenmanagement, Kostenplanung
Kostenmanagement spielt bei Projekten eine immer wichtigere Rolle, vor allem, seit die öffentliche Hand nach den Prinzipien des "New Public Management"[23] reorganisiert wird. Hier kommt es darauf an, über die Kostenüberwachung Möglichkeiten zu identifizieren, Kosten einzusparen oder umzuschichten (wenn an anderer Stelle Kostenüberschreitungen drohen).

---

23 New Public Management ist ein aus der Betriebswirtschaft abgeleitetes betriebsinternes Steuerungssystem, das mit Leistungsanreizen, Kosten-Leistungs-Verantwortung (produktbezogener Kostenkalkulation), Wettbewerb und Leistungskontrolle über Quasi-Märkte (Produkte, Bedarfssteuerung) sowie Evaluation arbeitet. Jede Organisationseinheit erhält ihre Budgetverantwortlichkeit, d. h. ist verantwortlich dafür, dass die ihr zugewiesenen Aufgaben mit den ihr zugewiesenen Mitteln effizient bewältigt werden ("Budgetierung").

Gruppenmanagement

Schlüsselwörter zum Gruppenmanagement sind Teamarbeit und Gruppendynamik. Teamarbeit ist in der Praxis wesentlich anspruchsvoller, als der Sprachgebrauch vermuten lässt (Wiendieck 1992). Um Teams funktionsfähig zu machen, werden die üblichen Moderationstechniken verwendet (Sperling u. Wasseveld 1997), allerdings unterfüttert mit entsprechenden Kenntnissen der Gruppendynamik (vgl. Schleiken 1997). Denn man hat es i.d.R. mit Kleingruppen zu tun, die ergebnisorientiert moderiert werden sollen.

Aber Gruppenmanagement ist mehr: Eigentlich ist es auch die Aufgabe, dafür zu sorgen, dass die Gruppe a) optimal zusammengesetzt ist und b) ein Team bildet. Eine optimale Gruppenzusammenstellung ist dadurch gekennzeichnet, dass die Gruppe nicht zu groß ist[24] und dass die Gruppenmitglieder Funktionen übernehmen (können), die für eine funktionierende Gruppenarbeit notwendig zu sein scheinen (vgl. aber kritisch: Hare 1994):

- die Fachleute
- die Visionäre
- die Integrierer
- die Macher
- die Förderer.

Teambildung setzt sicherlich zunächst voraus, dass die "Chemie" der Mitwirkenden stimmt. Das aber lässt sich schlecht planen. Wohl aber hat der Manager Einfluss auf Rahmenbedingungen der Kommunikation (Rosenstiel 1993), wobei er aber auch wiederum davon abhängt, dass die Mitwirkenden untereinander kommunikationsfähig sind.

Zu dem, was ein Manager gestalten kann, gehören auch Spielregeln, wie Konflikte "im Regelfall" zu lösen sind (vgl. Keller 1996). Im Einzelfall sind dann immer noch gesonderte Konfliktregelungen nötig[25].

12.2.4 Einige Schlussbemerkungen

Projektmanagement ist als suggestiver[26] Begriff, klangvoller als seine Praxis. Projektmanagement ist auf der einen Seite eine Aufgabe des Managers, mit Komplexität umgehen zu können, d. h.

- komplexe Vorgänge in Arbeitsschritte zu zerlegen
- die Arbeitsschritte systematisch und fachlich sowie in zeitlich optimaler Weise zuzuordnen
- Überwachungs- und Kontrollverfahren einzubauen, um die Arbeitsabläufe zu sichern

Auf der anderen Seite ist Projektmanagement hoch komplexe sozio-emotionale Führung und Konfliktmanagement, weil man es mit einer Vielzahl von Mitwirkenden zu tun hat, mit Eigeninteressen und Eitelkeiten, mit individuellen Zwängen und Restriktionen, auf die Rücksicht zu nehmen ist.

Projektmanagement ist folglich fachliche Intelligenz gepaart mit "emotionaler Intelligenz", d. h. Menschen führen und auf Verhalten von Menschen "richtig" (angemessen) reagieren zu können[27].

Gleichwohl sollte man sich bewusst machen, dass Projektmanagement auf eine Reihe von günstigen Rahmenbedingungen angewiesen ist. Untersuchungen von Englich und Fisch (Verwaltungshochschule Speyer) in der öffentlichen Verwaltung zeigen, dass die bürokratischen Rahmenbedingungen nicht besonders förderlich für projektbezogene sektorübergreifende Zusammenarbeit sind. Sie prägen das sektorale und hierarchische Denken, honorieren die Mitarbeit in Projektgruppen nicht[28] und reduzieren die Mitwirkung der Einzelnen häufig auf passive Mitwirkung, weil sich Anstrengungen in der Projektgruppe für den Einzelnen nicht auszahlen: Sie schaffen nur Mehrarbeit, ohne Anerkennung im heimatlichen Ressort (Englich u. Fisch 1999, 35 ff. und 175 ff.).

---

24 Die Interaktionsintensität muss groß genug sein, kein Mitglied darf sich wegen der Gruppengröße auf "Trittbrettfahrerverhalten" zurückziehen u. ä.

25 z. B. unter Mitwirkung des Moderators, der dann in die Rolle eines "Mediators" schlüpfen kann (vgl. Gemünden u. Högl 1998)

26 suggestiv ist die Assoziation mit Effizienz, mit Schnelligkeit, mit höherem Grad der Koordination

27 Mit dem Begriff der "emotionalen Intelligenz" werden im Wesentlichen folgende Fähigkeiten umschrieben: Selbstbewusstheit, Selbststeuerung, Motivationsfähigkeit, Empathie, soziale Kompetenz und Kommunikationsfähigkeit (vgl. z. B. Goleman 1997).

28 Bürokratische Strukturen sehen den Nutzen der Projektgruppen nur dann, wenn diese unmittelbare Aufgaben des Ressorts bearbeiten. I.d.R. aber müssen die Projektgruppen neue "Kollektivgüter" schaffen, die oberhalb der Ressorts wichtig sind: Koordination, gemeinsame, fachübergreifende Problemlösungen.

Projektmanagement funktioniert dort am besten, wo die Projektgruppe relativ unbeschwert von institutionellen Rahmenbedingungen problemorientiert vorgehen kann. Auf dieser Erkenntnis basiert beispielsweise die Organisation beim Regionalmanagement. Hier wird i.d.R. mit zwei Typen von Gruppen gearbeitet: Den (politischen) *Promotoren* (= Entscheidungsträgern) und den (fachlichen) *Experten*. Letztere sind die eigentlichen "Problembearbeiter" und an dieser sektoralen Problembearbeitung motiviert, sofern folgende Bedingungen gelten:

- Die Promotoren haben die Kooperation zu einer förmlichen Aufgabe gemacht und stellen ihre Experten teilweise von anderen Funktionen frei.
- Die zu bearbeitenden Themen sollten die Fachgebiete der Experten berühren und für ihre praktische Arbeit wichtig genug sein, damit die Problembearbeitung in der Expertengruppe auch für die einzelnen Experten vorteilhaft ist.
- Die Thematik gilt als politisch relevant und wird von den Promotoren unterstützt.
- Die Zusammenarbeit entwickelt - z. B. durch Moderation - eine hohe "intrinsische" Kraft, d. h. motiviert aus sich heraus, z. B. weil die Thematik und die Art der Kooperation den Teilnehmern Spaß macht.

Literatur

DIN 69901, 1987: Projektwirtschaft, Projektmanagement - Begriffe, Berlin.

ADAMS, S., 1997: Das Dilbert Prinzip: Die endgültige Wahrheit über Chefs, Konferenzen, Manager und andere Martyrien, Landsberg/Lech.

BAGULEY, P., 1998: Erfolgreiches Projektmanagement, Niedernhausen.

BIRKER, K., 1995: Projektmanagement., Düsseldorf.

BROWN, M., 1997: Projektmanagement in 7 Tagen, München.

COHN, R., 1975: Von der Psychoanalyse zur themenzentrierten Interaktion, Stuttgart.

EBERHARDT, D., 1998: Kleingruppenorientiertes Projektmanagement, Mering.

ENGLICH, B.; FISCH, R., 1999: Projektgruppen in der öffentlichen Verwaltung. Aktuelle Verbreitung, Chancen, Modernisierungsaspekte, Speyer (Speyerer Forschungsberichte 198).

FISHER, R.; SCHARP, A., 1998: Führen ohne Auftrag. Wie Sie ihre Projekte im Team erfolgreich durchsetzen, Frankfurt a.M.

GEMÜNDEN, H.G.; HÖGL, H.G., 1998: Teamarbeit in innovativen Projekten: Eine kritische Bestandsaufnahme der empirischen Forschung. Zeitschrift für Personalforschung 12: 277-301.

GOLEMAN, D., 1997: Emotionale Intelligenz, München.

HARE, A.P., 1994: Types of roles in small groups - a bit of history and a current perspective. Small Group Research 25: 433-448.

HAYNES, M.E., 1996: Projekt-Management, Wien.

KELLER, H., 1996: Projekte konfliktfrei führen. Wie Sie ein erfolgreiches Team aufbauen, München.

LITKE, H.-D., 1995: Projektmanagement. Methoden, Techniken, Verhaltensweisen, München.

LITKE, H.-D., 1996: DV - Projektmanagement. Zeit und Kosten richtig einschätzen, München.

LITKE, H.-D.; KUNOW, I., 1998: Projektmanagement (STS-Taschen-Guide).

ROSENSTIEL, L. v., 1993: Kommunikation und Führung in Arbeitsgruppen. In: Schuler, H. (Hrsg.): Organisationspsychologie, Bern, 321-351.

SCHLEIKEN, T. 1997: Aspekte der Gruppendynamik im Projektmanagement. In: Schleiken, T.; Winkelhofer, T. (Hrsg.): Unternehmenswandel mit Projektmanagement, München, 180-200.

SIEBEL, W.; IBERT, O.; MAYER, H.-N., 1999: Projektorientierte Planung - ein neues Paradigma? Informationen zur Raumentwicklung (3/4): 163-172.

SPERLING, J.B.; WASSEVELD, J., 1997: Führungsaufgabe Moderation. Besprechungen, Teams und Projekte kompetent managen, Planegg.

STEINLE, C.; BRUCH, H.; LAWA, L., 1995: Projektmanagement. Instrument effizienter Dienstleistung, Frankfurt.

WIENDIECK, G., 1992: Teamarbeit. in: Frese, E. (Hrsg.): Handwörterbuch der Organisation, 3. Aufl., Stuttgart, 2375-2384.

Literatur im WorldWideWeb

Deutsche Gesellschaft für Projektmanagement e. V., http://www.gpm-ipma.de

International Project Management Association, http://www.ipma.ch

Anhang

Die Autorinnen und Autoren

Dipl.-Ing. Peter Beckmann
geboren 1940 in Krefeld, Dipl.-Ing. Bauingenieurswesen, Akademischer Oberrat am Institut für Landesplanung und Raumforschung der Universität Hannover, Arbeitsschwerpunkte: Stadt- und Regionalplanung, Verkehrsplanung
E-Mail: beckmann@laum.uni-hannover.de

Dipl.-Ing. Oliver Fuchs
geboren 1969 in Flensburg, Dipl.-Ing. Landschafts- und Freiraumplanung, Wissenschaftlicher Mitarbeiter am Institut für Entwicklungsplanung und Strukturforschung an der Universität Hannover, Arbeitsfelder: Regional- und Landesentwicklung, Tourismusplanung, Umweltqualitätsmanagement
E-Mail: fuchs@ies.uni-hannover.de

Prof. Dr. Dietrich Fürst
geboren 1940 in Zwickau/Sa., Prof., Dr.rer.pol., Dipl.-Vw., Hochschulprofessor für Landes- und Regionalplanung am Institut für Landesplanung und Raumforschung der Universität Hannover, Veröffentlichungen in den Bereichen Raumplanung (Planungsprozesse, Planungsorganisation, Planungsmethoden), Kommunalfinanzen, politisch-administrative Entscheidungsprozesse der Raumnutzung
E-Mail: fuerst@laum.uni-hannover.de

Dr. Helga Kanning
geboren 1959 im Kreis Nienburg/Weser, Dipl.-Ing. Landespflege/Landschafts- und Freiraumplanung, Dr.-Ing., Wissenschaftliche Assistentin am Institut für Landesplanung und Raumforschung, Mitglied der UVP-Gesellschaft und des Doktoranden-Netzwerks Öko-Audit e.V., Forschungsschwerpunkte: Instrumente der Umweltplanung, Umweltbilanzen, EMAS, Umweltökonomie und Umweltpolitik, Nachhaltige Entwicklung
E-Mail: kanning@laum.uni-hannover.de

Dr. Dieter Kostka
geboren 1959 in Leonberg (Württ.), Dipl.-Verwaltungswissenschaftler, Dr. rer. soc., freiberuflicher Verwaltungs- und Konfliktberater, dreijährige Ministerialpraxis, diverse Lehraufträge, Mitglied im Bundesverband Mediation e. V. und in der Centrale für Mediation, Gründungsmitglied der Interessengemeinschaft Umweltmediation e. V., Arbeitsbereiche: Fortbildung, Lehre und Forschung zu den Themen öffentliches Konfliktmanagement, Bürgerorientierung und Verwaltungsmodernisierung; Prozessbegleitung, strategische Planung und Koordination des behördlichen Vorgehens bei öffentlich umstrittenen Projekten und Bürgerprotesten
E-Mail: Dieter.Kostka@gmx.de

Dipl.-Ing. Stephan Löb
geboren 1967 in Soltau, Dipl.-Ing. Landespflege/Landschafts- und Freiraumplanung, Wissenschaftlicher Mitarbeiter am Institut für Landesplanung und Raumforschung, Forschungsschwerpunkte: Regionalmanagement, Moderation in der Raum- und Umweltplanung, Planung und Kommunikation
E-Mail: loeb@laum.uni-hannover.de

Dr. Margit Mönnecke
geboren 1960 in Osnabrück, Dipl.-Ing. Landespflege/Landschafts- und Freiraumplanung, Dr.-Ing., Wissenschaftliche Mitarbeiterin am Institut für Landschaftspflege und Naturschutz; freiberufliche Moderatorin; Mitglied im Wissenschaftlichen Beirats des BUND Niedersachsen e.V., Sprecherin des BUND-Landesarbeitskreises "Naturschutz, Planung, Landschaftspflege und Wald", Mitarbeit im BBN; Forschungsschwerpunkte: Evaluation in der räumlichen Planung, Landschaftsplanung, EU-Instrumente im Umweltbereich; Lehrschwerpunkte: Landschaftsplanung, Fremdenverkehrsplanung, Eingriffsregelung.
E-Mail: moenne@land.uni-hannover.de

Dipl. Geogr. Gerald Mühl

geboren 1964 in Celle, Diplom Geograph, Wissenschaftlicher Mitarbeiter am Institut für Landesplanung und Raumforschung, Forschungsschwerpunkte: Regional- und Landesplanung, Rohstoffsicherung, Ressourcenmanagement, Nachhaltige Entwicklung

E-Mail: muehl@laum.uni-hannover.de

cand.-ing. Magrit Putschky

geboren 1965 in Coburg/Ofr., Ausbildung zur Fremdsprachenwirtschaftsassistentin und Berufstätigkeit v. a. in der Export-Sachbearbeitung, seit 1993 Studentin der Landschafts- und Freiraumplanung, wissenschaftliche Hilfskraft am Institut für Landesplanung und Raumforschung, Arbeitsschwerpunkte: konzeptionelles Entwerfen/Objektplanung/Pflanzenverwendung, partizipative Planung/Kommunikation, Planen im ländlichen Raum/Ökologisierung der Landwirtschaft

E-Mail: magrit@gmx.de

Dipl.-Ing. Wolfgang Roggendorf

geboren 1959 in Euskirchen, Studium der Agrarwissenschaft in Bonn, Diplomagraringenieur, mehrjährige Tätigkeit als Umweltplaner in freien Planungsbüros im Ruhrgebiet, Wissenschaftlicher Mitarbeiter am Institut für Landesplanung und Raumforschung mit den Forschungsschwerpunkten Informationstechnik in der Raum- und Umweltplanung sowie ländliche Regionalentwicklung

E-Mail: roggen@laum.uni-hannover.de

Dr. Frank Scholles

geboren 1961 in Mönchengladbach, Dipl.-Ing. Landespflege/Landschafts- und Freiraumplanung, Dr. rer.hort., Wissenschaftlicher Mitarbeiter am Institut für Landesplanung und Raumforschung, Teilhaber der Blasig - Scholles - Spohr & Partner GbR - Softwareentwicklung und EDV-Beratung, 2. Vorsitzender der UVP-Gesellschaft e.V.; Vizepräsident der Deutschen Gesellschaft für Nachhaltige Entwicklung und Umweltvorsorge (DeGeNEU) e.V., Lehr- und Forschungsschwerpunkte: Methoden der Umweltplanung, Umweltverträglichkeitsprüfung, Umwelt- und Planungsinformatik, Nachhaltige Entwicklung

E-Mail: scholles@laum.uni-hannover.de

Dipl.-Ing. Heidi Sinning

Dipl.-Ing. Landschafts- und Freiraumplanung, Projektleiterin des nationalen Netzwerks "CIVITAS - Bürgerorientierte Kommunen in Deutschland" im Bereich Staat und Verwaltung der Bertelsmann Stiftung, davor Geschäftsführerin des Planungsbüros KoRiS - Kommunikative Stadt- und Regionalentwicklung Sinning & Knieling Hannover, Schwerpunkte in Praxis und Forschung: Partizipation, Kooperation und Kommunikation auf kommunaler und regionaler Ebene

E-Mail: Heidi.Sinning@bertelsmann.de

Index

Kursive Seitenzahlen verweisen auf Definitionen.

A-TOPP-Modell 132
Aalborg-Charta 52
Aarhus-Konvention 52, 359
Ablauforganisation *60*
Absprache, informelle 360
Abschätzung 267
Abstimmung 321
Abstrahierung 146
Abwägung 49, 76, 109, 121, 130, 144, 154f., 292, 299, 334
   - Regeln 156, 299
Abweichung, mittlere 165
Abzinsung 226, 229f.
AIDA-Methode 134
Agenda Setting 31
Agenda 21 52, 95, 363
Aggregation 217, 232, 239, 246, 254, 265, 290f., 300
   -Regel 294
Aktivitätsfolgenabschätzung 105
Akzeptanz 193, 333, 354, 369, 372
Algebra, Boole'sche 213, 218, 246, 299
Allokatiion 222
Alternativen 10, 93, 156
   - Auswahl 34
   - Suche 32
   - Vergleich 135
Analogieschluss 32, 181
Anhörung 118, 359
Anpassungspflicht 145
Anwaltsplanung 366
Arbeitsgliederung 104
Arbeitskreis 126f.
Argumentieren 340
Assoziation 31
Assoziationskette 323
Assoziationssprung 311
Aufbauorganisation *60*
Aufwandsminimierung 33
Aushandeln 340
Auslegungsverfahren 360
Ausschuss 364
Auswirkung 253

Baugesetzbuch 37
Bauleitplanung 9, 37, 48, 359, 377ff.
Beamte 56
Bebauungsplanung 37, 49f.
Beeinträchtigung *252f.*

Beeinträchtigungsempfindlichkeit *252f.*
Beeinträchtigungsintensität *252ff.*
Behörde *58*
   - obere *58*
   - oberste *58*
   - untere *58*
Beirat 364
Beschleunigungsgesetze 115, 361
   - Verfahrensbeschleunigung 336
Bestandsaufnahme 105f., 120, 154
Betroffenenbeirat 364
Betroffener 181, 359
Betroffenheit 193
Bewertung 34, 93, 106, 117, 121, 292ff.
   - Methoden 117, *294*
   - Probleme 122
   - fachliche 293
   - intuitive 292f.
   - politische 293
   - verbal-argumentative 216, 285ff.
Bilanz 268
Biotopwertverfahren 274
Biorhythmus 313
Black Box *181*
Brainstorming 133, 313ff.
Brainwriting 315
Bürgerauschuss 367
Bürgerbeteiligung 92, 128
   - vorgezogene 360
Bürgergutachten 365
Bürgerinformationssystem 95, 97
Bürgerinitiative 367
Bürgerversammlung 363
Bürokommunikation 88
Bundesraumordnungsgesetz 37

Checkliste 183, 188
Clusteranalyse 170
Conciliation *347*
Critical Level *150*
Critical Load *150*
Critical Path Method 386
Critical Structural Change *150*

Darstellung 48
   - zusammenfassende 117, 121
Datenbank 88

Datenverfügbarkeit 383
Denken, laterales 86
Deduktion 85
Delphi 203ff.
Deontologie 69
Deregulierung 52, 336
Deutungssystem 104
Dialektik 86
Dienstaufsicht 59
Dienstrecht 56
Dienstweg 54, 55
Diskriminanzanalyse 170
Diskontierung 229f.
Diskussionswert 149
Dorfentwicklung 124ff., 125, 151
Dorferneuerung 125
Dosis-Wirkungs-Beziehung 181

Effektivität 9, 231
Effizienz 9, 221, 222, 370
   - Kontrolle 374
Eigenleben, kardinales 298
Eignung 253
Einfall 304
Eingriffsregelung 49, 50, 228
Einheit der Verwaltung 55
Einschätzung 267
Eintrittswahrscheinlichkeit 196, 197f., 267
Emergenz 84, 187, 239
Empfänger 181
Empfindlichkeit 251, 267f.
Empfindlichkeitsmatrix 182, 248
Energiebilanz 269, 272f.
Entscheidung 154, 293
Entscheidungstheorie 17
Entscheidungsvorbereitung 10, 108, 292, 299
Entwicklungskonzept, regionales 50
Entwicklungskorridor 208
Entwicklungsmaßnahme, städtebauliche 50
Entwicklungspfad 208
Entwicklungsplanung 9, 105
   - integrierte 14
Entwurf 106
Erfolgskontrolle 59
Erkenntnistheorie 80
Erlaubnis, gebundene 114, 153, 334
Ermessensentscheidung 74
Ermessensspielraum 156
Erörterung 360, 363, 371
Ersatzpreis 228

Ethik 69
   - anthropozentrische 69
   - biozentrische 69
   - physiozentrische 69
Evaluation 373
   - Meta-Evaluation 374
Evaluationsforschung 373
Expertenpanel 203
Expertensystem 89
Extrapolation 200
   - Trendextrapolation 200

Fachaufsicht 58
Fachplanung 9
Faktorenanalyse 170
Faktorwirkungsmodell 187
Fehlschluss, naturalistischer 139f.
Festsetzung 48
Flächenbilanz 271, 273ff.
Flächennutzungsplanung 37, 48f.
Folgewirkung 180, 193
Formalisierung 55, 265, 267, 285, 291, 300
Forum 363
Funktionsraum 248

Gefahr 195
Gefahrenabwehr 108, 214, 267
Gegenstromprinzip 44, 145
Gehirnforschung 305
Gemeinschaftsaufgabe 58
Gemeinwohl 72
Genauigkeit 297
Geo-Informationssystem 88, 171, 299
Gewichtung 154, 235, 266, 286, 297
Gewissheit 191
Grenzwert 150
Grünordnungsplan 40
Grundgesamtheit 163
Gruppendenken 66
Gruppendynamik 397
Gut, öffentliches 222

Handlungsziel 11, 148
Harvard-Negotiation-Konzept 341
Hermeneutik 86
Hierarchie 55
Hirnhemisphäre 305, 322
Hyperwürfel 214
Hypothese 81, 167, 304

Ideenentwicklung 324
Ideensammlung 316
Identifikation 370
Imperativ, Kant'scher 69
Implementation 34
Implikationsbeziehung 142
Index 297
Indifferenz 142
Indikator 149, 152f., *160ff.*, 236f., 253, 265, 290, 297, 298, 375, 382
Induktion *84f.*
Information 89, 363
   - Gewinnung 101
   - Management 98
   - Meta-Information 90
   - Paradox 193, 297
   - Sammlung 304
   - Verarbeitung 12, 23, 25, 306
Informations- und Kommunikationstechnik 21, 87ff.
Informationsgesellschaft 87
Informationssystem 87, 89f.
   - geografisches 21, 88
Informationsverlust 245f., 293, 299, 300
Inkrementalismus, perspektivischer 20
Institutionalisierung 372
Institutionen 59, 357
Intangible *223*, 227f.
Interessen 154
Internet 88, 94, 103, 360
Intersubjektivität 294
Intervallskala 159

Je-desto-Regel *195*
Jedermann-Beteiligung 359, 360

Kapazitätsplanung 390
Kapitalwertmethode 229
Kardinalskala *159*, 238, 298
Kartenabfrage 316
Kartenüberlagerung 171
Kartierung 85
Kartoszenario 210
Kausalbeziehung *180*
Klassifizierung 213, 217, 219f., 239, 265, 266, 298f.
Koinzidenz *180*
Kombinatorik 31
Kommunikation 22, 361
Kommunikationstheorie 67, 83f.
Kommunikationsvorgang 83
Kompensationskosten 228
Komplementarität *142*

Komplexität 296
Konkretisierung 146
Konkurrenz *142*
Konsensfindung 12, 25, 132
Konsequentialismus 69
Kontingenztabelle 167
Konto 269
Konvention 81f., 194, 220, 293, 297, 298f.
Kooperation 363
     - bürgernahe 336
     - formale 336
Kooperationsmanagement 74
Kooperationsprinzip *71*
Koordination 11, 385
     - negative 62
Korrelationsanalyse 167
Korrelativbeziehung *180*, 190
Korridor, relativ konfliktarmer 248
Kosten *221*
     - Management 396
Kosten-Nutzen-Analyse *221*, 374
Kostenplanung 390
Kreativität 303ff.
     - Technik 310f.
Kriterium 242
Kybernetik 18

Längsschnittanalyse 207, 376
Landesplanung 9, 37, 40
Landesplanungsgesetz 37
Landschaftsplan 40, 377
Landschaftsplanung 9, 37, *40f.*, 51
Landschaftsprogramm 40
Landschaftsrahmenplan 40
Leerformel 101
Legitimation 73, 77, 370, 371
Leitbild 38, 126, 128, 140, *143ff., 144,* 152, *156f.,* 214, 368, 369
     - Experten-Leitbild 158
Leitlinie 140, 145, 152, 153
Leitwert *150*
Literatur 103ff.
     - Auswertung 104f.
     - Beschaffung 103
     - Datenbank 103f.
     - Dienst 103
Luftreinhalteplan 42

Mantelskala 265
Marktpreis 221
Median 159, *164*, 204
Mediation 22, 45, *346*

Mediator 346, 347
Meilenstein 394
Merkmalsausprägung 163
Messung 159
    - Messfehler 192
    - Messmethoden 159f.
Metaplan 316ff., 395
Methode 84
    - Methodenmix 376
Mind Mapping 322ff., 395
Ministerkonferenz für Raumordnung 38
Mitbestimmung 356
Mittel
    - arithmetisches 159, 164
    - gewichtetes arithmetisches 164
    - harmonisches 164
    - Mittelwert 163
Mittelinstanz 58
Mnemotechnik 322
Modell 162, 296
    - Parameterfehler 192
    - Strukturfehler 192
Moderation 45, 315, 329, 345
Moderator 346
Modus 159, 164
Monitoring 394
Moral 69
Muddling through 18

Nachfrage, indirekte 228
Nachhaltigkeit 71
    - Indikator 161f.
    - Prinzip 71, 152f.
Nachvollziehbarkeit 294
Naturraumpotenziale 213
Netzplantechnik 27, 385ff., 386, 395
Netzwerk 21
    - Policy-Netzwerk 340
No-Effect-Level 150f.
Nominalskala 159, 297
Normalwert 150
Nutzen 222
    Nutzenfunktion 232, 233, 237
Nutzwert 231
Nutzwertanalyse 231

Oberziel 143, 144
Objektivität 199
Öffentlichkeitsbeteiligung 112, 118, 334, 356
Ökobilanz 109, 275ff.

Ökokonto 271
Operationalisierung 141
Ordinalskala 159, 298
Organisation 59f.
    - intermediäre 21
Orientierungswert 149
Overlay 172

Paarvergleich 135, 155, 214, 238, 246, 286
Paradigma 66
Parameter 149, 160
Pareto-Kriterium 72
Partizipation 97, 128, 356
Pfadanalyse 169
Pfeildiagramm 249
Pflichtenheft 394
Phänomenologie 86
Planerselbstverständnis 158, 357
Planfeststellungsverfahren 46, 154, 334, 359
Plangenehmigung 334
Plankommunikation 83
Planspiel 327ff.
Planung 9, 11
    - informelle 20
    - Ebenen 37
Planungseuphorie 15
Planungshoheit, kommunale 38, 48, 144
Planungsprozess 17f., 130
    - formal-logischer 24ff.
    - politischer 28ff.
Planungssystem 16, 36
Planungszelle 365
Planzeichen 83
Politik 12
Politikberatung 360
Politikkontrolle 360
Politikverflechtung 58, 62
Potenzial
    - kreatives 305
    - Naturraumpotenziale 213
    - Potenzialansatz 42
Präferenz, offenbarte 228
Präferenzmatrix 213ff., 239, 254, 269
Präferenzwürfel 214
Pragmatik 83
Problemdefinition 26, 30ff., 93, 102
Problemwahrnehmung 30ff., 304
Produkt-UVP 110
Produktivität 309
Prognose 21, 93, 106, 199

Projekt 392
- Management 387, 392ff., 393
- Überwachung 390
- UVP 109, 110ff.
Projektion 202
Prozessmanagement 328, 370
Prozessorientierung 328

Qualitätsmanagement 396
Qualitätsstandard 148f.
Qualitätsziel 140f., 147ff., 152
Quartilabstand 204
Querdenken 304
Querschnittsanalyse 207, 376
Querschnittsplanung 9
- Teilquerschnittsorientierung 42

Rangfolge 155
Rangordnung 286
Rationalismus, kritischer 80f.
Rationalität 11, 292, 295
Raumempfindlichkeit 248
Raumempfindlichkeitsuntersuchung 119, 247ff.
Raumordnung 37
Raumordnungspolitik 37
Raumordnungsverfahren 46, 112f.
Raumplanung 37
Raumwiderstand 248
Realität, virtuelle 98
Rechtsaufsicht 59
Rechtsnorm 70
Rechtsstaat 73
Reduktionismus 84
Referenzwert 150
Regionalkonferenz 45, 50
Regionalmanagement 398
Regionalplanung 9, 37, 40f., 44ff.
Regionalpolitik 37
Regressionsanalyse 166
Relevanzbaum 34, 217ff., 239, 249, 254, 267
Reliabilität 294
Ressort 57f.
Richtwert 149
Risiko 190, 196, 252, 264
- analytisches 179
- Index 255
- Matrix 254
- Risk Assessment 190
Risikoanalyse, ökologische 121, 183, 214, 252ff.
Rollenspiel 328

Routine 307
Rückstellung 154, 286
Runder Tisch 45, 341, 369

Sachaussage 139
Sachbilanz 278
Sachebene 139
Sachmodell 294
Sanierung 267
Schaden 195
Schadensintensität 196, 197
Schätzfehler 192
Schattenpreis 228
Schlüsselkriterium 135
Schlüsselwort 323
Schutzgebiet 368
Schutzgut 113
Schutzstandard 148f.
Schwellenwert 150, 170, 188
Screening 110, 112, 117, 118
Scoping 110, 117, 118f.
Sektoralisierung 62
Sektorplanung 9
Selbststeuerung 78
Selektivität 297
Semantik 83
Semiotik 83
Sender 181
Sensitivitätsanalyse 193, 230, 233, 239
Shift-Share-Analyse 169
Skalentyp 159, 297f.
Spontaneität 309
Stabilität 251, 267
Stadtentwicklungsplan 48
Stadtinformationssystem 95
Stärken-Schwächen-Analyse 160
Standard 141, 148ff., 149, 153, 157, 286
Standardabweichung 165
Statistik 162ff.
- analytische 163
- deskriptive 163
Stellungnahme 46
Steuerung, politische 56
Stoffbilanz 269, 272f.
Streuungsmaß 165
Strategic Choice Approach 130ff.
Strukturanalyse 387f.
Strukturfonds 38
Strukturierung 316, 324
Strukturkonsistenz 294

Substituierbarkeit *142*, 238
Synektik 312
Syntax 83
Systemanalyse 180f., 208
Systemtheorie 18, 207
Szenario 192, 207, 369
    - Alternativszenario 209f.
    - Kartoszenario 210
    - Kontrastszenario 210
    - Technik 207
    - Trendszenario 209

Tabu-Kriterium 218, 238
    - Ausschlusskriterium 135
    - Tabufläche 248
Tafelbild 321
Tautologie 101
Teamarbeit 311, 397
Teilquerschnittsorientierung 42
Theorie 81
Theoretiker, kritische 81
Thesaurus 103, 104
Träger öffentlicher Belange 45
Transparenz 294
Trendextrapolation 200
Trendszenario 209

Überlagerung 171ff., 247, 249ff.
Umwelt *111*, 113
Umweltbewegung 15
Umweltbilanz 268ff.
Umweltgesetzbuch 52
Umweltinformationssystem 91f.
Umweltplanung 37, 41ff.
Umweltprüfung, strategische 43, 51, 109, 214, 331
Umweltqualitätsstandard 149
Umweltqualitätsziel 122, 140f., 147, 148, 152, 157, 265, 266f., 289
Umweltstandard 148
Umweltverträglichkeitsprüfung 43, 107ff., *108*, 266, 335
    - freiwillige 108
    - kommunale 108f.
    - Verwaltungsvorschrift 115f.
Umweltverträglichkeitsstudie *110*, 117, 247
Umweltverträglichkeitsuntersuchung *110*
Ungewissheit 191
Unkenntnis *191*
Unsicherheit 122, 130, 131, 181, 254
    - analytische 191f.
Unterziel 143

Validität 294
Variantenvergleich 113, 119
Varianz 165
    - natürliche 192
Varianzanalyse 166
Verantwortung 69, 78, 101, 300, 357
Verfahrensbeschleunigung 335
    - Beschleunigungsgesetze 115, 361
Verflechtungsmatrix 182
Verfremdungstechnik 311
Verhältnismäßigkeit 156, 297
Verhältnisskala 159
Verhandlung 340ff.
    - Harvard-Negotiation-Konzept *341*
Verlässlichkeit 294
Verschneidung 172
Verteilungskonflikt 33
Verträglichkeitsprüfung 42, 105
Vertrag, öffentlich-rechtlicher 335
Verursacher 181
Verursacherprinzip 71, 190
Verwaltung 334
    - Aufbau 57ff.
Verwaltungshandeln 334
    - informelles 59, 155, 336
Verwaltungsverfahren 334
Verwaltungsverfahrensgesetz 334
Verwaltungsvorschrift 195
Visualisierung 89, 95, 316, 391
Vorentwurf 103
Vorgesetztenlösung 345
Vorsorge 248
Vorsorgeprinzip 71, *107*f. 114, 191, 214
Vollzug 93
    - Kontrolle 374
    - Probleme 35
Vorhaben- und Erschließungsplan 50

Wahrheitsbegriff 82
Wahrscheinlichkeit 197f.
    - Eintrittswahrscheinlichkeit 196, *197*f., 267
Wasserwirtschaftsplanung 42
Wechselbeziehung 187
Wechselwirkung 180
Weg, kritischer 389, 395
Werkzeugkasten 133
Wertaussage *139*
Wertebene *139*
Wertewandel 15, 16, 145
Wertfreiheit der Wissenschaft 77, 81, 82

Werthaltung 194, 293
Wertsynthese 233, 240, 243ff., 294
Wertsystem 293f., 307
    - fachliches 293f.
    - persönliches 293
Wertunsicherheit 190
Win-Win-Orientierung 346, 371
Wirkung 180, 190
    - primäre 223
    - sekundäre 223
    - Folgewirkung 180, 193
    - Wechselwirkung 180
    - Wirkungskette 181
Wirkungsabschätzung 280f.
Wirkungsanalyse 180ff., 252, 254, 374
Wirkungsbereich, übertragener 58
Wirkungsdiagramm 184f.
Wirkungsforschung 188
Wirkungskataster 188
Wirkungskontrolle 374
Wirkungsprognose 180
Wirtschaftlichkeit 221
Wissenschaftstheorie 80ff.
Wohlfahrtsökonomie 221

Zahlungsbereitschaftsanalyse 228
Zeitanalyse 387f.
Zeitreihenuntersuchung 376
Ziel
    - abgeleitetes 143
    - Bestimmung 341
    - Oberziel 143, 144
    - Unterziel 143
Zielanalyse 374
Zielbeitrag 217
Zielerfüllungsgrad 232
Zielerreichungsgrad 232, 240, 375
Zielerreichungskontrolle 374
Zielformulierung 106
Zielsystem 29, 141, 151, 231, 235, 242, 293, 294, 382
Zinssatz 229
Zirkelschluss 101
Zitieren 82, 101, 104
Zukunftsbild 208
Zulassung 334
Zulassungsverfahren 112f., 114, 120, 392
Zuordnungsregel 294, 297ff.
Zweck-Mittel-Beziehung 142

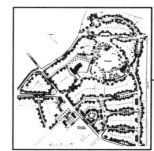

Aus unserem Programm:

☐ F. Scholles   UVP Spezial Bd. 13
Abschätzen, Einschätzen und Bewerten in der UVP – Weiterentwicklung der Ökologischen Risikoanalyse vor dem Hintergrund der neueren Rechtslage und des Einsatzes rechnergestützter Werkzeuge
Dortmund 1997, 273, 56,- DM

☐ H. Kanning   UVP Spezial Bd. 17
Umweltbilanzen – Instrumente einer zukunftsfähigen Regionalplanung?
Dortmund 2001, ca. 280 S., 56,- DM

☐ K. Selle   KiP Bd. 2
Was? Wer? Wie? Warum? – Voraussetzungen und Möglichkeiten nachhaltiger Kommunikation
Dortmund 2000, 250 S., 48,- DM

☐ K. Lindloff/L. Schneider   HzU Bd. 3
Handbuch nachhaltige regionale Entwicklung – Kooperations- und Vernetzungsprozesse in Region, Landkreis, Stadt und Gemeinde
Dortmund 2001, 285 S., 52,- DM

☐ F. Knospe   HzU Bd. 2
Handbuch zur argumentativen Bewertung – Methodischer Leitfaden für Planungsbeiträge zum Naturschutz und zur Landschaftsplanung
Dortmund ²2001, 404 S., 72,- DM

☐ A. Hugo/R. Jansen   HzU Bd. 1
Handbuch zur umweltgerechten Ansiedlung von Gewerbebetrieben – Branchentypische Betriebsbeurteilung, Emissionscharakteristik, Umweltinanspruchnahme
Dortmund 1995, 456 S., 78,- DM

☐ K. Daab
Analyse und Entwurfsmethodik für einen ökologisch orientierten Städtebau
Dortmund 1996, 166 S., 14 farb. Karten, 58,- DM

☐ H. von Seht   Dortmunder Materialien zur Raumplanung Bd. 26
Klimaschutz mit Eigennutz – Sekundäreffekte komm. Klimaschutzmaßnahmen
Dortmund 2000, 168 S., 28,- DM

DORTMUNDER VERTRIEB FÜR BAU- UND PLANUNGSLITERATUR
Gutenbergstraße 59 · D-44139 Dortmund · ☎ (0231) 146565
FAX (0231) 147465 · e-mail DoVertrieb@AOL.com

Ihre Bestellung richten Sie bitte *direkt* an unseren Vertrieb ■ Der Versand erfolgt gegen Rechnung, ab 50,- DM Bestellwert innerhalb von Deutschland portofrei ■ Online-Buchladen: **www.dortmunder-vertrieb.de**